中国社会科学院创新工程学术出版资助项目

（清）阎敬铭 著

抚东奏稿

上

中国社会科学院近代史研究所
《近代史资料》编译室 点校

中国社会科学出版社

图书在版编目(CIP)数据

抚东奏稿:全2册/(清)阎敬铭著;中国社会科学院近代史研究所《近代史资料》编译室点校.—北京:中国社会科学出版社,2019.9
ISBN 978-7-5203-4857-7

Ⅰ.①抚… Ⅱ.①阎…②中… Ⅲ.①奏议—汇编—山东—清代 Ⅳ.①K249.065

中国版本图书馆CIP数据核字(2019)第178608号

出 版 人	赵剑英
责任编辑	冯春凤
责任校对	张爱华
责任印制	张雪娇

出　　版	中国社会科学出版社
社　　址	北京鼓楼西大街甲158号
邮　　编	100720
网　　址	http://www.csspw.cn
发 行 部	010-84083685
门 市 部	010-84029450
经　　销	新华书店及其他书店
印刷装订	北京市十月印刷有限公司
版　　次	2019年9月第1版
印　　次	2019年9月第1次印刷
开　　本	787×1092　1/16
印　　张	68.25
插　　页	2
字　　数	1616千字
定　　价	538.00元(全2册)

凡购买中国社会科学出版社图书,如有质量问题请与本社营销中心联系调换
电话:010-84083683
版权所有　侵权必究

前　言

李学通

《抚东奏稿》是晚清重臣阎敬铭，同治二年（1863）至同治五年（1866）在山东巡抚任内奏报折片的汇编。

一

阎敬铭（1817—1892），字丹初，号约庵，陕西朝邑（今大荔）人。道光十四年（1834）甲午科举人，二十五年（1845）乙巳科进士，选翰林院庶吉士。二十七年散馆后，以主事用，分户部。咸丰四年（1854）九月，"丁本生母忧"回籍，五年服阕，六年补原官。

阎敬铭在户部任主事期间，明习部务，声望闻著。咸丰九年（1859）初，经湖北按察使严树森推荐，署理湖北巡抚胡林翼以户部主事阎敬铭秉性刚明，才识练达，请调湖北差委。阎敬铭于六月到达湖北，次年正月以员外郎即补。咸丰十年（1860）三月，奉派总办湖北前敌后路粮台兼理营务，十月，以战功升郎中，赏戴花翎。次年二月，擢四品京堂候补。胡林翼对其颇为赏识，病中疏荐："阎敬铭公正廉明，实心任事，为湖北通省仅见之才"，"自接办粮台以来，删浮费，核名实，岁可节省钱十余万缗。请以湖北两司简用。"四月，授湖北按察使。同治元年（1862）八月，署理湖北布政使；九月，以"丁本生父忧"，奔丧至晋。

同治二年（1863）十月，诏署山东盐运使，不久又赏给二品顶戴，擢署山东巡抚。阎敬铭虽迫切恳辞，未蒙俞允。诏称："山东现当捻、幅、棍、教各匪纷乘，地方极关紧要，军务吏治，整顿需人"，"阎敬铭前任鄂省监司，办理诸务均能认真妥协"；"今朝廷破格用才，该署抚膺特达之知，自必能矢金革毋避之义,移孝作忠,感激驰驱,以图报效"。

阎敬铭于二年三月十二日起程赴东,四月初九接任。甫一到东,即派总兵保德率队开往新泰、邹县、曲阜,镇压教军、捻军、幅军,自己亲自督师攻陷淄川,并派山东按察使丁宝桢率部赴东昌一带,协同僧林格沁镇压宋景诗。十一月正式补授山东巡抚。四年,僧格林沁被击毙后,阎敬铭更亲自督师与捻军作战。

从同治四年(1865)末开始,阎敬铭不断以病重,"步履蹒跚,精神瞬晕"等由,请求开缺回籍调理。同治五年(1866)正月奉旨:"降为三品顶戴,仍留山东巡抚之任,再行赏假两个月,安心调理,毋庸开缺。"八月,阎敬铭督兵进剿黄崖山。十月十三日,军机寄奉上谕,以阎敬铭督兵剿灭黄崖山,办理迅速,甚属可嘉,赏还二品顶戴。

同治六年(1867)初,阎敬铭称病返籍,因原籍家室被黄河水淹,加以回民起义,遂寓居山西蒲、解、虞、乡等处,在中条山中聚徒讲学授经。清廷命其赴京任工部右侍郎,仍辞。光绪八年,任户部尚书。九年(1870)正月,赐紫禁城骑马,署兵部尚书。次年充军机大臣、总理衙门行走,晋协办大学士。光绪十一年(1885)授东阁大学士,管理户部事务,赐黄马褂。同年,因坚持"治以节用为本",反对重修圆明园,失慈禧之旨,革职留任。十三年(1887)复职,遂乞休致仕。光绪十八年(1892)卒,赠太子少保,谥文介。《清史稿》有传。

阎敬铭是清末同光之际朝野闻名的能臣,为数不多的理财专家,有"救时宰相"之称。在清季列强环伺,太平军、捻军风起云涌,清廷财绌饷缺,内外交困之时,他"在鄂治军需,足食足兵",助胡林翼、曾国藩等平定太平天国;后长缩户部,"精校财赋,立科条,令出期必行","初直枢廷,太后颇信仗之",是晚清史,特别是晚清经济史上极为重要的人物。

难能可贵的是,阎敬铭不仅是能臣,还是一位性格耿介的诤臣廉吏。据《清史稿》载:"敬铭质朴,以洁廉自矫厉,虽贵,望之若老儒。"翁同龢对其极为钦佩:"其人学术正而阅历多,非时流所及,固宜亲近,以为师资矣。"李鸿章则赞其"廉政耐劳,实有长处"。阎敬铭认为欲安民必先察吏,不论是任职封疆,还是奉命视察赈务,所到之外,参劾贪黩侵吞的贪官污吏毫不留情。他虽因善理财而得慈禧太后信仗,"终以戆直早退",原因正是他反对在财政支绌的情形下,动用巨款重修圆明园。其刚正不阿的品格亦由此可见。

二

阎敬铭的《抚东奏稿》，内容涉及山东地方政事、吏治、司法、经济、军事等各个方面，不仅是研究阎敬铭的第一手史料，也是了解和研究晚清历史特别是这一时期地方事务的典型史料。今结合当时山东的形势与阎敬铭的活动，对《抚东奏稿》的内容略加介绍。

前文有述，阎敬铭系于同治元年八月署理湖北布政使，九月以"丁本生父忧"，奔丧至晋。十月，诏署山东盐运使，尚未到任又擢署山东巡抚，赏给二品顶戴。阎敬铭虽"迫切恳辞，未蒙俞允"。朝廷四下谕旨，命其移孝作忠，责以安民戢盗。他于同治二年三月十二日自山西临晋县起程，一路上"霍州山中遇雨，寿阳山中大雪，每日力行数十里"，仍不断接到催促的谕旨，终于四月初八日驰抵山东省城，次日接任视事。

位于直隶之南的山东，乃拱卫京师的水陆冲要之地，但咸同之际，山东境内太平天国北伐军、白莲教、捻军、幅军等起义接连不断，财政支绌，民不聊生。阎敬铭接任巡抚之际，"时值捻逆、教匪、土寇、盐枭不靖，边警频仍"，"兖属教匪、东昌降匪、淄川叛练"，风起云涌。清廷任命被誉为"贤能第一"的阎敬铭主政山东，正是寄望他能"徐图补救，以冀月异日新之效"。赴任途中，阎敬铭即不断接到各地府县有关"匪情"的禀报。四月初九接任，十八日即率兵勇赶赴淄川，二十一日行抵军营，立刻会同僧格林沁谕饬兵勇，妥筹攻剿。

阎敬铭到任后"日接僚属，悉心采访"，迅速了解和熟悉山东地方情形。他的初步结论是："大抵民风素称俭朴，吏治渐黜浮华，而兵力则有单弱之虞，饷数则有支绌之虑。"因为库款支绌，山东各营兵饷积欠至两年之多，致使兵无饷领，操练遂废，"将不习兵，兵不习将，驱之御贼，瑟缩溃散"。兵不得力，只得募勇，而山东将材缺乏，"无一能带勇之将，无一能练勇之人，招募乌合，队伍不齐，增减多少，参差纷絮"。面对"势已岌岌"的地方情势，他一方面上奏陈请"准僧格林沁暂时留东镇服，消弭一切于无形之中"；同时立即将东海关税存银二万两，拨充僧格林沁军月饷，以安军心。正因山东"时值捻逆、教匪、土寇、盐枭不靖，边警频仍"，阎敬铭在鲁四年战事不断，所以军务方面的奏折颇多，其中也保留不少有独特价值的史料。例如，关于宋景诗义军失败以及僧格林沁被捻军所杀经过，颇为值得关注。

同治二年初，阎敬铭赴任之时，正值宋景诗率部辗转由西北回到山东之际。《抚东奏稿》载，三月间，宋景诗勇队与堂邑团练柳林团寻仇互杀，彼此控县。四月间，柳林团以宋景诗"劣迹多端"等词呈控，经阎敬铭"批饬移知曹州镇总兵保德就近钤制，并传谕宋景诗随同搜捕，毋再滋事"。二年五月阎敬铭奏折中尚有："宋景诗一队，经前抚臣谭廷襄饬留东昌，归总兵保德调遣，现尚驻扎堂邑一带。""该队前有一千余人分赴直隶助剿……因直省军务蒇事，遣令归农。"阎敬铭即令东昌知府转饬宋景诗，"将直省遣回之队妥为遣散，其原驻堂邑之队仍归保德节制"。四、五月间，宋景诗被控"派人四出抢粮割麦，百姓纷纷呈诉"，"经僧格林沁派兵驰捕，宋景诗闻风畏惧"。五月十八日寄谕："宋景诗狼子野心，负嵎自固，万无姑容之理。现在该逆凶狡情形，日甚一日，自应赶紧剿灭，以除巨憝。"于是清廷急调各路大军围剿宋景诗部：卫河西岸有直隶官军；运河北岸有直隶提督恒龄、翼长苏克金马队严防；山东总兵保德、臬司丁宝桢进扎堂邑；阎敬铭亲自督军至清平、博平一带运河河口要隘，择要驻防，"以遏该匪北窜之路"。

此后各路清军在山东反复围捕，但宋景诗所部飘忽不定。据《抚东奏稿》载：二年八月，"宋逆马步贼千余人，于二十六日由直隶东光窜入陵县关厢，即于是日窜入平原县境，又于二十七日由平原窜至高唐州境，二十八日窜至清平县境之新集，又分零股由戴家湾偷过河西各等情。"

"贼过河后，又窜向西南贾镇一路，僧格林沁已派马队紧为追剿，丁宝桢亦亲带各营跟踪剿办。"

"该匪豕突狼奔，行走迅疾，数日之间已驰骤一千余里，竟回窜清平肆扰，又分零股偷过河西，实属剽悍。"

"该逆实由开州地面抢船，由濮、范水套直达东河境内子山下，凫水翻山，向平阴、东平一带窜去。"

同治二年十月初九日奉到寄谕："据山东所获贼目供称：宋景诗改装易姓，乘马逃逸。著阎敬铭督饬属员实力查拿，倘乘间脱逃，惟阎敬铭是问。"

"经严督续行搜获余匪一千余名，亦经讯取确供，按名正法。其著名凶悍贼目，如刘厚德、于得成、程敬书、张逢海、薛法起、孙幅田等，均已先后设法拿获，凌迟枭示，是该逆匪党歼除殆尽。惟首逆久未弋获，臣已迭次严谕各州县，悬赏购线，并分派弁兵逐处挨查，务获首恶。"

据同治二年十月二十八日附片中报告："前拿获宋逆之母宋张氏、妻宋霍氏、妾宋马氏，宋景礼之妻宋高氏，及张广德之母张郭氏、妻张范氏，均经臣派员讯明，交聊城县暂行收禁。"起初阎敬铭还想以此为饵，透捕宋景诗，后见宋"逃亡日久，恐已远飏"，又残忍地决定将其家属"即行骈诛，以快人心"，"饬东昌府会督营县将弁，将诸逆属等妇女六口正法"。后又于同治三年正月十六日，"在东阿拿获宋逆之弟宋景书、贼目郭均辉及余匪四名，均分别凌迟"。

关于同治四年僧格林沁在山东曹州被击毙经过，《清史稿》只有"夜半突围乱战，昏黑不辨行，至吴家店，从骑半没，僧格林沁抽佩刀当贼，马蹶遇害"32字。《抚东奏稿》中，保留有阎敬铭讯问僧格林沁三名随身护卫额卜图（年39岁，道光二十七年进王府当差，充当护卫）、诺尔布（年37岁，道光二十六年进王府当差，充当护卫）和松阿哩（年28岁，咸丰七年进王府当差，咸丰十年，随僧王营内当差）时三人的供述，是最早记录僧格林沁之死具体经过的史料。其中额卜图、诺尔布突围之初即与僧王冲散，只有松阿哩突围后一直跟随，所供僧王战死经过最为直接：

> 二十四日，我军与贼鏖战，贼势众多，阻住马步不能前进，王爷谕令在西边小庄扎营。贼将我军四面包裹，营寨内粮草食水全无。三更时候，家丁随王爷同成保的队闯出营寨，被贼冲散，只剩下王爷与家丁们十数个人，黑暗之中，不辨面目。正走之间，忽有贼马二三十匹赶来。家丁们回头堵御，贼马稍退。听闻后边有人喊说，王爷落马，家丁应声寻至，见王爷马匹已失，跌坐地下，请王爷上家丁马匹。王爷说腿不好受，不能骑坐。忽然贼又过来，家丁弃马扶著王爷，贼人只顾追马，将王爷与家丁撇下。家丁见贼人来往不断，将王爷扶入麦地里边暂避，因麦科不深，王爷谕著离开躺倒。家丁躺卧之处，适又有贼走至混戮，家丁起用空枪向贼抵挡，随抵随退。黑暗之中，不防身后有个濠坑，贼人持械向家丁头上打了一下，家丁晕倒，跌入坑内，不省人事。迨至醒苏，不辨东西，也记不清王爷躺卧处所。知道有火光处有贼，遂往黑处寻找王爷。黎明时候遇见讷大人们也来寻找，家丁随即跟同，将王爷忠躯抬回曹州的是实。

额卜图供中则补述了寻尸过程中的一波三折：

> 护卫跟讷大人去找王爷，寻至曹州西北十八里之五里店迤东南道旁，找著王爷忠躯，红旗队用床抬至堤边。一时贼又拥来，人不能抬，经护卫

将王爷忠躯请在马上，走至曹州城东北，贼又赶来。护卫将王爷请放在庄东边麦地里边，记明暗号，单身站立不住，跟同红白旗马队败下去了。俟贼队稍退，护卫同讷大人回进曹州去的是实。

至于后被丁保桢暗中访获并处死的张皮绠，自言亲手杀死僧格林沁之说，远不及这件记录更有史料价值。

关于同治五年捻军任柱（化邦）、赖文光在山东运河沿岸与清军激战经过情形，《抚东奏稿》也有许多具体记录。以往捻军研究，对捻军在山东活动涉及不多，对阎敬铭在镇压捻军中的角色涉及更少。就《抚东奏稿》所见，同治五年山东剿捻作战相当激烈。阎敬铭采取沿运河筑墙堵御的办法，使捻军多次扑河抢渡均未能成功。直到阎敬铭离东后，捻军方东渡运河，深入山东腹地。

在离开山东之前数月，阎敬铭还处理了一件至今评价不一的"大案"——血洗黄崖山，即五年十月初七日奏折所言，因"肥城县属黄崖山匪徒聚众焚掠，据寨抗兵，经臣亲督兵勇围山剿办，登时全行歼灭"。

黄崖山位于肥城县西北，接连泰安各山，周遭百余里，山径丛杂，地势险峻。山坳有三庄，山顶有石寨，素为百姓避乱聚居之所。江苏扬州仪征人张积中，字子琴，人称张七先生，自咸丰十一年起即在此居处，"素以授徒教书为事，相安已久，并无不法踪迹"。据调查，张积中"于咸丰年间，曾为前湖广督臣周天爵明保，并在两江各处戎幕，现年逾六十，学问优长，多以性理教人各情"。其兄系前任临清州知州张积功，其子张绍陵是"世袭云骑尉，现在山东候补知县"，"系忠荩之家，宗族亲戚，科第簪缨"。

同治五年九月，正当"发捻逆股扑运防紧急之际"，阎敬铭忽接青州知府阎廷佩、益都知县何毓福禀称："拿获匪犯冀宗华、冀北栋，供出同拜黄崖山张七即张积中为师，现山中业已聚集多人，令彼等赴青州一带勾匪，定期九、十月间起事，先取青州，后取济南各情。"

随后又于二十六日接到藩司丁宝桢报告：派守备唐文箴会同肥城县知县邓馨、长清县知县陈恩寿于二十四日赴山，拿张积中到案。但是，张积中等"深藏山寨，闭匿不出"。二十五日，"将各处山路堵塞，禁绝人行，并逼胁附山各居民入寨"。二十六日，"山上遍立旗帜，击鼓聚人，并派匪党下山焚掠"。二十七日更"头裹红巾，分路焚掠，在东张庄杀死民人数名，杀死驲递马夫二名"。面对"捻匪近在河西盘旋"的局势，又闻张职中"勾结东府匪徒及北路盐枭甚多"，阎敬铭深恐"内外勾结，大肆蔓延"，决心予以"迅速及早除灭"。当即"派参将姚绍修带千人为头队，游击王正起带二千人为二队，臣亲督知府王成谦带四千人为三队，又调副将王心安带一千五百人为四队，均于二十八九日，星夜向平阴进发"。

十月初一日，姚绍修率队抵水里铺，即时督队入山，黄崖山"恃隘列队，扼守抗拒"，官军几不能入。官军开炮轰击，夺获抬炮、鸟枪、竹枪多件，旗帜十面，更重要的是在庄中起出写有"太平天国"字样号衣四十余件。初二日，知府王成谦带队赶到，遂即分登各处山顶，四面布围。初三日，阎敬铭督带各营俱到，计马步兵勇一万二千余人。阎敬铭令各军"将该山四面大小远近各山口概行堵截，分营分哨据险扼扎"，山内山外各路毫无泄漏，并切断山上大小泉眼汲道，使该山寨"无勺水可得"。初六日黎明，阎敬铭督率官军分路总攻，"知府王成谦督四营由西面上山进攻，游击王正起督四营由东面上山进攻"。"该匪众犹在寨中持械拒战，官军且战且杀，将悍党七八百人，尽数歼除"；又经各隘分扎各军"分路剿杀，搜洗净尽"，"共歼除匪党一千六七百名，坠崖落沟死者无算"。"张积中及其子张绍陵均自焚"。

对于黄崖山中张积中究竟有否与太平军联络，定期起事，还仅是避乱聚居，授徒传教，当时即各说不一。四十年后的光绪三十二年（1906），仍有御史乔树枬上疏为张积中鸣冤，清廷虽曾派山东巡抚杨士骧复查，最后仍是不了了之。太谷学派弟子刘鹗在《老残游记》中，也曾以影射方式为张积中鸣冤。至今也仍有研究者认为，张积中不过是兼采杂糅儒释道各说，创立太谷学派"黄崖教"，并聚众传教，于兵荒马乱之际，在黄崖山寨建立乌托邦式的氏族公社，并非要起事犯上；阎敬铭诬为匪教，举兵进剿，实属草木皆兵，处置过当，查获"太平天国"字样号衣，不过是栽赃、"抹红"的手段。无论观点如何，《抚东奏稿》所保留当时阎敬铭处理案件过程中的文献极有史料价值，可与其他资料互参，对于黄崖山案研究或有别开生面的效果。

在残酷围剿镇压各地反抗清廷斗争的同时，大力整顿地方吏治、财政，增加收入，以维持庞大的军费开支，是阎敬铭在鲁四年最主要的工作。以往对阎敬铭财政思想的研究更多关注他在湖北，特别是在户部尚书任上整顿财政的事迹、思想。古人云，"宰相必起于州郡。"事实上，阎敬铭在鲁四年，巡抚一方，对举凡地方农事、地丁钱粮、关税厘金、黄患漕运，乃至地方官员贪黩侵吞的方法手段，都有了更切实的了解和亲身的体验。以后他能主持户部，整顿财政，进而出任军机大臣、大学士，与此四年山东巡抚的经历密不可分。

阎敬铭主张："安民必先察吏，欲恤民之疾苦，先戒官之贪欺。"在接任巡抚一年，东省治安稍定之后的同治三年四月至五月间，他周历泰、沂、兖、济、曹各属地方，微服查访，实地调研，对山东吏治民情有了深刻的认识，也思考设计了切实的解决之道。他认为："东省群吏狃于积习陷溺已深，以诈伪轻捷为有才，以期饰弥缝为得计，以谣诼诽谤为逞能。究其心志，无非谋利争财，专图私便，国计民生，罔知念及。若钱粮则侵挪捏冒，交代则多年不结，盗贼则讳疾忌医，任其狂肆，上下习为宽驰。""东省宦途，遇事多支吾敷衍，不求实际，即有事所难行，亦惟以案牍了事，情不相通。"同时，他也发现了很多制度性问题，"东省官方不饬，与财赋不清，其弊实相表里"。如：前后军需报销以及各项公用，均各县公摊，大缺者年摊至五六千金，中小缺分亦有千数百金不等，"养廉既已提扣无余，年来兵马纷出，差务络绎，又不免格外需求，时奉核减章程，每多事后折赔，州县非能取之于家，无非上窃公款，下勒民财"。阎敬铭提出解决之道：一方面要多用正人，同时稍宽文法，使公私不混，出入有经，官有以养其廉，必使为廉者不至赔累，政事方得修明。官惩其贪，尤宜养其廉，否则虽峻法严刑，亦有难施。

阎敬铭经过调查发现，因为山东州县向无差徭，各州县养廉银、办公费、拘提缉捕的差役工食、接递驿报的夫马工料，全赖征收地丁项下留支一款。道光二十九年办理清查亏空，查出无着亏款130余万两，于是决定每年在州县坐支项下酌提10万两，用于弥补亏空，计划用十二三年补完。当时银贵物贱，州县坐支项下犹可支持。随着咸丰八年接济京饷、九年停给钞票等案不断扣减，所余养廉、坐支等项已多有不敷，再加上银价贱物价增，以及各地迭被灾扰，州县日累一日，致使"疲玩成风，问捕盗之不力，则以丁役无糊口之资；诘驿递之迟延，则以夫马无给养之费"。他主张因实变通，力求实际，"下累州县而暗妨国计的酌提州县坐支一案，不可不亟筹变通"。因此奏请将山东省酌提坐支一款概免酌提，将州县养廉银内停钞二成免减。与此同时，阎敬铭严查积年亏空，要求各州县钱粮务须实征实解，严其交代，杜其侵挪。同治三年山东全省实解钱粮达到银230余万两，除道光三十年的250余万两外，为历年最多。

与严查亏空相联系的是清算交代。阎敬铭发现，"东省交代积疲太甚"，官员离到任审计不严，制度形同虚设，未完钱粮久拖不完，官员一旦调任、亡故更是一风吹。阎敬铭以清算交代、追查亏欠为抓手，采取严格核算，逐案清厘，勒限饬追，甚至将原籍财产查抄备抵。凡限满不还官员一律罢官免职，经手书吏也降革命问监追。

为改善吏治，阎敬铭还严格官吏升迁，唯才是举，使操守刚正不阿的官吏得到重用，对贪黩侵吞的贪官污吏从重定罪。革职的革职，查办的查办，决不姑息，引起山东官场一次次地震。阎敬铭严查亏空、打击贪黩的严厉举措，也招来颇多怨言和反对力量，乃至严苛的参劾，但是却得到奉命调查的两江总督曾国藩的维护和赞扬。

《抚东奏稿》内另一值得关注的内容是，保存了40余份雨（雪）泽粮价折。自同治二年四月开始，阎敬铭每月一折，按月报告上月山东全省气候与粮价。如同治二年四月莅任后，即于二十八日折中报告：全省各府属之一百州县，"于月之初一、初二、初八、初九、十五、十六、十九、二十、二十四、二十五等日，各得雨一、二、三、四寸不等。麦禾正当扬花结穗，得此时雨滋培，益臻芃茂，秋苗亦借以播种"。同时，将同治二年三月份山东省各府、直隶州的米、谷、麦、豆价值，缮具清单，恭呈御览。据报当月"济南府属：稻米每仓石价银二两四钱五分至四两二钱，较上月贱二钱。粟米每仓石价银八钱八分至二两六钱，较上月贱二分。粟谷每仓石价银六钱至一两六钱，较上月贱一钱。高粱每仓石价银八钱三分至二两二钱，较上月贵三钱一分。小麦每仓石价银一两四钱五分至二两五钱二分，较上月贵六分。黄豆每仓石价银一两一钱九分至二两三钱九分，较上月贵九分。黑豆每仓石价银一两一钱四分至三两二钱四分，较上月贵二钱。"

虽然雨雪天气记录比较模糊，具体各县几日有雨、雨量多少太过笼统，仅可知其大概，但米、谷、麦、豆的价格记录相对而言则比较具体，对于经济史研究无疑是极具参考价值的数据。

三

阎敬铭留存下来的文献资料，大部分存于中国社会科学院近代史研究所，其中《抚东奏稿》系《近代史资料》编译室所存抄件。全书总共约80余万字，收录奏折、附片及批牍等约近千件，其中奏折572件，附片378件，另有通饬及批牍近40件。《近代史资料》编译室所存奏稿抄本，系按内容分为五个部分：第一部分为政事，包括典制事例、吏治民生；第二部分为人事，涉及保奖、参劾；第三部分为词讼及各类案件的处理；第四部分为经济事务，涉及夏秋收成、雨泽粮价、灾赈蠲缓、地丁钱粮之征解，以及漕务、盐务、关税、厘金等；第五部分为军事及地方治安，主要是镇压白莲教、捻军、宋景诗起义等反清活动。另外，还附录部分阎敬铭的公牍批文。此次点校，主要工作集中于两个方面：一是将《近代史资料》编译室所存抄本与近代史研究所档案馆另存抄本（见《近代史所藏清代名人稿本抄本·阎敬铭档》，简称"阎档"）核校，修订错误，增缺补漏。二是重新编排次序，取消原有分类，一律按时间次序排列，将同治二至五年的奏稿文件，每年一卷，卷下各件亦完全按时间次序编排。

虽然不同的分类方法各有利弊，很难说孰胜孰优，而完全按时间次序编排的方法，或许可以使读者更方便地"还原历史"，建构起同一时间政治、经济、军事等各方面情形之间的联系，更清晰地了解阎敬铭思想及各项行为举措之间的关系，更多地保留历史的"原汁原味"。

尽管点校者在点校整理工作已经尽其所能，由于水平所限，仍难免有错误不当之处，敬请读者批评赐教。

点校凡例

一、本次点校,以《近代史资料》编译室所存抄本为底本,与近代史所档案馆所存另一抄本对校。

二、标点根据古籍整理标点的通例,结合现行新的标点用法,对底本进行统一规范的标点。

三、文字改繁体为简体,排版改竖排为横排。

四、底本与对校本文字略有不同而意义相同者,径采底本,异文不另注出,避免繁琐。底本有错简者,径改,不出校记。对校本有错简者,除必须说明者外,亦不出校记。

六、底本有明显错误或可疑者,则保存原文,用符号标明或校注。底本模糊难辨处,一般均不妄补,以□别之;错字、别字、颠倒、衍文,均在原文后改正,并将改正文加［ ］号;脱漏字或佚文增补,在增补字外加【 】号;底本中若有双行夹注者,则一律改为单行夹注,以（ ）号标明。

七、古体字、异体字、俗体字一律径改,不另出校记。

八、人名前后有不统一处,不知孰是,不做修改,保持原文,请使用时注意。

目 录

前言 …………………………………………………… 李学通（ 1 ）
点校凡例 ……………………………………………………… （ 1 ）

上

卷一　同治二年

由晋起程赴东日期折 ………………………………………… （ 3 ）
　　同治二年三月初六日
绕道赴任折 …………………………………………………… （ 4 ）
　　同治二年四月初五日
设法探明趱程前进片 ………………………………………… （ 5 ）
　　同治二年四月初五日
接印任事日期折 ……………………………………………… （ 5 ）
　　同治二年四月初十日
赴淄川日期并防剿情形折 …………………………………… （ 6 ）
　　同治二年四月十八日
秋审届期请旨饬令两司代勘片 ……………………………… （ 7 ）
　　同治二年四月十八日
委员管解京饷片 ……………………………………………… （ 7 ）
　　同治二年四月十八日
拨解东海关税银充僧格林沁营军饷片 ……………………… （ 8 ）
　　同治二年四月十八日
同治元年钱粮奏销展期造报片 ……………………………… （ 8 ）
　　同治二年四月十八日

请准僧格林沁暂留东省折 …………………………………………（ 9 ）
　　同治二年四月二十七日
僧格林沁留东关系北方大局片 …………………………………（ 11 ）
　　同治二年四月二十七日
东昌泗水军情片 …………………………………………………（ 11 ）
　　同治二年四月二十七日
宁阳县官绅士民捐修城工恳恩奖叙折 …………………………（ 12 ）
　　同治二年四月二十八日
同治二年三月雨泽粮价折 ………………………………………（ 13 ）
　　同治二年四月二十八日
同治元年冬季各属正法匪犯名数折 ……………………………（ 16 ）
　　同治二年四月二十八日
遵旨酌派大员赴东昌办理剿抚事宜折 …………………………（ 17 ）
　　同治二年五月初九日
登州总兵曾逢年俟淄川克复再行卸篆片 ………………………（ 18 ）
　　同治二年五月初九日
请留青州知府王继庭在营差遣片 ………………………………（ 18 ）
　　同治二年五月初九日
山东军储捐米请给奖折 …………………………………………（ 18 ）
　　同治二年五月初十日
首帮漕船开行日期片 ……………………………………………（ 19 ）
　　同治二年五月初十日
同治二年春季委署各员班次衔名片 ……………………………（ 19 ）
　　同治二年五月初十日
同治元年下半年京控未结各案传解迟延各员照例议处折 ……（ 20 ）
　　同治二年五月初十日
酌议东海关现行税则折 …………………………………………（ 21 ）
　　同治二年五月初十日
税厘征收比例及海口局员一律裁撤片 …………………………（ 22 ）
　　同治二年五月初十日
应解洋药厘金请免限额片 ………………………………………（ 22 ）
　　同治二年五月初十日

拟调臬司丁宝桢赴淄助剿折 …………………………………………（23）
　　同治二年五月十七日
已革道员吴台朗仍暂留营片 …………………………………………（24）
　　同治二年五月十七日
请仍留僧格林沁在淄督剿折 …………………………………………（24）
　　同治二年五月二十二日
丁宝桢接臬司篆片 ……………………………………………………（25）
　　同治二年五月二十二日
同治二年二麦约收分数折 ……………………………………………（26）
　　同治二年五月二十五日
同治二年四月雨泽粮价折 ……………………………………………（26）
　　同治二年五月二十五日
上忙征解短绌京饷实难解足折 ………………………………………（29）
　　同治二年五月二十五日
委员管解洋药厘金片 …………………………………………………（30）
　　同治二年五月二十五日
僧格林沁军营粮台第四次截数报销折 ………………………………（30）
　　同治二年五月二十五日
前任贵州学政黄图南行抵山东途次病故折 …………………………（32）
　　同治二年五月二十五日
临清关逆匪滋扰税课无收折 …………………………………………（33）
　　同治二年六月十二日
临清州应贡羊皮请暂停办片 …………………………………………（33）
　　同治二年六月十二日
商灶困苦请援案停缓带征课款折 ……………………………………（34）
　　同治二年六月十二日
东纲疲累恳将二成余票展限折 ………………………………………（34）
　　同治二年六月十二日
冒饷千总正法失察知县请交部议处片 ………………………………（35）
　　同治二年六月十二日
请将候补参将章普堂革职片 …………………………………………（36）
　　同治二年六月十二日

同治二年五月雨泽粮价折 ……………………………………………（36）
　　同治二年六月二十日
黄水陡长势过常年情形折 …………………………………………（39）
　　同治二年六月二十日
起运同治元年漕粮数目折 …………………………………………（40）
　　同治二年六月二十日
应解僧格林沁营军饷全部交纳片 …………………………………（40）
　　同治二年六月二十日
无款筹解李桓营军饷片 ……………………………………………（41）
　　同治二年六月二十日
盐厅加价银两再予缓提片 …………………………………………（41）
　　同治二年六月二十日
审明杀死一家四命首从各犯按律拟办折 …………………………（42）
　　同治二年六月二十日
续解僧格林沁营军饷片 ……………………………………………（44）
　　同治二年六月二十日
被害士民照例议恤被害妇女准予旌表片 …………………………（44）
　　同治二年六月二十日
淄川余匪截杀殆尽拟移军清博折 …………………………………（45）
　　同治二年七月初四日
库银竭蹶不敷支放片 ………………………………………………（46）
　　同治二年七月初四日
直隶提督恒龄提用临清关税银片 …………………………………（47）
　　同治二年七月初四日
拨解东海关税银充僧格林沁营军饷片 ……………………………（47）
　　同治二年七月初四日
黄河泛滥未能即赴清博防剿折 ……………………………………（47）
　　同治二年七月十三日
请将游击王心安留东片 ……………………………………………（48）
　　同治二年七月十三日
山东漕船出境情形片 ………………………………………………（49）
　　同治二年七月十三日

尼山孔庙被毁委员驰勘并自请议处折 ………………………………（49）
　　同治二年七月十五日
同治二年春季各属正法盗犯名数折 …………………………………（50）
　　同治二年七月十五日
匪犯刘把十审明拟结片 ………………………………………………（51）
　　同治二年七月十五日
请旌恤莱州阵亡绅团丁勇殉难妇女折 ………………………………（51）
　　同治二年七月十五日
裁撤东省干河厅员折 …………………………………………………（52）
　　同治二年七月十五日
临清关税银扣还动支缘由片 …………………………………………（52）
　　同治二年七月十五日
试用知县罗衍畴呈请改就教职折 ……………………………………（53）
　　同治二年七月十五日
抵达博平日期并各军获胜情形折 ……………………………………（53）
　　同治二年七月二十九日
请饬各省迅将欠解协饷拨付片 ………………………………………（55）
　　同治二年七月二十九日
查明应袭世职汇案请旨承袭折 ………………………………………（56）
　　同治二年七月三十日
同治元年军政调考展期举行片 ………………………………………（57）
　　同治二年七月三十日
匿名公启无从根究折 …………………………………………………（57）
　　同治二年七月三十日
应查匿名公启专案恳请暂缓片 ………………………………………（58）
　　同治二年七月三十日
审明抢劫匪犯按例拟结折 ……………………………………………（59）
　　同治二年七月三十日
同治二年六月雨泽粮价折 ……………………………………………（60）
　　同治二年七月三十日
曹州东昌被扰被灾各州县请分别蠲缓折 ……………………………（63）
　　同治二年七月三十日

审明团勇民人殴毙弁兵跟役按律定拟折 ……………………………（65）
　　同治二年八月十三日

特参庸劣牧令折 ………………………………………………………（68）
　　同治二年八月十三日

特参虚报勇粮之知县吴瑞珊折 ………………………………………（69）
　　同治二年八月十三日

东昌支应局委员蒋斯崶自尽片 ………………………………………（70）
　　同治二年八月十三日

移军东昌分饬镇道搜剿余匪折 ………………………………………（70）
　　同治二年八月二十五日

邱县知县吴瑞珊应行革职拿问片 ……………………………………（71）
　　同治二年八月二十五日

饬令陈贯甲散团归标片 ………………………………………………（72）
　　同治二年八月二十五日

拿获董全儒等正法折 …………………………………………………（72）
　　同治二年八月三十日

上下两忙清册请暂予展缓片 …………………………………………（73）
　　同治二年八月三十日

宋景诗余党折回东省已派队迎剿折 …………………………………（74）
　　同治二年八月三十日

署崞县知县张振荣阵亡请立专祠折 …………………………………（75）
　　同治二年八月三十日

同治二年七月雨泽粮价折 ……………………………………………（75）
　　同治二年八月三十日

请暂缓解运冠县漕米片 ………………………………………………（78）
　　同治二年八月三十日

续解僧格林沁营军饷片 ………………………………………………（79）
　　同治二年八月三十日

提用关税在应解协饷内扣还片 ………………………………………（79）
　　同治二年八月三十日

参处堵截不力员弁并自请处分折 ……………………………………（80）
　　同治二年九月十一日

总兵保德等攻毁延家营片 ………………………………………（81）
    同治二年九月十一日
请准仍抽芦盐厘金以助军饷折 ………………………………（82）
    同治二年九月十六日
需饷孔亟凑拨厘捐解赴东昌片 ………………………………（83）
    同治二年九月十六日
署费县知县王成谦暂缓交卸片 ………………………………（83）
    同治二年九月十六日
特参防剿失印知县折 …………………………………………（84）
    同治二年九月十六日
朱学篯在籍办理团防出力恳恩奖励片 ………………………（85）
    同治二年九月十六日
守备赵景元候补守备李进梁军营病故请恤片 ………………（85）
    同治二年九月十六日
楚勇口粮援照章程分别核减折 ………………………………（86）
    同治二年九月十六日
候补知府曹丙辉署理东昌知府片 ……………………………（87）
    同治二年九月十六日
审明杀死一家三命凶犯按律拟办折 …………………………（88）
    同治二年九月十六日
请将何亮清暂留山东军营当差片 ……………………………（89）
    同治二年九月十六日
拿获宋景诗家属折 ……………………………………………（89）
    同治二年九月二十四日
患病恳赏假片 …………………………………………………（91）
    同治二年九月二十四日
军务渐次肃清恳准回籍终制折 ………………………………（91）
    同治二年九月二十五日
查明山东各属并无胜保寄顿资财片 …………………………（92）
    同治二年九月二十五日
特参盐场庸劣各员折 …………………………………………（92）
    同治二年九月二十五日

同治二年秋禾约收分数折 …………………………………………………（93）
　　同治二年九月二十五日
同治二年八月雨泽粮价折 …………………………………………………（93）
　　同治二年九月二十五日
署运司恩锡赴武定府属办理盐枭片 ………………………………………（96）
　　同治二年九月二十五日
续获宋景诗余党并筹办善后折 ……………………………………………（97）
　　同治二年十月十二日
委员管解京饷片 ……………………………………………………………（98）
　　同治二年十月十二日
筹解僧格林沁营军饷片 ……………………………………………………（98）
　　同治二年十月十二日
严拿宋景诗并布置防御折 …………………………………………………（99）
　　同治二年十月十二日
知县兑漕迟延请旨参惩折 …………………………………………………（100）
　　同治二年十月十六日
丁宝桢募带湘勇口粮照章酌减折 …………………………………………（101）
　　同治二年十月十六日
帮丁购米案俟明年再行访查片 ……………………………………………（102）
　　同治二年十月十六日
漕麦歉收请改征粟米折 ……………………………………………………（103）
　　同治二年十月十六日
遵旨密查东省漕务尚无情弊折 ……………………………………………（103）
　　同治二年十月十六日
米船被劫请敕直隶江苏一体兜拿片 ………………………………………（105）
　　同治二年十月十六日
省会道缺紧要遴员请补折 …………………………………………………（105）
　　同治二年十月十六日
请开复降调青州知府王继庭原官片 ………………………………………（106）
　　同治二年十月十六日
陈国瑞营军饷实难按期如数照拨折 ………………………………………（106）
　　同治二年十月二十三日

同治二年九月雨泽粮价折 ……………………………………（107）
　　同治二年十月二十三日
漕豆歉收请改征粟米折 ……………………………………（110）
　　同治二年十月二十三日
江苏福建海运米船收口出口各日期片 ……………………（110）
　　同治二年十月二十三日
仍请抽收芦盐厘金以济军饷折 ……………………………（111）
　　同治二年十月二十三日
水师游击升补错误请旨饬部撤销折 ………………………（112）
　　同治二年十月二十三日
兵勇无多势难分兵赴皖助剿折 ……………………………（113）
　　同治二年十月二十八日
宋景诗家属正法片 …………………………………………（115）
　　同治二年十月二十八日
复陈并无散勇滋事片 ………………………………………（115）
　　同治二年十月二十八日
试办北路缉捕事宜折 ………………………………………（116）
　　同治二年十一月初三日
同治元年大计展期举行片 …………………………………（117）
　　同治二年十一月初三日
黄县团练惨杀多命案查办情形片 …………………………（118）
　　同治二年十一月初三日
审明杀死一家二命各犯按律定拟折 ………………………（119）
　　同治二年十一月初三日
审明阳谷县文生京控按律定拟折 …………………………（120）
　　同治二年十一月初三日
同治二年夏季各属正法盗犯名数折 ………………………（121）
　　同治二年十一月初三日
引票纲总轮替量为变通片 …………………………………（122）
　　同治二年十一月初三日
欠解甘饷无款措解片 ………………………………………（122）
　　同治二年十一月初三日

委员管解陵工饷银片 ……………………………………………………（123）
  同治二年十一月初三日

僧格林沁军营粮台第五次截数报销折 …………………………………（123）
  同治二年十一月初三日

秋禾被灾被扰各州县分别蠲缓折 ………………………………………（125）
  同治二年十一月初三日

饬吴永敖一军赴豫片 ……………………………………………………（132）
  同治二年十一月初三日

回省办理地方事宜折 ……………………………………………………（133）
  同治二年十一月十四日

东海关税银拨充僧格林沁营饷片 ………………………………………（134）
  同治二年十一月十四日

邱县聚众抗粮犯正法片 …………………………………………………（135）
  同治二年十一月十四日

请奖出力员弁民团片 ……………………………………………………（135）
  同治二年十一月十四日

丁忧服满片 ………………………………………………………………（136）
  同治二年十一月十四日

同治二年上忙漕粮已未完分数折 ………………………………………（136）
  同治二年十一月十九日

同治二年上半年京控未结各案传解迟延各员照例议处折 ……………（137）
  同治二年十一月十九日

委员管解京饷片 …………………………………………………………（138）
  同治二年十一月十九日

临邑知县马钲等兑清漕粮请开复处分片 ………………………………（138）
  同治二年十一月十九日

请旌恤青州府属阵亡绅团并殉难妇女折 ………………………………（139）
  同治二年十一月十九日

请旌恤省西各属阵亡绅团并殉难妇女折 ………………………………（140）
  同治二年十一月十九日

补授山东巡抚谢恩折 ……………………………………………………（140）
  同治二年十一月二十一日

改派楚勇赴陕助剿折 …………………………………………………（141）
　　同治二年十一月二十七日
东省暂需留勇及预储北方将材片 …………………………………（142）
　　同治二年十一月二十七日
请饬前博平知县蒋庆第赴东委用片 ………………………………（144）
　　同治二年十一月二十七日
委员管解陵工饷银片 ………………………………………………（144）
　　同治二年十一月二十七日
拨解甘饷片 …………………………………………………………（145）
　　同治二年十一月二十七日
请开复惠民知县徐棻处分折 ………………………………………（145）
　　同治二年十一月二十九日
王汝忠亏短钱粮提省勒追折 ………………………………………（146）
　　同治二年十一月二十九日
同治二年秋季各属正法盗犯名数折 ………………………………（146）
　　同治二年十一月二十九日
同治二年十月雨雪粮价折 …………………………………………（147）
　　同治二年十一月二十九日
委员解银赴户部片 …………………………………………………（149）
　　同治二年十一月二十九日
抽收芦盐厘金以裕军饷折 …………………………………………（150）
　　同治二年十一月二十九日
同治二年秋季委署各员班次衔名片 ………………………………（151）
　　同治二年十一月二十九日
东省军营米石皮棉各捐初次汇案请奖折 …………………………（151）
　　同治二年十二月初九日
丁宝桢所带湘勇口粮碍难照减折 …………………………………（152）
　　同治二年十二月初九日
东昌府改为由外题补要缺折 ………………………………………（154）
　　同治二年十二月初九日
山东商籍乡试援例变通办理折 ……………………………………（155）
　　同治二年十二月初九日

查明疏防革职知县郭逢春并无讳匿情事片 …………………………（156）
　　同治二年十二月初九日
修理尼山圣庙动工日期折 ……………………………………………（156）
　　同治二年十二月初九日
前东海关监督征收洋税土税及支用数目折 …………………………（157）
　　同治二年十二月十三日
被灾被扰各地方分别缓征上忙钱粮折 ………………………………（159）
　　同治二年十二月十三日
各州县卫所续报被灾被扰请缓征钱漕折 ……………………………（161）
　　同治二年十二月十三日
筹拨僧格林沁营军饷等银片 …………………………………………（163）
　　同治二年十二月十三日
特参滥役防兵之候补守备郭令鳌片 …………………………………（164）
　　同治二年十二月十三日
特参疏防关厢被抢之县令汛弁折 ……………………………………（164）
　　同治二年十二月十三日
私煎窝囤兴贩硝磺之犯仍复军流片 …………………………………（165）
　　同治二年十二月十三日
请将候补参将特屯布饬令回旗片 ……………………………………（165）
　　同治二年十二月十三日
审明定陶县民京控按律定拟折 ………………………………………（165）
　　同治二年十二月十三日
同治二年十一月雪泽粮价折 …………………………………………（166）
　　同治二年十二月十九日
邹滕费三县被扰村庄分别蠲缓片 ……………………………………（169）
　　同治二年十二月十九日
查禁私铸小钱折 ………………………………………………………（170）
　　同治二年十二月十九日
查办逆产迁移灾民并沿河地方请循旧制折 …………………………（171）
　　同治二年十二月十九日
筹解陈国瑞营军饷片 …………………………………………………（173）
　　同治二年十二月十九日

附编：通饬批牍

通饬裁撤勇粮 ……………………………………………………（174）
　　同治二年八月十七日

通饬整顿吏治 ……………………………………………………（175）
　　同治二年十一月初九日

批淄川令张锡纶禀 ………………………………………………（176）
　　同治二年十二月二十二日

批峄县令蒋庆篯禀 ………………………………………………（176）

卷二　同治三年

谢兼兵部侍郎衔折 ………………………………………………（179）
　　同治三年正月初九日

为捐廉交部议叙谢恩折 …………………………………………（179）
　　同治三年正月初九日

筹解直隶及江北扬州军饷片 ……………………………………（180）
　　同治三年正月初九日

恳恩奖叙经征钱粮全完州县折 …………………………………（180）
　　同治三年正月初九日

东省各官捐备京仓米价折 ………………………………………（181）
　　同治三年正月初九日

挑调各营兵丁并防守省城片 ……………………………………（181）
　　同治三年正月初九日

拨解遮克敦布等军饷片 …………………………………………（182）
　　同治三年正月初九日

同治二年十二月雪泽粮价折 ……………………………………（182）
　　同治三年正月二十三日

咸丰五年征收漕项钱粮奏销截数比较折 ………………………（185）
　　同治三年正月二十三日

咸丰十一年征收地丁钱粮奏销截数比较折 ……………………（187）
　　同治三年正月二十三日

请将团练团营经费仍旧归并办漕折 ……………………………（189）
　　同治三年正月二十三日

筹办逆产请分别拨营收租并添资书院折 ……………………………（190）
　　同治三年正月二十三日
遵旨派勇驰赴山西以资调遣折 ………………………………………（192）
　　同治三年正月二十三日
单县被扰村庄缓征下忙钱漕片 ………………………………………（194）
　　同治三年正月二十三日
陈贯甲收标及拿获宋景诗余党片 ……………………………………（194）
　　同治三年正月二十三日
请派知兵大员与讷钦同办军务片 ……………………………………（195）
　　同治三年正月二十三日
委员续解陵工饷银片 …………………………………………………（195）
　　同治三年正月二十三日
严拿恃强抗官济阳团长王汶训片 ……………………………………（196）
　　同治三年正月二十三日
查明莱阳县张锡祉等剿匪阵亡请恤片 ………………………………（196）
　　同治三年正月二十三日
查明应袭世职汇案请旨承袭折 ………………………………………（197）
　　同治三年正月二十三日
前泰安知县方振业亏欠交清恳恩开复折 ……………………………（198）
　　同治三年二月初十日
长清知县王元相亏挪钱粮解清恳恩开复折 …………………………（198）
　　同治三年二月初十日
特参疏防马贼之禹城知县赵庆恬折 …………………………………（199）
　　同治三年二月初十日
前办亩捐一律停止折 …………………………………………………（200）
　　同治三年二月初十日
委员管解陕甘协饷片 …………………………………………………（201）
　　同治三年二月初十日
审明博平知县宋克扬妄杀团总定拟折 ………………………………（202）
　　同治三年二月初十日
特参取巧酿事之蓬莱知县马襄折 ……………………………………（204）
　　同治三年二月初十日

候补都司毛贵在军营病故请恤片 …………………………………（205）
　　同治三年二月初十日
审明滕县京控按律定拟折 ………………………………………（205）
　　同治三年二月初十日
请将赴晋楚勇提回东省折 ………………………………………（207）
　　同治三年二月十六日
新练马队口分马干拟照防兵例发给片 …………………………（209）
　　同治三年二月十六日
请将己未等纲未完票盐暂予展缓折 ……………………………（209）
　　同治三年二月二十二日
同治二年冬季委署各员班次衔名片 ……………………………（210）
　　同治三年二月二十二日
山东满营官兵俸饷拟请按月先发五成折 ………………………（210）
　　同治三年二月二十二日
已解僧格林沁营军饷银数片 ……………………………………（211）
　　同治三年二月二十二日
遵旨再议逆绝各产情形折 ………………………………………（212）
　　同治三年二月二十二日
已革知县李均征存钱粮延不完解请旨拿问折 …………………（214）
　　同治三年二月二十二日
审明武闱试卷亲供笔迹不符定拟折 ……………………………（214）
　　同治三年二月二十二日
特参疏防之济宁知州周鹗折 ……………………………………（215）
　　同治三年二月二十二日
同治三年正月雪泽粮价折 ………………………………………（216）
　　同治三年二月二十二日
拣员请补要缺知县折 ……………………………………………（218）
　　同治三年三月初八日
委员管解陈国瑞营军饷片 ………………………………………（219）
　　同治三年三月初八日
查明东昌知府秦际隆被参各款折 ………………………………（220）
　　同治三年三月初八日

拨解陈国瑞营饷银核报片…………………………………………（222）
　　同治三年三月初八日
泗水知县任澍林留省遗缺拣员请补片……………………………（223）
　　同治三年三月初八日
高唐绅民捐修城工请予奖叙折……………………………………（223）
　　同治三年三月初八日
德平知县何元熙所短漕粮兑清请开复处分片……………………（224）
　　同治三年三月初八日
审明济阳抗粮滋事首要按例拟斩折………………………………（225）
　　同治三年三月初八日
审明山东帮丁在津买米按律定拟折………………………………（226）
　　同治三年三月初八日
为解齐工程银两交部议叙谢恩折…………………………………（228）
　　同治三年三月初八日
请定前江南河督潘锡恩捐备京仓奖叙片…………………………（228）
　　同治三年三月初八日
审明共殴毙命案尸属京控按律定拟折……………………………（229）
　　同治三年三月初八日
请照例议恤李泽长片………………………………………………（230）
　　同治三年三月初八日
请旌恤淄川阵亡绅团并殉难妇女折………………………………（230）
　　同治三年三月二十五日
查明匿名公启所陈各款据实缕陈折………………………………（231）
　　同治三年三月二十五日
委员管解京饷片……………………………………………………（238）
　　同治三年三月二十五日
查明文武员弁被参各款折…………………………………………（238）
　　同治三年三月二十五日
查明前任巡抚谭廷襄被参各情折…………………………………（241）
　　同治三年三月二十五日
议复试用道钟文条陈片……………………………………………（243）
　　同治三年三月二十五日

拿获阳信抗漕行抢团匪就地正法折 …………………………（244）
　　同治三年三月二十五日

同治三年二月雨雪粮价折 …………………………………（245）
　　同治三年三月二十五日

省会知县员缺请旨补授折 …………………………………（248）
　　同治三年三月二十六日

拨解僧格林沁营正月份军饷片 ……………………………（249）
　　同治三年三月二十六日

雇勇口粮请仍照本省奏减成案办理折 ……………………（249）
　　同治三年三月二十六日

道府州县四项官职捐例仍照筹饷定例折 …………………（250）
　　同治三年三月二十六日

请开复观城知县余师濂处分折 ……………………………（252）
　　同治三年三月二十六日

同治二年冬季各属正法匪犯名数折 ………………………（253）
　　同治三年三月二十六日

东省军储捐米第二次请奖折 ………………………………（254）
　　同治三年四月十四日

同治二年下忙征解数目折 …………………………………（255）
　　同治三年四月十四日

长山知县张光煜亏欠钱粮请旨拿问折 ……………………（256）
　　同治三年四月十四日

审明已革将弁剿匪不力定拟折 ……………………………（256）
　　同治三年四月十四日

京控未结各案传解迟延各员照例议处折 …………………（258）
　　同治三年四月十四日

查明已革府道县被参各款折 ………………………………（258）
　　同治三年四月十四日

大营粮台移驻河南并开局日期片 …………………………（267）
　　同治三年四月十四日

酌保克复淄川等处出力文武员弁折 ………………………（267）
　　同治三年四月十四日

委员管解陵工饷银片 …………………………………………………（272）
　　同治三年四月十四日
委员管解京饷片 ……………………………………………………（272）
　　同治三年四月十四日
委员管解盐课京饷片 ………………………………………………（273）
　　同治三年四月十四日
筹解甘饷及多隆阿营协饷片 ………………………………………（273）
　　同治三年四月十四日
外河德正首帮漕船开行片 …………………………………………（273）
　　同治三年四月十四日
防守大清河捐资出力官绅原保奖叙复核无异片 …………………（274）
　　同治三年四月十四日
奏调云南候补知府龚易图请留山东补用片 ………………………（274）
　　同治三年四月十四日
阵亡圣庙伴官刘延森照例议恤片 …………………………………（275）
　　同治三年四月十四日
赴泰兖沂曹济察看地方情形折 ……………………………………（276）
　　同治三年四月十五日
同治元二年临清户工两关征收短绌折 ……………………………（276）
　　同治三年五月初二日
江苏海运漕船收口放洋日期片 ……………………………………（277）
　　同治三年五月初二日
委员管解盐课京饷片 ………………………………………………（278）
　　同治三年五月初二日
原河道总督杨以增捐备军饷加广本籍文武学额折 ………………（278）
　　同治三年五月初二日
筹解陵工及僧格林沁营月饷片 ……………………………………（279）
　　同治三年五月初二日
临邑团长赵汶焕抗漕抢掠获案正法片 ……………………………（279）
　　同治三年五月初二日
审明高密县民京控按律定拟折 ……………………………………（280）
　　同治三年五月初二日

审明济阳县民京控按律定拟折 …………………………………（281）
　　同治三年五月初二日
同治三年三月雨泽粮价折 …………………………………………（282）
　　同治三年五月初二日
续参勒缉限满获犯未半之禹城知县赵庆恬折 ………………………（285）
　　同治三年五月十五日
署齐河县丞王诚之藏匿匪犯审明定拟折 ……………………………（286）
　　同治三年五月十五日
外洋商船被劫揭参巡缉武弁折 ………………………………………（287）
　　同治三年五月十五日
起运同治二年漕粮数目折 ……………………………………………（288）
　　同治三年五月十五日
前巡抚文煜北援统带兵勇实数片 ……………………………………（288）
　　同治三年五月十五日
抵拨定安及陈国瑞营饷片 ……………………………………………（289）
　　同治三年五月十五日
请允卢朝安专办供支贡璜候旨入都片 ………………………………（290）
　　同治三年五月十五日
审明兰山县民京控按律定拟折 ………………………………………（290）
　　同治三年五月十五日
筹措僧格林沁大营等月饷片 …………………………………………（291）
　　同治三年五月十五日
审明逆伦重犯按律定拟折 ……………………………………………（292）
　　同治三年五月十五日
察看泰沂兖济曹地方情形并筹善后折 ………………………………（293）
　　同治三年五月二十一日
东省吏治大概情形片 …………………………………………………（295）
　　同治三年五月二十一日
山东乡试请旨依限举行折 ……………………………………………（297）
　　同治三年五月三十日
同治三年四月雨泽粮价折 ……………………………………………（297）
　　同治三年五月三十日

同治三年二麦约收分数折 …………………………………………（300）
　　同治三年五月三十日
山东运库积欠直隶剥船生息银两暂免拨解片 …………………（300）
　　同治三年五月三十日
沾化知县赵钟华勒缉赃盗已获请开复折 …………………………（301）
　　同治三年五月三十日
接办黄蜡委员邵谦名延不报解请暂行革职折 ……………………（302）
　　同治三年五月三十日
委员管解甘饷片 ……………………………………………………（302）
　　同治三年五月三十日
委员管解僧格林沁营三月份军饷片 ………………………………（303）
　　同治三年五月三十日
同治三年春季各属正法盗犯名数折 ………………………………（303）
　　同治三年六月十五日
请开复原参知州周鹍顶戴折 ………………………………………（304）
　　同治三年六月十五日
山东漕船出境日期片 ………………………………………………（304）
　　同治三年六月十五日
查办潘黄氏呈告藩司贡璜折 ………………………………………（305）
　　同治三年六月十五日
敬陈东省吏治积弊片 ………………………………………………（306）
　　同治三年六月十五日
揭参长清县知县丁兆基折 …………………………………………（308）
　　同治三年六月十五日
长清知县调省遗缺以邹平知县调署片 ……………………………（308）
　　同治三年六月十五日
解清僧格林沁四月份军饷片 ………………………………………（309）
　　同治三年六月十五日
委员管解盐课京饷片 ………………………………………………（309）
　　同治三年六月十五日
讯明参办盐场大使与知县把总等互讦案折 ………………………（309）
　　同治三年六月十五日

冲繁难知县要缺请仍照前奏拟补折 …………………………………（311）
　　同治三年六月二十八日
委员管解陈国瑞营饷片 ………………………………………………（312）
　　同治三年六月二十八日
省会知县要缺请旨仍照前奏拟补折 …………………………………（312）
　　同治三年六月二十八日
乡试房考照例遴选即用分发人员折 …………………………………（313）
　　同治三年六月二十八日
奉旨饬拿为匪富户查无不法情事折 …………………………………（313）
　　同治三年六月二十八日
曹丙辉补授东昌府知府折 ……………………………………………（315）
　　同治三年六月二十八日
同治三年五月雨泽粮价折 ……………………………………………（316）
　　同治三年六月二十八日
邹县知县张体健捐修尼山圣庙请宽免处分折 ………………………（319）
　　同治三年六月二十八日
东平知州王锡麟捐输军饷请移奖子侄片 ……………………………（320）
　　同治三年七月初一日
请旌恤临清州殉难绅民妇女折 ………………………………………（320）
　　同治三年七月十五日
文生杨鸣谦阵亡请建立专祠折 ………………………………………（321）
　　同治三年七月十五日
黄水陡长运河泛溢饬属防护折 ………………………………………（321）
　　同治三年七月十五日
博兴县二麦被灾请蠲缓钱粮折 ………………………………………（322）
　　同治三年七月十五日
委员管解定安营军饷片 ………………………………………………（323）
　　同治三年七月十五日
力筹甘省协饷请免拨甘省火药片 ……………………………………（323）
　　同治三年七月十五日
兖沂曹济道员缺委崇芳接署片 ………………………………………（324）
　　同治三年七月十五日

沂州府擒获匪犯就地正法片 …………………………………………（324）
　　同治三年七月十五日
请停山东军储捐米片 ……………………………………………………（325）
　　同治三年七月十五日
查明应袭世职汇案请旨承袭折 …………………………………………（326）
　　同治三年七月十五日
请免道员王继庭降调捐复银两片 ………………………………………（327）
　　同治三年七月十五日
移拨江浙降卒诸有未宜折 ………………………………………………（328）
　　同治三年八月初一日
请旌恤东昌府属阵亡绅团并殉难妇女折 ………………………………（329）
　　同治三年八月初一日
同治三年六月雨泽粮价折 ………………………………………………（330）
　　同治三年八月初一日
军营收捐米石皮棉衣汇案请奖折 ………………………………………（333）
　　同治三年八月初一日
曹州知府来秀请展期引见片 ……………………………………………（334）
　　同治三年八月初一日
乡试入闱监临日期片 ……………………………………………………（334）
　　同治三年八月初一日
署东昌知府曹丙辉循例甄别片 …………………………………………（335）
　　同治三年八月初一日
已革候补知县吴瑞珊虚报勇粮请旨惩办折 ……………………………（335）
　　同治三年八月初一日
审明馆陶县民陈懋淇从逆就地正法片 …………………………………（336）
　　同治三年八月初一日
委员管解僧格林沁营五月份军饷片 ……………………………………（337）
　　同治三年八月初一日
委员管解陈国瑞营协饷片 ………………………………………………（337）
　　同治三年八月初一日
审明逆伦重犯按律拟办折 ………………………………………………（337）
　　同治三年八月初一日

审明京控原告解回病故拟结折 …………………………………………（339）
　　同治三年八月初一日
鲁镇五京控案拟结片 ………………………………………………………（340）
　　同治三年八月初一日
委员管解定安营军饷片 ……………………………………………………（341）
　　同治三年八月初一日
逃匪苏落坤聚众滋事已经官军击散折 ……………………………………（341）
　　同治三年八月初五日
候补道员张文林循例甄别折 ………………………………………………（343）
　　同治三年八月二十五日
乡试出闱日期片 ……………………………………………………………（344）
　　同治三年八月二十五日
拣员调补沿河要缺知县折 …………………………………………………（344）
　　同治三年八月二十五日
武定知府暂行留省仍令张鼎辅署理片 ……………………………………（345）
　　同治三年八月二十五日
同治三年七月雨泽粮价折 …………………………………………………（345）
　　同治三年八月二十五日
复参博兴县疏防案留缉员弁折 ……………………………………………（348）
　　同治三年八月二十五日
同治三年夏季各属正法盗匪名数折 ………………………………………（350）
　　同治三年八月二十五日
奉拨盐课京饷及僧格林沁营饷片 …………………………………………（351）
　　同治三年八月二十五日
筹解新疆经费甘肃陕西军饷片 ……………………………………………（351）
　　同治三年八月二十五日
请将丁宝桢保德开复恩锡从优议叙片 ……………………………………（352）
　　同治三年八月二十五日
遵照部咨查看候补班人员片 ………………………………………………（353）
　　同治三年八月二十五日
满营米折改放本色诸多格碍折 ……………………………………………（353）
　　同治三年九月十七日

本省运守司道等缺分饬交卸接署片…………………………………（354）
　　同治三年九月十七日
同治三年夏季委署各员班次衔名片…………………………………（355）
　　同治三年九月十七日
馆陶搜捕余匪及布置情形片…………………………………………（355）
　　同治三年九月十七日
委员管解定安营军饷片………………………………………………（356）
　　同治三年九月十七日
各驿接递夹板报件并无私拆情弊折…………………………………（356）
　　同治三年九月十七日
审明誊录代改试卷定拟折……………………………………………（357）
　　同治三年九月十七日
同治三年秋禾约收分数折……………………………………………（358）
　　同治三年九月十七日
东省筹备军储援案捐米请奖折………………………………………（359）
　　同治三年九月十七日
同治三年八月雨泽粮价折……………………………………………（359）
　　同治三年九月二十七日
审明陵县被匪阑入情形折……………………………………………（362）
　　同治三年九月二十七日
僧格林沁营七月份军饷解清并拨解东海关税银片…………………（364）
　　同治三年九月二十七日
查明乡试未第老生请循例恩施折……………………………………（364）
　　同治三年九月二十七日
已革知县赵庆恬亏短银两请旨拿问折………………………………（366）
　　同治三年九月二十七日
委员管解京饷片………………………………………………………（367）
　　同治三年九月二十七日
代奏潘锡恩感激赏还原衔片…………………………………………（367）
　　同治三年九月二十七日
审明郓城县文生京控按律定拟折……………………………………（368）
　　同治三年九月二十七日

审明命案重犯按例定拟折 …………………………………………（369）
同治三年九月二十七日

参革偷安规避之守备以肃营伍折 …………………………………（370）
同治三年九月二十七日

会奏漏列河督衔名据实检举自请议处片 …………………………（370）
同治三年九月二十七日

同治三年上半年京控未结各案传解迟延各员照例议处折 ………（371）
同治三年十月十六日

新任藩司丁宝桢臬司恩锡暂缓陛见片 ……………………………（372）
同治三年十月十六日

请仍不准方振业捐复原官片 ………………………………………（372）
同治三年十月十六日

请旌恤济南府属阵亡绅团并殉难妇女折 …………………………（373）
同治三年十月十六日

委员管解京饷片 ……………………………………………………（374）
同治三年十月十六日

原参长清知县丁兆基请开复顶戴折 ………………………………（374）
同治三年十月十六日

请免解甘肃火药等项片 ……………………………………………（375）
同治三年十月十六日

同治三年上忙漕粮已未完分数折 …………………………………（375）
同治三年十月十六日

漕麦改征粟米折 ……………………………………………………（376）
同治三年十月十六日

漕豆改征粟米折 ……………………………………………………（376）
同治三年十月十六日

恳免采买缎绸布匹折 ………………………………………………（377）
同治三年十月十六日

请拨银赈恤灾民并补筑缺堤以工代赈折 …………………………（378）
同治三年十月三十日

同治三年九月雨泽粮价折 …………………………………………（379）
同治三年十月三十日

审明汛弁诬良诈赃定拟折 …………………………………………（381）
　　同治三年十月三十日
查明秋审斩犯与同案伙犯分别定拟折 ……………………………（382）
　　同治三年十月三十日
沂州府续擒匪犯就地正法片 ………………………………………（384）
　　同治三年十月三十日
请奖励济宁知州程绳武片 …………………………………………（385）
　　同治三年十月三十日
特参署荣成知县张道南暂行革职留任折 …………………………（386）
　　同治三年十月三十日
新任学政阅文幕友人数片 …………………………………………（386）
　　同治三年十月三十日
被灾地方请分别蠲缓折 ……………………………………………（387）
　　同治三年十月三十日
委员管解京饷并僧格林沁营军饷片 ………………………………（392）
　　同治三年十月三十日
审明昌邑县民京控按律定拟折 ……………………………………（392）
　　同治三年十月三十日
知县人地未宜请旨留省另补折 ……………………………………（394）
　　同治三年十一月十五日
办理常启云京控王克一案情形片 …………………………………（394）
　　同治三年十一月十五日
新选知县留省察看片 ………………………………………………（395）
　　同治三年十一月十五日
莘县武城两县知县调省察看片 ……………………………………（395）
　　同治三年十一月十五日
特参庸劣官员折 ……………………………………………………（396）
　　同治三年十一月十五日
查办湖团情形折 ……………………………………………………（396）
　　同治三年十一月十五日
特参疏防城内失事知县董槐折 ……………………………………（399）
　　同治三年十一月十五日

东省各官捐备京仓米价片 …………………………………………（400）
　　同治三年十一月十五日
请将勒缉贼盗限满无获之水师弁备即行革任折 ……………………（400）
　　同治三年十一月十五日
委员管解京饷并筹拨甘肃饷银片 ……………………………………（401）
　　同治三年十一月十五日
请敕新授登州镇标水师将弁来东任事片 ……………………………（401）
　　同治三年十一月十五日
特参掖县知县苏名显延不接收仓谷折 ………………………………（402）
　　同治三年十一月十五日
请允刘守曾补授蒙阴知县折 …………………………………………（403）
　　同治三年十一月十五日
委署运司兼署臬司印务片 ……………………………………………（403）
　　同治三年十一月十五日
咸丰六年漕项钱粮奏销截数比较折 …………………………………（404）
　　同治三年十一月二十九日
临清户关征税短绌情形折 ……………………………………………（405）
　　同治三年十一月二十九日
委员管解盛京饷银暨各处协饷片 ……………………………………（406）
　　同治三年十一月二十九日
补行军政举劾较少缘由片 ……………………………………………（407）
　　同治三年十一月二十九日
甄别军功保举候补州县各员折 ………………………………………（407）
　　同治三年十一月二十九日
护送琉球国贡使出境片 ………………………………………………（407）
　　同治三年十一月二十九日
同治三年十月雨雪粮价折 ……………………………………………（408）
　　同治三年十一月二十九日
审明武弁殴毙平民按律定拟折 ………………………………………（411）
　　同治三年十一月二十九日
降捻董道平复行滋事就地正法片 ……………………………………（413）
　　同治三年十一月二十九日

登州官绅士民捐修城工请予奖叙折 …………………………………（413）
　　同治三年十一月二十九日
请旌恤遇贼被害海阳绅民片 ……………………………………（414）
　　同治三年十一月二十九日
外委高逢志等阵亡请恤片 …………………………………………（415）
　　同治三年十一月二十九日
同治三年秋季委署各员班次衔名片 ………………………………（416）
　　同治三年十一月二十九日
青州知府高镇丁忧遗缺委候补知府成善署理片 …………………（416）
　　同治三年十一月二十九日
审明博山县廪生京控按律定拟折 …………………………………（416）
　　同治三年十一月二十九日
审明军营防勇殴毙人命按例定拟折 ………………………………（417）
　　同治三年十一月二十九日
审明知府自尽实情折 ………………………………………………（419）
　　同治三年十一月二十九日
请照例旌表在籍殉难巡检彭年之女片 ……………………………（422）
　　同治三年十二月十一日
已故知县潘运第历任亏欠查抄备抵折 ……………………………（423）
　　同治三年十二月十二日
旧案交代亏缺各员请旨革职查抄监追折 …………………………（424）
　　同治三年十二月十二日
限外拿获赃盗请开复原参员弁顶戴折 ……………………………（433）
　　同治三年十二月十二日
委员管解京饷并僧格林沁营协饷片 ………………………………（433）
　　同治三年十二月十二日
东昌知府秦际隆被参各款查无确据请赏给原衔片 ………………（434）
　　同治三年十二月十二日
审明潘黄氏京控藩司贡璜系虚诬按例定拟折 ……………………（435）
　　同治三年十二月十二日
潘黄氏诬告系为阻挠交代恳旨严示片 ……………………………（437）
　　同治三年十二月十二日
查明刘时霖被参各节并陈迵犯事始末折 …………………………（438）

同治三年十二月十二日
特参疏防盗劫重案知县吴恩荣折 ………………………………………（440）
　　同治三年十二月十二日
审明寿张县京控案按律定拟折 ……………………………………………（441）
　　同治三年十二月十二日
请开复已革守备郭龄鳌原官留省差委片 …………………………………（442）
　　同治三年十二月十二日
登州知府以武定知府代理片 ………………………………………………（443）
　　同治三年十二月十二日
审明京控假照诓骗从犯按例定拟折 ………………………………………（443）
　　同治三年十二月十二日
委令忠顺署理曹州镇标游击片 ……………………………………………（445）
　　同治三年十二月十二日
新泰知县郑溥堪以调署掖县知县片 ………………………………………（445）
　　同治三年十二月十二日
查禁私铸循例奏闻折 ………………………………………………………（445）
　　同治三年十二月十九日
同治三年十一月雨雪粮价折 ………………………………………………（446）
　　同治三年十二月十九日
新案交代半年汇奏作为定章折 ……………………………………………（449）
　　同治三年十二月十九日
清查勒追银两限满各员照章办理折 ………………………………………（451）
　　同治三年十二月十九日
被灾地方请分别缓征上忙钱粮折 …………………………………………（452）
　　同治三年十二月十九日
密陈东省本年镇司道府各官考语折 ………………………………………（454）
　　同治三年十二月十九日
东省官累綦重请免提扣州县坐支款折 ……………………………………（455）
　　同治三年十二月十九日
拨解新疆甘肃等处饷银片 …………………………………………………（458）
　　同治三年十二月十九日
请将知府停放搭钞二成养廉仍行给领片 …………………………………（458）
　　同治三年十二月十九日
鱼台县境湖团丈地编籍情形片 ……………………………………………（458）

同治三年十二月十九日

附编：通饬批牍

批费县令王成谦禀 ………………………………………………（459）
　　同治三年二月二十二日
批高唐州张牧禀 …………………………………………………（460）
　　同治三年三月初四日
批临邑县令帅嵩龄禀 ……………………………………………（460）
　　同治三年三月二十七日
批臬司详请裁汰秋审公费银两 …………………………………（461）
　　同治三年三月二十九日
　　附：臬司丁宝桢详文 …………………………………………（461）
批新泰县郑令禀 …………………………………………………（462）
　　同治三年四月初一日
通饬各属严防差役讹诈害民 ……………………………………（462）
　　同治三年四月初一日
批曲阜县曹令禀 …………………………………………………（463）
　　同治三年四月初三日
通饬办理交代二参 ………………………………………………（463）
　　同治三年四月十四日
批平原县令张廷扬禀 ……………………………………………（465）
　　同治三年六月初一日
批平原县令张廷扬禀 ……………………………………………（465）
　　同治三年六月初四日
批济南知府萧培元禀 ……………………………………………（465）
　　同治三年六月二十三日
批禹城县赵令候补县韩令会禀 …………………………………（466）
　　同治三年六月二十八日
批曹县令汤鋐禀 …………………………………………………（466）
　　同治三年六月二十八日
批青州府禀行司通饬各府 ………………………………………（467）
　　同治三年六月二十九日

批恩县陈令禀 …………………………………………………… （467）
　　同治三年七月初六日
札布政司催算交代 …………………………………………… （468）
　　同治三年七月初七日
批朝城县权令禀 ……………………………………………… （469）
　　同治三年九月二十一日
批冠县孙令禀 ………………………………………………… （469）
　　同治三年九月□日
批新城县令高文绮禀 ………………………………………… （470）
　　同治三年九月二十六日
批武定知府张鼎辅禀 ………………………………………… （470）
　　同治三年十月初七日
批汶上县左令禀行司通饬各属 ……………………………… （471）
　　同治三年十月二十日
批莱阳县陈署令禀 …………………………………………… （472）
　　同治三年十月二十八日
批冠县令孙善述禀 …………………………………………… （472）
　　同治三年十一月初八日
通饬清理词讼 ………………………………………………… （472）
　　同治三年十一月二十七日
签驳臬司详邱县民人京控典史案 …………………………… （473）
　　同治三年十二月初一日
批昌乐县令郭定柱禀 ………………………………………… （474）
　　同治三年十二月初二日

下

卷三　同治四年

东海关征收各税并案报销折 ………………………………… （477）
　　同治四年正月十九日
委员管解僧格林沁营等处协饷片 …………………………… （478）

同治四年正月十九日
循例甄别教佐各官折 …………………………………………………………（479）
　　　同治四年正月十九日
东省酌定协拨鲍超军饷数目片 ………………………………………………（479）
　　　同治四年正月十九日
同治元年征收地丁钱粮奏销截数比较折 ……………………………………（479）
　　　同治四年正月十九日
请奖励同治三年催科认真各州县折 …………………………………………（481）
　　　同治四年正月十九日
藩司委臬司署理臬司委署运司兼理片 ………………………………………（484）
　　　同治四年正月十九日
署兰山知县长赓丁忧服满请再留任片 ………………………………………（484）
　　　同治四年正月十九日
严防捻党回窜折 ………………………………………………………………（484）
　　　同治四年正月二十七日
搜捕余匪正法名数折 …………………………………………………………（485）
　　　同治四年正月二十七日
王崑崖等拿获教匪首要请奖片 ………………………………………………（487）
　　　同治四年正月二十七日
奉拨盐斤加价库无存款请酌量改拨折 ………………………………………（488）
　　　同治四年正月三十日
商灶困苦恳请调剂折 …………………………………………………………（490）
　　　同治四年正月三十日
同治三年十二月雪泽粮价折 …………………………………………………（491）
　　　同治四年正月三十日
委员管解僧格林沁营军饷并盐课京饷片 ……………………………………（493）
　　　同治四年正月三十日
保举军务出力员弁遵照部议更正折 …………………………………………（494）
　　　同治四年正月三十日
咸丰七年征收漕项钱粮奏销截数比较折 ……………………………………（495）
　　　同治四年正月三十日
查明应袭世职汇案请旨承袭折 ………………………………………………（496）

  同治四年正月三十日

清查届满分厘未解照章办理情形折 …………………………………（497）
  同治四年正月三十日

请将塔克苏堪以参将留东补用片 ……………………………………（498）
  同治四年正月三十日

休致盐大使亏短正项请旨革职监追折 ………………………………（498）
  同治四年二月初一日

特参疏防绞犯越狱之典史知县折 ……………………………………（499）
  同治四年二月初一日

遵驳审明疏脱匪犯之职官按律定拟折 ………………………………（499）
  同治四年二月初一日

审明京控诬告按例定拟折 ……………………………………………（501）
  同治四年二月初一日

已革卫守备廖宇清交代亏缺并案追缴折 ……………………………（502）
  同治四年二月初一日

已故卫守备讷勒亨阿在任亏欠请查抄备抵折 ………………………（503）
  同治四年二月初一日

审明肥城县杀死本夫重犯分别定拟折 ………………………………（503）
  同治四年二月初一日

审明潍县京控按律定拟折 ……………………………………………（504）
  同治四年二月初一日

藩司带兵出省并筹防务折 ……………………………………………（505）
  同治四年二月初六日

募勇口粮请仍照成案办理折 …………………………………………（507）
  同治四年二月初六日

审明殴官闹考之童生按例定拟折 ……………………………………（508）
  同治四年二月二十八日

同治四年正月雪泽粮价折 ……………………………………………（509）
  同治四年二月二十八日

诸城知县续销票引全完请开复处分折 ………………………………（512）
  同治四年二月二十八日

同治三年秋季各属正法盗匪名数折 …………………………………（513）

　　　　同治四年二月二十八日
奉派采办绸布奏请展限片 …………………………………………（514）
　　　　同治四年二月二十八日
委员管解僧格林沁营等处饷银片 ………………………………（514）
　　　　同治四年二月二十八日
审明命案尸属京控按律定拟折 …………………………………（515）
　　　　同治四年二月二十八日
审明济宁卫旗丁京控按律定拟折 ………………………………（516）
　　　　同治四年二月二十八日
审明逆伦重犯按律拟办折 ………………………………………（517）
　　　　同治四年二月二十八日
审明赴京诬告案犯按例定拟折 …………………………………（518）
　　　　同治四年二月二十八日
捻党入东筹防情形折 ……………………………………………（519）
　　　　同治四年三月初八日
委员管解僧格林沁营等处饷银片 ………………………………（520）
　　　　同治四年三月初八日
特参密揭属员失实知府陆成沅折 ………………………………（520）
　　　　同治四年三月初十日
请敕部签分乙丑科即用知县来东片 ……………………………（521）
　　　　同治四年三月初十日
水师总兵出缺请旨迅赐简放折 …………………………………（522）
　　　　同治四年三月初十日
南运引盐仍归东省办理折 ………………………………………（522）
　　　　同治四年三月初十日
审明赴京诬告之犯按例定拟折 …………………………………（524）
　　　　同治四年三月初十日
审明东阿县监生京控按律定拟折 ………………………………（525）
　　　　同治四年三月初十日
防剿捻党情形折 …………………………………………………（526）
　　　　同治四年三月十二日
请奖拿办盐枭之文武员弁片 ……………………………………（527）

同治四年三月十二日
特参庸劣不职之通判州县各官折 ………………………………………（527）
　　同治四年三月十二日
藩司丁宝桢追击捻党片 …………………………………………………（528）
　　同治四年三月十八日
现办防剿请将秋审人犯援案免其提勘折 ………………………………（528）
　　同治四年三月十八日
捻党回东扼要防剿情形折 ………………………………………………（529）
　　同治四年三月十九日
保举贤能牧令折 …………………………………………………………（530）
　　同治四年三月二十六日
临清关税源短绌恳准暂予免赔折 ………………………………………（531）
　　同治四年三月二十六日
请奖励催科得力之益都知县片 …………………………………………（532）
　　同治四年三月二十六日
宁阳县民欠钱粮弊混请将知县革职查办折 ……………………………（533）
　　同治四年三月二十六日
前武城知县在任亏欠请革职监追折 ……………………………………（533）
　　同治四年三月二十六日
东省运库积欠生息银两请暂免饬催片 …………………………………（534）
　　同治四年三月二十六日
委员管解黑龙江等处饷银片 ……………………………………………（535）
　　同治四年三月二十六日
委员管解京饷并各处军饷片 ……………………………………………（535）
　　同治四年三月二十六日
同治四年二月雨雪粮价折 ………………………………………………（536）
　　同治四年三月二十六日
莱州知府员缺署理代理片 ………………………………………………（539）
　　同治四年三月二十六日
山东粮台第五、六、七次截数报销折 …………………………………（539）
　　同治四年三月二十七日
请旌恤阵亡官绅兵勇及殉难妇女折 ……………………………………（551）

请旌恤兖州府属阵亡绅团并殉难妇女折 …………………………（551）
　　同治四年三月二十七日
同治三年下忙征解数目折 ……………………………………………（552）
　　同治四年三月二十七日
东纲南北两运未完引张请从宽免议片 …………………………………（552）
　　同治四年三月二十七日
捻党南走并筹防情形折 ………………………………………………（553）
　　同治四年三月二十七日
捻党出境并筹防情形折 ………………………………………………（554）
　　同治四年四月初十日
复陈藩司丁宝桢军情片 ………………………………………………（555）
　　同治四年四月初十日
委员赴泰山致祭片 ……………………………………………………（556）
　　同治四年四月初十日
同治四年京饷及军饷解交情形片 ……………………………………（556）
　　同治四年四月初十日
捻党复入东境接仗情形折 ……………………………………………（557）
　　同治四年四月十五日
请将游击程锡善暂留山东差遣片 ……………………………………（558）
　　同治四年四月十五日
请优恤千总沙振德片 …………………………………………………（559）
　　同治四年四月十五日
护送同治三年漕船片 …………………………………………………（559）
　　同治四年四月十五日
督率弁丁妥为保护漕船片 ……………………………………………（560）
　　同治四年四月十五日
捻党西走带兵出省调度折 ……………………………………………（560）
　　同治四年四月二十二日
同治四年饷银解交情形片 ……………………………………………（561）
　　同治四年四月二十二日
捻党游弋黄河南岸并筹防情形折 ……………………………………（561）

　　　　同治四年四月二十五日
请奖擢东治营官王心安片 …………………………………………（562）
　　　　同治四年四月二十六日
僧格林沁阵亡情形及回省筹防折 ………………………………（562）
　　　　同治四年四月二十八日
回省日期并捻党情形折 …………………………………………（564）
　　　　同治四年五月初一日
僧格林沁灵柩暂停曹郡书院片 …………………………………（565）
　　　　同治四年五月初一日
历陈捻情请拨重兵防堵折 ………………………………………（565）
　　　　同治四年五月初五日
筹商会办军务片 …………………………………………………（567）
　　　　同治四年五月初五日
请调杨飞熊来东听候调遣片 ……………………………………（568）
　　　　同治四年五月初五日
为遵部驳改拟贼犯赵浍斩立决折 ………………………………（568）
　　　　同治四年五月初七日
江苏海运漕船收口放洋片 ………………………………………（569）
　　　　同治四年五月初七日
审明曹县京控按律定拟折 ………………………………………（570）
　　　　同治四年五月初七日
审明杀人凶犯按例定拟折 ………………………………………（571）
　　　　同治四年五月初七日
同治三年下半年京控未结各案传解迟延各员照例议处折 ………（572）
　　　　同治四年五月初七日
宁阳等县交代请展限期片 ………………………………………（573）
　　　　同治四年五月初七日
同治三年冬季各属正法盗犯名数折 ……………………………（574）
　　　　同治四年五月初七日
审明枭匪按律定拟折 ……………………………………………（575）
　　　　同治四年五月初七日
同治四年三月雨泽粮价折 ………………………………………（576）

　　　　同治四年五月初七日
同治三年上下两忙清册仍请展限片……………………………（579）
　　　　同治四年五月初七日
江苏海运漕船搁浅松舱饬令赴津赔补片…………………………（580）
　　　　同治四年五月初七日
咸丰十一年东纲引课未完请暂免议处片…………………………（580）
　　　　同治四年五月初七日
藩运各库筹拨僧格林沁军营犒赏片………………………………（581）
　　　　同治四年五年初七日
审明命案尸属京控按例定拟折……………………………………（581）
　　　　同治四年五月初七日
捻党复渡运河省防布置情形折……………………………………（583）
　　　　同治四年五月十一日
护送布彦诺谟祜至济南片…………………………………………（584）
　　　　同治四年五月十一日
捻党扑济宁经勇击退折……………………………………………（584）
　　　　同治四年五月十二日
捻党至嘉祥严饬州县防守片………………………………………（586）
　　　　同治四年五月十二日
筹设炮船并河路情形片……………………………………………（586）
　　　　同治四年五月十二日
捻党盘踞长沟暨分股南走情形折…………………………………（587）
　　　　同治四年五月十七日
密陈严察投诚粤捻动静片…………………………………………（588）
　　　　同治四年五月十七日
捻党盘踞未动并筹办北路河防情形折……………………………（589）
　　　　同治四年五月二十一日
山东剿捻获胜片……………………………………………………（590）
　　　　同治四年五月二十一日
请饬令济东道衡龄赴河北片………………………………………（591）
　　　　同治四年五月二十一日
委员管解刘铭传等处协饷片………………………………………（592）

同治四年五月二十一日

汇奏捻党出境并筹备炮船情形折 …………………………………………（593）

　　同治四年五月二十七日

派员迎护僧格林沁灵柩片 ……………………………………………………（594）

　　同治四年五月二十七日

为加恩改革职留任谢恩折 ……………………………………………………（594）

　　同治四年闰五月初八日

审明闹漕人犯亲属京控按例定拟折 …………………………………………（595）

　　同治四年闰五月初八日

前东海关监督透支经费行令分别着赔片 ……………………………………（597）

　　同治四年闰五月初八日

同治四年四月雨泽粮价折 ……………………………………………………（598）

　　同治四年闰五月初八日

审明厘税局委员互讦请旨处分折 ……………………………………………（601）

　　同治四年闰五月初八日

堂邑知县董槐勒缉赃贼已获请准开复折 ……………………………………（604）

　　同治四年闰五月初八日

起运同治三年漕粮数目折 ……………………………………………………（605）

　　同治四年闰五月初九日

咸丰八年征收漕项钱粮奏销截数比较折 ……………………………………（605）

　　同治四年闰五月初九日

勒追赃盗逾限不获知县郭尚桓另案参革片 …………………………………（606）

　　同治四年闰五月初九日

代缴已故登州镇总兵奉到御批片 ……………………………………………（607）

　　同治四年闰五月初九日

咸丰九、十两年引票数目及本年盐务疲累情形折 …………………………（607）

　　同治四年闰五月初九日

请旌恤沂州府属阵亡绅团并殉难妇女折 ……………………………………（608）

　　同治四年闰五月初九日

临清工关征收短绌折 …………………………………………………………（609）

　　同治四年闰五月初九日

出省日期并酌拟驻军地方兼筹策应折 ………………………………………（610）

同治四年闰五月初十日

筹拨崇厚等处协饷并拨解京饷片 ………………………………………（611）

同治四年闰五月初十日

驻营兖州并安置国瑞各勇队及筹防情形折 ……………………………（611）

同治四年闰五月二十一日

僧格林沁粮台积存银两请旨拨解片 ……………………………………（613）

同治四年闰五月二十一日

总兵陈国瑞营军饷请旨定拨片 …………………………………………（614）

同治四年闰五月二十一日

同治四年二麦约收分数折 ………………………………………………（614）

同治四年六月初一日

同治四年五月雨泽粮价折 ………………………………………………（615）

同治四年六月初一日

江苏漕船触礁沉溺请旨豁免折 …………………………………………（618）

同治四年六月初一日

咸丰九年东纲未完引课请暂免议处片 …………………………………（619）

同治四年六月初一日

江苏海运漕船收口放洋情形折 …………………………………………（619）

同治四年六月初一日

审明京控匪犯按例定拟折 ………………………………………………（619）

同治四年六月初一日

审明滋事诬告京控人犯按例定拟折 ……………………………………（621）

同治四年六月初一日

南粮米船挽入东境日期片 ………………………………………………（622）

同治四年六月初一日

同治四年春季各属正法盗犯名数折 ……………………………………（623）

同治四年六月初一日

同治四年春季委署各员班次衔名片 ……………………………………（623）

同治四年六月初一日

马队赴徐并裁减步勇及筹办炮船折 ……………………………………（624）

同治四年六月十一日

雉河集解围捻党分股西窜片 ……………………………………………（625）

同治四年六月十一日
陈国瑞康锦文两军饷糈分别协解片 …………………………………（626）
　　同治四年六月十一日
请将云南提督傅振邦派赴军营片 ……………………………………（626）
　　同治四年六月十一日
审明因奸杀夫之重犯按律定拟折 ……………………………………（627）
　　同治四年六月二十七日
请旌恤曹州府属阵亡绅团并殉难妇女折 ……………………………（628）
　　同治四年六月二十七日
委员管解潘鼎新等营协饷片 …………………………………………（628）
　　同治四年六月二十七日
委员管解刘铭传等营协饷暨京饷片 …………………………………（629）
　　同治四年六月二十七日
山东粮台续收捐米请奖折 ……………………………………………（629）
　　同治四年六月二十七日
同治四年闰五月雨泽粮价折 …………………………………………（630）
　　同治四年六月二十七日
僧格林沁阵亡地方文武从宽免议折 …………………………………（633）
　　同治四年六月二十七日
知州员缺紧要遴员请旨升补折 ………………………………………（634）
　　同治四年六月二十七日
拣员请补沿河要缺知县折 ……………………………………………（635）
　　同治四年六月二十七日
拣员署理东昌府知府片 ………………………………………………（636）
　　同治四年六月二十七日
山东水陆防务情形折 …………………………………………………（636）
　　同治四年七月十一日
试运米船渡黄日期片 …………………………………………………（638）
　　同治四年七月十一日
请添设长夫以利行军片 ………………………………………………（638）
　　同治四年七月十一日
遣撤达尔济管带察哈尔官兵片 ………………………………………（639）

同治四年七月十一日
供应潘鼎新淮勇柴薪银两片 ……………………………………………（640）
　　　同治四年七月十一日
都司杨会川交代亏欠请拿问查抄折 ……………………………………（640）
　　　同治四年七月二十四日
前文登知县宋春畲不结交代请即革职折 ………………………………（641）
　　　同治四年七月二十四日
查办兖州东昌等处逆绝各产事宜折 ……………………………………（642）
　　　同治四年七月二十四日
同治四年上半年新案交代循例汇奏折 …………………………………（644）
　　　同治四年七月二十四日
拨解庆阳粮台军火及各处军饷片 ………………………………………（648）
　　　同治四年七月二十四日
委员管解刘铭传等营协饷片 ……………………………………………（648）
　　　同治四年七月二十四日
应袭世职汇案请旨承袭折 ………………………………………………（649）
　　　同治四年七月二十四日
审明沂水县民京控按律定拟折 …………………………………………（649）
　　　同治四年七月二十四日
审明临邑县民京控按律定拟折 …………………………………………（651）
　　　同治四年七月二十五日
审明逆伦重犯按律定拟折 ………………………………………………（652）
　　　同治四年七月二十五日
审明昌邑县民京控按律定拟折 …………………………………………（653）
　　　同治四年七月二十五日
同治四年六月雨泽粮价折 ………………………………………………（654）
　　　同治四年七月二十五日
审明曹县民妇京控按律定拟折 …………………………………………（657）
　　　同治四年七月二十五日
豫省捻情并东省防务情形折 ……………………………………………（658）
　　　同治四年八月初四日
江南试运米船进出东省片 ………………………………………………（659）

同治四年八月初四日
请将东省采买战马免税放行片 …………………………………（659）
　　　同治四年八月初四日
发捻复回东境派兵堵御折 ……………………………………（660）
　　　同治四年八月二十五日
委员管解京协各饷片 …………………………………………（661）
　　　同治四年八月二十五日
发捻入东剿扼情形折 …………………………………………（661）
　　　同治四年九月初一日
请将傅振邦暂留东省军营片 …………………………………（663）
　　　同治四年九月初一日
审明诬告按例定拟折 …………………………………………（664）
　　　同治四年九月初二日
审明命案尸属京控分别定拟折 ………………………………（665）
　　　同治四年九月初二日
请旌恤泰安武定阵亡绅团并殉难妇女折 ……………………（667）
　　　同治四年九月初二日
同治四年七月雨泽粮价折 ……………………………………（667）
　　　同治四年九月初二日
江苏漕船沉溺请旨豁免折 ……………………………………（670）
　　　同治四年九月初二日
东纲积欠剥船生息银两分年归补折 …………………………（671）
　　　同治四年九月初二日
二麦被灾被扰地方请分别蠲缓折 ……………………………（673）
　　　同治四年九月初二日
德州长清各缺拣员调署片 ……………………………………（675）
　　　同治四年九月初二日
委盐运司兼署臬司片 …………………………………………（675）
　　　同治四年九月初二日
咸丰九年征收漕项钱粮奏销截数比较折 ……………………（675）
　　　同治四年九月初三日
临清户关征收短绌情形折 ……………………………………（676）

　　　　同治四年九月初三日
核明删减军需不敷列抵各员查抄监追折 ……………………………………（678）
　　　　同治四年九月初三日
同治四年夏季各属正法盗犯名数折 ………………………………………（686）
　　　　同治四年九月初三日
审明朝阳县民京控按律定拟折 ……………………………………………（687）
　　　　同治四年九月初三日
审明谋杀期亲尊长重犯按律定拟折 ………………………………………（688）
　　　　同治四年九月初三日
官军获胜及分路筹布情形折 ………………………………………………（689）
　　　　同治四年九月初九日
密陈枭匪情形片 ……………………………………………………………（690）
　　　　同治四年九月初九日
江苏米船在洋遭风片 ………………………………………………………（692）
　　　　同治四年九月初九日
捻党被击出境及筹防情形折 ………………………………………………（693）
　　　　同治四年九月十八日
保奖嘉祥县守城出力各员折 ………………………………………………（694）
　　　　同治四年九月二十六日
例贡木瓜石榴柿霜耿饼请暂停片 …………………………………………（695）
　　　　同治四年九月二十六日
东海关常税请俟扣足三年再行定额折 ……………………………………（696）
　　　　同治四年九月二十六日
同治四年八月雨泽粮价折 …………………………………………………（696）
　　　　同治四年九月二十六日
同治四年秋禾约收分数折 …………………………………………………（699）
　　　　同治四年九月二十六日
同治四年上半年京控各案传解迟延各员照例议处折 ……………………（700）
　　　　同治四年九月二十六日
审明济阳抗粮聚众团长陈迴遵旨正法折 …………………………………（701）
　　　　同治四年九月二十六日
为知县酌量对调请旨折 ……………………………………………………（703）

同治四年九月二十六日
为折件错误免予置议谢恩折 ……………………………………（704）
　　同治四年九月二十六日
捻党回东现筹堵御情形折 ……………………………………（704）
　　同治四年十月初七日
迭剿捻党获胜折 ………………………………………………（705）
　　同治四年十月初十日
东海关拨解洋税并筹解各处协饷片 …………………………（707）
　　同治四年十月初十日
捻党出境窜赴虞城一带片 ……………………………………（708）
　　同治四年十月初十日
豫省捻势并筹布各路及河防折 ………………………………（708）
　　同治四年十月二十八日
兖沂曹济道卢朝安恳请开缺片 ………………………………（710）
　　同治四年十月二十八日
新选知府书绅留省差委片 ……………………………………（710）
　　同治四年十月二十八日
审明命案尸属京控定拟折 ……………………………………（711）
　　同治四年十月二十九日
已故莱阳知县陈启鏊交代亏欠查抄备抵折 …………………（713）
　　同治四年十月二十九日
官犯患病请旨收赎折 …………………………………………（713）
　　同治四年十月二十九日
同治四年九月雨泽粮价折 ……………………………………（714）
　　同治四年十月二十九日
秋禾被灾被扰地方请分别蠲缓折 ……………………………（717）
　　同治四年十月二十九日
东省制造军火等项酌给帮价片 ………………………………（722）
　　同治四年十月二十九日
查明归德并无另有存款片 ……………………………………（722）
　　同治四年十月二十九日
南运引盐应交正款划解清楚折 ………………………………（723）

同治四年十月二十九日
裁撤山东粮台第八次报销折…………………………………………（724）
　　　同治四年十月二十九日
请恩恤伤亡弁兵折……………………………………………………（730）
　　　同治四年十月二十九日
济宁大营粮台出力委员恳予奖励折…………………………………（731）
　　　同治四年十月二十九日
漕麦改征粟米折………………………………………………………（732）
　　　同治四年十月三十日
东海关征收常税一年关限期满折……………………………………（732）
　　　同治四年十月三十日
审明不能力救主将之大员按律问拟折………………………………（733）
　　　同治四年十月三十日
审拟僧格林沁护卫家丁片……………………………………………（738）
　　　同治四年十月三十日
州县应付兵差酌议新旧报销条款折…………………………………（741）
　　　同治四年十月三十日
已故益都知县龚璁亏欠各项并案查抄折……………………………（751）
　　　同治四年十月三十日
审明王公原案诬告按例定拟折………………………………………（751）
　　　同治四年十月三十日
南粮回空米船飞饬回淮片……………………………………………（753）
　　　同治四年十月三十日
前保牧令奉部议驳仍吁恩准折………………………………………（753）
　　　同治四年十一月二十七日
特参疏防盗案之州县并文武各员折…………………………………（755）
　　　同治四年十一月二十七日
已革齐河县丞王诚之罪名照驳改拟片………………………………（755）
　　　同治四年十一月二十七日
同治四年十月雨雪粮价折……………………………………………（756）
　　　同治四年十一月二十七日
河运回空船只在东守冻片……………………………………………（759）

同治四年十一月二十七日
抽调额勇由沂州知府督率缉捕片…………………………（759）
　　同治四年十一月二十七日
委员管解京协各饷片………………………………………（760）
　　同治四年十一月二十七日
委员管解京协各饷片………………………………………（761）
　　同治四年十一月二十七日
东纲盐斤加价请展缓两年折………………………………（761）
　　同治四年十一月二十七日
汇案保奖沂州剿捕出力官绅折……………………………（762）
　　同治四年十一月二十七日
要缺知县拣员调补折………………………………………（763）
　　同治四年十一月二十七日
请将堂邑昌邑知县对调折…………………………………（764）
　　同治四年十一月二十七日
审明监犯越狱拒杀禁卒定拟折……………………………（765）
　　同治四年十一月二十八日
审明命案尸属京控分别定拟折……………………………（767）
　　同治四年十一月二十八日
齐河县官绅士民捐修城垣请予奖叙折……………………（769）
　　同治四年十一月二十八日
同治四年上忙漕粮已未完分数折…………………………（770）
　　同治四年十一月二十八日
漕豆请一律改征粟米折……………………………………（770）
　　同治四年十一月二十八日
同治四年秋季各属正法枭匪盗犯名数折…………………（771）
　　同治四年十一月二十八日
酌保东海关委员折…………………………………………（772）
　　同治四年十一月二十八日
审明利津县民京控分别定拟折……………………………（773）
　　同治四年十一月二十八日
江北新漕全数改折折………………………………………（774）

　　　　同治四年十一月三十日
拿获奉省马贼请饬严查沿海各口折……………………………………（777）
　　　　同治四年十一月三十日
编设马队拟添火器折……………………………………………………（777）
　　　　同治四年十二月十二日
请赏假一月并派藩司兼护印务片………………………………………（779）
　　　　同治四年十二月十二日
复陈青莱各府团练办理情形片…………………………………………（780）
　　　　同治四年十二月十二日
特参牧令各官以肃吏治折………………………………………………（781）
　　　　同治四年十二月十七日
特参疏防城关盗案文武各员折…………………………………………（781）
　　　　同治四年十二月十七日
查复运河道宗稷辰情形片………………………………………………（782）
　　　　同治四年十二月十七日
褒奖曹州府教授李宗泰等片……………………………………………（783）
　　　　同治四年十二月十七日
保举收厘委员马映奎金存谦片…………………………………………（783）
　　　　同治四年十二月十七日
查明知县办理降匪情形折………………………………………………（784）
　　　　同治四年十二月十七日
委员管解京协各饷片……………………………………………………（785）
　　　　同治四年十二月十七日
被灾被扰地方请分别缓征上忙新赋折…………………………………（785）
　　　　同治四年十二月十七日
续报被灾被扰地方请分别缓征钱漕折…………………………………（787）
　　　　同治四年十二月十七日
东省镇司道府各官年终密考折…………………………………………（789）
　　　　同治四年十二月十七日
审明冠县京控案分别定拟折……………………………………………（790）
　　　　同治四年十二月十八日
委员署理东昌知府片……………………………………………………（792）

　　　　同治四年十二月十八日
监生姚礼颐补捐米石改奖片 …………………………………………（792）
　　　　同治四年十二月十八日
接护琉球国使臣出入东境日期片 ……………………………………（792）
　　　　同治四年十二月十八日
筹拨青州满营兵米片 …………………………………………………（793）
　　　　同治四年十二月十八日
审明参亏故员书吏分别定拟折 ………………………………………（793）
　　　　同治四年十二月十八日
荣成知县张道南算清结报恳恩开复折 ………………………………（794）
　　　　同治四年十二月十八日
已故滕县知县邹崇孟交代亏短查抄备抵折 …………………………（795）
　　　　同治四年十二月十八日
曹州镇总兵保德暂缓陛见片 …………………………………………（795）
　　　　同治四年十二月十八日
东省滇籍官商捐助军饷就近解交户部片 ……………………………（796）
　　　　同治四年十二月十八日
甄别千总无可劾之员折 ………………………………………………（796）
　　　　同治四年十二月十八日
道员王继庭专办营务并无干预地方片 ………………………………（797）
　　　　同治四年十二月十八日
察陈贯甲并无异志宜保其始终片 ……………………………………（798）
　　　　同治四年十二月十八日
谢赏假并报回省交卸日期折 …………………………………………（799）
　　　　同治四年十二月二十五日

附编：通饬批牍
批济南府萧守禀 ………………………………………………………（800）
　　　　同治四年正月十四日
通饬各属征收钱粮条款 ………………………………………………（800）
　　　　同治四年正月□日
批署范县令宫本昂禀 …………………………………………………（801）

　　　　同治四年二月十五日

批总镇杨飞熊禀……………………………………………………（801）
　　　　同治四年七月二十四日

批济阳县令王树德禀………………………………………………（802）
　　　　同治四年八月

批沂州府守文彬禀…………………………………………………（803）
　　　　同治四年十月十二日

批黄县署令杨济禀…………………………………………………（803）
　　　　同治四年十月二十日

卷四　同治五年

病势有增无减请开缺回籍调理折…………………………………（807）
　　　　同治五年正月十九日

谢赏假两月仍留任山东巡抚折……………………………………（807）
　　　　同治五年二月初三日

军情紧要力疾销假出省防剿折……………………………………（808）
　　　　同治五年二月二十六日

恭报到营接印任事日期折…………………………………………（809）
　　　　同治五年三月初一日

东省各军扼剿布置情形片…………………………………………（810）
　　　　同治五年三月初一日

东省防军接仗及与曾国藩会筹防剿情形折………………………（810）
　　　　同治五年三月初六日

武城知县郭尚桓解清亏欠请开复折………………………………（812）
　　　　同治五年三月十二日

福山知县吴恩荣获犯过半请开复折………………………………（813）
　　　　同治五年三月十二日

运库积欠生息银两恳请暂免拨解折………………………………（814）
　　　　同治五年三月十二日

添拨内务府银两已饬竭力稽征片…………………………………（816）
　　　　同治五年三月十二日

秋审人犯请免提勘折 …………………………………………………（816）
　　同治五年三月十二日
委员管解京协各饷片 …………………………………………………（817）
　　同治五年三月十二日
平阴知县李溎署理郯城知县片 ………………………………………（817）
　　同治五年三月十二日
东省各军连日防剿情形折 ……………………………………………（817）
　　同治五年三月十九日
同治四年大计再请展限片 ……………………………………………（819）
　　同治五年三月十九日
俟军务告竣再行阅武片 ………………………………………………（820）
　　同治五年三月十九日
兖沂曹济道文彬随营差遣片 …………………………………………（820）
　　同治五年三月十九日
东军扼守运河援军大获胜仗情形折 …………………………………（821）
　　同治五年三月二十八日
军事孔棘未敢遽请诣京片 ……………………………………………（822）
　　同治五年三月二十八日
委员管解京协各饷片 …………………………………………………（822）
　　同治五年三月二十八日
江苏海运漕船收口放洋日期片 ………………………………………（823）
　　同治五年三月二十八日
同治三年七月以后军需各款仍请照旧摊廉归补折 …………………（823）
　　同治五年四月初一日
漕船开行日期及部分未能跟接情形片 ………………………………（829）
　　同治五年四月初一日
临清工关征收短绌情形折 ……………………………………………（829）
　　同治五年四月初一日
同治五年二月雨泽粮价折 ……………………………………………（830）
　　同治五年四月初一日
审明参亏故员家属书吏分别定拟折 …………………………………（833）
　　同治五年四月初一日

审明邹县县民京控按律定拟折 …………………………………………（834）
  同治五年四月初一日
试用道刘子潭一年期满验看片 …………………………………………（835）
  同治五年四月初一日
同治四年秋季委署各员班次衔名片 ……………………………………（836）
  同治五年四月初一日
同治四年冬季委署各员班次衔名片 ……………………………………（836）
  同治五年四月初一日
委员前往泰山致祭片 ……………………………………………………（837）
  同治五年四月初一日
军需总局第一次收支各款截数报销折 …………………………………（837）
  同治五年四月二十五日
兖州随营支应局第二次收支各款截数报销折 …………………………（840）
  同治五年四月二十五日
东昌淄川随营支应局收支报销折 ………………………………………（843）
  同治五年四月二十五日
同治四年下忙征解数目折 ………………………………………………（847）
  同治五年四月二十六日
委员管解京协各饷片 ……………………………………………………（848）
  同治五年四月二十六日
青州满营兵米于章邱改拨片 ……………………………………………（848）
  同治五年四月二十六日
同治五年三月雨泽粮价折 ………………………………………………（849）
  同治五年四月二十六日
请旌恤滕县阵亡绅团并殉难妇女折 ……………………………………（852）
  同治五年四月二十六日
已革盐场大使延抗征存银两请查抄备抵折 ……………………………（852）
  同治五年四月二十六日
博山知县樊文达调补齐河知县要缺折 …………………………………（853）
  同治五年四月二十六日
由部解回之犯并无从逆为匪实据折 ……………………………………（854）
  同治五年四月二十六日

请旨遴员调补章邱县知县折 ………………………………………（854）
　　同治五年五月十一日
请旌恤东平泰安阵亡绅团并殉难妇女折 ……………………（855）
　　同治五年五月十一日
审明阳信县民京控分别定拟折 ………………………………（856）
　　同治五年五月十一日
饬提仓款以济军饷片 …………………………………………（857）
　　同治五年五月十一日
东昌支应分局收支军需各款截数报销折 ……………………（858）
　　同治五年五月十一日
东昌支应分局收支各款核实报销折 …………………………（860）
　　同治五年五月十一日
东治六营第一次收支各款截数报销折 ………………………（863）
　　同治五年五月十一日
济安五营第一次收支各款截数报销折 ………………………（865）
　　同治五年五月十一日
兖州随营支应分局收支各款报销情形折 ……………………（866）
　　同治五年五月十一日
筹防运河黄河各处情形折 ……………………………………（868）
　　同治五年五月十四日
酌提东海关常税以济军需片 …………………………………（871）
　　同治五年五月十四日
请旌恤吉胜东治两营阵亡员弁片 ……………………………（871）
　　同治五年五月十四日
江浙两省漕船收口放洋日期片 ………………………………（872）
　　同治五年五月□日
州县应付勇车改照实用车数开销折 …………………………（872）
　　同治五年六月初二日
请旌恤日照县殉难绅民妇女片 ………………………………（874）
　　同治五年六月初二日
东盐南运试行河运片 …………………………………………（874）
　　同治五年六月初二日

垫办僧格林沁军营料草银两请作正销毋庸核奖折……………………………（875）
　　同治五年六月初二日
委员管解甘肃等处协饷片………………………………………………（876）
　　同治五年六月初二日
查明阳信知县苏振甲并非裘宝镛家丁片…………………………………（877）
　　同治五年六月初二日
查明原参莒州知州胡春华尚无劣迹情弊折………………………………（877）
　　同治五年六月初二日
滨州知州韩文和亏款解清请开复处分折…………………………………（878）
　　同治五年六月初二日
冠县知县获犯过半请免议处折……………………………………………（879）
　　同治五年六月初二日
试用知府任海晏一年期满验看片…………………………………………（880）
　　同治五年六月初二日
同治五年四月雨泽粮价折…………………………………………………（880）
　　同治五年六月初二日
审明费县民妇京控按律定拟折……………………………………………（883）
　　同治五年六月初二日
德平知县周士瀚拿获马贼请从优奖励折…………………………………（885）
　　同治五年六月二十八日
嘉祥官绅士民捐修城垣请予奖叙折………………………………………（886）
　　同治五年六月二十八日
前署蓬莱知县冯澍延不会算交代请先革职折……………………………（887）
　　同治五年六月二十八日
查明八限届满已豁未完各员分别办理折…………………………………（887）
　　同治五年六月二十八日
同治五年五月雨泽粮价折…………………………………………………（888）
　　同治五年六月二十八日
委员管解京协各饷片………………………………………………………（891）
　　同治五年六月二十八日
酌保省城军需总局各员折…………………………………………………（891）
　　同治五年六月二十八日

审明巨野县民京控分别定拟折 …………………………………………（893）
　　同治五年六月二十九日
审明馆陶县民京控按例定拟折 …………………………………………（895）
　　同治五年六月二十九日
同治五年春季各属正法枭匪盗犯名数折 ………………………………（897）
　　同治五年六月二十九日
审明千总谢延恩被参各款按例定拟折 …………………………………（898）
　　同治五年六月二十九日
同治五年二麦约收分数折 ………………………………………………（902）
　　同治五年六月二十九日
起运同治四年漕粮数目折 ………………………………………………（903）
　　同治五年六月二十九日
咸丰十一年征收漕项钱粮奏销截数比较折 ……………………………（903）
　　同治五年六月二十九日
江北漕船挽过东境片 ……………………………………………………（904）
　　同治五年六月二十九日
江浙两省海运漕船放洋日期片 …………………………………………（905）
　　同治五年六月二十九日
审明嘉祥县革生京控按律定拟折 ………………………………………（905）
　　同治五年六月二十九日
同治五年上半年新案交代循例汇奏折 …………………………………（907）
　　同治五年七月二十七
已故候补知州潘世钊交代亏缺请查抄备抵折 …………………………（911）
　　同治五年七月二十九日
抚标中军参将绪承请暂缓引见片 ………………………………………（912）
　　同治五年七月二十九日
降革知县宋春畬交代亏缺请拿问监追折 ………………………………（913）
　　同治五年七月二十九日
特参疏脱绞犯越狱之典史知县折 ………………………………………（913）
　　同治五年七月二十九日
同治五年六月雨泽粮价折 ………………………………………………（914）
　　同治五年七月二十九日

濮州城圩冲决灾民以工代赈折 …………………………………………（917）
　　同治五年七月二十九日
春间被扰被灾地方请分别缓征钱粮折 …………………………………（918）
　　同治五年七月二十九日
督修河墙严防捻军回窜情形片 …………………………………………（919）
　　同治五年七月二十九日
委员管解京协各饷片 ……………………………………………………（920）
　　同治五年七月二十九日
请旌恤曹州府属阵亡绅团并殉难妇女折 ………………………………（920）
　　同治五年七月二十九日
试用道潘筠基一年期满验看片 …………………………………………（921）
　　同治五年七月二十九日
查明应袭世职汇案请旨承袭折 …………………………………………（921）
　　同治五年七月二十九日
捻踪接近东境饬军分筹防剿情形折 ……………………………………（922）
　　同治五年八月二十一日
同治五年七月雨泽粮价折 ………………………………………………（923）
　　同治五年八月三十日
阵亡伤故弁勇分别议恤折 ………………………………………………（926）
　　同治五年八月三十日
州县应付勇车情形请准酌加价银折 ……………………………………（926）
　　同治五年八月三十日
临清户关征收短绌情形折 ………………………………………………（929）
　　同治五年八月三十日
省垣改建石圩拟先借用厘金折 …………………………………………（930）
　　同治五年八月三十日
审明私征蠲免钱粮侵匿亩捐钱文之知县按例定拟折 …………………（932）
　　同治五年八月三十日
请旨调补菏泽县知县员缺折 ……………………………………………（934）
　　同治五年九月初一日
请将峄县商河县知县对调折 ……………………………………………（935）
　　同治五年九月初一日

请改嘉祥县知县奖案片 …………………………………………………（936）
　　同治五年九月初一日
同治元年征收漕项钱粮奏销截数比较折 ……………………………（936）
　　同治五年九月初一日
委员管解京协各饷片 …………………………………………………（937）
　　同治五年九月初一日
骧武军马队军需第一次截数报销折 …………………………………（938）
　　同治五年九月初一日
昌邑绅民续捐团练经费请加广学额折 ………………………………（940）
　　同治五年九月初一日
已革禹城知县赵庆恬获犯过半请开复原官折 ………………………（941）
　　同治五年九月初一日
同治五年夏季各属正法盗犯名数案由折 ……………………………（942）
　　同治五年九月初一日
长清恩县知县递相调署片 ……………………………………………（943）
　　同治五年九月初一日
贡品鱼翅松子应请暂停州县例贡依旧片 ……………………………（943）
　　同治五年九月初一日
截剿发捻获胜及筹布情形折 …………………………………………（944）
　　同治五年九月初二日
司库支绌挪用东海关粮道库银两片 …………………………………（946）
　　同治五年九月初二日
发捻西遁兜截获胜并东军布置情形折 ………………………………（946）
　　同治五年九月初九日
济阳知县王树德疏防盗案限满未获请再交部议处片 ………………（948）
　　同治五年九月初九日
东省闸内五帮全数挽出东境片 ………………………………………（948）
　　同治五年九月初九日
奉旨密拿赵熙元等情形折 ……………………………………………（948）
　　同治五年九月二十一日
郓城单县曹县交代请展限两月片 ……………………………………（949）
　　同治五年九月二十一日

请假一月在营调养片 …………………………………………（950）
　　同治五年九月二十一日
击退突入东境捻股及现筹防剿情形折 ………………………（950）
　　同治五年九月二十二日
审明阳信县民京控拟议折 ……………………………………（951）
　　同治五年九月二十七日
审明陵县武生京控按律定拟折 ………………………………（952）
　　同治五年九月二十七日
请以留东补用知府龚易图补授东昌府知府折 ………………（954）
　　同治五年九月二十七日
请将州同千总移驻鱼台湖团抚驭弹压折 ……………………（955）
　　同治五年九月二十七日
委员管解京协各饷片 …………………………………………（956）
　　同治五年九月二十七日
前河道总督潘锡恩重遇鹿鸣就近与宴折 ……………………（957）
　　同治五年九月二十七日
褒奖迭次获匪出力员弁片 ……………………………………（957）
　　同治五年九月二十七日
恩县官绅士民捐修城垣请予奖叙折 …………………………（958）
　　同治五年九月二十七日
济宁重修城外土圩出力绅董请予奖叙折 ……………………（959）
　　同治五年九月二十七日
已故宁海知州在任亏欠请查抄备抵折 ………………………（960）
　　同治五年九月二十七日
阳谷知县拿获邻境伙盗请开复处分折 ………………………（961）
　　同治五年九月二十八日
特参疏防饷银被劫之解员并地方官折 ………………………（962）
　　同治五年九月二十八日
同治五年八月雨泽粮价折 ……………………………………（963）
　　同治五年九月二十八日
同治四年上下两忙清册仍请展限片 …………………………（966）
　　同治五年九月二十八日

东纲疲累恳将二成余票再予推展折 …………………………………………（966）
　　同治五年九月二十八日
东海关征收常税一年期满折 …………………………………………………（967）
　　同治五年九月二十八日
防军击退扑河发捻及现筹防剿情形折 ………………………………………（967）
　　同治五年九月二十八日
请赏还丁宝桢布政司顶戴片 …………………………………………………（969）
　　同治五年九月二十八日
遴员调补要缺知县折 …………………………………………………………（969）
　　同治五年九月二十八日
审明郯城县监生京控讯无冤抑仍照原案拟结折 ……………………………（970）
　　同治五年九月二十八日
审明陵县回民京控申诉不实按律定拟折 ……………………………………（972）
　　同治五年九月二十八日
驰报剿灭肥城黄崖山张积中聚众抗兵折 ……………………………………（973）
　　同治五年十月初七日
请将候补知府吴载勋革职发往军台片 ………………………………………（976）
　　同治五年十月初七日
张积功世职请准旁支承袭片 …………………………………………………（977）
　　同治五年十月初七日
请将简缺福山县改为繁缺折 …………………………………………………（977）
　　同治五年十月十六日
海丰官绅捐修城围制造军械请予奖叙折 ……………………………………（978）
　　同治五年十月十六日
同治五年秋禾约收分数折 ……………………………………………………（979）
　　同治五年十月十六日
同治五年上忙漕粮已未完分数折 ……………………………………………（979）
　　同治五年十月十六日
请将漕麦暂行改征粟米折 ……………………………………………………（980）
　　同治五年十月十六日
谢赏还二品顶戴折 ……………………………………………………………（981）
　　同治五年十月十六日

试用知府曹浚澄一年期满验看甄别片 ································ （982）
　　同治五年十月十六日

审明诬告谋逆京控按例定拟折 ································· （982）
　　同治五年十月十六日

追剿发捻获胜及黄运两河冬防情形折 ································ （984）
　　同治五年十月二十九日

请准济宁等处所募勇丁口粮作正销片 ································ （986）
　　同治五年十月二十九日

请奖恤剿灭黄崖匪众出力员弁折 ································· （986）
　　同治五年十月二十九日

病势增剧请开缺调理折 ································· （987）
　　同治五年十月二十九日

捻股出境东省筹防情形暨回省交卸缘由折 ································ （988）
　　同治五年十一月初六日

筹办黄崖山善后并陈张积中罪状折 ································ （989）
　　同治五年十一月初六日

委员管解京协各饷片 ································· （991）
　　同治五年十一月初六日

沂州知府长赓等拿获著名幅匪请予奖励片 ································ （992）
　　同治五年十一月初六日

复陈刑部奏拿冠县成村逆犯片 ································· （992）
　　同治五年十一月初六日

请将知县军功候补与正途即用轮间补用折 ································ （993）
　　同治五年十一月初八日

特参知县各员折 ································· （994）
　　同治五年十一月初八日

同治五年九月雨泽粮价折 ································· （994）
　　同治五年十一月初八日

谢赏假三个月折 ································· （997）
　　同治五年十一月初八日

请简放兖州知府员缺片 ································· （998）
　　同治五年十一月初八日

奏补提调要缺折 …………………………………………………（998）
　　同治五年十一月初八日
请以邹平知县赵新升补德州知州折 …………………………（999）
　　同治五年十一月初八日
查明由部解回三犯并无从逆不法情事折 ……………………（1000）
　　同治五年十一月初九日
请旌恤刘登翰等六十八员片 …………………………………（1001）
　　同治五年十一月初九日
审明淄川县民京控拟议折 ……………………………………（1002）
　　同治五年十一月初九日
惠民知县员缺请以博兴知县帅嵩龄调补折 …………………（1003）
　　同治五年十一月初九日
原参疏防盗案员弁获犯过半请开复处分折 …………………（1004）
　　同治五年十一月初九日
请开复德州知州许济清顶戴片 ………………………………（1005）
　　同治五年十一月初九日
莱州把总疏防案犯限满未获请严加议处片 …………………（1006）
　　同治五年十一月初九日
勘明秋禾被灾被扰情形请分别蠲缓钱漕折 …………………（1006）
　　同治五年十一月初九日
应征漕豆歉收暂行改征粟米片 ………………………………（1011）
　　同治五年十一月初九日
请旌恤东省阵亡殉难绅团妇女折 ……………………………（1011）
　　同治五年十一月初九日
奏请更正汇奖折内错缮姓名片 ………………………………（1012）
　　同治五年十一月初九日
汇保济宁等处防守出力官绅清单 ……………………………（1012）
　　同治五年□月□日
交卸抚篆日期折 ………………………………………………（1015）
　　同治五年十一月十六日

后记 ……………………………………………………………（1016）

上

卷一

同治二年

由晋起程赴东日期折

同治二年三月初六日

奏为遵旨报明微臣由晋起程赴东日期，恭折仰祈圣鉴事：

窃臣于三月初四日承准议政王军机大臣字寄："同治二年二月二十九日奉上谕：前因阎敬铭奏恳赏假营葬，于本年春二月即行驰赴山东署任。当以东省军务紧要，谕令赶将葬事办理，迅即前往接署抚篆。现已将届暮春，该署抚营葬一切计已早竣，且距二月十七日该署抚百日孝满之期为时又已历旬，尚未据奏报起程。现在山东军务毫无起色，兖、沂一带棍、教各匪充斥，张锡珠股匪久踞运河以东，近又分股回窜直境及曲周、宁晋等数县，东省剿办不能得力，则运河时虞抢渡，畿辅之防日无暇晷。谭廷襄现驻东昌，五日京兆，更虑呼应不灵，办理殊形棘手。阎敬铭当仰体朝廷破格夺情之意，迅即驰赴山东东昌府接署抚篆，将军务事宜妥为办理，以副委任，并将起程日期一面驰奏，以慰廑系，毋稍迟缓。将此由五百里谕令知之。钦此。"臣跪聆之下，惶悚莫名。

伏查同治元年十二月十六日，臣恭奉十二月十一日上谕："阎敬铭奏恳赏假葬亲等语，著阎敬铭赶将葬事办理，一经负土有成，即行驰赴东省等因。钦此。"臣感沐圣恩，涕零如雨。去冬因地冻土干，工难速成，嗣以日期紧迫，开春后先修墓道，即于正月二十七日安葬臣父，于二月十八日负土成坟。本拟将坟墓余工交臣弟办理，臣即速东行，不意臣家难迭逢，臣弟刑部郎中阎敬舆以哀毁成疾，适于正月杪病故。臣方失椿荫即损荆枝。臣再无兄弟，家余妇孺，茕独悲悼。臣亦发痰喘之疾，以时事孔急，未敢请假，赶速医治并办理臣父坟墓余工。正在傤装，值阴雨数日，未能即发。忽奉严命督催，臣上无以纾宵旰之忧，不能尽臣子之分，忧惧百端，中心如捣，现定于三月十二日由临晋县寓所取道平定、获鹿、正定，探明道路，或由临清，或由德州，驰至东昌接印任事。惟臣梼昧庸愚，在部在外从公仅及廿年，吏治固未熟悉，军务各事亦系随同湖广督抚臣办理，并未专自练将练兵，独当一面。今臣恭承简命，责无旁贷，而素识南省各将皆现当要务。此外将无可倚，兵无可调。东省盗贼如蜂，虽兵勇闻尚可用，而将才乏人，难望得力。去腊以来，臣四处访求，非贪利喜事之徒，即饰貌巧言之辈，未敢收用，求其朴勇晓事者殊不可得。至东后，臣当设法训练激励，固不敢将就因循，亦不敢张皇操切，缘团匪、降众、邪教、土棍、民匪混杂，邪正莫分，此北方之事棼如乱丝，其隐害有甚于发逆者也。伏求两宫皇太后、皇上训诲时加，俾臣得有遵循，庶免陨越。

所有微臣起程赴东日期，谨专折由驿驰奏，伏祈皇上圣鉴。谨奏。

议政王军机大臣奉旨："另有旨。钦此。"[1]

绕道赴任折
同治二年四月初五日

奏为恭报微臣行至阜城县途次接奉谕旨，现在设法绕道前进，恭折仰祈圣鉴事：

窃臣于四月初四日酉刻在阜城县途次，准兵部火票递到议政王军机大臣字寄："同治二年四月初二日奉上谕：'前据阎敬铭奏，三月十二日起程赴东，当经谕令迅速赴任。复据毛鸿宾奏，枭司丁宝桢募足勇丁千名，于三月初八日由水路前赴湖北，改由陆路赴东。此时谅均已赴程在道矣。山东捻、教各匪，迭次肆扰，淄川县城为团匪刘德培等所踞；而东昌降匪复啸聚直隶、山东交界处所，肆意焚掠，军务处处吃紧。僧格林沁督师北上剿办，正当得手，而苗沛霖于该大臣离皖之后，又复纠众占据怀远县城，公然分道犯顺，不得不令僧格林沁权其缓急，移师南下。惟山东军务紧要，该省既无得力之兵，又无知兵之将，谭廷襄交卸在迩，尤恐呼应不灵，是僧格林沁一离，东省势将决裂。阎敬铭简署山东巡抚日久，尚未到任，该省设有疏虞，大局何堪设想。著凛遵迭次谕旨，兼程前进，接印任事，将一应事宜，赶紧布置妥协，迅速驰奏，先慰廑念。丁宝桢所募勇丁定能得力，昨已据启行，著即星速驰抵东境，遇贼即击，务将各股匪次第剪除，俾东省早就廓清，方为不负委任。将此由六百里谕知阎敬铭，并传谕丁宝桢知之。钦此。'"臣跪聆之下，焦灼莫名。

窃臣于三月十二日由临晋起行，霍州山中遇雨，寿阳山中大雪，每日力行数十里。初一日出获鹿山口，拟从栾城赴临清。探闻贼在西路游扰，并接山东藩司贡璜来函，知抚臣谭廷襄将由东昌移师而东，臣即由正定府东行；又以驿路迟缓，即径由无极、安平迅至德州入东境。于四月初四日行至阜城县途间，遇由景州逃难人民，车马络绎；并据景州牧致阜城县令函开，贼匪已至该州之南，相去不远。正在计议改路间，恭奉谕旨，更为心急。本日又据山东历城县

---

[1] 回折均照"阁档"补录，部分折、片无回折时间。

令禀，闻抚臣谭廷襄进兵周村，僧格林沁攻打淄川贼匪，甚为得手。贼畏威乞降，僧格林沁未准，现在开挖长濠，以图歼灭。兹奉谕旨，命僧格林沁先其所急，统师南下，剿办苗沛霖一股。而东省无兵无将，臣并无素部之兵，赶至东省，只得就现有兵弁设法激励，即臬司丁宝桢到东，兵仅千名，难敷分布。淄川日久不下，刻在垂成之功，未便中止；且将刘逆擒获，则各匪亦易慑服。伏求圣恩，将僧格林沁兵将分留淄川，以全东省大局。臣即日设法绕路前进，至抚臣行营处所接印。并恭录谕旨，飞速行知臬司丁宝桢，赶程至东。

所有臣绕路赴东缘由，谨恭折由驿具奏。伏祈皇太后、皇上圣鉴。谨奏。

同治二年四月初八日奉到回折："议政王军机大臣奉旨：'另有旨。钦此。'"

设法探明趱程前进片

同治二年四月初五日

再，臣正在缮折间，复有自河东柘园镇逃难来人，并有绕递吴桥县驳回文报，是阜城东、南两路现皆不通，而德州一带东境地方无从探悉，未知系何情形。臣急欲趱程，现仍探明设法前进。谨附片具奏，伏乞圣鉴。谨奏。

同治二年四月初八日奉到回折："议政王军机大臣奉旨：'另有旨。钦此。'"

接印任事日期折

同治二年四月初十日

奏为恭报微臣接受抚篆日期，叩谢天恩，仰祈圣鉴事：

窃臣钦奉上谕，赏给二品顶戴，署理山东巡抚，即赴新任。当经恭折叩谢天恩，并将自山西临晋县起程日期及行次阜城情形，先后奏报。兹于四月初八日驰抵山东省城。初九日准前抚臣谭廷襄将巡抚关防、临清关监督关防、盐政印信并王命旗牌等件，委员赍送前来。臣即恭设香案，望阙叩头，祗领任事。

伏念臣赋性颛愚，受恩深重，自惭驽质，谬膺臬篆、藩条，新拜龙光，俾任齐疆鲁甸，仔肩益巨，感悚弥增。山东地方拱卫京师，水陆冲要。时值捻逆、教匪、土寇、盐枭不靖，边警频仍，将材缺乏，练兵筹饷，察吏安民，均属不易措手。至于营制、税务、漕河、蹉政、海防亦须随地随时加意整顿。臣渥荷隆施逾格，初任封圻，惟有恪供职守，殚竭愚忱，仰答高厚于万一。现将署中公事择要清厘，即当驰赴淄川军营，会同僧格林沁筹商一切，迅图克复，仰可略慰宸廑。

所有微臣接受抚篆日期并感激下忱，理合恭折叩谢天恩，伏乞皇太后、皇上圣鉴。谨奏。

同治二年四月廿五日奉到回折："议政王军机大臣奉旨：'知道了。钦此。'"

赴淄川日期并防剿情形折

同治二年四月十八日

奏为恭报微臣赴淄日期并防剿各匪现在情形，恭折由驿具奏，仰祈圣鉴事：

窃臣于本月初九日接受抚篆，专折恭谢天恩，并将臣甫经到任及地方大概情形奏明在案。臣初到东省，于一切吏治民风、用兵筹饷均未能洞悉隐微。视事以来，日接僚属，悉心采访，略得梗概，亦尚未能周知。大抵民风素称俭朴，吏治渐黜浮华，而兵力则有单弱之虞，饷数则有支绌之虑。臣数日以来已将应办事宜渐次部署。正欲起程赴淄，于十四日接据聊城县禀报：东窜之匪由夏津折回，仍在莘、冠境内滋扰，十一日夜间复由阳谷县境内七级偷渡运河，经阳谷翟家团迎击，互有杀伤，炮队赶到，杀毙贼匪数名，该匪仍向东北奔窜。是夜，在聊境顾官屯一带盘踞。

续据茌平、东阿禀报：贼于十三日窜至东阿境内滑口、铜城一带，又窜至离黄河十五六里之周家集。臣已飞饬曹州镇总兵保德确探贼踪，迅由间道绕出贼前，迎头拦截。又飞咨直隶提督恒龄探踪截击。又饬令现住省城之守备张大富一队，驰赴齐河、禹城、茌平一带，追踪进剿。一面飞饬沿途各州县调团严密防堵，毋得再任奔窜。

又据泰安府县禀报：初七日教匪窜入新泰、泰安等境，旋向蒙、费交界之白马关及费县、武台等处窜回老巢。

又据兖州府禀报：捻、棍、教匪合股出窜，于十一日有贼马百余匹窜至邹县南关，经弁勇迎击，贼分两股，一扑曲阜，一扑东滩店，均由城东马疃一带蜂涌而来。我军分路追剿，由城北大薛一带与马队会合，向南压下，始将向东贼马一律击败。共杀贼数十名，生擒长发贼四名，救出难民数十口，夺获牛、马、驴数十头。贼匪大股均回东路，余党仍在峄山以东盘踞。我军出其不意，猝往击之，贼众纷纷逃遁。我军追杀二十余名。又追至界河以南，余匪仍回东去。

续据泗水县禀报：十三日夜间，教匪大股出扑县东离城三十五里之故安寨，攻破占据。臣即飞饬署运司恩锡迅速调队攻剿；又飞饬各该府县，会同各营，加意防备，相机攻剿，必须遏其奔窜之路，方足以挫贼势而靖闾阎。

臣现因淄川军务尤为紧要，臣定于十八日酌带兵勇赴淄，会同僧格林沁妥筹攻剿，到淄情形再行奏报。至臣出省后所有署中日行事件同解审命盗等案，札委藩司代行代勘，紧要事宜仍由臣行次办理。

所有微臣赴淄日期并防剿各匪现在情形，恭折由驿具奏。伏祈皇太后、皇上圣鉴。谨奏。

同治二年四月廿三日奉到回折："议政王军机大臣奉旨：'另有旨。钦此。'"

秋审届期请旨饬令两司代勘片

同治二年四月十八日

再，查山东历办秋审，例限四月间提犯至省，由抚臣亲勘具题。如遇抚臣公出，历系请旨交藩、臬两司代勘。本年应入秋审各犯，先经署臬司呼震造册呈送，由前抚臣谭廷襄核定实缓，移交到臣。此时各属解省人犯，将次到齐，距提勘之期已近。臣因赴淄川办理军务，未及亲勘，应请援照历届成案，请旨饬藩司贡璜、署臬司呼震代勘，以免迟误，仍由臣复核实缓，照例具题，以昭慎重。为此附片具奏，伏乞圣鉴。谨奏。

同治二年四月廿三日奉到回折："议政王军机大臣奉旨：'知道了。钦此。'"

委员管解京饷片

同治二年四月十八日

再，查山东省奉拨京饷银两，因值军需吃紧，筹解维艰，而京师为根本重地，力稍可筹，不敢置于不顾。臣莅任后，饬司设法措解。兹据藩司贡璜详称，于万分窘迫中，在正杂项下凑拨银五万两，饬委试用未入流顾植管解，赶赴户部交纳。

除仍催续筹报解并咨部查照外，理合附片陈明，伏乞圣鉴。谨奏。

同治二年四月廿三日奉到回折："议政王军机大臣奉旨：'户部知道。钦此。'"

拨解东海关税银充僧格林沁营军饷片

同治二年四月十八日

再，查僧格林沁粮台，弁兵云集，需饷甚殷，无如各省协饷欠解不少，频檄提催，缓不济急。刻下围攻淄川正在吃紧之际，停兵待饷，贻误匪轻，亟应设法筹措，俾资应手。据藩司贡璜详称：东海关税约有征存银二万两，请照数拨解山东月饷，以济要需等情前来。臣复查无异。

除檄饬东海关盐督迅速派员起解外，理合附片陈明，伏乞圣鉴。谨奏。

议政王军机大臣奉旨："该衙门知道。钦此。"

同治元年钱粮奏销展期造报片

同治二年四月十八日

再，查山东省征收同治元年地丁钱粮，照例应于次年四月奏销。兹据藩司贡璜详称：各属被灾被扰，蠲缓较多，细数册结一时不能赶造；即有送到之处，每多舛错驳换；兼以筹办防剿，凡例应动支地丁作完造报者，款目纷繁，勾稽有需时日，势难依限造齐，援案请展前来。

臣复查此案咸丰四年、十年、十一年，均因军务倥偬，奏准展限。现在事同一律，合无吁恳天恩俯准，将同治元年钱粮奏销展至同治二年年底截数造报。

除仍饬催赶办外，理合陈明，伏乞圣鉴。谨奏。

同治二年四月廿三日奉到回折："议政王军机大臣奉旨：'户部知道。

钦此。'"

请准僧格林沁暂留东省折
同治二年四月二十七日

奏为沥陈山东通省兵勇、民团积弊已深，后患滋大，恳恩俯准僧格林沁暂留驻扎，以安反侧而靖人心，恭折仰祈圣鉴事：

窃臣迭奉寄谕："命僧格林沁统帅南下等因。钦此。"臣于二十一日行抵淄川军营，周历巡视，见僧格林沁规画布置，实皆臣所未能。连日与僧格林沁料量贼情，谕饬兵勇，并体察东省情形，实觉大患已成，非特隐忧，有不敢不上陈者。

臣自奉命之初，即知山东军务，充属教匪、东昌降匪、淄川叛练。自维未习军旅，不克胜任，夙夜祇惧，不敢畏难，尚不意其至于此极。乃莅任以来，目睹情形，其患有不可胜言者。

臣查山东各营兵饷，因库款支绌，积欠至两年之多。各营兵无饷领，操练遂废，或有四散谋生，偶遇调发，无非随时凑集募替游手好闲、形同乞丐者充数应调，将不习兵，兵不习将，驱之御贼，瑟缩溃散，贼骑长驱，此兵百不当一，非退即逃。此营制之坏，兵不可恃也如此。

兵不得力，势惟募勇。而无一能带勇之将，无一能练勇之人，招募乌合，队伍不齐，增减多少，参差纷糅，其中又招安降众如宋景诗等，皆令带领大队，跋扈横恣，莫敢谁何！饷糈偶缺，强者持械围闹，弱者弃营散走，甚至剽掠居民，比贼尤甚。又有与贼暗通消息，临阵对语，挟制官军，无所不至，仅谓不知纪律，实不足以蔽其辜。此招募之坏，勇不可恃也又如此。

兵勇均不能为民御贼，势惟借助民团，数年于兹。团之杀贼立功者，固亦不乏，其借团啸聚，率众抗官者，东省所在林立。谓为叛逆未著，未便名捕，其实兵力正单，恐复造乱，美其名曰"暂事羁縻"，考其实则自甘聋聩。强凌弱，众凌寡，抗纳钱漕，武断词讼，敛财聚众，有联合数县或数十村庄者，良民涂炭，强霸横行。此团练之恣肆，民不可恃也又如此。

是则山东情形，厝火积薪，势已岌岌，而尚不至一时蜂起者，全赖僧格林沁数年督兵出入东省，屡歼巨魁，亲历戎行，声威所至，良足以寒贼胆而作人心。而降众如宋景诗、宋景春、董道平、雷凤鸣，虽皆随同征剿，团练如临邑之人和团、济阳之一心团、堂邑之柳林团，间亦杀贼有功，其待时观衅之心，实未尝一日或熄。臣沿途访之官寮民庶，大率异口同词。即如淄川之兵，当僧格林沁未至之先，士卒散涣，人各一心，管带者严刑峻法，亦无如何，自僧格林沁至营，始知畏威，勉成营垒。现已四面合围，环壕将次工竣，壕外共筑营垒十八座，论者方冀旦夕收功。臣窃谓僧格林沁部下各军，除苏克金、恒龄各军已分拨河间等处，在此者本属无多，其合围各营，大半原系山东本营及募勇，只以震慑僧格林沁威严，故一切骄悍通贼均皆敛迹。然皆不习纪律，不同心志，战守二字毫无可恃。僧格林沁屡与臣言及，时为悬心。一旦僧格林沁移师他往，城贼必乘间扑营，各兵勇能否实力堵御，臣实难自信。设想及此，悚惕万分。

臣既仰蒙圣恩，授臣疆寄，臣非不知不特兵勇、民团所应力加整饬，苟有一事未善，臣即一日不敢偷安。只因到任甫及半月，一切均未周知，而骄勇疲兵、强团降众环布于数府州属，且苗逆既动，东省降众未必无与之通者。倘承新旧交替之间，窥僧格林沁既去之后，盗贼生心尝试，事变猝来，臣既无一军训练之兵，亦无一队可恃之勇，徒以军旅大计委于数万疲兵、悍勇、叛练之手，操之过急，则兵、勇、练立时为贼；虚与委蛇，则日甚一日，更难措置。斯时也，臣即糜顶粉身，仍无补国家之急。臣与其辜负圣恩于日后，不得不吁求矜鉴于事前。伏祈皇上俯念东省势已岌岌，准僧格林沁暂时留东镇服，消弭一切于无形之中，不仅为淄川一城。臣亦即赶速治兵，讲求政事，渐使兵勇民庶知臣之心，形势操防经臣之目，庶不至隳僧格林沁数年转战之功。臣若强不知以为知，不自揣量，草率任事，是则臣贪恋爵秩，粉饰治安，亦为我皇上所不取。且臣无他才能，惟有实心办事，仰答高厚于万一。臣疏庸愚昧，伏读迭降谕旨，日夜焦劳，怔忡心悸，寝食难安，臣亦断不敢因病废事，自贻罪戾。伏祈皇上俯允微臣所请，一面可否密谕曾国藩、李续宜、唐训方、吴棠，如果兵力足制苗练，方为捣穴擒渠之计；倘有未逮，务宜各路派兵牵制该匪，勿令生心旁窜，便是顾全大局、互为维系之谋。李续宜一军，尤为苗逆所畏，力能制之。一俟直、东之事稍定，僧格林沁南下，再图大举。又时将盛暑，南中卑湿，北方士马恐亦水土不宜，难于得力。

臣因山东为畿南屏翰，刻下通省情形，兵勇、民团在在可虑，用敢渎冒尊严，沥情陈恳，准饬僧格林沁暂留东省，出自圣恩，臣不胜悚惕待命之至。伏祈皇太后、皇上圣鉴。臣谨奏。

同治二年五月初四日奉到回折："议政王军机大臣奉旨：'另有旨。

钦此。'"

僧格林沁留东关系北方大局片
同治二年四月二十七日

再，恒龄一军现驻直、东交界，苏克金一军现驻河间府，此皆僧格林沁部下最为得力之军。臣自维才力不及直隶督臣刘长佑万一，而刘长佑此次追剿北扰之贼，多借资恒龄、苏克金合力兜剿，方能歼贼殆尽。僧格林沁督师南下，若不令恒龄、苏克金两军并进，则兵力过单；若皆行前去，直、东一带他无劲旅，刘长佑虽久历戎行，娴于兵事，到任未久，似不能无借僧格林沁之威望。臣又窃谓直、东两省附近京畿，必得内患尽除，然后移师南下，始无北顾之忧，亦免内匪勾结之虞。且地方稍安，钱粮多征，则馈师有资，进取有据。刻下直、东兵事间有斩除，实无定局。至于东省之兵勇，如遍地零星大小散器，难纳筐篋；东省之民团、降众，如以油沃面，无从分别调和。至东昌降众回籍能否相安，各军受抚降匪能否不至反复，臣均未敢逆料。臣仰恳天恩暂留僧格林沁之处，系为直、东两省北方大局起见，非敢稍存私意专为淄川一城图卸仔肩。

区区之忱，伏乞圣鉴。臣谨奏。

同治二年五月初四日奉到回折："议政王军机大臣奉旨：'另有旨。钦此。'"

东昌泗水军情片
同治二年四月二十七日

再，河西股匪于本月初十、十一等日窜扰东阿、阳谷、茌平一带，经臣飞咨总兵保德拨兵迎头截击，切勿在后尾追。昨据保德函开：业经守备冯胜林等在苦山一带进剿，杀马贼二百余名，步贼殆尽。十五日，余匪仍向七级迤南鱼洼、夏家堂等处抢渡。冯胜林首先渡河，绕出贼前，至安乐镇地方痛加剿洗。逆首张广德亦被都司李元追剿穷蹙，率领马步余匪一百余人俯伏乞降等情，具禀前来。臣诚虑此类凶狡性成，非可遽信，当即飞咨保德就近察看情形，如果实已畏罪输诚，方准收纳。二十四日，即据保德函开：张广德实系情愿立功赎罪，已分别留营充当马勇者六十名，马队改成步勇者八十一名，本无马匹者七名，共一百四十八名，并将缴出马八十一匹，一面解送臣营应用等语。臣思杨蓬岭、程顺书等已经刘长佑酌量准其投诚，张广德未便同罪异罚，即切实函复保德，勿令张广德管带原队，增减自由，恐羽翼复成，致蹈覆辙，姑准暂留保德军营，以观后效。

又据泗水县禀报：窃据故安寨教匪已于十五日经僧格林沁派往之翼长舒通额、德楞额两军会合攻剿，立将故安寨克复，该匪纷纷窜回老巢。

又据总兵黄国瑞禀报：教匪囤聚孤山一带，意图割麦。十八日寅刻，督同参将张从龙、张祖云等进剿。正在与贼鏖战，密饬都司张保圣、守备王树楠由山南大路包抄，冒烟直入，冲断贼队，自卯至午，杀贼数百，生擒十一名立即正法，夺获旗帜十七面、骡马一百五十余匹，刀械无算。贼势不支，由双峰山地方越山散窜，因山涧丛杂，未便穷追。

除由臣督率各路官军分别剿办外，理合将现在各路获胜情形附片奏闻，伏乞圣鉴。臣谨奏。

同治二年五月初四日奉到回折："议政王军机大臣奉旨：'另有旨。钦此。'"

宁阳县官绅士民捐修城工恳恩奖叙折

同治二年四月二十八日

奏为官绅士民捐修城工完竣，恳恩给予奖叙，恭折仰祈圣鉴事：

窃照前准部咨，咸丰九年八月十二日奉上谕："袁甲三奏地方城池亟宜讲求修守。著各省督抚劝谕绅民修筑，所有军务省分，捐资者照捐输议叙；出力者照军功请奖等因。钦此。"钦遵转行遵照在案。

嗣据署宁阳县知县李琛禀报，该县界连曹、济，逆匪时常窜扰，城垣年久失修，仅存基址，亟应修葺，以资捍御。随经设法劝捐，派令正直绅董总司其事。除捐助夫工料物不计外，共捐集银一万三千一百二十两，于咸丰十一年四月二十五日开工，同治元年二月底工竣，禀请委员验收。即据现任宁阳县知县余庆昌具报，会同委员周履查勘，均属工坚料实。由藩司贡璜核明分别捐资出力请奖前来。

臣查城垣为一邑保障，该县地当孔道，城墙周围坍塌过甚，护城池亦经淤塞，无险可恃。该官绅士民等捐集经费，一律修浚完竣，足资捍卫，洵属好义急公。东省系军务省分，所有捐资出力官绅士民，自应照例量予鼓励。谨缮清单，恭呈御览。合无仰恳天恩俯准分别给奖，以昭激劝。

除饬造册结咨部并将零星捐户由外酌奖外，为此恭折具奏，伏乞皇太后、皇上圣鉴训示。谨奏。

同治二年五月十三日奉到回折："议政王军机大臣奉旨：'户部核议具奏。单二件并发。钦此。'"

同治二年三月雨泽粮价折

同治二年四月二十八日

奏为恭报三月份雨泽情形并呈粮价清单，仰祈圣鉴事：

窃照二月份雨泽、粮价，经前抚臣谭廷襄奏报在案。臣莅任后，卷查三月份，据济南府属之历城、章邱、邹平、淄川、长清、新城、齐东、齐河、济阳、禹城、临邑、长山、陵县、德州、德平、平原，泰安府属之泰安、新泰、莱芜、肥城、东平、东阿、平阴，武定府属之青城、阳信、海丰、乐陵、商河、滨州、利津、沾化、蒲台，兖州府属之滋阳、曲阜、宁阳、邹县、泗水、滕县、汶上、阳谷、寿张，沂州府属之兰山、郯城、费县、莒州、蒙阴、沂水、日照，曹州府属之菏泽、单县、城武、定陶、曹县、郓城、范县、观城、朝城，东昌府属之聊城、堂邑、博平、茌平、清平、莘县、冠县、馆陶、高唐、恩县，青州府属之益都、临朐、临淄、高苑、博山、博兴、寿光、昌乐、安丘、乐安，登州府属之蓬莱、黄县、福山、栖霞、招远、莱阳、宁海、文登、海阳，莱州府属之掖县、平度、昌邑、潍县、胶州、高密、即墨，临清直隶州暨所属之夏津、武城、邱县，济宁直隶州暨所属之金乡、嘉祥、鱼台等一百州县申报，于月之初一、初二、初八、初九、十五、十六、十九、二十、二十四、二十五等日，各得雨一、二、三、四寸不等。麦禾正当扬花结穗，得此时雨滋培，益臻芃茂，秋苗亦借以播种，洵堪仰慰圣怀。

至各属市集粮价，间有长落，大致与上月相同。谨缮清单，祗呈御览。为此恭折具奏，伏乞皇太后、皇上圣鉴。谨奏。

同治二年五月十三日奉到回折："议政王军机大臣奉旨：'知道了。

钦此。'"

三月份粮价清单

谨将同治二年三月份山东省各属米、谷、麦、豆价值，敬缮清单，恭呈御览。

计开：

济南府属：稻米每仓石价银二两四钱五分至四两二钱，较上月贱二钱。粟米每仓石价银八钱八分至二两六钱，较上月贱二分。粟谷每仓石价银六钱至一两六钱，较上月贱一钱。高粱每仓石价银八钱三分至二两二钱，较上月贵三钱一分。小麦每仓石价银一两四钱五分至二两五钱二分，较上月贵六分。黄豆每仓石价银一两一钱九分至二两三钱九分，较上月贵九分。黑豆每仓石价银一两一钱四分至三两二钱四分，较上月贵二钱。

泰安府属：稻米每仓石价银三两至四两三钱，与上月同。粟米每仓石价银一两一钱五分至二两七钱六分，与上月同。粟谷每仓石价银八钱二分至二两五钱二分，与上月同。高粱每仓石价银一两二钱五分至二两三钱二分，与上月同。小麦每仓石价银一两六钱至三两二钱九分，与上月同。黄豆每仓石价银一两二钱至二两八钱八分，与上月同。黑豆每仓石价银一两二钱至二两八钱八分，与上月同。

武定府属：稻米每仓石价银二两四钱八分至四两六钱二分，与上月同。粟米每仓石价银一两一钱六分至二两四钱，与上月同。粟谷每仓石价银七钱七分至一两八钱四分，与上月同。高粱每仓石价银八钱六分至一两五钱，与上月同。小麦每仓石价银一两五钱至三两五分，与上月同。黄豆每仓石价银一两一钱八分至二两二钱，与上月同。黑豆每仓石价银一两一钱至一两八钱八分，与上月同。

兖州府属：稻米每仓石价银二两三钱至四两二钱，与上月同。粟米每仓石价银一两一钱至二两八钱七分，与上月同。粟谷每仓石价银六钱至一两八钱七分，与上月同。高粱每仓石价银六钱五分至二两二钱，与上月同。小麦每仓石价银八钱五分至二两八钱，与上月同。黄豆每仓石价银九钱五分至二两三钱三分，与上月同。黑豆每仓石价银九钱五分至二两二钱，与上月同。

沂州府属：稻米每仓石价银二两一钱至三两九钱二分，与上月同。粟米每仓石价银一两五钱至二两五钱九分，与上月同。粟谷每仓石价银六钱至一两五钱八分，与上月同。高粱每仓石价银八钱二分至一两四钱八分，与上月同。小麦每仓石价银一两至一两八钱七分，与上月同。黄豆每仓石价银八钱至一两四钱五分，与上月同。黑豆每仓石价银八钱至一两四钱五分，与上月同。

曹州府属：稻米每仓石价银三两二钱八分至五两，与上月同。粟米每仓石价银一两一钱七分至三两三钱八分，与上月同。粟谷每仓石价银七钱一分至二两二钱九分，与上月同。高粱每仓石价银八钱四分至二两四钱九分，与上月同。小麦每仓石价银一两二钱五分至三两六分，与上月同。黄豆每仓石价银一两三钱五分至二两七钱四分，与上月同。黑豆每仓石价银一两一钱三分至二两三钱八分，与上月同。

东昌府属：稻米每仓石价银二两六钱六分至五两，与上月同。粟米每仓石价银一两五分至二两五钱九分，与上月同。粟谷每仓石价银七钱至一两六钱五分，与上月同。高粱每仓石价银九钱至二两三钱，与上月同。小麦每仓石价银一两四钱至二两五钱九分，与上月同。黄豆每仓石价银一两五分至二两三钱，与上月同。黑豆每仓石价银一两至二两，与上月同。

青州府属：稻米每仓石价银二两八分至三两三钱，与上月同。粟米每仓石价银一两二钱二分至二两，与上月同。粟谷每仓石价银六钱一分至一两二钱九分，与上月同。高粱每仓石价银五钱八分至一两四钱八分，与上月同。小麦每仓石价银一两四钱五分至二两三钱，与上月同。黄豆每仓石价银九钱五分至一两七钱，与上月同。黑豆每仓石价银九钱五分至一两七钱四分，与上月同。

登州府属：稻米每仓石价银二两一钱一分至三两，较上月贵一钱九分。粟米每仓石价银一两二钱一分至一两九钱，与上月同。粟谷每仓石价银七钱六分至一两二钱，与上月同。高粱每仓石价银八钱五分至一两五钱五分，与上月同。小麦每仓石价银一两二钱一分至二两四钱，较上月贵一钱。黄豆每仓石价银九钱至一两八钱，与上月同。黑豆每仓石价银九钱至一两八钱，与上月同。

莱州府属：稻米每仓石价银二两三分至三两五分，与上月同。粟米每仓石价银九钱五分至一两五钱，与上月同。粟谷每仓石价银四钱五分至一两，与上月同。高粱每仓石价银六钱至一两一钱，与上月同。小麦每仓石价银一两一钱二分至二两一钱，与上月同。黄豆每仓石价银一两至一两四钱，与上月同。黑豆每仓石价银一两至一两四钱四分，与上月同。

临清直隶州并属：稻米每仓石价银三两四钱五分至三两八钱五分，与上月同。粟米每仓石价银一两三钱五分至二两，较上月贵六分。粟谷每仓石价银九钱至一两三钱，与上月同。高粱每仓石价银九钱至一两四钱，较上月贵五分。小麦每仓石价银一两四钱至二两四钱，与上月同。黄豆每仓石价银一两二钱六分至一两九钱五分，与上月同。黑豆每仓石价银一两至一两九钱，较上月贵五分。

济宁直隶州并属：稻米每仓石价银三两三钱至六两三钱七分，与上月同。粟米每仓石价银一两六钱五分至三两，与上月同。粟谷每仓石价银一两三分至二两，与上月同。高粱每仓石价银一两一钱五分至二两四钱，与上月同。小麦每仓石价银一两三钱至二两六钱，与上月同。黄豆每仓石价银一两三钱一分至二两六钱，与上月同。黑豆每仓石价银一两一钱五分至二两九钱，较上月贵二钱。

同治元年冬季各属正法匪犯名数折

同治二年四月二十八日

奏为查明各属正法匪犯名数、案由，恭折具奏，仰祈圣鉴事：

窃照山东拿获匪犯就地正法案件，例应按季汇奏。兹查同治元年冬季，各属拿获罪应斩决、斩枭盗匪共三十七名，均经随时审明，按照奏定章程就地正法。据署臬司呼震详请汇奏前来。臣复核无异。理合将名数、案由，敬缮清单，恭呈御览。

除行司将各案供招分起详咨外，为此恭折具奏，伏乞皇太后、皇上圣鉴。谨奏。

同治二年五月十三日奉到回折："议政王军机大臣奉旨：'刑部知道。钦此。'"

谨将同治元年冬季，各属正法盗匪名数、案由，敬缮清单，恭呈御览。

一、新泰县拿获盗犯牛西溃、彭来、张汶秀、康四、张义方、李奉五、岳振礼、牛仲先、孙小、李二麻、管五、亓得胜、岳诚智、岳允九、张黑蛋、孙潮纪等十六名，持械抢掠凝聚当铺衣物、马匹，罪应斩决。

一、济宁州拿获盗犯宋大法、袁庭、王得佣、刘逢来、张银风等五名，行劫事主黄怡经钱铺银钱，罪应斩决。

一、恩县拿获盗犯苗淋、陈三等二名，持械抢事主罗墉车上银物，罪应斩决。

一、沾化等县拿获盗犯李大小、李二、刘大柱、张汎淋、刘耳拴、李有棠、张二豹、刘蓝章、郑蓝亭、经连有等十名，抢劫沾化衙署并事主俞寄生等银钱、衣物，罪应斩枭。

一、济宁州拿获盗犯辛锡淋一名，持械伙抢事主张凤文银物，罪应斩决。

一、滨州拿获枭匪于欣然、尚化溃、韩志白等三名，行劫事主李元太等家钱物，罪应斩枭。

遵旨酌派大员赴东昌办理剿抚事宜折

同治二年五月初九日

奏为遵旨酌派文武大员办理东昌搜捕安抚事宜，恭折由驿具奏，仰祈圣鉴事：

窃臣于四月十八日钦奉寄谕："莘、冠一带，防剿善后均关紧要，必须遴委明干大员前往办理。总兵保德平日带兵尚无贻误，或即责成该员会同直隶官军认真搜捕，能否得力之处，并著刘长佑、阎敬铭会商妥办等因。钦此。"又于四月二十一日钦奉寄谕："直省毗连之东昌、临清等州县，匪巢林立，降卒叛将杂处其间，必须直、东两省会商筹办，方免彼此歧异。阎敬铭现赴淄川，不克亲临边境，著即遴委文武明干大员会同王榕吉，并【将】应剿应抚及一切善后事宜，实心整顿，无误事机等因。钦此。"

臣查河西股匪，经东省官军击败后窜渡运河，又经各队追剿，余匪张广德等穷蹙乞降，业经暂留保德军营，以观后效。其杨蓬岭、程顺书等股，亦经直隶督臣刘长佑酌准投诚，妥为安插。东昌一带已无匪踪。宋景诗一队，经前抚臣谭廷襄饬留东昌，归总兵保德调遣，现尚驻扎堂邑一带。该队前有一千余人分赴直隶助剿，兹经刘长佑派弁带回东省，自因直省军务蒇事，遣令归农。臣即饬令东昌府转饬宋景诗，将直省遣回之队妥为遣散，其原驻堂邑之队仍归保德节制。东昌各属目前虽属粗安，惟降众杂居，灾黎甫定，且毗连直省，犹恐余匪伏匿其间，一切搜捕抚绥事宜，诚如圣谕，必须派委文武大员实心办理。保德带兵尚无贻误，已遵旨令其会同直隶官军妥为筹办。该员究系武职，必须添派文员，方足以资筹画。第东省候补各员，或未悉情形，或经手要务，几无可派之员，旬余以来，颇费筹度。兹查署臬司济东泰武临道呼震，在东日久，深悉情形，上年曾随前抚臣谭廷襄办理东昌军务，且该处系济东道专辖之境，于地方文武呼应尤灵，臣即饬令前往，会同保德妥实筹办，以期无误事机。

所有遵旨酌派文武大员办理东昌搜捕安抚事宜，理合恭折由驿具奏，伏乞皇太后、皇上圣鉴训示。谨奏。

同治二年五月十五日奉到回折："议政王军机大臣奉旨：'另有旨。钦此。'"

登州总兵曾逢年俟淄川克复再行卸篆片
同治二年五月初九日

再，登州镇总兵曾逢年，经前抚臣谭廷襄奏派淄营办理军务，嗣新任总兵李懋元到营，复经奏令在营接印，仍留曾逢年会办防剿。臣到淄后与僧格林沁熟商，曾逢年在营数月，地势贼情均为熟悉，若令其留营卸篆，窃恐事权未属，呼应不灵，拟令带印在营专办防剿，一俟克复淄川，再令李懋元接印任事。理合陈明，伏祈圣鉴。谨奏。

同治二年五月十五日奉到回折："议政王军机大臣奉旨：'另有旨。钦此。'"

请留青州知府王继庭在营差遣片
同治二年五月初九日

再，降调青州府知府王继庭，办事精详，心地朴实。臣到东后，一切佐理需人。该员在东日久，情形既熟，舆论亦孚。合无仰恳天恩俯准，将王继庭留于臣营差遣，以资臂助。理合陈明，伏乞圣鉴训示。谨奏。

同治二年五月初九〔十五〕日奉到回折："议政王军机大臣奉旨：'另有旨。钦此。'"

山东军储捐米请给奖折
同治二年五月初十日

奏为东省筹备军储，援案捐米，缮具捐数清单，恳恩照例给奖，恭折奏祈圣鉴事：

窃照东省被匪滋扰,官仓民户存米无多,军食亟须储备。前抚臣谭廷襄于咸丰十一年奏请捐输接济,援照咸丰六年捐赈成案,每捐粟米一石,连运脚等项准作银三两八钱,照筹饷各例分别减成请奖。经部议复,收捐米石,五成留于本省,五成随漕运通,奉旨允准钦遵,在于省城设局,派员劝办在案。

　　兹查东省情形与咸丰初年迥不相同,实因连年兵燹,户鲜盖藏,接踵劝捐,难期踊跃。自咸丰十一年十二月十八日开局起,至同治二年三月十八日止,共捐生一百七十八员名,收捐粟米六千七十三石七斗四升。为时已阅年余,自应照例分别给奖,以昭激劝。据在省司道核明详请具奏前来。

　　臣复核捐数与例相符,谨缮清单,恭呈御览。吁恳天恩敕部议复,并将实在官阶归入部捐筹饷例,按卯核办。为此恭折具奏,伏乞皇太后、皇上圣鉴。

　　再,所收捐米提出五成,照数存储,附入本年新漕搭运,下余五成留于东省核实支销,合并陈明。谨奏。

　　同治二年五月廿四日奉到回折:"议政王军机大臣奉旨:'该部核议具奏。单并发。钦此。'"

首帮漕船开行日期片
同治二年五月初十日

　　再,东省外河德正等帮漕船例应首先开行。臣到任后查明,同治元年漕粮尚未具报兑竣,即经严檄饬催。兹据督粮道沈维璥禀称,各州县办理防堵,交兑未能迅速,已完者先行饬帮受兑,现在逐船盘验,即饬德正首帮于四月二十六日开行等情前来。

　　除勒催赶紧交兑完竣,将在后各帮督催飞挽北上,仍俟全数出境另行奏报外,所有首帮漕船开行日期,理合附片陈明,伏祈圣鉴。谨奏。

　　同治二年五月廿四日奉到回折:"议政王军机大臣奉旨:'知道了。钦此。'"

同治二年春季委署各员班次衔名片
同治二年五月初十日

　　再,前准部咨:"嗣后各省州县缺出,先委正途一人,次委劳绩一人,再将各项试用人员轮委一人，于应署班内统按出缺先后，察看人地相宜人员，酌量委署，毋庸计其科分名次并试用年限。每届三月汇报一次。"等因。当经前抚臣谭廷襄，将同治元年冬季分析出各缺奏报在案。兹复据藩司将同治二年春季分析出知县各缺，并委署各员班次衔名，具详前来。

除册咨部外，理合附片陈明，伏乞圣鉴。谨奏。

同治二年五月廿四日奉到回折："议政王军机大臣奉旨：'知道了。钦此。'"

同治元年下半年京控未结各案传解迟延各员照例议处折

同治二年五月初十日

奏为查明京控未结各案，请旨将传解迟延各员照例议处，恭折具奏，仰祈圣鉴事：

窃照京控案件，每届半年例应查明承审传解各员有无迟延，汇案参奏，历经遵办在案。兹查同治元年下半年京控各案，除依限审结及咨部展限外，其提传被证未到不能审结者，共计七案，均属迟延。据藩、臬两司查明，开具职名，详请汇参前来。臣复核无异。谨将传解迟延各员敬缮清单，恭呈御览，仰恳敕部照例议处，以示惩儆。

除饬将未结各案勒提审办外，为此恭折具奏，伏乞皇太后、皇上圣鉴训示。谨奏。

同治二年五月廿四日奉到回折："议政王军机大臣奉旨：'刘炤等均著照例议处。该部知道。单并发。钦此。'"

谨将同治元年下半年京控未结各案传解迟延各员，敬缮清单，恭呈御览。
一、沂水县民人张亭京控张崇升等一案，前署沂水县刘炤传解迟延一个月零二十日，接署县孙恺元连闰计传解迟延四个月十五日，署蒙阴县谢庆元连闰计传解迟延六个月零十九日。所有传解迟延一月以上各职名，系署沂水县知县刘炤、孙恺元；传解迟延半年以上职名，系署蒙阴县知县谢庆元。
一、临邑县民人张清福京控史文干等一案，该署县马钲连闰计传解迟延六个月零二十日。所有传解迟延半年以上职名，系署临邑县知县马钲。

一、寿光县民妇李张氏京控张玉等一案，该县彭启昆传解迟延一个月零十七日，代理县周文冠连闰计传解迟延四个月零十三日。所有传解迟延一月以上各职名，系寿光县知县彭启昆、代理寿光县知县周文冠。

一、费县民人孙萱京控曹凤鸣等一案，该署县王成谦连闰计传解迟延五个月零二十日。所有传解迟延一月以上职名，系署费县知县王成谦。

一、昌邑县民人庞希成京控栾升等一案，该前县卢文选传解迟延十八日，代理县戴勉连闰计传解迟延五个月零二十二日。所有传解迟延不及一月职名，系前任昌邑县知县卢文选；传解迟延一月以上职名，系代理昌邑县知县戴勉。

一、商河县民崔法云京控王汝奎等一案，该县李均连闰计传解迟延六个月零二十日。所有传解迟延半年以上职名，系商河县知县李均。

一、东平州民战文曲京控高大成一案，代理州范鹏程连闰计传解【迟延】六个月零二十日；东阿县吴树声传解迟延三个月零四日，代理县盛洪钧连闰计传解迟延两个月零二十六日。所有传解迟延半年以上职名，系代理东平州知州范鹏程；传解迟延一月以上各职名，系东阿县知县吴树声、代理东阿县知县盛洪钧。

酌议东海关现行税则折
同治二年五月初十日

奏为酌议东海关现行税则，并将沿海各口土税一律按则征收，恭折奏祈圣鉴事：

窃照山东省沿海各属抽收税银，因从前并无定则，是以彼此参差。现已奉旨新设东海关，饬令登莱青道改驻烟台，作为监督，自应议定条款，以专责成。兹据该监督潘霨禀称：遵查东省烟台及大小各海口未设关以前，先有土税厘金，各处抽收，未能划一。今既事有专司，亟应明定税则，一体遵行，方昭核实。除洋税按照各国条款毋庸议外，所有各项粮食、货物，均照部颁税则及天津钞关章程，悉心考核，互相参观，或物同而名异，或此有而彼无，或各货有高下之分，或定税有多寡之别。天生万物，本有难齐，自应酌中，以符例意。登、莱、青三府，向非产米之区，皆取给于客贩，议税比临清关稍减；豆饼、豆子非尽土产，贩自他处居多，议税比山海关较轻。其余绸缎、布匹、食物、磁铜、木石器具等项，已载者悉仍其旧，未载者补之，务期酌量持平，行之久远。至应如何定额，现当试办之初，无凭悬拟，俟办有成效，再行详定等情，并开造清册呈送批行省城税厘总局核议具详前来。

臣复核该监督所禀海口情形，极为熟悉；酌议现行税则，缕晰条分，均属周妥。按照部颁税则、天津钞关章程略有增减，系为因地制宜起见。现值各商船陆续进口之际，未便稽迟，致误税课。一面饬令该监督将沿海大小各口土税即照所拟税则先行征收，仍照旧汇解藩库充饷；一面咨部查照。

理合会同三口通商大臣崇厚恭折具奏，伏乞皇太后、皇上圣鉴。谨奏。

同治二年五月廿四日奉到回折："议政王军机大臣奉旨：'该衙门知道。片二件并发。钦此。'"

税厘征收比例及海口局员一律裁撤片

同治二年五月初十日

再，征税既有定则，抽厘亦未便稍形偏重。嗣后拟请税厘仍分两款，以税为主，以厘为辅，征税一分，征厘三厘，税归海关，厘归州县，各自征收，互相查对，海口分局委员一律裁撤，庶涓滴均归实用，国课、商情两有裨益。理合附片奏闻。

再，此案该监督于三月间具禀，其时因军务倥偬，前抚臣谭廷襄未及具奏，臣到任后移交接办，合并陈明，伏乞圣鉴。谨奏。

同治二年五月廿四日奉到回折："议政王军机大臣奉旨：'览。钦此。'"

应解洋药厘金请免限额片

同治二年五月初十日

再，查接管卷内，钦奉上谕："同治二年各省抽收洋药厘金，著即按照户部单开数目，自同治二年正月起，山东提银五万两，按三个月报解一次，一年分四次解清，务须年清年款，不准稍有亏短，亦不准以别款抵拨常年京饷，更不得牵混减抵。其办理厘卡各员职名，仍著开明报部，以凭查核等因。钦此。"经前抚臣谭廷襄钦遵转行在案。

臣莅任后，即据省城厘税总局各委员详称：查东省征收洋药税厘一案，先于咸丰九年在沿海各口试办，其余腹地州县，或因地处偏僻，商贩无多；或因兵燹迭遭，市廛凋敝，无可征收，迨至咸丰十一年九月复在省城设立总局，并饬催东省各属实力举行。无如来源甚微，纵使涓滴不遗，计数仍属有限。在同治元年六月以前，税厘并收，历年仅征二万两有奇。自元年秋季以后，设立东海关，议定税厘分征，厘捐更形减色，虽商贾多寡、消售盈虚未可预定，要亦无甚出入。本年钦奉谕旨，东省应解洋药厘金银万五两，数目悬殊，力难照解，求免限以定额等情，详请具奏前来。

臣查东省非比粤、楚为水陆冲途，内外洋商船云集，抽收短绌，系属实在情形，与其缄默贻误于后，曷若据实陈明于先。应请将洋药厘金免其限以定额，总期竭力征收，尽数报解，仍按三个月解兑一次，务须年清年款，不准稍有亏短，亦不得以别项抵拨，以昭核实。

除咨部查照外，理合附片陈明，伏乞圣鉴。谨奏。

同治二年五月廿四日奉到回折："议政王军机大臣奉旨：'览。钦此。'"

拟调臬司丁宝桢赴淄助剿折

同治二年五月十七日

奏为新任臬司带勇到东，现拟调赴淄营助剿，恭折由驿具奏，仰祈圣鉴事：

窃臣于五月初九日钦奉寄谕："前因唐训方奏皖省情形紧急，当经谕令唐训方、张之万于丁宝桢一军抵豫时截留，由汝、颍一带径趋皖北。本日据丁宝桢奏，该臬司五月初一日已抵许州等语。丁宝桢所带勇队连日应已将次入山东境界，如业经在豫省截留，即著张之万等饬令赴皖；如已入山东地面，即当察度缓急，相机进剿，毋庸再行折回，转致纡途延误。该臬司到东后，阎敬铭酌量情形，妥为调遣，以资得力等因。钦此。"当即恭录转行去后。

伏查东省兵勇散漫，未谙纪律。僧格林沁与臣力求整顿，以大军合围吃紧，急切未便更张。昨已将尤不得力、刻难姑容之勇队先行遣撤一千余名，派弁押令回籍，以致前敌营盘兵力单薄，不敷分布。正在筹画间，接据丁宝桢禀报：于本月十三日行抵济宁，数日之间即可到省，自系在豫尚未接奉截留谕旨。该臬司既入东境，自当遵旨察度缓急，相机进剿，无庸再行折回。臣体察现在情形，淄营需兵甚殷，不得不赶紧饬调。该臬司自楚募勇一千余名，本系亲身统带，又复戎行久历，晓畅军情，臣已饬令在省接印后迅即来淄，以期厚集兵力，早日蒇事。

所有新任臬司带勇到东，现拟调赴淄营助剿缘由，理合恭折由驿具奏，伏乞皇太后、皇上圣鉴训示。谨奏。

同治二年五月廿四日奉到回折："议政王军机大臣奉旨：'知道了。钦此。'"

已革道员吴台朗仍暂留营片
同治二年五月十七日

再，东省营务废弛已久，兵无训练，将乏贤能，队伍散漫无稽，器械临时未备，而实皆统带之不得其人，兵将两不相知，以致诸事毫无把握。上年匪踞淄川，前抚臣谭廷襄初派已革署济南府知府吴载勋带兵剿办，复以道员陈显彝代之，嗣经前后撤回。本年正月始派署济东泰武临道吴台朗接办，续派总兵曾逢年会同办理。该道到营以来，力为调停整顿，而兵勇狃于积习，仍未能尽受范围。自僧格林沁到淄后，申明纪律，始将环壕挖就，各营一律筑成。该员规画亲承，又复劳瘁不辞，在在悉心筹办。正当吃紧之际，适因另案奉旨革职，自应饬令离营。惟臣与僧格林沁再四熟商，淄川自去秋迄今，业已三易统带，吴台朗筹办一切，稍有端倪，若又更易生手，不特东省大员无人可派，即勉为更易，亦不能熟悉情形。不揣冒昧，仰恳天恩可否将已革道员吴台朗暂行留营之处，出自逾格鸿慈。理合附片吁陈，伏祈圣鉴训示。谨奏。

同治二年五月廿四日奉到回折："议政王军机大臣奉旨：'另有旨。钦此。'"

请仍留僧格林沁在淄督剿折
同治二年五月二十二日

奏为沥陈淄、兖吃重情形，拟请仍留僧格林沁督剿，即派臬司带勇前赴东昌，恭折由驿具奏，仰祈圣鉴事：

窃臣于五月二十一日钦奉五月十八日寄谕："宋景诗狼子野心，负嵎自固，万无姑容之理。现在该逆凶狡情形，日甚一日，自应赶紧剿灭，以除巨憝。僧格林沁声威素著，若能移营东昌，进扼东南两路，不但可以遏贼东窜，且于恒龄、苏克金各马队发纵指示，呼应较灵。丁宝桢既到淄川，僧格林沁似可即赴东昌，与刘长佑会同剿办等因。钦此。"

伏查淄川踞匪于本月十一日夜乘雨扑陷勇目雷凤鸣营盘，复被官军夺回，当经僧格林沁将该勇队遣撤九百余名，并将雷凤鸣正法，复经臣将不得力之马勇饬令缴马，遣散二百余人，前敌兵力甚单。适新任臬司丁宝桢带勇到东，当即遵奉前旨，饬令相机进剿，调赴淄营，业于前折奏报。兹奉寄谕，东昌剿务吃紧，僧格林沁自当遵旨前往。惟查淄匪自僧格林沁督剿以来，城外环筑炮台，日用炸炮四面轰击，该匪震慑异常，屡图逃窜；其不敢骤窜者，僧格林沁现带马队虽只三四百名，而纵横冲突，是其长技，且马上枪箭，每发不虚，是以不敢潜进，一味踞守。今如移向东昌，所有炸炮、马队均须撤往淄营，兵勇散漫无纪，马勇本属无多，且系零星乌合，惟仗僧格林沁声威慑伏，匪势不敢鸱张。刻下连营合围已有端绪，一旦移师他往，该匪乘隙奔窜，别无劲旅穷追，势必扰害地方，种种可虑。况僧格林沁只带马队数百名，如赴东昌，亦不能成一队，必须将现驻曲、邹之翼长舒通额一军调往，该队专防白莲池北路。现在总兵黄国瑞进攻白莲池东南一面，正在得手，该匪被剿穷急，必由西北出窜。兖营原驻兵勇马队本单，惟恃舒通额之军可以奋力追剿，一经抽撤，北路必致空虚，贻患益甚。是僧格林沁东昌之行，虽于会剿有益，而于淄川、兖州两处大局牵掣实多。惟东昌进剿需兵，又不得不赶紧抽拨。臣再四筹计，惟有饬令丁宝桢一军驰赴东昌，会同恒龄、保德各军，随同直隶督臣刘长佑并力剿办，仍恳天恩准将僧格林沁留淄督剿，以期各路兼顾，无误事机。至淄营前敌，仍少一千余人，究形单薄，臣即与僧格林沁妥商，尽力匀拨，俾免疏虞。

所有沥陈淄、兖吃重情形，拟请仍留僧格林沁督剿，即派臬司丁宝桢带勇前赴东昌缘由，理合恭折由驿具奏，伏乞皇太后、皇上圣鉴训示。谨奏。

同治二年五月廿七日奉到回折："议政王军机大臣奉旨：'另有旨。钦此。'"

丁宝桢接臬司篆片
同治二年五月二十二日

再，臣接准部咨："钦奉上谕：'山东候补道吴台朗著革职拔去花翎等因。钦此。'"当即钦遵转行去后。查吴台朗现署济东泰武临道，统带淄营兵勇，其本任济东道呼震现署臬司，今吴台朗奉旨革职，所有济东道篆务正在派员委署间，适新任臬司丁宝桢禀报到东，臣即饬令接受臬篆，并饬呼震即回济东泰武临道本任，仍办理东昌一带安抚事宜，以期各重职守。理合附片陈明，伏乞圣鉴。谨奏。

同治二年五月廿七日奉到回折："议政王军机大臣奉旨：'知道了。钦此。'"

同治二年二麦约收分数折
同治二年五月二十五日

奏为循例查报二麦约收分数，恭折奏祈圣鉴事：

窃照二麦收成，例【应】将约收分数先行奏报。兹据济南等十府，临清、济宁二直隶州查明各州、县、卫及盐场、灶地二麦约收分数，报经藩司贡璜汇案具详前来。臣复加查核。济南、泰安、武定、兖州、曹州、沂州、东昌、青州等八府，临清、济宁二直隶州所属，均约收五分余；莱州、登州二府所属，均约收六分余，通省均匀核计收成约有五分余。

除俟收获齐全、查明确收分数恭疏题报外，所有山东省本年二麦约收分数，理合循例具奏，伏祈皇太后、皇上圣鉴。谨奏。

同治二年六月十二日奉到回折："议政王军机大臣奉旨：'知道了。钦此。'"

同治二年四月雨泽粮价折
同治二年五月二十五日

奏为恭报四月份雨泽情形并呈粮价清单，恭折奏祈圣鉴事：

窃照三月份雨水、粮价，前经奏报在案。兹查四月份，据济南府属之历城、邹平、淄川、长清、新城、齐东、齐河、禹城、长山、德州、德平、平原，泰安府属之泰安、新泰、莱芜、肥城、东平、东阿、平阴，武定府属之惠民、青城、阳信、商河、蒲台，兖州府属之滋阳、曲阜、宁阳、邹县、滕县、峄县、汶上、阳谷、寿张，沂州府属之兰山、郯城、费县、蒙阴、沂水，曹州府属之菏泽、单县、城武、曹县、郓城、朝城，东昌府属之聊城、堂邑、博平、茌平、冠县、恩县，青州府属之益都、博兴、诸城、昌乐、安丘、乐安，登州府属之蓬莱、黄县、福山、栖霞、招远、宁海、荣成，莱州府属之掖县、潍县、高密，临清直隶州暨所属之武城，济宁直隶州暨所属之金乡、嘉祥、鱼台等七十二州县，先后申报于月之初二、初三、初五、初六、初七、初八、十六、二十六、二十七、二十八、二十九等日，各得雨一、二、三、四寸及深透不等。农田望泽正殷，得此甘霖普被，土膏滋润，民情欢忭，堪以仰慰圣怀。

至各属市集粮价，稍有长落，大致与上月相同。谨缮清单，祗呈御览。为此恭折具奏，伏祈皇太后、皇上圣鉴。谨奏。

同治二年六月十二日奉到回折："议政王军机大臣奉旨：'知道了。钦此。'"

四月份粮价清单

谨将同治二年四月份山东省各属米、谷、麦、豆价值，敬缮清单，恭呈御览。

计开：

济南府属：稻米每仓石价银二两四钱五分至四两二钱，与上月同。粟米每仓石价银八钱八分至二两六钱一分，较上月贵一分。粟谷每仓石价银六钱至一两六钱，与上月同。高粱每仓石价银八钱三分至一两七钱九分，较上月贱四钱一分。小麦每仓石价银一两四钱五分至二两五钱三分，较上月贵一分。黄豆每仓石价银一两一钱九分至二两四钱九分，较上月贵一钱。黑豆每仓石价银一两一钱四分至三两四钱九分，较上月贵二钱五分。

泰安府属：稻米每仓石价银三两至四两五钱，较上月贵二钱。粟米每仓石价银一两七钱至二两七钱六分，与上月同。粟谷每仓石价银八钱五分至二两五钱二分，与上月同。高粱每仓石价银一两三钱至二两三钱二分，与上月同。小麦每仓石价银一两七钱至三两二钱九分，与上月同。黄豆每仓石价银一两二钱至二两八钱八分，与上月同。黑豆每仓石价银一两二钱至二两八钱八分，与上月同。

武定府属：稻米每仓石价银二两四钱八分至四两六钱二分，与上月同。粟米每仓石价银一两一钱六分至二两四钱，与上月同。粟谷每仓石价银七钱七分至一两八钱四分，与上月同。高粱每仓石价银八钱六分至一两五钱，与上月同。小麦每仓石价银一两五钱至三两五分，与上月同。黄豆每仓石价银一两一钱八分至二两二钱，与上月同。黑豆每仓石价银一两一钱至一两八钱八分，与上月同。

兖州府属：稻米每仓石价银二两三钱至四两二钱，与上月同。粟米每仓石价银一两一钱至二两八钱七分，与上月同。粟谷每仓石价银六钱至一两八钱七分，与上月同。高粱每仓石价银六钱五分至二两二钱，与上月同。小麦每仓石价银八钱五分至二两八钱，与上月同。黄豆每仓石价银九钱五分至二两三钱三分，与上月同。黑豆每仓石价银九钱五分至二两二钱，与上月同。

沂州府属：稻米每仓石价银二两一钱至三两九钱二分，与上月同。粟米每仓石价银一两五钱至二两五钱九分，与上月同。粟谷每仓石价银六钱至一两五钱八分，与上月同。高粱每仓石价银八钱二分至一两四钱八分，与上月同。小麦每仓石价银一两至一两八钱七分，与上月同。黄豆每仓石价银八钱至一两四钱五分，与上月同。黑豆每仓石价银八钱至一两四钱五分，与上月同。

曹州府属：稻米每仓石价银三两二钱八分至五两，与上月同。粟米每仓石价银一两一钱七分至三两三钱八分，与上月同。粟谷每仓石价银七钱一分至二两二钱八分，较上月贱一分。高粱每仓石价银八钱四分至二两四钱九分，与上月同。小麦每仓石价银一两二钱五分至三两六分，与上月同。黄豆每仓石价银一两三钱五分至二两七钱四分，与上月同。黑豆每仓石价银一两一钱三分至二两三钱八分，与上月同。

东昌府属：稻米每仓石价银二两六钱六分至五两，与上月同。粟米每仓石价银一两五分至二两五钱九分，与上月同。粟谷每仓石价银七钱至一两六钱五分，与上月同。高粱每仓石价银九钱至二两三钱，与上月同。小麦每仓石价银一两四钱至二两六钱五分，较上月贵六分。黄豆每仓石价银一两五分至二两三钱，与上月同。黑豆每仓石价银一两至二两，与上月同。

青州府属：稻米每仓石价银二两一钱三分至三两三钱，与上月同。粟米每仓石价银一两二钱六分至二两三钱，较上月贵三钱。粟谷每仓石价银六钱三分至一两三钱五分，较上月贵六分。高粱每仓石价银六钱四分至一两四钱八分，与上月同。小麦每仓石价银一两四钱五分至二两四钱五分，较上月贵一钱五分。黄豆每仓石价银九钱五分至一两七钱，与上月同。黑豆每仓石价银九钱五分至一两八钱，较上月贵六分。

登州府属：稻米每仓石价银二两一钱一分至三两，与上月同。粟米每仓石价银一两二钱四分至一两九钱二分，较上月贵二分。粟谷每仓石价银七钱六分至一两二钱，与上月同。高粱每仓石价银八钱五分至一两六钱，较上月贵五分。小麦每仓石价银一两二钱六分至二两四钱，与上月同。黄豆每仓石价银九钱至一两八钱，与上月同。黑豆每仓石价银九钱至一两八钱，与上月同。

莱州府属：稻米每仓石价银二两三分至三两五分，与上月同。粟米每仓石价银九钱五分至一两五钱，与上月同。粟谷每仓石价银四钱五分至一两，与上月同。高粱每仓石价银六钱至一两一钱，与上月同。小麦每仓石价银一两一钱二分至二两一钱，与上月同。黄豆每仓石价银一两至一两四钱，与上月同。黑豆每仓石价银一两至一两四钱四分，与上月同。

临清直隶州并属：稻米每仓石价银三两四钱五分至三两九钱，较上月贵五分。粟米每仓石价银一两三钱五分至二两五分，较上月贵五分。粟谷每仓石价银九钱至一两三钱，与上月同。高粱每仓石价银九钱至一两四钱五分，较上月贵五分。小麦每仓石价银一两四钱至二两四钱五分，较上月贵五分。黄豆每仓石价银一两二钱六分至一两九钱五分，与上月同。黑豆每仓石价银一两至一两九钱七分，较上月贵七分。

济宁直隶州并属：稻米每仓石价银三两三钱至六两三钱七分，与上月同。粟米每仓石价银一两六钱五分至三两，与上月同。粟谷每仓石价银一两三分至二两，与上月同。高粱每仓石价银一两一钱五分至二两四钱，与上月同。小麦每仓石价银一两三钱至二两六钱，与上月同。黄豆每仓石价银一两三钱一分至二两六钱，与上月同。黑豆每仓石价银一两一钱五分至二两九钱，与上月同。

上忙征解短绌京饷实难解足折

同治二年五月二十五日

奏为沥陈东省上忙钱粮征解短绌，军用浩繁，竭力筹拨，京饷实难解足分数，恭折奏祈圣鉴事：

窃照京饷最关紧要，刻不容缓。臣莅任后，节经饬司筹解，讵奈库藏万分支绌。兹据藩司贡璜详称：东省灾歉频仍，钱粮蠲缓较多，兖、沂、曹、济等府，捻、幅、棍、教各匪更番迭出，蹂躏几遍；东昌、临清一带降众杂居，灾黎甫定，输将难期踊跃；省东青、登、莱三府，因淄匪不靖，催科亦难起色。本年二月开征起至五月十三日止，司库兑收上忙地丁银五十一万二千余两。计自正月起至现在止，已先后解过定陵工需银五万五千两，僧格林沁月饷银十二万两，又由京饷划拨盘费银三千两，解过京饷银五万两，发过淄川支应局兵勇口粮银一十三万一千八百两，兖州支应局兵勇口粮银五万五千两，东昌支应局兵勇口粮银三万六千两，沂州支应局兵勇口粮银一万三千两，德楞额军饷银一万二千两，黄国瑞军饷银三万两，督办直、东交界攻剿事宜宝山、恒龄军饷银九千两，前抚臣谭廷襄及臣行营军饷银八万三千两，泰安营守备任全吉兵勇口粮银二千余两，济南府制造军械领过工料银一万六千两，又酌给同治元年青州、德州满洲营俸饷银一万六千八百余两，又抚济三营兵饷银八千余两，以上共支过银六十四万六百余两。核计入不敷出，东挪西凑，搜刮一空。而京师为根本重地，何敢以本省军饷紧急竟置京饷于不顾？兹于万分窘迫中，在正杂项下筹措同治二年京饷银五万五千两，饬委试用从九品徐文勋解赴户部交纳等情，请奏前来。臣复查本年上忙新赋征收短绌，确系实在情形。

除咨部查照，并饬司设法催输，务期日有起色，赶紧筹款续解外，所有现解银数及委员衔名，并沥陈东省军需浩繁、京饷实难解足分数缘由，理合恭折具奏，伏乞皇太后、皇上圣鉴训示。谨奏。

同治二年六月十二日奉到回折："议政王军机大臣奉旨：'户部知道。钦此。'"

委员管解洋药厘金片
同治二年五月二十五日

再，查东省沿海各口及腹地州县抽收洋药厘金一项，前因来源甚微，收数有限，奏明尽征尽解在案。兹据藩司贡璜详报，前项银两，自同治二年正月起至四月底止，仅收银二千余两，现在尽数提解银二千两，并同治元年洋药抽厘银三千两，共银五千两，饬委试用从九品徐文勋解部交纳。

除饬将本年续征之项俟报有成数即行批解外，理合附片陈明，伏乞圣鉴。谨奏。

同治二年六月十二日奉到回折："议政王军机大臣奉旨：'户部知道。钦此。'"

僧格林沁军营粮台第四次截数报销折
同治二年五月二十五日

奏为大营粮台供支各款用过银两第四次截数报销，据详折奏祈圣鉴事：

窃照钦差大臣亲王僧格林沁粮台先在山东济宁州安设，嗣因节节追剿，移至单县，又由单县移设河南夏邑县，俾官兵得以就近领饷，仍留制造各局在于济宁备办军火器械。所有军需销算事宜，在同治元年六月以前，经前任布政使清盛、兖沂曹济道卢朝安造报两次，嗣清盛降调离任，藩司贡璜会同卢朝安接办，复又造报一次，均经前抚臣谭廷襄核明具奏各在案。

兹自同治元年七月初一日接续前案起，至是年年底止，连闰七个月，遵照新定半年报销章程，先行截数确核。藩司贡璜接管之第二次，即系粮台之第四次报销。查大营京旗满、绿官兵与吉林、黑龙江马队，哲里木等盟蒙古官兵，陕、甘等省绿营，西安满洲各官兵内，有陆续遣撤者，有截留续调者，按册稽核，截至元年年底，计共八千六百七十三员名。又各起马勇、楚勇、练勇及收复圩寨选勇、投诚义勇，增裁不一，截至元年年底计共五千三百二十三名。所有各项支款，前经僧格林沁札饬查照天津定章办理，凡在营官员，各按品级支给应得分例。马队、甲兵、盐粮、马驮等项，每名实银五两六钱五分三厘。京旗有马甲兵，每名亦月支实银五两六钱五分三厘；无马甲兵，除部给官票外，每名月支实银三两。绿营兵丁，除实带骑马每匹日支草干实银五分外，其盐粮、驮折等项，天津章程系每名月支实银二两五钱一分四厘零、官票银三钱一分八厘零，因东省不用钞票，兵情苦累，经僧格林沁饬知，每名月支实银二两六钱，毋庸补放钞票。又骑驮、马驼项下，每驼一只、每马一匹，均各照例日支干银五分。满蒙官兵例骑马匹照案裁四存六，绿营官员照例支给例马，兵丁则按实带骑马计算。又文职官员不论品级，同武职一二品，马干全支官票，武职三品以下各官马干概支一半实银、一半官票。本省停用钞票，各官兵应得官票，俟凯撤后赴部补领。

又米折一项，向例官粳兵粟，今仍照案，官兵均以粟米折支，每石核计实银一两四钱，以归撙节。又制造军火、军装、器械及挖筑濠垒，均照例价请销，其不敷之项，照案帮贴，划归东省摊廉归补。又官兵追贼，移师不定，除有马兵丁各骑官马外，至无马之兵以及步队兵丁远道驰驱，艰于跋涉，均各照章给予车辆，同运送军火粮饷之车，照例按里给价。又各队勇目、勇丁及新收投诚义勇，遵奉饬知，照依绿营兵丁口分，每名月支实银二两六钱，带队勇目与有马之勇所骑马匹，每匹日支实银五分，均不搭放钞票。

又得有勇号各官应领赏项，与历次打仗阵亡、受伤各官兵应领恤赏、伤赏内，除一半官票应由部补给外，其余一半实银，照章扣平支放，已领者先行造报，未领者续支另报。又攻剿金家楼等处圩寨奖赏出力官兵银一万两，系僧格林沁奏准给赏之项，应入正支造报。又添设正站腰拨，驰递往来紧要文报，照例两马一夫，所需夫马、工料、外备等项，查照本省驿站定例办理。又在营文员支过养廉银两，查照例案，作正造销，仍移藩司知照。又扣存各案减平银两，均已入正作收，余平一项，照章支销造报。

以上各款，自同治元年七月初一日起，至是年年底止，共用过银五十七万二千六百一十两二分六厘三毫，内应由外筹补银四万四千三百二十三两二钱二分九厘八毫，实在请销银五十二万八千二百八十六两七钱九分六厘五毫。查收款项下，共收过银五十二万六千五百一两八钱九厘七毫，今用过银五十七万二千六百一十两二分六厘三毫，计不敷银四万六千一百八两二钱一分六厘六毫，业经粮台先行设法筹垫，应由部按数拨还归款。又余平项下垫支银九十两二钱一分三厘一毫，并请一并筹拨归还。

所有大营粮台自同治元年七月初一日起至年底止，供支各款用过银两，先行截数销算，为接管之第二次即系粮台第四次报销缘由，由藩司贡璜会同兖沂曹济道卢朝安造册具详，并声明同治二年正月初一日以后收支各款，俟届满六个月再行截数接续造报等情前来。理合恭折具奏，伏乞皇太后、皇上圣鉴。谨奏。

同治二年六月十二日奉到回折：“议政王军机大臣奉旨：'户部查复具奏。钦此。'”

前任贵州学政黄图南行抵山东途次病故折

同治二年五月二十五日

奏为前任贵州学政黄图南行抵山东途次病故，恭折奏祈圣鉴事：

窃照左春坊左庶子、前任贵州学政臣黄图南，于同治元年交卸后请假回福建原籍省亲，兹因假满，由海道进京，沿途感受风寒，医药罔效，于本年四月二十七日在福山县舟次病故。伊子念祖、念贻现均在籍，有弟启南随行，即在烟台海口料理身后事宜，觅便搬柩回籍。据福山县知县吴恩荣禀报，并将该学政前奉朱批折件及勘合呈缴前来。臣复查无异。

除饬妥为照料并将缴到各件分别咨送军机处、兵部查核外，理合恭折具奏，伏祈皇太后、皇上圣鉴。谨奏。

同治二年六月十二日奉到回折："议政王军机大臣奉旨：'知道了。钦此。'"

临清关逆匪滋扰税课无收折

同治二年六月十二日

奏为临清州逆匪滋扰，商贩不通，税课无收，恭折奏祈圣鉴事：

窃照临清关税课全赖汶、卫两河南北商贩船只往返流通，借以征收足额。讵料上年十月间，逆匪在沿河一带窜扰，附近村庄焚掠殆遍，商船粮载，均皆裹足不前。迨至本年正月初间，贼窜河东，经署直隶督臣崇厚奏明，卫河西岸挑挖濠沟，修筑土墙，船只全行封禁。闸河一带，又因水势微弱，将砖板两闸严闭，借蓄水势。魏家湾、梁家浅、三十里堡、歇马亭等处兵勇乡团，节节防守盘查，不容停船。是内外河均已封闭，商船断绝，即使设法招徕，而各路阻滞，税课无可征收，非寻常短绌可比。据该关委官代理临清州知州彭垣沥陈苦累，详明俟河道撤防再行照常接征等情，请奏前来。

臣复查关税例有定额，在往年河路通顺之时，抽收缺额，固属催征不力；而刻下商贾绝迹，无船无货，未便强以所难。既据查明委系实在情形，亦未敢缄默不言，迟至关期年满事后始行奏报。合无仰恳天恩俯准，俟贼氛稍靖，撤防后再行照常接征。感荷鸿慈，实无既极。

除咨部外，理合恭折具奏，伏祈皇太后、皇上圣鉴训示。谨奏。

同治二年六月廿六日奉到回折："议政王军机大臣奉旨：'该部知道。钦此。'"

临清州应贡羊皮请暂停办片

同治二年六月十二日

再，查临清州每年例办羊皮三千张，向系汇入中秋节贡品进呈。兹据代理知州彭垣详称：此项皮张向在附近各处并直隶顺德府地方采办，现因逆匪滋扰，羊户星散，无从购买，匠作均皆失业，难以如法硝制，恳请停办等情前来。臣复查委系实在情形。溯查咸丰四年临清州例贡曾经停止有案，应请将本年皮张援案暂停，俟贼匪平靖，再行照常恭进。

除咨明内务府查照外，理合附片奏闻。谨奏。

同治二年六月廿六日奉到回折："议政王军机大臣奉旨：'著照所请。钦此。'"

商灶困苦请援案停缓带征课款折

同治二年六月十二日

奏为沥陈商灶困苦情形，请援案停缓带征课款等项，以资补救，恭折奏祈圣鉴事：

窃照东纲各官商应完道光二十七八两年正杂等款，同商捐厘头不敷公费，又永阜场灶户借领修复滩池银两，经前抚臣谭廷襄援案奏请停缓，部议展限一年，届期即行严追报完在案。兹据署盐运司恩锡详称：商灶苦累较前倍蓰，虽仍加紧严催，不遗余力，徒有追呼之名，竟无完纳之实。溯自丰工漫口以来，潮灾、兵灾、水灾，层见叠出；近年捻匪窜扰，行销各地均遭蹂躏，元气耗损。若将前项带征等款责令与新课同时并纳，实属力有未逮，恳请再行展缓前来。

兹复查东纲引碎商散，素称疲累，刻下情形更非寻常灾祲可比。当此经费短绌之际，苟可设法催纳，亟应实力提追，以裕饷需。无如目击灶困商穷，无计周转，何敢自安缄默贻误全纲。惟有吁恳天恩俯准，将应完带征道光二十七八两年正杂各款，同商捐厘头不敷公费，并永阜场灶户未完借领修复滩池等项银两，自同治二年为始，分别停缓三年，届期再行催缴，以资补救而维全局。感颂皇仁，实无既极。为此恭折具奏，伏乞皇太后、皇上圣鉴训示。谨奏。

同治二年六月廿六日奉到回折："议政王军机大臣奉旨：'户部议奏。钦此。'"

东纲疲累恳将二成余票展限折

同治二年六月十二日

奏为东纲票地疲累，恳将划出二成余票量予展限，以免壅滞，恭折奏祈圣鉴事：

窃照东省票地，素多滞岸，连年盐枭、南捻窜扰，疲累不堪，商本易亏，销盐更滞，全局几至涣散。前抚臣谭廷襄援照减引成案，将额票十四万一千一百三十五张以八成作正，年清年款，二成作余，尽销尽报，定限五年，届满再行核办。奏奉部议：准自同治元年起至二年止，划出二成余票，嗣后仍照额行运，饬遵在案。兹据署盐运司恩锡详称：各票商积困已深，现在八成正票尚难如数销完，转瞬二年限满，即令照十成额数领运，实属力有不逮，复请奏展前来。

臣复查前项余票，苟可竭力运销，自应遵限督办，曷敢再行陈渎。无如兖、沂、曹、济等处，南捻蹂躏，土匪滋扰，武定盐枭又复蠢动，东昌降众尚未尽抚，淄川刘逆负隅抗拒，省东各府均有戒心，商贾裹足不前，销盐日形短少，商情拮据更甚于前。即使军务平靖，次第复业，随时加意整顿，亦非一二年间遽能望其起色。合无吁恳天恩俯准，将二成余票仍自同治元年起，以五年为限，届期再请复额，以苏商困。感颂皇仁，实无既极。为此恭折具奏，伏祈皇太后、皇上圣鉴。谨奏。

同治二年六月廿六日奉到回折："议政王军机大臣奉旨：'户部议奏。钦此。'"

冒饷千总正法失察知县请交部议处片

<small>同治二年六月十二日</small>

再，淄川军营千总李清顺管带投诚勇四百余名，向支应局冒领饷银并制造旗帜、号衣，共领银八百余两。除散给勇丁制造军械及缴出现银二百三十余两外，尚亏短银一百九十余两，实属胆大妄为，有干军令。由支应委员候补知县张绍陵自行率出，经臣派员提讯，供认不讳，即将千总李清顺军前正法，以儆贪冒。至支应委员候补知县张绍陵派员严查，尚非有心舞弊，即质之李清顺，亦无通同作弊情事。惟于饷项重务未能稽查周密，务据该员自行率出，究属出纳不慎，非寻常疏忽可比，相应请旨，将候补知县张绍陵交部议处。至李清顺亏短银两，仍责令张绍陵赔缴，以重军饷。谨此。理合具陈奏明，伏祈圣鉴训示。谨奏。

同治二年六月廿六日奉到回折："议政王军机大臣奉旨：'张绍陵著交部议

处。钦此。'"

请将候补参将章普堂革职片
同治二年六月十二日

再，臬司丁宝桢自楚带勇来东，派参将章普堂充中营哨官，所带勇丁有犯营规，未能认真训饬，迨该营官候选知县刘时霖面加斥责，章普堂即为多方袒护，有意见好勇丁。据该臬司禀请参办前来。

臣查东省兵勇之坏，即坏于将不能制勇，勇不知畏将，以致难期得力。今章普堂甫经到东，即已染此恶习，若不及早参办，何以肃戎伍而儆将来。相应请旨，将花翎候补参将章普堂先行革职，仍饬随营，以观后效，倘仍不知惧奋，即当从严惩办。理合陈明，伏乞圣鉴训示。谨奏。

同治二年六月廿六日奉到回折："议政王军机大臣奉旨：'章普堂著先行革职，余依议。钦此。'"

同治二年五月雨泽粮价折
同治二年六月二十日

奏为恭报五月份通省雨水情形并呈粮价清单，仰祈圣鉴事：

窃照各属四月份雨水、粮价，前经奏报在案。兹查五月份，通省一百七州县内，惟费县未经得雨；据历城等一百〇六州县先后申报，各于月之初五、初六、初八、初九、初十、十一、十二、十三、十四、十五、十六、十七、十八、十九、二十、二十一、二十二、二十三、二十五、二十六、二十七、二十八等日，各得雨一、二、三、四、五寸及深透不等。当兹大田多稼，灌溉方殷，获此澍雨滋培，长发益臻芃茂，丰收有象，洵堪仰慰圣怀。

至各属市集粮价，稍有增减，大致与上月相同。谨缮清单，祗呈御览。为此恭折具奏，伏祈皇太后、皇上圣鉴。谨奏。

同治二年七月初五日奉到回折："议政王军机大臣奉旨：'知道了。钦此。'"

五月份粮价清单

谨将同治二年五月份山东省各属米、谷、麦、豆价值，敬缮清单，恭呈御览。

计开：

济南府属：稻米每仓石价银二两四钱五分至四两二钱，与上月同。粟米每仓石价银八钱八分至二两五钱六分，较上月贱五分。粟谷每仓石价银六钱至一两五钱四分，较上月贱六分。高粱每仓石价银八钱三分至一两七钱三分，较上月贱六分。小麦每仓石价银一两四钱五分至二两四钱四分，较上月贱九分。黄豆每仓石价银一两一钱九分至二两四钱九分，与上月同。黑豆每仓石价银一两一钱四分至三两四钱九分，与上月同。

泰安府属：稻米每仓石价银三两至四两五钱，与上月同。粟米每仓石价银一两八钱至二两七钱六分，与上月同。粟谷每仓石价银九钱至二两五钱二分，与上月同。高粱每仓石价银一两三钱三分至二两三钱二分，与上月同。小麦每仓石价银一两八钱至二两二钱九分，较上月贱一两。黄豆每仓石价银一两二钱至二两八钱八分，与上月同。黑豆每仓石价银一两二钱至二两八钱八分，与上月同。

武定府属：稻米每仓石价银二两四钱八分至四两六钱二分，与上月同。粟米每仓石价银一两一钱六分至二两四钱，与上月同。粟谷每仓石价银七钱七分至一两六钱五分，较上月贱一钱九分。高粱每仓石价银八钱六分至一两五钱，与上月同。小麦每仓石价银一两五钱至三两五分，与上月同。黄豆每仓石价银一两一钱八分至二两一钱，较上月贱一钱。黑豆每仓石价银一两一钱至一两八钱，较上月贱八分。

兖州府属：稻米每仓石价银二两三钱至四两二钱，与上月同。粟米每仓石价银一两一钱至二两八钱七分，与上月同。粟谷每仓石价银六钱至一两八钱七分，与上月同。高粱每仓石价银六钱五分至二两二钱，与上月同。小麦每仓石价银八钱五分至二两八钱，与上月同。黄豆每仓石价银九钱五分至二两三钱三分，与上月同。黑豆每仓石价银九钱五分至二两二钱，与上月同。

曹州府属：稻米每仓石价银三两二钱八分至五两，与上月同。粟米每仓石价银一两一钱七分至三两三钱八分，与上月同。粟谷每仓石价银七钱一分至二两二钱八分，与上月同。高粱每仓石价银八钱四分至二两四钱九分，与上月同。小麦每仓石价银一两二钱五分至三两六分，与上月同。黄豆每仓石价银一两三钱五分至二两七钱四分，与上月同。黑豆每仓石价银一两一钱三分至二两三钱八分，与上月同。

沂州府属：稻米每仓石价银二两一钱至三两九钱二分，与上月同。粟米每仓石价银一两五钱至二两五钱九分，与上月同。粟谷每仓石价银六钱至一两五钱八分，与上月同。高粱每仓石价银八钱二分至一两四钱八分，与上月同。小麦每仓石价银一两至一两八钱五分，较上月贱二分。黄豆每仓石价银八钱至一两四钱五分，与上月同。黑豆每仓石价银八钱至一两四钱五分，与上月同。

东昌府属：稻米每仓石价银二两八钱至五两，与上月同。粟米每仓石价银一两五分至三两八分，较上月贵四钱九分。粟谷每仓石价银七钱至一两八钱五分，较上月贵二钱。高粱每仓石价银九钱至二两三钱，与上月同。小麦每仓石价银一两四钱至二两七钱五分，较上月贵一钱。黄豆每仓石价银一两五分至二两九钱二分，较上月贵六钱二分。黑豆每仓石价银一两至二两八钱七分，较上月贵八钱七分。

青州府属：稻米每仓石价银二两一钱三分至三两四钱五分，较上月贵一钱五分。粟米每仓石价银一两二钱六分至二两三钱，与上月同。粟谷每仓石价银六钱三分至一两四钱，较上月贵五分。高粱每仓石价银六钱四分至一两四钱八分，与上月同。小麦每仓石价银一两四钱五分至二两三钱，较上月贱一钱五分。黄豆每仓石价银九钱五分至一两七钱，与上月同。黑豆每仓石价银九钱五分至一两八钱，与上月同。

莱州府属：稻米每仓石价银二两三分至三两五钱，与上月同。粟米每仓石价银九钱五分至一两五钱，与上月同。粟谷每仓石价银四钱五分至一两，与上月同。高粱每仓石价银六钱至一两一钱，与上月同。小麦每仓石价银一两一钱至一两九钱五分，较上月贱一钱五分。黄豆每仓石价银一两至一两四钱，与上月同。黑豆每仓石价银一两至一两四钱四分，与上月同。

登州府属：稻米每仓石价银二两一钱一分至三两，与上月同。粟米每仓石价银一两二钱四分至一两九钱二分，与上月同。粟谷每仓石价银七钱六分至一两二钱，与上月同。高粱每仓石价银八钱五分至一两六钱，与上月同。小麦每仓石价银一两二钱六分至二两四钱，与上月同。黄豆每仓石价银九钱至一两八钱，与上月同。黑豆每仓石价银九钱至一两八钱，与上月同。

临清直隶州并属：稻米每仓石价银三两四钱五分至三两九钱，与上月同。粟米每仓石价银一两三钱五分至二两五分，与上月同。粟谷每仓石价银九钱至一两三钱，与上月同。高粱每仓石价银九钱至一两四钱五分，与上月同。小麦每仓石价银一两四钱至二两四钱五分，与上月同。黄豆每仓石价银一两二钱六分至一两九钱五分，与上月同。黑豆每仓石价银一两至一两九钱七分，与上月同。

济宁直隶州并属：稻米每仓石价银三两三钱至六两三钱七分，与上月同。粟米每仓石价银一两六钱五分至三两，与上月同。粟谷每仓石价银一两三分至二两，与上月同。高粱每仓石价银一两一钱五分至二两四钱，与上月同。小麦每仓石价银一两三钱至二两六钱，与上月同。黄豆每仓石价银一两三钱一分至二两六钱，与上月同。黑豆每仓石价银一两一钱五分至二两九钱，与上月同。

黄水陡长势过常年情形折
同治二年六月二十日

奏为黄水陡长，势过常年，恭折具奏，仰祈圣鉴事：

查本年入夏以来，天气时雨时晴，忽寒忽燠，早虑黄水长发，节经饬属加意防护。乃先后接据曹州府属之菏泽、定陶、曹县、濮州、巨野、城武等处禀报，自五月下旬起，大雨如注，黄水骤来，势极奔腾汹涌。

缘黄流频年为害，挟沙带泥而来，水退沙停，河身愈垫愈高，积淤更厚，水无收束。此次水势有过往年，河身愈不能容纳，顷刻遂至漫淹，汪洋到处，波及曹属，已经具报。各州县民间田庐、人畜半入巨浸。该处地势平衍，绝少高山大阜可以奔避，且有直逼城根之处，垣墉亦岌岌可危，哀鸿遍野，情状难堪。臣远在淄营，接阅各路禀报，寝馈难安。探得此次黄水仍系兰阳、三汛堡、龙门漫溢出口。现值伏汛经临，水势有长无消，且各路山坡沟渠诸水应由运河及大清河容纳者，每因外水顶托，内水无从宣泄，以致金乡、东阿、东平、长清等处，雨水蓄积，不能归入运河，田禾亦多浸灌。此处附近运河及大清河各州县泛滥之处，恐复不少。当此司库空匮之时，一筹莫展，臣惟有殚竭血诚，力图补救。

除分饬各该州县多拨民夫择要堵御，并令一面雇备船筏，救渡灾黎，妥为安抚；淹毙人口，择地掩埋，余俟勘明被灾轻重，应如何设法抚恤再为核办外，理合先将黄水陡长大概情形，恭折奏闻，伏乞皇太后、皇上圣鉴。谨奏。

同治二年七月初五日议政王军机大臣奉旨："前据谭廷襄奏，黄水由兰阳下注，险工迭出，当经寄谕该署河督实力修守，并谕令阎敬铭等，将濮、范一带及利津等处堤坝要工，督饬沿河州县设法修筑，以资捍卫。本日阎敬铭奏到情形与谭廷襄所奏大略相同，著懔遵前次寄谕，妥速筹办，并将被灾黎民妥筹安抚，毋令失所。钦此。"

起运同治元年漕粮数目折
同治二年六月二十日

奏为查明起运同治元年漕粮数目，恭折奏祈圣鉴事：

窃照漕粮攸关天庾正供，应将起运数目先行奏报，历经遵照在案。兹据督粮道沈维璟详称：山东省同治元年分额征起运正耗漕米、豆、麦三十一万六千四百七十四石五斗四升二合七勺，内除历城等州县蠲缓米、豆、麦及抵额耗豆一十二万三千一百九十四石一斗七升五勺，应起运米、豆、麦一十九万三千二百八十石零三斗七升二合二勺；又加搭运带征漕粮及蓟粮改运京仓，并续完各年旧欠漕粮、蓟粮正耗漕米、豆、麦二万二千七百九十八石三斗九升二合，统共实应起运米、豆、麦二十一万六千七十八石七斗六升四合二勺，开册请奏前来。臣复核相符。

除仍严饬督催兑竣开帮飞挽北上，并将清册咨部外，所有起运同治元年新漕数目，理合恭折具奏，伏乞皇太后、皇上圣鉴。谨奏。

议政王军机大臣奉旨："知道了。钦此。"

应解僧格林沁营军饷全部交纳片
同治二年六月二十日

再，前因僧格林沁军营需饷孔亟，经前抚臣谭廷襄奏将东省应解同治元年部饷银三万七千两，尽数拨解在案。嗣据布政使贡璜在于应解上年部饷项下陆续筹备银三万七千两，于五月初八、十八、二十三，六月初三等日分起委解淄川行营交纳。所有应解上年部饷银三万七千两，业经如数解清。

除咨部及僧格林沁查照外，理合附片陈明，伏乞圣鉴。谨奏。

同治二年七月初五日奉到回折："议政王军机大臣奉旨：'知道了。

钦此。'"

无款筹解李桓营军饷片

同治二年六月二十日

再，臣接准部咨，钦奉谕旨："饬令山东按月筹银一万两，协济陕南李桓行营军饷等因。钦此。"遵经饬司筹解。

兹据藩司贡璜详称：东省近年钱粮，因灾蠲缓过多，兖、沂、曹、济、东昌、武定各府州捻、幅、盐枭、棍、教各匪更番迭出，输将难期踊跃，仅望登、莱、青三府截长补短。讵自淄川刘逆踞城以后，省东各属均有戒心，完纳亦甚寥寥。综计支拨各处军饷，每月总须十余万金，以致本省各营常年官兵俸饷、马干等项，积欠二年之久，尚且无款可筹。所有奉拨陕南协饷，实难措解等情前来。臣复查确系实在情形。合无吁恳天恩饬部改拨，以免贻误。

除分咨外，理合附片陈明，伏乞圣鉴。谨奏。

同治二年七月初五日奉旨："户部议奏。钦此。"

盐斤加价银两再予缓提片

同治二年六月二十日

再，查东纲北运盐斤一文加价，本系归商贴补赔折，每届三年期满，屡请展限。咸丰九年，部议毋庸归商，饬令解拨充饷。嗣因迭遭兵燹，商情困苦异常。咸丰十一年，前抚臣谭廷襄复经奏请缓提三年，部复暂行归商一年各在案。兹据署盐运司恩锡详称：现在运销壅滞、商情疲极之时，非将此项缓提，难资补救，援案再行请展前来。

臣复查加价一款，前既奏明提库报拨，本不容仍议归商，惟山东盐务实形疲累，若仍照案加征，更形竭蹶，势必贻误课款。合无吁恳天恩俯准，将引票州县加价银两，自同治二年为始，再予缓提三年，届期催追完缴，以恤商艰而顾正课。理合附片陈明，伏乞圣鉴训示。谨奏。

同治二年六月廿六日奉到回折："议政王军机大臣奉旨：'户部议奏。

钦此。'"

审明杀死一家四命首从各犯按律拟办折

同治二年六月二十日

奏为审明杀死一家四命，首从各犯按律分别拟办，恭折具奏，仰祈圣鉴事：

窃据黄县知县何亨九详报，案犯姜汶灝等挟嫌杀死杨学猛等一家三命，并逼令杨戚氏自缢身死，埋尸灭迹一案，前抚臣谭廷襄因该员通报迟延，又不详请开检，奏请交部议处，并撤任，调省察看，一面饬司委员，驰往会勘。埋尸处所一片乱石沙土，每遇山水陡发，冲淤靡定，已埋各尸难保不被水冲失，且为时已久，无迹可验，在案人证亦不能指出处所，委实无从检验，将犯证提省审办。兹据济南府知府萧培元讯拟解司，因恐案情未确，驳饬审明，仍照原拟由司转解。值臣办理军务公出，饬委藩司代勘，录供呈送前来。臣复加查核。

缘姜汶灝、姜四十仔俱籍隶黄县。姜汶灝与同庄杨学猛之母杨刘氏挟有讼嫌，时图报复，姜四十仔并无嫌隙。咸丰十一年八月二十九日，南捻窜入县境，距该庄不远，杨学猛同姓不宗之杨中行充当团长，即邀杨学猛与弟杨学富并姜汶灝、姜四十仔，同庄众齐赴庄前南山，轮流防堵。杨刘氏带同子妇杨戚氏、杨阎氏，子妾杨李氏，孙女改姐、罕姐、兑姐，与庄众眷属搬避南山。九月初三日，姜汶灝与素好之姜四十仔、杨中行，在逃之姜士盛、瞎老李、杨石头、杨二仔即杨工仔、杨学汶、顺义仔，在山口探望。姜汶灝忆及前嫌，起意将杨学猛弟兄乘乱杀害，捏作贼杀，可以不致败露，商允姜四十仔等帮助，约俟得便下手。初六日，杨中行闻贼踪稍远，遣人分路探听消息，自与顺义仔同庄众回家查看。姜汶灝乘间商同姜四十仔等一共七人，齐抵山口，喊称贼又窜至，下山抵御。杨学猛、杨学富闻喊，赶至查问，姜汶灝即用刀砍伤杨学富倒地，喝令姜士盛、瞎老李、杨石头、杨二仔、姜四十仔分用刀枪挠钩，将杨学富、杨学猛砍扎致伤，立时殒命。杨学汶并未下手。刘士聪闻喊赶至，瞥见杨学猛等已死，畏累走避。姜汶灝虑恐杨刘氏查知控告，喝令寻找一并杀死。时杨刘氏因闻贼至，藏匿石洞，经杨二仔寻获拉出。姜汶灝与瞎老李、杨石头、杨二仔、杨学汶分用刀枪挠钩，将其砍扎致毙。姜四十仔、姜士盛在场助势。杨戚氏寻至，瞥见哭闹，姜汶灝给与麻绳，逼令自尽，并称如敢不从，亦即杀害。杨戚氏畏惧，即在树上投缳殒命。姜汶灝遂与杨石头、杨学汶，将杨刘氏尸身抬至杨学猛等被杀处所走散。嗣杨中行与庄众先后回山，姜汶灝等捏称贼又窜至，杨学猛、杨学富、杨刘氏均被贼杀害，杨戚氏畏惧自尽。刘士聪未敢告知实情，庄众信以为真。杨中行明知不言，起意埋尸灭迹，令不知谋情、取保病故之姜怀春，同庄众将杨戚氏等尸身，与附近被匪杀害无人出认各尸，随地掘坑掩埋。姜士盛逼令杨李氏回伊家居住，罕姐、兑姐，经杨学猛出嫁胞姐王杨氏收留抚养。改姐经未婚夫家领回童养。杨阎氏寄居母家，伊母阎林氏欲为主婚改嫁。杨中行闻知，图霸产业，往向阎林氏媒说，将杨阎氏改嫁与不知情之仲统明为妻，并无财礼。杨中行遂商同姜怀春，将杨学猛业地二十一亩零、房屋十三间，并粮食、牛驴、器具，一并入庙，交僧人宗海暂行看管。旋经访闻，获犯提审，供认前情不讳，诘无起衅别故，及另有同谋加功之人。虽各尸骸骨无存，无凭检验，而供证确凿，应即拟结。

查律载："杀一家非死罪三人者，凌迟处死，财产断付死者之家；为从加功者斩。"又例载："杀一家三命以上凶犯，审明后依律定罪。一面奏闻，一面恭请王命，先行正法。"又例载："凶恶棍徒屡次生事行凶，无故扰害确有实据者，发极边，足四千里安置。"又律载："侵占人田宅，田一亩、屋一间，笞五十；每田五亩、屋三间，加一等罪，止杖八十，徒二年。"又，"知人谋害他人不首告者，杖一百。"又，"居夫丧而嫁者，杖一百。"又，"嫁娶违律，若由女之父母主婚，独坐主婚。"各等语。此案姜汶灏因挟杨刘氏讼嫌，辄敢乘乱谋害，商同姜四十仔等，将杨刘氏并其子杨学猛、杨学富杀毙，复谋杀其子妇杨戚氏，一家四命，凶残已极，自应按律问拟。姜汶灏合依"杀一家非死罪三人者，凌迟处死"律，拟凌迟处死。姜四十仔听从同谋，下手加功，亦应按律问拟。姜四十仔合依"为从加功者斩"律，拟斩立决。该犯等事犯在咸丰十一年十月初九日恩赦以前，所犯情罪均在不赦之列。臣于核明后，因臬司剿匪公出，檄饬济南府知府萧培元、臣标中军参将玉山，恭请王命，将姜汶灏、姜四十仔绑赴市曹，先行正法，仍将姜汶灏首级解赴犯事地方，悬杆示众，饬县查明该犯财产同入庙之田宅、粮物，一并给予改姐等收领。杨中行身充团长，于姜汶灏乘乱谋命并不禁阻，辄敢同谋，事后又令埋尸灭迹，并图霸产业，为死者之妻媒说改嫁，将所遗财产一并入庙，其情凶势恶，实与棍徒无异。杨中行除谋杀人从而不行，并埋尸灭迹各轻罪不议外，合依"凶恶棍徒，屡次生事行凶、无故扰害确有实据者，发极边，足四千里安置"例，拟发极边，足四千里安置，照例刺字。事犯虽在赦前，情节较重，不准援免。到配，杖一百，折责安置。僧人宗海，于不应入庙田宅、粮物辄敢听从看管，应于"侵占人田宅，田一亩、屋一间，笞五十，每田五亩、屋三间，加一等罪，止杖八十，徒二年"律上减一等，拟杖七十，徒一年半。事在赦前，应予援免，勒令还俗，后再有犯，加一等治罪。刘士聪明知杨学猛等被杀，并不首告，合依"知人谋害他人不首告者，杖一百"律，拟杖一百。阎林氏于伊女杨阎氏夫丧未满，为其主婚改嫁，合依"妻居夫丧而嫁者，杖一百，若由女之父母主婚，独坐主婚"律，拟杖一百，与刘士聪均予援免。姜怀春听从埋尸霸产，本干例议，业已取保病故，应毋庸议。杨阎氏改与仲统明为妻，讯非出自己意，照律离异。姜汝灏之妻已故，次子姜得礼先经出继，例免缘坐；其长子姜得芳、三子姜得荣、四子姜顺仔，均于事前赴承德县谋食，飞咨奉天府饬属严拿，务获究办。逸犯姜士盛等饬缉，获日另结。

再，该员何亨九，容臣督同两司，随时察看，另行办理。

除供招咨部外，理合恭折具奏，伏乞皇太后、皇上圣鉴训示。谨奏。

同治二年七月初五日奉到回折："议政王军机大臣奉旨：'刑部议奏。钦此'"

续解僧格林沁营军饷片
同治二年六月二十日

再，僧格林沁军营本年月饷，由前抚臣谭廷襄饬司等筹解银四万两，业经附片奏明在案。兹据布政使贡璜前后呈报，续解银二万五千两，于四月十一、十八、二十四等日，分起委解淄川行营交纳。

除咨僧格林沁查照外，理合附片陈明，伏乞圣鉴。谨奏。

被害士民照例议恤被害妇女准予旌表片
同治二年六月二十日

再，查接管卷内，准都察院咨："同治元年十月二十日奉上谕：'都察院奏山东文童傅景唐，以伊家属先后御匪被杀等词赴该衙门呈诉。据称伊父增生傅屺瞻与伊叔生员傅鲁瞻，自咸丰七年在兰山县永泉村筑圩防御幅匪，上年八月间贼匪将圩攻破，伊父傅屺瞻与伊叔傅鲁瞻、傅春瞻、傅岱瞻、傅灼瞻并其弟傅景明俱被杀害。本年七月间，贼匪攻陷西河头圩，伊同族傅秀兰、傅秀芝、傅秀山等格杀力尽，一门老幼男妇十四名口俱被屠戮，情殊可悯。著谭廷襄查明奏请旌恤；其各圩被害之团丁人等，并著该抚查明咨部，分别议恤。钦此。'"遵经前抚臣谭廷襄行局饬查去后。

兹据查明，咸丰十一年九月初七日兰山县管辖之永泉圩被匪攻破，增生傅屺瞻骂贼遇害，士民傅鲁瞻等一百二十八名、大小妇女傅陈氏等八十口亦同时被害。又同治元年七月二十二日郯城县管辖之西河头圩被匪攻破，练丁傅秀兰合家男妇十四名口均被戕害，民人常理等一百四十六名、大小妇女常陈氏等一百四口亦同时被害，造具姓名清册，由筹防局司道核明具详前来。臣复查无异。相应请旨敕部，将被害士民傅屺瞻等照例议恤，被害妇女准予旌表，以彰节义。

除清册咨部并饬查此外各圩被害男妇另行办理外，理合附片具奏，伏祈圣鉴。谨奏。

同治二年七月初五日奉到回折："议政王军机大臣奉旨：'傅屺瞻等均著照所请，交部分别旌恤。钦此。'"

淄川余匪截杀殆尽拟移军清博折

同治二年七月初四日

奏为搜捕淄川余匪，分路截杀殆尽，现拟移军清、博一带，以遏东昌叛逆北窜，恭折由驿具奏，仰乞圣鉴事：

窃照六月二十二日攻克淄川县城，生擒首逆，业经会同僧格林沁等驰奏在案。查二十日先由淄城窜出之贼，经侍卫托伦布等追杀四百余名，生擒一百余名，余匪越岭翻山，分股奔窜。前股迭经博山、临朐、沂水、蒙阴、新泰等县督团带勇，先后截杀无算。余匪三百余名窜至白莲池东门外，经总兵黄国瑞带领马步各队至分水岭下，立将此股窜匪剿灭净尽。其后股于二十七八等日窜至新泰境土门一带，经官兵截杀数十名，贼由费县一路窜逸，另经蒙阴县兵团在颜庄地方击败，追至狮子山、赵山等处，适托伦布等赶到，会合并击，歼毙二百余名，零星余匪向山沟僻路窜逸。现仍饬各路搜剿，以期悉数歼除。其克城之时，间有先行逃匿附近之匪，连日在各乡搜捕多名，又经益都等县陆续搜杀数十名，现在已一律肃清。臣暂驻淄川办理善后各事，饬令清查户口，招集流亡。一面先饬该地方官加意抚恤，又派令守备马春峤一营暂行留淄，会同巡缉弹压。

至淄营兵勇，臣已分别马兵、马勇挑选，各归一队；步勇另编哨队，每五百人为一营；其疲弱无用及零星散涣漫无纪律者，或裁汰归伍，或遣散归农，庶队伍渐见整齐，饷数可裁糜费。惟东昌叛匪宋景诗经直、东两省会剿，现当高粱茂密，积潦在途，急切难于进兵，诚恐该匪等乘隙奔窜。刻下卫河西岸有直隶官军布置周密，运河北岸有直隶提臣恒龄、翼长苏克金马队扼要严防。东省之兵，只有总兵保德，兵勇不足二千人，臬司丁宝桢步勇亦仅千人，近均进扎堂邑之六官庄，逼近贼巢，兵力甚单，东南一面实虞窜越。臣已派令都司杨通廉，守备郭大胜、张大富等三营勇队，共一千五百名，由淄营前往助剿，即归该镇、司统带。惟运河东岸仍无一兵防守，清平、博平等境之梁家浅、魏家湾等处均系河口要隘，倘该匪乘虚偷渡，东可直达省垣，北可径趋恩、德，倘由此扰及直境，为害滋深。臣又飞派守备韩登泰督带勇队五百名，迅速前往魏家湾一带，严行防守。仍恐兵单，不敷扼制，致有疏误，臣即于初六日由淄回省，将地方要务稍理头绪，赶紧亲自督军至清、博一带，择要驻防，以遏该匪北窜之路。

再，迭奉谕旨，饬令保德、丁宝桢等均归直隶督臣刘长佑节制。此后攻剿一切事宜，仍饬保德等听候刘长佑调遣，以一事权。

所有搜捕淄川余匪，分路截杀殆尽，及移军清、博一带，以遏东昌叛匪北窜缘由，理合恭折由驿具奏，伏祈皇太后、皇上圣鉴训示。谨奏。

同治二年七月十一日奉到回折："议政王军机大臣奉旨：'另有旨。钦此。'"

库银竭蹶不敷支放片
同治二年七月初四日

再，本年五月间，淄川攻剿吃紧，需饷孔急，经臣饬提运库银二万两、粮道库银二万两。旋据运司恩锡详称，运库正杂各款，为数无多，该署司统兵兖属，因积欠兵勇口分过多，已先于一文加价项下提用二千两，此次仅于加价项下解到淄营银一万两。又据粮道沈维璇禀，现存库项不敷所拨，亦仅于仓项各款内解到淄营银一万一千两。核与臣所拨之数所短甚巨，支放实形竭蹶。

除续催解齐，分别核实报销并咨户部外，理合附片陈明，伏乞圣鉴。谨奏。

同治二年七月十一日奉到回折："议政王军机大臣奉旨：'知道了。钦此。'"

直隶提督恒龄提用临清关税银片
同治二年七月初四日

再，直隶提督恒龄带兵驻扎临清，因需饷紧急，就近提用临关税银四千两，已由臣饬藩司于应解军饷内坐扣清款。

除咨户部暨直隶督臣刘长佑查照外，理合附片陈明，伏乞圣鉴。谨奏。

同治二年七月十一日奉到回折："议政王军机大臣奉旨：'知道了。钦此。'"

拨解东海关税银充僧格林沁营军饷片
同治二年七月初四日

再，僧格林沁军营月饷，各省解到者实属寥寥。刻下由淄川移师兖郡，并派苏克金马队进扎临清，用项倍繁，司库支拨已空，深恐不能拨解，致滋贻误。据藩司贡璜详称，约计东海关现有征存税银二万两，请照数拨解山东月饷等情前来。臣复查无异。

除檄饬东海关监督迅速派员起解外，理合附片陈明，伏乞圣鉴。谨奏。

同治二年七月十一日奉到回折："议政王军机大臣奉旨：'该衙门知道。钦此。'"

黄河泛滥未能即赴清博防剿折
同治二年七月十三日

奏为微臣由淄回省，督军驰赴清、博一带防剿，现因各路水涨，未能速进，并新募楚勇到东各情形，恭折由驿具奏，仰祈圣鉴事：

窃臣于本月初五日业将搜剿淄川余匪，办理善后事宜，拟回省督军，亲赴清、博一带防剿缘由，恭折驰奏在案。一面督饬地方文武，将搜缉安抚各事妥为办理弹压。臣即于初六日起程，初八日抵省。十一日钦奉寄谕："阎敬铭奏搜捕淄川余匪，截杀殆尽，现拟移军清、博一带，以遏北窜一折。该署抚所筹善后各事，均著照所议办理。现拟回省稍理地方要务，著即赶紧料理，前往驻扎，遏贼北窜之路，毋稍疏忽等因。钦此。"臣正拟督军于十二日前进，迭据齐河、茌平、高唐等州县禀报，大雨如倾，通宵达旦，黄河泛滥出槽，漫衍各路，平地皆一望汪洋，水深五、六、七尺不等。臣查由省前赴清、博之路，一由齐河、高唐而至清平，一由长清、茌平而赴博平。现在两路水势宽深，桥梁沉没，人马过涉，不辨深浅，水势弥漫，行踪隔绝，即臣前此派赴堂邑三营先后驰禀，均在齐河一带阻水。现饬设法由大清河水路挽行，连日催趱，臣不胜焦灼之至。又赶饬各该州县逐段疏消，或于水浅处插标引路，或觅船扎筏，分起渡送。无如各处皆非水路辐凑之区，船筏本少，势难猝办，而近日阴霾苦雨，水势有长无消。臣寝馈难安，万分愁虑，惟有严催各营设法前进，水势稍落，臣亦即赶紧起程。

再，臣于去冬迭次恭奉谕旨，饬令两湖督抚臣筹饷募勇来东协剿，嗣经臣官文、严树森复奏，未能筹办。其时臣在山西寄寓，深以为忧，因荆州将军多隆阿曾在湖北共事，当即诣陕与之熟商。多隆阿即择令部下副将陈锡周、游击王心安并参将、都司等六员随臣东来。臣到东之日，目击东省兵勇情形难期得力，即令该副将等分赴襄、樊一带募勇三千，刻已陆续到齐。现在总兵保德、臬司丁宝桢在堂邑境内攻剿宋逆，并运河东岸应设防军，虽由臣先后派队前往，兵力仍单，拟将新到楚勇即行酌量派往，以期厚集兵力，迅就荡平。

所有微臣由淄回省，督军亲赴清、博防剿，现因阻水未能速进，并新募楚勇到东各缘由，理合恭折具奏，伏乞皇太后、皇上圣鉴训示。谨奏。

同治二年七月十八日奉到回折："议政王军机大臣奉旨：'另有旨。钦此。'"

请将游击王心安留东片
同治二年七月十三日

再，六月初一日，准荆州将军臣多隆阿转准湖北抚臣严树森咨调前管建威营营官游击王心安在鄂挪借饷银六百两，饬赴鄂省归案讯办等因。其时臣已早派该游击赴湖北襄、樊一带募勇，并据该游击来禀，已到光化、谷城等处招募。臣以案关军饷，即时咨复湖北抚臣，就近扣留该游击在鄂传讯在案。现该游击已募齐楚勇，管带到东，询称在鄂及沿途未接到檄调传讯文件，是以径赴东省。

臣思该游击现在管带所募楚勇甫行至东，人地皆生，急须训练，若遽易人管带，难期得力；且东昌一带防剿吃紧，兵勇单薄，东省又乏带兵将弁。可否仰恳天恩准将王心安暂留东省带勇，随同剿办东昌叛匪，一俟军务稍松，即行派员押解赴鄂归案讯办之处，臣未敢擅便，理合附片陈明，伏祈圣鉴训示。谨奏。

同治二年七月十八日奉到回折："议政王军机大臣奉旨：'另有旨。钦此。'"

山东漕船出境情形片
同治二年七月十三日

再，东省外河德正等帮漕船开行，经臣奏报在案。兹据督粮道沈维璥禀报：闸内济宁前后东昌、东平等帮跟接开行，该道循例督押前进，于七月初四日出德州柘园镇东境，依次北上等情。除仍饬该道赶紧押催，迅速抵通交卸，并分咨直隶督臣、天津镇臣饬属接催外，所有漕船挽出东境日期，理合附片陈明，伏祈圣鉴。谨奏。

同治二年七月十八日奉到回折："议政王军机大臣奉旨：'户部知道。钦此。'"

尼山孔庙被毁委员驰勘并自请议处折
同治二年七月十五日

奏为尼山圣庙被匪损坏，委员驰往勘办，先行据咨恭折具奏，仰祈圣鉴事：

窃准衍圣公孔祥珂咨称：邹县尼山建有圣庙。同治二年五月二十三等日，探得尼山一带被匪盘踞，经官兵驰往剿捕，斩获甚多，余匪逃散。随即派员恭诣庙内，敬谨查勘，圣像已被损毁，庙宇间有破坏，树木亦被砍数百株。奉祀者未能先事预防，咎有应得，本拟自行陈奏，因未接准承袭部文，咨臣代奏请旨，交部议处，一面委员复勘等因。

臣接阅之下，不胜惊愕。查尼山系至圣发祥之地，庙宇为瞻礼攸关，虽该处逼近匪巢，三四十里以内久无居民，而地方文武更宜敬谨防获，以昭隆重。今贼匪损毁圣像，毁坏庙宇，砍伐树株，该管文武疏于防范，固难辞咎。臣参膺疆寄，未能予为之防，尤深惶悚，相应请旨，先将臣与衍圣公孔祥珂一并交部议处。

除饬司委员驰往查勘情形，赶紧筹议修理补种，并取具该管文武员弁职名另行参办外，理合据咨恭折具奏，伏乞皇太后、皇上圣鉴训示。谨奏。

同治二年八月初三日博平行营奉到回折："议政王军机大臣奉旨：'另有旨。钦此。'"

同治二年春季各属正法盗犯名数折
同治二年七月十五日

奏为查明各属正法盗犯名数、案由，恭折具奏，仰祈圣鉴事：

窃照山东拿获盗犯就地正法案件，例应按季汇奏。兹查同治二年春季，各属拿获罪应斩枭、斩决盗犯共十名，均应随时审明，就地正法。据臬司丁宝桢详请汇奏前来。臣复查无异。理合将名数、案由敬缮清单，恭呈御览。

除行司将各案供招分起详咨外，为此恭折具奏，伏乞皇太后、皇上圣鉴。谨奏。

同治二年八月初三日博平行营奉到回折："议政王军机大臣奉旨：'刑部知道，单并发。钦此。'"

谨将同治二年春季，各属正法盗犯名数、案由，敬缮清单，恭呈御览。
一、东平州拿获盗犯张玉全一名，行劫事主王廷举铺内银钱、衣服，拒杀铺伙王添才身死，罪应斩枭。
一、观城县拿获盗犯杜班一名，纠劫事主陈尚文家衣物，并捉人勒赎，罪应斩枭。
一、曲阜县拿获盗犯陈得一名，听纠行窃，临时强劫事主贺绍周铺内钱物，罪应斩决。
一、清平县拿获盗犯王二一名，持械伙抢事主赵万亿银物，罪应斩决。
一、益都县拿获盗犯李湧、王猛连、王猛周三名，持械伙抢事主王超同等车上钱物，罪应斩决。

一、滋阳县拿获盗犯范虎、孙喜、孟二小三名，行劫事主张淑华等铺内银钱、衣物，罪应斩决。

匪犯刘把十审明拟结片

同治二年七月十五日

再，查接管卷内，同治元年闰八月初七日奉上谕："据文煜奏称：景州、德州交界之刘智庙地方，有马贼聚集，闻有刘把十者，伙众不法。是该匪等窝顿之所必在刘智庙一带，饬即迅速掩捕。等因。钦此。"前抚臣谭廷襄遵即饬据德州知州张应翔，会同游击玉秀等，将刘把十拿获，先行奏报，一面饬提严审去后。

兹据济南府萧培元讯明，刘把十即刘十把，籍隶直隶沧州，先未为匪。同治元年秋间，刘把十在刘智庙地方搭盖窝铺，卖饭营生，遇有过往同乡客人，即不问来历，容留住宿，并皆不记姓名。屡次研诘，坚供委无伙众不法暨窝留马贼情事。饬讯该处地保边二，供亦相符。惟所留之人，既来历不明，更难保无贼匪溷迹其中。将刘把十比依"容留外省流棍者，照勾引来历不明之人"例，拟发近边充军。据报在监病故，应毋庸议。边二并不禀官究办，照不应重律，拟杖八十，事在同治元年九月初一日恩诏以前，应予宽免，仍革役。由臬司丁宝桢具详前来。臣复核无异。

除供册咨部外，理合附片具奏，伏乞圣鉴。谨奏。

同治二年八月初三日博平行营奉到回折："议政王军机大臣奉旨：'刑部议奏。钦此。'"

请旌恤莱州阵亡绅团丁勇殉难妇女折

同治二年七月十五日

奏为查明莱州府属阵亡绅团、丁勇并殉难妇女，吁恳分别旌恤，恭折具奏，仰祈圣鉴事：

窃照咸丰十一年秋间，南捻窜扰山东，所有被害男妇，经前抚臣谭廷襄分饬查报，已将登州府属阵亡绅团并殉难妇女，奏请旌恤在案。兹据莱州府属之掖县、平度、潍县、昌邑、胶州、高密、即墨等七州县查明，阵亡团长有职衔者二百二十员名、无职衔者四十三名，阵亡丁勇八千六百九十三名，殉难妇女三千六十四口，由筹防局司道核明，分别造册，具详请奏前来。臣复查无异。合无仰恳天恩俯准敕部，将阵亡有职衔之团长，照阵亡例从优议恤；无职衔之团长，照武生阵亡例议恤；阵亡丁勇一并议恤，并准其入祀昭忠祠。至殉难妇女，均请照例旌表，建立总坊，并入祀节孝祠，以广皇仁而彰节义。

除将各册咨部，并饬查未到各属另行核办外，理合恭折具奏，伏乞皇太后、皇上圣鉴训示。谨奏。

同治二年八月初三日博平行营奉到回折："议政王军机大臣奉旨：'均著照所请，分别旌恤。钦此。'"

裁撤东省干河厅员折
同治二年七月十五日

奏为裁撤东省干河各厅员缺，以节縻费，奏祈圣鉴事：

窃查河南省裁撤干河各厅案内，钦奉上谕："山东所属之曹河曹、单二厅，著山东巡抚酌量办理等因。钦此。"遵查河道既已干涸，各员无事修防，自应一律裁撤，以归节省。所有东省曹河同知并所属之县丞、主簿各一缺，曹、单通判并所属之县丞、主簿各一缺，又曹考通判所属之曹县巡检一缺，以上七员，均系专管河工，并无地方之责，应请一并裁汰。现任撤回各员，照例归即用班补用，各辖工段汛地，即归并地方官经管，所有廉俸役食，由藩司在于东省地丁耗羡项内提扣，报部候拨。据布政司贡璜、兖沂曹济道卢朝安会详请奏，并声明干河滩地前经饬委曹河同知吕伟峰赴曹、单两县会查勘丈，现在仍令该员一手经理，俟复到再行核办等情前来。理合会同署河东河道总督臣谭廷襄恭折具奏。

再，东省额设黄河武营、武汛，先经奉旨裁撤，合并陈明。

同治二年八月初三日博平行营奉到回折："议政王军机大臣奉旨：'依议。该部知道。钦此。'"

临清关税银扣还动支缘由片
同治二年七月十五日

再，查接管卷内，前抚臣谭廷襄附奏副都统遮克敦布军营提用临关税银二千两，应在续解山东月饷内扣还归款。嗣于筹解署直隶提督恒龄行营军饷银六千两案内，照数扣出银二千两，归还临关存款。其时临淮军饷委员来东守催，复将前项扣还临关税银二千两，饬委来员候补知县吴世昌解赴临淮粮台交纳。由藩司移会济东泰武临道具详请奏前来。

除咨部查照将前送款册更正外，所有临关税银扣还动支各缘由，理合附片奏闻，伏乞圣鉴。谨奏。

同治二年八月初三日博平行营奉到回折："议政王军机大臣奉旨：'知道了。钦此。'"

试用知县罗衍畴呈请改就教职折

同治二年七月十五日

奏为试用知县呈请改就教职，恭折奏祈圣鉴事：

窃据藩司贡璜详：据试用知县罗衍畴禀称，该员籍隶河南汝州直隶州，道光丙午科举人，同治元年壬戌科会试后，大挑一等，以知县用，签掣山东试用，四月初五日蒙钦派王大臣验放，五月初一日领照，二年三月十一日到省。理宜当差报效，惟自揣才力，难膺民社，呈请改教，回籍候选等情。

查该员罗衍畴系举人出身，文理尚优，既据自揣才力不胜知县之任，呈请改就教职，核与定例相符，相应请旨，将试用知县罗衍畴以教职归部照例选用。为此恭折具奏，伏乞皇太后、皇上圣鉴训示。谨奏。

同治二年八月初三日博平行营奉到回折："议政王军机大臣奉旨：'著照所请。吏部知道。钦此。'"

抵达博平日期并各军获胜情形折

同治二年七月二十九日

奏为恭报微臣由省驰抵博平日期，并派催各军已到堂邑剿办各匪，攻克贼圩获胜情形，恭折由驿奏，仰祈圣鉴事：

窃臣于七月十三日业将正拟督军由省赴清、博，因阻水未能速进，恭折驰报在案。连日探路，水潦仍深，幸晴霁数日，急思前进。二十一日钦奉寄谕："刘长佑奏督军剿匪，饬东抚驻扎东南，以资夹击。著阎敬铭探明道路，即行起程驰赴清、博一带等因。钦此。"臣跪读之下，悚惕交紫。

查臣先派赴各营已经设法行至堂邑，又赶饬新募勇队副将陈锡周、游击王心安等六营，冒雨分日分起拨队前进，至二十四日始悉数起行。臣即于二十五日出省，取道齐河，又遇阴雨日夕不止，三日始抵茌平。途次钦奉二十六日寄谕："僧格林沁奏，请饬迅歼宋景诗股匪，冀可调集全军，督带南征一折。丁宝桢部勇无多，即著该抚添兵助剿，迅催前进等因。钦此。"

刻下东军各营已一律先后到齐，臣亦一路设法绕越，因节节泥淖阻水，至二十八日始抵博平。臣拟在此暂驻，以便居中调遣防兵，已饬副将范正坦、曹正榜、韩登泰各营分扎沿河上下李海务、梭堤、魏家湾等处。而运河南北延长二百余里，处处可以偷渡，臣甫经到此，尚须亲身周历，察度形势，将各军再行择要挪移，以期彼此策应。

连日迭据总兵保德、臬司丁宝桢禀报：二十日酉刻，宋逆马贼百数十骑，从柳林东南抢粮，当经营官知州惠庆、游击黄兆绅料贼必由杨家庄经过，商同团长杨树猷伏兵庄侧，果见马贼百数十人裹粮而来，兵团待贼马过半腰击，将该逆分截两段，枪毙马贼三名，杀伤数十名，夺获旗帜、高粱等物，追击二里许，因天黑收队。同日堂邑定远寨、温仪集地方有贼首李江、朱登峰等领马步贼三百数十人前往打粮，即分拨兵勇驰赴截击，贼首李江挥众抗拒，我军奋勇直前，刀矛并举，将李江砍伤落马，共毙马步贼三十余人，追至三十里外收队。同日申刻，梁家浅地方又有贼一二百人在该处放火，团民纷纷逃避，即派都司李元等带马队驰剿，该匪即行宵遁。同日卯刻，又有马贼七八百人在堂邑马桥等处盘据，保德、丁宝桢亲督都司杨通廉等四营，各派五成队，至距桥八里之西北庄突遇贼至，杨通廉首先冲入贼队，矛毙二贼，各勇一齐轰击，贼即怯退。而后面之贼复绕出我军之前，被追各贼回马抗拒，虽经奋勇击杀贼十余人，贼见我军皆系步队，抵死冲突，实形凶悍。鏖战至申刻，将梁家浅马队调回助势，贼始退败。因自四更出队，至此已一日之久，人马皆疲，收队暂憩。二十一日，宋逆马步大股二三千人又自范家寨西北绕奔东南，欲扑柳林团营，经左营刘家兴带领勇丁并团众出围抵御，枪炮紧密，贼势不支，引队南窜。都司沈玉贵知贼必从西绕道回巢，密率所都右营勇丁在西面松林内蛇行，伏地而进。贼被刘家兴追逐，果折而西，两军夹击，贼复折北而逃。团首范景贤复带团趋西北截击，三面围攻，共毙贼二百数十名，负伤者不少，所得马、牛、器械、粮食无数。此二十、二十一等日各路剿办各股匪徒之情形也。

其大股贼匪又有麋聚堂境王家海子圩内者，共马步贼五六百人，宋逆复添悍贼头目许四领数百人赴圩助守，日夜逼胁附近团民代筑圩墙，为招致莘、冠匪党梗塞西南、牵制官军之计。二十三日卯刻，保德、丁宝桢分督都司李元、知县刘时霖等，一由北路而进，一由南路而进。丁宝桢亲督杨通廉、守备郭大胜等为两路策应。突见该圩东门拥出马贼一千四五百人，我兵直扑圩壕。该逆在墙外壕内死拒，我兵马步并进，壕宽不能骤越。贼忽分股冲突，刘时霖及郭大胜等向前接仗，扎立方营，施放连环枪炮，轰死马步贼七八十人，将逆首王得平刺死。贼由北退败。圩贼复出马队二三百人，意图包抄后路，又经保德将步队东西分伏夹击，毙贼一百六七十人，贼目许四中枪坠马。圩贼见势不敌，开西门逃窜。我军一面追杀，一面越壕由东门而进，砍杀无算，立将王家海子贼圩内庐室一律平毁。我军仅伤九人，惟候补游击李芝芸因冲入敌阵，被圩内暗枪所中，立即阵亡；勇目周鸿仪因跟追贼目许四，马忽失蹄，被该匪回矛刺中顶心，亦即阵亡。查周鸿仪之父周汝楠，其叔周汝干，上年十一月均在邹县剿办教匪阵亡，今该勇目又复临阵捐躯，一门死事，尤堪悯恻。应请饬部将候补游击李芝芸照例议恤，并勇目文童周鸿仪照从九品阵亡例从优议恤，以慰忠魂。

所有微臣由省抵博日期，并堂邑各军剿办情形，理合恭折由驲具奏，伏乞皇太后、皇上圣鉴训示。谨奏。

同治二年八月初四日奉到回折："议政王军机大臣奉旨：'另有旨。钦此。'"

请饬各省迅将欠解协饷拨付片
同治二年七月二十九日

再，东省济宁粮台供支僧格林沁大营官兵粮饷，系直隶、河南、山东等三省月共拨银十万两，并山西月拨银二万两以供支应。兹据粮台总局委员藩司贡璜、兖沂曹济道卢朝安详称：各省协饷延不清解，截至同治二年六月底止，除拨解外，直隶省欠银九十三万两，山西省欠银四十三万二千两，河南省欠银七十一万一千两，通计三省共欠银二百〇七万三千两。粮台虽力求撙节，不敢丝毫糜费，无如入少出多，难资周转。刻下东省捻逆渐次肃清，教匪亦即就荡平，克日南征，近讨苗逆，士卒多因日久欠饷，几至衣履不完。瞬届深秋，御寒无具，必须预筹接济。而东省支拨频仍，司库异常匮乏，万难设法筹垫，各省若不通力合作，势必军心涣散，贻误实非浅鲜，恳请专案奏催前来。相应请旨，敕下直隶、山西、河南各督抚，迅将同治二年六月以前欠解协饷，先行各拨十万两，委解济宁粮台，预备南征之用。嗣后仍须按月清解，勿再延欠，以裕军储而维大局。

除分咨外，理合附片陈奏，伏乞圣鉴训示。谨奏。

同治二年八月初四日奉到回折："议政王军机大臣奉旨：'另有旨。钦此。'"

查明应袭世职汇案请旨承袭折
同治二年七月三十日

奏为查明应袭世职，汇案请旨承袭，恭折具奏，仰祈圣鉴事：

窃照阵亡殉难官绅子孙承袭世职，例应半年汇奏一次，历经遵办在案。兹查同治二年正月起至六月止，据各属陆续详送刘长荣等十名，均应承袭云骑尉世职，前抚臣谭廷襄与臣逐案查核，均属相符。当将年已及岁之刘长荣等六名，饬司代验出考，发标学习；年未及岁之李德英等四名，饬俟及岁时发标学习，统以奏准承袭之日，分别作为收标支俸日期，以符定例。理合将各该世职姓名、年岁、籍贯敬缮清单，恭呈御览。

除将宗图册结汇总咨部外，为此恭折具奏，伏乞皇太后、皇上圣鉴。谨奏。

同治二年八月十四日奉到回折："议政王军机大臣奉旨：'兵部知道。单并发。钦此。'"

谨将应袭云骑尉世职姓名、年岁、籍贯敬缮清单，恭呈御览。

刘长荣，年三十九岁，历城县人。
孔昭端，年二十八岁，城武县人。
孙建功，年二十五岁，巨野县人。
张际云，年二十五岁，历城县人。
楚同心，年十九岁，菏泽县人。
陈开勋，年十八岁，历城县人。

李德英，年十六岁，历城县人。
戴振朝，年十四岁，郓城县人。
高廪丰，年十四岁，胶州人。
张福印，年九岁，胶州人。

同治元年军政调考展期举行片
同治二年七月三十日

再，同治元年军政，前抚臣谭廷襄因督师出省，奏准展至本年察看情形，再行办理。兹查淄川虽已攻拔，省东一律肃清，而兖州、东昌军务尚未蒇事，抚镇各营将弁从征调防者十居其三，臣与兖、曹两镇亦皆带兵防剿，仍难照常调考依限举行。合无仰恳天恩俯准，将山东此次军政展至军务告竣，将弁撤回归伍，再行举办。如有庸劣不职之员，仍当随时纠参，以肃营伍。为此附片陈明，伏乞圣鉴。谨奏。

同治二年八月十四日奉到回折："议政王军机大臣奉旨：'著照所请。兵部知道。钦此。'"

匿名公启无从根究折
同治二年七月三十日

奏为遵旨查明，恭折奏祈圣鉴事：

窃准刑部咨称：给事中征麟封奏山东匿名公启，讯系山东已革盐运司桂亮回旗时，有人持泰安府知府锡惠名帖送信一封，面写泰安府署缄寄，托其带京送交征麟，送信人当即走回。桂亮以为寻常书札，并不知匿名公启。奏奉谕旨，饬查是否锡惠托桂亮寄交？抑系他人假托？并何人假托之处奏明办理等因。当经饬司确查去后。兹据泰安府知府锡惠以桂亮回京时该府并未进省，亦无托交征麟信函，不知何人假托等情，由藩、臬两司核转请奏前来。

臣查此件公启既系匿名，则缄寄之府署、投信之名帖显系他人假托，其为并非锡惠托交自属可信。至于假托之人本不难向送信人追问，今不知其人姓名，委实无从根究。理合恭折具奏，伏乞皇太后、皇上圣鉴。谨奏。

同治二年八月十四日奉到回折："议政王军机大臣奉旨：'刑部知道，并著再行详细研究，务得确情，定拟具奏。钦此。'"

应查匿名公启专案恳请暂缓片
同治二年七月三十日

再，四月二十日臣将至淄川，于长山县途次奉到四月十六日寄谕："给事中征麟奏匿名公启关系地方情形一折，阎敬铭甫经到任，著即按照原信所陈各款严密访查。又，征麟奏参东省文武庸劣各员，并著阎敬铭一并查办。再，据山东试用道钟文呈递东省急务十二条，著阎敬铭悉心体察，奏明办理。征麟折片三件、匿名公启、钟文条陈，均抄给阅看等因。钦此。"

查臣于山东文武官员，除藩司贡璜系臣同年进士在京相识，此外无一素知者；且在湖北五年，于山东各事亦远莫闻知。臣到任九日，即赴淄川军营，营中文武员弁皆系久于东省之人，均不知其心术品行，因未敢寄以耳目考询各事。臣惟随人广问，兼听并纳，核别真伪。至军需、勇粮、钱漕、捐输各事，册籍浩烦，尤须亲提详考。其参劾各员自抚藩至州县人员甚夥，款迹亦多，其事有案牍可稽者，有传言风闻者，有空为议论者，非细加查访，质对凭据，难期核实。

臣于七月初八日，由淄至省，即拟赴清、博。因阻水，在省半月，暗将参劾各款，留意查询。臣日思出省，未便提齐各人员一一质问，并无暇纷提各处册籍亲为稽核，且臬司、济东道亦不在省，并无监司大员可以帮查。现臣甫至博平，防务紧要，除仍随时查考，总期确实详尽外，相应仰恳圣恩容臣详为查访，军务稍松，即速确实查办，不敢稍为徇隐。

又奉五月十七日寄谕："有人奏参【栖】霞县知县郑景福侵吞捐饷，如果查有实据，即行严参惩办等因。钦此。"又奉六月二十二日寄谕："有人奏东昌守秦际隆贪鄙畏懦，纵贼殃民，务当切实查明，严参惩办等因。钦此。"臣已分别选派妥员，先后密查办理，一经查实，即行奏闻。理合附片陈明，伏乞圣鉴。谨奏。

同治二年八月十四日奉到回折："议政王军机大臣奉旨：'知道了。钦此。'"

审明抢劫匪犯按例拟结折

同治二年七月三十日

奏为审明抢劫匪犯先后正法、病故，按例拟结，恭折具奏，仰祈圣鉴事：

窃照咸丰七年十月初三等日，据峄县派缉丁役协同江南清河、铜山两县拿获幅匪陈小幛、王小蟢、宋证姜、褚四、侯留赘即侯留住、张羊、任庭立、赵明、王有等九名，暨逸匪家属崔吴氏、萧邱氏、萧李氏，由清河等县讯供。禀经前南河督臣庚长奏报，先将铜山拿获之侯留赘等五犯同崔吴氏等解归峄县讯办。峄县先已拿获伙匪阎景汰等三十九犯，病故王二旦等八犯，当场格杀伙匪胡全等二十二犯，轰毙不知姓名匪犯六十余名。随提阎景汰等三十一犯与侯留赘等五犯，隔别研讯。金称与王二旦、胡全等，听从陈小幛结幅抢劫讹索，捉人勒赎，并抗敌官兵。内惟王色一犯与清河拿获之王小蟢、宋证姜仅止听纠讹索一次，临时因病不行，事后亦未分赃，并称褚四并非同伙，崔吴氏等讯系无干，取保省释。屡次咨提陈小幛等未到。因现犯人数众多，疏脱堪虞，禀经前抚臣崇恩钦遵前奉谕旨，批饬先将阎景汰等三十四犯就地正法枭示，留魏雨、王色待质，咨部展限。嗣准庚长咨会派委员弁往提陈小幛、王小蟢、宋证姜、褚四同续获之张廷、阎二棍到省，饬提魏雨、王色一并发委济南府审讯。据陈小幛供认，纠允阎景汰等聚众结幅，自咸丰七年四月至八月，迭次抢劫峄县事主梁镇清、刘进、龙懋任、吕廷杰、田汝棚、李增文、刘心一、孙彦、刘杰、韩金栋等钱物，讹索事主胡广馨、王金立堂叔王振兴等银钱，拒杀事主王收身死，掳捉事主刘文栋、任士典、任小女、孙成登、张瑞春、苏三等勒赎，并抗敌官兵不讳。同伙自十余人至四十余人不等，共推陈小幛为总幅首，阎景汰与在逃之阎二棍为散幅首。现获之阎二棍即徐景业、张廷即郭凉、褚四均非同伙，亦不认识，王小蟢、宋证姜、王色委未同行分赃。陈小幛此外抢劫讹索、捉人勒赎各案，均记忆不清。核与前获正法之阎景汰等同现犯魏雨等供各相符。据报陈小幛、魏雨先后在监病毙，验无别故。除罪应斩枭之阎景汰等三十四犯业已正法，病故之王二旦等八犯戮尸枭示外，将陈小幛、魏雨均依"强盗已行而得财者，不分首从，皆斩"律，各拟斩立决，照例加拟枭示，业已病故，仍戮尸枭示。陈小幛尚有掳捉沈效城勒赎一案，应归此案，从重拟结。王小蟢、宋证姜、王色均依"共谋为盗伙犯，临时因病不行，事后不分赃者，杖徒"例，拟杖一百，徒三年，恭逢历次恩诏，情节较重，不准援免。褚四、张廷即郭凉、阎二棍即徐景业讯系误拿到案，畏刑妄认，递籍查讯有无为匪不法，分别办理。据该府萧培元详经臬司，因恐案情未确，驳审两次，仍照原拟，由署按察使呼震核明具详前来。臣复核无异。

除供招咨部并饬缉逸犯阎二棍等务获究报外，理合恭折具奏，伏乞皇太后、皇上圣鉴训示。谨奏。

同治二年八月十四日奉到回折："议政王军机大臣奉旨：'刑部议奏。钦此。'"

同治二年六月雨泽粮价折

同治二年七月三十日

奏为恭报六月份雨泽情形并呈粮价清单，恭折仰祈圣鉴事：

窃照各属五月份雨水、粮价，前经奏报在案。兹查六月份，惟邹平、东阿、泗水、费县、肥城、寿光、栖霞、莱阳、海阳未经得雨，其余据历城等九十八州县先后具报，于月之初四、初六、初七、初八、初九、初十、十一、十七、十八、十九、二十、二十四、二十五、二十六、二十七、二十八、二十九等日，各得雨一、二、三、四、五寸及深透不等。得此澍雨滋培，秋禾益形畅茂，丰收预兆，洵堪仰慰宸廑。惟黄流盛涨，仍有漫淹处所，现已饬司委员前往，会同各该州县相度形势，赶紧设法疏消。一面查勘灾分情形，再行分别轻重核办。各属市集粮价，微有长落，大致与上月相同。谨缮清单，祗呈御览。为此恭折具奏，伏乞皇太后、皇上圣鉴。谨奏。

同治二年八月十四日奉到回折："议政王军机大臣奉旨：'知道了。钦此。'"

六月份粮价清单

谨将同治二年六月份山东通省各属米、谷、麦、豆价值，敬缮清单，恭呈御览。

计开：

济南府属：稻米每仓石价银二两四钱五分至四两二钱八分，较上月贵八分。粟米每仓石价银八钱八分至二两六钱一分，较上月贵五分。粟谷每仓石价银六钱至一两五钱七分，较上月贵三分。高粱每仓石价银八钱三分至一两六钱九分，较上月贱四分。小麦每仓石价银一两四钱五分至二两三钱六分，较上月贱八分。黄豆每仓石价银一两一钱九分至二两四钱九分，与上月同。黑豆每仓石价银一两一钱四分至三两四钱九分，与上月同。

泰安府属：稻米每仓石价银三两至四两五钱，与上月同。粟米每仓石价银一两六钱至二两七钱六分，与上月同。粟谷每仓石价银八钱至二两五钱二分，与上月同。高粱每仓石价银一两三钱至二两三钱二分，与上月同。小麦每仓石价银一两七钱至二两二钱九分，与上月同。黄豆每仓石价银一两二钱至二两八钱八分，与上月同。黑豆每仓石价银一两二钱至二两八钱八分，与上月同。

武定府属：稻米每仓石价银二两四钱八分至四两六钱二分，与上月同。粟米每仓石价银一两一钱六分至二两四钱，与上月同。粟谷每仓石价银七钱七分至一两六钱五分，与上月同。高粱每仓石价银八钱六分至一两五钱，与上月同。小麦每仓石价银一两五钱至三两五分，与上月同。黄豆每仓石价银一两一钱八分至二两一钱，与上月同。黑豆每仓石价银一两一钱至一两八钱，与上月同。

兖州府属：稻米每仓石价银二两三钱至四两二钱，与上月同。粟米每仓石价银一两一钱至二两八钱七分，与上月同。粟谷每仓石价银六钱至一两八钱七分，与上月同。高粱每仓石价银六钱五分至二两二钱，与上月同。小麦每仓石价银八钱五分至二两八钱，与上月同。黄豆每仓石价银九钱五分至二两三钱三分，与上月同。黑豆每仓石价银九钱五分至二两二钱，与上月同。

曹州府属：稻米每仓石价银三两三钱八分至五两，与上月同。粟米每仓石价银一两一钱七分至三两三钱八分，与上月同。粟谷每仓石价银七钱一分至二两二钱八分，与上月同。高粱每仓石价银八钱四分至二两四钱九分，与上月同。小麦每仓石价银一两二钱五分至三两六分，与上月同。黄豆每仓石价银一两三钱五分至二两七钱四分，与上月同。黑豆每仓石价银一两一钱三分至二两三钱八分，与上月同。

沂州府属：稻米每仓石价银二两一钱至三两九钱二分，与上月同。粟米每仓石价银一两五钱至二两五钱九分，与上月同。粟谷每仓石价银六钱至一两五钱八分，与上月同。高粱每仓石价银八钱二分至一两四钱八分，与上月同。小麦每仓石价银一两至一两八钱五分，与上月同。黄豆每仓石价银八钱至一两四钱五分，与上月同。黑豆每仓石价银八钱至一两四钱五分，与上月同。

东昌府属：稻米每仓石价银二两八钱至五两，与上月同。粟米每仓石价银一两五分至二两八钱二分，较上月贱二钱六分。粟谷每仓石价银七钱至一两九钱三分，较上月贵八分。高粱每仓石价银九钱至二两三钱，与上月同。小麦每仓石价银一两四钱至二两七钱五分，与上月同。黄豆每仓石价银一两五分至二两六钱一分，较上月贱三钱一分。黑豆每仓石价银一两至二两五钱八分，较上月贱二钱九分。

青州府属：稻米每仓石价银二两至三两四钱五分，与上月同。粟米每仓石价银一两三钱至二两三钱，与上月同。粟谷每仓石价银六钱九分至一两四钱，与上月同。高粱每仓石价银六钱四分至一两四钱八分，与上月同。小麦每仓石价银一两一钱至二两三钱，与上月同。黄豆每仓石价银九钱八分至一两七钱，与上月同。黑豆每仓石价银九钱八分至一两八钱，与上月同。

莱州府属：稻米每仓石价银二两三分至三两五分，与上月同。粟米每仓石价银九钱五分至一两五钱，与上月同。粟谷每仓石价银四钱五分至一两，与上月同。高粱每仓石价银六钱至一两一钱，与上月同。小麦每仓石价银一两一钱至一两八钱四分，较上月贱一钱一分。黄豆每仓石价银一两至一两四钱，与上月同。黑豆每仓石价银一两至一两四钱四分，与上月同。

登州府属：稻米每仓石价银二两一钱一分至三两，与上月同。粟米每仓石价银一两二钱七分至一两九钱二分，与上月同。粟谷每仓石价银七钱六分至一两二钱，与上月同。高粱每仓石价银八钱五分至一两六钱，与上月同。小麦每仓石价银一两二钱四分至二两三钱五分，较上月贱五分。黄豆每仓石价银九钱至一两八钱，与上月同。黑豆每仓石价银九钱至一两八钱，与上月同。

临清直隶州并属：稻米每仓石价银三两四钱五分至三两九钱，与上月同。粟米每仓石价银一两三钱五分至二两一钱三分，较上月贵八分。粟谷每仓石价银九钱至一两三钱五分，较上月贵五分。高粱每仓石价银九钱至一两五钱，较上月贵五分。小麦每仓石价银一两四钱至二两四钱五分，与上月同。黄豆每仓石价银一两三钱一分至一两九钱五分，与上月同。黑豆每仓石价银一两至二两五分，较上月贵八分。

济宁直隶州并属：稻米每仓石价银三两三钱至六两三钱七分，与上月同。粟米每仓石价银一两六钱五分至三两，与上月同。粟谷每仓石价银一两三分至二两，与上月同。高粱每仓石价银一两一钱五分至二两四钱，与上月同。小麦每仓石价银一两三钱至二两六钱，与上月同。黄豆每仓石价银一两三钱一分至二两六钱，与上月同。黑豆每仓石价银一两一钱五分至二两九钱，与上月同。

曹州东昌被扰被灾各州县请分别蠲缓折

同治二年七月三十日

奏为遵旨查明曹、东二府上年及本年被扰，并勘明各州县本年二麦被灾轻重情形，酌量调剂，分别蠲缓新旧钱粮，以纾民力，恭折奏祈圣鉴事：

窃照前准部咨："钦奉上谕：'近日直、东交界等府属，复被匪徒滋扰，小民流离失所，困苦难堪，亟应立沛恩施，优加赈恤。著赶紧查明各该地方情形，其无力完缴钱粮，即奏请概行豁免等因。钦此。'"当经钦遵转饬勘办。又据临清等州县禀报，自春徂夏，或被匪窜扰，惨遭焚掠；或雨泽愆期，地脉亢旱；或风霾时作，雨中带雹，致二麦多有受伤。复批司委员确勘。

兹据该管道府督同印委各员，勘明轻重情形，议请蠲缓新旧钱粮，由藩司贡璜汇核详请具奏前来。臣复核无异。虽轻重情形不同，而闾阎均属拮据，若将新旧钱粮照常征收，民力实有未逮，自应分别蠲缓，以示体恤。合无吁恳天恩俯准，将被扰最重，不计分数之堂邑、莘县阖境村庄，同冠县之文乡赵李村等二百五十九村庄，应征同治元年未完民欠及因灾原缓钱粮、漕米、漕仓、河银等项；并冠县续办前年被扰案内缓征钱漕；暨泗水县泗南等六社陈村等十村庄应征本年上忙钱粮，并汉东等七社张庄等八十六村庄青黄不接案内原缓上忙钱粮；同朝城县在一里陈于庄等六十九村庄本年原缓上忙钱粮、漕仓、河银等项，暨阖境村庄应征咸丰十年、十一年民欠及因灾原缓钱粮一律全行蠲免。又被扰成灾八分之泗水县曲南等十社立石村等三十九村庄，汉北等七社南纪埠等四十村庄，沂水县粉疃庄等三十五村庄，应征本年上忙并青黄不接案内原缓钱粮、漕仓等项，蠲免十分之四。被扰成灾七分之沂水县土沟庄等五十七村庄，兰山县城前等保前缸头等四十四村庄，应征本年上忙钱粮、漕仓等项，蠲免十分之二。被扰成灾五分之兰山县傅家庄等保焦丘等一百一十九村庄，应征本年上忙钱粮、漕仓等项，蠲免十分之一。蠲剩银两缓至本年秋后，如原报八分者分作三年带征，七分、五分者分作二年带征；其有未奉蠲免之先溢完蠲额银两，查明流抵次年正赋。

其莘县阖境村庄同勘不成灾，被扰最重之泗水县泗南等社潘坡村等一十七村庄，朝城县在一里前后翟庄等一百二十九村庄，沂水县邵家宅庄等一百六十四村庄，兰山县响河屯等保响河头村等五百五十二村庄，聊城县西陆等里大孙庄等一百八十一村庄，恩县一乡一等图老金庄等一百四十四村庄，馆陶县马头地方马头北寨等三百六十七村庄，临清州会九里赵疃等二百一十七村庄，长清县西乡尚保赵家庄并郑家营等二十二村庄，德州袁家庄等一百八十村庄，平原县三都四等图饮马店即饮马集等二百八十五村庄，泰安县柴城等地方东柴城等二百二十三村庄，又延东地方南北宋家庄等三百九十四村庄，新泰县横山等保大协庄等五十一村庄，莱芜县岔河口庄等三百七十八村庄，滋阳县东土等社八里铺等三十九村庄，宁阳县南义等社吕关村等五十七村庄，滕县礼五等保辛庄等一百二村庄，又礼七等保牛家庄等二百九十村庄，峄县坊上等社东关等七百二十一村庄，郯城县出北等保杨家园等二百三十五村庄，费县接舆等社唐子林等二百八十五村庄，蒙阴县龙榜崖等一百一十五村庄，莒州柳沟牌等牌河峪社等社河峪庄等二百二十五村庄，日照县碑廓等社碑廓庄等六十四村庄，博山县太和庄等四十四村庄，邱县务头等四十二村庄，武城县德化里饶阳店等二十村庄，又水东里王家庄等二十村庄；又续被匪扰之治下里贾家庄等五十三村庄；被扰、被旱、被风之高唐州长路夹滩等一百三十村庄；被扰、被旱之茌平县东伍等乡姚庄等一百七十六村庄，禹城县四都一等里任陈家等五十三村庄；被旱之郓城县西关厢等乡张家庄等三百八十一村庄，临邑县宿二等里李家庙等四百九十七村庄，阳信县阖境村庄；被旱、被风之寿光县东青龙等乡岭上庄等二百五十四村庄，夏津县阖境村庄；被雹之巨野县棠林等保本集等三百一村庄，嘉祥县商村里等四里焦城庄等九十六村庄，应征本年上忙新赋、漕仓、河银、堤工、埝工、民佃、灶地、盐课、芦课、学租等项；同堂邑县阖境村庄，聊城县西陆等里二张庄等二百六村庄，并以上聊城、馆陶、临清、长清、平原、滕县、峄县、日照、高唐、茌平、阳信、巨野等处村庄，本年青黄不接案内原缓至麦后启征钱粮；暨朝城县阖境村庄，冠县清乡曲村等七十四村庄，同以上泗水、朝城、沂水、兰山、聊城、恩县、馆陶、临清、长清、德州、平原、禹城、泰安、新泰、莱芜、宁阳、峄县、郯城、费县、蒙阴、莒州、博山、邱县、武城、高唐、茌平、临邑、阳信、夏津、巨野等处村庄，应征同治元年未完民欠暨因灾原缓钱粮，均缓至本年秋后启征。

又被扰较轻之莒州朱车牌等牌、朱车社等社听水庄等七十二村庄；被扰、被旱、被风之高唐州临路徐庄等五十二村庄同阖境村庄；被扰、被旱之茌平县陈官屯王家老庄等三十四村庄；被旱、被风之寿光县其余阖境村庄；被雹之巨野县其余阖境村庄，除本年上忙钱粮照常征收外，所有青黄不接案内原缓上忙新赋；同被扰之长清县潘保等里田家海子并曹家庄等三十村庄，平原县其余阖境村庄，峄县里仁等社左庄等七十五村庄；被水之济宁州吴家湾等地方李家庙等四十九村庄，今春青黄不接案内原缓上忙钱粮，暨被扰之沂水县娄家庄一百一十一村庄并阖境村庄，兰山县三重等保侯沂庄等三十八村庄，临清州会一里曹家庄等三百四十五村庄，新泰县之太平等保得营庄等五十九村庄并其余阖境村庄，滋阳县北辛等社竹亭村等二百四十八村庄，宁阳县贤义社茂义庄等二十六村庄，郯城县张家集等保北涝沟等三十八村庄，费县北七等社张庄等一百一十九村庄，蒙阴县结宝峪等九十六村庄同其余阖境村庄，博山县谢家店等二十二村庄店并其余阖境村庄，邱县其余阖境村庄，除本年上忙钱粮照常征收外，茌平县阖境村庄，除本年上忙钱粮及青黄不接案内原缓新赋照常征收外，所有同治元年未完民欠及因灾缓征钱粮，同以上长清、德州、平原、滋阳、峄县、莒州、高唐、寿光、巨野等处村庄同治元年未完民欠及因灾缓征钱粮、漕仓等项，一律缓至本年秋后启征。

以上被扰成灾及被扰、被旱、被风、被水、被雹勘不成灾，较重较轻各州县村庄，并毗连灾区之阖境村庄，凡有咸丰十年、十一年未完民欠并因灾原缓钱漕、漕仓、河银、民佃、灶地、盐课、芦课、摊征、堤工、埝工、学租等项，一并缓至本年秋后，各按最先年分依次带征一年。其卫所屯庄及盐场、灶地并寄庄钱粮均随同坐落各州县一律办理。如此分别调剂，民力借可宽纾。感颂恩施，实无既极。为此恭折具奏，伏乞皇太后、皇上圣鉴训示。谨奏。

同治二年八月十四日奉到回折："议政王军机大臣奉旨：'另有旨。钦此。'"

审明团勇民人殴毙弁兵跟役按律定拟折
同治二年八月十三日

奏为审明团勇、民人因疑贼口角，先后殴毙弁兵、跟役，遵照部驳，改依常律定拟，恭折具奏，仰祈圣鉴事：

窃照历城县团勇张三仔等，因查拿奸细，杀毙土默特弁兵僧格等三命，又与民人陈淀甲共殴致伤跟役四僖身死一案，前抚臣谭廷襄奏请将张三仔、陈淀甲、韩来幅仔按照军律，均行正法。刑部以情罪不符，奏奉谕旨驳饬详细妥拟具奏等因，咨行到臣。当经行司饬府确审。兹据济南府知府萧培元复讯，改拟解司。臬司丁宝桢因剿匪公出，委员审明转解，值臣赴省西防剿，饬委藩司贡璜代勘无异，录供呈送前来。臣复加查核。

缘张三仔、陈淀甲均籍隶历城县。张三仔与现获之韩来幅仔、韩玉淋、方块，在逃之胡珠仔、随十五、石擎栋、胡牛，均充省城团勇，陈淀甲向卖面饼营生，均与土默特骁骑校僧格（即森格，六品军功，字识）、阿什克汰，马甲纳扎特，跟役四僖素不认识。僧格在营总乌尔贡扎布军营办理文案。咸丰十一年八月间，南捻围逼省城，乌尔贡扎布带兵在南关土围内扎营防剿，张三仔等均派守东城垛口。是月十五日，僧格在营患病，请假入城就医，带同阿什克汰、纳扎特、四僖并马甲武七十儿、达尔甲分牵马骡，各带随身行李，并另用小骡驮载衣服，同带兵各官寄存银八百三十四两暨戳记案卷，由南门验明进城。四僖赴街买物，将马匹交纳扎特代牵。僧格等五人先赴东城根马长春店内赁屋，马长春因无闲屋回复，僧格令达尔甲前往别处找寻。马长春因僧格等语音不对，形迹可疑，上城寻找团长宋鹤林。适贼匪攻扑南面土围，宋鹤林带勇赴南城防守，马长春先向张三仔、胡珠仔等告说，一面往向宋鹤林述知。宋鹤林不能分身，令马长春回店盘问，如果实在可疑，再行禀官拿究。维时胡珠仔先邀张三仔、韩玉淋、方块、随十五、石擎栋，并不识姓名团勇，一共十余人，赴店查问。僧格声言是军营官兵，前来住店，不必多管。胡珠仔仍向盘诘，僧格等不服，牵马欲走。经一不识姓名团勇用刀挑开阿什克汰马上包袱，见有红绸两块，即称贼匪向用五色绸布包头，其时红旗贼正攻土围，疑系奸细冒充官兵欲来内应，张三仔等均各拢前围捕。僧格顺拔腰刀扑砍，并喝令阿什克汰等殴打。张三仔用身带单刀格落僧格腰刀，与胡珠仔、随十五并不识姓名团勇一人，一齐用刀乱砍，致伤僧格顶心偏左、左耳连耳轮、发际、左耳根倒地，因人多记不清所砍部位。阿什克汰、纳扎特、武七十儿各用马鞭乱殴，石擎栋用枪戳伤阿什克汰左腋肢、下唇吻，并连戳伤其顶心连偏右右太阳穴。阿什克汰拼命，石擎栋闪开，经一不识姓名团勇赶拢，用刀扎伤阿什克汰小腹、咽喉倒地，其余不识姓名团勇亦各用刀砍伤纳扎特倒地，并将武七十儿砍伤。韩玉淋、方块均在场助势，并未下手帮殴。经人喊阻歇手。僧格、阿什克汰、纳扎特均各因伤殒命。方块拿住武七十儿在店看守，余各走散。经马长春赶回，向方块问明情由，通知宋鹤林前往看明。马、骡先已分头惊跑，徐驴仔在东城根漫地，见有小骡上驮布袋，拾得布袋，回家查看，内有元宝银六百五十两，衣服三件，分与同院居住之吕王氏银二百四十八两八钱，嘱勿声张，余银分别存留兑卖。团勇赵连升拾得马一匹，上有包袱、褥套。杨文灿拾得骡一头，上有鞍辔。梁拐仔拾得马二匹，上有褥套、包袱。韩先拾得骡一头，上有褥套。维时四僖因行走落后，路遇陈淀甲价买面饼，争论价值，将面饼掷弃地上。陈淀甲斥说，四僖混骂，陈淀甲回詈，四僖顺拔腰刀扑扎，陈淀甲闪避，夺过腰刀，划伤四僖囟门。韩来幅仔、胡牛由城上回家吃饭，路过拉劝，四僖疑护牵骂。韩来幅仔生气，用枪戳伤四僖胸膛，带划伤小腹。胡牛用刀扎伤四僖脑后。四僖夺刀，胡牛又扎伤四僖右腮颊、左太阳穴连左耳耳根，划伤左眉逃走。四僖掀翻饼担，拿取木扁担追赶。陈淀甲上前拦阻，四僖用扁担殴伤陈淀甲左肩甲，陈淀甲情急，用刀砍伤其咽喉倒地。经梁魁趋至劝散，问明情由，讵四僖移时因伤殒命。

该府县访问饬查，即据宋鹤林与地保报县，方块希图邀功，赴县自首，验讯饬拿。宋鹤林找回马一匹，同赵连升、杨文灿、梁拐仔、韩先所拾马骡物件一并缴案，查明尚短马一匹，被人扎伤倒毙。嗣访获张三仔等，追出衣服并原银五百六十八两四分、京钱二百二十千。经前抚臣谭廷襄饬提审明。因张三仔系守城团勇，于僧格带同兵役进城就医，并无可疑实迹，辄向盘诘争殴，用刀砍伤僧格身死，与从征处所兵丁违法乱行无异。陈淀甲、韩来幅仔于防守城内口角共殴，致伤四僖身死，即系军营犯事。奏请将张三仔、陈淀甲、韩来幅仔三犯按照军律，均行正法；韩玉淋、方块、徐驴仔分拟遣徒。刑部以张三仔等疑贼有因，死由格斗，陈淀甲、韩来幅仔斗不同场，衅起他故，均属情罪不符，奏奉谕旨驳饬详细妥拟具奏。

臣因原审情节是否确切，饬再研鞫。兹据历审供词，均与前讯无异。张三仔之共殴僧格致毙，委因疑贼；陈淀甲之共殴四僖致毙，委因口角，均非有心欲杀，亦无起衅别故，及另有在场帮殴之人，自应遵照部驳，改依常律定拟。至殴死阿什克汰、纳扎特之不识姓名团勇，该团长等因守城团勇众多，无从查究。而共殴之胡珠仔等现尚在逃，亦难推问，惟有责成地方官实力访缉，另行究办。现犯应先拟结。

查例载："疑贼致毙人命之案，讯系因伤身死，悉照谋故共殴各本律定拟。"又，"共殴人身死，乱殴不知先后轻重者，无原谋则坐初斗者为首。"又律载："共殴人致死，下手致命伤重者，绞监候，余人杖一百。"又例载："共殴之人，执持枪刀等项凶器伤人者，发近边充军。"又律载："得遗失物，限五日内送官，限外不送官者，私物减坐赃二等。"又，"坐赃五百两，罪止杖一百，徒三年。"又，"不应为而为，事理重者，杖八十。"各等语。此案张三仔系守城团勇，值南捻围逼吃紧之际，骁骑校僧格带同兵役阿什克汰等进城就医看店。该犯与韩玉淋等因其形迹可疑，不服盘诘，又见其包袱内带有红绸，其时红旗贼正攻土围，用五色绸布包头，即疑僧格等为奸细内应，拢前围捕。

僧格拔刀扑砍，该犯用刀格落，与在逃之胡珠仔等乱砍致伤僧格身死，实系事属因公，疑贼致毙。虽据供不知所砍部位，惟该犯系属初斗，应以为首论，自应按律问拟。张三仔应改依"疑贼致毙人命之案，讯系因伤身死，悉照谋故共殴各本律定拟"，"共殴人致死，下手致命伤重者，绞监候"律，拟绞监候。陈淀甲因跟役四僖向买面饼，口角争殴，该犯辄与团勇韩来幅仔等共殴，致伤四僖身死。查四僖先被韩来幅仔、胡牛分用枪刀戳扎，致伤胸膛等处，均非重伤，不致戕生，惟后被该犯用刀砍伤咽喉倒地，深至食气嗓俱断为重，其为因此致毙无疑，应以该犯拟抵，亦应按律问拟。陈淀甲应改依"共殴人致死，下手致命伤重者，绞监候"律，拟绞监候。事犯均在咸丰十一年十月初九日恩赦以前，张三仔疑贼乱殴致毙，罪坐初斗拟绞，情节较轻，应准援免，后再有犯，加一等治罪。据供亲老丁单，毋庸查办。陈淀甲系金刃要害奇重，应不准援免，酌入秋审缓决。韩来幅仔用枪戳伤四僖胸膛，亦应按例问拟。韩来幅仔应改依"共殴之人，执持枪刀等项凶器伤人者，发近边充军"例，拟发近边充军。徐驴仔拾得僧格跑失骡驼、银两，并非官项，计赃六百五十两，并不送官还主，亦应按律问拟。徐驴仔应仍照原拟，合依"得遗失物限外不送官者，私物减坐赃二等"律，于"坐赃五百两，罪止杖一百，徒三年"律上减二等，拟杖八十，徒二年。马长春于僧格等看店并不详细查问，辄称形迹可疑，致酿三命，应仍照原拟，酌照不应重律，杖八十，再加枷号一个月。韩玉淋、方块于张三仔等共殴时在场助势，即属余人，均应改依"共殴余人杖一百"律，各拟杖一百。事犯俱在赦前，韩来幅仔、徐驴仔、马长春、韩玉淋、方块所得军徒枷杖各罪，均应援免，毋庸查办留养。赵连升等所拾马骡物件，均已呈缴，应免置议。武七十儿、陈淀甲伤各平复，应毋庸议。缴案骡马、衣物，同追出银钱，业经给领，未获各赃仍饬确查追缴。逸犯胡珠仔等同不识姓名团勇，饬县访缉，获日另结。

除供招咨部外，所有遵驳审明改拟缘由，理合恭折具奏，伏乞皇太后、皇上圣鉴训示。谨奏。

同治二年八月廿六日奉到回折："议政王军机大臣奉旨：'刑部议奏。钦此。'"

特参庸劣牧令折

同治二年八月十三日

奏为特参庸劣不职各牧令，以肃官方，仰祈圣鉴事：

窃惟吏治之坏，至今已极。东省官场，锢习尤深。臣到任以来，亟思力挽颓风，因受事日浅，兼军书旁午，耳目恐有未周，诚以积习虽略知，而访问必须确实。兹查有署莒州知州钮德宽，浮动性成，不知检束；蒲台县知县斌照，昏庸怠惰，难期振作；商河县知县李均，浮伪贪污，不洽舆论；题补泗水县知县吴钟麒，浅薄轻狂，不堪造就；候补知县王奂畴，性情躁妄，声名平常。以上五员，均请即行革职。候补知县吴澍春，庸愚无识，难膺民社，应请以府经历县丞降补。

以上各员，经臣明查暗访，众论佥同，若不亟加参汰，何以昭炯戒而正官常。相应特参，请旨遵行。

同治二年八月廿六日奉到回折："议政王军机大臣奉旨：'另有旨。钦此。'"

特参虚报勇粮之知县吴瑞珊折
同治二年八月十三日

奏为特参虚报勇粮之知县，请旨革职查办，恭折仰祈圣鉴事：

窃查东省单县各处，曾经前任抚臣以系南捻窜入门户，奏明募勇防御，支发口粮，行已日久。比年外捻内贼时时蜂扰，凡州县禀请募勇，皆令自行捐办，乃弊窦由此丛生。其实在雇勇御贼者，不敢谓全无其人，而借募勇开销者，比比皆是。竟至声请添雇，以图开销之有余，虚报胜仗，以表募勇之得力，种种虚罔，非作为垫办请领，即列入交代作抵，亏空挪移，积弊堪恨。

兹查有署邱县知县吴瑞珊禀称，自去岁八月抵任，雇勇四百名，后又添雇四百名，共垫过勇粮银二万一千二百两，禀请给归款。查该员以未经署补人员，垫借巨款，必无其事，所募勇数，必不确实，其禀请给领，亦知军饷支绌，无可核发，显系为亏空侵蚀地步，若不从严参办，不足以示惩儆。相应请旨，将署邱县知县吴瑞珊即行革职，提省查办，如实系虚冒，即当从严治罪。

臣为杜绝亏空侵蚀起见，理合恭折陈明，伏乞皇太后、皇上圣鉴训示。谨奏。

同治二年八月廿六日奉到回折："议政王军机大臣奉旨：'吴瑞珊著即行革职，提省查办，如有虚冒情弊，即著从严治罪。钦此。'"

东昌支应局委员蒋斯嶟自尽片
同治二年八月十三日

再，候补知府蒋斯嶟，经前抚臣谭廷襄派办东昌各营支应，迄今仍归一手经理。本月初四日，据东昌府知府秦际隆禀称，蒋斯嶟于初二日忽服洋药膏毒发身故，并据派委防河之试用道林士琦将该故员遗有禀单二件，照录呈送前来。臣接信之下，不胜诧异，检阅禀单，多有宋景诗勇队放饷为难之语。查宋景诗于本年春间，随同直、东两省军营效力，其勇队曾在东昌局内支领口粮。现在宋逆复叛，该故员是否恐此项勇粮难于报销，遂行自尽，抑系另有别情，亟应彻底根究。业经札饬济东道呼震督同秦际隆，先行就近提集该局委员、丁书人等，严讯确情，并查明该故员经手一切钱粮、军械有无亏短，一面将东昌支应事宜派员接办。

除俟查复另行具奏，并将蒋斯嶟所遗禀单二件先行抄录，咨送军机处备查外，理合附片陈明，伏乞圣鉴。谨奏。

同治二年八月廿六日奉到回折："议政王军机大臣奉旨：'另有旨。钦此。'"

移军东昌分饬镇道搜剿余匪折
同治二年八月二十五日

奏为微臣移军东昌，分饬镇、道各员带兵搜剿余匪，谨将办理情形恭折由驿驰奏，仰祈圣鉴事：

窃臣于七月二十五日驰抵博平，当将分布运河东岸各营及堂邑剿匪情形，恭折奏报在案。其时臣即拟进扎堂邑，与僧格林沁熟商，深虑攻破贼巢之后，该匪穷极乱窜，东南各处实属吃紧，令臣仍扎博平，督饬运河东南诸军昼夜严防，遏贼窜逸。其堂邑一带仍责成总兵保德、臬司丁宝桢督率副将陈锡周等各营，进扎逼近贼巢之祁家务一带，与贼接仗，日有斩获。正拟具折奏报，适僧格林沁攻破宋逆甘官屯、刘贯庄老巢，移军进剿。臣恐其由东南窜逸，即于本月十九日移驻东昌城外之小东关，二十日驰赴堂邑刘贯庄，与僧格林沁商办一切。

查莘、堂、冠、馆各匪，前此旋平旋起，皆由受降太众，姑息养奸，匪徒玩法效尤，啸聚更易。此次急宜除恶务尽，永绝根株，不特曾从宋逆为乱者在所必诛，即习为教匪者均应乘此军威，分别首从，一律惩治。惟各该处圩寨林立，良莠难分，该匪等均系土著人民，彼此徇隐。臣已广发条教，令各地方官谕知各团，将为匪各犯按名捆献。一面临以兵威，派令保德带队赴朝城、观城，济东道呼震带队赴莘、冠、馆陶，丁宝桢仍在堂邑，分路捕剿。计自本月十六日起至二十三日止，各营陆续搜杀，实数已有一千余名。其朝城之付驿集尤为匿匪渊薮，经保德带队前往，该匪胆敢闭圩抗拒，开放枪炮。官军一面由南门进攻，一面派队埋伏圩外，暗由东北两面扒入寨内，官军一拥直进，毙匪多名，余匪二三百名舍命逃窜。官兵跟踪追杀，伏军并起夹击，立将窜匪歼除殆尽，并将该圩平毁，并搜获余贼辛魁元等五十一名及宋逆之家属二口，一并正法。其余似此民圩尚有数处，已饬分行办理。

此北各路情形，名为巡缉余匪，实须力为攻剿。臣仍饬各队尽力搜捕，不得草率从事，致贻日后反复之患，亦不得任听兵弁妄为，以致玉石不分。又念莘、堂、冠、馆民心好乱，非可即日竣事，搜剿时日稍须宽长，方能净尽，其各营兵勇应如何分别撤留，仍应酌度情形，难以预定。且宋逆股匪尚在直境东北一带游弋，仍恐回窜。年来贼匪皆系此辙，凡临清、馆陶等处，均应严加防范。臣已先期札饬丁宝桢派令都司黄兆绅带队前往临清，并派队赴馆陶一带扼要驻扎，并严札德州各处一体严防，以便与直隶各军会合兜剿，歼灭无遗。

所有移军东昌，派兵搜剿余匪缘由，恭折由驿具奏，伏乞皇太后、皇上圣鉴。谨奏。

同治二年八月廿九日奉到回折："议政王军机大臣奉旨：'另有旨。钦此。'"

邱县知县吴瑞珊应行革职拿问片

同治二年八月二十五日

再，臣因署邱县知县吴瑞珊具禀虚报勇粮，于本月十三日专折特参，请将该员革职查办，尚未奉到谕旨。

臣于拜折后，即密派人改装易服，前往该县查访，遍询城乡居民，该县并未曾有雇募勇丁。复向该员提取募勇账册，亦未能将账册登时交出。似此胆大欺罔，实属大干法纪，仅予革职查办，殊为轻纵。相应请旨，将署邱县知县吴瑞珊即行革职拿问，提省审办，以儆贪劣。理合附片陈明，伏祈圣鉴训示。谨奏。

饬令陈贯甲散团归标片
同治二年八月二十五日

再，东省自军兴以来，强团林立，其尤著者，莫如临邑之陈贯甲，即陈四、陈贯城等兄弟。从前办团之始，原为保卫地方，陈贯甲曾帮同地方官拿办骑马贼匪，实属出力，且防堵捻匪亦属有功，经前抚臣保至守备。近年所为，虽无变乱实迹，惟私养护身壮勇至数百余名之多，日常制造枪炮军械，又以团练为名，勒捐临邑居民盈千累万，旁及济阳、陵县、德平、商河等处绅富，均各派捐，愚民亦多附和。今春派费修筑圩寨周围一二十里，并闻私设公局，收理呈词，以致各处团练闻风效尤。年来把持钱漕，需索富户，不一而足。本由州县不肖，民间不能深服，而似此礼法隳坏，人情嚣动，乱萌所在，臣实日夜忧之。如陈贯甲者若遽行剿捕，则强团比比皆然，办不胜办，必至决裂。倘竟置之不问，任其所为，即使陈贯甲其心无他，第恐党众日多，久亦不能自由。乱之方生，从来如此。臣与僧格林沁商定，先由臣札调陈贯甲来营，如翻然来归，自知敛迹，如念前此为地方出力，尚有微劳，即令归标候补，俾离乡井以保全之，并设法散其团众，或可使各属悍团闻风变化；若抗不遵调，似难再事姑容，当斟酌借资兵力，免致日久难于措手。臣非好生事端，亦非曲意慰抚，实为渐次变化民风起见。

臣未敢擅便，理合附片密陈，伏乞圣鉴训示。谨奏。

同治二年八月廿九日奉到回折："议政王军机大臣奉旨：'另有旨。钦此。'"

拿获董全儒等正法折
同治二年八月三十日

奏为邹县举人父子从逆就擒，并缉获犯属，分别凌迟正法，恭折奏祈圣鉴事：

窃臣据盐运使恩锡禀称：本年三月间，访知邹县举人董全儒在峄山拥众盘踞，曾经悬赏购拿。兹于六月十八日攻克白莲池、枣园等处，据带队知县孙家笃擒获该犯董全儒并其长子董士红，解送到营。讯据董全儒供称，籍隶邹县，道光己酉科举人。先未为匪，本年正月二十六日夜在桃园地方被教匪掳去，匪首郭沨冈逼令入伙，该犯允从。遂与郭沨冈率伙党攻破峄山各寨，到处焚掠杀人，嗣与老总李锦亭等盘踞峄山。其时董士红闻知往投，随同抢劫。三月十七日，官兵故克峄山，该犯与董士红由杨家峪逃至枣园，现被擒获等语。质之董士红，供亦无异。

臣查董全儒被掳后，辄敢随同夺寨，焚掠杀人，实属逆迹昭著，应照大逆律凌迟处死；董士红明知伊父从逆为匪，辄敢投入贼中，甘心济恶，应照大逆缘坐律斩决，均未便稍稽显戮。当经批饬将董全儒、董士红二犯即于军前分别正法，以彰国法而快人心。一面饬据邹县查明该犯次子董士铨早经远扬，现拿获其妻吴氏、三子董士旋、四子董士翰、子媳司氏并孙女，禀经亲王僧格林沁传令一并正法，由该司具报前来。

除批饬将入官逆产造册详报，一面饬缉逸犯董士铨等务获，照例究办，并咨部查照外，理合恭折具奏，伏乞皇太后、皇上圣鉴训示。谨奏。

同治二年九月十三日奉到回折："议政王军机大臣奉旨：'所办甚是。逸犯董士铨仍著严拿惩办。该部知道。钦此。'"

上下两忙清册请暂予展缓片
同治二年八月三十日

再，臣接准户部咨：议复御史胡庆源奏军务省分州县征收地丁钱粮酌定章程一案。自同治二年为始，查明州县征收上忙实征实解细数，开列简明清单，奏报一次。下忙届限，仍照上忙核办，并将已未完各数详细声叙等因。当经行司遵办。

兹据藩司贡璜详称：因频年灾区较广，应征银数较少，兼之各匪窜扰，案卷焚烧，各属躅缓细册未及呈送，以致历年上下忙清册亦未造报，此项简明清单未便越次造报，请俟军务告竣，再行查办等情前来。

臣查各州县征收钱粮，每届上下两忙，本应将征解细数造册送部备查，仍于奏销时再行核计分数。年来因军备倥偬，奏销历经展限，忙册亦未造报，此时碍难开送清单，系属实情，应请暂予展缓。现在东省渐次肃清，臣惟有严饬藩司赶紧循序查办奏销忙册，以重库欠。理合附片陈明，伏乞圣鉴。谨奏。

同治二年九月十三日奉到回折："议政王军机大臣奉旨：'知道了。钦此。'"

宋景诗余党折回东省已派队迎剿折
同治二年八月三十日

奏为宋逆余匪由直隶回窜东境，现已派队迎剿，恭折由驿驰奏，仰祈圣鉴事：

窃臣于本月二十五日将移营东昌搜捕余匪情形，业已驰奏在案。查宋逆前由直隶开州窜逸，经僧格林沁派队跟踪追剿，势极穷蹙，路距东省境稍远，数日未据前途探报。兹于二十八日迭据临邑、夏津、高唐、清平等各州县禀称：宋逆马步贼千余人，于二十六日由直隶东光窜入陵县关厢，即于是日窜入平原县境，又于二十七日由平原窜至高唐州境，二十八日窜至清平县境之新集，又分零股由戴家湾偷过河西各等情。当派令都司杨通廉、守备郭大胜统带两营勇队迅往清平迎剿，其原扎魏家湾之千总曹正榜、扎土桥闸之署副将范正坦两营，亦饬令就近防剿；又派守备张大富一营在于东昌防守。旋据臬司丁宝桢禀称：贼过河后，又窜向西南贾镇一路，僧格林沁已派马队紧为追剿，丁宝桢亦亲带各营跟踪剿办。臣并飞饬总兵保德由朝、观一路回击，以期灭此残魂。

查该匪经僧格林沁痛剿之余，败残零股拼死奔逃，由东入直，经马队跟追，直军兜剿，正可一鼓就擒，即使乘间窜回，亦不料其如此之速。乃该匪豕突狼奔，行走迅疾，数日之间已驰骤一千余里，竟回窜清平肆扰，又分零股偷过河西，实属剽悍。臣惟有督饬各军，相机攻剿，或迎头夹击，或从后包抄，迅速歼除，方不致蔓延扰害。

所有宋逆余匪由直隶东光回窜东境，现已派队迎击缘由，理合恭折由驿具奏，伏乞皇太后、皇上圣鉴训示。谨奏。

同治二年九月初四日奉到回折："议政王军机大臣奉旨：'另有旨。钦此。'"

署峄县知县张振荣阵亡请立专祠折

同治二年八月三十日

奏为知县阵亡，忠勇卓著，恳恩准于死事及原籍地方建立专祠，并将阵亡勇役一并附祀，仰祈圣鉴事：

窃臣于七月十三日，业将署峄县知县张振荣剿匪阵亡附片奏明，十八日奉旨："张振荣著交部从优议恤。钦此。"当经恭录转行钦遵在案。

兹据兖沂曹济道卢朝安详称：署峄县知县张振荣，前任台庄县丞，即能不避艰险，剿贼立功。迨升署峄县，益加奋勉，防剿南捻，固守城池，擒奸棍匪，攻破贼寨，并将最险之云谷山贼巢平毁。自咸丰十一年十月署任日起，迄今殉难之日止，与捻、棍、幅各匪接仗四十余次，斩获匪首及羽党不下数千人，皆该员亲冒矢石，冲锋陷阵。本年六月间，又在恶石口迤南光光泉地方，以众寡不敌，力竭受伤倒地，尤复骂贼不屈，持刀跃起，手刃数贼，与勇役赵文元、韩秉兰、刘春、孙保田、于得功等一同被害。该员身受多伤，洞胸断膊，割裂唇耳，极为惨酷。阖邑绅民，纷纷哭奠，呈恳建祠等情，并据该道将该员战功四十余次，开折呈送前来。臣详加复核。

该员平素居官，民情爱戴；历年苦战，忠勇著称；临难忘身，至死不屈，洵为文员中罕见之才，殊堪庙食一方，以从民望。为此仰恳天恩，准将直隶州用署峄县知县张振荣，在于死事及江苏丹徒县原籍地方，各建立专祠，并同时阵亡勇役赵文元等一并附祀，出自逾格鸿施。

除将该员履历、事实咨部查照外，理合恭折具奏，伏乞皇太后、皇上圣鉴。谨奏。

同治二年九月十三日奉到回折："议政王军机大臣奉旨：'另有旨。钦此。'"

同治二年七月雨泽粮价折

同治二年八月三十日

奏为恭报七月份雨泽情形并呈粮价清单，仰祈圣鉴事：

窃照六月份雨水、粮价，前经奏报在案。兹查七月份，据济南府属之历城、章邱、淄川、长山、新城、齐河、齐东、临邑、长清、陵县、德州、德平、平原，泰安府属之泰安、新泰、莱芜、肥城、平阴，武定府属之青城、海丰、乐陵、滨州、利津、蒲台，兖州府属之滋阳、曲阜、宁阳、邹县、滕县、峄县、汶上、阳谷，沂州府属之兰山、郯城、莒州、蒙阴、沂水，曹州府属之菏泽、曹县、巨野、郓城、观城、朝城，东昌府属之聊城、堂邑、博平、莘县、冠县、恩县，青州府属之益都、博兴、临淄、博山、高苑、乐安、寿光、昌乐、安丘、临朐、诸城，莱州府属之掖县、平度、昌邑、潍县、胶州、高密、即墨，登州府属之蓬莱、黄县、福山、招远、莱阳、宁海、海阳、荣成，济宁直隶州属之嘉祥，临清直隶州属之武城、邱县等共七十八州县，先后申报于是月初一、初二、初六、初七、初八、初九、初十、十一、十二、十三、十七、十八、二十、二十一、二十二、二十五、二十六、二十七、二十九、三十等日，各得雨一、二、三、四、五寸及深透不等。当此秋稼次第结穗之时，获兹澍雨滋培，颗粒益加饱绽，洵堪仰慰宸怀。至黄水被淹及勘不成灾各处，容俟委员查勘齐全，另行奏办。

各属市集粮价，间有长落，大致与上月相同。谨缮清单，敬呈御览。为此恭折具奏，伏乞皇太后、皇上圣鉴。谨奏。

同治二年九月十三日奉到回折："议政王军机大臣奉旨：'知道了。钦此。'"

七月份粮价清单

谨将同治二年七月份山东省各属米、谷、麦、豆价值，敬缮清单，恭呈御览。

计开：

济南府属：稻米每仓石价银二两四钱五分至四两一钱五分，较上月贱一钱三分。粟米每仓石价银八钱八分至二两五钱六分，较上月贱五分。粟谷每仓石价银六钱至一两五钱二分，较上月贱五分。高粱每仓石价银八钱三分至一两五钱二分，较上月贱一钱七分。小麦每仓石价银一两四钱五分至二两三钱四分，较上月贱二分。黄豆每仓石价银一两一钱九分至二两四钱九分，与上月同。黑豆每仓石价银一两一钱四分至三两四钱九分，与上月同。

泰安府属：稻米每仓石价银三两至四两五钱，与上月同。粟米每仓石价银一两六钱至二两五钱六分，较上月贱二钱。粟谷每仓石价银八钱至二两四钱二分，较上月贱一钱。高粱每仓石价银一两二钱至二两三钱二分，与上月同。小麦每仓石价银一两六钱至二两二钱九分，与上月同。黄豆每仓石价银一两二钱至二两八钱八分，与上月同。黑豆每仓石价银一两二钱至二两八钱八分，与上月同。

武定府属：稻米每仓石价银二两四钱八分至四两六钱二分，与上月同。粟米每仓石价银一两一钱六分至二两四钱，与上月同。粟谷每仓石价银七钱七分至一两六钱五分，与上月同。高粱每仓石价银八钱六分至一两五钱，与上月同。小麦每仓石价银一两五钱至三两五分，与上月同。黄豆每仓石价银一两一钱八分至二两一钱，与上月同。黑豆每仓石价银一两一钱至一两八钱，与上月同。

兖州府属：稻米每仓石价银二两三钱至四两二钱，与上月同。粟米每仓石价银一两一钱至二两八钱七分，与上月同。粟谷每仓石价银六钱至一两八钱七分，与上月同。高粱每仓石价银六钱五分至二两二钱，与上月同。小麦每仓石价银八钱五分至二两八钱，与上月同。黄豆每仓石价银九钱五分至二两三钱三分，与上月同。黑豆每仓石价银九钱五分至二两二钱，与上月同。

曹州府属：稻米每仓石价银三两二钱八分至五两，与上月同。粟米每仓石价银一两一钱七分至三两七钱，较上月贵三钱二分。粟谷每仓石价银七钱一分至二两二钱八分，与上月同。高粱每仓石价银八钱四分至二两五钱五分，较上月贵六分。小麦每仓石价银一两二钱五分至三两六分，与上月同。黄豆每仓石价银一两三钱五分至二两七钱四分，与上月同。黑豆每仓石价银一两一钱三分至二两三钱八分，与上月同。

沂州府属：稻米每仓石价银二两一钱至三两九钱二分，与上月同。粟米每仓石价银一两五钱至二两五钱九分，与上月同。粟谷每仓石价银六钱至一两五钱八分，与上月同。高粱每仓石价银八钱二分至一两四钱八分，与上月同。小麦每仓石价银一两至一两八钱五分，与上月同。黄豆每仓石价银八钱至一两四钱五分，与上月同。黑豆每仓石价银八钱至一两四钱五分，与上月同。

东昌府属：稻米每仓石价银三两一钱至五两，与上月同。粟米每仓石价银一两五分至二两六钱五分，较上月贱一钱七分。粟谷每仓石价银七钱至一两六钱，较上月贱三钱三分。高粱每仓石价银九钱至二两五钱，较上月贵二钱。小麦每仓石价银一两四钱至二两八钱五分，较上月贵一钱。黄豆每仓石价银一两五分至二两六钱一分，与上月同。黑豆每仓石价银一两至二两五钱八分，与上月同。

青州府属：稻米每仓石价银二两至三两四钱五分，与上月同。粟米每仓石价银一两三钱至二两一钱，较上月贱二钱。粟谷每仓石价银六钱九分至一两四钱，与上月同。高粱每仓石价银六钱四分至一两四钱，较上月贱八分。小麦每仓石价银一两一钱至二两二钱，较上月贱一钱。黄豆每仓石价银九钱八分至一两六钱五分，较上月贱五分。黑豆每仓石价银九钱八分至一两六钱五分，较上月贱一钱五分。

莱州府属：稻米每仓石价银二两三分至三两五分，与上月同。粟米每仓石价银一两至一两五钱，与上月同。粟谷每仓石价银五钱至一两，与上月同。高粱每仓石价银七钱至一两一钱，与上月同。小麦每仓石价银一两一钱至一两八钱四分，与上月同。黄豆每仓石价银一两七分至一两四钱，与上月同。黑豆每仓石价银一两二分至一两四钱四分，与上月同。

登州府属：稻米每仓石价银二两一钱一分至三两一钱五分，较上月贵一钱五分。粟米每仓石价银一两二钱七分至一两九钱二分，与上月同。粟谷每仓石价银七钱六分至一两二钱，与上月同。高粱每仓石价银八钱五分至一两六钱，与上月同。小麦每仓石价银一两二钱四分至二两二钱，较上月贱一钱五分。黄豆每仓石价银九钱至一两八钱，与上月同。黑豆每仓石价银九钱至一两八钱，与上月同。

临清直隶州并属：稻米每仓石价银三两四钱五分至三两九钱，与上月同。粟米每仓石价银一两五钱至二两一钱三分，与上月同。粟谷每仓石价银一两至一两三钱五分，与上月同。高粱每仓石价银九钱至一两五钱，与上月同。小麦每仓石价银一两四钱至二两四钱五分，与上月同。黄豆每仓石价银一两三钱一分至一两九钱五分，与上月同。黑豆每仓石价银一两二钱至二两五分，与上月同。

济宁直隶州并属：稻米每仓石价银三两三钱至六两三钱七分，与上月同。粟米每仓石价银一两六钱五分至三两，与上月同。粟谷每仓石价银一两三分至二两，与上月同。高粱每仓石价银一两一钱五分至二两四钱，与上月同。小麦每仓石价银一两三钱至二两六钱，与上月同。黄豆每仓石价银一两三钱一分至二两六钱，与上月同。黑豆每仓石价银一两一钱五分至二两九钱，与上月同。

请暂缓解运冠县漕米片

同治二年八月三十日

再，查冠县兑漕水次在馆陶县境，该处为匪徒出没之区，又在运河排船作桥，各艘均被拦阻，以致漕船不能前往受兑。所有冠县征完大漕等米三千三百余石，存留县仓，不敢冒险运往水次，只可暂缓交帮，一俟河道疏通，随同今冬新漕搭运赴通交纳。据该县禀经藩司、粮道会详前来。臣复查确系实在情形。

除批饬照办外，理合附片陈明，伏祈圣鉴。谨奏。

同治二年九月十三日奉到回折："议政王军机大臣奉旨：'知道了。钦此。'"

续解僧格林沁营军饷片
同治二年八月三十日

再，东省四月内拨解僧格林沁军营本年月饷数目，由臣于六月二十日在淄川行营附片奏明在案。兹据布政司贡璜前后申报续解银五万五千两，于四月二十六，六月十八、二十八，七月初三、二十三、三十等日，分起委解僧格林沁粮台交纳。

除咨僧格林沁查照外，理合附片陈明，伏乞圣鉴。谨奏。

同治二年九月十三日奉到回折："议政王军机大臣奉旨：'知道了。钦此。'"

提用关税在应解协饷内扣还片
同治二年八月三十日

再，查动拨关税例应奏报，历经遵办在案。兹据济东泰武临道呼震转据临关委员代理临清知州彭垣详报：署直隶提臣恒龄因制造军械提银三百两；又直隶督臣刘长佑因支发兵勇口粮提银三千两，声明即在东省每月应解协饷银内扣还归款，均经该州先后解赴各营交纳等情，请奏前来。臣复查银数相符。

除饬藩司照数扣还并咨部查照外，理合附片陈明，伏乞圣鉴。谨奏。

同治二年九月十三日奉到回折："议政王军机大臣奉旨：'知道了。钦此。'"

参处堵截不力员弁并自请处分折

同治二年九月十一日

奏为宋逆余匪分股败窜，将堵截不力员弁分别参处，并自请交部议处，恭折由驿驰奏，仰祈圣鉴事：

窃臣于九月初五日奉上谕："阎敬铭奏宋逆余匪由直隶回窜东境清平县境戴家湾，偷过河西，著即督饬在事各员并地方官严密堵剿，勿任再行窜越等因。钦此。"

臣查该匪自八月二十八日偷渡河西以后，仍余一股约马步贼八九百人，在河东一带游弋。探得河西一股，即逆首宋景诗；河东一股，系贼目杨澱一，意在暗为援应，牵制官军。连据各路探称：河西股匪自柳林奔窜莘、冠、朝城、观城各境，经僧格林沁先派翼长舒通额、苏克金、恒龄等督带马队，奋力追剿，斩杀无数，臬司丁宝桢亦派所部湘勇并东台三营楚勇副将陈锡周等，昼夜穷追，总兵保德亦在朝城截击。臣虑河西之贼与河东之贼会合一气，先分派副将范正坦、守备马春峤分防河东七级各要渡口，以防偷渡，都司杨通廉等带勇专为追击之军；并虑东股北窜，即至德州，飞咨直隶督臣刘长佑扼要严防，杜其窜越直境。迭据各路禀称：河东一股由清平窜至高唐，三十日窜至腰站、徐家寨，经杨通廉等由南路追至，及直隶所派知府余承恩于西面堵截，该匪即奔向东北平原一带。初一、初二、初三等日，由恩县北窜陵县，又折而西南，回窜禹城。初四、初五等日，自禹城窜平原、茌平县境，又北至高唐李官庄。官军日夜赶追，一见贼踪，贼即策马狂奔，步队不能绕越。初六日，贼在高唐小井庄，经佐领塔喀苏堪、千总曹正榜追及，进庄搜剿，杀毙多名，兵勇亦有伤亡，贼复奔窜等情。臣以贼众驰突于恩县、高唐、平原、禹城之间，利在四窜，而官军兵少，未能四面包剿，殊难得手。适经河西股匪败窜，贼势稍松，臣即札调先驻河西各营游击王心安、雷显扬等，移营过河。初八日，臬司丁宝桢亦带队驰赴高唐。讵意贼匪闻风于初八日子刻由恩县奔至武城县夹马营地方过河。臣一面飞咨直隶督臣拨军堵截，一面派队追剿，并于恩县以南、茌平以北及河西馆陶一路，分兵布置，防其回窜，不敢稍涉疏懈。此连日追剿河东败匪之情形也。

至河西窜匪，前经僧格林沁遣派马队击败马贼千余，追杀百数十里，直至开州地面。初七日，探闻败匪零股有在黄河上流抢船之信，又据保德咨会相同，随即飞饬沿河各营县防范，并派千总张祖荣带领炮船在张秋河口堵截，以防下窜。旋据张祖荣禀报，初七日申刻，有窜匪乘船数只，顺流北窜，该千总截其去路，三面围攻，枪炮齐施，贼众纷纷落水。追至玉子山以下，生擒贼匪张明高五名，夺获器械多件，余匪数十人弃舟翻山奔窜。又据东河县知县吴树声禀报，大略相同。该员吴树声已逾山追捕，总兵保德及守备冯胜林等亦即带队跟追。此股逃匪是否有宋逆在内，尚未确实查明。除由僧格林沁飞咨侍郎国瑞自邹县酌派马队驰往肥城、东平一带搜剿，并臣先后飞咨国瑞及总兵札隆武，现又飞札东阿、山南各州县，严密搜拿，并派守备张大富、马春峤拔队探明山路追剿外，查窜匪船只本属无多，千总张祖荣堵御不力，以致匪船驶过张秋河口，贼得翻山逃窜，虽追击获胜，究属贻误事机，非从严惩办不足以肃军律。相应请旨，将千总张祖荣革职，发往军台效力赎罪，以为堵截不力者戒。张秋通判锡龄，经札饬严防河路，亦未能力阻贼窜，应请旨将张秋通判锡龄摘去顶戴。此次河东窜匪，因贼马飘忽纷窜，步队拦截不及，未能克日歼灭，并河防未能严密，致贼窜逸，臣督率无方，亦难解答，应请旨将臣交部议处。

所有近日股匪败窜情形，将堵截不力之文武员弁分别参处，并自请议处缘由，谨缮折由驿驰奏，伏乞皇太后、皇上圣鉴训示。谨奏。

同治二年九月十五日奉到回折："议政王军机大臣奉旨：'另有旨。钦此。'"

总兵保德等攻毁延家营片
同治二年九月十一日

再，莘县所属之延家营地方，为积年教匪巢穴，匪首延书善与赵小山、王青兰、沈四狗、张广任等占踞其间，久为莘、朝两邑之害。八月间官军击败宋逆，该匪等仍敢招集余党，暗通消息，以致宋逆复行回窜。幸经总兵保德先期约会游击王心安，于八月二十八日进攻。保德督带守备冯胜林等先进，距延家营三里许，闻圩内鸣钟聚人，顷刻突出五六百人，出圩迎敌，皆系赤身散发，各持器械，直扑而来。我军马队无多，在前略与交锋，即分开两旁，令步队拥出，枪炮齐施，阵毙八九十名。该匪亦分东西两路，我军复合拢环击。该匪折回圩内，我军横截夹击，又毙匪百数十名。该匪仍由圩内北门窜出，我军绕出跟追。该匪仍然整队不散，且拒且走。适王心安督队迎头拦截，挤至马场地方，沿途又毙匪百数十名。余匪无路可走，纷纷跳入水坑，意欲凫逸。王心安、冯胜林亲身督勇下水，全行斩杀，并将匪首延书善生擒，当时讯明招聚宋逆余党供认不讳，即行正法。延家营贼巢亦即平毁。其余零星逃匿匪党赵小山等四名，亦已一律搜拿，正法枭示。

所有平毁延家教巢、擒斩匪首缘由，理合附片陈明，伏乞圣鉴。谨奏。

同治二年九月十五日奉到回折："议政王军机大臣奉旨：'另有旨。钦此。'"

请准仍抽芦盐厘金以助军饷折
同治二年九月十六日

奏为恳恩俯准仍旧抽收芦盐厘金，以助军饷，恭折奏祈圣鉴事：

窃臣自到东以来，目睹东省饷糈缺乏情形，因思楚北饷项多半借助厘金，急拟整顿厘务。初因山川道里商贩舟车所至未甚周知，不敢草率从事。近来驻军东昌一带，于黄、运、卫三河分合水道，逐一详究，稍有端倪。查卫河河道，从西南豫省境内折北，经直隶大名，入山东之馆陶、临清、夏津、武城、恩县、德州辖境，直达天津入海，长芦商盐装赴豫省销售，必须由东省各州县经过。从前胜保在直、东一带驻军，因饷需不继，曾在馆陶、陈家口两处设局。嗣后遮克敦布驻扎附近，亦在馆陶抽收，迭经办理在案。臣今年四月到东，其时卫河一带贼氛靡定，商贾不前，未暇议及。旋准直隶督臣刘长佑咨开："奏奉谕旨：'停止抽收盐厘等因。钦此。'"臣自应钦遵办理。惟查抽厘一项，原因筹饷之难，为此万不得已之举，在他省水陆交通商贾辐凑处所，抽收易裕，可不专借盐厘。东省河道无多，黄、运两河所设货厘各卡，客船稀少，核计每年各局所收京钱不过万余串，以视臣在楚所办厘局百不及一。只此卫河盐厘，闻胜、遮两营办理，每年恒得十余万串之多。是东省军饷以及协拨各饷实亦赖此挹注，若停抽此项巨款，则更无善策可以稍裕度支。况地方半经捻、教、棍、幅各匪扰乱，民间凋敝异常，正额钱粮，议蠲议缓，无岁无之。今秋大水为灾，征收尤难。现在本省营饷欠至三十余月，征兵之饷欠至百余日，僧格林沁营饷解不足数，且安徽、江北皆委员来东守提协饷，杯水车薪，万难支给。臣再四熟思，与其借资于农民，不如抽厘于客贩；与其专抽小本之客贩，不如兼收大本之盐商，轻重相衡，似无偏累。

又查抽收芦盐旧章，每包五百六七十斤，不过令出厘金京钱三百六十文之数，所加甚属有限。核算每盐三斤有余，仅加抽制钱一文，何至重累商本。民间食盐之户，于三斤有余之盐多费制钱一文，假使价不虚抬，在民间必无淡食之虞，在商盐断无滞销之患。臣在楚北，见民间盐价每斤恒在制钱八九十文上下，均属相安无事。虽南北情形不同，亦何至以此细微便有窒碍。商民无病，事在可行。前该商借抽厘为名，格外居奇抬价，致生枝节，则非抽厘之咎也。臣倘得设局抽收，惟有遴选廉洁自爱之员，饬令常川驻局，严禁书役人等于抽厘之外私立各项名目，浮取丝毫。总期涓滴归公，多收一分之厘金，即可多益一分之军饷；少动一分之正款，即可多解一分于部库。方今财赋万分支绌，不得不计及纤细，盈缩相权，以为补救之计。

臣思维至再，合无仰恳天恩准其仍旧照章抽收芦盐厘金，实于军饷有益。现至九月中旬，转瞬河冻，商船停运，如蒙早邀俞允，则尚可抽收匝月，稍得补苴。其黄、运河内杂货厘卡，刻下军务稍松，臣亦须察度情形，择要挪移归并，以免绕越。理合先将拟抽卫河芦盐厘金情形，专折具陈，伏乞皇太后、皇上圣鉴训示。谨奏。

同治二年九月廿九日奉到回折："议政王军机大臣奉旨：'另有旨。钦此。'"

需饷孔亟凑拨厘捐解赴东昌片

同治二年九月十六日

再，宋景诗纠众滋扰，臣督带兵勇剿办，需饷孔亟，征存上忙钱粮业已罄尽，下忙甫经开征，难于挹注。查司库存储沿海各口杂粮厘捐银一万六千两，又历城雒口镇盐斤厘捐银四千两，尚可凑拨应用。据藩司先后解赴东昌支应局交纳，并请奏前来。

除咨部查照外，理合附片陈明，伏乞圣鉴。谨奏。

议政王军机大臣奉旨："知道了。钦此。"

署费县知县王成谦暂缓交卸片

同治二年九月十六日

再，调署费县事蒙阴县知县王成谦现丁父忧，自愿回籍守制。惟查该员自咸丰十一年调署斯缺以来，正值捻、幅各匪出没滋扰，地方情形危迫，该员分别剿抚至数十圩寨之多，该县辖境赖以无事。本年六月间，总兵陈国瑞攻克白莲池教巢，该员亦即于二十二日乘机督勇攻破宝泉岗另股贼匪巢穴，诱擒匪首程四虎及著名教匪刘希闲、谢玉庭等多名正法，并随时安插白莲池及宝泉岗投出降众数千名，均极妥速，实为东省文职中出色之员。正在饬查在事出力人等一并汇案奏恳恩施，而该员遽报丁忧，例应离任。臣伏查现在陈国瑞已移军南下，费县毗连兰、蒙、滕、峄，教匪虽经扑灭，棍匪半系就降，民间以防范南匪为名，圩寨未尽平毁，诚虑余孽尚易生心。一切抚绥搜缉事宜，该员宽猛兼施，民情怀畏，兹遽易生手，实有未宜。据藩、臬两司详请将该员暂缓交卸费县印务，一俟地方一律安靖，再令回籍守制等情。臣复查确系实在情形。理合仰恳天恩俯准，将调署费县事蒙阴县知县王成谦暂留费县署任，以资抚驭，实于地方有裨。其蒙阴员缺照例具题开缺，东省现有应补人员，再行另请叙补。

合并陈明，伏乞圣鉴。谨奏。

同治二年九月廿九日奉到回折："议政王军机大臣奉旨：'王成谦著即暂行留任。钦此。'"

特参防剿失印知县折
<small>同治二年九月十六日</small>

奏为特参剿贼失印之知县，请旨先行交部议处，恭折具奏，仰祈圣鉴事：

窃臣于九月初九日在东昌营次接据布政使贡璜、按察使丁宝桢详称：据署陵县知县谢际亨禀报，八月二十六日辰刻，叛匪宋景诗另股贼众，由直隶吴桥、山东德州交界地方扑犯陵县境内，当经该县派令典史胡耀、把总朱起麟在城防守，令该县之弟监生谢遇亨看守印信。该县亲督兵勇，探踪迎击，遇贼接仗，当经毙贼二百余名，并斩红衣贼目二名。该逆由西南败退，我军追杀二十余里，因马力疲乏，正拟收队间，忽有另股贼匪从正北直扑县城，该知县即带勇团折回救获。谢遇亨见贼势凶猛，出队由南面抄截，适该县一军由后夹攻，该匪始由西南窜逃。谢遇亨匹马当前，迎头拦杀，手刃数贼，该逆拼死冲突，众寡不敌，力竭阵亡。幸该县从后赶至，贼始会合前股，均向平原、恩县一带窜逸，因天黑未便穷追。查知谢遇亨将携带印信亦已遗失等情到司，并据该管道府禀揭，详请撤参前来。

臣查该县谢际亨，不将印信自行携带，交与伊弟看守，致令携带出队，阵亡失落，实难辞咎，且难保无事后捏饰规避情事。除饬司委员前往确查实在情形，并查明城池、仓库、监狱有无疏失，再行核办。一面将该员先行撤任，委员接署，刊给木质戳记暂行印用外，相应请旨，饬部将署陵县事准补莱芜县知县谢际亨先行照例议处，余俟查明后再行从严参办。理合专折具奏，伏乞皇太后、皇上圣鉴训示。谨奏。

同治二年九月廿九日奉到回折："议政王军机大臣奉旨：'另有旨。钦此。'"

朱学笺在籍办理团防出力恳恩奖励片
同治二年九月十六日

再，查聊城县举人朱学笺，办理城团守御出力，前抚臣谭廷襄汇案保奏，请以内阁中书不论双单月即选。经吏部以核与章程不符，应另核请奖等因具奏。奉旨："依议。钦此。"今朱学笺于壬戌科会试中式进士，奉旨以主事用，签分户部。据筹防局司道详请改奖前来。

臣查户部额外主事朱学笺，前在原籍办理团防出力，自未便没其微劳。合无仰恳天恩，可否赏加员外郎衔，以昭激劝，出自逾格鸿慈。为此陈明，伏乞圣鉴。谨奏。

同治二年□月□日奉到回折："议政王军机大臣奉旨：'朱学笺著赏加员外郎衔。户部知道。钦此。'"

守备赵景元候补守备李进梁军营病故请恤片
同治二年九月十六日

再，查都司衔题补曹中营守备赵景元、单县营候补守备李进梁，在兖州军营带队攻剿，均能不避艰辛。兹因感受风寒，积劳成疾，赵景元于本年四月十八日、李进梁于五月十一日先后在营病故。据署运司恩锡具详请奏前来。

臣查该员等在营病故，系属殁于王事，相应请旨敕部，将已故都司衔曹中营守备赵景元、单县营候补守备李进梁，照军营病故例议恤，以慰忠魂。为此具奏，伏乞圣鉴。谨奏。

同治二年九月□日奉到回折："议政王军机大臣奉旨：'赵景元、李进梁均著交部，照军营病故例议恤。钦此。'"

楚勇口粮援照章程分别核减折
同治二年九月十六日

奏为遵旨选募楚勇，援照楚军口粮章程分别核减办理，恭折奏祈圣鉴事：

窃臣于同治元年十一月十七日，在山西临晋寓次钦奉寄谕："本日有旨：将阎敬铭赏给二品顶戴，署理山东巡抚。东省兵力未裕，且恐多不得力，本日复经寄谕官文、严树森、毛鸿宾，令于楚省选募新勇成军，并委得力将弁管带赴东，以凭调度。所需饷项即由楚省筹给等因。钦此。"十二月初八日复奉寄谕："前谕官文等于湖南、湖北两省选募新勇，遴委得力将弁管带驰赴东省，听候阎敬铭调度。著官文等懔遵前旨，迅速选募赴东等因。钦此。"嗣于十二月十七日奉到寄谕："官文、严树森奏恳免筹东省兵饷，著即暂免代筹。并著阎敬铭懔遵前旨，访求知名之将，召募敢战之师，训练成军，以资调度。如必得借资楚材，即由该署抚指名调取，并令募勇若干，筹拨经费，派员解楚，以便迅速选募等因。钦此。"仰见圣虑周详，莫名钦佩。

其时臣寄居临晋，苦无募勇经费，又以僻居乡曲，将弁无自访求，因就近赴多隆阿军营，借调副将陈锡周，参将宋延德，游击王心安、刘汉秀、雷显扬，都司王正启六员，并哨弁等八十余人，均由臣筹给资斧，随带来东。满拟到东后，借以训练东勇，即无须赴楚省另募。乃臣自到淄川，历视营勇，率皆散涣疲弱，无队无哨，积习已深，即令该员等强为训练，终属枘凿不入。斯时将另募楚勇，稔知楚勇口分章程向有南北两岸之分。北岸勇丁，经两湖督臣官文奏定，每名日支银一钱二分，如不出省剿贼，长夫口食均在其内；南岸勇丁，经前湖北抚臣胡林翼奏定，援照两江督臣曾国藩前办楚勇出省成案，每名日支银一钱五分，每勇二名给长夫一名，日支银八分。而东勇每名只日支银一钱，多寡迥异。若仍照东勇支给，深恐道远饷微，招之不至；若照楚勇给发，值此东省饷项支绌，又未便遽议加增。若因事处两难，遽行停募，彼时军务吃紧，历奉谕旨严切，不敢不钦遵办理。再四酌度，因令陈锡周等六员各带经费，分赴湖北枣阳、德安、光化、谷城等处，招募楚勇，编列哨队，分立六营，每营正勇五百名。该勇等远道跋涉，不比调外省营兵，沿途并无地方支应，车马口食，一切锅帐、行装、器械，必须雇夫运送，是以仍照楚勇出省成案，每勇二名给长夫一名。至正勇口粮，若照楚勇出省办理，本应日支银一钱五分，现因饷绌，断难照办。而该勇等间关数千里应募来东，一切食用，南北异宜，需费较重，仅照东勇口粮一钱发给，实属不敷支用。臣详为筹酌，查照楚勇北岸章程，每名给银一钱二分；其长夫一项，亦照南岸章程核减，每名日给银七分；其余带勇员弁盐粮、马干，及一切应销之项，均照军需则例，核实支销。该勇等于六月初在楚募齐成军，于七月初到东，经臣派赴东昌各属迭次剿办股匪，均甚出力。该六营操练训习，悉用楚军之法。现即饬令训练东勇，俟练有规模，再将楚勇酌量陆续裁撤，以节糜费。

再，此次酌定口粮，明知与东勇定章歧异，惟该勇等均系遵旨派员赴楚招募，不惟与本省勇丁有别，且与投效客勇不同。嗣后东省如再奏明赴楚募勇，应请照此办理；其本省及投效各勇，仍按照东勇旧章程发给口分，概不得援此为例。合并声明。

所有遵旨选募楚勇援照楚军口粮章程分别核减办理缘由，理合恭折具奏，伏乞皇太后、皇上圣鉴训示。谨奏。

同治二年九月廿九日奉到回折："议政王军机大臣奉旨：'户部知道。钦此。'"

候补知府曹丙辉署理东昌知府片
同治二年九月十六日

再，东昌府知府秦际隆，奉旨因案查办，先将该员撤任，所遗员缺，现值军务未靖，防剿吃紧，必须干练之员接署，以资控驭。查有随臣办理营务候补知府曹丙辉，明达笃实，堪以署理。据藩、臬两司会详前来。

除檄饬遵照外，理合陈明，伏乞圣鉴。谨奏。

同治二年九月廿九日奉到回折："议政王大臣奉旨：'知道了。钦此。'"

审明杀死一家三命凶犯按律拟办折

同治二年九月十六日

奏为审明杀死一家三命凶犯，按律拟办，恭折具奏，仰祈圣鉴事：

窃据阳信县知县苏振甲详报：案犯刘思盛挟嫌杀死刘存方等一家三命一案，前抚臣谭廷襄因案情较重，批司饬令押带犯证来省，发委济南府知府萧培元讯拟解司。因恐案情未确，驳饬审明，仍照原拟，解经臬司丁宝桢因剿匪公出，委员审明转解。值臣赴省西防剿，饬委藩司贡璜代勘无异，录供呈送前来。臣复加查核。

缘刘思盛籍隶阳信县，与同姓不宗刘存方隔院居住，因其素不安分，欺压乡邻，彼此不睦。同治元年二月初十日夜，刘存方场园柴垛失火烧毁，刘思盛闻喊出看，并不帮同扑救。刘存方疑系刘思盛放火，控县讯明，分别责释，从此挟嫌，时常隔院扬骂。八月初四日，刘存方饮醉，领同其妻刘刘氏、其子刘辰前往滋闹。维时刘思盛与在逃之子刘潮青均各外出。刘存方等将刘思盛器具砸毁。刘思盛回归查知，心怀忿恨，起意谋害刘存方全家泄愤。因恐伊妻刘高氏劝阻，未向告知。次早，刘辰与妻刘王氏赴地工作。刘思盛携带铁斧走至其家，见刘存方、刘刘氏未起，即用铁斧砍伤刘存方左额角连左太阳穴、左腮颊，左眉连左腮颊、咽喉、左右肩甲，发际连项颈，并连砍伤其左颔颏。刘刘氏惊起夺斧，刘思盛用铁斧砍伤刘刘氏右手大指连手背，并连砍伤其右手腕倒地。刘刘氏挣扎，刘思盛又用铁斧砍伤其右耳根、右额角连右眉，并叠砍伤其咽喉连项颈。适刘辰回家瞥见，用镰刀砍伤刘思盛左手食指连中指、无名指、小指。刘思盛用斧格落镰刀。刘辰拔取墙上腰刀，刘思盛撩起铁斧，夺过腰刀，砍伤刘辰咽喉连项颈倒地，恐其不死，复用铁斧连砍伤其囟门连额颅，与刘存方、刘刘氏立时殒命。经张帼栋趋至，问明情由，刘思盛赴县投首。验讯通详，提审尸甥曹振远，疑系纠杀，控司批饬确讯，供认前情不讳，诘无起衅别故，及知情同谋加功之人，案无遁饰。

查律载："杀一家非死罪三人者，凌迟处死，财产断付死者之家。"又例载："杀一家三命以上凶犯，审明后依律定罪。一面奏闻，一面恭请王命，先行正法。"各等语。此案刘思盛因挟刘存方妄控放火并砸毁器具之嫌，辄起意谋害，杀死刘存方并其妻刘刘氏、其子刘辰一家三名，凶残已极。犯虽自首，无因可免，自应按律问拟。刘思盛合依"杀一家非死罪三人者，凌迟处死"

律，拟凌迟处死。臣于核明后，因臬司剿匪公出，即饬济南府知府萧培元、臣标中军参将玉山恭请王命，将刘思盛绑赴市曹，先行正法，传首犯事地方示众，仍饬查财产给付死属收领。例应缘坐之刘高氏饬县照例详办，逸犯刘潮青饬缉，获日另结。张幅栋劝阻不及、曹振远控出怀疑，均毋庸议。

除供招咨部外，理合恭折具奏。伏乞皇太后、皇上圣鉴训示。谨奏。

同治二年九月廿九日奉到回折："议政王军机大臣奉旨：'刑部知道。钦此。'"

请将何亮清暂留山东军营当差片

同治二年九月十六日

再，据按察司丁宝桢详称，该司自奉旨补授山东臬司，当即募带楚勇来东，叠次钦奉寄谕："命拣调文武知兵员弁各数十人随带来东，以资差委等因。钦此。"当经湖南抚臣毛鸿宾代奏，檄调文员云南知府龚易图等、武弁四川副将冯翊翔等数员随营当差。奉旨允准，钦遵在案。惟文员仅止三人，实属不敷差委。查有云南定远县知县何亮清，由庶吉士改选今职，于去年十一月领凭赴任，因沿途风水阻滞，行抵楚北，与该司相值，素知该员在籍带勇办团，熟悉营务，因即札调随营。到东以来，办理军务实收指臂之助，拟将该员暂留军营差遣，一俟东省军务告竣，再饬赴省等情，详请具奏前来。

臣初因未经接见该员，不敢冒昧陈奏。兹臣督兵东昌一带，察看该员随同丁宝桢办事认真，奋往谙练，洵为军营出色之员。为此据情仰恳天恩，可否准将定远县知县何亮清暂留山东军营差遣，俟军务肃清，再行给咨前赴云南省之处，出自逾格鸿施。谨附片陈明，伏祈圣鉴训示。谨奏。

议政王军机大臣奉旨："何亮清著准其暂留山东军营差遣。该部知道。钦此。"

拿获宋景诗家属折

同治二年九月二十四日

奏为先后拿获贼目宋逆家属，讯明宋逆窜路情形，恭折由驿驰奏，仰祈圣鉴事：

窃臣于九月十一日将宋逆余匪弃船凫水，翻山逃窜，并声明此中有无宋逆尚未查明各由，恭折奏报在案。十八日钦奉寄谕："败贼穷蹙，分合靡常，宋景诗究系逃往何处，有无另作诡图，著严切确查，随时具奏等因。钦此。"臣跪聆之下，愧悚交縈。当经臣先已通饬通省各州县出示悬赏，并派弁改装易服，入山暗访，尚未确有实在踪迹。

迭据东平、平阴等州县禀报：拿获贼党汪喜等十四名，又获著名贼目于得成即余四元帅等七名，又孔三即孔广雨等二十四名。讯据汪喜供，宋逆死党三十余人至东平鹏鹅岭地方，即商量四散，往山深处东北逃走。据于得成供，宋逆在开州黄河岸边，同著名头目郭景会、刘厚德、张梦海抢船下驶，原欲上岸投入河东杨澱一股内，因被官兵炮船拦截轰击，始凫水上岸逃逸。其贼目郭景会、刘厚德、张梦海等均已先后轰毙，落水身死，宋逆仅有夏七一人跟随逃走。据孔广雨供称，跟随宋逆在开州刘家屯抢船，顺流至姜家沟，因有官军堵截，在子山脚下凫水上岸各散，宋逆与其弟宋景书、叔侄三人赴东南山中逃走等语。又经臣据供行文各州县营汛分路踩缉，并飞咨漕督、豫抚，并径札附近东省之河南、江南各州县一体查拿。又于本月十七日据聊城县知县郑纪略禀报：在县境之黄现屯将宋逆之母宋张氏、妾宋马氏、弟妇宋高氏缉获到案，反复严讯，俱供伊等先已四路逃匿，实不知宋逆下落等语。此则连日各州县擒获贼目及逆属等，讯明宋逆踪迹之大概情形也。

臣查该逆宋景诗诡谲异常，穷蹙之余，暗与其党四散分逃，使踪迹无可捕捉。兹据各处讯明匪供，是该逆实由开州地面抢船，由濮、范水套直达东河境内子山下，凫水翻山，向平阴、东平一带窜去。该处与兖、沂等郡山路相连，固当防其南窜，而该逆只身于藏匿，难保不混迹潜回。臣严饬搜缉，不敢稍有疏懈，仍已通饬各营县会合捕拿，务在必获。其该逆属妇女三口，暂行监禁，以系该逆之心，或可由此推究踩缉。至其余败残零匪，尚有未尽，准僧格林沁咨开，派拨都统定安在直、东一带追剿。臣亦分拨各营在馆陶、临清、高唐、恩县等处分路驻扎，以期余孽悉除，肃清疆境。

再，平阴县又拿获著名贼首薛法起，是否知宋逆下落，现尚严鞫，合并陈明。

所有先后拿获贼目逆属，讯明宋逆窜路及现在严督捕缉缘由，理合恭折由驿驰奏，伏乞皇太后、皇上圣鉴训示。谨奏。

同治二年九月廿九日奉到回折："议政王军机大臣奉旨：'另有旨。钦此。'"

患病恳赏假片

同治二年九月二十四日

再，臣于上年丁忧后，即患怔冲心悸之症。抵东后，更增脾泻肝痛。彼时正在淄川督办兵事，兼以兖州、东昌军务未蒇，不敢以微躯抱恙上渎圣聪。意谓入秋后脏腑渐敛，或可就愈。而九月以来，有加无已，精神委顿。据医者云，思虑伤脾、肝，木克土所致，非静为调养，必益增剧。合无仰恳天恩俯准，赏假二十日，在营调理。所有紧要军务事件，臣仍亲自筹办，不敢稍耽安逸。其日行公事均饬藩司代拆代行。谨附片具奏，伏祈圣鉴。谨奏。

同治二年九月廿九日奉到回折："议政王军机大臣奉旨：'另有旨。钦此。'"

军务渐次肃清恳准回籍终制折

同治二年九月二十五日

奏为东省渐次肃清，吁恳天恩俯准微臣回籍终制，仰祈圣鉴事：

窃臣于同治元年九月，在湖北署藩司任内，丁本生父忧，奔丧至晋。衰绖之中，叠承恩命，擢署山东巡抚。维时臣以哀毁余生，迫切恳辞，未蒙俞允。仰荷四次温旨，谕旨以移孝作忠，责臣以安民戡盗。臣感戴圣明知遇之恩，未敢始终固执，迹涉畏葸。自维金革不避，虽未谙军旅，窃愿自附执干戈之列，勉竭驽骀，干犯名教，冒昧从戎，以求上答朝廷，稍宽罪戾。

自本年四月到任，军事方殷，团逆踞于淄川，教匪扰于兖郡，东昌降众势渐燎原；而山东营规久弛，将不知兵，昼夜焦思，运筹恐误。幸僧格林沁劲旅东来，先克淄城，旋靖邹、峄，移师堂、冠，并力驱除。臣虽驻军在外，实无寸尺之功，悚惭交集。前因督率无方，请从吏议，复荷恩纶，不加斥罢，格外优容。臣上无以慰宵旰之宸衷，下无以对凋残之百姓，徒亏名义，何补涓埃。此实臣自问自咎非敢饰词于君父之前者也。臣智短才疏，于此可见，亦由自遭亲丧，弟又继亡，五内摧伤，心气日耗。军事孔棘，不敢言私，而中夜辗转，恒不能寐。追念服官京外将近廿年，莫遂一日乌养之私，既未能尽孝于生前，复未能尽礼于身后，何以为子，何以自容？今此四境已清，军旅已息，若犹忘亲恋栈，日久因循，实负我皇上以孝治天下之意，更惭名教。臣之获戾，百解莫辞。臣夙夜难安，因忧增病。惟有呼恳天恩开臣署缺，俾臣回籍终制，稍伸罔极之恩。臣受特恩，不次擢用，终制事毕，即当泥首阙廷，求赏差使，断不敢自耽安逸，有外生成。臣不胜悚惶之至。

谨将微臣因东省渐次肃清，恳请回籍终制缘由，恭折具奏，伏乞皇太后、皇上圣鉴训示。谨奏。

同治二年十月初八日奉到回折："议政王军机大臣奉旨：'另有旨。钦此。'"

查明山东各属并无胜保寄顿资财片
同治二年九月二十五日

再，查接管卷内，准刑部咨："同治元年十一月十七日奉上谕：山东有无胜保寄顿资财，著查明一并查抄等因。钦此。"当经前抚臣谭廷襄行司密查，并由臣迭次饬催去后。兹据该管府州督同各该州县查明，各属并无胜保寄顿资财，无从查抄。由藩、臬两司核明具详前来。臣复查无异。理合附片陈明，伏乞圣鉴。谨奏。

同治二年十月初八日奉到回折："议政王军机大臣奉旨：'刑部知道。钦此。'"

特参盐场庸劣各员折
同治二年九月二十五日

奏为特参庸劣不职盐场各员，以肃盐政，仰祈圣鉴事：

窃臣抵任以来，亟思整顿盐务。军务纷繁，于各盐官之贤否，未能周知，惟随时留心，明察暗访。嗣经盐运使恩锡来营接见，臣与之详细讲求盐法。而欲除盐务积弊，必须先汰劣员，该司亦谓理财以用人为先。虽在军营，于属员之贤否，时加勤访。兹据该司详称：查有永利场大使范春城、永阜场大使彤墀，于该场盐垣濠堑，并不随时饬商修理，任其坍塌，致启盐匪窥伺之心，声名亦甚平常。以上二员均请即行革职。官台场大使姚德用，年近七旬，办事昏聪，请以原品休致。该员等均有未完灶课，先行撤任，予限三月，饬令协同接任之员，赶紧征缴，倘逾限不缴，再请严参治罪等情。

查东省盐务之疲弊，固由于枭匪之纵横，若场员等果能慎重公事，于盐垣濠堑有废必修，更能严饬巡丁，有犯必获，何至枭匪肆行无忌，攘夺频仍？是枭匪之憨不畏法，实因盐官之玩误废弛有以启之。事贵清源，政先察吏。该运司请将声名庸劣之范春城等员，据实详参，与臣素所访问复查无异，若不从严参办，何以重盐务而饬官方。相应据详特参，请旨遵行。如蒙俞允，各该场员缺，东省现有应补人员，应请扣留外补。伏乞皇太后、皇上圣鉴训示。谨奏。

同治二年□月□日奉到回折："议政王军机大臣奉旨：'另有旨。钦此。'"

同治二年秋禾约收分数折

同治二年九月二十五日

奏为恭报本年秋禾约收分数，奏祈圣鉴事：

窃照秋禾约收分数，例应奏报。本年夏间，各属或因雨泽愆期，或因黄水漫溢，秋禾未能一律畅茂，通省合计均匀核计尚称中稔。兹据藩司贡璜转据各该府州查明约收分数，汇核详请具奏前来。臣复加查核。武定、东昌、莱州、登州四府所属，均约收六分余，济南、泰安、兖州、曹州、沂州、青州六府，临清、济宁二直隶州所属，均约收五分余，通省合计收成约有五分余。

除俟查明确收分数再行具题外，所有本年秋禾约收分数，理合恭折具奏，伏乞皇太后、皇上圣鉴。谨奏。

同治二年十月初八日奉到回折："议政王军机大臣奉旨：'知道了。钦此。'"

同治二年八月雨泽粮价折

同治二年九月二十五日

奏为恭报八月份雨泽情形并呈粮价清单，恭折仰祈圣鉴事：

窃照七月份雨泽、粮价，前经奏报在案。兹查八月份，据济南府属之历城、章邱、淄川、长山、新城、禹城、临邑、长清、陵县、德州、德平、平原，泰安府属之泰安、新泰、莱芜、肥城、东平、平阴，武定府属之青城、阳信、乐陵、商河、利津，兖州府属之滋阳、曲阜、宁阳、泗水、峄县、汶上、阳谷、寿张，沂州府属之兰山、莒州、蒙阴、沂水、日照，曹州府属之菏泽、单县、城武、曹县、定陶、巨野、濮州、观城、朝城，东昌府属之聊城、博平、莘县、高唐、馆陶、恩县，青州府属之益都、临淄、博山、乐安、昌乐、安丘、临朐、诸城，莱州府属之掖县、昌邑、潍县、胶州、高密、即墨，登州府属之蓬莱、福山，济宁直隶州属之金乡、鱼台，临清直隶州暨所属之夏津、武城、邱县等七十三州县，先后具报于是月初三、初四、初五、初六、初七、初八、初十、十一、十二、十三、十七、十八、二十六、二十七等日，各得雨一、二、三、四、五寸及深透不等。当兹秋稼登场，正值雨旸时若，堪以仰慰宸怀。

至各属市集粮价，微有长落，大致与上月相同。谨缮清单，敬呈御览。为此恭折具奏，伏乞皇太后、皇上圣鉴训示。谨奏。

同治二年十月初八日奉到回折："议政王军机大臣奉旨：'知道了。钦此。'"

八月份粮价清单

谨将同治二年八月份山东省各属米、谷、麦、豆价值，敬缮清单，恭呈御览。

计开：

济南府属：稻米每仓石价银二两四钱五分至四两四钱，较上月贵二钱五分。粟米每仓石价银八钱八分至二两五钱六分，与上月同。粟谷每仓石价银六钱至一两五钱二分，与上月同。高粱每仓石价银八钱三分至一两五钱二分，与上月同。小麦每仓石价银一两四钱五分至二两五钱五分，较上月贵二钱一分。黄豆每仓石价银一两一钱九分至二两四钱九分，与上月同。黑豆每仓石价银一两一钱四分至三两四钱九分，与上月同。

泰安府属：稻米每仓石价银三两至四两五钱，与上月同。粟米每仓石价银一两七钱三分至二两四钱，较上月贱一钱六分。粟谷每仓石价银九钱至二两一钱四分，较上月贱二钱八分。高粱每仓石价银一两二钱三分至二两三钱二分，与上月同。小麦每仓石价银一两七钱至二两二钱九分，与上月同。黄豆每仓石价银一两二钱至二两八钱八分，与上月同。黑豆每仓石价银一两二钱至二两八钱八分，与上月同。

武定府属：稻米每仓石价银二两四钱八分至四两六钱二分，与上月同。粟米每仓石价银一两一钱六分至二两四钱，与上月同。粟谷每仓石价银七钱七分至一两六钱五分，与上月同。高粱每仓石价银八钱六分至一两五钱，与上月同。小麦每仓石价银一两五钱至三两五分，与上月同。黄豆每仓石价银一两一钱八分至二两一钱，与上月同。黑豆每仓石价银一两一钱至一两八钱，与上月同。

兖州府属：稻米每仓石价银二两三钱至四两二钱，与上月同。粟米每仓石价银一两一钱至二两八钱七分，与上月同。粟谷每仓石价银六钱至一两八钱七分，与上月同。高粱每仓石价银六钱五分至二两二钱，与上月同。小麦每仓石价银八钱五分至二两八钱，与上月同。黄豆每仓石价银九钱五分至二两三钱三分，与上月同。黑豆每仓石价银九钱五分至二两二钱，与上月同。

曹州府属：稻米每仓石价银三两二钱八分至五两，与上月同。粟米每仓石价银一两一钱七分至三两七钱，与上月同。粟谷每仓石价银七钱一分至二两二钱八分，与上月同。高粱每仓石价银八钱四分至二两五钱五分，与上月同。小麦每仓石价银一两二钱五分至三两六分，与上月同。黄豆每仓石价银一两三钱五分至二两七钱四分，与上月同。黑豆每仓石价银一两一钱三分至二两三钱八分，与上月同。

沂州府属：稻米每仓石价银二两一钱至三两九钱二分，与上月同。粟米每仓石价银一两三钱至二两五钱九分，与上月同。粟谷每仓石价银六钱至一两五钱八分，与上月同。高粱每仓石价银七钱九分至一两四钱八分，与上月同。小麦每仓石价银一两至一两八钱五分，与上月同。黄豆每仓石价银八钱至一两四钱五分，与上月同。黑豆每仓石价银八钱至一两四钱五分，与上月同。

东昌府属：稻米每仓石价银三两二钱六分至五两，与上月同。粟米每仓石价银一两五分至二两三钱，较上月贱三钱五分。粟谷每仓石价银七钱至一两七钱五分，较上月贵一钱五分。高粱每仓石价银七钱八分至二两五钱，与上月同。小麦每仓石价银一两四钱至二两八钱五分，与上月同。黄豆每仓石价银一两五分至二两三钱，较上月贱三钱一分。黑豆每仓石价银一两至二两四钱，较上月贱一钱八分。

青州府属：稻米每仓石价银二两至三两四钱，较上月贱五分。粟米每仓石价银一两二钱八分至二两，较上月贱一钱。粟谷每仓石价银六钱七分至一两三钱，较上月贱一钱。高粱每仓石价银六钱至一两四钱八分，较上月贵八分。小麦每仓石价银一两一钱至二两三钱，较上月贵一钱。黄豆每仓石价银九钱八分至一两七钱，较上月贵五分。黑豆每仓石价银九钱八分至一两七钱四分，较上月贵九分。

莱州府属：稻米每仓石价银二两三分至三两五分，与上月同。粟米每仓石价银一两至一两五钱，与上月同。粟谷每仓石价银五钱至一两，与上月同。高粱每仓石价银七钱至一两一钱，与上月同。小麦每仓石价银一两一钱至一两八钱二分，较上月贱二分。黄豆每仓石价银一两七分至一两四钱，与上月同。黑豆每仓石价银一两二分至一两四钱四分，与上月同。

登州府属：稻米每仓石价银二两七分至三两一钱五分，与上月同。粟米每仓石价银一两二钱九分至一两九钱二分，与上月同。粟谷每仓石价银七钱二分至一两二钱，与上月同。高粱每仓石价银八钱至一两六钱，与上月同。小麦每仓石价银一两二钱四分至二两二钱，与上月同。黄豆每仓石价银九钱至一两八钱，与上月同。黑豆每仓石价银九钱至一两八钱，与上月同。

临清直隶州并属：稻米每仓石价银三两四钱五分至三两九钱，与上月同。粟米每仓石价银一两五钱至二两五分，较上月贱八分。粟谷每仓石价银一两二分至一两三钱，较上月贱五分。高粱每仓石价银一两一钱至一两五钱，与上月同。小麦每仓石价银一两九钱至三两五分，较上月贵六钱。黄豆每仓石价银一两五钱四分至一两九钱五分，与上月同。黑豆每仓石价银一两五钱四分至二两五分，与上月同。

济宁直隶州并属：稻米每仓石价银三两三钱至六两三钱七分，与上月同。粟米每仓石价银一两六钱五分至三两，与上月同。粟谷每仓石价银一两三分至二两，与上月同。高粱每仓石价银一两一钱五分至二两四钱，与上月同。小麦每仓石价银一两三钱至二两六钱，与上月同。黄豆每仓石价银一两三钱一分至二两六钱，与上月同。黑豆每仓石价银一两一钱五分至二两九钱，与上月同。

署运司恩锡赴武定府属办理盐枭片

同治二年九月二十五日

再，署运司恩锡，经前抚臣谭廷襄奏派往兖州督军剿匪，嗣攻克白莲池后，复办理善后事宜，于九月初五日来营接见。臣即饬令回省，于应办要务速为经理后，即赴武定府属办理盐枭，如有需兵之处，相机度势，再行酌调前往。缘此等枭匪半系沿海穷民，不必尽事剿除，惟在使之敛迹。如果经理得宜，则枭匪可以渐除，盐务或有起色。理合附片陈明，伏乞圣鉴。谨奏。

同治二年十月初八日奉到回折："议政王军机大臣奉旨：'知道了。钦此。'"

续获宋景诗余党并筹办善后折
同治二年十月十二日

奏为续获贼目，余匪现已歼除殆尽，并筹办善后大概情形，恭折由驿具奏，仰祈圣鉴事：

窃臣于九月二十五日将拿获贼目于得成等并宋逆家属业已驰奏在案。嗣于二十七日钦奉二十五日寄谕："刘厚德著名凶悍，是否在船沉溺，再行详查具奏等因。钦此。"臣查前据获犯于得成供称：刘厚德等均被炮船轰毙，落水身死。臣并未敢信为确据，除将犯供情形先行奏报，一面仍严饬各营县水陆分搜，未敢稍懈。

兹据臬司丁宝桢禀称：访闻贼目刘厚德并张逢海在于阳谷县境之刘家楼庄地方潜藏，即密派蓝翎千总刘家兴带领勇目张玉林等前往严密围拿。距庄十余里，黄水围绕，无路可通，泥淤难进，该千总等均伏行泥中，始抵该庄。该逆等持矛抗拒，经张玉林夺矛，刘家兴即督勇一齐向前，立将刘厚德、张逢海一并擒获。又据馆陶县知县汤履忠派役踩缉，至该县田平村，将贼目程敬书设法拿获。查刘厚德前据获犯于得成等供称，已被轰击落水身死，兹又被获，必须严究确情，严辨真伪，即经派员复讯。据该逆供称：前在黄河船上被轰落水，左臂受有铅丸重伤，素识水性，潜伏良久，官军去后，凫水上岸，逃至刘家楼，遂被擒获等语。再三严讯，并质之同时被获之张逢海，供具相符。是该逆为刘厚德正身无疑，当即凌迟处死。其程敬书一犯，已由臣饬令馆陶县就近解赴副都统定安行营讯办。该都统研讯，实系程敬书正身，就地枭示。

查此次续获之刘厚德、程敬书、张逢海并已经正法之薛法起、于得成、孔广雨等，及在直就戮之朱登峰等，同为宋逆伙中著名悍贼，均经先后歼除。惟宋逆尚未就获，前经严讯贼目薛法起等，据供均不知逃往何处。臣早经密派弁兵，各处踩缉，并飞咨皖、豫两省一体查拿，又迭经严饬各属认真设法搜擒，不得以匪党就获缉捕稍松，致令元恶日久稽诛，有干参办。至善后事宜，现已渐次筹办。

查宋逆匪党多系莘、堂、冠、馆土著之人，并非外来寇盗，总由平时聚处乡里，良莠不分，以致互相勾结，并非实行保甲不能清伏莽而杜萌芽。现在各县余匪先后搜捕渐尽，臣已钦遵谕旨张贴誊黄，宣示朝庭法外施仁、咸与维新之至意，一面严饬各州县实力奉行保甲之法，挨户清查，务使各乡不能容留一匪，庶几可清盗源。其被贼各属殉难男妇，已饬该州县查明请恤，以广皇仁。至清查逆产、招抚难民各事宜，臣已饬令该地方官听候前直隶督臣文煜、前直隶臬司孙治督同办理，总期实惠及民，以仰慰皇上轸念灾黎有加无已之意。

所有续获贼目匪党，现已歼除殆尽，并筹办善后大概情形，理合恭折由驿驰奏，伏乞皇太后、皇上圣鉴训示。谨奏。

同治二年十月十七日奉到回折："议政王军机大臣奉旨：'知道了。钦此。'"

委员管解京饷片
同治二年十月十二日

再，臣钦奉寄谕："专提年内应用京饷，山东地丁除解到外，提十一万两等因。钦此。"遵查东省库款匮乏，军需浩繁，以致应解部饷时形短绌，如力可稍筹，曷敢置而不顾？兹据藩司贡璜详称，于万分拮据之中，勉力设措，在地丁项下拨解同治二年京饷银五万两，饬委候补州吏目孙庆祺解赴户部交纳。

除仍饬催续筹报解并咨部查照外，理合附片陈明，伏乞圣鉴。谨奏。

同治二年十月十七日奉到回折："议政王军机大臣奉旨：'户部知道。钦此。'"

筹解僧格林沁营军饷片
同治二年十月十二日

再，东省应解僧格林沁月饷，前经臣将四月二十六日起至七月三十日止解过银数奏明在案。兹据布政使贡璜前后申报，陆续解银七万五千两，于八月二十三日、二十七日，九月初七、二十、二十八，十月初三等日，分起委解僧格林沁粮台交纳。

除咨僧格林沁查照外，理合附片陈明，伏乞圣鉴。谨奏。

同治二年十月十七日奉到回折："议政王军机大臣奉旨：'知道了。钦此。'"

严拿宋景诗并布置防御折
<small>同治二年十月十二日</small>

奏为现饬各属严拿宋逆，并将酌留各营分别择要布置，以资防御情形，恭折由驿驰奏，仰祈圣鉴事：

同治二年十月初九日奉到寄谕："据山东所获贼目供称：宋景诗改装易姓，乘马逃逸。著阎敬铭督饬属员实力查拿，倘乘间脱逃，惟阎敬铭是问。并前据阎敬铭奏，拟调团首陈贯甲归标察看情形，如遵调前来，即设法抚驭；如敢任意抗违，即会合直省官军协力进剿，毋令养痈贻患。直、东、豫一带土匪，恐因僧格林沁移兵南下，复图勾结。著阎敬铭怀遵前旨，随时防拿，务绝根株等因。钦此。"仰见圣虑周密，绥靖地方无微不至，跪读之下，愧悚交萦。

伏查宋逆逃窜踪迹，经臣随时确查奏报在案。复经严督续行搜获余匪一千余名，亦经讯取确供，按名正法。其著名凶悍贼目，如刘厚德、于得成、程敬书、张逢海、薛法起、孙幅田等，均已先后设法拿获，凌迟枭示，是该逆匪党奸除殆尽。惟首逆久未弋获，臣已迭次严谕各州县悬赏购线，并分派弁兵逐处挨查，务获首恶，断不敢稍涉怠玩，以致余孽复萌，上烦圣虑。

惟是东省军务渐就肃清，现在情形似可无须兵力，然民情之浮动，不可不加镇抚；南捻之窥伺，不可不早筹防。臣履任以来，本拟整饬营伍以为强本抑末之计，因查阅绿营兵额，皆以东南各省征调太多，存营之兵已属无几，兼以连年饷项不继，疲弱相仍，欲求整顿之方，实非旦夕可效。而时值多事，布置宜周，兵势既单，不能不辅之以勇。臣体察情形，勇丁尚难一时尽撤。查东省现在防兵，除僧格林沁奏派副都统定安督领京旗马队八百名，在直、东交界驻扎，力筹全局，其总兵保德一军，亦驻刘贯庄，协同镇抚，而地方辽阔，兵力不敷分布。臣拟再酌留臬司丁宝桢所募济安湘勇一营，并千总曹正榜一营，共一千五百名，分扎东昌、莘、堂等处，扼要布置，以资弹压。其德州、平原、禹城、夏津、武城各州县，与直省河间、景、仓各府州连壤，向多骑马贼出没肆扰，时值冬令，尤宜加意防范，免致啸聚。臣拟饬守备郭大胜一营五百名适中驻扎，来往梭巡。武定府属为产盐之所，近年私枭充斥，商贩不行，盐务因之日敝，臣现饬运司恩锡前往力求整顿。而积匪未除，非借重兵力不足杜私贩而靖地方，拟留都司马春峤一营驻扎武定，以资巡缉，使盐务日有起色。

抑臣尤有虑者，苗逆意图北窜，今年夏秋，捻踪屡近曹、单边境。查捻匪北犯之路，一由曹、单，一由邹、滕。南路防兵只有总兵札隆武带兵八百名驻扎白莲池，仅可搜查教匪。惟邹县一路，现有侍郎国瑞一军驻扎，足资捍卫。至曹、单一路，并无防兵。现在僧格林沁移兵南下，筹剿苗逆，若由西南进兵，该匪被击，难保不扑犯东北。况捻匪势众，动称数十万，恐僧格林沁南下之后，兵力单薄，尚须调取国瑞一军合剿，则东省门户更属空虚，不得不预为布置。臣拟酌留东治六营楚勇，饬赴曹、单，扼要堵御，以遏捻氛而固疆圉。至东省地势平衍，追贼利在骑兵。近年匪徒啸聚，往往抢夺各村马匹，往来剽疾，步队但能冲阵，而究不能迅疾直追。臣初到淄川时，本营皆有马勇数百名，率皆乌合之众，万不可恃，当经悉数裁撤。现拟于绿营所存马兵中择其壮健者，陆续挑选一二千名，汇为一营，勤加训练，并使马步合一，以步队为攻坚夺险之资，以骑兵为冲突跟追之用，庶声势联络，足资防剿。其余各营勇丁，臣已全行遣散，以节縻费。此臣拟酌留勇数，训练马队，渐次布置之情形也。

再，团首守备陈贯甲，前因团势太强，附从者众，物议沸腾，臣密派人员侦察，并札调来营查看行止。该陈贯甲当即遵调前来，经臣反复晓谕，示以利害，饬令散团，不准敛费，并传知附近各乡，各安本分，不得妄为。察具情形，似有悔罪敛迹之意。本拟即行留营，因其恳求暂归安顿团事，未便强留，致生疑畏。以后再为察看，如果其人可用，再令酌补标缺。至其所练之众，均系该处农民，平日未能以法相绳，人数虽多，但能保卫乡闾，不便征调以资战阵。

所有现在严缉首逆，酌留各营择要布置，并调团首陈贯甲察看情形，理合恭折由驿驰奏，伏乞皇太后、皇上圣鉴训示。谨奏。

同治二年十月十七日奉到回折："议政王军机大臣奉旨：'另有旨。钦此。'"

知县兑漕迟延请旨参惩折
同治二年十月十六日

奏为知县兑漕迟延，请旨分别参惩，勒限严追，恭折奏祈圣鉴事：

窃照东省上年应兑漕粮，因各属办理防堵，民间完纳稍迟，不及赶赴例限。经臣节次严催，陆续完兑，仍有临邑、德平、博平、清平等四县尚未运齐。值此京仓支绌，未便为数处守候，致全漕不能一律抵通，随即饬帮迅速开行，一面提催解兑。乃迄今临邑县尚欠米四千石有零，德平、博平、清平等三县，每处各短米一千余石，殊属任意玩延，亟应分别参惩，以儆效尤而肃漕政。据藩司贡璜会同督粮道沈维瀚详参前来。臣复核无异。相应请旨，将署临邑县知县马钲革职，提省严追；德平县告病知县何元熙、署博平县知县刘炤、清平县知县桂昌，均革职留任，勒限一个月，将短交米石如数补完，随同今冬新漕搭运。如能依限兑竣，再恳恩施开复，倘仍迟误，另行严参。理合恭折具奏，伏乞皇太后、皇上圣鉴。谨奏。

同治二年十月廿七日奉到回折："议政王军机大臣奉旨：'马钲著革职，提省严追；何元熙等著革职留任，勒限一月如数追补。余依议。钦此。'"

丁宝桢募带湘勇口粮照章酌减折

同治二年十月十六日

奏为臬司募带湘勇来东，口粮查照湘勇章程酌减支给，恭折具奏，仰祈圣鉴事：

窃据臬司丁宝桢详称：该司于同治二年二月十二日奉湖南抚臣毛鸿宾行知："正月十一日钦奉上谕：'毛鸿宾遵筹赴东将弁一折，即著饬令丁宝桢拣调文武将弁数十百人，由湖南酌给行资，携带赴东，募勇训练。丁宝桢即克期速赴新任，不可稍涉逗留，致负破格殊恩等因。钦此。'"该司即在湖南拣调文武将弁共二十八员，挑募堪充百长、什长之勇丁三百名，又经商同湖南抚臣毛鸿宾，添募勇丁七百名，共足千名，分为前、后、中、左、右五营，每营勇丁二百名，有营官，有正哨、副哨，取名济安营，随带赴东。当经湖南抚臣先后奏明，奉旨准行在案。

维时该司雇募湘勇数千里来东，各勇丁只知湘勇出省章程，每名月给口粮银四两五钱，每勇二名给长夫一名，每名长夫月给口粮银三两，其营哨各员弁盐粮均照军需则例支领。而现在东军章程，每勇一名月给银三两，此外并无长夫一项，与湘勇章程迥别。本应查照办理，无如南省勇丁既不惯食小米、麦面，一切日用，南北异宜，所费较重，碍难顿减。该司起身赴东之日，迭奉谕旨严切赶速起行，苦于道远，无人应募，又知东省饷糈支绌，业经将奏定湘勇章程参酌东勇章程，于无可裁减之中量为酌减，每勇一名，核减六钱，月给银三两九钱，长夫系运送锅帐、行装、器械，不能不用，只得仍照湘勇每名三两之数。其时尚经该省各绅多方谕导，始有就募之人，得于三月初一日募齐，成军就道。当于湖南军需局筹拨银二万五千两，作招募经费及沿途发给之用。酌减之后，比之湘勇则为省，较之东勇则为多，实缘远道而来，与本省所募，劳逸悬殊，费用加倍，势不能与东勇一律办理等情，详请具奏前来。

臣详加察核，均属实在情形，难为核减。惟口粮较东省究有加增，此后惟远募湘勇仍照此案，此外不惟东省不准援照，即赴湖北募勇亦不得以此为例。若湘勇裁撤，即行停止，以示限制。

理合将臬司随带湘勇口粮查照湘勇章程酌减支给缘由，恭折陈明，并将清册咨部外，伏乞皇太后、皇上圣鉴。谨奏。

同治二年十月廿七日奉到回折："议政王军机大臣奉旨：'户部知道。钦此。'"

帮丁购米案俟明年再行访查片

同治二年十月十六日

再，正在缮折间，承准议政王军机大臣字寄："奉上谕：'毓禄等奏，访获山东帮丁在津买米，查讯大概情形，请将帮丁李遇春等交阎敬铭提讯，并请将粮道等议处等语。已明降谕旨，将该帮丁等交阎敬铭提讯，并将督粮道沈维墱、总运蔡德沛均先行交部议处矣。帮丁李遇春等在天津粮店买米一千七百余石，供系补咸丰九年欠漕之用，并非买补本年正漕。虽买补旧欠例所不禁，但该帮丁等越境购买，难保非因正漕不足，借词掩饰，更难保非避重就轻，希图含混虚实，均应切实根究。著阎敬铭提集全案人证，认真研讯，分别承办。所买米石，著毓禄等留补旧欠。毓禄等折，著抄给阎敬铭阅看，将此谕令知之。钦此。'"

遵查该帮丁李遇春等在天津粮店买米一千七百余石，正与臣前访曾在天津、芦台一带购买行润等米及买补旧欠情节符合。惟所供系一面之词，诚如圣谕，难保非因正漕不足，借词掩饰，为避重就轻地步。除遵旨迅即提集全案人证严讯惩办外，惟本年密查已在粮船开帮之后，虽查明各款尚无弊窦，而事后察访难期确凿。容俟新漕开兑，再行严密访查，如有实据，即行参办，以清积弊。理合附片陈明，伏乞圣鉴。谨奏。

同治二年十月廿七日奉到回折："议政王军机大臣奉旨：'知道了。钦此。'"

漕麦歉收请改征粟米折
同治二年十月十六日

奏为东省本年麦收歉薄，请旨将漕麦改征粟米，恭折奏祈圣鉴事：

窃照东省额征漕粮，例应征麦十分之一，如遇歉收之年，历经奏准改征粟米在案。本年东省历城等州县，自春至夏，雨泽愆期，麦收稍歉，颗粒亦多细小，不堪兑运。据各该州县先后禀请援案改征粟米，随经批饬司道查议。兹据督粮道沈维璲会同藩司贡璜查明，具详请奏前来。臣复加查核，委系实在情形，若责令照常征麦，民情殊多未便。合无吁恳天恩俯准，将历城、章邱、齐河、禹城、长清、陵县、平原、莱芜、肥城、东平、惠民、阳信、乐陵、商河、滨州、蒲台、邹县、汶上、朝城、聊城、茌平、清平、冠县、高唐、夏津、博平等二十六州县本年应征漕麦，暂行改征粟米，俾花户易于完纳，俟来年二麦丰收，仍照旧征兑，以符定制。理合恭折具奏，伏乞皇太后、皇上圣鉴训示。谨奏。

同治二年十月廿七日奉到回折："议政王军机大臣奉旨：'户部议奏。钦此。'"

遵旨密查东省漕务尚无情弊折
同治二年十月十六日

奏为遵旨严密访查山东省漕务，尚无各项情弊，现仍加意整顿，恭折复奏，仰祈圣鉴事：

窃臣承准议政王军机大臣字寄："奉上谕：御史吕序程奏山东漕弊过重，请饬密查严办一折。据称山东省各州县兑漕，时与旗丁私相授受，多系本色、折色兼交，所交本色俱系上等粟米，其折色银外又有津贴、规费等项。该旗丁等收米后即全行变卖，将所收折色银在济宁、东昌、安山、张秋等处买麦，运至天津一带售卖，于附近之芦台以贱价买定劣米，俟卖麦后装运赴通交纳，辗转之间，获利数倍。又闻各帮均有积惯办事之人，名曰'走差'，凡赴芦台买米及抵通时一切使费开销，皆系其人包办，并贿串仓场经纪人等抽换米样，以免查验不符。向有米袋粘贴印花，近来不过虚应故事，并不缄封，以致百弊丛出等语。漕粮为天庾正供，该旗丁等何得肆行抵换，以为兴贩渔利之资，实属目无法纪。各运弁职司管押，何以于缄封米袋并不遵照旧章办理，致令偷换变易，于漕务大有关系。本年新运迟延，未必不由此弊。著毓禄、宋晋、刘长佑、阎敬铭按照折内所陈，严密访查，如有此等情弊，即行从严惩办，以肃漕政而重仓储。原折著抄给阅看，将此各谕令知之。钦此。"遵旨寄信前来。仰见圣明慎重仓储、剔除弊窦之至意，跪聆之余，莫名钦佩。

其时臣适出省防剿，周历运河一带，相距兑漕各水次不远，遵即按照该御史所陈各条，严密访查。各属向于交兑漕粮时，将米、豆、麦分装样袋，由领运千总汇齐送道复验，均与原兑米色相符，将袋口封固钤印，呈送仓场查验，帮中亦存一分，以备比对。今仍照旧章办理，向不涉经纪人等之手。至盗卖漕粮，例禁綦严，失察处分亦重，断不容有此事。各帮自水次受兑，以致开行赴通，该粮道饬运弁随时查察，米皆在船，该旗丁等实无私卖情事。

近年因民间完粮未能踊跃，奏明定价，准各属本折兼收。其所收折色，上年闸内济宁、安山、七级、东昌各水次粮价过昂，未能即时买补。该处逼近贼氛，漕船不能久留，是以济宁等州县改赴德州水次采买补交。但德州一处，米实无多，难以供闸内各水次州县采买，不得不权宜从事，以所买不敷之随漕行润等米交帮代买。该帮等本有自应买补之旧欠漕粮，访查何处有米，即前往购买，并无一定处所，亦有曾在天津、芦台一带购买者，为数无多，均系一律干圆洁净，并未另买劣米。如有米色不符及搀杂潮湿等弊，仓场立即随时驳换，亦未闻有使费名目。至新运迟延，或由花户尚多蒂欠，或由各州县交帮未能迅速。臣抵任后节次严催粮道，将闸内外军船飞挽北上，续完者饬令赶帮交兑，务期以速补迟。揆厥情形，并非为帮中买米所误。惟粮船有例带土宜，丁舵人等以所获余利备带麦子往北出售，事所难免。现虽访查并无确据，而麦系天庾正供，贩卖即易启影射偷盗之弊。嗣后土宜即当严行查禁，止准带杂粮、梨、枣等物，不准带麦，以杜弊窦。此外则立法已极周密，似可毋庸别设科条。

除仍随时留心察访，倘有前项各情弊立即分别参惩外，所有遵旨确查缘由，理合恭折复奏，伏祈皇太后、皇上圣鉴。谨奏。

同治二年十月廿七日奉到回折："议政王军机大臣奉旨：'知道了。

钦此。'"

米船被劫请敕直隶江苏一体兜拿片

同治二年十月十六日

再，本年福建、江苏捐办米石由海运京，臣先后接准咨会，均经咨行镇、道督饬沿海文武员弁认真防护，实力催趱。兹据署荣成县周毓南详报：上海高和顺米船，由江南佘山口放洋北上，六月二十二日驶至黑水外洋遇盗，劫去货物并捐米一百余石，拒杀水手郑明瑞，至七月二十五日收进石岛口岸，报县会营勘讯属实，仍令出口放洋赴天津交兑等情。

臣查近年来南省海运米船经过东洋，未闻失事。今盗艇在洋游弋，意图劫掠，实为米艘商船之害。臣已咨会登州镇总兵李懋元，督饬水师将弁管驾师船，与江省水师在于洋面分巡合捕，以期及早翦除。应请敕下直隶、两江各督臣，江苏抚臣，分饬沿海各属严密防捕，并派拨舟师一体兜拿，以靖洋面。

除分咨外，理合附片陈明，伏乞圣鉴。谨奏。

同治二年十月廿七日奉到回折："议政王军机大臣奉旨：'另有旨。钦此。'"

省会道缺紧要遴员请补折

同治二年十月十六日

奏为省会道缺紧要，遴员请补，恭折奏祈圣鉴事：

窃照济东泰武临道呼震，于同治二年八月三十日丁忧，经臣恭疏具题，遗缺应在外遴员请补。该道统辖四府一直隶州，幅员辽阔，政务殷繁，兼管驿传、运道、海防，非明干有为、熟悉情形之员，不能宽严轻重，悉协机宜。臣督同藩、臬两司详加遴选。查有道员用现任沂州府知府文彬，年三十九岁，内务府正白旗满洲恒裕佐领下人，己酉科举人，壬子科进士，以主事用，签分户部。咸丰八年补主事，是年升员外郎。九年铁钱局出力，保奏加知府衔。十年补授内务府正白旗满洲佐领，验收海运南粮出力，保举加三品衔，复经总理行营王大臣保奏，赏戴花翎。十一年奏请留部，以郎中补用，领办北档房事务，掌福建司印，兼署山东司掌印，总办军需局，暨豁免处事务，兼南档房八旗俸饷处行走、云南司员外郎。同治元年京察一等，奉旨记名以道府用，补授沂州府知府，于同治元年九月十一日到任。因在兰山攻克中村等处匪巢，钦奉上谕："著以道员用。钦此。"该员精详稳练，明干有为，实为才识兼优之员，虽现任沂州府历俸未满五年，与例稍有未符，而人地实属相需，且系著有劳绩，奉旨以道员用，以之升补济东泰武临道，实堪胜任。兹据藩司贡璜、臬司丁宝桢会详请奏前来。合无吁恳天恩准以道员用沂州府知府文彬补授济东泰武临道，实于要缺有裨。如蒙俞允，照例给咨赴部引见。所遗沂州府知府，系请旨之缺，恭候简放，合并陈明。

谨会同署河道总督臣谭廷襄恭折具奏，伏乞皇太后、皇上圣鉴训示。谨奏。

同治二年十月廿七日奉到回折："议政王军机大臣奉旨：'已有旨简放卫劳光矣。钦此。'"

请开复降调青州知府王继庭原官片
同治二年十月十六日

再，降调青州府知府王继庭，臣于五月奏调随营差委，奉旨允准在案。该员半载以来派办营务，遇事奋勉，洞悉机宜。臣前在淄川遇有青州士民来营接见，均念该员遗爱不忘。历访该员居官声名，极为众论推许。该员守洁品端，事理通达，洵堪任以表率。查与该员同案降调之益都县知县陶绍绪奉旨开复原官，留东补用。臣不敢援案为例，妄行陈请。惟东省吏治久颓，似此为守兼优之员，实为难得。臣不敢壅于上闻，可否将降调青州府知府王继庭开复知府原官，留东补用之处，出自皇太后、皇上格外天恩。

臣为举用人材起见，不揣冒昧，谨附片具奏，伏祈圣鉴训示。谨奏。

同治二年十月廿七日奉到回折："议政王军机大臣奉旨：'另有旨。钦此。'"

陈国瑞营军饷实难按期如数照拨折
同治二年十月二十三日

奏为山东协济陈国瑞军饷，实难按期如数照拨，据实陈明，仰祈圣鉴事：

窃臣前奉寄谕："陈国瑞帮办吴棠军务，亟须预筹接济。著阎敬铭由藩库先行拨解银三万两，并仍按月协解银一万两等因。钦此。"臣案查陈国瑞一军自上年抵东，即经升任抚臣谭廷襄由行营接济银二千两，旋经奏明每月添助银一万两，以两三月为期。后因该总兵赴兖进剿，经漕督臣吴棠奏准，该总兵现驻东省，每月仍由东省接解饷银一万两，即据藩司先后筹解。计自本年三月至八月止，共解过银五万五千两。该总兵攻克白莲池后，又经僧格林沁奏准赏犒银一万两，由司如数解交各在案。现该总兵移军徐、宿，正在攻剿吃紧之时，如果有饷可筹，自应照数源源接济。惟东省连年军务未息，需用浩繁，已属万分支绌。现虽地方稍靖，而各处驻防兵勇支领口粮，每月尚须银四五万两，暨僧格林沁行营每月助饷银三万两，又增二万两，并奉部提年内京饷要需，皆应赶紧筹办，不容延缓。通筹出入之款，东省进项惟赖地丁。各州县地方叠经蹂躏，户鲜盖藏，本年秋汛黄水为灾，哀鸿遍野，催科不能太迫，钱粮完解尚属无多，司库实已搜罗殆尽。兹因陈国瑞委员催提前项饷银，该藩司于万分窘迫中，多方筹措银一万两，解赴徐州粮台交纳转解，又筹五千两，交来员游击张义周等解赴行营，实已力尽筋疲，委难如数照拨。据藩司贡璜详请具奏前来。臣再三筹计，徐、宿为山东门户，唇齿相依，岂能膜视，无如本省拮据万状，一时兼顾为难。惟有仰恳天恩俯察东省竭蹶情形，嗣后陈国瑞一军饷银，无论原系奏准月拨之款及添拨各款，由东省不拘定数、日期，随筹随解，尚可勉力凑办，稍济军需。

　　所有协济陈国瑞饷银，未能按期如数拨解缘由，除咨明该总兵并户部外，理合恭折具奏，伏乞皇太后、皇上圣鉴训示。谨奏。

　　同治二年十一月初四日奉到回折："议政王军机大臣奉旨：'户部议奏。钦此。'"

同治二年九月雨泽粮价折

同治二年十月二十三日

奏为恭报九月份雨泽情形并呈粮价清单，恭折奏祈圣鉴事：

　　窃照八月份雨泽、粮价，业经奏报在案。兹查九月份，据兖州府属之峄县，沂州府属之沂水，青州府属之诸城，济宁州暨所属之鱼台县，先后具报于是月十二、十八、二十四、二十五等日，得雨一、二寸及深透不等，其余各处均未得雨。地脉尚皆滋润，麦禾均已播种，黄水漫溢处所渐次消落，堪以仰纾宸厪。

至各属市集粮价，互有长落，大致与上月相同。谨缮清单，敬呈御览。为此恭折具奏，伏乞皇太后、皇上圣鉴。谨奏。

同治二年十一月初四日奉到回折："议政王军机大臣奉旨：'知道了。钦此。'"

九月份粮价清单

谨将同治二年九月份山东省各属米、谷、麦、豆价值，敬缮清单，恭呈御览。

计开：

济南府属：稻米每仓石价银二两四钱五分至四两三钱八分，较上月贱二分。粟米每仓石价银八钱八分至二两五钱七分，较上月贵一分。粟谷每仓石价银六钱至一两五钱四分，较上月贵二分。高粱每仓石价银八钱至一两七钱一分，较上月贵一钱九分。小麦每仓石价银一两四钱五分至二两五钱七分，较上月贵二分。黄豆每仓石价银一两一钱九分至二两四钱九分，与上月同。黑豆每仓石价银一两一钱四分至三两四钱九分，与上月同。

泰安府属：稻米每仓石价银二两八钱至四两五钱，与上月同。粟米每仓石价银一两五钱五分至二两三钱，较上月贱一钱。粟谷每仓石价银九钱至一两九钱四分，较上月贱二钱。高粱每仓石价银一两一钱三分至一两八钱二分，较上月贱五钱。小麦每仓石价银一两六钱五分至二两六钱九分，较上月贵四钱。黄豆每仓石价银一两一钱五分至二两六钱八分，较上月贱二钱。黑豆每仓石价银一两一钱至二两六钱八分，较上月贱二钱。

武定府属：稻米每仓石价银二两四钱八分至四两六钱二分，与上月同。粟米每仓石价银一两一钱六分至二两四钱，与上月同。粟谷每仓石价银七钱七分至一两六钱五分，与上月同。高粱每仓石价银八钱六分至一两五钱，与上月同。小麦每仓石价银一两五钱至三两五分，与上月同。黄豆每仓石价银一两一钱八分至二两一钱，与上月同。黑豆每仓石价银一两一钱至一两八钱，与上月同。

兖州府属：稻米每仓石价银二两三钱至四两二钱，与上月同。粟米每仓石价银一两一钱至二两八钱七分，与上月同。粟谷每仓石价银六钱至一两八钱七分，与上月同。高粱每仓石价银六钱五分至二两二钱，与上月同。小麦每仓石价银八钱五分至二两八钱，与上月同。黄豆每仓石价银九钱五分至二两三钱三分，与上月同。黑豆每仓石价银九钱五分至二两二钱，与上月同。

曹州府属：稻米每仓石价银三两二钱八分至五两，与上月同。粟米每仓石价银一两一钱七分至三两七钱，与上月同。粟谷每仓石价银七钱一分至二两二钱八分，与上月同。高粱每仓石价银八钱四分至二两五钱五分，与上月同。小麦每仓石价银一两二钱五分至三两六分，与上月同。黄豆每仓石价银一两三钱五分至二两七钱四分，与上月同。黑豆每仓石价银一两一钱三分至二两三钱八分，与上月同。

沂州府属：稻米每仓石价银二两一钱至三两九钱二分，与上月同。粟米每仓石价银一两三钱至二两五钱九分，与上月同。粟谷每仓石价银六钱至一两五钱八分，与上月同。高粱每仓石价银七钱九分至一两四钱八分，与上月同。小麦每仓石价银一两至一两八钱五分，与上月同。黄豆每仓石价银八钱至一两四钱五分，与上月同。黑豆每仓石价银八钱至一两四钱五分，与上月同。

东昌府属：稻米每仓石价银三两三钱五分至五两，与上月同。粟米每仓石价银一两五分至三两二钱三分，较上月贵九钱三分。粟谷每仓石价银七钱至一两七钱五分，与上月同。高粱每仓石价银九钱至二两八钱，较上月贵三钱。小麦每仓石价银一两四钱至三两七钱五分，较上月贵九钱。黄豆每仓石价银一两五分至三两二钱五分，较上月贵九钱五分。黑豆每仓石价银一两至三两四钱，较上月贵一两。

青州府属：稻米每仓石价银二两至三两四钱，与上月同。粟米每仓石价银一两二钱八分至二两，与上月同。粟谷每仓石价银六钱七分至一两三钱，与上月同。高粱每仓石价银六钱五分至一两四钱八分，与上月同。小麦每仓石价银一两一钱至二两三钱，与上月同。黄豆每仓石价银九钱八分至一两七钱，与上月同。黑豆每仓石价银九钱八分至一两七钱四分，与上月同。

莱州府属：稻米每仓石价银二两三分至三两五分，与上月同。粟米每仓石价银一两至一两五钱，与上月同。粟谷每仓石价银五钱至一两，与上月同。高粱每仓石价银七钱至一两一钱，与上月同。小麦每仓石价银一两一钱至一两八钱，较上月贱二分。黄豆每仓石价银一两七分至一两四钱，与上月同。黑豆每仓石价银一两二分至一两四钱四分，与上月同。

登州府属：稻米每仓石价银二两七分至三两一钱五分，与上月同。粟米每仓石价银一两二钱九分至一两九钱，较上月贱二分。粟谷每仓石价银七钱二分至一两一钱五分，较上月贱五分。高粱每仓石价银八钱至一两六钱，与上月同。小麦每仓石价银一两二钱四分至二两二钱，与上月同。黄豆每仓石价银九钱至一两七钱，较上月贱一钱。黑豆每仓石价银九钱至一两七钱，较上月贱一钱。

临清州并属：稻米每仓石价银三两四钱五分至三两九钱，与上月同。粟米每仓石价银一两五钱三分至二两三钱，较上月贵二钱五分。粟谷每仓石价银一两二分至一两三钱四分，较上月贵四分。高粱每仓石价银一两一钱至二两，较上月贵五钱。小麦每仓石价银二两四钱四分至二两八钱，较上月贱二钱五分。黄豆每仓石价银一两二钱三分至一两九钱九分，较上月贵四分。黑豆每仓石价银一两二钱七分至二两二钱，较上月贵一钱五分。

济宁州并属：稻米每仓石价银三两三钱至六两三钱七分，与上月同。粟米每仓石价银一两六钱五分至三两，与上月同。粟谷每仓石价银一两三分至二两，与上月同。高粱每仓石价银一两一钱五分至二两四钱，与上月同。小麦每仓石价银一两三钱至二两六钱，与上月同。黄豆每仓石价银一两三钱一分至二两六钱，与上月同。黑豆每仓石价银一两一钱五分至二两九钱，与上月同。

漕豆歉收请改征粟米折

同治二年十月二十三日

奏为本年豆收歉薄，各属应征漕豆援案请改粟米兑运，恭折奏祈圣鉴事：

窃照东省大漕项下，向有应征黑豆如遇歉收之年，历经奏准改征粟米在案。本年夏秋之间，阴雨过多，又兼黄水泛涨，豆禾成熟较迟，未免受伤，颗粒类多粃小，不堪兑运，若令照常征纳，于民情殊有未便。据督粮道沈维璂会同藩司贡璜转据茌平等州县援案禀改粟米，详请具奏前来。臣复查确系实在情形。合无吁恳天恩俯准，将茌平、清平、肥城、冠县、高唐、武城等六州县实征漕豆及应征抵额一五耗豆，暂行改征粟米，交帮兑运，俾花户易于完纳，俟来年豆收丰稔，仍照常征豆，以符定制。理合恭折具奏，伏乞皇太后、皇上圣鉴训示。谨奏。

同治二年十一月初四日奉到回折："议政王军机大臣奉旨：'户部议奏。钦此。'"

江苏福建海运米船收口出口各日期片

同治二年十月二十三日

再，查山东防护海运，历系登州镇臣督饬舟师出洋巡护，并令登州府饬令沿海州县在于紧要口岸稽查弹压。本年福建、江苏捐办京仓米石，由海运津，臣接准该省等来咨，即分别咨行该镇等照章防护。兹准登州镇咨，并据该管道府禀报：江苏金长顺米船一只，于八月二十五日收泊文登县威海口，于次日出口开行。又福建金福春、金万丰米船两只，于八月二十日收泊蓬莱县庙岛口，均因桅舵等物损坏，难以驾驶，报县会营勘明，另雇商船装运，盘量米数，俱未短少，于九月十七日出口开行，由水师将弁护送北上等情。

除饬将续到米船随时迎护催趱外，理合附片陈明，伏乞圣鉴。谨奏。

同治二年十一月初四日奉到回折："议政王军机大臣奉旨：'户部知道。钦此。'"

仍请抽收芦盐厘金以济军饷折

同治二年十月二十三日

奏为办理芦盐厘金，现经部议停止，仍恳天恩俯准暂行抽收，以济军饷，恭折奏祈圣鉴事：

窃臣前因东省饷糈缺乏，曾经奏请抽收芦盐厘金助饷。奉上谕："前因刘长佑奏卫河设局抽收芦盐厘金，商人苦累，恳请停止，当经降旨允准。兹据阎敬铭奏东省只有卫河盐厘每年恒得十余万串，军饷借资补苴等语，自系实在情形。即著照阎敬铭所请照旧抽收等因。钦此。"钦遵。臣当经选派廉明之员驰往卫河处所，于十月初一日设局抽收，并严禁格外需求，据禀已有成效。兹于十月十五日接准户部咨称：以行盐各有界限，不容侵越。长芦之盐不于东省落税，亦不在东境售销，不过道经馆陶等处，非湖北借运川盐之例可比。前次胜保、遮克敦布所办，并无报部案据，更恐抽厘最多弊混。现在长芦盐务并无起色，设以抽厘之故，商力不支，长芦转得有所借口。且东省本有盐务，而计及抽收芦盐厘金，亦欠允协，奏请毋庸抽收芦盐厘金等语。奉旨："依议。钦此。"臣亟应钦遵办理。

惟查东省迭经匪扰，地方凋敝异常，正额钱粮议蠲议缓，今秋大水，征收更难；而月饷、营饷以及京饷、各处协饷，拖欠累累，实系万分支绌。臣前次奏请抽收芦盐厘金，原属万不得已之举。且查抽收芦盐旧章，每包五百六七十斤，仅令其出厘金京钱三百六十文，核算每盐三斤有余仅加抽制钱一文，为数甚微，何至有累商本？而积岁所得，实足裨益军需。伏思部臣所奏，引地各有界限，自属不容侵越。惟查各省盐务，如有无商悬岸，尚准由官捆运融销，似引地仍不为限。况各省抽厘设卡，无论或盐或货，并不查其何地落税，何地行销，只就经过地方即行抽办，各省一律如此办理。又查胜保、遮克敦布所办，曾历多时，现部臣声称并无案据。夫其未经报部，久行抽收，该商等设有大碍，早已非常苦累，何以数年办理，并无他词，则长芦盐务之无起色，断不因东省抽厘之故，可想而知。至东省盐务，果使历年畅销，运库稍裕，亦何必为此舍本逐末之举。无如积弊已深，加以枭徒充斥。臣抵任后，力求整顿，前经奏明派都司马春峤一营驻扎武属一带，搜捕枭匪，期于盐务有益。又因盐垣濠堑不加修理，奏参永利场大使范春城等各员，分别惩办在案。现复派盐运使恩锡前往悉力整求，将所有历年未完之课上紧催提，应完之课按数征收，务期力挽颓习，俾得课帑充裕。但恐沿习已久，非旦夕可冀奏功，而京饷、军饷所需，刻不容缓，非暂借芦厘接济，无以补救目前。可否仰恳天恩俯如所请，仍将芦盐厘金照旧抽收。臣惟有慎派廉洁自爱之员实心办理，俾令涓滴归公，断不容其借端需索，以亏商力。一俟东盐办有起色，即行停止，似于芦课并无所伤，而于东饷实有所济。

愚昧之见，是否有当，伏乞皇太后、皇上圣鉴训示遵行。谨奏。

同治二年十一月初四日奉到回折："议政王军机大臣奉旨：'户部妥速议奏。钦此。'"

水师游击升补错误请旨饬部撤销折

同治二年十月二十三日

奏为水师游击升补错误，请旨饬部撤销，并请将遗缺归部掣补，恭折具奏，仰祈圣鉴事：

窃照山东登州镇标水师并无都司，遇有游击缺出，例准以守备越缺升补。前营水师游击陈其恕阵亡遗缺，前抚臣谭廷襄逐加遴选，因该营守备杨万春年力正强，水师谙练，任内并无事故，即以杨万春题请升补，经兵部议准具题。同治元年十月二十九日奉旨："依议用。钦此。"尚未引见给札。兹经臣查出杨万春守备任内，有咸丰十年九月三十日疏防柳长元商船在胶口内洋被劫一案，例应展参，不准升迁离任。相应据实奏明，请旨饬部将杨万春原补水师前营游击即行撤销，仍在守备本任，照例限缉。至游击一缺，应于水师守备内遴员升补。查后营守备陈荣芳甫经掣补，文登协守备李永福尚未到任，均与请升之例不符。惟有请旨将水师前营游击一缺，照例归部，于邻省应升人员内掣补，并饬迅速来东任事，以专责成。为此恭折具奏，伏乞皇太后、皇上圣鉴训示。谨奏。

同治二年十一月初四日奉到回折："议政王军机大臣奉旨：'兵部查核办理。钦此。'"

兵勇无多势难分兵赴皖助剿折
同治二年十月二十八日

奏为东省现在兵勇无多，南捻复行蠢动，势难分兵赴皖，沥陈实在情形，恭折由驿具奏，仰祈圣鉴事：

窃臣于十月十二日曾将酌留各营分别布置以资防御情形，恭折具奏在案。十月十七、二十、二十一、二十三等日，据金乡县禀报，南捻自江南丰县北来，于十三日至该县边境，十四日至县属周家庄。据救出难民供，系捻首项盘、刘全马步千余，已至离金乡五十里之曹马集，十五日全股由单县九龙口窜孙孝寺。鱼台县禀报，探得黑旗李大个子出巢，马步三四千人，十二日至丰县大小营，距鱼台四十余里。又据峄县禀报，大股捻匪自徐州孟家庙来窜，十一日围攻张家寨民圩未下。单县禀报，项捻贼马已到丰、单交界之大刘家集，十四日在梁家洼东北向城武一带窜去等情。其余济宁、嘉祥、曹县、定陶、城武、郓城、巨野禀报大略相同。臣即飞派饬赴南路各营副将陈锡周等兼程而进，复改调守备郭大胜亦移军南向，分东南、西南两路扼要防剿。臣恐各州县禀报或有张皇，未即据以入告，上烦圣虑。二十日即据峄县禀报，捻股窜赴西南苗家桥一带，势欲回巢。二十五日即据金乡报，捻逆往西窜去，县境肃清。二十六日单县禀报，贼从黄邛西南向砀山县窜去，已出东境等情。臣正在缮折将先后情形奏报，二十六日亥刻钦奉寄谕："山东境内余匪，兵勇亦敷剿办，现在存营之勇，可以遣撤者尚有若干名，即行遴委妥员带赴蒙城交富阿明调遣等因。钦此。"臣自当钦遵办理。

惟东省额兵欠饷已及三十余月之多，营务废弛已久，难即调用。旧存勇丁骄纵疲玩各情形，臣前在淄川业已缕陈天听。是以淄城克复，当经裁遣四千余人；白莲池攻克后，裁遣五千余人。嗣于九月二十七日钦奉二十五日谕旨：

"僧格林沁片奏，请饬直、东各督抚将所募之勇酌量裁撤等语。即著阎敬铭酌量情形，或即遣撤各归本籍，或择其精锐者派赴皖、豫，或以补该省兵额之缺等因。钦此。"臣于未奉圣训之先，经僧格林沁嘱臣全行遣撤。臣虑操之过急，不得不逐渐而行。计自九月中旬至十月中旬，先后遣散副将范正坦，都司杨通廉，守备韩登泰、张大富四营，及零星小队分驻各处、不能得力之马步勇丁，统计已裁三千五百余人。类皆随营日久，有骄纵疲玩之习，无奋勇打仗之能，用之东省，既虚费饷糈；派赴他省，亦难得力，未敢以疲散之卒，贻累邻疆。欲使之归伍，不惟营饷欠缺，难以豢养，且其人皆非土著，不能携家来入东营，更不能安分忍饥候补兵额，惟有裁遣归农，使之散而不聚。又以大军甫离东境，伏莽最易生心，南捻巢穴相邻，苗逆势焰方盛，边防辽阔，后事堪虞。臣夙夜祗惧，正欲乘此全省甫定之际，整顿营规，改练马队，已于十月中旬，分起将收留已散马勇、缴到马匹，解赴省城，派枭司丁宝桢由东昌先行回省，挑选额兵，配骑操演，以为日后去勇用兵之地。核计现在兵勇并丁宝桢湘勇不过六千余人，而驻扎之处实已不敷布置。即如整饬盐务，拨都司马春峤一营扎武定；防范卫河，拨都司王正起一营扎馆陶；又拨湘勇千名、千总曹正榜五百名，分扎东昌、莘、堂等处，此皆无可抽拨，刻下不能再减之实在情形也。

查山东南境与江、豫接壤，西南自曹县起，而城武、单县、鱼台、滕县至东南之峄县，东西几六七百里。自黄河改道以来，四望平原，无险可扼。现在仅有东治楚勇副将陈锡周等五营二千五百人，又守备郭大胜五百人，共三千之数，分布六七百里平衍无险之区，实已金鼓不能相闻，策应有所不及。犹拟待北路搜捕事竣，将各军酌拨防边，庶几防南可以固北。且苗逆诡计，知僧格林沁大军已由豫入皖，以为北路空虚，必嗾捻匪分股北犯，小寇则东省受其蹂躏，大股则北方亦虑震动，事难逆料，不可不防。现在捻踪尚游弋于砀山一带，与东境接壤，若悉锐南下，北方根本之地究属空虚。况东省兵勇留已无多，实难有恃无恐再行抽拨兵勇赴皖助剿。

臣既不敢稍分畛域，亦不敢养勇自卫，实为保卫东境，即以屏蔽畿疆起见。理合将势难分兵赴皖实在情形，恭折由驿驰奏，伏乞皇太后、皇上圣鉴训示。谨奏。

同治二年十一月初三日奉到回折："议政王军机大臣奉旨：'另有旨。钦此。'"

宋景诗家属正法片
同治二年十月二十八日

再，前拿获宋逆之母宋张氏、妻宋霍氏、妾宋马氏，宋景礼之妻宋高氏，及张广德之母张郭氏、妻张范氏，均经臣派员讯明，交聊城县暂行收禁，原因宋逆甫经逃窜，或犹系恋家属，伏匿近地，尚可由此推究踩缉，得有端倪。现逃亡日久，恐已远飏，诸逆属生系囹圄，当地方甫靖、人情浮动之时，居民颇觉疑讶，自应即行骈诛，以快人心。臣亦不敢因诸逆等或已出境，诸逆属业经全获就诛，即谓可以卸肩，惟有时派员弁四路搜拿，及饬各州县严密缉捕，并派弁赴河南商邱县宋逆原籍，设法查拿，以除后患。

除由臣饬东昌府会督营县将弁将诸逆属等妇女六口正法外，为此附片陈明，伏乞圣鉴。谨奏。

同治二年十一月初三日奉到回折："议政王军机大臣奉旨：'知道了。钦此。'"

复陈并无散勇滋事片
同治二年十月二十八日

再，臣钦奉谕旨："闻山东有遣散之勇并未派员管带回籍，致有骚扰。著阎敬铭查明，如有此项勇丁，迅即派员管带，饬赴蒙城，以助兵力等因。钦此。"臣跪读之下，悚惕莫名。

臣窃维自淄川、白莲池、东昌三处迭次裁遣兵勇已一万数千人之多，勇丁口分既多缺乏，裁遣之际，仰赖天威震叠，临时皆帖然释兵而去，亦经臣饬营务处粮台按名给与护照，令各营官押送，并札知地方官弹压出境。勇丁籍贯非一，远近不同，即派弁管押，亦难禁其不分散行走。只以饷糈支绌，未能每名加给川资，或沿途住店、买食偶有滋事之处，臣再当严查办理。现早已一律四散回籍，未能招聚，且原以不甚得力方始遣撤，若令赴蒙城助剿，亦恐难期振作。理合附片陈明，伏乞圣鉴。谨奏

同治二年十一月初三日奉到回折："议政王军机大臣奉旨：'另有旨。

钦此。'"

试办北路缉捕事宜折

同治二年十一月初三日

奏为遵旨试办北路缉匪各事宜，恭折由驿具奏，仰祈圣鉴事：

窃臣钦奉寄谕："卫荣光奏请严缉北路奸匪各折片，所奏不为无见。著阎敬铭按照条陈各节，悉心酌核，分别试办等因。钦此。"仰见宸谟广远，绥靖郊圻之意。

查原奏内称：于直、东、豫三省连界地方，择一久历戎行之员，作为统领，挑选马步队驻扎该处等语。该学士系见今年乱匪出没三省交界之区，西突东驰，此拿彼窜，重烦兵力，始就歼除，欲求扼要添兵以严控制。臣维经武在于整军，得人乃能集事。国家设立营制，星罗棋布，法本周详。即如东省西北路，东昌则有参将一营，临清则有协镇一营，其与临清接壤之直隶大名则有总兵镇抚，未尝不相为犄角，本资控驭。无如东省饷缺兵疲，散涣已久。现欠营饷至三十余月之多，欲求整顿营规，一时遽难振作。臣暂用勇而停兵，实待练兵而撤勇，非以勇为长久之计也。今欲于三省之间，别择统领，添设一军，若凑拨各省之兵，则主客不习；若复召已散之勇，则奸宄易藏，兼虑增饷难筹，将材难得；且既名为统领，事有责成，各省分驻之兵，或因此观望不前，互相推诿。三省地界辽阔，州县设遇寇警，四方呼吁，各畛赴援，统领之员不免顾此失彼，臣窃以为未便也。今直、东交界有僧格林沁奏派副都统定安一军，袭屡胜之兵威，足资弹压。臣所留勇队，暂时分布东昌各处，以防土匪复萌。仍酌拟随后于东省绿营抽拨额兵数百名，选择都守员弁管带，专立一营，移驻于直、东连界邱县、冠、馆之间，筹给东昌、临清各营饷糈，以资训练。

再，东昌府本系河工专缺，目前修防事简，而盗贼繁多，须择廉能专办地方，与各营协筹堵剿，庶期文武兼资，于直、东交界防御事宜不无裨益。容臣将通省营汛兵额详细查明，何处可以酌拨，何地可以移驻，兼会函河督臣谭廷襄，核议东昌府缺是否可以归于地方，于河工有无妨碍，再行奏明办理。

又，查由东省至河南内黄、滑、浚等处，尚隔大名府界，其中斜径之路，如何设防，与山东联为一气，应由直、豫两省酌办。

该学士又称，令地方官实行保甲清册户册。臣查编排保甲，实为弭盗良法。现陆续捕获宋逆匪党，并连年著名悍贼，实数不下二千数百名。臣已遵旨将清查保甲一事，就本省各地情形，分别刊刻条款，颁发州县，责令事事躬亲，视为自谋身家之计。严谕户首，一有匪类，即日捆送，如有徇隐，罪以连坐。地方官奉行不力，即予严参。惟期一律实力遵行，自可潜消隐患。

至该学士片称防河一节，臣查黄河自兰仪决口，由直境东明、开州等处串入东省濮、范一带，泛荡纡回，成为水套，最易藏奸。臣迭饬濮州营并添设炮船，常川巡哨，此惟自靖本地萑苻。其下流至寿张、阳谷、东阿各界，皆平地散漫之水，本无堤岸可防。至黄河故道，本在曹、单一带，与河南虞城、考城隔河为界，自改道以来，变为平陆，东省遂失障蔽，致为南捻出没之处，南路边防寇氛时警者，实由于此。臣前已奏明，分派重兵前往驻扎，以固疆圉。其河北彰、卫、怀三府界接畿辅，防河之任，该学士意在责成地方，应由直隶督臣、河南抚臣筹议设防，如有须与东省联络之处，臣即会同筹办，不敢稍分畛域。

除由臣将现在试办缘由咨明直督、豫抚臣外，所有遵旨试办北路缉匪各事宜，理合由驿驰奏，伏乞皇太后、皇上圣鉴训示。谨奏。

同治二年十一月初十日奉到回折："议政王军机大臣奉旨：'另有旨。钦此。'"

同治元年大计展期举行片

同治二年十一月初三日

再，东省应办同治元年大计，前因军务吃紧，不遑兼顾，经前抚臣谭廷襄两次奏展，奉旨允准。现在地方渐就肃清，应即举办。惟臣自四月莅任后，即驰赴淄川，七月间回署，十余日即往东昌；臬司丁宝桢五月间到任，当即出省，均各因军务倥偬，通省官员尚未能遍加查访。案关激扬大典，未敢草率从事。容臣回省后，即行会同藩、臬两司，切实面商核办。合无仰恳恩施俯准，将山东省应办同治元年计典展至来年三月间题报，以昭慎重。理合附片奏闻，伏乞圣鉴训示。谨奏。

同治二年十一月十三日奉到回折："议政王军机大臣奉旨：'著照所请。该部知道。钦此。'"

黄县团练惨杀多命案查办情形片

同治二年十一月初三日

再，臣前奉寄谕："有人奏，山东黄县团练诬良惨杀多命，著即密查奏闻，如果有此等情事，即著按律惩办等因。钦此。"当经行司派委妥员确查去后。

兹据藩司贡璜、臬司丁宝桢详称：原折所指掖县民人张克敏等同族十九人，携带银钱、行李赴烟台避贼，行至黄县黄山馆地方，经该处巡检翁鉴临、把总赵振邦暨团练人众，指为捻匪，送县讯明，实系安分商民。把总赵振邦暨团首人等希图邀功，将张克敏等捏称奸细，杀害十六名。又，民人毕顺成父子二人带银逃避捻患，被黄县龙口地方团众抢去银两、凌迟惨害各节。据委员候补知县刘应麟先赴掖县境内密查，佥称张克敏等十六人与毕顺成父子均系掖县商农。咸丰十一年间，张克敏等因结伴避贼，行至黄县，均遭杀害。又，毕顺成父子系在海口开店，因避难外出不归，经伊子毕锡仁查，系在黄县龙口地方被害，叠次上控，询其因何被害，均不能指确。迨赴黄县境内查访，佥称张克敏等因乘乱率众抢夺被获，送县讯明正法；毕顺成父子因在龙口地方与人争斗被杀。又赴县署，会同现署知县崔翚，检查该前县何亨九任内拿获土匪张克敏等讯明正法一案，业经具禀。嗣据尸亲张道一等以图财擅杀等情，控司批府提审毕顺成等一案；据尸子毕锡仁以乘危劫财等情，控经前抚臣批饬委员会审，均未审结等情。

臣查张克敏等十六人内有监生一人、文童二人，因外出避难，结伴同行，均非无业贫民，似不致为匪抢劫。是否该巡检翁鉴临等与团首人等贪功诬拿，该县何亨九是否偏听妄杀，抑张克敏等果有为匪确据，非提集全案人卷，确切查讯，不能水落石出。至毕顺成等一案，无论是否被抢杀害，以及因斗而杀，当日并未报验，亦应彻底根究，按律惩办。臣已将黄县黄山馆巡检翁鉴临、黄县汛把总赵振邦一并撤任，饬将全案人证提省秉公审明，分别核实拟办，断不任稍有枉纵。

除行司饬催赶紧审办，并饬该管知府督同各牧令访查此外有无杀害匿报之案随时究办外，理合将现在查办情形，先行附片陈明，伏乞圣鉴。谨奏。

同治二年十一月十三日奉到回折："议政王军机大臣奉旨：'知道了。钦此。'"

审明杀死一家二命各犯按律定拟折

同治二年十一月初三日

奏为审明杀死一家兄弟二命，首从各犯按律定拟，循例恭折具奏，仰祈圣鉴事：

窃据益都县审解案犯韩学汰等谋杀无服族叔韩墨淋等兄弟二命一案，臬司因恐案情未确，两次驳委济南府审讯。兹据该府萧培元审照原拟，解经臬司丁宝桢因剿匪公出，委员审明转解。值臣赴省西防剿，饬委藩司贡璜代勘无异，录供呈送前来。臣复加查核。

缘韩学汰籍隶益都县，与无服族叔韩墨淋并其胞弟韩墨书先无嫌隙。咸丰十一年二月二十日，南捻窜入该庄焚掠，韩学汰与现获之胞兄韩学法、在逃之韩学淋、韩学勤并韩墨淋等均携眷逃避。嗣闻匪踪远去，先后回归。韩学汰等住屋完善，韩墨淋等房屋被贼烧毁。韩墨淋因误听谣言系韩学汰等乘乱放火，遂与韩墨书常赴韩学汰等门首喊骂。韩学汰被诬不甘，曾与韩墨淋口角劝散，从此挟嫌。六月初一日二更时分，韩墨淋、韩墨书又提前事辱骂，并因出示严办土匪，声言欲将韩学汰等作为土匪送究。适韩学汰路过听闻，因屡被欺辱，并恐其诬陷，一时忿极，起意将韩墨淋、韩墨书一并杀害。当向韩学法、韩学淋、韩学勤告知，商令帮助，韩学法等允从。一共四人，分带刀枪，往向韩墨淋、韩墨书斥骂。韩墨淋等回詈韩学汰，韩学法、韩学淋先后赶拢，将韩墨淋砍扎倒地，韩墨淋滚骂，韩学汰、韩学法、韩学淋与韩学勤又乱向砍扎，致伤其顶心连囟门、左颔颏连项颈、右腋肕、左胳膊、左肐胁、左右手腕、左手食指连中指、无名指、胸膛近左横穿过左腋肕、胸膛近右心坎肚腹、右胁、脑后、左右臂膊、右手腕、脊背、左背脊，并划伤右后肋、左腿，立时殒命。韩墨书拢护，韩学法、韩学汰、韩学淋、韩学勤先后将韩墨书围砍倒地，复一齐乱砍，致伤其左右额角、左右肩甲、左手腕、左膝、左臁肋、左右臂膊、左胳肘、脊背，并划伤左腿，移时殒命。至何人砍伤何处，均未看清。经韩墨淋之子韩春溪等闻闹趋至查看，韩学汰等当即逃逸，报县验讯详缉，协同署临淄县知县阿南泰等先后获犯。审悉前情，诘无起衅别故，及另有同谋加功并逃后知情容留之人，案无遁饰，应即拟结。

查律载："同姓服尽亲属相殴至死，以凡论。"又例载："杀一家非死罪二人者，拟斩立决枭示，酌断财产一半给被杀之家养赡。"又律载："谋杀人从而加功者，绞监候。"各等语。此案韩学汰因被无服族叔韩墨淋、韩墨书屡次欺辱，并欲诬为土匪送究，该犯起意谋害，商同伊兄韩学法等分用刀枪，将韩墨淋、韩墨书一并杀死，实属玩法。查韩墨淋、韩墨书系同胞兄弟，应以一家论，自应按凡人谋杀本例问拟。韩学汰合依"杀一家非死罪二人者，拟斩立决枭示"例，拟斩立决枭示，先于左面刺"凶犯"二字，仍将该犯财产酌断一半给韩墨淋等家养赡。韩学法听从谋杀一家二命，下手加功，例无加重明文，自应从一科断，按律问拟。韩学法合依"谋杀人从而加功者，绞监候"律，拟绞监候。事犯虽在咸丰十一年十月初九日钦奉恩赦以前，均在不准援免之列，应不准其援免。韩春溪等讯系阻救不及，应毋庸议。逸犯韩学淋等饬缉，获日另结。所有首先拿获邻境斩枭绞候凶犯，应叙各职名，随案咨部，听候议叙。

除将供招咨部外，理合循例恭折具奏，伏乞皇太后、皇上圣鉴训示。谨奏。

同治二年十一月十三日奉到回折："议政王军机大臣奉旨：'刑部议奏。钦此。'"

审明阳谷县文生京控按律定拟折

同治二年十一月初三日

奏为审明京控，按律定拟，恭折奏祈圣鉴事：

查接管卷内，阳谷县文生刘广成以张宗贤等贼匪反控门书舞弊等情，控经神机营咨送督察院奏奉谕旨："此案著交谭廷襄亲提人证、卷宗，秉公研讯确情，按律定拟具奏。原告文生刘广成，该部照例解往备质。钦此。"当经前抚臣谭廷襄行司饬提人卷研讯。兹据臬司丁宝桢委经济南府萧培元审明拟议解勘。值臣赴省西防剿，饬委藩司贡璜代审无异，录供呈送前来。臣复加查核。

缘刘广成系阳谷县文生，与邻庄张宗贤并其子张三暨刘心元、徐叔居素好无嫌。咸丰十一年春间，东昌教匪滋事，该庄壤地相连，举行团练，公保刘广成为副团长，张三等与其兄张大等均充当团丁。四五月间，教匪窜扰县境，刘广成与团长李玉南督带团丁，屡次堵剿获贼送官究办。八月间，刘广成听闻南贼意图过河勾结教匪，令张三、张大外出侦探，张三等不允。刘广成用言斥说，并欲送局罚处。张三等不服，声称河防严密，若非写帖去请，断难渡越。

刘广成误听嘱伊写帖请贼，愈加斥骂，彼此口角劝散。嗣贼匪窜至，与团丁接仗，互有伤亡，刘广成被贼裹去，乘间逃回，见张大执持所拾角旗与王宽等在途行走，未经理会。维时刘心元等在庄首盘获逃难民人郭二毛，经张三认明放行。十月间，张宗贤因团局制造器械，许捐京钱五十千，日久无措，商允李玉南改捐粮食五袋。次日李玉南嘱刘广成往取，适张宗贤外出，刘广成不肯等待，将粮袋运局交收。张宗贤回家问知，往斥刘广成擅取之非。刘广成分辩争闹，经王廷贤劝散。张宗贤即以刘广成擅取粮食等情控县；刘广成亦以张大等乘乱竖旗，传闻郭二毛是贼，已将张三等咬出，并疑张宗贤粮食系由民间抢来，捐项亦系罚款等词具诉。该县提讯两造，供词各执。传证质讯，即据团总李鸣皋查明，处妥请息，批候讯取原被供结核办。刘广成因未批准销案，疑为工书王舜华、门丁夏方安舞弊，控府批准提审，因人证未齐，尚未集讯。刘广成一时情急，即以历控情词，并图准添砌该县袁一士之子索要银两，刘心元等串通捏控各情，赴神机营具控，咨送都察院奏奉谕旨，饬提入卷讯明，张宗贤等均未为匪抢夺，所捐粮食并非罚款。质之刘广成，亦自认怀疑捏砌，并非有心诬告，应即拟结。

查律载："申诉不实者，杖一百。"等语。此案文生刘广成京控各情，虽系怀疑捏砌，究属失实，自应按律问拟。刘广成合依"申诉不实者，杖一百"律，拟杖一百。事犯到官在同治元年八月初二日请刑恩旨以前，应予宽免，仍照例褫革衣顶。张宗贤、张三等并未为匪抢夺，刘心元等亦未串同捏控，应与讯无不合之李鸣皋，均毋庸议。

除供册咨部外，理合恭折具奏，伏乞皇太后、皇上圣鉴训示。谨奏。

同治二年十一月十三日奉到回折："议政王军机大臣奉旨：'刑部议奏。钦此。'"

同治二年夏季各属正法盗犯名数折

同治二年十一月初三日

奏为查明各属正法盗犯名数、案由，恭折具奏，仰祈圣鉴事：

窃照山东省拿获盗犯就地正法案件，例应按季汇奏。兹查同治二年夏季分，沾化县拿获盗犯赵连秀，讯认行劫事主姜振衣等银钱、衣物，罪应斩枭；武城县拿获盗犯顾久沛，讯认行劫事主卢容银物，罪应斩决，均经随时批饬就地正法。据臬司丁宝桢详请汇奏前来。臣复查无异。

除饬将各案供招分起详咨外，理合恭折具奏，伏乞皇太后、皇上圣鉴训示。谨奏。

同治二年十一月十三日奉到回折："议政王军机大臣奉旨：'刑部知道。钦此。'"

引票纲总轮替量为变通片
同治二年十一月初三日

再，查东省引票各商，向来各有纲总四人，按年轮替董司公事。于道光二十九年查办盐务案内，奏奉谕旨："饬部议准。"引票两纲，每纲只准二人承充，纲总仍照旧按年轮替，历经遵办在案。惟今昔情形互异，不得不量为变通。近年各属枭匪充斥，引票滞销，一切设巡缉私、催运纳课，刻不容缓，该纲总每以盐务棘手，又系一年一换，遇有应办事件，鲜不潦草塞责，希冀期满即可诿卸。年来鹾务废弛，大率由此，非得公正练达之人，久任其事，实不足以资整顿。臣与运司再四筹商，惟有于现在引票纲总中择其公正练达者，每纲各留一人，会同新充纲总董司其事，藉资熟手，俟一二年后，体察新充纲总实系得力，再行核办。如有反持公事剥削散商情弊，一经查出，即行斥革严惩，另换妥商承充。如此因时制宜，似属较有裨益。据署运司恩锡具详请奏前来。

除咨部查照外，理合附片陈明，伏乞圣鉴。谨奏。

同治二年十一月十三日奉到回折："议政王军机大臣奉旨：'户部知道。钦此。'"

欠解甘饷无款措解片
同治二年十一月初三日

再，臣接准户部奏奉谕旨："在东省应解甘饷内先拨银十万两，分起解甘等因。钦此。"遵即行司速筹委解。

兹据藩司贡璜详称：东省兵燹之余，地方凋敝，兼以黄流泛涨，济、东、泰、武、兖、曹、济所属多半被淹，下忙钱粮已届全完之期，征解尚属无多；

支发兵勇口粮以及奉拨京协各饷、陵工饷项，实已罗掘一空；本省官兵俸饷积欠将近三年，无从筹发。所有前项甘饷，实属无款措解等情，详请具奏前来。

臣查甘饷乃边防要需，苟可设法运筹，自应赶紧提拨；无如司库万分空匮，力与心违。惟有奏恳恩施俯赐改拨，以免贻误，一俟库款稍充，即当督催补解。

除分咨外，理合附片陈明，伏乞圣鉴。谨奏。

同治二年十一月十三日奉到回折："议政王军机大臣奉旨：'户部速议具奏。钦此。'"

委员管解陵工饷银片
同治二年十一月初三日

再，臣钦奉寄谕："以定陵工程需饷紧要，山东省欠解咸丰十一年饷银二十二万两，限年内先解四成等因。钦此。"遵查应解前项四成银八万八千两，亟应照数筹解；无如东省迭被匪扰，兼以黄水为灾，钱粮蠲缓较多，军务虽渐肃清，而余匪未靖，兵勇遽难议撤，所需口粮甚巨，京协各饷刻不容缓，司库罗掘一空。兹据藩司贡璜详称，于万分拮据中，勉力筹拨本年地丁，并在库存文武职停给养廉各案减平核减二成项下，共凑银五万两，饬委候补县丞罗德绥解赴陵工处交纳。

除仍饬催续解并分咨外，理合附片陈明，伏乞圣鉴。谨奏。

同治二年十一月十三日奉到回折："议政王军机大臣奉旨：'知道了。仍当设法源源拨解，毋误要需。该衙门知道。钦此。'"

僧格林沁军营粮台第五次截数报销折
同治二年十一月初三日

奏为大营粮台供支各款用过银两第五次截数报销，据详恭折圣鉴事：

窃照钦差大臣亲王僧格林沁粮台先在山东济宁州安设，嗣因节节进剿，大兵自东省而至河南，复至安徽之亳州、蒙城等处，收复各圩后提兵回东，剿办邹县教匪，并分兵剿灭淄川刘逆，又移驻东昌进攻宋景诗。除派员随营支应外，其后路粮台总局，先由济宁而移单县，继由单县移扎河南夏邑县，本年正月改驻江南锡山县，三月仍回济宁州驻扎，俾官兵得以就近领饷。所有军需销筹事宜，在同治元年以前者，经前任布政使清盛、兖沂曹济道卢朝安造报两次。嗣清盛降调离任，藩司贡璜会同卢朝安接办，复又造报两次，均经前抚臣谭廷襄暨臣先后核明具奏各在案。

兹自同治二年正月初一日接续前案起，至是年六月底止，计六个月，遵照新定半年报销章程，先行截数确核。藩司贡璜接管之第三次，即系粮台之第五次报销。

查在营京旗满、绿官兵与吉林、黑龙江马队，哲里木等盟蒙古官兵，陕、甘等省绿营，西安满洲各官兵与各起马勇、楚勇、练勇及选用投诚义勇，陆续撤调，增裁不一，按册稽核，截至二年六月底止，计共一万二千八百余员名。其各项支款，前经僧格林沁札饬查照天津定章办理，凡在营官员，各按品级支给应得分例。马队甲兵盐粮、马驮等项，每名月支实银五两六钱五分三厘。京旗有马甲兵，每名亦月支实银五两六钱五分三厘；无马甲兵，除部给官票外，每名月支实银三两。绿营兵丁，除实带骑马每匹日支草干实银五分外，其盐粮、驮折等项，天津章程系每名月支实银二两五钱一分四厘零、官票银三钱一分八厘零，因东省不用钞票，兵情苦累，经僧格林沁饬知，每名月支实银二两六钱，毋庸补放钞票。又骑驮马驼项下，每驼一只、每马一匹均各照例日支干粮五分。满蒙官兵例骑马匹，照案裁四存六；绿营官员照例支给例马，兵丁则按实带骑马计筹。又文职官员不论品级，同武职一二品，马干全支官票；武职三品以下各官，马干概支一半实银、一半官票。本省停用钞票，各官兵应得官票，俟凯撤后赴部补领。

又米折一项，向例官粳兵粟，今仍照案，官兵均以粟米折支，每石核给实银一两四钱，以归搏节。又因军饷支绌，查照东省捐赈章程，在兖州等处设局收捐粮米，预备接济。旋以进兵蒙、亳，并入邹县山寨剿匪，遵饬宽备炒米，分给兵丁携带，其用过捐米数目，照例随案尽收尽除，入正造报。又因筹办南运引盐，接济军饷，奏明先由粮台酌筹运本动支捐米，发商变价应用，亦于收支款下分晰开报。又制造军火、军装、器械及挖筑濠垒，均照例价请销，其不敷之项照案帮贴，划归东省摊廉归补。又官兵追贼移师不定，除有马兵丁各骑官马外，至无马兵以及步队兵丁远道驰驱，艰于跋涉，均各照章给予车辆，同运送军火粮饷之车，照例按里给价，其守空一日喂养与帮贴不敷之项，由外摊廉归补。又各队勇目、勇丁及新收投诚义勇，遵奉饬知照依绿营兵丁口分，每名月支实银二两六钱；带队勇目与有马之勇所骑马匹，每匹日支实银五分，均不搭放钞票。

又得有勇号各官应领赏项，与历次打仗阵亡、受伤各官兵应领恤赏、伤赏内，除一半官票应由部补给外，其余一半实银，照章扣平支放，已领者先行造报，未领者续支另报。又擒获捻首张落刑等犯，经僧格林沁奏准给发悬赏银一万两。又拿获捻首大老冤一犯赏银一千两、苏添福一犯赏银二百两，系由大营咨明户部给赏之项，均入正支造报。又奉饬拨解安徽抚臣唐训方军营兵饷银一万两，应于支款项下登除。又驻军处所不近官塘大道，添设正站腰拨，驰递往来紧要文报，照例两马一夫，所需夫马、工料、外备等项，查照本省驿站定例办理。又在营文员支过养廉银两，查照例案，作正造销，仍移藩司衙门知照。又扣存各案减平银两，均已入正作收，余平一项，照章支销造报。

以上各款，自同治二年正月初一日起，至是年六月底止，共用过银四十八万八千二百七两九钱九分八厘一毫，并用过米三千四百一石六斗五升。其用过银款项下内，应由外筹补银五万六百七十七两四钱六分九厘三毫，实在请销银四十三万七千五百三十两五钱三分八厘八毫。查收款项下，共收过银四十三万六千二百二十两七钱六分六毫，今用过银四十八万八千二百七两九钱八分一毫，计不敷银五万一千九百八十七两二钱三分七厘五毫，业经粮台先行设法筹垫，请由部按数拨还归款。又余平项下垫支银一十八两九钱九分三厘一毫，并请一并筹拨归还。

所有大营粮台自同治二年正月初一日起，至是年六月底止，供支各款用过银两，先行截数销算，为接管之第三次即系粮台第五次报销缘由，由藩司贡璜会同兖沂曹济道卢朝安造册具详，并声明同治二年七月初一自以后收支各款，俟由届满六个月再行截数接续造报等情前来。理合恭折具奏，伏乞皇太后、皇上圣鉴。谨奏。

同治二年十一月十三日奉到回折："议政王军机大臣奉旨：'户部核议具奏。钦此。'"

秋禾被灾被扰各州县请分别蠲缓折

同治二年十一月初三日

奏为勘明东省各州、县、卫、所本年秋禾被灾、被扰轻重情形，恳恩分别蠲缓钱漕，以纾民力，恭折奏祈圣鉴事：

窃照东省济南、泰安、武定、兖州、曹州、沂州、东昌、青州、莱州等九府，临清、济宁二直隶州所属各州、县、卫、所，或因兰阳决口，黄水漫溢；或因河湖并涨，以致田禾淹没，此外非雨泽愆期，即秋霖过多，并有湿热生虫，雨中带雹及被风摧折、被贼窜扰之处，早晚禾稼不免损伤。前据各该州县等陆续禀报，经臣督饬藩司遴委大员，分往会督该管道、府、州周历勘办去后。兹据该印委各员会勘明确，分别轻重，议请蠲缓调剂，禀由藩司贡璜汇核详请具奏前来。臣复加查核。

各该州县等本年秋禾被水、被旱、被虫、被雹、被风、被扰情形，虽系轻重不同，而收成均属歉薄，若将新旧钱漕照常征输，民力实有未逮。值此经费支绌，饷需浩繁之时，国赋与民瘼并重，自应各就地方轻重实在情形，分别调剂，以示体恤而广皇仁。相应吁恳天恩俯准，将被扰成灾最重之泗水县汉东等七社张庄等一百三十四村庄，又被水成灾最重之菏泽县归安都等十三都范寨等四百三十一村庄，应征本年钱粮、漕米、漕项、河银、临德等仓、学租、地租等项，并青黄不接及泗水县春间被扰各案内除蠲原缓上忙钱粮，一律全行蠲免；未奉蠲免之先溢完蠲额银两，查明流抵次年正赋。

又被扰成灾十分之淄川县城街、署前、关厢等九处并二开河等二十一村庄；又被水成灾十分之菏泽县许家都等十七都内刘庄等三百二十六村庄，郓城县之军东苗家胡同等一百二十一村庄，濮州之南关东等里李家楼等一千三百六十村庄，应征本年钱粮、漕米、漕项、河银、临德等仓、学租等项，并青黄不接案内原缓上忙钱粮，均照例蠲免十分之七。成灾九分之济阳县庆约等约桃庄等九十一村庄，濮州之徐家海等里孙家花园等五十九村庄，应征本年钱粮、漕米、漕项、河银、临德等仓、学租等项，并青黄不接案内原缓上忙钱粮，均照例蠲免十分之六。成灾八分之济阳县庆约田家营等一百一十八村庄，寿张县之坊廓里何家庄等二百七十村庄，城武县之曹庄等村田家庄等二百一十二村庄，巨野县之张表等保大郝家庄等一百九十九村庄，郓城县之军西宋家庄等一十二村庄，濮州之永平等里王家集等一百八十九村庄，应征本年钱粮、漕米、漕项、河银、临德等仓、学租等项，并青黄不接及巨野县二麦被雹各案内原缓上忙钱粮，均照例蠲免十分之四。

又被扰成灾七分之淄川县杜坡等一十九村庄；又被水成灾七分之东阿县马颊河村等六十四村庄，城武县之东关等村苗家庄等一百三十村庄，曹县之辛安等里白茂集等六百九十一村庄，定陶县之苗县等村曹宫庄等八十一村庄，巨野县之丰乐等保任家店等三百二十村庄，范县之王麻口等五百一村庄，金乡县之东大方等十六方周家庄等三百九十五村庄，应征本年钱粮、漕米、漕项、河银、临德等仓、学租等项，并青黄不接及巨野县二麦被雹各案内原缓上忙钱粮，均照例蠲免十分之二。成灾六分之东阿县柏松村等六十五村庄，寿张县之王西里仝家堤等四十九村庄，单县之房城等保邵家楼等一百三十九村庄，郓城县之军东张家堂等六十六村庄，应征本年钱粮、漕米、漕项、河银、临德等仓、学租等项，并青黄不接案内原缓上忙钱粮，均照例蠲免十分之一。各州县蠲剩银米，请缓至同治三年秋后，如原报十分、九分、八分者分作三年带征，七分、六分者分作二年带征；其有未奉蠲免之先溢完蠲额银米，查明流抵次年正赋。

又勘不成灾被水较重之济宁州黑土店等地方本店庄等一百九十九村庄，历城县南会清二等里刘姑店等八十四村庄；又被水、被虫之章邱县西七等里湛家庄等三十八村庄；又被扰之淄川县马家庄等四十村庄；又被水之齐河县孟家铺等地方邱家庄等五十二村庄，齐东县之西岸村等六村庄，济阳县之喜约等约秦家圈等一百九十村庄，禹城县之一都一等里刘家花园等一百四十六村庄，临邑县之冯家井等五村庄，长清县之潘保杨家河口等二百七十七村庄，陵县之章柳庄等五十八村庄；又被水、被虫、被扰之平原县一都三等图半吉店庄等四十五村庄；又被水之肥城县栾湾等社刘官庄等一百四十村庄，东平州之西智来等保刘家庄等一百五十六村庄，东阿县之班鸠店村等一百八十七村庄，平阴县之牛角店、河洼里、苏家庄等一百一十六村庄；又被水之惠民县平字等约毛家口等一百三十九村庄；又被水、被虫之青城县王青庄等二十三村庄，阳信县之归德乡赵升、孟庄等一百三十一村庄；又被水之利津县十四户等地方扈家滩等二十四村庄，蒲台县之知字等乡李廷庄等一十八村庄，曲阜县之小雪等四社大官庄等四十四村庄，邹县之元兴等社龙山等一百六十四村庄；又被扰之泗水县坊廓等九社孙家庄等七十七村庄；又被水之滕县信十一等保北辛店等二十九村庄；又被水、被虫之峄县阴平等社郝家湖等二百六十四村庄；又被水之阳谷县东更名张博士集等五百五村庄，同被水、被虫之北十六都侯家洼、鱼麟、赵庄等四百三十三村庄；又被水之寿张县王东里葛家堤口等二百三十五村庄，菏泽县之思贤都等三十都内前郭庄等七百五村庄，单县之吕仙等保黄堌寺等二百一十八村庄，城武县之东关等村吴家楼等一百二十村庄，定陶县之黄德等村北里庄等九十一村庄，巨野县之获麟等保杨官屯等二百七村庄，郓城县之葛北唐家庄等四十五村庄，濮州之古云集等里徐家庄等九十六村庄，范县之五里堠等二十二村庄，聊城县之南陆里朱家等九十二村庄，博平县之郑家营等一十二村庄，茌平县之东伍乡姚庄等四十六村庄；又被扰之清平县加二等里孔家集等四十七村庄；又被水、被虫、被扰之莘县曹家屯等四十四村庄；又被水、被扰之冠县山乡凤庄等一百六十二村庄，堂邑县普三里柳林集等二百五村庄；又被水之金乡县顺河等二十九方西程家庄等二百五十四村庄，鱼台县之孝等方内乂子王庄等五百九十二村庄，夏津县之仓上庄等四十二村庄，所有应征本年钱粮、漕米、漕项、河银、临德等仓、民佃、盐课、芦课、学租、灶地、摊征、堤工、埝工、河工、地租等项，及未完同治元年民欠暨因灾原缓钱漕，并济宁、历城、章邱、齐河、齐东、济阳、临邑、长清、陵县、平原、东平、东阿、平阴、青城、阳信、蒲台、曲阜、邹县、泗水、滕县、峄县、阳谷、寿张、菏泽、单县、城武、定陶、巨野、郓城、濮州、范县、聊城、博平、茌平、清平、莘县、冠县、金乡、鱼台、惠民、堂邑本年青黄不接，及禹城、临邑、长清、平原、阳信、滕县、峄县、巨野、郓城、聊城、茌平、莘县、冠县、夏津二麦被旱、被风、被雹、被扰，又堂邑县春间被扰各案内原缓，同泗水县春间被扰案内蠲剩原缓各上忙钱粮，暨济阳等县并卫地丁，均请缓至同治三年后启征。

又被水较轻之历城县南会清二等里苏家庄等八十村庄，及被雹之闵孝四里赵仙庄等二村庄；又被水之邹平县西言李庄等七十五村庄；又被水、被虫之长山县辛集庄等四十三村庄；又被水之新城县宗崔庄等八村庄，齐河县之孟家铺等地方狮子张庄等一百七十四村庄，同并卫之张保等地方本屯等六十七屯庄；又被水、被虫之齐东县孟家桥等一百二十二村庄；又被水之济阳县法约等约三里庄等二百四十四村庄，临邑县之潘家庄等一十村庄，长清县之潘西张家庄等二百二村庄，陵县之保南庄等四十五村庄；又被水、被虫、被扰之平原县一都十四等图赵家河沟庄等二百六十二村庄；又春间被扰之泰安县柴城等地方东柴城等二百二十三村庄；又被水之莱芜县西港庄等一百八十六村庄，东平州之智明等保冯家洼等一十七村庄，平阴县之城西里北土楼等三十七村庄，又被虫之青城县成家庄等七十六村庄；又被水之惠民县直字等约荆家庄等九十一村庄；又被水、被虫之阳信县归德乡蔡魏庄等三百六十八村庄，乐陵县之事字约吕家庄等二百三十六村庄；又被水之滨州西北两路王家庵等一百二十七村庄，利津县之西韩等二十一村庄，蒲台县之智字等乡梅三行庄等一十七村庄，曲阜县之坊廓等二社辛庄等一十村庄，聊城县之北七里贾六等一百一十八村庄，博平县之张家庄等八村庄，茌平县之三十里铺等一百五村庄；又被扰之清平县安四等里辛集等三十五村庄，同被水之安七等里水城屯等三十村庄；又被水、被扰之恩县三乡四等图槐王庄等三十六村庄，冠县之山乡邹堡村等三十三村庄；又被扰之高唐州恩路等二十四村庄；又被水之武城县水东等里前香坡等二十六村庄；又被水、被扰之夏津县小霍庄等九十九村庄，除本年漕米照常征收外，所有应征本年钱粮，及被水之济宁州黑土店等地方陈家庄等六十六村庄；又被水、被虫之章邱县西五等里李家庄等二十四村庄，禹城县之一都五等里张家庄等三十村庄，肥城县之广里社广里庄等二十三村庄，东阿县之青冷口村等六十一村庄，邹县之薄梁等社董家庄等二百五十三村庄，并双村等社文贤等一百三十村庄同其余阖境村庄；又被扰之泗水县白沟社等十三社琴柏村等一百六十二村庄；又被水之滕县其余阖境村庄；又被水、被虫之峄县其余阖境村庄，阳谷县之阖境阎家集金家海等共九百四村庄；又被水之寿张县覃北里李家楼等一百二村庄，菏泽县之其余阖境村庄，单县之三里等保谢家庄等七百三十八村庄并其余阖境村庄，城武县之待侍等村杨家楼等二百二十二村庄并其余阖境村庄，曹县之西布等里高庄等四百二十一村庄并其余阖境村庄，定陶县之大左等村单楼庄等九十三村庄并其余阖境村庄，巨野县之其余阖境村庄，郓城县之高家园等九百六十八村庄，范县之前社楼等五十九村庄并其余阖境村庄，观城县之辛里等里弓家庄等二十八村庄同阖境在里等里东关等庄一百一十村庄；又被水、被虫之莘县林家庄等一百五十六村庄；又被水之金乡县羊徐等三十八方李家海等五百三十四村庄，嘉祥县之屯上等里布山庄等五十四村庄，并来范等里西土山庄等五十二村庄，遂山等里申家村等九十三村庄，同被虫之坊廓等里李家楼等阖境村庄；又被水之鱼台县忠等方内后吴家集等三百五十九村庄，商河县聚顺等乡解家庄等二百五十三村庄；又被水、被扰之堂邑县北仁一里河下荣家等三百七十六村庄，除本年钱粮照常征收外，其应征本年漕米，并被水之兰山县小院等保杨家庄等七百三十一村庄，郯城县之蒲坦等堡蒲坦庄等二百一十二村庄，海丰县毛王等七堆六十一村庄，费县之温家等社三十九村庄；又被水、被虫之莒州桃花牌等牌北汶河庄等一百九十三村庄；又被水之沂水县西南乡郭家楼等一百八十五村庄，日照县之沙沟等社孙家庄等一百一十五村庄；又被水、被虫之益都县务本等乡井峪等一百八十一村庄；又被水之临淄县大夫贯等九十七村庄，昌乐县之乔官厂丛家庄等九十六村庄；又被水、被虫之安邱县南甘泉等一百二十三村庄；又被水之诸城县南关练两河等三百五十三村庄，并济阳等县并卫地丁，同以上历城等州县，应征本年钱粮、漕项、河银、临德等仓、民佃、盐课、芦课、学租、灶地、摊征、堤工、埝工、票价、河工、地租等项，及未完同治元年民欠并因灾原缓钱漕、仓谷等项，均请缓至同治三年秋后启征。

又被扰较轻之淄川县十里庄等八十四村庄，除本年漕米照常征收外，所有本年钱粮同其余阖境村庄，除本年下忙钱粮、漕米照常征收外，所有本年上忙钱粮并元年上下两忙钱粮及漕仓等项，均请缓至同治三年麦后启征；其应征元年漕米，请缓至同治三年秋后启征。

又被水之郯城县西从等保大上等一百一村庄；又被水、被虫之莒州相娄牌等孙家墩等一百二十五村庄；又被水之沂水县薛家庄等九十二村庄，日照县之其余阖境村庄，临淄县之苇子河等六十六村庄同其余阖境村庄，乐安县之安七等保艾家庄等六十七村庄，同端六等保东南坡等三十二村庄，昌乐县之尖塚厂任瞳庄等一百二十村庄，安邱县之管公庄等四百三十九村庄，费县南尹等社二十一村庄，除本年下忙并安邱县上忙未完民欠钱粮照常征收外，所有青黄不接，春间被扰各案内原缓上忙及郯城等县上忙未完民欠钱粮，同以上被水较轻之历城、邹平、长山、齐河、齐东、济阳、临邑、长清、陵县、平原、泰安、东平、青城、阳信、乐陵、曲阜、滕县、峄县、阳谷、单县、城武、曹县、定陶、巨野、郓城、范县、观城、兰山、郯城、莒州、沂水、聊城、博平、茌平、清平、恩县、冠县、高唐、益都、临淄、昌乐、安丘、济宁、金乡、嘉祥、鱼台、惠民、海丰、堂邑本年青黄不接，并临邑、阳信、巨野、郓城、茌平、高唐、嘉祥、夏津二麦被旱、被风、被雹，及长清、平原、泰安、莱芜、滕县、峄县、兰山、郯城、莒州、沂水、日照、聊城、茌平、恩县、冠县、高唐、堂邑、武城，暨宁阳县之吕关村等五十七村庄，春间被扰各案内原缓上忙钱粮，并同治元年未完民欠及因灾原缓钱漕等项，均请缓至同治三年秋后启征。

又被水最轻之历城县闵孝三等里沙河等四十村庄，及被雹之闵孝四等里杨家屯等五村庄同其余阖境村庄；又被水、被虫之章邱县西七等里茂盛牌等五十九村庄并其余阖境村庄，邹平县之卫家庄等一百四十二村庄同其余阖境村庄，长山县之元和庄等五村庄并其余阖境村庄，新城县之北薛庄等六村庄并其余阖境村庄；又被水之齐河县孟家铺等地方三王城等三百四十六村庄，同并卫之张保等地方常庄等三十九屯庄；又被水、被虫之齐东县范家井等同其余阖境村庄；又被水之济阳县笃约等约霍家庄等二十六村庄并其余阖境村庄，禹城县之二都一等里石庄等五十六村庄并其余阖境村庄，临邑县之陆家庄等五百三十三村庄并其余阖境村庄，长清县之其余阖境村庄，陵县之五老庄等二十七村庄并其余阖境村庄；又被水、被扰之平原县二都七等图黎吉寨庄等三十五村庄并其余阖境村庄；又春间被扰之泰安县其余阖境村庄；又被水之肥城县其余阖境村庄，莱芜县之马家小庄等一百九十二村庄，东平州之智明等保东马家庄等一十五村庄并其余阖境村庄，东阿、平阴二县其余阖境村庄；又被虫之青城县其余阖境村庄；又被水之惠民县公字等约韩家庄等三百三十八村庄并其余阖境村庄，商河县之泰乡等刘家庵等三百一十一村庄并其余阖境村庄，阳信县政德乡二等图苏庄等一百二十九村庄并其余阖境村庄，乐陵、滨州、利津三州县其余阖境村庄，蒲台县之智乡牛王庄等二十九村庄并其余阖境村庄，滋阳、曲阜二县其余阖境村庄，宁阳县之古城社太平村等一百二十五村庄并其余阖境村庄，汶上、寿张二县其余阖境村庄，聊城县之北七里辛王庄等一百二十八村庄并其余阖境村庄，博平县其余阖境村庄，茌平县之焦庄等一百七十村庄并其余阖境村庄，清平县之安七等里张家洼等三十七村庄并其余阖境村庄；又被水、被虫之莘县吴家庄等八村庄并其余阖境村庄；又被水、被扰之恩县其余阖境村庄，冠县文乡大李村等一百三十八村庄；又被扰之高唐州齐路等五十六村庄并其余阖境村庄；又被水之武城县居上等里丁家庄等七十三村庄并其余阖境村庄，济宁州夏津县其余阖境村庄，本年钱粮、漕米，并被水、被风之新泰县浮羊等保崖头庄等三十四村庄及其余阖境村庄；又被旱之沾化县富国里巴家庄等二百二十八村庄并其余阖境村庄；又被水之兰山县唐庄等保安头寨等五十四村庄，莒州、沂水二州县其余阖境村庄；又被水、被虫之益都县安定等乡张家楼等八十二村庄并其余阖境村庄，高苑县阖境村庄；又被水之乐安县其余阖境村庄，昌乐县之边下厂老瓜李庄等二百一十七村庄并其余阖境村庄，临朐县之恒济等社泥沟等五百四十五村庄并其余阖境村庄，安邱县其余阖境村庄，诸城县之南关练朱冯河等九十一村庄同北关练万家庄等八十八村庄；又被虫之掖县阖境村庄；又被水之昌邑县泊东等社北高家庄等一百九十九村庄，同大庄等社高阳庄等三百八十一村庄，海丰县路杨等十堆五十村庄，本年钱粮，并历城、章邱、邹平、长山、齐河、齐东、济阳、临邑、长清、陵县、平原、泰安、东平、东阿、平阴、惠民、海丰、青城、阳信、乐陵、沾化、蒲台、曲阜、汶上、寿张、兰山、莒州、沂水、聊城、博平、茌平、清平、莘县、恩县、冠县、高唐、益都、乐安、昌乐、临朐、安丘、济宁等州县，本年青黄不接，同禹城、临邑、新泰、阳信、茌平、高唐、夏津二麦被旱、被风、被雹，及禹城、长清、平原、泰安、新泰、莱芜、滋阳、宁阳、兰山、莒州、沂水、聊城、茌平、莘县、恩县、冠县、高唐、武城等州县，春间被扰各案内原缓上忙钱粮，均照常征收外，所有未完同治元年民欠及因灾原缓钱漕等项，均请缓至同治三年秋后启征。

以上成灾与勘不成灾秋禾被水、被旱、被虫、被风、被雹、被扰之各州、县、卫、所，无论较重、较轻、最轻并阖境村庄及齐河、昌邑二县其余阖境村庄，凡有咸丰十一年以前未完民欠及因灾原缓并蠲剩递缓钱粮、漕米、漕项、河银、临德等仓、民佃、盐课、票价、芦课、学租、灶地、摊征、堤工、埝工、河工、地租，出借仓谷、籽种、口粮等项，一并缓至同治三年秋后。钱漕分为两案，各按最先年分递年依次带征一年。

其东昌、临清、德州、济宁、东平所等卫所及永阜等场坐落各州县屯庄灶地，应随同各州县村庄民田一律办理。如坐落之州县并无蠲缓村庄，应归该卫等自行核办。至例不缺额之蓟粮兵米及请缓钱粮仍征漕米之州县不敷漕项，均照例于成熟村庄应征银米内照数划解，统于大漕地丁内核缓。

又阖境蠲缓漕米各州县蓟粮兵米一项，无可征兑，请于成熟征漕州县分别划拨。其应征抵额耗豆，并请随正缓征，仍将摊缓耗豆价脚银两扣存司库，俟带征年分支给应用。至各州县钱粮内有因灾全缓及蠲缓较多之处不敷划解之漕项银两，现在司库支绌，应令先行筹解，俟库储稍充，再行照例请借。如此分别调剂，民力均获宽舒。感颂皇仁，实无既极。

再，查邹县之东南各乡并滕县之礼七等保各村庄，因逼近匪巢，受害最甚，应归善后案内办理。此外各州县或因漫水阻隔，或续被匪窜扰，尚未复到，未便因数处致稽通案，除由臣督同藩司勒摧另行具奏外，所有勘明各州、县、卫、所被水、被旱、被虫、被雹、被风、被扰情形，议请蠲缓新旧钱漕缘由，理合恭折具奏，伏乞皇太后、皇上圣鉴训示。谨奏。

同治二年十一月十三日奉到回折："议政王军机大臣奉旨：'另有旨。钦此。'"

饬吴永敖一军赴豫片
同治二年十一月初三日

再，臣于十月二十一、二十六日两次钦奉谕旨："吴永敖一军飞饬折赴张之万军营，听候调遣。著张之万酌量分拨派员管带赴蒙助剿各等因。钦此。"兹于十月二十九日接据泰安县禀报，参将吴永敖带勇过境，正拟派弁迎提催趱。是日即据吴永敖驰抵臣东昌营次，勇队于次日陆续到齐，沿途勇丁行粮缺乏，呈请借给银两等情。臣知此项勇丁急待赴豫听候张之万酌调，援蒙之队未便片刻羁延，即饬粮台垫给银两，饬令赶紧起程，已于十一月初二日拨队前进。

除咨部及直督、豫抚臣查照一体催趱外，知关宸廑，理合陈明，伏乞圣鉴。谨奏。

同治二年十一月初十日奉到回折："议政王军机大臣奉旨：'已谕知张之万等将此项勇丁遣撤矣。钦此。'"

回省办理地方事宜折
同治二年十一月十四日

奏为东昌布置粗定，曹、单已拨兵防剿，臣拟回省办理地方各事，恭报起程日期，专折由驿具奏，仰祈圣鉴事：

窃臣于本月初三日业将遵旨试办北路缉匪事宜恭折奏明在案。查东昌府属一路，经此次大兵剿办，计自臣于八月十九日督军到郡之日起，迄今将及三月，督率各州县搜拿正法，并各营临阵斩杀匪党，实数确有三千数百人。迩日派员周历各县，明查暗访，民情渐知儆惧，四野均各乂安。僧格林沁所派副都统定安现驻冠县，臣派总兵保德现驻朝城，游击王正启一营现驻馆陶、邱县一带，均令会同地方官巡缉，并严饬各处力行保甲，遇有匪党潜逆，陆续责令乡保人等捆献。其著名为匪而在逃者，亦令地方官登记姓名，访有潜回，即行拿办；若实系胁从，亦钦遵誊黄谕旨，不准滥杀。

伏惟他省之乱，如疮疣溃决，但得刀圭上药，即可见功。东省之乱，如外内皆伤，今外疮稍愈，而内伤过甚，伏邪入骨，攻补两妨，旦夕难效。东省民风不静，近年多有抗粮之事，东昌一属尤甚。虽由民气之日强，亦由官方之不肃。此次兵威足以震慑其顽残不化之心，急宜拣择地方官，令其有心悦诚服之意，庶几大兵旋撤，不至再有变更。故于东昌属县，如莘县、博平，附近东昌之朝城、阳谷等处知县，人地未宜者，分别撤任，遴员委署。至知府一员，臣慎之又慎。前经臣奏令候补知府曹丙辉接署东昌一缺，今已两月有余。臣驻军城外，亲见其办事勤恳，采访舆论亦均浃洽。臣已将嗣后督饬各属搜捕，并如何整饬属吏，转移民气，与该员反复讨论。并因曹属之朝城、兖属之阳谷附近东昌，最为难治，亦专札饬令该员勿分畛域，不时亲历查察，或可力挽颓风。

本月初六日钦奉寄谕："蒙城解围，歼毙苗逆，怀远县城、苏州省城均已收复，天时人事大有转机，各该督抚其振刷精神，力图扫荡，廓清华夏等因。钦此。"臣跪聆之下，欣惕交萦。深维东省现虽全境稍安，而邻境捻首李大个子、项盘等尚未尽除，苗逆余党随在可以并入，诚如圣训，边境不可不加意防范。臣已于前月分拨东治营副将陈锡周等一千五百人扼守单县之马良集一带，游击王心安等统一千人扼守与江南接壤之韩庄闸一带，守备郭大胜领五百人扼守峄县之台儿庄。现据南路各营县禀报，捻踪稍远。臣因边境绵长，兵力过单，诚恐捻逆绕越阑入，故未令各队出境远剿，并已严饬驻守各营不得丝毫扰累百姓，迭经派员前往密访，民勇尚属相安，足以上慰宸廑。

臣维自到东以来，即出省剿匪，于地方公事尚未逐一清厘，一切案卷册档未暇遍阅，不能洞悉源流。即奉旨查办各案，虽随时派员查访，亦未能亲为查究。刻下抽调营兵，改练马队，臣亦宜亲自简阅，以为有备无患之资。兹臣定于本月十五日回驻省城，督同藩、臬两司，将察吏、练兵事宜逐一讲求，切实办理。臣才识知浅，只此不敢欺饰君父之心，上答圣恩于万一。

俟至省将诸事清厘，臣拟明春赴兖、沂、曹州一带，访察吏治民情，巡视山川形势，再当随时奏明。其随臣办理营务文案各员，一时尚未便尽撤，合并陈明。为此恭折具奏，伏乞皇太后、皇上圣鉴训示。谨奏。

同治二年十一月十九日奉到回折："议政王军机大臣奉旨：'另有旨。钦此。'"

东海关税银拨充僧格林沁营饷片
同治二年十一月十四日

再，僧格林沁军营月饷，向系每月三万两，嗣经僧格林沁具奏，自本年八月起，每月加增银二万两。为数愈多，筹画更属非易。东省烽烟甫定，民力未苏，今年黄水为患，因灾蠲缓之处更多，兼以各路奏准协拨之饷，均派员来东守提，臣亦须分别缓急，量为解济。年内京饷、陵工银两十九万五千两，臣亦应赶紧设法筹解。而僧格林沁一军正在攻剿得力，未便再令饷糈支绌，奈各款无多，不得不将东海关征存税银饬提二万两，派员解赴僧格林沁军营应用，并据布政使贡璜详请具奏前来。理合附片陈明，伏祈圣鉴。谨奏。

同治二年十［十一］月十九日奉到回折："议政王军机大臣奉旨：'该衙门知道。钦此。'"

邱县聚众抗粮犯正法片

同治二年十一月十四日

再，臣访闻临清州属之邱县，有乡民张本功等系积年聚众抗粮匪犯，现又号召乡民书写传帖，以求免钱粮为名，意欲入城滋事。臣即星夜派员前往密查，实系顽民逞刁，并无办理不善。当即密调勇队，前往协同该县署知县牛积厚办理。

兹于本月初九、十一两日，接据该县禀报，该县城内向有买卖会场，乡民张本功等号召多人，分携枪刀入城抗粮。该县率领兵役，立时兜拿袁兴魁等六名，并拿获著名抗粮之张本功、李金铎、连瑞照三名，余众纷纷逃散。经臣密札饬令，如讯系抗粮首犯，即行就地正法；即一面出示，解散胁从。现已讯明该犯等历年聚众抗粮属实，已将为首张本功等三人正法枭示。其袁兴魁等六名，尚在研讯。地方现已安谧，钱粮亦见踊跃。臣又严札该县知县乘此兵勇分布未撤之时，于搜捕余匪之中，兼办刁恶顽梗之类，勿再姑息，致贻后患。该县正在直、东交界处所，匪党滋多，此拿彼窜，尤宜实力办理。

理合将现在惩办抗粮聚众匪犯情形，附片陈明，伏乞圣鉴。谨奏。

同治二年十一月十九日奉到回折："议政王军机大臣奉旨：'另有旨。钦此。'"

请奖出力员弁民团片

同治二年十一月十四日

再，东省连年兵燹，数郡骚然，仰仗天威，得僧格林沁一军将淄川、白莲池、东昌次第扫荡，厥功甚伟，早在圣明洞鉴。第念本省员弁、兵勇、民团，于淄川等处亦尚有竭力攻围，节次打仗、堵御之人，故阵亡者经臣随时奏请赐恤，未查出者现在确核汇办。其前云南提臣傅振邦、前登州镇总兵曾逢年，皆系统带本省兵勇之员，均经僧格林沁具奏给奖在案。其余在事之员弁、兵勇，当准傅振邦、曾逢年咨送，及各路统兵官、地方官禀报出力者，臣因各路均未蒇事，迭经先后存记。目下东省全境稍清，臣自维无分寸之功，而员弁、兵勇、民团，当僧格林沁大军未至之先，从征已历有时日，既至之后，亦随同堵剿，迨僧格林沁大军南下之后，搜捕亦有微劳，臣未忍尽令湮没。且南捻时虞蠢动，防剿更自需人。又总兵陈国瑞招安沂属降匪，彼时均畏该总兵威严，权时受抚，实未尽革面洗心。臣访有闻知，惟有不动声色，饬该府县密为布置安辑之方。然此等匪徒，非德可化，终恐尚烦兵力。

伏莽未能尽去，兵事尤须讲求。臣为策励人材缓急可用起见，可否仰恳天恩俯准臣将淄川、白莲池、东昌三处出力之员弁、兵勇、民团汇案奏奖，出自逾格恩施。臣未敢擅便，理合附片陈恳，恭候命下遵行，伏乞圣鉴。谨奏。

同治二年十一月十九日奉到回折："议政王军机大臣奉旨：'另有旨。钦此。'"

丁忧服满片

同治二年十一月十四日

再，臣于同治元年九月初九日在湖北署藩司任内闻讣，丁本生父忧，于十一月初七日至山西临晋县寓次守制，扣至同治二年十一月初七日，在东昌营次降服期满。

除分咨外，理合陈明，伏祈圣鉴。谨奏。

同治二年十一月十九日奉到回折："议政王军机大臣奉旨：'另有旨。钦此。'"

同治二年上忙漕粮已未完分数折

同治二年十一月十九日

奏为本年上忙征收漕项钱粮已未完分数，恭折奏祈圣鉴事：

窃照各属征解漕项钱粮，例应分别上下忙将完欠数目恭折奏报，历经遵照办理在案。兹据督粮道沈维璨详称：同治二年分各州县应征上下忙一半银二万五千七百二十三两一钱三分九厘，内除长山等州、县、卫本年青黄不接案内缓征银二千三百三十二两四钱八分六厘，实应征银二万三千三百九十两六钱五分三厘，已完银一千七百八十七两二钱四分七厘，未完银二万一千六百三两四钱六厘。查得漕项银两向于地丁项下统征分解，为秋冬随漕支用之款。各属上忙地丁先尽司库解款，故漕项完解较少，俟下忙尽数划解。又原报历年未完漕项共银十五万八千四百八十三两九钱九分，内除青城等州、县、卫秋禾被灾并被匪窜扰，蠲缓银三万六千一百三十六两六分一厘，实应征银十二万二千三百四十七两九钱二分九厘，续完银一万三百六十八两三钱四分六厘，仍未完银十一万一千九百七十七两五钱八分三厘，分析年款造具清册，详请具奏前来。臣复核银数相符。

除将未完银两于下忙赶紧催征，尽数提解，并将款册咨部查核外，理合循例恭折具奏，伏乞皇太后、皇上圣鉴。谨奏。

同治二年十二月初一日奉到回折："议政王军机大臣奉旨：'户部知道。钦此。'"

同治二年上半年京控未结各案传解迟延各员照例议处折

同治二年十一月十九日

奏为查明京控未结各案，请旨将传解迟延各员照例议处，恭折具奏，仰祈圣鉴事：

窃照京控案件，每届半年例应查明承审传解各员有无迟延，汇案参奏，历经遵办在案。兹查京控各案，已钦遵谕旨统由臬司亲提审理。同治二年上半年，除依限审结及咨部展限外，其提传被证未到不能审结者，共计五案，均属迟延。据臬司丁宝桢会同藩司贡璜查明，开具职名，详请汇参前来。臣复核无异。理合将传解迟延各员敬缮清单，恭呈御览，仰恳敕部照例议处，以示惩儆。

除饬司将未结各案勒提审办外，为此恭折具奏，伏乞皇太后、皇上圣鉴训示。谨奏。

同治二年十二月初一日奉到回折："议政王军机大臣奉旨：'马钲等均著交部照例议处。单并发。钦此。'"

谨将同治二年上半年京控未结各案传解迟延各员，敬缮清单，恭呈御览。

一、临邑县民人张清福京控史文干等一案，该署县马钲传解迟延五个月零十日。所有传解迟延一月以上职名，系署临邑县知县马钲。

一、昌邑县民人庞希成京控栾升等一案，该前署县孙汝霖传解迟延两个月零八日，该县花上林传解迟延两个月二十四日。所有传解迟延一月以上各职名，系前署昌邑县知县孙汝霖、昌邑县知县花上林。

一、东平州民人战文曲京控高大成等一案，该前代理州范鹏程传解迟延三个月零二十日，该州王锡麟传解迟延一个月零九日；东阿县吴树声传解迟延五个月零十日。所有传解迟延一月以上各职名，系代理东平州知州范鹏程、东平州知州王锡麟、东阿县知县吴树声。

一、沾化县民人孟兆凤京控孟虎威等一案，该署县赵钟华传解迟延五个月零二十九日。所有传解迟延一月以上职名，系署沾化县知县赵钟华。

一、馆陶县民人陈懿淇京控陈安重等一案，该署县汤复忠传解迟延五个月零一日。所有传解迟延一月以上职名，系署馆陶县知县汤复忠。

委员管解京饷片

同治二年十一月十九日

再，臣钦奉寄谕："专提同治二年山东京饷银十一万两，限于年内解齐等因。钦此。"遵即饬司委解银五万两在案。兹据藩司贡璜详称，于无可筹画之中，为移缓就急之计，又在地丁项下凑拨银六万两，饬委试用从九品张斯淦解赴户部交纳，同前解银五万两，共银十一万两，遵限于年内解清。

除咨部查照外，理合附片陈明，伏乞圣鉴。谨奏。

同治二年十二月初一日奉到回折："议政王军机大臣奉旨：'户部知道。钦此。'"

临邑知县马钲等兑清漕粮请开复处分片

同治二年十一月十九日

再，查前因署临邑县知县马钲短交上年漕米四千余石；德平县告病知县何元熙、署博平县知县刘炤、清平县知县桂昌,各短交米麦一千余石,经臣分别奏参革职,勒限追缴在案。

兹据藩司贡璜、督粮道沈维璥会详称:据临邑、博平、清平等三县各将所短漕粮于一月限内扫数兑清,尚知愧奋,现在饬帮将前项粮石随同本年新漕搭运赴通交纳。所有原参处分,应请开复等情前来。臣复查无异。合无仰恳天恩俯准,将署临邑县知县马钲革职,著追博平县知县刘炤、清平县知县桂昌革职留任各处分,均予开复,以昭激劝。

除仍严催德平县将未完漕粮赶紧如数补交外,理合附片陈明,伏乞圣鉴。谨奏。

同治二年十二月初一日奉到回折:"议政王军机大臣奉旨:'马钲等均著准其开复。余依议。钦此。'"

请旌恤青州府属阵亡绅团并殉难妇女折

同治二年十一月十九日

奏为查明青州府属阵亡绅团并殉难妇女,吁恳分别旌恤,恭折具奏,仰祈圣鉴事:

窃照咸丰十一年秋间,南捻窜扰山东,各属被害男妇迭经分饬查报,已将登州、莱州两府之阵亡绅团并殉难妇女,先后奏请旌恤在案。兹据青州府属之益都、博山、临淄、博兴、高苑、乐安、寿光、昌乐、安邱、诸城等县查明,堵剿南捻,阵亡团长有职衔者一百二十九员名,无职衔者五十八名,阵亡团丁七千八百三十五名,殉难妇女一千五百六十二口,由筹防局司道核明,分别造册,具详请奏前来。臣复查无异。合无仰恳天恩俯准敕部,将阵亡有职衔之团长,照阵亡例从优议恤;无职衔之团长,照武生阵亡例议恤;阵亡团丁一并议恤,均准其入祀昭忠祠。至殉难妇女,均请照例旌表,建立总坊,并入祀节孝祠,以广皇仁而彰节义。

除将各册咨部并饬查未到各属另行核办外,理合恭折具奏,伏乞皇太后、皇上圣鉴训示。谨奏。

同治二年十二月初一日奉到回折:"议政王军机大臣奉旨:'均著照所请,分别旌恤,并准其入祠建坊。该部知道。钦此。'"

请旌恤省西各属阵亡绅团并殉难妇女折
同治二年十一月十九日

奏为查明省西各属阵亡绅团并殉难妇女，吁恳分别旌恤，恭折具奏，仰祈圣鉴事：

窃照咸丰十一年间，省西各属教匪滋事，其间被害男妇，迭经分饬查报。兹据聊城、堂邑、博平、莘县、冠县、寿张、濮州、朝城、临清、邱县等州县，查明剿匪阵亡之团长有职衔者六十员名，无职者二十八名，阵亡团丁二千一百五十三名，殉难妇女一百五十八口，由筹防局司道核明，分别造册，具详请奏前来。臣复查无异。合无仰恳天恩俯准敕部，将阵亡有职衔之团长，从优议恤；无职衔之团长与阵亡团丁，分别照例议恤，均准其入祀昭忠祠。殉难妇女均请照例旌表，建立总坊，并入祀节孝祠，以广皇仁而彰节义。

除将各册咨部并饬查未到各属另行核办外，理合恭折具奏，伏乞皇太后、皇上圣鉴训示。谨奏。

同治二年十二月初一日奉到回折："议政王军机大臣奉旨：'均著照所请，分别旌恤，并准其入祠建坊。该部知道。钦此。'"

补授山东巡抚谢恩折
同治二年十一月二十一日

奏为恭谢天恩事：

窃臣于同治二年十一月十九日准军机处寄到："十一月十七日奉上谕：'阎敬铭著补山东巡抚。钦此。'"钦遵。当即恭设香案，望阙叩头，祗谢天恩讫。

伏念臣关西下士，农部末僚，咸丰十一年蒙显皇帝特简湖北臬司，复奉恩命署湖北藩司。方惭报称，未效涓埃，嗣于同治元年九月丁艰卸任，又蒙特恩擢署东抚，责臣以金革毋避之义。自顾菲材，深恐有负委任，吁辞未获。到东以来，仰赖天威，歼除群丑，臣实无尺寸可录，以副恩施。况东省民痍未复，捻迹时来，吏治军情尚无起色，不加严谴，更沛恩纶，予臣实授。闻命之下，倍切悚惶。臣惟有自矢朴诚，力求整饬吏治，以清乱源，肃军规以备外患，次第举行，期收实效，庶以仰答鸿慈于万一。

所有微臣感激下忱，理合恭折具奏，伏乞皇太后、皇上圣鉴。谨奏。

同治二年十二月初五日奉到回折："议政王军机大臣奉旨：'知道了。钦此。'"

改派楚勇赴陕助剿折
同治二年十一月二十七日

奏为遵旨酌派楚勇驰赴山西蒲州防河，拟请改赴陕省进剿，以期得力，恭折仰祈圣鉴事：

窃臣于同治二年十一月二十六日接奉寄谕："庆昀等奏宁夏汉城已成叛乱，请饬山西、陕西两省速派劲兵截剿各一折。晋省现有楚勇千名，著英桂、沈桂芬将此项楚勇尽数调赴定边，协同张集馨派出防兵，扼扎防剿。惟晋省河防亦关紧要，著阎敬铭迅即选派得力兵勇千名，星驰赴晋，交英桂、沈桂芬调遣，以补其缺各等因。钦此。"臣伏读之下，莫名愤懑。灵州、宁夏相继失陷，逆众渐趋于北，秦、晋边防极关紧要。仰蒙宸谟指示，移晋省之兵以趋秦，移东省之兵以补晋，师无行远，圣虑周详。

臣查东省兵勇，自陆续撤散后，所余者惟东治六营、济安五营，及都司马春峤、守备郭大胜各等军六千余人。臣回省后，又撤去六百人，兵力本属不多。前奉谕旨，饬援蒙城，当将各营分布情形奏闻在案。惟宁夏毗连山、陕，深虑贼势蔓延，当此军情紧急之时，臣何敢以山左兵勇不敷，遂行推诿。现计济安各营分扎东昌各属，大乱甫平，民情初定，全恃有兵镇压，以备不虞；东治各营现扎单、峄各要隘，以防南捻，均念系万不可少之兵。刻闻僧格林沁大军自阵斩苗逆、克复寿州后，军威大振，南捻各股不难以次削平，则东省南防之兵尚可抽拨。查有驻扎单县之游击刘汉秀、雷显扬二营，勇丁共一千名，尚属精壮，该游击等管带素称得力，即应遵旨饬令该游击等迅带所部，驰赴山西，以备防河之用。

惟臣窃思陕省回势渐趋西北两面，蒲州之防较松，与其派兵驻守河干，不如前赴陕省专力进剿，厚陕省之兵力，即以固晋省之边防，似为争一先着。况调勇情形，与调兵不同。各省营兵定制例有征调，视为故常；即以此省之兵，统以他省之将，亦皆听从使令。勇丁则系招募成旅，必须统带之员熟悉该勇情性，恩义素孚，方能指挥如意。臣向在湖北，亲见曾国藩、胡林翼各军征剿能得力者，皆系慎择统将，令其自行召募，所有营哨队长，皆其素相浃习之人，志气相联，故能如身使臂，如臂使指，以收其效；往往另更统带，即觉号令难齐，难收实用。今臣所遣之刘汉秀、雷显扬二将，其才只堪分带一营，若令驰赴蒲防，归之晋省派员统领，窃恐兵不习将，将不习兵，一时未能浃洽。查该二将原系多隆阿旧部，春间多隆阿与臣商派，随臣由陕来东，深知其与雷正绾、陶茂林、曹克忠等同隶一军，心力自一，若令径赴陕西，听候多隆阿调遣，用其旧将，驾驭更可得宜。臣又筹计，由东省单县赴蒲，与由单县赴陕，道里不甚想〔相〕悬，与其驰赴蒲防堵贼之来，曷若直赴陕疆击贼之背。军行以迅进为功，兵情以相习为力，二者兼权，似以赴陕为要。现游击刘汉秀等二营，均在单县，臣立饬该游击等星夜束装，并宽为筹给该营一月行粮及应用军装、器械等物，均令带往，飞饬拔营，由单县迅经汴梁径入潼关。一面飞咨多隆阿，一俟该游击等两营驰入陕境，飞檄迎提，由多隆阿就近调度，或拨由曹克忠带往定边，或拨归雷正绾赴剿泾城，或拨交陶茂林调赴汧、陇。一时旧部效力行间，无主客不习之情，有战阵相顾之义，庶期师克在和，可收实效，此臣所谓赴晋不如赴陕也。其晋省防河楚勇，如尚未起程，或仍驻蒲州防河，或调拨北路之处，应由山西抚臣酌办。如此转移办理，庶陕省战兵得添军之益，而晋省防兵亦无更调之劳。

臣为行军期收实用起见，所有遵派楚勇赴蒲防河，拟请改赴陕省各缘由，恭折由六百里驰奏，伏乞皇太后、皇上圣鉴训示。谨奏。

同治二年十二月初二日奉到回折："议政王军机大臣奉旨：'另有旨。钦此。'"

东省暂需留勇及预储北方将材片
同治二年十一月二十七日

再，东省现在情形虽稍安谧，而奸宄潜伏，尚有生心窥伺之徒。即如兖、沂一带，经总兵陈国瑞剿抚兼施，虽已一律平顺，而降众滋多，究不可恃，连年东昌之事是其前车。现臣访闻沂属各处，由该总兵营内逃回者不少，与乡民不甚相安。更恐故习窃发，欲加以兵而迹尚未著，显为剿办，即起反侧，惟恃有强兵镇压，俾地方官设法暗为剪除，以期弥乱无形。他如东、曹一带变乱初平、济、武各属团枭多事，自臣派军分扎，并未开仗，各处借此声威，搜拿积年巨匪，不一而足，非仅东昌一属。现在钱漕视上年稍为顺从，尚非革面洗心，实有可恃。东省营制废弛，欠饷三年，既无强将，遂成疲兵，散涣巧滑，欲加整饬，急切无从下手，遽行撤勇用兵，徒有营伍虚名，不如暂就所集之勇，随处列队操演，震耀耳目，不必明张挞伐，渐可暗消乱萌，如来外侮，亦可有备无患。况即全去养勇之费，尽以养兵，不过各营半年之食，仍难士饱马腾，尽期得力。而东民玩视营兵羸弱，久知营汛为虚文，怵以纪律严明之勇队，尚能稍知畏敬。此暂时不能不留勇之实在情形也。

计东省兵勇，除刻下拨赴陕、甘二营外，其余分布要路，已属无多，似难再行撤调。臣何敢于事平之后，拥兵安坐，虚靡饷糈，亦非拘泥成见，有袒勇轻兵之意，实以东省事变，皆土著乱民，今皮肤虽愈，而荡涤脏腑，须加功力。他省或富而即强，东省必强乃可富，如骤行去勇用兵，有名无实，是臣不思切实之计，徒为粉饰之辞。故各营楚勇，亦以南北水土不习，食用不同，屡乞遣回，臣不遽允其所请者，职是之故。惟期挑练马队，成为劲旅，宽筹营饷，急求将材，稍有实用，即当尽撤勇丁，而目前惟有暂时留勇，一面练兵之策。

抑臣更有请者。兵之强弱，视乎将领。军务之兴十余年矣，惟曾国藩、胡林翼倡率乡里，教练人材，如李续宾、李续宜、彭玉麟、杨岳斌诸人诚为将材，转相汲引，楚勇遂著。即多隆阿亦以与胡林翼磨励，遂为名将。学成于所习，其信然也。

前僧格林沁奏称不可尽用南勇，致使轻视朝廷，诚为老成硕画。自古名将，北人为多。臣北人也，自耻未娴韬钤，才难救乱，而视纷冗杂芜之军，不求将而凑兵者，确知无用。推原其故，北方讲求无法，风气未开，虽处处募勇，实则匪众乌合。即带勇将弁，亦不志在功名，群事欺饰。臣尤虑北方之勇滋为乱阶。武臣一职，居官与带勇者，隐分两途，如不考其能否，而谓兵弁即可出战，镇协应能领兵，无惑乎将无成功，兵无实用。今欲强北方之兵，必先储北方之将。马步兼备、智勇俱优者，实莫如多隆阿。臣往与谈论，并与该营办理营务之道员李宗焘议及北方兵事，劝其多教成北方之将，如其部下曹克忠、石清吉皆属北人，何在楚将之下。应请旨密谕多隆阿，使多募北方将士，教习战阵队伍，步伐攻守，阅历深熟，择其忠勇朴实者，列名保举，补以北方各省提、镇、协、参、游大小各职，令即到任，切实练兵。一旦有警，统将规画素裕，历练既多，则凡绿营之兵，渐成劲旅。若仅此武科技艺之材、营伍资俸之职，臣实未敢信为可恃也。

所有东省暂需留勇及预储北方将材各缘由，谨附片陈明，伏祈圣鉴训示。谨奏。

同治二年十二月初二日奉到回折："议政王军机大臣奉旨：'另有旨。钦此。'"

请饬前博平知县蒋庆第赴东委用片
同治二年十一月二十七日

再，前博平县知县蒋庆第直隶进士，咸丰十年患病开缺。臣在东昌闻博平士民感戴该员听断勤明，操守廉洁，至今称颂不绝。采诸舆论，佥称该员历署潍县、峄县，所至有声，始终守正不阿，实为东省循良之吏。臣维山东吏治积习已深，非多得朴实廉正之人难以挽回风气。该员蒋庆第在东省服官日久，较之求才异地，更能熟悉情形。访闻该员病已就痊，现在家居，合无仰恳天恩饬下直隶督臣转饬该原籍玉田县，催令该员蒋庆第迅速赴东，由臣委用。臣为得人起见，谨附片陈请，伏乞圣鉴训示。谨奏。

同治二年十二月初五日奉到回折："议政王军机大臣奉旨：'另有旨。钦此。'"

委员管解陵工饷银片
同治二年十一月二十七日

再，臣钦奉寄谕："以定陵工程需饷紧要，山东省欠解咸丰十一年饷银二十二万两，限年内先解四成等因。钦此。"遵即饬司委解银五万两在案。兹据藩司贡璜详称，于无可设法之中，勉力筹措，又在本年地丁并库储酌提坐支及核减二成项下，共凑银三万八千两，饬委试用县丞许之禄解赴定陵工程处交纳，同前解银五万两，共银八万八千两，遵限于年内解齐。

除分咨查照外，理合附片陈明，伏乞圣鉴。谨奏。

同治二年十二月初五日奉到回折："议政王军机大臣奉旨：'知道了。钦此。'"

拨解甘饷片

同治二年十一月二十七日

再，甘省军事孔棘，需饷尤殷，屡奉寄谕，饬臣拨解，臣仰屋而筹，万分焦灼。伏思同为国家之财，同办地方之事，苟有一筹可展，岂容漠不相关。臣现饬藩司，于岁终应发各款内撙节挪凑银一万两，迅派妥员解赴陕省交纳，转解甘省。因由东至甘道里辽远，中途或有阻梗，委员人地生疏，随在堪虞。此项饷银解交陕省，即可由该省藩司就近设法拨解，以期迅速。

所有解济甘饷缘由，理合附片陈明，伏乞圣鉴。谨奏。

同治二年十二月初五日奉到回折："议政王军机大臣奉旨：'知道了。钦此。'"

请开复惠民知县徐棻处分折

同治二年十一月二十九日

奏为查明知县应征钱粮因灾缓征，并已离任，恳恩开复原参暂行革职处分，恭折奏祈圣鉴事：

窃查前代理惠民县知县徐棻，因经征咸丰十一年上忙钱粮分数短绌，经前抚臣谭廷襄奏请暂行革职，勒限完解。兹据藩司贡璜转据该管府复查，该员经征该年钱粮，委因南捻窜扰，枭匪滋事，民心惊惶，输将未能踊跃，兼之灾缓频仍，征解不足分数，秋后旋即卸事，尚非惰于催科。并卷查咸丰十一年钱粮奏销揭帖内开："代理惠民县候补知县徐棻，自咸丰十一年正月二十一日开印起，至是年十月初十日卸事止，除各案缓征外，应征二分六厘一毫银一万三千五百四十八两九钱五分二厘内，已完一分九毫银五千六百四十两，未完一分五厘六毫银七千九百八两九钱五分二厘。所有未完银两，已于同治元年秋禾被旱案内，钦遵上谕全数缓至同治二年秋后九月初一日启征，是现在并无应征银两。且该员徐棻于咸丰十一年十月初十日未届钱粮奏销截数之前卸事，即届期启征，亦无经征之责。所有未完处分，应照离任官例议结。"等情，详请具奏前来。臣复核该员经征完欠分数，并离任日期，均属相符。合无仰恳天恩俯准，将前代理惠民县知县徐棻暂行革职处分，准予开复，仍敕部照例议处。为此恭折具奏，伏乞皇太后、皇上圣鉴训示。谨奏。

同治二年十二月十二日奉到回折："议政王军机大臣奉旨：'徐棻著准其开复暂行革职处分，仍照例议处。该部知道。钦此。'"

王汝忠亏短钱粮提省勒追折
同治二年十一月二十九日

奏为特参已革世职在署都司任内亏短钱粮等项，请旨提省勒追，恭折具奏，仰祈圣鉴事：

窃照登州镇标右营、学习期满骑都尉世职王汝忠，前署宁福营都司亏短钱粮等项，并未移交，经后任都司孔广苞禀明，前抚臣谭廷襄咨镇勒令作速交代，一面札饬孔广苞查清亏数，禀候核办。该员等旋即派赴淄川军营，未经查禀。嗣王汝忠因带队不力，经谭廷襄奏参革职，留营效力。本年六月，淄城攻克后，臣即遣撤回营，催令将亏项赶紧交清，并催后任查复。

兹据孔广苞查明，王汝忠任内亏短库存咸丰五、六、七、八、九、十等年俸饷、养廉、马干、行装、公项等款，共银一千四百八十七两九钱三分八厘，又缺马二十匹，缺火药八百四十三斤零，缺磺一千四斤，缺铅丸一百七十四斤四两，仍未移交等情，具详前来。

臣查各营经管钱粮同马匹、军火，例不准丝毫亏缺，今已革世职王汝忠于前署宁福营都司任内，亏银至一千四百余两，马匹、军火亦多短缺，屡次催追，置若罔闻，殊属瞻玩。相应请旨，将已革骑都尉世职王汝忠提省，勒限一月算清交代，并将亏短钱粮等项如数完缴。倘限满不能清结，再行查明实数，从严参办。为此恭折具奏，伏乞皇太后、皇上圣鉴训示。谨奏。

同治二年十二月十二日奉到回折："议政王军机大臣奉旨：'王汝忠著勒限一月算清交代，并完缴亏项。如限满不能清结，即著从严参办。钦此。'"

同治二年秋季各属正法盗犯名数折
同治二年十一月二十九日

奏为查明各属正法盗犯名数、案由，恭折具奏，仰祈圣鉴事：

窃照山东省拿获盗匪就地正法案件，例应按季汇奏，历经遵办在案。兹查同治二年秋季分，清平县拿获盗犯张四、孔二歪，讯认先后行劫事主赵华峰等钱、衣，均拒杀事主，罪应斩枭；掖县拿获盗犯张锡钰、王丕沅、孙有高，讯认临时强劫事主潘曰维家银钱、衣物，罪应斩决，均经批饬就地正法。据臬司丁宝桢详请具奏前来。臣复查无异。

除饬将各案供招分起详咨外，理合恭折具奏，伏乞皇太后、皇上圣鉴。谨奏。

同治二年十二月十二日奉到回折："议政王军机大臣奉旨：'刑部知道。钦此。'"

同治二年十月雨雪粮价折

同治二年十一月二十九日

奏为恭报十月份雨雪情形并呈粮价清单，仰祈圣鉴事：

窃照九月份雨水、粮价，前经奏报在案。兹查十月份，据海丰、掖县、潍县、即墨等四县申报，于月之初八、二十六、二十八等日，各得雨一、二寸不等。又乐安、平度、昌邑、胶州等四州县，于初六、初七、初八等日，各得雪积厚一、二、三寸不等。雨雪应时，农民欢庆，堪以仰慰圣怀。

至各属市集粮价，互有长落，大致与上月相同。谨缮清单，祗呈御览。为此恭折具奏，伏乞皇太后、皇上圣鉴。谨奏。

同治二年十二月十二日奉到回折："议政王军机大臣奉旨：'知道了。钦此。'"

十月份粮价清单

谨将同治二年十月份山东省各属米、谷、麦、豆价值，敬缮清单，恭呈御览。

计开：

济南府属：稻米每仓石价银二两四钱五分至四两二钱六分，较上月贱一钱二分。粟米每仓石价银八钱八分至二两五钱六分，较上月贱一分。粟谷每仓石价银六钱至一两五钱二分，较上月贱二分。高粱每仓石价银八钱至一两七钱五分，较上月贵四分。小麦每仓石价银一两四钱五分至二两五钱四分，较上月贱三分。黄豆每仓石价银一两一钱九分至二两四钱九分，与上月同。黑豆每仓石价银一两一钱四分至三两四钱九分，与上月同。

泰安府属：稻米每仓石价银二两八钱至四两五钱，与上月同。粟米每仓石价银一两三钱至二两三钱，与上月同。粟谷每仓石价银八钱至一两九钱四分，与上月同。高粱每仓石价银一两一钱三分至一两八钱二分，与上月同。小麦每仓石价银一两六钱五分至二两六钱九分，与上月同。黄豆每仓石价银一两一钱至二两六钱八分，与上月同。黑豆每仓石价银一两五分至二两六钱八分，与上月同。

武定府属：稻米每仓石价银二两四钱八分至四两六钱二分，与上月同。粟米每仓石价银一两一钱六分至二两二钱，较上月贱二钱。粟谷每仓石价银七钱七分至一两八钱，较上月贵一钱五分。高粱每仓石价银八钱至一两三钱，较上月贱二钱。小麦每仓石价银一两五钱至三两五分，与上月同。黄豆每仓石价银一两一钱八分至二两一钱三分，较上月贵三分。黑豆每仓石价银一两一钱至一两八钱二分，较上月贵二分。

兖州府属：稻米每仓石价银二两三钱至四两二钱，与上月同。粟米每仓石价银一两一钱至二两八钱七分，与上月同。粟谷每仓石价银六钱至一两八钱七分，与上月同。高粱每仓石价银六钱五分至二两二钱，与上月同。小麦每仓石价银八钱五分至二两八钱，与上月同。黄豆每仓石价银九钱五分至二两三钱三分，与上月同。黑豆每仓石价银九钱五分至二两二钱，与上月同。

曹州府属：稻米每仓石价银三两二钱八分至五两，与上月同。粟米每仓石价银一两一钱七分至三两七钱，与上月同。粟谷每仓石价银七钱至二两二钱八分，与上月同。高粱每仓石价银八钱至二两五钱五分，与上月同。小麦每仓石价银一两二钱五分至三两一钱，较上月贵四分。黄豆每仓石价银一两二钱至二两七钱四分，与上月同。黑豆每仓石价银一两一钱三分至二两三钱八分，与上月同。

沂州府属：稻米每仓石价银二两一钱至三两九钱二分，与上月同。粟米每仓石价银一两三钱至二两五钱九分，与上月同。粟谷每仓石价银六钱八分至一两五钱八分，与上月同。高粱每仓石价银七钱九分至一两四钱八分，与上月同。小麦每仓石价银一两至一两八钱五分，与上月同。黄豆每仓石价银八钱至一两四钱五分，与上月同。黑豆每仓石价银八钱至一两四钱五分，与上月同。

东昌府属：稻米每仓石价银三两三钱五分至五两，与上月同。粟米每仓石价银一两一钱五分至二两九钱，较上月贱三钱三分。粟谷每仓石价银七钱至一两七钱五分，与上月同。高粱每仓石价银九钱至二两六钱，较上月贱二钱。小麦每仓石价银一两四钱至三两三钱，较上月贱四钱五分。黄豆每仓石价银一两五分至二两九钱，较上月贱三钱五分。黑豆每仓石价银一两至三两一钱，较上月贱三钱。

青州府属：稻米每仓石价银二两至三两四钱，与上月同。粟米每仓石价银一两二钱四分至二两，与上月同。粟谷每仓石价银七钱至一两三钱，与上月同。高粱每仓石价银六钱九分至一两四钱八分，与上月同。小麦每仓石价银一两一钱至二两三钱，与上月同。黄豆每仓石价银九钱八分至一两七钱，与上月同。黑豆每仓石价银九钱八分至一两七钱四分，与上月同。

莱州府属：稻米每仓石价银二两三分至三两五分，与上月同。粟米每仓石价银一两至一两五钱，与上月同。粟谷每仓石价银五钱至一两，与上月同。高粱每仓石价银七钱至一两一钱，与上月同。小麦每仓石价银一两一钱至一两八钱，与上月同。黄豆每仓石价银一两七分至一两四钱，与上月同。黑豆每仓石价银一两二分至一两四钱四分，与上月同。

登州府属：稻米每仓石价银二两七分至三两一钱，较上月贱五分。粟米每仓石价银一两二钱九分至一两九钱，与上月同。粟谷每仓石价银七钱二分至一两一钱五分，与上月同。高粱每仓石价银八钱至一两六钱，与上月同。小麦每仓石价银一两二钱四分至二两二钱，与上月同。黄豆每仓石价银九钱至一两七钱，与上月同。黑豆每仓石价银九钱至一两七钱，与上月同。

临清直隶州并属：稻米每仓石价银三两四钱五分至三两九钱，与上月同。粟米每仓石价银一两四钱至二两三钱，与上月同。粟谷每仓石价银八钱一分至一两三钱六分，较上月贵二分。高粱每仓石价银一两五分至二两，与上月同。小麦每仓石价银二两四钱四分至二两五钱五分，较上月贱二钱五分。黄豆每仓石价银一两一钱五分至一两九钱九分，与上月同。黑豆每仓石价银一两一钱五分至二两二钱，与上月同。

济宁直隶州并属：稻米每仓石价银三两三钱至六两三钱七分，与上月同。粟米每仓石价银一两六钱五分至三两，与上月同。粟谷每仓石价银一两三分至二两，与上月同。高粱每仓石价银一两一钱五分至二两四钱，与上月同。小麦每仓石价银一两三钱至二两六钱，与上月同。黄豆每仓石价银一两三钱一分至二两六钱，与上月同。黑豆每仓石价银一两一钱五分至二两九钱，与上月同。

委员解银赴户部片

同治二年十一月二十九日

再，查东省司库收存同治二年洋药厘捐银四千两，并咸丰十一年、同治元年洋药税银一千两，二共银五千两，据藩司贡璜详委试用县丞许之禄，解赴户部交纳。除仍饬催本年续征之项一有成数，再行报解并咨部查照外，理合附片陈明，伏乞圣鉴。谨奏。

同治二年十二月十二日奉到回折："议政王军机大臣奉旨：'户部知道。钦此。'"

抽收芦盐厘金以裕军饷折
同治二年十一月二十九日

奏为芦盐厘金可否仍钦遵前奉谕旨办理，俾全政体而裕饷需，恭折具奏，仰祈圣鉴事：

窃臣于九月十六日奏请仍旧抽收芦盐厘金，当经奉旨允准。嗣于十月十五日准户部咨到议驳，又经臣于十月二十三日复奏，恳恩俯准暂行抽收，奉旨："户部妥速议奏。钦此。"兹于十一月十二日又准户部咨到议驳，奉旨："依议。钦此。"

伏查抽收厘金，原非经久常猷，部议正大，臣即当遵照办理。惟臣系为筹项军储起见，部臣或未周知外间情势，臣若依违迁就，缄默不言，惟部议是从，既不足以上对君父，亦非部臣公忠为国、论列是非之心。臣果确知无弊，可以抽收，当亦部臣所甚愿。臣于初次具奏及开局之时，已先后派员赴大名及滑、浚、内黄一带查访，盐路实系畅销。河北彰、卫、怀三府，地处中央，非比东省滨海之区，私盐充斥，又无本地硝盐；更不同于东省，南连淮北，有私盐浸灌，种种均属悬殊，总不至以三斤有余之盐多抽制钱一文，遂至滞销妨课。即该商以此赴部呈控，部臣揆诸情理，定亦斥其必无。且臣奉旨允准，即于十月初一日开局抽收，迄今冻河之日止，一月有余，共抽京钱二万三千余串。过往商船不下数千只，该局员等一再访问，即本商亦自称三斤有余之盐多费制钱一文，何至重累商本？并金云嗣后当于开船南驶之日，携资交厘。其果于报效之诚，见于言表。此不特部臣难以周知，若臣不驻扎东昌数月，亦难详悉。臣诚愚钝，何至漠视芦商，必欲从重收厘，致误正课。臣只见事属可行，以为公家之利，借充公家之用，绝不敢存宽袒东商、苦累芦商之私。如果明年南路滞销，即不由抽厘之故，臣亦自当奏请停止。臣忝膺疆寄，勉为体察事理，决不敢愦愦妄行，于芦商有畛域偏枯之见。第此每年可收二三万金之款，任其弃捐，诚甚可惜。目下东省贼氛甫靖，民力未纾，各省协拨军饷曾经陈请改拨缓筹，部议未准；兼之京饷紧要，臣虽处万分支绌之时，亦不能不设法解济，正不独本省军食难于无米为炊。至东省盐务，本可整顿，第以数年凋敝之后，必欲旦夕收功，臣不敢为此虚诞之语，反涉搪塞。臣诚不才，无可辞咎，然正惟不敢意存搪塞，是以恳恩暂抽芦盐厘金，以资接济，一俟本省盐务大有起色，江南、河南、东省引地肃清，可以畅销，亦即停止。且以钦奉特旨允准之案，开局月余，旋行停止，朝令夕更，有妨政体。此后在外臣工于一切劝捐饬办各事，皆无以取信于民；东省民习久在圣明洞鉴之中，恐更无以挽回风气。

臣确知抽收盐厘毫无窒碍，为此沥情渎冒陈奏，可否仍钦遵初次特旨，准臣抽收盐厘，抑照部议停抽之处，臣均不敢擅便，恭候命下遵行。倘不获仰邀恩准，所有奏准期内始终分文未缴之义兆霖一商，应由臣勒令一律补缴清楚，庶足以昭公允而免取巧。合并陈明，伏乞皇太后、皇上圣鉴训示。谨奏。

同治二年十二月十二日奉到回折："议政王军机大臣奉旨：'另有旨。钦此。'"

同治二年秋季委署各员班次衔名片

同治二年十一月二十九日

再，前准部咨："嗣后各省州县缺出，先委正途一人，次委劳绩一人，再将各项委用、试用人员轮委一人。于应署班内统按出缺先后，察看人地相宜之员，酌量委署，毋庸计其科分名次并试用年限，每届三月汇报一次。"等因。经臣将同治二年夏季份所出各缺奏报在案。兹复据藩司贡璜将秋季份所出州县各缺并委署各员班次、衔名具详前来。

除册咨部外，理合陈明，伏乞圣鉴。谨奏。

同治二年十二月十二日奉到回折："议政王军机大臣奉旨：'知道了。钦此。'"

东省军营米石皮棉各捐初次汇案请奖折

同治二年十二月初九日

奏为东省军营米石、皮棉各捐初次收有成数，汇案恳恩给奖，恭折奏祈圣

鉴事：

窃照东省饷需支绌，经前抚臣谭廷襄于上年奏明：随营就地设局，收捐米豆，仿照省城捐局章程，每石作银三两八钱核奖，一切实职、虚衔各项减成银数，均查照前次奏定捐米成案办理，并请全数留营支用，毋庸分半运京；至冬令收捐皮棉衣酌赏兵勇，亦照奏奖成案核办等因。奉旨："户部知道。钦此。"当经恭录札饬随营委员设局收办，并僧格林沁军营济宁粮台亦照此次奏案办理。又，查案以皮甴一件作银六两，棉衣裤一套因上年花布俱昂，酌定作银三两，均饬一体遵办各在案。

兹查营局自上年闰八月二十三日起，至本年九月初六日止，共收捐米六千七十五石一斗六升，皮甴一千四百七件，棉衣裤一千五百五十七套。济宁粮台自上年闰八月起，至本年九月底止，共收捐米二万九千一百四十八石三斗七升。所有报捐实职、封衔、贡监、级录各项，核与筹饷现行各例应行减成银数及东省章程，均各相符。据承办各员先后详请奏奖前来。臣复加查核。

除分晰各案造册咨送部监，并将米捐案内封衔、贡监等项现存空白执照业经填给，及不敷核发俟由部监核发者，均于册内分明［别］注明，无庸开单外，所有米石、皮棉衣两案报捐实职、级录及捐请封典各官生，谨缮具清单，恭呈御览。合无仰恳天恩敕部给奖，并核发执照，以资激劝。

至营局收米，系归本省军营支用；粮台收米，系归僧格林沁军营支用，本系分案收支，将来仍各归各营核销，以清款目而免纠葛。

再，布政使贡璜捐皮甴一百件，前盐运使恩锡捐皮甴五十件，不敢仰邀议叙，合并陈明。

所有东省军营米石、皮棉各捐初次核奖缘由，理合恭折具奏，伏祈皇太后、皇上圣鉴训示。谨奏。

同治二年十二月二十日奉到回折："议政王军机大臣奉旨：'户部核议具奏。单三件并发。钦此。'"

丁宝桢所带湘勇口粮碍难照减折

同治二年十二月初九日

奏为现准部驳，湘勇口粮查照楚勇章程发放，实在碍难照减，仍请饬部照准，以收实用，恭折具奏，仰祈圣鉴事：

窃臣于十月十六日在东昌营次，曾将臬司丁宝桢募带湘勇口粮照湘勇章程酌减支给，奏奉谕旨："户部知道。钦此。"钦遵。兹于十一月十三日准户部议驳："湘勇口粮较之楚勇数目浮多，令转饬丁宝桢查照楚勇章程酌减，以归划一等因。奉旨：'依议。钦此。'"具见部臣慎重饷糈之意，自应遵照办理。

惟湘勇情形本与楚勇不同，盖自粤逆蹂躏两湖，窜踞江、皖，如曾国藩、胡林翼等皆系专用湘军，以成大功；而楚中名将如王钰、李续宾、李续宜等，均系湘产。故楚勇以湘为最劲，其营饷因以稍优。而各湘勇等领此饷额已久，调之远方，非此饷额，皆不愿行。如骆秉章等军驰赴川省，以及调赴鄂、皖、江、浙、陕、豫远省，皆仿照湘勇章程变通办理。此次丁宝桢在湖南迭奉谕旨，饬令召募得力兵勇，并不准稍有逗留。该臬司深知两楚各勇，惟湘勇最为得力，不敢以他项楚勇应募；又知东省饷项支绌，所发勇粮皆不能如湘勇之数，因与应募之将弁等，勉以时事艰难，尔等食毛践土，均应为国家出力，何得拘泥成案。而各勇弁等以南北服食异宜，东省米粮昂贵，且系远道跋涉为请。因再四核减，照湘勇章程参酌核减，每勇一名，核减六钱，月给银三两九钱，长夫三两，各勇弁等始肯应募而来。故该臬司自长沙起程及到东以后，皆照此数发给。臣复查情形，实难再减，是以据实具奏，奉旨在案。而该湘勇到东后，臣察其营规整肃，随地筑垒，毫无骚扰民间，临阵之时，实能奋勇打仗，与东省从前兵勇判然两途，昭昭在人耳目，并非滥冗充数。前此随同僧格林沁马队追贼，一日可行百数十里，即僧格林沁亦称此起勇队为能。况臣所募楚勇，皆自湖北黄、德一带而来，湘勇程途相去又远一千七八百里。故比楚勇所领口粮，虽为较多，亦皆相视平允，同隶一军，并无畸重之言。

刻下东昌虽平，而萌蘖未净，尚借强兵镇压，故臣特将此营湘勇分扎各处。现届冬令，北地严寒，该湘勇等即照原议口粮，尚难筹备寒衣。缘其专食稻米，口食之外，实难多余，若再行核减，不独失信于前，且亦情有不忍。该勇等以从征日久，水土不习，日切思归，臣以正资得用，未允遣撤。凡此情形，经臣与臬司丁宝桢再四筹商，实必势难照减。大抵统御士卒，只期兵数核实，精壮有律，若口粮过减，百弊丛生，或兵事拖延月日，或借端扰累乡间，似为省费，实即少发者亦为虚縻。自九月以来，经臣派拨各队四路巡驻，原为搜捕盗贼，而各处漕粮视上年稍觉顺手。消患期在于无形，自强或可以致富，多寡得失，臣日比较熟筹。在部臣总司财赋，不能不撙节制用，而微臣亲核事理，不得不随地变通。惟有仰恳天恩俯念此起湘勇来路较远，其章程原与楚勇不同，仍照臣前奏酌减湘勇章程照准，伏候钦定。臣非不知饷糈宜从节省，故前奏即声明，此外不惟东省不准援照，即楚勇亦不得以此为例，以示限制。

至部臣所议遣撤及移交僧格林沁一节，臣业将东省尚恃兵力以资镇慑各等情，历次奏闻在案，应无庸议。所有部驳湘勇章程碍难照减各缘由，理合恭折具奏，伏乞皇太后、皇上圣鉴训示。谨奏。

同治二年十二月二十日奉到回折："议政王军机大臣奉旨：'著照所请行。户部知道。钦此。'"

东昌府改为由外题补要缺折
同治二年十二月初九日

奏为府缺今昔情形不同，遵旨酌拟变通，以资治理而求实效，仰祈圣鉴事：

窃臣于十一月初十日钦奉上谕："东昌府一缺，近日甚关紧要，应否归地方拣员调补，著阎敬铭会同谭廷襄妥议具奏等因。钦此。"仰见圣慈洞察，廑念东邦之至意。

臣查东昌府一缺，本系应归部选，道光十七年十月因京员期满留工，无缺可补，经吏部议准原任河道督臣栗毓美奏请，以河南怀庆、山东东昌作为留工候补知府应补之缺；又于咸丰七年十二月准吏部咨："议复原任河道督臣李钧奏请将东昌、怀庆二府，无论何项缺出，将河工候补知府补竣后，再行由部铨选，并声明如于截缺期内并未留缺及留缺在截缺之后者，仍不准扣留，以符例案。"各等因，咨行在案。此东昌府缺本属归选兼准奏补河工人员之原委也。

臣查东昌府地滨临运河，前因河工学习京员无缺可补，奏明专以此缺请补河工人员，然遇有升迁降调等项事故，奉旨后即已由部开缺归选，外省不及扣留，即扣留到部，多在截缺之后。卷查成案，自道光十七年奏准以后，河工人员得补斯缺者甚属寥寥。是名为题补河工人员，实则仍归部选。今则东昌一府，修防事简，而连年地方多故，所属莘、堂、冠、馆及接界朝、濮等处，几成盗贼渊薮。现虽寇乱削平，而剔除伏莽，安抚疮痍，必须该管知府熟悉情形，宽猛兼济，方能妥筹善后，弭患未形，繁剧十倍于前，似非部选初任人员及未谙地方利弊者所能胜任。臣与谭廷襄往来函商，兼权缓急，拟请将东昌府一缺改为题调要缺，由外拣员奏补。惟地方与河务不容偏重，现在地方吃紧，分发河工京员亦已奏停，将来南运疏通，则督率宣防，又为所急，自应远筹熟计，免致一废难兴。仍拟遇有缺出，拣员酌量先补地方一人，再补河工一人，河工无人，即专用地方人员，庶于通变之中，仍可不失旧制。至部选之缺，改为由外题补，例应于本省题调要缺内酌改简缺互换。

臣查山东知府十缺，济南、泰安、兖州、沂州、登州、青州六府均系请旨之缺，东昌府专补河工，武定、莱州两府均系部选之缺，惟曹州一府系属题调缺分。第曹州亦为难治之区，且先系例应请旨简放要缺，道光二十四年经前抚臣崇恩奏准改为由外拣员题补。是曹州一缺既难改简，此外实属无缺可更。伏思部定缺分，或由外补，或归内选，成法昭然，原以杜轻易旧章之渐。惟事当窒碍，贵求变通。东昌一郡情形，时烦宸虑。臣身任封圻，通筹大局，期于地方有益，并非事后奏改一二缺分，预为属员升进之阶。合无仰恳逾格天恩俯准东昌一府改为由外提补要缺，仍兼酌河工人员，似于治理不无裨益。

所有东昌府缺近日情形紧要，遵旨妥议缘由，谨会同臣谭廷襄，合词恭折陈奏，伏乞皇太后、皇上圣鉴训示。谨奏。

同治二年十二月二十日奉到回折："议政王军机大臣奉旨：'另有旨。钦此。'"

山东商籍乡试援例变通办理折

同治二年十二月初九日

奏为山东商籍乡试，援例请旨变通办理，恭折具奏，仰祈圣鉴事：

窃照山东省商籍乡试，例应另编卤字号，归于定额之内，按五十名取中一名，不得过二名；如有因人数过少，不敷取中，情愿改归本籍者，准其呈明改归。但学额旧系八名，自乾隆四十四年奏减四名，附入济南府学，必岁科十三次，时阅二十年始足五十名之数，其间丁故老病，不知凡几。该士子等向因人数过少，不敷取中，或捐贡应试北闱，或呈明改归原籍，而另编卤字号之例，从未举行。近来商力消乏，其能赴北闱、归原籍者，十不获一，往往以青衿终老。兹据引票纲总商人刘耀台等呈，请援照浙江商籍乡试散入民卷取中之例，变通办理，由署运司恩锡会同藩司贡璜核明详情具奏前来。

臣查科场条例，浙江商籍各生乡试散入民卷取中，不另编卤字号，山东商籍事同一律。今童试之人数并不见少，只因不敷中额，未能观光，自应援例变通，以免向隅。合无仰恳天恩俯准，将山东省商籍乡试毋庸另编卤字号，一体散入民卷，凭文取中，即自甲子科为始，以广登进而惠士林。

谨会同山东学政臣尚庆潮，合词恭折具奏，伏乞皇太后、皇上圣鉴训示。

谨奏。

同治二年十二月二十日奉到回折："议政王军机大臣奉旨：'礼部议奏。钦此。'"

查明疏防革职知县郭逢春并无讳匿情事片
同治二年十二月初九日

再，查接管卷内招远县知县郭逢春，在峄县任内疏防抢劫讹索、捉人勒赎二十余案。据事主王金立等控经前抚臣崇恩查明，各案多未获犯详报，将郭逢春奏参革职，留于失事地方，勒限一月，协同接任官缉拿，于咸丰七年九月初七日奉旨允准钦遵，行司勒缉，并饬查有无讳匿情事。兹据查明，该革员郭逢春前在峄县任内，自咸丰七年四月至八月，疏防二十二案，依限详报者六案，未经详报者十六案。内事主王添祥、孙得、梁钟仁三案，已于是年十月初一日协获首伙匪犯贾仓玉等七名，审拟题结。事主王金立、梁镇清、刘进、龙懋任、吕廷杰、田汝棚、李增文、刘心一、孙彦、刘杰、韩金栋、胡广馨、刘文栋、任士典、任小女、孙成登、张瑞春、苏三、沈效城等十九案，亦于是年六月至十月初三等日，先后拿获首伙匪犯陈小幛等四十九名，格杀伙犯胡全等二十二名，审明拟议，分别奏咨。以上各案，均于勒缉限内获犯过半，兼获盗首，其未报十六案，亦系移交后任，协同获犯讯办，尚非讳匿。惟勘验至卸事或逾两月，或逾三月，不禀不详，咎无可辞，由藩司贡璜、臬司丁宝桢，转据该管道府详请复参前来。

臣查该革员郭逢春前在峄县任内疏防各案，虽无讳匿情事，首伙匪犯亦于勒缉限内协获过半，惟延不详报至十六案之多，实属怠玩，业已革职，应毋庸议。理合附片具奏，伏乞圣鉴。谨奏。

同治二年十二月十二日奉到回折："议政王军机大臣奉旨：'该部知道。钦此。'"

修理尼山圣庙动工日期折
同治二年十二月初九日

奏为遵旨勘明尼山圣庙各工，由地方官捐资敬谨修理，先将兴工日期恭折奏

报,仰祈圣鉴事:

窃臣接准部咨:"内阁抄出同治二年七月二十三日奉上谕:'阎敬铭奏尼山圣庙被匪损坏,请将奉祀之衍圣公议处,并自请议处一折。山东邹县尼山一带,逼近教匪巢穴,本年五月间迭被肆扰,毁坏庙宇,砍伐树株。准袭衍圣公孔祥珂职司奉祀,疏于防护,著交部议处。阎敬铭未能先事预防,咎亦难辞,著一并交部议处。该管地方文武员弁,均著查取职名,交部议处。并著阎敬铭派员前往敬谨查勘,赶紧筹议,设法修补,以副尊崇圣道至意。钦此。'"当经行司派委候补知府晏方琦前往敬谨查勘,筹议修补去后。

兹据晏方琦会同代理邹县知县张体健、衍圣公执事官赵承环恭诣尼山,勘明圣庙棂星门中间木柱拆毁,档木损坏一架,正殿天花板少六页,圣像神龛间有损坏,祭桌无存,东庑窗格少四扇,石架铁钟断落,讲堂三间格扇窗格全无;后院土地祠格子少二页,神龛拆毁,毓圣侯殿少格子一扇,窗格二扇;西院门少二扇;书院十一间拆毁大半;颜母祠四间同周围墙垣俱已拆毁。各处砖瓦亦多脱落,被砍小树九十余株,其余均属完全。以上各工撙节估计,共需工料银一千两有奇。该员张体健因现时库项支绌,既难请帑,县境疮痍乍复,又难劝捐,而工程紧要,未敢稍事稽迟,情愿捐资修理补种。择于十一月二十日兴工,由衍圣公派员驻工监视,约计两个月可以完竣。绘图贴说,由藩、臬两司详请具奏前来。

臣查尼山圣庙、书院自道光二十六年动款兴修,历年已久。今房屋墙垣半毁于匪,树株亦多被砍伐。该县张体健会同勘明,既愿捐资举办,自应责令敬谨修理,并补种树株,以肃观瞻而示尊崇。臣已咨会孔祥珂,饬令委员常川驻工帮同照料,务期工坚料实,不准草率偷减。

除俟工竣委员核实验收另行办理外,所有兴工日期,理合恭折奏报,伏乞皇太后、皇上圣鉴训示。谨奏。

同治二年十二月十二日奉到回折:"议政王军机大臣奉旨:'览奏均悉。著即敬谨兴修,核实办理。钦此。'"

前东海关监督征收洋税土税及支用数目折

同治二年十二月十三日

奏为前任登莱青道崇芳任内征收外洋税课及内地土税各银两,并支用海关经费数目，据详恭折奏祈圣鉴事：

案据现任东海关监督登莱青道潘霨详报：转准该前道崇芳移称，山东省沿海税务经总理各国事务衙门奏准，悉归登莱青道经理，并颁发东海关监督关防，该道遵即移驻烟台海口，按照通商税则征收，并将应支经费咨部立案。旋准复称，应俟具奏到日，再行核办等因。

兹查东海关自咸丰十一年七月十七日开关，在第四结期内之日起，至同治元年十一月十一日第九结止；又自十一月十二日起，至十二月十七该道交卸前一日止，共征收外洋进出口货物正税银六万二千三百三十二两一钱四分五厘半税，并复进口半税银一万八千八百四十二两九钱一分六厘，洋药进口正税银四千七百四十二两四钱，船钞银二千九百六十四两，业将征收细数并扣交英、法国二成等项银两数目，造册咨部在案。

惟设立东海关系属创始，一切漫无定章，督同各委员并与外国领事官互相商榷，始有就绪。烟台海口辽阔，时虞绕越偷漏，必须昼夜严密巡防。居民均系鱼鳞矮屋，又须设法租赁办公处所。核计在关文武员弁薪水、幕友束脩及书差饭食，并芝罘、崆峒等处号船、巡船水手工食暨租赁海关公署、外国帮办税务、扦子手、通事、书吏、辛工饭食、房租及一切心红纸张等费，均系力求撙节。自咸丰十一年七月十七日起，至同治元年十二月十七交卸前一日止，连闰计十八个月，统共支发银二万〇九百二十六两，内有外国扦子手、通事等共支银六千〇七十两，实用海关经费银一万四千八百五十六两。除船钞内提解官学生银四百九十六两三钱二分，其余船钞银二千四百六十七两六钱八分，经费银六千八百七十三两三钱九分六厘，全数动用外，计不敷经费银五千五百一十四两九钱二分四厘，请由不扣二成之半税、复进口半税项下先行借垫，其火耗一款作为随时津贴倾熔银两之用，动支无存。以上均系核实支销，毫无浮冒，造具总散收支各册，转详请奏。并声明征收各口商船土税，当于烟台口设立户关，认真劝办，并责成沿海各州县就近经理，自同治元年六月二十八日起，至十二月十七交卸前一日止，计六个月十八天，共支经费银二千四百六十四两。除已由随正一分耗银洋药、耗银船钞项下如数动支外，尚有余剩银两，因沿海各口道路遥远，间有梗阻，各州县解款未齐，容俟严催报解齐全，再将征收税银细数册报。兹先将户关应用经费数目附请核销等情前来。臣复核无异。

除清册咨部外，理合据详会同三口通商大臣崇厚恭折具奏，伏乞皇太后、皇上圣鉴，并请敕部核销。谨奏。

同治二年十二月廿五日奉到回折："议政王军机大臣奉旨：'该衙门知道。钦此。'"

被灾被扰各地方请分别缓征上忙钱粮折
同治二年十二月十三日

奏为遵旨查明山东省本年被灾、被扰地方，来春青黄不接，吁恳分别缓征上忙新赋，以资调剂，恭折具奏，仰乞圣鉴事：

窃照山东省各属，本年被水、被旱、被虫、被风、被雹并先后被贼窜扰，经臣恭折奏报，仰沐恩施。嗣复承准议政王军机大臣字寄："同治二年十月初三日钦奉上谕：'来春青黄不接之时，民力未免拮据。著传谕该抚，体察情形，应否接济之处，一并查明，于封印前奏到。此外被贼扰害地方，有应行调剂抚恤之处，著一并查奏等因。钦此。'"当经钦遵行司转饬查议。兹据各州、县、场、卫、所查明实在情形，禀由该管道、府、州呈经藩司贡璜复核议详前来。

臣伏查山东省本年被灾、被扰各属，前经臣先后督饬查勘，各按轻重情形，奏请蠲缓。今蒙圣恩，轸念民依，有加无已，特旨垂询来春青黄不接，应否调剂，跪诵之余，实深钦感，遵即悉心确核。

除民力尚可输将处所无庸另议接济外，合无吁恳天恩俯准，将原报被扰之临清州明一等里车家庄等一百三十八村庄；历城县被水之刘姑店等八十四村庄、苏家庄等八十村庄；被雹之赵仙庄等二村庄；被水、被虫之长山县辛集庄等四十三村庄；被水之齐河县孟家铺等地方邱家庄等五十二村庄、狮子张庄等一百七十四村庄，并卫之张保等地方本屯等六十七屯庄，禹城县一都一等里刘家花园等一百四十六村庄、一都五等里张家庄等三十村庄，长清县潘保杨家河口等二百七十七村庄、潘西张家庄等二百二村庄，陵县章柳庄等五十八村庄；被水、被虫、被扰之平原县一都三等图半吉店等四十五村庄；被扰之泰安县柴城等地方东柴城等二百二十三村庄；被水之东平州智明等保冯家洼等一十七村庄，东阿县班鸠店村等一百八十五村庄，平阴县牛角店河洼里苏家庄等一百一十六村庄，惠民县公字约韩家庄等三百三十八村庄，阳信县蔡魏庄等三百六十八村庄；被水、被虫之乐陵县事字约吕家庄等二百三十六村庄；被水之滨州西北两路王家庵等一百二十七村庄，沾化县峰台等里马家庄等四十一村庄，邹县元光等社龙河等一百六十四村庄，滕县信拾一等保北羊庄等二十九村庄；被水、被虫之阳谷县北十六侯家洼等四百三十三村庄；被水之菏泽县归安都等十三都范寨等四百三十一村庄、思贤等都内前郭庄等七百五村庄，定陶县黄德等村北李庄等九十一村庄，巨野县狄麟等保杨官屯等二百七村庄，濮州古云集等里徐家庄等九十六村庄，范县之五里堠等二十二村庄；被水、被扰之朝城县李家屯等一百一十村庄；被水之费县温泉等社二十九村庄、南尹等社二十一村庄，聊城县南六里朱家等九十二村庄；被水、被扰之堂邑县北仁一等里河下荣家等三百七十六村庄；被水之茌平县东五乡姚庄等四十六村庄、三十里铺等一百五村庄；被水、被虫之莘县林家庄等一百五十六村庄；被水、被扰之冠县邹堡村等三十三村庄，馆陶县西关崔家拐等一百六十一村庄；被扰之高唐州齐路小井等二十四村庄；被水之昌乐县乔官厂丛家庄等九十六村庄；被水之安邱县管公庄等四百三十九村庄；被扰之夏津县仓上庄等四十二村庄；被水之金乡县顺河等二十九方西程家庄等二百五十四村庄、和风方李家堂等四十二村庄，嘉祥县屯上等里布山庄等一百六村庄，应征同治三年上忙新赋及漕项、河银、临德等仓、民佃、盐课、芦课、学租、地租、盐钞、灶地、摊征、堤工等项，均请缓至同治三年麦后启征。

又被水之济宁州黑土店等地方本店庄等一百九十九村庄；被水、被虫之章邱县西七等里湛家庄等三十八村庄、西五等里李家庄等二十四村庄；被扰之淄川县城街、署前、关厢九处并二开河等二十一村庄、杜坡等一十九村庄、马家庄等四十村庄；被水、被虫之齐东县西岸村等六村庄、孟家桥等一百二十二村庄；被水之济阳县庆约等约桃庄等八十一村庄、珍约等约赵家窑等一百一十六村庄、喜约等约秦家圈等一百八十五村庄，临邑县冯家井等五村庄；被扰之陵县万家等一十七村庄、冯家等二十四村庄；被水之肥城县栾湾社刘官庄等一百四村庄，东平州智来等保刘家庄等一百五十六村庄，东阿县马颊河村等六十四村庄、柏松村等六十五村庄，惠民县平字约毛家口等一百三十九村庄、直字约荆家庄等九十一村庄；被水、被虫之青城县王青庄等二十三村庄；被水之阳信县归德乡赵升孟庄等一百三十一村庄，海丰县毛王等七堆计六十一村庄，利津县十四户等地方扈家滩等二十四村庄，蒲台县智字等乡李廷等一十八村庄、梅三行等一十七村庄；被水、被扰之曲阜县小雪等四社大官庄等四十四村庄；被扰之泗水县汉东等七社张庄等一百三十四村庄、坊廓等九社孙家庄等七十七村庄；被水、被虫之峄县阴平等社郝家湖等二百六十四村庄；被水之阳谷县东更名张博士集等五百五村庄，寿张县坊廓里何家庄等二百七十村庄、王西里仝家堤等四十九村庄、王东里葛家堤口等二百三十五村庄，菏泽县许家都等十七都内刘庄等三百二十六村庄，单县房城等保邵家楼等一百三十九村庄、吕仙等保黄堌寺等二百一十八村庄，城武县曹庄等村田家庄等二百一十二村庄、东关等村苗家庄等一百三十村庄、吴家楼等一百二十村庄，曹县被水之辛安等里白茂集等并复被贼扰之苗庄等里吕家寨等一百七十三村庄；被水之定陶县苗里等村曹官庄等八十一村庄，巨野县张表等保大郝家庄等一百九十九村庄、丰乐等保任家店等三百二十村庄，郓城县苗家胡同等一百二十一村庄、宋家庄等一十二村庄、张家堂等六十六村庄、唐家庄等四十五村庄，濮州南关东等里李家楼等一千三百六村庄、徐家海等里孙家花园等五十九村庄、永平等里王家集等一百八十九村庄，范县王麻口等五百一村庄，兰山县小院等保杨家庄等七百三十一村庄，郯城县蒲坦等保蒲坦庄等二百一十二村庄；沂水县被扰之粉疃庄等三十五村庄、土沟庄五十七村庄；被水之郭家楼等一百八十五村庄，被水之日照县沙沟等社孙家庄等一百一十五村庄；被水、被扰之堂邑县普三里柳林集等二百五村庄；被水之博平县郑家营等一十二村庄；被扰之清平县加二等里孔家集等四十七村庄；被水、被虫、被扰之莘县曹家屯等四十四村庄；被水、被扰之冠县凤庄等一百六十二村庄，恩县三乡四等图槐王庄等三十六村庄；被水、被虫之益都县务本等乡井峪等一百八十一村庄；被水之临淄县大夫贯等九十七村庄，乐安县安仁保艾家庄等六十七村庄、端智保东南坡等三十二村庄；被水、被虫之安邱县南甘泉等一百二十三村庄；被水之诸城县南关练两河庄等三百五十三村庄；被虫之邱县德三里镇东堡等一十二村庄；被水之金乡县东大等十五方周家庄等三百五十三村庄，鱼台县孝等方内义子王庄等五百九十二村庄，应征同治三年上忙新赋及漕项、河银、临德等仓、民佃、盐课、芦课、学租、地租、盐钞、灶地、摊征、堤工等项，均请缓至同治三年秋后启征。德州、东昌、临清、济宁等四卫及东平所屯庄并各盐场、灶地，均请随同坐落州县一律办理。感颂皇仁，实无既极。

所有遵旨查明山东省本年被灾各州县来春青黄不接，应请缓征同治三年上忙新赋缘由，理合恭折复奏。

再，邹县东南各乡并滕县礼七等保各村庄，被匪扰害最甚，前经声请另归善后案内查办，并续报被扰之单县未据议复各该县来年上忙钱粮或征或缓，应随本案并议核办，合并陈明，伏乞皇太后、皇上圣鉴训示。谨奏。

同治二年十二月廿五日奉到回折："议政王军机大臣奉旨：'候旨行。钦此。'"

各州县卫所续报被灾被扰请缓征钱漕折
同治二年十二月十三日

奏为勘明山东省各州、县、卫、所续报被水、被扰，分别请缓新旧钱漕，以纾民力，恭折奏祈圣鉴事：

窃照本年山东省各属州、县、卫、所秋禾被灾及被匪窜扰各处，业经奏恳恩施，并声明未及勘议之处，复到另行核办在案。兹据该管道、府、州督同印委各员，查勘明确，续请调剂，禀由藩司贡璜汇核详请具奏前来。臣复加查核。

各该州县地方或因被水歉收，或遭窜匪蹂躏，均属生计维艰，若将新旧钱漕照常征收，民力实有未逮，自应各就实在情形，酌量调剂，以示体恤。相应吁恳天恩俯准，将被扰较重之临清州明一等里车家庄等一百三十八村庄、陵县之万家庄等十七村庄；又被水、被扰之馆陶县西关崔家拐等一百六十一村庄；又被虫之邱县德三里镇东堡等一十二村庄，应征本年钱粮、漕米、漕仓，并本年青黄不接春间被扰各案内原缓上忙钱粮，及同治元年未完民欠同因灾原缓钱粮、漕米、漕仓、河银、学租、摊征、堤工等项，均请缓至同治三年秋后启征。

又被扰较轻之临清州彰一等里邵家庄等四百二十四村庄；又被水、被扰之朝城县在一里李家屯等一百一十村庄，馆陶县之阖境三百六十四村庄；又被虫之邱县富六里陈村等阖境村庄，除本年钱粮照常征收外，所有应征本年漕米，同被扰之陵县冯家庄等二十四村庄，又被水、被扰之朝城县在一里前后翟庄等六十二村庄，除本年漕米照常征收外，又被扰之曹县留庄板城等里吕家寨、大寨集等一百七十三村庄，除本年漕米已于秋灾案内请缓外，所有应征本年钱粮，并续报被水之沾化县峰台等里马家坊等四十一村庄，应征本年钱粮、仓项、民佃、盐课等项，并临清、陵县、沾化、朝城、馆陶、邱县等处本年青黄不接，及临清、馆陶、邱县春间被扰各案内原缓上忙钱粮，暨同治元年未完民欠同因灾原缓钱粮、漕米、漕仓、河银、学租、民佃、盐课、摊征、堤工等项，均请缓至同治三年秋后启征。又被水最轻之德平县阖境村庄，除本年钱粮、漕米，并沾化县富国等里巴家等庄，除已报被旱二百二十八村庄之外，另有被水九十一村庄，除本年钱粮暨今春青黄不接案内原缓麦后启征之未完上忙钱粮，均照常征收外，所有同治元年未完民欠及因灾原缓钱粮、漕仓、民佃、盐课等项，均请缓至同治三年秋后启征。

以上各州县无论较重、较轻、最轻并朝城县其余阖境村庄，凡有咸丰十年、十一年未完民欠及因灾原缓递缓钱粮、漕米、漕仓、河银、学租、民佃、盐课、摊征、堤工等项，一并缓至同治三年秋后。钱漕分为两案，各按最先年分递年依次带征一年，以苏民困。

至卫、所屯庄随同坐落各州县民田一律办理。其例不缺额之蓟粮兵米及请缓钱粮仍征漕米之州县不敷漕项，均照例于成熟村庄应征银米内照数划拨，统于大漕地丁内核缓。又阖境全缓漕粮之处，请将蓟粮兵米在征漕州县内拨补，俾符原额。仰恳恩施垂念地方苦累，俯准分别量予调剂，民力借以稍纾。感颂皇仁，实无既极。

除分饬各该州县赶造缓征册结外，理合恭折具奏，伏乞皇太后、皇上圣鉴训示。谨奏。

同治二年十二月廿五日奉到回折："议政王军机大臣奉旨：'另有旨。钦此。'"

筹拨僧格林沁营军饷等银片

同治二年十二月十三日

再，查僧格林沁月饷，前经臣将八月二十三日起至十月初三日止解过银数奏报在案。兹复据藩司贡璜先后申报陆续解银十万五千两，于十月初十、十八，十一月初十、二十八，十二月初八、十八等日，分起委解僧格林沁粮台交纳。此内有凑拨临清关税银一万六千两，因库储地丁项下实形短绌，不得不多方设措，尚虑续解不敷。兹又筹拨粮道库存银一万两，饬令迅速解司，以凭转解僧格林沁粮台，用资协济。又，查僧格林沁行营前在淄川攻剿吃紧之时，需用粮料甚巨，当因各州县劝捐采买，缓不济急，经臣饬司先后措办银一万两，解交僧格林沁粮台，专为购办之需，不归月饷核计。

再，臣接准部咨：科尔沁公衔头等台吉伯彦诺谟祜，备办僧格林沁军营盘费银三千两，交部库兑收，奏明由山东藩库应解京饷内划拨，当经饬司筹备银三千两，于十一月二十八日解交。惟此项银两，部文指拨咸丰十一年京饷。查是年司库已无存款，现于同治二年地丁项下照数支发，应即在二年分京饷内扣除，据藩司呈报前来。

除分咨查照外，理合附片陈明，伏乞圣鉴。谨奏。

同治二年十二月廿五日奉到回折："议政王军机大臣奉旨：'户部知道。钦此。'"

特参滥役防兵之候补守备郭令鳌片
同治二年十二月十三日

再，查署曹右营都司候补守备郭令鳌，在东昌带兵随剿，尚称勇往。前月杪，臣军务已定，咨会曹州镇总兵保德，将曹标官兵八百名遣撤三百名，以节縻费。保德因郭令鳌所带三百名精壮可用，仍行留防，将守备杨酉林原带五百名内挑出三百名，派郭令鳌管带归伍，令其于撤回兵内酌带数名，沿途役使。郭令鳌并不遵依，竟将留防马步兵挑选二十名，私带回营。保德揭参前来。

臣查外省武职滥役兵丁，久干禁令。郭令鳌以军营武弁，于上司遣撤回营，擅将留防兵丁二十名带回滥役，实属肆纵乖谬，未便稍事姑容。相应据实奏参，请旨将署曹右营都司候补守备郭令鳌从重革职，仍留营效力，以观后效。为此附片具奏，伏乞圣鉴。谨奏。

同治二年十二月廿五日奉到回折："议政王军机大臣奉旨：'郭令鳌著即革职，仍留营效力，以观后效。钦此。'"

特参疏防关厢被抢之县令汛弁折
同治二年十二月十三日

奏为特参疏防关厢被抢之县令汛弁，请旨交部议处，摘顶勒缉，以重捕务，恭折具奏，仰祈圣鉴事：

窃照山东盗风素炽，此时军务甫平，伏莽尚多，况一交冬令，匪徒尤易窃发。节经臣督同臬司，严饬各该地方官认真防捕，不准一刻松劲。乃据郓城县通报，本年十月初十日夜，有江苏办硝委员林渐逵等，在东关外张志同客店被匪抢去银钱、衣物，计赃四百八十余两之案。批饬上紧缉拿，迄今两月有余，犯无报获，缉捕实属懈弛，未便姑容。兹据藩、臬两司转据该管道府将领详揭前来。相应请旨，将署郓城县知县陈烈、代理郓城汛千总东平汛外委刘继魁，一并交部议处，仍摘去顶戴，勒限两个月严缉。此案赃盗务获究报，限满不获，再行严参。为此恭折具奏，伏乞皇太后、皇上圣鉴训示。谨奏。

同治二年十二月廿五日奉到回折："议政王军机大臣奉旨：'陈烈、刘继魁均著交部议处，仍摘去顶戴，勒限两个月严缉务获。余依议。钦此。'"

私煎窝囤兴贩硝磺之犯仍复军流片
同治二年十二月十三日

再，查山东自咸丰十年以后盗贼蜂起，征调频仍，前抚臣谭廷襄欲杜奸民接济硝磺，不得不绳以峻法，曾经奏准将私煎、窝囤、兴贩硝磺之犯，比照私铸炮位及兴贩通贼例处斩，俟军务告竣，仍复旧例办理。今捻、教各匪已于上年次第消除，军务稍平，即邻省之直隶、河南、安徽、江苏现亦渐次肃清，所有私煎、窝囤、兴贩硝磺之例，应请仍复军流旧例办理，以符定制。据兼署臬司卫荣光具详前来。臣复核无异。

除咨刑部外，理合附片奏明，伏乞圣鉴。谨奏。

同治二年十二月廿五日奉到回折："议政王军机大臣奉旨：'知道了。钦此。'"

请将候补参将特屯布饬令回旗片
同治二年十二月十三日

再，查候补参将特屯布，系正红旗蒙古，由领催承袭世管佐领兼袭骑都尉，咸丰五年以参将拣发来东，曾经委署参游各缺，尚无贻误。今臣察看该将年力尚强，惟于营务不甚谙悉，未便留营委用。相应据实奏明请旨，将候补参将特屯布饬令照旧回旗当差，以重营伍。为此附片陈明，伏乞圣鉴。谨奏。

议政王军机大臣奉旨："特屯布著回旗当差。该部知道。钦此。"

审明定陶县民京控按律定拟折
同治二年十二月十三日

奏为审明京控，按律定拟，恭折奏祈圣鉴事：

窃照定陶县民人宋景海以陈瑞兴纠众惨杀焚掠一空等情，控经都察院奏奉谕旨："此案著交阎敬铭督同臬司，亲提人证、卷宗，秉公严讯确情，按律定拟具奏。原告民人宋景海，该部照例解往备质。钦此。"当经行司饬提人卷严讯。兹据臬司丁宝桢审明拟议，解勘前来。臣亲提研鞫。

缘宋景海籍隶定陶县，与邻庄团长陈瑞兴素好无嫌。咸丰十一年四月间，陈瑞兴与陈二狗食、陈三狗食商议修围御贼，令其子陈大贵、陈二喜往劝宋景海出夫助工。宋景海因农忙未允。嗣贼匪窜入县境，该县调团协剿，陈瑞兴令宋景海添邀团丁同往，宋景海亦未允从。陈瑞兴声言，宋景海不顾大局，不准入围避难，彼此口角，宋景海即携眷逃赴姑庵寨中，后闻贼退，回家查看驴、骡被窃，并未呈报。九月初十日夜，股匪数百人窜入该庄焚掠，宋景海先逃出庄，伊族人宋文彬、宋景山、宋文振、宋粉店、宋刘氏俱被杀害，宋文林、宋子昂均各受伤。维时陈瑞兴闻知，率领陈二狗食、陈三狗食、陈大汉、陈大伏、陈二伏并团丁前往捕拿。适该县带勇赶到，督同击退，毙匪多名。次日宋景海回庄，伊子宋于善逃在陈瑞兴围内，经陈瑞兴族人陈三麻送回。宋景海因房屋财物均被焚掠，疑陈瑞兴怀挟前嫌，乘间扰害，故令陈三麻送回伊子，希冀掩饰，往向诘问。陈瑞兴不依斥说，与宋景海揪毁劝散。宋景海即以纠众惨杀焚掠等词，由县上控，批府提审饬查，陈瑞兴等并无为匪情事。讯因两造供词各执，续提人证未到，尚未审结，宋景海又以前词，并图准添砌陈瑞兴交结衙蠹等情，赴都察院衙门具控，奏奉谕旨，饬提人卷讯明，陈瑞兴实系率团剿匪，并未焚掠杀人。质之宋景海，亦自认怀疑捏砌，并非有心诬告，应即拟结。

查律载："申诉不实者，杖一百。"等语。此案宋景海京控各情，虽讯系怀疑捏砌，究属失实，自应按律问拟。宋景海合依"申拆不实者，杖一百"律，拟杖一百，折责发落。陈瑞兴等讯无焚掠杀人各情，应与伤已平复之宋文林等，均毋庸议。被害之宋文彬等饬县查明详办。宋景海家被窃驴、骡正贼饬缉，获日另结。

除供册咨部外，理合恭折具奏，伏乞皇太后、皇上圣鉴。谨奏。

同治二年十二月廿五日奉到回折："议政王军机大臣奉旨：'刑部议奏。钦此。'"

同治二年十一月雪泽粮价折

同治二年十二月十九日

奏为恭报十一月份雪泽情形并呈粮价清单，恭折奏祈圣鉴事：

窃照十月份雨雪、粮价，前经奏报在案。兹查十一月份，据泰安府属之泰安、新泰、肥城，武定府属之利津，兖州府属之曲阜，沂州府属之郯城、蒙阴、日照，东昌府属之茌平，青州府属之博山、安丘、诸城，莱州府属之平度、掖县、昌邑、即墨，登州府属之蓬莱、黄县、福山、栖霞、招远、莱阳、宁海、文登、荣成、海阳等州县，先后申报于月之初二、初三、初四、初十、十一、十二、十四、十五、十六、十八、十九等日，各得雪一、二、三、四、五寸不等。渥被祥霙，丰年预兆，堪以仰慰圣怀。

至各属市集粮价，与上月大略相同。谨缮清单，祗呈御览。为此恭折具奏，伏乞皇太后、皇上圣鉴。谨奏。

同治二年十二月三十日奉到回折："议政王军机大臣奉旨：'知道了。钦此。'"

十一月份粮价清单

谨将同治二年十一月份山东省各属米、谷、麦、豆价值，敬缮清单，恭呈御览。

计开：

济南府属：稻米每仓石价银二两四钱五分至四两二钱四分，较上月贱二分。粟米每仓石价银八钱八分至二两五钱六分，与上月同。粟谷每仓石价银五钱九分至一两四钱八分，较上月贱四分。高粱每仓石价银八钱至一两七钱七分，较上月贵二分。小麦每仓石价银一两二钱五分至二两五钱八分，较上月贵四分。黄豆每仓石价银一两一钱至二两三钱四分，较上月贱一钱五分。黑豆每仓石价银一两一钱至三两三钱三分，较上月贱一钱六分。

泰安府属：稻米每仓石价银二两八钱至四两五钱，与上月同。粟米每仓石价银一两三钱至二两三钱，与上月同。粟谷每仓石价银六钱五分至一两九钱四分，与上月同。高粱每仓石价银一两一钱三分至一两八钱二分，与上月同。小麦每仓石价银一两六钱五分至二两二钱九分，较上月贱四钱。黄豆每仓石价银一两一钱至二两六钱八分，与上月同。黑豆每仓石价银一两五钱至二两六钱八分，与上月同。

武定府属：稻米每仓石价银二两四钱八分至四两六钱二分，与上月同。粟米每仓石价银一两一钱六分至二两二钱，与上月同。粟谷每仓石价银七钱七分至一两八钱，与上月同。高粱每仓石价银八钱至一两三钱，与上月同。小麦每仓石价银一两五钱至三两五分，与上月同。黄豆每仓石价银一两一钱八分至二两一钱三分，与上月同。黑豆每仓石价银一两一钱至一两八钱二分，与上月同。

兖州府属：稻米每仓石价银二两四钱至五两五钱，较上月贵一两三钱。粟米每仓石价银八钱三分至四两一钱六分，较上月贵一两二钱九分。粟谷每仓石价银五钱四分至二两三分，较上月贵一钱六分。高粱每仓石价银七钱至二两六钱，较上月贵四钱。小麦每仓石价银一两五分至二两九钱，较上月贵一钱。黄豆每仓石价银一两至二两九钱，较上月贵五钱七分。黑豆每仓石价银九钱八分至二两九钱，较上月贵七钱。

曹州府属：稻米每仓石价银三两二钱八分至五两，与上月同。粟米每仓石价银一两一钱七分至三两七钱，与上月同。粟谷每仓石价银七钱至二两二钱八分，与上月同。高粱每仓石价银八钱至二两五钱五分，与上月同。小麦每仓石价银一两二钱五分至三两二钱，较上月贵一钱。黄豆每仓石价银一两二钱至二两七钱四分，与上月同。黑豆每仓石价银一两一钱三分至二两三钱八分，与上月同。

沂州府属：稻米每仓石价银二两至三两九钱二分，与上月同。粟米每仓石价银一两三钱至二两五钱九分，与上月同。粟谷每仓石价银六钱八分至一两五钱八分，与上月同。高粱每仓石价银七钱九分至一两四钱八分，与上月同。小麦每仓石价银一两至一两八钱五分，与上月同。黄豆每仓石价银八钱至一两四钱五分，与上月同。黑豆每仓石价银八钱至一两四钱五分，与上月同。

东昌府属：稻米每仓石价银三两一钱至五两，与上月同。粟米每仓石价银一两一钱四分至二两七钱，较上月贱二钱。粟谷每仓石价银七钱至一两六钱，较上月贱一钱五分。高粱每仓石价银九钱至二两四钱，较上月贱二钱。小麦每仓石价银一两四钱至三两三钱，与上月同。黄豆每仓石价银一两五分至二两九钱，与上月同。黑豆每仓石价银一两至三两一钱，与上月同。

青州府属：稻米每仓石价银二两至三两四钱，与上月同。粟米每仓石价银一两二钱四分至二两，与上月同。粟谷每仓石价银七钱至一两三钱，与上月同。高粱每仓石价银六钱九分至一两四钱八分，与上月同。小麦每仓石价银一两一钱至二两三钱，与上月同。黄豆每仓石价银九钱八分至一两七钱，与上月同。黑豆每仓石价银九钱八分至一两七钱四分，与上月同。

莱州府属：稻米每仓石价银二两三分至三两五分，与上月同。粟米每仓石价银一两至一两五钱，与上月同。粟谷每仓石价银五钱至一两，与上月同。高梁每仓石价银七钱至一两一钱，与上月同。小麦每仓石价银一两一钱至一两八钱，与上月同。黄豆每仓石价银一两七分至一两四钱，与上月同。黑豆每仓石价银一两二分至一两四钱四分，与上月同。

登州府属：稻米每仓石价银二两七分至三两一钱，与上月同。粟米每仓石价银一两二钱九分至一两九钱，与上月同。粟谷每仓石价银七钱二分至一两一钱五分，与上月同。高粱每仓石价银八钱至一两六钱，与上月同。小麦每仓石价银一两二钱四分至二两二钱，与上月同。黄豆每仓石价银九钱至一两七钱，与上月同。黑豆每仓石价银九钱至一两七钱，与上月同。

临清直隶州并属：稻米每仓石价银三两四钱五分至三两九钱，与上月同。粟米每仓石价银一两四钱至二两五分，较上月贱二钱五分。粟谷每仓石价银八钱五分至一两三钱六分，与上月同。高粱每仓石价银一两七分至二两，与上月同。小麦每仓石价银二两四钱四分至二两六钱五分，较上月贵一钱。黄豆每仓石价银一两一钱八分至一两九钱九分，与上月同。黑豆每仓石价银一两一钱八分至二两二钱，与上月同。

济宁直隶州并属：稻米每仓石价银三两三钱至六两三钱七分，与上月同。粟米每仓石价银一两六钱五分至三两，与上月同。粟谷每仓石价银一两三分至二两，与上月同。高粱每仓石价银一两一钱五分至二两四钱，与上月同。小麦每仓石价银一两三钱至二两六钱，与上月同。黄豆每仓石价银一两三钱一分至二两六钱，与上月同。黑豆每仓石价银一两一钱五分至二两九钱，与上月同。

邹滕费三县被扰村庄分别蠲缓片

同治二年十二月十九日

再，查白莲池地方为邹、滕、泗、曲、费五县联界之区，犬牙相错，附近匪巢各村庄扰害尤甚，臣于奏报秋灾折内声明请归善后另案查办。兹据藩司贡璜详据印委各员确查具禀，邹、滕、费三县各村庄频遭蹂躏，历时既久，扰累愈深，现虽招集流亡，陆续归业，而村落为墟，谋生乏术，栖身既费经营，垦地更需工本，必须宽予调剂，庶几积困稍苏。所有被扰最重之邹县罗头、田黄、鲁元、土旺、东韦、胡尚、香城、夏侯等社三百九村庄，钦遵前奉谕旨免租二年，请将同治三年、四年应征钱粮、漕米、漕仓、河银、学租等项，概免完纳。其咸丰十年、十一年及同治元年、二年未完民欠暨因灾原缓、递缓钱漕各款，并请一体蠲免。又滕县极重之礼七保凉水河等六十四村庄、礼六保章山孔等九村庄，同次重之礼六保姚窝村等一十六村庄、礼五保白蒋峪等一十五村庄、义五保马家河等二十八村庄，请将应征同治二年钱粮、漕米、漕仓、河银、学租等项，并咸丰十年、十一年及同治元年未完民欠暨因灾原缓、递缓钱漕各款，概行蠲免。其应征同治三年上忙钱粮，并请缓至是年秋后启征。又最重之费县流于村等一十一村庄，请将应征同治三年钱粮、学租等项，免其完纳一年。其咸丰十年、十一年及同治元年、二年旧欠原缓钱粮，并请概行蠲免。卫、所屯庄随同坐落各县一律办理等情，请奏前来。

臣复查该司所详系各就地方情形核实调剂。合无吁恳天恩俯准，将各该县钱漕分别蠲缓，俾小民疮痍渐复，衽席同登，感沐鸿慈，实无既极。理合附片奏闻，伏乞圣鉴。

再，查曲阜、泗水二县被扰视邹、滕等处稍轻，已于秋灾案内蠲缓钱漕，应请毋庸再议，合并陈明。谨奏。

同治二年十二月三十日奉到回折："议政王军机大臣奉旨：'另有旨。钦此。'"

查禁私铸小钱折
同治二年十二月十九日

奏为查禁私铸，循例恭折奏闻，仰祈圣鉴事：

窃照私铸小钱及搀和行使，历经严饬查拿，按年取结奏报在案。东省各属素鲜私铸，自勒限饬属密访查拿收缴之后，咸知畏法。同治二年分通省查无前项情弊。据藩、臬两司会详前来。臣复查无异。

除仍批饬严檄各该地方官随时查禁，勿因现在并无犯案稍涉松懈，以防流弊而重圜法，并将印结咨部外，所有同治二年查无私铸缘由，理合循例恭折具奏，伏乞皇太后、皇上圣鉴。谨奏。

同治二年十二月三十日奉到回折："议政王军机大臣奉旨：'知道了。钦此。'"

查办逆产迁移灾民并沿河地方请循旧制折[1]

同治二年十二月十九日

奏为遵旨查办逆产迁移灾民情形，并沿河州县管辖地方仍循旧制，仰祈圣鉴事：

窃臣先于八月初三日钦奉寄谕："僧格林沁奏白莲池教匪削平，附近田畴荒芜，地势甚广，请将曹州府被水灾黎招徕认垦，所筹甚为妥善。著阎敬铭派员详细履勘，务使实惠均沾，有利无弊等因。钦此。"又于八月十六日钦奉寄谕："前据御史刘庆奏东省招垦荒废地亩，请查明分别办理等语。该御史所奏各情，有无可采之处，著阎敬铭详加酌核，妥议章程具奏等因。钦此。"又于九月二十七日钦奉寄谕："僧格林沁奏宋逆削平，莘、堂、冠、馆、朝城等县逆产甚多，著照所请，饬令已革直隶总督文煜、已革按察使孙治留于山东，专办兖州、东昌等处清查逆产、招抚灾黎事宜，该大臣拟将黄河以南灾民安置白莲池一带，黄河以北灾民安置刘贯庄、甘官屯一带，即著饬地方官详查办理。黄河改道以来，各州县被水隔绝，请将新黄河以南地方归以南州县管理，以北地方归以北州县管理，著阎敬铭查明办理等因。钦此。"

臣查山东自黄河改道，曹属濮、范一带及滨近运河、大清河等地方，节年泛溢为灾，居民失所。该大臣乘兖州、东昌扫荡之余，请将荒田逆产招徕沿河灾民耕种，以垦代赈，就地移民，广皇仁而苏民困，甚善举也。迭蒙圣训诰诫，轸念穷黎，臣身任封圻，岂敢心存膜视，惟念移民招垦先以荒地多寡为凭，尤在俯顺民情，善为安插。

臣先奉谕旨，饬查白莲池一带荒田逆产，其时运司恩锡尚在兖州，当即兼饬藩、运两司及该管道府，督率地方官，认真履勘，并将御史刘庆所奏抄录行知，详核妥议。其莘、堂等逆产，臣于九月间，先经会同僧格林沁派员协同地方官确查。嗣奉谕旨，饬令臣、文煜等专司办理，臣未敢推诿，仍饬先派委员随同查办东昌逆产，并饬司道将查办兖州荒地逆产情形，随时禀报臣、文煜核议办理在案。兹据该司道并委员及各地方官等，将查勘两处地亩并灾民碍难迁徙各情形禀报前来。

臣查兖州一带，教匪盘踞数年，其中逆产必须逐细详查，期无隐漏。据该

---

[1] 此折系阎敬铭与文煜合奏。

司道禀称：自开局查办，数月以来，勘得邹县白莲池山路崎岖，平地甚少，现在查出山田并附近各处荒地实系逆产者，共一百五十三顷七十九亩零，其泗、费等县为贼所窜扰之区，委无逆产。至各县荒田多少不等，除业主已经回归，陆续勘明给领外，其余未经认领之田，合邹、曲、泗、滕、费五县之地凑计共三百三十二顷二亩零，多系零星小户，逃散四方，一时尚难归复。若以现查数目为断，将查出确实之逆产畀之灾民，则为数无多，不敷分拨。指未经复业之民田断为逆产，则异时回籍，又起争端。惟有宽以限期，俟逃荒良民回归，勘明认领完竣后，下余实系绝产，再行分别办理。

　　臣查该司道等所禀，系以本境之田仍归本境逃亡之户，与该大臣所奏，地有原主，自应查明给领，意实相符。惟因册籍混淆，流亡未复，一时难骤查清，宽以限期，庶昭慎重。拟请照御史刘庆所奏，酌定一年为限，如逾期限未领，即行入官。至逆产既属无几，若遽驱曹属之民，使之来充，无论地难分派，且异乡就徙，并无亲戚可依、庐舍可住，来年青黄不接，何术谋生？以曹、单所属郓、巨强悍贫民，群聚于兖州荒乱之地，臣窃不无过虑。他如东阿、平阴等处，亦系黄河以南被水之区，察看各该处沿河灾民，破屋颓垣，自安棲守，金云水涸尚可种麦为生，坟墓之乡，不忍远而他去。盖愚民安土重迁，性类如此。此查办兖州荒田逆产并黄河以南灾民不愿迁徙之情形也。

　　东昌所属，宋逆倡乱，旋就荡平，其逆产较之兖州尚易察勘。据委员及各县陆续禀报，查出堂邑之甘官屯、刘贯庄附近三里逆产二十六顷八十六亩零；堂邑并莘、冠、馆、朝四县共计逆产六十二顷十亩零，房九百九十五间；观城一县仅有逆产十亩；又临清州查出逆产三顷九亩零，由各该地方出具并无隐匿甘结册报前来。自应量移河北灾民，俾资耕种。

　　查新黄河以北，濮州最当其冲，范县次之，寿张、阳谷又次之。濮州已成水套，居民无几，半以行船捕鱼为生。范县、寿张、阳谷被水各处，经该地方官禀称，迭经晓谕，有情愿迁徙之民，令其呈报。各该乡民佥称，自咸丰五年被水，有力者早经挈家远徙，现在各户或小本经营，尚堪苦度，或佣工糊口，故土难移。臣推原其故，顾恋乡井，固小民之常情；而莘、堂等处逆产，半错出于本地民产田亩之间，风土必相习而后安，亦畏受人欺压，故乡民苦况，不惮独身他处佣工，而不愿携家远徙。此查办东昌所属逆产并黄河以北灾民不欲迁徙之情形也。

　　臣思愚民可与乐成，难以图始。该大臣良法美意，亟思拯救灾黎，而或事待徐行，或愚情难晓。臣体察至再，派委各员往返查询，不敢不缕陈入告，拟请迁移之举，暂且停议。其两处逆产并兖州续查之绝产，如何办理之处，容臣同司道详议妥筹。总期无利于官，有利于民，以仰副皇上子惠困穷之意。

再，该大臣请将新黄河以南地方归以南州县管理，以北地方归以北州县管理，系为稽查易周起见。臣查原奏所称，如梁山地方系寿张县属，现隔黄河漫溢数十里，系属实在情形。惟查寿张南界至梁山七十里，与郓城相近，即无水之时，本属辽远难防，是以梁山营设立都司，以资控驭。黄水决溃之处，平流漫衍，涨落广狭，时有不同，难以画井分疆，扼河为界。至滨临大清河之长清、济阳、东阿、平阴、齐河等处，河南北兼有管辖地方，每年黄水窜入为灾，各该县查勘抚绥，仍自各有责成，不能互诿。州县各地犬牙相错，建置有年，户口土田，久分版籍，一旦割此隶彼，广者愈广，狭者愈狭，凡户册粮额，皆必互更，其中丈量摊寄隐占诸弊，从此而生，恐非旦夕所能清厘，似不如仍循旧制，以为简易。

总之，欲减东省水患，首在治河，自古黄河无废而不治之理。第军务未暇，经费支绌，实难兴此巨工。然愈患愈深，山东渐成尾闾之势，臣五夜焦灼，实属隐忧。现饬沿河各州县查明境内水道，绘图贴说，众议兼筹，容俟事可措手，再行陈明办理。

所有遵旨查办逆产迁移灾民，沿河南北各州县管辖地方请仍【循】旧制缘由，谨恭折具陈，伏乞皇太后、皇上圣鉴。谨奏。

同治二年十二月三十日奉到回折："议政王军机大臣奉旨：'另有旨。钦此。'"

筹解陈国瑞营军饷片
同治二年十二月十九日

再，东省协济陈国瑞军饷，自本年三月至八月止，解过银五万五千两，又赏犒银一万两，九月间委员解赴徐州粮台银一万两，十月间交提饷委员游击张义周管解银五千两，均经先后奏报在案。兹张游击又复折回催提，据藩司详称，于万分拮据中，措银二千两，交解回营。又，陈营带勇参将吴凤柱派千总祁兴盛来领官弁马勇口粮，又措银一千两，即交来弁解回。又，臣于本年七月间曾饬兖州支应局拨解银五千两，作为陈营月支钱米之用。前奏因系另款，未经核入，理合一并附陈，伏乞圣鉴。谨奏。

同治二年十二月三十日奉到回折："户部知道。钦此。"

附编：通饬批牍

通饬裁撤勇粮
同治二年八月十七日

　　照得本署部院自履任以来，访知东省州县各事多有出于寻常定例之外者，而其尤甚莫如勇粮一事。本署部院周历数省，从未见有州县开销勇粮。乃自到东以来，接阅各属禀牍，贼氛尚在一二百里外，则已任意铺张，赶请添募壮勇。虽经前院批饬自行筹办，本署部院前此在省接见州县，询知亦有一二能知自爱之员筹款捐办，不请开销，深可嘉尚。其余各牧令狃于积习，或以无报有，以少报多，或以暂报久。尤为巧者，明知专案禀请必遭驳饬，则于叙述情形禀内带叙募勇一语，随后又禀请裁撤，以为既经撤勇，则前此之募勇可知，蒙混含糊，自谓业经禀明有案。该牧令等亦知此款司库断难照发，不过存此名目，列入交代抵案之中，以为蒙混弥缝、缪辀狡赖之计，以至省城交代局积至数年之久、数百案之多，即因此项勇粮争辩纷纭，不能了结一案。此等不肖肺腑劣官劣幕，私诩得计。吏治之坏，国势之亏，皆由于此，实堪痛恨。岂知国家定例，本无州县勇粮一条，将来固难于奏销。即谓由外筹补，现在东省各项筹补之款，积至数十百万，以致在官应发之项，一概不能支给，已属苦累万分，更于何处另作筹补之法？似此内不能销、外不能补之款，犹复藉端浮冒，通省皆然，徒为不肖之徒开一无极无止莫大弊窦。本署部院断不能容此等恶习稍开亏移侵蚀之门，更不容有此等劣员施其巧诈侵挪之技。此后各属禀报勇粮，除奏明有案者暂为照办外，其余一概永远停止。

　　该牧令等本有地方之责，一旦有警，应如何竭力守御，各视其力量所能为，即使有力雇勇，亦地方应办之事，不必哓哓具禀。如有仍染旧习具禀尝试者，即行撤参。倘有侵挪钱粮，并将勇粮列入交代等弊，立即专案严参，庶可杜积弊而昭核实。虽似因噎废食，实出于万不得已之苦衷。该牧令等勿谓言之不早也。除咨会三镇通饬各营遵照外，合行札饬。札到，该司道等立即分别饬属一体照办毋违。此札。

通饬整顿吏治

同治二年十一月初九日

照得本署院下车之始，适值贼氛充斥，锐意治军，未暇整顿吏治。目下逆踪已靖，东昌各属均尚安谧，本署院即日回省，定将整顿地方事件次第举行。细察东省致乱之由，固属民情刁悍，易于煽动，然究其始，实由地方官不能以身率教，以折服其心，迨至激成事端，遂皆诿罪于民。该地方官试扪心自问，其果能事事无愧于吾民乎！夫父兄之教不先，子弟之率不谨，民间故有恶习，本性岂尽无良。乃为民父母，于居心行事，既不能酌理准情，使有观感，又于出令之闲，出尔反尔，先示不信于民，以启其争利之端。及百姓抚不受命，又须关顾自己考成，不能不俯顺舆情，冀以含糊弥缝了局。官不自重，民乃益骄。禁以令谓不足听，示以威谓不足畏，骚然群动，变益加厉。始则抗纳钱漕，继则挟制官长，不可驾驭，不可收拾，浸至酿为叛逆，至于今日。为民上者，安能辞咎？今幸天心厌乱，渐次肃清，而余匪在逃，民气未靖，此正励精图治之时也。

本署部院以负罪之人，忝任封圻，惟有饬躬率属，悉心求治。各牧令为亲民之官，更当力挽颓习，痛改前非。其要先将"利"字一关打破，事事从心术上做起。一切兴利去弊，除暴安良，皆须力求真实。尤宜廉洁自爱，毋令见轻于民。勿尚浮华，勿耽安逸，勿图巧诈，勿占便宜，勿专利身家，罔知世乱民艰。不必高谈经济，空言无补；不必标奇立异，更易旧章。本署部院以诚待人，亦欲人以诚相告。近阅各处所来之禀报，率云若何振刷精神，若何整顿事务，处处周密，亦觉动听，本署院密访各属，尚无人能自践其言者。言与行违，最是官场恶习。更有率意报销，浮开用费，遇有差使争占便宜。此虽积习使然，实属争利取巧，上下相蒙，朋僚互争，大为人心风俗之忧。合行札饬。札到，该司、道、府即行通饬所属，自饬之后，务宜自爱身名，各立志节。须知当世之乱，皆贪官俗吏、鄙夫利徒之所酿。本署院不循资格，不论科甲、捐纳，一体相视。但能洁己爱民，事事真实勤恳，即为循吏，定行优奖。若仍蹈故习，惟便利之是图，不求真实，本部院决不袒护属员，致使民不安生，大乱无已，定予严参，以起时弊。各宜凛遵毋违！此札。

批淄川令张锡纶禀

同治二年十二月二十二日

据禀已悉。催科之法,惟有尽心民事,输将自然踊跃。孟子所谓"善政得民财"也。淄民惊魂甫定,即完正供,不可谓非民情之厚。该令其自正自勤,俾民不致轻官,则官法可行,政事可立,切勿专图自便自利。吏道之堕,心术之坏,至今已极。刘逆之乱,何尝非官养成之。本部院无过求于该令,能力反寻常贪诈昏庸之习,庶几近之。该令勿趋于能,而知真实为万事之本,乃可与言吏道。此缴。

批峄县令蒋庆箎禀[1]

民穷则乱,时事所迫。治之者,惟有事事力求便民,事事不扰之策。民甫归来,力行保甲,清财赋之原,弭盗贼之薮,皆在于此。团练非不可用,要在官举善士以为乡长、团首,力行守望相助之法,严禁派费私饱,力防聚众互争,庶有团之利,无团之害。吏胥严为约束,人证少为羁押,讼狱早为清结。遇事躬亲,随时勤厉。其要尤在将"利"之一字关头打破。灾缓无含混之处,田赋无欺饰之由。此本部院日夕切告,非有深求高远之言也。该令之弟,为吏齐鲁,尚称不俗。该令之资,不患不能,而患不实。其力矫流俗,无负取名之义,而思竞爽焉。缴。

---

[1] 此件无时间。

卷二

同治三年

谢兼兵部侍郎衔折

同治三年正月初九日

奏为恭谢天恩，仰祈圣鉴事：

窃准吏部咨，以微臣蒙恩补授山东巡抚，应否兼兵部侍郎衔奏请钦定。奉旨："照例兼衔。钦此。"钦遵。移咨到臣。当即恭设香案，望阙叩头，敬谢圣恩。

伏念臣关西下士，农部末僚，迭荷殊恩，洊膺疆寄，轻材抱愧，短绠时虞，乃德政未布于青齐，宠命已承夫丹陛。掌九伐而平邦政，许兼卿贰之衔；奏八事以赞戎机，益切堂廉之慕。臣惟有实心实力，矢慎矢勤，择吏以肃官方，尊美屏恶；练兵以防外侮，除暴安良，以仰报圣主高厚生成于万一。

所有微臣感激下忱，理合缮折恭谢天恩，伏乞皇太后、皇上圣鉴。谨奏。

同治三年正月二十日奉到回折："议政王军机大臣奉旨：'知道了。钦此。'"

为捐廉交部议叙谢恩折

同治三年正月初九日

奏为恭谢天恩事：

窃臣恭阅邸钞，同治二年十月二十三日内阁奏上谕："阎敬铭奏捐廉采办京米等语。阎敬铭捐输银两，尚属急公，著交部议叙。钦此。"当恭设香案，望阙叩头，祗谢天恩讫。

伏念臣猥以菲材，渐膺重寄，粉糜顶踵，莫报高深。窃因正供储积，需济孔殷，凡在臣工，责无旁贷。况臣前任农曹，曾司岁计，深知缺额，屡罄持筹。兹承天家俸赐之余，勉尽臣子输将之义，方增悚惕，复荷恩慈。闻命自天，汗颜无地。臣惟有愈矢清勤，益加策励，严催飞挽，早贡仓储，上慰旰食之忧，下庆年丰于亿兆，庶竭驽钝，稍报鸿施。

所有微臣感激下忱，理合恭折具奏，伏乞皇太后、皇上圣鉴。谨奏。

同治三年正月二十日奉到回折："议政王军机大臣奉旨：'知道了。

钦此。'"

筹解直隶及江北扬州军饷片
同治三年正月初九日

再,接准部咨,东省每月协济直隶兵饷银五千两。兹据藩司贡璜详报,筹拨银五千两,委员候补吏目杜荣光管解,赴直隶藩库交纳。又,江北扬州粮台委员孔繁沂来东提取协饷,又措银一千两兑交来员带回。

除分别咨部外,理合附片陈明,伏乞圣鉴。谨奏。

同治三年正月二十日奉到回折:"议政王军机大臣奉旨:'知道了。钦此。'"

恳恩奖叙经征钱粮全完州县折
同治三年正月初九日

奏为州县经征钱粮全完,恳恩奖叙,以昭激劝,恭折奏祈圣鉴事:

窃照钱粮为维正之供,催科是首先要务。东省度支,惟以地丁为大宗,近年需用浩繁,全赖竭力提催,藉资周转。臣到任后,即经加意整顿,藩司贡璜亦复惩劝兼施,不遗余力。综核兑收同治二年正耗银两比上年较有起色,经征全完,各员颇知奋勉,自应量加鼓励。兹查明一任征解清款并未报灾之莱阳、胶州、即墨、掖县、黄县、海阳、招远、新泰、博山等九州县,由藩司详请奏奖前来。

臣查征收粮赋,固属地方官分所应为,而当此待用孔殷之际,竟能设法催办,俾各花户踊跃输将,不无微劳可录。合无仰恳恩施俯准,将一任经征钱粮五万两以上之署莱阳县知县瑞森,四万两以上之署胶州知州周树德,三万两以上之荣成县调署掖县知县苏名显、即墨县知县李淦等四员,敕部从优议叙,并将征收二万两以上之署黄县知县崔乃犟,一万两以上之署招远县知县周涛、署海阳县知县吴毓蘅,七千两以上之署新泰县知县何维祺、博山县知县樊文达,一并议叙,俾各州县知所激劝。今岁旸雨应时,但愿灾祲不告,征解必当益臻充裕。

除俟有续报全完,再行核办,并饬司确查未完各属,勒限严催外,为此恭折具奏,伏乞皇太后、皇上圣鉴训示。谨奏。

同治三年正月二十日奉到回折："议政王军机大臣奉旨：'瑞森等均著照所请，分别奖叙。该部知道。钦此。'"

东省各官捐备京仓米价折
同治三年正月初九日

奏为东省各官捐备京仓米价银两，恭折奏祈圣鉴事：

窃臣接准部咨，议令京外大小官员一律捐输，以备采办京米，仍归各省现行捐例查核请奖，并准移奖等因。奉旨："依议。钦此。"钦遵转行查照。先由臣倡捐银二千两，业已奏明在案。兹准学政臣尚庆潮咨报捐银一千两，又据藩司贡璜捐银一千五百两，臬司丁宝桢捐银一千两，盐运司恩锡捐银一千五百两，督粮道沈维璥捐银一千两，济东道卫荣光捐银五百两，兖沂曹济道卢朝安捐银一千两，登莱青道潘霨捐银一千两，济南府知府萧培元捐银五百两，沂州府知府文彬、莱州府知府陆成沅、登州府知府豫山各捐银三百两，泰安府知府锡惠捐银二百两，署历城县知县程绳武捐银五百两，章邱县知县仓景长捐银四百两，恩县知县陈恩寿捐银三百两，掖县知县苏名显、潍县知县靳昱、即墨县知县李淦、益都县知县梅缵高、诸城县知县张曜、署滕县知县邹崇孟各捐银二百两，齐东县知县刘绍詹、平阴县知县李溁、惠民县知县薛燦、阳信县知县苏振甲、滨州知州李铭舟各捐银一百两。以上共银一万五千两，由藩司兑收存储，遇便搭解户部。

臣查该学政及藩、臬、运司，受恩深重，不敢仰邀议叙。其余道、府、知县各员可否敕部照例核奖，以昭激劝。理合将东省各官捐备京仓米价银两数目，恭折具奏。

同治三年正月二十日奉到回折："议政王军机大臣奉旨：'另有旨。钦此。'"

挑调各营兵丁并防守省城片
同治三年正月初九日

再，臣正在缮折奏报间，钦奉寄谕："阎敬铭懔遵前旨，檄令东省各营处处截剿，并督饬团练固守乡村，毋任贼势蔓延。丁宝桢所部勇丁即著归僧格林沁调遣，合力攻剿。阎敬铭务当调派兵勇，与直隶防兵互相援应，并筹布省城防守，即著认真办理等因。钦此。"仰见圣谟广远，钦感难名。

臣查东省各营饷缺兵疲，臣深愧不能整顿。当此贼氛肆扰，臣已飞檄各营挑选壮健。曹州镇挑兵千名，以八百名从征，二百名防守；兖州镇挑兵五百名从征，五百名防守；东昌营挑兵五百名，巡哨冠、馆、莘、堂一带；青州营挑兵三百名，巡防东路，联络声势，均筹与例支口分并应用军火，以期得力，不准以老弱充数，徒縻饷需。至省城布置，臣就现有标兵七百名并新雇民勇，饬参将玉山选派将弁管带，臣与司道以下各官日在城垣内外督率巡防，不敢稍懈，堪纾宸廑。

所有挑调各营兵丁并防守省城缘由，谨附片奏明，伏乞圣鉴。谨奏。

军机大臣奉旨："另有旨。钦此。"

拨解遮克敦布等军饷片
同治三年正月初九日

再，臣查已革副都统遮克敦布前在直、东交界办理防务，奉旨由直、东两省分筹饷项，业经前抚臣谭廷襄将同治元年上半年拨解过银一万八千两奏报在案。兹据藩司详称：元年二月至三月，尚有拨解过遮克敦布军饷银八千两；又自七月至十二月，陆续拨解过遮克敦布军饷银二万七百两；又于同治二年二月拨解过署直隶提臣宝山军饷银三千两；又于四、六两月拨解过直隶提臣恒龄军饷银七千六百两；又于五月至七月拨解过直隶督臣刘长佑军饷银九千两。共计银四万八千三百两，连前解过银一万八千两，统共银六万六千三百两，均应归直隶省造册报销。臣复查无异。

除咨部外，理合附片陈明，伏乞圣鉴。谨奏。

同治三年正月二十日奉到回折："议政王军机大臣奉旨：'该部知道。钦此。'"

同治二年十二月雪泽粮价折
同治三年正月二十三日

奏为恭报上年十二月份雪泽情形并呈粮价清单，仰祈圣鉴事：

窃照上年十一月份雪泽、粮价，并省城得沾瑞雪日期，均经先后奏报在案。兹查十二月份，据济南府属之历城、章邱、邹平、淄川、长山、新城、齐河、齐东、济阳、禹城、临邑、长清、陵县、德州、德平、平原，泰安府属之泰安、新泰、莱芜、肥城、东阿、东平、平阴，武定府属之惠民、青城、阳信、海丰、乐陵、商河、利津、沾化、蒲台，兖州府属之滋阳、曲阜、宁阳、泗水、滕县、峄县、汶上、阳谷、寿张，沂州府属之兰山、郯城、费县、莒州、蒙阴、沂水、日照，曹州府属之菏泽、单县、城武、曹县、定陶、巨野、郓城、濮州、范县、观城、朝城，东昌府属之聊城、堂邑、博平、茌平、清平、莘县、冠县、馆陶、高唐、恩县，青州府属之益都、博兴、临淄、博山、高苑、乐安、寿光、安丘、临朐、诸城，莱州府属之掖县、平度、昌邑、潍县、胶州、高密、即墨，登州府属之蓬莱、黄县、福山、栖霞、招远、莱阳、宁海，济宁直隶州并所属之金乡、嘉祥、鱼台，临清直隶州并所属之夏津、武城、邱县等州县先后具报，于月之十二、十四、十五、十六、十七、十八、十九等日，各得雪一、二、三、四、五寸不等。睹兹六出飞花，定卜双歧呈瑞，通省官民莫不欢忭，洵堪仰慰圣怀。

至各属市集粮价，大致与上月相同。谨缮清单，祗呈御览。为此恭折具奏，伏乞皇太后、皇上圣鉴。谨奏。

同治三年二月初六日奉到回折："议政王军机大臣奉旨：'知道了。钦此。'"

十二月份粮价清单

谨将同治二年十二月份山东省各属米、谷、麦、豆价值，敬缮清单，恭呈御览。

计开：

济南府属：稻米每仓石价银二两四钱五分至四两四钱四分，较上月贵二钱。粟米每仓石价银八钱八分至二两六钱三分，较上月贵七分。粟谷每仓石价银六钱至一两五钱八分，较上月贵一钱。高粱每仓石价银九钱至一两七钱九分，较上月贵二分。小麦每仓石价银一两二钱五分至二两八钱二分，较上月贵二钱四分。黄豆每仓石价银一两一钱至二两三钱四分，与上月同。黑豆每仓石价银一两一钱至三两三钱三分，与上月同。

泰安府属：稻米每仓石价银二两八钱至四两五钱，与上月同。粟米每仓石价银一两三钱至二两三钱，与上月同。粟谷每仓石价银六钱至一两九钱四分，与上月同。高粱每仓石价银一两一钱三分至一两八钱二分，与上月同。小麦每仓石价银一两六钱五分至二两六钱九分，较上月贵四钱。黄豆每仓石价银一两一钱至二两六钱八分，与上月同。黑豆每仓石价银一两五分至二两六钱八分，与上月同。

武定府属：稻米每仓石价银二两四钱八分至四两六钱二分，与上月同。粟米每仓石价银一两一钱六分至二两二钱，与上月同。粟谷每仓石价银七钱七分至一两八钱，与上月同。高粱每仓石价银八钱至一两三钱二分，较上月贵二分。小麦每仓石价银一两五钱至三两五分，与上月同。黄豆每仓石价银一两一钱八分至二两一钱三分，与上月同。黑豆每仓石价银一两一钱至一两八钱二分，与上月同。

兖州府属：稻米每仓石价银二两四钱至五两五钱，与上月同。粟米每仓石价银八钱三分至四两一钱六分，与上月同。粟谷每仓石价银五钱四分至二两三分，与上月同。高粱每仓石价银七钱至二两六钱，与上月同。小麦每仓石价银一两五分至二两九钱，与上月同。黄豆每仓石价银一两至二两九钱，与上月同。黑豆每仓石价银九钱八分至二两九钱，与上月同。

曹州府属：稻米每仓石价银三两二钱八分至五两，与上月同。粟米每仓石价银一两一钱七分至三两七钱，与上月同。粟谷每仓石价银七钱至二两二钱八分，与上月同。高粱每仓石价银八钱至二两五钱五分，与上月同。小麦每仓石价银一两二钱五分至三两二钱，与上月同。黄豆每仓石价银一两二钱至二两七钱四分，与上月同。黑豆每仓石价银一两一钱三分至二两三钱八分，与上月同。

沂州府属：稻米每仓石价银二两至三两九钱二分，与上月同。粟米每仓石价银一两三钱至二两五钱九分，与上月同。粟谷每仓石价银六钱八分至一两五钱八分，与上月同。高粱每仓石价银七钱九分至一两四钱八分，与上月同。小麦每仓石价银一两至一两八钱五分，与上月同。黄豆每仓石价银八钱至一两四钱五分，与上月同。黑豆每仓石价银八钱至一两四钱五分，与上月同。

东昌府属：稻米每仓石价银三两一钱至五两，与上月同。粟米每仓石价银一两一钱四分至二两七钱，与上月同。粟谷每仓石价银七钱至一两六钱，与上月同。高粱每仓石价银九钱至二两四钱，与上月同。小麦每仓石价银一两四钱至三两三钱，与上月同。黄豆每仓石价银一两五分至二两九钱，与上月同。黑豆每仓石价银一两至三两一钱，与上月同。

青州府属：稻米每仓石价银二两至三两四钱，与上月同。粟米每仓石价银一两二钱四分至二两，与上月同。粟谷每仓石价银七钱至一两三钱，与上月同。高粱每仓石价银六钱九分至一两四钱八分，与上月同。小麦每仓石价银一两一钱至二两三钱，与上月同。黄豆每仓石价银九钱八分至一两七钱，与上月同。黑豆每仓石价银九钱八分至一两七钱四分，与上月同。

莱州府属：稻米每仓石价银二两三钱至三两五分，与上月同。粟米每仓石价银一两至一两五钱，与上月同。粟谷每仓石价银五钱至一两，与上月同。高粱每仓石价银七钱至一两一钱，与上月同。小麦每仓石价银一两一钱至一两八钱五分，较上月贵五分。黄豆每仓石价银九钱八分至一两四钱，与上月同。黑豆每仓石价银九钱七分至一两四钱四分，与上月同。

登州府属：稻米每仓石价银二两七分至三两二钱，较上月贵一钱。粟米每仓石价银一两二钱九分至一两九钱，与上月同。粟谷每仓石价银七钱二分至一两一钱五分，与上月同。高粱每仓石价银八钱三分至一两六钱，与上月同。小麦每仓石价银一两二钱四分至二两二钱，与上月同。黄豆每仓石价银九钱至一两七钱二分，较上月贵二分。黑豆每仓石价银九钱至一两七钱二分，较上月贵二分。

临清州并属：稻米每仓石价银三两四钱五分至三两九钱，与上月同。粟米每仓石价银一两四钱七分至二两五分，与上月同。粟谷每仓石价银八钱五分至一两三钱六分，与上月同。高粱每仓石价银一两七分至二两，与上月同。小麦每仓石价银二两四钱四分至二两六钱五分，与上月同。黄豆每仓石价银一两一钱八分至一两九钱九分，与上月同。黑豆每仓石价银一两一钱八分至二两二钱，与上月同。

济宁州并属：稻米每仓石价银三两三钱至六两三钱七分，与上月同。粟米每仓石价银一两六钱五分至三两，与上月同。粟谷每仓石价银一两三分至二两，与上月同。高粱每仓石价银一两一钱五分至二两四钱，与上月同。小麦每仓石价银一两三钱至二两六钱，与上月同。黄豆每仓石价银一两三钱一分至二两六钱，与上月同。黑豆每仓石价银一两一钱五分至二两九钱，与上月同。

咸丰五年征收漕项钱粮奏销截数比较折

同治三年正月二十三日

奏为咸丰五年分征收漕项钱粮奏销截数循例比较，恭折仰祈圣鉴事：

窃照漕项钱粮，例应隔年奏销截数时，将征收新旧银两比较上三年完欠分数，开单奏报，历经遵照办理在案。兹据督粮道沈维墡详称：咸丰五年漕项钱粮，除各属因灾蠲缓，实应征解银三万七千七百六十四两九钱九分四厘，照章作为十分核计。自咸丰五年二月开征起，至造报奏销截数止，已完八分三厘银三万一千三百五十四两三钱五分二厘，未完一分七厘银六千四百一十两六钱四分二厘。比较咸丰二年少完一厘五毫，比较咸丰三年多完一毫，比较咸丰四年少完四厘三毫。又应带征漕项旧赋银一十两五钱八分五厘，民欠未完，复因灾递缓，毋庸比较等情，详请具奏前来。臣复核无异。

除咨部查照，并饬将未完银两赶紧催解外，理合开具比较清单，恭呈御览。为此循例恭折具奏，伏乞皇太后、皇上圣鉴。谨奏。

同治三年二月初六日奉到回折："议政王军机大臣奉旨：'户部知道。单并发。钦此。'"

谨将山东省咸丰五年分征收漕项新赋，比较上三年已未完分数，缮具清单，恭呈御览。

计开：

咸丰五年分额征漕项新赋，正银五万一千七百七两八钱二分六厘，内除因灾共应蠲缓银一万三千九百四十二两八钱三分二厘，钦奉上谕分别蠲缓外，实征解银三万七千七百六十四两九钱九分四厘。遵照奏案，于奏销截数止，已完八分三厘银三万一千三百五十四两三钱五分二厘，并无春拨、秋拨银两，理合注明。未完一分七厘银六千四百一十两六钱四分二厘。比较咸丰二年应征银四万六千四百四十五两六钱九分四厘，已完八分四厘五毫银三万九千二百三十一两八钱九分三厘，未完一分五厘五毫银七千二百一十三两八钱一厘，计少完一厘五毫银五百六十六两四钱七分五厘。比较咸丰三年应征银四万四千二百一十六两四钱七分一厘，已完八分二厘九毫银三万六千六百七十一两二钱五厘，未完一分七厘一毫银七千五百四十五两二钱六分六厘，计多完一毫银三十七两七钱六分五厘。比较咸丰四年应征银四万一千三百二十九两五钱八分五厘，已完八分七厘三毫银三万六千九十一两一钱一厘，未完一分二厘七毫银五千二百三十八两四钱八分四厘，计少完四厘三毫银一千六百二十三两八钱九分五厘。应带征漕项旧赋正银一十两五钱【八】分五厘，未完民欠，复因秋灾递缓，是以毋庸比较，合并声明。

咸丰十一年征收地丁钱粮奏销截数比较折

同治三年正月二十三日

奏为咸丰十一年分征收地丁钱粮奏销截数循例比较，恭折奏祈圣鉴事：

窃照征收地丁钱粮，应于奏销后将实应征解银数作为十分核算，比较上三年完欠数目，核计分数，开单奏报，历经遵办在案。兹届奏销咸丰十一年钱粮，据藩司贡璜查明，该额征起运地丁银二百七十五万七千二百五十七两一钱九分三厘，内除海丰等县潮灾、碱废豁除，并各属坐支及被扰、被灾各案蠲缓蠲剩未完，暨雇募壮勇口粮等项外，实应征银八十五万二千六百九十四两九钱一分六厘，内自咸丰十一年二月开征起，至奏销止，已完银四十二万六千九百七两五钱八分一厘，又缓征项下已完银一万九千二百六十二两一钱八分五厘，共完银四十四万六千一百六十九两七钱六分六厘，未完银四十二万五千七百八十七两三钱八分，计已完五分一毫，未完四分九厘九毫。比较咸丰八年计少二分七厘，比较咸丰九年计少三分三厘八毫，比较咸丰十年计少二分二厘五毫。以上已完银两，均已报入咸丰十一年及同治元、二等年春秋拨册报部拨用等情，具详前来。臣复核银数相符。

谨缮比较清单，恭呈御览。

再，查咸丰九年以前民欠钱粮，业奉恩旨豁免，所有已未完各数毋庸比较，合并陈明。除照例具题，并饬将未完银两赶紧征解外，理合恭折具奏，伏乞皇太后、皇上圣鉴。谨奏。

同治三年二月初六日奉到回折："议政王军机大臣奉旨：'户部知道。单并发。钦此。'"

谨将山东省咸丰十一年分征收地丁钱粮，比较上三年已未完分数，敬缮清单，恭呈御览。

计开：

咸丰十一年起运地丁银二百七十五万七千二百五十七两一钱九分三厘，内除海丰、利津、沾化、乐安、寿光、潍县等处，因道光二十五年春间被潮成灾、碱废地亩，应豁除银五千五百二十九两一钱二分六厘，业已专案奏豁；又据寿光、潍县续查出碱废地亩，应行豁除银六十六两四钱四分五厘，二共应豁银五千五百九十五两五钱七分一厘。其应豁各项地亩，并仓款银两细数，俟各该县造报齐全，统于下年奏销册内分晰登除造报外，下剩银二百七十五万一千六百六十一两六钱二分二厘，除临清等州、县、卫蠲免银一十一万六千四百一十三两九钱九分九厘，实该银二百六十三万五千二百四十七两六钱二分三厘。内除坐支并临清等处，因是年青黄不接，二麦被旱、被风、被雹，并春间被扰，秋禾被水、被扰、被旱、被虫，及原报沙淤地缓征银九十九万九千三百八十两五钱八分四厘，又除临清等处春秋两次被扰蠲剩未完缓征银一十万六千四百六两六钱七分七厘，实剩银一百五十二万九千四百六十两三钱六分二厘。内除历城、章邱、齐东、泰安、肥城、东平、东阿、平阴、青城、蒲台、宁阳、邹县、泗水、滕县、峄县、汶上、阳谷、寿张、城武、蒙阴、沂水、冠县、临淄、博兴、寿光、临朐、安丘、诸诚、掖县、昌邑、邱县、金乡、嘉祥等处，并济宁、东昌、临清三卫及东平所，并历城、章邱、诸城等处并卫，因是年青黄不接，二麦被旱，并秋禾被水、被旱，及春间被扰成灾，并勘不成灾地亩奉文应蠲应缓，并雇募壮勇口粮等项，共银六十七万六千七百六十五两四钱一厘，容俟报销核定及催取各案蠲缓细数册结到日，归于下年续案奏销册内分晰造报，理合声明，实征银八十五万二千六百九十四两九钱六分一厘。遵照户部奏定章程，按十分核算，自咸丰十一年二月开征起，至奏销止，已完银四十二万六千九百七两五钱八分一厘，又缓征项下已完银一万九千二百六十二两一钱八分五厘，二共已完银四十四万六千一百六十九两七钱六分六厘。内造入咸丰十一年秋拨册报已完银二十五万七千一十两，又造入同治元年春拨册报已完银一十三万五千四百九十六两五钱九分七厘，又造入同治元年秋拨册报已完银三万七千八百一十六两七钱七分，又造入同治二年春拨册报已完银一万五千八百四十六两三钱九分九厘，未完银四十二万五千七百八十七两三钱八分。计完五分一毫，未完四分九厘九毫。比较咸丰八年应征地丁银二百万六千一百八十三两八钱一分九厘，已完七分七厘一毫银一百五十四万七千五百八十六两四钱九分一厘，未完二分二厘九毫银四十五万八千五百九十七两三钱二分八厘，计少二分七厘。比较咸丰九年，应征地丁银一百九十二万七千三百八十两六钱，已完八分三厘九毫银一百六十一万七千一百两四钱七分一厘，未完一分六厘一毫银三十一万二百八十两一钱二分九厘，计少三分三厘八毫。比较咸丰十年应征地丁银一百八十九万三千四百八十两二钱一分六厘，已完七分五厘六毫银一百四十三万五百七十五两二钱一分六厘，未完二分四厘四毫银四十六万二千九百五两，计少二分五厘五毫。

请将团练团营经费仍旧归并办漕折

同治三年正月二十三日

奏为复查东省漕务情形，请将团练、团营经费仍旧归并办漕，以昭核实，恭折奏祈圣鉴事：

窃查接管卷内，咸丰十一年冬间，前抚臣谭廷襄奏山东省征收钱漕情形变通办理一折，经户部议奏：必须斟酌尽善，确有把握，使民皆乐从，不致别生弊端。应将各属收漕情形，认真考核，究竟折纳之议有无另滋弊窦，迅即查明声复，并将未尽事宜妥议具奏等因。奉旨："依议。钦此。"钦遵在案。

臣到任后，即经督兵出省，未及确查议复。兹幸地方渐就乂安，应办事件亟须择要清理。卷查前抚臣谭廷襄原奏：东省漕米向收本色者，悉听其便。折价交纳者，酌中定为每石制钱六千文，以四千五百文专办漕米起运；以一千五百文作办团募勇经费，内以五百文归各州县本地办团，其余一千文易银解交省局，拨给五处团营津贴，另议章程，奏明妥办等因。在前抚臣之意，原因民间恃团抗漕，减折漕价，则不致借口浮收团费；筹之于官，则不致妄行摊派。复以漕羡之有余，补经费之不足，酌盈剂虚，原于军务、地方两有裨益。无如各属漕羡未能提解，团营各费竟无所出，遂致原拟峄县之韩庄、郯城之红化埠、单县之马良集，以及沂州府、东平州等五处团营试办未成。推原其故，实非州县有意抗违，缘州县漕项开销，如帮丁、兑费等项，势难删除，已属不少。每年漕额，无论在民有无拖欠，在官则不容颗粒稍亏。各州县中，每年逃亡绝户不能催征，及奸顽抗欠如故者，名曰"烂漕"，自数百石至一二千石不等。该州县无非于现征项下通融筹补，并以粮价日见增昂，故两年以来未能提解团营、团练各费。全以制钱六千文尽数办漕，尚形拮据，因误漕被参革职监追者不一而足，其为漕折之无有羡余，团费之无从提解，显然可见。且查东省自举行团练，渐到官弱民强，各花户借口办团，相率把持，抗不完纳，甚至殴差夺犯，聚众围城，种种不法，均在圣明洞鉴之中。现在军务肃清，而团长中不安本分者，因旧有提归本地团费名目，仍复任意需索，多方挟制。征漕之员，惟恐滋事，隐忍苟安，设法筹办。此东省现在办漕之实在情形也。

或谓前湖北抚臣胡林翼奏请痛除漕弊，删减折收钱数，裁汰一切陋规，立法甚善，嗣后各御史条陈各省漕务，均请仿照湖北成案办理，何独于山左遂谓繁重难行。不知湖北系将全漕改折价银解交部库，并无别项支销。东省则本折兼收，仍应采买照额运米，一切杂费，非但不能较前减省，而帮丁、水手自沿途以至通坝在官人役，因各省漕粮或系折解，或由海运，一切费用依然如故，不得不取偿于东省。自来政令之行，减费必先省事，去弊莫如裁人。今事不能省，人不能裁，虽意美法良，未见推行之尽利。臣于两省情形皆躬亲目睹，此山东漕务未可与湖北相提并论者也。

查此案部臣复奏团练经费酌提漕折羡余，原系一时权宜之计，将来地方肃清，团防裁撤，此项经费即可毋庸筹拨，所有漕米折价，即照办运需用实数，定为每石折价四千五百文，此外不准多征，原为预防浮滥起见。如果两年以来，漕米一石实系以制钱四千五百文办理，自当核实裁减。而臣带兵经过沿途有漕州县留心察访，并细询本省绅士，如每石折收四千五百文，实不敷支用。因思从前团营议而未立，现在团练归官经理，所有酌提经费制钱一千五百文并难提取，有名无实，不如仍旧将征收制钱六千并作办漕之用，免致州县借口赔累，团长无可希冀，亦不致滋生事端。此不过于州县原定漕折之数，删去团营、团费空名，并非既减复减，变更无定，涉于浮滥。据藩、臬两司会同粮道具详前来。相应吁恳天恩俯准，将团练、团营经费一概归并，统作为办漕费用，以资补救。

至原奏所议无漕州县，按亩捐收制钱二十五文，分上下忙，由官局查收，作为办团之用，亦未办有就绪，应请概行停止，以归划一。仍容臣随时察看，如有尚须变通之处，再行随时酌办。理合恭折复奏，伏乞皇太后、皇上圣鉴。谨奏。

同治三年二月初六日奉到回折："议政王军机大臣奉旨：'户部妥议具奏。钦此。'"

筹办逆产请分别拨营收租并添资书院折

同治三年正月二十三日

奏为遵旨筹办逆产田亩，拟请分别拨营收租并添资书院，以收实用，仰祈圣鉴事：

窃臣于同治二年十二月二十一日准军机处寄奉上谕："光禄寺少卿郑锡瀛奏请设屯田养兵一折，著各督抚确切查明，各就地方情形，分别酌度办理。另片奏请饬将山东等省查出叛产给予兵丁屯田，著山东巡抚妥为经理各等因。钦此。"又于十二月二十五日奉上谕："阎敬铭奏查办逆产、迁移灾民各一折，现在东省白莲池及堂邑等处叛产，并兖郡荒田绝产，是否可以办理屯田之处，著该抚因地制宜，熟筹妥商，总期于国计民生两有裨益各等因。钦此。"钦遵。仰见圣虑周详，筹兵食之猷，寓慎重之意，伏读之下，莫名钦佩。

窃惟善政之兴，创始固不可畏难，图终尤宜审虑；取法固贵乎则古，参变尤在宜今。屯田之设，历代不同，约而考之，唐以前沿边设屯，唐、宋以后始兼屯于内地。边地之屯，外以制敌，内以实边，多屯一里即辟一里之疆舆，多屯百人即省百人之糇饷，如赵充国之于金城、诸葛亮之于渭南是也。腹地之屯，分隶于各府、州、县，或以民耕，或以军耕，寓兵于农，授为世业，如唐之府兵，明之卫所，立法非不尽善。然考其时，皆因千里旷废，户口逃绝，行之于经营创制之初，皆非行之于版籍厘定之后也。

现今拟兴屯法，他省情形，臣无由知。即东省而论，查出逆产，本皆纳粮之区，载在户册，皆与民田犬牙相错，畛域不分。且零星段亩，分布各乡，非千里旷绝者比。欲圜为圈地，则民田错杂其间；欲散以分耕，则兵籍散漫莫考。更恐兵恃强力以占民田，民窥官地而占兵田，各不相安，必起争竞。且兵久断饷，皆愿授田，只此一隅之地，产少兵多，亦难匀拨。此地之不便于屯也。

东省营伍久弛，兵皆疲弱，非另筹养兵之费，慎选得力之将，以时操练，难期振作。若使散处田野，自食其力，即不流为惰农，断难训成劲旅。至于召募之勇，更属不谙土宜。况农器、牛种，需用不赀，难令兵丁自备，官代买置，经费又苦无可筹。此人之不便于屯也。

臣再四熟筹，详度时势，兼察兖州、东昌两属情形，惟有参酌唐、宋营田之法，募民耕之而收其租，譬之民间置业招佃之意。收税以归课，收租以养兵。兵不必劳其力，而时仍训练，民亦各食其力，而免于流亡。由地方官为之经理，统计每年所得余赋税外，悉拨各营以资军费。是不必有屯田之虚名，可收养兵之实用。且地方营伍，互相稽核，亦不至如卫所之田有空额偷鬻等弊。按之时势，似属可行。

伏查邹县白莲池逆产一百五十三顷七十余亩，堂邑之甘官屯、刘贯庄等处逆产二十六顷八十余亩，冠县逆产二十一顷三十一亩。各该处之地较多，皆各隶一邑之内，毗连不远，经画无难。且兖州、东昌操防尤为吃重，自应将此项地亩合并归营。拟请将白莲池之地拨归兖州营，甘官屯、刘贯庄之地及冠县之地或就近拨归东昌营及临清营，或于彼处详度要隘另立一营。臣前次筹议三省边防，曾经奏闻在案。拟即以此项田亩为立营之经费。总期以有利之田，养有用之兵，方不糜费。臣现经先饬该地方官勘定疆界，绘图注册，赶即招佃开垦，于秋成后完课收租以拨营用。

又白莲池地面较广，尤宜慎重办理，或俟臣于二三月间，将省城事务厘剔稍清，拟即出省，向兖、沂一带巡阅边防，顺途亲勘。如尚须添设官员，即将此项营田专饬该员经办，以专责成。惟营田所出，一时尚难抵饷，盖地系初垦，事由试办，未审每岁出息若干，而饷有定额，遽行议抵，恐有畸重畸轻之弊。臣已专饬藩司，妥行筹议，应将此项田亩所出拨为营用之项，系在何项动支项内扣除，详定章程，以臻妥善。

其馆、莘、朝城逆产及堂邑余产四十顷零八十亩，又临清州逆产三顷九亩零，观城逆产十亩，查系零星小亩，不成片段，且分散各县，难于责成一手经理。拟请分拨各郡邑，俾为书院经费，以之作育人材，亦系教养之一端。

其邹、曲、泗、滕、费五县，未经认领荒田，仰蒙恩准宽限一年，当饬各该县迅行招集流亡，以期复业。

其沂郡、淄川等处，亦经分饬清查，如有逾限未复，实系绝产，及有续行查出逆产，亦当再行妥议，是否可改营田，临时酌办。臣惟期督饬所属，认真办理，悉绝弊端，务令田不归荒，军可得食，以副厪怀。

所有筹办逆产，分别拨营收租及添资书院各缘由，先将大概情形，恭折具奏，伏祈皇太后、皇上圣鉴。谨奏。

同治三年二月初六日奉到回折："议政王军机大臣奉旨：'知道了。本月十七日已有旨交该抚妥筹办理。此次奏报自系尚未接奉前旨，著即遵照一并再行妥议具奏，候旨遵行。钦此。'"

遵旨派勇驰赴山西以资调遣折

同治三年正月二十三日

奏为遵旨酌派勇丁千名，驰赴山西，以资调遣，仰祈圣鉴事：

窃臣于同治三年正月二十日准军机处字寄："正月十八日奉上谕：'熙麟奏宁夏逆回勾结情形一折。著阎敬铭于山东各勇营内调拨勇丁千名，遴员管带，克日饬赴山西省，以为填扎之用各等因。钦此。'"伏读之下，不胜愤懑。窃以西陲辽阔，毗连蒙界，非厚集兵力，难加痛剿，自应移缓就急，进晋省之兵以规宁夏，拨东省之勇以固晋防。仰见圣虑周详，莫名钦佩。

伏查东省各勇分布要隘，兵力实属无多，仅敷布置，经臣历次奏闻在案。臣由东昌回省时，曾留济安营湘勇千名，分扎东昌各属，以资镇压。嗣因平原、禹城、德州、恩县各处素有马贼窝巢，必须先事剪除，以杜乱萌。查该匪等皆系匿迹民间，分散党羽，聚则为贼，散复为民，情迹诡秘，出没靡常。民间受其荼毒，畏势不言，且有代为窝藏，以期无事。根深蒂固，十余年来渐有滋蔓之形，仅委之地方营汛各官办理，断难歼除灭迹。不能不辅以兵力，使有畏慑，不敢聚众抗拒，然后密访眼线，搜其窝穴，歼其渠魁，则余党闻风自解，庶可泯乱于无形。臣察东昌民情稍静，因将济安营一军复调赴德、恩、平、禹一带，联络分扎；复派佐领塔克苏堪带领马队百余名，来往梭巡；密饬地方官购线搜访，会兵密拿。自去年十一月起，历次拿获积年巨寇、窝主王立功、田汶升等五十余名，均行就地正法，以昭炯戒。刻下余党均已敛迹，道路平靖。尚恐潜伏未动，尤须兵力以绝根株。其单、峄等处，臣原派副将陈锡周等东治五营分布要隘，自调派游击刘汉秀、雷显扬两营赴陕后，仅留三营驻扎各处。该处与江、豫连界，狃于亳捻余习，民情骚动。加之兖、沂各属，去岁皆系剿抚兼施，未行大加惩创；其陈国瑞招抚之匪，闻多相率潜回，尤须有兵弹压，以期有备无患。又武定盐枭充斥，前派马春峤一军，因节省饷项，于年终已饬遣散，另派都司王正起一营前往搜拿。此三路之兵均在得力，难以调拨。

再，查东省营务废弛，积弱已久，民风刁悍，团练强横，兵在则均觉震慑，兵去则恐复鸱张，甚至征收钱粮，亦觉无兵镇临，均难顺手。即如邱县聚众抗粮，经臣严办后，始皆完纳。他处情形，大率类此。故去年黄水泛滥，兵燹相仍，而核计通岁所入，较前数年实有起色，未始非怵以兵威，各怀畏惧之故。

臣身膺疆寄，旦夕焦思，断不敢遇事粉饰，以贻宸廑。刻奉谕旨，饬兵赴晋，当此西陲紧急，臣何敢以兵力不敷稍形推诿。核筹全局，于无可抽拨之中，计惟有驻扎东昌之千总曹正榜一营楚勇五百名，及驻扎台儿庄之守备郭大胜一营楚勇五百名。查东昌民情已定，徐、宿捻患已除，稍省兵力，尚可拨令远出。惟该二营相离较远，若俟归并一处再行起程，更恐晋省需兵，缓不济急。臣拟先饬千总曹正榜一营由东昌先行拔队前进，再饬守备郭大胜一营由台儿庄拔队继进，并赴晋省，以听沈桂芬调度。并饬司筹备该二营勇丁沿途行粮及需用军火器械，以利趱行。

再，勇丁能否得力，专视主客相习，将弁同心。往往本省自行招集，均觉指臂相联，调之他省，遂自居为客兵。该二营原系东省招募之勇，在东省尚属可用。除由臣飞咨山西抚臣沈桂芬，于该勇到防日饬候调遣外，仍须随时训练，以收防剿之效；臣仍面饬该弁等奋勉立功，不得以调往他方，或行扞格。至东省是否尚需添募兵力之处，容臣随时察看，总使饷不虚糜，兵归实用，以期仰副廑怀。

所有遵旨酌派勇丁一千名，迅速赴晋防各缘由，理合恭折由驿驰奏，伏乞皇太后、皇上圣鉴。谨奏。

同治三年正月廿七日奉到回折："议政王军机大臣奉旨：'知道了。曹正榜、郭大胜等营，著催令迅速起程赴防，毋稍迟延。钦此。'"

单县被扰村庄缓征下忙钱漕片
同治三年正月二十三日

再，查山东省上年续被匪扰各处，业经汇入秋灾续案内奏恳恩施，并声明单县被扰，最后复到另行核办在案。兹据曹州府督同印委各员勘明，禀由藩司贡璜详请具奏前来。

臣复查单县秋禾被水歉收，冬初复经匪扰，资财粮粒多被抢掠，民力更形拮据，自应再加调剂。除被水较重各村庄业已蠲缓新旧钱漕，其余未经被扰之被水较轻及阖境村庄业经议缓漕米仍征钱粮外，所有被扰较重之十里等保高家庄等五十三村庄，相应吁恳天恩俯准，将同治二年下忙钱粮、漕仓、河银、临仓、学租等项，缓至同治三年秋后启征，以苏民困。理合附片奏闻。

再，该庄等应征漕米已于秋灾案内核缓，合并陈明，伏乞圣鉴。谨奏。

同治三年二月初六日奉到回折："议政王军机大臣奉旨：'另有旨。钦此。'"

陈贯甲收标及拿获宋景诗余党片
同治三年正月二十三日

再，临邑县之人和团守备陈贯甲，经臣饬其解散团众，调令归标，曾经奏明在案。该守备于臣回省时，即行遵札投到。自到标后，尚能安静谨畏，小心当差。臣深惩招抚之害，断不敢羁縻用术，以贻后患。盖办团与办贼不同，团练本以御贼，因声势过大，遂成尾大不掉。既已解散，即系安分良民，故有用惩创以儆其余，亦有须解散以安其众。臣查该守备实系遵谕散团，改过当差，保无他虑。因前奉谕旨交臣察看，谨当据实以陈，仰纾宸厪。

至宋逆余党，除无名贼去腊以来各县及各勇营陆续拿获数十名外，冠县缉役会同郓城县于去腊在郓城拿获贼目张广得一名，直隶委员游击刘玉堂与东阿县吴树声于正月十六日在东阿拿获宋逆之弟宋景书、贼目郭均辉及余匪四名，均分别凌迟正法，以警凶顽。理合附片陈明，伏祈圣鉴。谨奏。

同治三年正月廿七日奉到回折："议政王军机大臣奉旨：'知道了。仍当随时留心查察，毋稍大意。钦此。'"

请派知兵大员与讷钦同办军务片

同治三年正月二十三日

再，臣伏读谕旨："讷钦现在带兵由朔平、绥归一带前进，亦应随时戒备，毋致或为奸匪所乘。其统带之员，由讷钦酌定，或于各路军营知有得力之员禀调；如由京中察看，遇有可派之人，亦须续行派往，以资臂助各等因。钦此。"仰见圣谟广运，于慎重戎行之中，寓择材任使之意，莫名钦佩。

窃以专阃遣征，必须久历行阵、谋勇兼优者，方能独当一面。况回匪果窜西北一路，关系非浅。署直隶提督讷钦在湖北郧阳镇任时，臣虽未尝谋面，谂知其安详妥适，惟未闻其率旅饬军，长于战伐。当此西陲紧急，是否力能制敌，未敢深信，诚如谕旨，必须续派得力之员，以资臂助。臣伏见宸厪西顾，何敢缄默不言？此后西路若再紧急，伏望皇太后、皇上选派知兵大员，与讷钦同办军务，庶为更有把握。

臣为慎重边防，冒昧陈明，是否有当，伏乞皇太后、皇上圣鉴。谨奏。

同治三年正月廿七日奉到回折："议政王军机大臣奉旨：'留中。'"

委员续解陵工饷银片

同治三年正月二十三日

再，臣上年钦奉寄谕："以定陵工程需饷紧要，山东省欠解咸丰十一年饷银二十二万两，限年内先解四成，其六成银两，均限同治三年四、五月间完解等因。钦此。"遵即饬司将四成银两于年内分批完解在案。所有六成欠款，自应竭力筹拨，以济要需。复经催据藩司贡璜详称：现在库存减平、酌提坐支各款，核减二成，军需二成，及同治二年地丁项下，共凑银五万两，饬委试用县丞严振凯解赴陵工处交纳。

除仍饬催续解并分咨外，理合附片陈明，伏乞圣鉴。谨奏。

同治三年二月初六日奉到回折："议政王军机大臣奉旨：'该衙门知道。钦此。'"

严拿恃强抗官济阳团长王汶训片
同治三年正月二十三日

再，东省团练敛费聚众，恃强抗官，积势已久，必须择其稔恶素著者，严加惩办，以儆其余。臣到省后，查得济阳县田屯团长王汶训横敛团费，私自养勇制械，围城抗漕，稔恶有年。查访既确，欲加兵力，又恐扰累良民。因于十二月二十六日，密遣眼线，侦知该匪在家度岁，即派参将志昌、知县刘时霖，分带马、步队各一百名，分队前往，期不走漏风声。臣当面饬该参将等，即日拨队，准于二十七日赶到济阳，只拿王汶训一人，以免株累。乃志昌并不如期起程，致刘时霖步勇先到。该匪见我军无多，胆敢聚众抗拒，登屋放枪相持，伤毙勇丁二人。天晚未能得手。该匪王汶训遂乘间宵遁，党羽亦皆星散。刘时霖所带均系步队，未能远追，而该参将志昌所带马队，于二十八日始行驰到，以致贻误事机。当将余党刘白仔、王妮仔等擒斩数人，遂将济阳团众一律解散，地方均就安贴。惟王汶训一人在逃，除由臣严饬各州县一体查拿，务获惩办外，该参将志昌任意迟延贻误，非予严参，无以整肃军律。姑念该参将年力正壮，相应请旨，将参将志昌以守备留营降补，以观后效。理合附片谨奏，伏乞圣鉴。

同治三年正月廿七日奉到回折："议政王军机大臣奉旨：'志昌著以守备降补，准其留营。王汶训仍著严拿，务获究办，毋任漏网。钦此。'"

查明莱阳县张锡祉等剿匪阵亡请恤片
同治三年正月二十三日

再，臣准都察院咨："同治二年七月初十日奉上谕：'都察院奏兵马司吏目张士传，以团练殉难等词，赴该衙门呈诉。咸丰十一年间，捻匪窜至山东莱阳县张家灌村，该吏目之叔祖训导张为均率团堵御，因众寡不敌，张为均及其堂叔锡祉、弟培雪、培举、光先、如来，子冠卿，孙潭恩、海恩、鸿恩、福根、庆照，侄思论、思谔、大方、二群、二辰，佣人姜来、姜庆儿等一门殉难，殊堪悯恻。著阎敬铭查明奏请议恤。钦此。'"当经行局饬查去后。

兹据署莱阳县知县瑞森查明，团长张为均、张冠卿与团丁张潭恩、张海恩剿匪阵亡，先经前抚臣谭廷襄汇案奏请旌恤。嗣又查出张锡祉、张培雪、张培举、张光先、张如来、张鸿恩、张福根、张庆照、张思论、张思谔、张大方、张二群、张二辰，姜来、子姜庆儿等，均系随同张为均等与匪接仗，同时阵亡，送局核办等情由。筹防局司道核明造册具详前来。

臣查民人张锡祉等十五名剿匪阵亡，殊堪悯恻，相应请旨敕部照例议恤，以彰节义。

除册咨部外，为此陈明，伏乞圣鉴。谨奏。

同治三年二月初六日奉到回折："议政军机大臣奉旨：'张锡祉等均著交部照例议恤。钦此。'"

查明应袭世职汇案请旨承袭折
同治三年正月二十三日

奏为查明应袭世职汇案请旨承袭，恭折奏祈圣鉴事：

窃照阵亡殉难官绅子孙承袭世职，例应半年汇奏一次，历经遵办在案。兹查同治二年七月起，至十二月止，据各属陆续详送高晋佩等二十二名，均应承袭云骑尉世职。臣逐案查核，均属相符，当将年已及岁之高晋佩等十三名验看发标学习，年未及岁之王复全等九名饬俟及岁时发标学习，统以奉旨准其承袭之日分别作为收标支俸日期，以符定例。理合将各该世职姓名、年岁、籍贯敬缮清单，恭呈御览。

除将宗图册结汇总咨部外，为此恭折具奏，伏乞皇太后、皇上圣鉴。谨奏。

同治三年二月初六日奉到回折："议政王军机大臣奉旨：'兵部知道。单并发。钦此。'"

前泰安知县方振业亏欠交清恳恩开复折

同治三年二月初十日

奏为参员亏欠折漕银两并挪用生息本款,分别解抵清楚,恳恩开复,恭折仰祈圣鉴事:

窃查前署泰安县另案降调知县方振业,前因经征咸丰十年闸内漕粮折价银两,屡催不完,并挪用泰安县缉捕余兵军械等项生息各款,未经归补,经前抚臣谭廷襄奏参革职,勒限完缴在案。兹据藩司贡璜、臬司丁宝桢、督粮道沈维璲转据济南府督同历城县会禀称,监算现任泰安县知县杨宝贤核接方振业一案交代,应交正、杂、仓、捐各款,均经三面核算,分别抵交清楚,原参应完折漕银一千六百两,已全数解交司库兑收。又挪用缉捕、余兵、军械等项生息本款银八千两,除方参令自行批解银三百三十五两一分二厘外,下余以正销军需银六千一百六十四两七钱六分六厘,又历年未领泉夫工食银一千五百两二钱二分二厘,照数抵除,并无蒂欠,核与交案内列抵各款,亦无重复牵混,恳请开复原参处分等情,会详请奏前来。

臣逐款确核,均属相符,交代案内正杂无亏,已由现任出具印结。除饬赶造达部册结外,合无仰恳天恩俯准,将前署泰安县另案降调知县方振业原参革职处分,准予开复,以昭激劝。所有该员降调处分,仍归另案核办。理合恭折具奏,伏乞皇太后、皇上圣鉴训示。谨奏。

同治三年二月廿一日奉到回折:"议政王军机大臣奉旨:'方振业著准其开复革职处分。余依议。钦此。'"

长清知县王元相亏挪钱粮解清恳恩开复折

同治三年二月初十日

奏为知县挪亏地丁银两,分别解抵清楚,赔款照例另扣年限追缴,恳恩开复革职处分,恭折仰祈圣鉴事:

窃查前任长清县知县王元相,在长清任内挪用历年地丁正耗银十一万四千五百九十一两七钱六分,经前抚臣文煜奏参革职,勒限完缴在案。兹据布政使贡璜、按察使丁宝桢会详称,查明该参员任内有垫办兵差由军需报销局查照例案从减，约计应准正销银三万二千六百八十六两二钱二分八厘，筹补银二万三千七百四十七两三钱九分四厘，共应销银五万六千四百三十三两六钱二分二厘。募勇口粮，准予筹补一半银一万三千三百〇五两，一半画赔银一万三千三百〇五两，又添雇壮勇著赔银一万四千六百四十两外，计实亏银一万六千九百八两一钱三分八厘。该员被参后于咸丰十年二月初八日解交九年分正银四千六百五十两，耗银三百五十两；三月二十八日解交九年分正银二千两；四月初八日解交九年分正银二千两；五月二十八日解交九年分正银二千两。以上五项，已造入咸丰十年秋拨册内报查。又于七月初八日解交九年分正银三千两；七月十八日解交九年分正银一千二百五十两，八年分耗银三百五十两，七年分耗银七百两，六年分耗银七百两。以上五项已造入咸丰十一年春拨册内报查。二拨并计共解交银一万七千两，计长解九十一两八钱六分二厘，应归赔款项下画收。现又据解交赔款银一千两，已于同治二年十一月二十八日如数兑收，应归三年分春拨册内报查。实在未完募勇画赔著赔银二万六千八百五十三两一钱三分八厘。

查定例："知县挪移钱粮于一年限内全完者，照例免罪开复。"又载："驿站军需及豫发垫支，事竣核减追缴等项银两，均于文到日起，如数在一万两以上者，定限六年完缴；二万两以上者，再加一年。"等语。该参员王元相挪亏长清县任内历年地丁正耗钱粮，除例准开销，并准由外筹补及画赔著赔各款外，其实亏银两均于被参后如数解清。至画赔著赔各款，除已完外，下余未完银二万六千八百五十三两一钱三分八厘，应照例另扣年限追缴，未便因赔款未清，致令正案久悬，应请开复该员革职处分等情，请奏前来。臣复悉心确核银数，均属相符。

该员被参原案，专因挪用地丁钱粮所致，现既分别解抵清楚，实亏银两扫数全完，赔款解交一千两有奇，尚知愧奋。除将下余未缴赔款严饬该员遵照例限迅速完缴外，合无仰恳天恩俯准，将前任长清县知县王元相革职处分准予开复，并免其送部引见，以昭激劝。为此恭折具奏，伏乞皇太后、皇上圣鉴训示。谨奏。

同治三年二月廿一日奉到回折："议政王军机大臣奉旨：'王元相著准其开复革职处分，余依议。钦此。'"

特参疏防马贼之禹城知县赵庆恬折

同治三年二月初十日

奏为特参疏防马贼滋事之县令，请旨革职，暂行留任勒缉，以重捕务，恭折奏祈圣鉴事：

窃臣前因省西大道州县马贼充斥，迭经督同臬司严饬各该牧令认真巡缉，并派兵择要驻扎，帮同搜捕，迭经拿获多名，尚未尽绝根株。乃据禹城县知县赵庆恬禀报，本年正月初九日，该员访闻县境郭家庄有已革捕役徐佃溦窝留骑马贼情事，当即会同城汛千总黑锦城，带领役勇，驰往掩捕。是晚甫抵徐佃溦门前，突有十余人夺门逃出。该员当先追拿，被匪拒伤右臂膊、右手。黑锦城继至，大声疾呼，奋力擒捕，被匪用刀砍伤脑后等处，家丁李奎五、王升亦皆被拒受伤。经役勇赶上救护，拿获徐佃溦、于佃沅二犯，余匪追捕无获。讵黑锦城于次日因伤身故。提讯徐佃溦，供认窝留在逃之李振溦等迭次抢劫、被拿戕官不讳。质之于佃沅，仅认与李振溦等抢劫，并未拒捕。遂于讯明后就地正法等情。

臣恐所禀不确，批司勒缉，一面委员驰往查验，该员实系受伤，原禀尚属实情。惟于已革捕役在境窝留马贼被拿拒捕，戕害汛官，该员事前既疏于防捕，事后又不能将在逃之贼悉数拿获，缉捕实属废弛，未便稍事姑容。兹据藩、臬两司转据该管道府详揭前来，相应请旨，将禹城县知县赵庆恬革职，暂行留任，勒限一月缉拿此案逸犯李振溦等，务获究报，限满不获，再行严参。至禹城汛千总黑锦城捕贼被戕，殊堪悯恻，并请敕部照例议恤，以慰忠魂。为此恭折具奏，伏乞皇太后、皇上圣鉴训示。谨奏。

同治三年二月廿一日奉到回折："议政王军机大臣奉旨：'赵庆恬著革职，暂行留任，勒限一月严缉，倘限满无获，即著从严参办。黑锦城著交部照例议恤。钦此。'"

前办亩捐一律停止折

同治三年二月初十日

奏为体察东省地方情形，请将前办亩捐一律停止，以恤民力，仰祈圣鉴事：

窃查僧格林沁于咸丰十年冬间统军赴东剿办土、捻各匪，亲历各地方察看形势，知皖、亳捻股阑入山东，多由曹、单一带旧堤窜越。彼时曹属按团出丁，已有防堤之举，因堤路绵亘，人数众多，自卫桑梓即所以保卫地方，不能不筹给口粮，以期得力，奏请于本省按亩捐资，每亩捐制钱二十文作为防堤经费在案。嗣于同治元年四月，御史陈廷经奏请各省停止亩捐，奉旨允准。又经僧格林沁会同前抚臣谭廷襄体察当时情形，因防堤、防河紧要，需用浩繁，难即概行停止，仍请将曹州府七属、济宁等四州县、兖州府八属、沂州府七属，分别办理各等因，奏蒙恩允，并钦奉上谕："务使捐无苛派，饷不虚縻，以期事归实济。俟军务稍平，即行奏请停止等因。钦此。"仰见圣慈体察闾阎、勤恤民隐之至意。

臣伏查曹、单一带，迭年被扰，民间旷废农业，四出迁移，实赖办理防堤一二地方，恃以无恐。当时因屡遭蹂躏，蠲缓者十常八九，正供已属无多，而各圩派费办团，又皆敛诸田亩，是与其捐由民办，不如官办亩捐，尚可抑豪强而助经费。原因军务未蒇，一时权宜之计。今僧格林沁仰仗天威，扫清群丑，皖、亳各匪悉就歼除，东省地方庶可民安耕凿，竭力于维正之供。若仍摊派亩捐，不但民力未逮，且征多征少，难于稽察，恐徒为官与团中饱之私。即如僧格林沁因大营需用草料，饬令各属分投协采，有亩捐者，准其动用亩捐。现查各属所办亩捐、料草、银钱解交粮台数目，未能尽见踊跃，日久弊生，实所难免。今据藩司贡璜、兖沂曹济道卢朝安会禀：现在股匪削平，亩捐一项，无补军需，而难责民间兼完正赋，拟请一律停止前来。臣当据详函商僧格林沁，均属意见相同，自应体察目前实在情形，钦遵前奉谕旨，自同治三年正月为始，将兖、沂、曹、济四府州所属亩捐概行停止，以广皇仁。其应征地丁正项，应即责成各牧令实力催征，民间裁除捐项，专纳钱粮，自不至再存观望。至僧格林沁移军驻皖所需军饷，臣惟有竭力图筹，源源协济，不致贻误。总期事归实济，上纾圣怀。

谨将东省停止亩捐缘由，理合恭折驰奏，伏乞皇太后、皇上圣鉴训示。谨奏。

同治三年二月廿一日奉到回折："议政王军机大臣奉旨：'著照所请，该抚即行出示晓谕。其应征地丁正项，务当实力催解，不得意存观望。该部知道。钦此。'"

委员管解陕甘协饷片
同治三年二月初十日

再，查东省应解陕甘饷银攸关紧要，历奉严旨饬催，实以库款支绌，未能即解，时深悚惕。前于同治二年十一月间，先行筹拨甘饷银一万两，委员运陕转解，当经奏报在案。兹据藩司贡璜详称：于无可筹画之中，作移缓就急之计，在于地丁项下凑拨甘饷银一万两，又西安将军多隆阿军营协饷银一万两，委员候补典史萧雯管解，定于二月十五日起程赴陕西藩库交纳转解；其甘饷银一万两，即由陕省另行委员接解，就近查探道路转解甘省。

除分咨查照外，理合附片陈明，伏乞圣鉴。谨奏。

同治三年二月廿一日奉到回折："议政王军机大臣奉旨：'知道了。钦此。'"

审明博平知县宋克扬妄杀团总定拟折

同治三年二月初十日

奏为已革知县原参妄杀团总各情，审明定拟，恭折具奏，仰祈圣鉴事：

窃照前抚臣谭廷襄奏参博平县知县宋克扬妄杀团总胡得俊一案，咸丰十一年九月二十日奉上谕："谭廷襄奏请将昏庸乖谬之知县革职拿问一折，山东博平县知县宋克扬，因该县团总胡得俊把持钱漕，并未讯问明确，辄行杀毙，以致该县乡民传帖聚众，欲图复仇；并据该抚访闻，系该县假捏巡抚札文，将胡得俊正法。似此昏庸乖谬，实出情理之外。宋克扬著革职拿问，交谭廷襄提省从严讯办。钦此。"

伏查此案于未奉谕旨之先，据署东昌府知府李德增会同委员署临清州知州彭垣驰往查明，胡得俊系县勇高城所杀，宋克扬并未假捏札文。惟胡得俊被杀以后，其余党赵敦本纠众进城，杀死高城，并放火烧毁衙署监狱、劫放监犯等情，禀经谭廷襄批司饬提人卷至省，发委济南府审明拟解，因恐案情未确，驳审三次。兹据该府萧培元复审拟议，由藩司贡璜、臬司丁宝桢转解前来。臣亲提研鞫。

缘宋克扬籍隶山西汾阳县，由廪贡报捐教谕，加捐知县，分发山东，题补博平县知县，咸丰十一年五月二十七日到任。因前署知县金增经征十年漕米完不足数，本年上忙钱粮完数亦少，访系胡得俊私立伪团，自称团总，按亩敛钱把持所致，恐遽行拿办，另酿事端，不得不暂行羁縻，谕令认真办团，转劝乡民，将所欠钱漕赶紧完纳。胡得俊声言，欲征钱粮，不能办团；欲办团练，不能征粮。宋克扬无奈隐忍，另邀公正绅耆举办官团，劝谕各乡完粮，渐有赴柜完纳之户。胡得俊闻知，带同团丁赴署，索要团费。宋克扬因其人数众多，力不能制，付给京钱五百余千。八月十四日，胡得俊复带团丁赴署索费，并对众扬言，如不付给，定邀清平团长周宗昌带领团丁同来理论，希图挟制。宋克扬畏其凶焰，密令廪生许芹芳、文生胡玉琅，先将团丁设法解散，一面将胡得俊邀至署内，数其把持跋扈之罪。胡得俊直认不讳，并大肆咆哮。宋克扬喝令役勇捆拿，胡得俊不服，拔出佩刀，向宋克扬逞凶。时有官勇高城即高黑小在旁目睹，因曾充胡得俊团勇，随同剿贼，胡得俊撤队不顾，挟有仇隙，即上前夺刀乱砍，致伤胡得俊倒地，立时殒命。宋克扬喝禁不住，饬役将高城看管。旋闻胡得俊余党赵敦本欲传帖聚众复仇，宋克扬恐其滋事，即称胡得俊借团抗粮，系奉札饬拿正法，借以镇压。尚未详报，即经前署东昌府知府李德增闻系讯供杀毙，禀请撤任，委员前往代理。并经前抚臣谭廷襄访闻系假捏巡抚印札，将胡得俊正法，一面委查，一面奏参。讵是月二十三日，赵敦本纠集团丁五百余人进城杀死高城，并放火烧毁县署大堂、二堂、科房、监狱，劫放监犯。刑书吴灵芝、禁卒张起等上前抵御，均被捆缚。高城尸身亦被烧毁。宋克扬会同汛弁、典史，带领兵役捕拿，赵敦本等皆逃逸出城，追捕无获，将火扑灭。查点在监绞犯于方、刘振东、刘三楞、刘八、陶更阴，疯犯刘二大肚，军犯李郴獐，流犯孟义春八名，同截留羁禁人犯杜二黑等三名，均被劫逸出。于方、李郴獐、孟义春、刘八、陶更阴、刘二大肚即先后投回。旋据委员署临清州知州彭垣，会同李德增驰往查明禀复，并钦奉谕旨，将宋克扬革职拿问。饬提人卷研讯，据各供悉前情不讳，诘非讯供妄杀，亦未假捏札文，众供确凿，应即拟结。

此案已革博平县知县宋克扬，虽讯无妄杀团总胡得俊暨假捏札文情事，惟于胡得俊把持钱漕，未能慎始虑终，妥为惩办，迨赵敦本纠众入城滋事，又不即时禀报，预为防范，实属庸懦无能，业已革职，应请免其置议。刑书吴灵芝、禁卒张起等，于赵敦本劫狱时，委系力不能敌，应照律免罪。周宗昌并未与胡得俊勾结抗粮，许芹芳等亦未与该革员密议查拿，均毋庸议。胡得俊与县勇高城均被杀死，亦毋庸议。被烧衙署、监狱，由该革员赔修。投回各监犯，饬县审办。逸犯赵敦本等暨在逃监犯刘振东等，仍饬勒限严拿，务获究报。疏防刁民聚众入城、焚署劫狱之典史、汛弁，暨该管各上司，照例另参。

除供册咨部外，理合恭折具奏，伏乞皇太后、皇上圣鉴训示。谨奏。

同治三年二月廿一日奉到回折："议政王军机大臣奉旨：'该部知道。钦此。'"

特参取巧酿事之蓬莱知县马襄折

同治三年二月初十日

奏为特参取巧酿事之知县请旨革职，并将知府议处，及闹考殴官之童生按律惩办，以肃官方，以挽民气，恭折具奏，仰祈圣鉴事：

窃臣于同治二年十二月初十日，据登州府知府豫山禀称：十一月初五日，奉学院牌示按试，定期十九日到郡。时适扃门府试，经蓬莱县知县马襄以为期太促，府考未竣，一切赶办不及，禀请学院缓至开春再行按临。讵二十日，忽有文登县童生温学诗、王言纶等率领多人至县署哄闹，声言学院不来按临，即须帮给盘费回籍。该知县弹压不住，带领该童等赴府请示。该童等至府，仍前喧嚷，当经明白谕散。二十一日，该童等仍复聚集，塞满府署。该府随即传集县学各官，婉言开导。该童温学诗等不遵劝谕，辄将福山县教谕马砚田推跌倒地，殴打尚未成伤，并将该知县马襄朝珠扭断，口出不逊，堂上印敕公案一并推翻。随将为首劣童温学诗、王言纶二人拿究，余众均散回籍，郡城现已安静等情。

臣接阅之时，即深诧异。窃以东省民气，惟登、莱两府尚少聚众肆闹之案，此何肆无忌惮，纠众滋事。查该署县马襄，业已题补胶州，难保非因交卸有期，借词延宕，希图省费。拟即参办，恐未确实，当将该知县马襄立即撤省，一面详加访查。

兹查该署县马襄，于学臣传示到日，两次具禀借词赶办不及，请缓开年再试，实因交卸在即，冀可诿肩。盖各属考试，所有考棚杂费，向皆各邑匀摊，先由附郭首县代垫。在该署县之意，以一年办理两届考试，不无赔累，且将行交卸，更恐先垫经费，各属匀摊之款，难以收集。东省州县廉俸既归捐摊，钱漕复有定额，坐支等项又有酌提之例，无处不形疲弊，往往专顾私计，推诿公事。故该署县径请缓试，曲徇私情，罔顾公义，致寒窭士子往来跋涉，费用烦多，实启民不服官、遂不畏官之渐。温学诗、王言纶二人，素系行止不端，遂遇机生事，起意以赴县索取盘费为词，众人附和，闹署殴官，目无法纪。则此次闹考，虽系温学诗等所为，实缘该知县不知大义，有意取巧，以开其端。臣时常檄饬面告各属，处处自重，事事便民，人乃敬服，冀挽民风。登、莱二府，尤宜加意培养，训诫再三。乃该署县马襄推诿自便，不知体恤，致令完朴之区，开此刁习，实属谬妄鄙陋。事必推本，法贵持平，未便以赔累私情，曲为宽贷。相应请旨，将题补胶州知州署蓬莱县知县马襄从重革职，以为巧妄自便者戒。

再，该童生等赴府滋闹，衅由该县。该知府豫山虽出示以理劝谕，并将为首之人拿获，惟未能先事晓散，亦难辞咎。应请旨将登州府知府豫山交部议处。

除饬司将为首闹考殴官之童生温学诗、王言纶提究确情，按律严办，并将该县送考教官查取职名，俟定案时声明办理外，所有登州府属童生闹考及特参取巧酿事之知县，并请将知府议处各缘由，理合恭折具奏，伏乞皇太后、皇上圣鉴训示。谨奏。

同治三年二月廿一日奉到回折："议政王军机大臣奉旨：'马襄著即行革职；豫山著交部议处。温学诗、王言纶均著提究严审，按律惩办。余依议。钦此。'"

候补都司毛贵在军营病故请恤片
同治三年二月初十日

再，查游击衔候补都司毛贵于同治二年二月间，经前抚臣谭廷襄派令在白莲池带队攻剿，尚称勇往。九月间，因劳吐血，给假赴济宁就医，延至十一月初一日病故。据代理济宁直隶州知州周鹍详经军需总局司道核明，呈请具奏前来。

臣查该故员毛贵带队剿匪，在营病故，系属殁于王事。相应请旨敕部，将已故游击衔候补都司毛贵照军营病故例议恤，以慰忠魂。为此陈明，伏乞圣鉴。谨奏。

同治三年二月廿一日奉到回折："议政王军机大臣奉旨：'毛贵著交部照军营病故例议恤。钦此。'"

审明滕县京控按律定拟折
同治三年二月初十日

奏为审明京控，按律定拟，恭折奏祈圣鉴事：

窃照滕县从九品职衔刘允章等以张运汉等率匪破圩、焚掠残杀等情，控经都察院奏奉谕旨："此案著交谭廷襄督同臬司，亲提人证、卷宗，秉公严讯确情，按律定拟具奏。原告从九品刘允章，该部照例解往备质。钦此。"当经前抚臣谭廷襄行司饬提人卷严讯。据报原告孙毓瓚、张道济于同治二年三月初十、六月二十等日在店病故，讯无别故，批饬核入正案拟办。兹据臬司丁宝桢审明拟议，解勘前来。臣亲提研鞫。

缘刘允章籍隶滕县，捐纳从九品职衔，与峄县监生张运汉并其侄张百祉素识无嫌。咸丰十一年二月间，南捻窜扰山东，滕、峄两县土匪蜂起。刘允章与在店病故之张道济、孙毓瓚，未经到案之褚慎本，在张阿闸地方公筑土圩。张运汉亦奉官团练，筑圩御贼，与刘允章等土圩相隔十余里。八月十六日，马步贼匪数百人攻破张运汉土圩，抢掠裹胁，又至刘允章等圩外讹索银物。刘允章等纠约微山、郗山两处团丁与匪接仗，互有杀伤。团丁败溃，匪遂入圩焚掠，并将刘曹氏母子杀害。适有微山湖团总殷献昌等，带船救援，刘允章等即同庄众赴湖避难。嗣经两县兵勇会剿，将贼击退，并经峄县拿获另股贼匪化罗即华骡、殷七二名，讯认乘乱聚众焚掠，禀明就地正法。刘允章因贼匪到圩时见有张运汉圩内之人，不知被匪裹胁，疑系张运汉等率众攻圩，并因化罗等曾在张运汉土圩附近游弋，传闻张运汉窝留。十月间，刘允章往找张运汉查问未遇，适佃户张奎善等因闻贼匪欲令事主赎赃，即向刘允章告述，庄邻褚修盘并劝刘允章修筑土圩，以备不虞。刘允章误为张运汉因化罗正法，自觉势孤，故托张奎善等情说赔赃，补修圩墙，即告知张道济、孙毓瓚、褚慎本，同赴峄县联名具控。张运汉亦赴县呈诉。差传人证未齐，尚未集讯。刘允章疑系书役捺搁，一时情急，遂与张道济等商明，即以率匪破圩、焚掠残杀等词，并图准添砌张运汉私开盐行、窝养枭、棍各情，赴都察院衙门具控。奏奉谕旨，饬提人卷讯明，张运汉等并无为匪不法。质之刘允章，亦自认怀疑砌饰，并非有心诬告，应即拟结。

查律载："申诉不实者，杖一百。"等语。此案从九品职衔刘允章等京控各情，虽讯系怀疑砌饰，究属失实，自应按律问拟。刘允章合依"申诉不实者，杖一百"律，拟杖一百。事犯到官在同治元年九月初一日恩诏以前，所得杖罪应予宽免，仍照例革去从九品职衔。病故之张道济、孙毓瓚，应毋庸议。未到之褚慎本，饬县照拟传责。张运汉等讯无为匪不法情事，张道济等在店病故，看役讯无凌虐情弊，均毋庸议。该圩被害男妇，饬县查明详办。

除供册咨部外，理合恭折具奏，伏乞皇太后、皇上圣鉴训示。谨奏。

同治三年二月廿一日奉到回折："议政王军机大臣奉旨：'刑部议奏。钦此。'"

请将赴晋楚勇提回东省折
同治三年二月十六日

奏为现准山西抚臣沈桂芬咨开，拟将前派楚勇千名改赴陕省，臣筹度时势，诸有未宜，拟请仍旧提回东省，恭折奏祈圣鉴事：

窃臣前因遵旨酌派勇丁千名驰赴山西调遣，当于正月二十三日由驿具奏，饬派千总曹正榜、守备郭大胜两营陆续前进，于正月二十七日奉旨："知道了。曹正榜、郭大胜等营，著催令迅速起程赴防，毋稍迟延。钦此。"钦遵。

伏查臣于具折之后、未奉批旨之先，接准山西抚臣沈桂芬咨开，于正月二十二日奏酌派官兵以备调援，拟将所调楚勇暂缓来晋等语，并将奏稿移送到臣。臣细阅沈桂芬所奏，系因晋省兵力已敷布置，可以无须此项勇丁；且因欠饷，行粮急切难凑，因未严催速行。嗣奉旨饬速赴防，当饬千总曹正榜先行前进；又因该营积欠已久，在东昌清算稍延数日。其守备郭大胜一营，亦由台儿庄飞提到省。正在发饷起程，兹于本月十五日，又准山西抚臣沈桂芬咨开，奏请将山东派拨赴晋勇丁，饬令径赴多隆阿军营，为陕、甘等省防剿之用等语到臣。臣自应恭候谕旨指示，以定军行所向，何敢率行渎请。惟筹度事机，不能不详为计议，伏求圣训。

查东勇原属无多，不惟境内伏莽未净，即豫、皖余贼亦难保其必不东窜。前奉旨饬军赴晋，臣于无可抽拨之中，饬令该二营前往。兹既晋省无须添兵，该抚奏请改令赴陕，原属移缓就急。但臣筹度时势，实有不同，敬为我皇太后、皇上陈之。

窃惟用兵之道，专视将卒相习。臣前次奏拨游击雷显扬等军赴陕时，曾将兵勇不同情形奏闻在案。因该游击等原系多隆阿旧部，必能指使得宜，故请改途赴陕。刻下所拨曹正榜等二营勇丁，均系前抚臣谭廷襄所募。臣到东后，将东省所存勇数，裁其疲弱犷悍不下万余，惟挑选其可用者配合成军，仅留此千名勇额。因该守备郭大胜、该千总曹正榜均系楚人，尚知楚军营制，饬令仍旧管带，束以营规。其中勇众虽有楚、鄂之人，实多江南徐、宿之众，习熟已久，故可相安。以之调赴晋防，为途较近，臣耳目易周。且晋省各营，未闻兵勇歧视风气，或可主客相习，易于调度。至多隆阿营内，皆系召集湘、楚之军,勇数既多,门户自立,倘有外来之众,必有扞格之形。臣在湖北,时常目击其情,如曾国藩、胡林翼、多隆阿、李续宜等,皆深知驭将驭兵之法,而彼此调用所部,往往不能指臂相联。甚至欲调彼归此之时,必先遣散,另易将弁,再集成军,方能浃洽,盖心志未孚,势难强合。今该营勇既有他省之人,必不能与楚勇联为一气。即使多隆阿驾驶〔驭〕得宜,而其下既有隔阂情形,徒令统兵者多一番调处苦心,仍难期收实用。陕省军情方急,得一兵必期收一兵之力,若以彼此龃龉之旅杂处其间,实恐偾事。此为筹兵计,其不宜赴陕者一也。

再,臣前接多隆阿来咨,以臣前次拨陕之军,可期得力;惟陕省饷粮支绌,今将此项营饷仍由东省筹给,更见陕省之急不在无兵而在无饷。使多隆阿营饷稍裕,再集楚中旧部,可得百战精兵,何屑用东省挑集之勇。如其饷不应手,徒令多兵为累。而东省饷源有限,远顾为难,无论本省满、绿各营,欠饷已及三年;即此外甘饷、陕饷以及李云麟、陈国瑞营饷,尚未能拨解应期。故虽接多隆阿来咨,臣惟仰屋空计,无款可筹,再加此二营饷需,更属难于接济。若未筹军食,遽遣军行,以远道奔驰之军,再令枵腹荷戈,何以相资为用。该营在东虽多积欠,犹恃住久相熟,可以赊贷米粮。倘到陕时,领饷无期,加以心志不一,恐不免哗溃滋事之虑。此为筹饷计,其不宜赴陕者二也。

臣受恩深重,凡有筹画,惟期不饰不欺;况事属军行,更宜详加审虑。既有所见,如不直陈于圣明之前,徒事虚文,不求实际,问心实有难安。即以臣私情而论,陕省为臣桑梓,迭遇寇焚,如山东之勇有益陕疆,臣志切同仇,岂不愿厚集兵力?惟思维再四,实觉赴陕无当于事机,不如留东稍可以备用。查东省布置情形,曾经历次奏闻。可否仰恳圣恩俯准,将臣派守备郭大胜、千总曹正榜二营勇丁仍提回东省,俾臣暂行分置各路。如豫、皖贼氛大定,无虞窜越,臣即随时减裁,以期节费。臣断不敢拥兵自卫,虚耗饷粮,亦不敢爱惜兵力,不令远调,实因慎重军情起见,何容缄默不言,致烦圣虑。刻计千总曹正榜一军正在中途,守备郭大胜一军甫在启行,如蒙俞允,臣当飞饬提回,以免沿途浩费。

所有拟将原派赴晋勇丁碍难改赴陕省各缘由,是否有当,理合由驿具奏,伏祈皇太后、皇上圣鉴训示。谨奏。

同治三年二月廿二日奉到回折:"议政王军机大臣奉旨:'另有旨。钦此。'"

新练马队口分马干拟照防兵例发给片

同治三年二月十六日

再，臣在东昌行营奏明选练马队以备防剿，钦奉寄谕："所练马队，著该署抚督饬丁宝桢挑选额兵，配骑操演，务使认真训练，悉成劲旅，不可有名无实等因。钦此。"臣当经饬丁宝桢另立马队行营，饬令各营于额兵内挑选，配以马匹，勤加操练。除各营远近不同尚未送齐外，现已练有五百余名，束以营制，筹给口粮，虽疲弱之兵渐见奋发。臣亲加校阅，尚属便捷，假以岁月，当可成军。所需口分、马干，自应酌定，以期经久。

查此项马队，虽系挑自各营额兵，但已调离原营，另为一队；且时派令各处搜拿贼匪，巡哨边防，与寻常调派差遣缉捕者不同。惟东省向事防剿，所调之兵，俱照征兵口分发给。兹既欲期经久，自宜裁减，应照防兵给与口分、马干，以省经费。其管带营官盐粮，亦即分别照例支给，分晰造册报销。如或调兵出剿，即照征兵口分支给，以作士气。据臬、藩两司会详前来。臣复核无异。理合附片陈明，伏乞圣鉴。谨奏。

同治三年二月廿三日奉到回折："议政王军机大臣奉旨：'户部知道。钦此。'"

请将己未等纲未完票盐暂予展缓折

同治三年二月二十二日

奏为沥陈东商疲累情形，吁恳天恩俯准，将未销票课援案展缓，以恤商艰而顾新运，恭折奏祈圣鉴事：

窃照东纲票商，迭蒙逾格恩施，莫不感深沦浃，何敢复求调剂。惟查票地各州县附近滩场，素多滞岸，加以比年捻、枭各匪肆行滋扰，商人成本既亏，行销更形壅滞。业经前抚臣谭廷襄援照减引成案，自同治元年为始，以八成作正，年清年款；以二成作余，尽销尽报；五年限满，再请复额，奏蒙俞允在案。臣莅任后，节经设法整顿，原期商民渐次复业，票张新旧并销，何敢畏难自阻。无如频年积累，元气未能骤复，大局难以支持。兹据运司恩锡详称：各官商自上年六月至十二月底止，半载以来，兑领同治二年新票不过三分之一，请领旧票者更属寥寥。推原其故，皆由近年各票地迭次被匪蹂躏，成本亏折，积困已深，若无分新旧，概令运销，商力实有未逮，且恐占碍新票地步。恳将己未纲已完票一十三万二百四十四张，庚申纲已完票八万四千五百一十六张，辛酉纲已完票二万三百四十六张，壬戌纲已完票五万八千五百七十九张，尽销尽报。其四纲未完票共二十七万八百五十五张，暂予停缓，俟盐枭敛迹，八成票张复额之后，再行起限，责令分年带销等情，具详请奏前来。

臣查该司所详，委系实在情形。各商迟误课运，固属咎有攸归，惟积票至二十余万之多，此时各口岸疮痍初复，枭匪尚未一律歼除，即使严参勒销，恐于课款仍无实济。溯查咸丰五年前抚臣崇恩因引积课悬，奏准展缓，分年带销，现在票地疲累情形事同一律。合无仰恳圣恩准将东省己未、庚申、辛酉、壬戌四纲已完票张尽销尽报，未完票张暂予展缓，俟枭匪敛迹，八成票张复额之后起限，分年带销；并恳将各员督销处分免于开参，俾商力稍纾，得以专顾新运，再有延误，即行从重惩办。为此恭折具奏，伏乞皇太后、皇上圣鉴训示。谨奏。

同治三年三月初四日奉到回折："议政王军机大臣奉旨：'户部议奏。钦此。'"

同治二年冬季委署各员班次衔名片

同治三年二月二十二日

再，前准部咨："嗣后各省州县缺出，先委正途一人，次委劳绩一人，再将各项委用、试用人员轮委一人，于应署班内统按出缺先后，察看人地相宜之员，酌量委署，毋庸计其科分名次并试用年限，每届三月汇报一次。"等因。经臣将同治二年秋季分所出各缺奏报在案。兹复据藩司贡璜将冬季分所出州县各缺并委署各员班次、衔名具详前来。

除册咨部外，理合附片陈明，伏乞圣鉴。谨奏。

同治三年三月初四日奉到回折："议政王军机大臣奉旨：'知道了。钦此。'"

山东满营官兵俸饷拟请按月先发五成折

同治三年二月二十二日

奏为山东满洲营官兵俸饷拟请按月先发五成，俟库款充裕再行照旧全支，恭折具奏，仰祈圣鉴事：

窃臣钦奉寄谕："恩夔奏俸饷、马干久缺，马匹缺额，请饬速为补解。著阎敬铭迅饬藩司将各该营连年俸饷、马干等银，速即宽为补解，不准再事宕延等因。钦此。"当经饬司速筹补解。

兹据藩司贡璜详称：青州、德州驻防官兵，每年俸饷、米折、养廉等银十四万三千余两，历系按月支发，从无短缺。迨咸丰十一年至同治二年，军饷浩繁，左支右绌，每年仅能支发四个月暨四个月半不等。上年司库征收地丁、杂款银一百八十一万二千余两，为十年来征收最多之数。即使本年征足此数，而应行支发刻不可缓之项，如应解京饷银二十六万两，陵工饷银八万二千两，僧格林沁军营月饷银六十万两，本省济安、东治两营勇粮银十八万九千九百余两，军械局需银二万余两，东昌、济宁分局支发官弁兵勇口分暨兖州巡兵、武定巡船、省城防守土圩以及新练马队官弁兵勇口粮等项需银十万余两，共计一百二十五万余两。此外绿营官兵俸饷等银五十二万六千余两，陈国瑞军营月饷银十二万两，甘肃饷银四十万两，陕西月饷银十二万两，陕南月饷银十二万两，新疆饷银五万两，积欠盛京兵饷银十万两，合计又有一百四十三万余两。虽不能如数拨解，至少亦须支发银五十余万两。综计一年之内，实系入不敷出。至驻防兵丁之苦累，甚于绿营，亟思宽为筹备，何敢稍事宕延。奈司库支绌异常，委难立时补解。今通权缓急，力筹接济，拟请自同治三年春季起，将该营官兵俸饷、米折、养廉等项，先按五成支给，一俟库款充裕，用项减少，即行照旧全支，并将旧欠各款接续补解等情，详请具奏前来。

臣查满洲营官兵俸饷，积欠累累，值此库藏短绌之时，势难宽为补解。臣与该司一再筹商，惟有按月先拨五成，俾该营兵丁得此半月之饷，借资养赡，一俟库款充裕，仍当照旧全支，并补解旧欠各款，以仰副圣主惠养旗人、体恤兵艰之至意。是否有当，理合恭折具奏，伏乞皇太后、皇上圣鉴训示。谨奏。

同治三年三月初四日奉到回折："议政王军机大臣奉旨：'知道了。钦此。'"

已解僧格林沁营军饷银数片

<small>同治三年二月二十二日</small>

再，查东省应解僧格林沁月饷，前经臣将十月初十日起，至十二月十八

日止，解过银数奏报在案。兹复据藩司贡璜先后申报，于东海关税并司库正杂等项银内，陆续筹拨银七万两，于上年十二月二十三日并本年正月二十八、二月十八等日，分起委员解赴僧格林沁粮台交纳，所有上年月饷业已全数解清。

除分咨外，理合附片陈明，伏乞圣鉴。谨奏。

同治三年三月初四日奉到回折："议政王军机大臣奉旨：'知道了。钦此。'"

遵旨再议逆绝各产情形折
同治三年二月二十二日

奏为遵旨再行妥议逆绝各产情形，恭折具奏，仰祈圣鉴事：

窃臣于同治三年正月二十日承准军机处字寄："正月十七日奉上谕：'兹据僧格林沁奏，查出东昌、曹州、临清、兖州等属逆产二百五十七顷余亩，绝产三百三十四顷余亩，请将此项田地入官，招佃耕种，按亩交租，不得照民地仅纳钱粮，以昭核实而裕经费。所奏甚属妥善，著阎敬铭认真办理。并著户部查照定例，此项入官地亩，每亩应交租项若干，移咨该抚遵办。其察出房间，或招租或变价，均著阎敬铭斟酌妥办。所有白莲池应设文武官署等项经费，著该抚另行筹款拨给。其流亡未归荒田，即照该抚前议予限一年，限满不归，一并入官。惟滕县绝产，除零星地亩无庸计议外，如查有在数十亩以上者，自应传集该户家族人等，为其立后，即以该户田地畀之，用示朝廷继绝存亡之意。并著阎敬铭妥筹办理各等因。钦此。'"又于二月初六日奉到批折："议政王军机大臣奉旨：'知道了。本月十七日已有旨交该抚妥筹办理。此次奏报自系尚未接奉前旨，著即遵照一并再行妥议具奏，候旨遵行。钦此。'"钦遵。臣恭查前奉谕旨时，因租价可收若干、房产若何处置之处，均须详查妥议再行具奏，故将前次遵旨筹议屯田情形，先行奏祈圣鉴。兹奉批谕，饬臣并议，仰见圣虑周详，无微不至。臣益当悉心复核，详细妥筹，以期尽善。

窃查钱粮归于正额，租项出于佃民，二者本不容混。臣前折声明，收税以归课，收租以养兵，原系按亩交租之外，仍照额纳粮，与僧格林沁所请入官招佃之意相符。惟此项所收地租应归何用之处，僧格林沁未经议及。臣前奏议将白莲池田产拨归兖州营，甘官屯、刘贯庄及冠县之地拨归东昌营及临清营，或于彼处另立一营；其馆、莘、朝、堂、临、观等处余产，拟请分拨各郡邑为书院经费，原因白莲池、甘官屯、刘贯庄、冠县各地顷数较多，可收实用。而各营饷项久缺，今拟于东、兖拨兵镇压，饷糈自应预筹，因拟招佃耕种，除交正额钱粮外，其余租项拨归营用。如办有成效，确数可凭，将来划抵额饷，以裕兵食而省经费。馆陶、临清、莘、堂并朝、观等处地既无多，且系零星小亩，分散各县，难于一手经理，故请分拨各郡邑，仍按原额照旧完粮，而收其租以为书院经费，作育人材，仰副皇上嘉惠士林之意。此臣前奏将查出逆产分别办理之情形也。

惟兖郡半多山田，荒芜已久，与东昌各属不同。臣现经饬派各属趁此春时，赶行招佃耕种。但试办之初，愿垦者果否踵至，所收租项能得若干，实难预定。兹蒙谕饬户部查照定例，移咨遵办。臣拟于部议章程到日，俟今秋收成后，实核收数办理，务期涓滴归公，以绝官吏侵渔而免小民遗累。

至所查出房间，臣原拟招租变价，以济实用。嗣查各处房屋，率多茅盖土墙，兵燹之后，门窗户牖俱无，垣墙亦多坍坏，又散在四乡，荒凉僻野，非如城市之业可以租赁，即变价亦无人肯买，其值更属无多。窃恐无益于事，徒费周折。兹既各田招佃，其佃户人等，不能无地栖身。拟以房间田地相连者，何处房屋即归何处之田，以为该佃栖息盖藏之所，毋庸再行收租，庶广招徕而纾民力。其中如查有可以变价者，仍核实估变，以充库款。

至白莲池地方，如须添设文武衙署及书差饭食之用，自应遵谕另筹款项，不敢以前奏所议养兵之需致有牵混。其流亡未归荒田，荷蒙圣恩予限一年，臣亦转饬各属，赶行召集归业，以广皇仁。如有逾限不归，再行入官办理。滕县绝产二顷八十余亩，仰蒙圣明指示，不得一概入官。臣遵饬各属，查有愿为立后者，即以田产畀之，俾得祭扫有资，以沛圣人覆载无私之德。

所有臣前折所陈并现在复议各情形，总期利归于公，慎始图终，以收实效。至所收之租，是否拨归营用、添资书院之处，恭候钦定。谨将遵旨再行妥议逆绝各产缘由，恭折具奏，伏乞皇太后、皇上圣鉴训示。谨奏。

同治三年三月初四日奉到回折："议政王军机大臣奉旨：'览奏均悉。所陈逆绝各产分别办理情形，尚属妥协。所请租项拨归营用、添资书院之处，均著照所拟办理。总期利归于公，慎始图终，以收实效。该部知道。钦此。'"

已革知县李均征存钱粮延不完解请旨拿问折

同治三年二月二十二日

奏为已革知县征存地丁钱粮延不完解，请旨拿问，以重库款，恭折奏祈圣鉴事：

窃照商河县知县李均，浮伪贪污，不洽舆论，前经臣奏参革职，奉旨允准在案。兹查该革员前在商河县任内，有征存未解咸丰十一年并同治元、二等年地丁钱粮正耗共银一万六千九百九十七两五钱六分五厘，屡次催提，仅据完解银四百四十三两五钱八分八厘，下欠银一万六千五百五十三两九钱七分七厘，为数甚巨。节经严檄饬催，仍置罔闻，实属大干功令。据藩、臬两司会详请参前来。

臣查钱粮为维正之供，不容丝毫蒂欠，况当此拨饷频仍，各州县宜如何实力催解，借裕度支。乃该革员李均，竟将已征地丁银两欠解至一万余两之多，藐法误公，莫此为甚。若非从严惩办，不足以儆效尤。相应请旨，将已革商河县知县李均即行拿问，并提该县经手书吏来省发委严讯，是侵是挪，照例核办。至该革员在任时，有无垫用军需等项，及交代案内有无应抵之款，容臣再行分别查办。为此恭折具奏，伏乞皇太后、皇上圣鉴训示。谨奏。

同治三年三月初四日奉到回折："议政王军机大臣奉旨：'李均著即拿问严行究办，余依议。钦此。'"

审明武闱试卷亲供笔迹不符定拟折

同治三年二月二十二日

奏为武闱试卷亲供笔迹不符，审明确情定拟，恭折具奏，仰祈圣鉴事：

窃臣前因壬戌恩科乡试，山东省中式第六十七名武举杨焕时试卷亲供笔迹不符，提问未到，先行恭疏题参。于同治二年七月三十日奉旨："所参杨焕时著革去武举，传解到案。其笔迹不符，始终避匿各情，由该抚审拟具奏。该部知道。钦此。"钦遵，由部咨行到臣。当经行司饬提到省，发委济南府确讯。

兹据该府萧培元审明，该革举杨焕时，籍隶博平县，内场《武经》实系自行默写，并非雇人枪替。嗣因传写亲供，适患疟疾，头晕手颤，不能写字，央托同县送考素识之王太和代填，是以笔迹不符。后经勘出提传，该革举已赴京探亲，今始回归，亦非始终避匿。该府恐听供不确，授以纸笔，饬令默写《武经》，尚无错误，字亦端楷。虽试卷亲供先已送部，无凭比对，而该革举既能书写，自不肯雇人枪替。况事隔一年，尚能默出，所称试卷之并非枪替、亲供之因病代填，均属可信。录供拟议，由藩、臬两司转解前来。经臣亲提研鞫，亦无异词，应即拟结。

此案已革武举杨焕时，虽讯无枪替避匿情弊，惟于传写亲供时，辄因病央人代填，殊属不合，业已革去武举，应毋庸议。代写亲供之王太和，乡愚无知，应免提究。

除供册咨部外，理合恭折具奏，伏乞皇太后、皇上圣鉴。谨奏。

同治三年三月初四日奉到回折："议政王军机大臣奉旨：'知道了。钦此。'"

特参疏防之济宁知州周鹍折

同治三年二月二十二日

奏为特参疏防城内连劫之州牧，请旨摘顶勒缉，以重捕务，恭折具奏，仰祈圣鉴事：

窃据代理济宁直隶州知州周鹍禀报：本年正月二十七日夜，城内事主黄德易、袁兆坤两家钱铺先后被匪十余人劫去银钱、衣物，并将铺伙王延深等拒伤，计赃共值银一千余两。现已拿获伙犯孙兆田，起获原赃茧绸棉袍，究出逸犯杨六等，请饬属截拿等情。

臣查城内连劫赃逾千两重案，仅获一犯，缉捕实属懈弛。欲求整顿，惟有严参。兹据藩、臬两司会同该管道员详揭前来。相应请旨，将代理济宁直隶州知州周鹍摘去顶戴，勒限两月缉拿此案赃盗，务获究报，限满不获，再行严参。为此恭折具奏，伏乞皇太后、皇上圣鉴训示。谨奏。

同治三年三月初四日奉到回折："议政王军机大臣奉旨：'周鹍著摘去顶戴，勒限两月缉拿，务获究办。余依议。钦此。'"

同治三年正月雪泽粮价折

同治三年二月二十二日

奏为恭报正月份雨雪情形并呈粮价清单，恭折仰祈圣鉴事：

窃照上年十二月份雪泽、粮价，前经臣奏报在案。兹查正月份，据济南府之历城、章邱、邹平、淄川、长清、新城、齐东、齐河、济阳、禹城、临邑、长山、陵县、德州、德平，泰安府属之泰安、新泰、莱芜、肥城、东平、东阿、平阴，武定府属之青城、海丰、商河、利津，兖州府属之滋阳、曲阜、邹县、泗水、滕县、峄县、汶上、阳谷，沂州府属之兰山、郯城、费县、莒州、蒙阴、沂水、日照，曹州府属之单县、城武、曹县、定陶、巨野、郓城，东昌府属之清平、莘县，登州府属之蓬莱、黄县、福山、栖霞、招远、莱阳、宁海、海阳，莱州府属之掖县、潍县、胶州、高密、即墨，青州府属之益都、临朐、临淄、高苑、博山、诸城、寿光、昌乐、安丘、乐安，临清直隶州并所属之邱县，济宁直隶州并所属之金乡、鱼台等七十七州县，先后申报于月之初六七八九等日得雪，除融化外，积厚一、二、三、四寸不等。上年腊雪普沾，土膏本极滋润，入春后复得瑞雪缤纷，倍觉麦苗芃茂。从此雨旸时若，可期年谷顺成，民情甚为安帖，洵足仰慰宸怀。

至市集粮价，微有增减，大致与上月相同。谨缮清单，祇呈御览。为此恭折具奏，伏乞皇太后、皇上圣鉴。谨奏。

同治三年三月初四日奉到回折："议政王军机大臣奉旨：'知道了。钦此。'"

正月份粮价清单

谨将同治三年正月份山东省各属米、谷、麦、豆价值，敬缮清单，恭呈御览。

计开：

济南府属：稻米每仓石价银二两四钱五分至四两四钱四分，与上月同。粟米每仓石价银八钱八分至二两六钱，较上月贱三分。粟谷每仓石价银六钱至一两五钱六分，较上月贱二分。高粱每仓石价银九钱至一两七钱七分，较上月贱二分。小麦每仓石价银一两二钱五分至二两七钱九分，较上月贱三分。黄豆每仓石价银一两一钱九分至二两三钱四分，与上月同。黑豆每仓石价银一两二钱至三两三钱三分，与上月同。

泰安府属：稻米每仓石价银二两八钱至四两五钱，与上月同。粟米每仓石价银一两三钱至二两三钱，与上月同。粟谷每仓石价银六钱至一两九钱四分，与上月同。高粱每仓石价银一两一钱三分至一两八钱二分，与上月同。小麦每仓石价银一两六钱五分至二两六钱九分，与上月同。黄豆每仓石价银一两一钱至二两六钱八分，与上月同。黑豆每仓石价银一两五分至二两六钱八分，与上月同。

武定府属：稻米每仓石价银二两四钱八分至四两六钱二分，与上月同。粟米每仓石价银一两一钱六分至二两二钱，与上月同。粟谷每仓石价银七钱七分至一两八钱，与上月同。高粱每仓石价银八钱至一两三钱二分，与上月同。小麦每仓石价银一两五钱至三两五分，与上月同。黄豆每仓石价银一两一钱八分至二两一钱三分，与上月同。黑豆每仓石价银一两一钱至一两八钱二分，与上月同。

兖州府属：稻米每仓石价银二两四钱至五两五钱，与上月同。粟米每仓石价银八钱三分至四两一钱六分，与上月同。粟谷每仓石价银五钱四分至二两三分，与上月同。高粱每仓石价银七钱至二两六钱，与上月同。小麦每仓石价银一两五分至二两九钱，与上月同。黄豆每仓石价银一两至二两九钱，与上月同。黑豆每仓石价银九钱八分至二两九钱，与上月同。

曹州府属：稻米每仓石价银三两二钱八分至五两，与上月同。粟米每仓石价银一两一钱七分至三两六钱六分，较上月贱四分。粟谷每仓石价银七钱至二两二钱八分，与上月同。高粱每仓石价银八钱至二两四钱九分，较上月贱六分。小麦每仓石价银一两二钱五分至三两二钱，与上月同。黄豆每仓石价银一两二钱至二两七钱四分，与上月同。黑豆每仓石价银一两一钱三分至二两三钱八分，与上月同。

沂州府属：稻米每仓石价银二两至三两九钱二分，与上月同。粟米每仓石价银一两三钱至二两五钱九分，与上月同。粟谷每仓石价银六钱八分至一两五钱八分，与上月同。高粱每仓石价银七钱九分至一两四钱八分，与上月同。小麦每仓石价银一两至一两八钱五分，与上月同。黄豆每仓石价银八钱至一两四钱五分，与上月同。黑豆每仓石价银八钱至一两四钱五分，与上月同。

东昌府属：稻米每仓石价银三两一钱至五两，与上月同。粟米每仓石价银一两一钱四分至二两七钱，与上月同。粟谷每仓石价银七钱至一两六钱，与上月同。高粱每仓石价银九钱至二两四钱，与上月同。小麦每仓石价银一两四钱至三两三钱，与上月同。黄豆每仓石价银一两五分至二两九钱，与上月同。黑豆每仓石价银一两至三两一钱，与上月同。

青州府属：稻米每仓石价银二两至三两四钱，与上月同。粟米每仓石价银一两二钱四分至二两，与上月同。粟谷每仓石价银七钱至一两三钱，与上月同。高粱每仓石价银六钱九分至一两四钱八分，与上月同。小麦每仓石价银一两一钱至二两三钱，与上月同。黄豆每仓石价银九钱八分至一两七钱，与上月同。黑豆每仓石价银九钱八分至一两七钱四分，与上月同。

莱州府属：稻米每仓石价银二两三钱至三两五分，与上月同。粟米每仓石价银一两至一两六钱，较上月贵一钱。粟谷每仓石价银五钱至一两一钱，较上月贵一钱。高粱每仓石价银七钱至一两一钱，与上月同。小麦每仓石价银一两一钱至一两九钱，较上月贵五分。黄豆每仓石价银九钱八分至一两四钱，与上月同。黑豆每仓石价银九钱七分至一两四钱四分，与上月同。

登州府属：稻米每仓石价银二两七分至三两二钱，与上月同。粟米每仓石价银一两二钱九分至一两九钱，与上月同。粟谷每仓石价银七钱二分至一两一钱五分，与上月同。高粱每仓石价银八钱三分至一两六钱，与上月同。小麦每仓石价银一两二钱四分至二两二钱，与上月同。黄豆每仓石价银九钱至一两七钱二分，与上月同。黑豆每仓石价银九钱至一两七钱二分，与上月同。

临清直隶州并属：稻米每仓石价银三两四钱五分至三两九钱，与上月同。粟米每仓石价银一两四钱七分至二两五钱，与上月同。粟谷每仓石价银八钱五分至一两三钱六分，与上月同。高粱每仓石价银一两七钱至二两，与上月同。小麦每仓石价银二两四钱四分至二两六钱五分，与上月同。黄豆每仓石价银一两一钱八分至一两九钱九分，与上月同。黑豆每仓石价银一两一钱八分至二两二钱，与上月同。

济宁直隶州并属：稻米每仓石价银三两三钱至六两三钱七分，与上月同。粟米每仓石价银一两六钱五分至三两，与上月同。粟谷每仓石价银一两三分至二两，与上月同。高粱每仓石价银一两一钱五分至二两四钱，与上月同。小麦每仓石价银一两三钱至二两六钱，与上月同。黄豆每仓石价银一两三钱一分至二两六钱，与上月同。黑豆每仓石价银一两一钱五分至二两九钱，与上月同。

拣员请补要缺知县折

同治三年三月初八日

奏为拣员请补要缺知县，以重地方，恭折奏祈圣鉴事：

窃照冠县知县朱瑞果，因教匪滋扰，经前抚臣谭廷襄奏参革职，准部知照，以咸丰十一年五月十九日作缺。所遗冠县知县员缺，系冲繁难兼三要缺，例应在外拣员调补。查例载："州县应调缺出，于现任人员内拣选调补，如无合例堪调之员，始准以候补即用人员题补；候补即用无人，亦准于现任人员内拣选升补。"等因。前以即用知县侯甲瀛请补，尚未接准部复。该员现丁母忧，所遗冠县知县员缺，仍应以咸丰十一年五月十九日作缺，拣员请补。

查该县幅员辽阔，民情强悍，讼狱繁多；且失守之后，迭被匪扰，弹压抚绥，在在均关紧要，非诚实老练、熟悉地方情形之员难期胜任。随与藩、臬两司于通省现任知县内逐加遴选，非现居要缺，即人地未宜，实无合例堪调之员。其候补即用与现任应升人员，亦均与此缺不甚相宜。惟查有署理冠县知县、委用大挑知县孙善述，现年四十一岁，贵州举人，咸丰三年大挑一等引见，奉旨："以知县用。钦此。"签掣山东，七月二十七日到省。四年四月委署莘县知县。五年二月，遵筹饷例报捐本班尽先，加同知衔。六年二月，因前在莘县防堵出力，经前抚臣崇恩保奏，奉旨："著归本班尽先前补用。钦此。"是年十月补授陵县知县，七年二月十三日到任。十二月二十五日闻讣，丁父忧，卸事；九年九月初二日接丁继母忧，扣至十一年十二月初二日服阕。因原籍被匪窜扰，无籍可归，在部呈明，准予起服。于同治二年二月十一日到省，经前抚臣谭廷襄奏明署理冠县，三月十四日到任。该员才力明断，职守勤能，以之请补冠县知县，实堪胜任。惟出缺在先，该员起复回东在后，且系委用大挑知县，请补要缺，与例均有未符。第该员于上年军务倥偬之际，署理此缺，所有筹防督剿、除莠安良及稽查逆产、举办保甲等事，无不认真经理，悉中机宜。现在地方乂安，民心悦服，其政治实已著有成效，人地实在相需，不敢泥于成例。据藩、臬两司会详请奏前来。合无仰恳天恩俯念员缺紧要，准以孙善述补授冠县知县，实于地方有裨。如蒙俞允，该员系委用大挑知县请补知县，衔缺相当，毋庸送部引见，亦毋庸声叙参罚。为此恭折具奏，伏乞皇太后、皇上圣鉴训示。谨奏。

同治三年三月十九日奉到回折："议政王军机大臣奉旨：'吏部议奏。钦此。'"

委员管解陈国瑞营军饷片
同治三年三月初八日

再，臣钦奉寄谕："著将欠解上年指拨陈国瑞军饷，并每月协饷迅即解交。"等因。当经行司速筹委解。兹据藩司贡璜详称：东省奉拨此项银两，自上年九月起至十二月止，先后解过银二万三千两，均经随时奏报在案。现又竭力筹措银五千两，饬委候补典史王炳会同来弁候补游击贵日华管解，前往徐州粮台交纳转解。

除咨部外，理合附片陈明，伏乞圣鉴。谨奏。

同治三年三月十九日奉到回折："议政王军机大臣奉旨：'知道了。钦此。'"

查明东昌知府秦际隆被参各款折
同治三年三月初八日

奏为查明知府被参各款，请旨交部议处，恭折复奏，仰祈圣鉴事：

窃臣于同治二年六月二十五日钦奉寄谕："有人奏，东昌府秦际隆贪鄙无能，于莘县土匪闹漕滋事，委员说和，致该匪无忌，聚众连陷冠县、馆陶。秦际隆带勇往捕，行至沙镇，讹传警信，该府弃冠脱靴，潜匿田间草深处所，勇丁星散。该府遁回郡城，任贼扰陷堂邑、莘县，焚掠东昌，不敢出府城一步。经谭廷襄撤任调营，复夤缘回任。其于宋景诗抢粮割麦，又代为消弭通详，并有宋景诗馈送该府银两之事等语。地方官贪鄙畏懦，纵贼殃民，果如所奏，实属大干法纪。著阎敬铭务当切实查明，严参惩办，毋得稍有徇隐，致令劣员贻害地方，仍蹈从前旧习。原片著抄给阅看。将此谕令知之。钦此。"臣即行司将东昌府知府秦际隆撤任，听候查办；一面派委候补知府胡鸣泰前往确查。

兹据胡鸣泰禀称：如原参秦际隆贪鄙无能，声名狼藉。先是咸丰九年，莘县土匪闹漕滋事，该府不肯拿办，委员与之说和，该匪等遂无忌惮一节。

查得咸丰九年，莘县并无土匪闹漕滋事之案。惟咸丰十年十月间，有盐枭杨超群等二百余人窜入莘县，勾结刁民王狗等，假以恳求赈济为由，煽惑乡民三百余人，齐抵城外。莘县知县缪玉书，会同在城文武带领兵勇，出城开导，乡民纷纷解散。杨超群等乘间入城，焚抢劫狱。缪玉书等赶回拿获杨超群、延玉会，讯明正法，余匪逃散，勘讯通禀。维时秦际隆正肩门考试，不克分身，即移会该府同知何家驹，并委堂邑县知县张逢壬先往查拿，考竣出场，亲诣查勘。禀经前署抚臣清盛将印捕各官奏参撤任摘顶，勒限留缉，限满无获，查明参结在案，委非不肯拿办，亦无委员说和之事。

又如原参，十年春，该匪等聚众百余人，勾结无赖，连陷冠县、馆陶，经绅士面请该府带勇剿捕，行至沙镇地方，有讹传贼至者，该府弃冠脱靴，潜伏田间草深处藏匿。至次早并无贼来，而所带之勇已星散，狼狈逃回郡城。自此不敢出城一步，任贼扰陷堂邑、莘县，焚掠东昌关厢，日渐蔓延，迄今未靖，实该府酿成一节。

查得咸丰十一年二月间，南捻北窜东昌、兖州、临清所属，突有匪徒勾结滋扰，是月十九、二十两日，连陷冠县、莘县。秦际隆即飞禀请兵，一面带领兵勇自堂邑沙镇节节进剿。三月初三日闻馆陶失守，飞往救援，匪已窜过河西，遂与委员德州营参将成志督率文武官弁，渡河追剿。匪又由临清之尖塚直扑县城，折回守御，轰毙百余名。初十日，该匪阑入堂邑，窜赴沙镇，有攻扑郡城之信。秦际隆带队间道驰回，扼要严防，先后禀经前抚臣谭廷襄将各该地方文武员弁奏参革职，随营协剿，一面派委前济东道明新带兵驰抵郡城。此时兵力较厚，秦际隆随同明新剿捕堂邑梁家浅与太集等处踞匪，迭获胜仗，进攻沙镇被围受伤，并被刺落顶帽，突围而出，禀明回郡医治。四月初，贼匪逼近郡城，复会督在城文武昼夜防守。厥后降众复叛，又驻守堂邑，督兵防捕，遏贼东窜，克保郡城。此皆有历次原禀可查，询之居民人等亦众口一词，委无弃冠脱靴、藏匿田间及逃回郡城一步不出情事。

又如原参，该抚谭廷襄以该府所属土匪窃发，连失四城，撤任调营，该府复夤缘回任一节。

查得秦际隆于咸丰十一年四月十九日因伤肿发，禀请给假调理，经谭廷襄奏委候补知府李德增署理。至六月伤痊销假，时值谭廷襄在东昌剿办降众，饬令随营当差。八月间，随同防守省垣，嗣复委赴东昌办理善后。同治元年四月初一日，奉饬回任。委系因伤请假卸事，并非撤任，亦未开缺，故得奉饬回任，并无夤缘情弊。

又如原参，同治二年四、五月间，宋景诗派人四出抢粮割麦，百姓纷纷呈诉。该府据情申报统兵大员、该省巡抚，经僧格林沁派兵驰捕，宋景诗闻风畏惧，浼该府斡旋消弭。该府即以宋景诗并未抢割，复行通详，并闻宋景诗有馈送该府银两等事。虽馈金之事，暧昧难明，而据详前后不符自有可据一节。

查得二年三月间，宋景诗勇队与堂邑柳林团寻仇互杀，彼此控县。堂邑县知县董槐禀经谭廷襄批饬，传谕两造先各杀贼，俟事平秉公查办。嗣该勇又在聊城东乡索取居民饭食，纵马践食麦苗，民人许振清等控。经秦际隆饬县驰往弹压，并令宋景诗严加约束，将滋事之勇查出惩办。四月间，柳林团以宋景诗劣迹多端等词控，经直隶提臣恒龄密札饬查。秦际隆督同董槐查明宋景诗勇队骚扰庄村，已先后被控。近因地内麦禾成熟，欲令庄民分给麦子，事虽未行，然闻其队内人数加增，恐有收留匪类情事，据实分禀。经臣批饬移知曹州镇总兵保德就近钤制，并传谕宋景诗随同搜捕，毋再滋事。并非先申后详，受贿消弭，亦无贪鄙劣迹狼藉声名。至馈金一事，虽属暧昧，然以宋景诗之桀骜不驯，岂肯贿嘱地方官弥缝其过，此亦事之可以势度者。

以上各款，或详查案卷，或访察舆论，均系实在情形，不敢稍事欺饰等情。由藩、臬两司核明具详前来。

臣查东昌府知府秦际隆被参贪鄙畏懦、纵贼殃民各情，均查无其事。惟于所属失守四县，虽当时剿捕月余，尚有斩获，后又随营一年，并严防降众，不无微劳，第核其功过究难相抵，相应请旨，交部议处，以示惩儆。理合恭折复奏，伏乞皇太后、皇上圣鉴训示。谨奏。

同治三年三月十九日奉到回折："议政王军机大臣奉旨：'另有旨。钦此。'"

拨解陈国瑞营饷银核报片

同治三年三月初八日

再，查东省上年沂州、兖州所属兰、峄、邹、滕一带，教、幅各匪滋扰，江南、徐州边防吃紧，经漕运总督臣吴棠奏派总兵陈国瑞统带兵勇来东会剿，饷银由东协济，钦奉谕旨："此项饷糈，即由山东造报等因。钦此。"当即钦遵转饬军需局查办去后。

兹据该局司道详称：查东省拨发此项饷银，本系陆续解营接济，一切用款，均由陈营核发，并未派员前往支应。该营官弁若干员是何衔名，马步兵勇若干名是何口分，凡升除、拔补、添募、裁撤数目、年月日期以及盐粮、杂支等项遵循何例，全无案据，若由东省报销，势难凭空结撰，即使咨送册籍来东，而款目纷繁，是否浮冒滥支，无凭稽核，实属碍难造报等情，请奏前来。

臣复查此案奉旨饬办，旋准部咨，归入剿办兖州等处教匪案内报销，如果可以照办，万不意存推诿。而察核该局员等所详，确系实情，责令草率从事，殊于帑项大有关系。相应请旨，饬下漕运总督，由清淮筹防局汇案造报，或由陈国瑞军营原派经理之员自行报销，以重库款而昭核实。理合附片陈明，伏乞圣鉴。谨奏。

同治三年三月十九日奉到回折："议政王军机大臣奉旨：'著吴棠督饬该营核实报销，并著该抚迅速行知吴棠遵办。该部知道。钦此。'"

泗水知县任澍林留省遗缺拣员请补片
同治三年三月初八日

再，新选泗水县知县任澍林领凭到省，本应饬令赴任。惟查该县附近白莲池，从前教匪肆扰，民间受害极深，现虽渐就肃清，而疮痍甫复，抚驭为难，须朴诚练达之员，方免贻误。该员任澍林，由典史捐升知县，初膺民社，治此凋残，深虞诸事丛脞。据藩、臬两司详请留省另补前来。

臣复查系为慎重地方起见，相应请旨，将任澍林留省，俟有相当缺出，酌量补用。所遗泗水县知县员缺，东省现有应补人员，另行拣员请补。

除咨部查照外，理合附片陈明，伏乞圣鉴。

同治三年三月十九日奉到回折："议政王军机大臣奉旨：'著照所请，该部知道。钦此。'"

高唐绅民捐修城工请予奖叙折
同治三年三月初八日

奏为官绅士民捐修城垣工竣，恳恩给予奖叙，恭折仰祈圣鉴事：

窃照前准部咨："咸丰九年八月十二日奉上谕：'袁甲三奏地方城池亟宜讲求修守，著各省督抚劝谕绅民修筑，所有军务省分捐资者，照捐输议叙；出力者照军功请奖。钦此。'"钦遵在案。

查得高唐州城垣年久失修，咸丰四年被贼占踞，经官军枪炮轰击，以及频年风雨摧残，周围几无完整之处，壕沟亦因久未挑挖，淤塞几与地平。据前任高唐州知州刘怿禀经前任抚臣谭廷襄饬司委员逐加履勘，坍塌豁裂，外皮凑长二百八十一丈二尺，内皮凑长九十八丈五尺；残破损坏，外皮凑长四百五十七丈，内皮凑长三百三十五丈五尺；倒塌垛口一千六百八十个，残破垛口六百七十个，均应分别修筑挖补。又修建望楼三座，挑挖城壕一千七百六十七丈。共估需工料银五万一千五百三十八两八钱五分。该前州刘怿及训导吴式韩等，首先倡捐，并督率绅董剀切劝谕，于咸丰十一年二月二十七日开工。其时匪踪逼近，风鹤频惊，不分晓夜，将大段工程先行修整。继又增高培厚，随捐随修。至同治元年九月二十八日全工告竣，禀请委员验收。旋据现任知州张楷枝具报，会同委员周履查勘，委系工坚料实，造具册结，呈由藩司贡璜核明详请奏奖，并声明稍次者概归外奖等情前来。

臣查城池为一邑屏藩，该州地当冲要，城墙既多倾颓，壕道亦经淤塞。此次劝捐办理，适在地方蹂躏之后，该官绅等深知缓急，竭力报效，弹压督催，不辞劳瘁，要工藉以告成，洵属急公好义。东省系军务省分，所有捐资出力官绅，自应照例量予鼓励。

除饬造具册结咨部查核外，谨缮清单，恭呈御览。合无仰恳天恩俯准，饬部核奖，以昭激劝。为此恭折具奏，伏乞皇太后、皇上圣鉴。谨奏。

同治三年三月十九日奉到回折："议政王军机大臣奉旨：'户部核议具奏。单二件并发。钦此。'"

德平知县何元熙所短漕粮兑清请开复处分片
同治三年三月初八日

再，德平县告病知县何元熙，前因短交同治元年漕粮，经臣汇案奏参革职留任，勒限追缴在案。兹据藩司贡璜、督粮道沈维墡详报：该员何元熙将所短同治元年漕粮一千余石如数运次交兑，尚知愧奋，并请开复原参处分等情前来。臣复查无异。

除饬将前项粮石随同新漕搭运赴通交纳外，合无吁恳天恩俯准，将德平县告病知县何元熙革职留任处分准予开复，以昭激劝。理合附片陈明，伏乞圣鉴。谨奏。

同治三年三月十九日奉到回折："议政王军机大臣奉旨：'何元熙著准其开复。钦此。'"

审明济阳抗粮滋事首要按例拟斩折

同治三年三月初八日

奏为拿获积年抗粮滋事首恶，提审明确，按例拟办，恭折具奏，仰祈圣鉴事：

窃臣前因济阳县团匪王汶训被拿脱逃，即将带队迟误之参将志昌奏参。本年正月二十七日奉旨："志昌著以守备降补，准其留营。王汶训仍著严拿，务获究办，毋任漏网。钦此。"

伏查该犯王汶训于咸丰五年聚众围城，同治元年抗粮滋事，均经历任抚臣奏明，屡拿未获。此等积年稔恶，亟应设法拿获，明正典刑，以泄众忿。臣即派委知县刘时霖、参将何楚隆、都司李友胜、千总萧长清带领济阳捕役，购觅眼线，跟踪缉拿，期于必得。兹于二月二十一日据该委员等会同直隶新城县知县汪显达，将王汶训拿获押解来省，饬据臬司丁宝桢审明拟议，解勘前来。臣亲提研鞫。

缘王汶训籍隶济阳县，积惯抗粮。咸丰五年三月间，王汶训因县令枷责欠粮花户范与，即与在逃之陈炯聚众千余人，直逼城下，欲图夺犯，经兵勇开放枪炮轰伤数人，始行逃散。咸丰九年间，各属举办团练，王汶训潜回，听从已获正法之江思哲，伙同在逃之路希汶等，设局各充团长，勒逼花户，将应完漕米折价包纳，每斗多收制钱一百文。嗣王汶训横敛团费，养勇制械，擅作威福。十一年二月初四日，王汶训因邻庄张为清不出团费，将本庄漕米全完，即率勇抢掠张为清家牲畜、钱物，并放火烧毁房屋。同治元年八月间，王汶训帮同江思哲等出头抗粮，希图包揽渔利。因花户张大福将应完钱粮托徐尚信转交刑书徐尚义代完，先向张大福、徐尚信讹得银钱分用。嗣又与江思哲纠胁数百乡民，入城寻捉徐尚义勒赎。经该县文武带领兵役拿获江思哲，讯明正法，王汶训在逃未获。同治二年十二月二十六日，经臣密遣眼线，侦知王汶训回家度岁，即派降补守备志昌、知县刘时霖分带马、步队各一百名驰往掩捕。次日步勇先到，王汶训见人数无多，即纠众抗拒，登屋放枪，相持一日，伤毙勇丁二名。王汶训闻知后有马队，乘夜潜遁。现经派员拿解来省，审悉前情，诘无另犯为匪不法及逃后知情容留之人，应即拟结。

查例载："刁民假地方公事，强行出头，逼勒平民，约会抗粮，聚众至四五十人，哄堂塞署，逞凶殴官，为首斩决枭示。"等语。此案王汶训先则聚众围城，希图夺犯，继复藉团抗粮，肆意焚掠，乃至官兵往捕，复敢纠众抗拒，伤毙勇丁，种种凶暴，较之哄堂殴官者，尤为愍不畏法，自应按例问拟。王汶训合依"刁民假地方公事，强行出头，逼勒平民，约会抗粮，聚众至四五十人，哄堂塞署，逞凶殴官，为首斩决枭示"例，拟斩立决枭示。该犯系积年稔恶，情罪较重，未便稍稽显戮。臣于审明后，饬委臬司丁宝桢、臣标中军参将玉山，恭请王命，将王汶训绑赴市曹，先行正法，传首犯事地方，悬杆示众，以昭炯戒。逸犯陈炯等仍饬严拿务获，另行究办。

再，查派缉员弁刘时霖等，远袭穷追，将斩枭重犯迅速弋获，缉捕尚属勤能，可否容臣汇案保奏，并请将会拿之直隶新城县知县汪显达交部议叙，以昭激劝，出自逾格恩施。

除将供招咨部外，理合恭折具奏，伏乞皇太后、皇上圣鉴训示。谨奏。

同治三年三月十九日奉到回折："议政王军机大臣奉旨：'刘时霖等著准其汇案保奏；汪显达著交部议叙。该部知道。钦此。'"

审明山东帮丁在津买米按律定拟折

同治三年三月初八日

奏为审明山东帮丁在天津买米一案，按律定拟，恭折奏祈圣鉴事：

窃臣承准议政王军机大臣字寄："同治二年九月二十三日奉上谕：'毓禄等奏访获山东帮丁在津买米，查讯大概情形，请将帮丁李遇春等交阎敬铭提讯，并请将粮道等议处等语。已明降谕旨，将该帮丁等交阎敬铭提讯，并请将粮道沈维璥、总运蔡德沛均先行交部议处矣。帮丁李遇春等在天津粮店买米一千七百余石，供系补咸丰九年欠漕之用，并非买补本年正漕。虽买补旧欠，例所不禁，但该帮丁等越境购买，难保非因正漕不足，借资掩饰，更难保非避重就轻，希图含混虚实，均应切实根究。著阎敬铭提集全案人证，认真研讯，分别承办。所买米石，著毓禄等留补旧欠。毓禄等折，著抄给阎敬铭阅看，将此谕令知之。钦此。'"

遵查该帮丁李遇春等在天津粮店买米一千七百余石，正与臣前访曾在天津、芦台一带购买行润等米及买补旧欠情节符合。其时臣因防剿出省，遵于复奏东省漕务折内附片陈明；一面札行藩、臬司提集全案人证，研讯确情；并飞饬督粮道，一俟帮丁李遇春等押解来东，即行解审。嗣据藩、臬司转准粮道咨，该旗丁等均有领运漕粮之责，自通州交粮事竣，传解回东，已届新漕开兑吃紧之时，赴省候审，恐误受兑；案关奉旨查办，又未便稍事延搁。随经饬委候补知府夏云焕驰赴德州水次，将旗丁李遇春、杨以绰即杨以绂，买米人杨起凤，船户王春和、刘起山、吴起亮、张万得、李得甫、张本、刘起等提案，隔别研讯。

据杨起凤供称：是东昌府人，因与济前帮旗丁熟识，该丁托伊同未到案之杨得玉买米一千七百六十一石七斗五升，补完旧欠。据船户王春和等供称：杨起凤雇伊等船八只，在天津义成粮店每只装米二百二十石二斗零，共米一千七百六十一石七斗五升，运通补完旧欠。上次未将装米细数供明，是以米数未符。据杨以绰即杨以绂供称：系东昌府帮旗丁，未曾买米，亦不欠漕。据李遇春供称：是济前帮旗丁，因本帮众丁短交旧漕，奉运官派伊买补搭运。伊托素识之东昌人杨起凤、杨得玉代买运通，所买米石实系补交本帮咸丰九年旧欠大漕米五百七十三石七斗五升，又补交咸丰九年旧欠东陵兵米一千一百八十八石，并非正漕所兑。正漕已在水次如数兑足，运通交清，并无短绌。该丁亦不欠漕，惟在天津买补本帮旧欠，先期未曾报明，实属疏忽各等供。反复究诘，矢口不移。又禀经粮道饬知，据济前帮领运千总具报，追完该帮丁众丁补缴大漕兵米共一千七百六十一石七斗五升，均交仓场暨东陵委员如数验收等因。是该帮丁在天津买米，系属弥补旧欠，非因正漕不足，借词掩饰，希图避重就轻，洵属可信，应即拟结。禀由藩司贡璜、臬司丁宝桢会同复核拟议，具详请奏前来。

臣复查此案，旗丁李遇春托杨起凤等在天津买米补完旧欠，并非正漕，原属例所不禁。既经再三研讯，矢口不移，似无遁饰。惟事前并不先行禀明，实系玩视漕务，非寻常疏忽可比。应请照不应重律酌加二等，杖一百；系监生，饬追监照咨革；所拟杖罪，免其发落，并免革役。旗丁杨以绂未经买米，应毋庸议。杨起凤等代买米石弥补旧欠，船户王春和等受雇装米，既据讯明，均无不合，应同未到人证，概予免议。

除仍饬粮道兑运本年新漕，再行严密访察，如有积弊，立即禀究，并咨部查照外，所有遵旨研讯定拟缘由，理合恭折复奏，伏乞皇太后、皇上圣鉴训示。谨奏。

同治三年三月十九日奉到回折："议政王军机大臣奉旨：'依议。该部知道。钦此。'"

为解齐工程银两交部议叙谢恩折

同治三年三月初八日

奏为恭谢天恩事：

窃臣恭阅邸钞，伏读上谕："恭亲王等奏：各省欠解工程银两，前经奏令各该省先按四成起拨，统限上年年内扫数解清。所有限内交齐四成银两之山东巡抚，著交部议叙等因。钦此。"臣当即恭设香案，望阙叩头，祗谢天恩讫。

伏思陵工紧要，工程银两均应悉数全交。前荷鸿慈，饬令按成拨解，伏见圣明洞鉴，于慎重工程之中，寓体恤臣下之意。去岁仰仗天威，胥平群丑，东省饷源稍裕，藩司贡瑆能悉心经理，臣得督催措办，勉强按交，略尽臣子仰报之诚。原系职分应为之事，乃蒙圣恩将臣交部议叙，闻命之余，倍深感悚。臣惟有激发天良，督饬藩司将下短应解银两迅速催解，以副圣怀于万一。

所有微臣感激下忱，理合恭折具奏，伏乞皇太后、皇上圣鉴。谨奏。

同治三年三月十九日奉到回折："议政王军机大臣奉旨：'知道了。钦此。'"

请定前江南河督潘锡恩捐备京仓奖叙片

同治三年三月初八日

再，东省各官捐备京仓米折银两，前经奏报在案。兹据已革前任江南河道总督潘锡恩遣丁呈报，该员捐银二千两筹备京仓，并称该员身受国恩，亟思力图报称，因本籍叠经兵燹，室庐焚毁无存，竭效涓埃，藉抒微悃等情前来。

臣查该员潘锡恩，自咸丰三年奉旨办理宁国府一带捐输团练事宜，倡捐银一万二千两，又制钱二万串，均经户部及安徽巡抚先后奏明在案。六年宁郡被扰，该员续捐，未能如前倡率，经前办理徽池防务三品京堂臣张芾奏参革职。兹该员因田庐荡析，来东就养伊子保升道员候补知府潘骏文寓所，知筹备京仓，需费孔殷，多方设措银二千两，稍申报效，出于至诚。该员系曾任二品大员，其应如何赏给奖叙之处，臣未敢擅请，恭候钦定。

所有该员潘锡恩呈捐筹备京仓银二千两，除行藩司兑收汇解外，理合附片陈明，伏乞圣鉴训示。谨奏。

同治三年三月十九日奉到回折："议政王军机大臣奉旨：'另有旨。钦此。'"

审明共殴毙命案尸属京控按律定拟折
同治三年三月初八日

奏为共殴毙命案内尸属赴京呈控，提审明确，分别按律定拟，恭折奏祈圣鉴事：

窃照禹城县民人王宗孟，以毛廷邦等谋杀兄命、贿属搁案等词，控经都察院奏奉谕旨："此案著交阎敬铭督同臬司，亲提人证、卷宗，秉公严讯确情，按律定拟具奏。原告民人王宗孟，该部照例解往备质。钦此。"臣检查档册，禹城县详报毛立懊共殴致伤王淙思身死一案，即系该原告王宗孟所控之案，当经行司饬提人卷严讯。兹据臬司丁宝桢审明拟议，解勘前来。臣亲提研鞫。

缘毛立懊籍隶禹城县，与同庄王淙思素好无嫌。王淙思之弟王宗孟，与毛立懊有服尊属毛廷邦、毛永泰等认识。同治元年八月初三日，毛立懊与王淙思在戏场挨挤争殴，王淙思用镰刀背殴伤毛立懊左右脊臂、右脚面，扎伤毛立懊右臁肋、脑后，带划伤右脊臂。毛立懊拾棒殴伤王淙思左腮颊、左眉连左眼胞，并夺刀扎伤其左臁肋劝散。彼此控县验伤，差传王淙思匿不到案。闰八月二十三日，毛立懊与王淙思在毛廷训门首撞遇，毛立懊扯令进城投审。王淙思不依斥骂，毛立懊回詈。王淙思举脚乱踢，毛立懊顺拔身佩削谷刀扎伤王淙思右臁肋、左脚腕连脚踝，将刀掉落。王淙思扯住毛立懊发辫往下揿按。适在逃之毛麦仔、毛矬仔赶至帮护，毛麦仔用铁枪头戳伤王淙思左胳肘、右膝，并连戳伤其右臁肋，王淙思松手拾石掷殴。毛矬仔用木棒殴伤王淙思右手背、左脚腕、左脚面，并连殴伤其左手背、左腿、左右膝。王淙思弯身拾刀，毛立懊情急，接过木棒连殴伤王淙思左臁肋，并迭殴伤其左臁肋，倒地擦伤左腮颊，磕伤左膝。经张学孟趋至劝歇，通知王宗孟前往问明情由。讵王淙思移时殒命，报验讯详饬审。王宗孟因王淙思身受多伤，毛麦仔等在逃未获，疑系毛廷邦等谋命喝殴，串嘱不到，痛兄情切，即以谋杀毙命等情，由府控司批县，审明拟议解府。因恐案情未确，发委历城县程绳武，讯因犯供游移，禀取尸亲供词，核讯未到。王宗孟一时情急，又以前情，并图准添砌贿差延搁等词，赴都察院衙门具控，奏奉谕旨，饬提犯证讯明，王淙思委系毛立懊等共殴致毙，毛廷邦等并无谋命喝殴情事，王宗孟因众供确凿，亦自认怀疑砌饰。复提毛立懊质讯，供悉前情不讳，应即拟结。

查律载："共殴人致死，下手伤重者，绞监候。"又，"申诉不实者，杖一百。"各等语。此案毛立懊因与王淙思互殴控县，扯令投审，被骂争殴。该犯辄与在逃毛麦仔等，共殴致伤王淙思身死。查王淙思先被毛麦仔用枪、毛矬仔用棒戳殴，伤右廉肋等处，均非重伤不致戕生，惟后被该犯用木棒迭殴，伤右廉肋，骨折倒地为重，其为因此致毙无疑，应以该犯拟抵，自应按律问拟。毛立懊合依"共殴人致死，下手伤重者，绞监候"律，拟绞监候。王宗孟京控各情虽讯系怀疑砌饰，并非有心诬告，第控词究属失实，亦应按律问拟。王淙孟合依"申诉不实者，杖一百"律，杖一百，折责发落。毛廷邦、毛永泰等讯无谋命喝殴情事，应与讯系劝阻不及之张学孟，均毋庸议。王淙思刃伤毛立懊，本干律议，业已身死，亦毋庸议。逸犯毛麦仔等饬缉，获日另结。

除供招咨部外，理合恭折具奏，伏乞皇太后、皇上圣鉴训示。谨奏。

同治三年三月十九日奉到回折："议政王军机大臣奉旨：'刑部议奏。钦此。'"

请照例议恤李泽长片
同治三年三月初八日

再，据博山县知县樊文达详称：直隶候补道李泽长于咸丰十年请咨回籍措资，十一年二月二十二日南捻窜入县境，李泽长御贼被执，受伤殒命等情，由军需总局司道核明详请具奏前来。臣复查无异，相应请旨，敕部将被害道员李泽长照例议恤，以彰节义。

除分咨外，理合附片陈明，伏乞圣鉴。谨奏。

同治三年三月十九日奉到回折："议政王军机大臣奉旨：'李泽长著交部照例议恤。钦此。'"

请旌恤淄川阵亡绅团并殉难妇女折
同治三年三月二十五日

奏为查明淄川县阵亡绅团并殉难妇女，吁恳天恩分别旌恤，恭折奏祈圣鉴事：

窃照淄川一县，被扰年余，其城乡被害男妇，或杀贼捐躯，或守贞死难，均属克全节义，未便任其湮没不彰。臣于克服后，即饬地方官详细查报。兹据署淄川县知县张锡纶查明阵亡绅士董珍等十七名，阵亡团丁五百八十四名，殉难妇女二百七十口，由军需总局司道核明造册，详请具奏前来。臣复核无异。合无仰恳天恩俯准，敕部将阵亡绅士董珍等从优议恤，阵亡团丁同殉难妇女，分别照例旌恤，以广皇仁而彰节义。

除俟续有查出另行办理并将册咨部外，理合恭折具奏，伏乞皇太后、皇上圣鉴训示。谨奏。

议政王军机大臣奉旨："董珍等均著从优议恤，团丁、妇女等分别照例旌恤。该部知道。钦此。"

查明匿名公启所陈各款据实缕陈折
同治三年三月二十五日

奏为遵旨查明匿名公启所陈各款，据实缕陈，恭折奏祈圣鉴事：

窃臣承准议政王军机大臣字寄："同治二年四月十六日奉上谕：'给事中征麟奏外省寄有匿名公启，关系地方情形一折。据称前门内东交民巷鸿仪钱店铺伙李连珠送到信一封，拆阅系东省士民公启，所陈皆山东近日军务、吏治等事，谨将原信呈览等语。匿名揭帖本应立案不行，惟陈各款均关系该省军务、吏治等事，未可概置不问。且阎敬铭甫经到任，正须整顿地方积弊，无所用其回护。著即按照原信所陈各款，逐一严密访查，据实奏闻。如查明实有其事，即著严密查办，秉公参奏，不准一字欺饰。匿名公启著抄给阅看。将此谕令知之。钦此。'"时臣已赴淄川剿匪，急切未能查办，随时密加访察，略知梗概。迨十一月间，由东昌回署，复饬臬司丁宝桢按照各款详细确查去后。兹据丁宝桢逐款查明，详请具奏前来。臣逐加复核。

如原信所陈"山东贼踪遍地，军务毫无起色，沂州、兰山、费县一带贼巢林立，勾通兖州教匪，时在泰安、泗水等县境内到处打粮，肆行焚掠，小民流离失所，无以为生。谭巡抚亲督兵勇驻扎兖州府城内，半载有余，一筹莫展，从未打仗一次，杀贼一名，而乃捏报胜仗，滥保亲随武弁多名。命下之日，阖省哗然"一款。

查同治元年，前抚臣谭廷襄剿办兖、沂教、幅各匪，奏明驻军兖郡兼顾沂郡，亲督将弁，节节移营进攻教匪围寨，屡获胜仗，迭有斩擒，并将各围次第收复。一面迭次派兵，会合兰、费等县地方文武，剿捕棍匪。至二年春夏之交，擒斩殆尽，沂属全境肃清，均经随时奏报，亦两府士民所共见，并非从未打仗杀贼、捏报胜仗。至于保举亲随武弁，当日谭廷襄驻兖督战，恐沂、曹各处攻剿不力，禀报不实，选派打仗奋勇、诚实可靠之弁，分往催督。该弁中有帮同各处杀贼出力者，事竣之日，不能不与在事出力员弁一律保奏，以昭激劝。凡曾经得保之弁，俱属有功足录，有禀可查，并无滥保情事。

又如原信所陈"冠县贼匪张锡珠等，从前曾经官兵剿败，势甚穷蹙，彼时若不准其乞降，即可净绝根株。乃胜保、谭廷襄任用非人，误听回避道员陈显彝之言，不肯认真剿办，一意主抚。其后屡屡滋事，时出掳掠。该抚回护前奏，粉饰其词，总不据实入告，以致养痈成患，流毒畿南。即上年初起事时，不过三四百人，并无马匹，因在临清境内遇一马贩，抢得马百余匹，始有马队。嗣因直隶无兵堵御，任其蹂躏，致令裹胁愈多，蔓延数郡，纵贼殃民，莫此为甚"一款。

查咸丰十一年间，胜保驻兵馆陶，办理收抚，前抚臣谭廷襄恐其遗患将来，龃龉多日。后因胜保愿将降众带往随营，始行定局。同治元年正月，该降众内有由豫折回者，散处十余州县，各愿归农。彼时地方已安，谭廷襄恐一经截杀，又复勾结肆起，惊扰善良，故奏明从权办理，责令地方官约束稽查，事与道员陈显彝无涉。迨是年十月间，署冠县知县李焴将张锡珠等马队七十余名，禀送遮克敦布军营录用。因勒缴马匹、器械，张锡珠怀疑生变，即与杨蓬山乘夜率党潜逃，连日在直、东交界地方掳掠裹胁，愈聚愈众。谭廷襄一据禀报，即飞饬地方文武调兵兜捕；一面添派兵勇，会合直隶官军，迭次剿杀；并于二年正月，由兖州亲赴东昌，督率诸军截剿，斩获甚多，并诱擒杨蓬山正法；旋又将戕害大名道秦聚奎案内首伙匪犯张金堂、冯七一并拿获。讯据张金堂供明，目击其父张锡珠已在威县境内被白旗马队洋枪轰毙。当将该二犯处以极刑，均经随时奏报在案。细核节次原奏，皆系实情，无回护粉饰之处。至张锡珠等之复叛，系因遮克敦布勒缴马匹、器械而起。其自冠县遣赴遮营，本皆马队，并非叛后始有马队。至该犯等有无在临清境内抢夺马贩之马，当时无人呈报，为日已久，无从根查。

又如原信所陈"淄川革生刘得培起事时不过二三百人，前署知县麟盛准其入城，居住书院。济南府知府吴载勋前往查办，不敢进城，仅令委员郑景福等从中说合，与刘得培拜认师生，馈送多物，以为可保无事。吴载勋甫径回省，刘得培即戕官踞城。谭巡抚派委回避道员陈显彝督兵剿办。该道本系幕友出身，捐一杂职，谋属济宁州吏目，即讹诈该州富户李姓银两，报捐知县，夤缘贿赂，屡得优保。谭巡抚因与同乡交好，委以重任。其人轻佻巧滑，声名狼藉，素为人所不齿。兵勇均皆藐视，不敢用命，数月之久，屡为贼败，劳师无功，糜费饷银二十余万两，阖省为之震动。现闻有人参奏，始将陈道、吴守撤回查办，然犹始终庇护，不肯严参，东省士民无不同声忿恨"一款。

查麟盛、吴载勋、陈显彝等先后办理淄川踞匪一事，业经毕道远等奏参，奉旨交审，应归另案审办。至该道陈显彝系道光二十五年咨补济宁州吏目，并非署理。在任时如向富户李姓讹诈银两报捐知县，自应有人告发，今查无被控案据，所称李姓又不能指出其名，则事涉悬虚，难以查访。其由知县保升道员，系因历次剿匪出力，查有案卷。从前有无贿赂夤缘，无从查究。至谭廷襄虽与该道同乡，从前并不认识，自该道由胜保军营派至东昌办理善后，始与晤面。因彼时伏莽未清，该道在东年久，熟悉情形，又来自军营，是以委用，期收指臂之助，故奏留专办防务，非因交好私情，委以重任。即淄川剿匪不力文武官弁，谭廷襄曾历次奏参有案，亦无庇护不参之事。

又如原信所陈"藩司贡璜识见本极浅陋，自代办监临并主试武闱以后，即俨然以巡抚自居，遇事任性，举动乖张，纵容妻叔陈象铭、妻弟陈小楼在外招摇撞骗，无恶不作，凡有府、厅、州、县署事补缺，无不经此二人之手。如莱阳县知县陈恩寿之调恩县，海阳知县仓景长之调章邱，署高密县文熙之补平原，署文登县徐福臻之补单县，亏空盈千累万，并不催算交代，即行饬知赴任。闻系陈象铭父子从中说合，手眼通灵。又如题补邹平县知县赵新，并无交代，部复于上年秋间已到；题补馆陶知县鲍瑞骏交代已清，部复亦于上年冬间已到，至今扣不下委；由招远县调补潍县知县靳昱，屡次缴银，屡次刁难，交代早清，部复早到，至今仍扣不下委。闻系陈象铭父子需索不遂，故尔如此。前嘉祥县知县丁兆基闻警先逃，城池失守，贿买署郓城县吴元忻倒填年月，捏报监犯曾寄郓城。贡璜因与同乡，明知不问，反将该令保升知府，调补长清，嘉祥士民至今传为恨事。即墨县知县李淦劝捐军饷，勒派苛敛，共收银二万八千余两，仅止报解银二千余两，余悉侵蚀入己。贡璜因在登莱道任内受其馈送，代为庇护徇隐，以致捐生人等至今未能请奖，即墨绅士均怀不平。又凡各州县佐杂出缺，详补委署，例有定限，贡璜并不遵照办理，经年累月，任意压搁。现在未补州县积压十三四缺，未补佐杂积压八九缺，致到班应补人员得缺无期，未知是何意见。其他委署不公，比比皆是，或到省未及数月，竟可以骤然补缺，或到省将及十年，仍不能得一署事。是以官僚解体，物议沸腾。如此贻误地方，其患伊于胡底"一款。

查藩司贡璜，谨慎精详，遇事认真。同治元年奏委代办文闱监临，并主试武闱，关防严密，弊绝风清。彼不肖之徒，无所使其伎俩，遂不免任意簧鼓。而该司年日实为秉公办事，举止有方。其于署事补缺，尤为慎密，每遇应署应补缺出，禀商谭廷襄核定后，先行牌示，再令办稿，以防书吏作弊。署中官亲从不与谈公事，亦不准与外人往还，焉能招摇撞骗，实系任意捏造。莱阳县陈恩寿之调恩县，海阳县仓景长之调章邱，均系前任藩司清盛亲笔批定，札饬陈恩寿请销试俸，仓景长捐免试俸，迨各该员请销、捐免后，始行详请调补。署高密县文熙之补平原，系咸丰十年六月间清盛具详请补，事与该司无涉。署文登县徐福臻之补单县，谭廷襄因前署曹州府林士琦谓徐福臻堪胜单县之任，可以请补，面谕该司具详。该员等均由现任饬赴新任，交代尚未起限，随后催算。文熙准补平原，接到部复，系清盛札饬赴任。该员虽有欠交军需删减不敷银两，嗣经报销局查明该员盐山支应垫办军需，核准划抵清楚，知照到司，是以仍饬赴任。赵新题补邹平，部复系同治二年三月初七日到司，即于初八日札饬赴任，并未扣不下委；题补馆陶之鲍瑞骏，部复虽到，因有邱县、黄县交代未结，遵照奏定章程扣委；招远县靳昱调补潍县，部复到后，因该员先由招远调署曹县，应催算招远交代，同治二年二月十五日，由局算清结报，并据委员盘清仓谷，于三月十二日禀报到司，即于十六日札饬赴任；何得谓为刁难。以上调补各缺并饬各员赴任，多系清盛核定暨该司详明，谭廷襄批准饬遵。既非一人专主之事，该司官亲何能从中说合。

嘉祥县丁兆基任内并无失守城池之事。咸丰十年间，该县监房被雨冲塌，禀请修理；一面关查金乡、鱼台两县监犯拥挤，不能寄禁，禀明兖沂道批准分禁附近邻封巨野、郓城，取有巨野县徐鳞、郓城县何允安收管。嗣因监房修理完固，将寄禁巨野之犯递回本监。其寄禁郓城之犯，因是年九月郓城失陷，在监人犯同时逸出，曾经详司咨部立案，并非倒填年月，何所据而指系贿买？该员虽与该司系同省同乡，先不认识。咸丰九年五月间，前抚臣崇恩因该员剿匪出力，保奏俟〔候〕补同知后，以应升之缺升用。咸丰十年五月间，清盛详请以该员调补长清，其时该司在登莱道任内，尚未升任臬司，更与该司无涉。

即墨县李淦劝捐军饷，该司曾于二年二月间札委候补知州曹大任前往密查。该县先捐军饷二千两，业经解司。其余续捐，本地绅士办理团防、制造器械等项，随时支用，调查账簿，核其一切收支数目，均属相符，取具李淦印结并团局举人黄念昫等禀词送司存案，并无庇护徇隐情事。

补署州县佐杂等缺，均有例限，其有员缺紧要一时，拣员未定者，均经详请咨部展限。知县未补者，止有历城、菏泽、阳谷、滕县四缺，均以地方难治，先以实缺之员调署察看，如果胜任，再行调补。佐杂未补者，止有临清州州同、濮州州判两缺，均因详请部示，尚未咨补。此外并无积压之缺。至于补缺署事，有资格较浅而可以得缺者，缘东省正途较少，补缺较易，然亦无到省未及数月骤然补缺之员。有资格较深而不得补缺署事者，均系交代未清，欠款未缴，照章扣补、扣委，然亦无十年不得一署事之员。均有藩司署中文卷并臣衙门案据可凭。

又如原信所陈"东省蠲免钱粮一案，贡璜奉部文以来，并不慎重其事，仅在署中设立蠲免局名目，派家丁二名，书吏八名，经理其事，以致颠倒错乱，百弊丛生。东省一百〇七州县，如曹州、东昌两府，连年被水被兵，民欠钱粮在所不免；其他各州县历年民欠本属无多，无非不肖州县任意挪用，捏报灾荒，以完作欠。此案例限久逾，闻现在报到者，尚不过六七十州县，已应蠲免银七八百万两之多。有费者，虽曾经报明之款，亦可设法删除；无费者，即例应蠲之条，亦必多方挑剔。该丁书等竟敢明目张胆，任意需索，以为每使费银百两，贡璜五成，家丁二成，书吏三成等语，纷纷议论，骇人听闻。即如历城一县，报明应蠲之款竟至二十二万余两之多，其中实欠在民不过十分之一。前知县张延龄以完作欠银七万余两，前知县童埏以完作欠银九万余两，前知县吴载勋以完作欠银三万余两，系劣幕程国棠一人经手办理此事。又现任泰安县知县杨宝贤，前在莱芜任内以完作欠银二万八千余两，德平任内以完作欠银三万四千余两，清平任内以完作欠银六千五百余两，该知县一人侵吞至六万余两之多。莱芜系劣幕庄似谷，德平系劣幕谢翼堂，清平系劣幕翟小谷为之经手，其中争多论少，阖省传为笑谈。一县如此，一省可知；一人如此，众人可知。其他传说纷纷，均可访查得实"一款。

查东省办理蠲免一案，上两届均系幕友在司署兼办。该司贡璜循照旧章，拟定章程并册结如式饬发，各府州亲赴各属，确查结报。又于每处饬委邻近两州县会同盘查，如有侵亏隐混，即行据实禀揭；如无亦即会同出结，呈由该管府州加具"日后查有徇隐捏饰情弊，愿甘一并参革着赔"印结呈送。若经司中查有不实，或别经发觉，将本员严参治罪外，扶同出结之员一并严惩，仍将隐混之项于该管府州及委查各员名下分成追赔，详明谭廷襄批准通饬。嗣据各属册开民欠有多至五六万两以上者，恐有融纳之弊。该司先将此十年内据报有案之官亏，逐细检卷核对，查出官亏二百余万两。此外是否尽系民欠，有无以亏作欠情弊，非查各属征册流串总报，不足以昭核实；而通省州县，十年之底案册籍，碍难悉数调查，不能不责成该管道、府、州分任其事。是以二年二月间，详经谭廷襄通饬各道、府、州，将司中驳发册结确切复查更造。嗣因屡催未复，又经详明勒催赶办。是该司之加意详慎，均属有卷可查。该司核办此案，应准应驳，悉系亲裁，该家丁、书吏无从舞弊，又安能任意需索。

至此次蠲免银数，比较上两届约计多至倍蓰。现时全案未定，约数原不足准；而民欠之多，实缘咸丰三年以后屡被匪扰，五年以后黄水漫淹数十州县，岂止曹州、东昌两府，各属蠲缓钱粮，年复一年，日多一日，亦系实在情形。其灾缓之真伪，总在当时确查，事隔数年，殊难核对。若所指历城等县报明应蠲之款为数过多，虽不能保其必无弊混，而事后稽查总以册结为凭。即藩司衙门亦只能按册而稽。现经提取各该员任内征册流串及现办蠲免总册，详细核对，数目均属相符。其报明应蠲之款，详核送到册结，均系实欠在民，似与幕友无涉。况此时尚未定案，更无所用其回护。

至于办理迟延，实因咸丰四年至十一年失守州县二十处，如郓城、阳谷、巨野等县皆两次失守，一切征册荡然无存，必须各处抄觅，而所抄之案，往往参差，再四驳查，不能不有稽时日，以期周密无遗。

又如原信所陈"东省设立交代、捐输、厘金、税务及支应总局、分局，弊窦甚多，难以悉数，更有军需报销一局，实为营私舞弊之尤。自咸丰六年设立报销局以来，以为事关钱粮，非熟悉钱谷之员不能胜任，致令回避幕友充斥其中，回避道童埏盘踞于前，回避知县陈善把持于后。每州县报销册到局，不问过兵若干、募勇若干，惟视缺分之肥瘠，定使费之多寡。其使费到者，兵差少而销数较多；其使费不到者，兵差多而销数较少，无非陈善上下其手，蒙蔽为奸。至凡幕友出身人员以及幕友之子，如恩县知县陈恩寿等则更不问过兵若干、应销若干，无不任意冒销，盈千累万。又每准销银一百两，令先缴银三两，各为三分核减。历年报销之款，不下五六百万。此项积有十余万两，尽为童埏、陈善串通前知府吴载勋分肥入己，通国皆知。所有各局经手银钱，若辈互相援引，树植私人，非由幕友出身，不得经手局务"一款。

查东省捐输、筹防、厘金、支应、交代等局，均系从前奏明设立，应由各司道主政，并有议定条款遵行，立法本极周详，难容弊混。自咸丰六年奏设军需报销局，即经详委局员查办，凡一切应议公事，仍由司道主裁。其核销通省军需，何款应归正销，何款应归筹补，何款应行删除，亦经酌议条款，详咨各部核复遵办。核销之案，先由局员办稿后，由司道复核，分别准驳，缮呈巡抚，再加厘剔，始行题销，仍听候各部核复，方得谓之准销。如此层层考核，局员焉能上下其手，蒙蔽为奸？回避道童埏在报销局派充提调，系在历城县任内照向章兼办之事，后因游幕回避，交卸历城印务，即行出局，并未盘踞。回避知县陈善先在交代局当差，咸丰十年六月间，经前任藩司清盛详明前抚臣文煜派入报销局帮办。维时设局已久，咸丰七年九月初案报销局截限以前，应造各州县兵差等案销册，先于是年闰三月间造竣具详，陈善并未经手。咸丰七年九月以后造报各州县应付兵差，皆照部驳新章造办，较之以前销数更属减少。各州县只知旧案，不知新章，每于造报时，将不应销者必欲准销，以致不应抵者必欲准抵。该司事事求实，各州县多生怨望。至局中之准驳，悉以部文成案暨军需则例为凭，若原册与例案不符者，一概确核驳查，何能任意冒销？恩县知县陈恩寿补莱阳时，已在咸丰七年九月初案报销截限之后，此时续案尚未详奏，该员有无垫办军需尚未核及，焉知其有销数若干？至上年调任恩县，更在其后。详查报销、交代两局暨藩司衙门，均无陈恩寿垫办军需准销案据，陈善又何从不问过兵若干，任意冒销？其报销等局所需委员薪水、幕友修金、书役饭食、心红、纸张、缮册、字工等项，为数甚巨，从前先由司库筹给，事后于通省州县摊提归款，嗣因库款支绌，禀明照历届成案，在于各州县摊扣。而摊解又缓不济急，议定交案内，凡有以垫办军需列抵者，即按所抵之数捐交三厘经费。此系以州县之公项办州县之公事，通省皆知，并无所谓三分核减之说。且此项捐款，各州县亦未能一律捐解，局用尚属不敷，所指共收银十余万两尽为童埏、陈善、吴载勋分肥入己之处，更属无据空言。陈善曾于咸丰八年遵例呈请回避，经前抚臣崇恩奏明暂行留东经理局务。现在查办报销未竣，是以尚未饬令改省。此外各局委员陆续更替者不下数十人，除陈善与同案奏留之余亮煮二员外，其余皆非幕友出身。且局员均由司道遴委，陈善从未引荐一人，何能把持局务，树植私人？

以上各款，经臣督同臬司丁宝桢明查暗访，细核卷册，除所陈前署淄川县麟盛、已革知府吴载勋、道员陈显彝先后办理淄川踞匪一事，与毕道远等原参各情大略相同，应归另案审办外，其余皆查无实据，且多系平空结撰，影响毫无，显系刁徒倾排异己，捏词诬陷。此风断不可长，应请毋庸置议。

所有查明缘由，理合恭折具奏，伏乞皇太后、皇上圣鉴训示。谨奏。

同治三年四月初八日奉到回折："议政王军机大臣奉旨：'知道了。

钦此。'"

委员管解京饷片
同治三年三月二十五日

再,东省奉拨同治三年京饷,节经饬司筹拨。据藩司贡璜先后详报,在于征存本年上忙地丁项下先筹银五万两,饬委试用未入流吴肇元管解;续拨银五万两,饬委分缺先用典史刘继晨管解,分批赴户部交纳。

除仍催续筹报解并咨部外,理合附片陈明,伏乞圣鉴。谨奏。

同治三年四月初八日奉到回折:"议政王军机大臣奉旨:'户部知道。钦此。'"

查明文武员弁被参各款折
同治三年三月二十五日

奏为遵旨查明文武员弁被参各款,恭折据实具奏,仰祈圣鉴事:

窃臣承准议政王军机大臣字寄:"同治二年四月十六日奉上谕:'前据给事中征麟奏参东省文武庸劣各员各折片,各该员被参各款如果属实,亟应严行惩办。著阎敬铭一并查办,折片著抄给阅看。钦此。'"时臣已赴淄川剿匪,未及查办,回省后即委藩、臬两司,按照所参各款,秉公确查去后。兹据藩司贡璜、臬司丁宝桢逐款会查明确,详请具奏前来。臣逐加复核。

如原参"闻得按察使衔记名道陈显彝系山东幕友改官,盘踞东省,由州吏目数年官至道员。初与巡抚崇恩之门丁秦彦臣换帖,继因幕友回避,经巡抚文煜逐出东省,投效胜营,保升今职。本年春间,复回东省,经巡抚谭廷襄派委带兵防守东、曹一带降众。八月间,又派剿办淄川踞匪,拥兵自卫,毫无实效。该道之子陈恩寿年甫二十余岁,由捐纳班次,久已升补莱阳县知县。父子同官一省,显系钻营谋干所致"一款。

查盐运使衔记名道陈显彝,原系山东幕友。道光二十五年,因议叙州吏目,咨补济宁州吏目,节次捐输,并防剿出力,至咸丰六年荐升道员。前抚臣崇恩门丁,名系秦彦臣,访查该道未与换帖。迨奉到幕人员回避新例,该道业已丁忧。及至服阕,经胜保调赴军营,在营起服,并非前抚臣文煜逐出东省。

后因剿匪出力，经胜保奏保赏加盐运使衔，并非按察使衔。同治元年四月，该道经胜保派至东昌办理善后。前抚臣谭廷襄因伏莽未清，该道在东年久，熟悉情形，奏留专办防务。九月间，复令督剿淄川踞匪。节经督军攻袭，并迭次击退扑营之贼，均有禀卷可查。虽未能迅复坚城，尚非拥兵自卫。至该道剿办淄川踞匪一事，业经毕道远等参奏，奉旨交审，应归另案审办。该道之子陈恩寿，现年三十二岁，并非二十余岁。由监生报捐州同，改捐知县，分发山东捐免回避等项，于咸丰八年题补莱阳县知县，系照例序补，无所用钻营谋干。

又如原参"盐运使衔江苏候补道童埏，系山东幕友，服官年久，盘踞东省，历任历城县知县数年，官至道员，与办团大臣杜翮结拜师生，通省办团之事悉以资之。上年八月，捻逆逼近省城，并未出队打伏，以守城之功，保升今职。本年春间，办理武定盐匪，工于敷衍，且借招商为名，禀请由运库发银五千余两，捏造名姓，私自贩盐，行同市侩。继因与运同松年借贷不遂，又复回护恶团李承元，禀请严办。谭廷襄信其一面之词，将松年撤任，滨州知州王崿革职审办。该道前在历城县任内，亏空甚巨，上年冬间，谭廷襄奏参亏空，童埏为九十六员之首，迄今分文未缴，而竟安然无事"一款。

查盐运使衔江苏候补道童埏亦系山东幕友。咸丰七年，由泰安县知县调补历城县知县，迭次捐输防剿，至十一年荐升道员。从前奉到回避新例，该道呈请回避，奉文签掣江苏；因各局需员襄理，经前抚臣崇恩奏明留东。嗣经办团大臣杜翮奏派专办筹防局务。该道之得办团事实由于此，并无与杜翮结拜师生之事。十一年八月间，南捻围扑省城，该道与在事官绅登埤守御，经前抚臣谭廷襄奏保赏加盐运使衔，原因防守出力，本未出队打仗，且同案保奏者亦不止该道一人。是年冬间，谭廷襄因武定枭匪充斥，商运难行，奏派该道前往查办。该道酌议招商设巡，料理滩场章程，费无所出，禀经谭廷襄饬令运司核议，在于运库闲款项下发给银三千两，并非五千余两；亦无捏造姓名私自贩盐情事。同治元年春间，该道奉派会同游击桂林，带兵赴武属缉枭，各兵口分系由省城支应局拨解，武郡分局支发。该道行抵蒲台，口分不继，因谭廷襄曾经札谕先由州县筹款垫发，随后发还归款。该道即令商人朱清佐向滨乐分司运同松年筹借饷银四百两。松年以未奉明文，不肯应付。此系事出因公，并非私情借贷。至李承元系滨州团长，因与松年带勇之刘鹏扬争索盐船帮费，互相寻衅。松年令刘鹏扬将李承元拿获，送州监禁。该团李德峻等不服，聚众入城，逼胁滨州知州王崿将李承元提禁保回，王崿以中途夺犯捏禀。嗣刘鹏扬与该团争斗，伤毙三命，松年捏报捕枭获胜。谭廷襄据该管道府查禀奏参，将松年、王崿分别撤任革职，发委济宁府审办，事与该道无涉。该道历城任内交代，已据后任吴载勋结报，惟应缴历任泰安等县军需核减银两，曾经谭廷襄奏明饬追，并于赴部咨文内声明。现臣移咨江苏抚臣，按限追缴，如限满不完，或完不足数，再行照例参办。

又如原参"兖沂曹济道卢朝安由佐贰微员荐升道员，钻营卑鄙，累次被参，均以巧于弥缝，幸得无事。与陈显彝、童埏均在东年久，声名狼藉，物议沸腾，通省皆知"一款。

查兖沂曹济道卢朝安，系由监生报捐府经历，道光二十五年到省，咨补济南府经历。嗣因屡次捐输防剿，于咸丰五年保升同知直隶州知州，七年题补济宁直隶州知州。因随僧格林沁军营剿匪出力，保升道员，补授斯缺。前虽屡次被参，而详细访查实无钻营卑鄙确据。

又如原参"把总马荣标、外委李梦岐，弃置主将，首先溃退，以致总兵郝上庠阵亡。查办未结，蒙混保升，马荣标保升守备，李梦岐保升千总"一款。

查总兵郝上庠在堂邑县柳林集等剿贼阵亡，当时同在前敌者，系土默特营总乌尔贡扎布与游击绪纶二人，前抚臣谭廷襄因其不能援应，业于郝上庠请恤折内，奏请将二该员革职留任，责令带队剿贼。把总马荣标、外委李梦岐并未在场。马荣标系尽先千总，因克复张秋竹口案内，经谭廷襄保升守备。李梦岐系候补把总，因克复费县南泉围寨案内，经谭廷襄以千总记名拔补。均系论功定赏，并非蒙混保升。

又如原参"武巡捕金国宝等四人，止以亲随巡抚辕下，并未出队打仗，数月之间，皆保至四五品花翎。金国宝一人，恃宠而骄，尤为跋扈，军营大小公事，谭廷襄倚为心腹，文武官员，无不畏惧，因而趋奉。其何以招权纳贿，未得其详。东省有'金马玉堂'之号，传扬已久，是该武弁等擅作威福，从可概见。盖玉姓为中军参将，金姓即金国宝，马姓、堂姓则皆武巡捕"一节。

查都司用登中营守备金国宝，现署抚标中军守备，玉山系由莱州营参将调补抚标中军参将，臣到东时，均非巡捕。惟抚标尽先守备马凌霄与历城内汛千总唐文篪充当巡捕，并无另有"堂姓"其人。各该弁皆由历次剿匪出力保升今职，确有战功可稽，并非未经打仗骤然保升。至金国宝系一守备，既未统领各营，军营大小公事谭廷襄何能倚为心腹，文武官员何用畏惧趋奉，查无实据。至于"金马玉堂"之号，实因四人之姓适相符合，此地士民传为戏言，非由各该弁擅作威福而起。

以上各款，臣督同藩、臬两司，周咨传询，详查明确，应即拟结。

臣查盐运使衔记名道陈显彝，虽无卑鄙劣款，惟语多夸张，行涉轻浮，应请旨勒令休致；其剿办淄川踞匪一事，仍归另案审办。江苏候补道童埏，虽无借贷等事，臣亦未见其人，详加访问，该员浮靡虚饰，败坏风气，应请旨革职。登中营守备金国宝，虽无擅作威福情事，惟人本平常，操练营伍难期得力，一并请旨革职。其余兖沂曹济道卢朝安，恩县知县陈恩寿，抚标中军参将玉山，守备马荣标，千总李梦岐、马凌霄、唐文篪被参各款，访无确凭，均其免其置议。理合恭折具奏，伏乞皇太后、皇上圣鉴训示。谨奏。

同治三年四月初八日奉到回折："议政王军机大臣奉旨：'另有旨。钦此。'"

查明前任巡抚谭廷襄被参各情折

同治三年三月二十五日

奏为遵旨查明前任抚臣被参各情，恭折据实具奏，仰祈圣鉴事：

窃臣承准议政王军机大臣字寄："同治二年四月十六日奉上谕：'前据给事中征麟奏参谭廷襄办理降众，一意主抚，如果属实，亟应严行惩办。著阎敬铭一并查办，原片著抄给阅看。钦此。'"伏查前抚臣谭廷襄办理东昌降众，臣初至东省，未知底里。迨至淄川移军东昌，就地访查，略有见闻，与征麟原参各情多未符合。回省后复饬藩、臬两司秉公确查，以期无漏。兹据藩司贡璜、臬司丁宝桢逐一查明，详请具奏前来。臣逐加复核。

如原参"冠县降众张锡珠滋扰直隶地方，来自山东东昌一带，闻该处冠、馆、堂、莘四县，贼匪甚多，皆为招降之众。始自胜保任意勉强招抚，继而地方官回护，胜保不肯认真剿办。如上年正月，杨朋岭、张玉怀率马、步队千余名，由胜保军营折回，到处焚掠，奉旨四面截杀。维时巡抚谭廷襄带兵四五千名，驻守东昌府城，相距数十里，原不难于一鼓歼除，以绝后患。乃该抚并未钦遵谕旨，一味袒护胜保，执意主抚，发银一千五百两，寄交大顺广道王榕吉设法安置。遮克敦布初到该省，并不深察轻重，一味随声附和。迨该抚驰奏遣散归农，始屡次传见，杨、张二贼目竟抗传不到，且数日后，临清州即拿获焚掠扰害之贼数人，供系杨朋岭等为首具禀。该抚提讯，授意改供，指为另股，驳回复审，杀四人、释二人结案"一节。

查咸丰十一年二月间，邱县教匪滋事，连扰冠、莘、馆、堂等县，前抚臣谭廷襄带兵赴东昌剿办，胜保亦由馆陶进兵，逐节扫荡，匪势穷蹙乞降。经胜保奏明，分别招抚，带往南下随征。维时，匪首实止宋景诗一人，杨朋岭、张玉怀不过小股头目。嗣杨朋岭等因口粮缺乏，于同治元年正月由豫省折回，沿途骚扰。胜保派队跟追，该降众均已回籍，散处于冠、莘、馆、堂、阳谷、朝城、临清等州县，各自愿安生业，恳乞归农。谭廷襄因尔时地方已安，恐一经截杀，又复勾结奔突，惊扰善良，是以仰体皇仁，俯顺众情，从权办理，责令地方官妥为约束，随时稽查。曾经据实奏明，实非袒护胜保，一意主抚，亦无发交王榕吉银两，令其设法安置情事。至张锡珠于元年冬间复叛，实因冠县知县李焮将该犯与杨朋岭、张玉怀等七十余人，禀送遮克敦布军营录用，杨朋岭、张玉怀唯唯听命；独张锡珠因遮克敦布勒缴马匹、器械，怀疑生变，乘夜率党潜逃，连日沿途抢掳，窜扰于直、东交界，愈聚愈众，势焰又张。谭廷襄于二年正月，由兖州移军东昌，会合直隶官军四路截剿，斩获甚多。嗣据临清州彭垣拿获侯升、赵从先，讯认焚掠事主徐延禧家不讳，禀明就地正法。另获之马得胜、刘玉延、杨四、郭三，讯系被胁逃出，递籍保释，并未提讯驳回，从何授意改供？此张锡珠与杨朋岭等先叛后降，张锡珠既降复叛之实在情形也。

又如原参"上年四月间，冠县之北塔，莘县之小张家庄、耿家楼等处，有降众数千，各竖一旗，夜聚晓散。程顺书即程三黑，冠县人，从世选莘县人，同领白旗；马荣、马八邱县人，同领绿旗；雷凤鸣即雷三，堂邑人，任起秀莘县人，同领花旗；杨朋岭、张玉怀二部亦与之相合，未知所领何旗。今张锡珠由冠县北窜肆扰，蔓延直隶各属，既云降众，又系来自冠县，且系张姓，难保张锡珠即系张玉怀，该地方官因弥缝去春议抚之咎，另改其名，以致养痈成患，贻害地方，尤为可恨"一节。

查同治二年春间，张锡珠等分股窜扰冠、莘一带，伏莽乘机蠢动，迭经谭廷襄督饬在事文武，随时随地痛加剿杀。如马八、任起秀系堂邑拿获正法；程顺书即程三黑，系直隶拿获正法；雷凤鸣先经投降，随营效力，嗣在淄川带队玩误，军前正法；马荣、从世选是否阵毙，抑尚在逃，查无确据，仍饬访拿。张锡珠已于是年二月在直隶威县境内被白旗马队轰毙，有其子张金堂供词足据。张玉怀亦于四月间被杨朋岭诱至直隶军营正法。杨朋岭即在直隶督臣刘长佑军营效力。此又张锡珠与张玉怀等先后伏诛，张玉怀并非张锡珠改名之实在情形也。

臣查前抚臣谭廷襄办理东昌降众，剿抚互用，审度时宜，并非袒护胜保，一意主抚。至张锡珠就抚半年以后，因在遮营勒缴马匹、器械，以致复叛，其事本出意外，似未便以事后之变迁，归咎当时之收抚，应请勿庸置议。理合恭折具奏，伏乞皇太后、皇上圣鉴训示。

同治三年四月初八日奉到回折："议政王军机大臣奉旨：'知道了。钦此。'"

议复试用道钟文条陈片
同治三年三月二十五日

再，前奉寄谕："据山东试用道钟文呈递东省急务十二条，著阎敬铭按照所呈各条，悉心体察等因。钦此。"臣自东昌回省后，体察通省实在情形，细核该道所陈，尚属按时立言。但如所称剿除贼匪、安抚难民、查办恶团、训练兵勇、停止亩捐、裁撤厘税六条，查东省各匪荡平，民情稍定。臣复严饬各路严拿马贼，以清盗源；力行保甲，禁派团费；擒拿团匪王汶训、商停终，以解恶团；招集流亡，以期复业；操练马队，酌留楚勇，以备缓急；亩捐一项业经奉旨停止；厘税一项，各海口厘局改归州县，省城铺捐已停，现留厘卡，仅有河路数处，取纤微于逐末之商，实无损于民，而有资于饷，曾历次办理，奏闻在案。

其整顿漕运、改复钱粮二条，该道系目击官吏困累，思欲变通办理，确系实情。但漕折既有定额，钱粮已改收银，兹若再复旧章，朝令夕更，本非政体；且向系相沿旧习，今未便著为功令，迹涉加赋，事不便民。该道所称，应毋庸议。

其缉拿盐枭一条，尚未洞悉情形，言未详切。查东省盐务废弛，由于枭者十分之七，不由于枭者十分之三。东境盐场实为枭扰，外此则海丰县埕子口海口地方，历年关东私盐连舶运入，回枭群聚设成局店，不惟侵灌东省引地，并害及直隶各处。本年春初，即饬署武定府张鼎辅、都司王正起，先设兵船，力堵外来私贩，现稍办有眉目。至境内抢滩扒垣之枭，刻虽敛迹，实未大受惩创。奸民滋多，捕之无名，纵之即起，现在设法剔除。又地方官之疲懦，盐官之贪冗，盐商之巧作，纲务颓坏，头绪纷纭，引票久疲，物情多诡，急当正本清源。臣惟有督饬运司，悉心筹划，次第办理。

其甄别州县、清理交代二条，实为今日急务。东省吏治败坏，实因从前润略宽弛，以致摊捐过重，交代不清，养廉坐支，提扣无余，遂事侵削，挪前掩后，捏缓报灾，百弊丛生，不堪枚举。为政以利用为先，安民以察吏为本，未有吏治不饬而地方能安者，亦未有政事无条理而吏治能肃清者。但积弊已久，非通筹前后，详究根源，无以施补救之术而协张弛之宜。

臣莅任虽将一年，而回省甫及四月，除交代已严切催算外，历年各事，臣署无底册可稽者，均须向各衙门检核，且必采听舆论，参酌时宜，不能不稍宽时日，考其脉络，详为斟度。事关全省，非底里洞悉，更恐言易行难，有负圣恩高厚。容臣稍缓时日，再将通省利弊详细奏闻。臣才力不及，当求圣明指示，以期补救，断不敢因循欺饰，辜负圣慈。

所有议复试用道钟文条陈各缘由，理合附片陈明，伏乞圣鉴。谨奏。

同治三年四月初八日奉到回折："议政王军机大臣奉旨：'知道了。东省一切应办事宜，该抚仍当随时整顿，实力办理，以期无负委任。钦此。'"

拿获阳信抗漕行抢团匪就地正法折
同治三年三月二十五日

奏为拿获抗漕行抢之团匪，审明就地正法，恭折奏祈圣鉴事：

窃臣于上年十一月间，据武定府知府蔡步镛、阳信县知县苏振甲禀称：该县积惯抗粮之伪团商停终，煽惑乡民，意图抗漕滋事，会营驰往弹压，并邀集绅耆，剀切劝谕，商停终已闻风远飏等情。当即带勇都司王正起，会同苏振甲，将商停终拿获，由该署府县讯明。商停终即商秉正，阳信县人。先于咸丰三年因赴京诬告前任知县多瑞勒折粮银案内审明拟军，母老留养。九年，举办团练，商停终即自充团长，历年抗欠钱漕。同治二年十月间，该县开征漕粮，商停终因县境有被水之区，起意商允在逃之蒋尚、刘进僖、王三、莫干，纠众赴县求缓阖境漕米，以便敛钱分用，经官兵驰往弹压，闻风逃散。十二月十七日，商停终因未遂所欲，又见粮差司殿三赴乡催粮，心怀忿恨，起意抢夺，纠允在逃之刘日令、沈洛十并蒋尚，分邀不识姓名团众同伙四十余人，偕抵司殿三家，拆毁房屋，搜抢钱物、马骡，俵分各散。三年二月间，商停终因该县催征咸丰十年旧漕，起意纠领团众进城滋事，希冀挟制，尚未调集，即被拿获。录供拟议，禀请遵照奏定章程，就地正法，并据臬司丁宝桢核明，具详前来。

臣查此案，商停终即商秉正，先则聚众抗漕，继又纠伙抢夺，按"刁民约会抗粮并强盗已行而得财"律，均罪应斩决，例应加拟枭示，已批饬就地正法，枭首示众，以昭炯戒。逸犯蒋尚等仍饬严拿务获。

除饬取供招咨部外，理合恭折具奏，伏乞皇太后、皇上圣鉴训示。谨奏。

同治三年四月初八日奉到回折："议政王军机大臣奉旨：'刑部知道。钦此。'"

同治三年二月雨雪粮价折

同治三年三月二十五日

奏为恭报二月份雨雪情形并呈粮价清单，恭折仰祈圣鉴事：

窃照正月份雪泽、粮价，前经臣奏报在案。兹查二月份，据济南、泰安、武定、兖州、沂州、曹州、东昌、莱州、青州等府，临清、济宁直隶州先后申报，得雪又兼得雨者，系历城、章邱、淄川、齐河、长清、德州、平原、新泰、莱芜、东阿、滋阳、滕县、峄县、阳谷、寿张、兰山、莒州、蒙阴、单县、聊城、博平、冠县、高唐、昌邑、胶州、高密、益都、诸城、乐安、济宁州等三十州县；得雪者，系邹平、长山、新城、齐东、济阳、禹城、临邑、陵县、德平、惠民、青城、商河、蒲台、日照、郓城、朝城、堂邑、茌平、莘县、恩县、平度、潍县、即墨、临淄、高苑、博兴、寿光、昌乐、安丘、临清直隶州并所属之夏津、武城、邱县，济宁州属之金乡等三十四州县；得雨者，系泰安、肥城、东平、平阴、阳信、海丰、曲阜、宁阳、邹县、汶上、郯城、费县、沂水、菏泽、城武、曹县、定陶、巨野、范县、观城、清平、馆陶、临朐、博山、嘉祥、鱼台等二十六州县，于月之初二三四五六七、二十三四五八九等日，各得一、二、三、四、五寸不等。惟登州府一属，未得雨雪，据报土脉尚形滋润，其余一律沾足。麦苗芃茂，民气怡熙，堪以仰慰圣怀。

至各属市集粮价，间有低昂，大致与上月相同。谨缮清单，祗呈御览。为此恭折具奏，伏祈皇太后、皇上圣鉴。谨奏。

同治三年四月初八日奉到回折："议政王军机大臣奉旨：'知道了。钦此。'"

二月份粮价清单

谨将同治三年二月份山东省各属米、谷、麦、豆价值，敬缮清单，恭呈御览。

计开：

济南府属：稻米每仓石价银二两四钱五分至四两四钱四分，与上月同。粟米每仓石价银八钱八分至二两六钱，与上月同。粟谷每仓石价银六钱至一两五钱六分，与上月同。高粱每仓石价银九钱至一两七钱七分，与上月同。小麦每仓石价银一两二钱五分至二两七钱九分，与上月同。黄豆每仓石价银一两一钱九分至二两三钱四分，与上月同。黑豆每仓石价银一两二钱至三两三钱三分，与上月同。

泰安府属：稻米每仓石价银二两八钱至四两五钱，与上月同。粟米每仓石价银一两五钱五分至二两四钱，较上月贵一钱。粟谷每仓石价银七钱至一两六钱四分，较上月贱三钱。高粱每仓石价银一两一钱二分至一两七钱，较上月贱一钱二分。小麦每仓石价银一两七钱至二两三钱八分，较上月贱三钱一分。黄豆每仓石价银一两一钱五分至二两四钱，较上月贱二钱八分。黑豆每仓石价银一两一钱至二两四钱一分，较上月贱二钱七分。

武定府属：稻米每仓石价银二两四钱八分至四两六钱二分，与上月同。粟米每仓石价银一两一钱六分至二两二钱，与上月同。粟谷每仓石价银七钱七分至一两八钱，与上月同。高粱每仓石价银八钱至一两三钱二分，与上月同。小麦每仓石价银一两五钱至三两五分，与上月同。黄豆每仓石价银一两一钱八分至二两一钱三分，与上月同。黑豆每仓石价银一两一钱至一两八钱二分，与上月同。

兖州府属：稻米每仓石价银二两四钱至五两五钱，与上月同。粟米每仓石价银一两一钱至四两一钱六分，与上月同。粟谷每仓石价银六钱至二两三分，与上月同。高粱每仓石价银七钱至二两六钱，与上月同。小麦每仓石价银一两五分至二两九钱，与上月同。黄豆每仓石价银一两至二两九钱，与上月同。黑豆每仓石价银一两至二两九钱，与上月同。

曹州府属：稻米每仓石价银三两二钱八分至五两，与上月同。粟米每仓石价银一两一钱七分至三两六钱六分，与上月同。粟谷每仓石价银七钱一分至二两二钱八分，与上月同。高粱每仓石价银八钱四分至二两四钱九分，与上月同。小麦每仓石价银一两二钱五分至三两二钱九分，较上月贵九分。黄豆每仓石价银一两二钱至二两七钱四分，与上月同。黑豆每仓石价银一两一钱三分至二两三钱八分，与上月同。

沂州府属：稻米每仓石价银二两至三两九钱二分，与上月同。粟米每仓石价银一两三钱至二两五钱九分，与上月同。粟谷每仓石价银六钱八分至一两五钱八分，与上月同。高粱每仓石价银七钱九分至一两四钱八分，与上月同。小麦每仓石价银一两至一两八钱五分，与上月同。黄豆每仓石价银八钱至一两四钱五分，与上月同。黑豆每仓石价银八钱至一两四钱五分，与上月同。

东昌府属：稻米每仓石价银三两一钱至五两，与上月同。粟米每仓石价银一两一钱四分至二两七钱，与上月同。粟谷每仓石价银七钱至一两六钱，与上月同。高粱每仓石价银九钱至二两四钱，与上月同。小麦每仓石价银一两四钱至三两三钱，与上月同。黄豆每仓石价银一两五分至二两九钱，与上月同。黑豆每仓石价银一两至三两一钱，与上月同。

青州府属：稻米每仓石价银二两至三两四钱，与上月同。粟米每仓石价银一两二钱四分至二两，与上月同。粟谷每仓石价银七钱至一两三钱，与上月同。高粱每仓石价银六钱九分至一两四钱八分，与上月同。小麦每仓石价银一两一钱至二两三钱，与上月同。黄豆每仓石价银九钱八分至一两七钱，与上月同。黑豆每仓石价银九钱八分至一两七钱四分，与上月同。

莱州府属：稻米每仓石价银二两三钱至三两五分，与上月同。粟米每仓石价银一两至一两六钱，与上月同。粟谷每仓石价银五钱至一两八分，较上月贱二分。高粱每仓石价银七钱至一两一钱，与上月同。小麦每仓石价银一两二钱至一两八钱五分，较上月贱五分。黄豆每仓石价银九钱八分至一两四钱，与上月同。黑豆每仓石价银九钱七分至一两四钱四分，与上月同。

登州府属：稻米每仓石价银二两一钱七分至三两二钱，与上月同。粟米每仓石价银一两二钱九分至一两九钱，与上月同。粟谷每仓石价银七钱七分至一两二钱，较上月贵五分。高粱每仓石价银八钱三分至一两六钱，与上月同。小麦每仓石价银一两二钱四分至二两三钱，较上月贵一钱。黄豆每仓石价银九钱至一两八钱四分，较上月贵一钱二分。黑豆每仓石价银九钱至一两八钱四分，较上月贵一钱二分。

临清直隶州并属：稻米每仓石价银三两四钱五分至三两九钱，与上月同。粟米每仓石价银一两四钱七分至二两三分，较上月贱二分。粟谷每仓石价银八钱五分至一两三钱六分，与上月同。高粱每仓石价银一两七分至二两，与上月同。小麦每仓石价银二两四钱四分至二两六钱五分，与上月同。黄豆每仓石价银一两一钱八分至一两九钱九分，与上月同。黑豆每仓石价银一两一钱八分至二两二钱，与上月同。

济宁直隶州并属：稻米每仓石价银三两三钱至六两三钱七分，与上月同。

粟米每仓石价银一两六钱五分至三两，与上月同。粟谷每仓石价银一两三分至二两，与上月同。高粱每仓石价银一两一钱五分至二两四钱，与上月同。小麦每仓石价银一两三钱至二两六钱，与上月同。黄豆每仓石价银一两三钱一分至二两六钱，与上月同。黑豆每仓石价银一两一钱五分至二两九钱，与上月同。

省会知县员缺请旨补授折

同治三年三月二十六日

奏为省会知县员缺紧要，遴员请旨补授，以重地方，恭折奏祈圣鉴事：

窃照历城县知县张楷枝升补高唐州知州，部文知照，应以同治元年八月二十五日作为开缺日期，所遗历城县知县员缺，系冲繁难兼三要缺，例应在外拣员调补。当因拣员未定，咨部展限在案。查例载："州县应调缺出，于现任人员内拣选调补；如无合例之员，始准以候补即用人员请补。"等因。伏查历城县为省会首邑，五方杂处，政务殷繁，且时有发审案件，非朴诚干练之员，弗克胜任。臣督同藩、臬两司，于通省知县内逐加遴选，非现居要缺，即人地未宜，实无合例堪调之员。

兹查有候补知县陶绍绪，现年四十六岁，四川安岳县人。道光甲辰科举人，庚戌科进士，改翰林院庶吉士，咸丰三年补行散馆，以知县用，选授高密县知县，是年十月十九日到任。五年，代理长山县知县，捐加同知衔。六年，调署乐陵县知县，仍回高密县任。嗣经升任抚臣文煜保举卓异，调补益都县知县。十一年，因满营官兵与南捻接仗失利，经前署抚臣清盛以救援不力，奏参降调卸事。同治元年，奉旨饬查该员在东官声，经前抚臣谭廷襄查明，平日居官循声卓著，据实复奏。奉上谕："陶绍绪著即送部引见。"该员于二年三月二十七日引见，奉旨："陶绍绪著开复原官，仍发山东以知县补用。钦此。"四月二十七日到省。该员廉能卓著，恂愊无华，历任长山、高密、益都等县，颇有政声。历城县为省会首区，得一崇实黜华之员补授斯缺，于吏治民风均有裨益。惟出缺在先，该员开复到东在后，与例实有未符；而人地实在相需，不敢拘泥成例。据藩、臬两司会详请奏前来。合无吁恳天恩俯念员缺紧要，准以候补知县陶绍绪补授历城县知县，以重地方。如蒙俞允，该员系候补知县请补知县，衔缺相当，毋庸送部引见，亦毋庸声叙参罚。理合专折具奏，伏乞皇太后、皇上圣鉴训示。谨奏。

同治三年四月初八日奉到回折："议政王军机大臣奉旨：'吏部议奏。钦此。'"

拨解僧格林沁营正月份军饷片
同治三年三月二十六日

再，东省应解僧格林沁大营军饷，节经饬司筹解。兹据藩司先后详报，本年正月份饷银五万两，前经饬委试用府经历李世芬解银二万两；现又筹银三万两，委候补典史池钧管解，起程往河南粮台交纳。

除分咨外，所有正月份军饷解清缘由，理合附片陈明，伏乞圣鉴。谨奏。

同治三年四月初八日奉到回折："议政王军机大臣奉旨：'知道了。钦此。'"

雇勇口粮请仍照本省奏减成案办理折
同治三年三月二十六日

奏为东省雇勇口粮，恳请仍照本省奏减成案办理，仰祈圣鉴事：

窃据军需报销局、藩司贡璜等详称："接准户部咨称：'同治二年八月初八日，本部片奏，查山东历办军需报销勇粮，每月或给银四两五钱及三两不等，皆系由统兵大臣先行奏明，臣部因即核准。惟咸丰十年，僧格林沁移营东省，曾将该营兵粮、勇粮等款咨部立案。勇粮一项，照绿营兵，每月给银二两六钱，较之东省历办各案均属轻减。所有山东省城暨东昌、兖州以及咸丰十年带勇北行等案，除臣部业经核销复奏各案毋庸再议外，其已由该省出奏、臣部尚未议复各案，均应照僧格林沁所定勇粮一律办理。至该省未经造报各案，应饬一体核减'等因到局。遵查东省自军兴以来，历年雇募练勇应支口粮，先经奏准每名日支银一钱五分，月共支银四两五钱；复经前抚臣谭廷襄奏准核减，每名日支银一钱，月共支银三两，均经先后造册请销，奉部复准各在案。兹奉部议，改照钦差大臣亲王僧格林沁大营章程分别办理，系因撙节军饷起见，原应遵办。惟确加体察，各营同一在东雇勇，而支用勇粮情形大有区别，其中万难援减之情，不得不据实陈明，免滋贻误。查僧格林沁大营随征马步练勇例支口粮，虽属减少，然军临之地，绅民人等每多捐输米面及草料等物到营，各州县亦兼运送粮料，均系随时散放。有此例外接济，故领项虽少，亦见饱腾。他营之勇，则惟赖额支口粮；即有捐输，以及采买粮料，酌量放给，仍应作价，于例支口粮项下抵除。前次剿办兖州教匪之勇，所领捐输米石，即系按价扣抵造报有案。此他营与僧格林沁大营之勇未能画一之原委也。又查直隶威县粮台报销，亦系援照僧格林沁奏定募勇章程，每勇日给津钱四百文，原属因时制宜，多少难以一律。东勇雇募已久，随征有年，现在每月支银三两，较前业已减银一两五钱，加以食物异常昂贵，银价又复低微，每日支银一钱，仅易制钱一百三十余文，实属暗中减之又减。勇丁以钱买食，本非宽裕，今若再行减发，食用不敷，不惟哗溃堪虞，更难保无滋扰闾阎之事。此又各营勇粮日支一钱难于再减之实情也。请将东省勇粮一项，凡系步勇，仍照旧章，每名日支银一钱，月共支银三两；如系马勇，每日另加马干银五分，月共支银四两五钱，以示体恤。其前已造册请销、奉部驳减及未经奏销各案，均请一律分别更正照办。"等因前来。

臣复详核例案。查军需报销，各营雇勇口粮一项，多寡不齐，皆系各援各案办理准销，实缘各处情形难以强同，无非因地因时，筹度核定。该司等所请，臣在军中亲见，委系实在情形。即臣力节浮糜，只能裁无用之勇丁，不能减在营之勇食。且东勇口粮自改为每月三两以后，行已数年，各勇无不知为已经奏减章程，今若复加减扣，非第无以示信，深虑饥军难恃，关系匪轻。在部臣实为慎重军糈，当此经费支绌之时，臣亦何敢不求撙节？惟揆诸情势，有难执此例彼者，自应据实以陈。合无仰恳天恩俯准饬部，所有随征东勇口粮，业经请销及尚未造报各案，并以后雇勇，仍照本省奏减成案办理，以备缓急而恤军情。

谨将东省雇勇口粮实难再减缘由，恭折具奏，伏乞皇太后、皇上圣鉴训示。谨奏。

同治三年四月初八日奉到回折："议政王军机大臣奉旨：'户部议奏。钦此。'"

道府州县四项官职捐例仍照筹饷定例折

同治三年三月二十六日

奏为敬陈管见，请将道、府、州、县四项官职仍照筹饷定例，毋庸减成，专在京铜局呈缴实银，以重名器而裕京饷，恭折仰祈圣鉴事：

　　窃惟捐例之开，借以筹备京外饷糈，原为朝廷万不得已之政，而行久弊滋，不但无补军糈，抑且暗亏国计。伏见我皇上御极以来，日以澄叙官方为念，于大学士祁寯藻、顺天府尹蒋琦龄之奏，下疏通正途之议；于给事中郭祥瑞之奏，严甄别捐纳之条；于湖南巡抚恽世临之奏，加实交免保之例。仰见圣明洞鉴，至悉至详。但流品之杂，名器之滥，诸臣皆详切言之；而流弊之极，至于侵国帑、病民生者，则言之未详。夫国家立贤无方，正途出身者未必皆贤，输纳出身者岂尽不肖。然捐输原为筹饷计，臣请即以筹饷言之。外省自道府以至佐杂等官皆准捐纳。丞佐杂职尚无民社之责，道则巡察数郡，府则表率一方，至州县一官，则寄以地方百姓，寄以城池府库，寄以钱粮征收，责任尤重。

　　自古未有不慎选牧令而能治天下者也，即以纳资阶进，亦不可视之太轻。今计各省捐输减成章程，合以筹饷定例，直、东两省离京不远，报捐章程与铜局相等；豫省以饷票折收，加一成现银，约居十成之二；湖、广、川、浙约居十成之三；江西、两广约不及十成之三；云、贵约居十成之二；安徽全收饷票约居十成之一；其余各省均无过于三成者。计由俊秀捐纳州县，至指省分发不过千金；即捐免保举一层，专收实银亦仅增数百金耳。持千余金之本，俨然为数万生灵托命之官，其意只计及州县之有钱粮，未必计及地方之有百姓。以臣所见，收纳钱粮而计，山东一省，大县五六万两，小县亦万余两不等。彼以官为贸易者，厕于其间，略一侵蚀，已逾原捐之数，即令严查重究，参革查抄，而所侵之项已归无著。国家所赖者，惟正款之钱粮，捐输不过补助于万一。若如此明效输将，暗亏帑项，通盘筹计，是得于捐输者少而失于帑课者多。即为筹饷计，亦不宜减成，轻予人以州县也。道府为督率州县之官，州县既须照例加成，则道府亦应归一律。惟有仰恳皇上饬将道、府、州、县四项官职，仍按筹饷定例减二成章程，呈缴实银，均在京铜局报捐，不得以钞票现钱绕算，庶可救弊补偏，而于京饷亦大有裨益。

　　或谓现在部定章程，凡捐纳人员到省后，均由督抚甄别，立法缜密。察吏不明，督抚之责也。不知巧宦行径，每善弥缝，到省之初，类能谨慎，一经受篆，目见可欲，遽易其操，迨至上官查出纠参，于事已为无及。即于此项人员到省严为考试，胥予停委停补，既非朝廷示人以信之意，亦无以激输公报效之诚。且停者此辈，安必来者即胜于前。待之太轻，人不自惜；弃置若器，政体非宜。臣愚以为，徒齐其末，不如力遏其源也。

或谓同一捐资，未必捐项多者皆可用之才，捐项少者尽不肖之辈。不知从前捐纳州县一官不下万金，非家道殷实及自度材器尚堪任使者必不敢冒昧呈捐，其父兄亦不令其子弟轻进。即任官后，经手钱粮，思欲染指，自揣身家甚重，亦不肯尝试为非。所以我朝屡开事例，权济一时，均无大弊。独至今日不然者，实因捐一州县，所费无多，有力者，子弟相沿，争为垄断；无力者，借贷而至，易于取偿。官不安于末秩，士不安于读书，众志纷然，群趋于利。欲其自爱，其可得耶？则非开捐之为害，而减成之为害，昭昭然矣。

或谓各省军务未平，需饷甚殷，京师八旗营饷，待用尤急，遽议加增或恐捐生观望，致令饷项无出。不知现办军务，各直省均不专藉捐输，直、东、豫、晋之饷出于地丁；江、皖、湖、广之饷出于地丁者半，出于厘税者半；粤、闽之饷出于地丁、盐、茶；陕、甘之饷出于地丁协济；川、浙之饷出于地丁、厘税。惟云、贵两省饷无所出，稍资于此，然合岁而计，所入无几，究亦无益军资。今仅将此四项官职改归京局，其余仍许照例减成报捐，则各省均可补苴，毋庸过虑。惟京饷所需甚急，何敢不慎加计议。臣在农曹，详知铜局每月所入，出于封典、职衔、贡监者十之七，出于实职官阶者十之三。此四项在实职官阶中尚不能及三分之一，即使上兑者少，于捐务原无大损。况拟改新章，照筹饷例定银数收纳实银，以多补少，捐一名仍可抵从前之三四名，且外省不得报捐，则此项必尽归铜局。京局亦一律不准减成，则捐生无所希冀。人知名器可贵，自更乐效输将，京饷将日见其增而无所损。此臣所以急请变通办理也。

前准部咨议复湖南抚臣恽世临之奏，拟俟军务稍平，再行更正。部臣综计盈虚，实为慎重军饷起见。臣之所请，非敢不利害兼筹，实见此四项官职减成收捐，并无益于军糈而反有伤于国计，故敢冒渎圣慈，妄献末议。愚昧之见，是否有当，伏乞皇太后、皇上圣鉴训示。谨奏。

同治三年四月初八日奉到回折："议政王军机大臣奉旨：'另有旨。钦此。'"

请开复观城知县余师濂处分折
同治三年三月二十六日

奏为查明知县经征钱粮因灾展缓并奉豁免，恳恩开复革职处分，恭折奏祈圣

鉴事：

窃查咸丰五年，钱粮奏销揭帖内开：调署长山县、观城县知县余师濂，经征五年地丁钱粮，初参未完在六分以上，当经部议，照例革职在案。

兹据布政使贡璜详称：查明该革员前在观城县任内经征咸丰五年起运地丁正耗课税等项，共银九千四百九十七两一钱一分三厘，已完二分一厘六毫银二千五十两，未完七分八厘四毫银七千四百四十七两一钱一分三厘，内有征起银二千二百二两四钱五分九厘，因兵差过境无款筹垫，就近动支应付，下余未完银五千二百四十四两六钱五分四厘，已于咸丰六年秋禾被旱案内缓征，五年分奏销展限至六年年底截数。是该年钱粮报缓，系在初参限内。复因七、八、九等年秋禾被旱、被淹、被虫各案内，按年依次递缓，未届启征之期，即于同治元年钦奉恩旨，凡有咸丰九年以前民欠钱粮，概行豁免。是该革员经征观城县咸丰五年钱粮除完解动用外，均已奉豁无可启征。其垫办兵差银两，已饬交代局查明属实，业经随案声明，并非事后捏饰。现已造具报销册送部核销，应由司库筹拨归款等情，并恳奏请开复原参处分前来。

臣复查该革员经征完欠银数，并因灾展缓未届启征，复又奉旨豁免各案，均属相符。合无仰恳天恩俯准，将前署长山县、观城县知县余师濂革职处分即予开复，仍饬部照例减等议处，并免其送部引见。为此恭折具奏，伏乞皇太后、皇上圣鉴训示。谨奏。

同治三年四月初八日奉到回折："议政王军机大臣奉旨：'余师濂著准其开复革职处分，仍交部照例减等议处。余依议。钦此。'"

同治二年冬季各属正法匪犯名数折

同治三年三月二十六日

奏为查明各属正法盗犯名数、案由，恭折具奏，仰祈圣鉴事：

窃照山东拿获盗犯、枭匪正法案件，例应按季汇奏。兹查同治二年冬季分，各属拿获应斩枭、斩决盗匪共五十一名，均经随时审明就地正法。据臬司丁宝桢详请汇奏前来。臣复查无异。理合将名数、案由，敬缮清单，恭呈御览。

除行司将各案供招分起咨部外，为此恭折具奏，伏乞皇太后、皇上圣鉴。谨奏。

同治三年四月初八日奉到回折："议政王军机大臣奉旨：'刑部知道。单并发。钦此。'"

谨将同治二年冬季分，各属正法匪犯名数、案由，敬缮清单，恭呈御览。

一、兰山县拿获盗犯卜大增、杨分、上官留弓、杨来、焦雨、阎二起、阎旺、于时来、朱平安、王羊、胡九、徐存、王辉法即王三溺、王相年、王小年、王泳青、王潮住、王公与、王守全即王靠、白锁、陆大朋即陆二辆、陆哮中即陆赖毛、魏憬溃、张七、张豹、贯起、沈罔、吴臭即吴泅堂、王锁、刘继住、李留、廖泳城、廖莼礼、廖特、王占兰即王三鸟铨、王高楼即王仰科三十六名，结幅迭劫事主任干廷等家银钱、衣物，放火杀人，罪应斩枭。

一、菏泽县拿获盗犯李登高、祝墫即祝夹仔、周金保、李二牛、田孟川、范四、吕潮沅、王四、陈尚儆九名，行劫事主杨奉田等家银钱、衣物，罪应斩决。

一、武定府拿获枭匪梁二、侯纲二名，伙抢成官等庄盐店盐包，罪应斩枭、斩决。

一、惠民县拿获枭匪赵汶碌一名，纠抢盐船，罪应斩枭。

一、滨州拿获枭匪刘虎、孟长法、尚三即尚礼兆三名，伙抢盐船，罪应斩枭。

东省军储捐米第二次请奖折

同治三年四月十四日

奏为东省筹备军储捐米第二次捐生员名恳恩给奖，恭折仰祈圣鉴事：

窃照东省迭遭兵燹，官仓民户存米无多，经前抚臣谭廷襄奏定捐输接济，每捐粟米一石，连运脚等项，准作银三两八钱，照筹饷各例分别减成请奖。部议收捐米石，五成留于本省，五成随漕运通。奉旨允准钦遵，在于省城设局，派员劝办，并经臣于上年五月间，将咸丰十一年十二月十八日开局起，至同治二年三月十八日止，初次兑收捐生员名、米石数目，开单奏奖各在案。

兹自同治二年三月十九日起，至十二月十八日止，共捐生一百二十员名，收捐粟米三千四百三十三石六升，自应分别给奖，据委办军需局司道核详请奏前来。臣复核各项捐数，均与例符。除报捐虚衔、封典、贡监各捐生共一百一十八员名已填给空白执照造册，分咨部监，毋庸开单，以免重复外，所有任相廷、张世纶二员，谨缮清单，祗呈御览。合无仰恳天恩俯准敕部核奖，迅发执照，并请归入部捐筹饷例，按卯核办。

再，所收捐米，提出五成，照数存储，附入新漕搭运；下余五成，仍留东省核实支销，合并陈明。为此恭折具奏，伏祈皇太后、皇上圣鉴。谨奏。

同治三年五月初一日奉到回折："议政王军机大臣奉旨：'户部核议具奏。单、片并发。钦此。'"

同治二年下忙征解数目折

同治三年四月十四日

奏为同治二年下忙征解新旧漕项银两数目，循例恭折具奏，仰祈圣鉴事：

窃照各属征收漕项银两，例应将已未完数目分上下两忙奏报，历经遵照办理在案。兹据督粮道沈维璲详称：同治二年分漕项钱粮，下忙应征银二万五千七百二十三两一钱三分九厘，内除历城等州县因秋禾被灾，并灾匪窜扰，奉文蠲缓银一千八百五十六两九钱四分一厘，实应征银二万三千八百六十六两一钱九分八厘。截至十二月底止，已完银八千四百四十五两六分七厘，未完银一万五千四百二十一两一钱三分一厘。又上忙未完银二万三千九百三十五两八钱九分二厘，内除历城等州县因秋禾被灾，并被匪窜扰，奉文蠲缓银一千八百五十六两九钱四分二厘，实应征银二万二千七十八两九钱五分，内已完银六千六百五十七两八钱一分九厘，未完银一万五千四百二十一两一钱三分一厘。又原报上忙未完历年漕项共银一十一万一千九百七十九两五钱八分三厘，内除嘉祥等县续报奉文蠲缓银三百六十三两四钱六分二厘，实应征银十一万一千六百十六两一钱二分一厘，内续完银一千七百四十五两九钱四分八厘，仍未完银十万九千八百七十两一钱七分三厘，现在严催等情。臣复核相符。

除饬将未完银两赶紧催征提解，并将清册咨部外，所有同治二年下忙征收新旧漕项已未完各数，理合循例恭折具奏，伏祈皇太后、皇上圣鉴。谨奏。

同治三年五月初一日奉到回折："议政王军机大臣奉旨：'户部知道。钦此。'"

长山知县张光煜亏欠钱粮请旨拿问折

同治三年四月十四日

奏为计典参劾知县亏欠地丁钱粮，请旨革职拿问，恭折奏祈圣鉴事：

窃查长山县知县张光煜，经臣汇入大计案内劾参，当即委员摘印，一面严查亏空。旋经该署县凌寿柏查明，张参令前在长山县任内，已征未解同治二、三两年地丁正耗银二万五千九百二十七两二钱七分九厘，又续查出同治元年正耗银一万一千二百一十八两七分一厘，禀由藩、臬两司会核详请奏参前来。

臣接阅之下，不胜骇异。查该参令到任甫及两年，亏挪正项竟致三万七千一百余两之多，虽据称内有垫办军需各款，诚恐浮销滥抵。如此胆大妄为，实属大干功令。若不立予参办，何足以重库款而儆官邪。相应请旨，将已入计典参劾长山县知县张光煜，即行革职拿问；一面提同书吏，并经管银钱之幕友、官亲来省，讯明是侵是挪，从严惩办，以昭炯戒。至垫办军需究应准销若干，交代案内除抵尚短若干，现已严饬局员速核，容俟分别查明，再行核办。理合恭折具奏，伏祈皇太后、皇上圣鉴训示。谨奏。

同治三年五月初一日奉到回折："议政王军机大臣奉旨：'张光煜著革职拿问，提省严讯。余依议。钦此。'"

审明已革将弁剿匪不力定拟折

同治三年四月十四日

奏为已革将弁剿匪不力，审明定拟，恭折具奏，仰祈圣鉴事：

窃查接管卷内，前抚臣谭廷襄因淄川踞匪旁窜，副将春祺等截剿不力，奏请革职留营一案，同治二年二月初四日奉上谕："副将春祺等带兵剿办淄川踞匪，并不实力围攻，贼匪潜由东关窜出，绕越该副将等营盘，又不奋力截杀，任令贼匪回巢，纵贼失利，实堪痛恨。谭廷襄请将统带不力之胶州协副将春祺、都司王宗元暂革留营之处，不足蔽辜。春祺、王宗元均著革职拿问，交谭廷襄严讯惩办。其带队不力之世袭骑都尉王汝忠，千总王世俊、王万春，把总王庆清，外委姚修、周廷兰、阎芳、阮海龄，著一并革职；外委王连升，著摘去翎顶，仍各留营，以观后效。钦此。"当经谭廷襄钦遵，行司饬提春祺等来省审办。兹据藩司贡璜、臬司丁宝桢，督同济南府知府萧培元审明拟议，解勘前来。臣亲提研鞫。

缘春祺系镶蓝旗满洲希拉布佐领下人，由二等侍卫补授泰安营参将，升补胶州协副将。王宗元籍隶曲阜县，由行伍出师安徽，保升都司，因带队身受炮伤，经钦差大臣袁甲三给咨回东，医痊归标，委署沙沟营都司。同治元年十二月间，前抚臣谭廷襄因淄川逆匪刘德培踞城抗拒，屡攻不克，檄调春祺、王宗元带兵赴淄随剿。春祺管带登中等九营官兵八百七十名，在城之东南扎营两座。王宗元管带高唐等营兵勇七百六十名，在城之西南扎营一座。二年二月十八日夜，匪由东关地洞窜出，绕越春祺营盘，赴东南乡抢掠。经登州镇总兵鲁逢年，会同前署济东道吴台朗，传令春祺派七成队、王宗元带六成队赴南路一带截剿。春祺即派已革骑都尉世职王汝忠、已革千总王世俊等带队与王宗元前往堵截，并于三成队内亲带一半巡查。适天气阴黑，狂风大作，兵勇四处哨探，绝无声息。该处正东有南北山岗一道，离春祺营盘三里余。旋据探报，匪由山岗背后绕越春祺营盘东北面窜回，并未由南路一带行走。春祺、王宗元带队追截，匪已从地洞入城，以致一无斩获。二十六日夜，匪又由北关出窜，春祺、王宗元派带兵勇，与各军沿路设伏，截杀百余名，生擒十余名，救出被裹男女百余人，夺获枪炮、旗帜多件。鲁逢年等先后咨报谭廷襄，因匪由此地洞窜出遁回，均绕越营盘后面，该将弁等无一斩擒，奏请将春祺、王宗元，并带队之骑都尉世职王汝忠等分别革职，摘去翎顶，留营效力。折内误叙王宗元扎营东南。奉旨将春祺、王宗元革职拿问，饬提研鞫，据供前情不讳，诘非畏葸退缩，案无遁饰，应即拟结。

臣查已革副将春祺、已革都司王宗元，带兵随剿淄城踞匪，扎营于城之东南、西南，于匪由东关地洞窜出，赴乡抢夺，派令带队截剿，并不跟追设备，截其归路，致令仍由地洞遁回，实属截剿不力。相应请旨，将已革副将春祺、已革都司王宗元，一并发往军台效力赎罪。

再，查已革千总王万春，已因阵亡，奏准开复原官议恤；已革外委阎芳，随剿未能得力，业经革职，均毋庸议。已革骑都尉世职王汝忠、千总王世俊等七员被参后，随剿实能出力，容臣另案办理。

除供册咨部外，理合恭折具奏，为此恭折具奏，伏乞皇太后、皇上圣鉴。谨奏。

同治三年五月初一日奉到回折："议政王军机大臣奉旨：'另有旨。

钦此。'"

京控未结各案传解迟延各员照例议处折

<small>同治三年四月十四日</small>

奏为查明京控未结各案，请旨将申复传解迟延各员照例议处，恭折奏祈圣鉴事：

窃照京控案件，每届半年例应查明承审传解各员有无迟延，汇案参奏，历经遵办在案。

兹查同治二年下半年京控各案，除依限审结及咨部展限外，尚有昌邑县民人庞希成京控栾升等一案，因委勘地亩未复，不能审结，该县花上林申复迟延五个月零二十日。又有沾化县民人孟兆凤京控孟虎威等一案，因提传被证未齐，不能审结，该代理县于调元传解迟延六个月零四日。据臬司丁宝桢会同藩司贡璜详请汇参前来。臣复核无异。相应请旨，将申复迟延一月以上之昌邑县知县花上林、传解迟延半年以上之代理沾化县知县于调元，交部照例议处，以示惩儆。

除饬司勒提审办外，理合恭折具奏，为此恭折具奏，伏乞皇太后、皇上圣鉴。谨奏。

同治三年五月初一日奉到回折："议政王军机大臣奉旨：'花上林、于调元均著交部照例议处。钦此。'"

查明已革府道县被参各款折

<small>同治三年四月十四日</small>

奏为已革知府暨道员、知县被参各款，遵旨查审明确，恭折具奏，仰祈圣鉴事：

窃事接管卷内承准议政王军机大臣字寄："同治元年十二月二十一日奉上谕：'谭廷襄奏剿办淄川匪徒，坚城未下，请将贻误之已革知府撤省查办，另派大员督攻一折，览奏均悉。淄川刘德培股匪，经谭廷襄派令吴载勋前往查办，该员不能乘其滋事之初迅图扑灭，一味将就迁延，希图敷衍了事。迨贼羽翼已成，踞城戕官，勾结外匪，凶焰日炽，吴载勋束手无策，驻扎周村，意存观望。种种贻误，实堪痛恨。据毕道远等联名奏参，该革守悭怯乖谬各款，尤为法所难容。既经谭廷襄撤回省城查办，即著督饬藩、臬两司，按照毕道远等原参各情，逐款确讯，审明后奏闻请旨。陈显彝到淄后，虽迭次进攻，屡有斩擒，蕞尔一城，任听逆匪久踞，莫可如何。察其情形，亦难得力。著谭廷襄察看，如稍不得力，即行撤回，不准在淄逗留等因。钦此。'"前抚臣谭廷襄钦遵，行司查讯，旋即卸事。臣到任后，与臬司丁宝桢均在军营，未能审办。迨冬间回省，即饬藩、臬两司将吴载勋暨道员陈显彝、前署淄川县事候补知县麟盛被参各款，详细查讯，不准稍有隐饰。

兹据藩司贡璜、臬司丁宝桢查明，淄川逆匪刘德培本系文生，先因聚众扰漕，经已故知县多仁详革解省，中途脱逃，投入临淄已获正法之李金鳌团内，饬拿未获。同治元年夏间，潜赴淄、博交界之长庄，自立私团，经举人王敬铸就近禀请博山县拿究。适淄川团长蒲人芷、司冠平因西关永和当被抢，勾结刘德培，假以索赔当货为由，招集游民，盘踞西关，日向当铺滋闹。麟盛断令该当按本赔偿三成，蒲人芷等即扣留一成，以作团费。该讯千总李鸿图并未说合分赃。七月十二日，麟盛下乡相验，刘德培等即于是日率众进城，占住书院，安设团局。麟盛旋于十八日交卸。后任知县李凤韶会同文武谕令出城，刘德培阳奉阴违，聚而不散。禀经前抚臣谭廷襄檄饬前署济南府知府吴载勋驰往查办，于闰八月初九日到淄。

据报博山太和庄被刘德培伙党翟雷攻破，焚掠杀人，饬传刘德培，不肯出头。委员郑景福等赴团局察看情形，刘德培则称不敢为匪，情愿撤团，并称翟雷自与太和庄寻仇报复，与伊无涉。维时城上设有枪炮，匪势已众。吴载勋本未带有兵勇，不能钤制，随谕令散团，暂为羁縻，于初十日起程回省请兵。谭廷襄即派游击马秉阿带兵四百，由兖州前进，并调省兵二百，交吴载勋管带，分道驰往，督饬博山等县集团会剿。吴载勋于十七日先自起程，十九日行抵长山，居住周村，催调省兵。其时博山县樊文达往攻太和被围，马秉阿兵至夹攻，毙贼多名，于二十五日带兵到淄。刘德培知有官兵，即关闭四门暗踞，李凤韶、李鸿图均不屈被害。吴载勋禀请添兵协助，一面会同马秉阿于二十八日暗袭淄城未克。时太和之匪围攻博城，已革游击谢炳带领勇队于二十九日赶到，立解城围。该匪复麇聚于坡的、东坪、西坪等庄。

九月初五日，吴载勋会同谢炳、马秉阿，分带兵勇往剿，多有斩擒，并获蒲人芷等讯明正法，救出难民千余人，夺回炮械多件，当将各庄次第收复。于初八九日回攻淄城，初十日夜半督队暗袭，忽谢炳勇队索饷不前，折回周村，经吴载勋截留回营。十二日，棍匪东窜，欲与淄匪勾结，吴载勋御匪于谭家庄。次日，接仗于前河庄，直追至解庄等处收队。十六日，复攻淄城，未能得手。谭廷襄因吴载勋迁延贻误，奏参革职，暂留署任；并委留办防务道员陈显彝于二十日带领兵勇到淄督剿，吴载勋奉文专办支应。陈显彝到淄后，于二十一日夜督队环攻未克，出示射入城内，意在诱擒首恶，解散胁从。讵刘德培掷出红禀，词甚狂悖。遂即督造云梯等项，并令马秉阿等各军在于距城一里内东、西、北三面，分布扼扎。因兵勇不过三千，四面安营，兵数过少，未能合围，南面即辅以团勇。计自九月二十一日至十二月下旬，节次明攻暗袭，并击退城内扑营悍贼二十余次，陆续毙匪无算，擒斩卢得城等数十名，夺获军械、马匹无数。先是十月二十六日，大股南捻窜至东马岭，救应淄匪。陈显彝分派守备韩登泰、米大泉，各带兵勇前往堵剿，贼即败退，淄城贼势遂孤。

旋因毕道远等奏参，经谭廷襄奏请将吴载勋革任，撤回省城查讯，并将陈显彝撤回，于二年正月初四日回省，委无恇怯乖谬暨通贼情事。至李凤韶是否畏贼与之交好，该员业经被害，无从根查。讯取吴载勋、陈显彝亲供，均与所查相符。惟麟盛亲供，于刘德培等滋闹当铺率众进城一事，坚不吐实，显系情虚支饰。现经查访明确，又有案卷可凭，应即据实定案，似不必奏请革审，以免稽延。录具各供，详请勘办前来。臣亲提研讯，供亦无异。

臣查已革候补知府吴载勋，前署济南府任内，于淄川逆匪刘德培起事之初，亲往查办，因未带兵勇，势难擒捕；回省请兵往剿，刘德培已踞城作乱。谭廷襄因其往返迟误，业经奏参革职。至该革员到淄后，带兵仅一月，屡次督队攻袭，并收复坡的等庄，堵回东窜棍匪，案卷具在，班班可考，尚非恇怯乖谬，亦无通贼情事。又前署淄川县事候补知县麟盛，于刘德培率众入城时，因将卸事，并未设法拿办；又不据实禀报，实属意存推诿，咎无可逭。又道员陈显彝，督剿三月，屡次攻袭，尚有斩擒，原参通贼各情，查无确据。谨将各员亲供敬缮清单，恭呈御览，一并请旨定夺。

再，已革游击谢炳，因勇丁索饷退队，不能约束于前，又不能激励于后，业已奏参革职。被害知县李凤韶，有无与贼交好情事，无从根查，均毋庸议。

除咨部外，理合恭折具奏，伏祈皇太后、皇上圣鉴训示。谨奏。

同治三年五月初一日奉到回折："议政王军机大臣奉旨：'另有旨。钦此。'"

谨将已革知府吴载勋等亲供敬缮清单，恭呈御览。

据已革前署济南府候补知府吴载勋亲供：窃革员因剿办淄川刘德培被参一案，谨照被参各节，详叙亲供。

如原参"淄川贼首刘德培，文生员，咸丰十年聚众闹漕，经知县多仁详革，解省脱逃，入临淄黑旗团为伪军师，被邻境练勇会剿，该逆逋匿系在司冠平家，私立信和团名目，啸聚三百余人，向博山县各设分局。知县樊文达及太和庄团总廪贡陈知本，坚不允从，乃设局于莱芜、博山连界之常庄，便与兖、沂教、棍各匪相勾结"一节。

查刘德培系淄川县文生，咸丰十年间，因在籍阻完漕粮，经已故知县多仁详请斥革，蒙前抚宪文煜批饬提府审办。是年十二月十四日，解至中途脱逃，缉拿无获。至刘德培逃后，如何入临淄黑旗团为伪军师，并私立信和团，向博山县各设分局，该县不允；又设局于莱芜、博山连界之常庄，与兖、沂教、棍各匪勾结，革员先未得知。缘革员系咸丰十一年三月十二日到署济南府任，刘德培解省中途脱逃，在革员未到任之先。迨同治元年七月间，刘德培聚众入城，潜住书院，革员于闰八月间驰往淄川县，查明刘德培情形，始行具禀。

如原参"元年七月，淄川土棍蒲人芷等讹诈当店不遂，暗勾该逆入城，经汛官李鸿图说合，得赃银八百两，鸿图亦分赃二百两。该逆分布死党，据四门，占书院、文庙为总局，署淄川县麟盛，以将卸事不问"一节。

查蒲人芷如何讹当不遂，暗勾该逆入城，署淄川县知县麟盛在任时，并未禀报有案。同治元年八月间，革员风闻刘德培有借团聚众之事，饬委候补府经历唐廷椿、章邱县县丞李前往确查，始据该县知县李凤韶禀报，该县城外永和当先被南匪焚掠，蒲人芷、司冠平勾结刘德培，假名团练，以索赔当号为由，招集游民，先盘踞西关，因永和当与城内之永庆当系属一家，日向永庆当滋闹。经该前县麟盛断令永和当按照当本三成赔偿。蒲人芷等按户于票内抽留一成，以作团费，于七月十二日率众进城，借团为名，据住书院。该县于七月十八日到任，会同同城文武，屡次谕令出城，阳奉阴违，聚众不散等情。并据委员李鈜等禀复相符。革员禀蒙前抚宪谭廷襄饬亲诣查办。至该逆等如何讹当聚众入城，占据书院，该前署县麟盛是否因将卸事不问，应请提麟盛讯究。

如原参"李凤韶接任后，又畏贼与之交好；济南府知府吴载勋带兵到淄，专事调停，与该逆联为师生，授受礼物，许给令旗、箭札，准其城外各处设局"一节。

查李凤韶业已被害，有无畏贼与之交好，无从查究。至革员奉前抚宪廷襄饬赴淄查办，系元年闰八月初九日到淄，查明刘德培逃后，潜赴淄、博交界之常庄，设局自立私团。淄川县举人王敬铸因其素不安分，就近禀请博山县拿究。刘德培无处栖身，于七月十二日入城，借团为名，占住书院。其余情形，与该县李凤韶所禀大略相同。其时据报博山县太和庄被刘德培伙党翟雷攻破焚掠，并将团总陈知本父子杀毙。革员饬县查传刘德培，不肯来见。委员赴团局察看情形，见刘德培查询。刘德培声称不敢为匪，情愿撤团出城。诘以焚掠太和庄之事，则坚称翟雷自与太和庄寻仇报复，与伊无涉。革员查访淄川城上刘德培设有枪炮，城关四乡刘德培亦均设有团局，并招集外来匪徒散处其间。革员本系奉文确查起衅根由，并未带有兵勇，察看匪势已众，非厚集兵力不能钤制；若在淄城发禀请兵，恐该匪闻风知觉，先有准备，转失机宜；不得已谕令散团，暂为羁縻之计，于初十日起程回省请兵剿洗，意在灭此朝食，并未敢专事调停。而刘德培自知法所难容，始终不肯出头见面，众目昭彰，焉有联为师生之事。且革员明知其逆迹已露，断非恩礼所能招安，又岂有收受礼物，许给令旗、箭札之理。有随员郑景福、李鈖可以讯问。

如原参"该逆与博山团总陈知本有隙，闰八月初四五等日，派出贼目翟雷、蒲人芷、苏青云、王在朝、司冠平等直扑太和庄，攻破寨门，杀伤陈知本及其子星灿、地方孟姓多名，占据庄圩。知县樊文达带勇堵剿，被其围困三日。游击马秉阿兵到亦失利，兵勇阵亡多名，后以大炮击，贼稍退。樊文达带勇回城守御。二十四日直攻博城，焚烧东关；马秉阿带羸兵连夜奔回周村。贼攻博城五昼夜，势愈猖獗"一节。

查刘德培与博山县团总陈知本有何嫌隙，不得而知。革员赴淄查办时，接据博山县知县樊文达禀报，刘德培伙党攻破太和庄民团，并将陈知本父子杀死。维时革员并未带有兵勇，不能助剿。迨回省请兵，蒙前抚宪由营调派马步官兵四百名，委交游击马秉阿管带；并调省标兵二百名，由革员统率，分道前进；督饬博山等县，调集团丁，会合兜剿。革员于闰八月十七日由省先行起程，一面催兵跟随前进，十九日行抵长山县。途次探知樊文达带团往攻太和庄，十六七日被匪围困于西河，适马秉阿带兵赶至助剿，樊文达于十八日带勇突围而出，前后夹攻，毙贼百余名，兵勇已有伤亡。二十五日，马秉阿带队到营，与革员接见。据称督队至博山，贼匪蜂拥而来，弥山满谷。该游击所带兵丁无多，且山路崎岖，马队不能得力，未敢冒昧前进，暂扎队伍，再行设法。维时附近西河之东坪、西坪，皆竖贼旗，亦不能前进。革员查知刘德培因闻有官兵前往，仍踞城内，并紧闭四门，把持抗拒，当即差弁飞催省标兵丁兼程前进，并迭次禀请添调附近蒲绿营官兵，驰往会剿。嗣省兵陆续赶到，革员即会同马秉阿于二十八日督天［队］前往，暗袭临淄城，未能得手。又探知太和庄匪徒围攻博山县城，正在带兵前往救援间，知奉前抚宪添派游击谢炳带领勇队九百余名，并委候补直隶州知州棣士琦前往筹办。谢炳带队于二十九日驰抵博山，与贼接仗，城围已解，是以革员并未前赴博山。

如原参"贼破太和，樊文达既据实通禀。吴载勋捏报攻陷太和，围困博城，系另有股匪，与刘德培无干。经扎周村，犹时着人与刘逆关说，博城垂危，全置不问。幸游击谢炳兵到，将贼击退，城围始解，夺获大炮，上镌'淄川知袁造'字样。樊文达具禀，巡抚乃知攻博城者即是刘逆派出三贼，并无另股"一节。

查博城解围以后，革员与谢炳、马秉阿连日筹商，议攻淄城，无隙可乘。而围攻博山之匪，麋集于坡的庄。革员即九月初五日带领省兵，会同谢炳、马秉阿分带马步各队，前往攻剿。该匪于坡的庄聚众列阵抗拒，革员与谢炳等分东、西两路前进，鏖战多时。我军四面兜围，毙匪六七十名、生擒二十名，夺获抬炮七杆、鸟枪十杆、刀矛旗帜多件，因天晚收队。初六日卯刻，乘胜进攻东坪、西坪等庄，该匪仍前抗拒。革员与谢炳等督追迎头截杀，一面分队抄后夹击，毙匪四十余名，生擒十三名，内有司冠平之父司义盛一名，即将该匪所踞东坪、西坪、坡的等庄各伪局房屋一律焚毁。午刻整队移攻太和庄。该处系著名要隘，四面石围，异常坚固，匪众据险抗拒。革员与谢炳等督队，枪炮、刀矛一齐轰击，毙匪七十余名，生擒二十八名，阵前擒获匪首蒲人芷一名，夺获大炮二尊、抬炮四杆、枪械旗帜不计其数，救出难民一千余人。当将太和庄收复，烧毁伪团私局，并将石围全行拆毁，据实禀报有案。革员初次赴淄查办时，因委员讯据刘德培声称翟雷自与太和庄寻仇报复，与伊无涉，革员据实禀复，此外委无禀报围困博城系另有股匪与刘德培无干之事。至博山之围，省兵尚未齐集，革员在周村驻扎，差弁飞催，及至兵到，博山城围已解。革员即会合各路官兵，迭次接仗，收复太和等庄，并非置博山垂危于不顾。革员驻扎周村之时，刘德培已紧闭四门，把持抗拒，亦断不能遣人与其关说。

如原参"九月初六日，吴载勋等始由周村与樊文达合兵剿贼于坡的，杀毙百名，生擒二十余名，蒲人芷及司冠平之父司万载[1]俱被获。该逆穷蹙，窜向福山寨，距太和三十里。乡民遮道跪留，请兵进剿。吴载勋斥以福山系博山

―――――
〔1〕 原文如此，前为司义盛。

界，非所管辖，不顾而去，刘逆遂得安然出博境"一节。

查收复太和庄之后，日暮收队。讯据蒲人芷等供称，匪首翟雷带同余匪窜赴淄川及福山峪等处藏匿，即将蒲人芷等一并就地正法。革员恐淄川城内踞匪出扰，与逃回藏匿之贼勾结，随同谢炳、马秉阿督带马步兵勇回攻淄城。初八九等日，派拨员弁指挥兵勇，直逼淄川城下，四面环攻，因城垣坚固，未能得手。革员收复太和庄之后，系恐淄川城内踞匪出扰与逃回藏匿之贼勾结，是以会合官兵专攻淄城。至所窜福山峪之贼，系属余匪，另有青州满营官兵及青州府并博山县管带之团勇追捕，并非不顾而去，当时亦无乡民遮留。

如原参"初九日，樊文达带勇南追，至蒙、沂接壤之松仙岭，适刘逆勾来沂匪马步二千余，直入博境，沿庄焚掠。樊文达退守八陡庄。青州府知府高镇带勇而来，适被冲突，随员郑姓阵亡。该逆由东路山径直赴淄城，所过村庄，悉被焚毁。吴载勋等带兵潜回周村，博山告急，亦置不理"一节。

查棍匪由松仙岭窜入博境，樊文达退守八陡庄，并青州府知府高镇与贼接仗，委员郑启勋被害，系九月初八九等日之事。此二日革员会合官兵专攻淄城，曾经禀报有案，并非潜回周村。其时革员亦不知棍匪由松仙岭窜入博境。追探知高镇被匪围困于石门山寨，革员即移会青州协领倭绅带队往援，亦经禀报有案，委非置博山告急于不理。

如原参"十一二两日议攻淄城，因兵索饷中止。十三日与沂匪接仗，未成阵而败，沂匪扑向淄城东北而去，毫无阻挡。探查淄城内贼仅数百，十里内外民舍悉被烧毁，任意纵横，官兵但株守周村，绝无动静"一节。

查初八九等日，革员因攻淄城未能得手，初十日夜半复与谢炳、马秉阿督队前往袭城。正在出队时，谢炳所带勇队忽因索饷不前，折回周村，经革员与谢炳截留回营。十二日，革员探闻棍匪东窜，势将援应淄城，当即知会满营兵由南路兜击；一面与林士琦带队迎剿，在谈家庄地方遇贼，击毙三十余名。忽有另股贼匪翻山抄袭，勇队由西南撤下，经高唐等营官兵向前轰击，贼势败退，复追杀十余名，天晚收队。十三日，革员与林士琦督队在前河庄接仗，毙二十余名，夺获云梯九架。十五日，革员与谢炳等督队追贼至解庄等处，因见淄城附近有火光数处，恐城内之贼袭我之后，收队回营。十六日，革员与谢炳等督队复攻淄城未下，均经禀报有案，实非拥兵株守专顾一隅。二十日，即奉前抚宪奏委留办防务之陈道带领马步兵勇到淄督剿，革员奉文专办支应。

以上革员剿贼情形，皆有历次原禀暨前抚宪原奏可查，实无通贼情事。不敢捏饰，亲供是实。

据前署淄川县候补知县麟盛亲供：窃照同治元年冬间，毕侍郎奏陈淄、博贼情折内，牵涉卑职各情，蒙提会审，谨照原参，详叙亲供。

原参"同治元年七月，淄川土棍蒲人芷等讹诈当店不遂，暗勾刘德培入城，经汛官李鸿图说合，得赃八百两，鸿图亦分赃二百两。该逆分布死党，据四门，占书院、文庙为总局，卑职署篆淄川，以将卸事不问。刘德培据城，始坏于卑职之推诿。贼初入城，不及百人，但擒首恶，余党悉解"一节。

查刘德培系淄川县文生，因于咸丰十年间闹漕，经前任淄川县多仁详革，解省中途脱逃，投入淄川李金鳌团内，滋事逃逸。多仁任内，曾奉文通饬缉拿。卑职到任，照案接缉未获。淄川西关有永和当店，于咸丰十一年被南捻焚掠，多令详请议赔。卑职到任后，尚未奉到批示。因各乡民以永和当与城内永庆当系属一家，不时向永庆索赔当号。卑职一面具禀，一面饬令赔偿。该当即行料理清楚，乡民并未滋事。卑职前往弹压，实无蒲人芷其人，亦无刘德培在内。汛官李鸿图有无说合得赃情事、暧昧之事，无从知悉。

淄川自奉文办团，城内绅士王维塘等，本将书院为团局，并非创自该逆。卑职曾不时赴局练勇，讲习技艺。同治元年七月间，卑职连日下乡捕蝗，刻无暇晷。十二日，复赴南乡相验命案，均属有卷可查。刘德培乘卑职不备，自行混入城内，即在书院潜匿，并非蒲人芷讹诈当店，暗勾该逆入城。卑职访闻驰回，曾经设法查拿，因交卸伊迩，呼应不灵，以致未能拿获。后任李凤韶，于十六日到淄，十八日接印。卑职当向李令告知情形，交卸晋省。新旧交接之际，城内安堵如常，四城门亦无一人把守。刘德培究于何时聚众滋事，未悉其详，实无因将卸事推诿不问情事。亲供是实。

据记名道陈显彝亲供：

原参"职道于九月二十日到营攻城，毫不得手；又听吴载勋谋，与刘逆通书，意在招抚，不知自取侮辱"一节。

职道奉前抚宪奏委督剿淄城踞匪，于同治元年九月二十日带领兵勇到淄，即于二十一日夜亲督各队，四方环攻，只因城高且坚，未能得手。随经禀明前抚宪先行出示射入城内，意在诱擒首恶，解散胁从。讵刘德培性成桀骜，掷出红禀，词甚狂悖。职道当将红禀封呈前抚宪在案，并即督造高大云梯，制备挡牌、喷筒、火箭等项，督同游击马秉阿、都司马春峤等各军暨青州满营官兵，在城之东、西、北三面，分布扣扎，距城皆在一里以内，商定克期进攻。一面分挖地道，安放明雷，以备轰入。计自九月二十二日至十月中旬，先后移营，节节进攻，虽守城之匪多有伤亡，无如淄川地本近山，城用石垒，墙高濠阔，极为坚固，每遇进攻，城上枪炮矢石如雨，以致屡攻未克。均有历次移禀可查，实无听吴守之谋与刘逆通书情事。

又原参"探查官兵扎营情形，大概偏于西北，而东南一带，但赖乡勇防堵。二十八日，贼匪出城，冲破乡勇队伍，裹去四十余人，团长向大营告急，亦置不问。二十九日，樊文达带勇赴大营送米、豆、猪、羊、干粮等物，被陈显彝留办营务"一节。

淄川城周围八里，城外河沟围绕，约有十四五里。其时所部兵勇不过三千名，四面安营，兵数过少，未能合围，不得不辅以团勇。派兵拨勇，无非因地制宜，并非疏于东南，而偏于西北。九月二十八日，亦无贼匪出城冲破乡勇队伍，裹去四十余人，团长向大营告急，置之不问之事。博山县知县樊文达，系于九月二十八日奉前抚宪札饬，随同职道攻剿，带勇赴营，间亦回署清理公事，并无被职道留办营务情事。

又原参"探查淄城贼不过七八百人，内中并有南匪。又闻司冠平在临淄县境勾结南寇。据莱芜牟城寨探信，费县三官庙棍匪竖旗有北窜之势，若与南捻合伙，势更蔓延难制"一节。

当日淄城逆匪多寡，虽不知确数，惟据逃出难民、拿获奸细佥供贼党约有二千余人，亦有南匪、沂幅在内，并称势已穷蹙思窜，盼外援甚急。曾饬各营将士加意严防，无使内外勾结，并未供有司冠平在临朐县境勾结南寇，并费县三官庙棍匪竖旗北窜之语。职道自抵淄后，至十二月下旬，不时亲督各军，直至城下，明攻暗袭，不计次数，并击退城内窜出扑营大股悍匪二十余次，陆续毙匪无算，阵斩贼目，并生擒贼匪卢得城等数十名、长发贼名姬双城等十二名，先后在阵前正法，夺获枪炮、军械、马匹无数；并于二十六日探有大股南捻窜至东马岭一带，距淄城仅数十里，系为救应城内贼党而来，当即分派守备韩登泰、米大泉各带兵勇，前往堵截。韩登泰等遇贼奋力剿杀，贼即败退，仍由原路回窜，并未任令勾合。外援既绝，淄城贼势遂孤。均经随时报明有案，实无通贼情事。亲供是实。

据栖霞县知县郑景福、前任章邱县县丞候补知县李鈖亲供：

同治元年八月间，淄川县知县李凤韶以革生刘德培聚众入城滋扰等情，禀蒙前抚宪檄饬署济南府知府吴载勋驰往淄川县，督同该县李令确查起衅根由，将首先肇衅之人惩办。吴守于闰八月初六日，随带卑职等自省起程，因沿途阻雨，至初九日驰抵淄川县。维时道路宣传，博山县太和庄被匪焚掠，探悉刘德培聚众进城，占据书院。该县李令屡次谕令出城，刘德培阳奉阴违，啸聚不散，城上设有枪炮，四城门皆有人把守。吴守不避危险，肩舆入城，饬县查传，刘德培饰词外出，不肯出头，随令卑职等赴团局察看情形。卑职等寻见刘德培查询，据称不敢为匪，情愿散团出城。诘以焚掠太和之事，刘德培坚称翟雷自与太和庄寻仇报复，与伊无涉。吴守因未带兵勇，城内绅团书役又皆纷纷逃避，存汛兵丁仅十余名；察看刘德培逆迹昭著，必须厚集兵力，方可聚而歼旃；若在淄发禀请兵，恐刘德培闻风先有准备，当令卑职等传谕散团，暂为羁縻之计。吴守即于初十日回省请兵剿捕，并非专事调停。吴守在淄，刘德培始终匿不出头，实无联为师生，授受礼物，许给令旗、箭札，准其城外各处设局之事。卑职等不敢扶同捏饰，亲供是实。

大营粮台移驻河南并开局日期片

同治三年四月十四日

再，查山东办理僧格林沁粮台，先自济宁州移驻徐州府。本年春间，因大军移向河南南阳府一带剿匪，饬即移至河南省城驻扎。据藩司贡璜、兖沂曹济道卢朝安详报，分饬局员携带文卷，自徐郡陆续起程，于三月十二日齐抵汴省。因无空闲公所，租赁民房，安设总局，即于是日开局办公等情。

除分咨查照外，理合陈明，伏乞圣鉴。谨奏。

同治三年五月初一日奉到回折："议政王军机大臣奉旨：'知道了。钦此。'"

酌保克复淄川等处出力文武员弁折

同治三年四月十四日

奏为遵旨酌保淄川、东昌、白莲池、沂州等处出力文武员弁，核实拟奖，开缮清单，恭折仰祈圣鉴事：

窃臣于同治二年十一月十七日奉上谕："淄川等处随同僧格林沁官军剿匪出力之官绅人等，均系著有微劳。惟僧格林沁前次请奖，所部员弁人数无多，原以赏功之典宜从核实。所有淄川等处随同出力各员弁，著阎敬铭择尤汇保，毋许冒滥等因。钦此。"仰见圣明于鼓励戎行之中仍寓综核名实之意，伏读之下，钦感莫名。遵即分饬各路带兵大员，核实办理。先后傅振邦、曾逢年、丁宝桢、保德等分别禀核前来。

臣查东省教匪倡乱于兖属，宋逆煽变于东昌，刘逆麋踞于淄川，各路员弁均能奋力堵剿，迭遏凶锋。迨僧格林沁带军东来，复随同克服城寨，奋勉立功。厥后大军南下，搜捕余匪，擒斩共计四五千人。刻下东省全境肃清，尚有微劳足录。惟查僧格林沁所保无多，臣何敢不遵旨从实核拟，以免冒滥。当将各路军营及臣部东治各营存记劳绩各案，细加核阅，其劳绩稍次者，均行悉予汰撤。谨择其尤为出力文武各员弁，分缮清单，详注军绩，恭呈御览。伏恳天恩俯允所请，量加奖励，则该员弁等仰荷恩施，益知感奋，臣亦得缓急可恃，以收群策群力之效。

除将各属之阵亡及出力之弁兵、团勇人等，容臣详加核实再行分别咨部办理外，所有遵保淄川等处出力文武员弁，分别核拟，吁恳给奖各缘由，理合恭折具奏，伏乞皇太后、皇上圣鉴训示。谨奏。

同治三年五月初一日奉到回折："议政王军机大臣奉旨：'另有旨。钦此。'"

酌保克复淄川等处出力文员清单六十三员名

谨将淄川、东昌、兖州等处攻剿出力及搜获匪首出力文职各员，开缮清单，恭呈御览。

前济东泰武临道呼震。该员在东昌军营督率有方，不辞劳瘁，拟请交部从优议叙。

试用道林士琦。该员在淄川、东昌前敌军营督队进攻，尤为出力，拟请赏加盐运使衔。

道衔署东昌知府曹丙晖、道衔候补知府李宗岱。该二员均在淄川、东昌两处军营筹兵、筹饷，督饬将士，所向有功，均拟请赏加盐运使衔。

候补知府王继庭。该员攻剿前敌异常出力，秋后搜捕余匪尤为有功，拟请免补知府，以道员用。

奏调来东云南候补知府原选云南县知县龚易图。该员在东昌军营催队攻剿，洞悉戎机，拟请开知县本缺，并赏戴花翎。

知府衔同知直隶州用博山县知县樊文达。该员剿退博山贼匪，并在淄川军营督队进攻，拟请赏戴花翎。

同知衔署济南府同治候补知州陈兆庆、记名同知拣发知州杨济。该二员均在淄川、东昌两处随营攻剿，不避艰险，均拟请赏加知府衔。

候补知县张廷扬，拟请免补知县，以知州遇缺即补。候补知县管晏，拟请补缺后，以同知直隶州用。同知衔候补知县丁堃、同知衔分发知县丁彦臣，均拟请赏加运同衔。以上四员，均在淄川、东昌两处随营催队攻剿，不辞艰辛，实为出力，张廷扬尤为奋勉。

奏调来东湖南尽先直隶州知州惠庆。该员随同臬司丁宝桢在东昌军营督队打仗，身先士卒，尤为出力，拟请免补直隶州，以知府留东补用。

云南定远县知县何亮清，拟请到省后以直隶州遇缺即选，并赏戴蓝翎。同知衔候选知县刘时霖，拟请免选知县，以同知留东补用，并赏戴蓝翎。同知衔即用知县王成骧，拟请赏戴蓝翎。以上三员，均随臬司丁宝桢在东昌军营率队攻剿，刘时霖搜拿余匪，实属尤有出力。

同知衔山西候补知县仓尔壮，拟请仍归山西候补班前补用。江西试用知县马映奎，拟请仍归原省，不论繁简，遇缺即补。试用知县陈昆兰，拟请以本班尽先即补。委用知县龚葆、署淄川县知县张锡纶、候选知县张荫桓，均拟请赏加同知衔。拣选知县大挑二等白定甲，拟请赏加五品衔。坐选邱县知县陈用宝，拟请留东坐补原缺。已革观城县知县苏汝镜，拟请开复知县原衔。同知衔捐升知县历城县县丞黄咸宝、知县用候补府经历陈文显，均拟请赏戴蓝翎。试用县丞戴杰，拟请本班遇缺即补；委用未入流张光宙，请补缺后以县主簿、州吏目用，均请赏戴蓝翎。以上十三员均在东昌、淄川两处分派各营随办营务，均能随队进剿，奋勉立功，实属尤为出力。

州判董苇、候补县丞裕凯、升用知县分缺先用县丞李熙、候补县丞赵光祖、候补布库大使陈家骏、候补从九品嵇文瀚，以上六员，均在淄川、东昌两处防守营盘，运送军火，均无贻误，均拟请赏加六品衔。

候选从九品朱云钦，拟请免补本班，以府经历县丞留东遇缺即补。附生权执中，拟请赏戴蓝翎。以上二员，在淄川、东昌带队追剿贼匪，昼夜不息，实属奋勇出力。

候补典史刘堉，拟请补缺后以主簿用。分缺先用吏目张履祥，拟请补缺后以府经县丞用。选用从九品未入流穆宗滨，拟请以从九品分发省分遇缺即补。附贡生赵湜、文生杨树猷、文生赵为淇，均拟请以训导不论双单月遇缺即选。监生李致中、监生雷泽春、监生范景贤、文童李敦信、文童杨培昌，均拟请以从九品不论双单月遇缺即选。俊秀金策西、何翼堂，均拟请以未入流不论双单月即选。武生范景唐，拟请赏给六品顶翎。以上十四员，均在东昌堂邑柳林集、范家寨昼夜带勇督剿宋逆，奋勇立功。

分缺先用知府晏方琦，拟请赏加道衔。试用同知邵琦，拟请归候补班补用。试用州同陈奏勋，拟请归候补班补用。候选县丞孙振翮，拟请分发省分补用。以上四员，均在兖州守城，备历艰辛，奋勉出力。

知府用候补直隶州知州署费县知县王成谦。该员于同治二年七月间，带队攻剿邹县宝泉崮，阵斩逆党数百名，攻破寨圩，擒获教匪头目程四虎及匪首刘希贤、谢玉庭等正法，余党一律解散，曾经奏明在案。该员越境剿匪，搜穴擒渠，实属异常出力。拟请服阕后，免补直隶州，以知府留东即补。

知府用候补直隶州署兰山县知县长赓。该员于沂属教匪盘踞之时，带勇越境，悉力扫除，攻克多圩，地方得以安静。现筹善后，搜捕余匪，不遗余力，实为胆识兼优，尤为出力。拟请服阕后，免补直隶州，以知府留东即补。

同知衔代理邹县知县张体健，同知衔署泗水县知县王其慎。该二员于教匪肆扰之时，均能策励兵勇，堵剿兼施，不遗余力，均拟请赏加知府衔。

同知衔冠县知县孙善述。该员尽力搜捕，擒斩最多，并迭获匪首杨殿申、杨俭等及余党百余名，又协获匪首张广德及朱登峰逆属，实为异常出力。拟请以同知直隶州用，并赏戴花翎。

聊城县知县郑纪略。该员督勇防堵，并密派丁役，购线踩迹，拿获宋逆母妻各逆属，擒匪多名，拟请补缺后以同知直隶州用。

堂邑县知县董槐。该邑为宋逆窝穴，伏匪甚多。该员实力搜捕，擒斩无遗，实为出力，拟请赏加同知衔。

郓城县知县陈烈、东平州知州王锡麟、平阴县知县李溦。以上三员，拿获逆首薛法起、于得成即于四元帅，并协获张广德各等名，又搜捕余匪甚多，均拟请交部从优议叙。

酌保克服淄川等处出力武弁清单八十二员

谨将东昌、淄川、白莲池等处攻剿出力武职各员，开缮清单，恭呈御览。

副将衔署沂州协副将候补参将范正坦，拟请免补参将以副将用。青州满营镶白正蓝旗协领喜昌，拟请赏加副都统衔。蓝翎佐领塔克苏堪，拟请以参领升用，并请赏换花翎。蓝翎防御平云，拟请赏换花翎。已革青州营参将忠顺，拟请开复原官。已革游击衔都司王安邦，拟请开复原官原衔。游击马秉阿，拟请赏还顶戴。都司郭大胜，拟请留东以游击用。守备马春峤、张大富，均拟请以都司用。守备李鹏霄、白云彪、宋保清三员，均拟请以都司升用。守备韩登泰，拟请加游击衔。千总曹正榜，拟请留东以守备用，并加都司衔。世袭云骑尉邱国恩，拟请免报满以守备候补。千总孙杰、罗荣升、胡长胜、傅介寿，均拟请以守备用。守备用千总高登云，拟请以守备尽先补用。骁骑校保塔，拟请以防御尽先补用。前锋达春布，拟请以骁骑校升用。已革千总王世俊，已革把总王庆清、周廷兰，已革骑都尉王汝忠，已革外委阮海龄、姚修，均拟请开复原官。已革外委王连升，拟请开复顶戴。千总王天柱、程楠森，世袭恩骑尉张秉纶，均拟请加守备衔。以上共三十三员，均在淄川、兖州军营带队杀贼，奋勇冲锋，斩馘杀生，尤为出力。

副将陈锡周，拟请以总兵用。参将衔游击王心安，拟请以参将留于山东尽先补用。参将宋延德，拟请赏加副将衔。游击雷显扬、刘汉秀，均拟请以参将用。都司王正起，拟请留东以游击补用。以上六员分带东治、楚勇六营，在东昌、淄川督队剿贼，奋勇打仗，斩馘多名，实能不避矢石，奋勉立功。

游击衔李占春，拟请以游击补用。守备汪宗发，拟请以都司尽先补用。守备衔千总张明有，拟请以守备尽先补用，并加都司衔。蓝翎千总邓占林，拟请赏换花翎，并加守备衔。尽先守备唐文箴、马凌霄，均拟请加都司衔。千总邵开富、金国彦，均拟请以守备尽先补用。蓝翎千总胡占魁，拟请以守备尽先补用，并赏换花翎。世袭云骑尉任金吉，拟请以守备用。千总余全胜、胡泰，均拟请以守备用。把总王萃、王三元、杨正才，均拟请以千总尽先补用。以上十五员均在东昌、淄川军营随队打仗，奋勇立功，实为出力。

四川补用副将冯翊翔，拟请以总兵用。候补游击黄兆升，拟请以参将留于山东尽先补用，并赏加副将衔。蓝翎都司沈玉贵，拟请以游击补用，并赏换花翎。千总刘家兴，拟请以守备留东补用，并赏加都司衔。以上四员，均系分带济安各营，在东昌、堂邑前敌，紧逼贼巢，竭力攻剿，擒获匪馘多名，又分拨各属搜捕余匪，擒斩无数，均属异常奋勉出力。

参将莫有升，拟请赏加副将衔。参将戴鸿仁，拟请以参将留东尽先补用。都司冯义德，拟请以游击留东尽先补用。都司周森藻，拟请以游击留东补用。都司周茂胜，拟请以游击用。都司许长管，拟请以都司尽先补用。守备刘文彩、张文贵、许有亮、王明亮，均拟请加都司衔。千总师洪亮、吴国勋、杨泗滨、赵德和，均拟请以守备补用。以上十四员，均在东昌、堂邑军营带队冲锋，身先陷阵，奋勇杀贼，实属奋勇出力。

参将柏祥，拟请赏加副将衔。署沙沟营都司姚鸿烈，拟请以游击用。游击衔即补都司冯胜林，拟请免补都司，以游击尽先补用。蓝翎守备杨酉林，拟请赏换花翎。千总武士林、张玉阶、李顺、李维中，均拟请免补千总以守备用。以上八员，均在兖州、东昌军营杀贼立功，奋勇出力。

直隶候补游击刘玉堂，拟请以参将升用。该员协同东阿县知县拿获宋景兰、郭军会等著名逆首三名。

参将何楚隆、都司李友胜，均拟请以原官尽先补用。该二员派令带勇缉拿抗粮围城巨匪王汶训，越境密缉，立即擒获，实属搜捕尽力。

委员管解陵工饷银片
同治三年四月十四日

再，东省奉拨咸丰十一年定陵工程银二十二万两，节经臣饬司于上年年底凑足四成银两八万八千两，又于本年正月间筹银五万两，先后分起委解并奏报在案。兹后据藩司贡璜详报，在于库存核减二成各案减平、停给文武职养廉及同治二年地丁各项下凑支银三万两，饬委分缺先用典史王炳管解，起程前赴定陵工程处交纳。

除咨明查照外，理合附片陈明，伏乞圣鉴。谨奏。

同治三年五月初一日奉到回折："议政王军机大臣奉旨：'该衙门知道。钦此。'"

委员管解京饷片
同治三年四月十四日

再，东省奉拨同治三年京饷，节经臣饬司先后筹银十万两分起委解，并奏报在案。兹复据藩司贡璜详报，在于库存本年上忙地丁项下续筹银三万两，饬委分缺先用典史王炳管解，起程速赴户部交纳。

除咨部查照外，所有奉拨同治三年分京饷银二十六万两，遵照五月前先解一半银十三万两，业经依限拨解，并无迟误缘由，理合附片陈明，伏乞圣鉴。谨奏。

同治三年五月初一日奉到回折："议政王军机大臣奉旨：'户部知道。

钦此。'"

委员管解盐课京饷片
同治三年四月十四日

再，山东盐课拨解同治三年京饷，已于正月间筹银二万两，委员起解，并题报在案。兹复据运司恩锡详报，在于续征盐课等款项下动支银二万两，同应交加秤银三百两、饭食银三百两，饬委候补盐课大使韩培德、陈华崑管解，起程速赴户部交纳。

除饬照旧具题并册分送部科查复外，理合附片陈明，伏乞圣鉴。谨奏。

同治三年五月初一日奉到回折："议政王军机大臣奉旨：'户部知道。钦此。'"

筹解甘饷及多隆阿营协饷片
同治三年四月十四日

再，东省应解甘饷，两次筹解银二万两；又西安将军多隆阿协饷亦已解过银一万两，均经奏报在案。兹据藩司贡璜详称：现于地丁项下续筹甘饷银一万两，又另拨多隆阿协饷银一万两，饬委试用典史石怀南管解，均赴陕西藩库交纳，分别转解庆阳军营及多隆阿行营应用。

除分咨查照外，理合附片陈明，伏乞圣鉴。谨奏。

同治三年五月初一日奉到回折："议政王军机大臣奉旨：'知道了。钦此。'"

外河德正首帮漕船开行片
同治三年四月十四日

再，查东省漕粮近年因各属筹办防剿，完纳较迟，开兑未能迅速。现在地方一律肃清，经臣节次勒催，督粮道沈维墩亲赴水次督催，不准仍前延缓。兹据该道实力催办，禀报外河德正首帮均经逐船盘验，于三月二十八日开行等情前来，比较上年开帮计早一月。

除饬将在后各帮加紧催趱，联舻北上，仍俟全数出境再行奏报外，所有首帮漕船开行日期，理合陈明，伏乞圣鉴。谨奏。

同治三年五月初一日奉到回折："议政王军机大臣奉旨：'知道了。钦此。'"

防守大清河捐资出力官绅原保奖叙复核无异片
同治三年四月十四日

再，查接官卷内准吏部咨：以前抚臣谭廷襄保奏防守大清河捐资出力各官绅，未将所捐银数声叙，应另行酌核，分别奏请给奖等因。即经转饬司局查办。兹据详复：原保案内李均、吴邦治、邢文同、张惠承、任廷玺、朱杲、陈贯城、孟毓辰、任曰琚、张颂、张云沾、张锡承、何荣樾、周贵庠、曹俊、陈镛、周道亨、曾克传等十八员名内，惟何荣樾一员捐输制钱一千二百串，其余十七员皆系防堵出力，朝廷论功行赏，应请仍照原保奖叙。出力各员内有前代理禹城县分缺先用知县吴邦治一员，原拟保归候补班尽先前补用。惟查山东分缺先用知县张彭年，因攻剿出力，经田在田保奏，请归候补班前先补用。接准部咨：以候补班前不及分缺先用班次之优，令照章另行核奖。该员吴邦治事同一律，未便互异，应请改为从优议叙。其捐资何荣樾一员，原保系由正白旗官学教习，请免历俸，以知县归部选用。兹据该员呈报当差期满，奉旨以知县用。所有前项捐资，恳请移奖胞叔廪生何拱辰，作为贡生递捐教谕分缺先选用等情。臣复核无异。相应请旨，俯赐将李均等十六员名仍照原保之案，分别给奖；吴邦治敕部从优议叙；何荣樾捐数有盈无绌，准其移奖，以昭激劝。

除咨部外，理合陈明，伏乞圣鉴。谨奏。

同治三年五月初一日奉到回折："议政王军机大臣奉旨：'览。钦此。'"

奏调云南候补知府龚易图请留山东补用片
同治三年四月十四日

再，云南候补知府龚易图，于上年升任臬司丁宝桢自楚赴东之时，经升任湖南巡抚臣毛鸿宾遵奉谕旨，于楚省文员中材能出众者酌派数员到东，当因该员时在长沙，知其熟悉山左地势、捻踪情形，具折奏请随丁宝桢调赴山东差委，奉旨允准。经吏部议与章程不符，仍饬赴滇。奉上谕："龚易图仍准其调赴山东军营，并著阎敬铭、丁宝桢随时察看能否得力，毋得因保奏在先稍事姑容等因。钦此。"臣查该员自到东省以来已历年余，臣与丁宝桢随时察看，该员才敏性朴，守定识明，前随臣在军旅著有劳绩。该员极留心政事，于山东吏治民风之难易得失皆能实心讲求，克知利弊，臣深资其襄助，实为得力之员。今该员因军务完竣，请咨赴滇。东省吏习久颓，通材难遇，臣实惜之。臣查军务省分人员不准经过地方督抚奏留，原所以杜规避。臣虽为用才起见，亦不敢显违定章。惟查该员系因山东办事乏才，先经奉有特旨拣调来东，与赴省人员在经过地方奏留者有间，且系奉旨察看已久之员，亦与随时相遇偶为奏留者不同。合无仰恳天恩，可否将奏调云南候补知府龚易图留于山东补用，以裨吏治，抑或由臣给咨饬赴滇省之处，应请旨遵行，臣未敢擅便。

所有遵旨察看奏调知府缘由，理合附片陈明，伏乞圣鉴训示。谨奏。

同治三年五月初一日奉到回折："议政王军机大臣奉旨：'另有旨。钦此。'"

阵亡圣庙伴官刘延森照例议恤片

同治三年四月十四日

再，臣接准都察院咨："同治二年十一月二十七日奉上谕：'都察院奏刑部主事王建本遣抱告以轻恤等词，赴该衙门呈诉。据称该主事之业师知州衔前任湖南知县刘沄，系山东长山县人，告养回籍，办理团练，于咸丰十一年二月间，捻匪窜扰县境，率众迎击，力战受伤，逼降不屈，立时殉难。伊侄廪生刘延瑕、衍圣公府伴官刘延森，亦同时御贼被害，均堪悯恻。著阎敬铭查明请恤。钦此。'"当经行局饬查去后。兹据长山县知县张光煜查明，剿匪阵亡之知县刘沄、廪生刘延瑕，业经前抚臣谭廷襄汇案奏准议恤。至圣庙伴官刘延森续经查出，亦系同时御贼力竭阵亡，已造册送局汇办等情，由军需总局司道核明，详请具奏前来。臣复查无异。相应请旨敕部，将阵亡伴官刘延森照例议恤，以彰节义。

为此陈明，伏乞圣鉴。谨奏。

同治三年五月初一日奉到回折："议政王军机大臣奉旨：'刘延森著交部照例议恤。钦此。'"

赴泰兖沂曹济察看地方情形折
同治三年四月十五日

奏为恭报微臣出省赴兖、沂、曹一带察看地方情形，恭折由驿具奏，仰祈圣鉴事：

窃臣于去冬自东昌回省时，拟俟今春赴兖、曹、沂一带访察吏治民情，巡视山川形势，并拟亲赴白莲池地方，察看该处地势是否尚需添设官弁，曾经奏闻在案。

到省以来，臣日与藩、臬两司清厘诸务，并即将奉旨查办各案逐一清结，所有一切应办各事稍有头绪。现闻豫省贼氛散漫，亟宜巡阅边防，庶知民情地势，以期布置得宜，藉以察看官吏。而曹、沂各属，去岁原系剿抚兼施，尚恐民心不静，白莲池地方是否尚须添设官弁，均宜察看情形，先事筹画。兹于本月十五日，臣亲带办理营务各员，轻骑减从，从泰安先赴沂州，再由兖州、济宁、曹州一带，沿边亲自履勘，随时将情形奏祈圣鉴。臣出省后所有署中日行事件，同解审命盗等案，即委藩司代行代勘，紧要事宜仍由臣行次办理。

谨将臣出省日期，恭折由驿具奏，伏乞皇太后、皇上圣鉴。谨奏。

同治三年四月二十日奉到回折："议政王军机大臣奉旨：'览奏均悉。东省吏治民风之坏，几有积重难返之势。该抚既出省察看情形，务须实力整顿，却又不可操切从事，去其太甚，随时随事徐图补救，冀收月异日新之效，方为不负委任。钦此。'"

同治元二年临清户工两关征收短绌折
同治三年五月初二日

奏为查明临清州户、工两关一年期满，征收正余银两短绌，恭折仰祈圣鉴事：

窃照户、工两关征收税银，向委临清直隶州知州征收，按年核其完数，分别奏报。户关每年应征正额银二万九千六百八十四两，铜斤水脚银七千六百九十二两三钱一分三厘；盈余银一万一千两，以六千六百两为额内，四千四百两为额外。工关每年应征正额银四千五百七十二两七钱四分；盈余银三千八百两，以二千二百八十两为额内，一千五百二十两为额外。

兹据济东泰武临道卫荣光转据临清直隶州知州张应翔详报：户关自同治元年七月初四日起，连闰扣至二年六月初三日止，一年期满，经征委员前代理临清直隶州知州彭垣共收过船料、货税、粮食正银三万三千三百一两九分，内除支各役工食八成及扣存核减二成共银一百七十四两，应解正额银二万九千五百一十两，铜斤水脚银三千六百一十七两九分，较之应征定额，计缺收铜斤水脚银四千七十五两二钱二分三厘，额内盈余银六千六百两，额外盈余银四千四百两。工关自代理知州彭垣同治二年正月初四日开河起，至十月初五日交卸止，现任知州张应翔自十月初六日接征起，至十二月三十日年满止，共收过短载正银一千六百一十四两三钱二分，盐货正银一千一百七十七两二钱，统计一年共收过短载、盐货银二千七百九十一两五钱二分，较之应征定额，计缺收正额银一千七百八十一两二钱二分，额内盈余银二千二百八十两，额外盈余银一千五百二十两。声明短收之由，是缘同治元年十月以后沿河地方屡被逆匪窜扰，商船粮载裹足不前；二年正月，贼窜河东，经前署直隶督臣崇厚奏明卫河两岸挖濠筑墙，船只全行封禁；闸河一带，又因水浅源微，将砖板两闸严闭蓄水，兵勇节节设防，内外两河均已断绝。经臣奏明请俟河道撤防再行照常接征在案。迨九月初间，贼匪渐平，商贩仍少，且为日无几即值冰冻封河，税课无可征收，并非经征不力。兹届一年期满，恳请据情具奏前来。臣复加查察，委系实在情形。

伏查咸丰三年钦奉上谕："各关仍遵额定税数照常征收，如短缺实属有因，著俟一年期满奏报到时，由户部酌量情形，分别奏明请旨核办等因。钦此。"又查咸丰四年粤匪窜陷州城，关税短绌，年满奏报，蒙恩免予著赔，迨后历年户、工两关短收税课均准减免有案。今同治二年征收短绌，迥非前数年商贾稀少可比，即较之咸丰四年暂时被扰情形尤甚，应否免其著赔议处，臣未敢擅便，理合据实声明，听候敕部议复。为此恭折具奏，伏乞皇太后、皇上圣鉴。谨奏。

同治三年五月十七日奉到回折："议政王军机大臣奉旨：'该部查核具奏。钦此。'"

江苏海运漕船收口放洋日期片

同治三年五月初二日

再，东省防护海运南粮，历系登州镇臣亲统舟师出洋巡护，并令登州府督率所属在于沿海紧要口岸稽查弹压，以壮声威而期周妥。本年江苏省华亭、奉贤、娄县、上海、南汇、青浦、川沙、宝山八厅县起运同治二年漕米，由海运津，行走东洋。臣接准咨会，即咨行该镇等照章防护。兹准登州镇咨，并据该管道府禀报：自三月初五日起，至三十日止，上海漕船金臻福、金恒盛、源和顺，娄县漕船盛大发、宋隆发、金永茂，青浦县漕船金永发、沈长利，南汇县漕船蒋吉茂、金泰来，川沙厅漕船张金太，奉贤县漕船桢祥顺、沈裕生，共十三只，均于收口后一律放洋，由水师将弁护送北上，风帆稳利，足以仰慰宸廑。

除饬将续到漕船随时护送催趱外，理合附片陈明，伏乞圣鉴。谨奏。

同治三年五月十七日奉到回折："议政王军机大臣奉旨：'知道了。钦此。'"

委员管解盐课京饷片
同治三年五月初二日

再，山东盐课拨解同治三年京饷，经臣饬催运司先后筹银四万两，分起委解在案。兹复据运司恩锡详报，在续征盐课等款项下动支银二万两，同应交加平银三百两、饭食银三百两，饬委候补盐经历杨秉文、候补盐大使黄樾管解，赴户部交纳。

所有奉拨同治三年分京饷银十二万两，遵照五月前先解一半银六万两，业经依限解清，并无迟误缘由，理合附片陈明，伏乞圣鉴。谨奏。

同治三年五月十七日奉到回折："议政王军机大臣奉旨：'户部知道。钦此。'"

原河道总督杨以增捐备军饷加广本籍文武学额折
同治三年五月初二日

奏为查明原任河道总督捐备军饷银数，恳恩加广本籍聊城县文武学额，恭折奏祈圣鉴事：

窃臣据陕西道员杨绍和禀称，该道故父杨以增，前在江南河道总督任内，于咸丰二年捐备军饷银一万两，十月二十三日奉上谕："著赏戴花翎。"又于三年捐备军饷银二千两，八月二十三日奉上谕："著交部从优议叙。"又于四年率属倡捐饷银二千两，五月二十五日奉上谕："著交部议叙。钦此。"共计捐银一万四千两，请照例加广本籍聊城县文武学额等情。行据藩司贡璜查明，山东省捐输军饷等项银两，经前抚臣于咸丰十年汇案奏准，加聊城县文武学定额各二名。今杨以增于江南河道总督任内，三次捐备饷银一万四千两，均经奏奉谕旨奖叙有案，应请以一万两加文武学定额各一名，以四千两加一次广额各二名，核与奏定章程相符，亦未逾于原额之数，造册详请具奏前来。臣复核无异。合无仰恳天恩俯准，加聊城县文武学定额各一名，一次广额各二名，以广登进而昭激劝。

除册咨部外，谨会同学臣尚庆潮恭折具奏，伏乞皇太后、皇上圣鉴。谨奏。

同治三年五月十七日奉到回折："议政王军机大臣奉旨：'该部核议具奏。钦此。'"

筹解陵工及僧格林沁营月饷片
同治三年五月初二日

再，据藩司贡璜详报，在于酌提坐支等款并本年地丁项下，动支银五万二千两，饬委试用县丞丁藻衡管解，起程前赴定陵工程处交纳；并声明东省应解咸丰十一年前项工银二十二万两，业于限内全数解清。又本年应解僧格林沁大营二月份饷银五万两，于四月十三日解银二万两，于四月二十八日解银三万两，均解赴河南粮台交纳。

除分咨查照外，理合附片陈明，伏乞圣鉴。谨奏。

同治三年五月十七日奉到回折："议政王军机大臣奉旨：'该衙门知道。钦此。'"

临邑团长赵汶焕抗漕抢掠获案正法片
同治三年五月初二日

再，臣访闻临邑县伪团赵汶焕，原系抗漕流犯，在配逃回，私充团长，杀人抢掠，大为不法，并于该庄内私设更棚刑具，密铸枪炮，雇有悍勇数十人，日夜演习，以为抗兵逞凶之计。若不及早殄除，恐留后患。当饬署临邑县知县帅嵩龄及带济安营湘勇知县刘时霖，相机密捕。兹于四月十九日，该员等带领马、步各队，掩入该庄。该犯胆敢喝众开放枪炮，拼死抗拒，致勇目李大年等三名俱受枪伤。各勇奋力直入庄门，登时格杀匪党十名，余众始散。该犯赵汶焕自知罪不容诛，拔刀自刺肚腹，经勇役等即时拿获，并搜获余犯宋振南、阎顺、孟振清三名，起获大炮三尊，枪炮、旗帜、刀矛、镣铐多件。禀报前来。

臣查该犯赵汶焕原系逃犯，胆敢立团聚众，制械为非，迨官军往拿，犹敢拒伤多人，实属罪大恶极，应照光棍例登时斩枭，以昭炯戒。当饬该知县等将该逆赵汶焕即于犯事地方斩首枭示，其余犯宋振南等饬县研审，再行照例办理。理合附片陈明，伏乞圣鉴。谨奏。

同治三年五月十七日奉到回折："议政王军机大臣奉旨：'所办甚为妥速。东省各属伪团似此者恐尚不少，该抚如有访闻，即当严饬地方文武相机密捕，尽法惩治，以儆凶顽而安良善。钦此。'"

审明高密县民京控按律定拟折
同治三年五月初二日

奏为审明京控，按律定拟，恭折奏祈圣鉴事：

窃照高密县民人张守训，以张谦等殴尊毙命等词，遣抱张殿荣控经都察院奏奉谕旨："此案著交阎敬铭督同臬司，亲提人证、卷宗，秉公研讯确情，按律定拟具奏。原告民人张殿荣，该部照例解往备质。钦此。"当经行司饬提人卷讯办。兹据臬司丁宝桢审明拟议，解勘前来。臣亲提研鞫。

缘张守训籍隶高密县，告给耆民顶戴，与分居堂侄张谦、胞弟张守绪素睦无嫌。咸丰十一年间，该庄奉文办团，公举张谦为团长。嗣因南捻北窜，张谦与庄众公议按亩派捐筑围防守，张守训捐交京钱一百千、麦子二石七斗。同治元年三月间，围墙坍塌，张谦又与庄众议明按亩派钱修葺，往劝张守训续捐，张守训不允。四月初一日，张谦因恐庄众效尤，邀同张守绪并其子张诺，堂叔张曰隆、张曰茂、张曰扬、张守义，堂弟张尊，赴张守训家理论。适张守训睡歇，伊子张蔼声言前已捐过，岂能再捐。张守绪生气，掌殴张蔼未伤，经众劝散。维时张守训之妻张程氏闻闹出看，失跌倒地，经张曰秀扶起，旋因患病，至十二日病故。张守训疑被张谦等推跌内损毙命，控县诣验。张蔼以张程氏死由于病，结求免验，未向张守训告知，因事外出。张守训由府控司，批府提讯，因人证未齐，尚未集讯。张守训情急，即以前词，并图准添砌胥役王振田等私押吓诈等情，遣抱张殿荣，赴都察院衙门具控，奏奉谕旨，饬提人证讯明，张程氏委系病故，并非张谦等推跌殒命。质之张守训，亦自认怀疑砌饰，应即拟结。

查律载："申诉不实者，杖一百。"等语。此案张守训京控各情，虽系怀疑砌饰，并非有心诬告，惟控词究属失实，自应按律问拟。张守训合依"申诉不实者，杖一百"律，拟杖一百，年逾八旬，照律收赎，追银册报。张守绪掌殴胞侄张蔼未伤，律得勿论。张谦并无殴尊情事，应与讯无押诈之王振田，均毋庸议。

除将供册咨部外，理合恭折具奏，伏乞皇太后、皇上圣鉴训示。谨奏。

同治三年五月十七日奉到回折："议政王军机大臣奉旨：'刑部议奏。钦此。'"

审明济阳县民京控按律定拟折
同治三年五月初二日

奏为审明京控，按律定拟，恭折奏祈圣鉴事：

窃照济阳县孀妇高艾氏以高三牛仔等恶团扰害等情，控经都察院奏奉谕旨："此案著交阎敬铭督同臬司，亲提人证、卷宗，秉公严讯确情，按律定拟具奏。原告孀妇高艾氏，该部照例解往备质。钦此。"当经行司饬提人卷严讯。兹据臬司丁宝桢审明拟议，解勘前来。臣亲提研鞫。

缘高艾氏籍隶济阳县，与同族高三牛仔即高曰琅等素睦无嫌。咸丰十一年五月间，高艾氏次子高安邦将艾大猷即艾干棒仔子媳艾王氏诱拐同逃，希图价卖。艾大猷控县差缉，并邀团长高三牛仔等往寻高安邦未遇，将其弟高志邦邀赴团局盘问高安邦下落。高志邦急图脱身，即以艾保林等知情之言答复，回向高艾氏告述。高艾氏未经听明，疑系高三牛仔等诬拐寻殴，押逼妄扳，正欲控究，适南捻窜扰该庄，高艾氏家同被焚掠，幼孙高周仔即高得周仔亦受惊病死。高三牛仔等在庙设局，查报被扰、被害户口。高艾氏误闻局内设有公案刑具，即控府批县，差传人证未齐，尚未集讯。十月初二日，高安邦潜送艾王氏回归。艾大猷闻知，纠领团勇数名前往捕拿。高安邦逃入王珩院内藏躲，被艾大猷追至，用枪扎伤身死。报县验讯，艾大猷、艾王氏供认不讳。高艾氏因团勇在场帮捕，意为高三牛仔亦须问罪，并因长孙高息仔外出多年，杳无音信，原聘侯元之女侯氏，经侯元主婚另嫁，即以恃团扰害等情，控司饬县讯办。艾大猷旋即病故，高艾氏因抵命无人，一时痛子情切，即以先后控词，并图准添砌群殴杀毙各情，央过路不识姓名人写就呈词，将高周仔即高得周仔错叙两人，自行赴京，控经都察院奏奉谕旨，饬提人证讯悉前情，诘非有心诬告，应即拟结。

查律载："申诉不实者，杖一百。"等语。此案高艾氏京控各情虽系事出有因，以及怀疑添砌控词，究属失实，自应按律问拟。高艾氏合依"申诉不实者，杖一百"律，拟杖一百，照律收赎，追银册报。高三牛仔等讯无恃团扰害各情，应与不知诱拐之艾保林等，均毋庸议。艾大猷擅杀高安邦一案，饬县详办。

除供册咨部外，理合恭折具奏，伏乞皇太后、皇上圣鉴训示。谨奏。

同治三年五月十七日奉到回折："议政王军机大臣奉旨：'刑部议奏。钦此。'"

同治三年三月雨泽粮价折

同治三年五月初二日

奏为恭报三月份雨泽情形并呈粮价清单，恭折仰祈圣鉴事：

窃照二月份雨雪、粮价，前经奏报在案。兹查三月份，据济南府属之历城、章邱、邹平、淄川、长山、新城、齐东、齐河、济阳、禹城、临邑、长清、陵县、德州、德平、平原，泰安府属之泰安、新泰、莱芜、肥城、东平、东阿、平阴，武定府属之惠民、青城、阳信、海丰、乐陵、商河、滨州、利津、沾化、蒲台，兖州府属之滋阳、曲阜、宁阳、邹县、滕县、峄县、汶上、阳谷、寿张，沂州府属之兰山、郯城、费县、莒州、蒙阴、沂水、日照，曹州府属之菏泽、单县、城武、曹县、定陶、巨野、郓城、范县、观城、朝城，东昌府属之聊城、堂邑、博平、茌平、清平、莘县、冠县、馆陶、高唐、恩县，登州府属之蓬莱、黄县、福山、栖霞、招远、莱阳、宁海、文登、荣成，莱州府属之掖县、平度、昌邑、潍县、胶州、高密、即墨，青州府属之益都、临朐、临淄、高苑、博山、博兴、诸城、寿光、昌乐、安丘、乐安，临清直隶州并所属之夏津、武城、邱县，济宁直隶州并所属之金乡、嘉祥、鱼台等一百〇四州县，先后申报于月之十一二三五六及二十一二三等日，各得雨一、二、三、四寸不等。得此澍雨沾濡，土膏滋润，麦禾日形芃茂，秋稼亦得乘时耕种，洵堪仰慰宸怀。

至各属市集粮价，互有长落，大致与上月相同。谨缮清单，祗呈御览。为此恭折具奏，伏乞皇太后、皇上圣鉴。谨奏。

同治三年五月十七日奉到回折："议政王军机大臣奉旨：'知道了。钦此。'"

三月份粮价清单

谨将同治三年三月份山东省各属米、谷、麦、豆价值，敬缮清单，恭呈御览。

计开：

济南府属：稻米每仓石价银二两九钱五分至四两三钱七分，较上月贱七分。粟米每仓石价银一两一钱至二两六钱二分，较上月贵二分。粟谷每仓石价银八钱三分至一两六钱，较上月贵四分。高粱每仓石价银九钱五分至一两七钱五分，较上月贱二分。小麦每仓石价银一两五钱四分至三两，较上月贵二钱一分。黄豆每仓石价银一两二钱五分至二两二钱，较上月贱一钱四分。黑豆每仓石价银一两三钱至二两五钱，较上月贱八钱三分。

泰安府属：稻米每仓石价银二两九钱至四两五钱，与上月同。粟米每仓石价银一两六钱至二两五钱，较上月贵一钱。粟谷每仓石价银九钱至一两三钱九分，较上月贱二钱五分。高粱每仓石价银一两一钱至一两六钱五分，较上月贱五分。小麦每仓石价银一两八钱至二两五钱一分，较上月贵一钱三分。黄豆每仓石价银一两二钱二分至一两九钱九分，较上月贱四钱一分。黑豆每仓石价银一两一钱八分至一两九钱八分，较上月贱四钱三分。

武定府属：稻米每仓石价银二两四钱八分至四两六钱二分，与上月同。粟米每仓石价银一两一钱六分至二两二钱，与上月同。粟谷每仓石价银七钱七分至一两八钱，与上月同。高粱每仓石价银八钱至一两三钱二分，与上月同。小麦每仓石价银一两五钱至三两五分，与上月同。黄豆每仓石价银一两一钱八分至二两一钱三分，与上月同。黑豆每仓石价银一两一钱至一两八钱二分，与上月同。

兖州府属：稻米每仓石价银二两五钱四分至五两五钱，与上月同。粟米每仓石价银一两二钱四分至三两，较上月贱一两一钱六分。粟谷每仓石价银七钱至一两八钱，较上月贱二钱三分。高粱每仓石价银九钱至二两二钱，较上月贱四钱。小麦每仓石价银一两三钱至二两九钱，与上月同。黄豆每仓石价银一两九分至二两四钱，较上月贱五钱。黑豆每仓石价银一两一分至二两四钱，较上月贱五钱。

曹州府属：稻米每仓石价银三两二钱八分至五两，与上月同。粟米每仓石价银一两一钱七分至三两四钱六分，较上月贱二钱。粟谷每仓石价银七钱一分至二两二钱八分，与上月同。高粱每仓石价银八钱四分至二两四钱九分，与上月同。小麦每仓石价银一两五钱二分至三两三钱三分，较上月贵四分。黄豆每仓石价银一两二钱至二两七钱四分，与上月同。黑豆每仓石价银一两一钱三分至二两三钱八分，与上月同。

沂州府属：稻米每仓石价银二两三分至三两九钱二分，与上月同。粟米每仓石价银一两四钱八分至二两三钱一分，较上月贱二钱八分。粟谷每仓石价银七钱五分至一两五钱七分，较上月贱一分。高粱每仓石价银七钱九分至一两四钱八分，与上月同。小麦每仓石价银一两一钱五分至二两，较上月贵一钱五分。黄豆每仓石价银八钱至一两四钱五分，与上月同。黑豆每仓石价银八钱至一两四钱五分，与上月同。

东昌府属：稻米每仓石价银三两一钱至五两，与上月同。粟米每仓石价银一两一钱四分至二两七钱，与上月同。粟谷每仓石价银七钱至一两六钱，与上月同。高粱每仓石价银九钱至二两四钱，与上月同。小麦每仓石价银一两四钱至三两三钱，与上月同。黄豆每仓石价银一两五分至二两九钱，与上月同。黑豆每仓石价银一两至三两一钱，与上月同。

青州府属：稻米每仓石价银二两至三两四钱，与上月同。粟米每仓石价银一两二钱四分至二两，与上月同。粟谷每仓石价银七钱至一两三钱，与上月同。高粱每仓石价银六钱九分至一两四钱八分，与上月同。小麦每仓石价银一两一钱至二两三钱，与上月同。黄豆每仓石价银九钱八分至一两七钱，与上月同。黑豆每仓石价银九钱八分至一两七钱四分，与上月同。

莱州府属：稻米每仓石价银二两三钱至三两五分，与上月同。粟米每仓石价银一两至一两六钱，与上月同。粟谷每仓石价银五钱至一两二分，较上月贱六分。高粱每仓石价银七钱至一两一钱五分，较上月贵五分。小麦每仓石价银一两二钱至一两八钱八分，较上月贵三分。黄豆每仓石价银一两一钱至一两四钱，与上月同。黑豆每仓石价银一两一钱至一两四钱四分，与上月同。

登州府属：稻米每仓石价银二两一钱七分至三两二钱，与上月同。粟米每仓石价银一两二钱九分至一两九钱，与上月同。粟谷每仓石价银七钱七分至一两二钱，与上月同。高粱每仓石价银八钱三分至一两六钱，与上月同。小麦每仓石价银一两二钱四分至二两三钱，与上月同。黄豆每仓石价银九钱至一两八钱四分，与上月同。黑豆每仓石价银九钱至一两八钱四分，与上月同。

临清直隶州并属：稻米每仓石价银三两四钱五分至三两九钱三分，较上月贵三分。粟米每仓石价银一两六钱二分至二两七钱，较上月贵四分。粟谷每仓石价银一两一钱五分至一两三钱六分，与上月同。高粱每仓石价银一两三钱至二两，与上月同。小麦每仓石价银二两四钱四分至三两一钱，较上月贵四钱五分。黄豆每仓石价银一两四钱五分至一两九钱九分，与上月同。黑豆每仓石价银一两四钱五分至二两二钱，与上月同。

济宁直隶州并属：稻米每仓石价银三两三钱至六两三钱七分，与上月同。粟米每仓石价银一两六钱五分至三两，与上月同。粟谷每仓石价银一两三分至二两，与上月同。高粱每仓石价银一两一钱五分至二两四钱，与上月同。小麦每仓石价银一两三钱至二两六钱，与上月同。黄豆每仓石价银一两三钱一分至二两六钱，与上月同。黑豆每仓石价银一两一钱五分至二两九钱，与上月同。

续参勒缉限满获犯未半之禹城知县赵庆恬折

同治三年五月十五日

奏为续参疏防马贼滋事，勒限严缉，限满犯未获半之知县即行革职，仰祈圣鉴事：

窃查禹城县知县赵庆恬，前因已革捕役徐佃魁[1]在境窝留马贼，会营前往查拿，致营汛千总黑锦城被匪戕害，该县亦被拒受伤，仅获首犯徐佃魁、于佃沆二名，讯明正法。当经专折奏参，于同治三年二月十六日钦奉谕旨："赵庆恬著革职，暂行留任，勒限一月严缉，倘限满无获，即著从严参办。黑锦城著交部照例议恤。钦此。"钦遵严饬勒缉去后。嗣据该县会同德平、齐河、益都、费县等县先后协获杨甫即杨立业、刘英占、于佃魁、于占熬等四犯，归案审办。讯据徐

---

[1] 徐佃魁前为"徐佃魁"，下"魁"又为"塊"。

佃魁等供认同伙李振魁[1]等十三人，虽拒捕首犯已经就获，但同伙十三人获犯尚未及半，实属不知愧奋。现在一月限满，据藩、臬两司详请续参前来。

臣查东省马贼为患已久，全在地方官认真缉拿，力除稔恶。该县于拒捕戕官重案被参勒限后，获犯尚未及半，实属缉捕无能。相应请旨，将勒缉限满之革职暂行留任禹城县知县赵庆恬，即行革职离任，以示惩儆。在逃各犯，饬令接任之员严拿，务获究办。

再，禹城县一缺，东省现有应补人员，应请扣留外补。

所有续参勒缉限满犯未获半之知县革职缘由，理合恭折具奏，伏乞皇太后、皇上圣鉴训示。谨奏。

同治三年五月廿七日奉到回折："议政王军机大臣奉旨：'赵庆恬著即行革职离任，余依议。钦此。'"

署齐河县丞王诚之藏匿匪犯审明定拟折

同治三年五月十五日

奏为职官藏匿匪犯，审明定拟，恭折具奏，仰祈圣鉴事：

窃照咸丰十一年八月间，藩、臬两司与济南府访闻署齐河县县丞王诚之有藏匿匪犯郭念言致令脱逃情事，委提王诚之到省；并据齐河县李均具禀揭参，饬府提讯，王诚之供词狡展，详参咨革，审明拟议解司。因恐案情未确，驳审四次，仍照原拟，由两司解勘。值臣赴兖、沂一带察看地方公出，饬委藩司贡璜代勘无异，录供呈送前来。臣复加查核。

缘王诚之籍隶直隶天津县，由议叙从九品分发山东候补。咸丰十一年三月委署齐河县县丞，因衙署坍塌，赁住民房，并未携带眷属，与在逃匪犯郭念言并不认识。是年七月间，郭念言因其子郭少堂藉团滋事，被获正法，即邀杨景仓等纠胁团丁数百人，入城盘踞团局，暗议戕官滋事。该县李均访知，会督王诚之并汛弁、典史，于二十五日夜带领兵役民团四路掩捕。郭念言等开枪抗拒，杀伤团长、县役。当场拿获杨景仓等多名，余皆逃散。郭念言与伙匪戴墨林逃过王诚之寓所，见寓门未关，无人看守，因被拿情急，即潜入门内暂避。县役刘超山等查知，追至密拿。郭念言躲入内院，时在黑

---

[1] "李振魁"前为"李振魍"，下同。

夜，刘超山等未经看明，仅将戴墨林获住送县。维时王诚之尚未回寓，家丁吴长有在房睡歇，并未知觉。三更时分，王诚之回归，郭念言往外欲逃，王诚之瞥见喝问，究出姓名，令吴长有将郭念言拿住关禁后园空屋，拟俟天明送县。讵郭念言旋即扳折窗楞，越墙逃逸。次日李均派役查拿无获，具禀揭参，并经该管各上司访闻，提省革审，据供前情不讳，诘非得贿故纵，应即拟结。

查律载："知人犯罪事发，官司差人追唤，而藏匿在家不行捕告者，减罪人罪一等。"等语。此案已革候补从九品王诚之，在署齐河县县丞任内，于罪应拟斩匪犯郭念言逃入寓所躲避，业经拿住问明，并不立时送县，辄私自关禁空屋，致令逃脱，情同藏匿，自应比律问拟。王诚之应比依"知人犯罪事发，官司差人追唤，而藏匿在家不行捕告者，减罪人罪一等"律，于郭念言斩罪上减一等，拟杖一百，流三千里。惟职官藏匿匪犯情节较重，应请旨从重发往伊犁充当苦差。事犯在咸丰十一年十月初九日恩赦以前，并请不准援免。吴长有系王诚之家丁，律得容隐，应免置议。戴墨林一犯，饬县另行审办。逸犯郭念言等饬缉，获日另结。

除供册咨部外，理合恭折具奏，伏乞皇太后、皇上圣鉴。谨奏。

同治三年五月廿七日奉到回折："议政王军机大臣奉旨：'刑部议奏。钦此。'"

外洋商船被劫揭参巡缉武弁折

同治三年五月十五日

奏为外洋商船被劫，请旨将巡缉武弁革职留任，恭折奏祈圣鉴事：

窃照山东海面辽阔，来往商船全在水师兵弁随地巡防，俾盗匪无隙可乘。臣因南粮海运，节经咨行镇将督饬巡洋武弁倍加认真，不准一刻松懈。乃据即墨县详报，客民马春山商船于本年二月初九日在该县青岛东南外洋被盗劫去银两、货物，经石锡玉等海船驶至救应，收进口岸，报县令营勘讯属实，估赃值银四千余两。臣查商船在洋被劫，赃至四千两之多，该管水师武弁事前既疏于防范，事后又不能迅速获犯，巡缉实属懈弛。外洋失事，例无文职处分。兹准登州镇转据该管营员以青岛外洋系署把总朱祥玉专巡，署守备范玉分巡，开具职名揭参前来。

除分咨沿海各省并通饬水陆文武员弁一体协拿外，相应请旨，将署水师前营把总朱祥玉、署中军守备事千总范玉先行革职留任，勒限两个月缉拿此案赃盗，务获究报，限满不获，再行严参。为此恭折具奏，伏乞皇太后、皇上圣鉴训示。谨奏。

同治三年五月廿七日奉到回折："议政王军机大臣奉旨：'朱祥玉等均著先行革职留任，勒限两个月缉拿务获，限满无获，即行严参。钦此。'"

起运同治二年漕粮数目折

同治三年五月十五日

奏为查明本届起运同治二年漕粮，并搭运省局捐输米石数目，恭折仰祈圣鉴事：

窃照漕粮攸关天庚正供，应将起运数目先行奏报，历经遵办在案。兹据督粮道沈维璲详称：山东省同治二年分额征起运正耗漕米、豆、麦三十一万六千四百七十四石五斗四升二合七勺，内除历城等州县蠲缓米、豆、麦及抵额耗豆一十一万四千五十五石三斗六合三勺，共应起运米、豆、麦二十万二千四百一十九石二斗三升六合四勺；又带征漕粮及蓟粮改运京仓，同续完并征存同治元年旧欠漕粮、蓟粮正耗漕米、豆、麦三万二千一百一十八石三斗六升六合，统共实应起运米、豆、麦二十三万四千五百三十七石六斗二合四勺；又省局捐输米石，应以五成运赴京仓，现在各帮粮船均匀搭运米三千〇三十六石八斗七升。开册请奏前来。臣复核相符。

除清册咨部外，理合恭折具奏，伏乞皇太后、皇上圣鉴。谨奏。

同治三年五月廿七日奉到回折："议政王军机大臣奉旨：'户部知道。钦此。'"

前巡抚文煜北援统带兵勇实数片

同治三年五月十五日

再，臣接准户部咨，以前抚臣谭廷襄具奏前抚臣文煜于咸丰十年八月间，统带兵勇赴北援剿，复折回山东追剿逆捻，并是年八月间，先在寒亭等处防堵海口，用过盐粮等项银两，行查军机处暨兵部所复兵勇各数，与册造未符，速即详细查明复奏等因。当经转饬去后。

兹据原办委员候补道董步云复称：查原册满、绿官兵一千四百三十四名，内德州满兵一百名，德州会齐之泰安、高唐、临清、德州等营马守兵六百三名，先由寒亭防所起程之兖、曹、东昌五营官兵六百五十四名，又营务处随征差遣兵五十五名，抚标左、右两营兵二十二名。以上绿营官兵除随征调遣零星兵丁七十七名外，其余官兵均在奏明原续调派三千名之内。嗣因东省防务紧急，原调兖、曹二镇之兵未能续到，胶、莱、文、即四营官兵四百名截留追剿南捻，此与原奏三千名数目未符之实情也。至副将文英系奏明统带札调来省等候各路官兵到齐，统带赴通，听候调遣，先由藩司筹给一月盐粮。该副将虽经到营，嗣因东境捻匪窜扰，旋即折回，并未在支应局领过盐粮，是以原造册内并无其名。又随征壮勇三千名，即五月二十三日奏雇防夷之二千名，八月二十四日奏拨一千名，委员管带赴直听调。又因南捻攻扑济宁，饬令府县雇勇一千名，由前署抚臣清盛统带迎剿，均经先后奏明在案。

以上各条，逐加确查，均系按照到营兵勇实在名数核实造报，内有原奏数目较多随时截留裁撤并未到营到防者，概不开支盐粮，以昭核实等情，详请具奏前来。臣复加察核，均属相符。

除抄录各原案咨部核办外，所有查明兵勇实在数目缘由，理合附片陈明，伏乞圣鉴。谨奏。

同治三年五月廿七日奉到回折："议政王军机大臣奉旨：'该部知道。钦此。'"

抵拨定安及陈国瑞营饷片

同治三年五月十五日

再，臣接据藩司贡璜详报，东省每月应协直饷银五千两，前经直隶督臣刘长佑奏请，就近抵拨副都统定安军饷，奉旨允准在案。兹于百货厘金项下筹银三千两，饬委候补典史郭乔龄解赴恩县查收，转解定安军营交纳。又应解陈国瑞军饷，自上年九月起，至本年二月止，先后解过银二万八千两。现又竭力筹措银五千两，饬委试用府经历韩五云会同来弁游击王增禄管解，起程前赴徐州粮台交纳转解。

除分咨外，理合附片陈明，伏乞圣鉴。谨奏。

同治三年五月廿七日奉到回折："议政王军机大臣奉旨：'知道了。钦此。'"

请允卢朝安专办供支贡璜候旨入都片
同治三年五月十五日

再，查接管卷内山东省供应僧格林沁大营粮台，前经奏派前任布政司清盛暨兖沂曹济道卢朝安承办。嗣清盛降调离任，续派藩司贡璜会同卢朝安接办，一切收支向由该道经理，实因藩司综核通省钱粮兼之总理庶务，殊属纷繁，而粮台随营迁徙，深虑鞭长莫及，是以未能到台。上年七月间粮台移扎河南陈州府之时，经臣将兖沂道员缺另委崇芳署理，俾卢朝安得以尽心专办供支，迄今半年有余，尚无贻误，该藩司本可毋须前往。贡璜卸事之后，新任藩司丁宝桢受篆，即未饬令接办。窃思与其虚列衔名，不如事归画一。应请嗣后无论粮台安设境内境外，概由卢朝安经手，毋庸藩司兼办，以专责成而期核实。所有每月协饷银五万两仍饬司源源解兑，赶紧接济。至前任藩司贡璜既未承管银钱出入，现在并无未了事件，应否遵旨即日入都，恭候训示遵行。理合附片具奏，伏乞圣鉴。谨奏。

议政王军机大臣奉旨："著照所请，贡璜著即行来京。钦此。"

审明兰山县民京控按律定拟折
同治三年五月十五日

奏为审明京控，按律定拟，恭折具奏，仰祈圣鉴事：

窃照兰山县民人杨本立，以王恒吉等蠹役挟仇逼奸毙命等情，控经都察院奏奉谕旨："此案著交阎敬铭督同臬司，亲提人证、卷宗，秉公严讯确情，按律定拟具奏。原告民人杨本立，该部照例解往备质。钦此。"当经行司饬提人卷严讯。兹据臬司丁宝桢审明拟议解勘。值臣赴兖、沂一带察看地方公出，饬委藩司贡璜代勘无异，录供呈送前来。臣复加查核。

缘杨本立籍隶兰山县，与该县快役王恒吉、潘继武素识无嫌。咸丰十年间，杨本立之叔杨后盛因漏税被传，拒伤王恒吉等，畏罪自缢，其子杨兴礼砌词京控，讯明拟杖咨结。同治二年春间，杨本立携妻宋氏，同子杨驴进城避难，借住徐姓房屋。杨本立因贫难度，外出觅工。杨驴在家病故。宋氏即托刘占先之妻刘氏说合受雇，与潘继武家佣工，至八月二十日病故，潘继武为之敛埋。嗣杨本立回家查知，因潘继武与王恒吉同班，疑系王恒吉挟伊家讼仇，商同潘继武奸霸害死，即以蠹役挟仇逼奸毙命等情，由府控司批县，差传人证未齐，尚未集讯。杨本立在城候审，赊欠房饭京钱五千文，托县役高选等担保。高选等曾向索讨，并不许伊私自回归。杨本立一时情急，即以前词，并图准添砌高选等私押索诈等情，赴都察院衙门具控，奏奉谕旨，饬提人卷讯明，宋氏等委系病故，并非潘继武等因奸致死。质之杨本立，亦自认怀疑妄控，应即拟结。

查律载："申诉不实者，杖一百。"等语。此案杨本立京控各情虽系怀疑添砌，并非有心诬告，惟控词究属失实，自应按律问拟。杨本立合依"申诉不实者，杖一百"律，拟杖一百，折责发落。王恒吉、潘继武并无挟仇奸霸情事，应毋庸议。杨本立所欠房饭钱文断令自行清还。

除供册咨部外，理合恭折具奏，伏乞皇太后、皇上圣鉴训示。谨奏。

同治三年五月廿七日奉到回折："议政王军机大臣奉旨：'刑部知道。钦此。'"

筹措僧格林沁大营等月饷片

同治三年五月十五日

再，僧格林沁大营军饷刻下待用孔殷，饬司筹解。兹据署藩司恩锡详报，在于库存正杂并馆陶盐厘各款内，拨银五万两作为上年十二月份军饷，委候补典史王炳解赴河南许州粮台交纳，并声明本年正月份军饷银五万两随即设法筹解，以应急需。又据详在于百货厘金项下筹银三千两，委候补府知事阮琼解往聊城县查收，转解定安军营兑收，作为本年正月份协饷各等情前来。

除分咨查照外，理合附片陈奏，伏乞圣鉴。谨奏。

同治三年五月廿七日奉到回折："议政王军机大臣奉旨：'知道了。钦此。'"

审明逆伦重犯按律定拟折

同治三年五月十五日

奏为审明逆伦重犯，按律拟办，恭折奏祈圣鉴事：

窃据长清县知县丁兆基禀报，县民曹干巴砍伤伊父曹学纪身死一案，臣以案情重大，批司饬令济南府萧培元行提人卷至省，督同审明拟议，由臬司丁宝桢解勘。值臣赴兖、沂一带察看地方情形公出，饬委藩司贡璜代勘无异，录供呈送前来。臣复加查核。

缘曹干巴即曹汶滨籍隶长清县，素性痴傻，不务正业，时常偷卖家中衣物。伊父曹学纪屡次讯责不悛，心生厌恶。同治三年正月间，曹干巴窃取曹学纪衣物卖钱花用，被曹学纪殴打逐出，不准回家，各处求乞。二月十四日更余时分，曹干巴因饥饿难忍，潜行回家，掇开大门进内，欲向伊妻曹周氏寻觅食物。适曹周氏回归母家，伊婶曹孟氏在邻居曹学义家纺线未回，遂至曹学纪房内央求食物充饥。曹学纪在炕睡卧，听闻坐起斥骂。曹干巴出言顶撞。曹学纪生气下炕，将曹干巴揪住，顺拿铁斧欲砍。曹干巴挣不脱身，一时情急，将曹学纪推倒炕上，夺过铁斧砍伤曹学纪项颈，并连砍伤其脑后松手，携斧逃逸。讵曹学纪即因伤殒命。嗣经曹孟氏回归，瞥见曹学纪受伤身死，不知何人所杀，喊同邻佑曹荣等看明投保报验，讯详饬缉。曹干巴于次早逃至刘家庄，即将铁斧兑买刘四锅饼，赴各处躲避。旋即访闻获犯提审，供认前情不讳，诘无起衅别故，及在场帮殴之人，案无遁饰。

查律载："子殴父杀者，凌迟处死。"又例载："子殴杀父母之案，审明后恭请王命，即行正法，仍将首级解回犯事地方枭示。"各等语。此案曹干巴因被伊父曹学纪逐出，潜回求食。曹学纪斥骂，该犯顶撞。曹学纪拿斧欲砍，该犯辄夺斧砍伤曹学纪脑后等处身死，实属罪大恶极，行同枭獍，自应按律问拟。曹干巴即曹汶滨合依"子殴父杀者，凌迟处死"律，拟凌迟处死。臣于核明后，饬委臬司丁宝桢、抚标中军参将玉山恭请王命，将该犯绑赴市曹，即行正法，传首犯事地方，悬杆示众，以昭炯戒。刘四收买铁斧不知凶器，应毋庸议，无干省释。

除供招咨部外，理合恭折具奏，伏祈皇太后、皇上圣鉴。谨奏。

同治三年五月廿七日奉到回折："议政王军机大臣奉旨：'刑部知道。

钦此。'"

察看泰沂兖济曹地方情形并筹善后折

同治三年五月二十一日

奏为微臣出省周历泰、沂、兖、济、曹各属地方，谨将察看情形并筹办善后事宜及回省日期，恭折奏祈圣鉴事：

窃臣前因兖、沂、曹各属地方甫静，被兵被水，民气未苏，且与豫省、江省接壤，边防尤宜预为布置，以及白莲池山场僻险，是否尚需添设官弁，并黄河改道东境，宜妥筹堵御，均须亲身阅看，方能定议，曾经奏闻在案。

臣遵于同治三年四月十四日由省起程，先赴泰安恭赍香供，敬谨如期登山，祭后即日由泰抵沂，沿途留心察访。泰属迭被贼扰，屋鲜盖藏，尚幸麦熟在田，民心较为安谧。沂属原为幅、棍各匪伏匿出没之区，小民荡析离徙，受患最烈。蒙阴一县，山田犖确，本为穷瘠。自蒙阴以抵兰、费，迤北之境，尚有居民，虽能耕种及时，询以牛种无存，称贷而耕，情形已为可悯；迤南之境，半皆逃亡，田产蒿莱在野，屋舍为墟。询皆或为匪扰之场，或为贼麇之薮，流民四散，近能归业者仅有十之二三，且因荡烬之余，欲耕无具。以及郯城边界，百里而遥，途无行辙，野少居人，惨不忍视。至于匪徒踪迹，自去岁兼施剿抚，伏莽虽除，而逃匿徐州边境以及归入江北各路军营，闻尚不下二三千人。近虽渐有逃回，亦皆震慑兵威，不敢生事，但狼子野心，终难久恃。臣前经密饬沂州府知府文彬，督饬知县王成谦、长赓等，实力搜捕，据经搜斩稔恶素著者前后已有百余。臣近临查验，均觉所报不虚，且该处勇丁尚觉缓急可恃。当面饬知府文彬等，随时查拿惩治，务须宽猛并济，以期安弭。此察看沂属之情形也。

由沂赴兖，经峄、滕、邹、泗之境，焚扰情形，约与沂属南境相似，民人亦鲜复业，田土亦多荒芜，惟余匪较之兰、费、郯城大半肃清，当以抚恤为急。臣已严饬各地方官妥筹办理。至白莲池地方，教匪啸聚数年，重烦兵力，其中险要之形，非目睹难以周悉。到邹境时，臣即亲赴查勘。该地北接泗水，东抵费县，南界滕县，西则邹境之地为多，四围皆山，惟西面一径可通车马，行至田旺寨口，仅足容骑。其贼徒踞为巢穴者，如辛庄、枣林、凤凰山、红山等处，冈岭环抱，自成一区，其中多系旷土。该处逆产，业经地方官勘明，分别标记，而弥望榛荆，绝无居者。询据地方官禀称，迭经出示召佃，奈本地居民逃亡甚众，应募寥寥，外来无籍游民，更恐徙入其中，或复麇集生事。现已陆续有具结认领之人，因牛种无出，房舍平毁，作息为难，所以至今尚未开垦。臣当即迅饬各该地方官，筹给牛种，委员专司劝募，以广招徕。其险要形势，既在乱山之中，且非孔道所经，若不设官抚压，诚恐复为逋逃聚薮，但地面不甚宽廓，无须添设多员。臣查邹县与白莲池最近，该县县丞一缺，向驻县城，职分甚简，拟请改设该处，再将界河汛千总一缺，一并移设白莲池。有此文武二处衙门，足资弹压。一切改设事宜，臣饬司详议章程，谨再奏闻。此察看兖属及白莲池之情形也。

臣复由兖赴济，由济赴曹，并至单县之马良集，与江南砀山接壤地界。其地皆平原旷野，是以捻踪阑入，无可堵截，居民筑圩自固，尚少流离。至定陶、城武、郓、巨、菏泽等处，黄水漫流，时虞浸灌。大约曹州一属，受兵之祸浅，受水之祸深。缘十年、十一年间，捻患方炽，郓、巨、定陶民情浮动，均已树旗为贼，遍地匪踪，迨僧格林沁大军抵济，始皆一律帖服。倡乱之始，既苦民贼不分，近皆束手为农，更难穷加搜治。其桀骜不驯之俗，正宜防患于无形。惟有严饬各属，随地随时以施钤束。至于黄流为患，臣接见各官，详加查访。连年之水，系由直境入东，自西南斜趋东北，濮州直当其冲，由濮而范，又东北过寿张境，至张秋穿运，注于大清河入海。今年上游决口，大溜移而西行，自直境长垣直灌开州。因开州之南，旧有金堤旧址，地势稍高，得以御水，故水势仍复分流东折，驶灌濮城。若使来源太旺，万一直冲而北，大决藩篱，恐将改道北流，冲及开州、清丰、南乐，接连山东之观、朝、莘、聊等境，灌入临清，陆地千里，尽成水国，其患不可胜言。故以今日河势论之，河流由北【而】东，不过漫溢之患，其患小；河流由西而北，虑成冲决之患，其患大。臣查濮州地当黄水之冲，直灌城垣，势难与水争地，现议迁徙于旧城干涸处所，以为州治。惟自开州迤接东境，观、范以次，金堤一道，堤形尚存，原以御河北流，为当时旧迹，补修兴筑，实为要策。臣现经委员前往确查情形，拟俟伏汛后详筹办理，再行奏祈圣鉴。此察看曹属及黄河水势之情形也。

臣查各属地势，沂属多山，地瘠民贫，田多荒废，兖属次之，曹属又次之。各属民情以曹州为难治，沂州次之，兖州又次之。目前惟以急行安抚灾黎，俾施耕种，最不可缓。而兖、沂民力凋残，实难急切奏效，惟有宽筹项款，预借民间牛具、籽种之资，或可稍为鸠集。臣即先筹闲款，迅速办理，以副宸廑。

至豫、江交界，地势平坦，无险可扼，欲重边围，惟有厚集兵力。现闻豫省发、捻均逼南趋，情形稍缓；倘若乘隙东犯，就现在驻扎单、峄各勇营兵力，实觉单微，恐难扼要堵截。臣当再饬一军前往协防，以期有备无患。

　　再，署莒州知州姚观峒、署日照县知县徐星焘，人地不宜，已即撤省。郯城、韩庄各汛弁，借端生事，亦分别责革。至各属复业处所，麦收实在中稔以上，藉苏民困，堪慰慈怀。

　　臣于五月二十一日回驻省垣，合并声明。所有察看各属及办理情形，理合由驿具奏，伏乞皇太后、皇上圣鉴训示。谨奏。

　　同治三年五月廿七日奉到回折："议政王军机大臣奉旨：'另有旨。钦此。'"

东省吏治大概情形片

<small>同治三年五月二十一日</small>

　　再，臣于本年四月二十日在新泰县行次接到恭报，微臣出省一折钦奉批谕："览奏均悉。东省吏治民风之坏，几有积重难返之势。该抚既出省察看情形，务须实力整顿，却又不可操切从事，去其太甚，随时随事徐图补救，以冀月异日新之效，方为不负委任。钦此。"仰见皇太后、皇上于察吏安民之中，寓救敝补偏之意，训诲备至，鉴照无遗，伏读之余，倍生感奋。

　　窃念臣到东后，细察吏习民隐，诚如谕旨指示，已成积重难返之形。日夜焦思，振起乏术，即拟详细具陈，仰求训饬，但未究其致治之本与拯救之方，又不敢以无补空言，上渎圣虑。近以驻省五月，日事讲求，稍知大略，加以巡历泰、沂、兖、济、曹五属，沿途察访，不无一隙之明。谨将大概情形，先为我皇太后、皇上陈之。

　　窃以东省民风疲敝，聚众抗粮，拒官滋事，固由民习刁顽，然其致乱之故，其弊不尽在民。上无道揆，故下无法守。连年土寇煽聚，动连数郡，有渐积使然矣。今幸大乱甫平，民生已蹙，臣细验物情，虽莠民尚未尽除，而善类实多安分，惟吏治政刑俱失，遂觉德威皆无。今欲安民，必先察吏。

　　东省群吏，狃于积习，陷溺已深，以诈伪轻捷为有才，以欺饰弥缝为得计，以谣诼诽谤为逞能。究其心志，无非谋利争财，专图私便，国计民生，罔知念及。若钱粮则侵挪捏冒，交代则多年不结，盗贼则讳疾忌医，任其狂肆，上下习为宽弛，素来称为完美之区，盖此之谓。渐至财匮民乱，酿为今日之忧，实皆政事不立，上下相蒙，阶之厉也。

夫州县固多不肖，何以独甚于山东？臣详察其隐，亦因东省宦途，遇事多支吾敷衍，不求实际，即有事所难行，亦惟以案牍了事，情不相通。若州县法外生术，上司亦知其苦累难堪，无可如何。儒生正士，类少心计，舞文弄法，或非优为；而由佐杂、幕友出身者，每工设法，互相仿行，莫可究诘。如东省自道光二十九年清查交代，所有无着亏案，酌提通省俸廉坐支，代人弥补。又以前后军需报销，多有归外筹补之款，以及各项公用，均出省公摊。即以州县而计，大缺者年摊至五六千金，中小缺分亦有千数百金不等。养廉既已提扣无余，年来兵马纷出，差务络绎，又不免格外需求，时奉核减章程，每多事后折赔。州县非能取之于家，无非上窃公款，下勒民财，公用私侵，纠缠纷杂。迨至清算交代，遂复多方狡饰，以为掩盖拖延。至于滥求妄费，陋习相沿，视为成例。道府原可督察州县，而养廉一项摊扣减成之外，仅有空名，无可具领，稍一仰给，即已为所把持，关口夺气。贪猾之吏，因而挟制成风，更无忌惮，诡幻攘窃，皆存蟪蛄朝暮之见，吏治是以愈坏。臣到任一年，督率无方，特为愧悚，勉求整顿。欲恤民之疾苦，必先戒官之贪欺，是以严禁捏灾，督催交代。今岁上忙，钱粮较为踊跃，多年交代，陆续清算。近日州县似知愧悔，而稍能自爱者，实苦赔累难支，则虽强制于一时，实难力端其根本。

臣惟驭吏之道，非参劾之难，得实心任事者难；非条令严密之难，俾中材可由，人人皆奉公守法为难。若欲涤荡心术，修明政事，非多用正人，稍宽文法，公私不混，出入有经，官有以养其廉，终不可以为治。否虽峻法严刑，亦有难施。诚如圣谕"不可操切从事"也。臣实见东省政弊，病类痹痿，难缓针砭，每见属员，语言则极口诰诫，禀牍则手自批答。至于办理各事，深虑欲速不达，筹画再三，实未敢过为操切。仰蒙指示周详，不急求旦夕之治。臣惟就愚悃所及，力思补救，以副宵旰精勤孜孜求治至意。

除将应行变通各事容臣详细酌核再行奏闻外，谨将东省大概情形，理合先行附陈，伏乞圣鉴训示。谨奏。

同治三年五月廿七日奉到回折："议政王军机大臣奉旨：'另有旨。钦此。'"

山东乡试请旨依限举行折

同治三年五月三十日

奏为本年山东乡试请旨依限举行，恭折具奏，仰祈圣鉴事：

窃臣前准部咨："本年甲子科乡试，各省能否依限举行，奏奉谕旨，饬令体察情形，先期驰奏。"等因。伏查山东军务已平，此时全境肃清，考官来东，无须绕道；多士怀才欲试，志切观光，自应依限举行乡试，以广登进。至青州、德州驻防愿试翻译之生不敷中额，未能考试。据在省司道会详前来。

除咨部外，谨会同山东学政臣尚庆潮合词恭折具奏，伏乞皇太后、皇上圣鉴。谨奏。

同治三年六月十一日奉到回折："议政王军机大臣奉旨：'该部知道。钦此。'"

同治三年四月雨泽粮价折

同治三年五月三十日

奏为恭报四月份雨泽情形并呈粮价清单，恭折奏祈圣鉴事：

窃照三月份雨泽、粮价，经臣奏报在案。兹查四月份，惟沂州府属之郯城、登州府属之栖霞二县未据呈报得雨，其余历城等一百〇五州县先后申报，于月之上旬初一二三四六七八，中旬十三、十八，下旬二十二三四五八九等日，各得雨一、二、三、四、五寸及深透不等。入夏以来，旸雨应时，麦收刈获登场，秋禾次第播种，丰年预卜，民气恬熙，堪以仰慰宸厪。

至各属市集粮价，互有长落，大致与上月相同。谨缮清单，恭呈御览。为此恭折具奏，伏祈皇太后、皇上圣鉴。谨奏。

同治三年六月十一日奉到回折："议政王军机大臣奉旨：'知道了。钦此。'"

四月份粮价清单

谨将同治三年四月份山东省各属米、谷、麦、豆价值，敬缮清单，恭呈御览。

计开：

济南府属：稻米每仓石价银三两三钱五分至四两五钱，较上月贵一钱三分。粟米每仓石价银一两六分至二两六钱四分，较上月贵二分。粟谷每仓石价银八钱至一两六钱，与上月同。高粱每仓石价银九钱五分至一两七钱七分，较上月贵二分。小麦每仓石价银一两五钱六分至二两八钱二分，较上月贱一钱八分。黄豆每仓石价银一两二钱五分至二两一钱，较上月贱一钱。黑豆每仓石价银一两三钱至二两三钱八分，较上月贱一钱二分。

泰安府属：稻米每仓石价银二两九钱至四两五钱，与上月同。粟米每仓石价银一两六钱至二两五钱，与上月同。粟谷每仓石价银八钱五分至一两四钱二分，较上月贵三分。高粱每仓石价银一两六分至一两六钱五分，与上月同。小麦每仓石价银一两八钱至二两三钱七分，较上月贱一钱四分。黄豆每仓石价银一两二钱二分至一两七钱，较上月贱二钱九分。黑豆每仓石价银一两一钱八分至一两七钱，较上月贱二钱八分。

武定府属：稻米每仓石价银二两四钱八分至四两六钱二分，与上月同。粟米每仓石价银一两一钱六分至二两二钱，与上月同。粟谷每仓石价银七钱七分至一两八钱，与上月同。高粱每仓石价银八钱至一两三钱二分，与上月同。小麦每仓石价银一两五钱至三两五分，与上月同。黄豆每仓石价银一两一钱八分至二两一钱三分，与上月同。黑豆每仓石价银一两一钱至一两八钱二分，与上月同。

兖州府属：稻米每仓石价银二两五钱四分至五两，较上月贱五钱。粟米每仓石价银一两五钱至二两四钱七分，较上月贱五钱三分。粟谷每仓石价银七钱八分至一两八钱，与上月同。高粱每仓石价银九钱八分至一两八钱，较上月贱四钱。小麦每仓石价银一两五钱至二两六钱三分，较上月贱二钱七分。黄豆每仓石价银一两九分至一两九钱，较上月贱五钱。黑豆每仓石价银一两一分至二两，较上月贱四钱。

曹州府属：稻米每仓石价银三两三钱至五两，与上月同。粟米每仓石价银一两一钱七分至三两四钱六分，与上月同。粟谷每仓石价银七钱一分至二两二钱八分，与上月同。高粱每仓石价银八钱四分至二两四钱二分，较上月贱七分。小麦每仓石价银一两五钱二分至三两三钱三分，与上月同。黄豆每仓石价银一两二钱至二两七钱四分，与上月同。黑豆每仓石价银八钱四分至二两三钱八分，与上月同。

沂州府属：稻米每仓石价银二两三分至三两九钱二分，与上月同。粟米每仓石价银一两四钱八分至二两三钱一分，与上月同。粟谷每仓石价银七钱五分至一两五钱七分，与上月同。高粱每仓石价银七钱九分至一两四钱八分，与上月同。小麦每仓石价银一两一钱五分至二两，与上月同。黄豆每仓石价银八钱至一两四钱五分，与上月同。黑豆每仓石价银八钱至一两四钱五分，与上月同。

东昌府属：稻米每仓石价银三两一钱至五两，与上月同。粟米每仓石价银一两一钱四分至二两七钱，与上月同。粟谷每仓石价银七钱至一两六钱，与上月同。高粱每仓石价银九钱至二两四钱，与上月同。小麦每仓石价银一两四钱至三两三钱，与上月同。黄豆每仓石价银一两五分至二两九钱，与上月同。黑豆每仓石价银一两至三两一钱，与上月同。

青州府属：稻米每仓石价银二两二钱五分至三两七钱五分，较上月贵三钱五分。粟米每仓石价银一两三钱八分至二两一钱二分，较上月贵一钱二分。粟谷每仓石价银七钱一分至一两四钱，较上月贵一钱。高粱每仓石价银七钱九分至一两三钱五分，较上月贱一钱三分。小麦每仓石价银一两一钱至二两二钱，较上月贱一钱。黄豆每仓石价银九钱九分至一两六钱六分，较上月贱四分。黑豆每仓石价银九钱九分至一两六钱六分，较上月贱八分。

莱州府属：稻米每仓石价银二两二钱七分至三两八分，较上月贵三分。粟米每仓石价银一两至一两七钱三分，较上月贵一钱三分。粟谷每仓石价银五钱至一两五钱，较上月贵三分。高粱每仓石价银六钱五分至一两二钱五分，较上月贵一钱。小麦每仓石价银一两三钱五分至一两八钱八分，与上月同。黄豆每仓石价银一两一钱至一两四钱，与上月同。黑豆每仓石价银一两五分至一两四钱四分，与上月同。

登州府属：稻米每仓石价银二两一钱七分至三两二钱，与上月同。粟米每仓石价银一两二钱九分至一两九钱，与上月同。粟谷每仓石价银七钱七分至一两二钱，与上月同。高粱每仓石价银八钱三分至一两六钱，与上月同。小麦每仓石价银一两二钱四分至二两三钱，与上月同。黄豆每仓石价银九钱至一两八钱四分，与上月同。黑豆每仓石价银九钱至一两八钱四分，与上月同。

临清直隶州并属：稻米每仓石价银三两四钱五分至四两，较上月贵七分。粟米每仓石价银一两六钱二分至二两三分，较上月贱四分。粟谷每仓石价银一两一钱至一两三钱六分，与上月同。高粱每仓石价银一两二钱六分至二两，与上月同。小麦每仓石价银二两四钱四分至三两，较上月贱一钱。黄豆每仓石价银一两四钱五分至一两九钱九分,与上月同。黑豆每仓石价银一两四钱五分至二两二钱,与上月同。

济宁直隶州并属:稻米每仓石价银三两三钱至六两三钱七分,与上月同。粟米每仓石价银一两六钱五分至三两,与上月同。粟谷每仓石价银一两三分至二两,与上月同。高粱每仓石价银一两一钱五分至二两四钱,与上月同。小麦每仓石价银一两三钱至二两六钱,与上月同。黄豆每仓石价银一两三钱一分至二两六钱,与上月同。黑豆每仓石价银一两一钱五分至二两九钱,与上月同。

同治三年二麦约收分数折

同治三年五月三十日

奏为恭报二麦约收分数,仰祈圣鉴事:

窃照二麦收成,例应将约收分数恭折奏报。查东省本年风霾不作,旸雨应时,前因麦禾将届登场,经臣饬司查报去后。兹据十府、二直隶州查明各州、县、卫及盐场、灶地二麦约收分数,开折报经藩司贡璜汇案具详前来。臣复加查核。济南、武定、曹州三府,济宁直隶州并属约有五分余,泰安、兖州二府属约有六分,东昌、沂州、登州、莱州、青州五府,临清直隶州并属约有六分余,通省均匀牵计约收六分余。

除俟查明确收分数恭疏题报外,所有东省同治三年二麦约收分数,理合循例具奏,伏乞皇太后、皇上圣鉴训示。谨奏。

同治三年六月十一日奉到回折:"议政王军机大臣奉旨:'知道了。钦此。'"

山东运库积欠直隶剥船生息银两暂免拨解片

同治三年五月三十日

再,臣钦奉上谕:"刘长佑奏请饬催山东运司欠解剥船工食修舱银两一折。直隶额设剥船应需船户工食修舱银两,向由山东运司拨解。近年以来积欠至三十七万九千余两之多,实属延玩。著阎敬铭严饬运司,即将历年欠解直隶省剥船银两迅速筹拨,解交天津道兑收,以济要需,毋再延缓。该部知道。钦此。"遵查此款前准直隶督臣咨催,业经饬司赶紧设法筹解。

兹据盐运司恩锡详称：东省应完直省剥船生息，溯自道光十七年以后，奏明以堰工加价及商捐进关一钱厘头银两贴补。从前额引全数销完，加价厘头征收足额尚多支解不敷。迩年东纲盐务，始因黄水为灾，继被逆匪滋扰，行销各处，均属凋残。现虽全省肃清，加意整顿，一时骤难复元，应完各款异常短绌。进关厘头又经奏明停缓，加价一项，征数无几。京协各饷，纷至沓来，凑支分拨，业已罄尽。应解本省各项息银，数年来并未批解分厘，所有催提前项剥船生息实难完解等情前来。臣复加查核，确系实情。

当此商力疲乏之时，赶办课运尚形竭蹶，若再催完积欠帑利，殊于正课有碍。合无仰恳天恩俯念无款可筹，准将东省运库积欠直省剥船生息银两暂免拨解。至本年例拨之项，仍饬随时酌量情形，俟冬间果能收有成数，再与各处生息均匀支解，以济要需。

除咨直隶督臣转行天津道知照外，理合附片陈明，伏乞圣鉴。谨奏。

同治三年六月十一日奉到回折："议政王军机大臣奉旨：'知道了。钦此。'"

沾化知县赵钟华勒缉赃盗已获请开复折

同治三年五月三十日

奏为勒缉赃盗已获，请旨将原参知县开复顶戴，恭折奏祈圣鉴事：

窃照前抚臣谭廷襄奏参署沾化县知县赵钟华疏防，衙署被窃，临时强劫一案，同治元年十月初五日奉旨："赵钟华著先行交部议处，摘去顶戴，勒限一月。余依议。钦此。"并准部咨将赵钟华议以降一级留任，题准查级抵销在案。

伏查此案先经谭廷襄批司饬府亲往查勘，仓库文卷均未疏失。嗣据赵钟华会同汛弁暨阳信等县，带领兵役，于是年十月二十八暨十一月初四等日，先后拿获盗犯李大小、李二、刘大柱、张沨淋、李有棠、张二豹、刘蓝漳、郑蓝亭、经连有等九名，当场格杀刘耳拴、刘铁船、雷放铳、巴田占、韩大驴、张大豹等六名，起获赃衣、贼械，讯明同伙二十二人。李大小起意行强，按律均罪应斩枭。禀经批饬，将李大小等九犯就地正法，按季汇奏，并将供招咨部，仅止蔡鞍平等七名在逃未获。是此案已于勒缉限内获犯过半，兼获盗首。该县赵钟华虽经疏防于前，尚知愧奋于后。兹据臬司丁宝桢具详前来。相应请旨，将前署沾化县知县赵钟华原参摘去顶戴之案，即予开复，以昭激劝。为此恭折具奏，伏乞皇太后、皇上圣鉴训示。谨奏。

同治三年六月十一日奉到回折："议政王军机大臣奉旨：'赵钟华著准其开复顶戴。钦此。'"

接办黄蜡委员邵谦名延不报解请暂行革职折
同治三年五月三十日

奏为接办黄蜡委员延不报解，请旨暂行革职，仰祈圣鉴事：

窃照东省应解咸丰三年额添两项黄蜡，先后派委妥员催办，均经病故。复于咸丰八年另饬候补知县邵谦名接办。乃该委员任意延宕，屡经严催，则以前委各员应交款项未清，各州县亦有欠解为词。殊属玩误，若不立予参处，何足以儆效尤。据藩司贡璜详请奏参前来。相应请旨，将该委员候补知县邵谦名暂行革职，勒限两个月将前项蜡斤一律办齐，依限解部交纳，即请开复；逾限不解，再行严参。至前委各员有无未交之款，各州县是否欠解，容俟饬司确查，另行核办。为此恭折具奏，伏乞皇太后、皇上圣鉴训示。谨奏。

同治三年六月十一日奉到回折："议政王军机大臣奉旨：'邵谦名著暂行革职，勒限两月一律办齐，解部交纳，倘逾限不解，即行严参。余依议。钦此。'"

委员管解甘饷片
同治三年五月三十日

再，东省应拨甘饷，前已陆续解过银三万两。兹复据藩司贡璜详报，在于地丁项下筹银二万两，饬委试用未入流张铜管解，起程前赴甘肃庆阳粮台交纳。又上年奉拨宁夏郡城饷银五万两，现先设法措银一万两，饬委试用未入流沈殿成解交归绥道衙门存候提用。

除分咨查照外，理合附片陈明，伏乞圣鉴。谨奏。

同治三年六月十一日奉到回折："议政王军机大臣奉旨：'知道了。钦此。'"

委员管解僧格林沁营三月份军饷片

同治三年五月三十日

再，东省应解僧格林沁大营军饷，节经饬司筹解。兹据藩司先后详报，本年三月份饷银五万两，前经饬委候补县丞刘恩霖解银二万两。现又筹银三万两，委试用道库大使汪榕管解，起程前往河南粮台交纳。

除分咨外，所有三月份军饷解清缘由，理合附片陈明，伏乞圣鉴。谨奏。

同治三年六月十一日奉到回折："议政王军机大臣奉旨：'知道了。钦此。'"

同治三年春季各属正法盗犯名数折

同治三年六月十五日

奏为查明各属正法盗犯名数、案由，恭折具奏，仰祈圣鉴事：

窃照山东拿获盗犯、枭匪正法案件，例应按季汇奏。兹查同治三年春季分，各属拿获罪应斩决盗犯十八名，均经随时审明，就地正法。据臬司丁宝桢详请汇奏前来。臣复查无异。理合将名数、案由，敬缮清单，恭呈御览。

除饬司将各案供招分起详咨外，为此恭折具奏，伏乞皇太后、皇上圣鉴。谨奏。

同治三年六月廿九日奉到回折："议政王军机大臣奉旨：'刑部知道。单并发。钦此。'"

谨将同治三年春季分，各属正法盗犯名数、案由，敬缮清单，恭呈御览。

一、昌乐县拿获盗犯田椿沄、于枫、于安芒、王五等四名，行劫事主王士朴等钱物，罪应斩决。

一、德州拿获盗犯陈憬书、刘大勇、辛士魁三名，持械抢夺事主刘功等骡马、钱物，拒伤事主，罪应斩决。

一、费县拿获盗犯张桂亭、范希之、张士则、王诚、宋用洸五名，行劫事主武攀龙铺内银钱、衣物，罪应斩决。

一、济宁等州县拿获盗犯汤三瞎子、汤双印、汤万厢、刘黑小、董华刑、张四画匠六名，连劫城内事主黄德易等铺内银钱、衣物，罪应斩枭。

请开复原参知州周鹠顶戴折

同治三年六月十五日

奏为勒缉连劫赃盗尚未全获，请旨将原参知州开复顶戴，仍行交部议处，恭折具奏，仰祈圣鉴事：

窃臣奏参代理济宁直隶州知州周鹠疏防，连劫城内事主黄德易等钱铺一案，于同治三年二月二十八日奉旨："周鹠著摘去顶戴，勒限两月缉拿，务获究办等因。钦此。"当即行司饬缉去后。

兹据该州周鹠会督营汛吏目并协同郓城等县，于二月初四至三月初六等日，先后拿获盗犯汤三瞎仔、汤双印、汤万厢、刘黑小、董华刑、张四画匠、孙兆田、岳溃兰等八名，并起获原赃衣物到案。讯明汤三瞎仔起意纠允现获之汤双印、汤万厢、刘黑小、董华刑、张四画匠并在逃之杨六等五人，连劫事主黄德易等钱铺银钱、衣物，汤三瞎仔、汤双印、杨六拒伤铺伙王相臣等平复，均罪应斩枭。孙兆田临时因病不行，事后分赃；岳溃兰临时畏惧不行，亦未分赃，罪止满流满杖。禀经臣批饬将汤三瞎仔等六犯就地正法，汇案奏报，并将供招咨部。是此案同伙十三人，已于勒缉限内获犯过半，兼获盗首。虽定例犯未全获，尚应减议，究与始终怠缉者有间。据臬司丁宝桢具详前来。相应请旨，将代理济宁直隶州知州周鹠原参摘去顶戴之案，即予开复，仍交部照例议处。

再，此案盗首汤三瞎仔，伙盗汤双印、汤万厢等三名，系署郓城县知县陈烈首先拿获，并请交部议叙。为此恭折具奏，伏乞皇太后、皇上圣鉴训示。谨奏。

同治三年六月廿九日奉到回折："议政王军机大臣奉旨：'周鹠著开复摘去顶戴之案，仍交部照例议处。陈烈著交部议叙。钦此。'"

山东漕船出境日期片

同治三年六月十五日

再，东省闸外德正首帮粮船开行，业经奏报在案。兹据督粮道沈维璂禀报：闸内各帮跟接依次开行，循例督押北上，尾帮濮州帮于五月二十四日全数挽出德州柘园镇东境等情。

除饬加紧押催迅速抵通交卸，一面分咨直隶督臣、天津镇臣饬属一体接催外，所有东省漕船出境日期，理合附片陈明，伏乞圣鉴。谨奏。

同治三年六月廿九日奉到回折："议政王军机大臣奉旨：'知道了。钦此。'"

查办潘黄氏呈告藩司贡璜折

同治三年六月十五日

奏为故员家属呈告藩司在道员任内科索陋规，先将查办缘由恭折具奏，仰祈圣鉴事：

窃照本年六月初一日臣拈香回署，据孀妇潘黄氏拦舆投递呈词一纸。据称系已故前署寿光县知县潘运第子媳，因藩司贡璜前在登莱道任内科索潘运第致送节、寿、季规等银六百余两，呈请饬该藩司如数偿还等词；并抄粘库账及已故掖县知县许乃恩信函为据。臣接阅之下，殊深诧异。查外省上司收受陋规已干例禁，今称科索，尤应确查。虽该孀妇具呈不列抱告，例不应收，事干牵涉大员，是否属实，亟宜彻底根究。当即批交臬司丁宝桢提传潘黄氏审讯去后。

兹据臬司详称：传潘黄氏讯据供称，咸丰八年至十年间，伊翁潘运第署寿光知县任内，贡藩司时任登莱道，曾送过节、寿、季规银六百余两。余供与原呈大略相同。诘以何以不遣抱告，则称伊翁、伊夫均已病故，现有伊子潘明湘因案候审，患病取保，未能前来，此呈系伊侄潘明杰所写，数日前已遣回南。诘以送银有无该藩司收受字据书信，则称乌有，惟以库账及已故许乃恩信函为据。诘以许乃恩原信何不呈出，则称收藏在家，俟京控乃能呈阅。诘以馈送银两既无收据，曾否送到均无从知，若以库簿为凭，此等库簿向系本署自行登记账目，他人从不稽查，当时、事后尽可捏造。至呈内所称家丁、库书等，该故员当日自知多有亏空，何难遇事串通，自告自证，更难为据。至许乃恩原信业经当堂究诘，即应呈出附卷，方为有据，何以屡经追究，转以京控为词？况许乃恩信内词语不近情理，且系故员，即将原信呈出，是否该故员所书，已属无从质对，何能凭据。再诘以致送节、寿、季规并非公用，今云库书库账，是何得擅动库款，该氏亦俯首无词。且查潘运第历任交代，甫于数日前由藩司会同交代局司道核出亏空约有三万余两，尚未核清揭报，似此恃妇狡展，实系以牵引无据之词，先为挟制地步，详请从严究办等情前来。

臣复查该枭司所详是潘黄氏供词，业已游移无据，但事关牵涉藩司大员，若不复加讯审，无以帖服其心。如该藩司实有收受陋规确切凭据，臣惟有据实纠参，断不敢稍为护庇。倘该氏系因交代亏空之故，砌词狡展，亦当从严惩办，儆此刁风。当即一面批饬枭司饬提寿光县库簿、库书人等再加秉公查讯，从严详办；一面饬查该故员潘运第亏空库款实数，并行奏闻办理。

除照抄原呈及所粘之库账、信函咨送军机处备查外，所有现在查办缘由，理合据实先行恭折具奏，伏乞皇太后、皇上圣鉴训示。谨奏。

同治三年六月廿九日奉到回折："议政王军机大臣奉旨：'另有旨。钦此。'"

同治三年六月廿二日内阁奉上谕："阎敬铭奏故员家属呈告藩司在道员任内科索陋规查办情形一折。据称已故前署寿光县知县潘运第子媳潘黄氏呈称：藩司贡璜前在登莱道任内科索潘运第致送节、寿、季规等银六百余两，请饬藩司偿还等词，并粘抄库账及已故掖县知县许乃恩信函为据。提讯潘黄氏，供词游移无据。查潘运第历任交代亏空约有三万余两，潘黄氏牵词呈控，难保非先为挟制地步，现在详细查办等语。此案潘黄氏如果因伊翁潘运第任内查出亏空银两，砌词控告，意存挟制，刁风实不可长。贡璜于登莱道任内有无收索陋规，亦无难确实查明。著阎敬铭秉公详查，据实具奏。钦此。"

敬陈东省吏治积弊片
同治三年六月十五日

再，东省吏治之弊，臣于前月回省后奏报周历兖、沂、曹三府情形折内，附片略陈，仰蒙圣训周详，谕臣以实心实力。臣感激奋励。于积重难返之中，力求挽回之术，实以清厘交代为亟务。盖州县清算交代本属照例应办，在东省尤为切中时弊，而在属员则诧为固执刻薄、逼迫不情之事。财赋之亏，人心之蠹，纲纪之隳，皆由于此。治病必求其源，敬为我皇太后、皇上陈之。

窃查东省钱粮，岁额应解司库者二百七八十万两。果使正额尽归于公，即地方间有灾缓，军需间有垫办，何至十余年来前后比较，惟同治二年通岁库收一百八十余万两为最多，此固不能尽诿之水、旱、盗贼也。天下不多廉吏，亏欠侵挪之案何省无之？然惩一儆百，人知畏法而不敢为，何以东省州县视为故然？问之则皆以亏累为词，参之则皆有用款可抵，源流莫辨，出入混淆，此又非纠参一二亏案所能清理者也。

溯查自道光二十八年办理清查以后，至今十七年来，各州县多不按限、按任清算交代，日积月累，新旧各案有五百余起之多，前后缪辕，彼此抵牾，千头万绪，总以官非一任、事非一时为支饰之词。幕友舞文，官吏狡执，动即束手。迁延时日，固结违抗，必使交代无结算之期，则侵挪无显露之日。将来万难延搁，不过再办清查。有著之款，通融列抵；无著之款，咨追摊赔，国帑仍属虚悬，身家依法得计。此其私意极愿上司姑容宽纵，上下包庇，方且感激颂誉，一经认真盘诘，则彼此牵涉，攻讦纷起，全无愧悔之意、畏惧之心，刁诈巧滑，党为锢习。且以附近京畿，动作蜚语，诩为能技。唐臣魏征有曰："下多轻上，渐不可长。"宋臣司马光有曰："为下者常眄眄焉伺其上，为上者常惴惴焉畏其下……争务先发以遏其志，如是而欲求天下之安，【其可】得乎！"

夫东省水灾、盗贼犹外患也，人心蠹而财赋亏，纪纲隳而政事坏，其忧方大也。议者或谓不易挽回。臣以受恩深重，不敢敷衍推诿，时思针膏肓而起废疾，以为清交代始能杜侵挪，杜侵挪始能正财赋，财赋清而后百事可以徐理。臣于督催交代，亦非格外苛求，仍令照东省向办成案分晰核算，无亏则接，有亏则参，坦白易行，删去纠绕。

自臣去冬回省后，破除情面，力为督催，现已算明二百余起，尚有二百余起严催查案提算。而不肖之员，虑事将败露，挟其伎俩，百计阻挠。如已故寿光县知县潘运第亏款甚巨，臣督饬藩司正在查办间，即有该故令之媳潘黄氏不列抱告，拦舆呈控藩司贡璜收索陋规一案，其为主使有人，显然可见。此犹初启其端，巧为尝试，暗中观望者不知凡几。设一消弭掩盖，即为其所挟，必至政令不行。臣自矢无私，有何疑惑？应请此后倘有属员揭告上司收受陋规，如查有确凿实据可凭，臣即立为参办，不敢瞻徇。如系撼拾造作，意图挟制，亦即立案不行，仍治以诬捏之罪，庶期刁风可息，人心可挽，而政事渐清矣。

臣愚昧之见，是否有当，谨附片陈明，伏乞圣鉴训示。谨奏。

同治三年六月廿九日奉到回折："议政王军机大臣奉旨：'另有旨。钦此。'"

揭参长清县知县丁兆基折

同治三年六月十五日

奏为县城钱铺被窃拒捕，请旨将撤任知县摘去顶戴，勒限留缉，以重捕务，恭折奏祈圣鉴事：

窃据长清县知县丁兆基详报：城内事主王与龄钱铺，于同治三年二月初一日夜被窃银钱、物件，赃逾满贯，并将铺伙刘丕信拒伤等情一案。臣因风闻此案系属强劫，恐系该县讳强为窃，当即批司将丁兆基记过勒缉，一面饬委候补同知王荫昌驰往确查，据禀情形与该县原报无异。臣恐该委员扶同捏禀，并因丁兆基经臣调省察看，复经批司饬令济南府知府萧培元亲诣该县，督同接署知县赵新查勘，王与龄钱铺门户并无撞毁形迹；集讯事主地邻人等，佥称贼系踏梯进铺，拨门入室，行窃得赃，铺伙刘丕信惊觉起铺，致被拒伤逃逸。当时铺内有贼五六人，铺外有贼四五人，委系被窃拒捕，并非强劫，丁兆基原报亦无抑勒讳饰情弊。惟贼匪伙众持械行窃城内钱铺，拒伤铺伙，例应照盗案开参。该县丁兆基事先疏于防范，事后犯无弋获，缉捕实属废弛，未便因已撤任调省任其置身事外。兹据藩、臬两司转据该管道府揭参前来。相应请旨，将撤任长清县知县丁兆基摘去顶戴，勒限两月，留于失事地方，协同后任缉拿此案赃贼，务获究报，限满不获，再行严参。为此恭折具奏，伏乞皇太后、皇上圣鉴训示。谨奏。

同治三年六月廿九日奉到回折："议政王军机大臣奉旨：'丁兆基著摘去顶戴，勒限两月协缉，倘限满无获，即行从严参办。钦此。'"

长清知县调省遗缺以邹平知县调署片

同治三年六月十五日

再，长清县知县丁兆基调省察看，所遗员缺，查有邹平县知县赵新堪以调署。该员任内并无盗案已起四参及钱粮未完有关降调展参处分。据藩、臬两司会详前来。理合奏闻，伏乞圣鉴。谨奏。

同治三年六月廿九日奉到回折："议政王军机大臣奉旨：'知道了。钦此。'"

解清僧格林沁营四月份军饷片

同治三年六月十五日

再，东省应解僧格林沁大营四月份军饷，节经饬司筹解。据藩司贡璜先后详报，饬委候补州吏目汤学炎解银三万两、候补典史花天铭解银二万两，分批前往河南省城粮台交纳。

除分咨外，所有解清四月份协饷缘由，理合附片陈明，伏乞圣鉴。谨奏。

同治三年六月廿九日奉到回折："议政王军机大臣奉旨：'知道了。钦此。'"

委员管解盐课京饷片

同治三年六月十五日

再，山东盐课项下拨解同治三年分京饷银十二万两，经臣督饬运司先后筹银六万两，遵照五月前限期分起委解在案。兹复据运司恩锡详报，在于续征盐课等项下动支银二万两，同应交加平银三百两、饭食银三百两，饬委候补盐大使钟履祥、董溥管解，前赴户部交纳。

除照旧具题并册分送部科查核外，理合附片陈明，伏乞圣鉴。谨奏。

同治三年六月廿九日奉到回折："议政王军机大臣奉旨：'户部知道。钦此。'"

讯明参办盐场大使与知县把总等互讦案折

同治三年六月十五日

奏为盐场大使与知县、把总等互讦一案，遵旨讯明确情，据实参办，恭折奏祈圣鉴事：

窃照王家冈场盐大使徐季昌与乐安县知县彭嘉寅等因案互讦，经前抚臣谭廷襄奏奉谕旨："彭嘉寅等均著撤任严讯。余依议。钦此。"当经谭廷襄行司饬调彭嘉寅等来省，发委济南府提集滩户、场书人等秉公严讯。据报滩户马良弼于同治元年十月初七日在押病故，讯无别故，详批核入正案拟办。该府萧培元审拟解司，臬司丁宝桢因恐案情未确，会同藩司贡璜、运司恩锡督同审明拟议，解勘前来。臣亲提研鞫。

缘徐季昌系江苏金匮县监生，由云南候补盐大使指分山东，咸丰九年题补王家冈场盐大使。马彩英籍隶乐安县，系滩户马兆训之父。已获病故之马良弼与在逃之马兆训、马景臻充当该场滩户。有公共盐滩二处，盐在滩内系属小包，计重一百六十斤，到坨后，场官过秤，始合二为一。因恐灶户偷漏，向有散放酱盐、菜盐旧章。每年申报运司，按两季散放，共散小包盐四十包。咸丰十一年，滩中产盐不旺，此项食盐并未散放。同治元年五月间，大雨时行，各县均未开运，灶户困苦不堪，支取食盐。马良弼与马兆训等因系旧章，陆续散放盐八十包，又有肩挑背负之老幼残疾人等零星赊取盐二十余包，共计小包盐一百余包，尚存盐一百六十包，共合大包八十包。马良弼因不敷官运，恐被徐季昌查出获咎，起意商同马兆训、马景臻，捏称五次被抢盐二百六十余包，报经徐季昌具禀运司；一面移会乐安县。知县彭嘉寅会同城汛把总韩吉泰亲诣勘验，并无被抢情形。集讯地保缪自保、庄民李得辛等，因不知散放赊取底理，佥称系马兆训等陆续盗卖，并非被抢。质之马良弼，畏受刑责，妄供马兆训等盗卖，后虑恐获罪，报经徐季昌授意场书宋天德，主令分案捏报被抢。马彩英因外出甫归，未知情由，亦随同混认。彭嘉寅会同韩吉泰并典史孙銮，据供禀经前抚臣谭廷襄批司饬委候补知县周士衔前往查讯。徐季昌偏听马良弼等禀诉，即以滩盐实系被抢，县营规避处分，刑逼滩户妄认盗卖，复称场官主令捏报；并谓彭嘉寅因该大使屡催垫发巡役工食支吾不给，彼此不合等词具禀互讦。嗣因周士衔禀复马良弼等供词闪烁，滩盐是否被抢已无形迹可验，饬提现到人证发审；一面奏请将徐季昌等一并撤任，调省严讯，供悉前情，究明滩盐实非被抢，徐季昌并未主令滩户捏报，彭嘉寅等亦无刑逼滩户妄认情事。至该场例设长巡工食，向由乐安、博兴两县支发，不经场官之手。徐季昌垫发之款，系添雇短巡工食京钱五百二十千，已经彭嘉寅清理，诘非挟嫌诬讦，亦无起衅别故，应即拟结。

此案王家冈盐场大使徐季昌，于应管滩盐被滩户私散私赊，捏报被抢，毫无觉察；迨乐安县彭嘉寅会营勘讯滩户妄供盗卖，并称该大使主令被抢，又不详查申诉，辄听滩户一面之词，禀评彭嘉寅等规避处分，刑逼妄认。种种纰缪，虽讯非挟嫌诬讦，其始终偏听妄禀，已属行同无赖，且其名声亦甚恶劣，应请旨即行革职，永不叙用，并勒令回籍，不准在东逗留，滋生事端。乐安县知县彭嘉寅并未刑逼妄认，原禀亦非虚饰，应与会禀之乐安汛把总韩吉泰、乐安县典史孙銮均免置议。已补城武县知县周士衔查禀不确，业于另案参奏，应毋庸议。马彩英随同妄认，应照不应重律，拟杖八十。事犯到官在同治元年八月初二请刑恩旨以前，应予宽免。滩户马良弼私自赊放滩盐，捏报被抢，本干例议，业已在押病故，应与讯无不合之场书宋天德、地保缪自保等，均毋庸议。逸犯马兆训等饬缉，获日另结。

再，王家冈场盐大使一缺，东省现有应补人员，应请扣归外补，合并陈明。

除供册咨部外，理合恭折具奏，伏乞皇太后、皇上圣鉴训示。谨奏。

同治三年六月廿二日内阁奉上谕："阎敬铭奏审明职官互讦案情定拟一折。此案山东王家冈场盐大使徐季昌，因滩户赊放滩盐，控报被抢，并不详查，率行具禀。迨经乐安县知县彭嘉寅会同把总韩吉泰亲诣勘验，并非被抢，禀经谭廷襄委员前往查讯，徐季昌复偏听马良弼等捏诉，即以滩盐实系被抢，县营规避处分，刑逼滩户妄认盗卖；并称彭嘉寅因该大使催发巡役工食，彼此不合等语。诘禀彭嘉寅并无刑逼妄认情事，原禀亦非虚饰；而徐季昌辄信滩户一面之词，始终妄禀，虽非挟嫌诬讦，实属荒谬，且该员平日声名恶劣，著即行革职，永不叙用，并著勒令回籍，不准逗留。彭嘉寅、韩吉泰讯无不合，著与乐安县典史孙銮均免置议。余著照所议办理。该部知道。钦此。"

冲繁难知县要缺请仍照前奏拟补折
同治三年六月二十八日

奏为冲繁难兼三知县要缺，请旨仍照前奏拟补，恭折仰祈圣鉴事：

窃照冠县知县一缺，经臣奏请以委用大挑知县孙善述补授，吏部奏驳："出缺在先，该员服满到省在后，不在例准声明之列，应另行拣员调补。"并将臣照例议处等因。奉旨："依议。钦此。"自应钦遵办理。

惟查冠县为东昌府之西鄙，与直隶地面犬牙相错，最易藏奸。上年盗贼蜂起，冠县实为匪薮。现甫经平复，民情极为难治，缓则养痈，急则生变，抚绥弹压，必须才识优长，始中窾要。且自失守之后，钱漕蠲缓，民力困苦，优缺变为瘠区，履任者均望而却步。惟该员孙善述于上年军务倥偬之际，委署此缺，筹防督剿，以及承办善后事宜，无不认真经理，井井有条；擒拿匪徒，惟该员捕获最多。是其才力明断，职守勤能，实已著有成效。现在东省虽已肃清，仍虑沿边州县伏莽未除，必须随时严饬搜捕，除莠安良；粮赋亟宜加意整顿，未便拘泥成例，更易生手，转致前功尽弃。臣实为要缺需才起见，惟有仰恳天恩俯准，仍照前奏，以委用大挑知县孙善述补授冠县知县，实于地方大有裨益。理合恭折具奏，伏乞皇太后、皇上圣鉴训示。谨奏。

同治三年七月十二日奉到回折："议政王军机大臣奉旨：'另有旨。钦此。'"

委员管解陈国瑞营饷片
同治三年六月二十八日

再，臣钦奉寄谕："著将陈国瑞军饷迅速克期筹解无误急需"等因。遵经行司筹款委解。兹据藩司贡璜详报，此项饷银自上年九月起至本年五月止，共解过银三万三千两，均经随时奏报在案。现又在于正杂项下筹措银五千两，饬委候补县丞沈培基管解，起程前赴徐州粮台交纳转解。

除分咨外，理合附片陈明，伏乞圣鉴。谨奏。

同治三年七月十二日奉到回折："议政王军机大臣奉旨：'知道了。钦此。'"

省会知县要缺请旨仍照前奏拟补折
同治三年六月二十八日

奏为省会知县要缺，请旨仍照前奏拟补，恭折仰祈圣鉴事：

窃照历城县知县员缺，经臣奏请以候补知县陶绍绪补授，吏部奏驳："出缺在先，该员开复在后，虽于折内详细声叙，惟不在例准声明之列，应另行拣员调补。"并将臣照例议处等因。奉旨："依议。钦此。"自应钦遵办理。

惟是用人之法，必须因地因材，斯官无弃人，亦政无废事。东省吏治之坏，已非一日。凡工于应对周旋，善于伺应趋承者，辄谓才能，省会缺出，每多调补，驾驭稍疏，其聪明才智悉越范围，而莫之或遏。甚至机械之巧，相习成风，无所底止。臣愚以为须择悃愊无华者为之倡率，庶各属皆有所矜式，风气亦渐可挽回。

查得候补知县陶绍绪，由翰林院庶吉士散馆以知县用，历任高密、长山、乐陵、益都等县，循声卓著，舆情爱戴。嗣因公被参降调，经前抚臣谭廷襄据实复奏，奉旨开复原官，仍回山东。臣察其读书明理，守正不阿，毫无官场时习，是以奏补历城县知县。部臣驳饬，原因职掌铨衡，必当恪遵成例。而因材器使，因地制宜，臣既经灼见真知，不敢稍事拘泥。现准部复："御史贾铎条陈整顿吏治案内，奏请嗣后首府首县缺出，应令该督抚于通省正途人员内拣选调补。奉旨：'依议。钦此。'"东省正途固不乏人，或现任剧区，碍难更易生手；或未经明试，不便骤居繁要。惟该员陶绍绪在东服官多年，崇实黜华，廉能懋著，堪膺是选。仰恳天恩俯赐仍照原奏，准以候补知县陶绍绪补授历城县知县，以重员缺而肃官方。理合恭折具奏，伏乞皇太后、皇上圣鉴训示。谨奏。

议政王军机大臣奉旨："另有旨。钦此。"

乡试房考照例遴选即用分发人员折

同治三年六月二十八日

奏为乡试房考，现任州县不敷调取，照例遴选即用分发人员一并考充，恭折具奏，仰祈圣鉴事：

窃照山东乡试，例用内帘房官十二员，向于科甲出身现任州县内先期调取考充，因恐文理荒疏，复多调十余员校试拣选。本年甲子科乡试应调房官，自应照旧办理。惟此时西北、西南一带州县，或编查保甲，或搜捕余匪，以及一切善后事宜，均关紧要，有未便照常调取之处。惟有查照定例，于即用分发人员内遴选，与实缺人员一体校试，将文理较优者派充内帘房考，稍次者无论现任、即用，均派充外帘差使，以昭慎重。据藩司贡璜具详请奏前来。

除批饬遵照外，理合循例恭折具奏，伏乞皇太后、皇上圣鉴。谨奏。

议政王军机大臣奉旨："知道了。钦此。"

奉旨饬拿为匪富户查无不法情事折

同治三年六月二十八日

奏为奉旨饬拿为匪之富户，查无不法情事，恭折据实具奏，仰祈圣鉴事：

窃臣前在峄县行次，承准议政王军机大臣字寄："同治三年四月二十一日奉上谕：'给事中博桂奏逆党漏网复行啸聚一折。据称风闻山东单县地方，有富户朱世德弟兄，家资颇厚。咸丰九年，朱世德恐捻匪进庄抢掠，将银两、牛马等物投献贼营，并将其孙过继捻匪头目张连随为子，暗引匪党入城隐匿朱世禄家中。后因事败，旋各逃窜，潜匿茶山地方。朱世德等先后漏网，恃有捻党为援，横行乡间，霸占族邻庄田，抢千总曹姓之妾为妻。现复啸聚数百人，私造军器，蓄养马匹，自称系前明后裔，与逆党蒋魁、蒋虎为心腹，令张升、吴住为健将，种种不轨，请饬查拿等语。山东全省甫经肃清，如果有此等不法之徒啸聚横行地方，官畏其凶横，隐忍不办，势必又酿乱阶。著阎敬铭按照博桂所奏各情，遴委贤能之员，密速查拿，从严惩办，以靖奸宄而安善良。原折著抄给阅看。将此谕令知之。钦此。'"

伏查朱世德与弟朱世禄系东省著名富户，其姻亲多系仕宦之家，绝不闻有前项不法情事。臣随沿途查访，并于行抵单县时派弁密查，亦毫无端倪。臣恐扰累善良，又恐官吏索诈，未敢遽行饬拿。因曹州府知府来秀在任两年，情形熟悉，臣委令亲往确查，据实禀候核办，不准一字隐饰。

兹据该府来秀禀称，如原奏"风闻单县地方有富户朱世德、朱世禄系属弟兄，家资颇厚。咸丰九年，当皖捻窜扰之时，朱世德恐其进庄抢掠，随备具银两、牛马等物先赴贼营投献，并将其孙三旺儿过继与捻匪总头目张连随为子，暗引匪党入城隐匿朱世禄家中，即由其家后墙暗挖地道。后因事败，旋各逃窜，潜匿茶山地方"一节。查得朱世德系甲午科举人，与其弟朱世禄均系单县巨富。因咸丰年间捐助军饷并防剿出力，朱世德由候选郎中历保花翎候选知府；朱世禄由候选中书历保花翎知府衔候选同知，其人性情粗率，语涉夸张，与朱世德平素尚称安分。咸丰九年八月间，皖捻窜扰单境，朱世德等与邻近各团齐集团丁，随同地方官扼要堵剿，将匪击败，追逐出境。此阖邑士民所共见共闻，并无备具银两、牛马投献贼营并将其孙三旺儿继与捻首为子情事。当时捻匪并未进庄，县城亦未失陷，所称暗引匪党入城隐匿家中，更属毫无影响。至于茶山系霍邱、六安一带出茶之所，并非地名。

又原奏"朱世德、朱世禄先后漏网，今恃捻党为援，益无忌惮，横行乡间，霸占族邻庄田二百余顷，拆毁房屋二十余处，强抢千总曹姓之妾邵氏为妻，致曹姓气忿自尽。种种凶恶，不法已极，本处居民受其害者，指控累累"一节。查得朱世德等并未通贼，亦未横行乡间。如果霸占族邻庄田二百余顷，拆毁房屋二十余处，被害之家岂肯甘心隐忍，缄默不言。今访之阖邑士民，咸谓并无其事，检查府县档册，亦无告发之案。只有刘朱氏因钱债细故控县讯结，此外别无控告案。据上年春间，朱世禄曾买金乡县人邵氏为妾，并非强抢。后因邵氏不安于室，逐归母家。邵氏曾为曹姓之妾，并无曹姓因邵氏被抢气忿自尽之事。

又原奏"朱世德不时常赴茶山地方来往居住，今伊因势焰鸱张，随招集亡命啸聚数百人，私造军器，蓄养马匹，自称系前明后裔，与逆党蒋魁、蒋虎为心腹，令张升、吴住为健将。其种种谋为不轨之处，实堪发指"一节。查得朱世德等向在各处开设店铺，近因被扰，半皆歇业。本年朱世禄赴霍邱、六安一带作茶行生意，伙计系朱赓岐、杨升二人。如其招集亡命啸聚数百人，私造军械，谋为不轨，无论如何秘密，终难掩人耳目。今查讯其四邻贡生李用枢等称，朱世禄贩茶属实，并未与朱世德通贼为匪，均愿具结。惟朱世禄素性吝啬，往往不满于人口。此时人心不古，因此造言诽谤，任意播扬，亦为事之所有。若谓其种种不轨，委实不敢诬指等情。由藩、臬两司核明具详前来，核与臣所查情形若合符节。

臣查候选知府朱世德、候选同知朱世禄，被参通贼为匪，霸人庄田，拆人房屋各情，均属影响全无。即朱世禄将买妾邵氏逐归母家，并无不合，原参强抢酿命，亦查无实据，应请毋庸置议。理合恭折具奏，伏乞皇太后、皇上圣鉴训示。谨奏。

同治三年七月十二日奉到回折："议政王军机大臣奉旨：'知道了。钦此。'"

曹丙辉补授东昌府知府折
同治三年六月二十八日

奏为知府员缺紧要，遴员请旨补授，恭折奏祈圣鉴事：

窃照前任东昌府知府秦际隆参革，接准吏部知照，按照限减半，应以同治三年五月十九日作缺。所有东昌府一缺，连年地方多故，所属莘、堂、冠、馆及界连朝、濮等处，实为盗贼渊薮。现虽一律肃清，而剔除伏莽，安抚疮痍，必须该管知府才识兼优，宽猛并济，方克胜任。经臣于上年具奏，改为题调要缺，由外拣员请补。遇有缺出，先补地方一人，再补河工一人，河工无人，即专用地方人员。奉旨允准在案。现系奏改后第一次出缺，应以地方人员酌量请补。臣督藩、臬两司逐加遴选。查有现署东昌府候补尽先补用知府曹丙辉,现年三十八岁,江苏己酉科拔贡,以七品小京官用,签分兵部。咸丰二年,中式顺天乡试举人。三年,请假回籍。经前任漕督臣福济奏留扬州军营,旋赴安徽。四年,丁父忧。五年,柘皋胜仗案内,保举服阕后仍留兵部,以主事遇缺即补。克复庐州案内,保举遇有本部员外郎缺出,无论题选咨留,尽先补用,先换顶戴。六年,克复无为州案内,又保免补本班,俟服阕后以知府,不论双单月,发省分归候补班补用。七年,起复,报捐指省山东。八年,丁生母忧。十年,起复回省。同治元年,调取引见。四月领照到省,在保守省成案内汇保,奉旨:"著赏加道衔。"二年,于兖、沂、曹剿匪出力案内,奉上谕:"著尽先补用,并赏戴花翎。"是年九月,署理东昌府印务,又因淄川、东昌、白莲池等处剿匪出力,经臣保奏,奉旨:"赏加盐运使衔。钦此。"该员朴实勤明,精详稳练。在署东昌府任内筹防督剿,办理厘卡、保甲,清查逆产,搜捕余匪,修葺考棚、书院各事宜,矢以实心,行以实力。现在阖署乂安,群黎悦服,以之请补此缺,实系人地相需,与例亦符。据藩、臬两司会详前来。合无吁恳天恩俯准,以候补尽先补用知府曹丙辉补授东昌府知府,实于地方大有裨益。如蒙俞允,该员系候补尽先补用知府,请补知府衔缺相当,毋庸送部引见,亦毋庸声叙参罚。

理合会同署河东河道总督臣谭廷襄恭折具奏,伏乞皇太后、皇上圣鉴训示。谨奏。

议政王军机大臣奉旨:"吏部议奏。钦此。"

同治三年五月雨泽粮价折
同治三年六月二十八日

奏为恭报五月份雨泽情形并呈粮价清单,仰祈圣鉴事:

窃照四月份雨水、粮价,前经臣奏报在案。兹查五月份,据济南府属之历城、章邱、齐东、济阳、禹城、长山,泰安府属之泰安、新泰、莱芜、肥城、东平、东阿、平阴,武定府属之阳信、海丰、商河,兖州府属之滋阳、曲阜、宁阳、邹县、泗水、汶上,沂州府属之兰山、郯城,曹州府属之菏泽、城武、曹县、定陶、巨野、范县、观城,东昌府属之博平、茌平、清平、高唐、恩县,登州府属之蓬莱、黄县、福山、栖霞、招远、莱阳、文登、荣成,莱州府属之掖县、平度、昌邑、潍县、胶州、高密，青州府属之益都、安丘、乐安，济宁直隶州等五十四州县，先后申报于月之初五六、十二四五、二十二三五九、三十等日，各得雨一、二、三、四寸及深透不等。当此大田多稼，获兹澍雨滋培，早谷晚禾长发益臻芃茂，丰收有象，民气欢腾，堪以仰慰圣怀。

至各属市集粮价，与上月大略相同。谨缮清单，祗呈御览。为此恭折具奏，伏乞皇太后、皇上圣鉴。谨奏。

同治三年七月十二日奉到回折："议政王军机大臣奉旨：'知道了。钦此。'"

五月份粮价清单

谨将同治三年五月份山东省各属米、谷、麦、豆价值，敬缮清单，恭呈御览。

计开：

济南府属：稻米每仓石价银三两四钱至四两三钱六分，较上月贱一钱四分。粟米每仓石价银一两至二两六钱七分，较上月贵三分。粟谷每仓石价银七钱五分至一两六钱，与上月同。高粱每仓石价银九钱五分至一两七钱五分，较上月贱二分。小麦每仓石价银一两四钱六分至二两五钱五分，较上月贱二钱七分。黄豆每仓石价银一两二钱五分至二两一钱一分，较上月贵一分。黑豆每仓石价银一两三钱至二两四钱二分，较上月贵四分。

泰安府属：稻米每仓石价银三两二钱八分至四两六钱五分，较上月贵一钱五分。粟米每仓石价银一两六钱二分至二两四钱，较上月贱一钱。粟谷每仓石价银九钱八分至一两二钱，较上月贱二钱二分。高粱每仓石价银一两四分至一两四钱，较上月贱二钱五分。小麦每仓石价银一两六钱至二两五钱，较上月贱三钱二分。黄豆每仓石价银一两二钱二分至一两五钱四分，较上月贱一钱六分。黑豆每仓石价银一两一钱八分至一两四钱五分，较上月贱二钱五分。

武定府属：稻米每仓石价银二两四钱八分至四两六钱二分，与上月同。粟米每仓石价银一两一钱六分至二两二钱，与上月同。粟谷每仓石价银七钱七分至一两八钱，与上月同。高粱每仓石价银八钱至一两三钱二分，与上月同。小麦每仓石价银一两五钱至三两五钱，与上月同。黄豆每仓石价银一两一钱八分至二两一钱三分，与上月同。黑豆每仓石价银一两一钱至一两八钱二分，与上月同。

兖州府属：稻米每仓石价银二两五钱四分至五两，与上月同。粟米每仓石价银一两二钱四分至二两三钱七分，较上月贱一钱。粟谷每仓石价银七钱八分至一两八钱五分，较上月贵五分。高粱每仓石价银九钱八分至一两八钱，与上月同。小麦每仓石价银一两五钱至二两四钱，较上月贱二钱三分。黄豆每仓石价银一两九分至一两八钱七分，较上月贱三分。黑豆每仓石价银一两一分至二两，与上月同。

曹州府属：稻米每仓石价银三两三钱至五两，与上月同。粟米每仓石价银一两三钱至三两四钱六分，与上月同。粟谷每仓石价银七钱八分至一两八钱三分，较上月贱四钱五分。高粱每仓石价银八钱四分至二两三钱，较上月贱一钱二分。小麦每仓石价银一两五钱二分至二两八钱八分，较上月贱四钱五分。黄豆每仓石价银一两二钱五分至二两三钱五分，较上月贱三钱九分。黑豆每仓石价银一两一钱三分至二两一钱，较上月贱二钱八分。

沂州府属：稻米每仓石价银二两一钱至三两九钱二分，与上月同。粟米每仓石价银一两五钱五分至二两三钱，较上月贱一分。粟谷每仓石价银七钱至一两五钱九分，较上月贵二分。高粱每仓石价银九钱三分至一两四钱八分，与上月同。小麦每仓石价银一两至二两，与上月同。黄豆每仓石价银八钱至一两四钱六分，较上月贵一分。黑豆每仓石价银八钱至一两四钱六分，较上月贵一分。

东昌府属：稻米每仓石价银三两二钱至五两，与上月同。粟米每仓石价银一两一钱三分至二两三钱，较上月贱四钱。粟谷每仓石价银七钱九分至一两六钱九分，较上月贵九分。高粱每仓石价银九钱九分至一两五钱，较上月贱九钱。小麦每仓石价银一两六钱至二两五钱，较上月贱八钱。黄豆每仓石价银一两三钱五分至一两九钱，较上月贱一两。黑豆每仓石价银一两二钱至一两八钱，较上月贱一两三钱。

青州府属：稻米每仓石价银二两二钱四分至四两一钱五分，较上月贵四钱。粟米每仓石价银一两三钱八分至二两一钱二分，与上月同。粟谷每仓石价银七钱一分至一两四钱，与上月同。高粱每仓石价银七钱九分至一两四钱二分，较上月贵七分。小麦每仓石价银一两一钱至二两二钱，与上月同。黄豆每仓石价银九钱九分至一两六钱六分，与上月同。黑豆每仓石价银九钱九分至一两六钱六分，与上月同。

莱州府属：稻米每仓石价银二两三钱二分至三两一钱，较上月贵二分。粟米每仓石价银一两至一两六钱五分，较上月贱八分。粟谷每仓石价银五钱至九钱八分，较上月贱七分。高粱每仓石价银六钱五分至一两二钱五分，与上月同。小麦每仓石价银一两三钱至一两八钱八分，与上月同。黄豆每仓石价银一两一钱至一两四钱，与上月同。黑豆每仓石价银一两五分至一两四钱四分，与上月同。

登州府属：稻米每仓石价银二两一钱七分至三两二钱，与上月同。粟米每仓石价银一两二钱九分至一两九钱，与上月同。粟谷每仓石价银七钱七分至一两二钱，与上月同。高粱每仓石价银八钱三分至一两六钱，与上月同。小麦每仓石价银一两二钱四分至二两三钱，与上月同。黄豆每仓石价银九钱至一两八钱四分，与上月同。黑豆每仓石价银九钱至一两八钱四分，与上月同。

临清直隶州并属：稻米每仓石价银三两四钱五分至四两，与上月同。粟米每仓石价银一两五钱至二两六分，较上月贵三分。粟谷每仓石价银一两一钱至一两三钱五分，较上月贱一分。高粱每仓石价银一两二钱至二两，与上月同。小麦每仓石价银一两七钱七分至二两七钱五分，较上月贱二钱五分。黄豆每仓石价银一两六钱五分至一两七钱九分，较上月贱二钱。黑豆每仓石价银一两六钱五分至二两二钱，与上月同。

济宁直隶州并属：稻米每仓石价银三两三钱至六两三钱七分，与上月同。粟米每仓石价银一两六钱五分至三两，与上月同。粟谷每仓石价银一两三分至二两，与上月同。高粱每仓石价银一两一钱五分至二两四钱，与上月同。小麦每仓石价银一两三钱至二两六钱，与上月同。黄豆每仓石价银一两三钱一分至二两六钱，与上月同。黑豆每仓石价银一两一钱五分至二两九钱，与上月同。

邹县知县张体健捐修尼山圣庙请宽免处分折

同治三年六月二十八日

奏为尼山圣庙各工，知县捐修完竣，恳恩宽免疏防处分，以昭激劝，恭折奏祈圣鉴事：

窃照邹县尼山圣庙被匪毁坏，该县知县张体健因工程紧要，捐资修理，于同治二年十一月二十日兴工，当经臣奏报在案。嗣因冰冻停工，于今岁春融，即将圣像敬谨装塑，圣庙内殿宇门窗暨讲堂、书院、颜母祠房屋墙垣并桌椅等件，一律修葺添置，被砍柏树九十余株亦如数补种，至三月初八日完工，共用工料银一千三百六十余两，造具估计册结。禀司饬委候补知县傅维弼会同衍圣公执事官赵承环恭诣查验，均系如式修整，工坚料实，尚无草率偷减情事。由藩、臬两司核明详请具奏前来。

臣查尼山圣庙被扰，疏防之地方官例应议处。今该县张体健捐资修理完固，补种树株，尚知愧奋急公。合无仰恳天恩可否将文武员弁宽免处分，出自逾格鸿施。

再，此项工程系该员捐修，应请免其报销，合并陈明。为此恭折具奏，伏乞皇太后、皇上圣鉴训示。谨奏。

同治三年七月十二日奉到回折："议政王军机大臣奉旨：'著照所请，文武员弁均著准其宽免处分，并免其造册报销。该部知道。钦此。'"

东平知州王锡麟捐输军饷请移奖子侄片
同治三年七月初一日

再，查前任抚臣谭廷襄驻兵东昌，因饷需浩繁，劝捐凑用。东平州知州王锡麟，前在署高唐州任内，倡捐银一千两，业经归入随营支应局报销在案。兹据该局委员核明详请甄叙，并恳移奖子侄等情前来。复查该员之子王恩寿，拟请由俊秀捐监生加光禄寺署正衔，需银八百〇八两；该员之侄王祖述，拟请由监生捐从九品双月选用，需银一百两〇八钱；王恩望由俊秀捐监生，需银八十八两。以上三员名均系遵照常例减去二成，共银九百九十六两八钱，核与报捐一千两之数有盈无绌。相应请旨俯准，分别给予奖励，饬部核发执照，以昭激劝。

除饬造履历清册咨部外，理合陈明，伏乞圣鉴。谨奏。

同治三年八月十四日奉到回折："议政王军机大臣奉旨：'户部核议具奏。钦此。'"

请旌恤临清州殉难绅民妇女折
同治三年七月十五日

奏为查明临清州殉难绅民、妇女，吁恳天恩分别旌恤，恭折具奏，仰祈圣鉴事：

窃照咸丰四年间，临清州城失陷以后，殉难男妇数以万计，历任抚臣迭饬地方官设局详查，期无遗漏。兹据陆续查明殉难官绅五十六员名，殉难团丁八千七百三十一名，殉难妇女七千六百四十一口，由军需总局司道核明，分别造册，详请具奏前来。

臣查该绅民、妇女，于城陷之际，或从容尽节，或慷慨捐躯，均属深明大义，未便任其湮没。合无仰恳天恩俯准，敕部分别照例旌恤，以广皇仁而彰节义。

除册咨部外，理合恭折具奏，伏乞皇太后、皇上圣鉴训示。谨奏。

同治三年七月廿七日奉到回折："议政王军机大臣奉旨：'著照所请，交部照例分别旌恤。钦此。'"

文生杨鸣谦阵亡请建立专祠折
同治三年七月十五日

奏为文生办团剿匪阵亡，请旨从优赐恤，并准其建立专祠，恭折奏祈圣鉴事：

窃据东昌府知府曹丙辉督同堂邑县知县董槐禀称：自咸丰十一年春教匪滋事以后，该县柳林团团总文生杨鸣谦，刚直勇敢，屡挫贼锋。同治元年冬，降众张锡珠等迭次窜扰，杨鸣谦率丁堵剿，始终相持，为贼所畏。二年春，逆匪宋景诗百计诱胁，屹然不屈。迨三月二十四日，宋逆率众直薄柳林，杨鸣谦列队与战，力竭阵亡。今里人追感其捍患之功，痛惜其死事之惨，公恳请予优恤，并准士民建立专祠等情，由军需总局司道核明具详前来。

臣查杨鸣谦捐躯就义，捍卫有功，洵属可嘉可悯。合无仰恳天恩俯赐，将堂邑县阵亡团总文生杨鸣谦追赠府经历，饬部从优议恤，并准其建立专祠，同时阵亡团丁并殉难妇女一并附祀，以彰节义而顺舆情。为此恭折具奏。

同治三年七月廿七日奉到回折："议政王军机大臣奉旨：'杨鸣谦著照府经历阵亡例交部从优议恤，并准其建立专祠，阵亡团丁等一并附祀。钦此。'"

黄水陡长运河泛溢饬属防护折
同治三年七月十五日

奏为黄水陡长，运河泛溢，饬属加意防护，安抚灾黎，恭折奏祈圣鉴事：

窃查黄河自咸丰五年河南兰阳汛溃决以后，由直隶之长垣、东明、开州至东省之濮州、范县、寿张，横穿运河，过张秋镇入大清河，直达利津海口，遂致无岁不灾。臣履任后，节经札饬沿河州县，或培筑堤埝，或疏浚支河，而工巨费繁，只能间断兴修，未及同时并举。窃幸春夏之交，雨旸时若，可望来源稍弱。乃自六月下旬起，大雨如注，黄水骤来，七月初旬，益形增长，势极奔腾汹涌。先后接据历城、齐河、长清、齐东、东阿、利津等处禀报，不禁骇愕。而濮、范等州县为正流所趋，尚未报到，想因驲路被淹所阻。

又据聊城县禀报，黄流源旺，以致运河泛滥漫溢，两岸官堤民埝岌岌堪危。虽经赶紧厢筑，幸未决口，而秋汛经临，水势有长无消，殊难逆料。此外滨临运河及大清河各属伤损田庐之处，恐复不少。辗转思维，难安寝馈。臣已飞札确查，严饬各该州县多拨民夫，择要堵御，加意防护；并飞檄下游，一律疏通，设法宣泄；一面雇备船筏，救渡灾黎。但愿秋爽气清，晴多雨少，水即归槽，于田禾尚无大碍。

除俟委员勘明被灾轻重，应如何分别调剂再行核办外，理合先将黄水陡长，运河泛溢大概情形，具折奏闻，伏乞皇太后、皇上圣鉴训示。谨奏。

同治三年七月廿七日奉到回折："议政王军机大臣奉旨：'知道了。仍当严饬各该州县认真堵御，毋稍玩忽。其被灾地方著即查明，分别核办。钦此。'"

博兴县二麦被灾请蠲缓钱粮折
同治三年七月十五日

奏为勘明博兴县二麦被灾情形，分别蠲缓新旧钱粮，以纾民力，恭折奏祈圣鉴事：

窃照本年东省自春徂夏，雨水调匀，二麦尚称中稔，惟博兴县禀报雨中带雹，二麦受伤。经臣饬司札委青州府亲诣确切勘办，不准稍有冒滥。兹据该府督同该县勘明，被雹村庄麦禾均遭摧折，实系被灾最重，核议蠲缓新旧钱粮，禀由藩司贡璜详请具奏前来。臣复查委系实在情形。相应吁恳天恩俯准，将二麦被雹成灾十分之博兴县西姑等乡聚和官庄等十村庄，应征同治三年上忙新赋并漕仓、民佃等项银两，照例蠲免十分之七。蠲剩银两缓至本年秋后分作三年带征。灾前溢完蠲额银两，查明流抵本年下忙正赋。所有同治二年未完民欠，缓至本年秋后启。同治元年以前未完旧欠钱粮等项，缓至本年秋后按最先年分递年依次带征一年。寄庄钱粮随同坐落地方一律办理，稍宽民力。感颂皇仁，实无既极。理合恭折具奏，伏乞皇太后、皇上圣鉴训示。谨奏。

同治三年七月廿七日奉到回折："议政王军机大臣奉旨：'另有旨。钦此。'"

委员管解定安营军饷片
同治三年七月十五日

再，东省应协直隶月饷，就近抵拨副都统定安军饷，前经臣饬司筹解过银三千两，并附奏在案。复据藩司贡璜先后详报，在于百货厘金项下筹措，饬委试用未入流江肇庆、候补府经历谢以鉴、候补道库大使程吉云各管解银三千两，作为五、六、七三个月协饷，共银九千两，分批前赴恩县查收，转解定安军营交纳。

除分咨查照外，理合附片陈明，伏乞圣鉴。谨奏。

同治三年七月廿七日奉到回折："议政王军机大臣奉旨：'知道了。钦此。'"

力筹甘省协饷请免拨甘省火药片
同治三年七月十五日

再，查甘省需饷孔亟，臣迭次钦奉寄谕："饬即赶紧协拨，并将火药随时接济等因。钦此。"遵查东省当兵燹之余，地方凋敝，库储匮乏，惟庆阳粮台待饷甚殷，岂可一筹莫展。查自上年十一月起，截至本年六月止，先后谆饬藩司措解银六万两，内有宁夏协饷银一万两，均经臣随时具奏在案。兹又据藩司筹措银三万两，饬委试用未入流吴瑞昌管解，令于七月初三日起程，赴甘肃庆阳军营交纳。又运司本年两次解过甘饷银二万两，内有由甘分拨新疆银一万两。统计藩、运两库共解银十一万两。

至所需火药，山东制造无多，作本省防剿之用尚形支绌，兼以道路纡远，沿途开销车脚绳捆，抛撒偷漏，雨水渗潮，均所难免。古语曰："千里馈粮，士有饥色。"何况军火要需，立等应用，远道转输，殊属缓不济急，惟有恳恩免其运解。此后仍当竭力筹饷，以资支拨。理合附片陈明，伏乞圣鉴。谨奏。

同治三年七月廿七日奉到回折："议政王军机大臣奉旨：'知道了。钦此。'"

兖沂曹济道员缺委崇芳接署片
同治三年七月十五日

再，据粮台总局委员藩司贡璜、兖沂曹济道卢朝安详报：接奉钦差大臣亲王僧格林沁札饬，现在发、捻各股麇聚麻城，势将东趋皖境，不日移营三河尖一带，相机进剿，即酌带粮饷及应需军火等项，移扎陈州接济。遵于六月二十六日移台，并请咨明协饷各省查照等情到臣。当即据详分咨：嗣后月饷径解河南陈州府，探明山东粮台交纳。惟查台务纷繁，藩司贡璜不能前往，只有卢朝安在彼料理。而该道管辖兖、沂、曹、济等属，公事较多，前由徐州移至汴梁已觉鞭长莫及，陈州相距更远。现值黄水漫溢，所属各州县抢护险要，安抚灾黎，随在均形吃重，难免顾此失彼。所有该道员缺自应委员接替，俾得专办供支，藉免贻误。查有候补道崇芳，安详稳妥，堪以署理。

除檄饬遵照外，理合陈明，伏乞圣鉴。谨奏。

同治三年七月廿七日奉到回折："议政王军机大臣奉旨：'知道了。钦此。'"

沂州府擒获匪犯就地正法片
同治三年七月十五日

再，沂属棍、幅各匪，自陈国瑞剿抚兼施，现俱一律平静。惟其中逃匪尚多，伏莽不除，前车可鉴。经臣密饬沂州府知府文彬等随时究治，务须宽猛兼济，以期安弭。曾于恭报巡查兖、沂、曹等处折内，谨将办理情形奏闻在案。

兹据沂州府知府文彬等禀称：查有匪首杜泖仪、钱潮聘、万杏等，均系积年幅首巨匪，聚众焚杀，积恶素著，复曾勾引江、豫捻股，蹂躏地方，自安抚后，仍复怙恶不悛，有潜纠旧党之信，而逃匪因之潜归者不少。该知府文彬当即督饬署兰山县知县长赓，设法擒捕，将该匪首杜泖仪、钱潮聘、万杏等先后就擒，并获其死党朱青鸡等三十二名，复将杜沨仪之子杜安梛并其弟杜沨祥、杜沨起，万杏之子万城，其兄万芳淋、万三等一并搜拿，又搜获另股匪首宋与扇等九名。署费县知县王成谦同时擒获王公平等三名，又陆续擒获万杏匪党苗溃等六名，及著名幅匪邢幅冻等十五名。先后禀报前来。

臣查沂属地方甫静，该匪等既经招抚安插，自应革面洗心，乃复暗纠旧党，行踪诡秘，难保不乘隙思逞。若不极法惩治，何以杜厥乱萌。当饬该知府文彬等将各犯等名，均即就地正法，以昭炯戒，并饬随时督饬所属，时常会哨，如有匪踪潜伏及余匪暗地遁归，均即极力擒拿，以清后患。

所有擒获沂属各匪犯即行就地正法缘由，理合附片陈奏，伏乞圣鉴。谨奏。

同治三年七月廿七日奉到回折："议政王军机大臣奉旨：'所办甚妥。仍著督饬所属认真搜捕余匪，以靖地方，毋稍疏懈。钦此。'"

请停山东军储捐米片

同治三年七月十五日

再，山东省城前因筹备军储，经前抚臣谭廷襄奏请援照咸丰六年捐赈成案，劝捐粟米，照例给奖，声明俟军务完竣，即行停止，奉旨准行在案。计自咸丰十一年十二月十八日开局起，截至同治二年十二月十八日止，共捐粟米九千五百〇六石八斗，业经先后奏奖。又自同治二年十二月十九日起，截至三年六月底止，陆续收捐米只有一千八百余石，不能如前踊跃。推原其故，因东省各属连年被灾、被扰，户鲜盖藏，民力实形拮据。即有富商巨室情殷报效，不过偶尔输将，未能源源而至。溯查前设捐局，原因军务吃紧，省会重地必须多备粮储。现在地方一律肃清，省城安谧如常，应请即行停止。据军需总局司道会详前来。

除饬将存局解京五成米石随同新漕起运，并将已捐未奖各捐生详核，再行续奏外，理合附片陈明，伏乞圣鉴。谨奏。

同治三年七月廿七日奉到回折："议政王军机大臣奉旨：'户部知道。钦此。'"

查明应袭世职汇案请旨承袭折
同治三年七月十五日

奏为查明应袭世职，汇案请旨承袭，恭折奏祈圣鉴事：

窃照阵亡殉难官绅子孙承袭世职，例应半年汇奏一次，历经遵办在案。兹查同治三年上半年，据各属陆续详送冯福焘等二十六名，均应承袭云骑尉世职。臣逐案查核，俱属相符，当将年已及岁之冯福焘等十名验看，发标学习；年未及岁之李象晋等十六名，饬俟及岁时发标学习。统以奉旨准其承袭之日，分别作为收标支俸日期，以符定例。理合将各该世职姓名、年岁、籍贯敬缮清单，恭呈御览。

除将宗图册结汇总咨部外，为此恭折具奏，伏乞皇太后、皇上圣鉴。谨奏。

同治三年七月廿七日奉到回折："议政王军机大臣奉旨：'兵部知道。单并发。钦此。'"

谨将应袭云骑尉世职姓名、年岁、籍贯，敬缮清单，恭呈御览：

冯福焘，年三十四岁，历城县监生；
张柏龄，年三十岁，寿光县武生；
曲耀廷，年二十九岁，历城县人；
姜春芳，年二十四岁，蓬莱县人；
李增元，年二十三岁，临清州人；
张安印，年二十二岁，历城县人；
张培吕，年二十一岁，济宁州人；
李圹元，年十九岁，临清州人；
张采臣，年十九岁，昌邑县人；
周日庠，年十九岁，泰安县人；
李象晋，年十七岁，诸城县人；
邱琢玉，年十七岁，益都县人；
马以恒，年十七岁，冠县人；
胡廷扬，年十六岁，潍县人；

于云鹏，年十五岁，潍县人；

谭联甲，年十五岁，潍县人；

王绍武，年十四岁，潍县人；

陈春揆，年十三岁，潍县人；

毕芝序，年十一岁，文登县人；

鞠延泽，年十岁，安邱县人；

陈承毅，年七岁，潍县人；

姜若盛，年七岁，文登县人；

李尧春，年六岁，潍县人；

王文萃，年四岁，潍县人；

王恩培，年四岁，潍县人；

陈龙骧，年三岁，潍县人。

请免道员王继庭降调捐复银两片

同治三年七月十五日

再，臣营办理营务道员王继庭，前在青州府任内因案降调，经臣奏调来营，嗣复奏请开复原官。又因在淄川、东昌军营前敌攻剿，积有微劳，经臣奏请免补知府以道员用，均经奉旨允准在案。前准部咨：以该员系降调之员，军功开复尚须补缴捐复银两，汇案具奏。奉旨："依议。钦此。"等因到臣。

伏查该员廉勤方正，明敏朴诚，且访知在青州府任内民情爱戴，素著循声，洵为实心任事之员。臣伏读咸丰十一年三月钦奉上谕："各该督抚于所属各员，平日立品居官，知之有素，择其廉洁自爱，任事实心，及素著循声，民情爱戴，堪胜道府者，酌保数员候旨简用。其道、府、州、县各官如有出色之员，著一并核实保奏等因。钦此。"臣到东后察看该员，堪膺是选，是以奏请开复，以昭激励。兹准部咨，是该员受逾格之恩，仍须交捐复之项。现在东省吏治因循，急须有廉正勤明之员以为表率，况办理善后各事头绪繁多，俱系该员襄臣经理。臣为鼓舞人才起见，不敢壅于上闻。合无仰恳天恩饬将该员王继庭应缴知府任内降调捐复银两令其免缴，俾该员益知策励，而臣亦得收指臂之助。是否有当，谨附片陈请，伏祈圣鉴训示。谨奏。

议政王军机大臣奉旨："另有旨。钦此。"

移拨江浙降卒诸有未宜折

同治三年八月初一日

奏为遵议移拨江浙降卒酌添兖镇兵额，诸有未宜，恭折复陈，仰祈圣鉴事：

窃臣于七月十四日承准军机字寄："同治三年七月十一日奉上谕：'据御史陈廷经奏，江浙投诚士卒宜妥为安置。即如直隶原设有大名镇，近遇宋景诗纷窜，征兵调将，几及二年而后竣事。山东原设有兖州镇，兵额无多。教匪起事已逾数年，蔓延滋甚。该二省宜再增兵额，以资分布等语。各营兵额，原有定制。大名、兖州两镇，地处扼要，兵力是否足资调遣。现在江浙军务渐次肃清，投诚士卒亟应分拨安置，以资钤束。著刘长佑、阎敬铭悉心体察情形，如该二镇宜酌添兵额，或即以此项勇丁拨往防守之处，即著妥议具奏等因。钦此。'"仰见圣虑周详，于安民驭卒之中，寓设备筹防之意。

窃查兖、沂一带，紧连徐、豫，边防紧要，诚宜戒备不虞。臣于夏间巡阅各属，曾将布置情形奏陈在案。因该处原设兵额未甚得力，故将东治勇营千五百名分布单县、峄县，以固边防。至沂州搜捕事宜，该地原有旧募勇丁，该地方官亦尚抚驭得宜，操练合法，搜拿余匪甚见用力。该两处各勇营均系曾经战阵之军，暂令驻扎，人地均属相安。若移新附之卒，添设新兵，姑无论能否得力，已于目前时势多有不宜。

兖、沂一带甫经肃清，民气未定，伏莽尚多，骤移投诚之众，必启惊疑，一也。耕种未复，遍地草莱，亿万灾黎，正谋安插，再添新旅，谋食何从，二也。南北异宜，水土不习，脱有散涣，驾驭为难，三也。降卒久在贼中，不悍则惰，异地迁徙，岂能为良？移乌合之众，置心腹之地，未弭远虑，先有近忧，四也。此四者，仅以时势论之。至于添拨兵额，则更有所不可者。东省营饷积欠将及三年，各营兵丁待哺嗷嗷，方苦无法养给。今更加以新设之兵，不给以饷，则新附之卒必见离心；给之以饷，则旧有之兵更将鼓噪。未收新功，先离旧志，五也。此犹以无饷而言也。即使司库十分充足，各营之饷均复旧额，而东营额饷，每守兵一名，除扣朋减成外，月领口粮银七钱七分零、粟米三斗，定例不能加增。物价日益昂贵，新移之众不敷食用，何以相安？倘使贻患日后，遣撤为难，不能不慎重当时，筹终于始也。

臣愚以为安插降众，与其远道迁移，不如就近遣拨。窃思此等降卒，沦陷贼中，半由裹胁，其有籍可归者，均切室家之念，倘能给以归资，陆续遣撤，分途押送，交原籍地方官安插归农，人怀故土，自易相维。至于在外日久无籍可归、战阵久经技艺可用者，或分拨出征各营，策用其力。近则江、皖，远则滇、黔，均系用兵省分，庶兵以习劳而自定，亦饷以实用而不虚。现在南中将帅均系谋勇素优，必能抚绥得宜，似较移诸北方不习之地，置之营伍无用之中，实觉有利无弊。所有该御史原奏移拨降卒添设兖镇营额之处，应请毋庸置议。

抑臣更有陈者。今昔情形不同，兵勇体制互异。论者皆谓兵饷少而勇粮多，兵有档册，勇由散募，兵明纪律而勇难钤束，兵可回伍而勇难遣归，诚为重本轻末，自宜舍勇用兵。但我国家承平日久，营制废弛已历多年，加以欠饷，军食不继，操练尽属虚文，营汛悉成空具。军兴以来，各处用勇，非额兵之不足，实额兵之无用；亦非兵丁尽属无用，实以营伍将弁难得人材。非惟将不知兵，兵不习战，甚至将忘其为将，兵忘其为兵。我皇太后、皇上至圣至明，无微不烛。京营禁旅原系精兵，但观今日颓弱之情形，即知外省绿营大概相类。而东省尤甚，其将皆趋跄应对之材，其兵皆鹄面鸠形之辈。或寄食亲朋，或觅口他业，骑射枪炮之优者，不过空套敷衍。每遇征调，百计支吾，召集需日，制备需资，动辄经旬，方能就道，一经交锋，非退即散，有兵之名，无兵之用。至于营房塘汛，尽成废墟，名为分汛防守，实则散处乡间。以之缉捕盗贼，亦难收其实用。

臣身膺阃寄，睹此兵政不修，深以辜负天恩为惧。但欲及时整顿，非无兵丁之难，实以筹画饷糈、选求良将之难。不除旧习，难定新章。惟拔本方可清源，非补偏所能救弊。将才不易访求，库项尤难充给。既无养兵之费，即何以为求将之方？日夜焦思，急难奏效，故暂留勇营以辅兵力，历经奏闻在案。实则兵难骤练，勇暂可资，不得不急济目前用勇之功，缓筹他日练兵之策。

谨因筹议，以及其余。愚昧之见，是否有当，恭折具奏，伏乞皇太后、皇上圣鉴训示。谨奏。

同治三年八月十四日奉到回折："议政王军机大臣奉旨：'另有旨。钦此。'"

请旌恤东昌府属阵亡绅团并殉难妇女折

同治三年八月初一日

奏为查明东昌府属阵亡绅团并殉难妇女，吁恳分别旌恤，恭折奏祈圣鉴事：

窃照咸丰十一年暨同治元年东昌府属被害男妇，业经臣分饬查报两次，汇案奏请旌恤。兹又据该府所属之聊城、堂邑、茌平、清平、莘县、馆陶、冠县、高唐、恩县等州县查明，该两年暨同治二年阵亡团长，有职衔者九十二员名，无职衔者三十八名，阵亡团丁二千六百九十四名，殉难妇女一百三十口，由军需总局司道核明造册，具详请奏前来。臣复核无异。合无仰恳天恩俯准，敕部将阵亡团长从优议恤，阵亡团丁同殉难妇女分别照例旌恤，以广皇仁而彰节义。

除将各册咨部并饬查未到各属另行办理外，理合恭折具奏，伏乞皇太后、皇上圣鉴训示。谨奏。

同治三年八月十四日奉到回折："议政王军机大臣奉旨：'著照所请，交部分别旌恤。钦此。'"

同治三年六月雨泽粮价折

同治三年八月初一日

奏为恭报六月份雨泽情形并呈粮价清单，恭折奏祈圣鉴事：

窃照五月份雨水、粮价，经臣奏报在案。兹查六月份，惟武定府属之商河一县，未据呈报得雨，其余历城等一百〇六州县，先后申报是月上旬初一二三四五七八九十，中旬十一二三四七八九，下旬二十一二三四五六七八九等日，各得雨一、二、三、四、五寸及深透不等。秋禾芃茂，兆姓恬熙，堪以仰慰宸廑。惟黄水盛涨，运河泛滥，间有被淹处所，已委员分投确查，俟会勘齐全，再行核办。

至各属市集粮价，互有增长，大致与上月相同。谨缮清单，祗呈御览。为此恭折具奏，伏乞皇太后、皇上圣鉴。谨奏。

同治三年八月十四日奉到回折："议政王军机大臣奉旨：'知道了。钦此。'"

六月份粮价清单

谨将同治三年六月份山东省各属米、谷、麦、豆价值，敬缮清单，恭呈御览。

计开：

济南府属：稻米每仓石价银三两四钱至四两六钱，较上月贵二钱四分。粟米每仓石价银一两一钱至二两七钱二分，较上月贵五分。粟谷每仓石价银七钱六分至一两六钱三分，较上月贵三分。高粱每仓石价银九钱三分至一两八钱四分，较上月贵九分。小麦每仓石价银一两三钱至二两六钱二分，较上月贵七分。黄豆每仓石价银一两二钱五分至二两一钱三分，较上月贵二分。黑豆每仓石价银一两二钱五分至二两二钱三分，较上月贱一钱九分。

泰安府属：稻米每仓石价银三两二钱八分至五两九分，较上月贵四钱四分。粟米每仓石价银一两六钱二分至二两四钱，与上月同。粟谷每仓石价银九钱八分至一两二钱九分，较上月贵九分。高粱每仓石价银一两一钱四分至一两四钱五分，较上月贵五分。小麦每仓石价银一两六钱至一两九钱四分，较上月贱一钱一分。黄豆每仓石价银一两二钱五分至一两五钱四分，与上月同。黑豆每仓石价银一两二钱至一两四钱五分，与上月同。

武定府属：稻米每仓石价银二两四钱八分至五两二钱一分，较上月贵五钱九分。粟米每仓石价银一两一钱六分至二两二钱，与上月同。粟谷每仓石价银七钱七分至一两三钱，较上月贱五钱。高粱每仓石价银八钱至一两四钱，较上月贵八分。小麦每仓石价银一两五钱至三两五钱，与上月同。黄豆每仓石价银一两一钱八分至一两七钱，较上月贱四钱三分。黑豆每仓石价银一两一钱至一两六钱五分，较上月贱一钱七分。

兖州府属：稻米每仓石价银二两五钱四分至五两，与上月同。粟米每仓石价银一两二钱四分至二两二钱，较上月贱一钱七分。粟谷每仓石价银七钱八分至一两八钱五分，与上月同。高粱每仓石价银九钱八分至一两八钱，与上月同。小麦每仓石价银一两三钱至二两二钱，较上月贱二钱。黄豆每仓石价银一两九分至一两九钱六分，较上月贵九分。黑豆每仓石价银一两一分至二两，与上月同。

曹州府属：稻米每仓石价银三两三钱至五两，与上月同。粟米每仓石价银一两三钱至三两四钱六分，与上月同。粟谷每仓石价银七钱八分至一两八钱三分，与上月同。高粱每仓石价银八钱四分至二两三钱，与上月同。小麦每仓石价银一两五钱六分至二两一钱四分，较上月贱七钱四分。黄豆每仓石价银一两二钱五分至二两三钱五分，与上月同。黑豆每仓石价银一两一钱三分至二两一钱，与上月同。

沂州府属：稻米每仓石价银二两一钱至三两九钱二分，与上月同。粟米每仓石价银一两五钱五分至一两九钱八分，较上月贱三钱二分。粟谷每仓石价银七钱至一两五钱二分，较上月贱七分。高粱每仓石价银九钱三分至一两三钱八分，较上月贱一钱。小麦每仓石价银一两至一两八钱五分，较上月贱一钱五分。黄豆每仓石价银八钱至一两四钱八分，较上月贵二分。黑豆每仓石价银八钱至一两五钱二分，较上月贵六分。

东昌府属：稻米每仓石价银三两三钱至五两，与上月同。粟米每仓石价银一两一钱三分至二两三钱，与上月同。粟谷每仓石价银七钱九分至一两六钱九分，与上月同。高粱每仓石价银九钱五分至一两五钱，与上月同。小麦每仓石价银一两五钱至二两四钱，较上月贱一钱。黄豆每仓石价银一两三钱五分至一两九钱，与上月同。黑豆每仓石价银一两二钱至一两八钱，与上月同。

青州府属：稻米每仓石价银二两二钱四分至四两一钱五分，与上月同。粟米每仓石价银一两三钱八分至二两一钱二分，与上月同。粟谷每仓石价银七钱一分至一两四钱，与上月同。高粱每仓石价银七钱九分至一两四钱二分，与上月同。小麦每仓石价银一两一钱至二两二钱，与上月同。黄豆每仓石价银九钱九分至一两六钱六分，与上月同。黑豆每仓石价银九钱九分至一两六钱六分，与上月同。

莱州府属：稻米每仓石价银二两四钱至三两一钱，与上月同。粟米每仓石价银一两至一两九钱二分，较上月贵二钱七分。粟谷每仓石价银五钱至一两八分，较上月贵一钱。高粱每仓石价银六钱五分至一两四钱，较上月贵一钱五分。小麦每仓石价银一两三钱至一两八钱二分，较上月贱六分。黄豆每仓石价银一两一钱至一两四钱三分，较上月贵三分。黑豆每仓石价银一两五分至一两四钱四分，与上月同。

登州府属：稻米每仓石价银二两一钱七分至三两二钱，与上月同。粟米每仓石价银一两二钱九分至二两一钱，较上月贵二钱。粟谷每仓石价银七钱七分至一两二钱五分，较上月贵五分。高粱每仓石价银八钱三分至一两六钱，与上月同。小麦每仓石价银一两二钱四分至二两六分，较上月贱二钱四分。黄豆每仓石价银九钱至一两八钱五分，较上月贵一分。黑豆每仓石价银九钱至一两八钱五分，较上月贵一分。

临清直隶州并属：稻米每仓石价银三两四钱五分至四两，与上月同。粟米每仓石价银一两五钱至二两一钱，较上月贵四分。粟谷每仓石价银一两一钱五分至一两三钱五分，与上月同。高粱每仓石价银一两二钱至二两，与上月同。

小麦每仓石价银二两一分至二两五钱五分，较上月贱二钱。黄豆每仓石价银一两三钱三分至一两八钱，较上月贵一分。黑豆每仓石价银一两三钱三分至二两二钱，与上月同。

济宁直隶州并属：稻米每仓石价银三两八钱三分至六两四钱，较上月贵三分。粟米每仓石价银一两九钱五分至三两六钱，较上月贵六钱。粟谷每仓石价银一两一钱二分至二两七钱三分，较上月贵七钱三分。高粱每仓石价银一两三钱至二两六钱六分，较上月贵二钱六分。小麦每仓石价银一两五钱三分至二两四钱，较上月贱二钱。黄豆每仓石价银一两二钱二分至二两七钱，较上月贵一钱。黑豆每仓石价银一两一钱八分至二两九钱二分，较上月贵二分。

军营收捐米石皮棉衣汇案请奖折

同治三年八月初一日

奏为东省军营收捐米石、皮棉各衣二次截数汇案，恳恩给奖，并拟将现捐停止缘由，恭折奏祈圣鉴事：

窃照东省行营设局收捐米石，并劝捐皮棉各衣，酌赏兵勇，查照奏定章程及成案核办，先于同治二年十二月将米石、衣捐，自元年闰八月二十三起，至二年九月初六日止，初次收有成数，汇案奏恳恩施敕部核奖，业经由部分别核准咨复，遵照在案。

兹自二年九月初七接收之日起，截至本年六月初五日止，共收米八千五百二十九石七斗，皮甬五百七十六件，棉衣裤九百套，均照章每米一石作银三两八钱，皮甬一件作银六两，棉衣裤一套作银三两。所有报捐实职、封衔、贡监、级录等各项，核与筹饷现行各例应减成数及东省章程，均各相符。据承办委员详请奏奖前来。臣复加查核。

除将米石、衣捐分案造册咨送部监，并将米捐案内虚衔、贡监等项现存空白执照业经填给及不敷填给，暨虚衔、监生等项应由部监核发者，均于册内分晰注明，无庸开单外，所有米石、皮棉衣两案报捐实职级录及捐请封典各官生，谨缮清单，恭呈御览。合无仰恳天恩敕部核奖，并速发执照，以昭激劝。此次营局收米，仍归本省军营支用，另案核实报销。

臣复查前抚臣谭廷襄奏准在营收捐，缘为各营兵勇云集，需饷浩繁，借资接济。现经陆续裁撤，较前节省，而官民力有不继，捐者寥寥，应请停止收捐，以昭核实。

再，布政使贡璜捐皮甬一百件，盐运使恩锡捐皮甬五十件，不敢仰邀议叙，合并陈明。所有东省军营米石、皮棉衣各捐二次截数请奖并停止缘由，理合恭折具奏，伏乞皇太后、皇上圣鉴训示。谨奏。

同治三年八月十四日奉到回折："议政王军机大臣奉旨：'户部核议具奏。单二件并发。钦此。'"

曹州知府来秀请展期引见片
同治三年八月初一日

再，前准吏部咨开："凡题补、升补未经赴部引见各员，该督抚于接到此次新定章程后，限三个月给咨赴部。如再逾限不行赴部，即将本员照卓异人员赴部迟延例议处。"等因。当经照录转行催调在案。

兹查有曹州府知府来秀，于咸丰十一年间题补斯缺，例应给咨赴部引见。惟该府界连直、豫，匪踪出没无常，连年黄水为灾，绥辑尤非易事。该员到任两年，安抚降众，搜捕土匪，督修民埝，拯救灾黎，事事尚为得力。现在濮、范黄流异涨，豫、皖逆氛未靖，军务、河防一切均关紧要，未便遽易生手。据藩司贡璜详请奏展前来。合无仰恳天恩俯准该员暂缓引见，俟邻氛安靖，水患救平，再行给咨，以符定制。理合附片陈明，伏乞圣鉴训示。谨奏。

同治三年八月十四日奉到回折："议政王军机大臣奉旨：'著照所请，该部知道。钦此。'"

乡试入闱监临日期片
同治三年八月初一日

再，各省乡试，例应巡抚入闱监临。今科山东乡试应办场务，臣已循照旧章，饬属预备，并将地方紧要事宜先期清理，遵例于八月初六日入闱监临，督同提调、监试等官，认真弹压稽查，以昭严肃。臣入闱后，署中日行事件及解审命盗等案，照例饬委藩司代行代勘。

所有臣入闱监临日期，理合附片奏闻，伏乞圣鉴。谨奏。

同治三年八月十四日奉到回折："议政王军机大臣奉旨：'知道了。钦此。'"

署东昌知府曹丙辉循例甄别片

同治三年八月初一日

再，前准吏部咨："嗣后道、府、州、县，无论何项劳绩，归入候补班人员，均以到省之日起，扣足一年，由督抚详加甄别，分别繁简补用等因。奏奉谕旨：'依议。钦此。'"钦遵在案。兹查署东昌府候补尽先补用知府曹丙辉，江苏举人，由部曹留于扬州军营，迭次保举，洊升今职。咸丰七年分发到东，因丁母忧回籍。十年起复回东，同治元年引见，四月领照到省，核计早满一年之限。据藩、臬两司会验出考，具详请奏前来。臣验看得该员曹丙辉，朴实勤明，精详稳练，堪以繁缺知府补用，经臣专折奏补东昌府员缺在案。

除将履历清册咨部查核外，所有验看甄别缘由，理合附片陈明，伏乞圣鉴。谨奏。

同治三年八月十四日奉到回折："议政王军机大臣奉旨：'吏部知道。钦此。'"

已革候补知县吴瑞珊虚报勇粮请旨惩办折

同治三年八月初一日

奏为审明虚报勇粮之已革知县请旨惩办，恭折奏祈圣鉴事：

窃臣承准议政王军机大臣字寄："同治二年八月二十七日奉上谕：'阎敬铭奏署邱县知县吴瑞珊，虚报勇粮，前经该署抚奏参，已于折内批示革职查办。此次该署抚访查该革员并未雇募勇丁，且调取账册亦未能交出，实属胆大妄为。著即将该革员拿问，提省审办，以惩贪冒。将此由五百里谕令知之。钦此。'"当经行司饬提该革员吴瑞珊来省审办。兹据藩司贡璜、臬司丁宝桢督同济南府知府萧培元审明拟议，声明该革员任内交代业经算结，应解司库银两亦已解清，并无亏短等情，解勘前来。臣亲提查讯。

缘吴瑞珊系顺天大兴县监生，祖籍江苏。咸丰九年报捐知县，分发山东，同治元年八月委署邱县知县。到任后，适骑马贼匪肆出抢劫，东昌降众相继窜扰。该县存汛兵丁无几，额设壮役无多，吴瑞珊每遇警报，即调用民团分投防堵，陆续费用军火、口粮等项，为数既巨，筹备不易，起意虚报先后雇勇八百名，垫用过口粮银二万一千二百两，希图核准给领，或作为交代抵款，借以弥补亏短。随于二年六月间具禀请领。经臣查系虚捏，又无账册可呈，先后奏参。奉旨革职拿问，提省审悉前情。查其任内交代已结，应解司库银两亦已解清，并无亏短情弊，应即拟结。

此案已革候补知县吴瑞珊在署邱县任内，因调团防堵费用口粮等项，辄敢虚报勇粮至巨万之多，意在为侵挪冒销地步，实属胆大妄为。一经奏参，尚知畏法，将库款完缴清楚。惟东省官吏于钱粮库款欺罔成习，未便因其任内尚无亏短，稍涉轻纵。应请旨将已革知县吴瑞珊发往军台效力赎罪，以为贪冒欺罔者戒。

除供册咨部外，理合恭折具奏，伏乞皇太后、皇上圣鉴训示。谨奏。

同治三年八月十四日奉到回折："议政王军机大臣奉旨：'另有旨。钦此。'"

审明馆陶县民陈懋淇从逆就地正法片

同治三年八月初一日

再，查馆陶县民陈懋淇京控陈安重等诬良烧抢等情一案，前准刑部咨解回东，当经发委审办去后。兹据臬司丁宝桢究出陈懋淇有从逆为匪情事，提集地保邻佑人等质讯明确，拟议解勘前来。臣亲提研鞫。

缘陈懋淇籍隶馆陶县，先未为匪。咸丰十一年春间，邱县教匪滋事，陈懋淇与已获正法之伊兄陈懋家、伊侄陈维中、伊子陈维观、伊族人陈维志投入匪首赵大如、郜四伙内，随同焚掠杀人，抗拒官兵，不记次数，后被官兵击败，各自逃散。同治元年九月间，县境肃清，陈懋淇潜逃回籍。因伊子陈维观于是年三月经留防馆陶之直隶副将徐廷楷拿获正法，闻系同姓不宗之陈安重送信指拿，心怀不甘，起意诬告，即捏以诬良烧抢等词，赴步军统领衙门呈控，咨解回东。讯悉前情，诘无另犯为匪不法别案，应即拟结。

此案陈懋淇随同教匪焚掠杀人，抗拒官兵，按谋叛已行律，罪应斩决。臣于审明后，饬令就地正法，并饬县查明该犯财产，入官册报。该犯京控一案，罪止拟军，应归此案，从重拟结。陈愚家等业经正法，应毋庸议。

除供招咨部外，理合附片具奏，伏乞圣鉴。谨奏。

同治三年八月十四日奉到回折："议政王军机大臣奉旨：'刑部知道。钦此。'"

委员管解僧格林沁营五月份军饷片

同治三年八月初一日

再，东省应解僧格林沁大营军饷，节经饬司筹解。兹据藩司先后详报，本年五月份饷银五万两，前经饬委候补从九品席培元解银三万两。现又筹银二万两，委候补典史费朝清管解，起程前往河南陈州府粮台交纳。

除分咨外，所有五月份军饷解清缘由，理合附片陈明，伏乞圣鉴。谨奏。

同治三年八月十四日奉到回折："议政王军机大臣奉旨：'知道了。钦此。'"

委员管解陈国瑞营协饷片

同治三年八月初一日

再，东省应解陈国瑞军营协饷，自上年九月起，至本年六月止，共解过银三万八千两，均经臣随时奏报在案。又据藩司贡璜详报，在于正杂项下筹措银五千两，饬委分缺先用典史花天铭会同来弁尽先都司张详管解，起程前赴徐州粮台交纳转解。

除分咨外，理合附片陈明，伏乞圣鉴。谨奏。

同治三年八月十四日奉到回折："议政王军机大臣奉旨：'知道了。钦此。'"

审明逆伦重犯按律拟办折

同治三年八月初一日

奏为审明逆伦重犯，按律拟办，恭折具奏，仰祈圣鉴事：

窃据益都县知县梅缵高禀报，县民司停熏听从继母司铁氏谋杀伊父司明缮身死私埋匿报一案，臣以案情重大，批司饬令押解犯证来省，发委济南府萧培元督同该员审明拟议，声明司铁氏怀孕六月，由臬司丁宝桢解勘前来。臣亲提研鞫。

缘司停熏、司铁氏均籍隶益都县。司停熏之父司明缮续娶司铁氏为妻，生有一子。司明缮因司停熏不听教训，司铁氏素性懒惰，心生厌恶，时常毒殴。同治三年正月十七日二更十分，司明缮酒醉回家，司停熏、司铁氏均各睡熟，开门迟缓，司明缮进内斥骂，用拳殴伤司停熏脊背、左右肩甲，用脚踢伤司停熏左右腿。司铁氏代为分辩，司明缮气忿牵骂，用拳殴伤司铁氏鼻梁、左右肩甲。司铁氏出言顶撞，司明缮用茶碗、烛台掷殴，司铁氏等闪避，未经成伤。司明缮复拿菜刀向司停熏、司铁氏扑砍，司停熏等逃出院内。适司明缮邻居、无服族叔司增闻闹趋至，将刀夺获，问明情由劝阻。司明缮声言定欲将司停熏、司铁氏一并处死。司增再三解劝，司明缮始行睡歇，司增亦即回归。司明缮之母司李氏年老聋瞽，未曾听闻。司铁氏因屡被司明缮毒殴难忍，且恐性命莫保，一时忿极，起意谋害，商令司停熏帮助。司停熏畏惧，先未应允，司铁氏用言怂恿，并称如果将来败露，有伊一人承当。司停熏一时糊涂，亦即允从。司铁氏往看司明缮业已沉醉，即令司停熏下手。司停熏顺拿菜刀走至炕边，砍伤司明缮左腮颊连鼻窍上唇吻。司明缮惊起，下炕夺刀，司停熏欲逃。司铁氏赶拢，揪住司明缮发辫，拉倒地上，喝令司停熏用刀再砍。司停熏又砍伤其偏右左太阳穴，立时殒命，将伤处血迹洗净，用毡帽遮盖头面，各自脱去血衣。次早向司李氏捏称酒醉身死，司李氏信以为真，令司停熏报知司增暨伊母舅杨可爱，并在逃之邻人司欲缮、妻父张添绪，买棺殓埋。司增等看出伤痕，当向查问，司铁氏等不能隐瞒，告知实情，跪求隐匿不报并勿声张。司增等因司停熏尚无子嗣，伊弟年又幼小，如果告官治罪，必致司李氏无人奉养，心生怜悯，均各允从帮同买棺装殓，抬至庄外空地埋葬。司铁氏将血衣拆洗，司停熏将菜刀撩入井内。嗣即访闻获犯，验讯禀报，提省审悉前情，诘无起衅别故，及另有同谋加功并知情抬埋之人，案无遁饰。

查律载："谋杀父及夫，已杀者，皆凌迟处死。"又例载："子殴杀父之案审明后，恭请王命，即行正法"；又，"犯妇怀孕，若初审证据已明，供认确凿，罪应凌迟处死者，产后一月期满即按律正法。"又律载："故纵罪囚与囚同罪，至死减一等。"各等语。此案司停熏与继母司铁氏因屡被伊父司明缮毒殴难忍，该犯司停熏辄听从该犯妇司铁氏，将司明缮谋杀身死，私埋匿报，实属罪大恶极，均应按律问拟。司停熏、司铁氏合依"谋杀父及夫，已杀者，皆凌迟处死"律，俱拟凌迟处死。臣于审明后，饬委臬司丁宝桢、抚标中军参将玉山恭请王命，将该犯司停熏绑赴市曹，先行正法，传首犯事地方悬杆示众，以昭炯戒。司铁氏现怀胎孕，应俟产后一月期满再行正法。司增、杨可爱听从司停熏等私埋匿报，虽讯无受贿情弊，惟逆伦重案，任听讳匿，几至重犯漏网，法难宽贷，遍察律例并无治罪专条，自应比律酌减问拟。司增、杨可爱应比照"故纵罪囚与囚同罪，至死减一等"律上酌减一等，各拟杖一百，徒三年。司增年已七十，照律收赎；杨可爱据供母老丁单，是否属实，饬县查明，另行详办。地保王登云失于觉察，应照不应重律，拟杖八十，折责革役。逸犯司欲缮等饬缉，获日另结。

除供招咨部外，理合恭折具奏，伏乞皇太后、皇上圣鉴训示。谨奏。

同治三年八月十四日奉到回折："议政王军机大臣奉旨：'刑部议奏。钦此。'"

审明京控原告解回病故拟结折

同治三年八月初一日

奏为京控原告解回病故，提集被证，审明拟结，恭折奏祈圣鉴事：

窃据惠民县武生马殿元以曹佃扬等挟嫌谋命等词，控经步军统领衙门，于同治三年二月初三日奏奉谕旨："此案著交阎敬铭督同臬司，亲提人证、卷宗，秉公研讯确情，按律定拟具奏。原告武生马殿元，该部照例解往备质。钦此。"当经行司饬提人卷研讯。据报马殿元于三月十四日在押病故，验讯并无别故，看役亦无凌虐情弊，详批核入正案拟办。兹据臬司丁宝桢提集被证人等讯明拟议，解勘前来。臣亲提研鞫。

缘马殿元系惠民县武生，与邻庄开设酒铺之曹佃扬素识无嫌，伊弟马六仔即马亭皋卖布营生，与曹佃扬素好往来。曹佃扬之妻曹张氏见面不避。同治二年九月间，马六仔与曹张氏通奸，曹佃扬并不知情。十一月初三日夜，马六仔与曹张氏在房谈笑，适曹佃扬回归听闻，知有奸私，心生气忿，即拿刀进内捉拿。马六仔下炕欲逃，曹佃扬用刀砍伤马六仔左腮颊连鼻梁、顶心连偏左倒地。马六仔滚骂，曹佃扬又砍伤其左脚腕、左胳肘、右手背、脑后连左耳根。曹张氏亦欲逃走，曹佃扬拦住，用刀砍伤其右腮颊连鼻梁、咽喉倒地。经曹丙禄闻闹趋至劝歇，通知马殿元同往问明情由。讵马六仔、曹张氏均移时因伤殒命，报县验讯详批饬审。马殿元痛弟情切，起意诬告泄忿，即以曹佃扬因挟马六仔索欠之嫌，令曹卢氏招至伊家谋杀等情，由府控司批县复讯，马殿元并不到案。又以前情并图准添砌县役马坤等受贿教供、私押索诈等词，赴步军统领衙门呈控，奏奉谕旨，饬提人证研审。据报马殿元在押病故，验讯并无别故，提集被证暨马殿元之叔马青岺讯悉前情，讵无起衅别故。曹佃扬之杀奸，亦无在场帮殴之人，应即拟结。

此案武生马殿元因曹佃扬之妻曹张氏与伊弟马六仔通奸，曹佃扬奸所获奸，登时将马六仔等一并杀死，辄捏以挟嫌谋杀等词，赴京诬告，按律反坐罪，应拟流加徒，业已病故，应毋庸议，仍咨部除名。曹佃扬奸所获奸，登时杀死奸夫奸妇，应照律勿论。县役马坤等讯无受贿教供、私押索诈情事，应毋庸议。马殿元身死之处业据验讯明确，委系病弊［毙］，并无别故，看役亦无凌虐情弊，均毋庸议。

除供册咨部外，理合恭折具奏，伏乞皇太后、皇上圣鉴训示。谨奏。

同治三年八月十四日奉到回折："议政王军机大臣奉旨：'刑部知道。钦此。'"

鲁镇五京控案拟结片
同治三年八月初一日

再，查接管卷内，据昌邑县监生鲁镇五以县役张怀清等讳盗为窃等词，控经都察院，于咸丰元年闰八月二十八日奏奉谕旨："此案著交陈庆偕督同臬司福济，亲提人证、卷宗，秉公严讯，按律定拟具奏。原告监生鲁镇五，该部照例解往备质。钦此。"

伏查该原告鲁镇五于道光二十六年三月初七日夜，被贼临时强劫铺内银钱、布物，拒伤更夫刘清和，越日抽风身死，报县会营勘讯属实，详批饬缉，先后获犯范三戒、刘青河、张大麻仔等三名原贼，凶器一无起获，犯供先认后翻。先认之供亦与原报不符。鲁镇五疑系捕役匿贼开脱，迭次上控，经前抚臣陈庆偕批提至省，发委济南府审明范三戒等并非此案正盗，先之混认，由于畏刑妄供，因该犯等另有叠窃事主刘公三等一案，照例拟徒，遇赦援免，咨部拟结。鲁镇五即以县役张怀清等讳盗为窃等词，控经都察院奏奉谕旨，饬提严讯。原被供词各执。屡提要被张怀清等未到。因咸丰四年粤匪窜扰，居民类多迁徙，两次奏明展缓传解。鲁镇五不愿株守，与被证刘清河等先后因病保回医治。据报鲁镇五于四年六月初五日在家病故。迨防堵事竣，屡饬提传被证，未据解到。前抚臣谭廷襄与臣复迭次行司饬催。兹据昌邑县知县花上林查明被证人等，分隶诸城、潍县、寿光、平度、黄县等州县，非早经物故，即避难逃亡，委实无从传解等情，由臬司丁宝桢核明，详请具奏前来。

臣查该案原告鲁镇五铺内被劫一案，原拿之贼范三戒等并非正盗，所控讳盗为窃各情显系不实。惟事隔十余年之久，该原告业已病故，被证亦多死亡，无可审讯，应请勒下都察院销案，以清尘牍。

除咨部外，理合附片具奏，伏乞圣鉴。谨奏。

同治三年八月十四日奉到回折："议政王军机大臣奉旨：'该衙门知道。钦此。'"

委员管解定安营军饷片
同治三年八月初一日

再，东省应协直隶月饷，就近抵拨副都统定安军饷，前经饬司按月筹解，并附奏在案。兹复据藩司贡璜先后详报，在于盐厘、百货、厘金项下凑拨，饬委试用县丞张福海解银三千两，又委候补库大使钱廷炯解银三千两，作为八、九两月饷银，分批前赴恩县查收，转解定安军营交纳。

除分咨查照外，理合附片陈明，伏乞圣鉴。谨奏。

议政王军机大臣奉旨："知道了。钦此。"

逃匪苏落坤聚众滋事已经官军击散折
同治三年八月初五日

奏为逃匪苏落坤与直隶清丰县逆团马三黑勾结，聚众滋事，经官军先期击散，现派臬司丁宝桢驰赴该处，带兵弹压，以查余匪而靖地方，恭折驰奏，仰祈圣鉴事：

窃查东昌一带，莘、堂、冠、馆素为匪薮，自去年剿办以来，迭饬各带兵官及各州县严拿余匪，陆续擒获正法多名，匪徒已行敛迹。臣知各该处民情浮动，深虞伏莽未靖，务绝根株，派令总兵冯翊翔带湘勇二百名、守备曹正榜带楚勇五百名，驻扎直、东边界；饬东昌府知府曹丙辉协同各营，与直隶大名镇道约期会哨，密访匪踪。七月初十日，据直隶大名道祝垲及总兵冯翊翔会哨途次禀称：风闻有在逃匪犯苏落坤，在馆陶所辖之鸭窝地方传帖聚众；又有六月二十八日及七月初三日另会匪徒起事之信。当经该道、该镇等先期督带兵勇赴彼查拿，匪徒闻风已散等情禀报前来。经臣饬令不分畛域，实力搜捕，以绝萌芽，并严查苏落坤藏匿踪迹。

嗣于七月二十、二十一等日，据东昌府及所属各县禀报：直隶大名府属清丰县有团首马三黑与孙姓寻仇滋事，杀毙孙姓二人，并伤差役，随即据寨聚众。大名道祝垲业已进兵，该逆团马三黑乘夜逃窜，余众均已解散等情。臣以东境伏匪尚多，虑其乘机勾结，当添派游击郭大胜、游击沈玉贵各带所部勇丁驰赴东昌，会同冯翊翔、曹正榜两营分扎要隘，以备协剿。

七月二十九日，又据总兵冯翊翔、东昌府知府曹丙辉禀称：馆陶县知县耿光祐于二十四日巡防西界，在车町村地方拿获形迹可疑之薛满囤，讯系在逃余匪。即于该匪家中搜出逆帖一纸，系苏昆冈之名，内有七月二十六日在该邑之柴家堡庙内聚齐字样。据该县查得苏昆冈即谣传滋事之苏落坤，当将该匪薛满囤严加刑讯，供出苏落坤因清丰县马三黑杀死孙姓，恐官兵围剿，遣往各处纠助，给伊逆帖，订期聚集等语。该县立即通知总兵冯翊翔飞派游击冯义德带领勇队，先于二十五日驰抵柴家堡地方树林内埋伏。果于是夜子刻见有匪徒成群，各执刀械，纷纷来往，该游击带勇于树林内突出掩杀，该匪见有官兵，纷然四散，经官兵拿获二十余名，杀死十余名，夺马四匹，余匪均已逃散无踪各等情。

臣查苏落坤原系漏网匪犯，迭次查拿未获，此次复敢暗连直隶逆团马三黑纠人往助，若非先行查访，迅速掩击，几又滋蔓难图。现虽经勇击散，而该逆尚未成擒。直、东接壤冠、馆一带地方，民心极为不靖，去岁搜拿匪党及临阵擒斩者，实有三四千名，臣已觉过用刑威。乃痛惩之余仍难畏慑，实因该处民风素称犷悍，兼多习教，散则为民，聚则为贼；又因团练各分党与，劫杀报复，人众易齐，器械亦备。惟有及早诛锄，以消后患。臣于接报之时，当派臬司丁宝桢即日驰赴东昌府督饬各军，严为搜捕，务将在逃各犯按名弋获，并饬该司巡历沿边各地，会商直隶大名道祝垲，将交界应办事宜妥筹办理，以期绥靖边圉，仰副慈厪。

除将办理搜捕情形再行具奏外，所有馆陶逆犯苏落坤与直隶清丰逆团暗相勾煽，经官军击散，及饬臬司驰赴东昌各缘由，理合由驿驰奏，伏乞皇太后、皇上圣鉴训示。谨奏。

同治三年八月十三日奉到回折："议政王军机大臣奉旨：'另有旨。钦此。'"

候补道员张文林循例甄别折
同治三年八月二十五日

奏为保留候补道员一年期满，循例验看甄别，恭折奏祈圣鉴事：

窃照前准部咨："嗣后道、府、州、县，无论何项劳绩，归入候补班补用人员，均以到省之日起，扣足一年，由督抚详加甄别，分别繁简补用等因。奏奉谕旨：'依议。钦此。'"钦遵在案。

兹查候补道张文林，现年六十岁，河南举人，大挑一等，引见奉旨以知县用，签掣山东。道光二十四年五月到省，历署泗水、峄、滕、泰安等县，拿获邻境迭劫盗犯，保举遇缺尽先补用。三十年题补汶上县。咸丰三年补行大计，保荐卓异，奉旨送部引见。四年调补滕县，遵例报捐同知，留于山东补用。六年，代理曹州府印务。九年，经钦差大臣督办安徽军务袁甲三奏调军营差委。十年，克复临淮案内保举，奉旨著免补本班，以知府仍留原省归候补班补用。十一年，办理营务出力，赏戴花翎；回东催提军饷，旋即委赴济宁办理钦差大臣亲王僧格林沁粮台事务。同治元年，捐双月道员，归部选用。二年，拿获巨捻出力保举，奉旨："以道员留于山东补用。钦此。"该员于同治二年三月十九日留省，扣至三年三月十九日已满一年之限。据藩、臬两司会详请奏前来。臣验看得该员老成稳练，堪胜繁缺道员之任，应请照例补用。

除将履历清册咨部外，所有保留候补道员张文林一年期满验看甄别缘由，理合恭折具奏，伏乞皇太后、皇上圣鉴。谨奏。

同治三年九月初八日奉到回折："议政王军机大臣奉旨：'知道了。钦此。'"

乡试出闱日期片

同治三年八月二十五日

再，今岁甲子科山东乡试，臣遵例入闱监临，前经附片奏闻在案。臣自入闱后，督同提调、监试等官，认真稽查，严行弹压，三场完竣，诸臻安谧。将试卷誊录，封交内帘官分校。臣于八月二十五日出闱。

所有出闱日期，理合附片具奏，伏乞圣鉴。谨奏。

同治三年九月初八日奉到回折："议政王军机大臣奉旨：'知道了。钦此。'"

拣员调补沿河要缺知县折

同治三年八月二十五日

奏为拣员调补沿河要缺知县，恭折具奏，仰祈圣鉴事：

窃照鱼台县知县赵溶升补莒州知州，准部知照以同治三年五月初一日作缺，所遗系冲繁难兼三沿河要缺，例应在外拣员调补。该县壤接江南，久为匪徒出没之区，现虽地方肃清，而搜除伏莽，安抚疮痍，均关紧要。遂与藩、臬两司在于通省现任知县内详加遴选，非现居要缺，即人地未宜。惟查有莱州府属即墨县知县李淦，现年三十七岁，直隶保定府满城县人，由附贡生遵例报捐知县，捐免保举，指省山东引见。奉旨："著照例发往。钦此。"咸丰五年十二月到省。七年，捐分缺间补用，委署东阿县知县，题补今职，十年六月初二日到任。该员年壮才明，办事勤练，经征地丁钱粮，历年全完，一切事宜悉臻妥协，以之调补鱼台县知县，实堪胜任。据藩、臬两司会详请奏前来。

臣查现准吏部议定新章："凡保题升调人员，如有承审盗案、经征钱粮已起降调革职参限者，概不准其升调；其有缺系繁要，人地实在相需，亦应据实陈明。"等因。该员李淦在即墨县任内，并无承审未完案件及钱粮已起降调参革处分。惟承缉凶犯王沅见等一案，三参限满，已起四参，而人地实在相需。合无仰恳天恩俯念员缺紧要，准以即墨县知县李淦调补鱼台县知县。如蒙俞允，该员已销试俸，衔缺相当，毋庸送部引见。任内一切因公处分，例免核计。应完参罚银两，饬令按限完缴。所遗即墨县员缺，东省现有应补人员，俟奉文后另行拣员请补。为此恭折具奏，伏乞皇太后、皇上圣鉴训示。谨奏。

同治三年九月初八日奉到回折："议政王军机大臣奉旨：'吏部议奏。钦此。'"

武定知府暂行留省仍令张鼎辅署理片
同治三年八月二十五日

再，新选武定府知府李熙龄领凭到省，本应饬令赴任。惟武定府各属数年以来，枭匪鸱张，盐务隳坏。去冬因前任知府蔡步镛缉匪未能得力，经臣撤任调省，奏委候补知府张鼎辅署理。该守于本年春初到任，力求振作，督同候补知县张继武、带勇游击王正起，认真缉捕，计擒获积年巨枭首恶数十名，并阻截海丰县海口关东私盐来路，半载有余，枭匪敛迹，盐务实有起色。现因该匪等不在本境滋事，或赴直境抢劫，或逃后复行潜回，臣檄令该守正在设法围拿。是武属匪徒虽暂安缉，实未净纯根株。知府职任统辖，骤易生手，必至尽弃前功。新选知府李熙龄曾任武定府，老成安详，惟于除暴捕枭、整顿镇压，恐难悉合机宜。应请将该守李熙龄留省差委，仍责令张鼎辅力为办理，以靖间阎。据藩、臬两司会详前来。经臣复查系为慎重地方起见。

除咨部查照外，理合附片陈明，伏乞圣鉴。谨奏。

同治三年九月初八日奉到回折："议政王军机大臣奉旨：'知道了。钦此。'"

同治三年七月雨泽粮价折
同治三年八月二十五日

奏为恭报七月份雨水情形并呈粮价清单，恭折仰祈圣鉴事：

窃照六月份雨水、粮价，前经奏报在案。兹查七月份，据济南府属之历城、章邱、邹平、淄川、长山、新城、齐东、齐河、济阳、禹城、临邑、长清、陵县、德州、德平、平原，泰安府属之泰安、新泰、莱芜、肥城、东平、平阴，武定府属之惠民、青城、阳信、乐陵、商河、滨州、利津、沾化，兖州府属之滋阳、曲阜、宁阳、邹县、泗水、汶上、阳谷、寿张、滕县，沂州府属之兰山、郯城、莒州、蒙阴、沂水、日照，曹州府属之菏泽、单县、城武、曹县、定陶、巨野、郓城、濮州、范县、观城、朝城，东昌府属之聊城、堂邑、博平、茌平、清平、莘县、冠县、馆陶、高唐、恩县，登州府属之蓬莱、福山、招远、莱阳、海阳，莱州府属之掖县、平度、昌邑、潍县、高密、胶州，青州府属之益都、临朐、临淄、高苑、博山、博兴、诸城、寿光、昌乐、安丘、乐安，临清直隶州并所属之夏津、武城，济宁直隶州并所属之金乡、嘉祥、鱼台等九十五州县，先后申报于本月上旬之初一二三四五六七九十，中旬十一二三四五六七，下旬二十一二三五七八九等日，各得雨一、二、三、四、五寸及深透不等。得此澍雨沾濡，秋收尚称中稔，间有被淹之处，均令赶紧疏消，以期无误种麦，洵堪仰慰宸怀。

各属市集粮价，互有增减，大致与上月相同。谨缮清单，祗呈御览。为此恭折具奏，伏乞皇太后、皇上圣鉴。谨奏。

同治三年九月初八日奉到回折："议政王军机大臣奉旨：'知道了。钦此。'"

七月份粮价清单

谨将同治三年七月份山东省各属米、谷、麦、豆价值，敬缮清单，恭呈御览。

计开：

济南府属：稻米每仓石价银三两四钱至四两四钱九分，较上月贱一钱一分。粟米每仓石价银一两一钱至二两六钱，较上月贱一钱二分。粟谷每仓石价银七钱六分至一两五钱四分，较上月贱九分。高粱每仓石价银九钱二分至一两八钱九分，较上月贵五分。小麦每仓石价银一两三钱五分至二两五钱六分，较上月贱六分。黄豆每仓石价银一两二钱五分至二两一钱八分，较上月贵五分。黑豆每仓石价银一两二钱五分至二两一钱，较上月贱一钱三分。

泰安府属：稻米每仓石价银三两二钱八分至四两八钱五分，较上月贱二钱四分。粟米每仓石价银一两五钱七分至二两四钱，与上月同。粟谷每仓石价银九钱九分至一两三钱六分，较上月贵七分。高粱每仓石价银一两一钱八分至一两四钱五分，与上月同。小麦每仓石价银一两五钱七分至一两七钱八分，较上月贱一钱六分。黄豆每仓石价银一两二钱五分至一两六钱二分，较上月贵八分。黑豆每仓石价银一两一钱八分至一两五钱四分，较上月贵九分。

武定府属：稻米每仓石价银二两四钱八分至五两二钱一分，与上月同。粟米每仓石价银一两一钱六分至二两二钱，与上月同。粟谷每仓石价银七钱七分至一两三钱，与上月同。高粱每仓石价银八钱至一两四钱，与上月同。小麦每仓石价银一两五钱至三两五分，与上月同。黄豆每仓石价银一两一钱八分至一两七钱，与上月同。黑豆每仓石价银一两一钱至一两六钱五分，与上月同。

兖州府属：稻米每仓石价银二两五钱四分至五两，与上月同。粟米每仓石价银一两二钱四分至二两二钱，与上月同。粟谷每仓石价银七钱八分至一两八钱五分，与上月同。高粱每仓石价银九钱八分至一两八钱，与上月同。小麦每仓石价银一两三钱至二两二钱，与上月同。黄豆每仓石价银一两九分至一两七钱九分，较上月贱一钱七分。黑豆每仓石价银一两一分至二两，与上月同。

曹州府属：稻米每仓石价银三两三钱至五两，与上月同。粟米每仓石价银一两三钱至三两四钱六分，与上月同。粟谷每仓石价银七钱八分至一两八钱三分，与上月同。高粱每仓石价银八钱四分至二两三钱，与上月同。小麦每仓石价银一两五钱六分至二两一钱四分，与上月同。黄豆每仓石价银一两二钱五分至二两三钱五分，与上月同。黑豆每仓石价银一两一钱三分至二两一钱，与上月同。

沂州府属：稻米每仓石价银二两至三两九钱二分，与上月同。粟米每仓石价银一两一钱五分至一两九钱八分，与上月同。粟谷每仓石价银七钱至一两五钱二分，与上月同。高粱每仓石价银九钱三分至一两三钱八分，与上月同。小麦每仓石价银一两至一两八钱五分，与上月同。黄豆每仓石价银八钱至一两四钱八分，与上月同。黑豆每仓石价银八钱至一两五钱二分，与上月同。

东昌府属：稻米每仓石价银三两三钱至五两，与上月同。粟米每仓石价银一两一钱三分至二两三钱，与上月同。粟谷每仓石价银七钱五分至一两六钱九分，与上月同。高粱每仓石价银九钱至一两五钱，与上月同。小麦每仓石价银一两五钱至二两四钱，与上月同。黄豆每仓石价银一两三钱五分至一两九钱，与上月同。黑豆每仓石价银一两二钱至一两八钱五分，较上月贵五分。

青州府属：稻米每仓石价银二两二钱四分至四两一钱五分，与上月同。粟米每仓石价银一两三钱八分至二两一钱三分，较上月贵一分。粟谷每仓石价银七钱一分至一两四钱五分，较上月贵五分。高粱每仓石价银七钱九分至一两四钱二分，与上月同。小麦每仓石价银一两一钱五分至二两二钱，与上月同。黄豆每仓石价银九钱九分至一两六钱八分，较上月贵二分。黑豆每仓石价银九钱九分至一两六钱八分，较上月贵二分。

莱州府属：稻米每仓石价银二两四钱至三两一钱，与上月同。粟米每仓石价银一两至一两九钱八分，较上月贵六分。粟谷每仓石价银五钱至一两二钱，较上月贵一钱二分。高粱每仓石价银六钱五分至一两四钱四分，较上月贵四分。小麦每仓石价银一两三钱五分至一两八钱二分，与上月同。黄豆每仓石价银一两一钱至一两四钱三分，与上月同。黑豆每仓石价银一两五分至一两四钱四分，与上月同。

登州府属：稻米每仓石价银二两二钱八分至三两二钱，与上月同。粟米每仓石价银一两三钱五分至二两八分，较上月贱二分。粟谷每仓石价银八钱五分至一两三钱五分，较上月贵一钱。高粱每仓石价银九钱至一两六钱，与上月同。小麦每仓石价银一两二钱六分至二两六分，与上月同。黄豆每仓石价银一两四分至一两八钱五分，与上月同。黑豆每仓石价银九钱五分至一两八钱五分，与上月同。

临清直隶州并属：稻米每仓石价银三两四钱五分至四两，与上月同。粟米每仓石价银一两四钱至二两一钱，与上月同。粟谷每仓石价银一两一钱四分至一两三钱五分，与上月同。高粱每仓石价银一两二钱至二两，与上月同。小麦每仓石价银一两九钱六分至二两五钱二分，较上月贱三分。黄豆每仓石价银一两三钱三分至一两八钱，与上月同。黑豆每仓石价银一两三钱三分至二两二钱，与上月同。

济宁直隶州并属：稻米每仓石价银三两八钱三分至六两四钱，与上月同。粟米每仓石价银二两至三两六钱，与上月同。粟谷每仓石价银一两二钱一分至二两七钱三分，与上月同。高粱每仓石价银一两五分至二两六钱六分，与上月同。小麦每仓石价银一两八钱至二两四钱四分，较上月贵四分。黄豆每仓石价银一两一钱六分至二两七钱三分，较上月贵三分。黑豆每仓石价银一两五分至二两九钱二分，与上月同。

复参博兴县疏防案留缉员弁折

同治三年八月二十五日

奏为查明疏防枭匪抢署劫狱，原禀不实，并勒缉限满，犯无弋获，请旨将留缉文武员弁一并革职，恭折具奏，仰祈圣鉴事：

窃查接管卷内准吏部咨："咸丰十年十二月二十日奉上谕：'文煜奏请将

盐枭滋扰延不拿获之地方员弁惩办等语。山东博兴县知县王暄、典史陈模、城汛把总刘应龙于盐枭聚众滋扰并不先事预防，立即剿灭，已属玩忽；事后又不赶紧拿获，据实禀报，实属咎无可辞。王暄、陈模、刘应龙著一并先行撤任，摘去顶戴，勒限两个月，协同接缉员弁，严拿各匪犯，务获究办。盐枭窜入博兴县城，该县与委员所禀情节悬殊，并著文煜查明，如有讳匿消弭情事，即行从严参办。钦此。'"

伏查此案，该县王暄原禀，据称枭匪欲扑县城，均经击退，并未入城。委员赵日旸原禀则称，枭匪业已入城，监犯范曰生、王大扒已乘变逃逸。前抚臣文煜一面奏参，一面饬府查明，系另股枭匪入城抢掠衙署，劫放监犯。并据接署知县庆纪因范曰生等自行投回，讯供通报。经前抚臣谭廷襄批司饬提该犯等同刑禁人等至省，发济南府讯明。咸丰十年十月二十三日，枭匪仲六等三百余人窜入博兴县境，声言向县官借钱，直逼城下。该县王暄将监犯范曰生等提出，锁禁闲房，一面与在城文武分门守御，毙匪一名。该匪由城缺爬入，拥至县署大门，王暄带勇击退，跟踪追捕。该典史陈模复将范曰生等收禁。讵是日傍晚，又有另股枭匪齐得胜等百余人，乘虚由城缺入城，赴县署抢掠银钱、衣物，并砸开监门，将范曰生、王大扒劫放，一同逃逸。刑禁人等力不能敌，陈模与把总刘应龙率领兵役追拿无获。范曰生等即于十一月二十一等日自行投回。此当日枭匪聚众入城抢署劫狱之实在情形也。兹据该府萧培元录供拟议，由臬司丁宝桢解勘。值臣入闱监临，饬委藩司贡璸代勘无异，并据该司等以王暄原禀不实，且勒缉限满，与典史、把总又未获犯，详请复参前来。

臣查该县王暄疏防，枭匪入境滋扰，抢署劫狱，独于抢劫情形匿不报出，实属规避。典史陈模、把总刘应龙勒缉限满，犯无弋获，均属不知愧奋。相应请旨，将撤任留缉之博兴县知县王暄、博兴县典史陈模、博兴汛把总刘应龙一并照例革职，王暄仍留缉三年，分别有无获犯，照例办理。逸匪仲六等饬缉，获日另结。

再，博兴县知县、典史各缺，山东现有应补人员，应请扣归外补，合并陈明。

除将范曰生等供册咨部外，理合恭折具奏，伏乞皇太后、皇上圣鉴训示。谨奏。

同治三年九月初八日奉到回折："议政王军机大臣奉旨：'王暄、陈模、刘应龙著一并革职。王暄既已疏防枭匪入城，且复禀报不实，非寻常疏防监犯越狱可比，仅予革职已属从宽，所请留缉三年之处，著不准行。钦此。'"

同治三年夏季各属正法盗匪名数折
同治三年八月二十五日

奏为查明各属正法盗犯名数、案由，恭折具奏，仰祈圣鉴事：

窃照山东拿获盗犯、枭匪正法案件，例应按季汇奏。兹查同治三年夏季分，各属拿获罪应斩枭、斩决盗匪四十八名，均经随时审明，就地正法。据臬司丁宝桢详请汇奏前来。臣复查无异。理合将名数、案由，敬缮清单，恭呈御览。

除饬司将各案供招分起详咨外，为此恭折具奏，伏乞皇太后、皇上圣鉴。谨奏。

同治三年九月初八日奉到回折："议政王军机大臣奉旨：'知道了。钦此。'"

谨将同治三年夏季分，各属正法盗匪名数、案由，敬缮清单，恭呈御览。
一、恩县拿获盗匪马青山、刘标、杨愚溃、李秋、金二、孟二、张二、孙虎、李洸洛、王进哮、孙长付、徐二、董得禄等十三名，骑马持械抢劫事主李咸熙等家银钱、衣物，罪应斩枭。
一、恩县拿获盗犯马二仔、马三仔、刘盛得、姜六仔、李玉、孙十、刘常复、王三、吴二等九名，抢劫事主魏汝恭等车上银钱、衣物，罪应斩决。
一、恩县拿获盗窝田汶升、赵金堂、高幅增等三名，窝藏盗犯杨愚溃等，罪应斩决。
一、武定府拿获枭匪祁花针一名，迭劫事主郭本生等家银钱、衣物，罪应斩枭。
一、长山县拿获盗犯张桂沅、梁浣青、冯化汶等三名，持械抢夺事主赵克己等银物，罪应斩决。
一、伊平县拿获盗犯马青淋一名，持械伙抢事主裕凯车上衣物，罪应斩决。
一、惠民县拿获枭匪阎与仔、周帼温等二名，抢夺事主同义丰等盐船，罪应斩枭。

一、沂水县拿获盗犯刘学胜、马太玉、白长青、金二、夏三等五名，行劫事主陈庆銮等车上银两、衣物，罪应斩决。

一、昌邑县拿获盗犯魏心得、王泳漳、刘在臣、张五等四名，行劫广增当铺钱物，罪应斩决。

一、滨州拿获盗犯阎士沅一名，持械伙抢事主张廷才等马匹、银物，罪应斩决。

一、利津县拿获盗犯冯泮启一名，纠劫事主程砚田铺内银钱、衣物，罪应斩决。

一、潍县拿获盗犯张正玥、范顺当、张汶晟、王学朱等四名，行劫事主陈希松铺内钱物、布匹，罪应斩决。

一、齐河县拿获盗犯周佃臣一名，持械伙抢事主于韶华车上银钱、衣物，罪应斩决。

奉拨盐课京饷及僧格林沁营饷片
同治三年八月二十五日

再，东省本年奉拨盐课京饷，前经陆续解过银八万两。兹据运司详报，又在盐课项下筹银二万两，同应交加平银三百两、饭食银三百两，饬委候补库大使沈崇礼、盐大使陈晋领解，前赴户部交纳。又本年协济僧格林沁月饷，已分批解过五个月银二十五万两。复据藩司详报，应解六月份协饷，先拨银三万两，札饬委用从九品严奎管解；又筹银二万两，饬委分缺间用县丞吴元庆管解，前赴河南陈州粮台交纳。

除再催藩、运两司续筹报解并分咨查照外，理合附片陈明，伏乞圣鉴。谨奏。

同治三年九月初八日奉到回折："议政王军机大臣奉旨：'知道了。钦此。'"

筹解新疆经费甘肃陕西军饷片
同治三年八月二十五日

再，迭次钦奉寄谕："饬将欠解陕甘军饷、新疆经费，赶紧拨解等因。钦此。"遵即饬司速筹去后。兹据藩司贡璜详称，除解下欠饷银早应筹款分解，无如用项繁多，势难兼顾。东省每月应解僧格林沁粮台军饷及各营勇粮不下七万两，兼以京饷、协饷并本省官兵俸饷，羽檄交驰，委提络绎，几于搜索无遗。夏秋雨水过甚，黄水异常涨发，是正赋必多蠲缓，支项日有加增，深虑入不敷出，而陕、甘、新疆均属待饷孔殷，岂容膜视。兹于万分拮据中设法筹措，饬委候补典史池钧管解新疆经费银三万两，已于八月二十日起程赴山西藩库转解。又于八月二十八日饬委候补府经历陈诗管解甘肃饷银二万两、陕西饷银一万两、陕南李云麟营饷银五千两，前往陕西藩库交纳，即由陕省分别兑收转解等情，请奏前来。臣复查无异。

除分咨查照暨饬经过地方小心拨护外，理合附片奏闻。

再，甘饷应解至兰州省城、陕南饷应解至湖北襄阳分局，因虞道路梗阻，是以解交陕西藩库交收转解，合并陈明，伏乞圣鉴。谨奏。

同治三年九月初八日奉到回折："议政王军机大臣奉旨：'户部知道。钦此。'"

请将丁宝桢保德开复恩锡从优议叙片

同治三年八月二十五日

再，臬司丁宝桢、曹州镇总兵保德前因擅议收抚，经僧格林沁奏请议处，复蒙加恩，改为革职留任在案。该司、镇等于被参后，即行督饬诸军进逼贼垒，随同僧格林沁大军悉力攻剿，屡获胜仗，迨僧格林沁将贼垒荡平率军南下，又经该司等督军搜捕余匪，斩获殆尽。惟因宋逆在逃，该司等深自引咎，不敢言功。但念该司、镇督军以来，凡遇大敌均系亲临战阵，冒锋督剿，故士卒胥知用命，且办理东昌各属善后事宜一切均臻妥协，屡任勤劳，将及一载。

再，盐运司恩锡经前抚臣谭廷襄派在兖州督军堵剿，始终勤奋，以讫蒇功。

可否仰邀天恩，将臬司丁宝桢、曹州镇总兵保德开复革职留任处分，并将盐运司恩锡饬部从优议叙之处，出自逾格鸿慈。理合附片具陈，伏乞圣鉴训示遵行。谨奏。

议政王军机大臣奉旨："另有旨。钦此。"

遵照部咨查看候补班人员片

同治三年八月二十五日

再，前准吏部咨开：嗣后道、府、州、县归入候补班人员，均以到省之日起，予限一年，令各督抚详加察看，分别繁简补用。如从前到省早过一年者，接准部咨，即行甄别，毋庸另扣一年之限等因，遵照在案。

兹据藩、臬两司会详称，查有候补知府夏云焕，现年四十七岁，顺天举人，报捐中书补缺，咸丰八年京察一等，奉旨记名以同知选用，报捐分发山东，归候补班补用。旋得议叙，俟选补后，以应升之缺升用。复捐免本班，以知府仍留山东，归候补班补用，引见奉旨："照例发往。钦此。"咸丰八年九月十四日到省，扣至九年九月十四日一年期满，历署泰安、莱州知府印务。

又查有候补知府胡鸣泰，现年三十七岁，顺天监生，祖籍浙江，由南河县丞借补主簿，捐升知县，在任候选。南省军功，历经保举，俟选缺后以直隶州知州用，赏戴蓝翎，选授山东莘县知县。因剿匪出力保举，俟补直隶州知州后即以知府用，升补济宁直隶州知州，未准部复，即丁父忧。捐免本班，俟服满以知府用。嗣因在东省迭次防剿出力保举，奉旨："俟补知府后以道员用，并赏换花翎。"同治元年七月服满，赴部引见，奉旨："仍留东省以知府归候补班补用。钦此。"十二月二十九日到省，扣至二年十二月二十九日一年期满，均经验看甄别，并请复核具奏前来。臣详加察看，该员夏云焕明练安详；该员胡鸣泰精明稳妥，均堪胜繁缺知府之任。

除将履历咨部外，理合附片陈明，伏乞圣鉴。谨奏。

同治三年九月初八日奉到回折："议政王军机大臣奉旨：'知道了。钦此。'"

满营米折改放本色诸多格碍折

同治三年九月十七日

奏为满营米折改放本色，诸多格碍，恭折奏祈圣鉴事：

窃照山东满营俸饷、米折、马干等银，经臣奏准，自本年春季起，按月先发五成，仍照支发八成实银章程核扣一成，由司另款存储报拨。今青州副都统臣恩夔，因积欠过多，四成之银仍不敷用，奏奉谕旨，饬部议准将俸饷、马干按月实发五成现银，毋庸再扣一成，应领米石一律放给本色，毋庸折银等因，咨行到臣。饬司遵照去后。

兹据藩司贡璜，以满营俸饷、马干自应遵照部议，自本年秋季为始，一律实发五成现银，毋庸再扣一成；其未发五成，俟库款充裕拨发时仍核扣二成，以符定章。惟米折一项，部议改放本色，诸多格碍。缘满营兵米向系本折兼收，本色一项例不缺额，系动拨邹平等县漕米运兑支放，设有因灾缓征，则借拨附近州县常平仓谷；折色一项，按米一石，折银一两，在司库地丁项下动支。每年米折银按五成核算，需银九千九百三十二两八钱八分一厘。若照部议一律改放本色，不但大漕米石有关天庾正供，难以改拨如许兵米；即各州县常平仓谷，业经奏拨咸丰十年冬季兵饷，已属十廒九空，不能再议添拨。再四思维，惟有照旧仍放折色，支发五成实银。至于绿营俸饷，为数更多。自咸丰十一年以来，惟省城抚济三营系随时酌量支发，余则每岁凑发数月。此时协饷频仍，左支右绌，然尚不能定以准数，支发五成，亦惟有俟库款稍充，再行筹办等情，详请具奏前来。

臣查满营米折改放本色，诸多格碍，应请旨仍循其旧，与俸饷、马干一律支发五成实银，以示体恤。绿营俸饷，能否按五成支放，容臣督饬藩司，随时察看情形，奏明办理。为此恭折具奏，伏乞皇太后、皇上圣鉴训示。谨奏。

同治三年九月廿九日奉到回折："议政王军机大臣奉旨：'户部核议具奏。钦此。'"

本省运守司道等缺分饬交卸接署片
<small>同治三年九月十七日</small>

再，臣接准部咨："钦奉上谕：'山东布政使著丁宝桢补授，山东按察使著恩锡补授。钦此。'钦遵。"分饬交卸接印，以专责成。至运司一缺，昨阅邸钞，业经奉旨以湖南盐法道郑元璧升补。而自楚抵东，尚需时日，现值整顿蹙务吃紧之际，应即先行委员接署。查济东泰武临道卫荣光，明谨精详，堪以署理。所遗员缺，查有候补道衡龄，明白稳妥，堪以委署。

除檄饬遵照外，理合陈明，伏乞圣鉴。谨奏。

同治三年九月廿九日奉到回折："议政王军机大臣奉旨：'知道了。钦此。'"

同治三年夏季委署各员班次衔名片
同治三年九月十七日

再，前准部咨："嗣后各省州县缺出，先委正途一人，次委劳绩一人，再将各项委用、试用人员轮委一人，于应署班内统按出缺先后，察看人地相宜之员，酌量委署，毋庸计其科分名次并试用年限，每届三月汇报一次。"等因。经臣将同治三年春季所出各缺奏报在案。兹复据藩司贡璜将夏季分所出州县各缺并委署各员班次、衔名具详前来。

除册咨部外，理合陈明，伏乞圣鉴。谨奏。

同治三年九月廿九日奉到回折："议政王军机大臣奉旨：'知道了。钦此。'"

馆陶搜捕余匪及布置情形片
同治三年九月十七日

再，臣前因馆陶余匪苏落坤潜聚多人，虽被官军击散，更恐余党未净，且闻直、东交界，人心惶惑，当派臬司丁宝桢带兵前往弹压，督饬搜捕，并将交界应办理事宜妥筹办理，曾经具折奏祈圣鉴。

该臬司于八月初八日驰抵馆陶，查知地方均已安静，余匪业俱潜逃，当饬各地方官及各营兵勇四路严缉，擒获余党张汶西、张听鹿等二十三名，均系与苏落坤勾结之犯。当经该臬司饬令就地正法。嗣后缉获苏落坤之妻苏钱氏及其女苏氏，并窝藏该逆眷属之刘洸奇等，均经该司隔别研审，分别严办。嗣又拿获孙希曾等数名，均令就地骈诛，以昭炯戒。

据该臬司查得东省边界，自临清迤南至濮、范，横亘数百里，地势辽阔，民情强忍，加以教匪积习，煽即成群，亟应拨兵分驻各防，以时巡缉，庶可严拿匪党，弥乱未形。该臬司当于十二日驰抵房儿寨，会同直隶大名道祝垲妥同会商，约期合哨，并将带去各部勇营分布要隘，往来游历，以期联络军威。漏网余匪，均将各犯姓名开单踩缉，期于按名弋获，以绝根株各等情，据该臬司禀报前来。臣查该臬司所布均尚周妥，惟苏落坤一犯，不容任其逃窜，日久稽诛。当责令各地方官悬赏购缉，逐地搜寻，务令就获，并移咨河南、直隶两省一体会拿，以免远飏。至刻下东省馆陶一带地方，均已一律平静，该臬司亦于八月二十九日回省。

理合将馆陶搜捕及布置情形附片具陈，伏乞圣鉴。谨奏。

同治三年九月廿九日奉到回折："议政王军机大臣奉旨：'知道了。钦此。'"

委员管解定安营军饷片
同治三年九月十七日

再，东省应协直隶月饷，就近抵拨副都统定安军饷，前经饬司按月筹解并附奏在案。兹复据藩司贡璜先后详报，在于盐厘、百货厘金项下凑拨，饬委试用县丞张福海解银三千两；又委候补库大使钱廷炯解银三千两，作为八、九两月饷银，分批前赴恩县查收，转解定安军营交纳。

除分咨查照外，理合附片陈明，伏乞圣鉴。谨奏。

同治三年九月廿九日奉到回折："议政王军机大臣奉旨：'知道了。钦此。'"

各驿接递夹板报件并无私拆情弊折
同治三年九月十七日

奏为查明山东各驿接递江苏省夹板报件，并无私拆情弊，恭折奏祈圣鉴事：

窃查接管卷内，准兵部咨："同治二年三月初十日奉上谕：'据李鸿章奏称，前办理通商大臣薛焕，于本年二月十七日接到军机处发回二月初五日四百里夹板一副，兵部与军机处印封俱已拆损，并奏事折失去。该抚查阅兵部火票粘单，有清口驿马夫张顺声明夹板内并无印花切结一纸，自系清口驿以上驿站私拆，请饬查究等语。驿递军报要件，胆敢私行拆阅，并窃去折件，尤属可恶之至。除饬军机处将折内所奉谕旨补录知照外，著兵部于清口驿以上，逐站挨查，并将此件系何站、何人舞弊之处，行令各该督抚，严切根究，从重惩办，以肃邮政等因。钦此。'"当经前抚臣谭廷襄饬司委员分路往查在案。

伏查山东湖路驿站，北自德州安德驿起，由恩县之太平，高唐之鱼邱，茌平之茌山，东阿之铜城旧县，东平之东原，汶上之新桥，滋阳之新嘉、昌平，邹县之郏城、界河，滕县之滕阳、临城而入江苏铜山县之利国驿，计程八百〇四里。兹据委员候补知县许宝名、李鈵挨站查明：前项限行四百里报件，德州安德驿于同治二年二月初七日申时四刻接收，滕县临城驿于初九日申时四刻转递利国驿交收。各驿抄书，均经照例解看夹板内色封印花系属完固，并未拆损，核计应行时刻，亦未迟延。向例下站接到上站限行文报，如无迟误等事，即给上站马夫回照。当日临城马夫孙尚礼亦取有利国驿收条附卷，取具切结。禀经臬司丁宝桢饬提临城驿抄书、马夫人等，饬发济南府查讯，供亦无异；造具各驿接收转递里数、时刻清册，详请具奏前来。

臣查此案前准江苏抚臣李鸿章咨会，铜山、邳州、宿迁、桃源四州县，于前项限行报件，均系原接原递，未经解看。今山东接递各驿，均经照例解看，夹板内印封完固，取有铜山县利国驿收条，其为并无拆损自属可信。惟铜山等处何以原接原递并不解看，臣已移咨李鸿章再行确查，以期水落石出。

除将册咨部外，理合恭折具奏，伏乞皇太后、皇上圣鉴训示。谨奏。

同治三年九月廿九日奉到回折："议政王军机大臣奉旨：'知道了。钦此。'"

审明誊录代改试卷定拟折
同治三年九月十七日

奏为誊录代改试卷，审明定拟，循例恭折奏闻，仰祈圣鉴事：

窃照今科文闱士子，悉臻安谧，业经奏报在案。臣于第三场，督同提调、监试道并誊录所官即用知县傅维弼，查出誊录董桂林代改附生李桥试卷，即于号内将李桥提出，同董桂林一并发交济南府萧培元严审去后。兹据审明拟议，由臬司丁宝桢会同藩司贡璜解勘前来。臣亲提研鞫。

缘董桂林系邹平县人，与邹平县附生李桥系疏远表亲。董桂林曾在李桥家读书，同考书院，习见李桥笔墨。嗣因家贫亲老，即在邹平县充当书手。同治三年乡试，调取各属誊录，董桂林由县选送来省，考取入场，与李桥未曾见面。李桥头场试卷，通共添注十二字，涂改四十字，照例于卷内注明，弥封之后，散交誊录，散在董桂林之手。董桂林认是李桥笔记，情关戚谊，留心阅看，因有不洽意之句，恐其不能取中，即用炭代墨，磨在砚背，任意涂改，漏未计及笔迹之不符，添注涂改字数之悬殊，致被查出，委非贿嘱包揽，通同舞弊。如李桥嘱令代改，必预填添注涂改虚数，留为代改地步，岂肯据实直书；且素知董桂林文理不优，亦不肯央托代改。臣批阅卷内所改字句，果不及原本之清顺，所供似属可信，应即拟结。

查律载："断罪无正条，援引他律比附，加减定拟。"又例载："越舍与人换写文字，与夫匠军役人等受财代替夹带传递者，发近边充军。"各等语。此案董桂林入场充当誊录，因表亲李桥试卷散在伊手，认出笔迹，见有不洽意之句，辄敢任意涂改，究与换写传递不同；惟例无誊录代改试卷作任何治罪明文，自应比例量减问拟。董桂林应于"越舍与人换写文字，与夫匠军役人等受财代替夹带传递者，发近边充军"例上，量减一等，拟杖一百，徒三年。据供亲老丁单，是否属实，饬县取结核办。附生李桥讯不知情，应毋庸议。誊录所官即用知县傅维弼，立时查出举首，应免置议。

除供册咨部外，理合循例恭折具奏，伏乞皇太后、皇上圣鉴训示。谨奏。

同治三年九月廿九日奉到回折："议政王军机大臣奉旨：'刑部议奏。钦此。'"

同治三年秋禾约收分数折

同治三年九月十七日

奏为恭报本年秋禾约收分数，仰祈圣鉴事：

窃照东省各属，每届秋成，例应将秋禾约收分数先行奏报。本年夏秋之交，虽因雨水过多，黄流涨发，秋禾间有被淹，核计通省收成尚称中稔。兹据藩司贡璜转据各府州查明秋禾约收分数，汇核具详请奏前来。臣复加查核。济南、东昌、青州、登州、莱州五府并临清直隶州本州及所属，均约收六分余；泰安、武定、兖州、沂州、曹州五府并济宁直隶州本州及所属，均约收五分余，通省均匀牵计收成约有六分。

除俟收获齐全、查明确收分数照例具题外，所有本年秋禾约收分数，理合恭折具奏，伏乞皇太后、皇上圣鉴。谨奏。

议政王军机大臣奉旨："知道了。钦此。"

东省筹备军储援案捐米请奖折
同治三年九月十七日

奏为东省筹备军储，援案捐米，恳恩给奖，恭折仰祈圣鉴事：

窃照山东省城设局劝捐米石，预备军储，咸丰十一年十二月十八日开局起，至同治二年十二月十八日止，经臣两次请奖。嗣因捐输未能如前踊跃，奏明停捐各在案。兹查自同治二年十二月十九日起，至三年六月三十截数之日止，共捐生六十三员名，收捐粟米一千八百三十六石五升，自应分别给奖。据委办军需局司道核详请奏前来。

臣复核各项捐数，均与例符，除报捐虚衔贡监各捐生共六十员名已填给空白执照，造册分咨部监，毋庸开单，以免重复外，所有文镕、荣继、敬文三员，谨缮清单，祇呈御览。合无仰恳天恩俯准，勅部核奖，迅发执照，并请归入部捐筹饷例按卯核办。

再，所收捐米遵照部定章程，提出五成，照数存储，附入新漕搭运。下余五成，仍留东省，核实支销，合并陈明。为此恭折具奏，伏乞皇太后、皇上圣鉴。谨奏。

同治三年九月廿九日奉到回折："议政王军机大臣奉旨：'户部核议具奏。单并发。钦此。'"

同治三年八月雨泽粮价折
同治三年九月二十七日

奏为恭报八月份雨水情形并呈粮价清单，恭折仰祈圣鉴事：

窃照七月份雨水、粮价，前经奏报在案。兹查八月份，据济南府属之历城、章邱、淄川、长清、新城、齐河、临邑、长山、陵县、德州、德平、平原，泰安府属之泰安、新泰、莱芜、肥城、东平、东阿、平阴，武定府属之滨州、青城、乐陵，兖州府属之滋阳、曲阜、宁阳、邹县、泗水、滕县、峄县、汶上、阳谷、寿张，沂州府属之兰山、莒州、蒙阴、沂水、日照，曹州府属之菏泽、单县、城武、巨野、观城、朝城，东昌府属之堂邑、博平、茌平、清平、莘县、冠县、馆陶、高唐、恩县，登州府属之福山、栖霞、莱阳、海阳，莱州府属之平度、昌邑、潍县、胶州、高密、即墨，青州府属之益都、临朐、临淄、诸城、安丘、乐安，临清直隶州并所属之夏津、武城、邱县，济宁直隶州并所属之嘉祥等七十四州县，先后申报于本月上旬之初一二三四十，中旬之十七九、二十，下旬之二十一八等日，各得雨一、二、三、四、五寸及深透不等。现在禾稼登场，间阎安谧，节届霜清，黄水渐次消落，堪以仰慰宸廑。

至各属市集粮价，互有增减，大致与上月相同。谨缮清单，祗呈御览。为此恭折具奏，伏乞皇太后、皇上圣鉴。谨奏。

议政王军机大臣奉旨："知道了。钦此。"

八月份粮价清单

谨将同治三年八月份山东省各属米、谷、麦、豆价值，敬缮清单，恭呈御览。

计开：

济南府属：稻米每仓石价银三两四钱至四两三钱二分，较上月贱一钱七分。粟米每仓石价银一两三分至二两六钱五分，较上月贵五分。粟谷每仓石价银七钱二分至一两五钱九分，较上月贵五分。高粱每仓石价银九钱二分至一两七钱，较上月贱一钱九分。小麦每仓石价银一两四钱五分至二两六钱五分，较上月贵九分。黄豆每仓石价银一两二钱八分至二两四钱一分，较上月贵二钱二分。黑豆每仓石价银一两二钱八分至二两一钱，与上月同。

泰安府属：稻米每仓石价银三两二钱八分至四两八钱五分，与上月同。粟米每仓石价银一两五钱七分至二两四钱，与上月同。粟谷每仓石价银九钱九分至一两三钱六分，与上月同。高粱每仓石价银一两一钱八分至一两四钱五分，与上月同。小麦每仓石价银一两五钱七分至一两七钱八分，与上月同。黄豆每仓石价银一两二钱五分至一两六钱二分，与上月同。黑豆每仓石价银一两一钱八分至一两五钱四分，与上月同。

武定府属：稻米每仓石价银二两四钱八分至五两三钱二分，较上月贵一钱一分。粟米每仓石价银一两一钱六分至二两二钱，与上月同。粟谷每仓石价银七钱七分至一两三钱，与上月同。高粱每仓石价银八钱至一两四钱五分，较上月贵五分。小麦每仓石价银一两五钱至三两五分，与上月同。黄豆每仓石价银一两一钱八分至一两七钱，与上月同。黑豆每仓石价银一两一钱至一两六钱五分，与上月同。

兖州府属：稻米每仓石价银二两五钱四分至五两，与上月同。粟米每仓石价银一两二钱四分至二两二钱，与上月同。粟谷每仓石价银七钱八分至一两八钱五分，与上月同。高粱每仓石价银七钱九分至一两八钱，与上月同。小麦每仓石价银一两三钱至二两二钱，与上月同。黄豆每仓石价银一两九分至一两七钱九分，与上月同。黑豆每仓石价银一两一分至二两，与上月同。

曹州府属：稻米每仓石价银三两三钱至五两，与上月同。粟米每仓石价银一两三钱至二两五钱三分，较上月贱九钱三分。粟谷每仓石价银七钱八分至一两八钱三分，与上月同。高粱每仓石价银八钱四分至一两八钱六分，较上月贱四钱四分。小麦每仓石价银一两五钱二分至二两一钱四分，与上月同。黄豆每仓石价银一两二钱五分至二两三钱四分，较上月贱一分。黑豆每仓石价银一两一钱至一两九钱五分，较上月贱一钱五分。

沂州府属：稻米每仓石价银二两至三两七钱二分，较上月贱二钱。粟米每仓石价银一两五钱五分至二两一钱，较上月贵一钱二分。粟谷每仓石价银七钱至一两二钱八分，较上月贱二钱四分。高粱每仓石价银九钱二分至一两四钱，较上月贵二分。小麦每仓石价银一两一钱五分至二两四钱，较上月贵一钱九分。黄豆每仓石价银八钱至一两五钱五分，较上月贵七分。黑豆每仓石价银八钱至一两六钱一分，较上月贵九分。

东昌府属：稻米每仓石价银三两三钱至五两，与上月同。粟米每仓石价银一两一钱三分至二两三钱，与上月同。粟谷每仓石价银七钱五分至一两六钱九分，与上月同。高粱每仓石价银九钱至一两五钱，与上月同。小麦每仓石价银一两五钱至二两四钱，与上月同。黄豆每仓石价银一两三钱五分至一两九钱，与上月同。黑豆每仓石价银一两二钱至一两八钱五分，与上月同。

青州府属：稻米每仓石价银二两二钱四分至四两三钱，较上月贵一钱五分。粟米每仓石价银一两四钱六分至二两一钱二分，较上月贱一分。粟谷每仓石价银八钱三分至一两四钱，较上月贱五分。高粱每仓石价银八钱五分至一两四钱二分，与上月同。小麦每仓石价银一两二钱至二两三钱，较上月贵一钱。黄豆每仓石价银九钱九分至一两七钱，较上月贵二分。黑豆每仓石价银九钱九分至一两七钱二分，较上月贵四分。

莱州府属：稻米每仓石价银二两四钱至三两一钱，与上月同。粟米每仓石价银一两至一两九钱八分，与上月同。粟谷每仓石价银五钱至一两一钱四分，较上月贱六分。高粱每仓石价银六钱五分至一两三钱二分，较上月贱一钱二分。小麦每仓石价银一两三钱五分至一两八钱二分，与上月同。黄豆每仓石价银一两一钱至一两四钱，较上月贱三分。黑豆每仓石价银一两五分至一两四钱四分，与上月同。

登州府属：稻米每仓石价银二两二钱八分至三两一钱，较上月贱一钱。粟米每仓石价银一两三钱一分至二两八分，与上月同。粟谷每仓石价银九钱至一两三钱，较上月贱五分。高粱每仓石价银九钱至一两五钱五分，较上月贱五分。小麦每仓石价银一两二钱六分至二两七分，较上月贵一分。黄豆每仓石价银一两四分至一两八钱五分，与上月同。黑豆每仓石价银九钱五分至一两八钱五分，与上月同。

临清直隶州并属：稻米每仓石价银三两四钱四分至四两，与上月同。粟米每仓石价银一两四钱至二两一钱三分，较上月贵三分。粟谷每仓石价银一两一钱四分至一两三钱五分，与上月同。高粱每仓石价银一两二钱至一两八钱，较上月贱二钱。小麦每仓石价银一两九钱六分至二两五钱二分，与上月同。黄豆每仓石价银一两三钱三分至一两八钱二分，较上月贵二分。黑豆每仓石价银一两三钱六分至二两一钱，较上月贱一钱。

济宁直隶州并属：稻米每仓石价银三两八钱三分至六两四钱，与上月同。粟米每仓石价银二两至三两六钱，与上月同。粟谷每仓石价银一两二钱一分至二两七钱三分，与上月同。高粱每仓石价银一两五分至二两六钱六分，与上月同。小麦每仓石价银一两八钱至二两四钱四分，与上月同。黄豆每仓石价银一两一钱六分至二两七钱三分，与上月同。黑豆每仓石价银一两五分至二两九钱二分，与上月同。

审明陵县被匪阑入情形折

同治三年九月二十七日

奏为审明陵县被匪阑入情形，将文武员弁分别拟结，恭折奏祈圣鉴事：

窃照同治二年八月间，署陵县知县谢际亨剿贼失印，经臣参奏，钦奉上谕："谢际亨即带队剿贼，何以不将印信自行携带？所称交与伊弟看守，致令携带出队阵亡失落之处，显有捏饰规避情事。且该县城内尚有把总、典史各员，何以当贼匪扑城之时，独须该知县之弟带队接仗，谢遇亨又何以不将印信派人看守，竟自携带出城，种种情节，殊属支离。近来失守城池各员，往往捏造各情，希图免罪，而该上司复瞻徇情面，饰词开脱，积习相沿，深堪痛恨。

阎敬铭仅请将谢际亨交部议处，未免轻纵。谢际亨著即行革职，仍著该署抚亲提严讯确情，并查明仓库、监狱有无疏失，再行按律定拟具奏等因。钦此。"仰蒙圣明指示周详，下怀曷胜感悚。

伏查此案，谢际亨原禀情节支离，诚如圣谕，是以臣一面奏参，一面饬司委员确查。后因谢际亨续禀衙署、仓库并未疏失，民房亦皆无恙，惟监犯已因变逸出。臣恐所禀尚有不实，即批司饬提该员与把总朱起麟、典史胡耀并刑禁人等至省，发委济南府研审，并将朱起麟、胡耀一并咨革，严饬委员一再确查情形禀复，饬发核审。兹据济南府知府萧培元等审明拟议，由藩司贡璜、臬司丁宝桢解勘前来。臣亲提研鞫。

缘谢际亨籍隶江西都昌县，由大挑知县分发山东，同治元年八月委署陵县知县。该县城垣坍塌年久，仅存基址。二年八月二十六日丑刻，谢际亨探闻东昌叛匪宋景诗渡河北窜，即雇募乡勇五百名，并飞调各乡民团筹备防剿。辰刻又据探报，该匪分股扑犯县境。维时乡团尚未到齐，谢际亨因同城教职赴省送考未回，分留兵役城团交把总朱起麟与典史胡耀在城防守，并令胞弟监生谢遇亨在署照看，自带役勇、乡团出城迎剿。在县属张席篓子庄地方遇贼接仗，杀贼二百余名，并斩红衣贼目二名，贼由西南败走，追杀二十余里。忽有另股贼匪数百名直扑县城，朱起麟、胡耀督率兵团在东北一面城基防守，赶令谢遇亨分守西南一面。谢遇亨因无人看守印信，携带出署。维时贼由东北分股绕至南面攻扑，谢遇亨带团拦击，杀贼数名，讵后股麇至，众寡不敌，力竭被戕，怀藏之印并被抢失。匪遂阑入城基，立时人声鼎沸。禁卒孙士明等把守监门，绞犯张得沅、荣秃仔、郑二仔因变扭断镣铐，越墙逸出。适乡团继至，谢际亨亦闻报带队驰回，会同朱起麟、胡耀督率夹击，贼即由西南奔窜，即日追剿出境，役勇、民团伤亡四十余名，衙署、仓库均未疏失，民房亦皆无恙。此该县被匪阑入，当时剿逐出境，并遗失县印，逸出监犯之实在情形也。核与委员等所查亦属吻合。诘以监犯逸出，何为原禀所无？据称委因收队回县匆促，驰报未及详叙，是以据实补禀。究诘至再，坚供委无闻警先逃及事后捏饰情弊，立即拟结。

此案已革署陵县知县谢际亨，因贼匪扑犯县境，带勇迎剿。迨另股贼匪窜逼城基，该革员之弟谢遇亨因无人看守印信，怀藏出署，分守西南，奈城墙久已坍塌，无险可扼，遂致力竭被戕，遗失县印。该匪乘势阑入，该革员闻报带队折回，会同汛弁、典史将贼击退，是以衙署、仓库均未疏失，民房亦皆无恙，尚无闻警先逃及事后捏饰情弊。惟县印已被抢失，监犯因变逸出，实属咎无可辞。已革陵县汛把总朱起麟、已革陵县典史胡耀,虽经带勇防剿,将阑入之匪立时击退,胡耀且无守土之责,惟事前疏于防范,监犯因变逸出,均属咎有应得。该三员俱经革职,应请免其置议。禁卒孙士明、杨玉汶虽讯无乘乱贿纵情弊,亦有不合,应照不应重律,各拟杖八十,折责革役。抢失之印,业经东阿县查获,送部查销。逸犯张得沅等饬缉,获日另结。

除供册咨部外,所有审拟缘由是否允协,理合恭折具奏,伏乞皇太后、皇上圣鉴训示。谨奏。

同治三年十月十一日奉到回折:"议政王军机大臣奉旨:'该部知道。钦此。'"

僧格林沁营七月份军饷解清并拨解东海关税银片
同治三年九月二十七日

再,东省应解僧格林沁大营军饷,节经饬司筹拨,先后分批解过六个月银三十万两,随时奏报在案。兹据藩司贡璜详报,应解七月份饷银五万两,前委分缺先前补用巡检舒文炳解银三万两;现又筹银二万两,饬委候补县丞王耀堃管解,均赴河南陈州粮台交纳,所有七月份协饷业已解清。而僧格林沁督兵攻剿,待饷孔殷,司库按月筹支,不遗余力。本年秋灾较广,下忙钱粮不能踊跃,必当预为措备,方克兼顾。据藩司详称,东海关税约有征存银二万两,请援案拨解,以济要需。臣复查无异。

除分咨查照并檄饬东海关监督遵办外,理合附片陈明,伏乞圣鉴。谨奏。

同治三年十月十一日奉到回折:"议政王军机大臣奉旨:'知道了。钦此。'"

查明乡试未第老生请循例恩施折
同治三年九月二十七日

奏为查明乡试未第老生循例吁恳恩施,恭折奏祈圣鉴事:

窃照各省乡试,如八十、九十以上老生,三场完竣,未经中式,例准查明年岁,奏请恩施。今岁甲子科山东乡试未第老生,除壬戌等科钦赐副榜现年未届九十岁者照例扣除外，查有现年九十以上之贡生李敦礼等十二名、八十以上之附生朱鸿渐等二十三名，均系三场完竣，榜发未经中式。查阅原卷，文理尚通，移咨学臣并行司，核对各该生入学年分并应过乡试次数，均与现在年岁相符。据藩、臬两司复核具详前来。

臣查贡生李敦礼等、附生朱鸿渐等，积学青年，早采芹于泮水；穷经白首，未折桂于蓬山。兹又扶杖观光，阅九日而精神勿懈，且其拈毫献艺，历三场而翰墨无疵。鹗荐仍虚，鸿恩宜被。为此循例恭折具奏，敬缮各该生姓名、年岁清单，祗呈御览。伏乞皇太后、皇上圣鉴训示。谨奏。

同治三年十月十一日奏到回折："议政王军机大臣奉旨：'礼部查议具奏。单并发。钦此。'"

谨将同治三年甲子科乡试未第老生姓名、年岁，敬缮清单，恭呈御览。
李敦礼，定陶县副贡生，现年九十三岁，咸丰戊午科钦赐副榜；
陈常，昌邑县副贡，现年九十二岁；
任圣基，鱼台县副贡，现年九十一岁；
陈勷廷，平阴县副贡，现年九十一岁；
均于咸丰乙卯科钦赐副榜。
靳春泰，聊城县岁贡，现任阳信县训导，现年八十岁；
柴士昌，寿光县附生，现年九十三岁；
李玉书，益都县附生，现年九十二岁；
李肇修，新城县附生，现年九十一岁；
孟兴和，益都县附生，现年九十一岁；
孙公侨，登州府学附生，现年九十一岁；
刘伯风，鱼台县附生，现年九十一岁；
唐胜之，昌邑县附生，现年九十岁；
朱鸿渐，郯城县附生，现年八十四岁；
王凝芬，曹县附生，现年八十四岁；
张良弓，曹县附生，现年八十三岁；
褚逢昌，临朐县附生，现年八十三岁；
朱文奎，潍县附生，现年八十三岁；
王廷彦，沾化县附生，现年八十二岁；

张懋，巨野县附生，现年八十二岁；

韩思问，聊城县附生，现年八十二岁；

刘汝典，馆陶县附生，现年八十二岁；

刁士甲，黄县附生，现年八十二岁；

贾骏声，益都县附生，现年八十一岁；

赵楚翘，寿光县附生，现年八十一岁；

陶九龄，临清州廪生，现年八十一岁；

王子美，济南府学附生，现年八十岁；

赵珠，长山县附生，现年八十岁；

杨廷佐，新城县附生，现年八十岁；

陈靖域，莱芜县附生，现年八十岁；

鹿鸣燕，商河县附生，现年八十岁；

孔继言，四氏学恩贡，现年八十岁；

王启岩，寿光县附生，现年八十岁；

吴安文，寿光县附生，现年八十岁；

陈赓陶，潍县附生，现年八十岁；

江儒南，金乡县增生，现年八十岁。

已革知县赵庆恬亏短银两请旨拿问折

同治三年九月二十七日

奏为已革知县交代案内查有亏短银两，请旨拿问监追，查封备抵，以重库款，恭折奏祈圣鉴事：

窃查禹城县知县赵庆恬，前因疏防马贼滋事，勒限严缉，限满犯未获半，经臣奏参革职离任，奉旨准行在案。所有任内一切交代，当饬接署之员赶查会算，依限结报。兹据该管道、府转据局员暨现署县赵惟峄禀报，在局三面核算，该革员赵庆恬自同治元年六月十六日到任起，至三年五月初八日卸事止，经手正、杂、仓、捐四项，除领抵各款外，实短银一万二千四百二十二两二钱六厘，结账后延不移交。由藩、臬两司会详请奏参前来。

臣查该员在任不满两年，交案亏银至一万二千四百余两之多，从前既不批解，现在又复抗欠，实属大干功令。当此严提正赋、杜绝新亏之际，若不立予参办，何以裕度支而儆效尤。相应请旨，将前任禹城县参革知县赵庆恬拿问监追，提集经手书吏人等来省，严行审讯所亏银两是侵是挪，按律拟办。该革员任所、寓所及原籍财产，一律查封备抵。其亏数内究有捐款若干，饬催赶造年款清册再行复核。为此恭折具奏，伏乞皇太后、皇上圣鉴训示。谨奏。

同治三年十月十一日奉到回折："议政王军机大臣奉旨：'另有旨。钦此。'"

委员管解京饷片
同治三年九月二十七日

再，东省盐课项下拨解同治三年分京饷银十二万两，经臣督饬运司先后筹银十万两，解交在案。兹复据运司恩锡详报，在于续征盐课等款项下，动支银二万两，同应交加平银三百两、饭食银三百两，饬委候补批验大使杨寅、候补盐大使陈鸿畯管解，起程前赴户部交纳，并声明本年奉拨京饷业已扫数解清等情前来。臣复核相符。

除照旧具题并册分送部科查核外，理合附片陈明，伏乞圣鉴。谨奏。

同治三年十月十一日奉到回折："议政王军机大臣奉旨：'户部知道。钦此。'"

代奏潘锡恩感激赏还原衔片
同治三年九月二十七日

再，已革江南河道总督潘锡恩来东就养伊子候补道骏文寓所，稔知京仓短绌，捐备米折银二千两，经户部奏奉谕旨："潘锡恩著赏还原衔。钦此。"当经钦遵行知去后。兹据该员遣丁呈称：锡恩当即恭设香案，望阙叩头谢恩。伏念输将力薄，负疚良多，微悃稍抒，未尽涓埃之报，原衔幸复，重邀纶綍之荣，梦想难期，悚惶弥切。所有感激下忱，呈请代为具奏，叩谢天恩等情。理合据情附片奏闻。谨奏。

议政王军机大臣奉旨："知道了。钦此。"

审明郓城县文生京控按律定拟折

同治三年九月二十七日

奏为审明京控，按律定拟，恭折奏祈圣鉴事：

窃照郓城县文生王化行，以团长季锡勇等架匪害良等词，控经都察院，于同治二年五月十六日奏奉谕旨："此案著交阎敬铭督同臬司，亲提人证、卷宗，秉公严讯确情，按律定拟具奏。原告生员王化行，该部照例解往备质。钦此。"当经行司饬提人卷严讯。兹据臬司丁宝桢审明拟议，解勘前来。臣亲提研鞫。

缘王化行系郓城县文生，与邻庄团长季锡勇、李孔箱等素识无嫌。咸丰四年间，粤匪过境焚掠，王化行胞叔王兴校避难回归，见伊家骡头在李孔箱庄内，疑系李孔箱等乘乱抢去，控县差传，经邻族人等查明处息。十一年间，南捻窜扰县境，攻破王化行、李孔箱各庄土围，王化行与王兴校先期携眷逃避，伊兄王体敬在家看守，被匪裹去杀害。经季锡勇等率领团丁随同官兵将匪击退。王化行回家查看，见房屋被焚，田禾被抢，团丁李孔继等截回粮食一车，疑系李孔箱挟王兴校讼嫌，乘乱焚掠，告知王兴校，控县传讯未结。同治元年七月初九日，季锡勇、李孔箱与邻庄团长王淑艾等带领团丁挨庄清查，行至王化行庄外，在逃之团丁李斧等先行进庄，王化行堂弟王体修、王体谦与李斧等口角争殴，李斧等将王体修等砍伤逃逸。经季锡勇等走至，问明情由，扶回调治。讵王体修旋即因伤殒命。报县验讯详缉。王兴校痛子情切，即以李孔箱挟嫌贿串季锡勇等，以拿匪为名，令李斧等将王体修砍死等由，由府控司批县，差传人证未齐，尚未集讯。王化行情急，即查照王兴校控词，并图准添砌季锡勇等纠众迭抢、恃团抗官各情，控经都察院奏奉谕旨，饬提严讯。据供前情不讳，诘非有心诬告，各供不移，似无遁饰。

查律载："不应为而为，事理重者，杖八十。"等语。此案文生王化行京控各情，虽讯系事出有因，并非平空诬告，惟案经控司批县传讯，并不静候讯断，辄行赴京砌渎，殊属不合，自应按律问拟。王化行除越诉轻罪不议外，应照"不应重杖八十"律，拟杖八十。照例纳赎。季锡勇等讯无焚掠杀人等事，应毋庸议。逸犯李斧等饬县缉获另结。

除供册咨部外，理合恭折具奏，伏乞皇太后、皇上圣鉴训示。谨奏。

同治三年十月十一日奉到回折："议政王军事大臣奉旨：'刑部议奏。

钦此。'"

审明命案重犯按例定拟折
同治三年九月二十七日

奏为审明杀死一家母子二命重犯，按例定拟，循例恭折具奏，仰祈圣鉴事：

窃据东平州详报，案犯张三月挟嫌杀死白崔氏等一家二命一案，臣因情罪较重，批司提省，发委济南府知府萧培元审明解司。因恐案情未确，驳审三次。兹据审照原拟，由臬司丁宝桢转解前来。臣亲提研讯。

缘张三月籍隶东平州，与同庄白崔氏并其十二岁之子白新四素识无嫌。张三月先曾租种社庙会地十六亩，积年拖欠租粮，管地之李占尧等欲招人另租。白崔氏同居夫兄白远岭，即向李占尧等租种此地，张三月因此与白远岭有嫌，在本庄佣工度日。白崔氏之夫白远明又揭张三月之短，遍告庄众，以致无人雇觅。同治二年二月十七日，张三月闻知气忿，往找白远明未遇，适见白远岭在地工作，用言斥骂，彼此揪扭，经王在兴劝散。张三月因白远岭谋种会地，白远明逢人蹧蹋，绝其生路，一时忿极，起意杀死白远岭一家泄忿，即带刀走至白远岭门内，见白新四走出，张三月用刀向砍。白新四用手遮护，致被砍落右手无名指、小指。白新四哭喊欲逃，张三月又砍伤其偏左顶心连脑后倒地。白崔氏闻喊赶出，张三月用刀砍伤其左手腕倒地。白崔氏滚骂，张三月又连砍伤其脑后，与白新四均立时殒命。白崔氏之母崔徐氏与白崔氏之女白瑞姐、白远岭之子白来寅先后出看，张三月因与崔徐氏认识，吓禁声。张用刀砍伤白瑞姐右腮颊、脑后，白来寅右腰眼、左脚面连脚跟带，划伤白瑞姐右耳轮。白远岭之妻白卢氏与女白荣姐患病卧床，闻声喊救。张三月即走进屋内，砍伤白卢氏右额角、右肩甲、右臂膊，白荣姐右臀。适白远岭回归，张三月又砍伤白远岭左手腕、右臀，弃刀逃逸。经白远明回家问明情由，报验获犯，讯详提省，审供不讳，诘无起衅别故，及同谋加功之人，案无遁饰。

查例载："杀一家非死罪二人者，拟斩立决，枭示，酌断财产一半给被杀之家养赡。"等语。此案张三月因挟白崔氏之夫白远明等绝其生路之嫌，起意杀其一家泄忿，辄将白崔氏、白新四立时杀死，实属谋杀。查白崔氏、白新四系属母子，应以一家论，自应按例问拟。张三月除刃伤白来寅等轻罪不议外，合依"杀一家非死罪二人者，拟斩立决，枭示"例，拟斩立决，枭示。先行刺字，仍将该犯财产，酌断一半给尸属养赡。白来寅等伤已平复，应毋庸议。

除将供招咨部外，理合循例恭折具奏，伏乞皇太后、皇上圣鉴训示。谨奏。

同治三年十月十一日奉到回折："议政王军机大臣奉旨：'刑部速议具奏。钦此。'"

参革偷安规避之守备以肃营伍折
同治三年九月二十七日

奏为特参偷安规避之守备，请旨即行革职，以肃营伍，恭折奏祈圣鉴事：

窃据登州镇总兵李懋元咨称，花翎都司衔抚标右营守备署登中营守备黄中兴，于同治二年七月二十二日由淄川军营凯撤回营，即请假一月回原籍即墨县省亲，假满后屡次札饬严催，延不赴任，忽于十二月二十日据称左腿麻木，步履维艰，禀请开缺调理。虽一再委员前往查验，染患腿疾属实，惟告病之日，距假满之时相隔数月，何以任催罔应，并不赴任，咨请参办前来。

臣查该守备黄中兴，假满以后，未病以先，叠经上司严催，延不赴任，显系偷安规避，未便姑容，相应请旨，将花翎都司衔抚标右营守备署登中营守备黄中兴即行革职，并拔去翎枝，以肃营伍。

除饬查任内经管钱粮等项有无亏短另行分别参办外，为此恭折具奏，伏乞皇太后、皇上圣鉴训示。谨奏。

同治三年十月十一日奉到回折："议政王军机大臣奉旨：'黄中兴著革职，拔去花翎。余依议。钦此。'"

会奏漏列河督衔名据实检举自请议处片
同治三年九月二十七日

再，查鱼台县系属沿河要缺，臣与署河东河道总督臣谭廷襄往返函商，请以即墨县知县李淦调补，业经具奏在案，而折尾漏未会列河督衔名，迨至拜发后始行查出，实属疏忽，相应据实检举，并请饬部照例议处。为此附片陈明，伏乞圣鉴训示。谨奏。

议政王军机大臣奉旨："阎敬铭著交部议处。钦此。"

同治三年上半年京控未结各案传解迟延各员照例议处折

同治三年十月十六日

奏为查明京控未结各案，请旨将申复传解迟延各员照例议处，恭折奏祈圣鉴事：

窃照京控案件每届半年例应查明承审、传解各员有无迟延，汇案参奏，历经遵办在案。兹查同治三年上半年京控各案，除依限审结及咨部展限外，其饬查未复、提传被证未到不能审结者，共计九案，均属迟延。据臬司恩锡会同藩司丁宝桢查明，开具各职名，详请汇参前来。臣复核无异。理合将申复传解迟延各员，敬缮清单，恭呈御览，仰祈敕部将迟延各员照例议处，以示惩儆。

除饬司将未结各案催提审办外，为此恭折具奏，伏乞皇太后、皇上圣鉴。谨奏。

同治三年十月廿七日奉到回折："议政王军机大臣奉旨：'花上林等均著交部照例议处。单并发。钦此。'"

谨将同治三年上半年京控未结各案申复传解迟延各员，敬缮清单，恭呈御览。

一、昌邑县民人庞希成京控栾升等一案，该县花上林申复迟延五个月零十一日。所有申复迟延一月以上职名，系昌邑县知县花上林。

一、沾化县民人孟兆凤京控孟虎威等一案，该前代理知县于调元传解迟延二十四日，该县陶光勋传解迟延四个月零七日。所有传解迟延未及一月职名，系代理沾化县知县于调元；传解迟延一月以上职名，系沾化县知县陶光勋。

一、淄川县增生毕裕隆京控前署知县林士琦等一案，该署县张锡纶传解迟延十个月零十七日。所有传解迟延半年以上职名，系署淄川县知县张锡纶。

一、昌邑县民妇孙张氏京控徐永安等一案，该县花上林传解迟延六个月零十二日。所有传解迟延半年以上职名，系昌邑县知县花上林。

一、汶上县民人吴凤竹京控吴方洛等一案，该署县左宜似传解迟延四个月零二十五日。所有传解迟延一月以上职名，系署汶上县知县左宜似。

一、郯城县民人王谭京控王鹏南等一案，该县周士溥传解迟延四个月零二十八日。所有传解迟延一月以上职名，系郯城县知县周士溥。

一、郯城县民人张庆兆京控徐靖桂一案，该县周士溥传解迟延四个月零二十一日。所有传解迟延一月以上职名，系郯城县知县周士溥。

一、乐陵县人宋备恪京控李安林等一案，该县洪调笙传解迟延四个月零二十一日。所有传解迟延一月以上职名，系乐陵县知县洪调笙。

一、金乡县民人高林魁京控周莪林等一案，该前县钱廷煦传解迟延两个月，该兼理县赵溶传解迟延一个月零十三日。所有传解迟延一月以上各职名，系前任金乡县知县钱廷煦、兼理金乡县事鱼台县知县赵溶。

新任藩司丁宝桢臬司恩锡暂缓陛见片

同治三年十月十六日

再，新任藩司丁宝桢、新任臬司恩锡，均经接篆任事，具折恭谢天恩，陈请陛见。兹于十月初四日藩司丁宝桢奉旨："著来见。钦此。"臬司恩锡奉旨："著俟丁宝桢陛见回任后，再行来见。钦此。"自应钦遵办理。惟臣自去冬回省，商同前藩司贡璜，督饬局员核算各州县多年未结交代，破除情面，不遗余力。据报截至本年九月底止，业经结算五百二十余案，未结者尚有五十余案。现值藩司新旧交卸，尤应一气赶办，不容稍事松懈，已勒限于封篆前概行一律办结完竣撤局。又因催征下忙万分吃紧之际，新藩司未克分身。惟有恳恩先令臬司陛见。而现在正开武闱，两司分校技勇，请俟揭晓后，清厘要案，即令臬司交卸起程。如蒙俞允，约计该臬司入京当在十一月间，回任须至腊月。其时藩库会计，通岁出纳款项，甚属殷繁，未便更易生手，应请于开春之初，即催丁藩司赶紧入都。理合附片奏闻，伏乞圣鉴训示。谨奏。

同治三年十月廿七日奉到回折："议政王军机大臣奉旨：'著照所请，恩锡即先行来京陛见。丁宝桢俟明春再行来见。片内用丁藩司字样，殊属疏忽，阎敬铭著交部察议。钦此。'"

请仍不准方振业捐复原官片

同治三年十月十六日

再，臣接阅邸钞，九月二十六日奉上谕："方振业著准其捐复知县原官，照例用。钦此。"查方振业系前任泰安县知县，因为前藩司清盛之父办理泰山公馆，经部议以私罪降三级调用。旋经前抚臣谭廷襄以该员泰安任内复有亏挪银九千六百两奏参革追。本年二月，据藩司详明，该员将亏挪银两解抵清楚。经臣照例奏请开复原参处分，并声明该员降调处分仍归另案核办各在案。今该员捐复原官，自系例准报捐。惟山东吏治久坏，前奉谕旨饬臣实力整顿，自当先以转移风气为要。臣力裁应酬浮费，以期上裕库款。本年钱粮实已大有起色，各属亦知渐改。似方振业趋承供应，迎合上司，若今仍任地方，殊无以挽回积习。虽例准捐复，而揆诸东省现在时地，于吏治大有关系。相应请旨，仍不准方振业捐复知县原官，以端官习。该员在东官声本属平常，即该员降选佐杂亦不准指捐山东，以杜夤缘之径。该员尚有删减军需，著赔银一万五千余两，仍照章另行按限追缴。

臣为整饬官方起见，理合陈明，伏祈圣鉴。谨奏。

同治三年十月廿七日奉到回折："议政王军机大臣奉旨：'另有旨。钦此。'"

请旌恤济南府属阵亡绅团并殉难妇女折

同治三年十月十六日

奏为查明济南府属阵亡绅团并殉难妇女，吁恳分别旌恤，恭折奏祈圣鉴事：

窃照咸丰十一年秋间，南捻窜扰山东，蹂躏甚广，业将登、莱、青等属被害男妇先后奏请旌恤，声明未报之处，饬查另办。

兹据济南府属之历城、章邱、邹平、长山、齐东、长清、德州、德平等州县查明，是年秋间阵亡团长，有职衔者六十五员名，无职衔者四十七名，阵亡团丁六千六百四十七名，殉难妇女一千九百六十七口，由军需总局司道核明造册，具详请奏前来。臣复核无异。合无仰恳天恩俯准，敕部将阵亡团长从优议恤，阵亡团丁同殉难妇女分别照例旌恤，以广皇仁而维风化。

除将各册咨部并饬查未到各属另行办理外，理合恭折具奏，伏乞皇太后、皇上圣鉴训示。谨奏。

同治三年十月廿七日奉到回折："议政王军机大臣奉旨：'均著照所请，交部分别旌恤。钦此。'"

委员管解京饷片
同治三年十月十六日

再，山东地丁项下奉拨同治三年分京饷银二十六万两，经臣督饬前藩司贡璜先后筹银十三万两，依限分起委解，并奏报在案。兹复据升任藩司丁宝桢详报，在于征存本年下忙地丁项下筹银三万两，饬委尽先补用典史柴棻解赴户部交纳。

除分咨查照并仍催续筹报解外，理合附片陈明，伏乞圣鉴。谨奏。

同治三年十月廿七日奉到回折："议政王军机大臣奉旨：'户部知道。钦此。'"

原参长清知县丁兆基请开复顶戴折
同治三年十月十六日

奏为勒缉城内盗案，获犯尚未及半，请旨将原参知县开复顶戴，仍行交部议处，恭折奏祈圣鉴事：

窃臣奏参撤任长清县知县丁兆基疏防，城内事主王与龄钱铺被窃逾贯，拒伤铺伙刘丕信平复一案，于同治三年六月二十二日奉旨："丁兆基著摘去顶戴，勒限两月协缉，倘限满无获，即行从严参办。钦此。"当经行司饬缉。

兹据该员丁兆基于六月二十五等日，协同菏泽等县拿获贼犯张笼等四名，解经该署县赵新讯明，此案同伙九人，系在逃之李位起意纠窃，尤二磨拒伤铺伙属实，录供通详批饬审解。此时钦限已满，获犯尚未及半，定例仍应议处。据藩司丁宝桢、臬司恩锡详请复参前来。相应请旨，将撤任长清县知县丁兆基开复顶戴，交部议处，以示惩警。

除仍饬接署之员严拿逸犯，务获究办外，为此恭折具奏，伏乞皇太后、皇上圣鉴训示。谨奏。

同治三年十月廿七日奉到回折："议政王军机大臣奉旨：'丁兆基著开复顶戴，仍交部议处。余依议。钦此。'"

请免解甘肃火药等项片

同治三年十月十六日

再，臣钦奉寄谕，以"甘省军火紧要，速拨山东省火药五万斤，配齐铅丸、火绳，解交庆阳粮台，毋再延缓等因。钦此。"遵查此项火药，山东制造无多，本省支用尚属不敷，兼以沿途开销、车脚绳捆、抛撒偷漏、雨水潮渗，耗费不少，远道转输，又虑缓不济急，曾于本年七月间奏恳免解，奉旨允准在案。现在甘省军营立等应用，未敢稍事拘泥，已筹拨火药一万五千斤、火绳一万五千丈、铅丸五千斤，即饬藩司委员起解，以资接济。此后实因道路窎远，难以再解，惟有恳恩俯念运送维艰，仍准免其运解。

除分咨查照外，理合附片陈明，伏乞圣鉴。谨奏。

同治三年十月廿七日奉到回折："议政王军机大臣奉旨：'知道了。甘省军火紧要，山东系完善省分，该抚亦素顾大局，此后仍著设法陆续运解，以资接济。钦此。'"

同治三年上忙漕粮已未完分数折

同治三年十月十六日

奏为本年上忙征收漕项钱粮已未完分数，恭折奏祈圣鉴事：

窃照各属征解漕项钱粮，例应分别上下两忙将完欠数目恭折奏报，历经遵照办理在案。

兹据督粮道沈维璂详称：同治三年分各州县应征上忙一半银二万五千七百二十三两一钱三分九厘，内除阳信等州县本年青黄不接案内缓征银三百九两七钱七分八厘，实应征银二万五千四百一十三两三钱六分一厘，已完银四千七百四十九两八分六厘，未完银二万六百六十四两二钱七分五厘。查漕项银两向于地丁项下统征分解，以作秋冬随漕支用之款。各属上忙地丁先尽司库解兑，以故漕项完解较少，俟下忙尽数划解。又原报历年未完漕项共银一十四万七百一十二两四钱三分五厘，内除齐河等州、县、卫被灾、被扰、黄水漫淹，蠲缓银一万三千四百四十四两七钱九分八厘，实应征银一十二万七千二百六十七两六钱三分七厘，续完银一万一千九百二十五两一钱八分二厘，仍未完银一十一万五千三百四十二两四钱五分五厘,分造年款清册,详请具奏前来。臣复核银数相符。

除将未完银两饬于下忙赶紧催征,尽数提解,并将款册咨部查核外,理合循例恭折具奏,伏乞皇太后、皇上圣鉴。谨奏。

同治三年十月廿七日奉到回折:"议政王军机大臣奉旨:'户部知道。钦此。'"

漕麦改征粟米折
同治三年十月十六日

奏为本年二麦歉收,各属应征漕麦请改粟米兑收,恭折奏祈圣鉴事:

窃照东省额征漕粮,例应征麦十分之一,如遇麦收歉薄,历经奏明改征粟米在案。本年自春徂夏,各属间因雨泽愆期,二麦收成稍歉,颗粒未能一律饱绽。据历城、章邱、齐东、齐河、济阳、禹城、长清、陵县、肥城、惠民、青城、乐陵、商河、滨州、蒲台、菏泽、郓城、朝城、聊城、茌平等二十州县,先后禀经督粮道沈维璲会同藩司丁宝桢,查明各该州县麦收均止五分及五分余,援案详请改征粟米前来。臣复查属实,亦与历办成案相符。所有历城等二十州县本年应征漕麦,合无仰恳天恩俯准改征粟米,俾小民易于输将,俟来岁麦收丰稔,仍照常征麦兑运,以符定制。理合恭折具奏,伏乞皇太后、皇上圣鉴训示。谨奏。

同治三年十月廿七日奉到回折:"议政王军机大臣奉旨:'著照所请。户部知道。钦此。'"

漕豆改征粟米折
同治三年十月十六日

奏为本年豆收歉薄,请将漕项应征豆石改征粟米,恭折奏祈圣鉴事:

窃照本年东省漕粮,现因秋禾被灾,应俟勘明轻重,分别蠲缓,另行奏办。其余成熟各处,应即照旧征兑,以裕仓储。惟大漕项下,向有应征黑豆,前据高唐州等州县以豆收歉薄,援案禀请改征粟米,经臣批饬司道查议详办。

兹据督粮道沈维瀚会同藩司丁宝桢具详请奏前来。臣复加查核。本年夏秋之间，阴雨过多，黄水涨发，收成减色。粟米成熟较早，纵或被灾，尚多有收之处。惟豆禾播种本迟，受伤独甚，颗粒未能饱绽，实属不堪兑运，若照常征收，必须卖米买豆，于民情殊多未便。溯查旧有改征粟米成案，现在事同一律，合无仰恳天恩俯准，将高唐、肥城、茌平、清平、武城、恩县等六州县本年实征豆石及应征抵额一五耗豆，一并暂行改征粟米，交帮兑运，俟来年豆收丰稔，仍照常征豆，以符定制。理合恭折具奏，伏乞皇太后、皇上圣鉴训示。谨奏。

同治三年十月廿七日奉到回折："议政王军机大臣奉旨：'著照所请，户部知道。钦此。'"

恳免采买缎绸布匹折

同治三年十月十六日

奏为采买缎绸布匹，东省难以购办，恳恩免解，恭折奏祈圣鉴事：

窃照内务府奏派东省采办各色串绸二百匹、洋绉五百匹、素西绸五百匹、松江细布一千匹、清水细布五千匹，并上届欠解洋绉二百匹、串绸一百匹，饬即办齐委解等因。奉旨："依议。钦此。"咨行到臣。随经钦遵饬办去后。

兹据历城县知县陶绍绪禀称：前项绸布向由浙江等省贩运而来，东省并非出产之区。频年南省不靖，商贾裹足，来源已断。明知难以购办，而缎库待用孔殷，曷敢推诿。随即饬派丁役分投采办，满拟各铺户将所存零星剩货尽数搜罗，陆续起解。乃四路丁役转据各铺佥称，上年采买已尽，如果尚有余存，何不乐于交易？目下委无存剩料匹，亦无续到商贩，恳将各项绸绉及松江细布免解，惟清水细布一项，东省尚可购求，俟办齐再行验解等情，由藩司具详前来。

臣查东省本非江、浙等省可比，此项绸绉及松江细布并不出产，上年采办因市肆尚有存货，已属万分竭蹶，除解尚有蒂欠。现在南路虽已疏通，商贾仍未北来，各铺又无存货，确系实在情形，强令承办，徒滋延误，惟有恳恩俯准免解。所有清水细布，饬即赶紧购买，一俟办有成数，即行委员解交。

除咨内务府查照外，理合恭折具奏，伏乞皇太后、皇上圣鉴训示。谨奏。

同治三年十月廿七日奉到回折："议政王军机大臣奉旨：'该衙门议奏。钦此。'"

请拨银赈恤灾民并补筑缺堤以工代赈折
同治三年十月三十日

奏为请将东省被水最重之濮州等处灾民，量筹抚恤，并拟寓工于抚，及时修筑金堤，恳恩动拨司库地丁银两，以资兼顾而期节省，仰祈圣鉴事：

窃查东省本年黄水来源盛涨，漫溢为灾，较往岁为患尤巨。濮州、范县、东阿、阳谷、寿张等处为正流所趋，一片汪洋，河身日益淤高，村庄淹没甚广，小民荡析离居，艰苦万状。其濮州一城，地居顶冲，尽成泽国，鸠形露处之状，尤可哀怜。先经臣筹拨银一千两，解往该州抚恤，而杯水车薪，无济于事。现届严冬节候，各处饥民无从觅食，饥寒所迫，更虑为非。臣再四筹思，不能不酌其被灾较重者，量予抚恤。查从前办理抚恤成案，皆系设局劝捐。年来迭遭兵燹，通省无力捐输，赈局早经停止，司库支绌，无闲款可筹。臣仰体圣慈惠爱黎庶之心，惟有吁恳天恩准于藩库本年地丁项下动拨银三万两，饬司分发濮州、范县、阳谷、寿张、东阿等各州县，分别赈抚。

惟是办理散赈，最虑饥民聚而为非，且多寡不均，易滋弊窦。自古以工代赈，免游惰而课成功，实为抚恤之良法。查臣本年出省查勘黄河形势，深虑改道北流，灌入临清，亟筹将自开州迤接东境濮州下至张秋止金堤一道，赶紧补筑，以防未然，曾于恭报回省折内奏明在案。是此项本为不可缓之工，第缺口过多，需款甚巨，当此力求撙节，臣未敢另案请帑兴修。今各该处待抚孔殷，莫若及时即使灾民力作，得以糊口，既可借此约束灾黎，亦可无须再筹经费，似属两有裨益。如蒙俞允，臣当遴派廉干之员，会同被灾各州县，亲查户口，并勘估应修工程，赶日兴筑，务使灾黎得以实沐皇仁，而堤工亦可资巩固。倘有官吏克扣浮冒等弊，即行严参。所有量筹赈恤并拟寓工于抚缘由，据藩司丁宝桢具详前来。理合恭折具奏，伏乞皇太后、皇上圣鉴训示。谨奏。

同治三年十一月十二日奉到回折："议政王军机大臣奉旨：'据奏恳请动拨本年地丁项下银三万两，发往濮州等州县，补筑缺堤，以工代赈，著即照所议行；惟必须遴派廉干之员，实心经理，务期工料坚实，而灾黎亦均沾实惠，方为一举两得。如有官吏克扣浮冒等弊，即著查明严参。钦此。'"

同治三年九月雨泽粮价折

同治三年十月三十日

奏为恭报九月份雨水情形并呈粮价清单，恭折仰祈圣鉴事：

窃照八月份雨水、粮价，前经奏报在案。兹查九月份，据济南府属之历城、章邱、淄川、德州，泰安府属之泰安、莱芜、东平、东阿、平阴，武定府属之阳信、海丰、乐陵，兖州府属之汶上、寿张，曹州府属之单县、城武、曹县，东昌府属之堂邑、博平、冠县，登州府属之黄县、福山，莱州府属之掖县、平度、昌邑，青州府属之诸城等二十六州县，先后具报于月之初二、初九、十一、十八及二十五六七等日，各得雨一、二、三寸不等。其余各处，虽未一律普沾，而夏秋之交，雨泽较多，地脉尚形滋润，麦苗均已出土，洵堪仰慰宸廑。

至各属市集粮价，互有增减，大致与上月相同。谨缮清单，祗呈御览。为此恭折具奏，伏乞皇太后、皇上圣鉴训示。谨奏。

同治三年十一月十二日奉到回折："议政王军机大臣奉旨：'知道了。钦此。'"

九月份粮价清单

谨将同治三年九月份山东省各属米、谷、麦、豆价值，敬缮清单，恭呈御览。

计开：

济南府属：稻米每仓石价银三两四钱至四两三钱七分，较上月贵五分。粟米每仓石价银一两二分至二两五钱，较上月贱一钱五分。粟谷每仓石价银七钱至一两四钱六分，较上月贱一钱三分。高粱每仓石价银九钱至一两七钱二分，较上月贵二分。小麦每仓石价银一两五钱至二两五钱，较上月贱一钱五分。黄豆每仓石价银一两二钱八分至二两一钱，较上月贱三钱一分。黑豆每仓石价银一两二钱八分至二两一钱，与上月同。

泰安府属：稻米每仓石价银三两一钱八分至四两九钱，较上月贵五分。粟米每仓石价银一两四钱五分至二两三钱，较上月贱一钱。粟谷每仓石价银八钱七分至一两一钱，较上月贱二钱六分。高粱每仓石价银九钱三分至一两三钱，较上月贱一钱五分。小麦每仓石价银一两五钱二分至一两八钱，较上月贵二分。黄豆每仓石价银一两一钱五分至一两五钱七分，较上月贱五分。黑豆每仓石价银一两六分至一两五钱五分，较上月贵一分。

武定府属：稻米每仓石价银二两四钱八分至五两三钱二分，与上月同。粟米每仓石价银一两一钱六分至二两二钱，与上月同。粟谷每仓石价银七钱七分至一两三钱，与上月同。高粱每仓石价银八钱至一两四钱五分，与上月同。小麦每仓石价银一两五钱至三两五分，与上月同。黄豆每仓石价银一两一钱八分至一两七钱，与上月同。黑豆每仓石价银一两一钱至一两六钱五分，与上月同。

兖州府属：稻米每仓石价银二两五钱四分至四两七钱，较上月贱三分。粟米每仓石价银九钱四分至二两二钱，与上月同。粟谷每仓石价银七钱八分至一两八钱五分，与上月同。高粱每仓石价银九钱八分至一两八钱，与上月同。小麦每仓石价银一两三钱至二两二钱，与上月同。黄豆每仓石价银一两六分至一两六钱六分，较上月贱一钱三分。黑豆每仓石价银九钱八分至二两，与上月同。

曹州府属：稻米每仓石价银三两三钱至五两，与上月同。粟米每仓石价银一两二钱五分至二两五钱三分，与上月同。粟谷每仓石价银七钱八分至一两八钱三分，与上月同。高粱每仓石价银八钱四分至一两八钱六分，与上月同。小麦每仓石价银一两五钱二分至二两一钱四分，与上月同。黄豆每仓石价银一两四分至二两三钱四分，与上月同。黑豆每仓石价银一两四分至一两九钱五分，与上月同。

沂州府属：稻米每仓石价银二两一钱至三两七钱二分，与上月同。粟米每仓石价银一两三钱五分至二两一钱，与上月同。粟谷每仓石价银七钱至一两二钱八分，与上月同。高粱每仓石价银九钱二分至一两四钱，与上月同。小麦每仓石价银一两一钱五分至二两四分，与上月同。黄豆每仓石价银八钱至一两五钱五分，与上月同。黑豆每仓石价银八钱至一两六钱一分，与上月同。

东昌府属：稻米每仓石价银三两三钱至四两七钱，较上月贱三钱。粟米每仓石价银六钱二分至二两二钱，较上月贱一钱。粟谷每仓石价银七钱五分至一两二钱二分，较上月贱四钱七分。高粱每仓石价银八钱至一两五钱五分，较上月贵五分。小麦每仓石价银一两六钱五分至二两三钱二分，较上月贱八分。黄豆每仓石价银一两一分至一两九钱，与上月同。黑豆每仓石价银九钱六分至一两九钱五分，较上月贵一钱。

青州府属：稻米每仓石价银二两二钱四分至四两三钱，与上月同。粟米每仓石价银一两四钱六分至二两一钱二分，与上月同。粟谷每仓石价银八钱三分至一两四钱,与上月同。高粱每仓石价银八钱五分至一两四钱二分,与上月同。小麦每仓石价银一两二钱至二两三钱,与上月同。黄豆每仓石价银九钱九分至一两七钱,与上月同。黑豆每仓石价银九钱九分至一两七钱二分,与上月同。

莱州府属:稻米每仓石价银二两四钱至三两一钱,与上月同。粟米每仓石价银一两至一两九钱八分,与上月同。粟谷每仓石价银五钱至一两一钱一分,较上月贱三分。高粱每仓石价银六钱五分至一两二钱九分,较上月贱三分。小麦每仓石价银一两三钱五分至一两八钱五分,较上月贵三分。黄豆每仓石价银一两一钱至一两五钱八分,较上月贵一钱八分。黑豆每仓石价银一两五分至一两五钱二分,较上月贵八分。

登州府属:稻米每仓石价银二两二钱八分至三两一钱,与上月同。粟米每仓石价银一两三钱一分至二两五分,较上月贱三分。粟谷每仓石价银九钱二分至一两二钱五分,较上月贱五分。高粱每仓石价银九钱二分至一两四钱五分,较上月贱一钱。小麦每仓石价银一两二钱六分至二两七分,与上月同。黄豆每仓石价银一两二分至一两八钱五分,与上月同。黑豆每仓石价银九钱五分至一两八钱五分,与上月同。

临清直隶州并属:稻米每仓石价银三两四钱五分至四两,与上月同。粟米每仓石价银一两四钱至二两二钱三分,较上月贵一钱。粟谷每仓石价银一两一钱四分至一两三钱七分,较上月贵二分。高粱每仓石价银一两二钱至一两八钱,与上月同。小麦每仓石价银一两九钱六分至二两五钱五分,较上月贵三分。黄豆每仓石价银一两三钱七分至一两八钱二分,与上月同。黑豆每仓石价银一两三钱六分至二两一钱,与上月同。

济宁直隶州并属:稻米每仓石价银三两八钱三分至六两四钱,与上月同。粟米每仓石价银二两至三两六钱,与上月同。粟谷每仓石价银一两二钱一分至二两二钱四分,较上月贱四钱九分。高粱每仓石价银一两五分至二两六钱五分,较上月贱一分。小麦每仓石价银一两八钱至二两二钱五分,较上月贱一钱九分。黄豆每仓石价银一两一钱六分至二两七钱二分,较上月贱一分。黑豆每仓石价银一两五分至二两九钱二分,与上月同。

审明汛弁诬良诈赃定拟折

同治三年十月三十日

奏为汛弁诬良妄拿,吓诈得赃,审明定拟,恭折具奏,仰祈圣鉴事:

窃据东昌府知府曹丙辉具禀，署堂邑汛把总柏永清妄拿杨连玉等吓诈钱文一案，臣即将柏永清咨革，一面饬司提省发审。兹据济南府知府萧培元审明拟议，由臬司恩锡解勘前来。臣亲提研鞫。

缘柏永清籍隶临清州，由东昌营经制外委，委署堂邑汛把总，同治元年到汛，与县民杨连玉并其兄杨连杰、其侄杨保善均不认识。二年十二月二十二日，柏永清带领汛兵萧得广、王承恩、王万清赴乡巡缉，是夜四更时分，行抵杨连玉庄内。柏永清稔知杨连玉等家道殷实，老实可欺，起意妄拿吓诈，声言访知杨连玉等均系贼匪，谕令萧得广等捕食。萧得广等信以为真，跟随同往，将杨连玉、杨连杰、杨保善拿获带走。该庄园长石光璧与邻人黄二歪脖，力保杨连玉等均系良民，恳求释放。柏永清声言非给京钱一百千不能释放。杨连杰畏累情急，愿出京钱四十千，央允石光璧等作保，复向柏永清恳求，柏永清始将杨连玉等放回。二十九日，杨连玉将钱措齐，邀同素好之王凤祥送至汛署，面交柏永清收受，萧得广等并未分用。即经东昌府知府曹丙辉与东昌营参将韦应麒访闻饬查，并据杨连玉赴府具控，讯供具禀提省，审悉前情，诘无起衅别故，亦无搜抢财物并帮同吓诈之人，应即拟结。

查例载："诬指良民为窃，捉拿拷打，吓诈财物，发边远充军。"等语。此案已革署堂邑汛把总柏永清因知杨连玉等殷实可欺，辄敢诬贼妄拿，吓诈京钱四十千，计赃二十两，胆玩已极，自应按例问拟。柏永清除计赃轻罪不议外，合依"诬指良民为窃，捉拿拷打，吓诈财物，发边远充军"例，拟发边远充军。该革弁以把总而行同蠹役，吓诈善良，实属贪虐无耻，应请旨从重发往黑龙江，分拨各城安置，严加管束。据供母老丁单，不准留养。汛兵萧得广、王承恩、王万清虽非知情，亦未分赃，惟于柏永清吓诈之时，并不公同禀阻，究属不合，均应革伍，照不应重律，各拟杖八十，加枷号一个月，枷满折责发落。杨连玉等被吓出钱，石光璧等代为恳求，王凤祥帮同送钱，其情均属可原，应免置议。所诈钱文，照追给还。

除供册咨部外，理合恭折具奏，伏乞皇太后、皇上圣鉴训示。谨奏。

同治三年十一月十二日奉到回折："议政王军机大臣奉旨：'另有旨。钦此。'"

查明秋审斩犯与同案伙犯分别定拟折

同治三年十月三十日

奏为遵旨查明已入秋审斩犯犯事年月与同案拟军伙犯，分别定拟，恭折奏祈圣

鉴事：

窃臣接准刑部咨："山东秋审斩犯赵洺，原拟罪名与通行不符，原揭犯事年月是否错误，请旨饬查更正一案。同治三年八月十四日奏奉谕旨：'依议。钦此。'"咨行到臣。当即饬司确查。兹据臬司恩锡督同济南府萧培元查明，该犯赵洺犯事年月，原揭并未错误，与从犯鲁年等分别拟议，详请具奏前来。臣复加查核。

缘赵洺籍隶费县，先未为匪。咸丰六年十月初八日，赵洺与现获之鲁年，前获拟结之李泳烈、英坤、李长分，另案格杀之蒋克旺遇道贫难，赵洺起意抢夺，各犯允从。是夜同伙六人，赵洺携带铁头木棒，余俱徒手，偕抵事主王振常杂货铺门首。门尚未关，赵洺进铺捏称买烛，王振常信以为真，进内取货。鲁年等一齐闯入，抢得钱文、衣物逃跑。王振常瞥见，喊同铺伙王振武、王振吉追赶。鲁年等携赃先遁，赵洺落后，被王振武、王振吉追及拦捕。赵洺情急图脱，用铁头木棒拒伤王振武左肩甲、右胳膊，王振吉左臂膊、左后肋逃逸，赶上鲁年等，告知拒捕情由，将赃分用各散。先获李泳烈、英坤、李长分三犯，依五人以上持械抢掠为从例，拟军解发甘肃省安置。英坤、李长分在配脱逃，咨缉未获。旋于另案格杀蒋克旺，续获赵洺、鲁年。查照原案，将赵洺依为首例拟斩监候，鲁年拟军。恭逢咸丰十一年十月初九日恩赦，均不准援免，题准部复，将赵洺汇入本年秋审，拟请情实具题。鲁年因陕甘道路不通，尚未发配。查咸丰五年刑部通行，如聚众持械入室抢劫，威吓事主，并在途在野，但经聚众执持军器，倚强肆掠，凶暴众著者，无论白昼昏夜，均照强盗本律，不分首从，一概拟斩。又十年通行，如聚众至三人以上，执持凶器及柴棍等械，倚强肆掠，虽系抢夺，亦照强盗本律，不分首从皆斩。又本年通行，因咸丰五年定章，于聚众几人以上及执持何项器械之处，未经分晰叙明，外省遇有五年以后、十年以前之案，或人多而持非军器，或持军器而人数较少者，仍照旧例科断办理，多未画一。嗣后果系聚众三人以上，执持器械抢夺者，悉照十年申明定章，不分首从，问拟斩决。如已题准议结之案，毋庸置议各等语。

检查山东省审办抢夺案件，自咸丰五年以后，凡聚众执持军器，倚强肆掠，凶暴众著者，均照通行依强盗本律定拟。如聚众三人以上，所执并非军器，又无凶暴情状者，仍照抢夺旧例，分别人数科断。迨十年申明定章以后，但系聚众三人持械抢夺，即不论军器、柴棍、有无凶暴情状，悉照强盗本律，不分首从，一概拟斩。此案赵洺聚众三人以上，持械抢夺，拒捕伤人，事犯在咸丰五年通行以后、十年通行以前，故原题仍照抢夺旧例，拟以斩候。今合观前后通行，原拟罪名自属错误。若照部驳改拟，固应依强盗本律问拟斩决，即谓已经题准议结，仍照原拟斩候，入于秋审，情实亦系情重。人犯虽本年停止勾决，仍在查办之列。该犯稽诛已久，应请旨即行正法，以昭炯戒。至于为从拟军之鲁年、李泳烈，均系题准议结之犯，应否照部驳改拟斩决，抑照通行，毋庸置议。部驳于与通行不符，罪关生死出入，臣未敢擅拟。仰恳敕部查核议复，伏候谕旨遵行。

除咨部外，为此恭折具奏，伏祈皇太后、皇上圣鉴训示。谨奏。

同治三年十一月十二日奉到回折："议政王军机大臣奉旨：'刑部速议具奏。钦此。'"

沂州府续擒匪犯就地正法片
同治三年十月三十日

再，东省各属，惟沂州一带伏匪较多，经臣饬令该知府文彬等实力搜除，曾将前次获匪惩办情形奏闻在案。

查该处棍、幅各匪，均系剿抚兼施，现在地方安靖。其改过务农者，自应予以自新，概从罔治。内如有曾充匪首，及招抚后仍复怙恶为非，潜相勾引，仍宜随时查拿，以防日久复行煽变。当饬该知府等仍事搜除，未可稍为姑息。兹据该知府文彬等禀称，访有兰山大路圩幅首王慎即王念修、费县二十四山寨幅首王省身即王三瞎、大顶山幅首张方仪、马庄幅首王建中、西疃幅首王谨等，均系贼首程四虎党羽，经投诚后，仍复怙恶不悛，行踪诡秘。王慎虽系文生，曾经竖旗为非；王建中虽系武生，曾为匪首谋主，招抚后均仍埋藏枪炮，招集死党，皆属不容稽诛。当于七月十三日派令署兰山县知县长赓等，带勇往拿，先后擒获幅首王省身即王三瞎等二十八名，并将该匪烂鱼店圩寨平毁；二十一日续获匪党阎志坤等八名；二十四五等日续获岗山幅首李竖昆等二十一名；八月初一日又经都司官锦堂等拿获宜仰寨匪首刘和等十二名；初六日经该知县长赓拿获马庄幅首王建中、王青兆等十七名；初八日又经署费县知县王成谦拿获匪首张二铁头等二十二名，又获马庄窜匪邵赶生等九名；初十日又经署兰山县知县长赓获擒吴二顺等三十三名；二十九日复经该县等会同拿获匪首张方仪、王慎即王念修等五名，续又拿获匪首王谨一名，共计获匪一百五十余名。勇丁因拒捕受伤多名，身死四名。九月初三日，又经该县等拿获李五妮等二名，当即派勇解县，乃天晚行至半途，忽有匪党将该犯劫去，并杀死勇丁二名。当经访出匪踪，于初五六等日陆续擒获劫犯之匪王见寅及李五妮等二十名，禀请就地正法等情，禀报前来。

臣查该匪等身受招抚，自应改过安生，乃复暗聚党羽，难保不乘隙再煽。如王建中、王慎即王念修等，曾列衣衿，犹敢蔑法妄为，实堪发指。现在地方甫静，该匪等仍敢拒捕劫犯，尤应从严惩办，以消反侧而快人心。当饬该府将该犯等均行就地正法，仍随时查拿余党，务绝根株。其伤亡勇丁，汇案给恤。

所有擒获沂属各匪犯即行正法缘由，理合附片陈奏，伏乞圣鉴。谨奏。

同治三年十一月十二日奉到回折："议政王军机大臣奉旨：'办理甚属妥速，仍当督饬文武各员，实力搜捕，以靖地方。钦此。'"

请奖励济宁知州程绳武片
同治三年十月三十日

再，东省之济宁州，向为水陆通衢，五方杂处，历届各处遣散之勇，每多潜集该地，或置产安居，或游手觅食，无籍可归，难概驱逐。臣深虑此辈潜聚生非，时饬地方官设法稽察，以防未然。

兹于十月十五日据该州直隶州知州程绳武禀称，查有散勇把总谢占魁及勇刘高，捏做印札，假称招勇，希图聚众多人，勾结湖团窝匪，约期竖旗起事，占据州城。经该知州先期访闻，设法密捕，当将该二犯同时拿获，并搜出假印、令箭、旗帜、枪械等件，审出实情，实系谢占魁起意，商令刘高潜谋为逆，历供前情不讳。幸先时破案，地方均各无事等情，禀报前来。臣查该谢占魁等，以遣散勇弁竟敢起意谋叛，实属罪大恶极，当饬该知州将谢占魁、刘高二犯立即就地正法，以昭炯戒，并严查此外有无同谋余党，务令尽绝根株，以除后患。

该知州程绳武于逆谋甫煽之时，即能先事消除，擒获首逆，办理尚为迅速，不无微劳足录。当此严查匪徒之际，可否仰恳天恩将知府用济宁直隶州知州程绳武以知府在任尽先补用，先换顶戴，以示鼓励，出自逾格鸿慈。

臣未敢擅便，谨合附片具陈，伏乞圣鉴。谨奏。

同治三年十一月十二日奉到回折："议政王军机大臣奉旨：'另有旨。

钦此。'"

特参署荣成知县张道南暂行革职留任折
同治三年十月三十日

奏为特参延不会算交代之知县，请旨暂行革职留任，勒令算清结报，恭折奏祈圣鉴事：

窃照东省各州县自道光二十八年清查以后，未结交代，陈陈相因，经臣严檄切饬，勒限清厘，催令一律结报，准于年底撤局。各属宜如何恪遵功令，赶紧会核，以速补迟。计已算清五百二十余起。惟现署荣城县知县张道南，应接前任交代积至八案之多，屡经严札飞催，辄敢抗不遵调；虽据禀报倩友派书起程，亦复日久未到，难保非饰词搪塞，若不立予参办，何足以儆效尤。据交代总局委员、即补道黄良楷咨由藩司丁宝桢具详请参前来。相应请旨，将署荣成县知县张道南暂行革职留任，勒令星驰来省，投局核算，挨任接清，依限结报，由臣奏请开复。倘仍始终玩泄，再行严参。为此恭折具奏，伏乞皇太后、皇上圣鉴训示。谨奏。

同治三年十一月十二日奉到回折："议政王军机大臣奉旨：'张道南著暂行革职留任，余依议。钦此。'"

新任学政阅文幕友人数片
同治三年十月三十日

再，新任学政阅文幕友人数，例应奏闻。今新任山东学政赵佑宸，所延阅文幕友系安徽举人王大钥，浙江举人单恩溥，江苏贡生吕保椿，浙江贡生丁养元、赵我棠。据称均系品学兼优，足资襄校，照例咨会前来。臣复查无异。

除仍随时稽察，不敢稍涉徇隐外，理合附片奏闻，伏乞圣鉴。谨奏。

同治三年十一月十二日奉到回折："议政王军机大臣奉旨：'知道了。钦此。'"

被灾地方请分别蠲缓折

同治三年十月三十日

奏为勘明东省各州、县、卫、所本年秋禾被灾轻重情形，恳恩分别蠲缓钱漕，以纾民力，恭折奏祈圣鉴事：

窃照本年济南、东昌、泰安、武定、兖州、曹州、沂州、青州、莱州，临清、济宁二直隶州所属各州、县、卫、所，或因兰阳决口未堵，黄流涨漫；或因夏秋之间雨水过多，兼有雨泽愆期，湿热生虫之处，早晚禾稼不免损伤。据各该州县先后具报，臣督同藩司分饬该管道、府、州前往周履确勘。兹据印委各员会勘明确，分晰轻重，议请蠲缓调剂，禀由藩司丁宝桢汇核详请具奏前来。臣复加查核。

各该州县等本年秋禾被水、被旱、被虫情形，虽系轻重不同，收成均属歉薄，并有兵燹之余，元气未复，户鲜盖藏，若将新旧钱漕照常征输，民力实有未逮。当此经费支绌之时，不容轻率妄报，而民瘼攸关，亦未敢稍事讳饰，自应各就地方实在情形，分别调剂，以示体恤。相应吁恳天恩俯准，将被水成灾最重不计分数之泗水县汉东等社张庄等一百一十一村庄，应征本年钱粮、漕米、漕仓、河银，并今春青黄不接案内原缓上忙钱粮，一律全行蠲免。

又被水成灾十分之濮州南关东等里李家楼等三百二十九村庄，应征本年钱粮、漕米、漕项、河银、临德等仓、学租等项，并青黄不接案内原缓上忙钱粮，照例蠲免十分之七。

成灾九分之马陵等里齐家堤口等一百六十七村庄，应征本年钱粮、漕米、漕项、河银、临德等仓、学租等项，并青黄不接案内原缓上忙钱粮，蠲免十分之六。

成灾八分之齐东县于家店等二十一村庄，寿张县坊廓里何家庄等二百五十一村庄，应征本年钱粮、漕米、漕仓、河银等项，并青黄不接案内原缓上忙钱粮，均照例蠲免十分之四。

成灾七分之东阿县五里村侯家庄等五十二村庄，濮州富春等里前尹家庙等三百二十村庄，范县王麻口等四百五村庄，应征本年钱粮、漕米、漕仓、河银、学租等项，并青黄不接案内原缓上忙钱粮，均照例蠲免十分之二。

成灾六分之齐东县张家桥等十三村庄，滨州西南路三十一堡老君堂等七十四村庄，寿张县覃北里林家庄等六十一村庄，成灾五分之东阿县关山村前关山等八十一村庄，应征本年钱粮、漕米、漕仓、河银、学租等项，并青黄不接案内原缓上忙钱粮，均照例蠲免十分之一。

蠲剩银米缓至同治四年秋后，如原报十分、九分、八分者分作三年带征，七分、六分、五分者分作二年带征；其有未奉蠲免之先溢完蠲额银米，查明流抵次年正赋。

又勘不成灾被水较重之济宁州黑土店等地方倪家庙等一百八十六村庄，历城县雀化五等里雒口镇等五十七村庄，章邱县下一等里唐家庄等五十村庄；被水、被虫之邹平县西言礼庄等四十一村庄，长山县牧伯约辛集庄等一十村庄；被水之齐河县孟家店等地方大孟庄等四十村庄，齐东县孟家桥等五村庄，禹城县一都一等里刘家花园等一百九十三村庄，临邑县冯家井等十一村庄，长清县郭保张家庄等三百二十八村庄，肥城县栾湾等社刘官庄等一百四村庄，东平州智远等保埠子头等九十村庄，东阿县官庄村前张家道口等二百一十七村庄，平阴县湖溪渡等里韩家庄等七十九村庄，惠民县第二堡杨家庄等一百二十四村庄；又沙压之清河镇等十八村庄；被水、沙压之青城县牛王庄等五十八村庄、李家集等六村庄、尚家纸坊等四村庄；被水之阳信县归德乡等图赵升孟庄等六十九村庄，滨州西路七保正石庄等一百八十二村庄，曲阜县东忠、坊廓、崇圣三社河头村等二十三村庄，邹县平阳等社北陆厂等二十五村庄，滕县仁五等保西焦村等四十三村庄、礼七等保凉水河等一百三十二村庄，峄县王下等社马家庄等二百二十四村庄，阳谷县南十六都前赵台等三百五十三村庄，寿张县王东里葛家堤口等二百三十二村庄，菏泽县甘泽等都内二郎庙等六十三村庄，并大郭等都内李村集等二百七十四村庄，曹县辛安等里赵家寨等九十五村庄，定陶县黄德等村内石庄等二十九村庄；被水、被虫之巨野县玉山等保玉山屯等四十二村庄；被水之郓城县各北唐家庄等六十二村庄，濮州武家集等里韩家桥等五百五十三村庄、枣林等里枣林店等五十三村庄，范县普里堌堆等三十五村庄，观城县濮范寄庄陈家营等十一村庄，朝城县箕山等四十三村庄；被水、沙压之聊城县黄现里黄现屯等二十二村庄；被水之茌平县陈官等屯王老庄等二十六村庄，金乡县东大等共二十方周家庄等四百三村庄，鱼台县信等方内玉皇庙等一百七十八村庄，所有应征本年钱粮、漕米、漕项、河银、临德等仓、民佃、盐课、芦课、学租、灶地、摊征、堤工、河工、埝工、地租等项，及未完同治二年民欠暨因灾原缓钱漕，并济宁、历城、章邱、长山、齐河、齐东、禹城、临邑、长清、肥城、东平、东阿、惠民、青城、阳信、滨州、曲阜、邹县、滕县、峄县、阳谷、寿张、菏泽、曹县、定陶、巨野、郓城、濮州、范县、朝城、聊城、茌平、金乡、鱼台本年青黄不接，同滕县礼七等保凉水河等一百三十二村庄善后案内各原缓上忙钱粮暨长清县并卫地丁，均请缓至同治四年秋后启征。

又被水较轻之历城县南会清二等里朱家庄等八十八村庄；被水、被虫之邹平县东范庄等九十一村庄，长山县盛笃等约林溪村等二十八村庄；被水之新城县宗崔庄等六村庄，齐河县孟家铺等地方郭庄等一百八十五村庄，及并卫之张保等地方与杨庄等四十三屯庄，齐东县成家集等六村庄，临邑县潘家庄等五村庄，长清县顺保前后辛庄等八十村庄，陵县前后许家庄等七村庄，东平州西乡智明等保三里铺等三十四村庄，平阴县城东等里李博士庄等二十三村庄，惠民县新店庄等一百五十村庄，阳信县钦风乡等图高家寨等六十六村庄，滨州西南路四保李庄等三十一村庄，利津县烟火台等地方许家庄等四十五村庄，滋阳县北沙社杨庄等二十四村庄，曲阜县小雪、崇圣、西忠等三社彭家村等七村庄，巨野县获麟等保张家楼等九村庄，观城县吕家楼等十村庄，堂邑县江家胡同等一十七村庄，茌平县陈官等屯邢庄等六十四村庄，冠县山乡凤庄等一百六十二村庄，鱼台县信等方内刘占利庄等八十九村庄，除本年漕米照常征收外，所有应征本年钱粮，及济宁州黑土店等地方陈家庄等一百六十五村庄，章邱县下二等里蒋家寨等二十六村庄，济阳县谦二等约冯王庄等二百三十九村庄，禹城县一都一韩家庄等三十五村庄，肥城县广里等社广里庄等一十八村庄，东阿县贾庄村贺家庄等六十一村庄；被水、被虫之青城县潘家庄等十五村庄；被水之邹县石里等社范庄等五十一村庄并其余阖境村庄，泗水县泗北等社故安等二十六村庄，滕县其余阖境村庄，峄县其余阖境村庄，寿张县覃北里李家楼等一百一十二村庄，菏泽县小留等都内前油房等四十二村庄，并归安等都内桃源集等三百三十一村庄，定陶县黄德等村内大李庄等七十六村庄，郓城县陈家楼等七十七村庄，濮州南红船等里董家庙等一百二十六村庄，范县前杜楼等九十八村庄同其余阖境村庄，金乡县新黄等十方牛家庄等四十六村庄，除本年钱粮照常征收外，其应征本年漕米，并被旱之海丰县小王等三堆计十四村；被水之于家等三堆计三十七村庄，沾化县皮店等里楚家庄等一百一十村庄，兰山县庄坞等保庄坞村等五百六村庄，郯城县出北等保出口庄等六十九村庄，费县南尹等社三十四村庄，昌邑县任流等社谢家庄等八十三村庄，潍县北台底等十二社田家庄等八十一村庄，济阳县卫地马屯等二屯庄，并长清等县并卫地丁，同以上历城等州县等应征本年钱粮、漕项、河银、临德等仓、民佃、盐课、芦课、学租、灶地、摊征、堤工、埝工、河工、地租等项，及未完同治二年民欠及因灾原缓钱漕、仓谷等项，均请缓至同治四年秋后启征。

又被水之费县石桥等社二十六村庄，除本年钱粮照常征收外，所有青黄不接案内原缓上忙钱粮，同以上被水较轻之济宁、历城、长山、齐河、齐东、长清、东平、惠民、阳信、海丰、滨州、利津、沾化、曲阜、邹县、峄县、巨野、郓城、濮州、范县、兰山、郯城、费县、茌平、冠县、金乡、鱼台本年青黄不接案内原缓上忙钱粮，并同治二年未完民欠及因灾原缓钱漕等项，均请缓至同治四年秋后启征。

又被水最轻之济宁州上吴家湾等地方坨河等二百一十村庄并其余阖境村庄；被水、被虫之邹平县南范庄等五十一村庄并其余阖境村庄；被虫之长山县其余阖境村庄；被水之齐河县孟家铺等地方小高庄等二百六十三村庄，及并卫之张保等地方辛法屯等四十四屯庄，齐东县其余阖境村庄，济阳县守约路家庄等八十七村庄，禹城县二都三代家庄等二十二村庄并其余阖境村庄，肥城县其余阖境村庄，东阿县其余阖境村庄，平阴县城东等里隅首等九村庄并其余阖境村庄，惠民县朱家庙等一百四十九村庄，滨州其余阖境村庄，滋阳县其余阖境村庄，泗水县泗北等社城子顶等十三村庄并其余阖境村庄，阳谷县其余阖境村庄，寿张县其余阖境村庄，菏泽县其余阖境村庄，城武县阖境村庄，曹县东明等里丁寨等一千一百八十七村庄同其余阖境村庄，定陶县其余阖境村庄，郓城县其余阖境村庄，朝城县郝家庄等二十三村庄并其余阖境村庄，堂邑县王家铺等一百九十三村庄，茌平县车里等屯王家庄等五十三村庄并其余阖境村庄，清平县加二等里孔家集等四十七村庄；被旱之莘县刚一乡徐家庄等四百七村庄并其余阖境村庄；被水、被旱之恩县阖境村庄；被旱之邱县德三里镇东堡等十二村庄并其余阖境村庄；被水之金乡县其余阖境村庄，鱼台县信等方内李家单楼等一百一十村庄并其余阖境村庄，本年钱粮、漕米，并被旱之海丰县王管等六堆计四十二村庄；被水之徐王等两堆计十村庄，沾化县城南等里刘家等一百八村庄并其余阖境村庄，兰山县流泉等保北鲁城庄等一百一十七村庄，郯城县芙青等保白泉庄等二十九村庄，日照县南山后社等二百四十五村庄，昌邑县书庄等社大章庄等四十九村庄，潍县温固社等八社温家庄等八十五村庄，本年钱粮，并长山、齐河、济阳、惠民、海丰、沾化、泗水、城武、曹县、朝城、兰山、日照、茌平、莘县、恩县、邱县、鱼台等州县本年青黄不接案内原缓上忙钱粮，均照常征收外，所有未完同治二年民欠及因灾原缓钱漕等项，均请缓至同治四年秋后启征。

又被水最轻之长清县其余阖境村庄，陵县张有道家庄等六村庄同阖境村庄，临邑县其余阖境村庄，平原县阖境村庄，东平州西乡智远等保孟家庄等共八十四村庄同其余阖境村庄，惠民其余阖境村庄，青城县杜家庄等三十五村庄并其余阖境村庄，阳信县其余阖境村庄，利津县马章广等地方灶户刘庄等七村庄并其余阖境村庄；被水、被虫之蒲台县仁乡十里堡等二百七十四村庄并其余阖境八十三村庄；被水之曲阜县其余阖境村庄；被水、被虫之宁阳县夏戴社等八十八村庄并其余阖境村庄；被水之汶上县阖境村庄，单县阖境村庄；被虫之巨野县新城等保王家桥等三十二村庄并其余阖境村庄；被水之观城县其余阖境村庄，聊城县其余阖境村庄，堂邑县其余阖境村庄，冠县其余阖境村庄，馆陶县阖境村庄，临淄县阖境村庄，临清州阖境村庄，夏津县阖境村庄，嘉祥县阖境村庄，本年钱粮、漕米，并惠民、青城、利津、单县、巨野、馆陶、临淄等县本年青黄不接，及陵县二年被水案内原缓漕米，并临邑、长清、青城、利津、蒲台、宁阳、汶上、巨野、观城、聊城、冠县、馆陶、临淄、临清、夏津、嘉祥等州县二年未完民欠，暨平原、东平、惠民、阳信、曲阜、堂邑等州县二年未完民欠及灾缓钱粮，分别征收带征外，所有陵县二年被扰案内灾缓钱粮、漕米，并其余各村庄因灾原缓及未完民欠钱粮，同临邑、临淄二年原缓钱粮，平原、东平、惠民、阳信、曲阜、堂邑原缓漕米，并长清、青城、利津、蒲台、宁阳、汶上、单县、巨野、观城、聊城、冠县、馆陶、临清、夏津、嘉祥二年原缓钱粮、漕米，均请缓至同治四年秋后启征。

又被水最轻之历城县南会清二等里刘姑店等六十村庄并其余阖境村庄，章邱县下一等里新开口等三十村庄并其余阖境村庄，新城县其余阖境村庄，齐河县其余阖境村庄，济阳县其余阖境村庄，泰安县阖境村庄，乐陵县阖境村庄，商河县刘金庄等二百五十五村庄并阖境村庄，沂水县阖境村庄，日照县其余阖境村庄，博平县阖境村庄，清平县其余阖境村庄，高唐州阖境村庄，乐安县阖境村庄，昌邑县其余阖境村庄；被旱之武城县阖境村庄，除本年钱粮、漕米，并历城、章邱、齐河、济阳、沂水、乐安等县本年青黄不接，同以上历城等州县同治二年未完民欠及因灾原缓钱漕等项，分别征收带征外，应同以上成灾与勘不成灾，秋禾被水、被旱、被虫之各州、县、卫、所，无论较重、较轻、最轻并阖境村庄，凡有同治元年以前未完民欠及因灾原缓并蠲剩递缓钱粮、漕米、漕项、河银、临德等仓、民佃、盐课、票价、芦课、学租、灶地、摊征、堤工、埝工、河工、地租，出借仓谷、籽种、口粮等项，一并缓至同治四年秋后。钱漕分为两案，各按最先年分递年依次带征一年。

其东昌、临清、德州、济宁、东平等卫所及永阜等场坐落各州县屯庄灶地，应随同各州县村庄民田一律办理。如坐落之州县并无蠲缓村庄，应归该卫等自行核办。至例不缺额之蓟粮兵米及请缓钱粮仍征漕米之州县不敷漕项，均照例于成熟村庄应征银米内照数划解，统于大漕地丁内核缓。

又阖境蠲缓漕米、各州县蓟粮兵米一项，无可征兑，请于成熟征漕州县分别划拨。其应征抵额耗豆，并请随正缓征，仍将摊缓耗豆价脚银两扣存司库，俟带征年分支给应用。如此分别调剂，民力俱获宽舒。感颂皇仁，实无既极。

除饬将缓征册结于年内一律赶造送核外，所有勘明各州、县、卫、所被水、被旱、被虫情形，议请蠲缓钱漕缘由，理合恭折具奏。

再，各州县内有因灾蠲缓钱粮较多之处，其不敷划解之漕项银两，现在司库万分支绌，应令各州县先行筹解，俟库储稍充，再行照例请借，合并陈明。伏乞皇太后、皇上圣鉴训示。谨奏。

同治三年十一月十二日奉到回折："议政王军机大臣奉旨：'另有旨。钦此。'"

委员管解京饷并僧格林沁营军饷片
同治三年十月三十日

再，山东地丁项下奉拨同治三年分京饷银二十六万两，前经陆续解过银十六万两。兹复据藩司丁宝桢详报，在于续征下忙地丁项下筹银三万两，饬委试用典史邓培德领解，前赴户部交纳。又，本年协济僧格林沁月饷，亦已分批解过七个月银三十五万两。所有八月份饷银五万两，先委候补府经历宋淦解银三万两；现又筹银二万两，饬委试用从九品许之镜管解，均赴河南陈州府粮台交纳等情。

除分咨查照并催赶紧续筹分别报解外，理合附片陈明，伏乞圣鉴。谨奏。

同治三年十一月十二日奉到回折："议政王军机大臣奉旨：'户部知道。钦此。'"

审明昌邑县民京控按律定拟折
同治三年十月三十日

奏为审明京控，按律定拟，恭折奏祈圣鉴事：

窃照昌邑县民人王思林以高瑞等挟嫌惨杀等情，控经都察院，于同治三年四月初一日奏奉谕旨："此案著交阎敬铭督同臬司，亲提人证、卷宗，秉公严讯确情，按律定拟具奏。原告民人王思林，该部照例解往备质。钦此。"当经行司饬提人卷严讯。兹据臬司恩锡审明拟议，解勘前来。臣亲提研鞫。

缘王思林籍隶昌邑县，与邻庄团长高瑞并许中兴等素识无嫌。咸丰十一年二月间，高瑞因闻南捻窜入东境，与许中兴等欲劝捐筑围，并准邻庄搬往避难。王思林不允，口角劝散。是月二十二日，南捻窜至，逼近该庄，王思林与父王学汤、兄王思举，及庄众人等，均各逃避。二十五日，王学汤、王思举与同庄王思远、王学锡、王思友、王思治、王思晋、刘福元、刘思千、王学富、王学刚、王思香、王思贵、王学典、王学敏，并王思亮、王思奎，一共十七人，传闻贼退，先自回归。行至高瑞等庄外，撞遇后股贼匪，王思亮、王思奎逃赴伊戚于维念家躲避，王学汤等均被贼杀害，所带钱文、衣服并被抢去。嗣王思林与王思远等父兄王学登等回家闻知，王学汤系在高瑞等庄外被杀，前往找获王学汤等十一人尸身，王思香等四人尸身查无下落，仅有血衣、鞋袴。王思林忆及高瑞曾向伊庄捐钱未遂，疑系高瑞挟嫌纠同其子高廷选、高廷献，侄孙高维翰，并许中兴、许时兴、许德兴、张永泽等乘乱杀害，一时痛父情切，商同王学登等，联名控县差传。五月初一日，王思林探知许中兴等赴邻庄赶集，邀同王学登等将许中兴、许时兴扭获，同车辆、钱物一并送县。讯因供词各执，将许中兴等取保候质，车物给予领回，催传要证于维念等质讯未到。王思林由府控司，批县集讯。王思林情急，即以挟嫌惨杀等情，并图准捏砌县官畏团强悍，谕令密拿，后因高瑞扬言夺犯，将许中兴等释放等词，仍将王学登等写列呈内，控经都察院奏奉谕旨，饬提严讯，王学汤等委系被贼所杀，并非高瑞等杀害，众证确凿。王思林亦自认怀疑捏砌，并非有心诬告，应即拟结。

查律载："申诉不实者，杖一百。"等语。此案王思林京控各情，虽系怀疑捏砌，究属失实，自应按律问拟。王思林合依"申诉不实者，杖一百"律，拟杖一百，折责发落。高瑞等讯无挟嫌惨杀情事，应毋庸议。被害之王学汤等饬县另详办理。

除供册咨部外，理合恭折具奏，伏祈皇太后、皇上圣鉴训示。谨奏。

同治三年十一月十二日奉到回折："议政王军机大臣奉旨：'刑部议奏。钦此。'"

知县人地未宜请旨留省另补折

同治三年十一月十五日

奏为知县人地未宜，请旨留省另补，恭折奏祈圣鉴事：

窃查新选淄川县知县赵国珍，经臣以地方紧要奏明留省察看在案。兹将该员随时查看，人尚安详。惟淄川平定未久，疮痍甫复，抚驭为难，值此与民更新之时，非明干有为之员，不足以资治理。该员初登仕版，治此凋残，深虞诸事丛脞，未便稍涉迁就，致滋贻误。据藩、臬两司会详前来。相应请旨，将淄川县知县赵国珍留省当差，俟有相当缺出，酌量补用。所遗员缺，东省现有应补人员，容臣拣员请补。理合恭折具奏，伏乞皇太后、皇上圣鉴训示。谨奏。

同治三年十一月廿七日奉到回折："议政王军机大臣奉旨：'吏部知道。钦此。'"

办理常启云京控王克一案情形片

同治三年十一月十五日

再，在籍游击常启云赴都察院衙门呈控荷泽县监生王克一唆讼陷人、聚众筑寨一案，奉旨交臣查办。当经密派委员前往确查，并据山东荷泽县知县江继爽与直隶委员会禀常启云各情，正拟具奏间，复于十月初四日承准军机处字寄："十月初一日奉谕旨：'据刘长佑查明，王克一系安分良民，常启云平素既不安本分，辄敢挟嫌捏词妄控，心术险诈，可恶已极，此等刁风，断不可长，亟应从严究办。著阎敬铭确查常启云现在曾否回籍，提集案内应讯人证，就近派员审讯，从重惩办，毋任奸徒狡展，以成信谳各等因。钦此。'"钦遵。

伏查臣前经访查该常启云所控王克一案情，与刘长佑原奏情节相同。王克一父子均已自投到案，实无聚众唆讼等情。常启云素不安分，其子常国兴在籍办团，种种妄为，皆由常启云主使。兹复挟嫌诬控，陷人叛逆，实为凶狡。东省自办团以来，彼此挟仇报复，捏词妄控，狡展刁诬之案，不一而足。若非从严惩办，何以平民气而正宪章。诚如谕旨，此等刁风，断不可长。臣于奉旨日，当即密派委员，驰赴荷泽县，查拿常启云到案，务获究审去后。兹据该委员刘时霖、荷泽县知县江继爽等禀称：查常启云原居距城十八里之穆李塞庄，今春同其子常国兴挟眷远出，不知下落。嗣复访闻常启云常在直省长垣县境之常家桥藏匿，当带勇役前往密拿。讵常启云复先期他出，仅拿获其妾常张氏到案。讯据供称，常启云与其子常国兴在豫省祥符县境之七里边村居住等情，禀报前来。

臣查该常启云既因挟嫌捏告，又不听候审办，辄自辗转逃匿，鬼蜮行径，大为可恶。刻下被告之王克一父子及常国栋均自投案归质，而常启云反得置身事外，匿迹远飏，未便因系职官，任其恃符狡展。除由臣专派候补同知刘时霖赴豫查拿，并分别咨行河南巡抚张之万、河南臬司王正谊饬属会同拿解外，相应请旨，将该游击常启云即行革职拿问，解案严办，以儆刁风而成信谳。理合附片具陈，伏乞圣鉴训示。谨奏。

同治三年十一月廿七日奉到回折："议政王军机大臣奉旨：'常启云著即行革职拿问，解案严审。钦此。'"

新选知县留省察看片
同治三年十一月十五日

再，新选长山县知县孙允庆领凭来省，本应饬令赴任供职。惟该员仕版初登，东省吏治民情未能熟悉，若遽令履任，恐地方公事难以悉合机宜，据藩、臬两司详请暂行留省察看前来。臣复查系为慎重地方起见，除咨部查照处，理合附片陈明。伏乞圣鉴。谨奏。

同治三年十一月廿七日奉到回折："议政王军机大臣奉旨：'知道了。钦此。'"

莘县武城两县知县调省察看片
同治三年十一月十五日

再，查东昌、临清一带，频年迭遭蹂躏，当此内患初平，全在良有司休养生息，为民保障。兹查有东昌府属莘县知县戴勉、临清直隶州属武城县知县郭尚桓，均系佐贰捐升选补，于抚绥弹压事宜，未中窾要。据藩、臬两司详请调省察看，并委员接署前来。

除咨部查照外，理合附片陈明，伏乞圣鉴。谨奏。

同治三年十一月廿七日奉到回折："议政王军机大臣奉旨：'知道了。'"

特参庸劣官员折
同治三年十一月十五日

奏为特参庸劣不职之运同、同知、州县等官，以饬吏治，仰祈圣鉴事：

窃惟东省吏习，隳坏实深，臣年余以来，极力变更，苦口劝诫，未骤为刻意苛求，而实在庸劣不职者，查访既确，亦难稍事姑容。查有撤任滨乐分司运同松年，纵容丁役，假公索诈，请即革职。武定府同知张槃，素不得民，未协舆论，请即勒令休致。莒州知州赵溶，征收含混，操守平常；莘县知县戴勉，嗜好既深，性浮且愎；署朝城县知县权汝钦，利口饰非，借公扰累；候补知县张俊傑，少年纨袴，轻儇无知。以上四员，均请即行革职。文登县知县宋春畬，精神疲弱，事不自持；署禹城县知县赵惟峄，性情怠惰，听断迂疏。以上二员，均请以府经历、县丞分别降选、降补。前署朝城县候补知县王培桢，才识迂拘；临朐县知县刘景叔，办事迟钝。该二员均系举人出身，文理尚优，均请以教职改选。撤任武城县知县郭尚桓，人尚安分，阅历未深；撤任平原县知县文熙，才非强干，不胜冲区。以上二员，均请开缺留省，遇有相当缺出，酌量补用。撤任长清县知县丁兆基，人本小巧，难任繁要；撤任齐河县知县张联奎，前任斯缺，本无政绩，不胜繁剧。以上二员，均请开缺留省，遇有相当中简缺出，酌量改补，仍送部引见。谨据实特参，恭候谕旨遵行。如蒙俞允，所有武定府同知，莒州、莘县、文登、临朐、武城、平原各州县缺，东省现有应补人员，应请扣留外补，合并声明。伏乞皇太后、皇上圣鉴训示。谨奏。

同治三年十一月廿七日奉到回折："议政王军机大臣奉旨：'另有旨。钦此。'"

查办湖团情形折
同治三年十一月十五日

奏为遵旨查办湖团，谨将该团招垦原委及现在筹办大概情形，恭折奏祈圣

鉴事：

　　窃臣于本年十一月初六日，承准军机处字寄："十一月初三日奉上谕：'都察院奏，江苏童生刘际昌呈控逆团焚掠毙命一折各等因。钦此。'"又于十一月初九日奉上谕："此次片内所陈，有散勇谢占魁等聚众多人，勾结湖团奋匪，约期起事之语各等因。钦此。"

　　伏查今年八月间，沛县新团奋匪滋事，臣一闻江南派军剿办之信，当即飞咨漕臣吴棠，询查剿办情形，是否需会兵协剿；一面派东治营勇一千五百名，驻扎鱼台边界，相势扼防，俾免滋蔓。旋经漕臣吴棠将新团奋匪剿办，查看旧团尚属安分，奏明妥为办理，抄折咨臣，并屡次往返咨商筹办善后之策。因该团之地居江境者倍于东境大半，应俟办理完竣，由漕臣会衔具奏，以慰宸廑。兹蒙圣谕垂询，臣谨将湖团招垦根由及现前筹办情形，缕晰为我皇太后、皇上陈之。

　　窃查湖团地面，南自铜、沛，北讫鱼台，南北约二百余里，东西约三四十里，濒带昭阳、微山湖滨。先因黄河自丰工漫口，该处一片汪洋，居民逃徙。咸丰五年，河决豫省，大溜改掣，此地遂成湖淤，而本处人民逃徙，均未复业。经江省出示招垦，维时东省曹属郓、巨，突被黄水浸灌，灾民多赴江境，俱愿受种。有巨野县民人唐守中，因能约束其众，遂为领地董首。嗣因地亩愈涸愈多，巨、郓灾民愈聚愈众，渐成村落。复因奉文团练，唐守中等均为团长，内中多有绅衿，如唐姓则曰"唐团"，赵姓则曰"赵团"，置有枪械，自为守望，总名"湖团"。南捻窜扰之时，该团等亦时为官兵助剿，声势稍大，聚众遂至数万之多。其地居江境十之七，居东境十之三，虽未升科，亦常按地纳租，历办有案。此湖团招垦纳租之原委也。

　　嗣因地利渐辟，耕者愈多，而沛民渐次归来，以本境膏腴为他人占获，遂生争竞。该湖团因连年收获，倍见富庶，亦恃强力侵占民田，仇杀迭起，控案遂多。咸丰六年，沛县士民刘沛学等呈控唐守中霸占民田，经前抚臣崇恩查据，唐守中系灾民垦荒，并无滋事，仍咨江南查办。又有山东举人孔宪钰京控唐守中等霸种焚掠，奉旨查拿惩办，亦经前抚臣崇恩查明唐守中并无为匪，并因该举人抢掠商船，斥革具奏在案。其后沛境居民与该团时有仇杀，东省鱼境居民亦时有争地仇斗之案。此湖团与居民起衅之原委也。

　　臣查该团等承种湖地已历多年，且由官招垦，又经交租，原可相安。但该团军恃其人众，时有欺凌，侵占民田，势所必有；而该沛民等又因外来之人占据其地，因利生嫉，亦不甘心，械斗日起，仇衅日深。从前江、东两省军务未靖，遇有斗案，惟以弹压解散，暂示羁縻；即领种收租，亦未勘编户籍。地界两省，容易藏奸，虽无不法为匪之事，已成尾大不掉之形。臣到东后，察看情势，实为两省隐忧，亟拟内地肃清，渐筹办理。

兹于八月初一日，先据济宁州禀报，江南湖地新团忽有畲匪滋事，焚杀民寨，经徐州镇带兵剿办等情。臣因未准江南咨会，未便进兵兜剿，致启旧团惊疑，反自勾结。当即一面飞咨漕臣吴棠查询情由；一面飞调东治营总兵陈锡周等，将所部勇丁千五百名，联营扼要驻扎鱼台界内，以防该畲匪窜逸。嗣于是月初十日钦奉寄谕，著臣于交界地方掩捕新团逸匪。当又飞饬各该营及地方官严密巡防，并设立炮船，梭巡湖面，并无逸匪窜入东境。旋据漕臣吴棠咨称，新团畲匪业经剿逐，平毁寨圩。至旧垦湖荒之民，如知安分，自应善筹安插，与臣前奉谕旨指示相同。

臣当饬署兖沂道崇芳，与前署济宁州知州周鸥，星驰前赴徐州，与淮徐道会商妥办；并一面饬令周鸥顺赴湖团，饬谕唐守中等毋许与新团畲匪勾结；并查该团有无不安本分，分别惩办。旋据该道等会同徐州府知府汪尧辰禀称："该团等虽系东境郓、巨之民种沛境之地，惟招垦多年，亦费工本，遽加驱逐，未必甘心。湖团无难驱除，倘或别起戎机，则江省亦难安枕。现既畏威帖服，惟有查明湖荒，仍令垦种，丈量升科，按地纳税，编入户籍，以资弹压。内中如有侵占民地，均令退出，以平两境居民之心。"等情前来。臣与漕臣吴棠咨商，意见相同。并据该知州周鸥禀称："亲赴该团，密为察看，该唐守中等均自投官乞恩，情愿缴械编户，丈地升科，并退出民地甘结。"各等情。臣当饬该员认真办理。现该员周鸥尚住湖团一带，特专办其事。此次江省剿除畲匪及两省会商安插团众之实在情形也。

臣查该团垦聚几将十稔，而招来耕种，皆系郓、巨强悍之徒，欲径行剿逐，则兵加无名；欲曲意抚循，则后益难制。兹经江南饬军剿平畲匪，示以兵威，各旧团已知畏服。及此因势利导，庶期安插得宜。经漕臣吴棠奏明办理，于九月十三日奉旨："据奏占地圩匪业经剿除净尽，办理尚属妥速。其查办湖荒事宜，著即饬令颜培珊会同东省派出之道员崇芳等，迅速妥商会办，俟定有章程，即行具奏。钦此。"移咨到臣。臣谨即遵饬该员等悉心经理。如丈地升科，缴械编户，设立文武员弁，及清还民地等事，容臣与漕臣筹议，办竣再行具奏，以纾圣廑。

至唐守中系首先率垦之人，取怨最深，故皆指名为唐守中主使。其后各立为团，唐守中亦不能均加钤束。此次有无勾结畲匪，昨经漕臣吴棠咨称，所逐畲匪余众，有逃入阎家圩，经该圩将滋事之侯殿和等交出。其旧垦湖荒之东民，均肯出丁，随同官军剿除新团，并无勾串情事，可以概见等语。是唐守中此次尚无为匪情形，且已自投到官，乞为安插，应容臣随时察看，再行查办。又唐守中亦在鱼台呈诉该团为土人焚掠，均系彼此仇杀，难凭一面之词。臣拟俟此次安插办理完竣后，再行确访，以免牵掣。其该童生所控唐守中交接道署丁役，及为其子唐锡龄捐纳县丞各节，应俟江南漕臣、抚臣查明办理。

东省南境，现在并无匪踪。其鱼台境内，均系多年以来旧垦湖荒之人，并非匪众盘踞。前次济宁散勇谢占魁约期滋事，有勾结畲匪之语，系因七八月间，江南剿办畲匪，济宁与沛县相距仅百余里，人民甚为惊惶。该谢占魁于十月滋事，尚复架词勾结畲匪，以图煽惑民心。及事后经臣饬查，沛境畲匪已经江省剿平，实无余匪潜来东境勾聚情事。其散勇谢占魁余党，均饬地方官随地查拿，务绝根株，合并声明。

所有湖团招垦衅斗原委及现在筹办各情形，理合恭折具奏，伏乞皇太后、皇上圣鉴训示。谨奏。

同治三年十一月廿七日奉到回折："议政王军机大臣奉旨：'据奏筹办湖团情形已悉。著即会商吴棠、李鸿章，将一应善后事宜迅速妥筹办理。唐守中等虽已自投到官，仍须妥筹安插。其江苏贡生张其浦在都察院续控唐守中之案，仍著汇入刘际昌控案，会同吴棠等查明复奏。钦此。'"

特参疏防城内失事知县董槐折

同治三年十一月十五日

奏为特参疏防城内失事之县令，请旨摘顶勒缉，以重捕务，恭折奏祈圣鉴事：

窃据堂邑县知县董槐详报，城内事主许学颜等杂货铺于同治三年八月二十七日夜被窃银两、衣物，许学颜与王清太追捕，均被用木柴拒伤等情。臣恐所报不确，批司委员驰往复勘，并将董槐记过勒缉。兹据委员勘明，该事主许学颜等确系被窃拒捕，原报尚非捏饰。惟事前疏于防范，事后犯无弋获，缉捕实属懈弛，未便稍事姑容。据藩、臬两司转据该管道府详揭前来。相应请旨，将堂邑县知县董槐摘去顶戴，勒限两个月缉拿此案赃贼，务获究办，限满不获，再行从严参办。为此恭折具奏，伏乞皇太后、皇上圣鉴训示。谨奏。

同治三年十一月廿七日奉到回折："议政王军机大臣奉旨：'董槐著摘去顶戴，勒限两月严缉，倘限满无获，即著从严参办。钦此。'"

东省各官捐备京仓米价片

同治三年十一月十五日

再，东省各官捐备京仓米价一万五千两，及前任江南河道总督臣潘锡恩捐银二千两，经臣先后奏报，并蒙恩给奖在案。

兹复据藩司丁宝桢详报，运河道宗稷辰捐银四百两，青州府知府高镇捐银三百两，前署济宁州知州周鹍捐银三百两，宁海州知州舒孔安捐银二百两，寿光县知县彭启昆捐银二百两，福山县知县吴恩荣捐银一百两，署招远县知县周涛捐银一百两，署平度州知州吴赟捐银一百两，前署莱阳县知县瑞森捐银三百两，共银二千两。臣复核无异。理合将员名、捐数附片奏闻，可否敕部照例核奖，出自恩施。

再，此次续捐银二千两，同前存藩库银一万七千两，共银一万九千两，现在饬委尽先补用巡检刘润管解，赴户部交纳。合并陈明，伏乞圣鉴。谨奏。

同治三年十一月廿七日奉到回折："议政王军机大臣奉旨：'宗稷辰等均著交部照例核奖。钦此。'"

请将勒缉贼盗限满无获之水师弁备即行革任折

同治三年十一月十五日

奏为勒缉外洋被劫贼盗，限满无获，请旨将革职留任之水师弁备即行革任，恭折奏祈圣鉴事：

窃臣前因客民马春山商船在即墨县青岛外洋被劫，赃至四千两之多，即将专巡之署水师前营把总朱祥玉、分巡之署中军守备范玉一并奏参。同治三年五月二十二日奉旨："朱祥玉等均著先行革职留任，勒限两个月缉拿务获，限满无获，即行严参。钦此。"当经饬令该弁等上紧缉拿，至今钦限已逾，未据报获一犯，均属不知愧奋。兹准登州镇总兵李懋元转据该管营员咨请复参前来。相应请旨，将革职留任之署水师前营把总朱祥玉、署中军守备事千总范玉即行革任，以示惩儆。为此恭折具奏，伏乞皇太后、皇上圣鉴训示。谨奏。

同治三年十一月廿七日奉到回折："议政王军机大臣奉旨：'朱祥玉、范玉均著即行革任。钦此。'"

委员管解京饷并筹拨甘肃饷银片
同治三年十一月十五日

再，山东地丁项下奉拨同治三年分京饷银二十六万两，经臣饬司先后筹解过银一十九万两，随时奏报在案。兹复据藩司丁宝桢详报，在于本年地丁项下续筹银四万两，饬委分缺先用县丞王桂林管解，前赴户部交纳。

又查甘肃饷源支绌，屡奉寄谕提催，钦遵饬司筹解。无如司库征收本年下忙钱粮，秋灾较广，虽经竭力催征，拨解京饷及僧格林沁月饷、各处协饷并本省兵勇口粮，仍属入不敷出。而甘省待饷孔殷，不得不移缓就急。除先后解过银六万两外，兹又据详在于地丁项下筹拨银二万两，饬委候补从九品冯廷诏管解，即日起程赴庆阳粮台交纳。

理合附片陈明，伏乞圣鉴。谨奏。

同治三年十一月廿七日奉到回折："议政王军机大臣奉旨：'户部知道。钦此。'"

请敕新授登州镇标水师将弁来东任事片
同治三年十一月十五日

再，查前准兵部咨："山东登州镇标文登协外海水师副将员缺，奉旨以副将尽先补用之广东龙门协右营守备刘蒋华补授。又登州镇前营外海水师游击员缺，奉旨以广东大鹏协中军都司李扬威补授。又登州镇标后营外海水师守备员缺，奉旨以福建水师提标右营千总陈荣芳补授。钦此。"当经分别咨行遵照在案。兹准江宁将军富明阿、两广总督毛鸿宾、福建巡抚徐宗幹先后来咨，刘蒋华由江苏管带师船回粤，交代清楚，请咨赴部。李扬威俟接署有人，即给咨赴部。陈荣芳因丁母忧，已咨部照例退回千总本任，另行掣补各等因。

伏查山东登州镇标水师三营，计将弁九员，遇有事故升迁，因陆路营员于海洋情形未能熟悉，历系水师员弁递相署理，今则积至三缺，别有差遣，无员可委。臣日盼实任各员早日到任，俾免贻误。虽目下北风司令，洋面无事，然来年南省重运经临，防护甚关紧要。计此时刘蒋华早可抵粤，李扬威亦可交缺，相应请旨，敕下两广督臣照例给咨，饬令山东文登协外海水师副将刘蒋华、山东登州镇标前营外海水师游击李扬威赶紧赴部引见，领札赴任。并请敕部将山东登州镇标后营外海水师守备员缺另行掣补，速饬掣补之员赶紧到任，以专责成。

臣为慎重海防起见，理合附片具奏，伏乞圣鉴。谨奏。

同治三年十一月廿七日奉到回折："议政王军机大臣奉旨：'另有旨。钦此。'"

特参掖县知县苏名显延不接收仓谷折
同治三年十一月十五日

奏为特参现任知县延不接收仓谷，并该员官声平常，请旨革职，以儆规避而饬官方，恭折奏祈圣鉴事：

窃照交代案内，仓谷与钱粮并重，后任应接前任谷石，向系三面秉公盘量，有亏则揭，无亏则接，如有霉变折耗，饬追前任赔补，历经遵办在案。乃有署掖县知县苏名显，于同治二年三月初三日由荣成调署掖县，接印任事，即经饬令将已故前任知县许乃恩存储仓谷四万二千余石核实会盘，岂料时逾年半有余，迄未盘量。节经前后四次委员监盘，并该管莱州府迭催，又由藩司专员前往，按仓验明谷色，监同试碾风扬，议明如有短缺，由许故令家属赔补。该员苏名显执意不收，亦始终不禀不收之故。上司面谕檄催，置若罔闻。许故令家属守候年余，历次委员，徒劳往返。如此有心勒掯，殊出情理之外。且储谷果有霉变亏短，三面议定，仍归许任赔缴，并非强以所难，必令现任接收亏空；亦非将红朽之物责令含混滥收，致贻后累，尽可核明确数，据实具报。何得累月经年仅止盘出四千余石，其余概置不盘。当此清厘交代之际，倘各属相率效尤，尚复成何事体，亟应严行参办。据藩司丁宝桢详请奏参前来。臣复查该员专图便已，故意宕延，实属有干功令。

再，该员平日听断尚勤，征解无误，臣于本年举行计典，将该员保列卓异。讵料半载以来，顿改前操，官声平常。似此前后易辙，不知自爱，臣不敢以保举在先自行回护，相应请旨，将荣成县调署掖县知县苏名显即行革职，以为规避改易者戒。所遗荣成一缺系简缺，东省现有应补人员，容俟奉文后另行请补。掖县印务由司饬调新泰县知县郑溥接署。

除咨部外,理合恭折具奏,伏祈皇太后、皇上圣鉴训示。谨奏。

同治三年十一月廿七日奉到回折:"议政王军机大臣奉旨:'苏名显著即行革职。该部知道。钦此。'"

请允刘守曾补授蒙阴知县折

同治三年十一月十五日

奏为知县员缺紧要,人地实在相需,请旨仍照前奏拟补,恭折仰祈圣鉴事:

窃照蒙阴县知县一缺,臣于同治二年十一月间请以军功班尽先补用知县刘守曾题补,吏部奏驳:该员尚未引见,核与补授之例不符,应另行拣员请补等因。奉旨:"依议。钦此。"自应钦遵办理。

惟查蒙阴县为山路冲衢,与峄、滕、兰、费等处犬牙交错,迭被匪扰,民困未苏,该员刘守曾于上年四月间代理斯缺,正值教、幅各匪滋事之际,防剿兼施,不遗余力,迨后抚恤灾黎,驾驭降众,奚能殚心经理,颇著成效。现在甫经平定,尤须加意整饬,俾得历久乂安,碍难更易生手。且查吏部议复御史张盛藻奏请,凡保举至地方官者,未经赴部引见人员不准到任一案章程,系于上年十二月二十三日接到,而请补该员则在十一月间,并非于奉文后故违定制,未便稍事拘泥。据藩、臬两司详请复奏前来。合无仰恳天恩俯念人地实在相需,仍照前奏以军功班尽先补用知县刘守曾补授蒙阴县知县,实于地方大有裨益。如蒙允准,仍俟接到部复,照例给咨送部引见。理合恭折具奏,伏乞皇太后、皇上圣鉴训示。谨奏。

同治三年十一月廿七日奉到回折:"议政王军机大臣奉旨:'刘守曾著准其补授。该部知道。余依议。钦此。'"

委署运司兼署臬司印务片

同治三年十一月十五日

再,新任臬司恩锡遵旨先行陛见,所有该司印务亟应遴员接替,以便交卸起程,迅速北上。查有现署盐运司卫荣光,昭谨精详,堪以兼署。

除檄饬遵照外，理合陈明，伏乞圣鉴。谨奏。

同治三年十一月廿七日奉到回折："议政王军机大臣奉旨：'知道了。钦此。'"

咸丰六年漕项钱粮奏销截数比较折
同治三年十一月二十九日

奏为咸丰六年分征收漕项钱粮奏销截数循例比较，恭折奏祈圣鉴事：

窃照漕项钱粮，例应隔年奏销截数时，将征收银两比较上三年完欠分数，开单奏报，历经遵办在案。兹据督粮道沈维墩详称：咸丰六年漕项钱粮，除各属因灾蠲缓，实应征解银三万七千四百八十六两一分四厘，照章作为十分核计，自咸丰六年二月间开征起，至造报奏销截数止，已完八分八厘一毫银三万三千三十五两三钱三分，未完一分一厘九毫银四千四百五十两六钱八分四厘，比较咸丰三年多完五厘二毫，比较咸丰四年多完八毫，比较咸丰五年多完五厘一毫等情，详请具奏前来。臣复核无异。

除咨部查照并饬将未完银两赶造催解外，理合开具比较清单，恭呈御览。为此循例恭折具奏，伏祈皇太后、皇上圣鉴。谨奏。

同治三年十二月十二日奉到回折："议政王军机大臣奉旨：'户部知道。单并发。钦此。'"

谨将山东省咸丰六年分征收漕项新赋，比较上三年已未完分数，缮具清单，恭呈御览。

计开：

咸丰六年分额征漕项新赋，正银五万一千七百七两八钱二分六厘，内除因灾共应蠲缓银一万四千二百二十一两八钱一分二厘，钦奉上谕分别蠲缓，实应征解银三万七千四百八十六两一分四厘。遵照奏案，于奏销截数止，已完八分八厘一毫银三万三千三十五两三钱二分，内有应造入同治四年春季拨册银四钱四分四厘，理合注明；未完一分一厘九毫银四千四百五十两六钱八分四厘。比较咸丰三年应征银四万四千二百一十六两四钱七分一厘，已完八分二厘九毫银三万六千六百七十一两二钱五厘，未完一分七厘一毫银七千五百四十五两二钱六分六厘，计多完五厘二毫银一千九百四十九两二钱七分三厘。比较咸丰四年应征银四万一千三百二十九两五钱八分五厘，已完八分七厘三毫银三万六千九十一两一钱一厘，未完一分二厘七毫银五千二百三十八两四钱八分四厘，计多完八毫银二百九十九两八钱八分八厘。比较咸丰五年应征银三万七千七百六十四两九钱九分四厘，已完八分三厘银三万一千三百五十四两三钱五分二厘，未完一分七厘银六千四百一十两六钱四分二厘，计多完五厘一毫银一千九百一十一两七钱八分七厘。

临清户关征税短绌情形折

同治三年十一月二十九日

奏为临清户关一年期满，征税短绌实在情形，恭折奏祈圣鉴事：

窃照临清关税银向委临清直隶州知州征收，按年核其完数，由臣奏报。户关每年应征正额银二万九千六百八十四两，又铜斤水脚银七千六百九十二两三钱一分三厘，又盈余银一万一千两，以六千六百两为额内，四千四百两为额外。兹据署济东泰武临道衡龄转据临清州知州张应翔详称：户关征税，前任代理州彭垣自同治二年六月初四日起，至十月初五日交卸止，现任知州张应翔自十月初六日到任起，至同治三年六月初三日止，一年期满，共征收船料、货税、粮食正银二万四千二百二十七两七钱，较之应征定额，计短收正额银五千四百五十六两三钱；又铜斤水脚银七千六百九十二两三钱一分三厘，额内盈余银六千六百两，额外盈余银四千四百两，全数无收。其短绌之由，实缘临关所赖者汶、卫两河，从前南粮行运，商船随漕搭放，流通无滞。自粮艘不行，冬挑停止，河身淤浅，且自黄水穿入盐河，各商皆由张秋绕越东行；闸河以内，黄水分注，淤垫日高，本年河淤更甚，仅剩中流一线，严板蓄水，亦属无济，船只竟至断绝。此闸内汶河几同废弃之实在情形也。

至卫河亦全赖粮载为大宗，各货次之。无如豫省歉收，又遭贼扰，粮食货船均属稀少。兼以上游龙王庙等处，直省设有厘局，商民无利可趋，并虑赔累，相率裹足不前。此又卫河难以畅收之实在情形也。

上年夏秋之间，沿河一带逆匪滋扰，官兵节节设防，两岸挑濠筑墙，砖板二闸，一律严闭，临关竟同虚设。曾经前抚臣谭廷襄奏明，俟撤防后再行接征。奉旨："该部知道。钦此。"迨至冬初，稍可征收，未几又值冰冻封河。

本年正月间开河以来，虽经竭力整饬，设法招徕，而税源殊觉枯涩，统计收数甚短，为近年所未有。并恳免其著赔议处等情，详请援案具奏前来。臣复加访察，均系实在情形。

恭查咸丰三年钦奉上谕："各关仍遵额定税数照常征收，如短缺实出有因，著俟一年期满奏报到时，由户部酌量情形，分别奏明，请旨核办等因。钦此。"钦遵在案。今户关实缘上年贼势鸱张，河道梗塞，本年商船寥落，税乏来源，计一年之内，将及五月无收，两河之路只有一河通顺，短绌较多，实属有因，并非经征不力。应否免其著赔议处，相应据实声明，听候敕部议复。为此恭折具奏，伏祈皇太后、皇上圣鉴训示。谨奏。

同治三年十二月十二日奉到回折："议政王军机大臣奉旨：'户部议奏。钦此。'"

委员管解盛京饷银暨各处协饷片

同治三年十一月二十九日

再，查近年奉拨各饷，纷至沓来，藩、运两库，每虞入不敷出，而待用孔殷，不能不移缓就急，即经随时饬司筹解。兹据藩司先后详报，在于同治三年地丁项下筹银三万两，饬委分缺先用典史花天铭解赴盛京户部交纳。又，接准安徽抚臣乔松年咨，以陈国瑞所部队伍已交总兵郭宝昌管带，所有前项协饷应即收解安徽，并委候补知府谢培成来东守提。当于正杂款内支银五千两，交付来员，带解寿州大营交纳。又，续筹协陕饷银一万两，委候补府经历韩五云解赴陕西藩库兑收。又在百货厘金项下两次拨银六千两，分委候补从九品乔凤诏、候补县丞何乃馨解赴副都统定安军营，作为十月、十一月份月饷。又据运司详报欠解咸丰十年京饷案内，兹又续拨银一万五千两；新拨山东地丁、盐课银八万两案内先筹银一万两，均在征收引课等款项下动支，饬委候补盐经历徐荄分批解赴盛京户部交收转解各等情。臣复核无异。

除分咨查照外，理合附片陈明，伏乞圣鉴。谨奏。

同治三年十二月十二日奉到回折："议政王军机大臣奉旨：'知道了。钦此。'"

补行军政举劾较少缘由片

同治三年十一月二十九日

再，查山东每届军政，历系荐举三四员，参劾亦如之。今岁补行同治元年军政，臣于通省水陆营汛员弁自副将以至千总，秉公考察，计应荐举者二员，应参劾者亦止二员。盖因军兴以来，各营将弁，或出师外省，或军营升补，多未回营任事，合例人员不敷定额，且其才技优长者业经汇案奏保，老弱不职者亦皆随时参革，以致举劾皆不能如数。

除恭疏具题外，所有军政举劾较少缘由，理合附片具奏，伏乞圣鉴。谨奏。

同治三年十二月十二日奉到回折："议政王军机大臣奉旨：'兵部知道。钦此。'"

甄别军功保举候补州县各员折

同治三年十一月二十九日

奏为甄别军功保举候补州县人员，以清吏治，恭折仰祈圣鉴事：

窃准吏部咨："奏定章程，凡劳绩保举归入候补班人员，令督抚认真考核，或改补、降补。"等因。兹查有保举候补知州章棣，人尚安详，文理未能深畅。该员系由候补布政司经历保升，请仍以原官布政司经历留东归候补班尽先改补。保举同知衔候补知县卢汶清，人本平庸；保举同知衔候补知县邹荫广，才未老练；保举候补知县龚逢诏，才浮识浅。以上三员，年力尚皆富强，均请以府经历、县丞留东归候补班降补。谨据实甄核，恭候谕旨遵行。其余各员即照试用人员之例，随时咨部办理。为此恭折具奏，伏乞皇太后、皇上圣鉴训示。谨奏。

同治三年十二月十二日奉到回折："议政王军机大臣奉旨：'另有旨。钦此。'"

护送琉球国贡使出境片

同治三年十一月二十九日

再，本年琉球国使臣赍贡晋京，前准闽省咨会，经臣遴委沿途文武官弁，先期驰赴交界处所，会同地方官迎探护送。据报于十一月初四日，经闽省委员伴送入境，又经臣严饬妥为照料，按站迎护去后。兹据续禀，已于十一月二十二日护出东境，由直隶委员接护北上等情前来。

除仍饬随时迎探，俟该使臣等回南一体接护外，理合附片陈明，伏乞圣鉴。谨奏。

同治三年十二月十二日奉到回折："议政王军机大臣奉旨：'知道了。钦此。'"

同治三年十月雨雪粮价折
同治三年十一月二十九日

奏为恭报十月份雨泽情形并呈粮价清单，仰祈圣鉴事：

窃照九月份雨水、粮价，经臣奏报在案。兹查十月份，据济南府属之章邱、邹平、淄川、长山、新城、长清、德州，泰安府属之泰安、新泰、莱芜、肥城、东阿、东平、平阴，武定府属之乐陵，兖州府属之滋阳、曲阜、宁阳、邹县、汶上、阳谷、寿张，沂州府属之莒州、蒙阴、沂水，曹州府属之城武、定陶、巨野，东昌府属之莘县、高唐，登州府属之蓬莱、黄县、福山、栖霞、招远、宁海，莱州府属之昌邑、潍县、胶州，青州府属之益都、临朐、博山、临淄、乐安、寿光、昌乐、诸城，临清直隶州属之武城，济宁直隶州并所属之嘉祥、鱼台等五十一州县，先后具报于月之初一、初十暨十三四五，二十六等日，各得雨一、二、三寸及深透不等，武定、登州、莱州府属并有禀报得雪之处，土脉颇形滋润，洵堪仰慰宸怀。

至各州县市集粮价，互有增减，大致与上月相同。谨缮清单，祗呈御览。为此恭折具奏，伏祈皇太后、皇上圣鉴。谨奏。

同治三年十二月十二日奉到回折："议政王军机大臣奉旨：'知道了。钦此。'"

十月份粮价清单

谨将同治三年十月份山东各属米、谷、麦、豆价值，敬缮清单，恭呈御览。

计开：

济南府属：稻米每仓石价银三两四钱至四两三钱，较上月贱七分。粟米每仓石价银一两二分至二两七钱三分，较上月贵二钱三分。粟谷每仓石价银六钱九分至一两六钱四分，较上月贵一钱八分。高粱每仓石价银九钱至一两七钱六分，较上月贵四分。小麦每仓石价银一两五钱至二两六钱四分，较上月贵一钱四分。黄豆每仓石价银一两二钱八分至二两二钱五分，较上月贵一钱五分。黑豆每仓石价银一两二钱八分至二两一分，较上月贱九分。

泰安府属：稻米每仓石价银三两一钱八分至四两八钱八分，较上月贱二分。粟米每仓石价银一两四钱至二两三钱，与上月同。粟谷每仓石价银八钱七分至一两一钱，与上月同。高粱每仓石价银九钱七分至一两三钱，与上月同。小麦每仓石价银一两五钱一分至一两九钱，较上月贵一钱。黄豆每仓石价银一两七分至一两五钱五分，较上月贱二分。黑豆每仓石价银一两一分至一两五钱五分，与上月同。

武定府属：稻米每仓石价银二两四钱八分至五两三钱二分，与上月同。粟米每仓石价银一两一钱六分至二两二钱，与上月同。粟谷每仓石价银七钱七分至一两三钱，与上月同。高粱每仓石价银八钱至一两四钱五分，与上月同。小麦每仓石价银一两五钱至三两五分，与上月同。黄豆每仓石价银一两一钱八分至一两七钱，与上月同。黑豆每仓石价银一两一钱至一两六钱五分，与上月同。

兖州府属：稻米每仓石价银二两四钱四分至四两六钱，较上月贱一钱。粟米每仓石价银九钱四分至二两二钱，与上月同。粟谷每仓石价银七钱五分至一两八钱五分，与上月同。[1] 高粱每仓石价银九钱八分至一两八钱，与上月同。小麦每仓石价银一两三钱至二两二钱，与上月同。黄豆每仓石价银一两六分至一两六钱，较上月贱六分。黑豆每仓石价银九钱八分至二两，与上月同。

曹州府属：稻米每仓石价银三两三钱至五两，与上月同。粟米每仓石价银一两二钱至二两五钱三分，与上月同。粟谷每仓石价银七钱八分至一两八钱三分，与上月同。高粱每仓石价银八钱至一两八钱六分，与上月同。小麦每仓石价银一两五钱六分至二两一钱四分，与上月同。黄豆每仓石价银八钱五分至二两三钱四分，与上月同。黑豆每仓石价银七钱四分至一两九钱五分，与上月同。

---

[1] 据九月份粮价清单，粟谷价应为银七钱八分。

沂州府属：稻米每仓石价银二两一钱至三两七钱二分，与上月同。粟米每仓石价银一两三钱五分至二两一钱，与上月同。粟谷每仓石价银七钱至一两二钱八分，与上月同。高粱每仓石价银九钱二分至一两四钱，与上月同。小麦每仓石价银一两一钱五分至二两四分，与上月同。黄豆每仓石价银八钱至一两五钱五分，与上月同。黑豆每仓石价银八钱至一两六钱一分，与上月同。

东昌府属：稻米每仓石价银三两三钱至四两七钱，与上月同。粟米每仓石价银七钱二分至二两四钱，较上月贵二钱。粟谷每仓石价银五钱二分至一两三钱二分，较上月贵一钱。高粱每仓石价银七钱二分至一两七钱三分，较上月贵一钱八分。小麦每仓石价银一两五钱至二两三钱，较上月贱二分。黄豆每仓石价银九钱一分至二两五分，较上月贵一钱五分。黑豆每仓石价银九钱至一两九钱五分，与上月同。

青州府属：稻米每仓石价银二两二钱四分至四两三钱，与上月同。粟米每仓石价银一两四钱六分至二两一钱二分，与上月同。粟谷每仓石价银八钱三分至一两四钱，与上月同。高粱每仓石价银八钱五分至一两四钱二分，与上月同。小麦每仓石价银一两二钱至二两三钱，与上月同。黄豆每仓石价银九钱九分至一两七钱，与上月同。黑豆每仓石价银九钱九分至一两七钱二分，与上月同。

莱州府属：稻米每仓石价银二两四钱至三两一钱，与上月同。粟米每仓石价银一两至一两九钱八分，与上月同。粟谷每仓石价银五钱至一两一钱三分，较上月贵二分。高粱每仓石价银六钱五分至一两二钱九分，与上月同。小麦每仓石价银一两三钱五分至一两八钱三分，较上月贱二分，黄豆每仓石价银一两一钱至一两五钱八分，与上月同。黑豆每仓石价银一两五分至一两五钱二分，与上月同。

登州府属：稻米每仓石价银二两三钱至三两二钱二分，较上月贵一钱二分。粟米每仓石价银一两三钱一分至二两一钱一分，较上月贵六分。粟谷每仓石价银九钱二分至一两四钱，较上月贵一钱五分。高粱每仓石价银九钱一分至一两四钱六分，较上月贵一分。小麦每仓石价银一两二钱六分至二两一钱，较上月贵三分。黄豆每仓石价银九钱九分至一两八钱，较上月贱五分。黑豆每仓石价银九钱六分至一两八钱，较上月贱五分。

临清直隶州并属：稻米每仓石价银三两四钱五分至四两，与上月同。粟米每仓石价银一两四钱至二两二钱三分，与上月同。粟谷每仓石价银一两一钱四分至一两三钱七分，与上月同。高粱每仓石价银一两三钱至一两八钱，与上月同。小麦每仓石价银一两九钱六分至二两五钱五分，与上月同。黄豆每仓石价银一两五钱五分至一两八钱二分，与上月同。黑豆每仓石价银一两五钱五分至二两一钱，与上月同。

济宁直隶州并属：稻米每仓石价银三两八钱三分至六两四钱，与上月同。粟米每仓石价银二两至三两六钱，与上月同。粟谷每仓石价银一两二钱一分至二两二钱四分，与上月同。高粱每仓石价银一两五分至二两六钱五分，与上月同。小麦每仓石价银一两八钱至二两二钱五分，与上月同。黄豆每仓石价银一两一钱六分至二两七钱二分，与上月同。黑豆每仓石价银一两五分至二两九钱二分，与上月同。

审明武弁殴毙平民按律定拟折

同治三年十一月二十九日

奏为带勇武弁殴毙平民，审明按律定拟，恭折具奏，仰祈圣鉴事：

窃查接管卷内，据恩县知县陈恩寿禀报，带勇千总李恩洪主使练勇殴打民人刘人和身死一案，前抚臣谭廷襄即将李恩洪咨革，批司提省发审，究出杨克勇等均系余犯，经臣勒令管带官候补守备李鹏霄先后拿获归案质讯。据报杨克勇于同治三年二月初三日带病进监病故，验无别故，刑禁人等亦无凌虐情弊，详批核入正案拟办。并据查明余犯华振海逃回后在家病故。兹据济南府知府萧培元审拟解司，因恐案情未确，驳饬审明，仍照原拟，由臬司恩锡解勘前来。臣亲提研鞫。

缘李恩洪籍隶历城县，系抚标右营马兵，因随剿出力，由经制外委历保尽先千总，与恩县民人刘人和素不相识。同治元年闰八月间，派令随同候补守备李鹏霄管带练勇，赴恩县一带缉拿马贼，驻扎该县南关。是月十一日，李恩洪赴街游玩，路过刘人和门首，适值刘人和弟妻石氏探视回家，李恩洪瞥见，疑系娼妓，即入其院内闲逛。刘人和喝问，李恩洪不服混骂。刘人和将李恩洪推跌倒地，用绳捆缚。李恩洪喊救，适现获练勇王德、温盛魁，在逃练勇穆荣庆、刘大汶、曾继宽，在街听闻，赶至解放。李恩洪被殴不甘，喝令穆荣庆、刘大汶、曾继宽将刘人和带回营内处治。行至街上，刘人和大声辱骂，维时已获病故练勇杨克勇，现获练勇张万春、国本安、刘振海、杨俊、杜长胜、何三、赵振魁与逃回病故练勇华振海，并在逃之不记姓名练勇等走至观看。李恩洪生气，喝令一同殴打。杨克勇、华振海与不记姓名练勇等，上前将刘人和推倒。杨克勇用枪头殴伤刘人和左右肋、左右臂膊连左右肩胛，华振海用小刀扎伤刘人和偏右，不记姓名练勇等殴伤其右臂、左额角连左太阳穴，并连殴伤其左胳膊、左右腿、左右臂膊，迭殴伤其左臂，王德等均在场助势。县役周兴岐闻闹趋劝，被华振海用刀砍伤右膝。李恩洪恐致殴毙，喝令歇手走散。刘人和之弟刘人贵闻知往看，讵刘人和移时因伤殒命。报县诣验，提到张万春等四名，讯供狡展。禀经前抚臣谭廷襄将李恩洪咨革，批司提省发审，究出杨克勇等均系余犯，必须提同质讯。臣因管带官李鹏霄未能交出，摘去顶戴，勒令协同历城县先后拿获，提集审究，据供前情不讳，诘非预谋纠殴、有心欲杀，亦无起衅别故，及另有在场帮殴之人，应即拟结。

查律载："威力主使人殴打致死，绞监候，下手之人减一等。"又例载："主使数人殴一人致死者，以下手伤重之人为从，其余皆为余人。"又律载："共殴人致死，余人杖一百。"各等语。此案已革千总李恩洪，奉派带勇拿贼，赴街游玩，因疑良为娼，擅入刘人和院内闲逛，被殴不甘，该犯辄将其带至街上，喝令练勇杨克勇等将刘人和殴打致死，应以该犯拟抵，自应按律问拟。李恩洪合依"威力主使人殴打致死，绞监候"律，拟绞监候。该犯以带勇武弁逞其私忿，喝众殴毙平民，情节较重，应请旨即行正法。杨克勇听从下手，用枪头殴伤刘人和左后肋等处，并非重伤，按余人罪，止满杖；惟铁枪系例禁凶器，自应按例从重问拟。杨克勇合依"执持凶器，发近边充军"例，拟发近边充军，业已在监病故，应毋庸议。王德、温盛魁、张万春、国本安、刘振海、杨俊、杜长胜、何三、赵振魁均在场助势，合依"余人杖一百"律，各拟杖一百；系防勇滋事，再加枷号两个月，解赴犯事处所，枷满送籍折责发落，交保严加管束。杨克勇身死之处，业据验讯明确，委系病毙，并无别故，刑禁人等亦无凌虐情弊，应与逃回病故之华振海，均毋庸议。县役周兴岐伤已平复，亦毋庸议。在逃各练勇饬缉，获日另结。

再，蓝翎升用都司、候补守备云骑尉世职李鹏霄，派令带勇拿贼，漫无约束，致弁勇殴毙人命，滋事之勇又未能悉数交出，实属管带不力，应请敕部严加议处。

除供招咨部外，理合恭折具奏，伏祈皇太后、皇上圣鉴训示。谨奏。

同治三年十二月十二日奉到回折："议政王军机大臣奉旨：'另有旨。钦此。'"

降捻董道平复行滋事就地正法片

同治三年十一月二十九日

再，降匪捻首董道平，于咸丰十一年间在濮、范一带，聚众焚掠，抗拒官兵；嗣经投诚，责令带队自效，又暗与宋景诗勾结，跋扈难制。臣到任时，该犯各处潜踪，未及惩办，曾经饬属密查。昨因济宁州散勇谢占魁聚众滋事，经该州知州程绳武禀称，由该犯出首破案。当查该犯系漏网渠魁，虽自出首，难必其诚心反正；又因彼时济宁民心惊惶未定，该犯素有徒众，遽事惩办，或恐远飏他处，勾众生变，因饬该州先行奖谕，以安其心，再筹办理。正在相机密办间，适有同案谋逆之逸犯刘得容潜逃东昌，经东昌府知府曹丙辉饬属擒获，讯称此次同谋系谢占魁、刘高、董道平为首等情。该董道平适赴东昌，经该府商同都统定安，密派马队就近擒获。讯供历次为匪，恶迹累累，而东昌士民受其扰害最深，闻知就擒，纷纷呈诉，禀请就地正法前来。

臣查该董道平，曾为匪首，投诚后已保守备职衔，仍复怙恶不悛，穷凶极恶，究难因此次出首，稍从宽纵。况该犯狼子野心，反复无常，既擒复纵，更恐生心他变，蹈从前降匪故辙，自应早事诛锄，免贻后患。当饬该知府曹丙辉，将该犯董道平就地正法，以快人心。其刘得容一犯，系与谢占魁同谋逆首，亦并饬立时枭示，以昭炯戒。理合附片具陈。

同治三年十二月十二日奉到回折："议政王军机大臣奉旨：'所办甚是。钦此。'"

登州官绅士民捐修城工请予奖叙折

同治三年十一月二十九日

奏为官绅士民捐修郡城工竣，恳恩给予奖励，恭折仰祈圣鉴事：

窃照前准部咨："咸丰九年八月十二日奉上谕：'袁甲三奏地方城池亟宜讲求修守，著各省督抚劝谕绅民修筑，所有军务省分捐资者，照捐输议叙；出力者照军功请奖。钦此。'"钦遵在案。

查得登州府城垣，年久失修，残缺不堪，随时设法粘补，一经风雨刷淋，辄多坍卸。咸丰十一年间，南捻窜扰省东各郡，贼势鸱张，急筹保卫，即经该前府戴肇辰同前署蓬莱县知县张国华首先倡捐，劝谕官民量力捐助，并委同城教佐会督绅董，按段兴修。于咸丰十一年四月二十七日开工，在同治元年二月二十八日工竣，共用工料银一万五千五百三十二两六钱九分，禀请委员验收。旋据现任登州府知府豫山会同委员周履查勘，所有四城应修之城垛、马路、城墙、城崖、炮台及东西城门楼等工，一律巩固，委系工坚料实，造具清册，呈由藩司丁宝桢核明详请奏奖，并声明捐资较少者，由该府自行酌奖等情前来。

臣查登州府环山滨海，城池为阖属保障，亟应及时修理。该官绅等于军务倥偬之际，情殷报效，集腋成裘，弹压督催，不辞劳瘁，未及一载，居然全工告竣，屹立崇墉，足资捍卫，洵属好义急公。所有捐资出力官绅、士民，自应照例奖励。谨缮清单，祗呈御览。合无仰恳天恩敕部核复，以昭激劝。

再，前任登州镇总兵曾逢年，捐银八十两，业经告养回籍；前任登州府知府戴肇辰，捐银四百两，现补广东廉州府知府；前署蓬莱县知县张国华，捐银四百两，业已因案参革，均属倡率有方，可否邀恩奖叙，出自鸿慈。

除将捐输数目及年貌、履历、籍贯、用过工料银数各清册咨部外，为此恭折具奏，伏祈皇太后、皇上圣鉴训示。谨奏。

同治三年十二月十二日奉到回折："议政王军机大臣奉旨：'另有旨。钦此。'"

请旌恤遇贼被害海阳绅民片

同治三年十一月二十九日

再，臣准都察院咨：山东海阳县贡生车厚田，民人赵德桂、姜丕钧各以亲属被害等词赴该衙门呈报，于同治三年五月二十八日汇案奏奉上谕：著臣"按单迅速查明，奏请旌恤等因。钦此。"查单开被害之附生姜宦均业经前抚臣谭廷襄汇奏请恤，其余男妇未据查报。当经行局饬查去后。

兹据署海阳县知县吴毓蕙查明，车厚田之兄吏部员外郎车宝南，因请假回籍措资，派充团长，捐资练勇。咸丰十一年三月间，南捻东窜，车宝南带团扼要防堵，匪不敢犯。至四月二十五日，积劳身故。是年九月，南捻窜入县境，执土人引至墓所，掘坟毁尸。维时赵德桂之亲属赵士珩、赵士贝、赵士成骂贼被害；赵德述、赵清义、赵清斌、赵祁氏、赵孙氏、赵包氏、赵李氏、赵姜氏、赵祁氏[1]、赵凤姑、祁孙氏均各自尽；姜丕钧之亲属姜琛、姜刘氏、王姜氏、姜普姑、姜占姑、姜杨氏、姜张氏、姜孙氏、姜荣姑、谭邢氏、李克述、李姜氏亦皆自尽；姜曰桐、谭汝商、谭桂均杀贼被害。造送清册，由军需总局司道核明，详请具奏前来。

臣查该员外郎车宝南带团御贼，随即积劳身故，被贼掘坟毁尸；该民人赵士珩等与妇女赵祁氏等或杀贼捐躯，或临难死节，均属可嘉可悯。应请敕部分别照例旌恤，以示表扬。

除册咨部外，为此具奏，伏乞圣鉴。谨奏。

同治三年十二月十二日奉到回折："议政王军机大臣奉旨：'车宝南等均著交部照例分别旌恤。钦此。'"

外委高逢志等阵亡请恤片

同治三年十一月二十九日

再，查登州镇标水师前营经制外委高逢志，于咸丰十一年八月十二日因南捻窜至胶州，带兵防堵，遇贼接仗，右肩甲、左肋各受矛伤，至十月初五日因伤身故。又曹州镇标中营五品衔尽先把总张效思，于同治元年八月初四日在泗水县商山口地方剿匪阵亡。又曹州镇标中营五品蓝翎候补经制外委郭云步，于同治二年二月初九日带队剿匪，在莘县小阳庄地方力竭阵亡。据各该州县与统带官先后禀报，饬据军需总局司道核明，详请具奏前来。

臣查该外委高逢志等剿匪阵亡，殊堪悯恻，相应请旨，饬部将阵亡之登州镇标水师前营经制外委高逢志、曹州镇标中营五品衔尽先把总张效思、五品蓝翎候补经制外委郭云步，照例议恤，以慰忠魂。

除咨部外，为此陈明，伏乞圣鉴。谨奏。

同治三年十二月十二日奉到回折："议政王军机大臣奉旨：'高逢志等均著交部照例议恤。钦此。'"

---

[1] "赵祁氏"应为衍字。

同治三年秋季委署各员班次衔名片

同治三年十一月二十九日

再，前准部咨："嗣后各省州县缺出，先委正途一人，次委劳绩一人，再将各项委用、试用人员轮委一人，于应署班内统按出缺先后，察看人地相宜之员，酌量委署，毋庸计其科分名次并试用年限，每届三个月汇报一次。"等因。经臣将同治三年夏季所出各缺奏报在案。兹复据藩司丁宝桢将秋季分所出州县各缺并委署各员班次、衔名呈详前来。

除册咨部外，理合陈明，伏乞圣鉴。谨奏。

同治三年十二月十二日奉到回折："奉旨：'知道了。钦此。'"

青州知府高镇丁忧遗缺委候补知府成善署理片

同治三年十一月二十九日

再，查青州府知府高镇禀报，伊父迎养在署，于本年十一月十四日病故。该员系属亲子，例应丁忧。现经臣恭疏具题开缺，并请旨简放，所有该府印务应即委员接署。查有候补知府成善，稳实明白，堪以署理。据藩、臬两司会详前来。

除檄饬遵照外，理合奏闻，伏乞圣鉴。谨奏。

同治三年十二月十二日奉到回折："议政王军机大臣奉旨：'另有旨。钦此。'"

审明博山县廪生京控按律定拟折

同治三年十一月二十九日

奏为审明京控，按律定拟，恭折奏祈圣鉴事：

窃照博山县廪生陈星照以张振标等挟嫌勾杀等词遣抱，控经都察院，于同治三年五月二十日奏奉谕旨："此案著交阎敬铭督同臬司，亲提人证、卷宗，秉公严讯确情，按律定拟具奏。抱告民人陈建男，该部照例解往备质。钦此。"当经行司饬提人卷严讯。兹据臬司恩锡审明拟议，解勘前来。臣亲提研鞫。

缘陈星照系博山县廪生，与监生张振标并其弟张辰标等，同住太和庄，素好无嫌。陈星照胞伯陈知本充当该庄团长。同治元年夏间，陈知本与庄众公议禀县捐助筑围防守。张振标不肯捐钱，反因土围行走不便，私折［拆］开门，经陈知本查知，邀同地保人等堵筑，斥说张振标之非，彼此口角劝散。闰八月初五日，淄川逆匪刘得培匪党攻破土围，陈知本与其子陈星灿并地保孟继心，被匪杀害。张振标挈眷先逃。张辰标赴府城避难，经益都县役盘问放行。嗣经官兵收复该庄，陈星照回家查看，房屋、粮物均被焚掠，惟张振标房屋完善。其时团总翟在田在途拾获刘得培伙党司冠平给与德普之信，不知何人所遗，亦不知德普为何人。陈星照因见信内有"张姓请去安局"字样，疑系张振标勾贼攻围，将陈知本等挟嫌杀害，并传闻张辰标为贼探信，被益都县拿获管押，即以张振标等挟嫌勾杀等情，控府批县传讯。李甫田等因张振标等并未为匪，公同赴县呈保。陈星照疑系张振标等贿串书役李焕章等冒名捏保，由司控院，批县讯究。差传人证未齐，尚未集讯。陈星照情急，随以前词，并图准添砌张振标备贼酒饭，并串役捺案各情，遣陈建男作抱，控经都察院奏奉谕旨，饬提严讯，陈知本等委系被匪杀害，并非张振标等挟嫌勾杀，众供确凿。陈星照亦自认怀疑具控，应即拟结。

查律载："不应为而为者，笞四十；事理重者，杖八十。"等语。此案廪生陈星照京控张振标等挟嫌勾杀各情，虽系事出有因，并非平空妄告，惟案已控院批讯，并不静候审断，辄即砌词京控，究属不合，自应按律问拟。陈星照合依"不应为而为，事理重者，杖八十"律，拟杖八十；监生张振标虽讯无挟嫌勾杀情事，惟将公筑土围私拆开门，亦有不合，应照"不应为而为者，笞四十"律，拟笞四十。均照例纳赎。张辰标并未为贼探信，应与并无受贿捏保捺案不传之刑书李焕章、县役李清贵，均毋庸议。陈知本等被害一案，饬县照例详办。

除供册咨部外，理合恭折具奏，伏乞皇太后、皇上圣鉴训示。谨奏。

同治三年十二月十二日奉到回折："议政王军机大臣奉旨：'刑部议奏。钦此。'"

审明军营防勇殴毙人命按例定拟折

同治三年十一月二十九日

奏为审明军营防勇殴毙人命，按例定拟，并请旨将管带不严之把总革职示惩，恭折具奏，仰祈圣鉴事：

　　窃据署阳谷县知县李德基详报，聊城县防勇张合与在逃之刘西堂等越境借粮，共殴致伤民人杨兆沨身死一案，臣因情罪较重，批司提省审办，并将管带之把总汝振标摘去顶戴，勒令协同历城等县拿获逸犯刘西堂、刘西朴解省，饬发济南府知府萧培元提同张合审明拟议，由臬司恩锡解勘前来。臣亲提研鞫。

　　缘刘西堂籍隶长清县，与阳谷县人杨兆沨素不认识，亦无嫌隙。同治二年八月间，刘西堂与现获之张合、刘西朴，在逃之袁汰、郑姓、袁四、孔照先、周八仔即田二、张老二、高得胜均充乡勇，在聊城县周家店地方驻扎防堵。与杨兆沨所住村庄只隔十里，系五品蓝翎尽先把总汝振标管带。是月二十四日，刘西堂与张合等谈及口粮不敷食用，因知杨兆沨堂弟杨兆祥家积有麦子，起意往借。张合等允从，一共十人，行抵杨兆祥门首，声言防所缺食，向借麦子。杨兆祥之母杨葛氏等不允，袁汰即以贼匪逼近，如不借给，将来必为贼得之言吓唬。杨葛氏生气，上前斥骂，被郑姓推跌倒地。杨兆祥之弟杨兆吉拦护，被郑姓用刀扎伤右后肋。杨兆沨闻闹趋至喊捕，袁汰用刀背殴伤杨兆沨右肩甲，张合用枪扎伤杨兆沨右手腕。杨兆沨揪住刘西堂滚跌倒地，擦伤左腿、右膝、右臁肕、右胳肘，垫伤左臀。刘西堂情急，拾石殴伤其肾囊连右腿。刘西朴等在场目击。经邻佑王振江等趋至劝散，问明情由。刘西堂等起身即与张合等逃逸。讵杨兆沨延至次日，因伤殒命。报县验讯，先获张合，讯供详报。经臣批饬提省，并将该把总汝振标摘顶勒缉。续获刘西堂、刘西朴解省，审悉前情，诘非预谋纠殴有心欲杀，亦无起衅别故，及另有在场帮殴之人，应即拟结。

　　查例载："出征处所兵丁干犯号令，违法乱行者，将为首之人正法；为从者，俱枷号三个月，杖一百。"又，"共殴之人执持枪刀等项凶器伤人者，发近边充军。"各等语。此案刘西堂以军营防勇，擅离防所，向杨兆沨堂弟杨兆祥家借粮口角，辄与同营勇丁张合等共殴致伤杨兆沨，越一日身死，殊属玩法。原验杨兆沨先被张合用枪扎伤右手腕，袁汰用刀背殴伤右肩甲，均尚轻浅，不致戕生，惟后被该犯用石殴伤肾囊连右腿，损内为重，其为因此致毙无疑，应以该犯拟抵。查防勇无异兵丁，杀人甚于乱行，自应按例问拟。刘西堂应照"出征处所兵丁干犯号令，违法乱行者，将为首之人正法"例，拟斩立决，照例刺字。张合用枪将杨兆沨扎伤，未便与平民一律科断，自应按例加等问拟。张合应于"共殴之人执持枪刀等项凶器伤人者，发近边充军"例上加一等，拟发边远充军，到配杖一百，折责安置。刘西朴在场目击，应照"为从枷号三个月，杖一百"例，拟枷号三个月，杖一百，枷满折责发落。五品蓝翎尽先把总汝振标所带防勇离营借粮，殴毙人命，实属管带不严，应请旨即行革职。王振江等讯系劝阻不及，杨兆吉伤已平复，均毋庸议。逸犯袁汰等饬缉，获日另结。

除供招咨部外，为此恭折具奏，伏乞皇太后、皇上圣鉴训示。谨奏。

同治三年十二月十二日奉到回折："议政王军机大臣奉旨：'汝振标著即行革职。余著刑部速议具奏。钦此。'"

审明知府自尽实情折
同治三年十一月二十九日

奏为审明知府自尽实情，恭折奏祈圣鉴事：

窃臣前因东昌支应局委员候补知府蒋斯崞服毒自尽，先将查办情形附片具奏，于同治二年八月二十日奉上谕："阎敬铭奏知府服毒自尽，现饬查究等语。山东候补知府蒋斯崞，前经谭廷襄派令该员办理东昌各营支应，本月初二日该员在局服毒身死，遗有禀单二件，词意似均以支放勇粮难于报销，而禀单内牵涉谭廷襄饬令如数放给，回省后未据饬令停止，知府秦际隆之禀如何批示，未经移知局中各等语，均多含混未申之处，恐其中另有别情，亟应彻底根究。著阎敬铭提集该局委员、丁书人等，将该员原禀单内各情严切讯究，务令水落石出，不令死者含冤，断不准以虚词粉饰；并查明该故员经手一切钱粮、军械有无亏短，一并据实具奏。钦此。"臣因原委查讯之济东道呼震丁忧卸事，东昌府知府秦际隆因案撤任，饬司派委候补知府胡鸣泰、李宗岱，调齐该局案卷账本，逐款勾稽，查明蒋斯崞经手钱粮、军械并无亏短，已由接办局务之李宗岱接收，一面提集该局委员候补县丞陈汝宪、许之禄，候补典史王宝仁，并其家丁赵福、李福，经书王镜秋、王斌如、韩体仁等讯明确情，由藩司丁宝桢、臬司恩锡解勘前来。臣亲提研鞫。

缘已故候补知府蒋斯崞，先于同治元年十二月间，经前抚臣谭廷襄委办东昌各营支应局。彼时叛匪宋景诗由陕西带领勇队回东，奏准留于直东军营助剿，应发口粮，蒋斯崞禀经谭廷襄批饬由局酌量筹拨，并饬前任东昌府秦际隆查明马步弁勇一千三百四十员名，造册送局，详明咨部。半年之内，因饷银支绌，仅发过银九千余两，未能按月支发。同治二年七月间，蒋斯崞因宋景诗复叛，恐所发口粮难以报销，时向局员候补县丞陈汝宪等愁急。陈汝宪等以奉批支发在先，断不能责令赔补，屡向解劝。无如蒋斯嶟生性迂拘，时形忧虑。八月初一日，蒋斯嶟闻淄川攻克，钦差大臣亲王僧格林沁不日移师东昌，恐局中无银支应，又虑及前发勇粮如果不能报销即应赔补，前后均须获咎，愁思焦急，即以不如一死以尽职守之言，向陈汝宪等并其家丁赵福等告述。陈汝宪等用言劝慰，留心防范。讵蒋斯嶟愁急莫释，于初二日五更时分，潜服洋药膏，毒发呕吐，经赵福等闻声起视，通知陈汝宪等同往问明，救治无效，旋即因毒殒命。查看桌上遗有禀单二件，报经秦际隆验明禀报。诘其禀内单内所叙各情，据陈汝宪等佥称，有先闻蒋斯嶟生前提及者，亦有案卷可查尚可意会者，亦有难以讲解无可供指者。臣又按照禀单，逐节根究。

如原禀所称"自今正十六日宋景诗留在东省之后，一千三百名即蒙大人谕由局中接济口分。后宪驾来东，又谕以四两五钱每月一名马勇，步勇每月一名三两，卑府当即照发"一节。据陈汝宪等供称，宋景诗勇队于同治二年正月留营助剿，其应发口粮，谭巡抚批饬由局酌量筹拨，马勇每名应月给银四两五钱，步勇每名月给银三两，共计一千三百四十员名，先经造册咨部，其所称一千三百名系属错误。

又原禀所称"因饷银支绌，竭力撙节，至三月九日发过七千二百两之后，至六月中又发二千余两，以半年之久，发过饷不过一月有余"一节。据陈汝宪等供称，蒋斯嶟因饷银支绌，不能按时支发，半年内陆续发过九千余两银，核计不过月余口粮。此乃自辩其竭力撙节，并非滥支之故。

又如原禀所称"宪节旋省之时，并未谕宋景诗一队如何安置，亦未说停止口分，且又随同保镇剿匪，又恐直将口分一概不发，致激成事端。是否设法撙节支发，以待肃清"一节。据陈汝宪等供称，蒋斯嶟因宋景诗复叛，恐前发口粮责其滥支曾追，怨谭巡抚回省时不与说明宋景诗一队如何安置，亦不说停止口分。此系事后无可怨而怨。其实谭巡抚业经奏明，准其留营随剿，批饬由局筹发口粮，何用再说如何安置，何能谕令停止口粮？

又如原禀所称"今日诸宪均不以为然，惟宪节回省之时，与各宪如何商议，亦未见大人札谕，且各宪皆知宋景诗尚发饷银，然未见只字提及，所以仍照常办理至今日。忽然有意追求，若不说系大人未吩咐明白，则罪担不起；若推之大人，又思素负厚恩，将何以对大人？左右思维，惟有落憾泉下，以期无负而已"一节。据陈汝宪等供称，蒋斯嶟生前曾言，将来各上宪如果责其滥支滥应，不以该员报销为然，该员必说当时各宪若以此项口粮不应支发，则谭巡抚回省时势必商议，应有札谕令停止。既不饬令停止，该员所以仍照常办理。

倘日后各宪有意追求，该员惟有说谭巡抚未经吩咐明白，否则滥发之罪实担不起。此其豫作剖辩之言，今叙入禀内，必系愁急过甚，精神恍惚，认假为真所致。

又如原禀所称"妻骄子幼，弟兄有已亡故，陕西尚有二灵未归，伏求大人设法照顾，则结草衔环，再图后报，书不尽言"一节。据家丁赵福等供称，伊家长遗有妻子，景况甚窘，其兄弟均已亡故，有尚未归葬者。一时轻生，无策所以，恳求谭巡抚设法照顾。

又如原禀所称"此等人物均经大人咨明户、兵二部，如此时势，更不敢言矣"一节。据陈汝宪等供称，此等人物系指宋景诗勇队，以该勇队人数均经详请咨部有案，今所发口粮不能报销，故以为时势如此，夫复何言。

又如原单所称"自正月十六日留住宋景诗之后，即接东昌府秦守移文云，已禀明抚宪，由东昌支应局支发伊之口分银两。嗣后抚宪即到东昌面谕，伊之马勇每月按四两五钱支发，步勇照每月三两支发，遂经秦守将伊之花名亲送至局，即报明抚宪在案。后来秦守之禀如何批示，总未移知。局中已有抚宪谕，遂至按日支发。后抚宪于三月二十九日回省，并未吩咐宋景诗之口分应即停止，亦未谕欠数是否扣除。当下宋景诗拥众在东，惟恐伊率众前来，指索饷为名，以惊扰百姓，且其口分尚未放到三月二十九日"一节。据陈汝宪等供称，宋景诗勇队口粮系蒋斯崶禀明批准，由局筹拨，并无秦际隆禀文移会到局。此系蒋斯崶神昏颠倒，声叙错误，余皆自明其所发勇粮并非滥支之意。

又如原单所称"始而未见批禀一奇；继而未请示如何报销二奇；三而不打听打听就上禀三奇；发宋景诗之饷，各宪明知，早均不说亦不查，大约怕其反耳四奇。有此四奇，弟欲生也，何以生为。呜呼，数也"一节。据陈汝宪等供称，其所称未见批禀，即前指秦际隆移文之事。至所称未请示如何报销，向来承办支应必俟军务告竣再办报销，从无先行请示如何报销者。至三奇、四奇两层，蒋斯崶生前并未提及，若论局中公事，无所用其打听，不知其意云何。其四奇更属无从悬揣，不能供指。

又如原单所称"数月以来藩宪少发饷银，真逼命也"一节。据陈汝宪等供称，蒋斯崶因是年夏秋间屡赴藩司衙门请发饷银，未能如数支发，而各勇屡次赴局催索，深恐滋生事端，常有局务如此难办，真要逼命之语。其实兵饷短绌到处皆然，不独东昌一处。

又如原单所称"有银二百五十两，以五十两赏弟家人，二百交达斋兄，托其无论如何设法，将家眷代送到京，顶戴十世也"一节。据陈汝宪等供称，蒋斯崶在局并未遗有银两。质之赵福等，佥称伊家长临终时曾说，省寓尚有存银二百五十两，以五十两赏给伊等，其余二百两作家眷回京盘费。

又如原单所称"诸兄前程万里，切不疏忽，至嘱至嘱"一节。据陈汝宪等供称，此系蒋斯崶谆嘱该委员等办理公事不可疏忽，无他意。

又如原单所称"局中惟提过制造银二千四百两，以备帮费之用，别无他款，诸公须有良心，万不可对不住我也"一节。据陈汝宪等供称，蒋斯崶在局办理支应，除支发各项勇粮外，惟因各处添造帐房，及帮贴修理军装、器械，运送脚价等费，先后提用过银二千四百两，均有账本可查，此外并无别款。是恐委员等乘其自尽，昧良挪移，所以谆谆嘱咐，不可致有对不住之处。

又如原单所称"诸位兄台同启：此事其初也，批禀未见，文案亦未说及，其实明知发饷不识明何，故请诸兄各自理清账目，始知当今时势真险也。一切无可说，惟抚心无愧而已。账若不清，将来打不毂饥荒也"一节。据陈汝宪等供称，此与该委员等诉其愁急轻生之故，并自剖认真办公，抚心无愧，故嘱该委员等理清账目，免致日后缪转。研诘至再，委无起衅别故。

臣查候补知府蒋斯崶委办东昌各营支应，因宋景诗复叛，恐前发勇粮难以报销，又以大兵将到，无银支应，一时愁急莫释，服毒自尽，由于短见轻生，应毋庸议。其经手之钱粮、军械，查无亏短，业经接办局务之候补知府李宗岱接收，亦毋庸议。

除供册咨部外，理合恭折具奏，伏乞皇太后、皇上训示。谨奏。

同治三年十二月十二日奉到回折："议政王军机大臣奉旨：'知道了。钦此。'"

请照例旌表在籍殉难巡检彭年之女片

同治三年十二月十一日

再，据清平县知县桂昌转据魏家湾巡检彭年禀称：该员籍隶安徽芜湖县，眷属半居原籍，年来道路梗阻，音信不通。直至本年四月间始接家信，知该员长女配金、次女绣英于芜湖失守时，随同该员兄嫂逃避乡间，辗转迁徙。咸丰八年春间，贼扰行春圩地方，配金与绣英惧遭污辱，即相携投水自尽。此时原籍无人呈报。因恭阅邸钞，直隶广平府同知林世俊亲族在籍殉难，曾经直隶总督奏准旌恤。今该员之女配金等事同一律，请援案奏请旌表等情。由军需总局司道核明具详前来。臣查配金、锈英以乡闺弱质，从容死难，洵属贞烈可嘉，应请旨照例旌表，以彰节义。

除咨部外，理合具奏，伏乞圣鉴。谨奏。

同治三年十二月廿六日奉到回折："议政王军机大臣奉旨：'著照所请，交部照例旌表。钦此。'"

已故知县潘运第历任亏欠查抄备抵折

同治三年十二月十二日

奏为查明已故知县历任亏缺银两，请旨查抄备抵，恭折奏祈圣鉴事：

窃照东省交代十有余年未结，本年勒限严催，始据陆续核报。查已故知县潘运第各任交代，核计在寿光县任内，除抵实亏银二万八千五百五十一两一钱七分四厘，内正款银一万八千一百六十四两二钱九分七厘，杂款银七千八百七十五两一钱五厘，仓款银八两四分九厘，捐款银二千五百三两七钱二分三厘；临朐县任内，除抵实亏银八千四十八两五钱九分一厘，内正款银二千五百九两八钱四分六厘，杂款银三千六百四十九两五钱一分四厘，仓款银一千六百三十九两八钱三分六厘，捐款银二百四十九两三钱九分五厘；海丰县任内，除抵实亏银一千七百二十二两八钱五分八厘。该故员历任亏缺至三万八千三百余两之多，实属大干法纪。据督办交代局委员即补道黄良楷转据该管道府揭报，咨由藩司丁宝桢、臬司恩锡会详请参前来。相应请旨，将该故员潘运第省寓资财、衣物查抄，并查历过任所有无隐寄及原籍财产，一并查封备抵；一面饬提该家属及各任内经手书吏人等严讯，拟议详办。

除咨原籍江西抚臣照例办理外，理合恭折具奏。

至海丰县任内亏数，未据分叙正、杂、仓、捐款各若干，现饬查造年款另行核办。

再，东省积年交代亏空各员，现系汇齐参办。此案该故员潘运第交代亏缺，系于同治元年冬间在局核算，又于本年五月初二日按款复行核结。因前奏潘黄氏呈告前藩司贡璜折内陈明，查出该故员亏空约有三万余两。是以核明确数，专案奏参，及本年交代局复核月日，合并声明。伏乞皇太后、皇上圣鉴训示。谨奏。

同治三年十二月廿六日奉到回折："议政王军机大臣奉旨：'另有旨。钦此。'"

旧案交代亏缺各员请旨革职查抄监追折
同治三年十二月十二日

奏为东省旧案交代一律算清，查出初案亏缺各员，请旨革职，查抄监追，以肃功令而重库款，恭折奏祈圣鉴事：

窃查东省交代，自道光二十七年办理清查以后，节催依限算清结报。乃因军务频仍，各属筹办防剿，遂致日久延搁。虽经前任各抚臣设局监算，前案甫结，后案踵至，仍多积压；更有军需抵欠，缪辖枝梧，竟无完结之时，亏项亦无从查核。国家岁入有常，安可留此漏卮不行杜绝。是以臣于东昌回省后，毅然先办此案，督同藩司，破除情面，严饬局员将同治三年四月以前为旧案，勒限赶算；五月初一日以后为新案，查办二参。数月以来，具报一律算清。惟是历任较多，年分较远，亏短各员人数较众，须分起开报，方免丛杂混淆。

兹据总办交代局委员、候补道黄良楷督率局员逐案勾稽，先自道光二十七年十二月二十七日清查以后起，截至咸丰五年十二月三十日止，共计六十五案。除领抵各款及核明军需应行抵除外，统共短交银八十万五千五百四十三两四钱一分三厘，内短交正、杂、仓款银六十万八百二十五两二钱六分六厘，酌提坐支银五万八千三十五两七钱九分二厘，捐摊款银一十四万六千六百八十二两三钱五分五厘。又正、杂、仓款无亏仅短捐款者，计六案，共欠捐款银一万一千一十一两一钱六分一厘。开造各员银数、衔名清册，咨由藩、臬两司会详请参，并声明咸丰十一年原参删减军需不敷列抵之九十六员一案，及自咸丰六年正月初一日起，至同治三年四月三十日止各交案，另行分起造报等情前来。臣复核欠数相符。除捐摊例不计参外，其酌提坐支一款，本为州县应支银两，提作弥补节年无著之项，现仍遵照从前奏案，与正亏一并核参，计银五万两有奇。实在短交正、杂、仓款，竟至六十万余两之多。各该员在任，或属因公挪移，而日久并不设法补苴，迨至核结交案，或已身故，或转徙他省，或潜回原籍，以致帑项虚悬，实属大干功令。

溯查从前补填亏空，无非提扣各官养廉。自廉银停给扣成以后，不敷办公，实难再行抽拨。若摊之后任，各该地方官本任仓库无亏，已属万幸，势难代补前任积欠。即使责令勉强从事，必致剜肉医疮，暂顾目前，又起新亏之渐。自应于原亏各本员名下严追,而分年追还,仍属有名无实,且虑资财始则隐匿,继则涣散归乌有,亟须从严参办,以重库款而肃官方。理合缮具清单,恭呈御览。请旨将前任益都县知县龚瑽等五十一员,一并革职,查抄备抵,照例定限期,分别银数监追,限满不完,照例从严治罪;其业经病故者,查明有无子孙出仕,著落完缴;并移咨各省督抚臣将各该员原籍家产,一并查抄复东备抵。

现自本年五月初一起,臣已随时勒查各属任卸日期,照例核办二参,不准迟逾,以后守此不移。并严查缓欠,设法稽核,力提上下忙钱粮,以期库储日形充裕。至历年交代迟延,实因军务倥偬所致。凡同治三年四月以前各案,迟逾处分,可否仰恳天恩准予宽免,出自逾格鸿慈。所有二三案亏空各员,现亦查出,当即续行奏参。现在饬司赶办,合并陈明。

除将细数清册咨部外,理合恭折具奏,伏乞皇太后、皇上圣鉴训示。谨奏。

同治三年十二月廿六日奉到回折:"议政王军机大臣奉旨:'另有旨。钦此。'"

谨将核明东省自道光二十七年十二月二十七日清查以后起,截至咸丰五年十二月三十日止,交代初案亏缺各员银数、衔名,缮具清单,恭呈御览。

计开:

已故知县龚瑽,系贵州遵义县人。前在益都县任内,除抵短交银八万七千一百六十二两七钱九分七厘,内短交正杂等款银七万四千一百一十七两二钱七分二厘,短交酌提坐支银七千四十六两八钱六分五厘,短交捐款银五千九百九十八两六钱六分。

已故知县刘锠,系直隶天津县人。前在东陵县任内,除抵短交银五万九千二百六十三两七钱三分一厘,内短交正杂等款银五万二千一百六十二两六钱八分二厘,短交酌提坐支银三千八百两一厘,短交捐款银三千三百一两四八厘。

计参知县潘贡畴,系山西绛州直隶州人。前在安邱县任内,除抵短交银四万七千四百四十两六钱一分八厘,内短交正杂各款银四万一千三十五两三钱二厘,短交酌提坐支银一千七百三十四两一钱,短交捐款银四千六百七十一两二钱一分六厘;前在费县任内,除抵短交银一千八百九十五两二钱四分九厘,内短交正杂等款银九百八十八两一钱九分九厘,短交酌提坐支银二百六十一两三钱七分五厘，短交捐款银六百四十五两六钱七分五厘。

已故知县李肇春，系直隶清苑县人。前在聊城县任内，除抵短交银四万七千四十四两六钱九分，内短交正、杂、仓等款银四万一千八百八十四两七钱八分五厘，短交酌提坐支银一千二百六十两零九分九厘，短交捐款银三千八百九十九两八钱六厘。

已故知县沈其昌，系顺天宛平县人，祖籍浙江秀水县。前在博兴县任内，除抵短交银四万一千二百一十三两五钱四分，内短交正杂等款银三万八千二百一十两四钱六分一厘，短交酌提坐支银九百四十八两二钱八分三厘，短交捐款银二千五十四两七钱九分六厘。

已故知县张梦祺，系安徽含山县人。前在东阿县任内，除抵短交银三万六千四十两二钱三厘，内短交正杂等款银三万四千四百三两四钱五分二厘，短交酌提坐支银九百四十四两七钱三分三厘，短交捐款银六百九十二两一分八厘；前在德平县任内，除抵短交银三千八百九十八两七钱一厘，内短交正杂等款银三千一百四十六两三钱七分一厘，短交酌提坐支银二百二十一两一分六厘，短交捐款银五百三十一两三钱一分四厘。

已故知县郑映南，系山西夏县人。前在濮州任内，除抵短交银四万七千二百四十六两二钱二分五厘，内短交正杂等款银二万六千一百七十五两九钱五分，短交酌提坐支银八千八百六十三两七钱五分五厘，短交捐款银一万二千二百六两五钱二分。

已故知县宋炜图，系云南昆阳州人。前在黄县任内，除抵短交银一万二千一百四十四两三钱五厘，内短交正、杂、仓等款银七千二百七十六两四钱四分一厘，短交酌提坐支银一千两二钱八分九厘，短交捐款银三千八百六十七两五钱七分五厘；前在单县任内，除抵短交银三千八百七两三厘，内短交正杂等款银二千七百一两九钱九分一厘，短交酌提坐支银四百一十五两七钱二分九厘，短交捐款银六百八十九两二钱八分三厘；前在利津县任内，除抵短交银五千四百六十四两八钱二分九厘，内短交正、杂、仓等款银二千一百六十九两四钱八分三厘，短交酌提坐支银二千八十六两八钱六厘，短交捐款银一千二百八两五钱四分；前在泗水县任内，除抵短交银一万九百六十四两一钱二分三厘，内短交正、杂、仓等款银五千一百八十六两二钱四分一厘，短交酌提坐支银一千七百六十九两九钱三分九厘，短交捐款银四千七两九钱四分三厘。

已故知县张济第，系山西洪洞县人。前在福山县任内，除抵短交银三千七百六十一两七钱二厘，内短交正杂等款银二千六百七十五两五钱二分四厘，短交酌提坐支银一百五十八两三钱五分六厘，短交捐款银九百二十七两八钱二分二厘；前在利津县任内，除抵短交银八千一百九十九两三钱一分七厘，内短交正杂等款银五千六百二十一两五钱八分，短交酌提坐支银一千八百五十两七钱九分四厘，短交捐款银七百二十六两九钱四分三厘；前在陵县任内，除抵短交银七千七百七十三两二钱七分二厘，内短交正杂等款银四千两九钱四分九厘，短交酌提坐支银一千七十八两二钱一分二厘，短交捐款银二千六百九十四两一钱一分一厘；前在博山县任内，除抵短交银四千九十七两一钱八分二厘，内短交正杂等款银三千九十一两八钱七分四厘，短交酌提坐支银三百七十一两三钱九分六厘，短交捐款银六百三十三两九钱一分二厘。

已故知县朱彦华，系江苏上元县人。前在峄县任内，除抵短交银二万三千五百六十四两四钱三分九厘，内短交正杂等款银一万四千二百八十一两一钱六分七厘，短交酌提坐支银二千三百五一两三分七厘，短交捐款银六千九百三十一两六钱三分五厘。

已故知县德棱额，系青州驻防满洲镶白旗人。前在德平县任内，除抵短交银一万一千八百三十六两四钱二分一厘，内短交正、杂、仓等款银八千六百一十二两一钱二分六厘，短交酌提坐支银七百一十四两三钱四分五厘，短交捐款银二千五百九两九钱五分；前在东平州任内，除抵短交银八千四百一十三两七分二厘，内短交正、杂、仓等款银五千四百一十三两五钱七分，短交捐赔各款银二千九百九十九两五钱二厘。

已故知县许锽，系直隶深州饶阳县人。前在鱼台县任内，除抵短交银一万三千六百五十三两七钱九分六厘，内短交正杂等款银一万三千四百一十四两一分五厘，短交酌提坐支银六十九两一钱五分四厘，短交【捐】款银一百七十两六钱二分七厘。

已故知县王言，系顺天房山县人。前在金乡县任内，除抵短交银六千六百六十四两三钱二分二厘，内短交正、杂、仓等款银五千五百六十六两九钱九分四厘，短交捐款银一千九十七两三钱二分八厘；前在阳谷县任内，除抵短交银一万六百二十一两八钱三分三厘，内短交正杂等款银七千七百三十七两七钱五分七厘，短交酌提坐支银一百七十七两六钱八分四厘，短交捐款银二千七百六两三钱九分二厘。

已故知县陈廷芳，系顺天大兴县人，祖籍浙江。前在乐安县任内，除抵短交银八千二百七十二两八钱七厘，内短交正杂等款银七千六百八十二两五钱七分三厘，短交捐款银五百九十两二钱三分四厘；前在昌邑县任内，除抵短交银六千一百六十三两三钱三分一厘，内短交正杂等款银五千二百七十六两八钱七分三厘，短交酌提坐支银三百九十四两一钱一分六厘，短交捐【款】银四百九十二两三钱四分二厘。

已故知县萨克特，系福建闽县人。前在定陶县任内，除抵短交银一万二千七百一十三两二钱八分五厘，内短交正、杂、仓等款银一万二千三百四十五两九钱七分五厘，短交酌提坐支银二百一十八两七钱九分三厘，短交捐款银一百四十八两五钱一分七厘。

降调知县秦和雍，系河南光州人。前在范县任内，除抵短交银一万五千四百三十一两七钱七分七厘，内短交正杂等款银一万一千五百五两四钱五厘，短交酌提坐支银五百四十七两四钱六分七厘，短交捐款银三千三百七十八两九钱五厘。

已故知县张同声，系安徽桐城县人。前在胶州任内，除抵短交银一万七千七百四十七两一钱六分，内短交杂仓等款银一万一千四百五十二两四钱二分四厘，短交酌提坐支银三百五十六两三钱六分八厘，短交捐款银五千九百三十八两三钱六分八厘。

已故知县吴文观，系湖北天门县人。前在商河县任内，除抵短交银一万六千五百五两六钱三分，内短交正、杂、仓等款银九千七百七十一两三钱一分九厘，短交酌提坐支银五百四十八两三钱六分四厘，短交捐款银六千一百八十五两九钱四分七厘。

已故知县余舜臣，系安徽黟县人。前在费县任内，除抵短交银一万三千三百八十四两六钱六分一厘，内短交正、杂、仓各款银八千五百三十五两三分三厘，短交酌提坐支银八百四十七两六钱一分五厘，短交捐款银四千二两一分三厘。

已故知县袁诗勋，系江西崇仁县人。前在寿张县任内，除抵短交银八千七百二十六两四分，内短交正杂等款银八千四百八两六钱一分四厘，短交酌提坐支银四十九两一分七厘，短交捐款银二百六十八两四钱九厘。

已故知县王廷荣，系直隶河间县人。前在沂水县任内，除抵短交银三千二百二十一两五钱九厘，内短交正、杂、仓等款银七百四十九两六钱六厘，短交酌提坐支银二百四十八两七钱九分八厘，短交捐款银二千二百二十三两一钱五厘；前在诸城县任内，除抵短交银一万一千一百五十九两四钱六分一厘，内短交正、杂、仓等款银七千一百三十两三钱九厘，短交酌提坐支银一百八十九两七钱七分七厘，短交捐款银三千八百三十九两三钱七分五厘。

已故知县陈之敬，系江西武宁县人。前在观城县任内，除抵短交银九千八百九十四两三钱三分九厘，内短交正杂等款银七千五百九十一两九钱八分六厘，短交酌提坐支银七十六两二钱四分九厘，短交捐款银二千二百二十六两一钱四厘。

已故知县刘树堂，系甘肃武威县人。前在福山县任内，除抵短交银八千五百三十七两七钱八分，内短交正杂等款银六千七百九十九两二钱六分五厘，短交酌提坐支银四百一两六钱九分三厘，短交捐款银一千三百三十六两八钱二分二厘。

已故知县李泽霖，系广东驻防正黄旗汉军人。前在陵县任内，除抵短交银一万二千二百九十七两五钱一分二厘，内短交正杂等款银六千七百一十七两六钱四分，短交酌提坐支银一千四百七十六两二钱一分六厘，短交捐款银四千一百三两六钱五分六厘。

已故知县赵东曙，系直隶易州人。前在单县任内，除抵短交银八千五百六十六两四钱八分七厘，内短交正杂等款银五千九百四十四两二分五厘，短交酌提坐支银六百九十九两一钱三分五厘，短交捐款银一千九百二十三两三钱二分七厘；前在福山县任内，除抵短交银一千五百二十三两五钱五分七厘，内短交正杂等款银六百九十五两九钱七分六厘，短交酌提坐支银六十两六钱九分二厘，短交捐款银七百六十六两八钱八分九厘。

已故知县武燮，系山西交城县人。前在齐东县任内，除抵短交银一万三千一百十九两六钱一分一厘，内短交正杂等款银六千五百二十五两六钱九分，短交酌提坐支银四千三百八两七分，短交捐款银二千二百八十五两八钱五分一厘。

已故知县侯家璋，系湖北公安县人。前在巨野县任内，除抵短交银七千一百六十九两七钱六分四厘，内短交正杂等款银六千五百二十五两一钱五分八厘，短交酌提坐支银六十二两八钱七分，短交捐款银五百八十一两七钱九分九厘。

参革知县徐鳞，系江苏沭阳县人。前在单县任内，除抵短交银九千四百二十两零八钱七分四厘，内短交杂仓等款银六千五百四两四钱四分七厘，短交酌提坐支银三百三十九两五钱九分五厘，短交捐款银二千五百七十六两八钱三分二厘。

已故知县欧文，系江苏宜兴县人。前在单县任内，除抵短交银七千五百五十二两一钱五分，内短交正、杂、仓等款银六千一百二十七两三钱六分一厘，短交捐款银一千四百二十四两七钱八分九厘。

已故知县达龄阿，系镶白旗满洲人。前在栖霞县任内，除抵短交银六千一百一十五两九钱八厘，内短交正杂等款银五千七百八十七两四钱二分九厘，短交捐款银三百二十八两四钱七分九厘。

已故知县王文焘，系山西保德州人。前在海阳县任内，除抵短交银七千三百四十五两二钱七分一厘，内短交杂仓等款银五千七十五两五钱四分五厘，短交捐款银二千二百六十九两七钱二分六厘。

告病知县周乐清，系浙江海宁州人。前在掖县任内，除抵短交银七千七百七十两六钱五分，内短交正杂等款银四千九百二十九两六钱二分五厘，短交酌提坐支银九百二十八两五钱五分五厘，短交捐款银一千九百一十二两四钱七分。

已故知县袁晋烺，系云南石屏州人。前在蒲台县任内，除抵短交银七千三百九十两零七钱一分一厘，内短交正杂等款银四千九百一两八钱一分四厘，短交酌提坐支银六百三十两零五钱三分一厘，短交捐款银一千八百五十八两三钱六分六厘。

已故知县廖锡纶，系江西临川县人。前在昌邑县任内，除抵短交银六千六十四两六分三厘，内短交正杂等款银四千七百二十五两一钱五分七厘，短交酌提坐支银五百五十三两二钱三分，短交捐款银七百八十五两六钱七分六厘。

已故知县王家治，系直隶故城县人。前在寿光县任内，除抵短交银五千八百八十三两三钱六分，内短交正、杂、仓等款银四千六百三十六两四钱一分二厘，短交酌提坐支银六十五两九钱六分二厘，短交捐款银一千一百八十两零九钱八分六厘。

告病知县邬畬经，系江苏奉化县人。前在蒲台县任内，除抵短交银八千三百三十七两九钱七分六厘，内短交正杂等款银四千五百八十两零七分六厘，短交酌提坐支银八百二十六两三钱六分九厘，短交捐款银二千九百三十一两五钱三分一厘。前在泰安县任内，除抵短交捐款银二百一十八两五钱六厘。

已故知县马学和，系直隶临榆县人。前在阳谷县任内，除抵短交银五千三百八十六两一钱四分四厘，内短交正杂等款银四千五百九十七两二钱一厘，短交酌提坐支银六百二十八两八钱四分五厘，短交捐款银一百六十两九分八厘。

已故知县郑锡申，系浙江武义县人。前在邱县任内，除抵短交银七千六百一十五两三分五厘，内短交正杂等款银四千四百六十七两七钱三分四厘，短交酌提坐支银一千一百六十一两五钱一分五厘，短交捐款银一千九百八十五两七钱八分六厘。

已故知县傅以凝，系顺天大兴县人，祖籍浙江会稽县。在陵县任内，除抵短交银一万四千七百九十九两九钱八分一厘，内短交正杂等款银四千九十四两八钱二分八厘，短交酌提坐支银二千一百二十三两六钱四分一厘，短交捐款银八千五百八十一两五钱一分三厘。

已故知县李炳，系直隶玉田县人。前在陵县任内，除抵短交银五千四百三十两四钱四厘，内短交杂仓等款银三千四百五十三两五钱七分八厘，短交捐款银一千九百七十六两八钱二分六厘。

已故知县李人骥，系云南河西县人。前在金乡县任内，除抵短交银二千二十七两九钱九分九厘，内短交杂仓等款银一千九百一十六两五钱七分八厘，短交捐款银一百一十一两四钱二分一厘。

已故知县周仲喆，系江西鄱阳县人。前在博山县任内，除抵短交银六千八百八十五两三钱四分五厘，内短交正杂等款银一千七百八十一两八钱七分二厘，短交酌提坐支银八百二十九两九分五厘，短交捐款银四千二百七十四两三钱七分八厘。

已故知县吴调元，系安徽桐城县人。前在范县任内，除抵短交银一千七百六十三两八分八厘，内短交正杂等款银一千六百一十三两二钱七分，短交酌提坐支银七十四两九钱九厘，短交捐款银七十四两九钱九厘。

已故知县增禄，系正蓝旗汉军庆征佐领下人。前在乐安县任内，除抵短交银二千三百一十五两四钱二分八厘，内短交正杂等款银一千五百九十五两五钱五分，短交酌提坐支银二百五十八两四钱九分四厘，短交捐款银四百六十一两三钱八分四厘。

已故知县王忠宝，系浙江会稽县人。前在嘉祥县任内，除抵短交银一千四百二十八两八钱二分一厘，内短交正杂等款银一千三百八十五两九钱三厘，短交酌提坐支银八两八钱三分四厘，短交捐款银三十四两八分四厘。

已故知县郑鸣冈，系直隶迁安县人。前在即墨县任内，除抵短交银六千八百五十八两五钱五分八厘，内短交正杂等款银一千三百八十一两八钱七分一厘，短交酌提坐支银六百五十六两二钱九分三厘，短交捐款银四千八百二十两零三钱九分四厘。

已故知县高化鹏，系陕西汉中府城固县人。前在青城县任内，除抵短交银二千四百八十八两一钱六分六厘，内短交正杂等款银一千二百三十两三钱四分四厘，短交酌提坐支银二百八十一两九分一厘，短交捐款银九百七十六两七钱三分一厘。

已故知县张心廉，系河南考城县人。前在临朐县任内，除抵短交银一千七百四十五两八钱，内短交正、杂、仓等款银九百六十六两四钱八分五厘，短交酌提坐支银一百九十七两四钱九分九厘，短交捐款银五百八十一两八钱一分六厘。

已故知县柴春棣，系直隶天津县人，寄籍顺天大兴县。前在陵县任内，除抵短交银二千五百七十二两六钱九分七厘，内短交正杂等款银七百三十九两四钱六厘，短交酌提坐支银五百六十两五钱六分九厘，短交捐款银一千二百七十二两七钱二分二厘。

已故知县姚继勉，系安徽庐江县人。前在临淄县任内，除抵短交银一千一百二十二两九钱，内短交正杂等款银四百一十七两五钱七厘，短交酌提坐支银二百三十八两一钱五分六厘，短交捐款银四百六十七两二钱三分七厘。

已故知县李钟泰，系云南思安县人。前在范县任内，除抵短交银三百九十七两四钱九分七厘，内短交正杂等款银三百七两五钱六分五厘，短交酌提坐支银六十三两四钱六分四厘，短交捐款银二十六两六分八厘。

以上共计六十五案，统共除抵短交银八十万五千五百四十三两四钱一分三厘，内正、杂、仓等款银六十万八百二十五两二钱六分六厘，酌提坐支银五万八千三十五两七钱九分二厘，捐款银一十四万六千六百八十二两三钱五分五厘。

谨将核明东省自道光二十七年十二月二十七日清查以后起，至咸丰五年十二月三十日止，交代案内正杂无亏，仅欠捐款各员银数、衔名，缮具清单，恭呈御览。

计开：

东阿县知县汪南金，除抵短交捐款银二千四百五十两四钱五厘。

高密县知县顾铤，除抵短交捐款银三千二百九十六两八钱二分五厘。

德平县知县陈枟，除抵短交捐款银七百一十六两六钱三分六厘。

陵县知县刘德新，除抵短交捐款银一千四百一十一两一钱八分八厘。

城武县知县王惠，除抵短交捐款银七百四十八两八钱五分。

即墨县知县杨汝绥，除抵短交捐款银二千七百五十七两二钱五分四厘。

以上六案，正、杂、仓三款均属足敷抵除，共欠捐款银一万一千一十一两一钱六分一厘。

限外拿获赃盗请开复原参员弁顶戴折

同治三年十二月十二日

奏为勒缉赃盗，限外拿获，请旨将原参文武员弁开复顶戴，仍交部议处，恭折具奏，仰祈圣鉴事：

窃臣前因江苏办硝委员林渐逵等在郓城县东关客店被抢银钱、衣物，即将署郓城县知县陈烈、代理郓城汛千总刘继魁一并奏参。同治二年十二月十九日奉旨："陈烈、刘继魁均著交部议处，仍摘去顶戴，勒限两个月严缉务获。余依议。钦此。"当经钦遵行司饬缉。嗣据陈烈会同刘继魁于三年二月二十三四等日，拿获正贼李池、侯进中、康题昂三犯，并起获原赃皮马褂两件；讯明同伙六人，系李池起意抢夺，侯进中与在逃之任常等听纠伙抢，康题昂临时因病不行，事后分赃属实。因罪应斩决之李池、侯进中先后在监病故，将康题昂依例拟流，详明咨部在案。

查定例勒限严缉之案，于勒限之外逾限在十日内获犯者，照限满不获，从严参办，降一级调用上酌减为降一级留任。此案该员弁等虽获犯及半，兼获盗首，惟获犯在限外十日之内，仍应减议。兹据藩、臬两司具详前来。相应请旨，将署郓城县知县陈烈、代理郓城汛千总刘继魁原参摘去顶戴之案，即予开复，仍交部照例议处。为此恭折具奏，伏祈皇太后、皇上圣鉴训示。谨奏。

同治三年十二月廿六日奉到回折："议政王军机大臣奉旨：'陈烈、刘继魁均著开复顶戴，仍交部照例议处。钦此。'"

委员管解京饷并僧格林沁营协饷片

同治三年十二月十二日

再，查同治三年京饷，奉拨山东省地丁银二十六万两，业经先后委解银二十三万两，并随时奏报在案。兹又于库存本年地丁项下续筹银三万两，饬委分缺先前巡检周炳垣解赴户部交纳，连前共银二十六万两，扫数解清。又按月应解僧格林沁大营协饷银五万两，现在正杂各款内筹银三万两，委候补县丞张福承管解；又东海关解存司库税银二万两，委分缺间用县丞李炳彰管解，分批前赴河南陈州粮台交纳，作为九月份饷银。据藩司先后详报前来。臣复核无异。

除分咨外，理合附片陈明，伏乞圣鉴。谨奏。

同治三年十二月廿六日奉到回折："议政王军机大臣奉旨：'户部知道。钦此。'"

东昌知府秦际隆被参各款查无确据请赏给原衔片
同治三年十二月十二日

再，臣前因奉旨饬查东昌府知府秦际隆被参各款，查无确据，惟于所属失守四县，咎有应得，奏奉谕旨："著交部议处，仍著送部引见等因。钦此。"经吏部照例议以革职，因不同城之知府，于所属失守革职，例不引见；如留营督同克复，奏请开复者，始行调取赴部请旨。饬臣确查失守四县是否秦际隆督同克复，另行奏明办理。奉旨："依议。钦此。"咨行到臣。

伏查咸丰十一年二月十九日至三月初十日，东昌府属之冠县、莘县、馆陶、堂邑等四县相继失守，该革员秦际隆带领兵勇与在事文武员弁，剿办月余，迭有斩获；嗣因被围受伤，回郡医治。适贼逼郡城，复与在城文武昼夜防守，至四月十九日伤处肿发，请假卸事调理。莘、堂、馆、冠四县，系咸丰十一年五月初七至六月初五日先后克复，该革员在请假期内，并非督同克复。至六月间伤痊销假，在前抚臣谭廷襄军营当差，并防守省垣，办理东昌善后。同治元年四月回任，因降众复叛，带兵驻守堂邑一带，遏贼东窜，克保郡城，业于前折缕晰具陈。

此案已革东昌府知府秦际隆，于所属失守四县，因剿匪受伤，请假卸事，未经督同克复，未便恳恩开复原官，送部引见。惟该革员曾经被围受伤，伤痊销假，在前抚臣谭廷襄军营几及一年，先则防守省垣，继则办理善后，回任后复带兵严防降众，克保郡城，又有年余，尚属著有微劳。可否仰恳天恩赏给知府原衔以昭激劝之处，出自逾格鸿慈。据藩、臬两司具详请奏前来。理合附片上陈，伏祈圣鉴训示。谨奏。

同治三年十二月廿六日奉到回折："议政王军机大臣奉旨：'吏部议奏。钦此。'"

审明潘黄氏京控藩司贡璜系虚诬按例定拟折

同治三年十二月十二日

奏为故员家属京控藩司收受陋规，审系虚诬，按例定拟，恭折奏祈圣鉴事：

窃臣接准都察院咨："同治三年八月二十八日奉上谕：'前因阎敬铭奏已故前署寿光县知县潘运第子媳潘黄氏呈告，藩司贡璜前在登莱青道任内科索潘运第节、寿、季规等银，请饬偿还；并查出潘运第历任交代亏空约有三万余两，潘黄氏呈控难保非先为挟制地步各情，当经降旨交阎敬铭详查具奏。兹据都察院奏，潘黄氏遣抱告家人黄荣，以藩司贡璜收受陋规，巡抚阎敬铭徇庇回护，臬司丁宝桢委员代为弥缝，请简派大员来东查办等词，赴该衙门呈诉。阎敬铭系朝廷封疆大吏，于特旨交审之件，谅不敢袒护属僚，蹈向来官官相护恶习。其是否潘黄氏因潘运第交代亏空，意图挟制，及藩司贡璜在登莱青道任内有无收受陋规确据，均须彻底根究。此案仍著交阎敬铭亲提人证、卷宗，秉公详查，据实具奏，毋稍偏徇，抱告黄荣该部照例解往备质。钦此。'"

臣查潘黄氏呈告藩司贡璜在登莱青道任内收受已故前署寿光县知县潘运第致送炭资、节规、季规、寿礼等银计七条，共银六百余两，其所指以为据者，一系故掖县知县许乃恩之信，一系经送之家人范成，一系呈出之私簿库账与寿光县库簿、库书。事之虚实，不难三面对质，彻底根究，以期水落石出。该司贡璜旋因奉旨来京，另候简用，交卸藩篆，仍遵旨在省候质。臣即督同臬司恩锡，提集人卷，秉公查讯。

如潘黄氏所指许乃恩之信，此等故员信函，尽可捏造，本难执以为据。况提到该故员之子许台身，将此信给与阅看，据供并非伊父手书，亦非幕友笔迹，不敢指证。是其信函已不足为据。又如该氏所指经送之家人范成，系属要证，如果情真事实，自应带其挺身投质。乃饬历城县屡次查传，范成并无亲属，早经外出贸易，不知去向。诘讯该氏，亦不能悉其行踪，无凭提质。是其家人亦不足为据。又如该氏呈出之私簿库账，所记炭资等银共计七条。其谓私簿为故员潘运第所书，无从查问，必须与寿光县之库簿一一符合，库书又能言之凿凿，方能定断。今提到寿光县库簿，一系流水簿，一系存提簿，系一账登记两簿，名异实同。库簿共二十册，均未钤盖印信，提用之账，逐日多有。饬令该县库书王连升、王绪堂与其私簿库账七条，三面查对，乃该县库簿内并无此项提银账目者三条，有提银账目而不注明用项者两条，有日期银数不相符合者一条。惟其库账内所记八年十二月十九日炭资银五十两一条，该县流水库簿内是年月日有提银五十两之账，旁注送登莱道炭资，而存提库簿内是年月日提银之账又不注明何用。若以该氏账簿为凭，何以与库簿诸多不符。若以该县库簿为凭，何以库簿又彼同此异。其中如何情弊，诘之库书王连升等，佥供潘县官账房，日有提项，不记其数，均不知其何用。库簿账目系该书等所写，流水簿内旁注送登莱道炭资系账房吩咐注写，存提簿内未为注写，系账房未经吩咐。其是否提去致送登莱道，以及登莱道曾否收受，该书等均不知悉，不能指证。是其所呈之私簿库账与所指之库簿、库书，即一面之词，又不相符合，皆不足以为据。即五十两炭资一条，无论系账房令写，送否不得而知。而一簿注明，一簿未注，且查存提簿专系该故员提用之账，果有其事，自应于存提簿注明。今彼此互异，亦难执一簿以为据。

据该司贡璜亲供，前在登莱青道任内，委无收受前署寿光县潘运第节、寿、季规、炭资等银，请根究收受确据。讯之该氏，除此三者别无证据。至所控弥缝裁换该县库簿各情，提同该氏与库书、库丁三面看明，并无裁换情事。

又如所控该司贡璜因尅扣平余与库大使齐云布互骂一节。讯据库大使齐云布亲供，本年四月间，贡藩司因砝码用久，小砝与大砝轻重参差，曾严斥库吏何不早请更换，并将该大使申饬，曾经详咨工部颁领新砝，发库存用，有案可查，并无彼此互骂暨尅扣平余情事。

又如所控该司贡璜买历城县民女白二仔为妾一节。讯据该县民人柏玉起供称，上年十月间，将年甫十五之女，凭昔存今故之媒婆张氏作保，典给库大使齐云布为婢，本年九月间给伊领回，已嫁与廷祐为妻，并非卖与贡藩司作妾。

以上各情，均经查讯明确，该氏所控皆无确据。若非因该司贡璜于本年五月内会同交代局核出潘运第历任亏空，何以不先不后，即于六月初一日来臣衙门讦告？其为意图挟制，阻挠政令，已属显然。此等刁风，断不可长。乃一再研鞫，该氏坚执控词，异常刁健，不肯承招。然众证已明，毫无确据，未便任其恃妇狡展，致滋拖累，应即拟结。

查例载："内外问刑衙门审办案件，其有实在刁健坚不承招者，如该徒罪以上，仍具众证情状，奏请定夺。"又，"蓦越赴京告重事不实者，发边远充军。"各等语。此案孀妇潘黄氏京控前任藩司贡璜收受陋规各情，均已审系虚诬，该氏虽坚不承招，而众证已明，自应按例问拟。潘黄氏合依"蓦越赴京告重事不实者，发边远充军"例，拟发边远充军，系妇女，照例收赎。抱告黄荣讯不知情，应免置议。前任藩司贡璜审无收受陋规确据，应毋庸议。藩库大使齐云布典民女为婢，尚无不合，亦毋庸议。潘运第亏案另折参办。

除将各供封送军机处，并咨部备查外，理合恭折具奏，伏祈皇太后、皇上圣鉴训示。谨奏。

同治三年十二月廿六日奉到回折："议政王军机大臣奉旨：'另有旨。钦此。'"

潘黄氏诬告系为阻挠交代恳旨严示片
同治三年十二月十二日

再，东省吏治废弛，财用空虚，实由不清交代之故。盖交代清，则州县不能亏挪，庶几财用充裕，以佐度支，以筹军饷，以备水旱、盗贼，庶政之兴，以此为基。天下库款虚耗，实由于此。按之东省，尤为治病必治本之法，非同照例虚文也。臣已将诸弊恳切具陈，曾蒙圣鉴。现因地方稍靖，锐意为之。以东省之积习，诚亦知其难也。然不挽此颓风，百废无由具举，即莫大才力，亦无由以为政，况以臣之驽下哉！前任藩司贡璜佐臣为理，谨密考核，不避嫌怨。乃各案亏短甫经查有端绪，即有已故寿光县知县潘运第之媳潘黄氏讦告贡璜收受陋规之案，仰蒙圣恩鉴臣无私，命臣审办。臣督同新任臬司恩锡，切实讯查，并无收受确据，所控各节均已坐虚；而潘运第任内亏空实有三万余两之多，其为挟制地步，已可概见，由臣分别专折据实奏陈。

臣受恩深重，不敢徇庇属员。此案情节必蒙洞察无遗，臣亦无庸自辩。惟念讦告之事小，挟制之事大；挟持一人之事小，阻挠全局之事大。山东积案交代，自前抚臣崇恩于咸丰七年九月奏明设局，限十个月完结，办理七年，愈积愈多。臣力反积重之势，排去众议，志期必行，因有该氏控案，不为摇阻，更行加力勒查。现在旧案已一律算结，新案交代，自五月以后，无不勒令遵依例限，核结清楚，已见大改前辙，非敢徒托空言。

正督饬前藩司贡璜破除顾忌，严清积案，乃潘黄氏即首开讦告之风。该氏妇女，何知为此，观其两次具控呈词，深文巧诋，其为有人暗中主使，不知几何。倘遇事隐容，则当此厘剔积弊之时，其从前亏挪巨项者，臣于初案已严参五十余员，二三两案计亦不下数十员，暗中侵蚀在旁观望者甚多，自知必危，必更将接踵效尤，不论罔告为何事，污蔑为何人，毁谤诬讦有何忌惮。即使情虚审实，治以应得之罪，而政事已为牵掣动摇。况风传影射，诡计百端，又不必尽出名诬控哉！当事者或畏其诋陷，谁复不顾利害，甘任怨谤。即臣一人竭力，亦乏指臂可使，孤立无倚，专欲难成，必至泄沓唯诺，相率袖手。同官不思禀揭，上司不欲纠参，政令不行，法挠于众，交代复行停搁，财用日益亏耗；鬼蜮诡谲，以得志而愈肆狂行，滔滔者将何所底。若非惩一儆百，风气绝难挽回。此关系理财之大端与通省之吏治，非小故也。

臣身膺重寄，图答厚恩，惟有破除情私，以正率属。即如上司收受陋规，例有明禁，亦不能因杜人挟制稍事姑容；而挟事诬讦之案，则必均予严惩，以清治本。仍请严旨昭示，如该上司实有勒索确据，该属员即时禀控立行，加等严究，以为贪婪猥鄙者戒；其属员或事后因事挟制控告者，亦即立案不行，仍加等治罪，庶上下之分明，廉耻之维立矣。

臣愚昧之见，是否有当，谨附片具奏，伏乞圣鉴训示遵行。谨奏。

同治三年十二月廿六日奉到回折："议政王军机大臣奉旨：'另有旨。钦此。'"

查明刘时霖被参各节并陈迥犯事始末折
同治三年十二月十二日

奏为奉旨查办知县被参各节，并将匪犯陈迥犯事始末拿办情由，据实具奏，仰祈圣鉴事：

窃臣十月十八日准军机处字寄："奉上谕：'有人奏：山东济南府属济阳县，现有捐纳候补知县刘时霖，在彼肆扰，自称系藩司丁宝桢同乡，随侍多年，因闻警救主，代捐知县，委带毛勇赴济防堵，藉端横索。候补知县徐大镛、李翼清与之朋比，擅用严刑索诈，实任官员不敢拦阻；向已辞团长陈索钱未遂，刘时霖亲率毛勇捆缚陈铜、陈镡，抢掠衣物多件，并嘱徐大镛等逼供抗漕，屡经该邑举人李汝霖等具呈保释，锁押未放；又向王玉山、邓万兴需索钱文，锁押勒贿；并有带勇践踏田禾，图谋民女等情，请饬查讯办等语。知县职司民牧，岂容奴仆人等蒙混报捐，贻害地方。若如所奏倚势殃民、诬良索贿各情，如果属实，大干法纪。著阎敬铭亲提人证，按照所参各节，确切根究，据实具奏，毋稍徇隐等因。钦此。'"

窃查原奏所称知县刘时霖将团长陈铜、陈镡捆缚一案。查有济阳县伪团陈迥即陈铜，于咸丰五年间同已获正法之济阳团匪王汶训，聚众一二千人围城抗粮。前抚臣崇恩调兵剿办，该匪等乘隙潜逃。经崇恩奏明饬拿首匪王汶训、陈迥惩办，于咸丰五年四月二十九日奉硃批："知道了。办理情形随时具奏。钦此。"该犯等屡逃未获。臣到任后，查知该王汶训、陈铜为漏网巨匪，任令稽诛，终为大患。当因知县李翼清曾署济阳县，村庄熟悉，派与知县刘时霖会拿该匪。今年二月间，经知县刘时霖、参将何楚隆等带领楚勇及济阳捕役，购线密缉，于二月二十一日先将王汶训拿获解省提讯。历供横敛团费，养勇制械，与在逃之陈迥聚众围城，欲图夺犯抗粮不讳。经臣审明，即将该王汶训就地正法，并即饬拿逸犯陈迥惩办等情，于三月初八日具奏，奉旨："刘时霖等著准其汇案保奏等因。钦此。"

又，臣访有临邑伪团赵汶焕于该庄雇勇铸炮，复饬该知县刘时霖将该犯赵汶焕拿获，就地正法。于五月初二日具奏，奉旨："所办甚为妥速。东省各属伪团似此者恐尚不少，该抚如有所闻，即当严饬地方文武，相机密捕，尽法惩治等因。钦此。"

查东省办团以来，各属刁民借团滋事，不一而足，惟有严拿巨恶，尽法惩办，除莠始可安良。如王汶训、赵汶焕、陈迥等均系倡首聚众抗官，凶恶昭著之犯。自王汶训、赵汶焕诛后，民情渐为帖服。惟陈迥尚未就擒，当以知县刘时霖搜捕尚为尽力，经臣仍饬该员会同济阳知县俞云林，密往访拿。该员等尚不敢多带勇丁，致启惊疑远窜，曾经禀明重赏购线，设计密拿，于六月二十五日始将该犯陈迥即陈铜并其弟陈镡一并拿获，解省发交济南府知府萧培元及候补知县徐大容、李翼清切实研究。该犯陈迥供认与已获正法之王汶训于咸丰五年间，聚众围城，欲图夺犯抗粮，并放火逼民，不准完漕属实；又供十一年间自立团局，按地派钱，私设公堂、刑具各情，历供不讳。该犯之弟陈镡，亦供随同其兄陈迥诸多不法情事。此该犯陈迥始终恶迹及拿获到案初供之情形也。因其弟陈镡是否为首为从，尚在研究拟办间，适奉谕旨查询。

臣查陈迥一犯，罪恶昭著，为漏网巨憝，人所共知，且系奏明奉旨饬拿之犯。刘时霖系臣亲派前赴济阳密捕之员，经该员多时缉访，始将该犯成擒。原奏所称索钱未遂、挟嫌妄拿等事，不辩自明。至刘时霖祖籍虽系贵州，系由寄籍顺天大兴县监生，在京铜局报捐知县。该员之父刘祖绶曾任广东揭阳、东莞等县典史。该员与丁宝桢素不认识。因丁宝桢在湖南募勇时，该员适在湖南，查知在两湖军营带队勇敢，饬调来东。又因在东昌剿匪案内，经臣保奏以同知留东补用。该员到营之日，臣即查悉履历。原奏所称系藩司丁宝桢同乡，随侍多年，闻警救主各节，实无其事。东省候补知县中并无徐大镛、李翼清之名，惟有徐大容系济南府承审陈迥之员，李翼清系经臣派协捕并承审陈迥之员，均系饬派办公。原奏所称私相朋比，嘱令逼供各情，亦无容辩。

又邓万兴系济阳县蠹役，经丁宝桢在臬司任内访闻该役与王允山即王玉山有讹诈乡民情事，檄饬刘时霖催令济阳县锁解赴省审讯，现归另案办理。是邓万兴、王允山系提案究审之人，刘时霖系奉檄催提，原奏所称诬良勒贿各节，亦属舛误。

以上各情均系现办之案，共见共闻。至该同知刘时霖所带济安湘勇，尚能约束得宜，奉公亦尚勤奋。原奏所称带勇践踏田禾及图谋民女二事，是否有无，臣亦未敢遽为深信，现经密查多日，亦无影响。

臣受恩深重，力求整饬官方，属员中果有流品淆杂，倚势殃民之人，臣岂敢任使于前，徇隐于后。刘时霖被参各节，应请毋庸置议。

东省官民，近岁风气最善以架虚诬评，造言搆陷，颠倒是非。在官者，如诬前抚臣谭廷襄以携妾品茶，与匿名公启，及潘黄氏控告前藩司贡璜；在民者，本年特旨交查之案，如诬单县候选知府朱世德，及游击常启云诬王克一等，均系谋反叛逆。其余京控诬告重情尤多，实为人心风俗之忧。此案陈迥一犯，罪大恶极，自知法所不容，未必非暗肆诪张，布散谣言，希冀风闻入奏，以图幸免。是该犯胆大情狡，既为地方之害，更敢为乱政之尤，较之王汶训实为凶谲。应请旨将该犯陈迥即陈铜定案时，按照原犯罪名即行正法，以昭炯戒。其陈镡一犯，应俟审明定拟，并将此案供招另行照例办理。

所有奉旨查办刘时霖被参各款，并臣拿办匪犯陈迥缘由，理合恭折具陈，伏乞皇太后、皇上圣鉴训示。谨奏。

同治三年十二月廿六日奉到回折："议政王军机大臣奉旨：'另有旨。钦此。'"

特参疏防盗劫重案知县吴恩荣折

同治三年十二月十二日

奏为特参疏防盗劫重案并禀报不实之县令，请旨交部议处，摘顶勒缉，恭折奏祈圣鉴事：

窃据福山县知县吴恩荣禀报，同治三年十月二十一日夜，县属事主鹿澍长家被贼八九人越墙进院，撬窗入室，窃得衣物走出。又有六贼进内复窃，伊婢惊觉喊捕，贼即行强点燃火煤照亮，劫去首饰等物，砸开后门逃逸。报经该县会营勘讯属实，估赃值银四百八十三两。旋即缉获盗犯洪城一名，究出逸犯王阿志等，禀请饬属截拿等情。

臣查此案若非砸门进院，明火行劫，则两次入室之人数，该事主何能如是分明。据禀先窃后强，显有不实，更难保无抑勒事主减报盗数情弊。且失事月余，仅获一犯，尚未审定，缉捕懈弛，难事姑容。据藩、臬两司转据该管道府揭参前来。

除饬司委查外，相应请旨，将福山县知县吴恩荣先行交部议处，仍摘去顶戴，勒限两个月缉拿此案逸盗，务获究报。倘限满无获，或查有抑勒捏改情弊，再行从严参办。为此恭折具奏，伏乞皇太后、皇上圣鉴训示。谨奏。

同治三年十二月廿六日奉到回折："议政王军机大臣奉旨：'吴恩荣著先行交部议处，仍摘去顶戴，勒限两个月严缉。余依议。钦此。'"

审明寿张县京控案按律定拟折

同治三年十二月十二日

奏为审明京控，按律定拟，恭折具奏，仰祈圣鉴事：

窃据寿张县童生王际周，以刘云苏等挟嫌截杀、率众焚劫等词，控经都察院，于同治三年四月二十六日奏奉谕旨："此案著交阎敬铭督同臬司，亲提人证、卷宗，秉公严讯确情，按律定拟具奏。原告童生王际周，该部照例解往备质。钦此。"当经行司饬提人卷严讯。兹据臬司恩锡审明拟议，解勘前来。臣亲提研鞫。

缘王际周籍隶寿张县，与同庄武生刘云苏、庙员于光亨即于广恩、文生张四维即张义朴素识无嫌。刘云苏之弟刘云岫，奉官派办本庄团练，王际周之父王元朗亦奉官帮办。同治二年二月十六日，王元朗因年长作副，心怀不甘，谓刘云岫识浅无知，不能办团。刘云岫不依，彼此口角争殴。王际周与在逃之王元勋赶至帮护，王际周将刘云岫揪按倒地，王元朗用石墩殴伤刘云岫左臁肕骨折，王元勋在场助势。经巩光法路过劝歇，通知刘云岫之兄刘云见，同往问明情由，扶回调治。讵刘云岫延至二十二日，因伤殒命。时刘云苏探亲回归，查知前情，痛弟情切，恐王元朗畏罪逃逸，起意捉拿送究，即于是日纠邀于光亨、张四维同往帮助。于光亨等允从，一共三人偕抵王元朗门首。王元朗瞥见欲逃，刘云苏赶上，用刀扎伤王元朗左耳根、发际连右耳根。王元朗转身夺刀，刘云苏又连扎伤其心坎倒地。于光亨等均未下手。经巩光法闻闹，趋至劝散。因王际周外出未回，通知王元朗之母王钱氏，同向问明情由。讵王元朗延至次日因伤殒命，报县验讯，详批缉审。嗣王际周回家，因向王钱氏查问王元朗伤痕多寡，王钱氏说不清楚；又因先曾失火烧毁房屋数间，未经查明，疑系刘云苏等挟嫌截杀，率众焚劫，一时痛父情切，控府批县差传人证未齐，尚未集讯。王际周情急，即以前词，并图准添砌刘云苏等通匪抢劫各情，隐匿帮殴刘云岬身死一条，控经都察院奏奉谕旨，饬提严讯。刘云苏委因王元朗等殴毙伊弟刘云岬，即纠众往拿，将王元朗殴死，并无焚劫通匪情节。王际周亦自认怀疑捏砌，并非有心诬告，应即拟结。

查律载："共殴人致死，余人杖一百。"又父祖被殴，律注云："亲属人等被人杀，而擅杀行凶人，审无别项情故，依罪人本犯应死而擅杀律，杖一百。"又，"不应为而为者，笞四十。"各等语。此案王际周京控各情，讯系怀疑捏砌，按申诉不实，罪应满杖。该犯于伊父王元朗殴毙刘云岬时，帮同揪按，按共殴余人亦罪应满杖。二罪相等，自应从一科断，按律问拟。王际周合依"共殴人致死，余人杖一百"律，拟杖一百，折责发落。刘云苏讯无率众焚劫情事，惟因王元朗殴死伊弟刘云岬，即纠同于光亨等往拿，用刀扎伤王元朗心坎等处，越一日身死。查王元朗系应死罪人，刘云苏将其殴死，系为弟复仇所致，亦应按律问拟。刘云苏合依"亲属人等被人杀，而擅杀行凶人，审无别项情故，依罪人本犯应死而擅杀"律，拟杖一百，系武生，照例斥革，免其发落。庙员于光亨、文生张四维即张义朴，听纠往拿，在场目击，均应照"不应为而为者，笞四十"律，各拟笞四十，照例纳赎。逸犯王元勋饬缉，获日另结。

除供册咨部外，理合恭折具奏，伏祈皇太后、皇上圣鉴训示。谨奏。

同治三年十二月廿六日奉到回折："议政王军机大臣奉旨：'刑部议奏。钦此。'"

请开复已革守备郭龄鳌原官留省差委片

同治三年十二月十二日

再，查前署曹右营都司候补守备郭龄鳌，因滥役防兵，经臣参奏奉旨革职，留营效力。一年以来，历经差遣，均能不避艰险，极知奋勉，且前在东昌随剿，素称勇敢，为将备中出色之员。现值营伍需人之际，合无仰恳天恩俯准，将已革守备郭龄鳌开复原官，留省差委，以昭激劝。为此陈明，伏乞圣鉴。谨奏。

同治三年十二月廿六日奉到回折："郭龄鳌著准其开复原官，留省差委。该部知道。钦此。"

登州知府以武定知府代理片

同治三年十二月十二日

再，登州府知府豫山请假寻父遗骸，经臣奏奉谕旨允准，钦遵行知在案。所遗该府篆务自应委员接替，以专责成。兹查有留省坐补武定府知府李熙龄，堪以代理。据藩、臬两司会详前来。

除檄饬遵照外，理合奏闻，伏乞圣鉴。谨奏。

同治三年十二月廿六日奉到回折："议政王军机大臣奉旨：'知道了。钦此。'"

审明京控假照诓骗从犯按例定拟折

同治三年十二月十二日

奏为审明京控假照诓骗从犯，按例定拟，恭折具奏，仰祈圣鉴事：

窃照利津县民人周嶔，以周连珠等假照诓骗等词遣抱周岧，控经都察院，于同治二年八月初十日奏奉谕旨："此案著交阎敬铭督同臬司，亲提人证、卷宗，秉公研讯确情，按律定拟具奏。抱告民人周岧，该部照例解往备质。钦此。"当经行司饬提人卷研讯。兹据臬司恩锡审明拟议，解勘前来。臣亲提研鞫。

缘周连珠、周蕃籍隶利津县。周连珠系已革文生，与子周蕃均与无服族人周嶔素睦无嫌。咸丰九年八月间，周连珠、周蕃与素识在逃之程小秃遇道贫难，程小秃起意伪造部监印照，诓骗银钱，嘱周连珠等包揽捐监，得钱分用。周连珠等贪利允从，即向周嶔、周雁书、周喜云捏称，有张姓包捐监生，妥当可靠。周嶔等信以为真，各开年貌、三代，交周连珠等转托报捐。十一月间，程小秃造成部监印照，送交周连珠等收存，知会周嶔等往取。周嶔等不知真伪，各自拿回。程小秃之父程遐龄知情纵容。次日，周蕃与周嶔进城，适遇礼书李士果由外进署，周蕃假意上前向李士果说话，捏称问明捐监原文。周嶔信以为真，旋即兑交捐银九十九两五钱一分。周雁书等因无现银，约期付钱。尚未交付，即经该县王亮采访闻，传案讯出实情，验明照内假印形质已具，篆文字体已成，并差缉程小秃无获。周嶔控府饬县，追出赃银八十两给领，下余银两尚未缴案。周嶔控司批饬究追。十年十一月间，周嶔胞伯周毓栋家被窃衣服，报县获犯陈群来，因与周连珠有嫌，供扳周连珠窝藏。周嶔疑系周连珠勾窃，即添砌县役牟道勇伪索等情，控经前抚臣批府提讯，供词各执。据报程遐龄在押患病，医治无效，于同治二年七月二十五日病故，验讯并无别故，看役亦无凌虐情弊，详批核入正案办理。周嶔因余银未缴，一时情急，即以假照诓骗等词遣抱周苍，控经都察院奏奉谕旨，饬提研讯。据供前情不讳，诘无为匪不法别案，及另有同伙知情之人，应即拟结。

查例载："伪造印信止图诓骗财物，为数多者，为从杖一百，流三千里。"又律载："越诉者，笞五十。"各等语。此案周连珠与子周蕃，因在逃之程小秃伪造部监印照，该犯等辄听从包揽捐监，向族人周嶔诓骗银九十余两，已在十两以上，虽父子共犯，惟系侵捐于人，应照凡人科断，自应按例问拟。周连珠、周蕃均合依"伪造印信止图诓骗财物，为数多者，为从杖一百，流三千里"例，各拟杖一百，流三千里。事犯在咸丰十一年十月初九日恩赦以前，核其情罪不在不准援免之列，应予援免，后再有犯，加一等治罪。虽据供系在逃之程小秃为首，旁无质证，难保非串同狡避，例应监候待质，惟所避之斩罪亦在准免之列，应毋庸监候待质。周嶔京控周连珠等假照诓骗已属得实，惟案已批府提审，辄又赴京呈渎，实属越诉，应照越诉笞五十律，拟笞五十，折责发落。程遐龄纵子伪造印照，本有不合，业已在押病故，应与讯无凌虐情弊之看役人等，均毋庸议。县役牟道勇讯无伪索情事，亦毋庸议。贼犯陈群来，饬县另行详办。未缴赃银照追给领。逸犯程小秃饬缉，获日另结。假照案结销毁。

除供册咨部外，理合恭折具奏，伏乞皇太后、皇上圣鉴训示。谨奏。

同治三年十二月廿六日奉到回折："议政王军机大臣奉旨：'刑部议奏。钦此。'"

委令忠顺署理曹州镇标游击片

同治三年十二月十二日

再,查曹州镇标中营游击哲克敦业于军政案内参劾,所遗之缺应先委员接署。该处风俗强悍,盗贼素多,且地方甫平,弹压巡防尤关紧要,非明干有为之员弗克胜任。查有军功开复原官之参将忠顺,年力强壮,熟习营伍,堪以委令署理。虽该员开复后尚未引见,例得随时奏请留省差委,俟补缺后再行送部引见。

除檄饬遵照并咨兵部外,理合附片陈明,伏乞圣鉴。谨奏。

同治三年十二月廿六日奉到回折:"议政王军机大臣奉旨:'知道了。钦此。'"

新泰知县郑溥堪以调署掖县知县片

同治三年十二月十二日

再,掖县知县苏名显,经臣奏参革职开缺,并声明饬调新泰县知县郑溥署理在案。兹据藩、臬两司查明,该员新泰任内并无三参限满已起四参盗案及钱粮未完有关降调处分,堪以调署等情前来。臣复核无异。

除檄饬遵照并咨部外,理合附片陈明,伏乞圣鉴。谨奏。

同治三年十二月廿六日奉到回折:"议政王军机大臣奉旨:'知道了。钦此。'"

查禁私铸循例奏闻折

同治三年十二月十九日

奏为查禁私铸,循例恭折奏闻,仰祈圣鉴事:

窃照私铸小钱及挽和行使,历经严饬查拿,按年取结奏报在案。东省各属素鲜私铸,自勒限饬属密访,查拿收缴之后,咸知畏法。同治三年分通省查无前项情弊,据藩、臬两司会详前来。臣复查无异。

除仍饬严檄各该地方官随时查禁,勿因现在并无犯案稍涉松懈,以防流弊而重圜法，并将印结咨部外，所有同治三年查无私铸缘由，理合循例恭折具奏，伏乞皇太后、皇上圣鉴。谨奏。

议政王军机大臣奉旨："知道了。钦此。"

同治三年十一月雨雪粮价折
同治三年十二月十九日

奏为恭报十一月份雨雪情形并呈粮价清单，恭折仰祈圣鉴事：

窃照十月份雨水、粮价，前经奏报在案。兹查十一月份，惟登州府属之栖霞、文登、海阳、荣成四处未据报得雨雪外，其余通省一百〇三州县，先后具报于月之初四五六九十并十一二六七八、二十等日，各得雪一、二、三、四、五、六、七、八、九寸及尺许不等，并间有得雨之处。隰原并润，高下均沾，获兹雪泽封培，完卜来年丰稔，洵堪仰慰宸廑。

至各属市集粮价，互有增减，大致与上月相同。谨缮清单，祇呈御览。为此恭折具奏，伏祈皇太后、皇上圣鉴。谨奏。

同治四年正月初三日奉到回折："议政王军机大臣奉旨：'知道了。钦此。'"

十一月份粮价清单

谨将同治三年十一月份山东省各属米、谷、麦、豆价值，敬缮清单，恭呈御览。

计开：

济南府属：稻米每仓石价银三两四钱至四两三钱，与上月同。粟米每仓石价银九钱至二两六钱，较上月贱一钱三分。粟谷每仓石价银五钱二分至一两五钱三分，较上月贱一钱一分。高粱每仓石价银七钱至一两七钱六分，与上月同。小麦每仓石价银一两五钱至二两七钱九分，较上月贵一钱五分。黄豆每仓石价银一两一钱七分至二两一钱五分，较上月贱一钱。黑豆每仓石价银一两二钱八分至二两五分，较上月贵四分。

泰安府属：稻米每仓石价银三两一钱八分至四两九钱六分，较上月贵八分。粟米每仓石价银一两一钱五分至二两三钱，与上月同。粟谷每仓石价银八钱七分至一两一钱，与上月同。高粱每仓石价银九钱八分至一两三钱，与上月同。小麦每仓石价银一两五钱三分至一两八钱，较上月贱一钱。黄豆每仓石价银一两一钱四分至一两五钱五分，与上月同。黑豆每仓石价银一两一分至一两五钱五分，与上月同。

武定府属：稻米每仓石价银二两四钱八分至五两三钱二分，与上月同。粟米每仓石价银一两一钱六分至二两二钱，与上月同。粟谷每仓石价银七钱七分至一两三钱，与上月同。高粱每仓石价银八钱至一两四钱五分，与上月同。小麦每仓石价银一两五钱至三两五分，与上月同。黄豆每仓石价银一两一钱八分至一两七钱，与上月同。黑豆每仓石价银一两一钱至一两六钱五分，与上月同。

兖州府属：稻米每仓石价银二两四钱四分至四两六钱五分，较上月贵五分。粟米每仓石价银九钱四分至二两二钱，与上月同。粟谷每仓石价银七钱至一两八钱五分，与上月同。高粱每仓石价银九钱八分至一两八钱，与上月同。小麦每仓石价银一两三钱至二两二钱，与上月同。黄豆每仓石价银一两六分至一两六钱，与上月同。黑豆每仓石价银九钱八分至二两，与上月同。

曹州府属：稻米每仓石价银三两三钱至五两，与上月同。粟米每仓石价银一两二钱至二两五钱三分，与上月同。粟谷每仓石价银七钱八分至一两八钱三分，与上月同。高粱每仓石价银八钱至一两八钱六分，与上月同。小麦每仓石价银一两五钱六分至二两二钱九分，较上月贵一钱五分。黄豆每仓石价银一两六分至二两三钱四分，与上月同。黑豆每仓石价银一两一分至一两九钱五分，与上月同。

沂州府属：稻米每仓石价银二两一钱至三两七钱二分，与上月同。粟米每仓石价银一两一钱七分至二两一钱，与上月同。粟谷每仓石价银七钱至一两一钱八分，较上月贱一钱。高粱每仓石价银六钱六分至一两四钱，与上月同。小麦每仓石价银一两一钱五分至二两四分，与上月同。黄豆每仓石价银八钱至一两五钱五分，与上月同。黑豆每仓石价银八钱至一两六钱一分，与上月同。

东昌府属：稻米每仓石价银三两二钱至四两七钱，与上月同。粟米每仓石价银七钱二分至二两五钱，较上月贵一钱。粟谷每仓石价银五钱至一两三钱二分，与上月同。高粱每仓石价银七钱至一两六钱，较上月贱一钱三分。小麦每仓石价银一两五钱至二两四钱，较上月贵一钱。黄豆每仓石价银九钱一分至二两一钱，较上月贵五分。黑豆每仓石价银九钱至一两九钱五分，与上月同。

青州府属：稻米每仓石价银二两二钱四分至四两三钱，与上月同。粟米每仓石价银一两四钱六分至二两一钱二分，与上月同。粟谷每仓石价银八钱三分至一两四钱，与上月同。高粱每仓石价银八钱五分至一两四钱二分，与上月同。小麦每仓石价银一两二钱至二两三钱，与上月同。黄豆每仓石价银九钱九分至一两七钱，与上月同。黑豆每仓石价银九钱九分至一两七钱二分，与上月同。

莱州府属：稻米每仓石价银二两四钱至三两一钱，与上月同。粟米每仓石价银一两至二两二分，较上月贵四分。粟谷每仓石价银五钱至一两一钱四分，较上月贵一分。高粱每仓石价银六钱五分至一两三钱二分，较上月贵三分。小麦每仓石价银一两三钱五分至一两八钱六分，较上月贵三分。黄豆每仓石价银一两一钱至一两五钱八分，与上月同。黑豆每仓石价银一两五分至一两五钱二分，与上月同。

登州府属：稻米每仓石价银二两三钱至三两二钱二分，与上月同。粟米每仓石价银一两三钱一分至二两一钱一分，与上月同。粟谷每仓石价银九钱二分至一两四钱，与上月同。高粱每仓石价银九钱一分至一两四钱六分，与上月同。小麦每仓石价银一两二钱六分至二两一钱，与上月同。黄豆每仓石价银九钱九分至一两八钱，与上月同。黑豆每仓石价银九钱六分至一两八钱，与上月同。

临清直隶州并属：稻米每仓石价银三两四钱五分至四两，与上月同。粟米每仓石价银一两五钱至二两三钱，较上月贵七分。粟谷每仓石价银一两一钱至一两三钱七分，与上月同。高粱每仓石价银一两二钱至一两七钱，较上月贱一钱。小麦每仓石价银二两一钱五分至二两五钱八分，较上月贵三分。黄豆每仓石价银一两五钱五分至一两八钱二分，与上月同。黑豆每仓石价银一两五钱五分至一两九钱六分，较上月贱一钱四分。

济宁直隶州并属：稻米每仓石价银三两八钱三分至六两四钱，与上月同。粟米每仓石价银二两至三两六钱，与上月同。粟谷每仓石价银一两二钱一分至二两二钱四分，与上月同。高粱每仓石价银一两五分至二两六钱五分，与上月同。小麦每仓石价银一两八钱至二两二钱五分，与上月同。黄豆每仓石价银一两一钱六分至二两七钱二分，与上月同。黑豆每仓石价银一两五分至二两九钱二分，与上月同。

新案交代半年汇奏作为定章折

同治三年十二月十九日

奏为东省各属新案交代，分别已未清结，半年汇奏一次，作为定章，恭折仰祈圣鉴事：

窃查东省各属交代，历年不结，动辄借口军务，难于兼顾。现在地方肃清，亟应加意整顿。从前旧案交代，事隔多年，官非一任，已往之愆，尚可不究，后来之弊，法必从严。臣莅任以来，督饬司、道、府、州将积案勒限清厘。现据局员等监算清楚，亏缺各员由司详请分案劾参。所有新案各交代，以同治三年五月初一日为始，已照例查办二参，以严考核。嗣后责成该管道、府、州就近监交，如有任意宕延逾违二参限期尚未结报者，即由该管道、府、州查取职名揭参，仍由司查明已结未结、有无逾违二参限期，以及算结有亏勒限严追者，开具清册，按半年奏报一次，俾各员知参限无所宽假，交案无从积压，亏挪之弊庶可渐除。据藩司丁宝桢具详请奏，并将自本年五月初一日起，截至十二月止，已未结新案交代开送前来。臣逐案复核无异。

卷查道光二十八年户部议复前任抚臣张澧中原奏东省亏挪积弊案内，行令将各属接收交代，每年统于岁终汇奏一次，诚为良法。而山东交代不清，已数十年，尤宜格外加紧。譬诸受病已深，若非大加针砭，难期立起沉疴。应请以同治三年为始，凡各属交代，定为半年开单汇报一次，声明各该员任卸及算清日期，凡有亏空，即时参追。如钱粮仓谷较多，及一人而有两处交代，亦即声明照例扣展。此后或因军务及有他故不能依限核结者，随时奏明办理。倘届期不奏，或未奏请展限无故迟逾，即将臣及藩司交部议处。嗣后作为东省定章，守此不移，庶各属知所儆畏，或于仓库较有裨益。理合将本年五月初一日起，截至十二月止，缮具已未结报清单，恭呈御览。已结者，饬催赶造达部册结；其未经结报票有应交款项者，勒限一月完缴，逾限不完即行参追。至达部册结，历来皆以程途远近，新旧任互相推诿狡展。此后凡二参限满算清结报后，无论程途远近，均限两个月将达部册结造送齐全，由司详转咨部。如两个月满不行造送到院、到司者，即专将新任迟延之员及该管道、府、州一并议处，庶期迅速而免延宕。为此恭折具奏，伏祈皇太后、皇上圣鉴训示。谨奏。

同治四年正月初三日奉到回折："议政王军机大臣奉旨：'著照所请。该部知道。单并发。钦此。'"

新案交代单

谨将同治三年五月初一日起，截至十二月止，各属已未结新案交代，敬缮清单，恭呈御览。

二参限内算清结报各案：

禹城县署任知县赵惟峰，同治三年五月初八日到任，应接前任赵庆恬交代，扣至九月初八日二参限满，已于限内算清揭[结]款。赵庆恬亏缺，业经专案严参。

日照县现任知县蒋通，同治三年五月初八到任，应接前任徐星焘交代，扣至九月初八日二参限满，已于限内算清结款。

莒州署任知州高凤清，同治三年五月十一日到任，应接前任姚观峒交代，扣至九月十一日二参限满，已于限内算清结款。

金乡县署任知县李淦，同治三年六月初二日到任，应接前任钱廷煦交代，扣至十月初二日二参限满，已于限内算清结款。

莱芜县现任知县孟云峰，同治三年六月十九日到任，应接前任殳恩煦交代，扣至十月十九日二参限满，已于限内算清结款。

莱阳县署任知县陈启鏊，同治三年六月二十六日到任，应接前任瑞森交代，该县钱粮在五万两以上，例得展限十五日，扣至十一月十一日二参限满，已于限内算清结款。

以上六案，现在饬催赶造达部册结。

已满二参，查明尚有应交之项，勒限完缴各案：

邱县现任知县程悥昌，同治三年七月二十日到任，应接前任牛积厚交代，扣至十一月二十日二参限满。

武城县署任知县郑锡鸿，同治三年八月初一日到任，应接前任郭尚桓交代，扣至十二月初一日二参限满。

莘县署任知县杨翙，同治三年八月初四日到任，应接前任戴勉交代，扣至十二月初四日二参限满。

临清卫现任守备王维凤，同治三年八月十三日到任，应接前任讷勒亨阿交代，扣至十二月十三日二参限满。

以上四案，均查有应交之项，现勒限一月完缴，逾限不完，即行严参。

未满二参尚未算清各案：

济宁州现任知州程绳武，同治三年八月十八日到任，应接前任周鹍交代，该州仓谷在五万石以上，例得展限一个月，扣至同治四年正月十八日二参限满。

海阳县现任知县李琛，同治三年九月二十五日到任，应接前任吴毓蘅交代，扣至同治四年正月二十五日二参限满。

蒲台县署任知县方鸣皋，同治三年十月初九到任，应接前任车学富交代，扣至同治四年二月初九日二参限满。

陵县现任知县樊维垣，同治三年十月十八日到任，应接前任华钧交代，扣至同治四年二月十八日二参限满。

东平所现任千总武寿龄，同治三年十月二十八日到任，应接前任倪思孝交代，扣至同治四年二月二十八日二参限满。

以上五案，现在严催依限赶算结款。

清查勒追银两限满各员照章办理折

同治三年十二月十九日

奏为清查勒追银两六限届满，将已未完缴各员，照章分别办理，恭折具奏，仰祈圣鉴事：

窃照东省清查案内，在东人员应缴六限挪亏银两，应自咸丰四年九月二十五日五次限满之日起，扣至咸丰五年九月二十四日止，六年限满。据藩司查明勒追已完银九千一百二十五两七钱四分九厘，又五限册报实存司库银一万四千六百四十六两一钱八分二厘，二共银二万三千七百七十一两九钱三分一厘。内除前抚臣谭廷襄提解行营饷银五千两，又东昌支应局饷银二千两，又解咸丰十一年定陵工程银七千两，均归各本案报销外，下剩实存司库银九千七百七十一两九钱三分一厘。按照定章，将已未完确数及各员职名，开册详请具奏前来。臣复加查核。

除已革东河候补县丞周澧，代父周壬福完诸城任内挪亏银一千二百一十一两七钱四分五厘，已准部咨由六次请豁官员赔项案内豁免外，其余各员或一律清完，或完足分数，或分厘未解，照册开各数核算，均属符合。相应请旨，将扫数全完原参二万两以上之候补知府章文津革职留任处分，原参六千两以上之前任长清县候补知县王元善更名王元相降三级留任处分，恳恩敕部一并准予开复。又，前任巨野县勒休知县徐鏻、前任济阳县知县杨汝绶，均完足三分之二，应俟造报七限，查明办理。又，前任武城县丁忧县丞余文伟，代父余绍洙应完临清卫任内挪亏，未据完解，俟统限届满后，查明已未解交数目，照章办理。又，前任邹平县已故知县李铄、前任平度州已故知州李岱霖、前任滨州已故知州王宠三、前任高唐州已故知州牛翰鉁，以上四员家属，现在饬查该员等子孙有无官职出仕，分别核办。其五限案内参革监追之前任荣成县知县钟英、前任济南府已故同知张攀桂、前任新城县另案革职知县阮烜辉，应归另案审办。

除造册咨部，仍饬将未完之项赶紧追缴并催续办七限外，谨缮各员未完清单，恭呈御览。

再，东省频年军务倥偬，是以造报较迟，合并陈明。为此恭折具奏，伏乞皇太后、皇上圣鉴训示。谨奏。

同治四年正月初三日奉到回折："议政王军机大臣奉旨：'著照所请，该部知道。单并发。钦此。'"

谨将山东省清查案内挪亏各员，六限届满，查明已未完职名，敬缮清单，恭呈御览。

奉文豁免者一员：已故桃源同知周壬福之子、已革东河候补县丞周澧。

二万两以上全完者一员：候补知府章文津，奉议革职留任处分。

六千两以上全完者一员：前任长清县候补知县王元善更名王元相，奉议降三级留任处分。

以上二员应请旨开复。

完足三分之二者二员：前任巨野县勒休知县徐鏻、前任济阳县候补知县杨汝绶。以上二员应俟造报七限，查明已未完解，照章办理。

代父应完者一员：前任临清卫余绍洙之子、前任武城县丁忧县丞余文伟，应俟统限届满后，查明已未完解，照章办理。

已故者四员：前任邹平县病故知县李铄、前任平度州病故知州李岱霖、前任滨州病故知州王宠三、前任高唐州病故知州牛翰鉁。以上四员家属尚在东省，现在饬查伊子孙有无官职出仕，照章办理。

被灾地方请分别缓征上忙钱粮折

同治三年十二月十九日

奏为遵旨查明山东省本年被灾地方来春青黄不接，吁恳天恩缓征上忙新赋，以资调剂，恭折奏祈圣鉴事：

窃照山东省本年被水、被旱、被雹、被虫及黄水漫淹各州县，均经臣奏恳恩施将新旧钱漕分别蠲缓。嗣复承准议政王军机大臣字寄："同治三年十月初三日钦奉上谕：'来春青黄不接之时，民力未免拮据，著传谕该抚，体察情形，应否接济之处，一并查明，于封印前复奏等因。钦此。'"当经钦遵行司转饬查议去后。兹据各州、县、场、卫、所查明实在情形，禀由该管道、府、州呈经藩司丁宝桢复核议详前来。

臣伏查山东省本年被灾各属，前经臣先后督饬查勘，各按成灾、不成灾分别轻重情形奏请蠲缓。今蒙圣恩轸念民依，有加无已，特旨垂询来春青黄不接，应否调剂，跪诵之余，实深钦感。遵即悉心确核。除民力尚可输将处所无庸接济外，合无吁恳天恩俯准，将原报被水之济宁州黑土店等地方陈家庄等一百六十五村庄，历城县雒口镇等五十七村庄、朱家庄等八十八村庄；被水、被虫之邹平县西言礼庄等四十一村庄，长山县盛笃等约林溪村等二十八村庄；被水之齐河县孟家店等地方大孟庄等四十村庄、孟家铺等地方郭庄等一百八十五村庄，同并卫之张保等地方杨庄等四十三屯庄，长清县郭保张家庄等三百二十八村庄、顺保前后辛庄等八十村庄，东平州智远等保埠子头等四十八村庄、智明等保三里铺等三十四村庄，东阿县官庄村前张家道口等二百十七村庄，平阴县湖溪渡里韩家庄等七十九村庄，惠民县新店庄等一百五十村庄，阳信县钦风乡高家寨等六十六村庄，滨州李庄等三十一村庄；被水、被旱之海丰县小王等于家等六堆计五十一村庄；被水之利津县烟火台等地方许家计等四十五村庄，邹县平阳等社北六厂等二十五村庄，阳谷县南十六都前赵台等六十五村庄，菏泽县大郭等九都内李村集等二百四十二村庄；被水、被虫之巨野县玉山保玉山屯等四十二村庄；被水之濮州枣林等里五十三村庄，范县普里堌堆等三十五村庄，观城县吕家楼等十村庄，费县南尹石桥等社六十村庄，堂邑县江家胡同等十七村庄，茌平县陈官等屯王老庄等二十六村庄、邢庄等六十四村庄；被水之昌邑县任流等十六社共八十三村庄，潍县北台底等十二社田家庄等八十一村庄，金乡县东大等二十方周家庄等四百三村庄，应征同治四年上忙新赋及漕项、河银、临德等仓、民佃、盐课、芦课、学租、地租、盐钞、灶地、摊征、堤工等项，均请缓至同治四年麦后启征。

又被水之济宁州黑土店等地方倪家庙等一百八十六村庄，章邱县下一等里唐家庄等五十村庄、下二等里蒋家寨等二十六村庄；被水、被虫之长山县牧伯约辛集庄等一十村庄；被水之齐东县于家店等二十一村庄、张家桥等一十三村庄、孟家桥等五村庄、成家集等六村庄，禹城县一都一刘家花园等一百九十三村庄、一都一韩家庄等三十五村庄，临邑县冯家井等十一村庄，肥城县栾湾等社刘官庄等一百四村庄及并卫雷屯一屯，东平州东智理等保大金山等四十二村庄，东阿县五里村侯家庄等五十二村庄、关山村前关山等八十一村庄，惠民县第二堡杨家庄等一百二十四村庄、清河镇等十八村庄，青城县牛王庄等六十八村庄，阳信县归德乡赵升孟庄等六十九村庄，滨州老君堂等七十四村庄、正石庄等一百八十二村庄，沾化县皮店等里楚家庄等一百一十村庄，曲阜县东忠社河头村等二十一村庄，泗水县汉东等社张庄等九十五村庄，滕县仁五等保西焦村等四十三村庄、礼七等保凉水河等一百三十二村庄，峄县王下社马家庄等二百二十四村庄，阳谷县东更名张东溪等二百八十八村庄，寿张县坊廓里何家庄等二百五十一村庄、覃北里林家庄等六十一村庄、王东里葛家堤等二百三十二村庄，菏泽县甘泽等九都内二廓庙等六十三村庄、马林甘露都内之马寨等三十二村庄，曹县辛安等里赵家寨等九十五村庄，郓城县各北唐家庄等六十二村庄，濮州南关东等里李家楼等三百二十九村庄、马陵等里齐家堤口等一百六十七村庄、富春等里尹家庙等三百二十村庄、武家集等里韩家桥等五百五十三村庄、范县王麻口等四百五村庄，观城县濮范寄庄陈家营等一十一村庄，朝城县秋一等里箕山等四十三村庄，兰山县庄坞等保庄坞村等五百六村庄，郯城县出北等保出口庄等六十九村庄，聊城县黄现里等二十二村庄，鱼台县信等方内玉皇庙等一百七十八村庄，应征同治四年上忙新赋及漕项、河银、临德等仓、民佃、盐课、芦课、学租、地租、盐钞、灶地、摊征、堤工等项，均请缓至同治四年秋后启征。东昌、临清、济宁等三卫屯庄并盐场、灶地，均随同坐落州县一律办理。如此分别调剂，感颂皇仁，实无既极。

所有遵旨查明山东省本年被灾各州县来春青黄不接，应请缓征同治四年上忙新赋缘由，理合恭折复奏，伏祈皇太后、皇上圣鉴训示。谨奏。

同治四年正月初三日奉到回折："议政王军机大臣奉旨：'候旨行。钦此。'"

密陈东省本年镇司道府各官考语折

同治三年十二月十九日

奏为详核东省镇、司、道、府各官考语，开单密陈，恭折仰祈圣鉴事：

窃查各省镇、司、道、府等官，例于年终由督抚出具密考陈奏。臣仰沐圣恩，任事东抚，志图报称，勉竭愚诚。惟知人非易，察吏良难，谨饬者迂拘鲜通，便捷者浮华不实，表里难期如一，才德少有兼全。况东省为屏翰重地，吏治经隳坏多年，不认真考核，无以挽回风气；若仍令粉饰，何由振刷精神。顾欲除积重难返之势，必先求实心任事之员。臣自去冬军务告靖，回驻省垣，年余以来，详加考察，或于接见时觇其才识，或于出阅时验其设施，或于详禀事宜亲加批阅，或即舆情探访，互考声名。大抵有为先期有守，舍短仍欲取长；秉公鉴核，未敢避嫌避怨；苦口劝诫，勉以实事实心。兹值年终，谨据实出具考语，密缮清单，恭呈御览。

　　臣仍随时考察，如有改行易辙之员，即行据实参劾，不敢徇庇。理合恭折具奏。

　　同治四年正月初三日奉到回折："议政王军机大臣奉旨：'知道了。单二件留中。钦此。'"

东省官累綦重请免提扣州县坐支款折

同治三年十二月十九日

奏为沥陈东省官累情形，请将酌提州县坐支接补军需一款免其提解，并恳天恩免减养廉停钞二成，仍扣存弥补军需，以重帑项而厘积案，仰祈圣鉴事：

　　窃臣前将东省吏治情形附片具奏，于同治三年五月二十七日奉批谕："另片详陈东省吏治大概情形，所论亦属透彻。安民必先察吏，欲恤民之疾苦，先戒官之贪欺，而又必使为廉吏者不至赔累，俾中材皆知效法，吏治方克振兴。该抚既知吏治败坏之原，于营私粉饰之吏，务即随时严参，以期淘汰净尽。其尚知自爱赔累难支者，即不妨酌量调剂，使人人乐为循吏，以成大法小廉之治等因。钦此。"仰见圣明洞鉴，体念周详，于澄叙官方之中，寓激励廉隅之意。臣屡承宸训，感奋莫名，于一切应办事件，不敢欲速，亦不敢因循，惟有统筹全局，细察受病之源，以施补救。

　　查东省官方不饬与财赋不清，其弊实相表里。官惩其贪，尤宜养其廉；财综其大，始不遗其细。理财之法，须以每年实在数目核之，而后出入不能掩饰，利弊可以了然。臣现已结清积案交代，凡十七年来亏空各员，已将初案严参，续案亦即参奏。惟查有下累州县而暗妨国计者，如酌提州县坐支一案，不可不亟筹变通，请为皇太后、皇上缕陈之。

伏查东省州县，民间向无差徭，与北五省情形迥不相同。各属办公，全赖于征收地丁项下留支一款，除应支养廉、公费外，如拘提缉捕则有差役工食，接递驿报则有夫马工料，皆系办公难少之需。夫以钱粮之正供，而廉费、役食、工料等项，例准坐支。此朝廷慎重牧令，使之不窘于资，用防其废弛而杜其侵挪也。自道光二十九年办理清查亏空，截止流摊，查出无着亏款一百三十余万两，议定于通省州县坐支各项下，每年统计酌提银十万两，以为弥补，计十二三年即可弥补完竣。当时立议之始，实因养廉尚有五成，各项支款尚领十成，其役食等项又系支银发钱。当时银价渐昂，物值皆贱，州县于支发之项，尚敷挹注，故虽不免代人受累，犹可支持。嗣于咸丰八年济接京饷案内，役食一项核减二成；九年停给钞票案内，廉费并一切杂支均扣二成，役食又递扣二成，而酌提之数仍系照前十成全数扣提。以致余剩养廉、坐支等项，尽提尚多不敷，其应支之役食，又不能不照数垫发。加以各地方迭被灾扰，物价增贵，而银价复贱，州县日累一日，遂至报解寥寥。细查历年酌提实数，自道光二十九年秋季起，惟三十年完银十万两，咸丰元年完银九万六千余两，以后递年递少，或仅完数千两至数百两不等。统计截至同治三年六月止，实完银五十一万九千余两。其间复经前抚臣崇恩、臣清盛先后奏请推展酌提年分接补军需垫款，前案未清，后案又续。州县自知脱累无日，疲玩成风，问捕盗之不力，则以丁役无糊口之资；诘驿递之迟延，则以夫马无给养之费。废弛之弊，实由于此。势日迫于拘窘，因而侵用钱粮。目前借口则曰办公，日后弥缝则有交代，亏挪之弊亦由于此。而问所谓酌提者若何？弥补者若何？日久相蒙，徒存尘牍。此臣所谓官方不饬，财赋不清，相为表里者也。

臣前知此弊，即思清厘，欲求州县办事有资，不致流于贪墨。顾不先去积弊，亦何敢遽乞恩施。故破除顾忌，严查积年亏空，屡于接见属吏及手批公牍，切谕以廉洁为先，钱粮务须实征实解，毋匿丝毫；果能尽涤前非，必为上告君父，不使因公受累。又现将旧案交代已行完结，及酌提未完之款，自应遵照从前奏案，与正亏一并计参，以儆其余。自本年五月以后，新案交代无亏则结，有亏则参，皆依二参例限，并无迟逾，各州县尚知畏惧。查今岁实解钱粮之数，截至年底约有银二百三十余万两，比较历年除道光三十年款解二百五十余万两外，均无如此之多，为十余年所不及。是苟有以激励之，州县亦非安于不肖。

夫既参其亏空，严其交代，责其治效，杜其侵挪，而于办公应领之需，仍使束手无策，虽有廉洁，何以自全。是必至官皆可议之员，政皆操切之令，非所以成中材、劝廉吏也。臣愚以为与其束缚弛骤，徒属具文，不如因实变通，力求实际。查弥补清查一案，现计酌提年分早应全完，除实解过银五十一万九千余两，其余均入现算交代，分别追赔。本可截数，因有续经推展接补军需一案，前后套搭，又复牵延。

　　查东省弥补军需，原有扣廉归款成案。自臣以及司、道、府、州、县，各按成数，节年核扣，遵行已久，每年约扣四万四千余两。近年酌提所增，实在银数亦不过二三千两，徒为州县借口，实于欠款无裨。臣拟请将酌提州县坐支一款，全行停提，仍照成案，专以扣廉归补军需垫款。

　　又查州县养廉，从前系搭钞票二成。自钞票停止，即未给还二成，实与各省不能一律。州县为亲民之吏，首在敦饬廉隅。拟请将州县停钞之二成养廉，亦免核扣，以副朝廷制禄代耕之义。惟既已宽免酌提坐支，此项给还停钞二成养廉，拟仍由司库扣存，归入弥补军需，每年约银二万四千余两，连前案扣廉四万四千余两，每年实有六万八千余两，较之历年实在酌提之数尚属有盈。以之渐次归补军需，不同无着。而清查与军需两案，亦可截清，不至日久混淆，徒增交代纠缠之弊。彼州县者，仰沐鸿慈，若再不激发天良，仍前颓习，既概行从严参办，亦复何辞。

　　臣体念时艰，度支空乏，何敢为损上益下之请，亦非敢为邀誉市惠之行。惟思循名责实，州县所掌者曰钱粮，财赋大端，全在于此。使通省州县于应解钱粮实数全完外，又能酌提十万两弥补从前军需，岂不甚善。然法驱势迫，固有不能者。东省历年解司钱粮之数，固昭昭可考，即酌提一项，能完二三千两者，亦无非取之于钱粮，而从此捏冒侵亏，遂启一切无穷之弊。

　　臣窃思军需旧欠与现在钱粮同为国帑所关，未尝不兼权而熟计，与其课州县以从前之旧欠，不如课州县以实在之征收。现臣固守交代二参例限，不准稍逾，严核钱粮缓欠。果使州县自处稍宽，人人奋励，应完正供巨款，能循今年司库实入之数岁有加增，事皆核实，则存储待拨，自见充盈，不必别为补苴之术也。合无仰恳天恩敕部迅速议复，准将东省酌提坐支一款，自明年正月为始，概免酌提，仍按历次减成章程支领，并将州县养廉内停钞二成免减，仍扣存弥补军需，以期积累清完。财赋清而官方自易整饬。据藩司丁宝桢具详请奏前来。

　　除将各州县酌提坐支逾额银两数目造册咨部查核外，臣愚昧之见，是否有当，理合恭折具奏，伏祈皇太后、皇上圣鉴训示。谨奏。

　　同治四年正月初三日奉到回折："议政王军机大臣奉旨：'户部速议具奏。

片并发。钦此。'"

拨解新疆甘肃等处饷银片

同治三年十二月十九日

再，查东省应解新疆经费银七万两，业经先后解过盐课银二万两、地丁银三万两，并奏报在案。兹据藩司详称，在本年地丁银内续拨二万两，饬委候补府经历宋淦解交绥远城将军查收，派员转解。所有原拨银七万两，均已全数解清。又，东省陆续解过甘饷银八万两，兹于万分拮据中，筹拨本年地丁银二万两，饬委候补未入流张铜解赴陕西藩库交纳，转解甘省，以济急需。

除分咨查照外，理合附片陈明，伏乞圣鉴。谨奏。

同治四年正月初三日奉到回折："议政王军机大臣奉旨：'知道了。钦此。'"

请将知府停放搭钞二成养廉仍行给领片

同治三年十二月十九日

再，搭钞停支二成一案，原系将各官养廉一律办理。其州县例下，臣现拟请恩免扣，藉补军需，此外各官自应悉仍其旧。内惟知府一官，有督率州县之责，下属由其揭参，上司寄以耳目，故饬吏治必先州县，督州县必任知府，方能指臂相联。惟责任既专，公用较巨，除廉俸外，别无取资。现查东省章程，知府养廉除核减二成外，仍经迭扣，所领不及二成，自宜量加体恤。况军需弥补项下，业经核扣二成，亦宜稍为区别。实计停支知府搭钞二成廉银，每年不过四千九百余两。在朝廷沛涓滴之恩，亦可激廉隅而资表率。合无仰恳天恩饬部，自同治四年起，将知府停放搭钞之二成养廉仍行给领，出自逾格鸿慈。理合附片具陈，伏乞圣鉴。谨奏。

同治四年正月初三日奉到回折："议政王军机大臣奉旨：'览。钦此。'"

鱼台县境湖团丈地编籍情形片

同治三年十二月十九日

再，臣前将东省鱼台境内湖荒现办安插各情具疏奏闻，奉旨："据奏筹办湖团情形已悉。著即会商吴棠、李鸿章，将一应善后事宜迅速妥筹办理各等因。钦此。"谨即恭录谕旨，分咨商办在案。

伏查湖团荒地毗连江南、山东两省，江境之地居十之七，东境之地仅十之三。其江省应办事宜，昨经漕臣吴棠咨开，已派委员督同沛县知县迅为经理，因地势辽阔，一时尚未报竣。东省为地无多，尚易清丈。兹据委员前济宁州知州周鹍禀称，所有毗属东省鱼台县境内湖荒各地，均已一律丈量清竣。除内中侵占民地俱经退出清还外，共计旧垦湖荒二百六十六顷八十四亩零，又查出新垦湖荒计十一顷三亩零，均应按地升科，俾令执业。其垦荒民人共二十五村庄，内计一千一百一十六户，实计大小男妇及雇工人等共四千三百四十三名口，已按照保甲章程，编户入籍。所有该团枪械等件，亦饬一律缴官各等情，并缮具地亩花名册，禀报前来。

臣查该湖荒业经丈量清晰，自应一律升科。该地团民业经缴械编户，遵行保甲，此后自安生业。惟该地既系新垦，不可无官驻扎。现查鱼台县内有管河主簿一员，又有城汛千总一员，拟可就近暂移该处，以资弹压。至该处钱粮词讼，仍归鱼台县经营，以专责成。庶几抚驭得宜，期安永久。唐守中亦自退团长，随户安插，并饬地方官随时察看，严为约束。其刘际昌等所控各案，应俟江南查明会办。

除饬藩司将鱼台县境已丈湖地升科赋则及设官章程妥议定拟，再行恭疏具题外，所有现办鱼境湖团丈地编籍情形，现合先行奏纾圣廑。谨附片具陈，伏乞圣鉴。谨奏。

同治四年正月初三日奉到回折："议政王军机大臣奉旨：'知道了。钦此。'"

附编：通饬批牍

批费县令王成谦禀
同治三年二月二十二日

据禀捕获王得胜等十六名犯正法已悉。该令诘奸除暴，深为可嘉。年尾春初，逃回者应不少，该令务于此时用意用力，以期渐断根株。为政之要，首在得人。东省团总固有强横者，要未必无忠信。民之恨官久矣，团练兴，民乃得而反之，畏之者又欲尽行去团。是欲与民离心离德，焉能已乱。该令有勇往之才以除暴，尤必有廉正之节，明惠之症，处处安人便民，择地方善士为乡长、里首。本部院另札颁行保甲章程，该令与费之善士仿而行之，耐烦吃苦，以靖乱萌，勿沽名，勿嗜利，以为持身之本，切实讲求政刑，俾闾阎安乐，赋税踊跃。以该令有从政之才，奏明留署，深望转移风俗，修明政事，其毋自书！此缴。

批高唐州张牧禀

同治三年三月初四日

据禀拿获积贼彭六缘由已悉。知于听断，缉捕用心，乃可从政。缉捕不能不用干役，防其讹诈，防其养贼，该牧务为善用。何以善用？一曰重赏，一曰严刑。该州去年下忙钱粮，现据另文解到，计欠数几及八千两，殊为疏惰，该牧其力征之。惟于听断缉捕十分用力，民乃感畏，自然输将。缓数欠数，一年稍多，即节年为累，官力民力，俱难措施。又或已征不解，捏完作欠，兼有捏实冒缓，规避处分，侵蚀亏挪，复不参办，而财用遂耗竭矣。各省类有如此，而东省攘窃成习，败坏尤甚，此之谓无政事。国计之窘，实由于此。非财力果窘于乾嘉之时，乃官吏牟利日巧，欺诈百端。稍为谨愿者，不知民事，甘作木偶，复附托名士"催科政拙"之一语，而吏道遂不可救药。治平之策，理财为要，此非聚敛可比。而非同民好恶，不能理财。此本部院切饬殷殷于听断、缉捕，以为催科之本也。该牧貌似安详，实可振作。望勤明自励，勿令人诮书生无用。因阅报解钱粮验文，牵连尽之。

批临邑县令帅嵩龄禀

同治三年三月二十七日

缉盗以捣其巢穴为上，出案缉获者次之。济、临、商、陵各处，马贼之巢穴也。政刑久失，盗贼繁兴，此岂细故。乃各官吏皆抗言曰："卑境无贼。"是欺本部院为骄童痴竖，欺乡间为盲人瞽目。自甘聋聩，忝膺民社，人心至此，尚何言哉！今特申告官吏：河北贼薮从未搜擒，该境或无失事，而养寇殃民，厥咎更重。龚渤海之卖剑买刀上矣，其次惟有钼除之法。各官吏当以缉捕为切身要务，此非用干捕不可。其徒类多狡黠，用之之法，一曰重赏，二曰严刑，或可有济而少弊。仍须力行保甲，兼用本地好人，令将某盗某窝密知送信，飞速掩捕，以助官役之不及。是在平时用心访查，临时明决办理，不惜费，不苟安，急起图之，勿再因循。该令所拟章程，望言之能行为要。除分行各属外，仰即遵照。缴。

批臬司详请裁汰秋审公费银两

同治三年三月二十九日

据详嘉悦览悉。东省臬司衙门最为清苦，向借此项以资办公。该司依然请裁，具见廉明刚大，不胜倾服。细阅详文，所称义利分界，剖晰无遗，尤见养之有素。以慈祥恺悌之心，为正大光明之举，仁人之言，其利溥哉！近时风气，惟"利"字一关最难打破，而东省官场尤为牟利坏尽一切，安得尽如该司者为之起救此陷溺之人心哉！自应勉从所请，将秋审经费一项，自今年为始，即行停止；其各项册费为办公不可少之需，仍应各循其旧。除录详文札行各府州转饬各属外，此缴。

附：臬司丁宝桢详文

为详明事：

窃照臬司衙门向有各州县捐解秋审公费一款，由来已久，历任皆以臬署清苦，藉此作办公之费。查此项银两，不计缺分之肥瘠，专论案数之多寡。年中每遇新案一起，解银二十两，由首府县汇催解送司署。统计近岁以来，因遇赦典，起数多少不同，捐解银两或二三千金至三四千金不等。本司查每年秋审，所有办公之需，一切支销，无须此数。以有限之需费而乃强筹巨款，摊及通省，沿为成利，名虽公用，实即漏规，此则不必取也。

且通省一百八州县，缺有大小，优绌不齐，并有极苦之缺向免一切捐摊者。今公费旧章，不论缺分，专论案数，有大缺州县而并无一案者，有中小州县而或多至数案者，一则未捐分厘，一则按起摊解，其中苦乐不均，甚非所以示平允，此又所不宜取也。

然犹浅言之也。秋审为鞫囚大典，有斩绞因有秋审，有秋审因有公费。夫罪至斩绞，民命攸关，即使刑法得平，而睹此累囚，已属第一伤心惨目之事。乃以居官所最应哀矜者，反因以为利，添一犯即增一分之费。若以此为苦缺津贴，则臬司忝列大员，似不宜存此琐屑之见。倘竟以为进项，而后可藉端以取赢，忍心害理，抚衷实难自问，此尤断断不可取也。

夫臬司职在明刑，但求政简刑清，或可无惭任使。若此等规费，安然受之，义利之辨，先昧于心，又何以培养和气而期图圄风清。本司非故为矫廉，实以此项公费，循名核实，斟酌至再，实有取非其道，受之难安者，不得不亟亟议裁。所有秋审公费一项，应即停止，饬知各州县，自本年为始，一律毋庸捐解。至秋审书吏册费银一两二钱及院署册费银五钱，实系办公不可少之需，应仍其旧，以示区别。

除通饬知照外，拟合呈详宪台鉴核批示祇遵，实为公便。

批新泰县郑令禀

同治三年四月初一日

据禀报解本年下忙钱粮缘由已悉。该令人本安详，新民亦知守义，似此实征实解，洵属官民两美。惟称本年坐支银两尽数凑解，又云将下忙垫解足额，殊可不必。本部院只讲真灾真缓，实征实解，并非不恤民力官力，一意聚敛。各州县坐支项下，如各官廉俸、各衙门役食、驿站夫马等项，制用自有常经，待领者环而相向。若春征以缓，概不支发，则办公无资，诸行掣肘，更虑别计营财，多方刻剥。此乃专顾门面，不究本源之流弊也，非可常行之事。

除将报解银三千六百六十两二钱三分二厘行司核收外，仰即遵照。缴。

通饬各属严防差役讹诈害民

同治三年四月初一日

照得省西余匪、马贼，迭经严拿惩创，各属聚众抗粮团长，如邱县之张本功、李金铎、连瑞照业经正法，阳信之商停终、济阳之王汶训现已拿获究办。凡此芟除梗顽，原为扶植良善，若得地方官听断勤明，缉捕严肃，则诚能动物，百姓自然敬服，钱漕之输纳无待追呼。乃去冬搜捕余匪，堂邑贡生李老协因此索诈乡民，冠县捕役因此诈钱抄抢，馆陶、邱县差役因此得钱卖放，纳贿充役。虽饬提府提州严行审究，月前济阳又有蠹役邓万兴，于王汶训被拿之后，勾结刁民王永山赴乡讹诈，经本部院访闻饬拿，解司严办。该县乡民才免恶团之扰累，又遭蠹役之诈害，无怪民之怨恨轻慢，视官如仇。清夜扪心，能无自愧！况衙役一项，贪饕性成，狡诈居心，自己本无身家，遇事则狐假虎威，鱼肉良懦，如饥鹰得食，不厌不休，甚至豢盗窝匪，诬良嘱扳，私拷吓诈，种种情弊，难以枚举。而地方各官，或视为心腹，言听计从；或作哑装聋，漫不经意。身居民上者，当以爱养斯民为念，岂可任役扰害！若不明白告诫，严行查究，恐清白之员不为衙役所诱，即为衙役所累，害官害民，真堪切齿痛恨。

除严密访查外，合行严札通饬各属一体遵照，务将衙役严加约束。当知小人喻利，见财则身命不惜焉。能顾尔功名，惟有重其刑罚，严其防闲，有犯必惩，不稍宽贷，庶可遏其肆纵。若再因循玩愒，平时既不知查察，事发又曲为庇护，一经查出审实，官则严参，役则治罪，计赃轻者提至省城，重枷枷示，至死方休。本部院言之必行，毋相尝试，后悔莫及。其各懔遵。切切！特札。

批曲阜县曹令禀
同治三年四月初三日

图甚精细，具见用心。本部院饬属绘具图说，欲知地方之情形，亦欲各官皆知地方之情形。所以州曰"知州"，县曰"知县"，义正取此。该令务亦自备一份，悬之座右，将图内村庄暇即阅看，庶日坐衙斋，可披图以体察；因公下乡，可即图以参观。他如催征钱赋，办理保甲，缉拿匪类，自理词讼，一展舆图，村庄疏密，道里远近，宛然在目。情形既已熟悉，措施自然合宜，足迹容有不到，精神亦无不周。四境之内如一家，万民之众如一身，政事何患不修，地方何患不治。若谓图说既已呈送，即可不复置念，则大负本部院绘图之意矣。仰兖州府转行知照，并饬所属知照。缴。图存。

通饬办理交代二参
同治三年四月十四日

照得东省交代，历年延不会算，算而不清，清而不结，旧案未了，新案续增，陈陈相因，伊于胡底。从前藉口军务，难以兼顾。现在地方一律肃清，再不催办，更待何日。例载：交代初参定限两个月，前任官限二十日内造册移交，新任官限四十日内复核，转造出结，申送府州。又仓谷钱粮数多及一人而有两任交代者，例准十五日、三十日、四十五日不等，如有迟延，查明何任，分晰咨参。督催不力之上司，随案附揭，声请议处。二参限期照初参予限两个月，不得以新旧两任辗转驳查为词，逾限不结。该上司即查明何任迟延，揭报该督抚题参革职。又，属员逾违二参之案，该督抚即查明有无亏缺，于疏内声明。如果交代已清，仅止出结逾限，将本员照例议处，该上司免议；若交代尚有未清，该督抚止以迟延题参，不声明有无亏短者，将申详之司、道、府降三级调用，督抚降一级留任。又，咸丰七年闰五月户部议复周御史立瀛条奏，各省州县交代，大吏总不揭报二参，并以造册舛错往返驳查为词代为弥缝，致令各属毫无顾忌。嗣后各省倘有二参已逾，该上司延不揭参，即由部奏请将逾违二参之州县革职，该管上司照徇庇例议处各等语。此固昭然在人耳目者。

乃东省迟至二参限满已久，始行开报初参，若二参从来不办，是功令竟同虚设，无怪交案日积，空亏日增也。各员中亦有稍知自爱情愿清结者，只缘前后任账目互相牵掣，碍难抽出另算，遂致一概压搁，卸事后欲再任而不能，欲回籍而不得，频年株守，旅费虚糜，即有愿交之项，日渐消磨，同归于尽，同被揭参。此皆不肖者任意宕延，贤者亦为之连累。泾渭不分，黑白不辨，其将何以为政。

本部院存心行事，万不故为苛刻，而循例应办事件，岂能任其颓废不行。除从前旧任交代，姑念事隔多年，官非一任，现在次第核算，从宽免开二参。所有新案各交代，以本年五月初一日为始，定行查照成例核办。既有正限，又有展限，限期不可谓不宽，若再逾违，则是安心不结交代，即守待数年，亦属无益。此等自甘废弃之员，参之尚何足惜。且上司代各属弥缝，吏议綦严，本部院自顾考成，不愿代人受过，亦不能不如此办理。嗣后各官到任，速催前任移送册籍，确查无亏则结，有亏则揭，毋稍扶同徇隐，致干并咎。其旧案交代，仍即赶紧清算结报，不得误会专重新案，复将旧案悬宕。倘敢仍蹈前辙，定即分别查参。

而正本清源，权操自上。举凡钱粮奏销、军需垫款，实与交代相辅而行，近年均未随时赶办。各州县遂谓正赋尽可亏短，并无处分，垫项尽有赢余，何难列抵，以致放胆亏挪，不可收拾。此又在藩司及报销局之加意整顿方收成效。前经札饬再三，唇焦舌敝，不免听者生厌，而东省向未办过二参，不得不预先通饬。自饬之后，惟有执法以绳，不再烦渎，凡吾僚友，应亦共鉴苦衷。

所硁硁告戒者，各州县无论缺分繁简，在任久暂，出纳之数，断不可不知。倘尽委经手之人而己不与闻，则我不挪移有挪移者，我不侵蚀有侵蚀者，至交代时，水落石出，悔无可追。是在平日留心钱款数目，何者为正杂，何者为仓捐，并将旧管、新收、开除、实在，逐一推敲，嘱司管钥者将进项、出项分立各簿，按旬一小结，按季一大结，随时查阅，则仓库出入相符不相符，有余不足之数，了然心目，可以先事绸缪。迨至离任，册籍顷刻可成，既无冒滥，又无遗漏，亦无纠缠。此乃交代之紧要关键，勿视为迂谈也。

除通行外，札到该县，遵照毋违。

批平原县令张廷扬禀

同治三年六月初一日

上下两忙分征，原以体恤民力，而民间每于上忙一次完足者，所在皆有，东三府尤多，西府亦恒有之，特向来率官为挪移。本部院前批仍令在官实征实解，非令格外追呼。近闻各属竟有于上忙时出票催下忙者，殊为误会。各县钱粮有死串、活串之不同，应下顺民心，勿事抑勒。该县已收下忙二千五百两，具见民心急公，该县即亦批解，亦见核实。钱粮一事，报解必实，征收必信。东省有抗粮之风，尤必示民以信。如已经请缓钱粮，未至其时，切不可征，所谓信也。乃东省弊窦，全在一缓，造作挑征、挖征名目，希图掩饰。此关不破，财赋难实。各牧令其同心共济，力挽颓习。若仍诡诈相沿，定登白简。仰布政司将解到银二千五百两分款核收，并行张令及各属一体遵照。此缴。

批平原县令张廷扬禀

同治三年六月初四日

据禀已悉。交代一案，此东省第一要事，明知积重之势，窃欲返之。该署令前在胶州交代清结，心为重之。此番平原积年交代，尤须速清，有亏则揭，无亏则接，毫不强人以难行之事也。仰即遵照。此缴。

批济南知府萧培元禀

同治三年六月二十三日

汉诏有云："庶民所以安其田里而无叹息愁恨之声音，政平讼理也。"吏道既失，卑鄙者财赂为念，罔知民艰；谨愿者迂拘自安，不通民事。依违迁就，图了案牍，冀脱处分，是非失真，酿此大乱，非细事也。两汉贤能，皆以经术治狱，听断显名，地方乂安；况官吏骫法，尤赵广汉、尹翁归所急治者。

东省讼端繁扰，纠杂嚣凌，时渎天听。民气不静，民心不平，祸乱不止。本部院读律功疏，治狱才绌，昕夕愧汗，极愿同僚蔚为卓越，屡诚谳局，专力听断，非为老生常谈，亦非炫为奇异。该守儒术湛深，必思为法平允。各委员从事省局，毫无心得，一任地方，何能服众？为民上者顾如是耶？此案王丞、李令既未画诺，应免停委。该府身任二千石，此非疑难大案，无庸另委大员，仍由该府督同委员审理。丁役诈财，百不获一。实此案赃无可委，犹任丁役狡辩脱卸，所供各情，词不近理。该谳局审案，既多拖累，仍以含混了事。如此案承审一年，究于事理有当否？徒使丁役感激，拖累既多，原告心终不平，读书致用之义应不如是。仍即平心审议，果事有确据，理有可通，本部院亦非故入人罪，胶执谬见也。

除行两司外，仰即遵照。此缴。

批禹城县赵令候补县韩令会禀
同治三年六月二十八日

据禀已悉。查官民本属一体，总在地方官平日尽心民事，无事不为民兴利，无纤毫利己之私，信而后劳其民，民虽惮于图始，亦未始不能感动，况自保田庐乎！奈官凡发一号令，民心惊相谓曰："官藉事牟利也，胥役藉此勒索也。"避之不暇，谁又从之！官之为民所恶如是，而欲事之治也能乎？该县河道，仍当于农隙实力劝督民修。北人固惮勤劳，亦可董劝，在于该令诚意相孚否耳。仰即遵照。此缴。图折存。

批曹县令汤鋐禀
同治三年六月二十八日

据禀及另单均悉。季路之折狱也，称为明决；董安于之治晋阳也，行之以敢，而其本皆由忠信。该署令似决矣、敢矣，其力勉为忠信以植其本，则猛而不残，严而不酷，乃可为政。该署令质本精明，似有志者，惟望以朴实勤俭，刻自奋勉，则所造愈上。嗜好须渐除，精神须内敛。玩好多则费用不支，宾从广则防闲难备。风雅大可娱心，而不足以治事；才华行实力，乃能随处有成。以该署令具有美质，良欲蔚为大才，故切告之。东省官习甚恶，攘夺剥削，兼有其弊，亏空诡诈，有由然也。不朴实勤俭，乌得不蹈此风。若不河汉斯言，切望鞭辟近里。此缴。

批青州府禀行司通饬各府

同治三年六月二十九日

照得本年六月二十八日，据青州府知府高镇所禀各情到本部院。据此，查本年青属征解上忙粮赋尚属真实，各令经征，该守督催，具见用意。惟欲变齐鲁风俗，尤在实缓及交代两事。本年缓数无多，前四载积数颇巨。该守行县稽查，务必亲提缓案，赤书征册，详为核校。诡弊作伪，有匪夷所思者，物情幻诈，该府察之。本部院极欲另行设法，各牧令似有天良发见者，与人为善，且观后效。交代定办二参，嗣后凡有交卸，扣足限期，倘司、道、府、州不行揭报，定径行出参。若药弗瞑眩，厥疾弗瘳，非故为刻薄也。往昔从事民曹，奔走列肆，抽收铺租，大司农以下持筹者数十员，所入十余万贯金钱。南北各省，义民捐输，朝廷多方奖劝。商贾贸易，征榷厘课，几为竭泽之渔。度支匮乏，民生疾苦，上廑宵旰，百计图维，下及四海臣民，无不仰体君父之急。乃山东官吏，竟专以攘窃正供为事，十七年来亏空无数。斯在雍乾康阜之时不容有此政事，岂意见于今日！若遇有耻之士，何颜厕于士大夫之列！犹复阻扰朦混，毫无愧悔。廉耻道丧，天理亡而人心死，尚何言哉！本部院犹均未忍不教而诛，去岁今春，切为告诫。各牧令间有奋发兴起者，本年上忙似有转机。而迩来卸事之员，类多征存不解，亏空巨万，连参数起。东、曹、兖、沂粮赋，民气甫定，尚未加意督催核校。总缘缓案弊窦未除，交代有心延抗，终非拔本塞源之计。本部院到任年余，原期移风易俗，不以参劾见长，乃似此不肖，怙恶不悛，断难再事宽典，此后定行严治，期挽恶风。惟念各道府耳目较近，职司纠绳，何得以闲官自处。所望一切政事，时加考核，确有见闻，勿事瞻徇。况灾案、交代，循例事件，并此颠顸，焉望董率。极愿协力同心，渐臻澄叙。若竟河汉斯言，终难交全僚友。

除禀批示外，合行札饬，该司立即移行道、府、州各属遵照毋违。此札。

批恩县陈令禀

同治三年七月初六日

东省民情向称好讼，近来上控、京控之多，半由于民，亦半由于官。本部院留心各属详报命盗等案类多迟误，其审理词讼事件岂尽勤明。审不勤则民多拖累，断不明则民多怨恨，无怪其结后复翻，上控、京控，而胥役之索诈，讼棍之播弄，皆由此出。故本部院于审断一事，迭次通饬，如各牧令能将自理词讼，不多传，不滥押，迅速传审，平允断结，两造自然输服，即胥役、讼棍亦无所使其伎俩。如有诈赃唆讼之人，再为破除积习，不惮烦劳，据实严治其罪，使良民怀德，奸徒畏法，则刁告之风自可渐息。至于绅民院控呈词，本部院平心核批，悉出亲裁，偶有情太支离，其刁妄显而易见者，无不发县送回复审。惟递回之后，全在地方官秉公审究，严办诬告，以明政刑。乃各州县于上控批审案件，狃于积习，相率迁就，从不肯核实究办。水懦民玩，自古已然。此而诿咎于民之好讼，不亦谬哉！

仰按察司速饬遵照，并再通饬。此缴。

札布政司催算交代
同治三年七月初七日

照得山东省地丁正杂钱粮，积欠亏挪，日久缪轇。自道光二十八年办理清查之后，迄未完缴清楚。嗣后交案又复陈陈相因，愈积愈多。虽经前院于咸丰七年奏明设局，勒限催办，而结报者甚少，迄今八年之久，毫无成效。各州县前后任彼此观望，互相推诿，延不到局核算；即使算清，亦将各账束诸高阁，究竟是侵是挪，有着无着，概置不问。亏空之员，逍遥事外，或潜回原籍，咨提徒致耽延；或已登鬼录，生前幸逃法网。局中监算之员，屡经更易，类皆坐费时日，虚糜经费。首县垫发局用，历任分派各州县认摊，遂致啧有烦言。此皆积习相沿，匪伊朝夕，而实各上司不能认真督办之过也。现在旧案勒限九月底一律清结，新案自五月初一日以后到任者，照例开报二参，逾限不结，无待该管道府揭报，径由本部院严参。而该司衙门为通省钱粮总汇之区，责无旁贷，自应将开局以后，彻底清查。凡有接算各任，核明除抵尚短正、杂、仓、捐款各若干，按任分别现任、候补、事故，开具员名、银数清册送查。其酌提坐支一款，应另行分年开列，不得笼统声叙。并通盘核计，何项应即参办，何项应即追赔，逐一厘剔清楚，庶几有条不紊，可期以速补迟。合亟专札谆饬。札到，该司立即筹照，务将亏空各员，每月详报一案，以凭奏参。其续案挨次鳞接，毋得间断。并须吊齐案卷，核准例案，于详文内将本员应得罪名，切实叙明，以免畸轻畸重。本部院系照例筹办，并非深文周内，务期情真罪当，不使侵挪国帑者幸免，亦不使身犯王章者含冤。该司诸事综核名实，当亦同此苦衷也。

　　本部院于此事昕夕焦思，唇焦舌敝，此札之后，不再烦渎。倘各州县及各委员仍不遵办，倩友来省，并不同时到局，此出彼入，日久宕延，则是有意阻扰，非文告所能感悟，定当执法以绳，不稍宽假。卷宗如省府两处牵扯，即饬令归并省中核算。失守州县，迅速抄卷。交代局准于年底裁撤，断不再行推展，花销公项，并由司速移该局并行各属一体知照。各宜懔遵，毋贻后悔！特札。

批朝城县权令禀

同治三年九月二十一日

　　前据恩县禀请上控原告酌量押发，业经明白批示行司通饬。今该县又请将上控原告，无论案情轻重，一概押发，是欲以此防民之讼，必致壅阏不通，无此政体。欲禁于告，在于平日修明政刑，积之既久，使民怀德畏威，间有刁告，自当严惩。今东省上控、京控之多为天下最，皆由州县不知听断为要，拖累者半，颠顶者半。间阎怨怒，良民忍气吞声，刁民各处控告，吏治之坏，莫此为甚。本部院不难严办刁告，惟州县听断殊不敢信。此后凡州县上控者，方思查明参办，该县所请，未便准行。仰按察司转饬该县，并通饬知照。

批冠县孙令禀

同治三年九月□日

　　据禀前次折开请缓钱粮数目，即滨黄河之处亦无如该县之多者，本思驳斥，以该令治冠用猛，或恐过伤民气，姑留有余，俾该令得从容为政。至东省民欠，从来无带征之说。其中容有抗欠之户，而在官者弊窦万端，不可胜数，岂能实惠及民。本部院力除此弊，本年驳令带征民欠数十处，无非各就地方情形，酌中定断。该县最轻各庄，秋收中稔，并非十分歉薄，所请碍难准行，仍遵前批办理。该令才力可以有为，但能尽心民事，民自输将。尤必平民心，静民气。如该县差役之生事，此民心大为之不平，不能静气帖服者。若非该令袒护，何以本府提案日久不解，屡令委员传谕，亦日久不解，大属非是。意该令之治冠，专任此辈为爪牙，亦非真能用猛者。该令不知力去切近深酷害民之物，徒以未便带征民欠为仁爱之言，此仍锢染积习，只徒自计。须知爱民之道，在彼不在此。该令其力为戒之！

批新城县令高文绮禀
同治三年九月二十六日

据禀各情，未便准行。所有原请宗、崔等六村庄，应如原禀办理，其余阖境村庄，除本年钱漕照常征收外，应将同治二年民欠及原缓钱粮一并带征，不准请缓。其元年以前欠缓各案，亦如原禀办理。仰即遵办，不准藉词。其实该县并未用心查考，不过惑于人言，率具此禀，以为山东之例，万不可破。其于公事，毫不经意，大可概见。山东报灾请缓，竟不论丰歉，竟成年例，无非官吏舞弊之计。本年下忙初开时，即有灾情之所，亦未即报，恐遭驳斥。至一一禀报，窥明意指，则又纷至沓来，故态复萌。是该州县皆仁爱之官吏，本部院实为聚敛之小人也。国家田赋所入，原不妨损上益下。东省州县试自思之，果于缓欠毫无弊窦乎？如出示招告，吾恐民之诉者填门溢衢，不然何抗粮之多也。其中诡诈不可枚举。本年秋灾，除沿河各处外，其余多照原请核行，其共见为成熟之区，小有改驳，原以向来旧欠旧缓，皆为劣吏私征之数。本年与各牧令申约，该州县有渐为改辙者，亦难律以丝丝入扣。且尚有去年被扰各区，民气实有未复，期于在官在民，渐改污习，一俟来年更当加意严办，并非过为驱迫。何该令不加查察，竟率行禀复。查该县二年秋灾请缓钱粮，仍是宗、崔等八村庄。今年较少二村。其余阖境二年钱漕，上年并未请缓，可见原禀请缓二年秋灾案内，原缓钱粮本未详核，率意具禀，不过仍为侵蚀民欠之计。似此居心诈伪，实为痛恨！本年核定灾缓，必设法密查，一经告发有私征情弊，定即严参。该令其懔遵办理，勿得巧为尝试，致干重咎。仍于宗、崔等村庄名下开明请缓银数呈送，不准笼统约报。

除行司汇案核办并通饬外，此缴。

批武定知府张鼎辅禀
同治三年十月初七日

据禀已悉。除行司核议汇办外，惟各处历年缓欠，其有灾前已完银数并不声明，有亦不过数处，大属非是。此事积习相沿，牢不可破。苟有洁清自好者，自应力求明白，方为核实。乃言之再三，犹不肯改其含混之秘诀。即该管府州及委员，查核钱粮亦多不肯出示缓欠征册，是诚何心！至青黄不接案内，应缓之项共有若干，亦应详明声叙。极其弊，诚恐竟有伪造征串者，事难保其必无，亦不得不防其渐。总之，东省牧令，无非于"缓欠"二字偷作伎俩，弊端百出，曷可胜言。仰即查照所指各情，转饬该县造送，并饬所属遵办，毋得迟延。缴。图折存。

批汶上县左令禀行司通饬各属
同治三年十月二十日

照得本年十月十六日，据汶上县知县左宜似禀称，带征上年旧欠并漕水上年无欠等情到本部院。据此，查缓欠舞弊，东省以为传授法门，恬不知非，巧滑者率为此而来，所谓"天理已亡，人心已死"者。约计十余年来，每年除实在缓欠外，侵蚀总在百万两以上。民知其故，群相抗粮，遂成大乱，实官阶之厉也。即如请缓旧欠，多称毗连灾区。须知施于旱灾，犹可含糊；施于水灾，难掩耳目。如历城北乡，黄流涌溢，灾诚非轻；其东、西、南各乡，倚山高阜，逢此中稔，谓为毗连灾区，言诚不顺。相沿旧套，逐应渐改。东省历来无带征欠案之说，尽以"缓"字消纳，果否真欠，不可究诘。本部院饬令带征旧欠，此事官吏大不谓然，浅言之犹曰恐累处分，实则难破故习耳。本部院非教人聚敛，竭泽而渔，无非令实征实解，真缓真欠，以裕财赋。财赋裕，一切政事乃可理。钱粮不在敲扑。《元史》有曰："百姓安，钱粮何患不足。"民何以安，端在尽心听断缉捕，不勒罚款，不纵丁役讹诈。孟子曰："善政得民财。"又必力行保甲，清查赋额。古有井田，必严经界；今为阡陌，必核赋额。孟子又曰："经界不正"，"谷禄不平"。今东饷积欠三年，养廉减无可减，坐支率皆酌提，不平实甚。揆其所由，乃数十年含混交代，亏短钱粮，以致贫弱日甚。如此田赋安能核实！官吏不知讲求，不过赖粮书相传粮册，地亩混淆，户名淆乱，为之官者更囫囵渔利，颟顸作弊。理财如此，诚难言矣。言者又谓：民间抗不税契，殊难清查。须知此由从前索费过多，留难淹滞，遂至不税，亦无如何。欲挽此风，仍须一意便民，毫不取利，乃可渐行。抑犹有虑者，本年设法查考钱粮，严催交代，必有即时伪造征册者。各僚属须知自爱，一切查出，难当重罪。本部院非过为逆亿，实缘作伪百出，有则改之，无则加勉而已。因与该令言带征旧欠之概，牵连类及。

除禀批示外，合行札饬。札到，该司府转饬各属遵照毋违！此札。

批莱阳县陈署令禀
同治三年十月二十八日

据禀，莱阳勤朴敦厚，想见古风，惟在官吏勿凿浑沌，乃可保此美俗。乔野之习，固当以诗书化之。要之诸书之教，全在礼义，若专以文章风雅为尚，恐反漓其朴厚之风。官不如士，士不如民，由来久矣。直道之行，乡间犹见，该令能曲体民情乎？然勤实以为政，自有起色，况莱阳之易治哉！好讼之习，皆官酿之，非因循拖累，即武断颠顶，物不平则鸣，有必然者。东吏多年以来，除攘窃钱粮外，他事又何所用心？听断几同失传，缉捕虚应故事。民之积怨于官，既深且久，深虑人人揭竿而起也。该令既知用心于此，须切实为之，听断须速，严束丁役书吏，稍为袒护，即失民心，大非细故。暇即下乡周历，勿稍安逸。事事与民相通相亲，切戒壅蔽，不洗尽官套官派，万难望民一气。该令勿托空言，须于纤悉琐碎耐烦为之，勿令人嗤本部院专好儒官也。此缴。

批冠县令孙善述禀
同治三年十一月初八日

查该县所禀，不过虑及处分，所言皆非隐也。其劣者，犹欲照旧侵蚀耳。若征不起，仍令实欠在民，亦何不可。此昔人所谓"催科政拙"，无害为良吏。若逆计其难征而预缓之，年复一年，专为己便，将朝廷令甲一意规避，此其心为何如者！况东吏捏完作欠，已成锢习，该令毋得巧言相试。至称随时察看情形，另禀核办，此案已经入奏，尚有何核办之处？仰布政司转饬遵照。

通饬清理词讼
同治三年十一月二十七日

照得民间词讼，多因事有不平。如批准即传，传到即审，斟酌清理，剖断明允，两造自然输服，何患讼端之不息。若是非颠倒，黑白无分，或累月经年，宕延不结，则人心不服，争竞分起，上控、京控之多，实由于此。本部院故于审断一事，再三劝勉，并照例饬造自理词讼循环簿，以备稽查。半年以来，实力奉行者竟不多得，大抵草率造报，虚应故事，上控批审之案，亦多不开入，甚非饬造之本意。即如各府、直隶州提审之控案，处处皆有，而审结详销者，甚属寥寥。是否结而不详，提而不到，抑系应审不审，应结不结，从未造报，无由而知。今本部院欲知各属控案之多寡，审理之迟速，定一月报之法。自明年正月为始，藩、臬、运三司，各将每月批发呈词，于月底开册申报，摘叙简明案由，注明批审、委审、提审字样。三道、十府、二直隶州亦如之。至各府、直隶州提审控案，亦应开造管、收、除、在四柱循环簿，以未结者为旧管，已结者为开除，未结新收者为实在，逐起注明奉批提审各日期。如逾两月不结者，将原由详细注明。如有被证不到者，将提催州县次数注明，按月详送倒换。即州县自理词讼号簿内，亦将批审控案一体造入，均不得隐匿遗漏。凡上控太多及提案不解之州县，定行撤参。诸君子服官治民，勿视为案牍劳形，勿置词讼于度外。本部院将来之举劾，总视审断之优劣以为定衡。惟望同心协力，一洗从前怠玩积习，相与共为治理，是则本部院所厚望焉。速即饬属遵行，切勿视为具文！此札。

签驳臬司详邱县民人京控典史案

同治三年十二月初一日

臬司知悉：

案据该兼署司审详邱县民人郭曾京控典史李厚田贪婪诈害，并监生刘际华控该典史妄拿押诈两案，详文到院。本部院查该民人郭曾京控该典史李厚田派役牛清安等妄拿吓诈，尚未得赃，并列被诈之刘清连等作证，若非该典史授意妄拿，即系该役等藉差吓诈，断不至影响全无。据详该典史与邱官访因该庄郭姓有为匪潜匿情事，票差牛清安等往查，郭姓住户均尚安分，惟郭曾外出未回，曾否为匪，无从查察。该役等即回县销差，并未将其传案，且非指名饬拿，则郭曾尽可行所无事，何必出头具控，自取讼累。如谓事后回家，误听传言所致，岂此等事情该家属绝无一言相告，任其以传闻为实事，赴京呈控。种种非情非理，可谓奇想天开。至该监生刘际华院控词内，据称该典史差役牛清安等将伊侄刘清连传署吓诈，毒责严押，经牛令提讯开释，情词历历如绘。今刘清连供无其事，则刘际华之诬告已属难逭，乃又不敢坐以虚诬，谓系怀疑具控，应毋庸议。岂控官妄拿吓诈、毒责严押之事，亦可谓之怀疑乎！且刘际华与郭曾何以不告知县，专告典史，不可不察。如系诬告，则应严办犯上之民；

如非诬告，则应严办虐民之吏。虽郭曾已故，应有亲属可以提质，断不能黑白不分，含糊了结。乃该兼署司并不详情察理，核实审办，辄以离奇牵强之供，颟顸定案，殊属非是。合行一并签驳。签到，该兼署司立即遵照提集全案人证，秉公切实严审，究明是否民刁，抑系官邪，分别按律定拟，解候亲提审办，毋稍偏徇，至干未便。此签。仍缴。

批昌乐县令郭定柱禀
同治三年十二月初二日

据禀慰悉。该令安详有余，须力追"明强"二字，则为全材，非令学巧诈酷暴也。"明强"之义，见于《中庸》，仍以诚出之，该令自勉。两汉循吏，未有不以折狱除暴显名者也。他日移任费县，非强健不足以制之。天下以因循怠勿［忽］为安详，亦足败事也。缴。

中国社会科学院创新工程学术出版资助项目

抚东奏稿 下

（清）阎敬铭 著

中国社会科学院近代史研究所
《近代史资料》编译室 点校

中国社会科学出版社

下

卷三

同治四年

东海关征收各税并案报销折

同治四年正月十九日

奏为东海关征收各海口进出内地商船土税并案报销，恭折奏祈圣鉴事：

窃照山东省新设东海关户关，经户部奏明：各关征收税银俱拟准一年奏报，其未及一年期满离任者，将所收税银报部，交与后任监督接征，扣至一年期满，分晰前任、本任征收数目汇奏。该关土税自同治元年六月十八日开征，连闰应扣至二年五月十七日作为一年期满，由臣照例奏报，以专责成，毋庸与三口通商大臣会商，以免往返稽延等因。遵照在案。

查东海关所辖沿海大小各口，分置五府十六州县，如福山县烟台一口，为东海关大关，其余如武定府所属之利津县铁门关一口，海丰县埕子口一口，沾化县陈家庙口一口；沂州府属之日照县龙旺、涛雒、夹仓等三口；登州府属之蓬莱县天桥口一口，黄县龙口、黄河营二口，宁海州戏山口一口，海阳县乳山口一口，文登县威海、张家埠二口，荣成县石岛、俚岛二口；莱州府属之掖县海庙、太平湾、虎头岩三口，昌邑县下营口一口，即墨县金家口、青岛二口，胶州塔埠头一口；青州府属之诸城县陈家官庄一口，共计二十三口，星罗棋布，距烟台一千余里至数百里不等。该关征收沿海土税，亦属创始，非同向有关卡者可比。且地处海滨，既无衙署，又无书差，试办之初，未免茫无头绪。自现任监督潘霨于同治元年十二月十七日到任，即经移驻烟台，次年开篆后，分派委员等赴各该口认真经理，并随时亲往查办，不遗余力，始能日有起色。同治二年六月以前，按照天津钞关章程征收，自七月初一日起，照奏定东海关税则征收，节经饬催赶紧核实报查，因经征各州县造报未齐，不及随时请销。兹据东海关监督登莱青道潘霨将前任监督崇芳及本任征收常税两年关期并案详请奏销，分晰造送清册前来。臣逐一复核。

前任监督崇芳，自同治元年六月二十八日开设户关之日起，至十二月十七日交卸前一日止，除烟台口征收暹逻船只、内地闽广商船进出口货税正耗数目，前经专案奏报不复冗叙外，所有其余沿海各口征收内地进出货物、洋药正税共银四千二百一十一两七钱四分七厘，又随征耗银四百八十一两二钱九分二毫。大小各口需用经费力求撙节，共支银二千九百三十两零四钱，连前次奏案册报户关经费银二千四百六十四两，二共银五千三百九十四两四钱。除将一分耗银暨洋药耗银、暹逻船钞三款共合银三千八百三十五两四钱九分二毫全数动支外，尚不敷银一千五百五十八两九钱九厘八毫，应由该监督崇芳自行设法垫办。

现任监督潘霨，自同治元年十二月十七接办日起，至二年五月十七日一年期满止，共征收烟台户关及各口内地商船税银三千八百二十七两七钱六分八厘二毫，随征一分耗银三百八十二两七钱五分四厘七毫，又征收洋药税银二千八百七十两，耗银四百四十六两五钱八分一厘；共开支烟台一口五个月、其余各口四个月经费银二千七百九十七两。又自同治二年五月十八日起，至三年五月十七日一年期满止，共征收烟台户关及各口商船税银五万二千零十五两五钱六分零四毫，随征一分耗银五千二百零一两五钱一分六厘九毫，又征收洋药税银七千六百十七两零二分八厘，耗银一千一百八十四两八钱六分；共开支烟台一口暨各口十二个月经费银七千五百三十两。均系实力核减，并无浮滥。据报除一分耗银及洋药耗银全数动用外，尚不敷经费共银三千一百十一两二钱八分七厘四毫，暂在正税项下借发。现在常税日见畅旺，俟下届征收耗银开支有余，即行如数拨还，如无余剩，由该监督赔补，确系实在情形。

除各册咨部查核，并饬下次关期满日即行催齐详报不准违延外，理合恭折具奏，伏祈皇太后、皇上圣鉴训示。谨奏。

同治四年二月初二日奉到回折："议政王军机大臣奉旨：'该衙门知道。钦此。'"

委员管解僧格林沁营等处协饷片
同治四年正月十九日

再，东省奉拨僧格林沁大营军饷，自同治二年八月起至三年九月底止，业经陆续解过银七十万两。所有十月份协饷银五万两，据藩司丁宝桢详报，筹备银三万两，饬委候补未入流沈春阳管解；又拨银二万两，饬委候补从九品杜金声领解，前赴河南探明山东粮台交纳。又应协直隶月饷，就近抵拨定安军营饷银，于百货厘金项下动支三千两，作为十二月份解款，派委候补县丞英俊解往聊城县查收转解。又由局续拨火药一万五千斤、火绳一万五千丈、铅丸五千斤，装盛妥协，饬委候补未入流许有源管解，前往庆阳粮台交纳等情。

除分咨查照外，理合附片陈明，伏乞圣鉴。谨奏。

循例甄别教佐各官折

同治四年正月十九日

奏为甄别教佐各官不及额数，循例据实奏闻，仰祈圣鉴事：

窃照定例，教佐各官年终甄别足额者，照案咨部，如无衰庸恋缺之员，该督抚将无可参劾缘由切实具奏，历经遵办在案。

东省教职二百十一员，应参五员；佐杂一百八十九员，应参四员。同治三年分，教职劾去四员，佐杂参革二员，均不敷额。臣复督同藩司详加察访，现任教佐内，实无衰庸恋缺应行甄别之员；如有续行查出始勤终惰、庸劣失职者，随时据实参劾，以符旧制。

除咨吏部外，理合恭折具奏，伏祈皇太后、皇上圣鉴。谨奏。

同治四年二月初二日奉到回折："议政王军机大臣奉旨：'知道了。钦此。'"

东省酌定协拨鲍超军饷数目片

同治四年正月十九日

再，臣钦奉寄谕："鲍超假满后，即行由川起程出关，剿办回匪，饷需紧要，著即体察情形，每月可以协拨若干，酌定数目，奏明办理等因。钦此。"遵查东省应解京饷、各省协饷及僧格林沁军营月饷，纷至沓来，俱不容缓，已属筹饷维艰。而现因剿办回匪，需饷孔亟，断不敢稍事推诿。随经饬司筹议，兹据藩司丁宝桢详报，于无可设措之中，酌定每月筹措银八千两，以资接济等情。

除饬按月拨解外，理合附片奏闻，伏乞圣鉴。谨奏。

议政王军机大臣奉旨："户部知道。钦此。"

同治元年征收地丁钱粮奏销截数比较折

同治四年正月十九日

奏为同治元年分征收地丁钱粮奏销截数循例比较，恭折奏祈圣鉴事：

窃照征收地丁钱粮，应于奏销后，将实应征解银数作为十分核算，比较上三年完欠数目，核计分数，开单奏报，历经遵办在案。兹届奏销同治元年钱粮，据藩司丁宝桢查明，该年额征起运地丁银二百七十五万八千四百一十四两三钱五分六厘，内除海丰等县潮灾、碱废豁除，并各属坐支及因灾蠲缓，暨雇募壮勇口粮等项，俟催取各案册结到日报销核定后，归于下届续奏册内登除造报外，实征银一百五十九万五千三百二十三两四分六厘，内自同治元年二月开征起，至奏销止，已完银一百二十七万七百九十八两三钱六分七厘，又缓征项下已完银一十四万九千八百三十两一钱二分六厘，二共已完银一百四十二万六百二十八两四钱九分三厘，未完银三十二万四千五百二十四两六钱七分九厘，计完七分九厘六毫，未完二分四毫。比较咸丰九年计少四厘三毫，比较咸丰十年计多四厘，比较咸丰十一年计多二分九厘五毫。以上已完银两，均已造入同治元年秋拨、二年春秋两拨、三年春拨册报，并声明咸丰九年以前民欠钱粮业奉恩旨豁免，所有已未完分数，毋庸比较等情前来。臣复核相符。

除照例具题，并将未完银两赶紧催征尽数提解外，理合恭折具奏，并缮清单，祗呈御览。伏乞皇太后、皇上圣鉴。谨奏。

同治四年二月初二日奉到回折："议政王军机大臣奉旨：'户部知道。单并发。钦此。'"

谨将山东省同治元年分征收地丁钱粮，比较上三年已完未完分数，敬缮清单，恭呈御览。

计开：

同治元年分起运地丁银二百七十五万八千四百一十四两三钱五分六厘，内除海丰、利津、沾化、乐安、寿光、潍县等处，因道光二十五年春间被潮成灾、碱废地亩，应行豁除银五千五百二十九两一钱二分六厘，业已专案奏豁；又据寿光、潍县续查出碱废地亩，应行豁除银六十六两四钱四分五厘，二共应豁银五千五百九十五两五钱七分一厘。共应豁各项地亩并仓款银两细数，俟各该县造报齐全，统于下年奏销册内分晰登除造报外，下剩银二百七十五万二千八百一十八两七钱八分五厘，内除东阿、寿张、菏泽、沂水、益都等处，因是年秋禾被水、被扰成灾，蠲免银一万三千五百六十八两一钱七分九厘，实该银二百七十三万九千二百五十两六钱六厘，内除坐支并临清等处因是年青黄不接、二麦被旱、被风、被雹，春间被扰，秋禾被水、被旱、被虫、被扰，及原续报沙淤地亩缓征银一百六万五千三百六十七两八钱一分，又除东阿、寿张、沂水、益都等处秋禾被水、被扰蠲剩未完缓征银一万八百六十两七钱八分，实剩银一百六十六万三千二十二两一分六厘，内除泗水、峄县、濮州、范县、临朐及东昌卫并东平所，因是年青黄不接，春间被扰，及秋禾被水、被扰成灾，及勘不成灾地亩奉文应蠲应缓，并雇募壮勇口粮等项银六万七千六百九十八两九钱七分，容俟报销核定及催取各案蠲缓细数册结到日，归于下届续奏册内登除造报，理合声明，实征银一百五十九万五千三百二十三两四分六厘。遵照户部奏定章程，按十分核算，自同治元年二月开征起，至奏销止，已完银一百二十七万七百九十八两三钱六分七厘，又缓征项下已完银一十四万九千八百三十两一钱二分六厘，二共已完银一百四十二万六百二十八两四钱九分三厘，内造入同治元年秋拨册报已完银三十九万九千七十七两二钱八分八厘，又造入同治二年春拨册报已完银九十四万三千七百四十六两一钱五分二厘，又造入同治二年秋拨册报已完银五万八千八百八十七两八分五厘，又造入同治三年春拨册报已完银一万八千九百一十七两九钱六分八厘，未完银三十二万四千五百二十四两六钱七分九厘，计完七分九厘六毫，未完二分四厘。比较咸丰九年应征地丁银一百九十二万七千三百八十两六钱，已完八分三厘九毫银一百六十一万七千一百两四钱七分一厘，未完一分六厘一毫银三十一万二百八十两一钱二分九厘，计少四厘三毫。比较咸丰十年应征地丁银一百八十九万三千四百八十两二钱一分六厘，已完七分五厘六毫银一百四十三万五百七十五两二钱一分六厘，未完二分四厘四毫银四十六万二千九百五两，计多四厘。比较咸丰十一年应征地丁银八十五万二千六百九十四两九钱六分一厘，已完五分一毫银四十二万六千九百七两五钱八分一厘，未完四分九厘九毫银四十二万五千七百八十七两三钱八分，计多二分九厘五毫。

请奖励同治三年催科认真各州县折

同治四年正月十九日

奏为同治三年分催科认真、年内完解各州县，分别恳恩奖励，以昭激劝，恭折奏祈圣鉴事：

窃查东省度支，以地丁钱粮为大宗，近年各州县催科懈弛，报解清款者殊属寥寥，甚至征存不解，任意挪移，遂致库项日形短绌。臣到任后，督同藩司，不遗余力，加紧催提，不准丝毫存留属库，并随时勉励，慎重国帑，务为循吏，返朴归真，尽洗从前锢习。各州县激发天良，颇知实力征解。现在岁终会计同治三年钱粮，自二月开征起，截至十二月底止，核计扫数全完者，较之往年大为起色，且有带征旧欠并扣解杂款之处，司中支解一切，藉资周转。其经征各员，均应破格奖励，俾本员愈思奋勉，各属亦知所观感。

惟是东省完粮风气向有东府、西府之分，催征情形亦因之各异。东府登州、莱州、青州所属，民情朴厚，灾缓恒少，但得地方安靖，百姓每乐输将。西府沂州、曹州两属，民气强悍，即济南、东昌、武定、兖州、泰安、临清、济宁各属，从前无事之时，花户间多抗欠，近来非经匪扰，即被黄水，催科殊难奏效，必须酌核民情之厚薄、催征之难易，给予奖励，以示区别。又请奖向分上下两忙，而州县经征钱粮，须一年合计分数，此后一概截至年终并计，方为核实。据藩司丁宝桢具详请奏前来。臣复核征完正耗银数，均属相符。

近年东省催科疲玩太甚，缓欠各案弊窦尤多。经设法整顿，各该州县尚能恪遵功令，赶紧催输，将本年钱粮于年内扫数全完，并带征各年旧欠，扣解杂款，若仅循例请奖，似不足以酬庸，亟应分别等差，从优量予鼓励。拟合开列清单，恭呈御览，俯准给奖，以昭激劝。

除其余征完各处，或缓数较多，或额数较少，或地方易征之处，均归外奖并俟奏销案内照例请奖，完不足数者，随时查明参办外，理合恭折具奏，伏乞皇太后、皇上圣鉴训示。谨奏。

同治四年二月初二日奉到回折："彭启昆等均著照所请奖励，余依议。该部知道。单并发。钦此。"

谨将同治三年分催科认真各州县开列应叙职名，缮具清单，恭呈御览。
计开：
同治三年分无缓全完，并带征各年旧欠较多及扣解一切杂款各州知县：
同知衔寿光县经征知县彭启昆。该员经征本年正耗银六万四千五十五两九钱一分六厘，年内完解九分九厘以上；又征完咸丰十年、十一年，同治元、二等年正耗银三万二千二百六十五两五钱八分。实属催科勤能，办事结实，拟请旨赏加知府衔，并加一级。

同知衔济阳县经征署事知县俞云林。该员经征本年正耗银三万八千四百六十七两五钱九分一厘，年内扫数全完；又征完同治二年正耗银一万七百四十七两四分六厘，催科认真，拟请加三级。

同知衔泰安县经征知县杨宝贤。该员经征本年正耗银三万三千六百二十三两四钱五分六厘，年内扫数全完；又征完同治二年正耗银六千八百两。催科极为认真，拟请加二级。

　　同知衔平度州经征署事试用知县吴赟。该员经征本年正耗银五万三千五百二十七两六分七厘，年内扫数全完；又征完同治二年正耗银五千二百九十四两七钱六分。催科极为出力，拟请加二级。

　　同知衔升缺升用长山县接征署事知县凌寿柏。该员接征本年正耗银二万一千六百八十五两八钱二分，年内全完，并扣解一切杂款银五百九十三两九分二厘，拟请加一级。

　　无缓全完，并带征各年旧欠各州县：

　　署莒州知州经征知县姚观峒。该员征完本年正耗银二万二千五百五十两，并征完同治二年正耗银五千六百六十五两四钱八分三厘。

　　同知衔莒州接征署事知县高凤清。该员接征本年正耗银二万二千一百五十七两八钱三分七厘，年内扫数全完；又征完同治元、二年正耗银八百五十一两二钱八分八厘。

　　同知衔清平县知县桂昌。该员经征本年正耗银一万七千八百五十三两七钱六分二厘，年内扫数全完；又征完同治二年正耗银九百二十七两九钱三分三厘。

　　同知衔高苑县署事知县盛洪钧。该员经征本年正耗银一万三千五百八十七两三钱五分五厘，年内扫数全完；又征完咸丰十年正耗银二千四百七两八钱八分三厘。

　　四品顶戴博山县经征知县樊文达。该员经征本年正耗银七千六百八十一两二钱二厘，年内扫数全完；又征完同治元年正耗银二千三百六十八两三钱五分。

　　商河县经征署事知县余溥。该员经征本年正耗银三万二千七百二十三两九钱二分二厘，年内扫数全完。

　　胶州经征署事知州陈代卿。该员经征本年正耗银四万四千七百八十五两二钱四分五厘，年内扫数全完。

　　以上七员均拟请加一级。

藩司委臬司署理臬司委署运司兼理片

同治四年正月十九日

再，臬司恩锡业经回任，藩司丁宝桢即应遵旨入都陛见，所遗印务现委臬司恩锡署理，以便该藩司交卸起程；所遗臬司篆务署运司卫荣光堪以兼署。

除分别檄饬遵照外，理合陈明，伏乞圣鉴。谨奏。

同治四年二月初二日奉到回折："前因豫省贼踪由尉氏向东窜走，谕令阎敬铭预筹备御。丁宝桢来京陛见，无论行抵何处，均著刘长佑、阎敬铭饬令回东，带兵严防本境要隘。著该抚仍遵前旨，妥筹办理。钦此。"

署兰山知县长赓丁忧服满请再留任片

同治四年正月十九日

再，署兰山县知县长赓前丁母忧，经前抚臣谭廷襄以地方紧要，奏请暂留署任，奉旨允准在案。兹据该员禀报服满，并请委员接署，俾得回旗穿孝等情。复查兰山县系沂郡附郭首邑，与峄、滕、郯、费各县犬牙交错，久为匪徒渊薮。现在境内虽已稍靖，而伏莽尚多，流亡亦未尽复，一切善后事宜均宜妥为布置，遽易生手，恐滋贻误，应再行留任一年，以收驾轻就熟之效。据藩司具详前来。

除咨部外，理合奏闻。至可否饬令该员在任起复之处，臣未敢擅便，伏乞圣鉴训示。谨奏。

同治四年二月初二日奉到回折："议政王军机大臣奉旨：'长赓著准其再行留任一年，并在任起复。该部知道。钦此。'"

严防捻党回窜折

同治四年正月二十七日

奏为探听河南贼匪窜扰尉氏、扶沟一带，现在调兵严布曹、单边防，并遵旨追调藩司回省，恭折驰奏，仰祈圣鉴事：

窃臣于正月二十三日承准军机处字寄："正月二十一日奉上谕：'僧格林沁奏逆匪回窜鲁山一折。直隶、山东两省与豫边在在毗连，著刘长佑、阎敬铭即派得力之员，带兵驻扎，严密防堵。山东藩司丁宝桢，前有旨令来京陛见，此时无论已未起程及行抵何处，著饬令迅速回东，带兵严防本境要隘，毋令贼踪扰及完善各等因。钦此。'"仰见圣谟深远，无微不至。

窃查东省与豫境紧接疆壤，自僧格林沁抵豫以后，臣时派委员在豫侦探军情，逐时飞报，以期先事预防，并饬与豫境沿边州县，时为探报。兹据济宁州、曹县禀称，本月十二日僧格林沁追贼至新郑县，十六日至尉氏县，贼踪已窜至扶沟县等语。又据豫省坐探委员禀报相同。臣当以东、豫接壤之区，惟曹、单最为吃要，且该处民心浮动，更虑闻警惊惶，亟应派兵前往，严扼边圉，随即飞调原驻鱼台之参将王心安一营勇丁五百名、原驻峄县之参将宋延德一营勇丁五百名、原驻观城之游击郭大胜一营勇丁五百名，星夜前赴曹、单交界驻扎防堵。正在饬调间，适奉谕旨指示，因复飞调原驻东昌之守备曹正榜一营勇丁五百名，并赴曹、单，厚集兵力，严为扼守。惟东省今春雨雪过大，道路泥泞甚深，该营等能否即日到防，均经严札催趱前赴，期得迅速布置，并经飞饬沿边州县严筹防守，镇抚居民。现筹后路接应之兵，业又飞调原驻德平之同知刘时霖一营及佐领塔克苏堪马队回省，如贼匪果有东犯之信，即当飞饬前往济宁，与驻扎曹、单各军协力迎剿，毋令阑入。至藩司丁宝桢于十五日卸任，因雨雪阻滞，十九日起程北上，臣于接谕后，当即飞札追调，饬令迅速折回，俟其到省，当再筹商一切。或饬该藩司带兵出省，或臣亲自出省，容俟确探贼信，相机办理，再行驰报，总期妥筹完密，以纾圣廑。

所有现在布置边防情形，理合恭折由驿驰奏，伏乞皇太后、皇上圣鉴训示。谨奏。

议政王军机大臣奉旨："知道了。所调各营勇丁著迅催到防，严密布置，一面飞饬各州县妥筹防守，镇抚居民，并多设侦探，如贼踪窜近边境，即饬各军协力迎剿，毋令阑入。钦此。"

搜捕余匪正法名数折
同治四年正月二十七日

奏为筹布各勇营搜拿余匪，陆续获犯正法名数，谨行汇案具奏，仰祈圣鉴事：

窃臣前因东省虽渐肃清，而余匪仍复不少，未绝根株，终留余孽，当经酌留勇队，分拨各处，实力搜除。嗣因江南沛境畜匪滋事，饬派参将王心安等三营勇丁一千五百名，严扼南防馆陶苏洛坤滋变；复拨总兵冯翊翔、守备曹正榜二营勇丁七百名，驻彼梭巡；又饬游击王正起一营驻扎武定，严拿盐枭；又饬游击黄兆升等四营勇丁八百名及省城新练马队驻扎德州、禹城、平原一带，搜捕马贼；又因濮、范一带被黄水经流，尽成水套，尤易藏奸，经臣派参将周森藻管带水勇一百名，设立炮船，往来巡缉，均经历次奏闻在案。

兹查去年以来，各路勇营所获余匪、马贼、盐枭等犯，尚属搜捕尽力，叠据各州县会同各该营禀报前来。计在阳谷、莘县、冠县、堂邑一带，经参将莫有升、周森藻，守备曹正榜会同地方官等，拿获余匪李二鸟枪、李会、贾三恶鬼、许洛、董磁石董臭、齐有箱、汤四、吕五、王希河、王汶章、刘三狗、李踱、孙兰芳、任之汶、董四、王起工、孟铲、张漘、吴汶幅、朱溃、张万岭、严玉、赵扇倒、周二、隋群、陈满仓、邢坏、刘景一、徐老犍、洪大小、宋马流四、胡上漳、孙五、张二疯子、黄青沅、王群、李明海、岳万领、路二黑头，共三十九名。计在东昌、馆陶一带，经总兵冯翊翔、游击郭大胜、守备刘家兴会同地方官等拿获苏洛坤余党古五、吴洛旺、耿骡子、牛洙、郭汶、李幅保、白大五、萧老唇、李爬子、井七、王麻子、卢阑肺、谭二仓、白三大嘴、蒋庭奎、张继盛、张麻劈、李崇得、王洸华、张添嚼、杨双印、张洛思、吕大孬、吕四孬、姚二小、孙二长腿、张汶、金大嘴、刘相臣、吴二破车、马二老仔、范玉和、侯小猪、刘瞎四、王洸阑、于小二、马清海、李九法、吴大破车、郭汎淋，共四十名。计在德州、平原、禹城一带，经参将黄兆升、游击沈玉贵、佐领塔克苏堪、同知刘时霖、府经历朱云钦等会同地方官，拿获积年马贼雷冬波、田汶升、王立工、麻青山、杨兴溃、马兴梆、李秋、刘标、王中、孙四、王得胜、王连科、石蛮仔、李车户仔，共十四名。计在武定一带，经游击王正起会同地方官，拿获积恶巨枭李淙汶、李淙海、李淙堂、刘月淋、冯得胜、牟春和、阎舆仔、周幅温、巴立业、祁花针、王洪、萧振海，共十二名。查该匪等俱系有名匪首，恶迹彰著，在人耳目，漏刃余寇，积恶不悛，当此地方甫静，若不及事诛锄，何以快人心而安反侧。臣当于先后报到日，均饬地方官讯明后即行就地正法以昭炯戒外，尚有就擒各匪数十名，未经研定案情，容臣饬令承审各员认真研究，期无枉纵，应再行另案具奏办理。

又查东省情形，刻下虽为稍安，而从前降众余匪潜匿逃归者，实难指数，非布置兵勇，严搜密捕，难保不乘隙煽动，勾结为匪。臣身膺疆寄，何敢养痈贻患，惟有严饬各处兵勇，会同地方文武，随时查拿惩办，庶可示儆刁顽，以仰副圣主除莠安良之意。

至东省现存勇数，昨因湖团稍定，南防渐松，在未闻河南贼信之先，经臣将东治中营总兵陈锡周所带楚勇五百名先行遣散，以节经费。计现除各州县应募防勇外，共计各营勇丁仅有三千五百名，专借声威以资镇抚，所以搜捕各事均觉得手，原难惜费，概为裁减。兹复闻河南贼信猖獗，更宜筹备兵力，布置边防，以期有备无患。

所有分布兵勇拿获余匪、枭匪各情形，理合恭折具奏，伏乞皇太后、皇上圣鉴训示。谨奏。

议政王军机大臣奉旨："所办甚属认真。仍著严饬各营员弁会合地方文武随时严密搜捕，以绝根株，毋稍疏懈。钦此。"

王崑崖等拿获教匪首要请奖片

同治四年正月二十七日

再，教匪逆首从世擒，曾与杨朋岭、张玉怀聚众谋反，纠贼三千余人，竖旗为逆；嗣在胜保军营投诚，遣散后复主使从三老虎等伙贼，拒兵四出焚掠。臣到东后，即经饬属密拿，该逆与其子从舒兰潜逃未获。昨经副都统定安访知，该逆藏匿直隶大名地界，密饬大名道严拿惩办。旋据大名道范梁饬派候补知州王崑崖、大名县知县庄士全、候补州判汪瀛等将该逆从世擒并其子从舒兰均即擒获，解赴定安行营。经定安饬发东昌府审讯，该逆从世擒供认反情不讳。据东昌府知府曹丙辉禀报前来。

臣查该从世擒习为教首，倡谋叛逆，投诚后又复结贼为非。且该逆之父从症、胞兄从世捐均以习教谋反正法。该逆枭獍余孽，怙恶不悛，实属穷凶极恶，岂容稍稽显戮。当饬将该逆从世擒并其子从舒兰均在东昌就地正法，以快人心而昭炯戒。

至直隶获匪出力各员，虽系遵奉副都统定安密饬，然能不分畛域，迅将巨逆成擒，不无微劳足录。可否仰恳恩施，将首先获匪之直隶候补知州王崑崖一员，交部从优议叙；其协同获匪之大名县知县庄士全、直隶候补州判汪瀛二员，交部议叙，出自逾格鸿慈。理合附片具陈，伏乞圣鉴训示。谨奏。

议政王军机大臣奉旨:"王崑崖著交部从优议叙,庄士全、汪瀛均著交部议叙。钦此。"

奉拨盐斤加价库无存款请酌量改拨折
同治四年正月三十日

奏为奉拨东省盐斤一文加价,库无存款,应请酌量改拨,并将咸丰九年、十年欠款分别立限带征勒追,其同治四年以后恳恩准予裁免,以裕正课而纾民累,恭折奏祈圣鉴事:

窃臣接准部咨:奏拨山东盐课银十万两,又咸丰九年、十年及同治元、四等年一文加价银十五万两,作为本年京饷,饬于开印后迅速分批报解等因。随经饬司遵办。

旋据复称:盐斤一文加价一款,九、十两年,委系实欠在商,司库并无存项。前经部中查询,因前后任正署迭更,且冀稍可征收解兑,是以延未登复。同治元年自开征起至现在止,共收银四万八十三两五钱六分,除凑解京饷等项银三万九千八百四十四两二钱已随时专案报明外,实在库存银仅有二百三十九两三钱六分。二、三两年,奏准停征,四年届启征之期,尚未征起分厘,实属无款筹解。辗转思维,殊深焦灼。至九、十两年应征之项,万难再任悬宕,但时阅五六年之久,官商屡易,且两年欠缴之数,较正课几至加倍,同时催追,实属力有未逮。应将咸丰九、十两年合折加价银十四万一千三十七两一钱六分,内现行官商应完银十一万一千六百五十四两六钱二分,业已交卸各官应完银二万九千三百八十二两五钱四分,所有现在行销官商欠款,请自同治四年为始,凡官行盐务,一经交卸,即将欠缴加价先行全数移交后任;如延抗不交,由后任官禀请参追。商人买卖地方,照此办理,并令随同新纲引票、杂课摊交分限四年带完,每年计征银二万七千九百十三两六钱五分五厘。其有事故交卸及升迁各官交代尚未清结,又未移交现银者,即于本员名下分别勒追完纳。如有一官欠缴不及三百两者限三个月,三百两以上至五百两者限半年,五百两以上至八百两者限九个月,八百两以上至一千两者限一年,余银照此推展。至已故人员子孙业已出仕,欠缴不及三百两者限半年,三百两以上至五百两者限九个月;未经出仕,欠缴不及三百两者限九个月,三百两以上至五百两者限一年,余银照此推展。倘逾限不完,或完未全清,即行奏参革职严追,完日开复。查明并无子孙实系家产尽绝者,始准免议。商人亦照此办理。各官商如有愿将未完之项移交现行官商接收出结，分作四年带完，悉听其便。如此量为变通，款项不致虚悬，征催稍免掣肘，于饷需亦较有裨益。

至本年奉拨京饷，殊费周章。现在通盘筹画，除由盐课项下分解银十万两外，再于杂款项下竭力催征，移缓就急，约凑银二万余两。又，本年应分限带征九、十两年加价，能否如数征完，尚未见确有把握。果能年清年款，同库存元年加价约共银二万八千余两，亦不过凑银五万两，已属万分竭蹶。下余银十万两，既无本款，又难借支，实系一筹莫展。应否酌量改拨，请旨敕部议复遵行。至同治四年分加价，本应照案开征，惟裕课必先恤商，恤商尤在便民。各商每领一引，仅交正课二钱四分有奇，此项加价交银二钱二分，是于正课之外又加一课。从前原因银价昂贵，归商津贴，今乃以恤商者病商。值此兵燹之后，民力维艰，今反以便民者厉民。且自咸丰九年提充军饷后，九、十两年分文未纳，十一年及同治二、三两年停征，惟元年随引征收，而额销分数已形迟滞，是加价之有碍课款，已有明征。如谓希冀将来，则后日盐务畅旺，不难另议加增，倘仍疲敝，又必再请展缓，何必虚留此一文加价名目。当此枭匪甫靖，商业初复，正宜调养元气之时，与其留此一款，反致销数短绌，孰若减此一款，以期正课丰盈。现值拨饷频仍，如果稍可催征，岂不愿借资抵注，而目睹商民交困，又何敢缄默苟安。据署运司卫荣光具详前来。

臣复查咸丰九、十两年应征一文加价，虽系杂款，历任运司未能认真催征，部中屡询已未征完数目，又复延不具复，实属督催不力，应将升任运司告病云南藩司陈景亮、署运司候补道明新、前任已革运司桂亮，请旨交部分别议处。其分作四年随课带完及交代未结并无现银移交者，于本人名下勒追完纳，均系实在情形。

至盐务加价一款，自道光十八年议行以后，至今已阅二十七年，其中归公者仅有三年，实在征收者仅有一年，不过得银四万两有奇，而引票因以短销。此盈彼绌，理所必然。果能引票如额畅销，则征课愈多，不在征收加价。是归公之说，有损无益。既不归公，从前原为恤商，今银价稍贱，任听商人贩收专利，实为累民。且官盐稍贵，私盐更形充斥。是此项归公、归商，均碍盐务。该署司议免此加价一文，实为切当。合无仰恳天恩俯准，将拨解一文加价银十五万两，除筹凑银五万两外，下余银十万两，敕部酌量改拨，俾得无误饷需，并将咸丰九年、十年欠项，分别立限带征，勒追归款；其同治四年以后一律裁免，以裕国课而纾民累。感沐鸿慈，实无既极。

除咨部查照，仍饬运司随时实力经理，并将九、十两年加价赶紧依限追缴，毋任蒂欠外，理合恭折具奏，伏乞皇太后、皇上圣鉴训示。谨奏。

同治四年二月十四日奉到回折："议政王军机大臣奉旨：'户部议奏。钦此。'"

商灶困苦恳请调剂折
同治四年正月三十日

奏为沥陈商灶困苦情形，恳恩分别调剂，以资补救，恭折奏祈圣鉴事：

窃查东纲商散引碎，素称疲累，若非相机筹办，随时变通，诸事颇形掣肘。自咸丰三、四年起，以至于今，或被海潮，或经贼扰，兼以兰阳决口，黄水漫溢成灾，各商苦累不可胜言。经前任各抚臣奏准，将官商应完带征道光二十七八两年正杂等款，同商捐厘头不敷公费，并永阜场灶户借领修复滩池等项银两，悉予停缓在案。臣到任后，加意整顿，地方亦稍安靖，征收正课渐有起色。而库存积引，兑领者仍复寥寥，实缘各商灶频年积困，未易昭苏。加以沿河口岸尽付洪流，盐斤歉收，粮价昂贵，成本吃重，亏赔更多，完解新课已属黾勉支持，若将带征等款同时并纳，商力实有未逮。兹据署盐运司卫荣光转据引票各商详请援案展缓前来。相应吁恳天恩俯念各官商苦累情形，将应捐进关二钱厘头不敷公费，及永阜场灶户未完借领修复滩池等项银两，自同治四年为始，停缓三年，俟三年后，察看情形，再行启征。至引票地应完道光二十七八两年带征课款，原欠银二十七万八千九百五十六两八钱一分五厘，除参商悬课归入节省公费内提补银一万四千五百九十五两六钱六分六厘，并完过银一十四万三千九百八十五两八钱五分四厘，尚有未完银一十二万三百七十五两二钱九分五厘，完纳已经过半，究与新课不同，应请援照道光二十九年核办二十五限带征成案，全数归入积欠项下，俟弥补积欠之厘头启征，再为次第补苴。所有自癸丑纲起，至甲子纲止，积引一百九十万九千三百七十六道，援照积票分限成案，分作八年代销，以纾商力。感颂皇仁，实无既极。

除俟新引到纲饬催各商赶紧完课外，理合恭折具奏，伏乞皇太后、皇上圣鉴训示。谨奏。

同治四年二月十四日奉到回折："议政王军机大臣奉旨：'另有旨。钦此。'"

同治三年十二月雪泽粮价折

同治四年正月三十日

奏为恭报上年十二月份雪泽情形并呈粮价清单，仰祈圣鉴事：

窃照上年十一月份雨雪、粮价，经臣奏报在案。兹查十二月初四日，据登州府属荣成县具报得雪一寸，莱州府属昌邑县具报得雪三寸，其余各属虽未一律沾被，而十一月间，雪泽已遍通省，春间又复渥沾，土脉颇形滋润，麦苗亦觉芃茂，堪以仰慰宸厪。

至各属市集粮价，稍有增减，大致与上月相等。谨缮清单，袛呈御览。为此恭折具奏，伏乞皇太后、皇上圣鉴。谨奏。

同治四年二月十四日奉到回折："议政王军机大臣奉旨：'知道了。钦此。'"

十二月份粮价清单

谨将同治三年十二月份山东各属米、谷、麦、豆价值，敬缮清单，恭呈御览。

计开：

济南府属：稻米每仓石价银三两四钱至四两四钱四分，较上月贵一钱四分。粟米每仓石价银九钱至二两六钱，与上月同。粟谷每仓石价银五钱五分至一两六钱，较上月贵七分。高粱每仓石价银八钱八分至一两八钱七分，较上月贵一钱一分。小麦每仓石价银一两五钱至二两六钱六分，较上月贱一钱三分。黄豆每仓石价银一两一钱七分至二两二钱六分，较上月贵一钱一分。黑豆每仓石价银一两二钱八分至二两二钱，较上月贵一钱五分。

泰安府属：稻米每仓石价银三两一钱八分至四两八钱，较上月贱一钱六分。粟米每仓石价银一两四钱九分至二两三钱，与上月同。粟谷每仓石价银八钱八分至一两一钱，与上月同。高粱每仓石价银九钱五分至一两三钱，与上月同。小麦每仓石价银一两四钱九分至一两八钱七分，较上月贵七分。黄豆每仓石价银一两一钱一分至一两五钱五分，与上月同。黑豆每仓石价银九钱八分至一两五钱五分，与上月同。

武定府属：稻米每仓石价银二两四钱八分至五两三钱二分，与上月同。粟米每仓石价银一两一钱六分至二两二钱，与上月同。粟谷每仓石价银七钱七分至一两三钱，与上月同。高粱每仓石价银八钱至一两四钱五分，与上月同。小麦每仓石价银一两五钱至三两五分，与上月同。黄豆每仓石价银一两一钱八分至一两七钱，与上月同。黑豆每仓石价银一两一钱至一两六钱五分，与上月同。

兖州府属：稻米每仓石价银二两四钱四分至四两六钱五分，与上月同。粟米每仓石价银九钱四分至二两二钱，与上月同。粟谷每仓石价银七钱至一两八钱五分，与上月同。高粱每仓石价银九钱八分至一两八钱，与上月同。小麦每仓石价银一两三钱至二两二钱，与上月同。黄豆每仓石价银一两六分至一两六钱，与上月同。黑豆每仓石价银九钱八分至二两，与上月同。

曹州府属：稻米每仓石价银三两三钱至五两，与上月同。粟米每仓石价银一两三钱至二两五钱三分，与上月同。粟谷每仓石价银七钱八分至一两八钱三分，与上月同。高粱每仓石价银八钱至一两八钱六分，与上月同。小麦每仓石价银一两五钱六分至二两一钱四分，较上月贱一钱五分。黄豆每仓石价银九钱一分至二两三钱四分，与上月同。黑豆每仓石价银八钱四分至一两九钱五分，与上月同。

沂州府属：稻米每仓石价银二两一钱至三两七钱二分，与上月同。粟米每仓石价银一两一钱七分至二两一钱，与上月同。粟谷每仓石价银七钱至一两一钱八分，与上月同。高粱每仓石价银六钱六分至一两四钱，与上月同。小麦每仓石价银一两一钱五分至二两四分，与上月同。黄豆每仓石价银八钱至一两五钱五分，与上月同。黑豆每仓石价银八钱至一两六钱一分，与上月同。

东昌府属：稻米每仓石价银三两二钱至四两七钱，与上月同。粟米每仓石价银七钱二分至二两五钱，与上月同。粟谷每仓石价银五钱至一两三钱二分，与上月同。高粱每仓石价银七钱至一两六钱，与上月同。小麦每仓石价银一两五钱至二两四钱，与上月同。黄豆每仓石价银九钱一分至二两一钱，与上月同。黑豆每仓石价银九钱至一两九钱五分，与上月同。

青州府属：稻米每仓石价银二两二钱四分至四两三钱，与上月同。粟米每仓石价银一两四钱六分至二两一钱二分，与上月同。粟谷每仓石价银八钱三分至一两四钱，与上月同。高粱每仓石价银八钱五分至一两四钱二分，与上月同。小麦每仓石价银一两二钱至二两三钱，与上月同。黄豆每仓石价银九钱九分至一两七钱，与上月同。黑豆每仓石价银九钱九分至一两七钱二分，与上月同。

莱州府属：稻米每仓石价银二两四钱至三两一钱，与上月同。粟米每仓石价银一两至一两九钱二分，较上月贱一钱。粟谷每仓石价银五钱至一两一钱，较上月贱四分。高粱每仓石价银六钱五分至一两三钱五分，较上月贵三分。小麦每仓石价银一两三钱五分至一两八钱二分，较上月贱四分。黄豆每仓石价银一两一钱至一两五钱八分，与上月同。黑豆每仓石价银一两五分至一两五钱二分，与上月同。

登州府属：稻米每仓石价银二两三钱至三两二钱二分，与上月同。粟米每仓石价银一两三钱一分至二两一钱一分，与上月同。粟谷每仓石价银九钱二分至一两四钱，与上月同。高粱每仓石价银九钱一分至一两四钱六分，与上月同。小麦每仓石价银一两二钱六分至二两一钱，与上月同。黄豆每仓石价银九钱九分至一两八钱，与上月同。黑豆每仓石价银九钱六分至一两八钱，与上月同。

临清直隶州并属：稻米每仓石价银三两四钱五分至四两，与上月同。粟米每仓石价银一两五钱至二两三钱，与上月同。粟谷每仓石价银一两九分至一两四钱，较上月贵三分。高粱每仓石价银一两二钱至一两七钱五分，较上月贵五分。小麦每仓石价银二两一钱五分至二两五钱八分，与上月同。黄豆每仓石价银一两五钱五分至一两八钱二分，与上月同。黑豆每仓石价银一两五钱五分至二两，较上月贵四分。

济宁直隶州并属：稻米每仓石价银三两八钱三分至六两四钱，与上月同。粟米每仓石价银二两至三两六钱，与上月同。粟谷每仓石价银一两二钱一分至二两二钱四分，与上月同。高粱每仓石价银一两五分至二两六钱五分，与上月同。小麦每仓石价银一两八钱至二两二钱五分，与上月同。黄豆每仓石价银一两一钱六分至二两七钱二分，与上月同。黑豆每仓石价银一两五分至二两九钱二分，与上月同。

委员管解僧格林沁营军饷并盐课京饷片

同治四年正月三十日

再，查东省上年十月以前协济僧格林沁军饷，历经按月兑解，并奏报在案。所有十一月份应解饷银五万两，据藩司详报先筹银三万两，饬委未入流张曜；又拨银二万两，饬委候补县丞成德，分批管解，赴河南许州粮台交纳。又拨本年盐课京饷，据运司详报筹备银二万两，饬委候补盐大使茅春绶、陈华昆领解，前赴户部交兑等情。臣复核无异。

除仍催藩、运两司续筹报解并分咨查照外，理合附片陈明，伏乞圣鉴。谨奏。

同治四年二月十四日奉到回折："议政王军机大臣奉旨：'知道了。谨奏。'"

保举军务出力员弁遵照部议更正折
同治四年正月三十日

奏为陈明部驳保举人员，遵议更正，并劳绩较著之员，仍请分别准照原保，以示鼓励，仰祈圣鉴事：

窃臣前将淄川、东昌军务攻剿出力文武员弁汇案请奖，恭折具奏，于同治三年四月二十二日奉旨允准，当经吏、兵二部恭录知照。钦遵在案。

兹准吏部咨开："山东军务出力各员，有与奏定章程不符，应行驳正，于同治三年十二月初九日具奏。奉旨：'依议。钦此。'"钦遵。抄单知照到臣。查单内称："查照章程，各项劳绩出力保举，除攻克城池、擒斩要逆，其余不准保奏免补、免选本班、越级保升及归候补班补用。湖南直隶州知州惠庆，应俟补缺后以知府用。知县张廷扬，应俟补缺后以知州即补。从九品朱云钦应俟选缺后，未入流张光宙、吏目张庆祥应俟补缺后，均以应升之缺升用。县丞戴杰，应专归本班尽先补用。所请免补、免选、越级保升及归候补班之处，均无庸议。知县仓尔壮，应声明何项候补。马映奎等五员，应令另行核奖。"各等因。

臣查部定章程，原所以分别劳绩等差，考核必求详慎，臣自应遵照办理，以符定制。惟查各员内，惠庆由湖南直隶州知州经升任巡抚臣毛鸿宾奏调，随升任藩司丁宝桢，自楚带勇来东，即在行营前敌打仗冲锋，同治二年七月，阵斩贼酋李江案内，经臣奏明。知县张廷扬，先在淄川支应局，后派赴东昌魏家湾办运草料，经丁宝桢见其勤干，密派擒捕红旗逆首张洛红，并同惠庆率队搜捕匪逆许先倾等多名，即系臣二年八月二十五日奏明各营搜杀一千余名案内出力之员。从九品朱云钦，先在淄川行营前敌随同攻克淄城，及赴东昌派令管带马队，与佐领塔克苏堪追贼，九月间曾在小井庄杀贼获胜。该员于淄东事竣后，仍令搜捕马贼多名，至今未尝息鞍，均有历次禀报在案。以上三员，系曾经攻克城池，擒斩要逆，核之部定章程，尚属相符。臣前保攻剿出力各员，系汇案列单，是以未经将该三员原案屡述。今奉部驳正，理合详陈。伏恳天恩俯准，将该三员仍照原保，惠庆请免补直隶州知州，以知府留东补用；张廷扬请免补知县，以知州即补；朱云钦请免选本班，并请专以府经历留东补用，出自逾格鸿慈。该员等愈知感奋驰驱，臣亦得收指臂之助。至张光宙、张履祥、戴杰三员，应遵照部议更正；邵琦、马映奎、仓尔壮、陈奏勋、孙振翮、穆宗滨等六员，应遵照部议，声明另核请奖，并缮具清单，恭呈御览。为此恭折具奏，伏祈皇太后、皇上圣鉴训示。谨奏。

同治四年二月十四日奉到回折："议政王军机大臣奉旨：'惠庆等三员，著仍照阎敬铭原保官阶，给予奖叙。邵琦等六员，著照所请，改给奖叙。余依议。该部知道。单并发。钦此。'"

谨将遵照部议另行核奖各员，缮具清单，恭呈御览。
试用同知邵琦，守城奋勉出力，请改奖以本班尽先补用。
江西试用知县马映奎，随队进剿，奋勉立功，请改奖补缺后以同知即补。
知县仓尔壮，随队进剿，奋勉出力，该员系捐纳分发山西试用知县，应请以本班尽先补用。
试用州同陈奏勋，守城奋勉出力，请改奖本班尽先补用。
候选县丞孙振翮，守城奋勉出力，请改奖归部遇缺即选。
选用从九品未入流穆宗滨，查该员前在湖北，于咸丰十一年防守省城出力，经大学士官文等保奏，以从九品未入流不论双单月选用在案，今在淄川、东昌堵剿出力，请改奖以从九品归部遇缺即选。

咸丰七年征收漕项钱粮奏销截数比较折

同治四年正月三十日

奏为咸丰七年分征收漕项钱粮奏销截数循例比较，恭折奏祈圣鉴事：

窃照漕项钱粮例应隔年奏销截数时，将征收银两比较上三年完欠分数，开单奏报，历经遵办在案。兹据督粮道沈维璨详称：咸丰七年漕项钱粮，除各属因灾蠲缓，实应征解银三万九千二百一十九两一钱七分七厘，照章作为十分核计，自咸丰七年二月开征起，至造报奏销截数止，已完八分四厘五毫银三万三千一百四十四两七钱三分五厘，未完一分五厘五毫银六千七十八两四钱四分二厘，比较咸丰四年少完二厘八毫，比较咸丰五年多完一厘五毫，比较咸丰六年少完三厘六毫等情，详请具奏前来。臣复核无异。

除咨部查照，并檄饬将未完银两赶紧催解外，理合开具比较清单，恭呈御览。为此循例恭折具奏，伏乞皇太后、皇上圣鉴。谨奏。

同治四年二月十四日奉到回折："议政王军机大臣奉旨：'户部知道。单并发。钦此。'"

谨将山东省咸丰七年分征收漕项新赋，比较上三年已未完分数，缮具清单，恭呈御览。

计开：

咸丰七年分额征漕项新赋，正银五万二千五百四十四两三钱七分八厘，内除因灾共应蠲缓银一万三千三百二十五两二钱一厘，钦奉上谕分别蠲缓，实应征解银三万九千二百一十九两一钱七分七厘。遵照奏案，于奏销截数止，已完八分四厘五毫银三万三千一百四十两七钱三分五厘，并无春拨、秋拨银两，理合注明，未完一分五厘五毫银六千七十八两四钱四分二厘。比较咸丰四年应征银四万一千三百二十九两五钱八分五厘，已完八分七厘三毫银三万六千九十一两一钱一厘，未完一分二厘七毫银五千二百三十八两四钱八分四厘，计少完二厘八毫银一千九十八两一钱三分七厘。比较咸丰五年应征银三万七千七百六十四两九钱九分四厘，已完八分三厘银三万一千三百五十四两三钱五分二厘，未完一分七厘银六千四百一十两六钱四分二厘，计多完一厘五毫银五百八十八两二钱八分八厘。比较咸丰六年应征银三万七千四百八十六两一分四厘，已完八分八厘一毫银三万三千三十五两三钱三分，未完一分一厘九毫银四千四百五十两六钱八分四厘，计少完三厘六毫银一千四百一十一两八钱九分。

查明应袭世职汇案请旨承袭折
同治四年正月三十日

奏为查明应袭世职汇案请旨承袭，恭折奏祈圣鉴事：

窃照阵亡殉难官绅子孙承袭世职，例应半年汇奏一次，历经遵办在案。兹查同治三年下半年据各属陆续详送，应袭云骑尉世职李万冬等二十八名，应袭恩骑尉世职刘世俊等四名，经臣逐案查核，俱属相符。当将年已及岁之李万科等二十四名验看，发标学习；年未及岁之谭常铭等八名饬俟及岁时发标学习，统以兵部汇奏，奉旨准其承袭之日，分别作为收标支俸日期，以符定例。理合将各该世职姓名、年岁、籍贯，敬缮清单，恭呈御览。

除宗图册结汇总咨部外，为此恭折具奏，伏乞皇太后、皇上圣鉴。谨奏。

同治四年二月十四日奉到回折："议政王军机大臣奉旨：'兵部议奏。单并发。钦此。'"

清查届满分厘未解照章办理情形折

同治四年正月三十日

奏为清查勒追银两七限届满，分厘未解，照章分别办理，恭折具奏，仰祈圣鉴事：

窃照东省清查案内，在东人员应缴七限挪亏银两，应自咸丰五年九月二十五日六次限满之日起，扣至咸丰六年九月二十四日止，七年限满，所有各员应完银两即经严札饬催，均各分厘未解。据藩司查明各员未完确数，开列职名，详请具奏前来。臣复查无异。

相应请旨，将七限分厘不完之前任巨野县已另案参革知县徐鏻，并案查抄监追；前任济阳县候补知县杨汝绶，应请革职监追，查封备抵。并移咨江苏、江西抚臣，将该员徐鏻江苏沭阳县、杨汝绶江西金溪县各原籍财产一并查抄。又，前任武城县丁忧县丞余文伟，代父余绍洙应完临清卫任内挪亏银两，未据完解，应俟统限届满后，查明已未完解银数，照章办理。又，前任邹平县知县李铄、前任平度州知州李岱霖、前任滨州知州王宠三、前任高唐州知州牛翰鉁，以上四员均已病故，现在饬查该员子孙有无官职出任，分别核办。

除造册咨部外，谨缮各员未完清单，恭呈御览。

再，东省频年军务倥偬，是以造报较迟，合并陈明。为此恭折具奏，伏乞皇太后、皇上圣鉴。谨奏。

同治四年二月十四日奉到回折："议政王军机大臣奉旨：'另有旨。钦此。'"

请将塔克苏堪以参将留东补用片

同治四年正月三十日

再，青州满洲营佐领塔克苏堪，前在淄川、东昌带队打仗出力，经臣奏请，以参领升用并赏换花翎，奉旨允准，钦遵在案。兹准青州副都统恩夔咨称：本满洲营并无参领之缺等因。臣查旗营佐领例得以绿营参将保送拣补。该佐领现管带马队，熟悉操防，今青州满洲营既无参领之缺，拟请将该佐领塔克苏堪更正，照应升阶次，以参将留东尽先补用之处，出自鸿慈。理合附片具陈，伏乞圣鉴。谨奏。

同治四年二月十四日奉到回折："议政王军机大臣奉旨：'塔克苏堪著改为以参将留于山东补用。该部知道。钦此。'"

休致盐大使亏短正项请旨革职监追折

同治四年二月初一日

奏为休致盐大使亏短正项，延不完缴，请旨革职监追，查封备抵，以重库款，恭折仰祈圣鉴事：

窃查前任官台场大使姚德用，经臣于汇参场员案内奏请，将该员勒令原品休致，先行撤任，未完灶课，勒限完缴，逾限再行严参治罪，奉旨允准在案。乃时逾年余，该员在任征存各年灶课，除领抵各款外，实短银二千五百五十八两八钱二分三厘，在任既不批解，卸事亦不移交，勒催又不清缴，实属大干功令。现当整饬盐务、杜绝侵渔之际，若再稍从姑息，何以裕课款而儆效尤。据署盐运司卫荣光详参前来。相应请旨，将前任官台场休致大使姚德用革职监追，一面将该员任所、寓所赀财密饬查抄，并咨明浙江抚臣，将该员钱塘县原籍家产，一并查封备抵。理合恭折具奏，伏乞皇太后、皇上圣鉴训示。谨奏。

同治四年二月十四日奉到回折："议政王军机大臣奉旨：'另有旨。钦此。'"

特参疏防绞犯越狱之典史知县折

同治四年二月初一日

奏为特参疏防绞犯越狱之典史、知县，请旨一并革职，分别拿问，留任勒缉，恭折奏祈圣鉴事：

窃据署即墨县知县刘俊扬禀报，该县监禁绞犯宋继观，于同治三年十一月初十日夜，乘风雪交作、禁卒人等睡熟，扭断镣铐、笼木，掇落屋门作梯，越墙脱逃等情。臣查宋继观因误伤胡双身死，审依斗杀律，拟绞监候具题，现已接准部复。该员刘俊扬与典史赵世鉁并不严督刑禁人等小心防范，致该犯贪夜越狱逃走，玩忽已极，且难保非刑禁人等受贿故纵。兹据藩、臬两司转采该管道府揭参前来。

除饬提该典史赵世鉁同刑禁人等来省审办外，相应请旨，将管狱官即墨县典史赵世鉁革职拿问，以便提同刑禁人等严审有无贿纵情弊，按律惩办。有狱官署即墨知县刘俊扬，应请照例暂行革职留任勒缉，俟限满有无弋获，再行分别办理。为此恭折具奏，伏乞皇太后、皇上圣鉴训示。

再，即墨县典史一缺，山东现有应补人员，应请扣归外补，合并陈明。谨奏。

同治四年二月十四日奉到回折："议政王军机大臣奉旨：'另有旨。钦此。'"

遵驳审明疏脱匪犯之职官按律定拟折

同治四年二月初一日

奏为遵驳审明疏脱匪犯之职官，按律定拟，恭折奏祈圣鉴事：

窃臣审奏已革署齐河县县丞王诚之拿获匪犯郭念言，关禁空屋，致令脱逃一案，刑部以情罪不符，奏奉谕旨，驳饬复审等因，咨行到臣。当经行司饬提确审。兹据济南府知府萧培元审明改拟，由藩司丁宝桢、兼署臬司卫荣光解勘前来。臣亲提研鞫。

缘王诚之籍隶直隶天津县，由誊录议叙从九品，分发山东候补，咸丰十一年三月委署齐河县县丞，因衙署坍塌，赁住民房，并未携带眷属，与在逃匪犯郭念言并不认识。是年七月间，郭念言因其子郭少棠藉团滋事，被获正法，即邀杨景仓等纠胁团丁数百人入城，盘踞团局，暗议戕官劫狱。该署县李均访知，会督王诚之并汛弁、典史，于二十五日夜，带领兵役、民团四路掩捕。郭念言等开枪拒捕，杀伤团长、县役。经兵役当场拿获杨景仓等多名，余皆逃散，兵役分头追捕。郭念言与伙匪戴墨淋路遇王诚之寓所，见寓门未关，无人看守，因被拿情急，潜入门内暂避。县役刘超山等追至，进内捕拿。郭念言已躲入后院，时在墨夜，刘超山等未经看见，仅将戴墨淋获住送县。维时王诚之尚未回寓，家丁吴长有在房睡歇，并未知觉。三更时分，王诚之回寓，赴后院出恭，瞥见郭念言，喝问盘出姓名，即令吴长有将郭念言拿住，用绳捆缚两手，关禁后院空屋，欲俟天明送县。讵郭念言乘间挣开缚绳，扳折窗楞，越墙逃逸。次日王诚之寻找无踪。李均访闻，派役查拿无获，禀揭咨革。提省审悉前情，比依藏匿罪人律拟流，奏经刑部，以案情支离，情罪不符，奏奉谕旨，驳饬复审。今按照部驳情节，逐层究诘。

如奉驳"要犯郭念言一经拿获，宜如何小心防护，毋任逃逸。王诚之前署县丞，始与该县会拿该犯未获，旋即在寓所将该犯拿住，自宜立即锁送该县，或因护解乏人，恐有疏脱，亦宜迅密通知该县带役会拿，乃称私禁空屋，致令脱逃，殊无此理"一节。据王诚之供称：该革员会同印官查拿郭念言未获，于三更回寓，家丁吴长有在耳房睡熟。该革员将吴长有叫醒，自赴后院出恭，瞥见墙角蹲踞一人。该革员喝问，其人含糊答应。该革员再三盘诘，其人不能隐瞒，始说即系郭念言，跪求释放。该革员令吴长有将其拿住，用绳捆缚两手，本拟即刻送县，因寓所仅止吴长有与门役二人，此外无人可差，且时已四更，夜深人静，解送恐有疏脱。该革员又因困倦，一时懒惰，故将郭念言关禁后院空屋，俟天明送县。讵郭念言乘该革员与吴长有睡熟，挣开缚绳，扳折窗楞，越墙逃逸，实系糊涂疏忽，咎无可辞。

又如奉驳"王诚之四路掩捕，郭念言何敢复入伊寓，自投死地？王诚之寓所门首又何至寂无一人，致被匪犯潜入？况县役刘超山等既查知，追至密拿，业将戴墨淋拿住，而郭念言躲在院内不能看明，亦无此理。刘超山等既纷纷入院查拿匪犯，该家丁吴长有在房睡歇毫不知觉，更无此理"一节。据伙匪戴墨淋与家丁吴长有供称：当日该犯戴墨淋相随郭念言逃走，路遇王诚之寓所，见寓门未关，无人把守，因县役在后追捕，仓卒无计，与郭念言先后潜入门内暂避。县役刘超山、陈景福瞥见踵至。郭念言先已躲入后院，时在黑夜，刘超山等未经看见，亦未搜查，仅将该犯获住送县。其时门役跟随王诚之未回，仅止吴长有在寓看守。吴长有先因困倦在王诚之住屋耳房睡熟，耳房离大门尚远，故于郭念言等潜入躲避、刘超山等入门查拿均未知觉，委无故纵情弊。再三严诘，均各矢口不移，应即拟结。

查律载："应捕人追捕罪人，知罪人所在而不即捕者，减罪人罪一等。"又，"断罪无正条，援引他律比附加减定拟。"各等语。此案已革候补从九品王诚之，在署齐河县县丞任内，于罪应拟斩匪犯郭念言逃入寓所躲避，业经问明拿住，辄因夜深困倦，并不立时送县，遽行关禁空屋，不加看守，致令脱逃，虽非故纵，实属怠玩。遍查律例，并无恰合专条，自应更正原拟，比律量减问拟。王诚之应比依"应捕人追捕罪人，知罪人所在而不即捕者，减罪人罪一等"律，于郭念言斩罪上减一等，满流罪上量减一等，拟杖一百，徒三年，系职官，应请旨从重发往军台效力赎罪。事犯虽在咸丰十一年十月初九日恩赦以前，情节较重，并请不准援免。吴长有系王诚之家丁，律得容隐，应免置议。戴墨淋一犯饬县另行审办，逸犯郭念言仍饬严缉，获日另结。

除供册咨部外，理合恭折具奏，伏乞皇太后、皇上圣鉴训示。谨奏。

同治四年二月十四日奉到回折："议政王军机大臣奉旨：'刑部议奏。钦此。'"

审明京控诬告按例定拟折
同治四年二月初一日

奏为京控审系诬告，按例定拟，恭折具奏，仰祈圣鉴事：

窃照临清州人杜元海，以王进平等为匪抢劫、串谋栽诬等词，控经步军统领衙门，于同治三年四月初二日奏奉谕旨："此案著交阎敬铭督同臬司，亲提人证、卷宗，秉公研讯确情，按律定拟具奏。原告民人杜元海，该部照例解往备质。钦此。"当经行司饬提人卷研讯。兹据兼署臬司卫荣光将杜元海庙员详革，审明拟议，解勘前来。臣亲提研鞫。

缘杜元海籍隶临清州，与邻庄王进平等素识，先无嫌隙。咸丰十一年间，杜元海因教匪窜扰，避难外出。其弟杜元江即杜四被胁入伙，随同抢掠王进平、张标等家财物，杜元海先不知情。同治二年十一月间，杜元江逃回原籍，王进平、张标与牌头孙大兴等控州，票差捕役王尚德等拿获杜元江，讯明收禁。适杜元海回家闻知，因杜元江曾与刑书吕洛占等口角有嫌，王进平系吕洛占表兄，疑系吕洛占挟仇串诬杜代等拷打逼供，控司批州集讯。而杜元江先经该州禀明，就地正法。杜元海查知，因挟王进平等指控之嫌，起意诬告泄忿，即添捏王进平与王安、王大红、王三红、于高洛等竖旗为匪，并与刘书绅、刘义华、董城抢劫张洛盛等家衣物、马匹，吕洛占与杜六、杜代受贿通贼，王尚德与扈三等抢去杜元江家钱物等词，控经步军统领衙门奏奉谕旨，饬提研讯。据供前情不讳，诘系挟嫌诬告，并无起衅别故，应即拟结。

查例载："蓦越赴京告重事不实，并全诬十人以上者，发边远充军。"等语。此案杜元海因挟王进平等指控伊弟杜元江从贼之嫌，辄捏造王进平等为匪抢劫各情，赴京诬告，罗织至十余人之多，实属玩法，自应按例问拟。杜元海除诬告人死罪未决，罪止拟流加徒轻罪不议外，合依"蓦越赴京告重事不实，并全诬十人以上者，发边远充军"例，拟发边远充军，到配杖一百，折责安置。王进平等讯无为匪抢劫，吕洛占等亦无挟仇串诬各情事，概毋庸议。

除供册咨部外，理合恭折具奏，伏乞皇太后、皇上圣鉴训示。谨奏。

同治四年二月十四日奉到回折："议政王军机大臣奉旨：'刑部议奏。钦此。'"

已革卫守备廖宇清交代亏缺并案追缴折
同治四年二月初一日

奏为已革卫守备交代案内亏缺银两，请旨并案追缴，查抄备抵，恭折奏祈圣鉴事：

窃照现任东昌卫守备王廷薰应接前署守备廖宇清交代一案，久逾二参例限，屡次严催，杳不赴东会算。咨准漕运总督臣吴棠移复：该署守备廖宇清，因委办江南寄籍绅富捐输，延不批解，复敢避匿，显有亏挪，业经奏参，奉旨："革职严拿究办。钦此。"遵即饬属密拿解究，迄今尚未解台追缴等因。即据藩司转饬现任查明，该署备廖宇清任内，除抵实亏正、杂、仓、捐共银一千一百四两七分九厘，据该管道府禀揭详请奏参前来。

臣查卫所钱粮，与地方一律并重，乃该革备亏欠至一千一百余两，当此整饬交代之际，既不赴东会算，又不赶紧措缴，实属貌玩已极。相应请旨敕下漕运总督臣，将已革署东昌卫守备廖宇清亏欠前项银两，并案严追完缴；一面由臣将任所、寓所资财密饬查抄，并咨明顺天原籍，将家产一并查封备抵。理合恭折具奏，伏乞皇太后、皇上圣鉴训示。谨奏。

同治四年二月十四日奉到回折："议政王军机大臣奉旨：'另有旨。钦此。'"

已故卫守备讷勒亨阿在任亏欠请查抄备抵折
同治四年二月初一日

奏为查明已故卫守备亏缺正、杂、仓等款银两，请旨查抄备抵，恭折奏祈圣鉴事：

窃照仓库钱粮，丝毫均关国帑，不容少有短绌。乃查已故卫守备讷勒亨阿，前在临清卫任内亏欠历年正、杂、仓、谷等款，共银九千二十两九钱四分四厘，屡经现任查催，该家属延不措交。据该管道府禀由藩、臬两司会详请参前来。

臣查该故守备系蒙古镶白旗毫林阿佐领下人，驻防湖北荆州，亏数几及万金，例限已逾二参，仍复抗迫不解，亟须从严参办。相应请旨，将前任临清卫已故守备讷勒亨阿任所、寓所资财，及旗籍财产，严密查抄备抵；一面饬提该家属及经手书吏人等，确讯所亏银两是侵是挪，按律拟办。

除分咨外，理合恭折具奏，伏乞皇太后、皇上圣鉴训示。谨奏。

同治四年二月十四日奉到回折："议政王军机大臣奉旨：'另有旨。钦此。'"

审明肥城县杀死本夫重犯分别定拟折
同治四年二月初一日

奏为审明亲属因奸同谋杀死本夫重犯，分别定拟，循例恭折具奏，仰祈圣鉴事：

窃据肥城县知县邓馨详报，犯妇阴翟氏，因奸听从夫堂弟阴顷得谋，杀本夫阴顷之身死一案。臣以案情较重，批司提省发委济南府知府萧培元审拟解司。因恐案情未确，驳饬审明，仍照原拟，由兼署臬司卫荣光解勘前来。臣亲提研鞫。

缘阴翟氏、阴顷得籍隶肥城县。阴翟氏与夫阴顷之和睦。阴顷得未曾娶妻，系阴顷之小功堂弟，同居无嫌。阴顷之因患大麻风病卧床不起，与阴翟氏分房居住。同治三年正月十六日，阴顷得乘阴顷之之父阴可兴外出，与阴翟氏通奸，阴顷之等均不知情。七月十二日，阴顷得闻知阴顷之因夜间无人服侍，令阴翟氏同住一房，虑及续奸不便，起意将阴顷之勒死，向阴翟氏商谋，阴翟氏允从。是日傍晚时分，阴顷得沽酒与阴顷之同饮，阴顷之酒醉睡熟。阴顷得令阴翟氏在门外看人，独自寻得麻绳，走至阴顷之床前，将麻绳穿过床头横档，套住阴顷之咽喉，挽成活扣，两手分执绳头，用力拉勒，阴顷之立时气闭殒命。阴顷得将绳解开走散。阴翟氏捏称阴顷之因病身死。阴可兴看出咽喉勒痕，向阴翟氏盘出实情，报验讯详。提审供认不讳，诘无起衅别故，及另有同谋加功之人，应即拟结。

查律载："妻因奸同谋杀死亲夫者，凌迟处死。"又例载："亲属相奸，如与奸妇商通谋死本夫者，奸夫拟斩立决。"各等语。此案阴翟氏因与夫小功弟阴顷得通奸，听从谋勒亲夫阴顷之身死，自应按律问拟。阴翟氏合依"妻因奸同谋杀死亲夫者，凌迟处死"律，拟凌迟处死。阴顷得起意谋害，亦应按例问拟。阴顷得合依"亲属相奸，如与奸妇商通谋死本夫者，奸夫拟斩立决"例，拟斩立决，先行刺字。阴可兴讯非知情纵容，应毋庸议。

除供招咨部并将原审情节封送军机处备查外，为此循例恭折具奏，伏乞皇太后、皇上圣鉴训示。谨奏。

同治四年二月十四日奉到回折："议政王军机大臣奉旨：'刑部速议具奏。钦此。'"

审明潍县京控按律定拟折
同治四年二月初一日

奏为审明京控，按律定拟，恭折奏祈圣鉴事：

窃据潍县孀妇杜褚氏，以徐福山等挟嫌擅杀等词，遣抱杜兆鹏，控经都察院，于同治二年八月二十日奏奉谕旨："此案著交阎敬铭督同臬司亲提人证、卷宗，秉公严讯确情，按律定拟具奏。抱告民人杜兆鹏，该部照例解往备质。钦此。"当经行司饬提人卷严讯。兹据兼署臬司卫荣光审明拟议，解勘前来。臣亲提研鞫。

缘杜褚氏籍隶潍县,与监生徐福山并徐五、李端午、李振魁同庄无嫌。咸丰十一年二月二十二日,南捻窜入县境,杜褚氏与徐福山等并庄众人等先行逃避。二十八日,贼由庄外窜过,杜褚氏之夫杜有、翁父杜俊、夫伯杜容、夫弟杜蹭与邻人韩四月、韩法有,乘乱抢掠徐福山等并庄众等各家衣物。徐福山等与庄众人等回家查知,分赴杜褚氏、韩四月等家搜赃拿人,欲行送究。杜有、杜俊、杜容、杜蹭、韩四月、韩法有逃跑,庄众人等追至庄外,杜有等持械抗拒,均被庄众人等格伤身死。徐福山等各因搜赃,并未在场,搜出赃衣一百九十六件,与被抢各家分别认回,下剩无主赃衣四十件,存于庙内,候主认领。因闻贼匪回窜,道路不通,未经报验。嗣杜有堂兄杜梅自外回归,瞥见杜有等尸身,意为被贼所杀,找回杜褚氏,并通知韩四月之侄韩法富看明瘗埋。三月初间,杜褚氏传闻杜有等系被徐福山等挟嫌杀害,正欲控告,即经该县访闻,差查徐福山赴县呈报,并将存庙赃衣缴案。该县票差县役李春芳等,将杜褚氏、徐福山等传案讯,因供词各执,添传李端午等质询。乡长刘丑等将徐福山保回候质。杜褚氏疑系徐福山素好之刑书丁鸿冒名朦保,央伊族祖杜景茂由府控司批府提审,因人证未齐,尚未集讯。杜褚氏情急,适伊夫弟杜兆鹏被裹逃回,即以擅杀捏保等词,并图准添砌徐福山许钱买和李春芳等受贿私押各情,遣杜兆鹏作抱,控经都察院奏奉谕旨,饬提严讯。因徐福山不服审讯,将其监生咨革;究明杜有等委因乘乱行抢拒捕,经庄众人等格杀,并非徐福山等挟嫌杀害,众供确凿。质之杜褚氏,亦自认误听传言怀疑具控,应即拟结。

查律载:"申诉不实者,杖一百。"等语。此案杜褚氏京控各情,虽讯系怀疑添砌,究属失实,自应按律问拟。杜褚氏合依"申诉不实者,杖一百"律,拟杖一百,照律收赎追银册报。徐福山、徐五、李端午、李振魁讯无挟嫌擅杀情事,应毋庸议。徐福山监生应不准开复。刑书丁鸿,县役李春芳、陈皋、李文盛、于春立,讯无朦保私押情弊,均毋庸议。

除供册咨部外,理合恭折具奏,伏乞皇太后、皇上圣鉴训示。谨奏。

同治四年二月十四日奉到回折:"议政王军机大臣奉旨:'刑部议奏。钦此。'"

藩司带兵出省并筹防务折

同治四年二月初六日

奏为恭报藩司带兵出省起程日期,并现筹添兵防堵情形,仰祈圣鉴事:

窃臣前因探闻河南贼匪窜及尉氏、扶沟一带，调兵严布边防，并奉旨追调藩司回省缘由，恭折由驿驰奏，于二月初四日奉旨："知道了。所调各营勇丁，著迅催到防，严密布置，一面飞饬各州县妥筹防守，镇抚居民，并多设侦探，如贼踪窜近边境，即饬各军协力迎剿，毋令阑入。钦此。"

窃臣前察贼势，意欲奔回老巢，则山东正南、西南边防，在在吃紧。嗣据探报，贼由尉氏、扶沟奔近太康，又折窜西南至郾城、临颍一带，去东省稍远。而贼踪飘忽靡定，或分股窜越，或声西忽东，亟应严为防备。藩司丁宝桢于途次接据臣檄，正月二十九日折回省城。臣所先调东治各营，已经飞饬速赴曹、单。丁宝桢复调集济安四营八百名，齐赴济宁。该藩司即于初二日由省起程，并带马队三百数十名。臣与筹商，到防后相度地利形势，或分布曹、单，以固东境藩篱；或拨布济宁，以防湖团勾煽。惟是东省南界，自失黄河之险，东自峄、滕，西讫曹、单，边界辽阔，皆为捻逆从前冲入之境。以现在调往营勇计之，东治、楚勇二营，济安四营，共二千八百名，马队三百数十名，实属兵力不敷。现虽据报贼踪稍远，其峄、滕一路，情形尚非紧急，而曹、单各军，亦须有接应之兵，方期可守可战。临时凑集，徒涉张皇，自应早为预备。臣已飞咨曹州镇总兵保德，挑选精壮马步兵丁一千名，给与例支口粮，以候调拨，并令防守附郡要隘，不但为各营犄角，亦可镇压曹属人心。臣深知东省民情浮动，伏匪尚多，若使外匪不来，则内患无自而起，一闻外匪窜扰之信，内地即生反侧之心，前事屡有明验。如东昌各属匪徒，屡经斩薙，实为不少，而苏洛坤以漏网余匪，一经传帖，即能煽聚多人。民情当风鹤惊心之余，一闻此次豫匪猖獗，即谣传有宋景诗复来之信，尤不可不加意防范。臣先派济安二营并游击郭大胜、守备曹正榜二营分驻于馆陶、观城等处，原所以早为筹防，今先其所急，已全调赴曹、单。则东昌一路空虚，拟即就近饬东昌营参将韦应麒挑选精兵五百名，给与例支口粮，分队各处巡防，并严檄各地方官镇抚居民，密缉奸匪，以杜煽动之萌。至武定一处，仍留游击王正起一营；馆陶界连大名，改调驻扎德州之参将黄兆升移营，以资搜拿。此臣就现有各营分路布置，嗣后如有应添兵力之处，再行奏陈。

丁宝桢既经带兵出省，藩司政务殷繁，兼有库款，势难遥顾，是以未经接印，仍系臬司恩锡署理，合并陈明。

谨将藩司出省日期并预筹添兵防堵情形，恭折具奏，伏祈皇太后、皇上圣鉴训示。谨奏。

议政王军机大臣奉旨："知道了。著即饬令丁宝桢于到防后相机严密布置，一面镇抚居民，密缉奸匪，毋稍疏懈。钦此。"

募勇口粮请仍照成案办理折

同治四年二月初六日

奏为东省募勇口粮，体察情形，碍难再减，吁恳天恩仍准俯照本省已减成案办理，以期得力，仰祈圣鉴事：

窃查前准户部咨称：东省营勇口粮，奏明请照僧格林沁军营之案，每月给银二两六钱等因。经臣据藩司详称：东省军兴以来，雇募勇丁口粮，先经奏准每名月支银四两五钱，复经前抚臣谭廷襄奏准核减每名月支银三两，均经先后请销，奉部复准各在案。今奉部议改照亲王僧格林沁大营章程再行删减，体察各营情形，实有万难援减之处。臣于上年三月间详细陈奏，恳请仍照本省奏减成案。嗣奉部议内称：僧格林沁移营东省，详定章程，新募到营，每名给制钱一百文，如已打仗立功，每名给银二两六钱。东省同地同时，毋庸分别，致滋歧异等因前来。

臣查各省勇粮口分，最易开冒滥之端，部臣慎重度支，自应力求撙节。惟臣半年以来，再三体察东省营勇情形并银价、物价贵贱，若照部议援僧格林沁移营之案，实有碍难办理者，请为皇太后、皇上再陈之。

臣伏思军营勇粮冒滥之弊，惟在以少报多及疲玩充数，不能裁汰。至每丁一名，给银若干、钱价及物价若干，是否充足一人之食，原可意计而知。臣前折所称东省勇粮较前银贵之时已减一两五钱，加以现在银贱物贵，更属暗中减之又减，今若再行核减，食用断属不敷，本系实在情形。缘东省各处银价，每两约易制钱一千三百余文。军行之地，商贾无不减平勒价，每两只易制钱一千文，或一千一二百文。以每月三两计之，亦仅敷部臣所称僧格林沁新募章程每日每名制钱一百文之数。加以柴薪之乏，米粮之贵，又复抬价居奇。惟幸东勇久甘粗粝，多系买食馎饦，聊资果腹。此即月发三两已不足作其饱腾，若再核减至二两六钱，其何以济？臣所以琐屑言之者，军士疾苦，非亲历行阵无由周知。而欲求战胜，必先恤军情，恤军情必先筹军食。若使士不宿饱，枵腹荷戈，不免怨咨，有同乞丐，弱者必溃，强者必哗，此非将帅威令之所能钳，亦非地方官之所能抚驭者也。臣于淄川克复后，即将各营弁勇全行遣散，惟酌留可用者编列为营。然无用之勇丁，臣能力裁，在营之军食，臣难扣减；已散者无从追取，未散者尚效驰驱。各勇无不知三两之数关支有年，今驱之于锋镝之中，而忽下一减粮之令，欲使士卒踊跃奋兴，固结无二，臣有以知其不能也。

至各处军需报销案内，勇粮一项，多寡不齐，均系各援各案办理，无非因地因时筹度核定。前僧格林沁移营东省，不同久驻之军，且到处绅民每多捐输米面，各州县亦运送军粮，随时添放，有此例外接济，故领项虽少，食用尚敷。他营之勇，惟赖额支，即有捐输以及采买粮料，放给仍应作价，于例支口粮项下扣除，原与僧格林沁行营不同，难以援照。臣前折业已陈明在案。

臣职任封圻，极知财赋之空虚，军需之浩费，苟可节省，无弗筹维，与部臣实为中外一体，岂敢固执己见，不思力杜浮糜，实因军食所关，有不能再三核减者。体察日久，未可缄默不言。合无仰恳天恩敕部，所有东勇口粮一项，业经造册请销及二年六月以前尚未造报应归开单各案并以后募勇，均准仍照东省奏明核减成案办理，以归画一而体军情。

谨将东省勇粮碍难再减缘由，恭折具奏，伏祈皇太后、皇上圣鉴训示。谨奏。

议政王军机大臣奉旨："著照所请。该部知道。钦此。"

审明殴官闹考之童生按例定拟折
同治四年二月二十八日

奏为审明因考滋闹府署之童生，按例定拟，恭折具陈，仰祈圣鉴事：

窃臣前因文登县童生温学诗等赴府署滋闹一案，由于署蓬莱县马襄取巧酿成，当经奏奉谕旨："马襄著即革职，温学诗、王言纶著提究严审，按律惩办等因。钦此。"遵即行司饬提犯卷至省，发委济南府知府萧培元审拟解司，因恐案情未确，驳审三次。兹据审明，仍照原拟，由兼署臬司卫荣光解勘前来。臣亲提研鞫。

缘温学诗、王言纶均系文登县童生，先未犯案。同治二年十一月二十日，温学诗因府考已毕，学院按试有期，在郡候考。已革蓬莱县马襄不愿办理考事，禀阻学院改期缓试。温学诗闻知，因远道往返多用盘费，起意借端挟制讹索，适遇素识之王言纶，告知前情，王言纶允从。温学诗在街扬言学院因何改期，赴县署探问，即有不识姓名童生二十余人跟至县署。温学诗倡言，学院不来，须帮给盘费回籍，王言纶与各童生随声附和。马襄弹压不住，带同温学诗等赴府请示，经登州府知府豫山明白谕散。次日，温学诗商允王言纶赴府署领取盘费，一路扬言，又有不识姓名童生跟随同行，一共三十余人。马襄闻信赶至弹压，王言纶拦阻嚷骂。马襄下轿喝拿，维时观看热闹之人甚多，群相拥挤，致将马襄朝珠扭断。温学诗与不识姓名童生一齐拥至大堂滋闹，王言纶畏惧逃走。豫山传集各学教官，婉言开导，并令赴各学公寓报名造册，酌量道路远近，设法体恤。悬牌大堂，温学诗等争看碰落，被人踏毁。福山县教谕马砚田上前吆喝，被不识姓名童生推跌倒地，殴未成伤，公案亦被人挤倒。经营汛将弁带兵赶至查拿，均各逃散。旋将温学诗、王言纶拿获提省，审悉前情，诘无另犯为匪不法，应即拟结。

查例载："刁民假地方公事，聚众至四五十人，哄堂塞署，逞凶殴官，为首斩决枭示，从犯拟绞监候。"等语。此案温学诗在郡等候院考，因署蓬莱县马襄禀阻缓试，辄起意借端挟制，倡言索帮回籍盘费，与王言纶哄动不识姓名童生一共三十余人，赴府署滋闹，以致挤倒公案，推殴教官，殊属玩法。惟人数未至四十人，且非该犯纠约，自应按例酌减问拟。温学诗应于"刁民假地方公事，聚众至四五十人，哄堂塞署，逞凶殴官，为首斩决枭示"例上酌减一等，拟发极边足四千里充军，到配杖一百，折责安置。王言纶听从同往滋闹，应于从绞监候罪上酌减一等，拟杖一百，流三千里；据供母老丁单，是否属实，饬县查明，取结核办。在逃之滋事童生，缉获另结。失察之送考教官，系文登县训导范培元，随案送部议处。取巧酿事之知县马襄，业经参革，应毋庸议。

除供册咨部外，理合恭折具奏，伏祈皇太后、皇上圣鉴训示。谨奏。

同治四年三月初十日奉到回折："议政王军机大臣奉旨：'刑部议奏。钦此。'"

同治四年正月雪泽粮价折

同治四年二月二十八日

奏为恭报正月份雪泽情形并呈粮价清单，仰祈圣鉴事：

窃照上年十二月份雪泽、粮价，经臣奏报在案。兹查正月份，据济南府属之历城、章邱、邹平、淄川、长山、新城、齐东、齐河、济阳、禹城、临邑、长清、陵县、德州、德平、平原，泰安府属之泰安、新泰、莱芜、肥城、东平、东阿、平阴，武定府属之惠民、青城、阳信、海丰、乐陵、商河、利津、蒲台，兖州府属之滋阳、曲阜、宁阳、邹县、泗水、滕县、峄县、汶上、阳谷、寿张，沂州府属之兰山、郯城、莒州、蒙阴、沂水、日照，曹州府属之菏泽、单县、城武、曹县、定陶、巨野、郓城、范县、观城、朝城，东昌府属之聊城、堂邑、博平、茌平、清平、莘县、冠县、馆陶、高唐、恩县，登州府属之蓬莱、黄县、招远、文登，莱州府属之掖县、平度、昌邑、潍县、高密、胶州，青州府属之益都、临朐、临淄、高苑、博山、博兴、诸城、寿光、昌乐、安丘、乐安，临清直隶州并所属之夏津、武城、邱县，济宁直隶州并所属之金乡、嘉祥、鱼台等九十五州县，先后申报于月之初二五六七八及十二三四五六八并二十九等日，各得雪一、二、三、四、五、六、七、八寸不等。上冬通省雪泽频沾，土膏滋润，惟入春后，阴多晴少，天气较寒，幸日内春阳和暖，麦苗可期芃茂，堪以仰慰宸怀。

至各属市集粮价，稍有长落，大致与上月相同。谨缮清单，祗呈御览。为此恭折具奏，伏乞皇太后、皇上圣鉴训示。谨奏。

同治四年三月初十日奉到回折："议政王军机大臣奉旨：'知道了。钦此。'"

正月份粮价清单

谨将同治四年正月份山东省各属米、谷、麦、豆价值，敬缮清单，恭呈御览。

计开：

济南府属：稻米每仓石价银三两四钱至四两四钱一分，较上月贱三分。粟米每仓石价银九钱至二两六钱，与上月同。粟谷每仓石价银五钱五分至一两五钱，较上月贱一钱。高粱每仓石价银八钱八分至一两八钱九分，较上月贵二分。小麦每仓石价银一两五钱至二两五钱，较上月贱一钱六分。黄豆每仓石价银一两一钱七分至二两二钱四分，较上月贱二分。黑豆每仓石价银一两二钱八分至二两二钱一分，较上月贵一分。

泰安府属：稻米每仓石价银三两一钱八分至四两八钱，与上月同。粟米每仓石价银一两四钱九分至二两三钱，与上月同。粟谷每仓石价银八钱八分至一两一钱，与上月同。高粱每仓石价银九钱五分至一两三钱三分，较上月贵三分。小麦每仓石价银一两四钱六分至一两八钱七分，与上月同。黄豆每仓石价银一两一钱一分至一两五钱五分，与上月同。黑豆每仓石价银九钱八分至一两五钱五分，与上月同。

武定府属：稻米每仓石价银二两四钱八分至五两三钱二分，与上月同。粟米每仓石价银一两一钱六分至二两二钱，与上月同。粟谷每仓石价银七钱七分至一两三钱，与上月同。高粱每仓石价银八钱至一两四钱五分，与上月同。小麦每仓石价银一两五钱至三两五分，与上月同。黄豆每仓石价银一两一钱八分至一两七钱，与上月同。黑豆每仓石价银一两一钱至一两六钱五分，与上月同。

兖州府属：稻米每仓石价银二两四钱四分至四两六钱五分，与上月同。粟米每仓石价银九钱四分至二两二钱，与上月同。粟谷每仓石价银七钱至一两八钱五分，与上月同。高粱每仓石价银九钱八分至一两八钱，与上月同。小麦每仓石价银一两三钱至二两二钱，与上月同。黄豆每仓石价银一两六分至一两六钱，与上月同。黑豆每仓石价银九钱八分至二两，与上月同。

曹州府属：稻米每仓石价银三两三钱至五两，与上月同。粟米每仓石价银一两三钱至二两五钱三分，与上月同。粟谷每仓石价银七钱八分至一两八钱三分，与上月同。高粱每仓石价银八钱至一两八钱六分，与上月同。小麦每仓石价银一两五钱六分至二两四钱三分，较上月贵三钱一分。黄豆每仓石价银一两二分至二两三钱四分，与上月同。黑豆每仓石价银九钱至一两九钱五分，与上月同。

沂州府属：稻米每仓石价银二两一钱至三两七钱二分，与上月同。粟米每仓石价银一两三钱五分至二两二钱，较上月贵一钱。粟谷每仓石价银七钱至一两二钱，较上月贵二分。高粱每仓石价银六钱六分至一两四钱七分，较上月贵七分。小麦每仓石价银一两一钱五分至二两四分，与上月同。黄豆每仓石价银八钱至一两五钱五分，与上月同。黑豆每仓石价银八钱至一两六钱一分，与上月同。

东昌府属：稻米每仓石价银三两二钱至四两七钱，与上月同。粟米每仓石价银七钱二分至二两五钱，与上月同。粟谷每仓石价银五钱至一两三钱二分，与上月同。高粱每仓石价银七钱至一两六钱，与上月同。小麦每仓石价银一两五钱至二两四钱，与上月同。黄豆每仓石价银九钱一分至二两一钱，与上月同。黑豆每仓石价银九钱至一两九钱五分，与上月同。

青州府属：稻米每仓石价银二两二钱四分至四两三钱，与上月同。粟米每仓石价银一两四钱六分至二两一钱二分，与上月同。粟谷每仓石价银八钱三分至一两四钱，与上月同。高粱每仓石价银八钱五分至一两四钱二分，与上月同。小麦每仓石价银一两二钱至二两三钱，与上月同。黄豆每仓石价银九钱九分至一两七钱，与上月同。黑豆每仓石价银九钱九分至一两七钱二分，与上月同。

莱州府属：稻米每仓石价银二两三钱五分至三两一钱，与上月同。粟米每仓石价银一两至一两九钱二分，与上月同。粟谷每仓石价银五钱至一两一钱，与上月同。高粱每仓石价银六钱五分至一两三钱五分，与上月同。小麦每仓石价银一两三钱五分至一两八钱二分，与上月同。黄豆每仓石价银一两一钱至一两五钱八分，与上月同。黑豆每仓石价银一两五分至一两五钱二分，与上月同。

登州府属：稻米每仓石价银二两三钱至三两二钱二分，与上月同。粟米每仓石价银一两三钱一分至二两一钱一分，与上月同。粟谷每仓石价银九钱二分至一两四钱，与上月同。高粱每仓石价银九钱一分至一两四钱六分，与上月同。小麦每仓石价银一两二钱六分至二两一钱，与上月同。黄豆每仓石价银九钱九分至一两八钱，与上月同。黑豆每仓石价银九钱六分至一两八钱，与上月同。

临清直隶州并属：稻米每仓石价银三两四钱五分至四两，与上月同。粟米每仓石价银一两五钱至二两三钱，与上月同。粟谷每仓石价银一两九分至一两四钱，与上月同。高粱每仓石价银一两二钱至一两四钱五分，与上月同。小麦每仓石价银二两一钱五分至二两五钱八分，与上月同。黄豆每仓石价银一两五钱五分至一两八钱二分，与上月同。黑豆每仓石价银一两五钱五分至二两，与上月同。

济宁直隶州并属：稻米每仓石价银三两八钱三分至六两四钱，与上月同。粟米每仓石价银二两至三两六钱，与上月同。粟谷每仓石价银一两二钱一分至二两二钱四分，与上月同。高粱每仓石价银一两五分至二两六钱五分，与上月同。小麦每仓石价银一两八钱至二两二钱五分，与上月同。黄豆每仓石价银一两一钱六分至二两七钱二分，与上月同。黑豆每仓石价银一两五分至二两九钱二分，与上月同。

诸城知县续销票引全完请开复处分折

同治四年二月二十八日

奏为知县参后续销票引全完，恳恩开复原参降调处分，恭折奏祈圣鉴事：

窃臣接准户部咨：议复山东省题销咸丰十年民运票引一案，应将欠六分以上之前任诸城县知县仇恩注，照例降三级调用。仇恩注已经告病，于限内卸事，应照病假离任，官例仍照本例降三级调用等因。奉旨："依议。钦此。"钦遵。转饬催缴去后。兹据署盐运司卫荣光详报：咸丰十年民运票引案内，原参诸城县未销票一千六百一十八道，现已全数缴清，请将仇恩注原参处分开复等情前来。臣复查例载："凡地丁、漕项、盐课等项钱粮未完各官，于参后续报全完，若在议复奉旨之后，该省已接准部文者，应由督抚请予开复。"历经遵办在案。该员既于参后将票引全数销完，合无仰恳天恩俯准，将前任诸城县知县仇恩注原参降调处分开复，以昭激劝。

除将统案循例具题并分咨外，为此恭折具奏，伏乞皇太后、皇上圣鉴训示。谨奏。

同治四年三月初十日奉到回折："议政王军机大臣奉旨：'仇恩注著准其开复原参降调处分。该部知道。钦此。'"

同治三年秋季各属正法盗匪名数折
同治四年二月二十八日

奏为查明上年秋季，各属正法盗匪名数、案由，恭折具奏，仰祈圣鉴事：

窃照山东拿获盗犯、枭匪正法案件，例应按季汇奏。兹查同治三年秋季分，各属拿获罪应斩枭、斩决盗犯、枭匪十二名，均经随时审明，就地正法。据兼署臬司卫荣光详请汇奏前来。臣复查无异。理合将名数、案由，敬缮清单，恭呈御览。

除饬司将各案供招分起详咨外，为此恭折具奏，伏乞皇太后、皇上圣鉴。谨奏。

同治四年三月初十日奉到回折："议政王军机大臣奉旨：'刑部知道。单并发。钦此。'"

谨将同治三年秋季分，各属正法盗犯、枭匪名数、案由，敬缮清单，恭呈御览。

一、武定府拿获枭匪萧振海、牟春和二名，迭次纠抢滩盐，罪应斩枭。

一、利津县拿获枭匪巴立业一名，迭次抢劫事主李华峰等家钱物，罪应斩枭。

一、阳信县拿获枭匪王愚一名，迭次伙抢事主杨际春等车上钱物，罪应斩枭。

一、临邑县拿获盗犯张春田一名，强劫事主李正柱铺内银物，罪应斩决。

一、莒州拿获盗犯王延礼、李潮西、张开柱三名，行劫事主张守贵银钱、衣物，罪应斩决。

一、恩县拿获盗犯李一、周俭、王小三名，行劫事主许殿魁铺内钱物，罪应斩决。

一、恩县拿获盗窝高幅增一名，窝留马贼李洸洛等抢劫，罪应斩决。

奉派采办绸布奏请展限片

同治四年二月二十八日

再，东省奉派采办清水本色茧绸五百匹、清水细布五千匹，并前派清水细布五千匹，迅速全数委解。当经飞饬承办之历城县如式购买，已于上年十二月间办妥细布三千匹、茧绸四百匹，饬委候补县丞茅方廉管解交纳在案。下余布匹、茧绸，实因去年各处棉花歉收，兼以兵火之后蚕桑未裕，以致机户稀少，价值昂贵，采买维艰。若零星分购，又虑宽长尺寸参差，颜色亦难纯洁，实非仓猝所能起解。据历城县禀由藩司详请奏展前来。臣复查确系实在情形。惟有恳恩宽以时日，俾得从容办理，仍饬司严催，按照短解数目随时竭力凑办，不准稍有延宕。

除分咨查照外，理合附片陈明，伏乞圣鉴。谨奏。

同治四年三月初十日奉到回折："议政王军机大臣奉旨：'知道了。钦此。'"

委员管解僧格林沁营等处饷银片

同治四年二月二十八日

再，上年东省应解僧格林沁大营军饷，历经按月解清，并随时奏报在案。兹据藩司详报，在于库存正杂并盐厘各款内拨银五万两，作为本年正月份军饷，饬委候补县丞张廷荣解赴河南许州粮台交纳。又据详在于百货厘金项下筹银三千两，委候补吏目沈以忠解往聊城县查收，转解定安军营交兑，作为本年二月份协饷。又皖省委员参将翁廷奎来东提饷，由司动支扣存临关银四千两，即交来员管解，起程回皖交纳；又筹措银五千两，带解安徽省城粮台查收，转解总兵郭宝昌军营应用。又前奉寄谕，由东省应解甘饷内拨银十万两，解赴庆阳粮台，业经先后措解银八万两在案；兹复筹拨银一万两，饬委候补未入流池钧管解，前赴庆阳粮台交纳各等情前来。

除分咨查照外，理合附片陈明，伏乞圣鉴。谨奏。

同治四年三月初十日奉到回折："议政王军机大臣奉旨：'知道了。钦此。'"

审明命案尸属京控按律定拟折
同治四年二月二十八日

奏为命案尸属赴京呈控，提犯审明定拟，恭折具奏，仰祈圣鉴事：

窃照金乡县详报，袁宽扎伤李延绪身死一案，尸父李万幅以袁宽等顶凶捏详等词遣抱，控经步军统领衙门，于同治三年五月初七日奏奉谕旨："此案著交阎敬铭督同臬司，亲提人证、卷宗，秉公研讯确情，按律定拟具奏。抱告民人李延支，该部照例解往备质。钦此。"当经行司饬提人卷研讯。兹据兼署臬司卫荣光审明拟议，解勘前来。臣亲提复鞫。

缘袁宽籍隶金乡县，与同庄李延绪素识无嫌。同治元年闰八月初九日，李延绪侄妇李张氏在袁宽地内窃摘棉花一把，袁宽之弟袁信撞见夺获。李张氏不依撒泼，袁信掌殴李张氏腮颊，并未成伤。李张氏哭泣回家，李延绪问知生气，次早邀同堂兄李延支前往辱骂辱殴。袁信与袁宽外出，伊昔存今故之父袁中和出向查问，彼此口角。袁中和用粪扒殴伤李延支右额角、右腮颊，李延支逃跑，李延绪用刀扎伤袁中和左腿肚倒地。适袁宽回归瞥见，赶拢救护，夺刀扎伤李延绪右肩甲、右肋，带划伤其左手大指。李延绪举脚向踢，袁宽扎伤李延绪左腿。李延绪揪住袁宽发辫揿按，袁宽情急，用刀扎伤其心坎，松手倒地。经李丕伦闻闹趋至劝歇，通知李延绪之父李万幅，同向问明情由，扶回调治。讵李延绪移时因伤殒命，报县验讯，获犯讯详饬审。李万幅素患痰迷，痛子情切，疑系袁信帮殴，袁宽顶凶，控司批州提审。因人证未齐，尚未集讯。李万幅情急，即以前情，并图准添砌苏永贞等贿嘱刑书刘廷泉等改供捏详等词，遣李延支作抱，控经步军统领衙门奏奉谕旨，饬提研讯。据各供悉前情，诘非有心欲杀,亦无起衅别故及在场帮殴之人,李万幅亦自认怀疑具控,并非有心诬告,应即拟结。

查律载:"斗殴杀人者,不问手足、他物、金刃并绞监候。"又,"申诉不实者,杖一百。"又,"盗田野谷麦、菜果计赃,准窃盗论,免刺。窃盗赃一两以下,杖六十。"各等语。此案袁宽因见李延绪将伊父袁中和扎伤倒地,赶拢救护,该犯辄夺刀扎伤李延绪心坎等处身死。衅虽起于救护,后实自与争斗,自应按律问拟。袁宽合依"斗殴杀人者,不问手足、他物、金刃并绞监候"律,拟绞监候。李万幅京控各情虽系怀疑添砌,究属失实,合依"申诉不实者,杖一百"律,拟杖一百,年逾七十,照例收赎。李张氏偷窃袁宽地内棉花,计赃值银一钱,合依"盗田野谷麦、菜果计赃,准窃盗论。窃盗赃一两以下,杖六十"律,拟杖六十,照例收赎。袁信掌殴李张氏未伤,例得勿论,讯无帮殴等事,应与劝阻不及之李丕伦、伤已平复之李延支、讯无贿嘱改供之苏永贞等均毋庸议。袁中和殴伤李延支,本有不合,业已病故,亦毋庸议。

除供招咨部外,理合恭折具奏,伏乞皇太后、皇上圣鉴训示。谨奏。

同治四年三月初十日奉到回折:"议政王军机大臣奉旨:'刑部议奏。钦此。'"

审明济宁卫旗丁京控按律定拟折

同治四年二月二十八日

奏为审明京控,按律定拟,恭折具奏,仰祈圣鉴事:

窃照济宁卫后帮旗丁杨悦等,以任克戎克扣丁粮等词,控经都察院,于同治二年十月十七日奏奉谕旨:"此案著交阎敬铭亲提人证、卷宗,秉公研讯确情,按律定拟具奏。原告旗丁杨悦等,该部照例解往备质。钦此。"当经行司饬提人卷研讯。因被告任克戎兑漕未竣,未能投审,详明咨部展限。兹据兼署臬司卫荣光审明拟议,解勘前来。臣亲提研鞫。

缘杨悦、张玉洲均籍隶郓城县,向充济宁卫后帮旗丁,与总丁任克戎素好无嫌。每帮每船派旗丁一名,向有行月米一百二十石,本折兼放,另有三升五合食米以及席片、润耗等银,为办运之用,由任克戎承领分给各丁。杨悦、张玉洲应领咸丰九年、十一年并同治二年各项银米,任克戎随时领放,因账未算清,尚短交银六十两。杨悦、张玉洲屡次往催,均值任克戎外出,疑其侵吞入己，躲避不见，一时情急，即以克扣丁粮等词，并图准添砌，曾经控院批道，被差延搁，复添写同帮旗丁唐永贵、王宏谟之名，控经都察院奏奉谕旨，饬提研讯，委非任克我有意克扣，质之杨悦等，亦自认怀疑具控，应即拟结。

查律载："不应为而为，事理重者，杖八十。"等语。此案旗丁杨悦、张玉洲京控总丁任克我克扣丁粮，事出有因，未便坐诬，惟不在本省呈告，辄行赴京混控，殊属不合，自应按律问拟。杨悦、张玉洲均照"不应为而为，事理重者，杖八十"律，各拟杖八十，折责发落。任克我讯无克扣丁粮情事，其短交杨悦等银两，已算明给领，应毋庸议。

除将供册咨部外，理合恭折具奏，伏乞皇太后、皇上圣鉴训示。谨奏。

同治四年三月初十日奉到回折："议政王军机大臣奉旨：'刑部议奏。钦此。'"

审明逆伦重犯按律拟办折
同治四年二月二十八日

奏为审明逆伦重犯，按律拟办，恭折具奏，仰祈圣鉴事：

窃据章邱县知县仓景长详报，案犯张七仔扎伤伊父张有身死一案，臣以情罪重大，批司饬令押解犯证来省，随同济南府知府萧培元审明拟议，由兼署臬司卫荣光解勘前来。臣亲提研鞫。

缘张七仔籍隶兰山县，寄居章邱县，与父张有素无违犯。同治三年十二月二十五日，张七仔欲买新鞋度岁，张有不允，斥骂花费。张七仔出言顶撞，张有生气，拿刀扑殴。张七仔逃跑，张有追及，揪辫揿按，举刀欲砍。张七仔情急，夺刀扎伤其左腿，松手倒地。张七仔弃刀，将张有扶起。经丁赵氏瞥见，喊同张有长媳张孟氏与邻人丁广臣，同往问明情由。讵张有移时因伤殒命。报验讯详提省，审悉前情，诘非有心欲杀，亦无起衅别故及在场帮殴之人，案无遁饰。

查律载："子殴父杀者，凌迟处死。"又例载："子殴杀父之案，审明后恭请王命，即行正法，仍将首级解回犯事地方枭示。"各等语。此案张七仔因欲买鞋度岁，被伊父张有殴骂，该犯辄夺刀扎伤张有左腿身死，实属罪大恶极，行同枭獍，自应按律问拟。张七仔合依"子殴父杀者，凌迟处死"律，拟凌迟处死。臣于审明后，饬委兼署臬司卫荣光、抚标中军参将玉山，恭请王命，将张七仔绑赴市曹正法,传首犯事地方,悬杆示众,以照炯戒。丁赵氏讯系劝阻不及,应毋庸议。

除将供招咨部外,理合恭折具奏,伏乞皇太后、皇上圣鉴训示。谨奏。

同治四年三月初十日奉到回折:"议政王军机大臣奉旨:'刑部知道。钦此。'"

审明赴京诬告案犯按例定拟折
同治四年二月二十八日

奏为审明赴京诬告案犯徐淑秘按例定拟,恭折具奏,仰祈圣鉴事:

窃照郯城县拔贡生徐淑秘,以徐汝止等局谋诈赃、勾匪焚掠等词遣抱,控经都察院,于同治二年七月十八日奏奉谕旨:"此案著交阎敬铭督同臬司,亲提人证、卷宗,秉公研讯确情,按律定拟具奏。抱告民人刘明,该部照例解往备质。钦此。"当经行司饬提人卷研讯。兹据兼署臬司卫荣光审明拟议,解勘前来。臣亲提研鞫。

缘徐淑秘籍隶郯城县,系丁酉科拔贡生,与无服族叔徐汝止,无服族弟徐淑来、徐范卿,邻庄居住,先无嫌隙。徐淑来充当该庄地保。咸丰十一年间,徐汝止与徐淑秘因南捻窜扰,各在本庄筑围守御。徐淑秘遣邻人高辉,赴县属马头集置办器械。高辉因缺少京钱四十余千,曾托素好之邵四,向前署马头集汛外委吴殿魁保借,旋即归还。同治元年四月间,庄众因徐淑来改充粮差,公保徐淑秘族侄徐慎止接充地保。该县周士溥因徐淑秘一庄欠户尚多,派差李殿扬,将徐慎止带县听比。适周士溥公出,经代行典史董元奎提案比催。时徐淑秘同徐汝止因事进城,行至署前,与徐淑来撞遇。徐淑来即催徐淑秘完粮,并向村斥。徐淑秘不依。徐汝止从旁劝说,徐淑秘斥其多管,彼此口角争吵。适董元奎因公出署,见而喝散。徐淑秘畏惧退避,绊跌倒地,碰伤手指,旋将钱粮赴柜完纳,因此与徐汝止等有嫌。五月十九日夜,南捻窜入县境,攻破徐淑秘土围,焚掠伤人,并杀死庄民徐致元、何訑、何丕义。维时周士溥在海州一带会剿,董元奎闻报,会营带领兵勇驰往剿捕,该匪业已回窜。徐淑秘因家被焚,心怀不甘,并因徐汝止近在邻庄不为救援,忆及前嫌,起意诬告泄忿,即捏徐汝止、徐范卿等贿役辱绅、勾匪焚掠杀人等词,由司控院,批府提审。因人证未到,尚未集讯。徐淑秘情急,又以前词,并添捏徐汝止等局谋诈赃、董元奎纵役勒索、外委吴殿魁过付赃钱各情，遣不知情之工人刘明作抱，控经都察院奏奉谕旨，饬提研讯。因徐淑秘恃符狡展，详咨革审。据供前情不讳，诘系挟嫌诬告，并无主唆扛帮之人，应即拟结。

查例载："蓦越赴京告重事不实，并全诬十人以上者，发边远充军。"等语。此案已革拔贡生徐淑秘京控徐汝止等局谋诈赃、勾匪焚掠杀人，并典史董元奎等纵役勒索、过付赃钱各情，审系全虚，且所诬人数已在十人以上，自应按例问拟。徐淑秘除诬告人死罪未决，罪止拟流加徒轻罪不议外，合依"蓦越赴京告重事不实，并全诬十人以上者，发边远充军"例，拟发边远充军，到配杖一百，折责安置。徐汝止等讯无局谋诈赃、勾匪焚掠情事，应与并无纵役勒索过付赃钱之前任郯城县典史董元奎、前署郯城马头集汛外委吴殿魁均毋庸议。

除将供册咨部外，理合恭折具奏，伏乞皇太后、皇上圣鉴训示。谨奏。

同治四年三月初十日奉到回折："议政王军机大臣奉旨：'刑部议奏。钦此。'"

捻党入东筹防情形折

同治四年三月初八日

奏为豫匪突入东境曹州、济宁一带，调兵迎剿，并严密布置情形，仰祈圣鉴事：

窃臣前以藩司带兵出省日期并添兵防剿缘由，恭折由驿驰奏，于二月十二日奉旨："知道了。著即饬令丁宝桢到防后，相机严密布置，一面镇抚居民，密缉奸匪，毋稍疏懈。钦此。"

嗣接各路探报，贼匪从鄢陵、汝宁、三河尖节节南窜，去东较远。藩司丁宝桢统带勇营到防，即在曹、单两县交界之青堌集居中驻扎。惟查东、豫接壤地方，率皆平野，无要可扼，臣虑贼踪飘忽，严饬各州县并檄丁藩司选派干勇四出侦探。及本月初三、四日，尚据河南祥符县暨曹县禀报，二月二十六七日贼在确山，有回窜汝宁之势。至初六日，忽接曹县禀称，考城县五市园地方，突有贼骑往来游驶，丁藩司已派参将宋延德一营先往截。初七日，连接曹县、定陶、城武、菏泽、郓城、巨野、金乡、济宁各州县来禀，据称该境均有骑马贼匪或数十人，或一二百人不等。复据曹州府、济宁州探报，此次窜入东境多系马贼，约有二千余人等语。臣思此股贼匪，情势诡谲，既由考城绕道西窜，又零星蔓延，牵制我兵，且马行迅疾，日夜可二百余里，防剿在在吃紧。丁宝桢所带勇队不及三千，马队不过四百名，实虑兵力不敷。臣一面飞咨曹州镇保德即带前挑兵丁一千名，迅速追击。该藩司复咨调兖州镇精壮兵丁五百名，即由护理总兵范正坦统带，已于初七日辰刻前赴济宁，并力会剿。臣并飞饬沿河各州县，将所有船只全行提归北岸，以遏北窜；并札调同知刘时霖一营前往东平，相机堵剿，游击王正起一营来省驻扎；又谕抚济三营各将官选挑兵丁，以期有备无患。

谨先将豫匪突入东境曹州、济宁一带，调兵迎剿，并严密布置大略情形，恭折由驿驰奏，伏乞皇太后、皇上圣鉴训示。谨奏。

军机大臣奉旨："另有旨。钦此。"

委员管解僧格林沁营等处饷银片

同治四年三月初八日

再，僧格林沁大营饷需孔殷，东省应解本年二月份饷银五万两，在于司库正杂款内筹银五万两，饬委候补吏目沈以忠解赴河南许州粮台交纳。又奉拨本年新疆饷银十万两，先在地丁项下筹银二万两，本应遵旨解往乌里雅苏台交明谊收存，惟该处离东窎远，设有阻隔，转致稽延时日，现委候补吏目陈闳业领解，径赴山西归绥道衙门交兑转解，以昭慎重。据署藩司恩锡先后详报前来。

除分咨查照外，理合附片陈明，伏乞圣鉴。谨奏。

军机大臣奉旨："知道了。钦此。"

特参密揭属员失实知府陆成沅折

同治四年三月初十日

奏为特参密揭属员失实之知府，并自行检举，恭折仰祈圣鉴事：

窃惟稽查州县之贤愚，全赖道府为耳目。臣于各道府时通手函，原期广达群情，要必道府好恶无私，方于属员举措悉当。同治三年十一月十五日，臣特参调署掖县、荣成县知县苏名显，不接仓谷，声名平常。奉旨："苏名显著即革职。钦此。"钦遵在案。

查此案苏名显到任年半有余，不收仓谷，严清交代之际，故为勒掯之行，例应参处。先是九月中旬，该管莱州府知府陆成沅来省，禀及苏名显仓谷一事。臣语以该令亲老畏累，似于利字一关尚未打破，应再委员催收。该守即言其操守本不足信。臣以将顺隐约之词，不足为信。该守回任，于十一月会同委员公禀苏名显推诿迁延，意在不收仓谷。

该守另函密禀，具言苏名显声名狼藉，阖郡士民共知，细大不捐，日为卷包之计，并其弟侄在外招谣[摇]。臣以不接交代，本于吏议；至操守一节，该守前言未足深信，又复密禀切陈，当系实在情事。且莱郡距省辽远，全赖该管上司稽察，不为据参，非惟知府无以行政，且令人疑臣于保举卓异人员心有所私。

今春该府陆成沅来省，当面诘苏名显操守声名，仅闻其罚修桥道之事，此外如何狼藉，该守不能确指，仅言西繇场开滩，托人向盐大使关通，臣即心疑。适该场大使汪杙来省，诘据面称，苏名显以滩民穷苦，商令开滩。该大使以系定例，未便增关。苏名显亦未即准，并未遣人关通。臣又另行确查，陆成沅所揭苏名显操守声名平常之处，并无物议。该守言伪心诈，私意毁憎，揭参失实，殊难胜表率之任。应请旨将莱州府知府陆成沅交部严加议处。臣未及详查，率行据参，亦请将臣一并议处。至苏名显查无声名平常，其前参革职之案，仰恳天恩准予开复。惟当清查仓谷之时，勒掯延挨，不收交代，实以委署人员意图自便，咎无可辞。应请旨将调署掖县知县苏名显仍交部议处；其罚修桥道各事，查无情弊，应毋庸议。

再，苏名显被参后并未赴臣诉办。臣以该令听断催科素称得力，有长不敢掩藏，示罚必期公允。至陆成沅之品第，臣于两次年终密考略为声明，未知实事。臣愚暗无识，误听人言，素性躁浅，实于僚属不敢偏私。理合详晰具奏，伏乞皇太后、皇上圣鉴训示。谨奏。

同治四年三月廿三日奉到回折："军机大臣奉旨：'另有旨。钦此。'"

请敕部签分乙丑科即用知县来东片

同治四年三月初十日

再，查即用知县一项，自部定新章，疏通正途以后，得缺较多，而近年分发到东省，每科不过四五员。刻下在省当差即用人员殊少，如遇应署补各缺，不敷委用。据藩、臬两司会详请奏前来。臣复查无异。兹届乙丑科会试之期，榜发后，将即用知县分发各省，相应请旨敕部签分十员来东，以资差委。

除咨吏部查照外，理合附片奏闻，伏乞圣鉴。谨奏。

同治四年三月廿三日奉到回折："军机大臣奉旨：'著照所请。吏部知道。钦此。'"

水师总兵出缺请旨迅赐简放折
同治四年三月初十日

奏为水师总兵因病出缺，请旨迅赐简放，并请饬催已补水师副将、游击之员，速赴新任，以重职守，恭折奏祈圣鉴事：

窃据登州镇标中营游击傅万清等禀报，登州镇总兵李懋元，于本年二月二十六日早晨陡患中风之症，不能言语，医治无效，至申时因病出缺等情。所遗该镇印务，应先委员接署。查东省外海水师三营，文登协水师副将刘蒋华、前营水师游击李扬威，系广东水师将备，奉旨补授斯缺。臣于上年十一月奏请催令赴任，迄未到东。惟有后营水师游击现署文登协副将施元敏，熟悉情形，人尚稳练，堪以委令护理。其文登协印务，即委该协中军守备冯太隆暂行兼护。臣已分檄饬遵。

所有登州镇总兵一缺，水师兼辖陆路，离省千里，转瞬江苏海运漕船连樯北上，一切防护事宜，惟资该镇就近督办。相应请旨，迅赐简放，饬令赶紧赴任，以重职守；并请旨敕下两广督臣迅催文登协水师副将刘蒋华、前营水师游击李扬威，速赴新任，以专责成。为此恭折具奏，伏乞皇太后、皇上圣鉴训示。谨奏。

同治四年三月廿三日奉到回折："军机大臣奉旨：'另有旨。钦此。'"

南运引盐仍归东省办理折
同治四年三月初十日

奏为南运引盐仍改归东省办理，以复旧章，恭折奏祈圣鉴事：

窃照河南归德府属之商丘、宁陵、睢州、永城、虞城、夏邑、柘城、鹿邑及卫辉府属之考城等州县，向系东省盐务南运引岸，同治元年冬间，经僧格林沁饬委粮台总局试办，以济军饷；前任抚臣谭廷襄奏准官商并运，每盐一包，提银二两，课款均在其内，遵照办理在案。嗣于三年秋间，据粮台委员详称：交界地方，寇氛未靖，百货滞销，盐务不无壅滞。该商等因本短力绌，来年未能接续行运，应请改归旧章，另招殷商接办，或派官办理，俾免废弛引岸等情。随经督饬运司悉心妥议。

查得东纲运行，豫省商丘等九州县引地由粮台筹发运本试办，接济军饷，原属一时权宜。现在粮台办理既难畅销，自应仍复旧章，以重鹾务。惟每引缴银二两一节，同治二、三年间，成本由粮台给发，尚虑滞销，现改归东省，必须各商自备运本，若仍责令缴银二两，必致误运。且南运为北运藩篱，向不加价，以敌淮私。刻下丰、沛、萧、砀、铜山等县，皆有商运；淮北口岸，道路通顺，亦俱有盐。各处均不增银，独商丘等九州县仍前提银充饷，势必四面浸灌，难期畅销，应仍照东省先课后盐向定章程办理。惟南运之课，少于北运，该商等惟利是趋，率以课轻之引洒派北运课重之地，若非随时查察，于课款大有出入。嗣后南运盐包、捆绳、盖席等项，另行改式，以示区别，由永阜春运以至雒关，直达行销各处，随时报查，务期各销各引，决不容随地洒卖。至粮台应领同治二、三两年引张，前据具报，除领五万道外，尚未领九万三千三百九十道，时已迫促，实有运销不及之势，应援照东纲未完己未、庚申、辛酉、壬戌四年票课展缓成案，随同新引，分作八年带销。同治二、三两年南运各处应议职名，暂免议处。由署运司卫荣光详请具奏前来。臣逐加复核，均系实在情形，自应改归旧制，与僧格林沁函商，意见相同。应请将南运引盐以同治四年为始，仍归东省，无论官商，悉照先课后盐章程办理，由臣督同运司分饬场官、雒关各委员一体随时访察，杜绝弊端。该粮台未领引张，援案分年带销。所有商丘、宁陵、睢州、永城、虞城、夏邑、柘城、鹿邑、考城等九州县同治二、三两年奏销案内各官职名，实与商办督销不力者有间，仰恳恩施敕部暂缓议处，俟逾限不完，再行开参。

除咨部查照外，理合恭折具奏，伏祈皇太后、皇上圣鉴训示。谨奏。

同治四年三月廿三日奉到回折："军机大臣奉旨：'户部议奏。钦此。'"

审明赴京诬告之犯按例定拟折
同治四年三月初十日

奏为审明赴京诬告之犯，按例定拟，恭折具奏，仰祈圣鉴事：

窃照兰山县民毛景芳，以马锡苓等纠匪焚掠、杀毙多命等词，控经步军统领衙门，于同治二年七月二十日奏奉谕旨："此案著交阎敬铭督同臬司，亲提人证、卷宗，秉公研讯确情，按律定拟具奏。原告民人毛景芳该部照例解往备质。钦此。"当经行司饬提人卷研讯。兹据兼署臬司卫荣光审明拟议，解勘前来。臣亲提研鞫。

缘毛景芳籍隶兰山县，与邻庄练总马锡苓素识，先无嫌隙。同治元年五月间，马锡苓因毛景芳堂叔毛明与族人毛英贤等有为匪情事，禀县缉拿未获，毛景芳因此与马锡苓有嫌。是年八月南捻施四等窜入县境，经挂剑保练总刘仁带领练丁随同官兵往捕逃逸。闰八月二十六日又有另股捻匪窜扰各庄，即经官兵击退。毛景芳与邻庄之桑朝先、王兴堂，僧人方渡，道士赵志和先期逃避，事后回归，见房屋、庙宇、衣物、牲畜均被焚掠，秋禾树株亦被割伐，毛景芳族中男妇毛先等十二名口俱被杀害，毛希周等土坟亦被掘毁。毛景芳正在查看之时，适马锡苓与回民金四、白恒乐带同练丁赴各庄搜拿余匪，毛景芳瞥见，触及前嫌，起意诬告泄忿，即以马锡苓等纠匪焚掠、杀毙多命等词控县差传。二年二月十三日，毛景芳与马锡苓在城撞遇，扭获送县。讯因供词各执，将马锡苓押候传证复讯。马锡苓旋因患病，取保医治。毛景芳即添捏县役王三等揽案卖放等词，由府控司批县，催传人证未齐，不克集讯。毛景芳又以前词，并图准冒写桑朝先等四人姓名，联名控经步军统领衙门奏奉谕旨，饬提人卷，审悉前情，诘系挟诬，并无起衅别故及扛帮主唆之人，应即拟结。

查例载："蓦越赴京告重事不实，并全诬十人以上者，发边远充军。"等语。此案毛景芳因挟马锡苓禀拿伊堂叔毛明等之嫌，辄于各庄被扰之后捏造马锡苓纠匪焚掠，杀毙多命，并贿役私放各情，罗织多人，赴京诬告，实属刁健，自应按例问拟。毛景芳除诬告人死罪未决罪止拟流加徒轻罪不议外，合依"蓦越赴京告重事不实，并全诬十人以上者，发边远充军"例，拟发边远充军。据供母老丁单，是否属实，饬县查明取结核办。马锡苓、金四、白恒乐讯无为匪情事，应与讯无不合之县役王三等，不知控情之桑朝先等，均毋庸议。被害之毛先等饬县详办。逸匪施四等饬缉，获日另结。

除将供册咨部外,理合恭折具奏,伏乞皇太后、皇上圣鉴训示。谨奏。

同治四年三月廿三日奉到回折:"军机大臣奉旨:'刑部知道。钦此。'"

审明东阿县监生京控按律定拟折

同治四年三月初十日

奏为审明京控,按律定拟,恭折具奏,仰祈圣鉴事:

窃照东阿县监生陈枫林等,以漕书沈明河等匿示浮收等词遣抱,控经都察院,于同治二年八月初四日奏奉谕旨:"此案著交阎敬铭督同臬司,亲提人证、卷宗,秉公严讯确情,按律定拟具奏。抱告民人王文清,该部照例解往备质。钦此。"当经行司饬提人卷严讯。兹据兼署臬司卫荣光审明拟议,解勘前来。臣亲提研鞫。

缘监生陈枫林、文生陈如愚,均籍隶东阿县,与该县漕书沈明河、续相凤等,素识无嫌。该县漕米向系本折兼收,折色之价并无定章。又漕至一石,应收米、麦、豆三项,故有一石三项之说。咸丰十一年,前抚臣谭廷襄因各属折漕每石收制钱六七千至八九千不等,奏定每石制钱六千文,刊刻告示,于同治元年春饬发各属张贴。是年该县征收漕米,派沈明河、续相凤等经理。陈枫林等先在府城送考,看见折漕定价告示后,将陈姓各户应完漕米共五石九斗零,照章合制钱三十五千数百文,备齐钱票,给在逃之雇工张五送交沈明河等完纳,并有带还杂货铺账制钱七千文之票。张五在途失落五千五百文票钱,虑干赔偿,遂捏沈明河等每石索加制钱九百文,已于还账钱内找给之言,向陈枫林等告述。陈枫林等因在府城见过告示,并无外加九百之语,进城查看告示,不知已被风雨打破,疑系沈明河等匿示不贴,浮收舞弊,赴柜查问吵闹。沈明河等剖辩,并将陈枫林等斥逐。陈枫林等生气,即以匿示浮收等词控县,讯明沈明河等委系照章征收,因陈枫林等恃符狡执,具详咨革,差传张五质讯未到。陈枫林等疑系沈明河等暗勾门丁陈二捏词详革,由司控院,批府提审。因人证未齐,不克集讯。陈枫林等情急,商令文生刁涵光,武生张清和,庙员巩士勤,文童许普安、殷立新等,联名京控。刁涵光等亦疑沈明河等舞弊浮收,均各应允。陈枫林等误闻一石三项为一名三捐,即以前词,并图准添砌合勺成升等弊,写就呈词,遣不知情之王文清作抱,控经都察院奏奉谕旨,饬提被证严审。陈枫林等旋即查明,据实呈首,自认怀疑添砌,不敢始终狡执,究结不移，应即拟结。此案已革监生陈枫林、已革文生陈如愚京控漕书沈明河等匿示浮收各情，讯系怀疑添砌，按申诉不实，罪应满杖，惟于集讯之先据实首明，律得免罪，应与听从京控之刁涵光等均免置议，原革衣顶并予开复。沈明河、续相凤讯无匿示浮收各情，应毋庸议。逸犯张五饬缉，获日另结。

除供册咨部外，理合恭折具奏，伏乞皇太后、皇上圣鉴训示。谨奏。

同治四年三月廿三日奉到回折："军机大臣奉旨：'该部知道。钦此。'"

防剿捻党情形折
同治四年三月十二日

奏为续报捻踪东窜，藩司丁宝桢随同僧格林沁督饬兵勇分路追剿，并筹办省防情形，仰祈圣鉴事：

窃臣于本月初八日已将豫匪突入东境，窜扰曹州、济宁一带，调兵迎剿及严密布置情形，恭折由驿驰奏。连日接据藩司丁宝桢暨各州县禀报，捻首赖汶洸、张总愚等阑入东境，于本月初五日窜至城武县境大田集。僧格林沁带领马队，蹑追甚紧，初五日即至定陶，丁宝桢亦带队星驰往剿，该匪已窜嘉祥县羊山地方。次日五鼓，丁宝桢跟踪追往，适值僧格林沁大队亦至，会合前进，贼匪又由羊山北窜汶上。初八日，贼至汶上城外，因僧格林沁前队将至，稍停即遁。初九日窜至汶河南岸宁阳县白马庙。僧格林沁统队由汶上昼夜急追，丁宝桢别率勇队由济宁前进，方期会至宁阳，以图两路夹击。该逆又于初九日午后东窜曲阜。僧格林沁仍带队紧追，不使喘息。

查该逆自二月二十三日在确山为官兵击败，历许州、考城、曹州以至曲阜，十五日内扰及数十县境，绕窜二千余里，迅疾飘忽，迥异常贼。臣细询探丁，参考各处近日禀报，此股虽系穷寇，马贼颇多，各处裹胁，其数又逾万人。官兵日夜穷追，稍一憩息，贼即远扬，专以道路奔驰，疲敝官军，乘间取胜。通筹大局，总须厚集兵力，四围兜剿，否则纵有惩创，难绝根株。臣因贼一路东窜，省城内外人情浮动，兵数无多，札调同知刘时霖一营移驻开山，添募勇丁五百名，委都司韩登泰管带；又挑省标精壮兵丁七百名，饬参将玉山管带，与前调游击王正起一营，均扎城外，互为犄角；并札饬道府分段巡查，激励民团，严密防守城外圩墙。一面札饬驻扎观、范之参将黄兆升，严防黄河北岸；并咨兖州镇范正坦续挑精兵五百名，扼贼由济宁南窜之路。

所有捻踪东窜，藩司丁宝桢随同僧格林沁分路追剿并筹办省防情形，理合恭折由驿驰奏，伏乞皇太后、皇上圣鉴训示。谨奏。

军机大臣奉旨："另有旨。钦此。"

请奖拿办盐枭之文武员弁片

同治四年三月十二日

再，武定府一带盐枭扰劫，积患连年，为地方盐务大害。同治三年正月，臣切饬署武定府知府张鼎辅力筹擒捕，臣与该府时常通函，密筹严办。该知府张鼎辅督同同知衔候补知县张继武、候补游击王正起、武定营游击绪承、署守备韩英魁，竭力捕治，带兵购线，明围暗拿，实在擒斩多年著名枭头二十余名。去岁一年各处并无枭案，盐务地方均属安谧，确已著有明效，该府县将弁不无微劳。可否仰恳天恩，将署武定府知府张鼎辅赏加盐运使衔，同知衔候补知县张继武赏加运同衔，候补游击王正起、武定营游击绪承均赏加副将衔，署武定营守备韩英魁以都司遇缺即补，出自逾格鸿施。理合附片陈明，伏乞圣鉴。谨奏。

军机大臣奉旨："另有旨。钦此。"

特参庸劣不职之通判州县各官折

同治四年三月十二日

奏为特参庸劣不职之通判州县各官，恭折仰祈圣鉴事：

窃惟治官先惩谋利，察吏乃能安民。兹查有沂郯海赣通判张维权，人本轻佻，语言浮滑。近闻该倅因向郯城北城庄周姓索借未遂，声为窝匪；构诬石门庄刘珍抗粮；署内演戏扣留戏箱索钱；结交海州匪徒葛步有等出入衙署；纵其弟张九擅作威福。

又，卸署济阳县候补知县俞云林，利心太重，罔顾民艰，修理监狱向窑户刘永禄等多家勒派砖块，比及上控，禀系愿为捐输，饬令发还原砖，又复不肯即发；复闻李姓、吕姓赖婚一案，罚派石灰，断给钱三百千，未全给领；去岁间该县迭出抢案，不准民间报案，至今岁二月十二日始报出，去冬十一月十六日一案已隔三月；此外闻尚有匿报之案。

该二员好利废事，民怨沸腾，应请旨将沂郯海赣通判张维权、前署济阳县候补知县俞云林一并革职查办。

又，平度州知州彭垣，庸熟苍猾，不协舆论，应请勒令休致。候补知州钱枚，情性轻浮，难膺民社；前署日照县候补知县徐星焘，不洽民心，难期造就。以上二员均请降为府经历县丞，归部选用。如蒙俞允，所有平度州一缺，东省现有应补人员应请扣留外补。

再，东省州县向多因案勒罚，巧为牟谋，致滋民怨，臣于去春曾严檄饬禁，恐尚有阳奉阴违。应请严旨昭示，禁止因案擅罚；如有情法难处之案以罚示惩，必得通禀立案，罚款实在归公；如敢私行擅罚，即为严参，庶吏治可饬，民心可平。理合恭折具奏，伏祈皇太后、皇上圣鉴训示。谨奏。

军机大臣奉旨："另有旨。钦此。"

藩司丁宝桢追击捻党片

同治四年三月十八日

再，正在缮折间，据丁宝桢禀称，探得该匪于十七日仍回渡汶河，复窜宁阳一带，丁宝桢立即拔队赴宁阳等情。臣查此股贼匪，果如所探，是后畏僧格林沁之追击，前避丁宝桢之迎截，又复绕道回奔，虑其潜走滋阳、泗水，向东南窜去。现泰、济无虑，丁宝桢自应带队跟追，期与僧格林沁会合夹击。以后情形，即当随时驰报。

谨附片陈明，伏乞圣鉴。谨奏。

军机大臣奉旨："另有旨。钦此。"

现办防剿请将秋审人犯援案免其提勘折

同治四年三月十八日

奏为现办防剿，请将秋审人犯援案免其提勘，恭折具奏，仰祈圣鉴事：

窃照山东办理秋审，历系四月提犯至省审勘具题。本年秋审人犯一百数十起，距解勘之期已近，乃豫捻窜入东境，连扰曹、兖各属，西南一带防剿甚形吃紧，东北各属处处可通，亦应严密防范，杜其奔突。值此地方有事，道路戒严之际，秋审重犯纷纷起解，实属疏脱堪虞。察看情形，势难照常解勘。溯查咸丰十一年秋审，曾因办理军务奏准免其提勘，今则筹办防剿，与昔年情形相同。所有本年秋审人犯应请援案免其提勘，仍由司道等核定实缓，造册详送，由臣复核具题，以免疏虞而昭慎重。据藩、臬两司会详前来。为此恭折具奏，伏乞皇太后、皇上圣鉴训示。谨奏。

军机大臣奉旨："著照所请，该部知道。钦此。"

捻党回东扼要防剿情形折

同治四年三月十九日

奏为豫匪回窜宁阳、东平一带，并藩司丁宝桢扼要驻扎防剿情形，仰祈圣鉴事：

窃臣于本月十二日续将捻踪窜至宁阳，藩司丁宝桢随同僧格林沁大队跟踪追剿，并筹办省防情形，恭折由驿驰奏在案。查本月初九日，探得贼匪由汶赴宁，僧格林沁前队跟追，丁宝桢即带队由济宁以图夹击。贼旋自宁阳东窜曲阜，维时僧格林沁带队紧蹑。丁宝桢因邹、滕与曲阜相接，为贼归路，即带队驰赴邹、滕。行抵兖州，旋闻僧格林沁已于曲阜东北见贼接仗，复由兖绕赴东南，为前后合击之势。讵该逆见大军会合，即全股折绕西面，连夜转窜宁阳。初十日，适护理兖州镇总兵范正坦奉调带兵五百名赴宁，途中猝遇回窜贼匪，奋力迎击，贼众兵单，以致守备张俊之等六员力竭阵亡。十一日，贼由宁阳折转，势渐窜入东平。十三日，僧格林沁与丁宝桢齐抵宁阳，当因贼势剽疾，大军节节尾追，终未得手。僧格林沁由东平前进，商令丁宝桢由宁阳分道驰至泰安一带，以防贼匪由东平、东阿、平阴东窜泰安，北窜省城之路。布置既定，丁宝桢由宁阳疾驰，绕赴泰郡。贼果由东平于十三四五等日北窜东阿、平阴、肥城一带。丁宝桢先于十四日驻扎泰安，十五日复拔队扼驻张夏，已在贼前，可以北顾省城，东顾泰安。臣复调驻省圩外之王正起一营前往杨家台，驻扎开山之同知刘时霖两哨移扎杜家庙，专顾长清赴省一路，贼如东窜，丁宝桢即可专赴泰安邀击，不至以兼顾为虞。贼知有大军在前，未敢进逼，现仍游弋肥城之南陶山及汶河北岸吴家店一带，其后股尚在东平。此现在贼势与筹办防剿之情形也。

省城为根本重地，兵数无多，臣复添雇民勇、派弁管带巡守城圩。惟是东省外圩周围有四十余里之长，且北面为黄水冲溃，大半倾圮，臣赶紧筹款补筑，并激励民团协力防守。丁宝桢现扎省南，与臣所派各营相为联络，人心恃以无恐，贼虽近在百里之外，城市安堵如常，可纾圣廑。

抑臣所虑，贼势颇众，且多诡谋，恐其分股牵掣我师，复分股偷渡黄河，北犯东昌一带。臣先经飞饬沿河州县，将船只尽行提归北岸，并激励民团，严守渡口。副都统定安现由东昌移扎张秋，严防河岸。游击周森藻所带炮船无多，复令添雇划船，安设炮位，在于东阿上下河路往来梭巡，以防贼匪偷渡，庶保无虞。

惟是此股贼势悍疾，马队能斗者二三千人，步贼亦二三万人，处处避兵而行，不与官军接战。自初三日，贼由考城之西避我营，日夜疾趋。丁宝桢统带兵勇不及四千人，于初四日拔营跟追，十余日未息，步队疲乏，且兵力难分，幸僧格林沁大军会合，扼要截击，当可渐就歼除。

再，兖州镇总兵范正坦，一闻贼警，立即带队急行，中途遇贼大股回窜，猝不及防，以致失利，应请免其处分。所有打仗阵亡之守备张俊之，把总尹振彪、姚广勋，外委袁汝汉、刘庆元、沈宪珍等六员，仰恳天恩敕部优恤。

谨将贼匪回窜并丁宝桢扼要驻扎情形，恭折由驿驰陈，伏祈皇太后、皇上圣鉴训示。谨奏。

军机大臣奉旨："另有旨。钦此。"

保举贤能牧令折
同治四年三月二十六日

奏为保举贤能牧令，以昭奖劝而期转移，恭折奏祈圣鉴事：

窃惟用人之道，黜慝尤必旌贤，举善乃能化俗。东省吏治久颓，非破格用人，难期振作。臣到任以来，特参几四十员，而应荐之员察看不确，未敢率举。

兹查有候补知州署平原县知县张廷扬，直隶举人，朴实干练，明敏精勤，力除积弊，切行实政，历任交代清楚，到处民望欢欣，洵为东省牧令之最，请补缺后以知府用。候补知州署黄县知县杨济，顺天举人，操守清洁，事理精详，该员系同知借拣知州，请补缺后以知府用。宁海州知州捐升在任候选知府舒孔安，江西举人，勤能办事，开展有为，请以知府留东在任候补。知府衔寿光县知县彭启昆，江西举人，整饬端谨，慎重详明；题补博兴县署临邑县知县帅嵩龄，江西举人，听断精明，性情沈著，以上二员均请以同知直隶州用。候补知州署齐河县知县李均，陕西举人，心体明达，才能任事，请补缺后以同知直隶州用。试用知州署汶上县知县左宜似，安徽廪贡生，勤恳守法，志切向善，请以本班尽先即补。即用知县陈凤鬐，湖北进士，不染官习，认真任怨，请加同知升衔。丁忧前署高苑县知县林溥，江苏进士，品概端方，学养深粹，该员原发山西，服满应归原省，请俟服满后仍留山东省补用。

以上九员皆有实事，非托虚声，臣不敢壅于上闻，可否录用，臣亦不敢擅便，伏祈圣恩裁夺。

至人才原须造就，习俗端在转移，闻风兴起，应不乏材。容臣察看明确，再有得人，续行褒奖。倘各该员或稍改辙，臣必随时据实参劾，不敢回护。

臣为奖劝转移吏治起见，理合恭折具奏，伏祈皇太后、皇上圣鉴训示。谨奏。

同治四年四月初十日奉到回折："军机大臣奉旨：'另有旨。钦此。'"

临清关税源短绌恳准暂予免赔折

同治四年三月二十六日

奏为东省频年黄水穿运，匪踪纷扰，临关税源过形短绌，恳恩俯准暂予免赔，恭折奏祈圣鉴事：

窃查临关征收税课，倘有缺额，由该关委员著赔，自应赶紧征收，以裕国课，曷敢稍形松懈。惟今昔情形不同，税源大形短绌，有不得不据实直陈者。

查临关全赖汶、卫两河商贩空重船只往返流通，庶可征收足额。自南粮不行、冬挑停止，十有余年。兼之黄水穿运，河身极形淤浅。又因贼匪滋扰，砖板两闸严闭蓄水，沙泥不能随溜而行，愈垫愈高，汶河上游张秋一带，竟至淤成平地，今春查勘淤塞各段，比水面尚高七尺余。上游之水势难下达，只赖卫河一路，而商船又因各马头均被焚掠，豫省歉收，粮食北行者绝少。直隶龙王庙等处设有厘局，怵于节节输纳，皆早绕由河南一带北上，是以近年临关征收异常支绌。

伏查咸丰三年钦奉上谕："各关征收税课，仍遵额定税数照常征收，不得以尽征尽解违例奏请。如将来亏短实属有因，著俟一年期满奏报到时，由部酌量情形，请旨核办等因。钦此。"钦遵在案。上年户关年满奏报，蒙恩减免六成，着赔四成。而今岁缺额更甚往年，若俟届期奏报，必致照例着赔，未免向隅。且他关监督一年一任者居多，临关则向由臣衙门饬委临清州兼理，如久于其任，比他关赔累更巨。从前定例原为稽征不力而设，今两河只剩一河，税源仅剩一半，而一河之税又甚稀少，与稽征不力大相悬殊，其势万难楷柱。据该委员临清州知州张应翔沥情禀恳具奏前来。

臣逐加复核，均系实情。果可竭力整饬设法招徕，何敢率行渎请。只缘税乏来源，空劳无补，转瞬户关又将一年期满，即现在试行河运，估计修挑亦属缓不济急。矧值匪踪纷窜，商贩裹足不前，辗转思维，实深焦灼。倘再意存粉饰，并不先事陈明，贻误滋甚。合无仰恳天恩饬部核议，暂予免赔，一俟闸内汶河通顺，商船较多，如有短收，仍行照数赔补，以符定制。感沐鸿慈，实无既极。

除咨部查照外，理合恭折具奏，伏祈皇太后、皇上圣鉴训示。谨奏。

同治四年四月初十日奉到回折："军机大臣奉旨：'该部核议具奏。钦此。'"

请奖励催科得力之益都知县片

同治四年三月二十六日

再，查东省度支，惟倚地丁，必须征解足额，方敷拨用。臣莅任后，严核此事，举凡捏灾冒缓、以完作欠、催科不力各员，固当随时参办；其有经征银数较多，又能于奏销前全完者，亦宜破格奖励，庶赏罚两得其平。

兹查有青州府属之益都县知县梅缵高，经征同治三年分起运司库正银五万七千三百四十两九钱四分六厘，耗廉银七千五百二十八两七钱一分五厘，均于奏销前扫数全清，其统征分解之课程等款，一并解交司库兑收。溯查该县惟嘉庆末年钱粮全完，其余每有民欠，多寡不等，该员独能董劝兼施，设法催纳，又复全数报解，毫无挪掩，实属奋勉出力。当此整饬仓库之际，若仅照例给奖，似不足以酬庸，各属亦无所观感。相应请旨，将同知直隶州用益都县知县梅缵高，赏加运同衔，并加一级，以昭激劝。据藩司具详前来。

除咨部外，理合附片陈奏，伏乞圣鉴。谨奏。

同治四年四月初十日奉到回折："军机大臣奉旨：'另有旨。钦此。'"

宁阳县民欠钱粮弊混请将知县革职查办折

同治四年三月二十六日

奏为宁阳县上年民欠钱粮，查有弊混，请旨将经征之县令革职查办，以肃功令，恭折奏祈圣鉴事：

窃照山东州县征收钱粮，已征不解，捏灾冒缓，捏完作欠，几成锢习。臣年余以来，督同藩司竭力严饬实征实解，真缓真欠，并设法稽查，欲与僚属共除积弊，以期上裕国计，下厚民生。本年正月，饬司委员分赴各属确查民欠真伪，即据委员即用知县陈凤鬵查出上年宁阳县以完作欠串票四张，执持回省。该县印信模糊，真假骤难辨别。因恐已完作欠串票尚不至此，饬司将该县知县余庆昌撤任，委员驰往接署，再行彻底根查。嗣据该员余庆昌访闻，皂役之子李青和私造假印串票，诓骗钱粮十余两，获犯禀府，檄委滋阳县彭惠高会同提讯不讳，录供通禀。似以捏欠之串票指为假造之串票，如果票系假造，该犯李青和罪应严办。而该员余庆昌漫无觉察，直至查出之后始行访获具禀，非常昏聩；若因查出而捏禀，更属胆玩。虽该县上年新赋征至九分，第恐其历年征收钱粮尚有弊混，亟应参革查办，以肃功令。兹据署藩司恩锡会同兼署臬司卫荣光转据该管道府详揭前来。除批司迅将经管钱粮之书吏、家丁并李青和等提司审办外，相应请旨，将宁阳县知县余庆昌即行革职，容臣督同两司确查是否假造诓骗，抑系捏完作欠，并该员历年征收正杂钱粮等项有无虚报欠数、任意侵挪情弊，再行分别严参惩办。

至此外各属，仍当随时设法严查，如有已征不解、捏完作欠者，臣惟执法纠参，请旨拿问治罪。为此恭折具奏，伏乞皇太后、皇上圣鉴训示。

再，宁阳县一缺，山东现有应补人员，应请扣归外补，合并陈明。谨奏。

同治四年四月初十日奉到回折："军机大臣奉旨：'余庆昌著即行革职，确查情弊，分别严参惩办。余依议。钦此。'"

前武城知县在任亏欠请革职监追折

同治四年三月二十六日

奏为知县交代案内亏缺银两，请旨分别革职监追，查抄备抵，恭折奏祈圣

鉴事：

窃照州县经手钱粮，丝毫均关国帑，交案亏短，即行参办。兹查有撤任知县郭尚桓，前在武城县任内交代，除抵并解清正款及捐款例不计参外，实短交杂仓等款银四千五百七十八两三钱一分九厘。又已故知县车学富，前在蒲台县任内交代，除领抵并捐款例不计参外，实短交正款银一百四十九两七分九厘，杂仓等款银三千一百三十二两七钱八分六厘。据藩、臬两司转据该管道、府、州揭报会详请参前来。

臣查各该员既经亏挪于前，又复抗延于后，饬催车学富家属，并不按款措缴，实属大干功令。当此整饬交案、杜绝新亏之际，若不从严参办，何足以重库项而儆效尤。相应请旨，将前任武城县知县郭尚桓革职监追，已故蒲台县知县车学富照例勒追该家属完缴。一面饬查该员等任所、寓所资财，及咨明各该原籍、寄籍将家产一律查抄，估变备抵，并提集经手书吏人等，严行审讯，是侵是挪，按律拟办。

再，查郭尚桓系顺天大兴县人，祖籍浙江；车学富系云南南宁县人。为此恭折具奏，伏祈皇太后、皇上圣鉴训示。谨奏。

同治四年四月初十日奉到回折："军机大臣奉旨：'另有旨。钦此。'"

东省运库积欠生息银两请暂免饬催片

同治四年三月二十六日

再，前准工部咨：奏催东省运库自咸丰十年起，至同治三年止，欠解五成生息银两，行令迅速筹解等因。经臣行司遵照去后。

兹据署盐运司卫荣光详称：此款系由运库征收引票盐斤加价项下均匀贴补。近年东纲蹉务，始遭黄水，继被贼氛，以致完项短绌；稍有征存，又因凑解京协饷银悉索殆尽，虽经竭力整顿，而凋残之后骤难复元。所征加价，现须留备修葺文庙工程之用，应贴本省、豫省等款，未能批解分厘。前项息银，应请暂免完解等情。臣复核无异。

当此纲商疲乏之时，若将帑利新旧并交，既恐商力不支，且于正课有碍。合无仰恳天恩俯念无款可筹，准将东省运库积欠前五年工部五成生息银两暂免饬催，其本年应解之款，仍由臣饬令赶紧催输，一俟积有成数，即同京饷搭解，以济要需。

除咨部查照外，理合附片陈明，伏乞圣鉴。谨奏。

同治四年四月初十日奉到回折："军机大臣奉旨：'著照所请。该部知道。钦此。'"

委员管解黑龙江等处饷银片
同治四年三月二十六日

再，前准部咨，于东省欠解咸丰十一年京饷银内，改拨黑龙江军饷银一万一千七百〇九两，即经臣饬司如数筹措，委候补县丞王耀堃领解，赴黑龙江将军衙门交纳。又应协副都统定安军三月份军饷，于百货厘金款内措银三千两，委候补从九品胡钟杰解交聊城县查收转解。又每月协陕饷银一万两，前经再次解过银二万两，兹于万分窘迫中，在地丁项下动支银一万两，委候补从九品查炳管解，赴陕西藩库交兑。据署藩司恩锡先后详报前来。

除分咨查照外，理合附片陈明，伏乞圣鉴。谨奏。

同治四年四月初十日奉到回折："军机大臣奉旨：'知道了。钦此。'"

委员管解京饷并各处军饷片
同治四年三月二十六日

再，查东省藩库存款无多，兼以逆匪窜扰，上忙钱粮未能踊跃，难资挹注，而京协各饷均属刻不容缓，即经饬司设法筹拨。兹据署藩司恩锡详报，在于地丁等款项下筹措头批京饷银四万两，委候补县丞马家范解赴户部交纳。又陈国瑞、郭宝昌两军，现在统带兵勇来东追剿，莫不待用孔殷，而从前欠解陈营之饷更多，亟应赶紧找解，因又在于地丁、厘金两款项下，每处各措银一万两，饬委候补未入流杨毓清管解，分赴该二镇行营交兑。

除飞檄沿途小心拨护并分咨查照外，理合附片陈明，伏乞圣鉴。谨奏。

同治四年四月初十日奉到回折："军机大臣奉旨：'知道了。钦此。'"

同治四年二月雨雪粮价折

同治四年三月二十六日

奏为恭报二月份雨雪情形并呈粮价清单，仰祈圣鉴事：

窃照本年正月份雪泽、粮价，经臣奏报在案。兹查二月份，得雪之历城、章邱、邹平、淄川、长山、新城、齐河、济阳、禹城、临邑、长清、陵县、德州、德平、泰安、新泰、肥城、东平、东阿、平阴、青城、阳信、滨州、滋阳、曲阜、宁阳、滕县、峄县、汶上、阳谷、寿张、兰山、郯城、莒州、蒙阴、沂水、日照、菏泽、单县、曹县、定陶、巨野、郓城、濮州、范县、观城、朝城、聊城、堂邑、博平、茌平、清平、冠县、馆陶、高唐、恩县、黄县、福山、栖霞、莱阳、掖县、昌邑、潍县、即墨、益都、临淄、寿光、昌乐、安丘、乐安、临清、夏津、邱县、嘉祥、鱼台等七十五州县，得雪而又得雨之城武、济宁、金乡三州县，先后具报于月之初一二五六七及十三等日，各得一、二、三、四、五寸不等。获此雨雪滋培，麦苗颇形芃茂。但期此后旸雨应时，丰收可卜，洵堪仰慰宸怀。

至各属市集粮价，稍有增减，大致与上月相等。谨缮清单，祗呈御览。为此恭折具奏，伏乞皇太后、皇上圣鉴。谨奏。

同治四年四月初十日奉到回折："军机大臣奉旨：'知道了。钦此。'"

二月份粮价清单

谨将同治四年二月份山东省各属米、谷、麦、豆价值，敬缮清单，恭呈御览。

计开：

济南府属：稻米每仓石价银三两四钱至四两四钱二分，较上月贵一分。粟米每仓石价银九钱五分至二两六钱，与上月同。粟谷每仓石价银五钱五分至一两五钱五分，较上月贵五分。高粱每仓石价银八钱八分至一两八钱一分，较上月贱八分。小麦每仓石价银一两三钱四分至二两五钱，与上月同。黄豆每仓石价银一两一钱七分至二两二钱五分，较上月贵一分。黑豆每仓石价银一两二钱八分至二两一钱七分，较上月贱四分。

泰安府属：稻米每仓石价银三两二钱八分至四两八钱，与上月同。粟米每仓石价银一两三钱八分至二两三钱，与上月同。粟谷每仓石价银八钱五分至一两一钱，与上月同。高粱每仓石价银九钱二分至一两三钱三分，与上月同。小麦每仓石价银一两四钱二分至一两八钱三分，较上月贱四分。黄豆每仓石价银一两一钱一分至一两五钱九分，较上月贵四分。黑豆每仓石价银一两三分至一两五钱八分，较上月贵三分。

武定府属：稻米每仓石价银二两四钱八分至四两九钱一分，较上月贱四钱一分。粟米每仓石价银一两四钱一分至二两二钱，与上月同。粟谷每仓石价银八钱二分至一两三钱，与上月同。高粱每仓石价银一两至一两五钱五分，较上月贵一钱。小麦每仓石价银二两至三两五分，与上月同。黄豆每仓石价银一两二钱五分至一两八钱一分，较上月贵一钱一分。黑豆每仓石价银一两二钱二分至一两七钱六分，较上月贵一钱一分。

兖州府属：稻米每仓石价银二两四钱四分至四两六钱五分，与上月同。粟米每仓石价银九钱四分至二两二钱，与上月同。粟谷每仓石价银七钱至一两八钱五分，与上月同。高粱每仓石价银九钱八分至一两八钱，与上月同。小麦每仓石价银一两三钱至二两二钱，与上月同。黄豆每仓石价银一两六分至一两六钱，与上月同。黑豆每仓石价银九钱八分至二两，与上月同。

曹州府属：稻米每仓石价银三两三钱至五两，与上月同。粟米每仓石价银一两三钱至二两五钱三分，与上月同。粟谷每仓石价银七钱八分至一两八钱三分，与上月同。高粱每仓石价银八钱至一两八钱六分，与上月同。小麦每仓石价银一两五钱六分至二两三钱五分，较上月贱一钱。黄豆每仓石价银一两二分至二两三钱四分，与上月同。黑豆每仓石价银八钱六分至一两九钱五分，与上月同。

沂州府属：稻米每仓石价银二两一钱至三两七钱二分，与上月同。粟米每仓石价银一两三钱五分至二两二钱，与上月同。粟谷每仓石价银七钱至一两二钱，与上月同。高粱每仓石价银一两至一两四钱七分，与上月同。小麦每仓石价银一两一钱五分至二两二分，较上月贱二分。黄豆每仓石价银八钱五分至一两五钱五分，与上月同。黑豆每仓石价银八钱至一两六钱一分，与上月同。

东昌府属：稻米每仓石价银三两二钱至四两七钱，与上月同。粟米每仓石价银九钱二分至二两四钱五分，较上月贱五分。粟谷每仓石价银六钱至一两三钱二分，与上月同。高粱每仓石价银六钱六分至一两七钱，较上月贵一钱。小麦每仓石价银一两一钱至二两三钱五分，较上月贱五分。黄豆每仓石价银九钱三分至二两一钱，与上月同。黑豆每仓石价银七钱六分至一两九钱，较上月贱五分。

青州府属：稻米每仓石价银二两二钱四分至四两三钱，与上月同。粟米每仓石价银一两四钱六分至二两一钱二分，与上月同。粟谷每仓石价银八钱三分至一两四钱，与上月同。高粱每仓石价银八钱五分至一两四钱二分，与上月同。小麦每仓石价银一两二钱至二两三钱，与上月同。黄豆每仓石价银九钱九分至一两七钱二分，与上月同。黑豆每仓石价银九钱九分至一两七钱二分，与上月同。

莱州府属：稻米每仓石价银二两三钱五分至三两一钱，与上月同。粟米每仓石价银一两至一两九钱五分，较上月贵三分。粟谷每仓石价银五钱至一两一钱，与上月同。高粱每仓石价银六钱五分至一两三钱二分，较上月贱三分。小麦每仓石价银一两三钱五分至一两八钱六分，较上月贵四分。黄豆每仓石价银一两一钱至一两五钱八分，与上月同。黑豆每仓石价银一两五分至一两五钱二分，与上月同。

登州府属：稻米每仓石价银二两三钱至三两二钱二分，与上月同。粟米每仓石价银一两三钱一分至二两一钱一分，与上月同。粟谷每仓石价银九钱二分至一两四钱，与上月同。高粱每仓石价银九钱一分至一两四钱六分，与上月同。小麦每仓石价银一两二钱六分至二两一钱，与上月同。黄豆每仓石价银九钱九分至一两八钱，与上月同。黑豆每仓石价银九钱六分至一两八钱，与上月同。

临清直隶州并属：稻米每仓石价银三两四钱五分至四两，与上月同。粟米每仓石价银一两五钱至二两三钱，与上月同。粟谷每仓石价银一两九分至一两四钱，与上月同。高粱每仓石价银一两二钱至一两七钱五分，与上月同。小麦每仓石价银二两一钱五分至二两五钱八分，与上月同。黄豆每仓石价银一两五钱五分至一两八钱五分，较上月贵三分。黑豆每仓石价银一两五钱五分至二两，与上月同。

济宁直隶州并属：稻米每仓石价银三两八钱三分至六两四钱，与上月同。粟米每仓石价银二两至三两六钱，与上月同。粟谷每仓石价银一两二钱一分至二两二钱四分，与上月同。高粱每仓石价银一两五分至二两六钱五分，与上月同。小麦每仓石价银一两八钱至二两二钱五分，与上月同。黄豆每仓石价银一两一钱六分至二两七钱二分，与上月同。黑豆每仓石价银一两五分至二两九钱二分，与上月同。

莱州知府员缺署理代理片

同治四年三月二十六日

再，莱州府知府陆成沅，因密揭属员失实，经臣奏参，请旨交部严加议处，自应先行撤任，所遗员缺，遴员接署。查有分缺先用知府晏方琦，安详明练，堪以署理。惟该员现在委办省城防守事宜，一时未克前往，先饬莱州府同知汪澄之暂行代理，以专责成。据藩、臬两司会详前来。

除批饬遵照外，理合陈明，伏乞圣鉴。谨奏。

同治四年四月初十日奉到回折："军机大臣奉旨：'知道了。钦此。'"

山东粮台第五、六、七次截数报销折

同治四年三月二十七日

奏为山东粮台收支各款，第五、六、七次截数报销，并核议简明军需章程，分别开具清单，恭折具奏，仰祈圣鉴事：

窃照钦差大臣亲王僧格林沁督军在豫、东、皖、楚等省剿匪，系由山东设立粮台备办供支。所有军需报销，自咸丰十年十二月起，截至同治元年年底止，均经核明奏报，并接准部复各在案。

嗣于同治三年七月间准户部咨，先后奏奉上谕："所有同治三年六月以前各处办理军务未经报销之案，准将收支总数开具简明清单，奏明存案，免其造册报销。有统兵大臣省分，责成统兵大臣办理；无统兵大臣省分，责成各该督抚办理。至开单有案，事属创始，其中款目繁多，应如何分年分起核实开报之处，各就实在情形，先行妥议章程具奏。其同治三年七月初十日以前已经咨题到部尚未核复之案，即由户部查照收支总数暂行存案，毋庸题复，仍行文各该省，自行复加确核，遵照新章开单奏报。至从前已经题复各案内有指款驳查之件，并著各该省详细查明应删减者，核实删减；应声明者，据实声明，各归各起存案，以归划一而杜流弊。钦此。"亟应钦遵办理。

查僧格林沁粮台供支各款，前准户部议奏，每届六个月报销一次。除从前办至第四案报销止，均经先后具奏并准部复应毋庸议外，所有同治二年正月初一日接续前案起，至是年六月底止第五案，销册业经到部，尚未核复；又自同治二年七月初一日起，至是年年底止为一起，作为第六案；又自三年正月初一日起，至六月底止为一起，作为第七案，现已核定收支数目分别报销。

核计第五案支款项下共支银四十八万八千二百七两九钱九分八厘一毫，并用米三千四百一石六斗五升，收款项下共收银四十三万六千二百二十两七钱六分一厘五毫，计不敷银五万一千九百八十七两二钱三分六厘六毫。又余平项下垫支银一十八两九钱九分三厘一毫。第六案支款项下共支银五十四万一千六百四十二两七钱八厘二毫，收款项下共收银四十八万四千七十二两六钱九分九厘七毫，计不敷银五万七千五百七十两八厘五毫。又余平项下垫支银二十两三钱一分六厘三毫。第七案支款项下共支银五十一万三千七百一十四两三钱八分三厘四毫，收款项下共收过银五十万九千九百四十三两三钱二分四厘八毫，计不敷银三千七百七十一两五钱八厘六毫。又余平项下垫支银五十两三钱六分四厘三毫。均应照数拨还归款。

又查第五案总数内应筹补银五万六百七十七两四钱六分九厘三毫，第六案总数内应筹补银五万六千八百五十一两三钱四分四厘六毫，第七案总数内应筹补银五万七千一百二十二两八钱八分九厘四毫。东省军需案内，凡有例不准销用所必须实有确据各款，均系由外筹补，历经年所，遵办在案。兹查户部原议不准劝捐抽厘归补，并以同治三年六月以后为断。东省所议筹补与劝捐抽厘两不相涉，似与他省情形不同，若概行饬禁，此后军需用款，势难尽动帑项；如不设法筹补，又虑垫款日久虚悬。可否因事在同治三年六月以前，仍准照案摊提归补，俾免无着，其七月以后垫用各款另筹。如何办理之处，相应请旨敕部议复遵行。

除沿途州县应付款项统归通省军需案内另办外，所有僧格林沁粮台第五、六、七案收支各款，截数报销，并核议简明章程，理合恭折具奏，并分别开具清单，敬呈御览。

再，同治三年七月以后一切用款，仍饬赶紧造册报销。至六月以前收支细数，虽毋庸由部核销，仍应照依底案造具细款清册，送部存案备查，庶前后次序衔接，可为续案销册根据，合并陈明。伏乞皇太后、皇上圣鉴训示。谨奏。

同治四年四月初十日奉到回折："军机大臣奉旨：'户部核议具奏。单四件并发。钦此。'"

谨将东省供支僧格林沁粮台核议军需简明章程，缮具清单，恭呈御览。

一、从征文武官员，各按品级照例支给盐菜银两，每员月支银自十二两至一两五钱不等。京城满营与驻防蒙古兵丁各月支盐菜银一两五钱。官兵之跟役，各月支盐菜银五钱。绿营兵丁月支盐菜银九钱，照例加给银四钱。官之跟役不支盐菜，兵之跟役月支盐菜银五钱。至各官应得跟役系查照嘉庆二十年减定名数供支。

一、官弁兵勇及跟役余丁，每员名各日支口粮米八合三勺，向例官粳兵粟，今从撙节，概以粟米折支，每米一石折银一两四钱。

一、满洲、蒙古、绿营官兵，照例分别给与骑驮、马驼。官兵之跟役，每五名合给驮马二匹，从减不另折夫。每驼一只、每马一匹，均各日支干银五分。满蒙官兵之马，照案裁四存六。绿营官支例马，兵按实带骑马供支。

一、马干项下应搭官票，查照直隶章程，文职不论品级，同一、二品武职全支官票，三品以下武职均按银票各半分支。惟东省并无官票，遵照部议，暂行停给，俟凯旋，另行报部核办。

一、有马甲兵盐粮、马驮等项，每名月共支银五两六钱五分三厘，无马甲兵月支实银三两；绿营兵丁月支实银二两六钱；各起马勇、楚勇、绿勇亦月支实银二两六钱。所骑马匹，每匹月支实银一两五钱。以上支款，均系遵奉钦差大臣亲王僧格林沁酌定饬知之数供支。

一、官兵分路剿贼，全资马力。因旗兵裁马四成，不敷更替，且有无马之兵，尤难徒步涉远。绿营情形相同。查照军需定例，旗兵每二名连跟役给车一辆，绿营外委马兵每三名连军装给车一辆，步守兵丁本无官马，每四名连军装给车一辆。每车每百里给脚价银一两，并遵照部定新章准给，先期到站一日，减成料草银四钱。

一、供送军火粮饷需车转运，惟军营所在之地并无额设常车，须雇民车应用。查照东省军需成案，每车装载以八百斤为率，每百里给脚价银一两，并遵照部定新章准给，先期到站一日，减成料草银四钱。

一、旗、绿各营阵亡、伤亡官兵应得恤赏，与阵伤之人验明等第应得伤赏，均系各按例定银数内，除一半官票由部补给外，其余一半实银照章减平支放。又官兵内有阵亡、伤亡、病故之人，照直隶章程，官给棺木银四两，兵给二两，仍于应得恤赏项下扣除。

一、官军扎营处所，挑濠筑垒，雇用民夫，用过土方工价银两，查照历届成案，每土一方，用夫二名，每名工价银五分，按照高、深、长、宽丈尺核实支销。

一、官兵盐粮银两，均系支用库平。此外恤赏、制造及一切军需用项，照章扣平支放。所有扣出减平银两，核入收款项下作正报收。

一、供支大营军火粮饷，事务较繁，先于济宁安设粮台总局。嗣又遵调，节节移驻，并分设制造、收发及随营支应各分局，与大营所设营务、文案等处，均各分别安派经承贴写，以资办公。所有各营局月需工食、纸笔、油烛等项银两，照例在于余平项下支销。

一、各属协解料草，也已核价入收，惟系属库筹款垫办之项，应俟此次军需奏结后，由司库动项分饬各该州县领回归垫。如因司库支绌，一时无可筹发，应令将原动年款开册报部，就款开除，以清款项。

一、调派军营办理粮饷暨查核销算事务，现任实缺人员照例各按本任应得养廉银数全分支给，造报请销。

一、办理粮台并随营局办差调派候补委用试用人员，因无养廉可支，本系各按品级，照例支给盐粮、驮马。缘东省军需成案，以在本省办公未经请入正销，是以此次办理粮台咨部报销章程案内，亦系议请归外筹补。第此次用兵所有粮台总局与前敌办差人员业已经历数省，所领盐粮、驮马又系例支之数，应请作正开销。

一、制造军火、器械、军装、锅帐、旗帜、号色，并铸造各种火器正销，应按例价造报。惟需用各色物料，多非附近军营出产，且因被贼滋扰，商贾不通，远道购求，其价无不昂贵，而例价不及时价十分之半。查东省军需成案，系于例价之外酌给加五帮价，归外筹补。此次办理粮台咨部报销章程案内，亦系议请援照办理。现奉裁除归补名目，而前项帮价实为用所必需，且事在三年六月之前，应请仍准摊提归补。

一、雇用兵车及运送粮饷车辆，每次需数既多，又且急于星火，而乡民避贼迁徙，附近无车可雇；其远方应雇之车，相隔多在数百里之外。从前于应差一日外，准销先期到站二日，回空一日，后乃止准到站一日，不及回空，每次所给脚价及减成料草银两实属不敷喂养。查东省军需成案，每银一两，另加津贴银六钱，归外摊廉弥补，此次咨部报销章程案内亦经援请照办。现奉裁除归补名目，而前项正价所减已多，实非津贴不可，且事在三年六月以前，应请仍准照案摊补。

一、例外用项，如出力兵勇犒赏翎顶、银牌、猪、羊、米、面，并恤赏被难夫勇，及雇勇护台，与各营宽带马、骡、驼只所发工食喂养等项，虽因格于成例，实为用所必需，是以咨部章程案内，援照东省向办成案议请归外筹补。

现奉裁除归补名目，而用项未便无着，且事在三年六月以前，应请仍准摊提归结。

一、同治三年六月以前未经报销军需，业奉特旨，免其造册报销。至七月以后，一应军需，仍当于事竣之后造册，一切例款自当作正请销。惟酌加帮贴及例所不及之款，大致与前列各条相似，且系前案截限余剩未完事件，非如另案军需可比。如只准销补六月之前、不及七月之后，似属一事两歧。今悉心酌核，如有例外增用巨款，自当专案先行奏请立案。倘止系前条所列帮贴及零星犒赏等项，或销或补，请即援照六月以前之案一律办理，俾免前后歧异。

以上章程十八条，均系查照例案核议，伏乞圣鉴。

谨将大营粮台第五次收支军需银两开具简明清单，恭呈御览。
计开：
自同治二年正月初一日起，截至六月底止内：
一、收直隶省拨解军饷银二万两。
一、收河南省拨解军饷银十一万五千两。
一、收山西省拨解军饷银六万两。
一、收山东省拨解军饷银二十一万二千两。
一、收南运引盐协济军饷银一万三千两。

前款查大营奏准试办南运引盐酌提盐厘接济军饷，据该局先后解银共如前数登明。

一、收提用兖沂道库银六千两。
一、收山东各州县解到亩捐银四千一百四十九两二钱二分一厘。

前款系菏泽县解到制钱合银九百九两九分九毫，曹县解到银二千二百七十两一钱五分二厘，城武县解到银六百九十七两二钱五分，定陶县解到制钱合银一千二百七十二两七钱二分七厘二毫，共合前数登明。

一、收济宁州解到铺捐制钱合银五千九十三两八钱五分五厘。

前款查济宁州解到铺捐，自同治二年正月起至六月底止，陆续收过，以钱合银，共如前数登明。

一、收山东捐输米粮七千石，发商变价银九千八百两。
一、收山东捐输米粮三千四百一石六斗五升。

前二款查粮台援案收捐米石接济军食，嗣因移营赴皖，运解维艰，陆续发商，照章变价充饷。又备用炒米动支本色，应分别数目入收登明。

一、收单县绅士朱世守捐输银五千两。

一、收扣存军需案内各案减平银八千九百七十七两六钱八分五厘五毫。

前款系此次各起车价项下减平银一千三百三十五两六钱九厘九毫，赏恤项下减平银一千三百四十九两八钱五厘，运送脚价项下减平银九百六十六两二钱二分六厘，养廉项下减平银一百二十两，制造项下减平银四千二百七十六两三钱六分五厘三毫，濠工项下减平银九百二十九两六钱七分九厘三毫，共合前数登明。

以上统共收银四十五万九千二十两七钱六分一厘五毫，内除奉钦差大臣亲王僧格林沁札饬拨解安徽巡抚唐训方军营兵饷银一万两，又除奉札饬拨解都统德楞泰军营兵饷银三千两。查德都统管带防剿官兵盐粮，向由山东藩库交解，前款应归通省军需另案造报登明。又除奏办南运引盐筹借运本陆续动用捐米发商变价银九千八百两。以上共登除银二万二千八百两，实在共收银四十三万六千二百二十两七钱六分一厘五毫。

支款项下，自同治二年正月初一日起，至六月底止内：

一、支大营统带各官并随营员弁盐粮、驼干、马干等项银五千五百九十七两五钱九分五厘。

一、支健锐营官兵盐粮、驼干、车价等项银八千二百十四两二钱五分二厘五毫。

一、支内火器营官兵盐粮、驼干、马干、车价等项银九千六十七两七分三毫。

一、支外火器营官兵盐粮、驼干、马干、车价等项银七千四百二十九两一钱六分四厘三毫。

一、支八旗炮营官兵盐粮、驼干等项银一千一百五十七两八钱二分一厘。

一、支巡捕京营官兵盐粮、驼干、马干、车价等项银一万四百六十两六钱八分八厘四毫。

一、支哲里木盟左、右两翼官兵盐粮、驼干、马干等项银二万九千六百八十七两九钱三分六厘八毫。

一、支昭乌达盟左、右两翼官兵盐粮、驼干、马干等项银一万三千八十四两五钱六分一厘七毫。

一、支土默特蒙古官兵盐粮、驼干、马干等项银八千五百五十八两二钱六分九厘九毫。

一、支吉林各起官兵盐粮、驼干、马干等项银五万三千四百三十三两二钱六分四毫。

一、支黑龙江各起官兵盐粮、驼干、马干等项银三万四千二百五十一两七钱七分八厘九毫。

一、支察哈尔各起官兵盐粮、驼干、马干等项银九千一百五十两四钱五毫。

一、支西安满营官兵盐粮、驼干、马干、车价等项银一万六千二百九十九两一钱二分九厘一毫。

一、支陕甘整、齐、严、肃四营官兵盐粮、驼干、马干、车价等项银一万九千九百十六两四钱七分八厘一毫。

一、支哲里木、昭乌达、土默特、吉林、黑龙江、察哈尔各营马队追剿贼匪备带炒米，共用米三千四百一石六斗五升。

前款查各营马队入山搜剿并追贼涉远，多因赤地荒山，每虞缺食，是以备带炒米，藉资应用，计动用捐输米石尽收尽除登明。

一、支马勇口粮银一万一千九百七十二两七钱七分四厘七毫。

一、支楚勇口粮银二万八千二百八十九两二分一厘二毫。

一、支练勇口粮银一万五千九百六十四两五钱六分二厘一毫。

一、支诚勇口粮银二万五千三百七十五两五钱五分九厘一毫。

一、支奖赏、恤赏等项银二万三千四百九十六两七钱五分。

一、支制造军火、军装、器械等项银七万一千二百七十二两七钱四分七厘八毫。

一、支安设基站、夫马、工料等项银二千二百五十二两二钱八分三厘七毫。

一、支运送军需脚价、盘费等项银一万六千一百三两七钱六分七厘三毫。

一、支节次移扎营盘挑挖濠工银一万五千四百九十四两六钱五分五厘。

一、支办差文员养廉银二千两。

一、支粮台暨随营办差各员盐粮、马干银三千七百八十两四钱三分七厘。

前款系例支之项，因值经费支绌，历次报销均请归外筹补登明。

一、支兵车帮价并先期一日守空料草银一万三千七百五十五两二钱一厘三毫。

一、支制造军火、军装、器械五成帮价银三万三千一百四十一两八钱二分一厘。

前二款因系例外用项，历次报销均请归外筹补登明。

以上统共银四十八万八千二百七两九钱九分八厘一毫，内除收款项下共收银四十三万六千二百二十两七钱六分一厘五毫，计不敷银五万一千九百八十七两二钱三分六厘六毫，应请按数拨还，理合登明。

谨将大营粮台第六次收支军需银两开具简明清单，恭呈御览。
计开：
收款项下，自同治二年七月初一日起，截至十二月底止内：
一、收直隶陆续拨解军饷银三万两。
一、收河南省陆续拨解军饷银一十三万五千两。
一、收山西省陆续拨解军饷银四万两。
一、收山东省陆续拨解军饷银二十一万五千两。
一、收山东兖州支应局借拨银四千两。
一、收山东金乡县亩捐银三百八两六钱四分。
一、收山东鱼台县湖团垦地认价银二千二百四十八两四钱二厘。
一、收山东各州县解交料草核银二万两。

前款查各州县办解料草价值贵贱不一，按照各处市集时价酌中核银如前数。再，此系属库先行筹款垫办之项，应俟此次军需奏结后，由山东藩库动项分饬各该州县领回归垫登明。

一、收山东捐输米粮一万五千石，发商变价银二万一千两。

前款查粮台援案收捐米石接济军食，嗣因移营皖北，运解维艰，陆续发商，照章变价充饷登明。

一、收山东兴安等县捐输银二千两。

前款查系兴安县候选训道尹杞泰捐银一千两，长山监生李守和捐银一千两，共如前数，业已另案请奖登明。

一、收山东济宁州铺捐京钱一万六千四百一十一千六百三十四文，核银五千一百二十八两六钱三分五厘六毫。

前款查济宁州铺捐，自同治二年七月起至十二月底止，陆续完解钱文，按该州时价每京钱三千二百文易银一两核银如前数登明。

一、收扣存军需案内各案减平银九千六百八十七两二分二厘一毫。

前款系此次各起车价项下减平银一千八百一十两九钱六分八厘三毫，赏恤项下减平银一千三百二十四两五钱二分，运送脚价项下减平银一千一十七两六钱七分五厘，养廉项下减平银一百二十两，制造项下减平银四千四百八十二两七钱五厘八毫，濠工项下减平银九百二十一两一钱五分三厘，共合前数登明。

以上统共收银四十八万四千三百七十二两六钱九分九厘七毫，内除奉大营札饬拨给安徽臬司英翰军营借领兵勇口粮银三百两，实共收银四十八万四千七十二两六钱九分九厘七毫。

支款项下，自同治二年七月初一日起，截至十二月底止内：

一、支大营统带各官并随营员弁盐粮、驼干、马干等项银五千九百四十四两一钱四厘。

一、支内火器营官兵盐粮、驼干、马干、车价等项银一万一千二百八十四两四钱八分一厘一毫。

一、支外火器营官兵盐粮、驼干、马干、车价等项银九千二百一十两九钱。

一、支健锐营官兵盐粮、驼干、马干、车价等项银一万一千七百五十三两九钱五分一厘三毫。

一、支八旗炮营官兵盐粮、驼干、马干、车价等项银二千四百二十一两五钱三分五厘三毫。

一、支巡捕京营官兵盐粮、驮折、马干、车价等项银一万五百四十一两八钱二分六厘五毫。

一、支直隶海口营官兵盐粮、驮折、马干、车价等项银一万八百二十七两三钱五分六厘四毫。

一、支哲里木左、右两翼蒙古官兵盐粮、驼干、马干银二万七千二百四十二两八钱四分九厘四毫。

一、支昭乌达左、右两翼蒙古官兵盐粮、驼干、马干等项银一万九千七百四两九钱五分六厘一毫。

一、支土默特蒙古官兵盐粮、驼干、马干等项银一万一千三百四十八两八钱七厘五毫。

一、支吉林各起官兵盐粮、驼干、马干、车价等项银六万二千六百八十三两九钱六分八厘六毫。

一、支黑龙江各起官兵盐粮、驼干、马干等项银四万八千六十四两五钱二分五厘五毫。

一、支察哈尔各起官兵盐粮、驼干、马干等项银一万五千五百五十三两三钱三厘二毫。

一、支西安满营官兵盐粮、驼干、马干、车价等项银八千一百七十一两七钱三分四厘一毫。

一、支陕甘整、齐、严、肃四营官兵盐粮、驮折、马干、车价等项银一万九千一百九十一两六钱一分九厘五毫。

一、支马勇口粮银一万一千六百五十五两四钱二分五厘一毫。

一、支楚勇口粮银二万八千一十八两八钱四分五厘五毫。

一、支练勇口粮银一万六千三百九十六两三钱二分四厘九毫。

一、支诚勇口粮银二万三千五百七两二钱七分九厘二毫。

一、支奖赏、赏恤等项银二万二千二百四十二两。

一、支制造军火、军装、器械等项银七万四千七百一十一两七钱六分四厘。

一、支运送军需脚价、盘费等项银一万六千九百六十一两二钱五分七厘四毫。

一、支节次移扎营盘挑挖濠工银一万五千三百五十二两五钱五分。

一、支办差文员养廉银二千两。

一、支粮台暨随营办差各员盐粮、马干银三千七百三十一两二钱二分八厘。

前款系例支之项，因值经费支绌，历次报销均请归外筹补登明。

一、支兵车帮价，并先期一日守空料草银一万八千三百七十九两一钱四分六厘四毫。

一、支制造军火、军装、器械五成帮价银三万四千七百四十两九钱七分二毫。

前二款因系例外用项，历次报销均请归外筹补登明。

以上统共支银五十四万一千六百四十二两七钱八厘二毫，内除收款项下共收银四十八万四千七十二两六钱九分九厘七毫外，计不敷银五万七千五百七十两八厘五毫，应请按数拨还，理合登明。

谨将大营粮台第七次收支军需银两开具简明清单，恭呈御览。

计开：

收款项下，自同治三年正月初一日起，截至六月底止内：

一、收直隶省拨解军饷银一万两。

一、收河南省陆续拨解军饷银一十八万两。

一、收山西省陆续拨解军饷银七万两。

一、收山东省陆续拨解军饷银二十万两。

一、收山东各州县解交料草核银一万二千两。

前款查各州县办解料草价值贵贱不一，按照各处市集时价酌中核银如前数。再，此系属库先行筹款垫办之项，应俟此次军需奏结后，由山东藩库动项分饬各该州县领回归垫登明。

一、收山东捐输米粮二万石，发商变价银二万八千两。

前款查粮台援案收捐米石接济军食，嗣因移营皖、豫，运解维艰，陆续发商，照章变价充饷登明。

一、收扣存军需案内各案减平银九千九百四十三两三钱二分四厘八毫。

前款系此次各起车价项下减平银一千七百四十六两七钱八分一厘八毫，赏恤项下减平银四百二十六两九钱三分，运送脚价项下减平银一千三百五十八两五钱三分九厘一毫，养廉项下减平银一百二十两，制造项下减平银四千六百十六两五钱六分九厘三毫，濠工项下减平银一千六百七十四两五钱四厘六毫，共合前数登明。

以上统共收银五十万九千九百四十三两三钱二分四厘八毫。

支款项下，自同治三年正月初一日起，截至六月底止内：

一、支大营统带各官并随营员弁盐粮、驼干、马干等项银五千九百九十二两七钱三分六厘五毫。

一、支内火器营官兵盐粮、驼干、马干、车价等项银一万四百九十六两五钱二分八厘一毫。

一、支外火器营官兵盐粮、驼干、马干等项银八千六百四十两五钱九分五厘四毫。

一、支健锐营官兵盐粮、驼干、马干、车价等项银一万四百七十五两三钱五厘八毫。

一、支八旗炮营官兵盐粮、驼干、马干、车价等项银二千五百七十四两六钱七分一厘五毫。

一、支巡捕京营官兵盐粮、驼干、马干、车价等项银一万三百三十八两三钱九分三厘九毫。

一、支直隶海口营官兵盐粮、驼干、马干、车价等项银一万六千一十两一钱八分九厘八毫。

一、支哲里木盟左、右两翼官兵盐粮、驼干、马干等项银二万五千八百八十一两二钱三分八厘七毫。

一、支昭乌达盟左、右两翼官兵盐粮、驼干、马干等项银一万八千八百一两六钱九分五厘九毫。

一、支土默特蒙古官兵盐粮、驼干、马干等项银一万九百九十二两四钱七分一厘二毫。

一、支吉林各起官兵盐粮、驼干、马干、车价等项银六万二十一两六钱六分二厘九毫。

一、支黑龙江各起官兵盐粮、驼干、马干等项银五万一千六百四十八两三钱七分二厘八毫。

一、支察哈尔各起官兵盐粮、驼干、马干等项银一万四千五百九十二两三钱六分九厘九毫。

一、支陕甘整、齐、严、肃四营官兵盐粮、驼干、马干、车价等项银一万八千四百四十七两三钱。

一、支马勇口粮银一千八百八十七两七钱八分五厘一毫。

一、支楚勇口粮银二万六千七百九十一两五分九厘一毫。

一、支练勇口粮银一万二千七百八十六两一钱一分一厘八毫。

一、支诚勇口粮银一万三千六百三两九钱五厘二毫。

一、支奖赏、赏恤等项银七千一百十五两五钱。

一、支制造军火、军装、器械等项银七万六千九百四十二两八钱二分一厘三毫。

一、支运送军需脚价、盘费等项银二万二千六百四十二两三钱一分九厘一毫。

一、支节次移扎营盘挑挖濠工银二万七千九百八两四钱一分。

一、支办差文员养廉银二千两。

一、支粮台暨随营办差各员盐粮、马干银三千七百十二两七钱七分六厘九毫。

前款系例支之项，因值经费支绌，历次报销均请归外筹补登明。

一、支兵车帮价并先期一日守候料草银一万七千六百三十一两七钱七毫。

一、支制造军火、军装、器械五成帮价银三万五千七百七十八两四钱一分一厘八毫。

前二款因系例外用项，历次报销均请归外筹补登明。

以上统共支银五十一万三千七百一十四两三钱八分三厘四毫，内除收款项下共收过银五十万九千九百四十三两三钱二分四厘八毫，计不敷银三千七百七十一两五分八厘六毫，应请按数拨还，理合登明。

请旌恤阵亡官绅兵勇及殉难妇女折

同治四年三月二十七日

奏为查明阵亡官绅兵勇并殉难妇女，吁恳分别旌恤，恭折奏祈圣鉴事：

窃照军兴以来，各属阵亡绅团并被害妇女，迭经汇案奏请旌恤，未报之处，仍饬随时查报。兹据各营查明阵亡守备杨春华等八员，阵亡马守兵六十九名，阵亡勇丁九十八名；又博山县阵亡团长武生王保清等十九名，阵亡团丁一百八十三名，殉难妇女三十五口；又淄川县阵亡团丁四名，由军需总局司道核明造册，详请具奏前来。臣复查无异。相应请旨敕部，将阵亡守备杨春华等、阵亡武生王保清等一并从优议恤，阵亡兵勇、团丁同殉难妇女分别照例旌恤，以广皇仁而彰节义。

除催查未报各属另行办理并将各册咨部外，理合恭折具奏，伏祈皇太后、皇上圣鉴训示。谨奏。

同治四年四月初十日奉到回折："军机大臣奉旨：'杨春华等著一并从优议恤，阵亡兵勇团丁同殉难妇女均著分别照例旌恤。该部知道。钦此。'"

请旌恤兖州府属阵亡绅团并殉难妇女折

同治四年三月二十七日

奏为查明兖州府属阵亡绅团、兵勇并殉难妇女，吁恳分别旌恤，恭折奏祈圣鉴事：

窃照同治元年，兖州府属迭被匪扰，其阵亡殉难男妇，屡经檄饬查报。兹据曲阜、邹县、泗水、峄县、汶上、寿张等县查明阵亡团长有职衔者八十五员名，无职衔者三十名，阵亡团丁四千四百七十名，阵亡兵勇二十一名，殉难妇女一千七十口，由军需总局司道核明造册，详请具奏前来。臣复核无异。相应请旨敕部，将阵亡团长从优议恤，阵亡团丁、兵勇同殉难妇女分别照例旌恤，以广皇仁而维风化。

除将各册咨部并饬查未报各属另行办理外，理合恭折具奏，伏祈皇太后、皇上圣鉴训示。谨奏。

同治四年四月初十日奉到回折："军机大臣奉旨：'均著照例分别优恤。该部知道。钦此。'"

同治三年下忙征解数目折

同治四年三月二十七日

奏为同治三年下忙征解新旧漕项银两数目，循例恭折具奏，仰祈圣鉴事：

窃照各属征收漕项银两，例应将已未完数目分上下两忙奏报，历经遵办在案。兹据督粮道沈维璥详称：同治三年漕项钱粮，下忙应征银二万五千七百二十三两一钱三分九厘，内除历城等州县因秋禾被灾，分别蠲缓银八百八十八两九钱五分三厘，实应征银二万四千八百三十四两一钱八分六厘。截至十二月底止，已完银一万四千五百二十两二厘，未完银一万三百一十四两一钱八分四厘。又上忙未完银二万九百七十四两五分三厘，内除历城等州县因秋禾被灾，分别蠲缓银八百八十八两九钱五分二厘，实应征银二万八十五两一钱一厘，内已完银九千七百七十两九钱一分六厘，未完银一万三百一十四两一钱八分五厘。又原报上忙未完历年漕项共银一十一万五千三百四十二两四钱五分五厘，内除齐河等州县续报因灾，分别蠲缓银八千九百五十九两七钱四分七厘，实应征银一十万六千三百八十二两七钱八厘，内续完银四千二百五十七两八钱五分八厘，仍未完银一十万二千一百二十四两八钱五分，现在严催等情。臣复核无异。

除饬将未完银两赶紧催征提解，并将清册咨部外，所有同治三年下忙征收新旧漕项已未完各数，理合循例恭折具奏，伏祈皇太后、皇上圣鉴。谨奏。

同治四年四月初七日奉到回折："军机大臣奉旨：'户部知道。钦此。'"

东纲南北两运未完引张请从宽免议片

同治四年三月二十七日

再，查东纲咸丰八年南北两运引张，除已销外，尚有未销引一十五万一千一百一十六道，内惟北运行销之巨野、郓城，南运之商丘、宁陵、睢州、永城、虞城、夏邑、柘城、鹿邑、考城、铜山、丰县、沛县、萧县、砀山、宿州等十七州县，一引未领。前因被兵、被水，经前抚臣文煜于商课奏销案内声请免议奉驳。在部臣恪遵定例，原为慎重课款起见，惟各该州县连年或逼近贼氛，或迭遭蹂躏，迥非完善之区可比，迨后疮痍未复，商本已空，新引尚难全清，旧课更难兼顾，若将销引未完各官概以督销不力议处，未免向隅。据署盐运司卫荣光随案声明详请具奏前来。臣复加确核，委系实情。除循例题报外，合无仰恳天恩俯念滞销有因，从宽免议，出自逾格鸿慈。其未完各引，仍饬司赶紧设法带销，分别核办。理合附片陈明，伏乞圣鉴训示。谨奏。

同治四年四月初十日奉到回折："军机大臣奉旨：'该部议奏。钦此。'"

捻党南走并筹防情形折

同治四年三月二十七日

奏为贼踪南窜并筹防情形，仰祈圣鉴事：

窃臣于十八日将豫匪回窜宁阳、东平、平阴，图犯省垣，丁宝桢回军驻扎情形缮折驰报，并因探该匪又回窜宁阳，官军追剿各情附片奏陈。兹于二十二日钦奉上谕："阎敬铭于现挑曹州镇营各兵外，仍添调东路官兵，并添募得力勇丁，奋力近截，不准纵令北窜等因。钦此。"

窃臣前因贼势猖獗，亟虑分股偷渡黄河，经饬沿河州县设防，连檄驻扎张秋游击周森藻，添雇划船水勇，往来梭巡。兼以黄流盛涨，贼至东阿一带不能渡越，旋即折回，堪纾圣廑。兹据丁宝桢并各处探报，贼于十七日回窜宁阳，十八九等日由滋阳复走曲阜，南窜邹县，僧格林沁亲督大队，紧蹑前追，使贼不得喘息。二十、二十一、二十二等日贼由邹窜滕，复窜赴峄县之韩庄一带，欲图渡运，因水涨未能渡河。僧格林沁大军已逼，贼复折向东北，由峄飞奔兰山县境，东走尚家岩、傅家庄、李家庄，南趋郯城，赴赣榆、青口出境。臣查青口东北即接莒州，贼势飘忽，难保不窥东路空虚，复行入境潜奔，扰及完善，先飞檄各营县扼要严防，谕民入堡坚守，并飞咨青州副都统恩夒严为防范。此现在贼纵遁窜之情形也。

贼于十六日渡汶窜回宁阳之时，丁宝桢先派之参将莫组绅，带新募勇丁五百名，驻扎宁阳，原以防贼回窜。该匪猝至，莫组绅即于汶河南岸陈家店地方扼截接仗，杀毙悍贼三四百名。贼见官军甚少，大股坌集环攻，莫组绅激励各勇，以少击众，短兵相接，复毙发贼多名，我军亦伤亡百余名。鏖战多时，适僧格林沁追兵将至，该匪始抱队狂奔。是日之战，只以兵勇太单，未能痛加剿洗。

丁宝桢方驻军省南，一闻贼窜，即于十八日自张夏拔队驰泰安，抵宁阳，追至兖州。该匪骑多于步，昼夜奔驰二百余里，二十一日已窜滕县南界。僧格林沁即于是日抵滕。丁宝桢虑其为我军所蹑，东窜兰山，或由蒙阴再折北犯，扼筹后路，暂驻兖州，期与僧格林沁大军前后夹击。现因贼势南窜出境，丁宝桢复虑其由江境再行折回。查东省南界关键，以济宁为门户，丁宝桢拟移扎济宁，居中调度，而东之滕、峄、兰、郯，西之金、鱼、曹、单数百余里，在在须防。惟分战兵以为防兵，则机已滞于一隅，而平衍之区何处不可阑入。臣惟有及此贼踪渐远，钦遵宸谟指示，增募勇丁，期于能战，然后可以灭贼。惟仓猝召募，必须训练，非旦夕所能克效，且饷需支绌，更宜妥筹。现丁宝桢已招募一千名，臣再陆续选募，总期得有可用之勇，方可费朝廷有用之财。东省各营兵疲弱已久，现调曹州镇兵随丁宝桢行营，尚属可用。兖营兵丁竟实不能得力，现已饬令撤回。臣惟核实选兵，不敢虚调空名，粉饰谢过。至于河北一路，防河尤宜加严。除臣于水路添设船勇外，并令参将黄兆升一队添足五百名数，在东昌一带以控北路，兼查防土匪，借纾宵旰之忧。

所有贼踪南窜并筹防情形，恭折由驿驰奏，伏祈皇太后、皇上圣鉴训示。谨奏。

军机大臣奉旨："另有旨。钦此。"

捻党出境并筹防情形折

同治四年四月初十日

奏为贼踪南窜，未能偷渡运河，复在海、赣一带游弋，并臣筹防情形，仰祈圣鉴事：

窃臣于三月二十七日将豫匪由赣榆、青口出境情形，由驿驰奏在案。臣查无巢之贼，奔突靡常，即使已远东疆，未可即谓肃清可报。一面添练勇丁，逐日训练，拟即分布东路滕、峄、兰、郯，西路金、鱼、曹、单等处，以为防守之兵，贼至则迎之与战，一面飞遣侦探。续据各路禀报，该匪南窜，僧格林沁追至赣榆，该匪复遁海州，二十七日扰及沭阳。大军跟追抵沭。初二日贼复折向邳境奔走。查邳境沿运西行，即近东境峄县台庄、韩庄地面。其时藩司丁宝桢先闻贼至赣榆，虑其回窜，统带全军驰赴沂州，为迎截之谋。其韩庄等处，只有丁宝桢先行拨扎之参将王心安一营，殊觉兵单。臣飞函令丁宝桢相度机宜，兼顾滕、峄西路；又飞檄沂州府文彬、兰山县长赓、费县王成谦，将添募新勇一千二百名并旧有额勇，分布于莒州、兰山、蒙、沂各要隘，以防窜越，兼杜土寇勾连。

复据探报，该匪大股因运河水深，不能偷渡，连日在邳州之泗湖集、梁横山一带肆扰。初四日，僧格林沁追至邳境，该匪复由红花埠南东入海州之桃林，初六日已窜至赣榆东安庄等处各等情。臣揆度该逆情形，裏下河之地，港汊分歧，贼队马多于步，不能肆其驰骋，欲由邳境南遁，复阻于河，只在邳、沭、海、赣数百里平坦之地，往来奔突，势为大兵所蹙，穷寇无归，非向北而西，再窜东境之峄、滕，即由北而东，再窜东境之兰、莒。臣于峄、滕一路，饬丁宝桢分军堵截；于兰、莒一路，饬沂州府县扼要设防；现复派都司韩登泰带勇五百名，由省东一路驰赴诸城、莒州、日照一带，守险驻军，期与沂境相联，力保完善之地。青州为屏翰要区，臣已咨会副都统恩夔，有警即调兵守御，并饬地方官筹垫口粮，以期简速。此臣就现有兵力，布置防维。其实有防兵兼有战兵，应变不穷，方能制胜。臣新增各勇，尚须随旧营渐次训练，不可不教即战，致误事机，是以现在兵力，一经枝分，仍形寡弱。闻江南大军续到，会合僧格林沁马、步各队，当可就地歼除。至僧格林沁大兵所至，东省各州县皆即日赶办米豆刍粮，接济军行。臣先行饬令作正开销，各地方官遵照，尚无贻误。

东昌一带甫有张玉怀、宋景诗之伙党王振声将欲纠众起事，即经该府县与参将韦应麒密拿正法，消患初萌，人心现俱安靖，堪以仰慰圣怀。

谨将贼踪复窜海、赣并臣筹防东路情形，恭折由驿驰奏，伏乞皇太后、皇上圣鉴训示。谨奏。

军机大臣奉旨："另有旨。钦此。"

复陈藩司丁宝桢军情片

同治四年四月初十日

再，臣钦奉寄谕："僧格林沁所称丁宝桢在宁阳迎头遇贼，以众寡不敌，接仗失利等语。前据阎敬铭仅将范正坦挫败情形陈奏，并未言及丁宝桢失利之事，著即行查明具奏等因。钦此。"

臣伏查三月十六日，贼匪回窜宁阳，丁宝桢时驻军省南，以防泰境。经丁宝桢先经派扎宁阳之参将莫组绅，一闻贼至，即在宁阳陈家店地方扼截，以少击众，毙贼三四百名，我军亦伤亡百余名，实因兵勇太单，未能痛加剿洗。臣于三月二十七日奏报折内业经陈明，非丁宝桢另有失利之事。理合附片声明，伏乞圣鉴。谨奏。

军机大臣奉旨："知道了。钦此。"

委员赴泰山致祭片

同治四年四月初十日

再，每年四月十八日致祭泰山，历蒙钦颁香供，届期由巡抚两司内酌量一人前往，陈设致祭。本年香供先经内务府拣派郎中茂林赍送到东，兹届致祭之期，谨委署臬司卫荣光于四月十五日恭赍香供，前往泰安，如期登山，敬谨陈设致祭，以仰副圣主为民祈福之至意。为此附片陈明，伏乞圣鉴。谨奏。

军机大臣奉旨："知道了。钦此。"

同治四年京饷及军饷解交情形片

同治四年四月初十日

再，山东省奉拨同治四年京饷，前经分别委解藩库银四万两、运库银二万两并奏报在案。兹复据署运司详报，在盐课等款项下支银二万两，饬委候补盐经历杨秉文、候补盐大使黄樾管解。又据署藩司详报，在征存地丁项下筹银四万两，饬委候补未入流张曜管解。又措银四万两，饬委候补未入流朱云辉管解。先后起程赴户部交纳。又僧格林沁营饷需用孔亟，并饬藩司在于库存正杂款项下筹措银五万两，作为同治四年三月份月饷，饬委候补未入流宋昭解往济宁州支应局交纳，听候提用。又应解定安军营本年四月份月饷，在于百货厘金项下支银三千两，饬委候补未入流沈春阳解往聊城县转解。并据藩司详称，现在奉拨各饷纷至沓来，急如星火。各州县报解上忙钱粮，因贼氛滋扰，殊属无多，司库骤难周转，请将东海关征存税银二万两，如数解司接济军饷等情前来。

除将各案分咨查照，并檄饬东海关监督遵办外，理合附片陈明，伏乞圣鉴。谨奏。

军机大臣奉旨："该衙门知道。钦此。"

捻党复入东境接仗情形折
同治四年四月十五日

奏为贼匪复窜东境，藩司丁宝桢在滕县临城驿迎贼接仗情形，由驿驰奏，仰祈圣鉴事：

窃臣于初十日将贼匪折窜赣榆并臣筹布情形，由驿驰奏在案。连日接据各路探报，初七、八等日贼在宿迁迤北郯城之南唐店一带盘据，势向西南窑湾，欲渡运河。初九日复由郯城之西南折向西北。初十日窜至兰山境西南向城、尚岩等处。其时僧格林沁大军跟追，臣因贼势西趋，则日照、诸城东路可以稍松。惟虑非由兰、费北窜蒙阴，即由西路直扑峄、滕，先饬沂州府文彬、兰山县知县长赓、费县知县王成谦带勇严防，并在青驼寺拨勇分扎。贼在尚岩攻圩，为官勇、民勇枪炮击退，初十日遂窜至峄县西南褚头林。是蒙阴北路无虞，而西路独为吃紧。藩司丁宝桢先自蒙阴探闻贼信西趋，连夜由小路绕出邹、滕进发，以期迎头遏击贼锋。初十日飞抵滕县，因查峄县地界距台庄三十二里之大泛口水浅滩高，贼西犯则必偷渡，北窜则滕邑正当其冲，经丁宝桢分拨参将王心安一军，由台庄进扎大泛口。丁宝桢督军由滕县之临城驿迎击，十一日进抵临城。该逆股于是日巳刻赴大泛口，经王心安扼要杀贼百名，获马百余匹，生擒二十余名，贼遂折向正北，直犯临城。先经丁宝桢分拨各队，调向临城五里之西村桥排列队伍，遏贼来路。十二日辰刻，该匪边马直扑西村桥，经我军追逐折回。巳刻，贼之马步大股约有二万余人，全向北路，一拥直前，经曹州镇营都司杨酉林、守备郭龄鳌首先带队奋勇驶进，密排连环枪炮，毙贼六七百名。续有马贼数千，接扑桥口，经参将莫组绅紧扼桥梁，开放劈山炮，复毙贼百余名。该匪折向西趋，复经参将宋延德、守备曹正榜直前冲杀，夺贼牛马、旗帜无算，贼之步队均为我军压下。正在接战间，又有另股马贼数千，绕出西路十余里，从民圩之后抄袭。我军前后受敌，都司杨酉林、守备郭龄鳌正与前股之贼血战相持，忽被抄绕，措手不及。该都司等犹复短兵相接，杀贼百余名，不能突出重围，力竭阵亡。参将宋延德、千总王萃两军，时在西路接仗，见前军受围，跃马冲入，冀可救出曹营之兵，乃既入贼围，都司杨酉林等业已被害。贼众蜂拥而上，守备黄松亭，千总马连胜、马芳洛亦均被害。游击郭大胜一军又奋力冲击，参将莫组绅、戴鸿仁等各挥兵前进，当将宋延德救出重围。鏖战既久，贼力已疲，经丁宝桢督军追压，该逆直向正西狂奔，我军系步队，驰逐莫及。是日之战，杀贼千余名，生擒四十余名，夺获牛马、旗帜多件，我军亦伤亡四五百名。惟曹州营因为贼困，以致阵亡都司杨酉林等八员，东治营守备黄松亭一员，骧武军马队千总马连胜、马芳洛二员，均系血战捐躯。

臣查前据侦探，贼欲由邳、宿渡河，因水势过深，且有炮划扼防，不能偷越，游弋于海、赣之地。臣既虑其穷蹙无计，势必回窜东省，夺路狂奔。丁宝桢带军，常思迎头奋击，今一闻贼信，倍道疾趋临城，扼贼冲锋。惟以一面之军，当贼马步二万余之众，虽凶锋少挫，而损伤将弁十余员。平旷之地，兵少则不能防贼包抄，非如山险要区可以出奇制胜。臣前读谕旨，饬令各路分兵由北兜剿，仰见圣谟广运。惟臣自二年冬间陆续撤兵后，今年二、三月始行增募三四千名，极知单薄，不敷分布，且临时招募，一时训练难精，须各路分兵为四面进剿之计。现饬该藩司丁宝桢整齐队伍，由邹、滕一路绕赴东平州，防贼北窜。以后贼势情形，容臣续行驰奏。

所有此次在临城驿力战阵亡之都司杨酉林，守备郭龄鳌、黄松亭，千总马连胜、马芳洛，把总董富经、刘登鳌、张怀义、赵廷栋、刘怀清，外委侯赓昌，共十一员，请旨交部从优议恤，以慰忠魂。

谨将贼复窜东省，丁宝桢迎贼接仗情形，恭折由驿驰奏，伏祈皇太后、皇上圣鉴训示。谨奏。

军机大臣奉旨："另有旨。钦此。"

请将游击程锡善暂留山东差遣片

同治四年四月十五日

再，查副将衔尽先参将甘肃镇羌营游击达勇巴图鲁程锡善，系于咸丰二年由山东兖州镇泰安营外委，出师江南，调赴江北随剿，保升令职。三月间，江宁将军富明阿饬令管带凯撒弁兵到东，正值大股发捻窜入东境。臣接见该员，知其久经行阵，熟悉戎机，即饬暂时带兵防剿，以资得力。现贼复入境，防剿紧要，合无仰恳天恩俯准，将该游击程锡善暂留山东差遣，俟军务稍平，再行给咨，饬令赴任。

为此附片具奏，伏乞圣鉴训示。谨奏。

军机大臣奉旨："著照所请。兵部知道。钦此。"

请优恤千总沙振德片
同治四年四月十五日

再，护理兖州镇总兵范正坦，前在宁阳带兵打仗，所有阵亡之张俊之等，业经奏奉谕旨："交部从优议恤。钦此。"钦遵在案。兹据该总兵咨称，尚有千总沙振德一员，亦系同日阵亡，当时未经查出，今据补报前来。相应请旨饬部，将千总沙振德一并优恤，出自天恩。理合附片陈明，伏乞圣鉴训示。谨奏。

军机大臣奉旨："沙振德著交部从优议恤。钦此。"

护送同治三年漕船片
同治四年四月十五日

再，今岁江苏省起运松江府太仓州同治三年漕米，并苏州府属采买米石，由海运津，行走东洋。臣接准咨会，即咨行登州镇总兵亲统舟师，出洋巡护，并令登州府督率所属，在于沿海紧要口岸弹压稽查，以期周密。兹据护理登州镇总兵施元敏并该管道府禀报，自三月二十四日起，至四月初二日止，华亭县漕船奚恒顺、张吉森、周吉庆，娄县漕船平顺福，金山县漕船周长盛，南汇县漕船朱福泰、金恒利、周协发，太仓州漕船孙恒茂，镇洋县漕船杨裕福、吴长利共十一只，均于收口后一律放洋，由水师将弁护送北上。风帆稳利，足以仰慰宸厪。

除饬将续到漕船随时护送外，理合附片具奏，伏乞圣鉴。谨奏。

军机大臣奉旨："知道了。钦此。"

督率弁丁妥为保护漕船片
同治四年四月十五日

再，查东省同治三年漕粮，经臣叠檄严催，赶紧起运。兹据督粮道沈维璵禀报，外河德正首帮均经逐船盘验，于三月二十二日开行。其关内济宁等帮，亟应依限趱运。惟今春关河水小源微，率多浅阻，并有淤成平陆之处。正拟筹办修挑，讵料发捻窜扰，均系关内漕船必由之路，未敢冒险，请将在后五帮暂缓北上等情前来。臣复查无异。现饬该道督率各该帮弁丁人等，妥为保护，仍随时查看情形，设法前进，另行奏报。

所有首帮开行及后帮未能跟艐缘由，除分咨查照外，理合附片陈奏，伏乞圣鉴。谨奏。

军机大臣奉旨："知道了。钦此。"

捻党西走带兵出省调度折
同治四年四月二十二日

奏为贼匪渡运西窜，逼近黄河情形，暨微臣带勇驰往河北调度出省日期，由驿驰奏，仰祈圣鉴事：

窃臣于十五日将贼窜东境，丁宝桢接仗情形驰奏在案。嗣据各处探报，贼自滕县临城驿西窜滋阳，至济宁州境石佛、赵村等处，意图渡运，因水势较大，难以窜越，复于十四五日折往西北宁阳、汶上边境。时丁宝桢带队追至济宁，与僧格林沁大军会合前进。贼见各路官兵紧逼，十六日即由汶境开河、袁口等闸运河淤浅之处抢渡，旋于十八九日西窜范县之罗家楼、濮州之箕山集一带屯聚，逼近黄河南岸。僧格林沁全军于十七日已至郓城。臣虑贼情窘急，勾结黄河水套匪徒，希图北渡。现虽各口船只早饬各州县一律提归北岸，并有副都统定安、参将黄兆升两路兵勇及寿张、范县营兵，游击周森藻所带炮船，兼有民团，可以水路严防，究恐河岸绵长，兵力较单，当即先派同知刘时霖带队迅速前往。一面飞咨直隶督臣刘长佑进兵策应，一面调齐游击王正起两营随臣于二十三日出省，驰赴河北东昌、茌平一带调度布置，以期有备无患，上纾圣廑。至臣出省后日行事件，同解审命盗等案，即委署藩司恩锡代行代勘，紧要事宜仍由臣行营办理。

所有贼匪西窜逼近河岸情形，暨臣带勇驰往河北调度日期，理合恭折具奏，伏乞皇太后、皇上圣鉴训示。谨奏。

军机大臣奉旨："另有旨。钦此。"

同治四年饷银解交情形片
同治四年四月二十二日

再，查同治四年京饷奉拨东海关税银五万两，兹据该关监督登莱青道潘霨禀报，在征收洋税项下提银三万两，同酌提三成船钞银三千三百二十两〇四钱、三成罚款银二百三十六两五钱四分八厘，委候补县丞何嘉谟，附搭外国轮船，由海运津，分赴户部暨总理各国事务衙门交纳。又藩库奉拨银三十万两，先后解过银十二万两，均经奏报在案。复据署藩司恩锡详报，在地丁项内筹银三万两，委候补未入流花天铭领鞘起程，解交户部兑收，并声明业已解足一半等情前来。

除分咨查照外，理合附片陈明，伏乞圣鉴。谨奏。

军机大臣奉旨："该衙门知道。钦此。"

捻党游弋黄河南岸并筹防情形折
同治四年四月二十五日

奏为微臣出省后，续探贼匪游弋黄河南岸并筹防情形，仰祈圣鉴事：

窃臣于二十二日将贼匪游弋濮、范，意图偷渡，臣即日带兵出省，前赴东昌一带相机防堵，曾经驰奏在案。二十三日途次，接据探报，贼在范县东南，连次攻破民寨，现渐陆续南窜，去范渐远。又据副都统定安函称，贼马窜至菏泽之甘露集，势向西南奔窜，惟界近直隶开州，该副都统带队赴开驻扎各情。臣揣度情势，贼为僧格林沁大军追逼，陈国瑞现又分兵在南路抄截，丁宝桢亦在济宁防其回渡运河，贼势铺张，奔趋无定，散布于菏、郓、范、濮之间。该处水套，伏莽最多，防河尤为吃紧。经臣咨会副都统定安派队巡查河岸，参将黄兆升、韦应麒，游击周森藻等水陆兵勇及聊城、阳谷、朝城、范县等地方官齐集民团，在于黄河北岸四十里之地，水陆布置，联络声势。臣复添派游击王正起、同知刘时霖等带队前往协力遏截。现贼去范，犹近濮州，直接直隶开州一带，该副都统又率同东昌参将韦应麒，带兵三百名移赴开、濮交界严防。臣查贼自南扰邳、宿之后，裹胁愈众，凶焰日张，匪股方在范、濮之间，烽燧已及曹、单，忽南忽北，飘窜靡常，即使逼迫南奔，难保不乘隙回窜，省防、河防各事宜均不敢一日稍弛。臣二十五日抵东昌后，即行驰赴朝城、范县一带，详阅各河口，严为布置。倘贼实在南趋，河防松缓，臣即派定将弁，照旧设防，仍察看情形，即回省筹办一切，以期仰慰圣廑。

所有贼匪窜近开、濮，连日筹布河防情形，恭折由驿驰奏，伏乞皇太后、皇上圣鉴训示。谨奏。

军机大臣奉旨："另有旨。钦此。"

请奖擢东治营官王心安片

同治四年四月二十六日

再，东省兵勇难恃，实缘将领乏材，择能独当一面者，苦无其选。兹查有东治营参将王心安，自随臣来东两年，尚有知识，才本可造。前经臣派抚峄县大泛口运河，四月十一日遇贼匪万余，该参将以五百人猝当大敌，冲突来往，杀贼百余名，生擒十九名，救出裹胁多名，转战四五十里，官军仅伤亡四人，整队不乱。僧格林沁目击，极将其能。该参将斩馘或功微，其能镇定全军，进退有法，平日治军极为整肃，在东省将领实为出群，亟宜赏不逾时，以励戎伍。相应请旨，将参将王心安留东，以副将无论何项缺出，遇缺尽先升补。如蒙俞允，应请明旨宣示，以昭奖励。

臣为鼓励人材起见，谨附片陈明，伏乞圣鉴。谨奏。

军机大臣奉旨："另有旨。钦此。"

僧格林沁阵亡情形及回省筹防折

同治四年四月二十八日

奏为臣在莘县途次接据军报，钦差大臣亲王僧格林沁追贼失利，殉于军中，贼趋东北，臣星夜折回省城以顾根本，由六百里驰奏，仰祈圣鉴事：

窃臣于二十五日将贼匪游弋河岸情形，在茌平途次由驿驰奏。拜折后，即于是日行抵东昌。接据探报，贼匪未得南窜，折回曹郡西南，势复赴北，在菏泽之高庄集、接连濮州之临濮集、开州之焦邱一带，僧格林沁于二十三日追至菏泽县城西之解元集各等情。二十六日，臣在东昌布置防河及镇压土匪各事宜，二十七日抵莘县。迭据各处禀报，犹有该亲王击贼获胜、贼踪窜至河南考城之语。乃二十七日夜半，突接藩司丁宝桢并巨野县飞禀，二十四日午刻，亲王僧格林沁追贼于曹州府城西北高楼寨地方，初获胜仗，追压数里。该匪暗伏堤岸，马队绕出我军之后，层层围裹。是夜三鼓，该亲王率军冲围失利被害，我军溃散，翼长全顺尚未查明下落等情。臣接阅之下，不胜愤懑！查贼之首尾，延蔓曹、濮之境，北趋既阻于河防，南遁复困于截击，方期聚歼丑类，以快人心，乃肆其狂噬，竟至该亲王血战以殉，痛愤实切。

贼之东突西驰，初无定志，鸱张如此，必有狡焉思逞之谋。现据濮州禀报，贼趋东北。又据张秋禀报，二十六日夜，正南火光甚长。查张秋正南系郓城一带，该匪之意，不离东境。臣与丁宝桢均经出省，内地空虚，若乘间直犯省城，逞其剽疾，数日可到，患何胜言。现丁保桢紧扼济宁腹心之地，分布勇队，以防回窜运河。臣一面飞饬黄河北岸各县添雇民勇，并调拨游击郭大胜两营，参将黄兆升、同知刘时霖两营，及游击周森藻炮船二十只，在濮、范、阳谷一带水陆分布，以防抢渡黄河。臣带游击王正起勇队千名，由莘县星夜旋省，赶紧筹防。

惟是臣兵勇无多，即丁宝桢所带各营分扎运河长沟、袁口、安居及济宁城圩外等，运路绵长，亦只勇三千余名、兵五六百名；黄河北岸又拨去勇队约有二千名，共计东省兵勇为黄、运两路所分，已属无可再调。若江南炮船速至东省，在于黄、运两路设防，水勇防河既较陆勇得力，臣即可抽去各营，与丁宝桢相度机宜，或防或战，庶几局势能灵，不致滞于一隅，左牵右顾。

再，提督陈国瑞勇敢善战，其所部皆骁健，早在洞鉴之中。此次挫衄，实亦奔驰日久，为贼所疲，若收合散卒成军，必可一雪此耻。

臣深虑贼焰已张，土匪将起，现值麦熟之候，必生掠食之心，若不即早驱除，恐致生民糜烂。臣之所计，不止山东一省已也。

刘铭传一军，风闻行至徐州，急盼北来，以顾全局。

臣忝任封圻，责无旁贷，惟兵力不敷之故，不敢有所隐饰，据实直陈。臣抵省后，再将筹防各事及续探贼势情形，由驿驰奏。

所有臣由莘县折回省城缘由，理合恭折驰陈，伏乞皇太后、皇上圣鉴训示。谨奏。

军机大臣奉旨："另有旨。钦此。"

回省日期并捻党情形折
同治四年五月初一日

奏为恭报微臣回省日期，并据探贼势情形，由驿驰奏，仰祈圣鉴事：

窃臣于二十八日折回，行抵东昌，将官军失利情形并臣回省缘由，恭折驰报。于二十九日钦奉寄谕："曾国藩著即克期出省，督率南路水陆援兵，侦探贼踪，相机剿办等因。钦此。"仰见宸谟密运，钦感难名。

兹臣于三十日午刻到省，人心始定。接据单县、巨野、郓城等处探报：贼于二十四日后屯踞于郓、巨一带，二十七八日犹在郓城各村，有渐趋东北之势各等情。臣查贼情叵测，气焰方张，深虑于官军失利之后，乘虚直扑省垣，则臣与丁宝桢皆为贼隔，是以臣兼程折回，以顾根本。今臣已抵省布置。

贼众四日之久未即离曹，闻其向各圩劫索骡马，土匪已有响应之处，溃勇亦多从贼，又获我官马不下三四千匹。贼势愈觉猖狂，度必煽结郓、巨、曹、濮匪徒，再行分股窜扰，此非厚集兵力不足以制之。且贼恃其马，东突西驰，步队即有能战之军，亦以走逐飞，反为贼所疲累，非增添铁骑不能逐利于平原。臣谓此次兴师万难，兵数太少，必合马步数万，雷动云屯，以成摧枯折朽之势，实非寻常调兵募勇仅卫一方之可比也。

曾国藩督数十万之军，扫除巨寇，部下原不乏人，惟闻自去岁有撤勇之议，湘营宿将旧军大半皆归田里。曾国藩本以义旅成功，其在营时，军饶于财，故士乐为之效命。今该督奉旨召其旧部，远道来征，用财不能不裕，难以成例相拘。臣昔佐胡林翼办理粮台，亲见湘楚合为一家，局势不为琐计，有与北方不同者，行军必先计饷，臣不敢不先言之也。

现在该督来尚需时，而贼势时窥东北，万一来如风雨，济宁要地，仅有丁宝桢驻扎五营，省垣亦驻扎五营，兼以零数兵勇，共计无多，贼或以数万之众，绕道直冲，破东北之藩篱，即首尾难于相顾。臣闻直隶提督刘铭传有到徐之信，臣遵旨咨催北来。因汶上县禀报，贼窜至汶上河西，飞函该提督迅速探明贼势，稳慎前行，能于东平、汶上扼要处所严防，贼不能直窜东北，力保东省完善之地，即畿疆之门户无虞，似为先著。更得江南炮船早来，则黄、运俨列金汤，其守黄、守运之兵，均可拨调。贼势无定，兵情亦无定，总在临事审机。据臣目前所筹如此，恐烦宸廑，合将到省日期及贼势情形并臣愚昧之见，恭折驰奏，伏祈皇太后、皇上圣鉴训示。谨奏。

同治四年五月初五日奉到回折："军机大臣奉旨：'另有旨。钦此。'"

僧格林沁灵柩暂停曹郡书院片
同治四年五月初一日

再，臣于三十日接据曹州镇总兵保德咨称：准粮台委员张赞勋面称，钦差大臣亲王僧格林沁，于二十四日在郡城西北四十余里高庄集迤南与贼接仗，被贼围裹，斩贼多名，力竭阵亡，已将忠躯抬至郡城东关泰山庙内。该镇随同曹州府县，将该亲王尸身迎接进城，同府县并跟随该亲王人等看明，右肩受矛伤一处，咽喉左、右受刀扎伤七处。谨备衣衾、棺木，将尸入殓，停柩书院等因。臣接阅之下，不禁失声痛哭。伏念该亲王以藩位之尊，与士卒矢同甘苦，身历数省，转战十余年，于山东一省保卫之功尤大。今以誓期灭贼，血战以殉。闻平日之言，总以不即清余孽、上廑圣怀引为己咎，其忠诚实为千古所未有。草野乡民，闻该亲王此信，无不流涕。

臣身膺疆寄，不能率师救援，上负朝廷，下无以对该亲王之忠烈，痛愤自责，寝食难安，伏求皇太后、皇上将臣从重治罪，以彰臣咎。

除饬令曹州府县各官暂将该亲王忠柩妥为保护，俟事稍定，另派大员专行办理一切外，谨附片奏请，伏乞圣鉴训示施行。谨奏。

同治四年五月初五日奉到回折："军机大臣奉旨：'另有旨。钦此。'"

历陈捻情请拨重兵防堵折
同治四年五月初五日

奏为现在贼势屯踞情形，请添拨重兵速防东北一路，力保完善，由驿驰陈，仰祈圣鉴事：

窃臣于初一日恭折驰报贼势情形，初一、初二等日迭奉谕旨，训臣以严扼河路，布置省防，宸虑周详，莫名钦感。臣揣料贼势，此后可虑者三，而保全东省完善之区，尤为目前急著。

臣于初二、三、四等日，迭据各处探报，该逆仍在范县之罗家楼，南至濮州之红川口，东至郓境之水堡集，纵横延蔓百数十里，闻贼已筑圩，土匪半多响应各等情。臣查贼由海、赣折回东境，上月十六日渡运后，即由郓城疾趋范、濮。追僧格林沁追至，势渐南趋，大军一挫，凶焰益张，遂在郓城、范、濮一带屯踞，至今十余日。其地素多伏莽，水套本易藏奸，揣贼情势，是前之急趋郓、范，欲图勾结之谋；后之屯踞郓、范，欲为久据之计，使其煽动匪党，踞以为巢，不同穷寇无归，愈便肆出焚掠。此可虑一也。

贼若遍踞郓、巨、范、濮之地，则南走豫境，便其驰骋，北窥东昌，东伺济宁，扰我腹心，西犯开东，震动畿辅，四达平旷，防不胜防。所恃有黄、运两河以阻之。然使后有追军，前有河阻，贼既不能久停，无由缓谋偷渡。今之贼势，似有不然。以黄河论之，现在督臣刘长佑大军严布直境河岸，复派军来东会同防守，并臣所派水陆兵勇及各地民团，互相联络。据报贼从濮州之朱家林抢船欲渡，均被兵勇民团击退，防范尚非不严。然均在北岸设防，无兵在南岸逼剿。南岸之民，若久为贼所胁驱，必至无民非贼，乘暇扎筏，或渔船小舟，皆可由水套港汊之中零星偷渡，但过百数十贼，则河北之民，必至惊扰。此可虑二也。

现在虽屯踞范、濮一带，然根蒂未深，且骤胜而骄，未必即有远计。若日久愈生狡谋，掳造船只，分我黄河之险，从开、濮顺流入大清河，舟则可藏，岸则可掠，由黄通运，夺水路以与我争，南北或至阻梗，东西任其逾越。此尤可虑者三也。

如得大军飙举，为四面进兵兜剿之谋，贼且游于釜中。奈刻下军无总统，未能一气贯注，计恐难以及此。臣实过虑，未敢不言。若以目前兵势、贼势而论，直、豫、清、淮之军，扼于三面，军声甚壮，贼不敢轻。山东新挫之余，虚实为贼所测，北防既固，惟有乘虚东犯。济宁、东平、汶上之间，运路节节浅阻，济宁以北有浅至尺许者，贼若拥众复过运河，则完善之区，全遭蹂躏，焚掠所至，民尽流亡，财贬饷空，事岂可问？臣先恐贼匪乘锐骤来扑省，是以星夜折回。今布置粗安，又以运防为虑。日夜焦思，拟即刻赴东平、汶上，与济宁丁宝桢一军联络严防。惟臣勇数太单，新募之勇未曾接战，且一时尚未齐到。丁宝桢先因顾念省城，分拨防运之勇五百名来护省垣。近据该司禀报，提督黄翼升拨炮船十余只，驶至济宁，因北路运河太浅，节节启闸放水，阻碍不灵，必须陆队防护，经该司复拨参将莫组绅一营及曹州兵，与炮船相辅。是该司之勇愈分愈少，即合臣所带募齐勇队，亦势难分布运路二百余里之长。臣焦灼万分，不能不望邻兵协助。闻刘铭传领军万余，自应迅带精锐数千赴直，其余各营，似应扎驻济宁以北。又前据漕臣吴棠咨，总兵张树珊现带七营，驻扎峄县韩庄以南，以扼清、淮。查韩庄以北，济宁以南，水势得湖为助，颇形宽深，贼匪前次偷窥，未能抢渡，且炮船亦便展驶，与济宁以北防河犹如防陆者不同，似应分派张树珊拨三四营，迅赴东平、汶上一带。若得刘铭传、张树珊分兵助臣，及丁宝桢会合联防，以保此路，俾十日半月以内，民间得以刈麦收藏，则腹地生气尚完，不至良民亦流为盗。此臣所谓目前之急也。

臣去岁因地方安谧，不敢养勇自卫，虚縻钱粮；又恃僧格林沁为东、直保障，故竭全力助饷，以供大军。一旦变生，欲用兵而兵已不足，惟有仰恳天恩速赐拨兵，以全完善。臣日夜严催，迅速募勇，一俟齐集，即行出省。贼情数变，臣亦未敢预定所之，惟求有济于军，非敢稍存观望。至东昌一路，经臣实派东昌、寿张、范县各营兵及各勇队共二千二百五十名，朝、冠等县添勇一千五百名，炮船水师三百名，兼有副都统定安马队，及直隶督臣刘长佑协助防兵，严布河防，兼以搜土匪，断不敢缓筹北路，上廑圣怀。惟是兵力所分，未能厚集一路，臣惟有力竭愚悃，以期仰答天恩。

所有现在贼势屯踞情形并请拨兵缘由，恭折由驿驰奏，伏祈皇太后、皇上圣鉴训示。谨奏。

同治四年五月初五日奉到回折："军机大臣奉旨：'另有旨。钦此。'"

筹商会办军务片

同治四年五月初五日

再，正在缮折间，钦奉寄谕："刘铭传一军已至单县，若即取道金乡、嘉祥、汶上、济宁等处黄河南岸向西兜剿，阎敬铭奏请饬刘铭传于东平、汶上扼要严防，于本日所谕办法亦合。著刘铭传设法绕出贼前，扼要堵截。驻扎清、淮之张树珊等军，可以调令北来，较为迅速等因。钦此。"窃臣实虑东面空虚，兵力单弱，仰蒙宸谟，先几指示，洞照无遗。若得刘铭传、张树珊拨军进驻于济宁、汶上之间，既可相机遏贼渡运，全完善而蔽省垣，且黄河由张秋穿运以入大清河，使贼不能渡运，即不能渡黄，长清、济河北面之防，恃此为固。臣恭录谕旨，行知刘铭传、张树珊由韩庄迅即拨军北来。臣一面布置省防，俟勇队稍齐，亦即驰赴东平、汶上一带，联络诸军。

惟濮、范一带，贼踞日久，土匪必勾结成患。直、东两省，虽有兵勇节节严防，但皆在北岸，难以施力，臣增设炮划数十只，亦难各路兼顾。臣已飞咨国瑞、彭玉麟、吴棠，饬令赵三元水师，并续添水师舢板，由济宁放闸，留防运河北路若干只，并拖入黄河多只，庶河防更为严固。惟济宁以北，水仅尺余，即黄河自四月以来，亦浅落殊甚，日为焦急。至陈国瑞忠勇敢战，誓期灭贼，现在曹州府城，臣已与通函，当再与筹商。惟国瑞现在所带皆系收合马队，恐其步队无人，或令陈国瑞暂与国瑞会办，以后再为分布之处，出自圣裁。谨附片陈明。

同治四年五月初五日奉到回折："军机大臣奉旨：'另有旨。钦此。'"

请调杨飞熊来东听候调遣片
同治四年五月初五日

再，东省将领乏才，统带大队兵勇苦无其人。臣前在湖北钦差大臣、大学士、湖广总督官文军营，稔知副将杨飞熊带兵得力，嗣至豫省迭著战功，于北方形势亦熟。闻该副将现在湖北营中，应请旨敕下大学士两湖督臣官文，飞饬副将杨飞熊统带一二营，筹给行粮，飞速星夜来东听候调遣。督臣官文素顾天下全局，其部下将领甚多，必能分兵分将，力顾北省。谨附片陈请，伏乞圣鉴训示。谨奏。

同治四年五月初五日奉到回折："军机大臣奉旨：'另有旨。钦此。'"

为遵部驳改拟贼犯赵洝斩立决折
同治四年五月初七日

奏为已结抢犯拟罪未协，遵照部驳改拟，恭折具奏，仰祈圣鉴事：

窃照刑部奏驳新泰县贼犯赵洝等聚众持械抢夺事主王振常铺内钱物一案，系属强劫，应按强盗本律定拟等因。奉旨："依议。钦此。"咨行到臣。当即行司饬令济南府萧培元提犯研讯，供与原招相同，遵驳改拟，由兼署臬司卫荣光审明解勘。值臣赴东昌筹防公出，饬委署藩司恩锡代勘无异，录叙各供呈送。臣复加查核。

缘赵泣、鲁年即刘年，分隶费县、泰安等县，先未为匪。咸丰六年十月初八日，赵泣、鲁年与拟结发配之李泳烈，到配逃脱之英坤、李长分，另案格杀之蒋克旺，遇道贫难。赵泣起意抢夺，鲁年等允从。是夜同伙六人，赵泣携带铁头木棒，余俱徒手，偕抵新泰县事主王振常杂货铺门首。门尚未关，赵泣进铺捏称买烛。王振常信以为真，进内取货。鲁年与李泳烈等一齐闯入，抢得钱文、衣物逃跑。王振常瞥见，喊同铺伙王振武、王振吉追赶。鲁年等携赃先遁。赵泣落后，逃至庄外，被王振武、王振吉追及拦捕。赵泣情急图脱，用铁头木棒拒伤王振武左肩甲、左胳膊，王振吉左臂膊、左后肋逃逸，赶上鲁年等告知拒捕情由，将赃分用各散。先获李泳烈、英坤、李长分，审依"五人以上持械抢掠为从"例，拟军，解发甘肃省安置。英坤、李长分在配脱逃，咨缉未获。蒋克旺旋被格杀。续获赵泣、鲁年审明，将赵泣依为首例，拟斩监候，鲁年拟军。恭逢咸丰十一年十月初九日恩赦，均不准援免，题准部复。鲁年因陕甘道路不通，尚未发配。将赵泣汇入同治三年秋审，拟请情实具题。刑部以赵泣等聚众五人以上，持械抢劫，拒捕伤人，事犯在咸丰五年奏定章程以后，应照强盗本律，不分首从，拟斩立决；原题赵泣等犯事年月是否错误，奏奉谕旨，饬臣查明。赵泣等犯事年月，原题并未错误，可否仍照原题办理，奏请饬部议复。以案系强劫，驳令按强盗本律定拟，提犯审供不讳，应即拟结。

除蒋克旺业已格杀毋庸议外，查律载："强盗已行而但得财者，不分首从皆斩。"等语。此案赵泣、鲁年与拟结发配之李泳烈等聚众六人，执持铁头木棒，抢得事主王振常铺内钱物。该犯赵泣复因被追拒伤事主平复，实属倚强肆劫，自应遵照部驳，按强盗本律问拟。赵泣、鲁年即刘年、李泳烈均合依"强盗已行而但得财者，不分首从皆斩"律，各拟斩立决。李泳烈一犯，应请饬部行文陕甘总督，就地处决。在逃之英坤等缉获另结。

除供招咨部外，理合恭折具奏，伏乞皇太后、皇上圣鉴训示。谨奏。

同治四年五月十八日奉到回折："军机大臣奉旨：'刑部速议具奏。钦此。'"

江苏海运漕船收口放洋片
同治四年五月初七日

再，查今岁江苏海运漕船奚恒顺等十一只在山东收口放洋日期，业经奏报在案。兹自四月初五日起,至二十四日止,又有华亭县漕船蒋吉茂、蒋吉利,娄县、镇洋县漕船彭德昌,奉贤县漕船谢德财,金山县漕船翁德泰,上海县漕船赵清太、张吉隆、王遇顺、宋天盛、张宝康、彭永发、张源顺、张恒裕,南汇县漕船施永发,青浦县漕船宓长顺、朱永吉,太仓州漕船朱大发,宝山县漕船陈德利,苏属米船杨福顺、常大顺、张大茂、金长发等二十二只,均于收口后一律放洋,由水师将弁护送北上。其余漕船多由外洋乘风径赴天津。据登州镇并该管道府呈报前来。

除仍饬认真防护外,理合附片陈明,伏乞圣鉴。谨奏。

同治四年五月十八日奉到回折:"军机大臣奉旨:'知道了。钦此。'"

审明曹县京控按律定拟折

同治四年五月初七日

奏为审明京控,按律定拟,恭折具奏,仰祈圣鉴事:

窃照曹县捐职从九品郑焘,以捻匪郭腾晓等拷打毙命等词遣抱谢元,控经步军统领衙门,于同治三年五月二十二日奏奉谕旨:"此案著交阎敬铭督同臬司,亲提人证、卷宗,秉公研讯确情,按律定拟具奏。抱告民人谢元,该部照例解往备质。钦此。"当经行司饬提人卷研讯。因郭腾晓等屡拿无获,该兼署臬司卫荣光提证审明拟议,解勘前来。臣亲提研鞫。

缘郑焘籍隶曹县,捐职从九品,与在逃之郭腾晓、郭腾蛟素不认识。咸丰十一年九月初五日,郭腾晓、郭腾蛟乘乱结捻,焚烧郑焘家房屋,并将郑焘之子郑培士、其叔郑清惠掳去,逼索财物未得,扎伤郑培士左腿、右肋逃散。郑培士等回归,向郑焘告述。郑焘因地方未靖,未经呈报,旋即外出。同治二年九月间,郑焘回家,闻郑培士等先后病故,疑被郭腾晓等拷打所致,由县控府,批令差缉郭腾晓等无获。十二月间,团长石志超与郭腾晓等族人郭腾轩等进城,该差朱廷松曾向郭腾轩等查问郭腾晓等下落,因郭腾轩等不知走散。郑焘误闻郭腾轩等与郭腾晓等系属父子,均经朱廷松拿获,被石志超硬行保放,一时情急,即查照历控呈词,并图准添砌石志超事后和处各情,遣抱谢元,控经步军统领衙门奏奉谕旨,饬提研讯。屡拿郭腾晓等无获,提同石志超讯悉前情,诘系怀疑添砌,并非有心诬告,应即拟结。

查律载:"不应为而为,事理重者,杖八十。"等语。此案郑焘京控郭腾晓等结捻烧房，掳人讹索，已属得实，惟所告郭腾晓等将郑培士等拷打毙命、石志超将郭腾晓等硬行保放各情，虽系怀疑添砌，究属不合，自应按律问拟。郑煮合依"不应为而为，事理重者，杖八十"律，拟杖八十，系职员，照例纳赎。石志超讯无不合，应毋庸议。逸匪郭腾晓等饬缉，获日另结。

除供册咨部外，理合恭折具奏，伏乞皇太后、皇上圣鉴训示。谨奏。

同治四年五月十八日奉到回折："军机大臣奉旨：'刑部议奏。钦此。'"

审明杀人凶犯按例定拟折
同治四年五月初七日

奏为审明致死一家母女二命凶犯，按例定拟，恭折具奏，仰祈圣鉴事：

窃照昌邑县详报，案犯林第学殴毙方卢氏，又故杀其女方观姐一案，尸属方松文以拒杀二命等词，控司批府审拟解司。因恐案情未确，饬委济南府萧培元审明，仍照原拟，由兼署臬司卫荣光解勘前来。臣亲提研鞫。

缘林第学籍隶昌邑县，与同庄方卢氏并其八岁幼女方观姐无嫌。方卢氏之夫方松文与林第学素识往来，方卢氏见面不避。同治三年四月不记日期，林第学与方卢氏通奸，被方松文撞见逃走。方松文将方卢氏殴责，禁止往来。方卢氏亦悔过拒绝。五月十二日，林第学探知方松文赴地工作，往向方卢氏求奸。方卢氏斥骂，并用板片殴打，林第学顺用镰刀格落板片，扎伤方卢氏左右肋，并连扎伤其左乳。方卢氏撞头拼命。林第学情急，又扎伤其肚腹倒地。方观姐走至瞥见，拉住林第学衣襟不依。林第学用刀扎伤方观姐右肋、肚腹。方观姐大声哭喊。林第学恐人听闻，起意致死灭口，又用刀扎伤其右肋连右后肋倒地，立时殒命。林第学当即逃逸。经刘化年等闻闹趋至，向方卢氏问明情由，通知方松文回家。讵方卢氏已因伤殒命，方松文情极［急］，将各尸身先后背赴林第学家停放报验，获犯讯详招解，审供不讳。诘非蓄意谋害，亦无起衅别故及在场帮殴之人，案无遁饰。

查例载："致死一家二命，系一故一斗者，拟斩立决，奏请定夺，毋庸断给财产。"又律载："不应重，杖八十。"各等语。此案林第学因向先与通奸之方卢氏求奸不允，彼此争殴，该犯用刀扎伤方卢氏肚腹等处身死。复因八岁之方观姐瞥见哭喊，辄起意致死灭口，又将其立时杀毙，实属一故一斗。查方观姐系方卢氏之女，应以一家论，自应按例问拟。林第学除犯奸轻罪不议外，合依"致死一家二命，系一故一斗者，拟斩立决"例，拟斩立决、刺字，毋庸断给财产，请旨定夺。方松文将妻女尸身背赴林第学家停放，虽非讹赖，究属不合，应酌照"不应重，杖八十"律，拟杖八十，折责发落。刘化年等劝阻不及，应毋庸议。

除供招咨部外，理合恭折具奏，伏乞皇太后、皇上圣鉴训示。谨奏。

同治四年五月十八日奉到回折："军机大臣奉旨：'刑部速议具奏。钦此。'"

同治三年下半年京控未结各案传解迟延各员照例议处折
同治四年五月初七日

奏为查明未结京控各案，请旨将申复传解迟延各员照例议处，恭折奏祈圣鉴事：

窃照京控案件，每届半年例应查明承审传解各员有无迟延，汇案参奏，历经遵办在案。兹查同治三年下半年京控各案，除依限审结及咨部展限外，其饬查未复、提解被证未到，不能依限审结者，共计十三案，均属迟延。据兼署臬司卫荣光会同署藩司恩锡查明，开具各职名，详请汇参前来。臣复核无异。理合将申复传解迟延各员敬缮清单，恭呈御览，仰祈敕部将迟延各员照例议处，以示惩儆。

除饬司将未结各案赶紧催提审办外，为此恭折具奏，伏祈皇太后、皇上圣鉴训示。谨奏。

同治四年五月十八日奉到回折："军机大臣奉旨：'花上林等均著交部照例议处。钦此。'"

谨将同治三年下半年未结京控各案申复传解迟延各员，敬缮清单，恭呈御览。

一、昌邑县民人庞希成京控栾升一案，该县花上林申复迟延五个月零十九日。所有申复迟延一月以上职名，系昌邑县知县花上林。

一、淄川县增生毕裕隆京控前署知县林士骐等一案，该署县张锡纶传解迟延五个月零十九日。所有传解迟延一月以上职名，系署淄川县知县张锡纶。

一、即墨县民人王立奎京控范道相等一案，该前县李淦传解迟延四个月零五日，该署县刘俊扬传解迟延七个月零十九日。所有传解迟延一月以上职名，系前任即墨县调补鱼台县知县李淦；又传解迟延半年以上职名，系署即墨县知县刘俊扬。

一、昌邑县民妇孙张氏京控徐永安等一案，该县花上林传解迟延五个月零十九日。所有传解迟延一月以上职名，系昌邑县知县花上林。

一、汶上县民人吴风竹京控吴方洛等一案，该署县左宜似传解迟延五个月零十九日。所有传解迟延一月以上职名，系署汶上县知县左宜似。

一、郯城县民人张庆兆京控徐靖桂等一案，该县周士溥传解迟延五个月零十九日。所有传解迟延一月以上职名，系郯城县知县周士溥。

一、乐陵县职员宋备恪京控李安林等一案，该前代理知县椿龄传解迟延一个月零十八日，该县洪调笙传解迟延三个月零二十二日。所有传解迟延各一月以上职名，系代理乐陵县知县椿龄、乐陵县知县洪调笙。

一、金乡县民人高林魁京控周莪林等一案，该前署县李淦传解迟延五个月零二十六日。所有传解迟延一月以上职名，系前署金乡县事鱼台县知县李淦。

一、沂水县民人祝镇寰京控祝维栽等一案，该署县孙恺元传解迟延九个月零二十八日。所有传解迟延半年以上职名，系署沂水县事候补知州孙恺元。

一、巨野县职员刘清江等京控郝省谦等一案，该署县赵惟崐传解迟延十个月。所有传解迟延半年以上职名，系署巨野县知县赵惟崐。

一、堂邑县民人王学笃京控王守中等一案，该县董槐传解迟延十个月零四日。所有传解迟延半年以上职名，系堂邑县知县董槐。

一、陵县民人冯玉春京控冯玉岭等一案，该前署县华钧传解迟延四个月零十九日，该县樊维垣传解迟延一个月零二十一日。所有传解迟延各一月以上职名，系前署陵县知县华钧、陵县知县樊维垣。

一、阳信县民人刘文峰京控刘云汉等一案，该县苏振甲传解迟延六个月零五日。所有传解迟延半年以上职名，系阳信县知县苏振甲。

宁阳等县交代请展限期片

同治四年五月初七日

再，查东省交代，前经臣奏明，以同治三年五月初一日以后为新案，归各府州督算。逾限不结，查取初参、二参职名，照例揭参；如有应行展限者，随时具奏在案。自申明定例之后，各属皆恪遵功令，依限核结。正拟守法不移，接续赶办，讵料发、捻忽至，各属筹办防剿，无暇再事钩稽。如鱼台、宁阳、邹县、滕县、范县、泗水等处，应接各前任交款均已满限，未能结报。据该管府州禀由藩司详请奏展前来。臣复查确系实在情形，不得不暂准分别酌展，俾得专心保卫地方。此外或惨遭蹂躏，或逼近贼氛，势难兼顾，以后如有应行展限之处，容臣随时察核咨部办理，以省烦琐渎陈。其余完善之区，仍催一律清结，倘敢任意延宕，立即严办二参，以符旧制。

除行司通饬遵照外，理合附片陈明，伏乞圣鉴。谨奏。

同治四年五月十八日奉到回折："军机大臣奉旨：'知道了。钦此。'"

同治三年冬季各属正法盗犯名数折

同治四年五月初七日

奏为汇报上年冬季各属正法盗犯名数、案由，恭折具奏，仰祈圣鉴事：

窃照山东拿获盗犯、枭匪正法案件，例应按季汇奏。兹查同治三年冬季分，各属拿获罪应斩枭、斩决盗犯、枭匪共二十一名，均经随时审明，就地正法。据兼署臬司卫荣光详请汇奏前来。臣复查无异。理合将名数、案由，敬缮清单，恭呈御览。

除饬司将各案供招分起详办外，为此恭折具奏，伏祈皇太后、皇上圣鉴。谨奏。

同治四年五月十八日奉到回折："军机大臣奉旨：'刑部知道。单并发。钦此。'"

谨将同治三年冬季分，各属正法盗犯、枭匪名数、案由，敬缮清单，恭呈御览。

一、峄县拿获盗犯李如存一名，行劫城内事主景怀瑾铺内银两，罪应斩枭。

一、冠县拿获盗犯王河即王相、张淋、宋上梁、陈秃仔、平学曾、黑陇眼六名，行劫事主霍朝俊染坊钱物，罪应斩决。

一、高唐州拿获盗犯路城山、王三货、王潮臣、薛丕汰、田洛六、郭蓝亭六名，行劫事主李承志车上银物，罪应斩决。

一、汶上县拿获盗犯张玉一名，行劫事主孔昭连铺内钱物，罪应斩决。

一、鱼台县拿获盗犯王憨小、张玉河即张义合二名，行劫事主陶成格等船上银钱、衣物，杀死事主，罪应斩枭。

一、曲阜县拿获盗犯宋三、张玉、马士容三名，行劫事主金满城铺内衣物，罪应斩决。

一、武定府拿获枭匪冯得胜、刘月淋二名，迭次纠抢盐船、盐店，罪应斩枭。

审明枭匪按律定拟折

同治四年五月初七日

奏为枭匪焚掠杀人，尸属赴京迭控，拿获审明，按律拟办，恭折奏祈圣鉴事：

窃照沾化县民人孟兆凤，以枭匪李淙汶等仇杀、烧抢等词，控经都察院，于同治元年九月初四日奏奉谕旨："此案著交谭廷襄督同臬司，亲提人证、卷宗，秉公研讯确情，按律定拟具奏。原告民人孟兆凤，该部照例解往备质。钦此。"当经前抚臣谭廷襄行司委提，因李淙汶等屡拿未获，不克集讯。孟兆凤又以前词遣抱孟宪典，赴都察院呈催，奏奉谕旨，饬提严讯。经臣行司饬令署武定府知府张鼎辅，会督在事文武员弁，将李淙汶、李淙侮、李淙堂设法捕获，因解省恐有疏虞，饬司将孟兆凤等发府讯明，李淙汶等实系著名枭首，放火杀人，迭次抢劫不讳，禀经臣遵照奏定章程批饬，将李淙汶等就地正法。兹据该府张鼎辅录供拟议，由兼署臬司卫荣光核明具详前来。臣复加查核。

缘李淙汶与弟李淙侮、李淙堂均籍隶沾化县，先未为匪，与邻庄孟洸常并其胞弟孟洸汶，其媳陈氏、刘氏无嫌。孟兆凤系孟洸常胞侄。咸丰八年九月间，李淙汶、李淙侮、李淙堂聚众兴贩私盐，不记次数。十年秋间，李淙汶藉团勾结枭匪，时聚时散。是年十月初一日至同治元年七月二十七等日，李淙汶纠允李淙侮、李淙堂，并在逃之孟虎畏等，持械抢劫商人永庆和盐车，过客常明粮食，事主刘天喜家驴头、衣物，并讹索事主郭如升家粮食，同伙自九十余人至三四人不等。八月初三日，孟虎畏因伊父孟光见私抽行用，经县传责，往求孟洸常等不肯公保，心怀忿恨，起意烧其房屋泄忿，纠允李淙汶、李淙侮、李淙堂并在逃之孟希增等帮助，是夜同伙一百余人，偕抵孟洸常家门首，李淙汶、李淙侮与孟虎畏、孟希增等十余人进院，孟虎畏用火煤点燃东屋外间柴草。孟洸汶与刘氏进内搬取物件，立时烟腾火发，不得复出，致被烧死。李淙汶亦用秫秸引火，孟洸常赶出斥骂，李淙汶气忿，起意致死，将其推入火内烧毙。陈氏瞥见，喊骂拼命，孟希增亦将其推跌火堆烧死。李淙侮等在场助势，并未动手。孟洸常之子孟希海回归喊救，被李淙堂等吓唬逃避。孟虎畏因房屋已烧七间，遂与李淙汶等各自逃散。孟希海报县验讯，详批缉参。孟兆凤外回查知，痛亲情切，并误闻李淙汶等竖旗招匪，孟虎畏等强抢郭如升粮食，即以仇杀、烧抢等词，控经都察院奏奉谕旨，饬提研讯。经前抚臣谭廷襄行司委提，屡拿未获，不克集讯。孟兆凤情急，又以前词，并添砌李淙汶等夺犯、殴差，地保王本朴等得贿故纵等情，遣抱孟宪典，赴都察院呈催，奏奉谕旨，饬提研讯。经臣行司饬府，会督在事文武员弁，获犯禀报，将孟兆凤等发府，提同李淙汶等审悉前情，诘非预谋杀害，此外亦无窝伙抢劫别案，及知情容留分赃之人，供报相符，正盗无疑。

查律载："强盗已行而但得财者，不分首从皆斩。"又咸丰十一年奏定章程："山东省枭匪抢劫二次以上者，加拟枭示。"各等语。此案李淙汶听纠放火，烧毁孟洸常房屋，将孟洸常推入火内烧死，按故杀人脱逃二年后就获，罪止斩决。惟与李淙侮、李淙堂迭次贩私，复聚众持械抢劫商人永庆和等盐车、粮物，三次各罪应斩枭，自应从重按律问拟。李淙汶、李淙侮、李淙堂均合依"强盗已行而但得财者，不分首从皆斩"律，俱拟斩立决，加拟枭示。业已照章就地正法，应毋庸议。孟兆凤京控李淙汶等仇杀、烧抢各情，已属得实，其误会添砌各节，系属轻事，应照律免罪。地保王本朴等讯无贿纵情事，应毋庸议。逸犯孟虎畏等饬缉，获日另结。

除将供招咨部外，理合恭折具奏，伏祈皇太后、皇上圣鉴训示。谨奏。

同治四年五月十八日奉到回折："军机大臣奉旨：'刑部知道。钦此。'"

同治四年三月雨泽粮价折

同治四年五月初七日

奏为恭报三月份雨泽情形，并呈粮价清单，恭折奏祈圣鉴事：

窃照二月份雨雪、粮价，经臣奏报在案。兹查三月份，惟登州府属之莱阳、宁海、文登、海阳、荣成，莱州府属之高密、即墨等七处，未据呈报得雨，其余历城等一百州县先后申报于月之初十，十一二三七八九并二十三等日，各得雨一、二、三、四、五寸及深透不等。获此澍雨沾濡，麦禾日形芃茂，秋稼亦得乘时树艺，洵堪仰慰宸怀。

至各属市集粮价，互有长落，大致与上月相同。敬缮清单，祗呈御览。为此恭折具奏，伏祈皇太后、皇上圣鉴。谨奏。

同治四年五月十八日奉到回折："军机大臣奉旨：'知道了。钦此。'"

三月份粮价清单

谨将同治四年三月份山东省各属米、谷、麦、豆价值，敬缮清单，恭呈御览。

计开：

济南府属：稻米每仓石价银三两四钱至四两四钱四分，较上月贵二分。粟米每仓石价银一两一钱五分至二两六钱，与上月同。粟谷每仓石价银五钱九分至一两五钱，较上月贱五分。高粱每仓石价银九钱至一两八钱五分，较上月贵四分。小麦每仓石价银一两三钱四分至二两五钱，与上月同。黄豆每仓石价银一两二钱八分至二两一钱八分，较上月贱七分。黑豆每仓石价银一两二钱八分至二两三钱二分，较上月贵一钱五分。

泰安府属：稻米每仓石价银三两二钱八分至四两八钱九分，较上月贵九分。粟米每仓石价银一两四钱一分至二两三钱，与上月同。粟谷每仓石价银八钱六分至一两一钱，与上月同。高粱每仓石价银九钱三分至一两三钱四分，较上月贵一分。小麦每仓石价银一两三钱五分至一两八钱，较上月贱三分。黄豆每仓石价银一两一钱三分至一两五钱五分，较上月贱四分。黑豆每仓石价银一两四分至一两五钱五分，较上月贱三分。

武定府属：稻米每仓石价银二两四钱八分至五两三钱三分，较上月贵四钱二分。粟米每仓石价银一两四钱一分至二两二钱，与上月同。粟谷每仓石价银八钱二分至一两三钱，与上月同。高粱每仓石价银一两至一两五钱五分，与上月同。小麦每仓石价银二两至三两五分，与上月同。黄豆每仓石价银一两二钱五分至一两八钱一分，与上月同。黑豆每仓石价银一两二钱二分至一两七钱六分，与上月同。

兖州府属：稻米每仓石价银二两四钱四分至四两六钱五分，与上月同。粟米每仓石价银九钱四分至二两二钱，与上月同。粟谷每仓石价银七钱至一两八钱五分，与上月同。高粱每仓石价银九钱八分至一两八钱，与上月同。小麦每仓石价银一两三钱至二两二钱，与上月同。黄豆每仓石价银一两六分至一两六钱，与上月同。黑豆每仓石价银九钱八分至二两，与上月同。

曹州府属：稻米每仓石价银三两三钱至五两，与上月同。粟米每仓石价银一两一钱一分至二两五钱三分，与上月同。粟谷每仓石价银七钱二分至一两八钱三分，与上月同。高粱每仓石价银八钱至一两八钱六分，与上月同。小麦每仓石价银一两三钱六分至二两一钱四分，较上月贱二钱一分。黄豆每仓石价银九钱六分至二两三钱四分，与上月同。黑豆每仓石价银九钱一分至一两九钱五分，与上月同。

沂州府属：稻米每仓石价银二两一钱至三两七钱二分，与上月同。粟米每仓石价银一两三钱五分至二两二钱，与上月同。粟谷每仓石价银七钱至一两二钱，与上月同。高粱每仓石价银一两至一两四钱七分，与上月同。小麦每仓石价银一两一钱五分至二两二分，与上月同。黄豆每仓石价银八钱五分至一两五钱五分，与上月同。黑豆每仓石价银八钱至一两六钱一分，与上月同。

东昌府属：稻米每仓石价银三两二钱至四两七钱，与上月同。粟米每仓石价银九钱二分至二两四钱五分，与上月同。粟谷每仓石价银六钱至一两三钱二分，与上月同。高粱每仓石价银六钱六分至一两五钱四分，较上月贱一钱六分。小麦每仓石价银一两一钱至二两三钱五分，与上月同。黄豆每仓石价银九钱三分至二两一钱，与上月同。黑豆每仓石价银七钱六分至一两八钱五分，较上月贱五分。

青州府属：稻米每仓石价银二两二钱四分至四两三钱五分，较上月贵五分。粟米每仓石价银一两四钱六分至二两二钱，较上月贵八分。粟谷每仓石价银八钱四分至一两四钱，与上月同。高粱每仓石价银一两至一两四钱二分，与上月同。小麦每仓石价银一两一钱至二两三钱五分，较上月贵五分。黄豆每仓石价银八钱九分至一两七钱七分，较上月贵七分。黑豆每仓石价银八钱九分至一两七钱五分，较上月贵三分。

莱州府属：稻米每仓石价银二两三钱五分至三两一钱，与上月同。粟米每仓石价银一两至一两九钱五分，与上月同。粟谷每仓石价银五钱至一两一钱，与上月同。高粱每仓石价银七钱五分至一两三钱五分，较上月贵三分。小麦每仓石价银一两三钱五分至一两八钱一分，较上月贱五分。黄豆每仓石价银一两二钱至一两五钱八分，与上月同。黑豆每仓石价银一两一钱至一两五钱二分，与上月同。

登州府属：稻米每仓石价银二两三钱至三两二钱二分，与上月同。粟米每仓石价银一两三钱一分至二两一钱一分，与上月同。粟谷每仓石价银九钱二分至一两四钱，与上月同。高粱每仓石价银九钱一分至一两四钱六分，与上月同。小麦每仓石价银一两二钱六分至二两一钱，与上月同。黄豆每仓石价银九钱九分至一两八钱，与上月同。黑豆每仓石价银九钱六分至一两八钱，与上月同。

临清直隶州并属：稻米每仓石价银三两四钱五分至四两，与上月同。粟米每仓石价银一两五钱至二两三钱二分，较上月贵二分。粟谷每仓石价银一两九分至一两四钱，与上月同。高粱每仓石价银一两二钱至一两七钱五分，与上月同。小麦每仓石价银二两一钱五分至二两五钱八分，与上月同。黄豆每仓石价银一两五钱五分至一两八钱五分，与上月同。黑豆每仓石价银一两五钱五分至二两，与上月同。

济宁直隶州并属：稻米每仓石价银三两八钱三分至六两四钱，与上月同。粟米每仓石价银二两至三两六钱，与上月同。粟谷每仓石价银一两二钱一分至二两二钱四分，与上月同。高粱每仓石价银一两五分至二两六钱五分，与上月同。小麦每仓石价银一两八钱至二两二钱五分，与上月同。黄豆每仓石价银一两一钱六分至二两七钱二分，与上月同。黑豆每仓石价银一两五分至二两九钱二分，与上月同。

同治三年上下两忙清册仍请展限片

同治四年五月初七日

再，东省应办同治三年地丁钱粮上下两忙册籍，节经催司造报。兹据署藩司恩锡详称，前因各处被匪窜扰，案卷多有焚烧，蠲缓册结未能及时查造，历次奏展在案。刻下军务孔亟，各属册结仍未齐全，且同治二年以前收支各款尚未造送，所有三年分上下两忙清册，碍难越次办理等情，并援案请展前来。臣复查无异。惟有仰恳天恩俯准，将同治三年分上下两忙清册仍予展限，一俟地方肃清，即行挨次赶紧清厘，不准再行积压。理合附片陈明，伏乞圣鉴。谨奏。

同治四年五月十八日奉到回折："军机大臣奉旨：'著照所请。该部知道。钦此。'"

江苏海运漕船搁浅松舱饬令赴津赔补片
同治四年五月初七日

再，据福山县知县吴恩禀称：江苏漕船高福利装青浦县漕米一千石、余耗等米一百五十石六斗七升二合五勺，外带二成客货，于四月初十日由上海放洋北上。十六日夜，因大雾迷天，船在崆峒岛以西洋面被风搁浅，赶即松舱抛弃漕米一百余石，并生姜、地栗五十包，竹篾三十捆，船身稍轻，始得离开浅处。次早驶至芝罘岛口岸，报县会营勘明，搁浅处所下有沙梗，离岛三里余。查验船底稍有损漏，桅舵并未损坏。虽因搁浅松舱，究属驾驶不慎，核与免赔章程未符。讯之船户张福，愿于抵津后照章如数赔补，取具供结。饬将漏处修补，于二十三日乘风出口赴津交兑等情，并据登州镇道禀报前来。臣复核无异。

除分咨外，理合附片具陈，伏乞圣鉴。谨奏。

同治四年五月十八日奉到回折："军机大臣奉旨：'知道了。钦此。'"

咸丰十一年东纲引课未完请暂免议处片
同治四年五月初七日

再，查咸丰十一年东纲南北两运引地各州县地方，或捻匪窜扰，或黄水淹没，盐斤艰于销售，引课未完，实属有因，并非各官督催不力。正在核办间，钦奉上谕："癸丑纲至甲子纲积引一百九十万九千三百七十六道，著援照积票分限成案，分作八年带销。钦此。"所有各官未完处分，自可援案暂免议处。倘限满仍有拖欠，再行严参。合无仰恳逾格恩施，扣除免议，并将以前未准部复各年奏销各官未完处分一并扣除，俾归画一。

除将咸丰十一年商运奏销循例具题外，理合附片陈明，伏乞圣鉴。谨奏。

同治四年五月十八日奉到回折："军机大臣奉旨：'户部议奏。钦此。'"

藩运各库筹拨僧格林沁军营犒赏片

同治四年五月初七日

再，前准部咨，钦奉上谕："僧格林沁所部马队，昼夜奔驰，不辞劳瘁，亟应量加鼓励。著赏银五千两，即由山东藩库发给等因。钦此。"钦遵。行司委解去后。嗣据署藩司恩锡详报，在于正杂项下筹银五千两，以备僧营犒赏；又另措银五万两，作为本年四月份军饷，均委候补未入流萧雯解往济宁支应局分别交纳。又陈国瑞、郭宝昌两军，待饷孔殷，虽司库万分拮据，不得不勉力接济，每营各筹措银八千两，共银一万六千两，委候补从九品李丕显解交该二镇行营查收应用。又据署运司卫荣光详称，运库奉拨同治四年京饷，前经两次解过银四万两，兹又筹银二万两，同应交加平银三百两、饭食银三百两，委候补盐场大使钟履祥、董溥领解，前赴户部交兑。

除分咨查照外，理合附片陈明，伏乞圣鉴。谨奏。

同治四年五月十八日奉到回折："军机大臣奉旨：'知道了。钦此。'"

审明命案尸属京控按例定拟折

同治四年五月初七日

奏为命案尸属赴京呈控，提犯审明，按例定拟，恭折具奏，仰祈圣鉴事：

窃照东阿县详报，孙洸山纠众殴死孙汶明等一家三命复另毙一命一案，尸属孙际泰以孙善等惨杀四命、勾众抢劫等词，控经都察院，于同治二年十月二十五日奏奉谕旨："此案著交阎敬铭督同臬司亲提人证、卷宗，秉公研讯确情，按律定拟具奏。原告监生孙际泰该部照例解往备质。钦此。"当经行司饬提人卷研讯。兹据兼署臬司卫荣光审拟解勘，值臣赴东昌筹防公出，饬委署藩司恩锡代勘无异，录供呈送。臣复加查核。

缘孙洸山籍隶东阿县，与同姓不宗之孙汶明，并其子孙际青、胞侄孙际楹、无服族叔孙怀得，同庄无嫌。咸丰十一年四月十六日，孙洸山与族侄孙三、族侄孙孙桂春，因贼匪窜扰县境，公议修围，议明贫者出力，富者出粮。孙汶明声言资助黑豆，孙洸山等因黑豆系喂牲畜之物，不依斥说，争吵走散。次早孙洸山心怀不甘，起意纠邀孙三、孙桂春，并孙三之兄孙善，前往理论，如再不服，即行殴打泄忿。孙三等允从，一共四人，分携刀械，偕抵孙汶明门首喊嚷。孙汶明长子孙际泰先期携眷外出避难，孙际青出向混骂，孙三回詈。孙际青扑殴，孙三用刀扎伤孙际青左手心连小指，并连砍伤其左肩甲。孙际青族叔孙文凤劝阻不住，当即走避。孙三之兄孙富路过帮护，用枪连扎伤孙际青左臂膊逃走。孙际青追赶，孙洸山用铁杈扎伤孙际青左臀、右后肋、发际，并连扎伤其脑后连发际。孙汶明赶出吆喝，孙洸山用杈柄殴伤孙汶明顶心连囟门额颅、右额角、右太阳穴。孙际青救护，孙洸山用铁杈扎伤孙际青左额颏、左额角连左太阳穴倒地。孙际青拉住衣襟不放，孙洸山情急，又扎伤孙际青顶心并连扎伤其囟门松手。孙汶明夺杈，孙洸山扎伤孙汶明左肩甲、右手无名指连小指。孙善赶拢，用刀砍伤孙汶明右肋。孙汶明扑殴，孙善又砍伤孙汶明左耳根，并连砍伤其左腰眼倒地，垫伤脊膂。孙际楹、孙怀得走至拢护，孙善用刀扎伤孙际楹左臂膊、右肩甲，并孙怀得右手腕、右手心、右手食指连中指、无名指、大指连食指。孙洸山用杈柄殴伤孙际楹右臂膊。孙三用刀扎伤孙怀得胸膛，并连砍伤其左额角连左耳根。孙怀得弯身拾石，孙三又扎伤孙怀得脊膂，并连砍伤其左后肋倒地。孙怀得拉住衣襟拚命，孙三情急，又砍伤孙怀得右肋、囟门、右额角连右耳根，并连砍伤其顶心松手。孙际楹揪住孙三揿按，孙桂春用刀连砍伤孙际楹项颈，并砍伤其左耳根脑后连左耳根，松手倒地。经李东鲁等逃难路过，问明情由，讵孙汶明、孙际青、孙怀得、孙际楹移时因伤殒命。李东鲁等告知孙际泰，赶回看明。时值匪踪逼近，未能报验，将尸殓埋逃避。贼即窜至抢掠。嗣孙际泰回家，因粮物已空，疑系孙善等乘乱抢劫，即以惨杀四命、勾众抢劫等情，控经该县吴树声，获犯讯供，尚未详报。孙际泰由府司上控，批委东平州王锡麟会讯通详。孙际泰疑系书役周瑞泉等受贿改供，一时痛父情切，即以前词，并图准添砌孙善等乘乱焚掠、县官意存开脱各情，控经都察院奏奉谕旨，饬提人卷至省，并委员前往会同检明尸伤，集证研讯。供悉前情，委因修围敛粮口角起衅，纠众殴毙，并非抢劫杀人，众供确凿。质之孙际泰，亦自认怀疑添砌，非有心诬告，应即拟结。

查例载："聚众殴死一家三命者，将率先聚众之人，不问共殴与否，拟斩立决。为从下手伤重至死者，拟绞监候。"又律载："同谋共殴人致死，下手致命伤重者，绞监候。"又律载："共殴之人执持凶器伤人者，发近边充军。"又律载："不应为而为，事理重者，杖八十。"各等语。此案孙洸山因修围敛粮，与同姓不宗之孙汶明争吵走散，该犯辄纠邀族众孙善、孙桂春、孙三等，各持刀械，寻殴泄忿，将孙际青、孙汶明、孙际楹、孙怀得共殴毙命。该犯下手致死孙际青一命。孙际青与父孙汶明、弟孙际楹三命系属一家，自应按例问拟。孙洸山合依"聚众殴死一家三命者，将率先聚众之人不问共殴与否，拟斩立决"例，拟斩立决、刺字。查孙汶明各伤，应以该犯孙善最后所砍左腰眼骨损为重；孙际楹各伤，应以该犯孙桂春最后所砍左耳根骨碎为重。其为因此致毙无疑，均应拟抵。孙善、孙桂春均合依"为从下手伤重至死者，拟绞监候"例，各拟绞监候。孙三听纠共殴，用刀砍伤孙怀得顶心等处身死。孙怀得系孙汶明族叔，不以一家论，应仍按共殴本律问拟。孙三合依"同谋共殴人致死，下手致命伤重者，绞监候"律，拟绞监候。事犯在咸丰十一年十月初九日恩赦以前，孙洸山系纠众共殴致死一家三命，孙善、孙桂春各下手致死一命，均在不准援免之列，应不准援免。孙三听纠殴死一命并非一家，可否酌入秋审缓决，听候部议。孙富用枪扎伤孙际青，合依"共殴之人执持凶器伤人者，发近边充军"例，拟发近边充军。事在赦前，应予援免，后再有犯，加一等治罪。孙文凤劝阻不力，应照不应重律，拟杖八十，亦予援免。孙际泰京控孙善等惨杀四命，虽属得实，惟以勾众抢劫等词添砌呈告，究属不合。孙际泰应照不应重律，拟杖八十；系监生，照律纳赎。书役周瑞泉等，讯无受贿改供情事，应毋庸议。

除供招咨部外，理合恭折具奏，伏乞皇太后、皇上圣鉴训示。谨奏。

同治四年五月十八日奉到回折："军机大臣奉旨：'刑部速议具奏。钦此。'"

捻党复渡运河省防布置情形折
同治四年五月十一日

奏为贼匪复渡运河东窜，省防、河防均形吃紧，谨将布置情形，由六百里驰奏，恭折仰祈圣鉴事：

窃臣于初五日将贼势屯踞情形，并请拨兵速防东北一路，恭折驰陈。维时臣之所虑，贼久屯踞于郓、巨、范、濮一带，裹胁勾结，必为肆出窜扰之计。各路皆有重兵截阻，惟东北一面空虚，故臣急筹于东北［平］、汶上一带，紧扼运路，防运即以防河，且可屏蔽省城重地。

正在飞札沿河各县速雇壮勇，严防北岸，并飞咨催兵及添募勇队赶备起程间，于初十日迭据东平、汶上、宁阳、滋阳各禀报，贼于初八日由汶上开河以北，抢渡运河，边马已至宁阳西南、滋阳西北，大股亦即蜂至各等情。臣接阅之下，焦灼莫名。查贼势东趋，臣固揣料及此，只因兵勇单薄，不能不望援助之师。刘铭传一军，据咨于初八日自徐州起程，自峄、滕取道而来。臣恐缓不济急，初六、七日飞函约丁宝桢俟詹启纶一军到齐，即可防守济宁。丁宝桢得以移军汶上开河一路，与臣联络设营。乃数日之间，臣之勇队未齐，各路兵亦未集，连日催调，急欲起行，贼忽东窜，猝不及防。现在贼之大股，是否全已渡运，尚未探确。窃恐该匪狡计分股，以一枝阻遏江南之兵，复越济宁而至宁阳，则丁宝桢一军亦为隔绝。该匪非由宁阳趋泰安、长清之路直犯省城，即恐由东阿、长清窥伺大清河北岸。臣惟有就省中现有兵力，严密布置城防，督饬沿河各地方，亲率壮勇民团，沿岸防范。惟张秋以东，河道延长，水浅岸窄，处处可虞。幸直隶督臣刘长佑不分畛域，顾念大局，拨兵协防张秋以西。臣已飞咨刘长佑，如濮、范贼踪合股东窜，即分饬各营沿河东移，并飞札游击周森藻，督带炮划上下游驶，不得专顾一隅，以防窜越。

所有贼匪渡运东窜并布置情形，由驿驰奏，伏乞皇太后、皇上圣鉴训示。谨奏。

同治四年五月十五日奉到回折："军机大臣奉旨：'另有旨。钦此。'"

护送布彦诺谟祜至济南片

同治四年五月十一日

再，初十日据护军统领克兴阿等咨称，于初八日护同布彦诺谟祜行至景州等因。臣先已派候补道明新驰赴平原、德州一路迎护。刻下贼复东窜，不惟曹州不便轻进，即济宁一路亦已阻隔。臣已咨行克兴阿等护送布彦诺谟祜先至济南省城，以期稳妥。知廑宸念，附片谨陈，伏乞圣鉴。谨奏。

同治四年五月十五日奉到回折："军机大臣奉旨：'知道了。钦此。'"

捻党扑济宁经勇击退折

同治四年五月十二日

奏为贼匪窜扑济宁，经国瑞、丁宝桢派勇击退，暨现筹河防、省防情形，由驿驰奏，仰祈圣鉴事：

窃臣于十一日将贼渡运河东窜并布置情形，恭折驰报。嗣于十二日据丁宝桢禀称：初八日丑刻，探闻贼由汶上、宁阳渐趋西南，有径扑济宁之势，城圩四面七八里外俱有边马，或一二百匹，或二三百匹不等。当即饬令副将王心安、游击冯义德，各带五成勇丁，协同已革将军国瑞派出之马步队一千余名，分路截击。天未黎明，贼匪前队已至距城十里附近运河之安居镇。守备陈瀛章先经国瑞派令带勇五百名前赴曹州，星夜住宿该镇，出队接仗。黄翼升拨来管带炮船之总兵赵三元，亦因水浅难进，停泊河干，开炮助击。相持时许，副将王心安等各队旋即赶到，奋力合战，贼势稍却，救出难民二三百人。时贼分队设伏以诱我军，大股在后，相去不远，我军人数过单，未能追剿，暂时收队。贼亦麇聚运河、南旺湖左近，未敢逼城。国瑞、丁宝桢恐其乘夜来攻，预拨步队数百名，潜往剿袭，行至安居，果与马贼相遇，开放枪炮。总兵赵三元划船又复驰往轰击，贼仍退回南旺一带。边马时扰圩外，现在严守城圩等语。

查贼自菏泽战后，大军马匹多为所掠，骑步不下四五万，现虽逆众逼近济宁，而滋阳等县均有马贼游驶。近接范县禀报，濮、范黄河南岸之贼，率已东趋济、汶。至沿河各村堡有无遗孽，当未探确。臣诚恐郓城以西尚有伏贼，与运河以东之贼接连未断。至詹启纶一军，尚未行抵济宁。昨接刘铭传来函，本月初八日师由徐州进发。今贼蔓衍兖、济等处，已阻该提督兵来之路。张树声之军，并无至东确期。国瑞、陈国瑞所收溃兵，闻亦未成大队。目今贼势已众，众则易分，倘若分股窜扰，东路全行空虚，处处可虑，而河防、省防尤为吃紧。现臣已飞饬河北各兵勇，及游击周森藻所带炮船数十只，梭织巡驶，何处紧要，即往何处扼防；并札饬黄河北岸州县，各添勇五百名，委候补知府李德增督办，会同民团实力防守，以固畿辅门户；札委总兵陈锡周驰赴青州安静之区，募勇五百名；又调游击姚绍修管带沂勇一千二百名星夜前来，并督率绅团挑挖圩壕，以厚兵力而备不虞。惟东省营兵练勇，合计尚不满万，而分守黄河北岸、省城、济宁三处，是腹地已无剿师。现届麦收之期，一经贼匪蹂躏，小民无食，则伏莽皆起。臣前接陈国瑞函开，以前月二十四日之战，实因游击桂锡桢部马队临阵降贼，以致挫失。查桂锡桢本系土匪，投诚复反，贼之东趋倘系该匪向导，则底里全悉，尤须严防。臣昼夜焦急，总因兵力未充，难以进剿。

所有贼匪窜扑济宁经官兵击退暨筹防情形，谨由驿驰奏，伏乞皇太后、皇上圣鉴训示。谨奏。

同治四年五月十七日奉到回折："军机大臣奉旨：'另有旨。钦此。'"

捻党至嘉祥严饬州县防守片

同治四年五月十二日

再，正在缮折间，接据济宁州知州程绳武禀称：初十日未刻，该逆仍在济宁圩处奔突，已踞三日未退。又据嘉祥县知县黄景晟禀称：初九日丑刻，贼匪至该县东北距城三里许洪山地方，大肆焚掠，直至城下。该匪大股均在距城十余里之王家集疃各处，贼势贼情迥异往时各等语。查该逆现自滋阳西境、宁阳南境，直至嘉祥，遍满运河东西两岸，是其分作两路，图生诡计，已可概见。

除饬该州县严密防守外，理合附片陈明，伏乞圣鉴。谨奏。

同治四年五月十七日奉到回折："军机大臣奉旨：'另有旨。钦此。'"

筹设炮船并河路情形片

同治四年五月十二日

再，正在缮折间，钦奉寄谕："阎敬铭于防河船只并未筹添，设令贼匪侦知无备，驶赴下流一带北渡，震动畿疆，该抚自问当得何罪等因。钦此。"臣跪诵之下，悚惕难名。

伏查东省本无炮船，臣于同治二年间，因旧设巡哨范、濮水套船五只修理完整，委游击周森藻管带，以为常川巡哨之用。及三月间，该逆匪由曹州窜入，臣虑其偷越黄河，赶紧添雇民划二十只，又续添三十余只，共五十余只，配以枪炮、旗帜，饬周森藻并参将黄兆升管带；兹复令再行添雇二十只，以资防守。实缘仓卒招勇，恐致误事，且炮位实在不敷，并非添船之难也。前因贼势西聚，饬于范、濮间各渡口来往梭巡。现在贼势东移，即飞饬专顾张秋、李连桥一带，与陆路兵勇相辅。此臣于贼至东省即筹设炮划之情形也。

惟是黄河穿入运河，归于大清河，至利津止，道路延长。臣初望江南炮船久练水师为千余里河防之助，今济南以北，水势既浅，经臣飞饬各闸蓄水浮送，已属运展不灵，及至张秋由运入黄之处，淤浅难行，非黄流泛涨，断难顺驶，是以江南炮船均已折回济宁通济闸以南。臣所添雇炮划数十只，自范、濮以至张秋，尚能兼顾，张秋以下入大清河，非有连艅衔尾之势，实属防不胜防。臣就现有船只，当再饬添，酌量缓急情形，如张秋以西已无贼踪，即令顺驶东下，以免顾此失彼之虑。臣受恩深重，具有天良，当殚竭愚诚，实力筹办，不敢稍涉疏忽，自干咎戾。

谨将臣筹设炮船并河路情形，附片陈明，伏乞圣鉴。谨奏。

同治四年五月十七日奉到回折："军机大臣奉旨：'另有旨。钦此。'"

捻党盘踞长沟暨分股南走情形折

同治四年五月十七日

奏为贼匪盘踞济宁属之长沟地方暨分股南窜情形，恭折具奏，仰祈圣鉴事：

窃臣于十二日将贼扑济宁为官兵击退暨筹防情形驰报在案。旋据丁宝桢连次禀称：初九日贼踞南旺湖一带，经总兵赵三元换坐划船，驶入湖中，副将王心安等出队至岸，该逆见水陆有兵，遂于初十、十一等日，大股退回运河以西羊山一带。十二、十三两日，大股仍在羊山未动，又回攻距长沟十余里之阎家寨、新开河两处民圩。该处乡团设守甚固，丁宝桢复饬令副将王心安等驰往救援，贼众旋即退走。至十四日，探得羊山之贼陆续窜向东南，余仍在长沟盘踞。提督刘铭传于十四日巳刻行抵济宁，在州城东北扎营。又据鱼台、金乡、单县等处禀报：初九、初十、十一等日，贼由各该县所属地方节节南窜，十二日已至毗连江省之丰、沛两县境内各等语。臣先探闻贼自郓、范分为两股奔窜，渡运窜济宁者为赖汶光、牛老红、任柱等[1]，南窜者为张总愚。今据丁宝桢与各县所禀各情，查济宁与鱼台、金乡相隔在百里之外，而同日俱见贼踪，其为分股奔窜无疑。惟两处股首是否赖逆等与张总愚，尚未探有确据。此近日贼势之情形也。

臣查济宁为南北要冲，号为富庶，贼出上策，固必窥伺，即志在焚掠，亦其所贪。以形势而论，宜急顾济宁。顾济宁即所以顾北面之藩篱，通江南之援师也。贼盘旋数日于长沟之间，幸国瑞与丁宝桢守备极严，时出军以惊走之。今刘铭传大军已来，贼必不敢轻犯。惟新至之师，切宜稳慎进剿。其南窜至丰、沛一股，臣即飞咨吴棠，探其所向，合力筹防。至濮、范一带，贼未净

---

[1] 下又为"赖汶洸"、"牛老洪"、"牛烙红"。以下人名时有不统一之处，均保存原貌。

尽，且土匪屯聚，亦防引其回窜。臣迭饬防军，速清内患。即据游击郭大胜、范县知县宫本昂，拿获罗家楼通贼之罗丙寅等三名，又拿获郭廷珍等五名。郭廷珍本系长枪会匪头目，随桂锡桢在僧格林沁营中，四月间即告假潜回，约人作为内应，今除此害，实快人心。张秋以东，沿河设防，臣前奏明添船增勇，节节巡防，不敢疏懈。东平、汶上、宁阳一带，时见边马。刘铭传如在济、汶驻军，臣得有余力，即抽拨两营，驻扎东平、宁阳、汶上之间，即以兼顾省防、河防，练勇储粮，以图进取。总因贼势浩大，目前之策似宜固守以养兵，日后之策似宜合围以图剿。诚恐贼有奔窜，追蹑为难。阃外之令，归于统帅，三省之军，联如指臂，则剽流之寇，可以制矣。

所有近日贼踞长沟并分股南窜情形，由驿驰奏，伏乞皇太后、皇上圣鉴训示。谨奏。

同治四年五月廿一日奉到回折："军机大臣奉旨：'另有旨。钦此。'"

密陈严察投诚粤捻动静片
同治四年五月十七日

再，为密陈事。臣闻亲王僧格林沁上月二十四日之战，前敌游击桂锡桢，暗与贼通，我军甫挫，即带马队降贼，以致全军溃变。桂逆系土匪投诚，狼子野心，本不足恃。查现随国瑞在济宁者，尚有投诚粤酋马融和、捻首刘添福等。济宁人言藉藉，有鉴于桂逆之事，深以杂处为虞。闻马融和人尚安静，亦未带队。近国瑞奏明，复遣刘添福募勇于徐、宿间，更恐资其羽翼。在国瑞招集溃卒，必有操纵之权，而臣过为隐忧，恐滋内患，既有所见，不敢不言。伏乞圣明鉴臣愚衷，幸不宣示臣奏，惟密谕国瑞，严察动静，勿假以兵，庶为万全之计。

又，总兵陈国瑞扎营曹州城外，养锐添军。贼近在郓、巨，不轻犯曹州者，以有陈国瑞也。今若移该镇之军于河北，则曹州有贼之地，即以无兵，济宁之兵，一时尚难分拨，僧格林沁灵柩尚在郡城，深为可虑。现查贼势重在西南，可否饬陈国瑞暂缓移军以资保护之处，出自圣谟。

臣为酌度缓急起见，所有密陈各情，附片陈奏，伏乞圣鉴。谨奏。

同治四年五月廿一日奉到回折："军机大臣奉旨：'另有旨。钦此。'"

捻党盘踞未动并筹办北路河防情形折

同治四年五月二十一日

奏为贼匪盘踞未动，并围攻嘉祥紧急情形，及臣筹办河防，以严北路各情，由驿驰陈，仰祈圣鉴事：

窃臣于十七日将贼匪盘踞济宁之长沟地方，暨分股南窜各情形，恭折驰奏在案。兹于五月十七日钦奉寄谕："该逆直至嘉祥，遍满运河东西两岸。阎敬铭身任封圻，平时毫无准备，任听贼匪来往自如，实属大负委任。刘长佑奏贼匪折渡运河情形一折，恐向东阿、东平等处，东省毫无准备，处处可渡。著阎敬铭即筹派兵勇，与直隶所派之兵合力防剿，不得专恃客兵，置身事外等因。钦此。"

窃臣任重材轻，不能提师剿贼，上纡宵旰之忧，下救民生之苦，臣之罪重，形影自惭。仰荷天恩宽宥，再三训饬，臣虽木石，亦知感愧。惟查去岁金陵克服，举议减费裁兵，臣何敢养勇自卫；且竭一省之赋，以供数省之需，更无余力整旅赡军，时局一更，遂犯不虞之戒。现在贼势仍踞济境之长沟，遍及嘉祥，据该县黄景晟连次飞禀，贼匪围攻县城，万分紧急等情。丁宝桢十七日函称，与刘铭传酌商派军向长沟进剿，意牵贼势，以解嘉祥之围。刘铭传新军甫至，国瑞、丁宝桢兵力过单，且须分守济宁圩墙，恐难全队毕出，能否得力，亦未敢必。而臣在省防陆续添兵募勇，训练成营，事非朝夕可效。现计尚不足四千人，省防犹形单弱，殊难分拨枝兵。臣于万无可拨之中，抽拨守备曹正榜带勇一千名，都司韩登泰带勇五百名，驰赴汶上，虽不及援救嘉祥，亦可堵截贼骑不窜东北。又据济宁州探禀，南窜之贼为张总愚，踞长沟之贼为赖汶光、任柱、牛老洪，又有长枪会匪。此现在南路贼情也。

至黄河为畿疆屏蔽，臣何敢稍涉疏虞。当四月间贼窜范、濮，即以河防为急。臣于二十三日奏明驰赴东昌，即至莘县，详查黄河所经，自濮州迤东至于张秋，则范县、阳谷、寿张之地。范县北界朝城，其中以斗虎店、莲花池、竹口为要。自张秋穿运，则寿张、东阿、平阴之地，其中以沈家口、李连桥、鱼山为要。以下入大清河东北行，则长清、齐河等处之地。当臣赴东昌时，贼势重在张秋以西。臣所饬雇之勇，则聊城、范县、阳谷、朝城、观城、濮州各三百名；拨调之兵，则东昌营、寿张营、濮州营、范县营，共八百五十名；所遣策应巡驶之勇，则同知刘时霖二百名、游击郭大胜一千名、参将黄兆升二百名，游击周森藻炮船二十四只；所联之团，则朝城、聊城、阳谷、范县等处，以阳谷县知县王亮采、范县知县管本昂、朝城县知县文龙领之，与诸兵勇沿岸分段布置。该各处亦屡报贼匪扎筏填车，欲图抢渡，被兵勇击退各等情。又安插难民，防范土匪，复饬冠县知县孙善述雇勇三百名，周巡莘、堂、冠、馆，严查伏莽。其时张秋、李连桥一带情形较松，则拨兵较少。此臣四月间筹布张秋西路之情形也。

自直隶督臣力顾全局，于东境北岸派兵屯扎，贼势又复东移，则张秋以东为重。臣先后饬周森藻添雇民划五十只，黄兆升添勇三百名，均令移往张秋上下一带巡防。其茌平、东阿、长清、齐河、平阴沿河各州县，均各雇勇五百名，分布河干，派曾任东昌府之候补知府李德增督率巡防；并时与副都统定安函商，同直隶各营酌度会办。现沈家口、李连桥、滑口地方极要，直省驻勇五百，东省驻勇一千。此外何处有警，即何处移兵，并令与附近河干村庄乡团联络声势。此臣现办张秋东路之情形也。

当亲王僧格林沁雄狮未挫之时，贼难肆窜，臣可以专顾河防。及重臣猝殒，人心动摇，臣又不能不以省防为急，而于河防，则逐日筹度，未敢疏于布置也。特以贼在山东境内全据腹心，凶焰方张，兵难分应，犹待援师以防运，未能全力以防黄，更于茌平、东昌、德州各处无兵分驻，然竭臣力所及，防河之师，实有兵勇七千余名，道里延长，殊恐未足深恃，是以屡次奏报，不欲缕述铺陈。臣虽至愚，亦何敢辜负鸿慈，竟至毫无准备。至制造炮船一节，事属创始，赶紧筹画经营，不免有需时日。臣仰承宸训，又抽拨省防勇丁五百余名，委都司马春峤管带，驰赴齐河巡防渡口，兼有直境重兵即至，此路庶可无虞，堪以仰纾圣廑。

所有现在贼势并臣办理河防缘由，恭折驰奏，伏乞皇太后、皇上圣鉴训示。谨奏。

同治四年五月廿六日奉到回折："军机大臣奉旨：'另有旨。钦此。'"

山东剿捻获胜片
同治四年五月二十一日

再，正在拜折间，钦奉十八日寄谕："此贼已大股南下，曹、济等处有无余匪，著国瑞、阎敬铭查明具奏等因。钦此。"查据各处探报，前南窜之贼仅数千人，东境沿途亦未逗留，大股仍在长沟、嘉祥，蔓及汶上，是大股并未南下。且传闻南窜之贼，欲回蒙、亳，纠众再行北来，虽未可深信，而济宁、嘉祥刻下实为吃紧，汶上次之。臣已派兵前赴汶上一路。至嘉祥一处，国瑞、丁宝桢来函，均称刻难分兵救援，只有攻长沟以牵贼势之法。顷接刘铭传十八日来咨，由文正庄一路进扎；丁宝桢派王心安等三营，由安居一路进扎，两面合力攻剿长沟踞股，节节进取，以期稳慎。

顷据丁宝桢禀称：十八日卯刻，我军出队，会合国瑞所派陈瀛章之队，由安居进发。该逆在长沟以东，列队抗拒，我军奋勇冲击，贼即败退，我军追出十余里，旋即收队。适接刘铭传来函，会合并进。是夜三更后，刘铭传所部由麦仁店前进，黎明驰抵长沟之东，贼犹站围抵御。我军呐喊力攻，贼由西南寨门出窜。我军乘势入寨，杀贼千余名，夺获牛马、器械多件。该逆意欲分股包抄，适该藩司丁宝桢所派王心安各队，于五鼓仍由安居前进，遇贼窜至，当即挥军迎击。国瑞所派马步各队亦由麦仁店继进，并有斩获。贼见我军大至，纷纷溃散，救出难民无数。其陈国瑞、詹启纶两军与黄、白旗马队，先自曹州向东进逼，十八日行抵嘉祥，两次与贼接仗，共毙贼六百名，嘉祥之围立解，是日亦拔队前来。我军四面兜剿，该逆夺路狂奔，均向西南窜去。天晚收队，国瑞、刘铭传之军驻扎长沟，丁宝桢、陈国瑞、詹启纶之队分扎长沟西北两面，并派队分扎安居，以扼其回窜东北之路，俟探明贼踪，再行追剿等情。

查此股逆贼，盘踞于济宁、嘉祥之间，意存叵测，现经我军分路进剿，夺长沟之隘，解嘉祥之围，凶焰已挫。据称该匪向西南奔窜，或由成、巨、金、鱼南趋，与前窜之贼合股。惟贼情飘忽，东、北两路之防，仍属不可稍懈。臣昨派赴汶上之曹正榜、韩登泰三营，如该逆窜向东、北，即可迎头截击，以保完善。如该逆尚在曹、济一带游弋，省防稍松，臣当督防省兵勇出省，相机会合扼剿。

所有现在东省贼股并连日各军会剿获胜情形，理合附陈，仰纡宸厪。

再，嘉祥县城被贼围扑旬日之久，尚能竭力固守，以待援师，该县官吏绅民等不无微劳足录，容臣查明，另行核奖。合并声明，伏乞圣鉴。谨奏。

同治四年五月廿六日奉到回折："军机大臣奉旨：'另有旨。钦此。'"

请饬令济东道衡龄赴河北片

同治四年五月二十一日

再，臣钦奉寄谕："东省兵力单弱，若厚集民团，联络声势，自可辅兵力之不足。卫荣光曾有联络乡团防河缉匪之奏，其于办理团练尚有所见。著阎敬铭即饬卫荣光驰赴东昌、茌平，劝办民团，与兵勇协力巡防，妥为策应等因。钦此。"

臣查济东道卫荣光前所奏陈，系专令地方官实行保甲一事，于片奏内有令河北镇道防守联络乡团一语。臣当传旨，细询于团练若何办理即有成效。据该道面禀，籍隶河北，亲见办理联庄会之害，欲专行保甲，以变团练之法。责成镇道，专意训练士卒，联络各民团，欲其坚壁清野以断贼食，非欲复办团以民为兵。民惟各卫乡间，未闻贼至而出以应敌，体察民情，似不宜扰。

臣前于河北之防未即派济东道前往者，因此事必须熟习民情。现署济东道衡龄，系去夏甫行到东，去冬委署斯缺，未能熟谙地方，故于东昌、茌平等处，已派曾任东昌府之候补知府李德增并现任知府曹丙辉督办河防，人地相熟。并谕各民团，坚筑圩寨，以藏粮蓄，毋为贼得；有愿助官防河者加以奖励，不愿者未便强行，或亦官民一体，与民共守之意。

现奉谕旨，饬令卫荣光前往东昌一带办团，而卫荣光自称于办团一事实无所见。查卫荣光现署运司兼署臬司，公事本属殷烦，省防亦须帮办。且藩司恩锡系属署任，再令卫荣光前往河北，省中办事愈觉乏人，似卫荣光未便前赴。至河北诸事，拟令署济东道衡龄前往，会同曹丙辉、李德增等筹办河防一切。至办团一事，亦饬该署道察看情形，酌量办理。

臣重以谕旨，又知办团民力之难，而事非尽善，不敢不备言其详。并可否请旨饬令署济东道衡龄前赴河北之处，恭候圣明训示，伏乞圣鉴。谨奏。

同治四年五月廿六日奉到回折："军机大臣奉旨：'另有旨。钦此。'"

委员管解刘铭传等处协饷片
同治四年五月二十一日

再，臣钦奉寄谕："刘铭传行抵东境，即著竭力筹措饷需，东海关税亦准酌提拨解，以济此军等因。钦此。"钦遵转饬赶紧筹解去后。兹据署藩司恩锡详报，在于正杂项下筹银八千两，委候补未入流黄廷谟解赴该提督行营交纳。又在货厘、盐厘各项下动支银三千两，委候补未入流陆余本解交聊城县查收，转解定安军营兑收，作为本年五月份协饷。又筹银四千两，委候补未入流沈殿成管解，前赴陈国瑞行营交兑等情前来。

除分咨查照并仍催续筹委解外，理合附片陈明，伏乞圣鉴。谨奏。

同治四年五月廿六日奉到回折："军机大臣奉旨：'知道了。嗣后仍当源源接济，以顾大局。钦此。'"

汇奏捻党出境并筹备炮船情形折
同治四年五月二十七日

奏为贼股窜出东境并臣筹备炮船情形，恭折由驿驰陈，仰祈圣鉴事：

窃臣于二十一日将官军进攻长沟获胜、嘉祥解围情形，由驿奏报在案。兹于二十四五等日及本日辰刻，迭据丁宝桢禀称，二十日贼由巨野西南之龙堌集、正南之章缝集，分股均向定陶一路窜去。曹县禀称，定陶城东、西、北三面，见有贼马。城武禀称，二十三日贼由曹县城东至该县城西，向南窜去。单县禀称，二十四日探得该匪全股窜出东境，向西南豫境奔遁各等情。是贼自十九日为官军击败，由巨野、定陶、曹县、城武、单县南窜出境无疑。查单县西南，即属归德一带，臣前飞咨河南抚臣吴昌寿探贼窜路，严密设防。东省以兵勇过单，不能为援剿之师，致使贼匪盘踞纵横，臣实惭愤。

窃虑兵事未已，惟有缮军筹饷，以图自强。两江督臣曾国藩亦疏言，四省之十二府州，责之督办之臣，其余各属，仍责之各省巡抚，使兵不奔命，寇入网罗。是臣之治兵，责无可诿。且贼乱于山东之地，而各军之饷仍责于山东，臣非力保完善，饷源曷出？臣今选求营哨，增募兵勇，立有成规，即当将实在名数，陈明开单，恭呈御览。

至河防极关紧要，臣于二十六日亲赴齐河，面见臣崇厚，会同妥筹团防一切事宜。现查沿河各要口，均有直隶精壮兵营，布置周密，臣所派兵勇水陆各营，亦饬归臣崇厚调度，以期易于指挥，北岸实无可虞。惟现在河水未涨，沿岸均可扎营，如遇大汛，漫衍汪洋，兵勇即无容足之处，则河内安设炮船，不但一劳永逸，实为防守要图。臣所雇民划，三月间急遽之时，惟有此船可以上下纵使，故藉以御贼，不惟炮位无多，即船质亦不可恃为师船，急须另制，以严守御。现饬东昌府知府曹丙辉及游击周森藻，就河内大小各船试用合宜，即行一律开造。但黄河水性湍急，顺流易而逆流难，与江湖水性迥异。而水师之法，必使船不傍岸，直驶中流，而后左右可击；必使船溯上流，不施纤缆，而后进退能灵。若今黄河中之商船、民划，皆避溜旁行，则反为岸贼所击；皆待风始动，则全无便利可乘。是无论或造新船，或由旧船改制，似须至伏汛水大之时，就现有船只，驾驶试演，顺逆来往，得其利弊。容臣与崇厚、刘长佑妥商详筹，总期创始之初，即为经久之计。

再，臣所饬雇沿河各县勇丁，原为兵单，藉以联络声势，今贼已出境，且直省之兵云集，臣即饬令各处酌量裁减，以节糜费。

所有贼已出境及臣筹办炮船情形，恭折驰奏，伏乞皇太后、皇上圣鉴训示。谨奏。

同治四年闰五月初三日奉到回折："军机大臣奉旨：'另有旨。钦此。'"

派员迎护僧格林沁灵柩片
同治四年五月二十七日

再，现在宁阳一带道路已通，侍卫克兴阿、岳林恩、全吉凌随同贝勒伯彦诺谟祜[1]，于二十九日由省前赴济宁，迎护亲王僧格林沁灵柩。臣并派员随往，一体迎护。丧仪应用一切已妥为备办。知关慈念，理合附陈，伏乞圣鉴。谨奏。

同治四年闰五月初三日奉到回折："军机大臣奉旨：'知道了。钦此。'"

为加恩改革职留任谢恩折
同治四年闰五月初八日

奏为恭谢天恩事：

窃臣接准部咨：同治四年五月初七日奉上谕："阎敬铭著加恩改为革职留任。钦此。"臣跪读之下，感悚难名。伏念臣躬膺疆寄，于督事重臣剿贼捐躯未能先事预防，实属罪无可逭，乃蒙皇太后、皇上天恩，不加严谴，念其分驻东昌救援不及，于部议降三级调用，加恩改为革职留任，沐生成之逾格，实寤寐之难安。伏查贼踪虽已出境，兵事未可苟安。两江督臣曾国藩不日统师北上，军务督办有人。臣身任地方，责无旁贷，一切征兵、筹饷、造船、防河各事宜，惟有殚竭愚诚，务求实际，以期逆贼早灭，生民早安，仰报高厚鸿慈于万一。

---

[1] 前为布彦诺谟祜。

所有微臣感激下忱，谨缮折恭谢天恩，伏乞皇太后、皇上圣鉴训示。谨奏。

同治四年闰五月廿二日奉到回折："军机大臣奉旨：'知道了。钦此。'"

审明闹漕人犯亲属京控按例定拟折
同治四年闰五月初八日

奏为闹漕人犯正法后，亲属赴京迭控，审明定拟，恭折奏祈圣鉴事：

窃照淄川县增生毕裕隆，以该县知县林士琦捏款妄杀团长、纵勇殃民等词，控经都察院，于同治二年二月十六日奏奉上谕："此案毕裕隆之侄监生毕澜远，据称办团出力，屡著战功，何以知县林士琦诬以闹漕通贼，将其杀害毁尸，并有纵勇抄掠情事，殊出情理之外。是否属实，亟应彻底根究。著谭廷襄督同臬司，亲提人证、卷宗，秉公严讯确情，按律定拟具奏，毋得稍有不实不尽。原告增生毕裕隆，该部照例解往备质。"并奉寄谕："倘该知县无故擅杀良民，捏款诬告，即著严参治罪，毋得徇隐等因。钦此。"当经升任抚臣谭廷襄行司饬提人卷严讯，因两造供词各执，人证未齐，不克讯结。据报毕裕隆于同治三年二月初十日在押病故，其弟贡生毕华芳结求免验，讯无别故，详批核入正案拟办。又据毕华芳以瞻徇逼供、久押毙命等词，控经都察院，于三年六月初六日奏奉上谕，饬提严讯。兹据兼署臬司卫荣光会同署藩司恩锡节次查讯被证人等，已供指明晰，独毕华芳异常刁健，一味狡执，即据众供情状，拟议解勘前来。臣亲提研鞫。

缘毕澜远系淄川县监生，先未为匪。增生毕裕隆、贡生毕华芳系毕澜远之叔。候补道林士琦前曾代理淄川县知县。咸丰十一年十一月间，毕澜远因与在逃之高振远、韩辅东、孙玉田等举办团练，起意包收漕米渔利，商允高振远等以求官减价为名，纠集万余人，围城半月，经长山团长吴春航劝说解围。毕澜远即与高振远等在西关设局收漕，每升收京钱一百四十二文，以一百二十文交官，余皆分用。十二月初四日，毕澜远与高振远等因粮差袁思茂仍欲送官完纳，喝令团丁捆至城外杀死，尸子袁东洋畏凶未控。前任知县多仁并未禀报，于同治元年正月初八日因病出缺。接署知县麟盛亦未查出具禀，旋即卸事。是年闰八月间，刘得培踞城戕官，派兵攻剿，并委该员林士琦代理县事，于十一月初九日到任，兼办营务。即据候选巡检曹树本以毕澜远等闹漕杀差等情，控经林士琦批准拘究。毕澜远希冀掩饰，即在乡劝捐，并赴营具禀献策，假充好人。十二月初间，林士琦传令乡间出夫挑挖濠沟，修筑炮台。团长附生王海涵带领民夫一百名，赴营听用。毕澜远人夫未到，先在城根往来窥探。时因地雷屡被贼毁，毕澜远行踪诡秘，共疑其为刘逆在营探信，人言藉藉。林士琦闻知，将毕澜远拿获，讯悉前情，核其闹漕杀差、为贼探信，均罪干重辟，即于取供后，就地正法枭示。查其家属先已逃避，将其房屋封锁，派地保李得洋看管。并因毕澜远探信通贼，王海涵必有所闻，欲令其具禀存案，先行录供，通禀饬拿逸犯，一面传知王海涵。因事无确据，未经赴县具禀。嗣毕裕隆由外教读回家，闻知王海涵并未禀控毕澜远通贼，其闹漕一案，前任知县亦未禀办，疑系林士琦捏款妄杀，并闻营中兵勇抢掠乡间财物。毕裕隆一时情急，即以林士琦捏款妄杀团长、纵勇殃民等词，控经都察院奏奉谕旨，饬提严讯；并奉寄谕，倘该知县捏款诬陷，即著严参治罪。屡讯毕裕隆，于毕澜远通贼一节，坚不承认。两造供词各执，人证未齐，不克讯结。据报毕裕隆于同治三年二月初十日在押病故，其弟毕华芳结求免验，讯无别故，详批核入正案拟办。毕华芳疑系瞻徇逼供，久押毙命，心怀不甘，又照毕裕隆控词，并以林士琦前署曹州府任内妄杀贪赃等情，控经都察院奏奉谕旨，饬提严讯。毕华芳坚执控词，不肯输服；要证王海涵亦随同狡展。因思毕澜远闹漕杀差，曾经现署淄川县知县张锡纶访查明确，并取有在城绅士孙百源等并尸子袁东洋供词可证，随将王海涵递回淄川，饬委候补知县王元相会同张锡纶，传集该县举人、曾任定陶县训导刘申祚，并绅士孙百源、刘福泰、孙际东、王普、王珍、翟炳绂、高远龄等研讯，佥称毕澜远聚众闹漕，围城杀差属实。质之王海涵，因刘申祚学德兼优，言非虚诬，随亦信服供认。至所控林士琦逼令王海涵倒填日期、补禀毕澜远通贼，并授意王海涵之父王际祥承认一节，不特卷内并无此件供禀，即王海涵亦称并未具禀教供。惟通贼一节，咸谓并无确据，不敢指证。质之毕华芳，坚供毕澜远并无闹漕杀差暨通贼情事，一味狡执，坚不承招，实属异常刁健。臣查毕澜远聚众闹漕，围城杀差，当时地方官虽未禀报，现经详细查明，该县绅士刘申祚等供证确凿，毕澜远到案时亦自认不讳，林士琦将其正法，系属照例办理。至其如何为贼探信，原禀并未讯明，现查亦无确据，固不能以此坐罪，亦未便因其并未讯明，即定为捏款妄杀。况毕澜远闹漕杀差，已罪犯应死；林士琦原禀谓其通贼，虽属错误，然于罪名并无出入。乃毕华芳不以众供为凭，坚称闹漕亦无其事，诘以有何证据，则又不能指出，其为任意狡执，已属显然。即其牵控林士琦前署曹州府任内妄杀、贪赃各款，委员会同曹州府知府来秀确查，林士琦在任时，拿获余匪马富等二十九名，讯明正法，禀报有案，并非妄杀，亦无赃私确据，显系添砌混告。案经查讯明确，未便因原告一人逞刁狡执，致滋拖累，自应据众证情状，照例拟结。

查例载："刁民假地方公事，约会抗粮，聚众哄堂塞署，逞凶殴官，为首斩决枭示。"又律载："不应重者杖八十。"又例载："内外问刑衙门审办案件，其有实在刁健、坚不承招者，具众证情状奏请定夺。"各等语。此案监生毕澜远因欲包收漕米渔利，辄藉团聚众，围城杀差，威胁官长，玩法已极，自应按例问拟。毕澜远合依"刁民假地方公事，约会抗粮，聚众哄堂塞署，逞凶殴官，为首斩决枭示"例，拟斩决枭示，业已就地正法，应毋庸议。贡生毕华芳京控本管知县林士琦捏款妄杀各情，均尚事出有因，未便坐诬；惟砌词混控，殊属不合，应照不应重律，拟杖八十，照律纳赎。候补道林士琦代理淄川县任内，审办毕澜远闹漕通贼一案，于闹漕杀差已属得实，惟于毕澜远如何通贼，并未讯明，现查亦无确据，虽罪名无关出入，究属处理错误，应请旨交部照例议处。毕裕隆控词失实，本有应得之罪，业已在押病故，讯无别故，应毋庸议。毕澜远聚众闹漕、匿不禀报之前任淄川县知县多仁，业已病故；未经查出之接署知县麟盛，已另案革职，均毋庸议。失察之该管上司，饬令查取职名，送部议处。毕澜远房屋饬属管业。逸犯高振远等饬缉，获日另结。

除供册咨部外，理合恭折具奏，伏乞皇太后、皇上圣鉴训示。谨奏。

同治四年闰五月廿二日奉到回折："军机大臣奉旨：'刑部议奏。钦此。'"

前东海关监督透支经费行令分别着赔片

同治四年闰五月初八日

再，臣前准户部议复东海关办理洋税经费，请照章动用八分及七成船钞一案，内开：前任该关监督崇芳第十结期内，计有透支经费并第九结实存银两并未移交后任，及该员尚有未完之项，行令分别着赔完缴等因。奉旨："依议。钦此。"咨行到臣。当经钦遵转行查办去后。

旋据现任东海关监督登莱青道潘霨禀称：卷查东海关自咸丰十一年七月十七日前监督崇芳开办起，至同治元年十二月十六日卸事止，统征外洋船只进出口洋药正半税钞共银八万八千八百八十一两四钱六分一厘，内开除英、法两国二成会单及动用八分经费暨船钞并借用不敷经费等项，共银四万九千二百八十三两一钱四分七厘，两次奏拨凑解僧营军饷银三万九千五百九十八两三钱一分四厘，洋税项下全数支拨无存。又征收暹逻、内地各船税钞共银二万三千八百六十两一钱五分一厘，内开除动支耗银暨船钞共银三千三百五十四两二钱五厘，又凑解僧营军饷银四千四百一两六钱八分六厘，应实存银一万六千一百四两二钱六分，作为移交常税项下旧管，均属有案可稽。

至部驳崇芳在任十八个月，前据奏称用过经费银二万九百二十六两，兹册造八千二百七十八两九钱二分一厘，计又透支七千七百八十八两九钱二分一厘一节。查当日崇芳造报系自开关日起至交卸日止，而条约内载：各关征收洋税，应以英国三个月为一结，是以现任潘霨造报仍以同治元年十一月十二日第十结起，不得不将崇芳先已开报征除各数截清日期，详晰重复声叙，所有册造开除银两，均于各款之下逐一注明，并无另有透支之款。

又部驳第九结实存应列入第十结作为旧管，崇芳册造实存银三千一百五十两九钱八厘，据称动用无存，第十结又无旧管，是并未移交后任一节。查实存银两业经如数凑解僧营军饷，崇芳造报第九结册内亦已注明，委非漏未移交。其间前后交互，原有声叙未清之处，其报解军饷亦未分款叙明，合再查明，案据开具简明清折，呈送核咨等情。当经核明咨部在案。顷准部复，此案未便据咨办理，应由臣自行具折奏明等因，自系为慎重税课起见。

除清折前已咨部存办外，理合会同三口通商大臣崇厚查叙原委，附片陈明，伏乞圣鉴。谨奏。

同治四年闰五月廿二日奉到回折："军机大臣奉旨：'该衙门知道。钦此。'"

同治四年四月雨泽粮价折

同治四年闰五月初八日

奏为恭报本年四月份雨泽情形并呈粮价清单，恭折奏祈圣鉴事：

窃照三月份雨水、粮价，经臣奏报在案。兹查四月份，据济南府属之历城、章邱、邹平、淄川、齐河、临邑、长清、陵县、德州，泰安府属之泰安、新泰、莱芜、东平、东阿、平阴，武定府属之惠民、阳信、海丰、乐陵，兖州府属之滋阳、曲阜、宁阳、邹县、泗水、滕县、峄县、汶上、阳谷、寿张，沂州府属之兰山、郯城、莒州、蒙阴、沂水，曹州府属之菏泽、单县、曹县、巨野、观城、朝城，东昌府属之莘县、冠县、馆陶、高唐、恩县，登州府属之文登，莱州府属之胶州、即墨，青州府属之博山、安丘、乐安，临清直隶州并所属之武城，济宁直隶州并所属之金乡、鱼台等五十六州县，先后申报于月之初二，十二六七八九，二十七八九等日，各得雨一、二、三寸不等，其余各属虽未一律普沾，而地脉尚形滋润，麦收可期丰稔，洵堪仰慰宸怀。

通省粮价，大致与上月相同。敬缮清单，祗呈御览。为此恭折具奏，伏乞皇太后、皇上圣鉴。谨奏。

同治四年闰五月廿二日奉到回折："军机大臣奉旨：'知道了。钦此。'"

四月份粮价清单

谨将同治四年四月份山东省各属米、谷、麦、豆价值，敬缮清单，恭呈御览。

计开：

济南府属：稻米每仓石价银三两四钱至四两四钱九分，较上月贵五分。粟米每仓石价银一两一钱九分至二两六钱，与上月同。粟谷每仓石价银六钱六分至一两五钱，与上月同。高粱每仓石价银九钱至一两八钱五分，与上月同。小麦每仓石价银一两三钱八分至二两五钱，与上月同。黄豆每仓石价银一两二钱九分至二两一钱七分，较上月贱一分。黑豆每仓石价银一两三钱至二两一钱六分，较上月贱一钱六分。

泰安府属：稻米每仓石价银三两二钱八分至五两，较上月贵一钱一分。粟米每仓石价银一两四钱四分至二两五钱，较上月贵二钱。粟谷每仓石价银八钱八分至一两一钱一分，较上月贵一分。高粱每仓石价银九钱六分至一两三钱四分，与上月同。小麦每仓石价银一两四钱五分至一两八钱四分，较上月贵四分。黄豆每仓石价银一两一钱六分至一两六钱七分，较上月贵一钱二分。黑豆每仓石价银一两六分至一两五钱五分，与上月同。

武定府属：稻米每仓石价银二两四钱八分至五两三钱三分，与上月同。粟米每仓石价银一两四钱一分至二两二钱，与上月同。粟谷每仓石价银八钱二分至一两三钱，与上月同。高粱每仓石价银一两至一两五钱五分，与上月同。小麦每仓石价银二两至三两五分，与上月同。黄豆每仓石价银一两二钱五分至一两八钱一分，与上月同。黑豆每仓石价银一两二钱二分至一两七钱六分，与上月同。

兖州府属：稻米每仓石价银二两四钱四分至四两六钱五分，与上月同。粟米每仓石价银一两三钱五分至二两五钱，较上月贵三钱。粟谷每仓石价银七钱五分至一两八钱五分，与上月同。高粱每仓石价银九钱至一两八钱，与上月同。小麦每仓石价银一两三钱五分至二两四钱，较上月贵二钱。黄豆每仓石价银一两七分至一两六钱，与上月同。黑豆每仓石价银九钱八分至二两，与上月同。

曹州府属：稻米每仓石价银三两三钱至五两，与上月同。粟米每仓石价银一两一钱一分至二两五钱三分，与上月同。粟谷每仓石价银七钱二分至一两八钱三分，与上月同。高粱每仓石价银八钱至一两八钱六分，与上月同。小麦每仓石价银一两三钱六分至二两一钱四分，与上月同。黄豆每仓石价银八钱九分至二两三钱四分，与上月同。黑豆每仓石价银八钱三分至一两九钱五分，与上月同。

沂州府属：稻米每仓石价银二两二钱至三两七钱二分，与上月同。粟米每仓石价银一两五钱五分至二两二钱，与上月同。粟谷每仓石价银七钱至一两三钱，较上月贵一钱。高粱每仓石价银一两至一两四钱七分，与上月同。小麦每仓石价银一两一钱五分至二两二分，与上月同。黄豆每仓石价银八钱五分至一两五钱五分，与上月同。黑豆每仓石价银八钱至一两六钱一分，与上月同。

东昌府属：稻米每仓石价银三两二钱至四两七钱，与上月同。粟米每仓石价银九钱二分至二两四钱五分，与上月同。粟谷每仓石价银六钱至一两四钱二分，较上月贵一钱。高粱每仓石价银六钱六分至一两四钱五分，较上月贱九分。小麦每仓石价银一两一钱至二两三钱五分，与上月同。黄豆每仓石价银九钱三分至二两一钱，与上月同。黑豆每仓石价银七钱六分至一两八钱三分，较上月贱二分。

青州府属：稻米每仓石价银二两二钱四分至四两三钱五分，与上月同。粟米每仓石价银一两四钱六分至二两二钱一分，较上月贵一分。粟谷每仓石价银八钱五分至一两四钱，与上月同。高粱每仓石价银一两二分至一两四钱九分，较上月贵七分。小麦每仓石价银一两一钱至二两四钱九分，较上月贵一钱四分。黄豆每仓石价银八钱九分至一两七钱七分，与上月同。黑豆每仓石价银八钱九分至一两八钱，较上月贵五分。

莱州府属：稻米每仓石价银二两三钱二分至三两一钱，与上月同。粟米每仓石价银一两五分至一两八钱八分，较上月贱七分。粟谷每仓石价银五钱五分至一两一钱二分，较上月贵二分。高粱每仓石价银七钱五分至一两三钱一分，较上月贱四分。小麦每仓石价银一两三钱五分至一两八钱，较上月贱一分。黄豆每仓石价银一两二钱至一两六钱，较上月贵二分。黑豆每仓石价银一两一钱至一两六钱七分，较上月贵一钱五分。

登州府属：稻米每仓石价银二两三钱至三两二钱二分，与上月同。粟米每仓石价银一两三钱一分至二两一钱一分，与上月同。粟谷每仓石价银九钱二分至一两四钱，与上月同。高粱每仓石价银九钱一分至一两四钱六分，与上月同。小麦每仓石价银一两二钱六分至二两一钱，与上月同。黄豆每仓石价银九钱九分至一两八钱，与上月同。黑豆每仓石价银九钱六分至一两八钱，与上月同。

临清直隶州并属：稻米每仓石价银三两四钱五分至四两，与上月同。粟米每仓石价银一两五钱至二两三钱二分，与上月同。粟谷每仓石价银一两九分至一两四钱，与上月同。高粱每仓石价银一两二钱至一两五钱五分，较上月贱二钱。小麦每仓石价银二两一钱至二两五钱三分，较上月贱五分。黄豆每仓石价银一两五钱五分至一两八钱七分，较上月贵二分。黑豆每仓石价银一两五钱五分至二两，与上月同。

济宁直隶州并属：稻米每仓石价银三两八钱三分至六两四钱，与上月同。粟米每仓石价银二两至三两六钱，与上月同。粟谷每仓石价银一两二钱一分至二两二钱四分，与上月同。高粱每仓石价银一两五分至二两六钱五分，与上月同。小麦每仓石价银一两八钱至二两二钱五分，与上月同。黄豆每仓石价银一两一钱六分至二两七钱二分，与上月同。黑豆每仓石价银一两五分至二两九钱二分，与上月同。

审明厘税局委员互讦请旨处分折

同治四年闰五月初八日

奏为审明税局委员互禀各情，请旨分别惩处，恭折奏祈圣鉴事：

窃照前抚臣谭廷襄因督办海口税厘总局试用道玉廉多增小口，据禀分局委员董步云悬示陋规，奏明将该员等一并撤委调省查办，并因委员杨希闵具禀委员徐大容偷漏税厘、委员方朔具禀杨希闵责罚漏税等情，饬司将各该员同案卷撤调来省，归案审讯。杨希闵与方朔各执一词，方朔供又牵混，骤难定案。经臣屡催两司秉公查究，不得稍有偏倚。兹据署藩司恩锡会同兼署臬司卫荣光逐一讯明，分别拟议解勘前来。臣亲提查讯。

如原参"试用道玉廉督办海口税厘总局，一切不甚谙练，偏听委员，多增小口"一节。据试用道玉廉供称，咸丰十一年正月，前署抚臣清盛奏派该员督办海口税厘总局，该员访闻掖县之虎头崖、石虎嘴，蓬莱县之栾家口、稍工场、后营，福山县之八角口均有私装私卸，于四月间将虎头崖、栾家口归附近之海庙、天桥口两处，委员兼收，石虎嘴、稍工场、后营、八角口，委查未能试办，旋于六月二十日交卸。经接办局务候补道呼震会同登莱道复查详准，将虎头崖一口归并海庙，委员就近兼收，余皆封禁。该员试办各口，意在整顿税厘，非因偏听多增。统计春夏两季征收银一万八千九百七十九两零，先后解交藩库兑收，查核案卷，亦属相符。

又如原参"玉廉具禀烟台厘局委员董步云于局门悬示陋规，又不声叙款目"一节。据玉廉供称，咸丰十一年五月，该员因知烟台厘局委员董步云进省，随派局员候补知州方朔前往，帮同委员杨希闵接办。嗣接方朔途次来禀，董步云去时，于局门悬示，言一切陋规，杨令等不得与闻，是以转请查办。据捐升道员前候补知府董步云供称，咸丰十年冬，前抚臣文煜奏派该员督办烟台厘局，禀请委候补知县徐大容帮办。十一年四月十八日，该员进省禀商外国交涉事件，因玉廉所派委员杨希闵甫经到局，恐其妄改旧章，曾标牌示，有"一切旧章不得更改"等语，并无悬示陋规之事。核之前任登州府戴肇辰所查，亦属相符。质之方朔，据供该员奉玉廉委赴烟台接办厘局，在黄县道中闻董步云进省后仍回烟台，故发禀力辞此差。因闻董步云去时，局门悬示陋规，即顺叙此句。后抵烟台，知董步云办理厘税俱照定章，其进省时恐帮办委员杨希闵更改旧章，故悬示局门，并无陋规字样。因思陋规等项果有其事，岂肯悬示？该员事后曾经禀明。至原禀陋规二字，实因黄县离烟台二百余里，传闻不确，并非捏禀。

又如候补知县杨希闵所禀"咸丰十一年四月初一日，该员接办烟台厘局，查有恒盛号洋药十五箱，经董步云委员徐大容于十九日向该铺催取厘税银一百七十余两。该员赴铺查验，洋药已卖，仅有盖戳纸包。局务既交该员，何以徐大容仍收厘税，疑系偷漏"一节。据候补知县徐大容供称，是年二、三月间，恒盛号先后报卸洋药十五箱内，有八箱系洋行卸在协盛号押账，因无售主，并未赴局盖戳。迨四月报解春季厘税，因该铺洋药系春季报卸，是以催令完纳厘税，印给纸包，将所收银两汇入春季厘税，共银一千四百七十七两零，会同前署福山县陈寿元报解，并无偷漏情弊。至四月初一以后，厘税始归杨希闵管理，曾经登州府戴肇辰查无弊窦，禀复在案。质之杨希闵，并不能指出偷漏确据。

又如候补知州方朔所禀"闻得杨希闵到局后，初则抢夺徐大容戳记，继欲驱逐董步云幕友，并责罚漏税，致行户赴县呈请歇业。又欲革换夫头，每名可得钱四五百千"一节。据杨希闵供称，局中戳记、卷宗等件，系董步云进省时面谕徐大容送交该员接收，何有抢夺情事？至局中幕友系董步云延请，该员系帮办之员，何能驱逐？该员到局后，亦无因漏税送县责罚，并欲革夫头之事。委员会同福山县陈寿元查禀，亦称全无影响。质之方朔，则称昔存今故之福山海口巡检方信芳与诸幕友向伊告说，并非亲见。

又如方朔所禀"董步云幕友前任藩库大使宋希尧，于该员赴青岛厘局时，送来一单，上写杨令与其幕友周姓偷卖厘税，亲至行户交手［收］，如顺和行偷卖厘税八两，德增行偷卖黄豆税八十石、上纸厘税五十块，其余偷卖不一而足"一节。据杨希闵供称，烟台报税章程每逢装卸货物，行户先将货单开送正副委员，眼同书役、行户、商人查看明白，共合厘税若干，登记账簿，毫无弊窦。方朔原禀偷卖厘税为数无多，该员虽微末穷员，何至贪鄙若此？且经委员会同福山县陈寿元查明并无偷卖情事。又据原任藩库大使宋希尧供称，该员曾与方朔闲谈，方朔询其杨希闵幕友周姓有无弊窦，该员答以风闻周姓有得受顺和等行银两情事，并无实据。方朔因听不明晰，令该员写给阅看，并非言杨希闵偷卖厘税。质之方朔，供亦无异。原禀之不实，已属显然。

又如方朔所禀"杨希闵买娶娼妇李玉环，离烟台十八里，居住一二日即回其寓，与李娼妇对吸鸦片烟"一节。据杨希闵供称，该员本有一妾玉兰，先系伊母价买之婢，后因该员无子，命收作妾，并非娼妇；该员向不吸食鸦片烟，亦无宿娼之事。饬提李玉环之父李瓜仔查讯，亦称伊女并未卖娼，系卖与杨姓为婢，得身价钱五十千属实。质之方朔，据称原禀杨希闵买娶娼妇、吸食鸦片亦系已故巡检方信芳所说，该员未曾亲见。

又查方朔初供"玉廉交给札文，索要喂养等项银两"一节。据玉廉供称，总局递送各口公文夫马喂养并更夫等项工食无款可筹，札饬各局于平余项下解银一百六十四两，尚不敷银四十，该员自行垫出。此系因公解支，并非需索，查核案卷，亦属相符，方朔原供索要二字殊属荒诞。

又查方朔奉委赴烟台帮办厘局，因知董步云仍欲回局，不愿在彼，禀求玉廉赏派一口。玉廉即委方朔往办青岛厘局。其禀内始陈需次苦况，求派优差，继许补缺在迩，必酬厚恩，满纸卑鄙龌龊之词，诚难掩饰。

以上各情，均经详查确讯。惟方朔原禀杨希闵责罚漏税、欲革夫头、买娶娼妇、吸食鸦片等事，坚供系福山县巡检方信芳与诸幕友所说。方信芳业已物故，幕友并无姓名，所供是否属实无可推求，应即拟结。此案候补知州方朔派赴厘税局当差，先后禀讦委员董步云悬示陋规，杨希闵偷卖厘税、买娶娼妇、吸食鸦片烟各情，均称得自传闻，未便坐诬，惟于督办道员玉廉先则求其派差，后则供其需索，已属反复无常，且求差禀词尤为卑鄙龌龊，应请旨即行革职，并勒令回籍，不准在东透［逗］留。试用道玉廉督办海口税局，其试办各口意在整顿税务，非因偏听，委员多增小口。原禀董步云悬示陋规，系据方朔禀词转禀，札提喂养等银，确系因公解支，均无不合。惟于方朔禀求差使，即委令往办青岛厘局，虽非曲法瞻徇，究属因求即委，不知引嫌。候补知县杨希闵帮办烟台厘局，虽查无偷漏厘税、买娶娼妇、吸食鸦片烟各情，惟疑同局委员徐大容偷漏洋药税厘，并不就近查明，辄行具禀，实属禀揭失实。前任藩库大使宋希尧，于方朔询问杨希闵幕友周姓有无弊窦，该员辄以风闻周姓得受各行银两相告，殊属多言，应请旨一并交部，分别议处。候补道董步云并无悬示陋规；候补知县徐大容亦未偷漏税厘，均毋庸议。

再，全案琐碎情节，未便冗叙，已分咨吏、户、刑三部查照，合并陈明。为此恭折具奏，伏祈皇太后、皇上圣鉴训示。谨奏。

同治四年闰五月廿二日奉到回折："军机大臣奉旨：'方朔著即行革职，并勒令回籍，不准逗留。玉廉、杨希闵、宋希尧均著交部分别议处。余依议。钦此。'"

堂邑知县董槐勒缉赃贼已获请准开复折

同治四年闰五月初八日

奏为勒缉赃贼已获，请旨将原参县令开复顶戴，恭折奏祈圣鉴事：

窃臣奏参堂邑县知县董槐疏防城内事主许学颜等铺内被窃银两、衣物，并被拒伤一案，于同治三年十一月二十一日奉旨："董槐著摘去顶戴，勒限两月严缉。倘限满无获，即著从严参办。钦此。"当经行司饬缉。

兹查该员董槐先于九月二十八日暨十二月二十五日拿获贼犯娄二、王四，并起获原赃衣物，讯明娄二与现获之王四，在逃之齐二、吕六同伙四人，持械行窃事主许学颜等铺内银两、衣物。王四等携赃先逃，娄二逃出院内，因被事主追捕，用木柴拒伤许学颜、王清太平复，分别拟以流徒详咨。是该员已于勒缉限内获犯及半，兼获拒捕之犯，尚知奋勉。据藩、臬两司具详前来。相应请旨，将堂邑县知县董槐开复顶戴，以昭激劝。为此恭折具奏，伏乞皇太后、皇上圣鉴训示。谨奏。

同治四年闰五月廿二日奉到回折："军机大臣奉旨：'董槐著开复顶戴。钦此。'"

起运同治三年漕粮数目折

同治四年闰五月初九日

奏为查明起运同治三年漕粮，并搭运省局捐输米石数目，恭折仰祈圣鉴事：

窃照漕粮攸关天庾正供，应将起运数目先行奏报，历经遵办在案。兹据督粮道沈维瓛详称：山东省同治三年分额征起运正耗漕米、豆、麦三十一万六千四百七十四石五斗四升二合七勺，内除历城等州县蠲缓米、豆、麦及抵额耗豆四万二百九十六石五斗一升一合，共应起运米、豆、麦二十七万六千一百七十八石三升一合七勺；又带征漕粮及蓟粮改运京仓，并续完咸丰十年、十一年旧欠漕米正耗豆、麦三万五千二百三十二石三斗五升五合三勺，统共实应起运米、豆、麦三十一万一千四百一十石二斗八升七合。又搭运前存省局捐输米二千六百三十四石五斗五升五合。开册请奏前来。臣复核相符。

除册咨部外，理合恭折具奏，伏乞皇太后、皇上圣鉴。谨奏。

同治四年闰五月廿二日奉到回折："军机大臣奉旨：'户部知道。钦此。'"

咸丰八年征收漕项钱粮奏销截数比较折

同治四年闰五月初九日

奏为咸丰八年分征收漕项钱粮奏销截数循例比较，恭折奏祈圣鉴事：

窃照漕项钱粮，例应奏销截数时，将征收银两比较上三年完欠分数，开单奏报，历经遵办在案。兹据督粮道沈维瓛详称：咸丰八年漕项钱粮，除各属因灾蠲缓，实应征解银三万九千一百二十四两五钱五分五厘，照章作为十分核计，自咸丰八年二月开征起，至造报奏销截数止，已完八分九厘六毫银三万五千六十三两九钱二分四厘，未完一分四毫银四千六十两六钱三分一厘，比较咸丰五年多完六厘六毫,比较咸丰六年多完一厘五毫,比较咸丰七年多完五厘一毫等情,详请具奏前来。臣复核无异。

除咨户部查照,并饬将未完银两赶紧催解外,理合开具比较清单,恭呈御览。为此循例恭折具奏,伏乞皇太后、皇上圣鉴。谨奏。

同治四年闰五月廿二日奉到回折:"军机大臣奉旨:'户部知道。单并发。钦此。'"

谨将山东咸丰八年分征收漕项新赋,比较上三年已未完分数,缮具清单,恭呈御览。

咸丰八年分额征漕项新赋,正银五万一千七百七两八钱二分六厘,内除因灾共应蠲缓银一万二千五百八十三两二钱七分一厘,钦奉上谕分别蠲缓,实征解银三万九千一百二十四两五钱五分五厘。遵照奏案,于奏销截数止,已完八分九厘六毫银三万五千六十三两九钱二分四厘,并无春拨、秋拨银两,理合注明,未完一分四毫银四千六十两六钱三分一厘。比较咸丰五年应征银三万七千七百六十四两九钱九分四厘,已完八分三厘银三万一千三百五十四两三钱五分二厘,未完一分七厘银六千四百一十两六钱四分二厘,计多完六厘六毫银二千五百八十二两二钱二分一厘。比较咸丰六年应征银三万七千四百八十六两一分四厘,已完八分八厘一毫银三万三千三十五两三钱三分,未完一分一厘九毫银四千四百五十两六钱八分四厘,计多完一厘五毫银五百八十六两八钱六分八厘。比较咸丰七年应征银三万九千二百一十九两一钱七分七厘,已完八分四厘五毫银三万三千一百四十两七钱三分五厘,未完一分五厘五毫银六千七十八两四钱四分二厘,计多完一厘一毫银一千九百九十五两三钱五分二厘。带征漕项旧赋正银三百六十四两七钱一厘,十分全完。

再,查咸丰五、六、七等年应征旧赋,因被灾,钦奉上谕,复经全行递缓,是以无从比较,合并声明。

勒追赃盗逾限不获知县郭尚桓另案参革片

同治四年闰五月初九日

再,查前抚臣谭廷襄奏参武城县知县郭尚桓疏防,事主任体太等在途被劫钱物一案,同治元年八月初八日奉旨:"郭尚桓先行交部议处,勒限一月严缉。

余依议。钦此。"嗣经吏部议以降一级留任查级抵销，咨行遵照在案。至今勒限早满，犯无报获，实属不知奋勉。本应照例严参，惟该员郭尚桓已因亏案，经臣奏参，革职监追，应毋庸议。兹据藩、臬两司具详前来。臣复核无异。

除咨部外，理合附片陈奏，伏乞圣鉴。谨奏。

同治四年闰五月廿二日奉到回折："军机大臣奉旨：'知道了。钦此。'"

代缴已故登州镇总兵奉到御批片

同治四年闰五月初九日

再，登州镇总兵李懋元因病出缺，其任内奉到御批十三件，现由护理总兵施元敏咨臣代缴。

除咨奏事处外，理合附片奏闻，代为恭缴，伏乞圣鉴。谨奏。

同治四年闰五月廿二日奉到回折："军机大臣奉旨：'知道了。钦此。'"

咸丰九、十两年引票数目及本年盐务疲累情形折

同治四年闰五月初九日

奏为查明咸丰九、十两年引票各地应完加价各数目，及交卸各官欠款分别勒追，毋庸再议摊赔，本年盐务疲累，京饷尽征尽解，各处协饷一概停拨，南运引地万难另提济饷，据实复奏，仰祈圣鉴事：

窃臣接准户部议复东省请裁同治以后盐务一文加价，并分限带征咸丰九、十两年加价一折，饬令将引票各地应完银数各若干及已经交卸各官逐一查明欠款，分别追缴，或责令现行官商设法摊赔，详细声明到部核办。又议复南运引盐仍归东省办理一折，令即体察情形，每年另提济饷若干，以充僧营军饷等因。均奉旨："依议。钦此。"咨行到臣。当即钦遵行司查议去后。

兹据署盐运司卫荣光详称：遵查咸丰九、十两年各官商已领引票欠缴一文加价银十四万一千三十七两一钱六分，内有引地官商欠缴银八万三百十一两一钱二分，票地现行官商欠缴银三万一千三百四十四两五钱，共银十一万一千六百五十四两六钱二分，分限四年随同新纲引票按数摊完。自同治四年为始，官行盐务一经交卸，即移交后任，随引带完。商人买卖地方，照此办理。倘不能

年清年款，逾限再有蒂欠，则正课亦有未完，州县官本应按年核计分数，照例揭参，商人立即比追，不必再予勒限，转致宽纵。前议勒追著赔逾限严参一节，系专指业已交卸各官而言。其应完银二万九千三百八十二两五钱四分，内有引地各官欠缴银一万八千四百四十五两二分，票地各官欠缴银一万九百三十七两五钱二分，应请以同治四年四月初八奉文之日起限催追，俾归有著，逾限照章参办，毋庸另议摊赔。至加价既经奉拨京饷，自应勉力催征。惟查同治元年库存加价仅有二百余两，下余未完随同是年旧引征收。而该年积引前蒙恩准分作八年带销，现若新旧并催，不特与奏案不符，抑且商力未逮。此元年加价不能接征之实情也。所有咸丰九、十两年及同治四年加价，俱随新纲引票征收。而引票到东三月有余，兑领者不及十分之一。兖、沂、曹、济各属，发、捻纷至沓来，百姓荡析离居，销路壅滞，难期起色。南运道路梗塞，各商裹足不前，即使勉强接办，只可循照东省旧章办理。至另提济饷之议，毫无把握，势难遵办。永阜场为引地春盐总汇之区，票地章邱等州县俱各赴彼春运。春间水势浩瀚，存盐多被淹没，新盐又不旺产，兼之民情惶惧，春运尤属不易。全局掣动，商力甚迫，不能不据实直陈。惟冀东省及早肃清，督饬商灶竭力晒运，课款专顾京饷。此外各处协饷即年清年额，无款筹拨，一概均免拨解等情，请奏前来。

臣逐加复核，均系实在情形。南运引地前由粮台筹发运本，试办接济军饷，原属一时权宜。现因粮台办理难以畅销，复请改归东省仍照先课后盐向定章程核办。但求引岸得免废弛，已属万幸。若仍前提银充饷，势必贻误大局，未敢稍事迁就。所有另提济饷一节，应请毋庸置议。至东纲素称疲累，刻又贼匪滋扰，惟有督饬运司破除情面，力求整顿，以资补救。

除分饬官商将应完各该年加价照案赶紧清缴并咨部查照外，所有查明咸丰九、十两年引票各地应完加价各数目，交卸各官欠款，分别勒追，毋庸摊赔，暨本年京饷尽征尽解，停止凑解各处协饷，及南运另提济饷力难遵办各缘由，理合恭折复奏，伏乞皇太后、皇上圣鉴训示。谨奏。

同治四年闰五月廿二日奉到回折："军机大臣奉旨：'户部知道。钦此。'"

请旌恤沂州府属阵亡绅团并殉难妇女折

同治四年闰五月初九日

奏为查明沂州府属阵亡绅团并殉难妇女，吁恳分别旌恤，恭折奏祈圣鉴事：

窃照咸丰十一年间，沂州府属被棍、幅各匪迭次滋扰，其阵亡殉难男妇，屡经檄饬查报。兹据兰山、郯城、费县、莒州、蒙阴、沂水、日照等州县查明阵亡官绅三十员名，阵亡团长三十二名，阵亡团丁一千九百七十五名，殉难妇女一百七十口，由军需总局司道核明造册，详请具奏前来。臣复核无异。相应请旨敕部，将阵亡官绅、团长从优议恤，阵亡团丁同殉难妇女分别照例旌恤，以广皇仁而维风化。

除将各册咨部并饬查未报各属另行办理外，为此恭折具奏，伏乞皇太后、皇上圣鉴训示。谨奏。

同治四年闰五月廿二日奉到回折："军机大臣奉旨：'著照所请，交部分别旌恤。钦此。'"

临清工关征收短绌折

同治四年闰五月初九日

奏为临清工关一年期满，征税短绌实在情形，恭折奏祈圣鉴事：

窃照临清关税银，向委临清直隶州知州征收，按年核其完数，由臣奏报。工关每年应征正额银四千五百七十二两七钱四分，盈余银三千八百两，以二千二百八十两为额内，一千五百二十两为额外。兹据署济东泰武临道衡龄转据临清州知州张应翔详称：工关征税自同治三年正月初八日开河起，至十二月二十九日年满止，共征短载、盐货正银五千三百五十五两四分，扣除应征定额，计收额内盈余银七百八十二两三钱，缺收额内盈余银一千四百九十七两七钱，额外盈余银一千五百二十两全数无收。其短收之由，实缘工关仅征船料，全赖汶、卫两河船只往返流通，庶可征收足额。自黄水穿运，河身极形淤浅，前年贼匪滋扰，砖板两闸严闭蓄水，沙泥不能随溜而行，愈垫愈高，张秋一带竟成平陆，汶河几同废弃，只赖卫河一路，而上游各马头俱遭贼匪焚掠，元气未复。直隶龙王庙等处，设有厘卡，怵于节节输纳，率皆裹足不前，以致征收短绌，并非经征不力。兹届一年期满，恳请据情具奏前来。臣复加访察，委系实在情形，迥非寻常商贾稀少可比。

伏查咸丰三年钦奉上谕："各关征收税课，仍遵定额税数照常征收，不得以尽征尽解违例奏请，如将来亏短实属有因，著俟一年期满奏报到时，由部酌量情形，请旨核办等因。钦此。"钦遵在案。今工关税银短少，实属有因，委非经征不力,应否免其著赔议处,相应据实声明,听候敕部核复。为此恭折具奏,伏乞皇太后、皇上圣鉴训示。谨奏。

同治四年闰五月廿二日奉到回折:"军机大臣奉旨:'该部议奏。钦此。'"

出省日期并酌拟驻军地方兼筹策应折
同治四年闰五月初十日

奏为恭报微臣出省日期,并酌拟驻军地方,以便训练勇营,兼筹策应,仰祈圣鉴事:

窃臣于初三日钦奉寄谕:"阎敬铭仍遵前旨,驰赴济宁一带,整顿防兵,稽查伏莽,务将善后事宜妥为布置等因。钦此。"臣仰承宸训,钦感未名。亟拟刻日起程出省,当因初四、五日,先饬济宁一路护送亲王僧格林沁灵榇回京;初七、八、九等日,将在省募齐之勇营饬令分起拔队,陆续前行,以免中途滋扰,臣即料理起程。

惟查臣此番出省,以整顿勇营为强兵之计,以相度地势为策应之方。勇不嚣杂,则训练易成;地居适中,则声息不隔。济宁五方杂处,为水陆要冲,固应重兵守之。现在则丁宝桢之军、陈国瑞之军、将军宗室国瑞之军,合计马步不下万余,群集于济宁之内外,已觉头绪烦多,臣若复驻军数千,窃虑兵勇纠纷,势难整暇。且臣之军皆自为选募,欲使身耐勤苦,野宿营盘,朝夕训练,而后可以使战。臣酌拟地势,请驻军于兖,便于扎营。其地则南由滕、峄直达徐州,北接泰安,西近济宁,曾国藩计日到徐,臣既可声息相通,即汶、济沿运一带,皆可兼顾。陈国瑞如带勇赴皖,有丁宝桢相接刘铭传之军,济宁不病空虚。而臣得在兖郡调练新兵,使不睹繁华,不病搀杂,庶期知有纪律。虽兵事变化无定,将来即随处移营,而南北适中策应,亦为便捷。此臣之愚见,现在以驻兖为宜。拟即于十一日起程赴兖,容臣到彼,再将布置情形,由驿驰陈。

现据刘铭传咨称,派令提督唐殿魁驻扎巨野,道员刘盛藻驻扎马村集,该提督驻扎长沟,首尾相应,以期保护运河西岸。臣崇厚现驻东昌,臣遵旨饬令河北文武均归调度,臣不时函商防河之策,并督饬东昌府照直隶水师营船式,赶办炮船,仍以在河试验为准,办有成效,即当详细奏陈。至臣出省后日行事件,同解审命盗等案,即委署藩司恩锡代行代勘,紧要事宜仍由臣行次办理。

再,成保、郭宝昌适由济宁押解至省,臣即亲提讯问,供词大概情形,仍饬藩、臬两司严行研讯，勿稍瞻徇，由臣复核，按律定拟。

所有臣恭报起程日期并拟驻兖州各缘由，恭折驰奏，伏乞皇太后、皇上圣鉴训示。谨奏。

同治四年闰五月十六日奉到回折："军机大臣奉旨：'知道了。著于到兖后察看地势，择要驻扎，仍随时与曾国藩等联络声势。倘贼有回窜消息，务须实力堵剿，不准稍涉松懈。钦此。'"

筹拨崇厚等处协饷并拨解京饷片
同治四年闰五月初十日

再，臣钦奉寄谕："据崇厚奏，直省需饷甚巨，行令通盘筹画，按月协济银三万两等因。钦此。"钦遵行司筹解在案。现在通商大臣崇厚酌带兵勇来东，需饷孔殷，自应就近接济，以资军食。经臣饬据署藩司恩锡先后详报，在于司库正杂款内筹银一万两，委候补未入流张焱煌管解；再在提存东海关税项下支银一万两，委候补从九品刘润领解，赴该大臣行营交兑。又，应协直隶提督刘铭传军饷，前已奏报解过银八千两，兹续筹银一万二千两，委候补未入流黄廷谟解交该提督行营查收。又，运库本年奉拨京饷，业经陆续解过银六万两。现据署运司卫荣光详报，筹动库存正杂课款并各年加价共银四万两，同应交加平银六百两、部饭银六百两，饬委候补运库大使沈崇礼、候补盐经历姜敦堉，解赴户部交纳各等情前来。

除分咨查照并仍分饬力筹续解外，理合汇案附片奏闻。

再，查东省刻下增兵添勇，需饷浩繁，各处协饷，拨解频仍，司库上忙钱粮，随入随出，并无存储。现饬提东海关常税银五万两，解交藩库，兑收备用。合并陈明，伏乞圣鉴。谨奏。

同治四年闰五月十六日奉到回折："军机大臣奏：'户部知道。钦此。'"

驻营兖州并安置国瑞各勇队及筹防情形折
同治四年闰五月二十一日

奏为臣驻营兖州，并国瑞分拨招集各勇及马队弁兵酌拟安置缘由，及现在筹防各情形，恭折驰陈，仰祈圣鉴事：

窃臣于闰五月初十日恭报起程赴兖日期，即于十五日到兖。十六日钦奉批旨："知道了。著于到兖后察看地势，择要驻扎，随时与曾国藩等联络声势。倘贼有回窜消息，实力堵御等因。钦此。"

窃臣先据探报，贼匪大股围攻皖省雉河集甚急，即经遵旨檄催陈国瑞拔队南行，曾国藩亦檄刘铭传一军赴徐。陈国瑞并康锦文均于十二、十四等日陆续起程，刘铭传于十八日起程，皖省四面大兵渐进，可期合围。至东省防守不可稍松，臣既调各营扎于兖、济之间，丁宝桢复先派候补知府龚易图同副将王心安四营，往金、嘉、巨、郓、范、濮、菏泽一带，候补知府惠庆同游击冯义德二营，往定陶、城武、曹、单一带，慰抚居民，严搜土匪，以除内患而靖边围。容俟该守等查阅既周，再行详奏。

前杭州将军国瑞，奉旨进京。臣闻有新集各勇拨归山东之信，于十七日驰赴济宁，与该将军酌商，即于十八日途次，接准该将军咨开，各营马步官兵弁勇，分别拨归直、东各缘由，抄录原奏，咨行到臣。查原奏内称：拨归山东马队弁勇共一千三百三十三员名，步勇共四千名等因。臣到济后，与该将军面议筹饷之艰，防患之不易；惟既经具奏，臣自应俟旨遵行。第目前之难与日后之虑，臣不敢不详言之。

伏查用兵先筹资粮，此古今不易之理，强弱多寡犹其后也。山东之饷，出于地丁，去岁甫有起色，今年军务骤兴，上忙仅收七八十万两，兵燹之后，下忙之请蠲、请缓，其收数不问可知。而以近处切要之协饷计之，则曾国藩之饷每月万两，鼎营淮勇之饷每月一万五千两，前副都统定安之饷每月三千两，崇厚河防之饷每月拟二万两，陈国瑞、康锦文之饷每月拟一万两，即以此计之，每年已需银一百三万六千两。至于陕甘之饷，直隶之饷，更有难于兼顾者矣。以本省之军饷计，臣现编列各勇营，拟敛约淘汰，以二十二营为断；势不可因用勇而废兵，臣又拟挑备常调征兵，以三千名断，合计不过一万三千名。然以此计之，每年已须六七十万两，军火、器械以及添设炮船经费尚不在内。至于各营常饷，各项公用，更有不暇筹及者矣。臣与藩司屡筹，即此已恐难支应，实不胜万分焦灼，若更添此马步五千余众，即使人皆劲派，亦难再益饷糈。况步勇系招集散亡，加以新募，漫无纪律，杂厕纷纭，此济宁人人皆知者。即臣之勇丁亦尚欲敛约淘汰，以防将来，如霆营岂非劲兵，臣敢引以为鉴。臣愚以为当今亟务，惟先筹饷而后可言增兵，此不独东省为然。今国瑞所奏分拨马队，又招集各项步勇到臣，如蒙允照所请，臣自应接管，以免目前散而无归。

特所拨步勇四千名，仍即严密察看，可留者留，可撤者撤，固不可遣之太速，亦不可任其丝棼。其马队官兵弁勇一千余名，似堪备为追骑。现在东防稍缓，而皖省正吃紧之时，臣拟咨商曾国藩，如调之赴援，可期迅速而应急用。此臣酌拟安置之法也。

至东省应筹防兵及策应追剿之兵，臣屡承宸训周详，敢不速筹布置。惟臣查东省地势，河北一路，凭依水险，可以炮船及臣所派陆岸兵勇作为防兵；兖、沂、曹一路，无险可扼，只宜以剿为防，不能专守一处。曾国藩督师北来，所带仅只六营，亦必须遣调各省之兵，以为相机进取之计，东省应听其指挥。所谓策应者在此，所谓出省进剿者亦在此。臣俟前调已革总兵杨飞熊由楚北抵东后，将旧营、新营分别归并，择立统将，使之整而不散，然后合者可分，再将布置情形，详明入告。此时各营及新拨之勇，尚须以次清厘，臣未敢即谓有制。臣于军旅固所未习，惟有求一实字，期于勇归有用，饷不虚縻，上报高厚之恩于万一。

所有臣驻营兖郡并拟安置国瑞分拨兵勇及现办筹防各情形，理合恭折驰奏，伏乞皇太后、皇上圣鉴训示。谨奏。

同治四年闰五月廿八日奉到回折："军机大臣奉旨：'另有旨。钦此。'"

僧格林沁粮台积存银两请旨拨解片

同治四年闰五月二十一日

再，据委办粮台兖沂曹济道卢朝安详称：前任钦差大臣亲王僧格林沁统带大军，剿办发、捻各逆，奏派山东备办粮台，所需军饷，先系直隶、河南、山东每月各协解银三万两，山西每月协解银二万两。嗣因直隶亦办军务，奏准自同治二年八月以后，暂行停解，改派山东每月协拨银五万两，河南、山西照旧协拨。其在营满蒙旗、绿各营马步兵勇，遵照札发章程，督饬局员，核实支放杂支用项，不敢稍涉虚縻。初时月饷，每虞不继。迨同治三年，协款渐有起色，复经僧格林沁谕令粮台稍可周转，每月量提若干，以备缓急之用，俟凯撤时，奏归部库，以昭节省。计截至同治四年五月底止，查核粮台总局铢积寸累，共已积存银二十万两，因大营节节移扎，未便携带，拨交河南陈州府库暂为寄存，现尚未经动用，呈请查核等情前来。

臣查僧格林沁一军，自咸丰十年冬间来东剿匪，其时各省协饷拨解寥寥，各营多有欠发之款，惟以忠勤诚勇感动士心，虽庚癸频呼，无不用命，以次扫除巨憝，克奏肤功。迨协饷稍觉充裕，即又谕饬粮台，随时撙节，冀有余存，两年之间，积至二十万两，其公忠体国念念不忘之诚，实足令人闻风起敬。现在宗室国瑞奉旨回京，在营马步兵勇均已分别遣撤酌留，其粮台支销截止各事宜，当饬卢朝安详慎勾稽，另行核办。所有前项积存饷银二十万两，应如何拨解之处，理合据实陈明，请旨遵行。谨附片陈奏，伏乞圣鉴训示。谨奏。

同治四年闰五月廿八日奉到回折："军机大臣奉旨：'此项积存饷银二十万两，前据国瑞奏到，已谕交曾国藩查明存案，如江、皖、豫三省何路军需紧要，即由该省商同曾国藩酌量提拨应用矣。钦此。'"

总兵陈国瑞营军饷请旨定拨片
同治四年闰五月二十一日

再，据总兵陈国瑞咨称：所部勇丁，除前接郭宝昌队现拨交康锦文管带三千余名不计外，该部下所存勇队及副将陈振邦等由徐、淮新招之勇，共有七千余名，饷糈一切必须预为酌定，虽有晋、豫、东三省协饷，仍恐不敷。此后拟以晋省协饷专济康锦文队，豫、东两省协饷专济该镇饷糈，咨查前来。

臣查陈国瑞、郭宝昌之军，于同治二年由清、淮来东后，随从僧格林沁剿匪，奏准另拨协饷，东省随时筹济，均由该营自行核支，一切军火亦由该营自行办理在案。本年四月挫失之后，陈国瑞无所禀承，其募补勇队若干，臣亦不便与闻，所有饷需，不能不力为接济。今咨称分拨饷需之处，自应请旨遵行，以立定章而昭核实。谨附片陈明，伏乞圣鉴。谨奏。

同治四年闰五月廿八日奉到回折："军机大臣奉旨：'另有旨。钦此。'"

同治四年二麦约收分数折
同治四年六月初一日

奏为循例查报二麦约收分数，恭折奏祈圣鉴事：

窃照二麦收成，例应将约收分数先行奏报。东省本年二麦因去冬雪泽渥沾，今岁自春徂夏，风霾不作，旸雨应时，各属收成尚称中稔。前因将届登场，经臣饬司查报去后。兹据十府、二直隶州查明各州、县、卫及盐场、灶地二麦约收分数，开折报由署藩司恩锡汇详请奏前来。臣复加查核。沂州、登州、莱州、青州四府属约有六分余；济南、泰安二府，临清直隶州并属约有六分；武定、兖州、曹州、东昌四府，济宁直隶州并属约有五分余，通省均匀牵计约收五分余。

除俟饬查实在确收分数恭疏题报外，所有东省同治四年二麦约收分数，理合循例专折具奏，伏乞皇太后、皇上圣鉴。谨奏。

同治四年六月十九日奉到回折："军机大臣奉旨：'知道了。钦此。'"

同治四年五月雨泽粮价折

同治四年六月初一日

奏为恭报五月份雨泽情形并呈粮价清单，奏祈圣鉴事：

窃照四月份雨水、粮价，经臣奏报在案。兹查五月份，据济南府属之齐河、禹城、临邑、长清、陵县、德州、德平、平原，泰安府属之泰安、新泰、肥城、东平、东阿、平阴，武定府属之惠民、海丰、乐陵、商河、沾化，兖州府属之滋阳、曲阜、宁阳、邹县、泗水、滕县、峄县、汶上、阳谷、寿张，沂州府属之兰山、费县、莒州、蒙阴、沂水、日照，曹州府属之单县、城武、巨野、郓城，东昌府属之聊城、堂邑、博平、茌平、清平、馆陶、高唐、恩县，登州府属之海阳、荣成，莱州府属之平度、昌邑、高密、胶州、即墨，青州府属之高苑、博山、诸城，临清直隶州并所属之夏津、武城，济宁直隶州并所属之金乡、鱼台等六十二州县，申报月之初三五六七十，十一二，二十一二五七九等日，各得雨一、二、三、四寸不等。获兹澍雨滋培，禾稼益形芃茂，洵堪仰慰宸怀。

至各属市集粮价，稍有长落，大致与上月相同。敬缮清单，祗呈御览。为此恭折具奏，伏乞皇太后、皇上圣鉴。谨奏。

同治四年六月十九日奉到回折："军机大臣奉旨：'知道了。钦此。'"

五月份粮价清单

谨将同治四年五月份山东省各属米、谷、麦、豆价值，敬缮清单，恭呈御览。

计开：

济南府属：稻米每仓石价银三两四钱至四两五钱六分，较上月贵七分。粟米每仓石价银一两一钱九分至二两六钱，与上月同。粟谷每仓石价银七钱三分至一两五钱一分，较上月贵一分。高粱每仓石价银九钱至一两八钱五分，与上月同。小麦每仓石价银一两三钱二分至二两四钱，较上月贱一钱。黄豆每仓石价银一两二钱九分至二两二钱八分，较上月贵一钱一分。黑豆每仓石价银一两三钱至二两一钱五分，较上月贱一分。

泰安府属：稻米每仓石价银三两二钱八分至五两八分，较上月贵八分。粟米每仓石价银一两四钱六分至二两五钱，与上月同。粟谷每仓石价银八钱八分至一两一钱一分，与上月同。高粱每仓石价银九钱六分至一两三钱六分，较上月贵二分。小麦每仓石价银一两三钱一分至一两八钱，较上月贱四分。黄豆每仓石价银一两二钱二分至一两五钱六分，较上月贱一钱一分。黑豆每仓石价银一两一钱三分至一两四钱九分，较上月贱六分。

武定府属：稻米每仓石价银二两四钱八分至五两三钱三分，与上月同。粟米每仓石价银一两四钱一分至二两二钱，与上月同。粟谷每仓石价银八钱二分至一两三钱，与上月同。高粱每仓石价银一两至一两五钱五分，与上月同。小麦每仓石价银二两至三两五分，与上月同。黄豆每仓石价银一两二钱五分至一两八钱一分，与上月同。黑豆每仓石价银一两二钱二分至一两七钱六分，与上月同。

兖州府属：稻米每仓石价银二两四钱四分至四两六钱五分，与上月同。粟米每仓石价银一两三钱五分至二两五钱，与上月同。粟谷每仓石价银七钱五分至一两八钱五分，与上月同。高粱每仓石价银九钱至一两八钱，与上月同。小麦每仓石价银一两三钱五分至二两三钱，较上月贱一钱。黄豆每仓石价银一两七分至一两六钱，与上月同。黑豆每仓石价银九钱八分至二两，与上月同。

曹州府属：稻米每仓石价银三两三钱至五两，与上月同。粟米每仓石价银一两一钱一分至二两九钱二分，较上月贵四钱。粟谷每仓石价银七钱二分至一两八钱三分，与上月同。高粱每仓石价银八钱至一两八钱六分，与上月同。小麦每仓石价银一两三钱六分至二两四钱四分，较上月贵三钱。黄豆每仓石价银八钱七分至二两三钱四分，与上月同。黑豆每仓石价银八钱五分至一两九钱五分，与上月同。

沂州府属：稻米每仓石价银二两二钱至三两七钱二分，与上月同。粟米每仓石价银一两五钱五分至二两二钱，与上月同。粟谷每仓石价银七钱至一两三钱，与上月同。高粱每仓石价银一两至一两四钱七分，与上月同。小麦每仓石价银一两一钱五分至一两九钱八分，较上月贱四分。黄豆每仓石价银八钱五分至一两五钱五分，与上月同。黑豆每仓石价银八钱至一两六钱一分，与上月同。

东昌府属：稻米每仓石价银三两二钱至四两七钱，与上月同。粟米每仓石价银九钱二分至二两四钱五分，与上月同。粟谷每仓石价银六钱至一两四钱二分，与上月同。高粱每仓石价银六钱六分至一两四钱五分，与上月同。小麦每仓石价银一两一钱至二两三钱五分，与上月同。黄豆每仓石价银九钱三分至二两一钱，与上月同。黑豆每仓石价银七钱六分至一两八钱三分，与上月同。

青州府属：稻米每仓石价银二两二钱四分至四两三钱五分，与上月同。粟米每仓石价银一两四钱六分至二两二钱一分，与上月同。粟谷每仓石价银八钱五分至一两四钱，与上月同。高粱每仓石价银一两二分至一两四钱九分，与上月同。小麦每仓石价银一两一钱至二两四钱九分，与上月同。黄豆每仓石价银八钱九分至一两七钱七分，与上月同。黑豆每仓石价银八钱九分至一两八钱，与上月同。

莱州府属：稻米每仓石价银二两一钱七分至三两一钱，与上月同。粟米每仓石价银一两一钱五分至一两八钱，较上月贱八分。粟谷每仓石价银五钱五分至一两一钱五分，较上月贵三分。高粱每仓石价银八钱五分至一两二钱四分，较上月贱七分。小麦每仓石价银一两三钱至一两八钱，与上月同。黄豆每仓石价银一两二钱至一两六钱，与上月同。黑豆每仓石价银一两一钱至一两六钱七分，与上月同。

登州府属：稻米每仓石价银二两三钱三分至三两三钱五分，较上月贵一钱三分。粟米每仓石价银一两三钱一分至二两二钱六分，较上月贵一钱五分。粟谷每仓石价银一两至一两三钱四分，较上月贱六分。高粱每仓石价银九钱一分至一两四钱五分，较上月贱一分。小麦每仓石价银一两二钱六分至二两二钱三分，较上月贵一钱三分。黄豆每仓石价银九钱九分至一两八钱，与上月同。黑豆每仓石价银九钱六分至一两七钱五分，较上月贱五分。

临清直隶州并属：稻米每仓石价银三两四钱五分至四两，与上月同。粟米每仓石价银一两五钱至二两三钱二分，与上月同。粟谷每仓石价银一两一钱二分至一两四钱，与上月同。高粱每仓石价银一两二钱至一两五钱五分，与上月同。小麦每仓石价银二两一钱至二两五钱，较上月贱三分。黄豆每仓石价银一两五钱五分至一两八钱七分,与上月同。黑豆每仓石价银一两五钱五分至二两,与上月同。

济宁直隶州并属:稻米每仓石价银三两八钱三分至六两四钱,与上月同。粟米每仓石价银二两至三两六钱,与上月同。粟谷每仓石价银一两二钱一分至二两二钱四分,与上月同。高粱每仓石价银一两五分至二两六钱五分,与上月同。小麦每仓石价银一两八钱至二两二钱五分,与上月同。黄豆每仓石价银一两一钱六分至二两七钱二分,与上月同。黑豆每仓石价银一两五分至二两九钱二分,与上月同。

江苏漕船触礁沉溺请旨豁免折

同治四年六月初一日

奏为漕船触礁沉溺,照章请旨豁免,恭折奏祈圣鉴事:

窃据署蓬莱县知县冯澍详报:江苏金聚盛沙船装运镇洋县正耗漕米三千二百四十石,余米、食米二百十二石一升七合五勺,本年三月二十六日夜在洋遭风,驶至离该县庙岛十八里之玉林江,船底触礁破漏,舵水薛云生等喊救,经曲士贵等渔船救起,船被风浪打至距江二里余沉溺。于二十七日报经该员会营诣勘,玉林江暗礁林立,潮落后露桅寸许,饬夫捞起锚缆等件,给领变卖,米石同客货地栗等物,无法打捞。查验船票米照所填米数,核与所报之数相符。诘以因何不砍桅松舱,据称若遇暴风,船将倾覆,始行砍桅松舱。今系船底触礁破漏,与遭风情形不同,是以并未砍桅松舱,委无盗卖捏报情弊。取具各供,详经臣批饬代理登州府知府李熙龄复加勘讯无异,由登莱道潘霨核明具详前来。

臣查江苏海运章程,如漕船在洋遭风,验明砍桅松舱,货物俱损者,奏明豁免。今江苏金聚盛沙船装运镇洋县漕米赴天津交兑,因在山东庙岛洋面触礁沉溺,船货俱失,较之松舱抛货者尤为可悯。所有沉没漕米三千余石,应请旨豁免,以符定章。

除分咨外,理合恭折具奏,伏乞皇太后、皇上圣鉴训示。谨奏。

同治四年六月十九日奉到回折:"军机大臣奉旨:'户部知道。钦此。'"

咸丰九年东纲未完引课请暂免议处片

同治四年六月初一日

再，查咸丰九年东纲南北两运引地各州县地方，或捻氛肆扰，或黄水为灾，盐斤艰于销售，引课完不足额，实属有因，并非各官督催不力。伏查东省癸丑纲至甲子纲积引一百九十万九千三百七十六道，业经钦奉上谕，援照积票分限成案，分作八年带销。所有各官未完处分，自可援案暂免议处。倘限满仍有拖欠，再行严参。合无仰恳逾格天恩扣除免议，并将以前未准部复各年奏销各官未完处分一并扣除，俾归划一。

除将咸丰九年商运奏销循例具题外，理合附片陈明，伏乞圣鉴。谨奏。

同治四年六月十九日奉到回折："军机大臣奉旨：'著照所请。该部知道。钦此。'"

江苏海运漕船收口放洋情形折

同治四年六月初一日

再，查本年江苏海运漕船在山东收口放洋者，已有三十三只，业经臣两次奏报在案。兹自五月十二日起至闰五月初十日止，又有奉贤县漕船钱发泰，南汇县漕船陈德兴，苏属米船褚长利、贞祥顺、朱永隆、张长顺、王祥兴、金得利等八只，均于收口后一律放洋，经水师将弁护送北上。其余船只已由外洋乘风径赴天津。据登州镇并该管道府呈报前来。

除仍饬认真防护外，理合附片陈明，伏乞圣鉴。谨奏。

同治四年六月十九日奉到回折："军机大臣奉旨：'知道了。钦此。'"

审明京控匪犯按例定拟折

同治四年六月初一日

奏为京控匪犯审系被胁入伙，按例定拟，恭折具奏，仰祈圣鉴事：

窃照汶上县民吴凤竹等以吴守学等乘乱烧抢等词，控经都察院，于同治二年十一月初三日奏奉谕旨："此案著交阎敬铭亲提人证、卷宗，秉公严讯确情，按律定拟具奏。原告民人吴凤竹，该部照例解往备质。钦此。"当经行司饬提人卷严讯。兹据兼署臬司卫荣光审明，拟议解勘。值臣赴兖州办理善后出省，饬委署藩司恩锡代勘无异，录供呈送。臣复加查核。

　　缘吴守学籍隶汶上县，先未为匪，与同庄团长吴凤竹、林占举、吴方禄、孙继山素识无嫌。吴凤竹等与吴守学同姓不宗。咸丰十一年四月间，南捻窜至该庄焚掠，吴凤竹等与吴守学之父吴方洛、其子吴中先后赴梁山避难。吴守学逃避不及，被贼裹去，逼令服役，沿途为贼割草牵马。行至濮、范交界地方，吴守学与被裹之冠县幼孩郭春光乘间逃回。因郭春光不知路径，经吴方洛雇车送回。吴凤竹、林占举、吴方禄、孙继山等事后回归，因闻吴守学先则与贼同行，继又带回人口，疑其与吴方洛等乘乱率众烧抢、变卖人货，即将吴守学、吴方洛、吴中拿获送县。团长贡生王凌汉亦赴县呈控。该前县梁文钰提讯吴方洛、吴中，并不承认。吴守学畏刑，妄认被匪纠邀入伙，讹借抢劫。因恐各供尚有未确，差传王凌汉质讯未到，移文该署县左宜似，传同王凌汉讯明，吴守学仅止被胁服役，吴方洛、吴中委未为匪。将吴方洛等令王凌汉保回，吴凤竹等疑系贿买保释，即由府控司批讯。因人证未齐，不克审结。吴凤竹等情急，与外出未到之吴曰琛、吴方恩、孙继贵即以乘乱烧抢、贿买保释各情，并图准添砌县役王廷扬索诈钱文等词，联名控经都察院奏奉谕旨，饬提严讯。据各供悉前情不讳，诘非甘心从贼，并无随同抗拒官兵情事。质之吴凤竹等，亦俯首无词，应即拟结。

　　查例载："谋叛案内，被胁入伙，并无随同焚汛、戕官、抗拒官兵情事，一闻查拿，悔罪自行投首者，发新疆给官兵为奴。"又咸丰六年，刑部通行情重遣犯改发黑龙江各城给披甲人为奴。又例载："申诉不实者，杖一百。"各等语。此案吴守学因被匪裹胁入伙，逼令服役，乘间逃回被获，例无恰合专条，自应比例问拟。吴守学应比依"谋叛案内，被胁入伙，并无随同焚汛、戕官、抗拒官兵情事，一闻查拿，悔罪自行投首者，发新疆给官兵为奴"例，拟发新疆给官兵为奴；逃回并不投首，情节较重，应照通行改发黑龙江各城给披甲人为奴，右面刺清汉"黑龙江"各三字。事犯虽在咸丰十一年十月初九日恩赦以前，不准援免。吴凤竹等京控各情虽系怀疑添砌，究属失实，自应按律问拟。吴凤竹、林占举、吴方禄、孙继山均合依"申诉不实者，杖一百"律，各拟杖一百。孙继山年逾七十，照律收赎。吴凤竹等折责发落。列名具控、外出未到之吴曰琛等，饬县照拟传责。吴方洛、吴中讯无乘乱烧抢情事，应与并未受贿买保之王凌汉均毋庸议。

除供册咨部外，理合恭折具奏，伏乞皇太后、皇上圣鉴训示。谨奏。

同治四年六月十九日奉到回折："军机大臣奉旨：'刑部议奏。钦此。'"

审明滋事诬告京控人犯按例定拟折
同治四年六月初一日

奏为藉团滋事人犯赴京诬告，提省审明，按例定拟，恭折奏祈圣鉴事：

窃照沂水县革生孙子毅以巡役李育堂等养匪通贼、抢劫杀人等词遣抱，控经都察院，于同治三年七月二十六日奏奉谕旨："此案著交阎敬铭督同臬司，亲提人证、卷宗，秉公研讯确情，按律定拟具奏。抱告人贾明显，该部照例解往备质。钦此。"当经行司饬提人卷研讯。据兼署臬司卫荣光提集审明，因孙子毅在监病故，验无别故，核入正案拟议，将被证解勘前来。臣亲提研鞫。

缘孙子毅系沂水县文生，向不安分，与该县巡役李育堂等素识。咸丰十一年八月间，南捻窜扰县境，孙子毅与在逃之伊弟孙七、孙九并格杀之族侄孙继珂，乘乱私立伪团，自充团长，擅设公案、刑具，逼胁附近村民充当团丁，派敛团费，勒令居民助送粮食、钱文，不记确数。因张俊烈不肯出费，喝令团丁拷打，致伤张俊烈左右手腕、左右脚踝。该前任知县葛恩荣访闻差查，即据张俊烈与孔广三、杨得元赴县呈控。葛恩荣派前署垛庄巡检徐士藻、垛庄汛外委孙彭龄带领役勇李育堂、江文标等多人前往捕拿，孙子毅与孙继珂等聚众抗拒。役勇将孙继珂当场格杀，孙子毅等逃入山内。徐士藻等因路径分歧，未能穷追，收队回城。葛恩荣出示解散胁从，一面通禀缉拿。孙子毅冀图抵制，即捏造李育堂养匪通贼、纠党抢劫、杀死伊侄等词，由府控司，批府委查。孙子毅又由司赴臣衙门呈控，批司饬发济南府审讯。孙子毅供甚狡展，详革衣顶，饬县招告。据被害之江伯龙、焦廷有、任化三、张李氏等赴县补报。孙子毅畏罪情急，即以前词，并图准添砌葛恩荣因克扣勇粮，受李育堂挟制，不敢究办，托盐店商伙厉六官贿和不允，捏以抢劫、拒捕、通禀各情，遣抱贾明显，控经都察院奏奉谕旨，饬提研讯。孙子毅乘乱私立伪团、敛钱滋事，证据确凿。质之孙子毅，亦俯首承认，并称欲图脱罪，是以诬告，究诘不移。据报孙子毅于同治四年三月二十日在监病故，验讯并无别故，应即拟结。

查例载："刁民假地方公事，聚众联谋，敛钱构讼，尚无哄堂塞署，并未殴官者，照光棍例，为首拟斩立决。"等语。此案革生孙子毅乘乱私立伪团、勒派团费、拷打平民，迨被地方官访拿，希图脱罪，捏造役勇李育堂等养匪通贼、抢劫杀人等情，赴京诬告，按赴京告重事不实，罪止拟军，其藉团滋事实与光棍无异，自应按例问拟。孙子毅合依"刁民假地方公事，聚众联谋，敛钱构讼，尚无哄堂塞署，并未殴官者，照光棍例，为首拟斩立决"例，拟斩立决，业已在监病故，验无别故，应毋庸议。巡役李育堂等讯无抢劫、杀人各情；商伙厉六官讯无受托贿和情事，应与格杀之伙犯孙继珂，均毋庸议。逸犯孙七等饬缉，获日另结。

除供招咨部外，理合恭折具奏，伏乞皇太后、皇上圣鉴训示。谨奏。

同治四年六月十九日奉到回折："军机大臣奉旨：'刑部议奏。钦此。'"

南粮米船挽入东境日期片

同治四年六月初一日

再，本年南省试运米船，探知已由清江分起北驶，一切催趱、稽查、弹压事宜，先经臣分饬各该地方妥为筹备，一面责成运河道将经行处所赶紧修挑，并饬探有头起入东之信，迅即亲往迎提。兹据运河道宗稷辰禀称：当由济宁登舟，一路迎提，兼查看工段。查得滕、沛两县挑工，因防务耽延，尚未告竣，立即督催赶办。嗣据委员具报，米船始过窑湾，尚须等候铺灌水势，方能提挽上行，遂由夏镇转舟北上，严饬迦河同知同顺速往台庄迎提。飞报去后。现据禀报，所有米船计分七起，由押运官李宝等分起督押，统共一百零五只，全数于闰五月二十日先后挽入东境峄县黄林庄，昼夜提催护送前进。惟查鱼台、济宁州卫、汶上等四处河道，前正在赶办之际，突被贼扰，诸未妥协，须得驻济催办，再行驰往张秋查看黄水情形及沈家口一带浅滞，应如何筹办，总期设法料理，俾免日久阻滞等情前来。

除仍严饬赶紧妥筹办理，迅速催趱各船连樯北上，勿任稍事停留外，所有试运米船全行挽入东境日期，理合附片陈明，伏乞圣鉴。谨奏。

同治四年六月十九日奉到回折："军机大臣奉旨：'知道了。钦此。'"

同治四年春季各属正法盗犯名数折

同治四年六月初一日

奏为汇报本年春季，各属正法盗犯名数、案由，恭折具奏，仰祈圣鉴事：

窃照山东拿获盗犯、枭匪正法案件，例应按季汇奏。兹查同治四年春季分，各属拿获罪应斩枭、斩决盗犯共十名，均经随时审明，饬令就地正法。据兼署臬司卫荣光详请汇奏前来。臣复查无异。理合将名数、案由，敬缮清单，恭呈御览。

除饬司将各案供招分起详办外，为此恭折具奏，伏乞皇太后、皇上圣鉴。谨奏。

同治四年六月十九日奉到回折："军机大臣奉旨：'刑部知道。单并发。钦此。'"

谨将同治四年春季，各属正法盗犯名数、案由，敬缮清单，恭呈御览。

一、平原县拿获盗犯冯二一名，骑马持械伙众行劫事主胡考祥车上银物，罪应斩枭。

一、济阳县拿获盗犯范九仔、苏年仔二名，听纠行劫事主刘曰诗铺内钱物，罪应斩决。

一、金乡县拿获盗犯李梭头、李跄二名，聚众行劫事主赵金安银物，拒捕逞凶，罪应斩决，从重枭示。

一、曹县拿获盗犯张二头、魏金漳、刘科三名，行劫事主王敬修铺内钱物，罪应斩决。

一、济宁州拿获盗犯王浣墨、宋柱二名，听纠行劫事主杨诗等船上银钱、衣物，罪应斩决，从重枭示。

同治四年春季委署各员班次衔名片

同治四年六月初一日

再，前准部咨："嗣后各省州县缺出，先委正途一人，次委劳绩一人，再将各项委用、试用人员轮委一人，于应署班内统按出缺先后，察看人地相宜之员，酌量委署，毋庸计其科分名次并试用年限，以昭慎重，行令每届三月汇报一次。"等因。经臣将同治三年冬季分所出各缺奏报在案。兹复据署藩司恩锡，将本年春季所出州县各缺并委署各员班次、衔名具详前来。

除册咨部外，理合陈明，伏乞圣鉴。谨奏。

同治四年六月十九日奉到回折："军机大臣奉旨：'知道了。钦此。'"

马队赴徐并裁减步勇及筹办炮船折

同治四年六月十一日

奏为拨归山东马队兵勇现饬赴徐，并裁减兵勇及搜捕土匪、筹办炮船各缘由，恭折具奏，仰祈圣鉴事：

窃臣前奏请将拨归山东马队官兵弁勇调令赴皖，钦奉寄谕："此项马队应否调赴皖省协剿之处，著曾国藩、阎敬铭体查情形，相机办理。国瑞所留步勇两营，著阎敬铭详加甄核，分别撤留等因。钦此。"

臣查此项马队，本系拨归山东一千三百余名，嗣奉上谕，著国瑞挑拨精锐数成，驰赴雉河集，其余交臣调遣。经臣接收点验，共兵员弁六百四十八员名。旋准曾国藩咨称，现在群贼全萃皖境，蒙、亳一带吃紧，所有马队应全调迅来徐州，会同刘铭传一并援皖。臣前请留东马队，拟令赴皖，亦系相度缓急军情。今准曾国藩来咨，臣即筹发该军一月口粮，饬令营总参领诺穆锦、达尔济等，管带兵勇六百余名，于本月初九日由兖赴徐，听候调遣。惟察哈尔官兵共八十九员名，因水土不服，患病者五十余名之多，拟令此队暂缓起程，以示体恤。拨东之步勇二千名，已令丁宝桢在济遣撤一千名，给与资粮；现酌留一千名，再行察看是否能遵约束，不滋事端，分别办理。

至山东伏莽最多，不仅湖团水套，贼来虑其勾结，贼去虑其潜藏。经臣饬知府龚易图、惠庆会同副将王心安等，带兵巡查金、鱼、曹、单、郓、菏、濮、范各处，凡贼所窜至之地，逐圩察访。查得此次甘心从贼，惟郓、范交界之罗家楼一处，其庄匪徒罗七勾贼，现随贼逃窜，其余并无悍然聚众、竖旗从逆之乡，且有坚守拒贼焚杀最惨者。贼在濮州最久，被害最深，自红川口以西，均系芦苇，各难民逃避其中，为贼焚烧，死者万计。以濮、范素称盗薮，贼匪盘踞一月有余，不闻土民揭竿响应，此实圣主洪福，僧格林沁之遗爱使然，非臣之力所能镇抚也。各处素不安分之徒，时饬按名查拿，其曾于咸丰十一年踞城为首之郭庭珍等，已先饬游击郭大胜会同范县拿获正法。

湖团一处，经知府惠庆亲至该团，住宿城子庙，传谕各团长，宣示朝廷恩威，该团驯顺听命。据惠庆面禀，该团规矩井然，颇能部勒其众，田畴富沃，似无异心。是该团自顾身家，必不愿为贼所夺，但须良吏抚之，以善其后。

东昌一路，臣先调东昌、馆陶营兵分路巡防。兰、费一路，责令沂州府知府文彬等搜捕弹压。臣断不敢讳言盗贼，粉饰养痈，有负宵旰忧勤之意。

炮船一节，北方木料、工匠一切异宜，轻为制造，更改非易。查现在济宁江南水师总兵赵三元，所带舢板、长龙，虽系江船，皆属平底，尚可试于黄河。臣已饬该镇会同知府龚易图、游击周森藻，在于张秋上下，与东省旧有炮船及增设划船，周历演试，如与水性相宜，拟在清、淮购买。以久习之战舰，为新设之炮船，或事半功倍。臣唯求实用，非敢草率只为省费计也。

潘鼎新淮勇全军，约计十五日以后陆续可抵济宁。臣现派副将王心安、参将宋延德、游击冯义德等六营，在单县郭村集一带驻扎，参将莫组绅、守备曹正榜并曹州兵等五营，在冉固集一带驻扎，相为犄角，防贼回窜。

所有分遣马队兵勇及搜捕土匪、筹办炮船各缘由，理合恭折由驿具奏，伏乞皇太后、皇上圣鉴训示。谨奏。

同治四年六月十八日奉到回折："军机大臣奉旨：'另有旨。钦此。'"

雉河集解围捻党分股西窜片

同治四年六月十一日

再，正在缮折间，接据归德坐探委员禀称：本月初四日夜，攻困雉河集之贼，全股分窜：雉河以南一股，势趋陈州；雉河以北一股，由商邱之乌祥集窜至柘城，均往西南窜去等语。查贼情诡谲，兵至即避，恃其马队，奔突靡常。臣已飞饬王心安、曹正榜各营，于曹、单一路，互相犄角，扼要严防。理合附片驰陈，伏乞圣鉴。谨奏。

同治四年六月十八日奉到回折："军机大臣奉旨：'前据吴昌寿奏，雉河捻股分窜，已寄谕曾国藩等妥筹会剿。著该抚懔遵前日谕旨，扼要严防，毋稍大意。钦此。'"

陈国瑞康锦文两军饷糈分别协解片

同治四年六月十一日

再，臣接奉本月初七日寄谕："康锦文接统郭宝昌队伍，既已到皖，山东等省协饷，自应解皖转发。著阎敬铭、沈桂芬、王榕吉将应行协解郭宝昌饷银，按月解交乔松年军营转发康锦文一军，以资接济等因。钦此。"查前据总兵陈国瑞咨称，以原部郭宝昌之队拨交康锦文管带，应将饷糈预为酌定。请以晋省协饷专济康锦文队，豫、东两省协饷专济该镇饷糈。臣比查康锦文所部计三千余人，陈国瑞所部计七千余人，当经据情代奏，奉旨允准，恭录咨行在案。

昨据山西委员管解该营协饷银五千两行抵济宁。臣以晋省饷银已奏定专归康锦文，当即飞咨安徽抚臣乔松年派员前来提解。至陈国瑞现驻归德，防剿紧要，臣当饬藩司与豫省陆续筹解该镇协饷，以资接济。所有康锦文、陈国瑞两军协饷，拟请仍遵前奉谕旨，以晋饷专归康锦文，豫、东两省协解陈国瑞分别派拨。理合附片陈明，伏乞圣鉴训示。谨奏。

同治四年六月十八日奉到回折："军机大臣奉旨：'前已有旨，谕令将各该省协拨陈国瑞一军之饷，均解交吴昌寿随营粮台，由吴昌寿经理拨给，该抚即遵照办理可也。钦此。'"

请将云南提督傅振邦派赴军营片

同治四年六月十一日

再，据前云南提督傅振邦咨称，该提督于本年闰五月二十二日接准前杭州将军国瑞移开，以本月十九日奏奉谕旨："傅振邦著准其回籍。钦此。"遵即由济宁回籍。伏思振邦前患腿疾痊愈，久经前钦差大臣亲王僧格林沁奏咨有案。当兹各省军务未清，发、捻猖獗，正臣子枕戈之日。此次暂行回籍，系因将军国瑞奏奉谕旨，不敢不遵，实非自耽安逸，上负朝廷豢养之恩。咨请代奏，听候赏给军营差使，俾得致力戎行，及时自效等情到臣。

查该提督曾在淮徐督办军务，能得士心。今咨请代奏前情，臣不敢壅于上闻。现在曾国藩驻扎临淮，筹办各省防剿，可否请旨饬该提督傅振邦赴何处军营之处，出自圣裁。理合附片陈奏，伏乞圣鉴。谨奏。

同治四年六月十八日奉到回折："军机大臣奉旨：'另有旨。钦此。'"

审明因奸杀夫之重犯按律定拟折
同治四年六月二十七日

奏为审明亲属因奸同谋，杀死亲夫重犯，按律定拟，循例恭折具奏，仰祈圣鉴事：

窃据署聊城县知县郑纪略详报，归刘氏因奸听从夫缌麻叔归长山谋勒亲夫归金城身死，弃尸不失一案，臣因案情较重，批司提省发委济南府审办。旋据历城县详报，归长山在押病故，批饬由府核入正案拟办。兹据济南府知府萧培元审明拟议，由兼署臬司卫荣光解勘。值臣赴兖州办理善后出省，饬委署藩司恩锡代勘无异，录供呈送前来。臣复加查核。

缘归刘氏籍隶博平县，经父凭媒许与聊城县民归金城为妻。同治二年八月间过门，归刘氏因归金城年幼，心生憎厌。十月二十四日，归金城分居缌麻叔归长山乘归金城与父归振哲、母归顾氏外出，与归刘氏通奸。归金城等俱不知情。二十八日，归长山至归刘氏家续旧，虑被归金城看破，起意将其谋死，向归刘氏商议。归刘氏允从，约定乘便下手。十一月初二日更余时分，归长山由归刘氏门首经过，适归刘氏在外关门，即向告知：归振哲并未在家，归顾氏已在另屋睡歇，归金城亦在炕睡熟，嘱令下手。归长山与归刘氏同进屋内，走至炕边。归刘氏用棉被将归金城裹紧，骑坐身上，用线带结扣，套入归金城项颈。归金城惊觉挣扎，归长山用手按住其口，归刘氏用两膝压住其两手，分执带头，用力拉勒，致擦伤其左手背。归金城立时毙命。归长山起意弃尸灭迹，即与归刘氏将尸身抬至屋后坑边。坑水已凝结成冰。归长山用脚踏碎，弃尸坑内，各自走归。归顾氏闻声，喝问不应，起身走至归刘氏房内，寻觅归金城无踪，盘问归刘氏，用言支吾。次早，归顾氏央经邻人归上修寻获尸身，复向追究。归刘氏不能隐瞒，说出实情。归刘氏通知归振哲回家报验，讯详提省委审，供认不讳，诘无起衅别故及另有知情同谋、加功之人，案无遁饰。

查律载："妻因奸同谋，杀死亲夫者，凌迟处死。"等语。此案归刘氏因与夫缌麻叔归长山通奸，听从归长山将本夫归金城勒死，弃尸不失，自应按律问拟。归刘氏合依"妻因奸同谋，杀死亲夫者，凌迟处死"律，拟凌迟处死。

归长山因奸起意，谋杀缌麻侄归金城身死，按例罪应斩决，业已在押病故，应毋庸议。其在押身死之处，业经历城县验明并无别故，看役讯无凌虐情弊，应与讯非知情纵奸之归振哲等，均毋庸议。

除供招咨部，并将原审情节封送军机处备查外，理合循例恭折具奏，伏乞皇太后、皇上圣鉴训示。谨奏。

同治四年七月十四日奉到回折："军机大臣奉旨：'刑部速议具奏。钦此。'"

请旌恤曹州府属阵亡绅团并殉难妇女折
同治四年六月二十七日

奏为查明曹州府属阵亡绅团并殉难妇女，吁恳分别旌恤，恭折奏祈圣鉴事：

窃照咸丰十年及十一年间，曹州府属捻匪、土匪迭次滋扰，其阵亡殉难男妇屡经檄饬查报。兹据菏泽、单县、城武、曹县、定陶、巨野、郓城、濮州、观城、朝城等州县查明阵亡官绅一百〇七员名，阵亡团长三十三名，阵亡团丁四千五百〇五名，殉难妇女二百九十九口，由军需总局司道核明造册，详请具奏前来。臣复核无异。相应请旨敕部，将阵亡官绅团长从优议恤，阵亡团丁同殉难妇女分别照例旌恤，以广皇仁而维风化。

除将各册咨部并饬查未报各属另行办理外，为此恭折具奏，伏乞皇太后、皇上圣鉴训示。谨奏。

同治四年七月十四日奉到回折："军机大臣奉旨：'著照所请，交部分别旌恤。钦此。'"

委员管解潘鼎新等营协饷片
同治四年六月二十七日

再，常镇道潘鼎新统带淮勇十营，北来防剿，山东按月应拨银一万五千两。据署藩司恩锡详报，筹备银一万五千两，饬委候补县丞崇瑞管解；又在海关洋税项下支出协济直隶饷银一万两，亦委该员带解。又据东海关监督、登莱青道潘霨禀，奉通商大臣崇厚行知，奏准月提该关税银五千两，现在征存暹罗船税银内提出两万两，作为四个月饷需，委直隶候补县丞何嘉谟、沈毓芬领解，均赴崇厚行营交兑。又据恩锡另详：在百货厘金款内措银三千两，委候补未入流吴遇垚解由聊城县转解定安军营查收，以作闰五月份月饷。又准陈国瑞陆续委员催提协饷，先筹银六千两，交来员候选盐大使邹荫远领回。又筹银四千两，交来员即补副将于占鳌带解，前往河南归德府一带，探明该镇行营交纳。又郭宝昌一军，前经安徽抚臣乔松年奏奉谕旨，饬交总兵康锦文带赴皖省，现亦筹银五千两，饬委候补未入流黄廷谟解交该镇应用各等情前来。臣复查无异。

除分咨查照并仍饬续筹报解外，理合附片陈明，伏乞圣鉴。谨奏。

同治四年七月十四日奉到回折："军机大臣奉旨：'知道了。钦此。'"

委员管解刘铭传等营协饷暨京饷片
同治四年六月二十七日

再，准两江督臣曾国藩咨，以刘铭传调皖援剿，应由山东在于协饷银五万内每月拨银二万两等因。饬据署藩司恩锡详报，在于正杂项下筹银二万两，作为闰五月份协饷，饬委候补道库大使汪榕解赴徐州府，探明行营交纳。又筹银一万五千两，作为应协常镇道潘鼎新六月份军饷，饬委候补县丞赵光斗解赴通商大臣崇厚行营交兑。又运库本年奉拨京饷，业经解过银十万两。兹据署运司卫荣光详报，筹动库存续收引票正款并各年一文加价共银三万两，同应交加平银四百五十两、饭食银四百五十两，饬委候补盐大使宝顺、候补批验大使杨寅解赴户部交纳等情前来。

除分咨查照并仍分饬力筹续解外，理合汇案附片陈明，伏乞圣鉴。谨奏。

同治四年七月十四日奉到回折："军机大臣奉旨：'户部知道。钦此。'"

山东粮台续收捐米请奖折
同治四年六月二十七日

奏为山东粮台续收捐输米石，恳恩给奖，恭折奏祈圣鉴事：

窃照僧格林沁于同治元年秋间移营皖亳，攻剿正形吃紧，而饷需缺乏，筹运维艰。饬据总办粮台委员议照省局捐米章程，在于单县设局收捐，并委妥员分投劝办。每捐米一石，连运脚等项，准作银三两八钱，一切实职、虚衔各项减成银数，均照奏定捐米成案办理。前自同治元年闰八月起，截至二年九月底止，初次米捐各官生经臣汇入皮甬、棉衣各捐案内奏奖在案。兹又自二年十月起，至三年十二月底停捐之日止，共续收米二万二千一百五十六石七斗五升，自应分别给与奖励。据委办粮台捐输总局委员卢朝安详请奏奖前来。臣复加确核，各项捐数以及应得甄叙，均与例案相符。

除报捐贡监生及文武各职虚衔、各捐生，分别已未填给空白执照，造册分咨部监查核补发，毋庸开单外，谨将报捐实职加级及请封典各官生，敬缮清单，祗呈御览。合无仰恳天恩敕部分别核奖，并颁发执照，以昭激劝。

所有山东粮台续收米捐请奖缘由，理合恭折具奏。

同治四年七月十四日奉到回折："军机大臣奉旨：'户部核议具奏。单并发。钦此。'"

同治四年闰五月雨泽粮价折
同治四年六月二十七日

奏为恭报闰五月份雨泽情形并呈粮价清单，恭折奏祈圣鉴事：

窃照五月份雨水、粮价，先经臣奏报在案。兹查闰五月份，通省一百七州县内，惟滨州、郓城、栖霞、宁海、荣成未经得雨，其余历城等一百〇二州县，先后申报于月之上旬初一六七八，中旬十二三四八，下旬二十一二三四、三十等日，各得雨一、二、三、四、五寸及深透不等。获此澍雨滋培，早谷晚禾长发益臻芃茂，丰收有象，民气欢腾，堪以仰慰宸怀。惟黄水涨发，附近运河间有被淹处所，现饬设法疏消。一面委员查勘，俟勘复齐全，再行核办。

至各属市集粮价，稍有增减，大致与上月相同。谨缮清单，祗呈御览。为此恭折具奏，伏乞皇太后、皇上圣鉴。谨奏。

同治四年七月十四日奉到回折："军机大臣奉旨：'知道了。钦此。'"

闰五月份粮价清单
谨将同治四年闰五月份山东省各属米、麦、谷、豆价值，敬缮清单，恭呈御览。

计开：

济南府属：稻米每仓石价银三两四钱至四两五钱八分，较上月贵二分。粟米每仓石价银一两一钱九分至二两六钱，与上月同。粟谷每仓石价银七钱三分至一两五钱一分，与上月同。高粱每仓石价银九钱至一两八钱五分，与上月同。小麦每仓石价银一两三钱四分至二两四钱，与上月同。黄豆每仓石价银一两三钱至二两三钱二分，较上月贵四分。黑豆每仓石价银一两三钱至二两二钱八分，较上月贵一钱三分。

泰安府属：稻米每仓石价银三两三钱八分至五两一钱五分，较上月贵七分。粟米每仓石价银一两四钱九分至二两五钱，与上月同。粟谷每仓石价银八钱九分至一两一钱九分，较上月贵八分。高粱每仓石价银九钱六分至一两四钱四分，较上月贵八分。小麦每仓石价银一两二钱三分至一两七钱五分，较上月贱五分。黄豆每仓石价银一两二钱四分至一两六钱三分，较上月贵七分。黑豆每仓石价银一两一钱五分至一两五钱五分，较上月贵六分。

武定府属：稻米每仓石价银二两四钱八分至四两九钱二分，较上月贱四钱一分。粟米每仓石价银一两四钱二分至二两三钱，较上月贵一钱。粟谷每仓石价银九钱二分至一两三钱，与上月同。高粱每仓石价银一两至一两五钱五分，与上月同。小麦每仓石价银二两至三两，较上月贱五分。黄豆每仓石价银一两二钱二分至二两一钱，较上月贵二钱九分。黑豆每仓石价银一两二钱三分至二两五分，较上月贵二钱九分。

兖州府属：稻米每仓石价银二两四钱四分至四两六钱五分，与上月同。粟米每仓石价银一两三钱五分至二两五钱，与上月同。粟谷每仓石价银七钱五分至一两八钱五分，与上月同。高粱每仓石价银九钱至一两八钱，与上月同。小麦每仓石价银一两一钱至二两二钱五分，较上月贱五分。黄豆每仓石价银一两五分至一两七钱六分，较上月贵一钱六分。黑豆每仓石价银一两至二两，与上月同。

曹州府属：稻米每仓石价银三两三钱至五两，与上月同。粟米每仓石价银一两三钱七分至二两六钱三分，较上月贱三钱。粟谷每仓石价银八钱至一两八钱三分，与上月同。高粱每仓石价银八钱至一两八钱六分，与上月同。小麦每仓石价银一两四钱五分至二两一钱四分，较上月贱三钱。黄豆每仓石价银八钱七分至二两三钱四分，与上月同。黑豆每仓石价银七钱八分至一两九钱五分，与上月同。

沂州府属：稻米每仓石价银二两一钱三分至三两七钱二分，与上月同。粟米每仓石价银一两三钱八分至二两二钱，与上月同。粟谷每仓石价银七钱至一两二钱，较上月贱一钱。高粱每仓石价银一两至一两三钱七分，较上月贱一钱。小麦每仓石价银一两一钱至一两六钱三分，较上月贱三钱五分。黄豆每仓石价银八钱五分至一两六钱五分，较上月贵一钱。黑豆每仓石价银八钱至一两七钱三分，较上月贵一钱二分。

东昌府属：稻米每仓石价银三两二钱至四两七钱，与上月同。粟米每仓石价银九钱二分至二两四钱五分，与上月同。粟谷每仓石价银六钱至一两四钱二分，与上月同。高粱每仓石价银六钱六分至一两四钱五分，与上月同。小麦每仓石价银一两一钱至二两三钱五分，与上月同。黄豆每仓石价银九钱三分至二两一钱，与上月同。黑豆每仓石价银七钱六分至一两八钱三分，与上月同。

青州府属：稻米每仓石价银二两二钱四分至四两二钱，较上月贱一钱五分。粟米每仓石价银一两四钱六分至二两三钱一分，较上月贵一钱。粟谷每仓石价银八钱五分至一两四钱，与上月同。高粱每仓石价银一两二分至一两四钱九分，与上月同。小麦每仓石价银一两一钱至二两一钱九分，较上月贱三钱。黄豆每仓石价银八钱九分至一两九钱，较上月贵一钱三分。黑豆每仓石价银八钱九分至二两，较上月贵二钱。

莱州府属：稻米每仓石价银二两一钱至三两一钱，与上月同。粟米每仓石价银一两一钱五分至一两八钱二分，较上月贵二分，粟谷每仓石价银五钱五分至一两二钱五分，较上月贵一钱。高粱每仓石价银八钱五分至一两二钱，较上月贱四分。小麦每仓石价银一两三钱至一两八钱，与上月同。黄豆每仓石价银一两二钱至一两六钱，与上月同。黑豆每仓石价银一两一钱至一两六钱七分，与上月同。

登州府属：稻米每仓石价银二两三钱三分至三两四钱，较上月贵五分。粟米每仓石价银一两二钱八分至二两二钱六分，与上月同。粟谷每仓石价银一两至一两三钱八分，较上月贵四分。高粱每仓石价银九钱一分至一两四钱五分，与上月同。小麦每仓石价银一两二钱一分至二两二钱三分，与上月同。黄豆每仓石价银九钱九分至一两八钱五分，较上月贵五分。黑豆每仓石价银九钱六分至一两八钱，较上月贵五分。

临清直隶州并属：稻米每仓石价银三两四钱五分至四两，与上月同。粟米每仓石价银一两五钱至二两四钱，较上月贵八分。粟谷每仓石价银一两一钱二分至一两四钱二分，较上月贵二分。高粱每仓石价银一两二钱至一两五钱五分，与上月同。小麦每仓石价银二两一钱至二两五钱六分，较上月贵六分。黄豆每仓石价银一两五钱五分至一两八钱七分，与上月同。黑豆每仓石价银一两五钱五分至二两，与上月同。

济宁直隶州并属：稻米每仓石价银三两八钱三分至六两四钱，与上月同。粟米每仓石价银二两至三两六钱，与上月同。粟谷每仓石价银一两二钱一分至二两二钱四分，与上月同。高粱每仓石价银一两五分至二两六钱五分，与上月同。小麦每仓石价银一两八钱至二两二钱五分，与上月同。黄豆每仓石价银一两一钱六分至二两七钱二分，与上月同。黑豆每仓石价银一两五分至二两九钱二分，与上月同。

僧格林沁阵亡地方文武从宽免议折

同治四年六月二十七日

奏为查明曹属地方文武所属兵勇乡团为数无多，于救援重臣阵亡力有未逮，恭折据实奏祈圣鉴事：

窃臣钦奉四月二十九日内阁奉上谕："国瑞奏官军进剿发、捻，督师重臣遇伏，力战阵亡，现筹剿办一折。山东巡抚阎敬铭、布政使丁宝桢，于所辖境内未能加意协助，致督师重臣孤军深入，力竭捐躯，亦有应得之咎，均著先行交部严加议处；其余救援不力员弁，著国瑞、阎敬铭查明参奏等因。钦此。"钦遵。臣国瑞前将查明未能奋勇剿贼致令主帅阵亡之随征各员，业经分别轻重，奏奉谕旨惩办在案。

伏思亲王僧格林沁于四月二十五日阵殁，系在曹州府地界，如果该镇、该府及附近各县带有兵勇队伍，自应力为援救，是以札饬藩司丁宝桢就近详查去后。兹据该司申称，转准曹州镇总兵保德复称：本标中、右两营兵丁，除调赴藩司行营进剿及分防各汛外，现存两营兵丁不满二百名之数，昼夜防守城池。又据曹州府知府来秀禀称：查得定陶、城武、郓城、巨野四县并无额设壮勇，守兵仅有四十余名，菏泽向有壮勇一百名，本年二月间，经藩司调赴济宁交参将莫组绅管带，其郡城并无一名壮勇，至守城系率领百姓昼夜防范各等情具复前来。臣国瑞于五月二十八日驰抵曹州府，复加查询，臣阎敬铭亦派员前往密查，所有兵勇数目，均与原禀相符。是该镇、该府及菏泽、定陶、城武、郓城、巨野各县，均无成队练勇。且二十四日我军与贼接仗之处，相距府城尚有三四十里之遥，当兵败之后，四面贼踪，纵横乱扰，城中居民惊恐，只有守城之力，并无应援之兵。现既查明所禀系属实情，似未便遽以救援不力纠参。

理合据实陈明，合无仰恳圣恩准将曹州地方文武从宽免议之处，出自逾格鸿慈。

再，此案系国瑞主稿，因回京未及具奏，移交到臣，是以未经列衔，谨恭折具奏，伏乞皇太后、皇上圣鉴训示。谨奏。

同治四年七月十四日奉到回折："军机大臣奉旨：'知道了。钦此。'"

知州员缺紧要遴员请旨升补折
同治四年六月二十七日

奏为知州员缺紧要，遴员请旨升补，以资治理，恭折仰祈圣鉴事：

窃照胶州知州马襄前署蓬莱县任内因案奏参革职，部文知照应以同治三年三月十九日作为开缺日期，先经臣咨部展限并题请以宁海州知州舒孔安调补，尚未接准部复，该员旋即病故，所有胶州一缺仍应作为马襄参革遗缺。该州系沿海繁难要缺，例应在外拣员调补，定例知州应调缺出，于现任人员对品遴选调补；如现任无堪调之员，准以候补正途人员题补；如候补无人，方准以应升人员保题升用；应升缺出先尽各项著有劳绩人员拣选升用各等语。该州地处海滨，时有华夷交涉事件，且自咸丰十一年捻匪窜扰以后，民困未苏，安抚巡防，在在均关紧要，必须通达治体之员方资治理。臣督同藩、臬两司于通省现任知州及候补正途暨应升人员内逐加遴选，非现居要缺，即人地未宜，实无合例堪以升调之员。惟查有历城县知县陶绍绪，现年四十七岁，四川安岳县人。道光甲辰科举人，庚戌科进士改翰林院庶吉士。咸丰三年补行散馆以知县用，选授高密县知县，是年十月十九日到任。五年代理长山县知县，捐加同知衔。六年调署乐陵县知县，仍回高密县任。嗣经升任抚臣文○○保举卓异，调补益都县知县。十一年因满洲营官兵与南捻接仗失利，经前署抚臣请以救援不力奏参降调卸事。同治元年奉旨饬查该员在东官声，经前抚臣谭廷襄查明，平日居官循声卓著，据实复奏奉上谕："陶绍绪著即送部引见。"该员于二年三月二十七日引见，奉旨："陶绍绪著开复原官，仍发山东以知县补用。钦此。"四月二十七日到省，经臣奏补今职，三年九月十三日准补到任。该员朴诚练达，明敏精详，自任历城以来，黜华崇实，除暴安良，舆论允孚，贤劳懋著。现当军务倥偬之际，筹防抚字，整理裕如，洵为东省出色之员，以之升补胶州知州实堪胜任，已遵例捐免历俸，任内亦无违碍处分。惟调缺请升兼以出缺在先，该员准补历城在后，与例稍有未符，而因地择人，未便稍事拘泥，例得专折具奏。据署藩、臬两司会详前来。合无仰恳天恩俯念员缺紧要，准以历城县知县陶绍绪升补胶州知州，以重地方。如蒙俞允，仍照例送部引见。系初升人员，任内应完参罚银两，饬令依限完缴，所遗历城县知县系属省会繁缺，容臣另行拣员调补，合并陈明。为此恭折具奏，伏乞皇太后、皇上圣鉴训示。谨奏。

同治四年七月十四日奉到回折："军机大臣奉旨：'吏部议奏。钦此。'"

拣员请补沿河要缺知县折

同治四年六月二十七日

奏为拣员请补沿河要缺知县，以重地方，恭折奏闻，仰祈圣鉴事：

窃照曹县知县陈寿元告病，准部行文照限减半，以同治三年六月十九日作为开缺日期，所遗曹县知县员缺，系繁疲难兼三沿河要缺，例应在外拣调，当因拣员未定，咨部展限在案。查例载：州县应调缺出，现任人员内如无合例堪调之员，准以候补即用人员补授。又吏部议复御史周星誉条奏章程内开：嗣后提调缺出，如无合例堪调之员，准以奉旨命往人员酌量补用各等因。查该县民情犷悍，讼狱繁多，壤接直、豫，滨临黄河，缉捕、修防均关紧要，必须精明强干之员方克胜任。臣与藩、臬两司在于通省现任知县内逐加遴选，非现居要缺，即人地未宜。

何毓福现年四十八岁，镶红旗汉军进士，以主事签掣户部。咸丰十年，在署宝泉局汉监督任内，因局库失银革职。同治元年以废员起用，赏给笔帖式。二年奉旨著发往直隶差遣委用，经督臣刘长佑奏请回避，复奉谕旨："著发往山东以知县补用。又因军务告竣保举赏加同知衔。钦此。"三年九月二十五日到省。该员年壮才优，精明开展，以之请补曹县知县实堪胜任。惟出缺在先，该员到东在后，与例稍有未符，第曹县为东省西南门户，十年以来捻踪时常来往，罹水罹兵，民生困苦，兵差驿传络绎纷繁，缺非优腴，地称难治，臣为缺择才，人地实在相需，例得专折奏请。据署藩、臬两司会详前来。合无仰恳天恩俯念员缺紧要，准以奉旨发往东省候补知县何毓福补授曹县知县，实于地方有裨。如蒙俞允，该员系候补知县请补知县衔缺，当毋庸送部引见，亦毋庸声叙参罚。

谨会同河道总督臣张之万，合词恭折具奏，伏乞皇太后、皇上圣鉴训示。

同治四年七月十七日奉到回折："军机大臣奉旨：'户部议奏。钦此。'"

拣员署理东昌府知府片
同治四年六月二十七日

再，东昌府知府曹丙辉因病出缺，所遗该府篆务自应委员接替，以专责成。兹查有留省坐补武定府知府李熙龄堪以署理。据藩、臬两司会详前来。除檄饬遵照外，理合奏闻，伏乞圣鉴。谨奏。

同治四年七月十四日奉到回折："军机大臣奉旨：'知道了。钦此。'"

山东水陆防务情形折
同治四年七月十一日

奏为东省防务，谨就现有兵力水陆兼筹，酌留炮船以为水军，归并勇营以扼陆路，并臣仍驻兖州布置，拟令藩司暂行回省各缘由，恭折详陈，仰祈圣鉴事：

窃臣伏查北路之防，宜因河险以设炮船，而曹、济西南为寇踪入东径路，更应力筹防御，以固本疆，兼为督办大臣策应之助，贼虽去而兵固不可弛也。臣谨就东省现有兵力筹之。如炮船之设，臣迟之又久，因北方并无战舰，而南船恐与河性未宜，是以再三筹酌，饬令江南水师总兵赵三元带其师船，亲与知府龚易图周历黄河，如其驾驶合宜，拟在江浦购买，前经奏明，奉旨："即照所拟办理等因。钦此。"钦遵在案。兹据该总兵赵三元、知府龚易图禀称：驾带炮船在于张秋上下及李连桥合流紧溜之处并范属水套旁汊分溜，遍行试演，长龙坚稳之船，宜于大溜，舢板轻便之船，宜于浅流，虽沿易溯难，各船多设桨枝，驾驶均能应手。缘该总兵所带船只系锐首平底，锐首故能破溜，平底故能压溜，查验实属合宜。并藩司丁宝桢在济先已购买长龙二只，每船均设大炮四尊，一律演试，俱称稳利各等情。臣查北方造船非易，江南之船则经诸将帅经营试验，具有成规。今既与黄河水性相宜，即可驾用。该总兵赵三元本系漕督臣吴棠遣派来东助防，臣拟请即将该总兵留东，统带原来长龙、舢板二十一只，续添长龙一只，并本省新买长龙二只，共二十四只，作为山东黄、运两河水师。惟河路延长，尚须添制舢板十只，以资分布。臣现饬该总兵回浦，携带船价，就近购办。至该水师口粮，现船二十四只，自七月初一日为始，即由东省支发。以后续添十只到齐后，共二［三］十四只，分为三营，除应领军装、帐棚、火药、炮位并修费外，每营每月员弁、炮手、舵工、水勇口分约须八百两，其章程另行造册咨部。此系黄河创立水师，并无成例，臣惟核实立案，不准稍涉虚糜。现值河水正盛之时，饬令都司杨长林等带船上下巡哨，并分拨于南阳等湖；至游击周森藻旧带船只，仍防张秋渡口。此臣筹办水陆防务之情形也。

又臣前奏添勇编营，一俟杨飞熊抵东，将新营、旧营分别归并，择立统将等情。缘兵势分则力弱，散则无纪，必合数枝为一大枝，而后可以试战；必连数营统于一营，而后可以成军。兹已革总兵杨飞熊带募吉胜楚军，业已到东。该勇等从湖北远道而来，与臣前募带东治楚军无异，其口分应照东治章程一律开支。现臣派杨飞熊统带吉胜楚勇三营并东勇五营为一枝，副将王心安统带东治楚勇三营并东勇五营为一枝，每枝八营。杨飞熊一枝，连扎于曹县之冉堌集，在济宁西南；王心安一枝，连扎于菏泽之沙土集，在济宁之西迤北，与驻扎济宁潘鼎新淮勇全军，成三面犄角之势，即为济之前路。臣另择勇营，拟驻于东平、汶上一带，为济之后路，以期首尾相顾。贼至则击，不致纵横腹地为患，似胜散处平旷，有防边之名，无扼要之实也。据探贼由郏、叶窜宝丰、鲁山一路，则东省兖、沂所属滕、峄、兰、郯尚非贼势所趋。且徐州驻有大军，兼为东防屏蔽。兵固不能处处布之，惟有严饬该地方官缉拿土寇，以杜勾结之萌。此臣筹办陆路防务之情形也。

现在布置初定，其统将之果否始终可靠，各营训练孰惰孰勤，非臣就近察考，又恐习久成疲。臣拟请仍驻兖州，兼办一切未尽之事。惟臣与藩司丁宝桢均不在省，地方公事，时有兼顾不及之虞。近因贼势已远，该司所管济安营湘勇千名，日久思归，拟渐遣撤。其余所带兵勇，经臣归并分布。该司军旅之责稍轻，钱粮之责綦重，且筹饷紧要甚于筹兵，臣既在外驻营，可否饬藩司丁宝桢暂回省城办理本任公事，请遵旨行。

所有臣筹防水陆详细情形，并拟令藩司回省之处，理合恭折具奏，伏乞皇太后、皇上圣鉴训示。谨奏。

同治四年七月十九日奉到回折："军机大臣奉旨：'另有旨。钦此。'"

试运米船渡黄日期片

同治四年七月十一日

再，南省试行河运米船挽入东境，经臣附片奏报。一面责成运河道宗稷辰驰赴济宁，会率司漕文武员弁，梭织提催，并往张秋查看黄水情形及沈家口一带浅滞处所，即饬雇船剥运，相机妥办在案。兹据该道禀称：七月初一日行至沈家口，一路水势已无浅阻，即收回济宁长剥米石，加意护送渡黄。现在第一起至第七起米船计一百〇五只，于初三日巳时至午时全数过黄北上，诸臻平稳。抵至张秋后，探量水势充足，无庸起剥，惟恐东昌较他处稍浅，仍令聊城预备剥船应用等情。并据江苏督运委员候补道刘咸呈报前来。

除饬妥筹速办，并催沿河各州县加紧提催，务令连樯飞驶，一俟催出柘园镇东境再行奏报外，所有试运米船渡黄日期，合先附片陈明，伏乞圣鉴。谨奏。

同治四年七月十九日奉到回折："军机大臣奉旨：'另有旨。钦此。'"

请添设长夫以利行军片

同治四年七月十一日

再，东勇各营，臣于折内陈明，现分隶于杨飞熊、王心安两军楚勇之中，俾得有以统摄，贯注一气。惟东勇营制有与楚勇未能一律，碍于行军者。查楚军章程，每勇二名，给长夫一名，司运负军装、锅帐、樵炊之事。其制起于湘军，即古《司马法》百人为卒之中有炊家子十人、樵汲五人、固守衣装五人之遗意，犹今兵制之有余丁也。盖军士责之战阵，岂暇人自为炊；且追奔逐北，疾不逾时，锅帐、军装，难兼负重。楚军惟有长夫，故移营则整队即行，将战则传餐立毕，其攻剿得力由于此。东军惟无长夫，故到处自行觅食；况携带军械，又须担负衣装，往往落后迟延，其零星难整亦由于此。往时臣不欲轻改旧章，以为贼势即灭，不但东勇可撤，即楚勇亦可渐裁。今既筹兵练勇以待悍寇之来，则规则必求尽善。若以东勇、楚勇同在行间，且同隶一军，而甘苦劳逸不同，恐临阵之进退难齐，主将之号令难一，其势有必然者。臣拟请东勇营制照楚勇章程，添设长夫，而酌减其数，以示区别。

查现在之东治营即系楚勇，前经奏定每勇二名给长夫一名，每名日给银七分。今拟东军每勇三名给长夫一名，至每名日给银七分，无庸再减。计虽每营月增饷银三百四十余两，而东勇自视以战士待之，必踊跃争先，与楚勇收并力合势之效，其利一。东勇出队必留余勇守营，今若有长夫代守营盘，如遇劲敌，全队可出，是一长夫可抵一勇之用，其利二。添勇一名较添长夫一名口分增多，今以长夫抵勇之用，则费省而有益，其利三。

臣维士卒首戒饥疲，营制必兼众役，非必人人皆荷戈之士也。缺而不备，则战事不修，设长夫即所以修战备。当此饷需支绌，臣岂敢妄有所增，实为攻剿大局起见。

所有臣请添设东勇长夫之处，仰恳天恩饬部立案，以利行军。理合附片陈明，伏祈圣鉴训示。谨奏。

同治四年七月十九日奉到回折："军机大臣奉旨：'著照所请。该部知道。钦此。'"

遣撤达尔济管带察哈尔官兵片

同治四年七月十一日

再，前杭州将军国瑞分拨亲王僧格林沁原部马队，先拟拨交东省官兵一千三百余员名，嗣遵奉谕旨，挑拨数成赴皖。当将营总乌尔图那逊、春寿管带之官兵七百余员名，令其即由济宁赴皖，其实在移交臣营者，计营总达尔济、诺穆锦管带官兵六百四十八员名，续准两江督臣曾国藩咨调全数赴皖。时达尔济管带之察哈尔官兵多半患病，恳请留兖医治，因令诺穆锦管带吉林官兵一百五十五员名、马勇四百四员名，先行起程。查察哈尔官兵共只八十九员名，不成队伍，原因国瑞近又续调官兵一千名，俟其到营，尚可归并。现在新调察哈尔头、二起官兵共一千名，均已先后由兖赴徐。其达尔济所带留兖官兵，经臣屡次饬催赴徐，归并大队。该营总以官兵病多传染，日久未痊，恳求暂缓。臣复派员查验，实属羸困不堪，情状可悯。因思该官兵等从征日久，伤病之余，即令勉力随营，难期得力。新调千名，另有统带之员，足资训练，似不藉数十名伤病官兵为之倡率。所有达尔济管带之察哈尔原调官兵八十九员名，应请一并撤回游牧，以昭核实。

除饬造具花名清册，筹给一月口粮，即令由兖起程，并传知沿途地方官妥为照料，分咨查照外，理合附片陈明，伏乞圣鉴。谨奏。

同治四年七月十九日奉到回折："军机大臣奉旨：'知道了。钦此。'"

供应潘鼎新淮勇柴薪银两片

同治四年七月十一日

再，江苏常镇道潘鼎新统带淮勇奉调北来，前经江苏抚臣李鸿章咨称，该军向有另支米薪、油烛等项，查照援闽方案，由防剿省分接支。嗣该军由津登陆，刻日来东，经臣札饬该道，将应需米薪各项数目分晰查明。旋据开折呈报，核其银数，月需银一万数千两，在协饷一万五千两之外。臣以该军若于协拨、正饷之外，另支米薪等项，自应核实酌定需银若干，奏明办理，当即咨商两江督臣曾国藩酌核去后。兹准复称："米粮一项，应饬清江转运局由运河解至济宁，在该营月饷内扣除米价；油烛一项，应饬徐州行营粮台按月发银采买；惟柴草一项，应由东省就近供支。该军五千五百人，加以长夫，每日需柴草二万四千斤"等语。臣查鼎营淮勇全军，于六月二十四日齐抵济宁，沿途州县供应舟车、米薪，均无贻误。到济后，逐日所需米薪、油烛，亦经该州筹备给发。兹接曾国藩咨称，米粮、油烛应由清江、徐州分别办理，惟柴草须由东省供支。臣即查照来咨数目，札饬济宁州源源购办，以资接济。并据该州禀称，东省炊柴向用秫秸，与南方木炭不同，火力稍逊，每日须加一万一千斤，方期足用，核计每月需银二千两。查核属实，即当饬司筹拨，作正开销。至该营闰五月、六月两月协饷各一万五千两，业经由司先后解交，此后仍当随时筹解。

所有动支鼎营柴薪银两缘由，理合附片陈明，伏乞圣鉴。谨奏。

同治四年七月十九日奉到回折："军机大臣奉旨：'知道了。钦此。'"

都司杨会川交代亏欠请拿问查抄折

同治四年七月二十四日

奏为参革都司亏欠交代银两逾限不完，请旨先行拿问，查抄监追，并请将延不造册揭报实数之都司摘顶勒造，恭折奏祈圣鉴事：

窃查前据胶州协都司胥联芳禀报：前任都司调补兖右营都司杨会川，亏欠应解司库俸薪、养廉、马干并各项存款共银四千九百四十余两。当经前抚臣谭廷襄奏参，奉旨将杨会川革职，勒限一月算清交代，如数完缴亏项，并将胥联芳撤任，与杨会川一并提省，发委济南府会同臣标中军参将督算勒追。

兹据济南府知府萧培元以会同中军参将玉山，督饬秉公核算。据胥联芳结报，杨会川交代，除抵实亏银七百二十余两。因胥联芳原报杨会川亏欠系四千九百四十余两，现算亏数何以大相悬殊，饬令将杨会川交抵各款造具细册。而胥联芳一味含糊推诿，抗延不造；杨会川于算明实系亏欠无疑之七百二十余两，亦延不完缴，禀请分别奏参，并据杨会川以前任内曾因调防垫制军械，禀经藩司详请查明作抵前来。

臣查营存银两，丝毫均关国帑。杨会川以武职而亦效近日文员恶习，任意亏欠七百余两之多，逾限不完，率以垫款作抵。查核所开垫制军械，当日未据禀报有案，其为后事捏饰，情弊显然，殊堪痛恨。且交代如果实已算清，别无谬轕，胥联芳又何难据实造册，恐所亏尚不止此数。至胥联芳延不造册揭报实数，亦属刁猾取巧。相应请旨，将已革前任胶州协都司调补兖右营都司杨会川先行拿问，查抄监追，并将撤任胶州协都司胥联芳摘去顶戴，勒限半月赶紧造具杨会川交抵清册，以便严审杨会川所亏银两是侵是挪，按例惩办。倘限满胥联芳仍不明晰造册揭报，再行从严参革。为此恭折具奏，伏祈皇太后、皇上圣鉴训示。谨奏。

同治四年八月十一日奉到回折："军机大臣奉旨：'另有旨。钦此。'"

前文登知县宋春畬不结交代请即革职折

同治四年七月二十四日

奏为特参不结交代，逾违二参例限之知县，恭折奏祈圣鉴事：

窃查东省交代现多遵限完结，而勉强从事，稍纵即蹈故辙，惟有逾限即参，庶以破积习而肃政令。查文登县知县宋春畬，前经臣奏参以府经历县丞降补；一面严查经管仓库，饬令后任赶紧接收。乃该员卸事后，并不候算交代，又不将已征未解银两移交，辄敢潜回原籍，现已逾违二参例限，实属貌玩已极，若不从严参办，何足以儆效尤。据该管道府禀由藩司具详前来。

臣复查此案早逾二参例限，前已移咨安徽抚臣，迅即严饬该员检齐底册，星夜来东会算，倘敢故意藉延，委员押送东省，迄今尚无消息。是该员疲玩性成，断难稍事姑容。相应请旨，将降补府经历县丞、前任文登县知县宋春畬即行革职，以肃功令。

除再咨催到东，勒限核算，如有亏空立即严参外，理合恭折具奏。

同治四年八月十一日奉到回折："军机大臣奉旨：'宋春畬著即行革职。该部知道。余依议。钦此。'"

查办兖州东昌等处逆绝各产事宜折
同治四年七月二十四日

奏为查办兖州、东昌等处逆绝各产事宜次第办竣，并堂邑刘贯庄及冠县逆产，仍请添资书院各缘由，恭折缕陈，仰祈圣鉴事：

窃臣先于同治三年二月二十二日奏遵旨再行妥议查办逆【绝各】产情形一折，奉旨："览奏均悉。所陈逆绝各产分别办理情形，尚属妥协。租项拨归营用、添资书院之处，均照所拟办理。总期利归于公，慎始图终，以收实效。该部知道。钦此。"

臣窃惟逆绝各产，招佃收租之法，因地以定租，因租以制用。租之多寡，以地之高下为准，而后民不苦于输将；用之出入，以租之多寡为衡，而后事可期于久远。有益于国，不外有便于民。臣仰承宸训，慎始图终，不敢虚报以为功，不敢刻期以求效。去年督饬兖州、东昌二府，严催各属地方官，先将地亩勘明坐落界址，以杜欺占之源；再将地之肥硗分别等第，除正项钱粮外，酌度收租若干，以示均平之法。其册报不符及拟议未善之处，复经往返驳查，务求周妥。历据该管府县招佃完竣，将办理情形及地亩租数清册申司禀报。臣详加复核。

查兖州府属邹县白莲池地方，半属山田硗确，且久为教匪所据，遍地荆榛，开垦殊属不易。据该地方官查明附近白莲池逆绝流亡等地，除流亡项下由业主认领外，其余逆绝各产共二百五十五顷二十一亩零，接续招佃认领，共计每年除正课外，应收租京钱一万五千五百九十六千二百文。惟小民甫经招集，垦辟荆莽，百倍艰辛，若即责令收租，实属力有未逮。该地于同治二年克复之后，曾奉有恩旨，愿垦者免租二年。所有各佃应纳之租，应请恩准俟同治五年再行交纳。

东昌府属堂邑之附近刘贯庄逆产，共二十六顷八十七亩零；冠县逆产共二十顷一百三十一亩零，接续招佃认领，二处共计每年除正课外，应收租二千六百〇七千一百文。及莘县、馆陶并堂邑其余各庄，暨东昌接壤曹州府属之朝城、观城等县零星地亩，应归书院等地，查看三年分即可先后收租，已经饬属照办。此兖州与东昌两府情形不同，起租年限应分别办理也。

至各处租数，因地之高下各殊，继难束以一律。查邹县本无上地，按照中、下地分为二等：中地每亩纳租京钱七百文，下地京钱四百文。东昌所属分为三等：上地每亩交租京钱七百五十文，中地京钱五百五十文，下地京钱一百文。臣以下地租数太少，曾经驳诘。据该管府县禀称，下地以正课而论，每亩仅征银一分不等，赋额本轻，则租额不能过重。缘土皆斥卤，民不愿耕，勉谕招徕，只求不任其废荒，未便再行酌加，反难交纳。以上兖州、东昌各地现定租数，按之奉到部文，照乾隆年间淄川成案，每亩交租银四钱五分之数，均属未符。惟查地有肥硗，时有难易，银价钱值亦有今昔低昂不同。各该处当数年兵燹之余，民人失业逃亡，甫经安集，即应交正课，已属拮据。今因其认种官地，令于正课之外，再纳租钱，若非量力以定输将，势必人人裹足。我国家爱养黎元，无微不至，但杜中饱于胥吏，不靳加惠于庶民。且乾隆年间，银价与今悬殊，若以银合钱，即兖州中地、东昌上地而计，数目亦略相等。臣再三体察，系属实在情形。此兖州与东昌两府各属地亩现定租价与部咨成案不同，应变通办理也。

此项租入，臣前经奏拟以邹县白莲池及堂邑附近刘贯庄并冠县各地所收佃租，为数较整，抵拨兖州、东昌两处营饷，其余堂邑各庄并莘、馆、朝、观等处零星地亩佃租，归于各本处书院，添作经费，业蒙俞允。兹复详查各县送到册籍，白莲池一带地亩大段相连，且约计每年收租有京钱一万五千贯之多，以之抵拨兖营兵饷，实可节省正项。惟堂邑附近之刘贯庄并冠县两处地亩，总计虽各有二十余顷，仍系零星散亩，不成段落，分佃承种，地址琐碎，指作官田，必至移亩换段，影射迷失。且每年租入亦仅京钱二千余贯，而两邑之地为东昌、临清、寿张三营分汛，若以之抵拨营饷，搭配不敷，徒滋日后镠轕之弊。臣不敢因陈奏在前，稍事迁就。仍恳天恩将刘贯庄及冠县两处地租，亦概归【各】该处书院添资。臣思东昌各属，民风非惑于教匪，即好习拳勇，然最推重绅耆，若乡里间多读书明理之士，劝化观感，未尝不可默移风气。臣请以租项归之书院，俾延请师长，勤于教课，其计似迂，然古人以择良吏为治盗贼之源，以兴文教为正民风之本，盖有不徒恃法令者邪慝之消良由于此。

至充营兵饷如何划拨抵解之处，及各处书院经费应行详定章程，臣饬司迅速核议，并将各地亩数、租数造册咨部立案，以防日久废弛侵挪，期收实效。此办理各处租入分别用款之情形也。

此外尚有淄川、临清、泗水等州县，据报查明逆产无多，均请添资书院。沂州府属之兰、费等县荒地，经臣筹拨闲款银一千两，发给该府借与复业贫民，以助牛种，核其为数不及十分之二，经费支绌，尚待徐筹。此外逆绝各产实有若干，因该地幅员辽阔，复值防堵紧要，一时未即查清，已饬该沂州府速查造报。滕县绝产二顷余亩，查办年限届满，并无本族承领之人，应一并归入本地书院，以惠士林。

至白莲池应设官署，臣前奏将邹县县丞一员、界河汛千总一员移设该处，足资弹压。现已由司筹款修造衙署完竣，各该员已经到防。土田渐辟，行路渐通，藉可仰纾圣厪。

以上各事宜，有应行题明之件，容臣恭疏具题；有应行咨部之件，饬司详细造册核办。

所有查办逆绝各产次第就竣各缘由，理合恭折具奏，伏乞皇太后、皇上圣鉴训示。谨奏。

再，此案臣于本年正月间即拟恭折详陈，因办理军务，是以具奏稍迟，合并声明。

同治四年八月十一日奉到回折："军机大臣奉旨：'据奏查办兖州、东昌等处逆绝各产，分别抵拨兵饷、添资书院，斟酌均尚妥协，即著照所拟办理。沂属兰、费等县荒地，并著查明，分别核办。该部知道。钦此。'"

同治四年上半年新案交代循例汇奏折

同治四年七月二十四日

奏为各属新案交代，循照半年开单汇报定章，分别已未清结，恭折仰祈圣鉴事：

窃查东省财赋空乏，实因钱粮弊窦。欲清其源，惟有遵例结报交代，一切庶有条理，非仅为盘查亏空已也。臣前经奏明将各属新案交代，以同治三年五月初一日为始，照例查办二参，凡有亏空，立即参追。如钱粮、仓谷较多，及一人而有两处交代，照例展限。或因军务及有他故不能依限核结，随时请展。

并半年开单汇报一次，作为定章。业将同治三年五月初一日起，截至十二月止，已未结新案交代奏报在案。兹又届半年汇核之期，除宁阳、泗水、邹、滕、鱼台、范县等处，因办理防剿未能兼顾，暂予展限，现在军务已平，已檄令另行起限催算核结外，其余已未结报各处，应一律照章核办。据署藩司恩锡开册具详前来。臣逐案复查无异。理合将同治四年正月初一日起，截至六月止，缮具清单，恭呈御览。其未经结报禀有应交款项者，勒限一月完缴，逾限不完，即行参追。上届单开勒追之案，或已专案劾参，或已依限完缴，均于此次单内分晰注明。已结者饬令赶造达部册结，务使恪遵成例，力杜积压亏挪之弊。

除清册咨部外，为此恭折具奏，伏祈皇太后、皇上圣鉴。谨奏。

同治四年八月十一日奉到回折："军机大臣奉旨：'著照所请。该部知道。单并发。钦此。'"

新案交代单

谨将同治四年正月初一日起，截至六月止，各州、县、卫、所已未结新案交代，敬缮清单，恭呈御览。

二参限内算清结报各案：

济宁州现任知州程绳武，同治三年八月十八日到任，应接前任周鸥交代。该州仓谷在五万石以上，例得展限一月，统扣至同治四年正月十八日二参限满，已于限内算清结报。

海阳县现任知县李琛，同治三年九月二十五日到任，应接前任吴毓蘅交代，扣至同治四年正月二十五日二参限满，已于限内算清结报。

署蒲台县知县方鸣皋，同治三年十月初九日到任，应接前任已故知县车学富交代，扣至同治四年二月初九日二参限满，已于限内算清结报。车学富亏缺，业经专案参追。

陵县现任知县樊维垣，同治三年十月十八日到任，应接前任华钧交代，扣至同治四年二月十八日二参限满，已于限内算清结报。

署新泰县知县沈善庆，同治三年十一月十六日到任，应接前任郑溥交代，扣至同治四年三月十六日二参限满，已于限内算清结报。

署朝城县知县文龙，同治三年十一月十九日到任，应接前任权汝钦交代，扣至同治四年三月十九日二参限满，已于限内算清结报。

高苑县现任知县韩光鼎，同治三年十二月初五日到任，应接前任盛洪钧交代，扣至同治四年四月初五日二参限满，已于限内算清结报。

署金乡县知县李亥，同治三年十二月初八日到任，应接前任李淦交代，扣至同治四年四月初八日二参限满，已于限内算清结报。

城武县现任知县邵承照，同治三年十二月初八日到任，应接前任严家正交代，扣至同治四年四月初八日二参限满，已于限内算清结报。

禹城县现任知县德铨，同治三年十二月初十到任，应接前任赵惟峄交代，扣至同治四年四月初十日二参限满，已于限内算清结报。

商河县现任知县孙长顺，同治三年十二月十八日到任，应接前任余溥交代，扣至同治四年四月十八日二参限满，已于限内算清结报。

沂水县现任知县沙士枟，同治三年十二月二十日到任，应接前任孙恺元交代，扣至同治四年四月二十日二参限满，已于限内算清结报。

博平现任知县蒋庆第，同治四年正月二十五日到任，应接前任代理县陈昆兰交代，扣至五月二十五日二参限满，已于限内算清结报。

署掖县知县郑溥，同治三年十二月十五日到任，应接前任苏名显交代。该县仓谷在五万【石】以上，例得展限一月。又郑溥系由新泰调署掖县，一官而有两任交代，例得展限一月，统扣至同治四年闰五月十五日二参限满，已于限内算清结报。

署堂邑县知县潘世创，同治四年二月十七日到任，应接前任董槐交代，扣至闰五月十七日二参限满，已于限内算清结报。

署沾化县知县盛一林，同治四年二月二十五日到任，应接前任陶光勋交代，扣至闰五月二十五日二参限满，已于限内算清结报。

署东平所千总武寿龄，同治三年十月二十八日到任，应接前任倪思孝交代，扣至同治四年二月二十八日二参限满，已于限内算清结报。

德州卫现任守备李茂棠，同治四年三月初十日到任，应接前任安长青交代，扣至六月初十日二参限满，已于限内算清结报。

以上各州、县、卫、所十八案，现在饬催赶造达部册结。

已满二参限内算明尚有应交之项，勒限完缴各案：

署临朐县知县椿龄，同治三年十二月初九日到任，应接前任刘景叔交代，扣至同治四年四月初九日二参限满。

乐安县现任知县彭嘉寅，同治四年二月初五日到任，应接前任严陈尧交代。该县钱粮在五万两以上，例得展限十五日，统扣至闰五月二十日二参限满。

署乐县知县崔澜，同治四年二月二十五日到任，应接前任洪调笙交代，扣至闰五月二十五日二参限满。

署平度州知州方传稙，同治四年二月十二日到任，应接前任吴赟交代。该州钱粮在五万【两】以上，例得展限十五日，统扣至闰五月二十七日二参限满。

以上四案，均已算清。查有应交之项，现勒限一月完缴，逾限不完，即行严参。

未满二参尚未结报各案：

署文登县已故知县张丙彬，同治三年十二月二十九日到任，应接前任宋春畲交代，扣至同治四年四月二十九日二参限满。张丙彬于初参限内因病出缺，应统归现署知县陈汝楫接收。查宋春畲并未候算交代，辄行离东，现已另行参办。

济阳县前任已故知县范承祜，同治四年二月十七日到任，应接前任俞云林交代。查范承祜由范县调署济阳，一官而有两任交代，例得展限一月，统扣至六月十七日二参限满。范承祜在初参限内因病出缺，应统归现署知县承恩接收。

署文登县知县陈汝楫，同治四年三月二十二日到任，应统接前任宋春畲、张丙彬交代，扣至六月二十二日二参限满。

署济阳县知县承恩，同治四年四月初五日到任，应统接前任俞云林、范承祜交代，扣至七月初五日二参限满。

署莱阳县知县陈凤翥，同治四年四月初二日到任，应接前任陈启鏊交代。该县钱粮在五万两以上，例得展限十五日，统扣至七月十七日二参限满。

署宁海州知州李翼清，同治四年四月二十一日到任，应接前任舒孔安及代理县陈汝楫交代，扣至七月二十一日二参限满。

署安邱县知县李舒翘，同治四年五月初二日到任，应接前任杨洪烈并兼理县郭定柱交代，扣至八月初二日二参限满。

以上七案，现在分别严催，依限赶算结报。

上届奏明已满二参尚有应交之项，勒限完缴各案：

邱县现任知县程惠昌，应接前任牛积厚交代。查有应交之项，勒限一月完缴，已于限内交清结报。

署武城县知县郑锡洪，应接前任郭尚桓交代。查有短交之项，勒限一月完缴。嗣因逾限不解，业已专案严参。

署莘县知县杨翃，应接前任戴勉交代。查有应交之项，勒限一月完缴，已于限内交清结报。

现任临清卫守备王维凤，应接前任讷勒亨阿交代。查有短交之项，勒限一月完缴。嗣因逾限不解，业已专案严参。

以上四案，上届清单内均系开报勒限严追，现在逐案查明，分别登注。

拨解庆阳粮台军火及各处军饷片

同治四年七月二十四日

再，臣钦奉七月初九日上谕："雷正绾、曹克忠等军遇伏失利，事事乏缺，迅将协甘之款先筹银数万两，解交陕西藩库，知照杨能格提拨等因。钦此。"查庆阳协饷，甫经解银一万两。兹再饬署藩司恩锡极力挪措银二万两，委候补未入流宋照于本月二十七日解赴陕西藩库交纳。又奉拨甘肃庆阳粮台军火，前已两次解过火药三万斤、火绳三万丈、铅丸一万斤，随时奏报在案。兹复饬据军需总局司道等详报，配造火药一万斤、火绳一万丈、铅丸五千斤，饬委候补未入流卢秉诚解交该粮台应用。又据署藩司恩锡先后详称，应解曾国藩及常镇道潘鼎新六月份军饷，前已分别解清。现又由司筹备曾营饷银三万两，委候补县丞陈光昭解往徐州道衙门转解；又筹银一万五千两，委候补未入流萧雯管解，赴济宁州潘鼎新行营交纳，均作七月份协款各等情前来。臣复查无异。

除分咨查照并仍饬续筹报拨外，理合附片陈明，伏乞圣鉴。谨奏。

同治四年八月十一日奉到回折："军机大臣奉旨：'知道了。钦此。'"

委员管解刘铭传等营协饷片

同治四年七月二十四日

再，臣前接两江督臣曾国藩来咨，刘铭传赴皖援剿，应由山东在于应解协饷银内，每月拨银二万两等因。先经饬司委员解过刘营饷银二万两。兹复据署藩司恩锡先后详报，续筹银二万两，委候补未入流花天铭解赴徐州府，探明该提督行营交兑，并声明闰五月份协饷银四万两，全数解清。又筹备六月份饷银三万两，委候补府经历周国钧解交徐州道转解曾营备用。又在货厘项下拨银三千两，委未入流余景森解交前副都统定安军营，作为六月份饷项。又庆阳粮台待饷孔亟，勉力筹措银一万两，委候补未入流王炳管解，前赴该粮台交纳各等情前来。

除分咨查照外，理合附片陈明，伏乞圣鉴。谨奏。

同治四年八月十一日奉到回折："军机大臣奉旨：'知道了。钦此。'"

应袭世职汇案请旨承袭折

同治四年七月二十四日

奏为查明应袭世职汇案请旨承袭，恭折奏祈圣鉴事：

窃照阵亡殉难官绅子孙承袭世职，例应半年汇奏一次，历经遵办在案。兹查同治四年上半年据各属陆续详送，应袭云骑尉世职法旭等十五名，应袭恩骑尉世职王鹏飞一名，经臣逐案查核，均属相符。当将年已及岁之法旭等九名验看，发标学习；年未及岁之陈丰庆等七名，饬俟及岁时发标学习，统以兵部汇奏，奉旨准其承袭之日，分别作为收标支俸日期，以符定例。理合将各该世职姓名、年岁、籍贯，敬缮清单，恭呈御览。

除将宗册结汇总咨部外，为此恭折具奏，伏乞皇太后、皇上圣鉴。谨奏。

同治四年八月十一日奉到回折："军机大臣奉旨：'兵部议奏。单并发。钦此。'"

审明沂水县民京控按律定拟折

同治四年七月二十四日

奏为审明京控，按律定拟，恭折具奏，仰祈圣鉴事：

窃照沂水县民唐玉庆，以陈廷兰挟嫌，将伊兄唐玉青殴伤送县，贿串私押殒命等词，控经步军统领衙门，于同治三年九月十八日奏奉谕旨："此案著交阎敬铭督同臬司，亲提人证、卷宗，秉公研讯确情，按律定拟具奏。原告民人唐玉庆，该部照例解往备质。钦此。"当经行司饬提人卷研讯。兹据署臬司卫荣光，以审明后即据历城县详报，唐玉庆在店病故，核入控案，拟议解勘。值臣赴兖州办理善后出省，饬委署藩司恩锡代勘无异，录供呈送前来。臣复加查核。

缘唐玉庆籍隶沂水县，与陈廷兰同庄，素识无嫌。咸丰十一年夏间，陈廷兰经县派充团长，并饬传谕庄民筑围御贼。唐玉庆之兄唐玉青声言，筑围枉费钱文，不能御贼，以致群情观望。八月初四日，陈廷兰因贼氛逼近，恐误事机，即带团勇将唐玉青扭获，意欲送县究惩，以免阻挠。时值天晚，暂住庄外庙内。唐玉青乘间脱逃，陈廷兰与团勇王四惊觉追捕。王四用小刀误将唐玉青左眼胞戳伤，经地保尹佃英与吴锡帮同，陈廷兰将唐玉青获住，送县验讯管押，差缉王四无获。唐玉青旋即在押患病，经唐玉青之戚张寿春保回病故。唐玉庆先经贸易外出，随后回家查知，痛兄情切，疑系陈廷兰挟仇谋害，纠同尹佃英等挖出眼睛，并传闻陈廷兰前因南捻窜扰，曾在青山地方带勇杀贼，误会陈廷兰占据青山，聚众杀人，即以挟仇谋害等词，由县、府、司控经前抚臣谭廷襄批府提审。因行提人证不齐，尚未集讯。唐玉庆又照院控呈词，图准添砌陈廷兰因霸占邻妇，曾经被控，以及贿串县役王坤山等押毙情节具呈，控经步军统领衙门奏奉谕旨，饬提研讯。据各供悉前情，诘非有心诬告，亦无起衅别故，应即拟结。

查律载："申诉不实者，杖一百。"又，"不应为而为，事理重者，杖八十。"各等语。此案唐玉庆京控各情，虽系怀疑误会，图准添砌，究属失实，自应按律问拟。唐玉庆合依"申诉不实者，杖一百"律，拟杖一百，业已病故，应毋庸议。陈廷兰因唐玉青阻挠筑围，送官究惩，系恐误防起见，尚无不合。惟充当团长，于王四追赶唐玉青时，并不妥为弹压，小心帮捕，致王四误将唐玉青戳伤；又不将王四一并送究，任令逃逸，究属不应。陈廷兰应酌照"不应为而为，事理重者，杖八十"律，拟杖八十。事在咸丰十一年十月初九日恩赦以前，应予援免。尹佃英、吴锡讯无帮殴及钻充地保受贿捏禀情事，应与讯无受贿、私押索诈之王坤山，均毋庸议。唐玉庆病故之处，业经历城县验无别故，看役讯无凌虐情弊，亦毋庸议。逸犯王四刀伤唐玉青，罪止拟徒，事在赦前，免其缉拿。

除供册咨部外，理合恭折具奏，伏乞皇太后、皇上圣鉴训示。谨奏。

同治四年八月十一日奉到回折："军机大臣奉旨：'刑部议奏。钦此。'"

审明临邑县民京控按律定拟折

同治四年七月二十五日

奏为审明京控，按律定拟，恭折具奏，仰祈圣鉴事：

窃照临邑县民人刘国达，以刘国彬等谋杀、抄抢等词，控经都察院，于同治三年十一月二十八日奏奉谕旨："此案著交阎敬铭督同臬司，亲提人证、卷宗，秉公严讯确情，按律定拟具奏。原告民人刘国达，该部照例解往备质。钦此。"当经行司饬提人卷严讯。兹据兼署臬司卫荣光审明，拟议解勘。值臣赴兖州办理善后出省，饬委署藩司恩锡代勘无异，录供呈送。臣复加查核。

缘刘国达籍隶临邑县，与无服族兄刘国彬素好无嫌。刘国彬充当团长。咸丰十一年十月十九日，刘国彬因马贼充斥，曾经县官晓谕乡团协力查拿。传闻刘国达与父刘澎勾结马贼，即告知团局派勇往拿，刘澎不服争角，不识姓名团勇殴伤刘澎左腿肚、右脚踝，与刘国达一并带至团局。查明刘澎等并无勾贼之事，未经送县，由地保刘渭等领回。刘澎伤旋平复，后即病故。刘国达亦外出佣趁。同治三年四月初一日刘国达回归，与刘国彬撞遇，忆及前情，斥说其非，彼此争殴。刘国彬拾碗片划伤刘国达项颈、左腿，经刘国纯劝散。刘国达被殴不甘，并疑刘澎病死由于被拿殴打；当日牲口惊跑无获，疑被抢去，控县验伤准理。刘国达又由府控司，批县差传人证未齐，不克集讯。刘国达情急，即以谋杀、抄抢等词，并图准添砌被证姓名暨刘国彬曾刃伤伊祖，并被其父呈首各情，控经都察院奏奉谕旨，饬提严讯。刘国彬并无谋命、抄抢等情，供证确凿，刘国达亦自认怀疑捏砌，应即拟结。

查律载："申诉不实者，杖一百。"又，"不应为而为，事理重者，杖八十。"各等语。此案刘国达京控各情，虽系怀疑捏砌，究属失实，自应按律问拟。刘国达合依"申拆不实者，杖一百"律，拟杖一百。刘国彬虽无谋杀、抄抢等情，惟传闻刘国达等勾结马贼，不查虚实，即告知团局往拿，虽非有心诬陷，究属不合。刘国彬除他物殴伤刘国达平复轻罪不议外，应照"不应为而为，事理重者，杖八十"律，拟杖八十，分别折责发落。刘渭讯无不合，逞凶之不识姓名团勇饬县缉获另结。

除供册咨部外，理合恭折具奏，伏乞皇太后、皇上圣鉴训示。谨奏。

同治四年八月十一日奉到回折："军机大臣奉旨：'刑部议奏。钦此。'"

审明逆伦重犯按律定拟折

同治四年七月二十五日

奏为审明逆伦重犯，按律定拟，恭折具奏，仰祈圣鉴事：

窃据署乐陵县知县崔澜详报，张马因疯殴伤伊母张张氏身死一案，臣因情罪重大，批饬押解犯证人等来省，发委济南府知府萧培元，督同该员审明拟议，由兼署臬司卫荣光解勘。值臣赴兖州办理善后出省，饬委署藩司恩锡代勘无异，录供呈送前来。臣复加查核。

缘张马籍隶乐陵县，与亲母张张氏并无违犯。张马素患疯病，时发时愈，疯发不省人事。张张氏与长子张龙，地邻李世贵、张玉堂、张有成，因其并不滋事，未经报官锁锢。同治四年五月十五日晌午时分，张龙赴地工作，张马疯发，用铁撅殴伤张张氏偏左左太阳穴、左耳根倒地，致磕伤左腮颊。适张龙走回，与张有成闻闹往看，见张马手持铁撅，在院跳舞，张张氏受伤在地，上前夺获铁撅，将张马捆缚，扶起张张氏，问明情由，延医调治。讵张张氏至夜因伤殒命。报验讯详，提省验明，张马患疯属实，不能取供，集讯张龙等，供悉前情，诘无装疯捏饰情弊，案无遁饰。

查律载："子殴母杀者，凌迟处死。"又例载："子殴母之案，无论是否因疯，悉照本律问拟。审明后恭请王命，即行正法，仍将首级解回犯事地方枭示。"又，"疯病之人，其亲属邻佑人等容隐不报致杀他人者，照知人谋害他人不即阻当首报律，杖一百。"各等语。此案张马因疯殴伤伊母张张氏身死，自应按律问拟，张马合依"子殴母杀者，凌迟处死"律，拟凌迟处死，伦纪攸关，未便稍稽显戮。臣于核明后，饬委兼署臬司卫荣光、臣标中军参将玉山，恭请王命，将张马绑赴市曹正法，传首犯事地方，悬杆示众。犯兄张龙，地邻李世贵、张玉堂、张有成，于张马患疯并不报官锁锢，以致因疯杀母，均合依"疯病之人，其亲属邻佑人等容隐不报致杀他人者，照知人谋害他人不即阻当首报律，杖一百"例，各拟杖一百，折责发落。李世贵免其革役。

除将供招咨报外，理合恭折具奏，伏乞皇太后、皇上圣鉴训示。谨奏。

同治四年八月十一日奉到回折："军机大臣奉旨：'刑部议奏。钦此。'"

审明昌邑县民京控按律定拟折

同治四年七月二十五日

奏为审明京控，按律定拟，恭折具奏，仰祈圣鉴事：

窃照昌邑县孀妇孙张氏，以徐永安等冒团劫杀等词遣抱，控经都察院，于同治二年九月十四日奏奉谕旨："此案著交阎敬铭督同臬司，亲提人证、卷宗，秉公严讯确情，按律定拟具奏。抱告民人孙思聪，该部照例解往备质。钦此。"当经行司饬提人卷，据报徐永安业经病故，将原被人证同卷宗解司，由兼署臬司卫荣光审明，拟议解勘。值臣赴兖州办理善后出省，饬委署藩司恩锡代勘无异，录供呈送。臣复加查核。

缘孙张氏籍隶昌邑县，与昔存今故之徐永安，到案之文生张星耀、监生吴居敬、军功张桂三、民人焦锡珍、高密县军功蔡大鹏，素识无嫌。徐永安、张桂三、蔡大鹏均充团长，张星耀、吴居敬、焦锡珍在团领队。孙张氏之夫堂弟孙志畔，与子孙国栋向不安分。咸丰十一年春，南捻窜至孙张氏庄内焚掠，孙张氏与孙志畔之孙孙殿弼，并其妾毛氏之兄毛宗太逃出。孙张氏之子孙国亮即孙双，侄媳孙张氏、孙寇氏，夫兄孙志会，胞侄孙国明、孙国清，堂侄孙国庆与子孙岱成、孙小闯，并孙志畔之妻孙李氏，孙女芝嫚、灵嫚，外甥刘福林，婢女富贵，被贼杀害。毛氏与孙张氏、胞侄孙小常，由毛宗太家逃赴邻庄躲避，孙小常遇贼被杀。孙志畔与孙国栋旋在昌邑、高密交界地方勾结土匪烧抢，经该两县督饬徐永安、张桂三、蔡大鹏、张星耀、吴居敬、焦锡珍带领团丁击散，拿获孙志畔，并救出难民王和，送县讯明，禀准将孙志畔就地正法，王和省释。孙国栋与子孙殿弼逃至掖县，被团勇盘获，送县解府，提讯未结。孙张氏回家后，传闻孙志畔系被徐永安等拿住杀死，遂疑孙国亮等十五人亦系徐永安等所杀，邀同毛宗太往向徐永安等查问，彼此争吵。毛宗太族人毛宗珂，帮同徐永安等斥说走散。孙张氏生气，即与毛宗太以冒团劫杀等词控府，将孙国栋等饬发高密县关提原被讯办。孙国栋旋即在押病故。孙殿弼讯无为匪情事，因病保回候审。孙张氏疑系徐永安等串谋押毙，令孙殿弼与毛宗太控司，批府饬讯。孙殿弼回家病故。孙张氏又以串谋押毙等词控司，批府提审，因人证未齐，不克集讯。孙张氏情急，即以历控情词，并图准添砌书役受嘱压搁等情，遣孙思聪作抱，控经都察院奏奉谕旨，饬提严讯。土匪孙志畔委系讯明正法，其族中男妇孙国亮等十五人确系被贼杀害，并非徐永安等乘乱劫杀，质之孙张氏，亦自认怀疑具控，并据毛宗太于到案之时据实首明，应即拟结。

查律载："申诉不实者，杖一百。"等语。此案孙张氏京控各情，虽系怀疑添砌，究属失实，自应按律问拟。孙张氏合依"申诉不实者，杖一百"律，拟杖一百，照律收赎，饬县追银册报。毛宗太随同妄控，本有不合，业先据实首明，应免置议。文生张星耀等并无冒团劫杀等事，应毋庸议。被害之孙国亮等，饬县另行详办。

除供册咨部外，理合恭折具奏，伏乞皇太后、皇上圣鉴训示。谨奏。

同治四年八月十一日奉到回折："军机大臣奉旨：'刑部议奏。钦此。'"

同治四年六月雨泽粮价折
同治四年七月二十五日

奏为恭报六月份雨泽情形并呈粮价清单，恭折仰祈圣鉴事：

窃照闰五月份雨水、粮价，经臣奏报在案。兹查六月份，惟沂州府属之郯城，登州府属之海阳、荣成等三处，未经得雨，其余历城等一百〇四州县，先后据报于是月上旬初一二三四五六七八九十，中旬十一二三七八九，二十，下旬二十一二三五六七八九等日，各得雨一、二、三、四、五、六寸及深透不等。获此澍雨滋培，秋稼益臻芃茂，丰收有象，民气恬熙，堪以仰慰宸怀。

至各属市集粮价，互有增减，大致与上月相同。敬缮清单，祗呈御览。为此恭折具奏，伏乞皇太后、皇上圣鉴。谨奏。

同治四年八月十一日奉到回折："军机大臣奉旨：'知道了。钦此。'"

六月份粮价清单

谨将同治四年六月份山东省各属米、麦、谷、豆价值，敬缮清单，恭呈御览。

计开：

济南府属：稻米每仓石价银三两四钱至四两九钱三分，较上月贵三钱五分。粟米每仓石价银一两二钱五分至二两九钱，较上月贵三钱。粟谷每仓石价银八钱四分至一两七钱四分，较上月贵二钱三分。高粱每仓石价银九钱三分至二两一钱二分，较上月贵二钱七分。小麦每仓石价银一两三钱至二两四钱二分，较上月贵二分。黄豆每仓石价银一两三钱至二两五钱一分，较上月贵一钱九分。黑豆每仓石价银一两三钱至二两六钱七分，较上月贵三钱九分。

泰安府属：稻米每仓石价银三两四钱八分至五两二钱八分，较上月贵一钱三分。粟米每仓石价银一两五钱六分至二两五钱，与上月同。粟谷每仓石价银九钱八分至一两四钱一分，较上月贵二钱二分。高粱每仓石价银一两九分至一两五钱，较上月贵六分。小麦每仓石价银一两四钱三分至一两九钱四分，较上月贵一钱九分。黄豆每仓石价银一两五钱至二两一分，较上月贵三钱八分。黑豆每仓石价银一两四钱五分至一两九钱二分，较上月贵三钱七分。

武定府属：稻米每仓石价银二两四钱八分至四两九钱二分，与上月同。粟米每仓石价银一两四钱二分至二两三钱，与上月同。粟谷每仓石价银九钱二分至一两三钱，与上月同。高粱每仓石价银一两至一两五钱五分，与上月同。小麦每仓石价银二两至三两，与上月同。黄豆每仓石价银一两二钱二分至二两一钱，与上月同。黑豆每仓石价银一两二钱三分至二两五分，与上月同。

兖州府属：稻米每仓石价银二两四钱四分至四两六钱五分，与上月同。粟米每仓石价银一两三钱五分至二两五钱，与上月同。粟谷每仓石价银七钱五分至一两八钱五分，与上月同。高粱每仓石价银九钱至一两八钱，与上月同。小麦每仓石价银一两一钱至二两二钱五分，与上月同。黄豆每仓石价银一两五分至一两九钱二分，较上月贵一钱六分。黑豆每仓石价银一两至二两，与上月同。

曹州府属：稻米每仓石价银三两三钱至五两，与上月同。粟米每仓石价银一两三钱七分至二两六钱三分，与上月同。粟谷每仓石价银八钱至一两八钱三分，与上月同。高粱每仓石价银八钱至一两八钱六分，与上月同。小麦每仓石价银一两四钱五分至二两一钱四分，与上月同。黄豆每仓石价银九钱至二两三钱四分，与上月同。黑豆每仓石价银八钱八分至一两九钱五分，与上月同。

沂州府属：稻米每仓石价银二两一钱三分至三两七钱二分，与上月同。粟米每仓石价银一两三钱八分至二两二钱，与上月同。粟谷每仓石价银七钱至一两二钱，与上月同。高粱每仓石价银一两至一两三钱七分，与上月同。小麦每仓石价银一两一钱至一两六钱三分，与上月同。黄豆每仓石价银八钱五分至一两六钱五分，与上月同。黑豆每仓石价银八钱至一两七钱三分，与上月同。

东昌府属：稻米每仓石价银三两一钱至四两八钱，较上月贵一钱。粟米每仓石价银九钱二分至二两四钱五分，与上月同。粟谷每仓石价银六钱至一两六钱七分，较上月贵二钱五分。高粱每仓石价银六钱六分至二两二钱三分，较上月贵七钱八分。小麦每仓石价银一两至二两三钱五分，与上月同。黄豆每仓石价银九钱三分至二两四钱六分，较上月贵三钱六分。黑豆每仓石价银七钱六分至二两四钱六分，较上月贵六钱三分。

青州府属：稻米每仓石价银二两二钱四分至四两二钱，与上月同。粟米每仓石价银一两四钱六分至二两三钱一分，与上月同。粟谷每仓石价银八钱五分至一两四钱，与上月同。高粱每仓石价银一两二分至一两四钱九分，与上月同。小麦每仓石价银一两一钱至二两一钱九分，与上月同。黄豆每仓石价银八钱九分至一两九钱，与上月同。黑豆每仓石价银八钱九分至二两，与上月同。

莱州府属：稻米每仓石价银二两一钱至三两一钱，与上月同。粟米每仓石价银一两一钱五分至一两八钱八分，较上月贵六分。粟谷每仓石价银五钱五分至一两二钱五分，与上月同。高粱每仓石价银八钱五分至一两一钱八分，较上月贱二分。小麦每仓石价银一两三钱至一两七钱五分，较上月贱五分。黄豆每仓石价银一两二钱至一两六钱，与上月同。黑豆每仓石价银一两一钱至一两六钱，较上月贱七分。

登州府属：稻米每仓石价银二两三钱三分至三两四钱，与上月同。粟米每仓石价银一两二钱八分至二两二钱六分，与上月同。粟谷每仓石价银一两至一两三钱八分，与上月同。高粱每仓石价银九钱一分至一两四钱五分，与上月同。小麦每仓石价银一两二钱一分至二两二钱三分，与上月同。黄豆每仓石价银九钱九分至一两八钱五分，与上月同。黑豆每仓石价银九钱六分至一两八钱，与上月同。

临清直隶州并属：稻米每仓石价银三两四钱五分至四两，与上月同。粟米每仓石价银一两五钱至二两四钱，与上月同。粟谷每仓石价银一两一钱四分至一两六钱，较上月贵一钱八分。高粱每仓石价银一两二钱至一两七钱，较上月贵一钱五分。小麦每仓石价银二两一钱至二两五钱六分，与上月同。黄豆每仓石价银一两六钱七分至二两二钱，较上月贵三钱三分。黑豆每仓石价银一两六钱至二两二钱，较上月贵二钱。

济宁直隶州并属：稻米每仓石价银三两八钱三分至六两四钱，与上月同。粟米每仓石价银二两至三两六钱，与上月同。粟谷每仓石价银一两二钱一分至二两二钱四分，与上月同。高粱每仓石价银一两五分至二两六钱五分，与上月同。小麦每仓石价银一两八钱至二两二钱五分，与上月同。黄豆每仓石价银一两一钱六分至二两七钱二分，与上月同。黑豆每仓石价银一两五分至二两九钱二分，与上月同。

审明曹县民妇京控按律定拟折

同治四年七月二十五日

奏为审明京控按律定拟，恭折具奏，仰祈圣鉴事：

窃照曹县民妇吴杨氏以刘先法放走正凶，贿差将伊子押毙等词，控经步军统领衙门，于同治三年八月二十五日奏奉谕旨："此案著交阎敬铭督同臬司，亲提人证、卷宗，秉公研讯确情，按律定拟具奏。原告民妇吴杨氏，该部照例解往备质。钦此。"当经行司饬提人卷。兹据兼署臬司卫荣光以刘先法之子刘巙因伊父老病不起，赴司呈恳代质，审明拟议解勘。值臣赴兖州办理善后出省，饬委署藩司恩锡代勘无异，录供呈送前来。臣复加查核。

缘吴杨氏籍隶曹县，与刘先法、刘明捷邻庄，素识无嫌。同治二年七月初八日，刘先法之同庄人高张旦、翟和尚殴伤张文绪身死逃逸，报经该前县陈寿元验讯详批缉参。陈寿元因访闻吴杨氏之子吴王妮扬言，高张旦等逃走，刘先法知情措给盘费，传讯吴王妮、刘先法，供词各执，一并取具店保候质。吴王妮旋即在店病故，陈寿元验讯，并无别故。查传吴杨氏外出乞食，饬令地保傅近武将尸棺掩埋标记。嗣吴杨氏回家查知，痛子情切，因吴王妮生前有刘先法措给高张旦等盘费之言，刘先法与库吏刘显文并刘明捷同族，心疑刘先法挟嫌贿通刘显文等，与差役将吴王妮致死灭口，即以刘先法放走正凶，贿差押毙，并图准添砌差役将吴王妮尸身不知移于何处等词具呈，带同次子吴二城，控经步军统领衙门奏奉谕旨，饬提研讯。据各供悉前情，诘非有心诬告，亦无起衅别故，应即拟结。

查律载："申诉不实者，杖一百。"等语。此案吴杨氏京控各情虽系怀疑，图准添砌，究属失实，自应按律问拟。吴杨氏合依"申诉不实者，杖一百"律，拟杖一百，系妇女，准其照例纳赎。刘先法老病不起，现经其子刘巙质明，并无纵凶及挟嫌贿通将吴王妮致死灭口；刘明捷亦无受贿听嘱押毙各情事，应与无干之吴二城，均毋庸议。逸犯高张旦等饬缉，获日另结。

除供册咨部外，理合恭折具奏，伏乞皇太后、皇上圣鉴训示。谨奏。

同治四年八月十一日奉到回折："军机大臣奉旨：'刑部议奏。钦此。'"

豫省捻情并东省防务情形折

同治四年八月初四日

奏为据探豫境贼势，并臣现办筹防及地方情形，恭折驰陈，仰祈圣鉴事：

窃臣于七月十一日将布置东省水陆防务各情，恭折驰陈，钦奉谕旨："阎敬铭现住兖州，务当督饬各营，认真训练。滕、峄、兰、郯一带土匪，仍须加搜捕，务绝根株等因。钦此。"

窃臣因贼势飘忽无常，遣员赴豫坐探，并令各营派勇出境侦探确情。先后据坐探委员及各营等禀，前股逆匪张总愚等，于六月二十一等日由鲁山窜踞南、裕交界之神岭大店，现复由新、邓窜至湖北光化县交界老河口地方。后股逆匪赖汶洸等，于六月二十七日由周家口过西华窜临颍，至郾城折向东南，现踞上蔡一带，攻破洪桥等寨。又据报，后股赖逆汶洸窜至临颍之时分股，一趋襄城，一趋郾城，趋襄者已至鲁山，趋郾者传闻有入确山之信各等情。臣查贼股虽全势西趋，而不归并一路。盖贼少则计出于合，多则计出于分，无非牵缀官军不能合力并进。且分为前后两路，又可以战贼为援贼；官兵有腹背之虑，既须稳慎进取，而贼得肆其狡谋。闻贼妇女、辎重甚多，前股现已趋至光化，恐即西窜入山，阻险自匿，然后谋其所向，四出剽流，未必久踞为穴；后股犹扰汝、蔡，若非西窜唐、邓，会合前股，即必南轶楚疆。此贼之可虑者也。豫军节节进剿，迭获胜仗；鄂军协力夹攻，当可仰藉天威，迅就歼灭。

东省现虽无贼，而绸缪未雨，不可失时。臣所分派统将，各领八营，驻军西路，再三训诫。各将领以曾经战阵之士，教练新兵。沂州营勇并绍字营，随臣行次，亲加督教，一以湘楚成规为准。现体察各营，尚知讲求冲阵合队之法，壁垒营律，似改旧观。东路沂州一带，臣责令沂州府知府文彬、候补府署兰山县知县长赓、费县知县王成谦，带其马步练勇，各处巡缉。现据该员等禀报，迭获潜回幅匪黄六妮等七十余名。查该府县、武弁等连年诛锄土匪，不遗余力，春间捻、发各逆过境，并无勾结为患。现在沂州一带，人安农业，地方静谧，堪纡圣廑。所有历年捕匪出力各员弁，容臣择尤保奖，以励微劳。东昌一带，亦俱平静，除濮、范、馆陶设有防兵外，无需多兵。省北德平、德州一带，臣去年派有各营巡缉，以防马贼起事之萌。今调驻扎朝城之同知刘时霖，带勇二百名，移扎德平、德州，以巡北路马贼土匪。藩司丁宝桢所部济安营勇，现已撤遣回籍。该司于奉旨后即回本任。臣切饬该司力政事以清财赋，清财赋以裕饷源。日久屯宿重兵，本实之谋，不敢不为先计。

再，东省四、五月间，天气干旱，六、七两月，雨水过多，秋禾颇行歉收，各处仅称中稔。且六月下旬以后，黄流节次盛涨，致齐河、惠民各处，溃决漫溢，沿河各属，纷纷报灾，人口虽无伤损，田亩多被冲淹。屡饬各地方官加意抚恤，并饬各府州勘明被灾轻重，即行奏恳恩施，合并陈明。

所有据探贼势并臣现办防务及地方情形，恭折具奏，伏乞皇太后、皇上圣鉴训示。谨奏。

同治四年八月十一日奉到回折："军机大臣奉旨：'览奏均悉。昨据吴寿昌奏，贼踪分窜，东股扰及阜阳，西股仍在唐县，已谕令官文等整兵进击。山东防务未可稍松，阎敬铭当认真办理。捕匪出力各员弁，准其择尤保奖，毋许冒滥。被水地方，加意抚绥，无使灾黎失所。钦此。'"

江南试运米船进出东省片

同治四年八月初四日

再，查本年江南试运米船挽入东境，并渡黄安稳情形，经臣先后奏报在案。兹据德州具禀，前项米船计七起，共船一百〇五只，于七月十八日头起驶入州境，在后各起衔尾而来。随经会同营汛员弁并委员等，亲诣河干照料催趱，于二十一日全数挽出柘园镇东境，连樯北上等情前来。臣复查无异，理合附片陈明，伏乞圣鉴。谨奏。

同治四年八月十一日奉到回折："军机大臣奉旨：'知道了。钦此。'"

请将东省采买战马免税放行片

同治四年八月初四日

再，东省前练马队，均系就本地购买马匹。本年滕县、临城驿接仗，伤失不少，其余日久疲乏，不能得力，臣分别裁撤，现留不及二百名，亟应添备，以利攻剿。兹派管带马队参将塔克苏堪、守备马凌霄，赴部请票，前赴张家口采买战马五百匹，解回东省军营应用。此项马匹系专为东军征剿之用，与本省添备营马、驿马不同，相应仰恳圣恩俯准，饬部移行各处，俟该员买到马匹，按数查验，免税放行，俾得迅速管解回东，庶于军务不至迟误。谨附片具奏，伏乞圣鉴。谨奏。

同治四年八月十一日奉到回折："军机大臣奉旨：'著照所请。该部知道。钦此。'"

发捻复回东境派兵堵御折
同治四年八月二十五日

奏为发、捻逆匪由豫复窜东境，并派兵堵御各情形，恭折驰报，仰祈圣鉴事：

窃臣于本月初四日在兖州行营具奏据探豫省贼势情形，十一日钦奉批旨："览奏均悉。昨据吴昌寿奏，贼踪分窜，东股扰及阜阳，西股仍在唐县，已谕令官文等整兵进击。山东防务未可稍松，阎敬铭当认真办理。钦此。"窃臣深虑贼之裹胁愈众，则分股愈多，其踪迹飘忽无常，东防实不敢稍懈。

叠据陈州坐探委员禀报，东股发、捻等匪，自初三、四日由豫东窜颍州、阜阳境内，旋复折回豫境，先屯踞汝、蔡之境，复奔沈邱、项城，扰及陈州府东南之水寨集，十六日为刘铭传之军击败，窜向东北太康、柘城。现据曹县禀报：二十日，该匪大队已至睢州东北境。二十一日，考城之保庶寨、曹境之魏湾等处，皆见贼马各等情。

臣查贼势若由旧路窜入东境，臣所派驻扎曹县冉堌集之总兵杨飞熊等八营，驻扎菏泽黄镇集、沙土集之副将王心安等八营，可以南北联络，迎头截击，兼有鼎字营全军严扼济宁，贼未遽敢深入。所虑逆势太众，易于分股，为牵制之计，或恃其马队避营而行，使我追逐不及。臣已飞檄两军速探贼踪所向，相机截剿；饬令各县速谕民间，在野积谷赶运入堡，毋资盗粮。

又查现在黄河水势日消，河北一带尤关紧要。臣饬派济东泰武临道卫荣光，选带兵勇，督率炮船，在于张秋上下严防，将沿河船只尽行提归北岸，并东昌、范县、寿张、濮州各营，归其调度，以期布置周密，不使贼踪乘虚北窜，藉纾宵旰之忧。

惟据探报，西股张总愚等由枣阳折回南阳，分扰唐县、新野，其势亦欲东趋，恐其为东股贼匪后路。现扎沙土集、黄镇集等处两军，既须御贼之方来，又须备贼之继至。设若现窜曹县之贼分股绕越，此两军只可拨队追击，未可移动全营。臣筹及省东一路，尚觉空虚，完善之区，尤宜保卫，已饬沂州勇营，酌添精壮，严防沂、莒一带。

所有发、捻逆匪复窜东境，并派兵堵御各情形，恭折驰奏，伏乞皇太后、皇上圣鉴训示。谨奏。

同治四年九月初一日奉到回折："军机大臣奉旨：'另有旨。钦此。'"

委员管解京协各饷片
同治四年八月二十五日

再，查京协各饷，刻不容缓，经臣分饬藩、运两司妥筹速解。兹据运司详报，于引票正杂课并各年一文加价等款项下，筹备本年京饷银二万两，同应交加平银三百两、饭食银三百两，饬委候补盐经历周颖曾、候补盐大使孙善继解赴户部交纳。据藩司先后详报，在正杂款下筹银一万五千两，委候补县丞张福承解交常镇道潘鼎新行营交纳，作为八月份协饷；又动支厘税银四千两，委候补府经历徐鸿仪解往济宁支应局，作为该道行营七、八两月柴草之用。又直隶固本饷银项下，前经每月筹银三千两，解交降调副都统定安备用，自正月起至六月止，业已解清。现在该都统撤回归旗，所有七月份协饷，在于厘金项下筹拨银三千两，委候补未入流李锡彤解赴直隶大名粮台交纳。又在正杂项下筹拨应协直省饷银一万两，委候补从九品张凤鸣解交直隶藩库兑收各等情前来。

除分咨外，理合附片陈明，伏乞圣鉴。谨奏。

同治四年九月初一日奉到回折："军机大臣奉旨：'知道了。钦此。'"

发捻入东剿扼情形折
同治四年九月初一日

奏为发、捻各逆分股窜入东境，经官军连日出队遏截退窜，现踞菏泽、东明交界地面，并饬军剿扼情形，恭折驰报，仰祈圣鉴事：

窃臣于本年八月二十五日曾将发、捻各股复窜东境，派兵堵御各情，恭折具奏在案。八月二十九日复奉上谕："乔松年奏，捻逆经官军击败，窜并豫境各等因。钦此。"

伏查此股窜东股匪，探为逆首赖汶洸、任柱、牛烙红等众，即系由阜阳折窜豫境，经刘铭传之军剿败，遂从睢州、考城驶扑东疆。臣得信之时，立即飞饬驻营冉堌之总兵杨飞熊各军扼其南面；飞饬驻营黄镇、沙土集之副将王心安各军扼其北面，务使两军联络，觇贼所向，实力痛剿，遏其东趋。

八月二十三日，据曹县知县汤鋐禀称，该逆于是日入境，马步蜂拥，环扑县城，经城上开炮击退，麇集西南之古营集，因知官军赶到，连夜西遁。二十四日四鼓，续有后股马步各贼络绎而来，均从堤外西北遁窜等情。二十四六等日，据已革总兵杨飞熊禀报，该营驻扎冉堌，一闻贼信，连夜派队往劫贼营。该总兵续带全队均向古营集督饬进剿，比到之时，该逆业已连夜遁窜。又探知该逆窜扰曹县之青岗寨，尚有后股在定陶西南，当即知会副将王心安，带队从定陶西路会剿，该总兵即趋赴王店、青岗。该匪均系马队，探知官军前来，即向西北遁窜。二十七日，据副将王心安禀称，该营驻扎黄镇，二十四日一闻贼信，当即飞领各营驰向定陶进剿。途中闻贼匪业向西北遁窜，立刻折向曹州府进发，直抵曹郡西关。探知该逆大股已向正西奔窜，仅见边马，经我军追压，均向西北驶窜。现查该逆各股聚于菏泽县与直省东明县交界之金鸡头、武备冈、李八老寨等处。

查臣前筹及该逆若复自豫回窜，迤西则由考城、曹县入境，迤东则由虞城、单县入境。边防辽阔，不能处处设兵，须扼要以争地势。前派杨飞熊驻扎曹县之冉堌集以防中路之南，王心安驻扎菏泽之沙土集、黄镇两处以防中路之北，相去七十里，彼此互为犄角，皆可扼贼之冲。此次贼由曹县窥伺东趋，先以骑贼探路，经杨飞熊迎击至王店、青岗一带，王心安迎击至曹州府西，贼股遂向西北游弋，不敢东走定陶、城武之间。似此两营布置，尚属得力。惟贼多马队，飘忽无常，今若使其拔队穷追，既虑贼为诱军之计，复由西北驰回，乘虚遂入，更虑后股继至，致我军腹背受敌，为其包抄，此皆贼之狡谋，未可大意。臣是以饬令两军稳扎原地，察看贼势以为动静。

又贼既趋西北，虑由濮、郓之界东过运河，现在运河甚为浅涸，徒步可行，急宜重军防御。臣一面函告新授臬司潘鼎新，于济宁饬军策应。据该司禀称，于三十日亲率淮勇六营，驰赴巨野，兼可顾及郓城，余营仍留济宁，以顾南路。又准曾国藩咨开：闻贼窜山东，派驻徐之马步各军即日来东协剿，计日当可来东。现查南路、西路均有重兵，开河一路，臣先经派兵千人，尚虑兵单，严饬力为扼守。

惟据各路获贼研供，有此次窜东，实欲驶窜青州之青石关一带等语。深虑该逆垂涎东隅，现前路虽有剿扼之师，而青州一带仍不能不添设一旅，以备防剿。臣现请留提督傅振邦助剿，即拟挑选登、莱各营兵丁千名，交该提督统带，驻扎青、莱一带。

至该逆麇集东明、菏泽之交，相去黄河不远。先经臣飞派都司杨长林管带炮船，会同直省所设炮船，严布濮、范水套，断其偷渡。又经饬派济东道卫荣光督办河防，并饬参将黄兆升带领勇营环列河岸。又调寿张、阳谷、濮、范、东昌各营兵丁千余名，交参将韦应麒、游击陈占鳌、守备姚鸿烈等管带，会同州县，联合民团，扼守河干，所有河内船只，均令提归北岸。省城防守，饬由藩司丁宝桢督办，令游击周森藻、守备曹正榜、都司韩登泰等各带兵勇，并臣标将弁兵丁，竭虑筹防。

现查逆情，志无所逞，恐将拼死来争，东省兵力仅足相持。兹幸曾国藩复饬大军来东进击，可期会合兵力，歼击狂氛。臣惟有督饬诸军，觇视贼情，相机策应，期与各路剿师收夹击之功而遏狂奔之路。

除将剿击情形再行驰报外，所有连日扼堵情由，理合恭折驰奏，伏乞皇太后、皇上圣鉴训示。谨奏。

同治四年九月初八日奉到回折："军机大臣奉旨：'另有旨。钦此。'"

请将傅振邦暂留东省军营片

同治四年九月初一日

再，前云南提督傅振邦回籍后，咨请代奏求赏军营差使，经臣代为具奏，奉旨："著阎敬铭传知该提督，前赴曾国藩军营听候差遣。钦此。"当即恭录知照。兹该提督因赴徐州，由昌邑原籍顺途抵兖。臣接见该提督老成稳练，隶籍莱州府属，于青、莱地方情形熟悉。现值逆匪窥伺东省，青、莱一带亦应严防，可否仰恳圣恩俯准，将提督傅振邦暂留东省军营，资臣臂助，俟军务稍定，再令驰赴徐州。如蒙俞允，臣即令其前赴青、莱一带，相度地势，挑选各营兵丁千名，归其管带，择要驻守，以重防务。

除咨明曾国藩查照外，理合附片具陈，伏乞圣鉴训示。谨奏。

同治四年九月初八日奉到回折："军机大臣奉旨：'另有旨。钦此。'"

审明诬告按例定拟折

同治四年九月初二日

奏为审明诬告，按例定拟，恭折具奏，仰祈圣鉴事：

窃照即墨县民王立奎，以王守和等谋杀焚尸等词，控经都察院奏奉谕旨："此案著交阎敬铭督同臬司，亲提人证、卷宗，秉公研讯确情，按律定拟具奏。原告民人王立奎，该部照例解往备质。钦此。"当经行司饬提人卷研讯。兹据署臬司卫荣光审明，拟议解勘。值臣赴兖州办理善后出省，饬委藩司丁宝桢代勘无异，录供呈送前来。臣复加查核。

缘王立奎籍隶即墨县，与王守和同姓不宗，素识无嫌。咸丰十一年九月间，南捻窜至即墨县境，县民李泳憎、范正琅被裹，为匪引路，于初十日至王守和大功弟妻王侯氏家抢掠财物。王侯氏先已逃避，其夫王守太、子王思道、孙王玲被匪杀害，房屋亦被放火烧毁。王侯氏夫兄王守公，与媳王孙氏、孙女王格嫚患病卧床，均被烧毙。经该县督率兵勇将匪击退，王守和与范正谋等同至王侯氏家探视，寻找王侯氏无踪，范正谋等当即走回。王守和邀同王侯氏之婿刘喜，将王守太等尸身抬赴茔内掩埋，并将抢剩器物代为收存。嗣经该县访获李泳憎、范正琅讯明，照章禀准就地正法。随后王侯氏回家查知，悲痛情切，因王守和将伊家器物收去，疑为乘乱抢劫，即嘱代书刘印爵写呈，赴县控准传讯。王侯氏又因范正谋等均系范正琅亲族，疑为随同焚抢，遣令王立奎作抱，控府批县传集，讯明王守和与范正谋等并无抢劫焚杀情事，断令王守和交还代收器物。王侯氏怀疑不释，复以前情遣令王立奎由府控司，批府提讯。因被证不齐，尚未讯结。王立奎因图王侯氏产业，与王侯氏认为同宗，欲将伊子继与为嗣，虑恐王守和不允，并忆及曾与范正谋等口角有嫌，又因乡约孙学礼、地保孙思福曾向催逼钱粮，起意一并诬告，挟制拖累，乘王侯氏回籍措资，未向告知，即捏以王守和同李泳憎等纠邀范正谋等三十余人乘乱，持械赴王侯氏家，将王思道并王守公等杀死，王侯氏带同幼孙逃避，又被将幼孙截杀；王守太逃至孙思清家，被孙学礼、孙思福杀害，并放火烧毁房屋，弃尸火中，抢去牲畜、钱文、粮物等情，牵列王希山作证，并添砌李泳憎等曾将王守太之妾田氏两次拐逃，刃伤王守太，控县有案，刘印爵受贿，不将呈词实写各情节，冒王侯氏之名具呈进京，控经都察院奏奉谕旨，饬提人卷，讯悉前情，诘系有心诬告，并无起衅别故及扛帮主唆之人，应即拟结。

查例载："蓦越赴京告重事不实，并全诬十人以上者，发边远充军。"等语。此案王立奎因图王守和大功弟妻王侯氏产业，欲将伊子继与为嗣，虑恐王守和不允，并挟范正谋等口角、催粮之嫌，辄敢冒王侯氏之名具呈进京，诬告至三十余人之多，希图挟制拖累，实属刁诈，自应按例问拟。王立奎除诬告人死罪未决，罪止拟流加徒轻罪不议外，合依"蓦越赴京告重事不实，并全诬十人以上者，发边远充军"例，拟发边远充军，虽年逾七十，系图产挟嫌诬告，不准收赎，到配杖一百，折责安置。王侯氏呈控王守和等乘乱抢劫焚掠，讯系怀疑，事出有因，应免置议。王守和、范正谋、孙学礼、孙思福等，讯无杀人焚抢，刘印爵亦无受贿舞弊各情事，应与被牵作证之王希山，均毋庸议。李泳憎等就地正法一案，饬司汇案详办。

除将供册咨部外，理合恭折具奏，伏乞皇太后、皇上圣鉴训示。谨奏。

同治四年九月廿一日奉到回折："军机大臣奉旨：'刑部议奏。钦此。'"

审明命案尸属京控分别定拟折

同治四年九月初二日

奏为命案尸属京控，提犯审明，分别定拟，恭折具奏，仰祈圣鉴事：

窃照沂水县民祝镇寰，以祝维栽等仇杀三命、串嘱搁案等词，控经都察院奏奉谕旨："此案著交阎敬铭督同臬司，亲提人证、卷宗，秉公严讯确情，按律定拟具奏。原告民人祝镇寰，该部照例解往备质。钦此。"当经行司饬提人犯祝耀洸、李培沅并被证卷宗严讯。旋据历城县详报，被告刘扶京在店病故，批饬由司核入控案拟办。因被告监生祝贞令即祝贞龄供词游移，详咨革审。兹据兼署臬司卫荣光审明，拟议解勘。值臣赴兖州办理善后出省，饬委藩司丁宝桢代勘无异，录供呈送前来。臣复加查核。

缘祝耀洸、李培沅、祝镇寰均隶沂水县，祝耀洸、李培沅与祝维翰、祝镇江同庄，素好无嫌。祝维翰系祝耀洸无服族侄，祝镇江系祝维翰之子，祝镇寰系祝维翰胞侄。咸丰十一年间，南捻北窜，祝镇寰之父祝维京，与无服族祖祝贞令即祝贞龄，并族人祝维栽，均经该县派充该庄团长，公议筑围防守。祝维栽与徐任等在祝维京茔边取土修围，祝维京斥阻口角劝散。八月间，南捻窜扰该庄，祝维京等均各逃避，家中财物与盐店俱被抢掠。十八日，匪被击退，祝维京与祝维翰、祝镇江回庄，因见街上撒盐满地，同往扫取。适祝贞令、祝耀洸、李培沅与昔存今故之徐庭代亦踵至争扫，彼此口角詈骂。祝贞令向祝维京扑殴，祝维京用刀砍伤祝贞令额颅。徐庭代拢劝，祝维京疑护牵骂。徐庭代用枪扎伤其额颅、肚腹倒地逃逸。祝维翰追赶，祝耀洸拦阻。祝维翰辱骂，祝耀洸用铁刀砍伤其右胳膊倒地。祝镇江揪住祝耀洸欲殴，李培沅解劝。祝耀洸挣脱祝镇江，向李培沅不依。李培沅用剑吓砍，适伤其左肩甲倒地。经陈海趋至劝歇，通知祝镇寰并祝维翰之子祝镇海，同往问明情由。讵祝维京、祝维翰、祝镇江均各移时因伤殒命。时值南捻往来窜扰，祝镇寰等将各尸瘗埋。迨后地方肃清，报县查明，徐庭代业已病故，拘集祝耀洸等讯供各执。祝镇海忆及祝维京与祝维栽等口角有嫌，疑为帮同杀害，并图准添砌祝维栽等向伊贿和、截杀难民，并县讯时断给埋葬钱文、勒结严押各情，迭次控司委查，提省发委济南府审办。因人证不齐，尚未讯结。祝镇寰痛父情切，希图严办，查照祝镇海控呈装点情节，并添砌祝维栽等贿串该县书役杨思平、刘扶京等吓诈贿纵、朋谋捏禀，及县役牛标安拿伊堂叔祝维阶拷索等词，具呈晋京，控经都察院奏奉谕旨，饬提严讯。据供前情不讳，诘非有心致死，亦无起衅别故及另有在场帮殴之人。祝镇寰诘系痛父，砌词妄控，并非有心诬告，应即拟结。

除扎伤祝维京身死罪应拟绞之徐庭代业已病故，应毋庸议外，查律载："共殴人致死，下手者，绞监候。"又，"同姓服尽亲属相殴至死，以凡论。"又，"申诉不实者，杖一百。"又，"不应为而为，事理重者，杖八十。"各等语。此案祝耀洸、李培沅因祝维京等与祝贞令争扫撒盐，口角争殴，该犯等与已故之徐庭代拢劝拦阻被骂，徐庭代扎伤祝维京；该犯祝耀洸，砍伤无服族侄祝维翰；该犯李培沅，砍伤祝镇江各身死。祝维京、祝维翰、祝镇江虽系弟兄父子弟，各毙各命，自应各科各罪，按律问拟。祝维洸、李培沅均合依"共殴人致死，下手者，绞监候"律，各拟绞监候。事犯均在咸丰十一年十月初九日恩赦以前，核其情罪，系在准免之列，应予援免。释放后再有犯，加一等治罪，仍各追埋葬银二十两，给付各尸属具领。祝镇寰京控各情，讯系痛父情切，图准添砌，并非有心诬告，惟控词究属失实，亦应按律问拟。祝镇寰除越诉轻罪不议外，合依"申诉不实者，杖一百"律，拟杖一百，折责发落。祝贞令肇衅酿命；祝镇海怀疑砌词妄控，均属不合。祝贞令即祝贞龄、祝镇海俱酌照"不应为而为，事理重者，杖八十"律，各拟杖八十。祝贞令应开复监生，事在赦前，免其纳赎。祝镇海折责发落。祝维栽、徐任等，讯无帮同杀害、向祝镇海贿和并截杀难民及贿串书役杨思平、刘扶京吓诈贿纵、朋谋捏禀情事，应与讯无安拿祝维阶拷索之牛标及讯系劝阻不及之陈海，均毋庸议。刘扶京在店病故之处，业据历城县讯无别故，看役亦无凌辱情弊，概毋庸议。祝维京等尸伤，业经讯究明确，众供确凿，应免开检。

除供招咨部外，理合恭折具奏，伏乞皇太后、皇上圣鉴训示。谨奏。

同治四年九月廿一日奉到回折："军机大臣奉旨：'刑部议奏。钦此。'"

请旌恤泰安武定阵亡绅团并殉难妇女折

同治四年九月初二日

奏为续经查明泰安、武定两府属阵亡绅团并殉难妇女，吁恳分别旌恤，恭折奏祈圣鉴事：

窃照咸丰十一年间，东省各属被逆捻并本地土匪肆窜滋扰，所有阵亡殉难男妇，经臣迭次查明，奏请分别旌恤。兹又据泰安、肥城、新泰、莱芜、东阿、平阴、惠民、蒲台等县查明，阵亡团长有职衔者八十八员名，无职衔者一百〇三名，阵亡团丁六千三百五十三名，殉难妇女一千三百三十四口，由军需总局司道核明造册，详请具奏前来。臣复核无异。相应请旨敕部，将阵亡团长从优议恤，阵亡团丁同殉难妇女分别照例旌恤，以广皇仁而维风化。

除将各册咨部并饬查未报各属另行办理外，为此恭折具奏，伏乞皇太后、皇上圣鉴训示。谨奏。

同治四年九月廿一日奉到回折："军机大臣奉旨：'著照所请，交部分别旌恤。钦此。'"

同治四年七月雨泽粮价折

同治四年九月初二日

奏为恭报七月份雨泽情形并呈粮价清单，仰祈圣鉴事：

窃照六月份雨水、粮价，前经臣奏报在案。兹查七月份，惟滕县、莱芜、兰山、郯城、费县、莱阳、宁海、荣成、海阳、高密、即墨、安丘、诸城、邱县等十四州县未经得雨，其余历城等九十三州县，先后具报于上旬之初一三四五六七八九，中旬之十四五七八九，下旬之二十二七八九等日，各得雨一、二、三、四、五寸及深透不等。现在早谷业经收获，晚禾亦瞬届秋收，民情安帖，堪以仰慰宸怀。

至各属市集粮价，互有长落，大致与上月相同。谨缮清单，祇呈御览。为此恭折具奏，伏乞皇太后、皇上圣鉴。谨奏。

同治四年九月廿一日奉到回折："军机大臣奉旨：'知道了。钦此。'"

七月份粮价清单

谨将同治四年七月份山东省各属米、麦、谷、豆价值，敬缮清单，恭呈御览。

计开：

济南府属：稻米每仓石价银三两四钱至四两七钱二分，较上月贱二钱一分。粟米每仓石价银一两二钱五分至二两七钱，较上月贱二钱。粟谷每仓石价银八钱八分至一两五钱九分，较上月贱一钱五分。高粱每仓石价银九钱三分至二两四分，较上月贱八分。小麦每仓石价银一两四钱至二两五钱二分，较上月贵一钱。黄豆每仓石价银一两三钱至二两四钱五分，较上月贱六分。黑豆每仓石价银一两三钱至二两六钱，较上月贱七分。

泰安府属：稻米每仓石价银三两四钱八分至五两三钱五分，较上月贵七分。粟米每仓石价银一两五钱至二两四钱，较上月贱一钱。粟谷每仓石价银九钱八分至一两二钱八分，较上月贱一钱三分。高粱每仓石价银一两至一两五钱，与上月同。小麦每仓石价银一两四钱四分至一两九钱四分，与上月同。黄豆每仓石价银一两四钱三分至一两九钱，较上月贱一钱一分。黑豆每仓石价银一两四钱二分至一两八钱六分，较上月贱六分。

武定府属：稻米每仓石价银二两四钱八分至五两二钱三分，较上月贵三钱一分。粟米每仓石价银一两四钱八分至二两四钱，较上月贵一钱。粟谷每仓石价银一两至一两三钱，与上月同。高粱每仓石价银一两至一两五钱五分，与上月同。小麦每仓石价银二两至三两，与上月同。黄豆每仓石价银一两二钱六分至二两一钱，与上月同。黑豆每仓石价银一两二钱六分至二两一钱，较上月贵五分。

兖州府属：稻米每仓石价银二两四钱四分至四两六钱五分，与上月同。粟米每仓石价银一两三钱五分至二两五钱，与上月同。粟谷每仓石价银七钱五分至一两八钱五分，与上月同。高粱每仓石价银九钱至一两八钱，与上月同。小麦每仓石价银一两一钱至二两二钱五分，与上月同。黄豆每仓石价银一两五分至一两八钱三分，较上月贱九分。黑豆每仓石价银一两至二两，与上月同。

曹州府属：稻米每仓石价银三两三钱至五两，与上月同。粟米每仓石价银一两二钱至二两六钱三分，与上月同。粟谷每仓石价银八钱至一两八钱三分，与上月同。高粱每仓石价银七钱九分至一两八钱六分，与上月同。小麦每仓石价银一两四钱五分至二两一钱四分，与上月同。黄豆每仓石价银九钱六分至二两三钱四分，与上月同。黑豆每仓石价银九钱至一两九钱五分，与上月同。

沂州府属：稻米每仓石价银二两至三两五钱二分，较上月贱二钱。粟米每仓石价银一两一钱二分至二两二钱，与上月同。粟谷每仓石价银七钱至一两一钱，较上月贱一钱。高粱每仓石价银九钱三分至一两三钱七分，与上月同。小麦每仓石价银一两一钱至一两六钱三分，与上月同。黄豆每仓石价银八钱五分至一两六钱五分，与上月同。黑豆每仓石价银八钱至一两七钱三分，与上月同。

东昌府属：稻米每仓石价银三两一钱至四两八钱，与上月同。粟米每仓石价银九钱三分至二两四钱五分，与上月同。粟谷每仓石价银六钱至一两五钱七分，较上月贱一钱。高粱每仓石价银六钱六分至一两八钱，较上月贱四钱三分。小麦每仓石价银一两至二两四钱八分，较上月贵一钱三分。黄豆每仓石价银九钱三分至二两三钱六分，较上月贱一钱。黑豆每仓石价银七钱六分至二两三钱九分，较上月贱七分。

青州府属：稻米每仓石价银二两二钱四分至四两二钱，与上月同。粟米每仓石价银一两四钱六分至二两三钱一分，与上月同。粟谷每仓石价银八钱五分至一两四钱，与上月同。高粱每仓石价银一两二分至一两四钱九分，与上月同。小麦每仓石价银一两一钱至二两一钱九分，与上月同。黄豆每仓石价银八钱九分至一两九钱，与上月同。黑豆每仓石价银八钱九分至二两，与上月同。

莱州府属：稻米每仓石价银二两一钱六分至三两一钱，与上月同。粟米每仓石价银一两一钱五分至一两八钱八分，与上月同。粟谷每仓石价银五钱二分至一两一钱四分，较上月贱一钱一分。高粱每仓石价银一两五分至一两三钱二分，较上月贵一钱四分。小麦每仓石价银一两四钱至一两七钱五分，与上月同。黄豆每仓石价银一两二钱四分至一两六钱一分，较上月贵一分。黑豆每仓石价银一两二钱三分至一两六钱，与上月同。

登州府属：稻米每仓石价银二两三钱至三两四钱，与上月同。粟米每仓石价银一两二钱八分至二两二钱九分，较上月贵三分。粟谷每仓石价银九钱九分至一两四钱三分，较上月贵五分。高粱每仓石价银九钱一分至一两四钱九分，较上月贵四分。小麦每仓石价银一两二钱一分至二两一钱三分，较上月贱一钱。黄豆每仓石价银九钱九分至一两九钱，较上月贵五分。黑豆每仓石价银九钱六分至一两八钱五分，较上月贵五分。

临清直隶州并属：稻米每仓石价银三两四钱五分至四两，与上月同。粟米每仓石价银一两五钱至二两三钱八分，较上月贱二分。粟谷每仓石价银一两一钱四分至一两七钱五分，较上月贵一钱五分。高粱每仓石价银一两二钱至一两七钱，与上月同。小麦每仓石价银二两一钱五分至二两五钱六分，与上月同。黄豆每仓石价银一两六钱七分至二两二钱，与上月同。黑豆每仓石价银一两六钱至二两二钱，与上月同。

济宁直隶州并属：稻米每仓石价银三两八钱三分至六两四钱，与上月同。粟米每仓石价银二两至三两六钱，与上月同。粟谷每仓石价银一两二钱一分至二两二钱四分，与上月同。高粱每仓石价银一两五分至二两六钱五分，与上月同。小麦每仓石价银一两八钱至二两二钱五分，与上月同。黄豆每仓石价银一两一钱六分至二两七钱二分，与上月同。黑豆每仓石价银一两五分至二两九钱二分，与上月同。

江苏漕船沉溺请旨豁免折

同治四年九月初二日

奏为漕船遭风被浪击碎沉溺，照章请旨豁免，恭折具奏，仰祈圣鉴事：

窃据署蓬莱县知县冯澍禀报：江苏褚长利商船装运本省上年采买籼正米九百石、耗米十八石、食米七十二石，赴天津交兑，于本年五月二十八日夜驶至小平岛洋面，忽遭大风，逼至外洋，浪盖船面，势将倾覆。舵水倪荣亭、孙凤高等正在砍桅松舱，因船身过旧，被浪击碎，孙凤高等六名俱落水淹毙，倪荣亭等七名各驾杉板船随风漂至该县大竹山岛洋面，适遇宁元宗等渔船救起。报经该县会营诣勘，小平岛外洋系奉天金州厅管辖，距厅尚远，距该县亦四百余里，水深浪大，无风亦险。所有米石、船桅、板片同所带竹竿等货暨孙凤高等尸躯，均已沉溺，无法打捞。饬据倪荣亭等将身带照票呈验，所填米数、人数，核与所报无异。讯供取结，禀经臣以小平岛洋面是否系南来赴津必由之路，且查褚长利漕船前经收出芝罘口，经臣附片汇奏，是否即系此船，亦未据声明，批饬登州府知府豫山复往勘明，小平岛洋面，南来赴津各船多由该处行走。讯据倪荣亭等供称，前因甫经得生心慌，漏未声明前次收口缘由，余与原勘原讯无异。由登莱青道潘霨核明，详请具奏前来。

臣查江南海运章程，如漕船在洋遭风，验明砍桅松舱，货物俱损者，奏明豁免。今江苏褚长利商船装运本省采买籼米赴天津交兑，因在奉天小平岛洋面遭风，被浪击碎沉溺，淹毙水手多名，船货俱失，较之砍桅松舱抛弃货物者，尤为可悯。该舵工倪荣亭等，既顺风漂至东省，呈报勘讯明确，相应请旨将江苏褚长利商船沉失漕米九百石，准予豁免，以符定章。

除分咨外，理合恭折具奏，伏乞皇太后、皇上圣鉴训示。谨奏。

同治四年九月廿一日奉到回折："军机大臣奉旨：'户部议奏。钦此。'"

东纲积欠剥船生息银两分年归补折

同治四年九月初二日

奏为东纲积欠剥船生息巨款，一时难以筹解，恳恩分年提解归补，以济要需，恭折奏祈圣鉴事：

窃照户部议复，天津验米大臣载龄等奏请加修直隶满料剥船以资转运一折，奉上谕："前据载龄等奏请满料剥船加价修整，当交该部妥议具奏。兹据户部奏称：该剥船缺额既多，一时排造不及，自宜将满料各船援案修理等语。著照该部所议。至此项续增船一千只，早经限满，虽加修整，仍恐难于经久，自应照例排造。山东省发商生息一款，本专备续增剥船修造工食之用，该省历年积欠已至九十余万两之多，以致修造船只碍难举行，于运务大有关系。著山东巡抚严饬运司，即将前项积欠银两先行酌提银三十万两，分作三年专解部库，作为此项排造剥船之费。其该省每年应解生息银两，仍令照例分解部库及天津道库，务须年清年款，不得再有蒂欠。经此次催提去后，该运司如敢再有玩误，即著据实参奏。钦此。"钦遵咨行到臣。遵查前项发商生息，为修舱直隶剥船要需，积欠甚多，亟应提解，随经严饬运司筹办去后。

兹据新任盐运使卢定勋详称：伏查东省每年应完内外帑息银十七万一千余两，内剥船一款，自嘉庆十六年由本省加价项下拨银发商生息，以为剥船修舱工食之用，每年息银三万两，应解天津道库二万三千两，余银七千两报解部库，遇闰加增银二千五百两，分别报解。嗣于道光十七年以商欠累累，奏明堰工加价贴补现年帑利，以恤商艰。迨至二十九年，钦差查办盐务，因近年银价昂贵，堰工加价贴补仍不敷支拨，统计积欠内外帑利共有八百余万两，虽节经展缓，而各商疲累，总未完缴，奏明按引商捐银二钱，内以商捐不敷公费一钱作弥补济欠，以商捐进关厘头一钱作为贴补现年帑利，其不敷仍以加价贴补，历经遵照办理。合计每年厘头约收银三万四五千两，加价约收银六七万两。以帑利十七万一千余两计之，支解尚属不敷。故自道光二十九年查办起，至咸丰二年止，剥船生息一款，每年尚解银一万四千两至一万八千两不等。旋于二年七月因黄水泛滥，盐场被潮淹没，奏准贴补帑利之进关厘头及不敷公费展缓未征，并节经展至同治七年，始届限满启征，每年帑利又少银三万四五千两，贴补愈加不敷。是以剥船生息一款，计自咸丰三年至九年止，每年仅能解银五六千两及九千两不等，而十年至同治二年全未报解，三年只解银三百五十余两，实因迭遭兵燹，引地悉多荒废，业商大半逃亡，领运者少，所征加价亦少。而连年京协各饷拨款逾于课额，催追紧迫，各前任以正课不敷解款，不得不将加价凑解，以应要需，致各项帑利全行停解，并无存项可以完欠。此历年积欠生息未能完解之实在情形也。

复查道光二十九年以前，先盐后课，各商引已领运课多未清，所欠帑息实在于商。惟嘉庆、道光年间积欠各项帑利逾数百万，历经递缓未完，事隔多年，旧商消乏更换，实无从着追。道光二十九年以后，先课后盐，完一引之课，始能领一引之盐，加价即随引缴，所欠者不在商而在未运之积引，而积引业已钦奉恩旨分限带销，即带征之款尚需时日。数年来灾患频仍，运销不能足额，加价征收本少，解款已属难支，兼以进关厘头递缓，欠项更无可追补。本年春间，捻匪窜扰东境，引地多被蹂躏，被劫引盐不少，春关领运，殊属寥寥。夏秋间黄水漫溢，被灾各州县较多，水陆艰于转运。又值江南徐州、河南归德府各属引地捻踪出没，南北各商畏葸不前，运销愈见阻滞，正课尚在短绌。且每引应完正课二钱四分有零，随引征收前项堰工加价银二钱四分，加以本年启征一文加价二钱二分，并带完九、十两年加价一钱一分，交款较正课增至一倍有半，实形吃重。若再将此项积欠生息巨款责令带完，不特力难支持，诚恐商情立见涣散，于全局大有关碍。此又远近各年积欠生息难以追补带完之实在情形也。

惟漕粮与京饷并重，剥船为漕运所必需。此项息银，较之他项帑利尤关紧要，不得不于无可设法之中为先其所急之计。查贴补帑利之堰工加价，每年随引征收约银六七万两。本年截至七月止，除匀解本款外，前已凑解京协各饷，所余无几。请自同治四年为始，俟秋冬间征收积有成数，先提银一万两解交天津道库，以作现年剥船修舱工食之用，如有余银，再将各款帑息均匀筹解。所有酌提积欠银三十万两，拟自同治五年起，于该年前项堰工加价项下提银二万两，解部归款；俟同治七年进关厘头限满启征，每年再提银二万两，连加价银二万两一并解部交纳，统计八年半即可清完归款，并恳据情具奏前来。臣复查委系实在情形。此项剥船息银如果可以设法筹解，敢不殚心尽力，讵奈商疲课绌，竭蹶万分，实属力与心违。惟有仰恳天恩俯念东商迭次被兵、被水，疲敝已极，迄今元气未复，通纲完缴正课已形拮据，追补积欠更属艰难，准予推展年限，俾得完解从容，而款项亦归有着。

除咨部查照外，理合恭折具奏，伏乞皇太后、皇上圣鉴训示。谨奏。

同治四年九月廿一日奉到回折："军机大臣奉旨：'户部议奏。钦此。'"

二麦被灾被扰地方请分别蠲缓折

同治四年九月初二日

奏为勘明各州、县、卫二麦被水、被雹并被扰各村庄轻重情形，恳恩分别蠲缓新旧钱粮，以舒民力，恭折奏祈圣鉴事：

窃照本年济南、武定、兖州、曹州、沂州、青州等府，济宁直隶州所属各州、县、卫，自春徂夏，或因雨中带雹，或因河水陡长，以致二麦受伤，并有屡被南捻窜扰之处，民情实形拮据。前据该州、县、卫陆续禀报，当经批司遴委大员，并移行该管道、府、直隶州分往督勘。兹据勘明轻重情形，核议蠲缓新旧钱粮，由藩司丁宝桢汇详请奏前来。臣复查无异。若将新旧钱粮照常征收，民力实有未逮，自应各按地方情形，分别蠲缓，酌量调剂，相应吁恳天恩俯准，将被扰成灾最重、不计分数之嘉祥县坊廓等里毛李庄等一百三村庄，所有应征同治四年上忙钱粮、临仓、漕项、河银、地租等项，均请一律蠲免。

又被水成灾十分之博兴县东姑等乡龙注河等三十一村庄，应征本年上忙新赋并漕、仓、民佃等项银两，照例蠲免十分之七，蠲剩银两缓至本年秋后分作三年带征；其同治三年未完旧欠缓至本年秋后启征。

又被扰成灾六分之济宁州大长沟地方长沟本街等一百四十六村庄，本年上忙钱粮及今春青黄不接案内原缓上忙新赋，照例蠲免十分之一，蠲剩银两缓至本年秋后分作二年带征。

以上各州县如有未奉蠲免之先溢完蠲额银两，查明流抵下忙正赋。

又被扰较重之济宁州西三里营等地方夏家庄等三百三十九村庄；被水之利

津县张窝地方张窝庄等五村庄；被扰之滋阳县漕河社一甲南甄家桥等二十四村庄，曲阜县礼泉等六社张家村等四十九村庄，宁阳县香泗等二十一社王家院等一百四十村庄，邹县文贤等社南湖等三十七村庄，滕县仁、孝、弟、忠、信等五保内北沙河等一百三十村庄，峄县南常社胡家庄等三百八十二村庄，汶上县颜氏村南保等彭家营等七百二村庄，菏泽县敦义等二十六都内崇福集等二百一十五村庄，城武县郑庄村吕胡同等一百十六村庄，曹县尹崇庙等五百七十六村庄并刘庄等一百八十四村庄，定陶县折桂村折桂寨等三十一村庄，巨野县李家楼等徐家堂等三百一十村庄，郓城县梳东等里王家庄等一百五十八村庄，郯城县四哨等保南哨庄等一百五十村庄，金乡县东大等十三方周家草庙等五十三村庄，嘉祥县商村等里嘉祥村等二十四村庄，鱼台县义方等王家庄等五十七村庄，应征本年上忙新赋、漕仓、河银、摊征、堤工、埝工、民佃、盐课、芦课、学租、灶地，同被雹较轻之历城县雀化四等里大高家庄等一十四村庄；被扰之菏泽县存诚等七都内王集等一百八十三村庄，本年青黄不接案内原缓麦后启征之上忙钱粮，及济宁、金乡、利津、邹县、巨野等州县本年青黄不接案内原缓上忙新赋，并各该州县同治三年未完民欠钱粮，请缓至本年秋后启征。

又被扰最轻之济宁州夏贾冈等地方俞胡庄等一百三十村庄并阖境村庄，滋阳县其余阖境村庄，曲阜县四滨等四社泗滨村等十二村庄并阖境村庄，宁阳县其余阖境村庄，邹县公孙等社北店等三十九村庄并西曹等社白石等一百一十三村庄，汶上县其余阖境村庄，菏泽县嘉会等都内马集等庄并尚家等都内葭密寨等共四百六十二村庄并其余阖境村庄，定陶县折桂村刘家楼等一百四十九村庄，巨野县阖境村庄，郓城县阖境村庄，郯城县道庄等保道庄店等五十七村庄，金乡县东大等二十九方张家胡同等一百二十三村庄，嘉祥县阖境村庄，鱼台县阖境村庄，除本年上忙新赋，及济宁、金乡、巨野等处青黄不接案内原缓上忙钱粮，均照常征收外，所有上年未完民欠钱粮，请缓至本年秋后启征。

以上被雹、被水、被扰最重成灾并较重、较轻、最轻各州县村庄，凡有同治二年以前未完民欠及因灾原缓钱漕、漕仓、河银、民佃、盐课、芦课、摊征、堤工、埝工、学租、灶地等项，一并缓至本年秋后启征。其东昌、临清、济宁三卫屯庄钱粮，均随同坐落各州县一律办理。如此分别调剂，庶民力得以宽舒。感颂皇仁，实无既极。

除饬司赶催造送蠲缓细数清册咨部外，理合恭折具奏，伏乞皇太后、皇上圣鉴训示。谨奏。

同治四年九月廿一日奉到回折："军机大臣奉旨：'另有旨。钦此。'"

德州长清各缺拣员调署片
同治四年九月初二日

再，德州知州许济清调省差委，当饬署长清县邹平县知县赵新接署，所遗长清县员缺，必须拣员署理。查有诸城县知县张曜堪以调署。该员任内，并无承缉三参限满已起四参及钱粮未完有关降调展参处分。据藩、臬两司会详请奏前来。

除檄饬遵照外，理合陈明，伏乞圣鉴。谨奏。

同治四年九月廿一日奉到回折："军机大臣奉旨：'知道了。钦此。'"

委盐运司兼署臬司片
同治四年九月初二日

再，臣钦奉寄谕："恩锡补授奉天府府尹，潘鼎新补授山东臬司等因。钦此。"当即分饬钦遵，并催恩锡迅速起程。查新升臬司潘鼎新现在带兵防剿，刻难接印兼顾地方，应先委员接署。查有盐运司卢定勋，端谨精悫，明达朴诚，堪以兼署臬司印务。

除檄行外，理合奏闻，伏祈圣鉴。谨奏。

同治四年九月廿一日奉到回折："军机大臣奉旨：'知道了。钦此。'"

咸丰九年征收漕项钱粮奏销截数比较折
同治四年九月初三日

奏为咸丰九年分征收漕项钱粮奏销截数循例比较，恭折奏祈圣鉴事：

窃照漕项钱粮，例应奏销截数时，将征收银两比较上三年完欠分数，开单奏报，历经遵办在案。兹据督粮道沈维墡详称：咸丰九年漕项钱粮，除各属因灾蠲缓，实应征解银三万八千三百二十八两五钱四分九厘。照章作为十分核计，自咸丰九年二月开征起，至造报奏销截数止，已完八分八厘银三万三千七百二十一两八钱九厘，未完一分二厘银四千六百六两七钱四分，比较咸丰六年少完一毫，比较咸丰七年多完三厘五毫，比较咸丰八年少完一厘六毫等情，详请具奏前来。臣复核无异。

除咨户部查照，并饬将未完银两赶紧催解外，理合开具比较清单，恭呈御览。为此循例恭折具奏。

同治四年九月廿一日奉到回折："军机大臣奉旨：'户部知道。单并发。钦此。'"

谨将山东咸丰九年分征收漕项新赋，比较上三年已未完分数，缮具清单，恭呈御览。

咸丰九年分额征漕项新赋，正银五万一千七百七两八钱二分六厘，内除因灾共应蠲缓银一万三千三百七十九两二钱七分七厘，钦奉上谕分别蠲缓，止实征解银三万八千三百二十八两五钱四分九厘。遵照奏案，于奏销截数止，已完八分八厘银三万三千七百二十一两八钱九厘，并无春拨、秋拨银两，理合注明，未完一分二厘银四千六百六两七钱四分。比较咸丰六年应征银三万七千四百八十六两一分四厘，已完八分八厘一毫银三万三千三十五两三钱三分，未完一分一厘九毫银四千四百五十两六钱八分四厘，计少完一毫银三十八两三钱二分九厘。比较咸丰七年应征银三万九千二百一十九两一钱七分七厘，已完八分四厘五毫银三万三千一百四十两七钱三分五厘，未完一分五厘五毫银六千七十八两四钱四分二厘，计多完三厘五毫银一千三百四十一两四钱九分九厘。比较咸丰八年应征银三万九千一百二十四两五钱五分五厘，已完八分九厘六毫银三万五千六十三两九钱二分四厘，未完一分四毫银四千六十两六钱三分一厘，计少完一厘六毫银六百一十三两二钱五分七厘。带征漕项旧赋正银三两九钱六分六厘，十分全完。

再，查咸丰六、七两年应征旧赋，因复被灾，钦奉上谕全行递缓；八年带征旧赋亦系十分全完，是以无从比较，合并声明。

临清户关征收短绌情形折

同治四年九月初三日

奏为临清户关一年期满，征税短绌实在情形，恭折奏祈圣鉴事：

窃照临清关税银，向委临清直隶州知州征收，按年核其完数，由臣奏报。户关每年应征正额银二万九千六百八十四两，又铜斤水脚银七千六百九十二两三钱一分三厘，又盈余银一万一千两，以六千六百两为额内，四千四百两为额外。兹据济东泰武临道卫荣光转据临清州知州张应翔详称：户关征税，自同治三年六月初四日起，扣至四年闰五月初三日止，一年期满，共征收船料、货税、粮食正银一万六千九百二十七两五钱九分，较之应征定额，计缺收正额银一万二千七百五十六两四钱一分，铜斤水脚银七千六百九十二两三钱一分三厘，额内盈余银六千六百两，额外盈余银四千四百两，全数无收。其所以短绌之由，实缘临关全赖汶、卫两河空重船只往返流通，借以征收充额。汶河自粮艘不行，冬挑停止，河身淤浅，兼以黄水穿运，愈垫愈高，并有淤成平陆之处，因而舟楫不通。至卫河以粮载为大宗，各货次之，上游各马头已被焚掠，豫省连年歉收，粮食不能北行。直隶之龙王庙等处设立厘局，即偶有商贩，怵于节节输纳，相率起旱绕由河南一带北上，遂至关税异常短绌。本年二月间，曾经奏奉谕旨："交部核议。"嗣接部复：应俟年满具报征收税数若干，再行酌量情形核办等因。遵照在案。

查汶、卫二水，至临合流，商船由汶出闸入卫，或由卫进闸入汶，东西南北，四路可通。自汶河淤浅，只剩卫河，只通南北，难达东西，税源倍形衰弱。本年贼窜曹属濮、范一带滋扰，与直隶开州等处毗连，官兵各路设防，船只益形阻滞。是以临关情形，非特更逊于上年，即较之咸丰四年蒙恩免赔之年亦甚。盖咸丰四年，逆匪扰临月余，旋即克复，汶、卫尚可流通。今则河道淤塞，税无来源，实属人力难施，委非经征不力，并恳免其著赔议处等情，援案详请具奏前来。臣复加访察，均系实情，毫无捏饰。

恭查咸丰三年钦奉上谕："各关仍遵额定税数照常征收，如短缺实出有因，著俟一年期满奏报到时，由户部酌量情形，分别奏明，请旨核办等因。钦此。"钦遵在案。今户关实因河道梗塞，贼势纷窜，商船寥落，税额短绌较多，久在圣明洞鉴之中。合无仰恳天恩俯念实出有因，迥非经征不力可比，敕部核议准予援照咸丰四年成案，免其著赔议处，一俟汶、卫两河通顺，商船较多，如有短收，仍行照数赔补，以符定制。感沐鸿慈，实无既极。为此恭折具奏，伏乞皇太后、皇上圣鉴训示。谨奏。

同治四年九月廿一日奉到回折："军机大臣奉旨：'户部议奏。钦此。'"

核明删减军需不敷列抵各员查抄监追折

同治四年九月初三日

奏为核明山东省咸丰十一年原参删减军需不敷列抵，及旧案交代第二案亏缺各员衔名、银数，缮具清单，请旨革职、查抄、监追，以肃功令而重库款，恭折奏祈圣鉴事：

窃惟综核财赋，必先杜绝新亏，而杜绝新亏，必先清厘旧欠。东省财赋凋敝，莫甚于今。其弊皆由于交代案内，军需垫款列抵款目缪辖，头绪繁多，各州县借以为藏身之固，而库项遂致日久虚悬。是以臣毅然严办此案，督同藩司破除情面，将各属交代，以同治三年四月以前为旧案，勒限赶算；五月初一日以后为新案，查办二参。并酌拟自道光二十七年十二月二十七日清查以后起，截至咸丰五年十二月三十日止作为第一案。又原参删减军需不敷抵除欠款之九十六员，作为第二案。又自咸丰六年正月初一日起，至同治三年四月三十日应归新案之日止，作为第三案。臣于上年十二月间，已将查出第一案亏缺各员专折奏参在案。当即饬司将第二案接续赶办。

卷查前任抚臣谭廷襄，于咸丰十一年沥陈山东省州县亏空积弊，严查未结交代，核定军需垫款，分别新旧案勒限清厘折内查明共有九十六员，应追赔款银一十万五千两有奇，应追亏挪银六十万七千两有奇，当时未将细数开报。一面分别任所、原籍提追本员及该家属，一律解缴。原期予以自新，速清库款。乃迄今时阅四年之久，完解者少，延宕者多，兼以各本案与续案亏欠互相牵涉，遂致款项参差丛杂，不可枚举。

臣复督同藩司严饬局员，按照原参亏数及历过任所交账，通盘逐细勾稽，其中或已完缴，或已拨清，或已销款开除，或以垫项划抵，或有别处交代欠款，应统归此次于各该员名下参追，共计原参九十六员。除前任冠县知县傅士珍系殉难人员，欠项应汇案请豁；前任海丰县知县潘运第已并入寿光县亏案专参外，其余九十四员内，惟捐升道前任章邱县知县屠继烈、前任宁阳县知县董春卿、升任知府前任阳谷县知县高振洛、充沂曹济道前任郯城县知县卢朝安、前任临朐县知县刘景叔、现任昌乐县知县郭定柱、已故前任黄县知县何传兴、前任滕县知县赵敏功、候补知府前任金乡县知县胡鸣泰等九员，业已拨解清楚，共计银二万二千二百五十九两四钱七分六厘三毫。此外正杂全完，仅欠捐款者十二员，共银二万一千七百七十九两九钱九分五厘七毫。欠解捐赔两项者二十六员，共银三十八万九千四百八十二两二钱六厘五毫。其分厘未完及完不足数者，尚有四十七员，共银七十万八千三百二十五两五钱一分二厘七毫，内正杂仓款银四十七万六千三百五十四两三钱六厘三毫，酌提坐支银八千三百三十九两一钱一厘，赔款银七万三千〇九十五两一钱八分二厘，捐款银一十五万五百三十六两九钱二分三厘四毫。由藩、臬两司开造各员银数、衔名清册，会详请参前来。臣复核欠数相符。

除赔捐各款例不计罪外，统计正、杂、仓款短欠至四十七万六千余两之多。当时既将未经核定军需于交案笼统列抵，迨至删减不敷，按款严追，又不赶紧完解，并有续亏之项，实属大干功令。若不从严参办，不足以重国帑而饬官方。理合缮具清单，恭呈御览，请旨将亏欠正杂各款之知县方沛霖等四十七员，一并革职，查抄监追，限满不完，照例分银数多寡，按律定拟治罪。其业经病故者，查明有无子孙出仕，著落完缴。并咨各该省督抚臣，将各参员原籍家产一并查抄，复东备抵。其欠解赔捐各款之二十六员，仅欠捐款之十二员，虽属例不计罪，而各该员欠至四十余万两之多，亦应据实奏明，俾知儆畏而免悬宕。一面督饬藩司按照单开员名欠数，在东者严行追缴，离东者分咨本籍、任所催追。如此划清旧欠界限，仍随时查明州县任卸日期，核办新案交代二参，不稍宽纵，务期大法小廉，不敢续增新亏，以仰副朝廷慎重仓库、核实度支之至意。

除将清册咨部，并催司速查第三案亏空各员接续赶办外，理合恭折具奏，伏乞皇太后、皇上圣鉴训示。谨奏。

同治四年九月廿一日奉到回折："军机大臣奉旨：'另有旨。钦此。'"

谨将核明山东省咸丰十一年原参删减军需不敷列抵，及旧案交代第二案短欠赔捐两项，及仅欠捐款各员银数、衔名，缮具清单，恭呈御览。

计开：

短欠赔捐两项者二十六员：

候补知县杨汝绥，江西金溪县人。前在长山、即墨、济阳县任内，除抵短交赔捐两项银四万八千六百一十两一钱二分五厘六毫。

参革知县徐顺昌，顺天宛平县人，祖籍江苏。前在济阳、禹城、汶上县任内，除抵短交赔捐两项银三万九千六百六十九两二钱六分二厘。

丁忧知县梁文钰，湖南湘潭县人。前在平阴、寿张、馆陶、昌邑、汶上县任内，除抵短交赔捐两项银三万七千九百八十八两六分八厘九毫。

已故知县悟真额，满洲镶白旗人。前在泗水、堂邑、汶上县任内，除抵短交赔捐两项银三万四千四百四十四两九钱八分二厘。

候选知府殷嘉树，直隶天津县人。前在青城、莒州、胶州、寿光县任内，除抵短交赔捐两项银二万三千七百八两四钱六分九厘三毫。

曹州府同知蔡德沛，安徽休宁县人。前在汶上、聊城、郓城县任内，除抵短交赔款银一万八千五百三十四两七钱五分四厘一毫。

前江苏候补道童埏，顺天大兴县人。前在历城、泰安、曹县、沂水任内，除抵短交赔款银一万八千四百八十一两五钱八分七厘三毫。

参革知县方振业，安徽桐城县人，寄籍江苏。前在泰安、寿张、蓬莱县任内，除抵短交赔捐两项银一万七千六百四十六两二钱三分五厘六毫。

候补直隶州知州李焞，湖北钟祥县人。前在邹平、费县、长山、冠县任内，除抵短交赔捐两项银一万六千一百一十一两六钱六分三毫。

休致知州彭垣，广东陆丰县人。前在莱芜、观城、临清州任内，除抵短交赔款银一万四千二百八十二两五钱六分四厘二毫。

历城县知县陶绍绪，四川安岳县人。前在长山、益都、高密县任内，除抵短交赔捐两项银一万四千二百六十一两八钱八分二厘一毫。

现任高唐州知州张楷枝，直隶满城县人。前在潍县、昌邑任内，除抵短交赔款银一万三千九百三十二两四分五厘。

候补知县文熙，正蓝旗汉军人。前在平原、临朐、胶州、高密任内，除抵短交赔款银一万三千六百六十九两八钱九分九厘六毫。

撤任知州胡春华，江苏清河县人。前在商河、沂水、莒州任内，除抵短交赔捐两项银一万一千八百九两五钱一分一厘五毫。

已故知县赵鸣琴，河南渑池县人。前在城武、博平、邹县任内，除抵短交赔款银一万九百一十八两四分六厘。

参革知县缪玉书，顺天通州人。前在莘县、昌乐县任内，除抵【短】交赔捐两项银八千九两六分七厘二毫。

已故捐升知府李沣，直隶满城县人。前在齐东、阳信县任内，除抵短交赔款银七千七百四十两一钱六分四厘八毫。

改教知县杨荣硕，四川江津县人。前在高苑、邱县任内，除抵短交赔捐两项银六千八百三十七两六钱五分二厘八毫。

现任兰山县知县长赓，正黄旗汉军人。前在蓬莱、莒州、益都县任内，除抵短交赔捐两项银六千六百一十八两六钱四分六厘四毫。

参革知县邹峄麟，江西宜黄县人。前在沾化、城武、范县、海阳县任内，除抵短交赔捐两项银五千六百六十六两一钱八分七厘七毫。

前任莱阳县知县杨杰，江西新淦县人。前在莱阳、菏泽县任内，除抵短交赔款银五千二百八十二两七厘二毫。

现任阳谷县知县王亮采，顺天大兴县人。前在利津、宁阳、泗水县任内，除抵短交赔捐两项银五千一百一两一钱六分九厘九毫。

现任东阿县知县吴树声，云南保山县人。前在肥城、沂水县任内，除抵短交赔捐两项银四千二十六两三钱七分三厘一毫。

前黄县知县陈名杰，湖南长沙县人。前在禹城、黄县任内，除抵短交赔款银二千九百八十三两七钱四分九毫。

丁忧知县徐方，河南祥符县人。前在即墨、栖霞县任内，除抵短交赔捐两项银二千四百三十二两二分四厘。

坐补博平县知县蒋庆第，直隶玉田县人。前在汶上、潍县任内，除抵短交赔款银七百一十六两七分九厘。

以上二十六员，共短交赔捐两项银三十八万九千四百八十二两二钱六厘五毫，内赔款银三十三万七千七百七十七两一钱六分一厘六毫，捐款银五万一千七百五两三分四厘八毫。

仅欠捐款者十二员：

告病知县王献猷，顺天宝坻县人。前在齐东、阳信、博山县任内，除抵短交捐款银三千九百七十两一钱九分。

已故知县丁寿嵩，顺天涿州人。前在青城县任内，除抵短交捐款银三千八百八十四两九钱五分一厘。

候补知县德铨，正蓝旗汉军松山佐领下人。前在平原、聊城县任内，除抵短交捐款银三千四百六十两五钱一分三厘。

回避安徽知县邹炳麟，顺天大兴县人。前在日照、黄县任内，除抵短交捐款银三千四百一十两五钱九分七厘八毫。

即用知县彭大宾，云南平彝县人。前在肥城、黄县任内，除抵短交捐款银二千五百五十五两六钱五分。

已故知县祥恩，镶黄旗汉军庆麟佐领下人。前在费县任内，除抵短交捐款银一千四百九十三两四钱三分二厘八毫。

丁忧知县谭承礼，江西南丰县人。前在福山县任内，除抵短交捐款银一千八十两三钱六分四厘八毫。

前任曲阜县知县曾本立，湖北天门县人。前在曲阜、范县任内，除抵短交捐款银七百六十六两七钱九分四厘。

候补知县谢际亨，江西都昌县人。前在莱芜县任内，除抵短交捐款银四百七十两九钱二分四厘六毫。

清平县知县桂昌，镶红旗满洲文英佐领下人。前在掖县任内，除抵短交捐款银三百八十七两一分三厘四毫。

前署邹平县知县郑锡洪，顺天大兴县人。前在莱芜县任内，除抵短交捐款银一百七十六两五钱五分四毫。

丁忧知县刘桂芳，直隶天津县人。前在肥城县任内，除抵短交捐款银一百二十三两一分三厘九毫。

以上十二员，共短交捐款银二万一千七百七十九两九钱九分五厘七毫。

统计三十八员，共欠赔捐两款银四十一万一千二百六十二两二钱零二厘二毫，例不计罪。现在督饬藩司分别严追完缴，理合登明。

谨将核明山东省咸丰十一年原参删减军需不敷列抵及旧案交代第二案亏缺各员衔名、银数，缮具清单，恭呈御览。

计开：

已故知县方沛霖，江苏江宁县人。前在济阳、临淄、乐陵、淄川、益都等县任内，除抵短交正杂各款银四万七千六百二十三两二钱二分九厘二毫，捐款银六千九百十四两九分八厘。

已故知州周承业，直隶天津县人。前在莒州、临清州任内，除抵短交杂款银一万六千五百六十四两五钱一分四厘，赔款银一万八千四百二十一两五钱，捐款银九千七百六十两二分三厘二毫。

已故知县史性仁，江苏溧阳县人。前在章邱、禹城县任内，除抵短交正杂各款银三万二千七百六十六两二钱七分三厘二毫，捐款银二千七百一十三两五钱七厘六毫。

告病知县何元熙，江西临川县人。前在青城、德平县任内，除抵短交酌提坐支银八千三百三十九两一钱一厘，赔款银一万二千三百九十三两七钱六厘，捐款银一万二千八百五十六两二钱五厘六毫。

已故知县卢文选，云南太和县人。前在禹城、平原、平度、昌邑、栖霞各州县任内，除抵短交正杂各款银二万九百三十三两五钱八分九厘，赔款银二千零五两二钱五厘，捐款银一万三百七十两七钱三分九厘。

丁忧知县王庆恩，奉天宁远州人，祖籍直隶乐亭县。前在博兴、潍县任内，除抵短交正杂各款银三万五百四两五钱七毫，捐款银一千七百九十六两二钱八分七厘。

已故知县马钲，山西介休县人。前在荣成、陵县、临邑等县任内，除抵短交正杂各款银二万二千三百三两四钱一分九厘，捐款银七千五百七十九两六钱三厘。

已故知县沈善济，浙江海宁州人。前在阳谷、沂水、沾化、峄县任内，除抵短交杂款银九千六百五十两三钱一分三厘八毫，赔款银九千九百二十四两九钱一分二厘，捐款银七千九百四十三两五钱四厘。

候补知府章文津，顺天大兴县人。前在长清县任内，除抵短交正杂各款银二万三千五百五十二两八钱二分九厘五毫，捐款银三千七百十两五钱五厘。

已故知县牛翰鉁，顺天大兴县人。前在齐东、沂水、高唐州任内，除抵短交正、杂、仓各款银二万三千九百六十八两二钱七分二厘五毫，捐款银二千三百九十三两六分九厘。

已故知县屠道彰，湖北孝感县人。前在堂邑、掖县、胶州任内，除抵短交正杂各款银一万七千二百五十一两七钱六分八厘二毫，赔款银三千九百一十两，捐款银三千八百六十一两七钱一分一厘。

已故知县曾叙符，贵州兴义府人，原籍江西丰城县。前在长山、临淄、观成、高密等县任内，除抵短交正杂各款银一万八千二百四十一两四钱八分七厘七毫，赔款银一十二两三分四毫，捐款银四千八百十二两一分四厘三毫。

已故知县张德霖，直隶沧州人。前在日照、寿光、乐安、蒙阴县任内，除抵短交杂款银四千二百六十两六钱七分四厘七毫，赔款银一万五千六百六十两八钱四分五厘二毫，捐款银二千八百十八两六分六厘。

河南参革知县左德溥，顺天大兴县人。前在昌乐、邹县、费县任内，除抵短交正、杂、仓各款银一万八千七百五十三两二钱五分五厘八毫，赔款银七百七十三两八厘，捐款银二千一百八十八两三分。

已故知县刘杨廷，改名保桢，四川安县人。前在陵县、昌邑、蓬莱、福山、濮州任内，除抵短交正杂各款银一万三千七百三十二两一钱三分三厘，捐款银七千六百二十四两三钱九厘二毫。

已故知县梁康辰，福建长乐县人。前在肥城县任内，除抵短交正杂各款银一万六千三百一两六分三厘，捐款银二千六百六十九两二钱八分三厘。

已故知州王宠三，陕西大荔县人。前在滨州任内，除抵短交正杂各款银一万三千四百三两五分七厘一毫，捐款银一千八百五十五两六钱三分七厘。

已故知县杨延俊，江苏金匮县人。前在肥城、乐安县任内，除抵短交杂款银一万四百二十四两五钱三分三厘八毫，捐款银四千二百三十两二分四厘。

回避江苏知县张学海，顺天大兴县人。前在商河县任内，除抵短交正杂各款银五千二百七十两九钱三分二厘四毫，赔款银四千四百二十七两六钱九分三厘，捐款银三千九百九十三两二钱八分四厘。

已故知县汪封渭，湖北黄冈县人。前在德州任内，除抵短交杂款银四千八百四两五钱九分一厘六毫，捐款银八千七百五十一两七钱九分一厘。

已故知县姚宪之，浙江余杭县人。前在宁阳县任内，除抵短交正杂各款银一万二千四百十两二钱五分五厘一毫，捐款银九百八十三两七钱九分八厘。

已故知县谢荣光，安徽祁门县人。前在阳谷、高苑县任内，除抵短交正杂各款银一万二千三百八两七钱四分六厘一毫，捐款银九百九十五两四分五厘。

已故知县李铄，汉军镶红旗人。前在邹平县任内，除抵短交专参案内大漕兵米折银八千二十三两六钱八分四厘，杂款银一千七百十八两九钱一分，捐款银三千四百三十三两七分二厘。

已故知县刘余庆，四川石砫厅人。前在莱芜县任内，除抵短交杂款银一万一千六百四十九两五钱七分五厘六毫，捐款银六百八十五两一钱四分。

已故知县郭炳彪，甘肃武威县人。前在邹县、东阿县任内，除抵短交杂款银二千六百十八两二钱七厘七毫，赔款银五千五百一十三两一钱八分六厘一毫，捐款银三千四百四十六两九钱一分九厘。

候补知县春林，正红旗蒙古人。前在沾化县任内，除抵短交正杂各款银一万二十四两九分二厘六毫，捐款银四百七十四两二钱六厘。

参革知县吴奏言，安徽泾县人。前在邹县任内，除抵短交杂款银四千四百九十五两五钱三分一厘六毫，捐款银四千六百九十二两七分六厘。

丁忧知县周寅清，广东顺德县人。前在城武、昌乐、高密县任内，除抵短交杂款银五千六十七两七钱九分三厘，捐款银三千四百七十五两二钱七分六厘。

告病知县李著，顺天宝坻县人。前在泗水县任内，除抵短交正杂各款银六千五百十四两九钱六分六厘九毫，捐款银一千六百六两三分八厘。

改教知县刘天禄，河南内乡县人。前在邹平县任内，除抵短交正杂各款银六千一百二十两三钱五厘二毫，捐款银一千三百五十两四钱五分一厘。

已故知县虞有诚，河南祥符县人，祖籍浙江山阴县。前在滋阳县、平度州任内，除抵短交杂款银六千三百二十二两七钱七分五厘七毫，捐款银七百三两三钱三分九厘。

已故知县许乃恩，浙江仁和县人。前在海丰、堂邑、蓬莱县任内，除抵短交正杂各款银四千九百三十一两四分九厘八毫，捐款银一千九百七十九两八钱七分三厘。

已故知县陈文英，顺天大兴县人，祖籍福建闽县。前在蒙阴、日照、邱县任内，除抵短交杂款银三千九百十八两二钱五分四厘，赔款银五十三两九分六厘三毫，捐款银二千一百十九两六钱六分二厘。

已故知县何皋，湖北江夏县人。前在平阴、即墨、冠县任内，除抵短交杂款银一千八百九十六两五钱七毫，捐款银三千三百九十九两九钱八分七厘三毫。

已故知县程福堂，湖北汉川县人。前在文登、陵县、费县任内，除抵短交杂款银二千七百八十五两一钱七分八厘六毫，捐款银一千六百八十三两五钱五厘。

告病知县傅履恒，直隶博野县人。前在昌乐县任内，除抵短交杂款银四千三百七十两六钱九分九厘六毫，捐款银七十八两一钱三分。

候补知州韩文和，江苏元和县人。前在滨州任内，除抵短交正杂各款银六千三百八十八两二钱九分八厘，捐款银一千二百六十二两一分九厘。

已故知县袁一士，江苏江宁县人。前在招远、阳谷县任内，除抵短交杂款银二千五百十六两二钱一分八厘，捐款银一千七百七十二两七钱一分四厘二毫。

已故知县郑之钟，直隶丰润县人。前在昌邑县任内，除抵短交杂款银一千七百八十六两七钱三分四厘，捐款银一千五百七十三两九分七厘。

已故知县黄钟岳，江苏如皋县人。前在平原县任内，除抵短交杂款银二千八百十七两九钱七分一厘九毫，捐款银四百十四两三钱二分九厘。

告病知县杨泽闿，湖南宁远县人。前在德平县任内，除抵短交杂款银六百九十六两七分八厘二毫，捐款银二千一百七两二钱七分。

已故知县姜赓元，浙江归安县人。前在利津县任内，除抵短交正杂各款银二千三百七十六两二钱九分三厘四毫，捐款银四百六十三两八钱五分二厘。

捐升知府李挺秀，四川内江县人。前在曲阜任内，除抵短交杂款银六百八十五两七钱一分六毫，捐款银一千六十四两八钱三厘。

已故知县范承祜，顺天大兴县人。前在费县、招远、海阳县任内，除抵短交杂款银八百九十二两八钱七分三厘，捐款银六百七十六两五钱四分五厘。

已故知县严锦，江苏吴县人。前在栖霞县任内，除抵短交杂款银一千四百七十两五钱四分五厘八毫，捐款银二百九十两二钱七分。

已故泰安府经历胡得斐，顺天大兴县人，祖籍浙江。前在临朐县任内，除抵短交杂款银五百十四两三分四毫，捐款银六百六十两一分四厘。

已故知县刘书常，江苏武进县人。前在文登县任内，除抵短交杂款银七百二十二两五钱八分八厘六毫，捐款银三百三两六钱二厘。

以上四十七员，共短各款银七十万八千三百二十五两五钱一分二厘七毫，内正、杂、仓款银四十七万六千三百五十四两三钱六厘三毫，酌提坐支银八千三百三十九两一钱一厘，赔款银七万三千九十五两一钱八分二厘，捐款银十五万五百三十六两九钱二分三厘四毫。

同治四年夏季各属正法盗犯名数折

同治四年九月初三日

奏为汇报本年夏季，各属正法盗犯名数、案由，恭折具奏，仰祈圣鉴事：

窃照山东拿获盗匪正法案件，例应按季汇奏。兹查同治四年夏季分，各属审办罪应斩枭、斩决盗犯共五名，均经随时饬令就地正法。据臬司恩锡详请汇奏前来。臣复查无异。理合将名数、案由，敬缮清单，恭呈御览。

除饬司将各案供招分起详办外，为此恭折具奏，伏乞皇太后、皇上圣鉴。谨奏。

同治四年九月廿一日奉到回折："军机大臣奉旨：'刑部知道。单并发。钦此。'"

谨将同治四年夏季分，各属正法盗犯名数、案由，敬缮清单，恭呈御览。

一、高唐州拿获盗犯杨逢岭、张虎仔二名，骑马持械在途行劫事主侯元章等银物、马匹，俱罪应斩决。

一、汶上县拿获盗犯李憬华一名，听纠行劫事主孔昭连铺内钱物，罪应斩决。

一、曹县拿获盗犯张汶沅一名，听纠行劫事主任宗诰铺内钱物，复投逆捻焚掠，罪应斩决。

一、步军统领衙门解回临邑县盗犯石大即石四晟一名，骑马持械在直隶怀柔等县行劫客民马明忠等车上银物、马匹，罪应斩决。

审明朝阳县民京控按律定拟折

同治四年九月初三日

奏为审明京控，按律定拟，恭折奏祈圣鉴事：

窃照朝城县文生贾连捷，以张登杰等将伊兄贾连中杀害、贿差纵匪押诈等词，控经步军统领衙门奏奉谕旨："此案著交阎敬铭督同臬司，亲提人证、卷宗，秉公研讯确情，按律定拟具奏。原告生员贾连捷，该部照例解往备质。钦此。"当经行司饬提人卷研讯。兹据兼署臬司卫荣光审明，拟议解勘。值臣赴兖州办理善后出省，饬委藩司丁宝桢代勘无异，录供呈送前来。臣复加查核。

缘贾连捷系朝城县文生，与张登杰、江学曾并族叔贾三黑均无嫌隙。张登杰充当范县团总。咸丰十一年八月间，南捻窜扰朝、范两县，至贾连捷、江学曾住庄焚掠。贾连捷携眷先逃，家中资财被抢。江学曾、贾三黑逃避不及，均被贼匪裹去，旋即逃回。十月初九日，贾连捷之兄贾连中回家查看，不知被何人杀死。贾连捷闻知，赶回看明，因贼匪尚在附近村庄，即将尸身殓埋，未经呈报。同治元年七月间，地方肃清，贾连捷忆及赶回看尸时，曾遇张登杰带领团丁从伊庄内搜捕余匪走出，疑为伊兄系被张登杰逼索钱财致死；并因江学曾等曾被贼裹，又疑系江学曾等领匪抢劫杀害，即以逼财戕命等词控县，将江学曾、贾三黑传案讯明，并无领匪抢劫杀害情事，交差吴桂淋看管。勒传贾连捷等质讯未到，贾三黑患病，经伊兄贾得爵保回医治。贾连捷疑系贾得爵贿买纵放，又以贿差纵匪等词，由府司控经臣批县集讯。因人证不齐，尚未讯结。贾连捷复查照历控呈词，图准添砌伊兄曾向告知，系被张登杰率众拷逼钱财砍伤，并贾三黑到案供认与江学曾抢劫，及吴桂淋私押诈赃情节，具呈晋京，控经步军统领衙门奏奉谕旨，饬提研讯。供悉前情，诘非有心诬告，亦无起衅别故，应即拟结。

查律载："不应为而为，事理重者，杖八十。"各等语。此案贾连捷京控各情，虽系怀疑图准添砌，并非有心诬告，惟既在本省控告，并不静候讯究，辄行赴京混控，殊属不合，自应按律问拟。贾连捷合依"不应为而为，事理重者，杖八十"律，杖八十，系文生，照律纳赎，追银册报。张登杰讯无率众拷逼钱财、杀死贾连中情事，应与讯无领匪抢劫杀害贾连中之江学曾、贾三黑，及并无贿买纵放贾三黑之贾得爵，并无贿纵私押诈赃之县役吴桂淋，均毋庸议。贾连中被杀正凶饬缉，获日另结。

除供册咨部外，理合恭折具奏，伏乞皇太后、皇上圣鉴训示。谨奏。

同治四年九月廿一日奉到回折："军机大臣奉旨：'刑部议奏。钦此。'"

审明谋杀期亲尊长重犯按律定拟折
同治四年九月初三日

奏为审明谋杀期亲尊长重犯，按律定拟，循例恭折具奏，仰祈圣鉴事：

窃据署曹县知县汤鋐详报，孙三听从逸犯江溃谋杀期亲叔母孙张氏身死一案，臣因案情较重，批司提省，发委济南府审办。兹据济南府知府萧培元审明拟议，由兼署臬司卫荣光解勘。值臣赴兖州办理善后出省，饬委藩司丁宝桢代勘无异，录供呈送前来。臣复加查核。

缘孙三籍隶曹县，与期亲叔母孙张氏分居各爨。孙三素性懒惰，伊父孙岐峰训教不悛，不给食用。孙三时向孙张氏讨要饮食。孙张氏亦不周恤，并屡次殴责，孙三因此怀恨。同治三年十月二十四日，孙三素识在逃之江溃向孙张氏索讨欠钱，孙张氏不给辱骂，江溃生气，撞遇孙三，告知前情。孙三声言孙张氏素性刻薄，不讲情理，江溃忿极，起意致死，商恳孙三帮助，孙三应允。因探知孙张氏之子孙士卓在邻庄帮工，约定夜间下手。二更时分，孙三携带尖刀，与江溃同抵孙张氏家，拨门进内。时孙张氏业已在炕睡熟，江溃将孙张氏揿按，孙三用刀狠扎，致伤其右耳根项颈，立时毙命，各自逃逸。次早孙士卓回家，瞥见尸身报县。值该署县汤鋐因公晋省，经代行典史禀府，檄委定陶县知县刘毓珂验讯移交，汤鋐获犯讯详，提省委审，供认不讳。诘无起衅别故及另有同谋加功并逃后知情容留之人，案无遁饰。

查律载："谋杀期亲尊长已杀者，凌迟处死。"等语。此案孙三因挟期亲叔母孙张氏并不周恤、屡次殴责之恨，辄听从逸犯江溃商谋用刀扎伤孙张氏毙命，殊属不法，自应按律问拟。孙三合依"谋杀期亲尊长已杀者，凌迟处死"律，拟凌迟处死，先于左面刺"凶犯"二字。逸犯江溃饬缉，获日另结。

除供招宗图咨部外，理合循例恭折具奏，伏乞皇太后、皇上圣鉴训示。谨奏。

同治四年九月廿一日奉到回折："军机大臣奉旨：'刑部速议具奏。钦此。'"

官军获胜及分路筹布情形折
同治四年九月初九日

奏为逆匪窜扰定陶，经官军两路扼剿获胜，现仍退踞菏泽、曹、定之交，连日派军分路进剿，并筹布东防、河防各情形，恭折奏祈圣鉴事：

窃臣于同治四年九月初一日，将逆股退踞菏泽、东明地面，官军连日出队遏截各情，具奏在案。本月初八日，准军机大臣字寄："初五日奉上谕：'阎敬铭奏发、捻各股经官军截退各等因。钦此。'"

查该逆麇踞边境，自经官军剿扼，未能逞志，而各路获匪讯供，均称垂涎东窜，是以盘旋未定。本月初六、七等日，迭据各州县军营禀报，该逆盘踞菏泽、东明之交，思由曹州府西北折向濮、郓一路，绕出我军之后。时臬司潘鼎新已扎巨野，驻扎黄镇之副将王心安等营，连日出队，绕北截扼，小有斩擒。该逆遂复由西而东，于九〔八〕月三十日，大股马步贼匪蜂拥直扑定陶县城，经知县刘毓珂开炮击退。该逆仍退踞城外左近，三面环绕，图困县城。是日驻扎冉堌之总兵杨飞熊等营，一闻贼信，连夜拔队，由冉堌直向定陶进剿。该逆一见官军，即向西路一带退窜，杨飞熊率军抵县，遂解城围。该逆马骑狂奔，我军步队未能穷追，且恐分股乘虚由南而东，因即收队，仍扎冉堌。副将王心安在黄镇闻贼窜向定陶，亦即拔营，由北路兜击。探知该逆窜向菏泽之葭密寨一带，连夜督队前进。初三日黎明，行至张河，即见贼马成群，飞奔南去，啸呼贼队。王心安督队追至菏泽之仿山地方，贼骑拥至，我军连施枪炮，迎头齐上，毙马贼数十名。逆势不支，我军乘势追压，至宝林寨，忽有援贼十余起，从西兜抄而来，势更汹涌。我军奋勇直前，枪炮连环轰击，千总宋国元等施放洋枪，阵毙悍贼，贼势少挫。而援贼愈集愈多，把总刘太平奋勇陷阵，受戕阵亡，遂将我军四面环绕。副将王心安督率各营奋勇力战两时之久，阵斩老贼五十余名，夺获洋枪、刀矛、大旗多件。该逆势竭狂窜，我军鏖战一日，收队回营。计我军阵亡把总一员、勇丁十二名，应由臣另行分别请恤。此初三日接仗之情形也。

该匪被击退，在曹郡以南，游骑百十成群，焚烧肆扰。菏泽知县汪继爽挑选勇丁，出城袭贼，生擒发贼一名，毙贼十余名，夺获大旗、刀矛，边马不敢近城。现据曹县知县汤铉禀报，该逆大队麋踞该县境之桃源集、白茅集，界接东明及定陶西境之店固屯及菏泽以南等处。

臣查该逆蓄志东趋，虽经稍挫其锋，而大队数万，盘旋菏、定之界，必有狡谋。我军欲谋进攻，先防绕后，必厚集兵力，分路合击，使贼首尾不能相应，然后可遏狂氛。臬司潘鼎新一军，现由巨野前移菏泽，相度贼势，与冉堌、黄镇两军，约期并进，以期夹击。又准曾国藩已饬派色尔固善带领马队、张树珊带领步队，刻日来东，倘得会合，兵力更敷布置。如该逆被击肆窜，亦可分头追截，务出贼前，力加剿洗。

青、莱一路，现蒙恩准将提督傅振邦留东，臣已知会该提督驰赴青、莱，挑选营兵，择要驻扎，并飞咨青州副都统恩夔严筹防布。

至河防最为紧要，现济东道卫荣光赴濮、范督率兵勇民团，分段布置。都司杨长林所带炮船，均驶赴范、濮水套，日夜梭巡，并留船张秋镇，严守河口。臣前派总兵赵三元赴淮制买炮船，现已成坚利炮船十只，配齐桅桨器械，驾驶来东，即日可到济宁。当饬设法迅速挽入黄河，并原驻黄河之炮船共三十八只，与直隶炮船分段密布，以固河防，可纾宸廑。

除将进剿军情再行驰报外，所有官军击贼获胜及现筹分路兜剿各情形，理合恭折驰奏，伏乞皇太后、皇上圣鉴训示。谨奏。

同治四年九月十六日奉到回折："军机大臣奉旨：'另有旨。钦此。'"

密陈枭匪情形片
同治四年九月初九日

再，为密陈事。

窃臣八月二十五日钦奉上谕："刘长佑奏，山东枭匪凶焰未熄，亟宜及早歼除等语。据称山东海丰县回回营回民，以贩私为业，与直隶接壤，商巡缉拿，往往拒伤多命。本年闰五月间，山东回民冯汝怀等纠众抢滩，杀毙巡役。

追经委员马淮带勇往拿，又复拒伤多名。请饬山东巡抚严饬会缉等情。著阎敬铭按照所陈各节，严饬所属实力巡缉，认真访拿。其留防兵勇如可腾出，即挑选精锐数百名，前往盐、沧一带，与直隶各营汛会同捕拿等因。钦此。"臣查枭匪拒伤官勇，亟宜严拿惩办，惟就东省目前情形，有未便骤烦兵力者，敬为皇太后、皇上陈之。

臣查山东北路直隶交界一带，自德州、德平、商河、平原以及海丰、阳信，半多回民，滨海之地，则以贩私为业，自海丰接于直境沧、盐，数百里之间，皆其党也。海丰回子营，聚有数村庄，其名尤著。久在埕子口开设盐店，名曰"白粮行"，招引关东私盐海船行运，连樯而至，辗转贩卖于武定及德平、平禹一带，官府莫敢谁何，民间直谓之行盐，而不谓之贩私，如此者非一日矣。其贩私者必有匪首。每扒抢滩坨之时，匪首约期举事，成群结伙，谓之"起帮"。此虽为贩私，然渠魁不过一二，其余皆无业贫民，得盐即散。商蚀巡费而不募巡，巡役又散为枭，于是商不能捕。地方州县诿之于商，营汛兵久疲弱，于是官不能捕。又或巡即为枭，枭又为巡，彼此寻仇，互相煽动。间有捕者，率巡与枭逞泄私忿，或妄拿肩挑背负一二零贩而已。因循有年，枭徒愈炽。此东省枭匪情形，臣于同治二年冬间，军务甫息，亟筹办枭，遍访于众，而知其如此者。

因思盐匪贩私求食，与寇盗不同，缓治之则散，急治之则乱。宜责在官吏，不委之商巡；宜擒其渠魁，以解余党；宜购觅眼线，以枭治枭；宜以兵为镇压，不以兵为捕治。署武定府知府张鼎辅，熟悉该处情形，经臣手书，时诚随地设法，专以办枭为事。去年筹画闲款，购买大炮船，专驻埕子口海口，调拨勇营，驻于武定。先行派官亲往晓谕该回营，宽其既往，勿得再立盐行，毋得勾通关东盐船再至，胆玩者即以兵洗之。该回营颇知畏惧，自去春封闭盐行，关东私船实在不曾入口。

又思必得捕治巨恶，明示法令，即由该府暨委员候补知县张继武，悬赏购线，擒获数十名，其中萧振青等数名，即该处历年著名罪魁，皆得之同党密告。彼知只诛首恶，不畏株连，故亦肯为官用。夏间将武定勇营调至曹、济，仍另筹闲款，加增营兵口粮，以振其疲，并养马勇数十名，以为巡缉。兵勇互为防范，皆督以地方官，至今未懈。此臣办理东省枭匪之情形也。

臣惟私枭多系本地回民，势难尽绝根株，惟使之慑伏不动，用兵不为穷寇之逐，惟示以在山之威，庶几机宜或合。今冯汝怀等拒杀巡勇，似宜命官吏捕之。若骤发多兵，声言剿灭，本犯早已远扬，而凶悍亡命之徒，必思抗拒以逃死。万一小有挫折，在官为损威，而在彼以为不赦。族类蔓延甚广，党与甚固，消息甚通，或以北路马贼为勾结之举，或以西路回逆为煽动之词，即恐为火燎原，不可扑灭。况值逆匪扰窜，人心动摇，狂焰易张，事机易触。臣实过虑，非为危词，以为目前之势未可用兵者此也。

臣现严饬武定府将拒捕首犯严密访拿，务获惩办，以儆凶顽，断不敢畏事养奸，以致枭匪横行无忌。闻直隶督臣刘长佑赴东路办差，臣现函致直隶臬司臣李鹤年商同办理。

谨将未便骤行用兵情形，密片直陈，伏乞圣鉴训示。谨奏。

同治四年九月十六日奉到回折："军机大臣奉旨：'另有旨。钦此。'"

江苏米船在洋遭风片

同治四年九月初九日

再，据署荣成县知县张道南详报：江苏彭长顺商船装川沙厅起运白粮漕粳正米共六百六十六石四斗九升五勺，搭运筹备余米并食耗等米共一百十六石八斗六升九合五勺，赴天津交兑，于本年闰五月初六日午后驶至黑水洋遭风，船桅、船帮均被风浪损伤，船身又重，势将沉溺。舵水周景元等本拟砍桅，因水手潘福群站立船面，被浪打落，同杉板船漂没无踪。随在舱内将米抛松，约有一百四五十石，船始轻漂，随风北行，至夜半风息，于十五日进该县石岛口，报县会营查明。黑水洋相距甚远，且系遭风，毋须往勘，验明船桅、船帮均已损伤，内装漕米有抛撒形迹，取验照票，均属相符。饬令修理，讯供取结。详经臣以该船有无携带货物，是否同米抛弃，未据声明，批道饬据该县卷查原验所带二成竹纸等货，亦有抛弃情形，并未全失。曾经诘讯所抛米石作何著落，据该舵水等供称，伊等情愿认赔等语，并声明该船已于闰五月二十五日修竣放洋等情，详复前来。

臣查海运漕船遭风松舱，粮货俱损，照章本应豁免，今该舵水等既愿认赔，应由津局核办。

除分咨外，理合附片具陈，伏乞圣鉴。谨奏。

同治四年九月十六日奉到回折："军机大臣奉旨：'知道了。钦此。'"

捻党被击出境及筹防情形折

同治四年九月十八日

奏为贼匪被击，大股窜出东境，并臣筹防进剿情形，恭折驰报，仰祈圣鉴事：

窃臣于九月初九日将贼匪窜扰定陶，官军扼剿情形，恭折驰陈。十六日钦奉上谕："逆匪盘旋菏、定之界，蓄谋甚狡。冉堌、黄镇两军，阎敬铭务当严饬杨飞熊等激励弁兵，相机合击等因。钦此。"

臣查该匪窜入东境，屯踞西面，其马步不下数万。臣先虑其北侵濮、范，窥伺河防，东走郓城、汶上，直犯腹地，前筹防剿，专以此两路为急。只有冉堌、黄镇两军，与贼相持，后路尚空，若全行拔营西剿，贼必乘隙全入腹地，我军必行落后。迨贼东扑定陶，迭经官军扼击，适副都统色尔固善管带马队已至济宁，并于十一日准曾国藩咨，饬派总兵张树珊七营即日到东，分扎济宁、长沟。臣以后路续有重兵，即令前队进攻，灭此狂寇，若其奔入腹地，正好前后夹击。时潘鼎新已移六营于菏泽，杨飞熊补拨三营于郓城。臣于十一日飞饬潘鼎新、杨飞熊、王心安三枝之兵，即日速剿，密嘱其分路进军，以防包抄，相去不得过二十里，以便接应。

布署既定，十三日潘鼎新自新集、王心安自黄镇进至曹州府城，杨飞熊自冉堌正在拔营西进，即据定陶县禀，十三日辰刻，贼匪大队西来，前后两股，皆以马队夹其步队，约计数万，疾奔过境，逼近县城。该县开炮轰击，并遣民勇抄其尾队，擒斩七八十名。城武县禀，十三日未刻，逆队千百成群，自西北骤至，经该县开炮击退。十四日未刻，后队复潮涌而来，攻城东南隅，城上枪炮齐施。正在相持，适总兵杨飞熊带队赶到，贼即窜去。杨飞熊禀，十三日正在拔营进剿，闻贼有东窜之信，即时整队迎击。该匪连骑飞奔，绕从黄店，窜过汶上集，三更时窜至城武所属之小青堌集，攻打该寨。该镇四更赶到，望见贼众放火，势将攻破，即督其步队分为两翼，南北包抄。游击王得胜首先阵斩贼目一名。贼被官军奋击，纷纷窜向东南。该镇连夜趱队追杀。十四日追至城武，正遇贼匪围攻县城，官军一至，贼即南奔单县一路，城围立解。此逆匪大股十三四日东窜定陶、城武，趋向单县，官军追击之情形也。

先是十三日，臬司潘鼎新、副将王心安分路进剿之时，探闻贼势东窜，王心安即拨四营，间道先赴金乡，仍与潘鼎新六营从西路蹑追。臣于十六七等日，已迭据单县禀，十三日夜半贼至城北堤濠；鱼台县禀，十三日夜贼扰县城西南；金乡县禀，十三日二更贼至县南之鸡黍集；巨野县禀，十三日贼至县南五十里之章缝集；嘉祥县禀，十四日贼至县境东南。又据金乡县禀，十五日贼之马步折向东南，已由单县窜赴丰、沛。十八日，据副将王心安及鱼台县禀，十六日贼股窜至丰县所属之欢口地方屯聚，去鱼台四十余里各等情。

臣查该匪大股久踞未动，一经官军进攻，知东路、北路有兵，即暗绕东南，连夜突窜，数万之众，一日疾驰百余里。且南路之鱼台、单县，北路之巨野、嘉祥，均于十三日见有贼踪，是其边马横布，又几百余里之宽，计在获其大队，作为疑兵，牵制官军，以便狂遁。从前捻匪滋扰，未有如此之剽悍者。现虽据报南窜出境，闻尚屯踞欢口地方。副将王心安已经调至金乡，即飞饬其督带四营，越境攻剿；先拨之总兵陈锡周、游击王正起四营，由金乡移扎鱼台，以为策应。臬司潘鼎新已至单县之白浮图，拟即驻军防贼回窜。总兵张树珊前已到济。臣一面将贼窜情形飞咨曾国藩及漕督臣吴棠、皖抚臣乔松年、豫抚臣吴昌寿，一体严防；一面咨会张树珊暨色尔固善相机进剿，以期扫荡妖氛。臣尤虑贼情诡诈，蓄意欲东，知济宁以北、以东有兵，不敢直犯东路，或南绕鱼、沛湖滨之地，折窜峄、滕，图窜东府。臣飞调杨飞熊径由金乡取道滕县，以备贼之绕路东趋。此现在分兵防剿并布置东路之情形也。

伏查东省地界辽阔，贼情诡谲异常，或剿或防，臣惟就现有兵力悉心筹办。

除将进剿军情再行驰报外，所有贼匪被击奔窜，现筹防剿缘由，恭折驰奏，伏乞皇太后、皇上圣鉴训示。谨奏。

同治四年九月廿五日奉到回折："军机大臣奉旨：'另有旨。钦此。'"

保奖嘉祥县守城出力各员折

同治四年九月二十六日

奏为遵保嘉祥县御贼守城出力官绅，恭折仰祈圣鉴事：

窃本年五月二十一日，臣附片具奏嘉祥解围，该县竭力固守，以待援师，官绅士民，容臣查明核奖。钦奉上谕："嘉祥县官吏绅民，著阎敬铭即行查明请奖等因。钦此。"当即饬令该管济宁州迅速查明详报，并饬嘉祥县开具拟奖员名、籍贯、履历，以防冒滥。兹据该州县开册禀请前来。

臣查五月间逆捻大股攻扑嘉祥，该官绅士民等固守十数日之久，齐心矢志，力保孤城。地方官克尽守土之职，绅民亦知敌忾同仇。仰荷恩纶，赏功必速。谨择尤为出力者，缮具清单，恭呈御览。可否俯如臣请以昭奖劝之处，出自天恩。其余五月间济宁等处守城出力官绅，容臣查明续行请叙。至嘉祥各处出力武弁兵丁团勇，即行咨部核奖。

所有遵旨保奖嘉祥县守城出力官绅缘由，理合恭折具奏，伏乞皇太后、皇上圣鉴训示。谨奏。

同治四年十月十三日奉到回折："军机大臣奉旨：'另有旨。钦此。'"

嘉祥守城出力文员保案

谨将嘉祥县御贼守城官绅，开具名单，恭呈御览。

同知衔署嘉祥知县委用知县黄景晟，拟请以知县不论班次遇缺即补，并赏花翎。嘉祥典史汪本镐，拟请赏加六品衔。翰林院五经博士曾广莆，拟请赏加五品衔。候选训导刘成章，拟请以训导遇缺尽先即选。候选县丞李存廉，拟请以县丞遇缺尽先即选。候选教谕李启泰，拟请以教谕遇缺即选。理问衔候选训导曾毓镡、候选训导张裕德，均拟请以教谕尽先选用。候选府经历李春泽，拟请以府经历尽先选用。增贡生王省己、廪生王秀升、文生刘楷、文生董晋华，以上四员，均请以训导选用。监生曾昭吉、从九品衔张雨阡、从九品衔陈向春、监生崔允聚、六品军功朱宝森，以上五名，均请以从九品选用。

例贡木瓜石榴柿霜耿饼请暂停片

同治四年九月二十六日

再，东省例贡木瓜向由曹县购办，石榴、柿霜、耿饼向由菏泽县购办。惟该二县频年贼扰，果木砍伐殆尽，渐次补种，复因去腊大雪过厚，诸多伤损，本年又两次被扰，实属无从采办。应请暂行停止，容俟地方平靖，来岁敬谨恭进，以符旧制。

除咨内务府查照外，理合附片陈明，伏乞圣鉴。谨奏。

同治四年十月十三日奉到回折："军机大臣奉旨：'知道了。钦此。'"

东海关常税请俟扣足三年再行定额折

同治四年九月二十六日

奏为东海关征收常税，请俟扣足三年后再行定额，以重课税，恭折仰祈圣鉴事：

窃照同治三年四月间，接准户部咨：议复东省酌议东海关沿海州县各口进出商船税则量为更正一案，请俟奏报三届后即行定额。奉旨："依议。钦此。"钦遵转行遵办去后。

兹据该关监督登莱青道潘霨禀称：遵查东海关系属创始，自同治元年六月十八日前任崇芳开办起，按照天津关税则征收。嗣又于同治二年五月间酌议税则，即于六月初九日先由烟台举办。其余大小各口，距烟台远近不一，准藩司咨，均于七月初一日一体照办。迨至户部议复更正税则，该关于同治三年五月十七日接到行知，始于十八日分饬各口遵照。是开办虽届三年，而自同治元年六月十八日起，至三年五月十七日止，此两年之内，或照天津关税则，或在未经更正以前，征收税银数目参差不齐，多寡悬殊。现当关税日见畅旺，若遽请定额，转非所以重国课而昭核实。请自同治三年五月十八日遵办更正东海关税则之日为始，连闰扣至六年四月十七日，三年期满后再行定额等情，请奏前来。

臣复查各关税课，酌定年额，核计考成，如有盈余，据实报明，短少著落赔补，原所以杜侵欺而重课税，不容草率从事。该监督将东海关税扣足三年，再行定额，庶不致有避多就寡、畸重畸轻之弊，可以垂诸久远，似为慎重税务起见。

除咨部查照外，理合会同三口通商大臣崇厚恭折具奏，伏乞皇太后、皇上圣鉴训示。谨奏。

同治四年十月十三日奉到回折："军机大臣奉旨：'该衙门知道。钦此。'"

同治四年八月雨泽粮价折

同治四年九月二十六日

奏为恭报八月份雨泽情形并呈粮价清单，恭折仰祈圣鉴事：

窃查八月份，据济南府属之历城、章邱、邹平、长山、新城、齐河、临邑、长清、陵县、德州、平原，泰安府属之泰安、新泰、肥城、东阿、平阴，武定府属之惠民、乐陵，兖州府属之滋阳、曲阜、邹县、峄县、汶上、阳谷、寿张，沂州府属之蒙阴，曹州府属之菏泽、曹县、定陶、观城、朝城，东昌府属之博平、茌平、清平、莘县、冠县、馆陶、高唐、恩县，登州府属之蓬莱、福山，莱州府属之掖县、昌邑、潍县、胶州、即墨，青州府属之益都、博兴、乐安，临清直隶州本州暨所属之夏津、武城，济宁直隶州本州暨所属之嘉祥等五十四州县，先后申报月之初八、初九、初十、二十七、三十等日，各得雨一、二、三、四、五寸及深透不等。雨泽频沾，秋收中稔，堪以仰慰宸廑。间有灾区，现催确勘议复核办。

至各属市集粮价，互有增减，大致与上月相同。谨缮清单，敬呈御览。为此恭折具奏，伏乞皇太后、皇上圣鉴。谨奏。

同治四年十月十三日奉到回折："军机大臣奉旨：'知道了。钦此。'"

八月份粮价清单

谨将同治四年八月份山东省各属米、谷、麦、豆价值，敬缮清单，恭呈御览。

计开：

济南府属：稻米每仓石价银三两三钱五分至四两五钱八分，较上月贱一钱四分。粟米每仓石价银一两二钱五分至二两七钱，与上月同。粟谷每仓石价银八钱八分至一两五钱，较上月贱九分。高粱每仓石价银九钱三分至一两七钱六分，较上月贱二钱八分。小麦每仓石价银一两五钱至二两五钱一分，较上月贱一分。黄豆每仓石价银一两三钱五分至二两四钱二分，较上月贱三分。黑豆每仓石价银一两三钱二分至二两四钱七分，较上月贱一钱三分。

泰安府属：稻米每仓石价银三两三钱八分至五两三钱四分，较上月贱一分。粟米每仓石价银一两四钱七分至二两三钱，较上月贱一钱。粟谷每仓石价银八钱九分至一两三钱五分，较上月贵七分。高粱每仓石价银一两四分至一两四钱四分，较上月贱六分。小麦每仓石价银四钱八分至二两一钱三分，较上月贵一钱九分。黄豆每仓石价银一两五钱至一两九钱八分，较上月贵八分。黑豆每仓石价银一两四钱五分至一两九钱五分，较上月贵九分。

武定府属：稻米每仓石价银二两四钱八分至五两二钱三分，与上月同。粟米每仓石价银一两四钱八分至二两四钱，与上月同。粟谷每仓石价银一两至一两三钱，与上月同。高粱每仓石价银一两至一两五钱五分，与上月同。小麦每仓石价银二两至三两，与上月同。黄豆每仓石价银一两二钱六分至二两一钱，与上月同。黑豆每仓石价银一两二钱六分至二两一钱，与上月同。

兖州府属：稻米每仓石价银二两四钱四分至四两六钱五分，与上月同。粟米每仓石价银一两三钱五分至二两五钱，与上月同。粟谷每仓石价银七钱五分至一两八钱五分，与上月同。高粱每仓石价银九钱至一两五钱，较上月贱三钱。小麦每仓石价银一两一钱至二两二钱五分，与上月同。黄豆每仓石价银一两五分至一两九钱二分，较上月贵九分。黑豆每仓石价银一两至一两七钱七分，较上月贱二钱三分。

曹州府属：稻米每仓石价银三两三钱至五两，与上月同。粟米每仓石价银一两至二两六钱三分，与上月同。粟谷每仓石价银八钱至一两八钱三分，与上月同。高粱每仓石价银八钱至一两八钱六分，与上月同。小麦每仓石价银一两四钱五分至二两二钱，较上月贵六分。黄豆每仓石价银一两一钱至二两三钱四分，与上月同。黑豆每仓石价银一两至一两九钱五分，与上月同。

沂州府属：稻米每仓石价银二两至三两五钱二分，与上月同。粟米每仓石价银一两一钱二分至二两二钱，与上月同。粟谷每仓石价银七钱至一两一钱，与上月同。高粱每仓石价银九钱至一两三钱七分，与上月同。小麦每仓石价银一两一钱至一两七钱三分，较上月贵一钱。黄豆每仓石价银八钱五分至一两六钱五分，与上月同。黑豆每仓石价银八钱至一两七钱三分，与上月同。

东昌府属：稻米每仓石价银三两一钱至四两八钱，与上月同。粟米每仓石价银八钱二分至二两四钱五分，与上月同。粟谷每仓石价银五钱五分至一两六钱，较上月贵三分。高粱每仓石价银六钱至二两六分，较上月贵二钱六分。小麦每仓石价银一两至二两四钱四分，较上月贱四分。黄豆每仓石价银九钱三分至二两二钱九分，较上月贱七分。黑豆每仓石价银七钱六分至二两二钱九分，较上月贱一钱。

青州府属：稻米每仓石价银二两二钱四分至四两二钱，与上月同。粟米每仓石价银一两四钱六分至二两三钱一分，与上月同。粟谷每仓石价银八钱五分至一两四钱，与上月同。高粱每仓石价银一两二分至一两四钱九分，与上月同。小麦每仓石价银一两一钱至二两一钱九分，与上月同。黄豆每仓石价银八钱九分至一两九钱，与上月同。黑豆每仓石价银八钱九分至二两，与上月同。

莱州府属：稻米每仓石价银二两二钱二分至三两二钱，较上月贵一钱。粟米每仓石价银一两一钱五分至一两八钱八分，与上月同。粟谷每仓石价银五钱二分至一两二钱五分，较上月贵一钱一分。高粱每仓石价银一两五分至一两三钱二分，与上月同。小麦每仓石价银一两四钱至二两，较上月贵二钱五分。黄豆每仓石价银一两四钱至一两六钱九分，较上月贵八分。黑豆每仓石价银一两三钱至一两六钱，与上月同。

登州府属：稻米每仓石价银二两三钱至三两四钱，与上月同。粟米每仓石价银一两二钱八分至二两二钱九分，与上月同。粟谷每仓石价银九钱九分至一两四钱三分，与上月同。高粱每仓石价银九钱一分至一两四钱九分，与上月同。小麦每仓石价银一两二钱一分至二两一钱三分，与上月同。黄豆每仓石价银九钱九分至一两九钱，与上月同。黑豆每仓石价银九钱六分至一两八钱五分，与上月同。

临清直隶州并属：稻米每仓石价银三两四钱五分至四两，与上月同。粟米每仓石价银一两五钱至二两三钱，较上月贱八分。粟谷每仓石价银一两一钱四分至一两七钱五分，与上月同。高粱每仓石价银一两二钱至一两七钱，与上月同。小麦每仓石价银二两一钱五分至二两六钱，较上月贵四分。黄豆每仓石价银一两六钱七分至二两二钱，与上月同。黑豆每仓石价银一两六钱至二两二钱，与上月同。

济宁直隶州并属：稻米每仓石价银三两八钱三分至六两四钱，与上月同。粟米每仓石价银二两至三两六钱，与上月同。粟谷每仓石价银一两二钱一分至二两二钱四分，与上月同。高粱每仓石价银一两五分至二两六钱五分，与上月同。小麦每仓石价银一两八钱至二两二钱五分，与上月同。黄豆每仓石价银一两一钱六分至二两七钱二分，与上月同。黑豆每仓石价银一两五分至二两九钱二分，与上月同。

同治四年秋禾约收分数折

同治四年九月二十六日

奏为恭报本年秋禾约收分数，奏祈圣鉴事：

窃照秋禾约收分数，例应奏报。本年各属或因雨泽愆期，或因黄水漫溢，秋禾未能一律畅茂，通省均匀核计尚称中稔。兹据藩司丁宝桢转据各该府州查明约收分数，汇核详奏前来。臣复加查核。泰安、沂州、莱州、登州、临清等府州，均约收六分余；济南、武定、兖州、曹州、东昌、青州、济宁等府州，均收成五分余，通省核计收成约有五分余。

除俟查明确收分数再行具题外，所有本年秋禾约收分数，理合恭折具奏，伏乞皇太后、皇上圣鉴。谨奏。

同治四年十月十三日奉到回折："军机大臣奉旨：'知道了。钦此。'"

同治四年上半年京控各案传解迟延各员照例议处折
同治四年九月二十六日

奏为查明未结京控各案，请旨将申复传解迟延各员分别照例议处，恭折奏祈圣鉴事：

窃照京控案件，每届半年例应查明承审传解各员有无迟延，汇案参奏，历经遵办在案。兹查同治四年上半年京控各案，除依限审结及咨部展限外，其饬查未复、提解被证未到不能依限审结者，共计十一案，均属迟延。据升任臬司恩锡会同藩司丁宝桢查明，开具各职名，详请汇参前来。臣复核无异。理合将申复传解迟延各员敬缮清单，恭呈御览，仰祈敕部分别照例议处，以示惩儆。

除饬司将未结各案赶紧催提审办外，为此恭折具奏，伏乞皇太后、皇上圣鉴训示。谨奏。

同治四年十月十三日奉到回折："军机大臣奉旨：'花上林等均著交部分别照例议处。单并发。钦此。'"

谨将同治四年上半年未结京控各案申复传解迟延各员，敬缮清单，恭呈御览。

一、昌邑县民庞希成京控栾升等一案，该县花上林等申复迟延六个月零十二日。所有申复迟延半年以上职名，系昌邑县知县花上林。

一、乐陵县职员宋备恪京控李安林等一案，该前县洪调笙传解迟延一个月零六日，该署县崔澜传解【迟延】四个月零二十六日。所有传解迟延一月以上职名，系乐陵县调署滕县知县洪调笙暨署乐陵县知县崔澜。

一、金乡县民高林魁京控周莪林等一案，该前署县李亥传解迟延五个月零二十二日。所有传解迟延一月以上职名，系署金乡县知县李亥。

一、巨野县职员刘清江京控郝省谦等一案，该署县赵惟昆传解迟延六个月零十二日。所有传解迟延半年以上职名，系署巨野县知县赵惟昆。

一、堂邑县民王学笃京控王守中等一案，该前县董槐传解迟延二十八日，该署县潘世钊迟延五个月零四日。所有传解迟延不及一月职名，系前任堂邑县知县董槐；传解迟延一月以上职名，系署堂邑县知县潘世钊。

一、陵县民冯玉春京控冯玉岭等一案，该县樊维垣传解迟延六个月零十二日。所有传解迟延【半年】以上职名，系陵县知县樊维垣。

一、阳信县民刘文峰京控刘云汉等一案，该前县苏振甲传解迟延六个月零十二日。所有传解迟延半年以上职名，系前任阳信县知县苏振甲。

一、郯城县民王公原京控李小山等一案，该县周士溥传解迟延十个月零二日。所有传解迟延半年以上职名，系郯城县知县周士溥。

一、郯城县民冯义敬京控李春芳等一案，该县周士溥传解迟延八个月零二十二日。所有传解迟延半年以上职名，系郯城县知县周士溥。

一、博兴县民许九登京控李国详等一案，该署县鞠朴传解迟延七个月。所有传解迟延半年以上职名，系署博兴县知县鞠朴。

一、曹县民朱相林京控朱成修等一案，该署县汤鋐传解迟延六个月零五日。所有【传解】迟延半年以上职名，系署曹县知县汤鋐。

审明济阳抗粮聚众团长陈迥遵旨正法折

同治四年九月二十六日

奏为审明积年在逃抗粮聚众、围城夺犯团匪，遵旨正法，恭折奏祈圣鉴事：

窃照济阳县匪犯陈迥即陈炯，于咸丰五年间抗粮聚众，围城夺犯，经前抚臣崇恩奏明，屡次饬拿未获。经臣派委候补同知刘时霖，会同署济阳县已革知县俞云林，将该犯并其弟陈镡一并拿获，提省委审。旋经御史富稼以刘时霖挟嫌妄拿，委员审办不公，奏奉谕旨饬查，经臣将拿办大概情形复奏，奉旨："陈迥即陈炯，稔恶多年，岂容倖逃显戮。著俟定案，即行正法，以昭炯戒等因，钦此。"遵即饬催严审。兹据济南府知府萧培元审拟，由兼署臬司卫荣光解勘，值臣赴兖州办理善后公出，饬委藩司丁宝桢代勘无异，录供呈送前来。臣复加查核。

缘陈迥即陈炯、陈镡均隶济阳县，先未为匪犯案。陈镡系陈炯出继胞弟。咸丰四年秋间，陈迥住庄被水，报县会同委员勘明情形较轻，禀经前抚臣崇恩奏奉谕旨缓钱征漕。陈迥因被水较重村庄钱漕并缓，该庄仅缓钱粮，仍征漕米，心怀不甘，起意商允前获正法之王汶训，敛钱聚众抗粮，议明次年上忙，抗不完纳，各花户畏凶勉从。五年三月间，该县因上忙完纳寥寥，饬差邓万兴将欠户范与传案枷责。陈迥闻知，即纠众带同陈镡，先将邓万兴家房屋拆毁，邓万兴畏凶未控。二十七日，陈迥与王汶训竖旗聚集一千余人，直逼城下，欲图进城夺犯。陈镡因病折回，并未同往。该县督率兵役出捕，陈迥首先放枪抗拒，经兵役开放枪炮，轰伤不识姓名数人，始行退散。陈迥因闻查拿紧急，逃赴各处躲避。十一年春间，南捻窜入东境肆扰，陈迥闻知潜回，藉团渔利，因与王汶训意见不合，独自设立公正团局，附近村庄均随从附和，自充总团长，按地勒派钱文，制造旗帜、枪炮、器械，私设公堂、刑具，擅作威福，收理民词。陈镡听从指使，帮同讹诈。所讹钱文，不记姓名、确数、次数，随时分用。陈迥虑被控告访拿，勒令各花户将应完钱漕折价，代为包完。同治三年春间，因闻王汶训被获，即将团局、公堂、刑具撤毁，与陈镡逃避，随后回家，即被拿获，提省委审。据供前情不讳，诘无另犯为匪不法，及逃后知情容留分赃之人，案无遁饰。

　　查例载："刁民假地方公事，强行出头，逼勒平民，约会抗粮聚众至四五十人，哄堂塞署，逞凶殴官，为首斩决枭示，从犯拟绞监候。"等语。此案陈迥先则抗粮，聚众围城夺犯，继复私立伪团，并设公堂刑具，擅作威福，收理民词，派钱讹诈，种种凶恶；且该犯于围城时，放枪拒捕，与哄堂殴官无异，自应按例问拟。陈迥即陈炯，合依"刁民假地方公事，强行出头，逼勒平民，约会抗粮聚众至四五十人，哄堂塞署，逞凶殴官，为首斩决枭示"例，拟斩立决枭示。该犯系积年稔恶，情罪较重，未便稍稽显戮。臣于核明后，当即钦遵谕旨，饬委臬司恩锡、臣标中军参将绪承，恭请王命，将陈迥绑赴市曹正法，传首犯事地方，悬杆示众，以昭炯戒。陈镡帮同拆毁差役房屋，并听从藉团派钱讹诈，固属甘心助恶，惟该犯于陈迥聚众夺犯拘捕时，并未同往，自应按例酌减问拟。陈镡应于为从绞候例上减一等，拟杖一百，流三千里。该犯藉团滋事，情节较重，未便容留内地，应酌发黑龙江，给披甲人为奴，右面刺清汉"黑龙江"各三字。随从滋事逸犯，饬缉获日另结。

　　除供招咨部外，理合恭折具奏，伏乞皇太后、皇上圣鉴训示。谨奏。

同治四年十月十三日奉到回折："军机大臣奉旨：'刑部议奏。钦此。'"

为知县酌量对调请旨折
同治四年九月二十六日

奏为知县酌量对调，请旨遵行，恭折奏祈圣鉴事：

窃照州县为亲民之官，必须人与地宜，方资治理。兹查济南府属之临邑，虽系无字简缺，惟近年民情刁悍，讼狱繁多，且汉回杂处，时有马贼出没，听断缉捕，抚字均关紧要。已补此缺之知县张赞勋，历经差委，并无贻误，惟系初任人员，阅历较浅，一切措施恐难悉当，与此缺人地不甚相宜。臣与藩、臬两司悉心商议，惟有酌量对调，以免用违其才。

查有已补青州府属之博兴县知县帅嵩龄，现年五十四岁，江西举人，大挑一等，以知县分发来东，捐加同知衔，历经委署邱县、文登县，现署临邑县印务，题署博兴县知县。该员办事结实，心地朴诚，署理临邑，悉臻妥善，以之调补，实在人地相需。所遗博兴县知县员缺，亦系无字简缺。查得已补临邑县知县张赞勋，现年四十四岁，系顺天府涿州人，祖籍浙江，由监生捐输从九品，指分山东，历次劳绩保举知县，仍留山东，归候补班补用，报捐知州衔，因叠剿逆捻出力，保举赏戴蓝翎；又办粮台出力，保举以同知直隶州用；又剿办蒙、亳捻巢出力，保奏赏换花翎，嗣因久随行营，历经艰险，办理支发，从无贻误；保奏俟补同知直隶州后，以知府无论繁简留东补用，先换顶戴，奉旨："著照所请。钦此。"前经题补临邑县知县，因随营当差，尚未赴任。该员人颇勤慎，办事耐劳，以之调补博兴县知县，实堪胜任。如此一转移间，庶几人与地宜，彼此均有裨益。据藩、臬两司会详前来，合无吁恳天恩俯准，将博兴县知县帅嵩龄调补临邑县知县，所遗博兴县知县员缺即以临邑县知县张赞勋调补。如蒙俞允，该员等系简缺互相对调，均毋庸送部引见，仍请敕部核复。该二员补缺均经接准部复，尚未到任，各本任内均无展参违碍处分，如有应完参罚银两，饬令照例完缴。为此恭折具奏，伏乞皇太后、皇上圣鉴。谨奏。

同治四年十月十三日奉到回折："军机大臣奉旨：'吏部议奏。钦此。'"

为折件错误免予置议谢恩折

同治四年九月二十六日

奏为恭谢天恩，仰祈圣鉴事：

窃臣前因八月三十日贼匪攻扑定陶，缮折误写九月三十日，当经请旨，将臣交部议处。兹于九月二十五日奉到批折："军机大臣奉旨：'阎敬铭著加恩免其议处。钦此。'"谨即恭设香案，望阙叩头，祗谢天恩讫。

伏念臣于军务折件错写日期，竟至未能看出，疏忽之咎，实无可辞。乃蒙恩慈矜念，格外优容，免臣置议，闻命之下，感悚交縈。臣惟有勉策驽骀，时增戒惧，遇事加谨加慎，以期仰副鸿慈。所有微臣感激下忱，理合具折恭谢天恩，伏祈皇太后、皇上圣鉴。谨奏。

同治四年十月十三日奉到回折："军机大臣奉旨：'知道了。钦此。'"

捻党回东现筹堵御情形折

同治四年十月初七日

奏为贼匪大股回窜东境，现筹堵御情形，恭折驰报，仰祈圣鉴事：

窃臣于九月十八日将贼匪窜出东境并筹防各情形，恭折驰陈在案。

查贼匪大股自上月十六日由金乡、鱼台昼夜南趋，十八日副将王心安追至欢口，贼已窜江南旧沛县滨湖地方并郑家集一带。其地近接韩庄，贼久窥伺兖、沂，虑即由此窜入，经臣飞调杨飞熊复由滕县进扎韩庄，严扼运河；令驻兖之参将姚绍修移扎滕县之临城驿，以防该匪东趋之路。迭据探报，贼股窜入湖团盘踞，自铜山之茶城至沛县地面七八十里，边马至距徐州二十余里之李家瓦屋，去韩庄亦数十里。经曾国藩以徐防紧急，并据擒贼供称，思窜雉河及清江一带，檄令臬司潘鼎新与副都统色尔固善、总兵张树珊马步各营，会合向南追剿。臣饬王心安分队由沛前进，并留兵鱼台，以防回窜。二十九日，贼之大队向徐州迤南，初一日向萧县一路西窜。乃初五日据金乡县飞禀，初四日该逆突由丰县境之渠家阁北窜县境李家大楼，距城二十里。初六日据副将王心安禀称，初三日戌刻，在沛县探知捻逆大股复由东南回窜，即督同各营星夜折回。初四日甫过丰县十余里，即遇马步贼队蜂拥而来，我军整队节节进攻。该匪分数股夹击我军，自巳至酉，转战三十余里，始出重围。计轰毙悍贼百余名，生擒长发老贼十余人，夺获刀矛多件。戌刻行抵鱼台，贼已于未刻攻城，并扑该副将留守鱼台营盘。该县登陴固守，该营留守之队奋勇出击。正在相持，该副将等赶至夹击，贼始纷纷遁去。提讯生擒长发老贼李永发等供称，贼首任柱、牛洪、赖汶洸、桂三等，约有数万人，本欲窜扑清江，因大兵截其前路，是以回窜。又据逃出难民供称，赖汶洸已到宿州，欲窜皖北，任逆复行勾回，意图东窜。现在金乡县南北俱有贼踪，该副将即由鱼台回剿各等情，与各县禀报相同。

臣查此次贼匪窜扰徐境，驻扎济宁之潘鼎新一军，暨色尔固善、张树珊两军，均已拔营出境，由丰进兵。臣以湖团地面久为贼踞，饬令王心安一军带队由鱼台至沛，相机会剿，兼以镇抚湖团。乃贼为大兵所逼，已遁萧县之西，复窥我腹地空虚，折而北窜。贼匪因地掠食，本无巢穴，惟纷窜于无兵之地，垂涎于完善之区。今全股突至金乡，必图渡运，东扰济宁一路。只有王心安一军自丰县转战回剿，未必能绕出贼前，济、兖情形实为吃紧。臣不得已，飞调杨飞熊、参将姚绍修两军，自韩庄、临城驿由滕赴兖，如遇贼势东趋，尚可迎头截击；如贼直趋泰、济，即令迅速跟追。明知一路调拨，即一路空虚，惟查韩庄、临城驿系东南要隘，今南路稍缓，北路为急，惟有移缓就急，力筹堵剿。

再，省防早经筹备，河北一带亦水陆严密巡防。

除将防剿情形续行驰报外，所有贼匪回窜东境现筹堵御情形，恭折驰报，伏乞皇太后、皇上圣鉴训示。谨奏。

同治四年十月十四日奉到回折："军机大臣奉旨：'另有旨。钦此。'"

迭剿捻党获胜折

同治四年十月初十日

奏为贼匪回窜，经官军截剿，迭获胜仗，现窜单县以西，督军追剿，恭折驰奏，仰祈圣鉴事：

窃臣于本月初七日将贼匪大股回窜东境情形，由驿驰奏在案。维时副将王心安等军，初四日甫由丰县转战回抵鱼台，臬司潘鼎新一军由丰南剿，尚未接据该臬司禀报行抵何处，贼匪乘虚突入，急趋济、兖。臣虑兵势不及，是以赶调杨飞熊并参将姚绍修之军由滕县折回，以防腹地。于拜折后，旋据臬司潘鼎新禀称，该臬司进军丰县，初三日贼匪由铜、沛回窜丰县南乡。其时驻济四营尚未抵丰，该臬司即于是日五更带前队六营八成队伍，赴离城八里之陈家庄迎剿。先遣营哨各官驰近贼营挑战，诱贼使进，该臬司严阵以待，相持自辰至午，贼马多起分布成团，分路来冲，我军屹立不动。复有大队马贼踵至，包出我军之后，并夹步贼万余，四面围裹。我军候贼逼近，洋枪连环施放，炸炮分段轰击，贼众纷纷倒毙，却而复进者三。我军四面迎杀，伤贼甚多，夺获器械不计其数。余贼向西南狂奔，我军追至日落，始行收队。是夜，贼复由丰西折而北，直犯鱼台。初四日辰刻，适值道员潘鼎琛带留济四营赴丰途次，迎头拦击；副将王心安已从贼队冲过，赶回鱼台扼守。此次若非潘鼎琛之途次接战，王心安之回扼金、鱼，该匪恐直犯济、兖，腹地可虞。该臬司因济属后路空虚，即由鱼台湖滨一路星夜驰回，于初六日已抵济境之唐堌集各等情。此臬司潘鼎新初三日在丰境剿贼获胜并初六日即折回抵济之情形也。

据副将王心安禀称，初四日由丰境转战，行抵鱼台，闻该匪将分股由济渡运，即于初五日黎明由鱼台带队疾趋金乡县境，绕出贼前，设阵以待。一时之久，贼马冲至，该副将四营抱定方阵，直前轰击逼赶。该逆败奔西南，追杀十余里，生擒长发贼李八等多名。酉刻收队，行抵金乡县。是日王心安四营先发，令总兵陈锡周等四营续进。该总兵等探知单县之大油坊、曹马集有贼，因带队乘雾进至大油坊。贼队游弋，该总兵等奋勇轰毙马贼数十名，贼匪奔遁。初六日，王心安分带各营，复由金乡之西进剿，金乡县知县蒋庆篪亦带练勇多名，随营并进。行至兴隆集，即见贼匪马步成群。该副将分布方阵三层，奋勇冲击，毙匪多名，夺获驴马、器械多件，贼匪败退。适值天雨，收队。讯据擒获悍贼何大操供称：贼股初三日在丰，为洋枪队官军打败，回窜鱼台，初四日复被官军追击，将牛洪一股冲散，奔扑单境，任柱、赖汶洸两股欲扑济宁一带，迭遇官军剿击，刻下欲仍窜河南等语。此副将王心安等各营初五、初六等日连次击贼获胜之情形也。

现据单县报，贼队由县境之曹马集西奔，曹县报贼奔该县东乡各等情。臣查此次贼匪败奔回窜，该臬司潘鼎新由丰三日至济，该副将王心安由鱼台冲贼而过，均能极力绕出贼前，臣尚不料能如此之速。且潘鼎新以前队二千余人击败二万余贼，王心安等连日寻贼与战，并未挫衄，足以慑贼胆而振军威。若有精劲马队相辅而行，必能迅图歼灭。

现察贼势溃窜四出，初六日尚在距单县三十里之曹马集，而是日曹县东乡已见贼踪，是其延布百里之长，奔走异常剽疾，度非由曹县西窜考城，即复绕路仍图东犯，贼情无定，处处须防。今潘鼎新一军已与王心安之军会合，即饬由金乡一路进兵。杨飞熊一军不日到兖，当令觇贼所向，进军夹击。参将姚绍修两营暂扎济、兖之间，以为策应。现准曾国藩咨，已檄张树珊等军来济。大兵续集，应可制贼东窜。

臣思制剽流之寇，原须有定之兵，若往来更调，则亟肆以疲。臣现拟另筹一军，檄调署费县事候补知府王成谦统带。该员练习兵事，可期得力。并饬前购战马到东，选将教练，分配各军，以图迅扫狂氛，仰纾圣廑。

除续探贼势并进剿情形另行接报外，所有官军迭次获胜并贼踪西窜情形，恭折驰报，伏乞皇太后、皇上圣鉴训示。谨奏。

同治四年十一月十七日奉到回折："军机大臣奉旨：'另有旨。钦此。'"

东海关拨解洋税并筹解各处协饷片
同治四年十月初十日

再，查部拨东海关税银五万两，前已解过银三万两。兹复据登莱青道禀报，在于洋税项下提银二万两，饬委候补府经历成印管解，同三成船钞银一千七百七十九两三钱三分，暨罚款银一百三十四两五钱八分三厘三毫，一并附搭轮船，由海运送解赴户部暨总理各国事务衙门交纳。又在征收暹罗船税项下提出银二万五千两，为修筑海口炮台之需，并交该员赴三口通商大臣衙门兑收。又据藩司详报，筹措曾营协饷八月份银三万两、九月份银三万两，委候补州吏目沈以忠、候补从九品查炳先后解赴徐州道衙门转解。又筹银一万五千两，作为九月份臬司潘鼎新行营军饷，委候补县丞王维恺管解；又九月份柴草银二千两，委候补州吏目薛瀚管解。以上均在司库正杂款内动支。又详在于厘金项下筹拨八月份直隶固本饷银三千两，委候补典史王庆祺解赴大名粮台交纳。又详续拨陕西饷银一万两，委候补县丞张福海解交陕西藩库兑收各等情。

除分咨查照外，理合附片陈明，伏乞圣鉴。谨奏。

同治四年十月十七日奉到回折："军机大臣奉旨：'该衙门知道。钦此。'"

捻党出境窜赴虞城一带片
同治四年十月初十日

再，正缮折间，据臬司潘鼎新禀称：据探该逆初五日窜过单县东南，初六日后队在西南兴隆集，初七日窜赴虞城一带等语。臣查据曹县禀报，该境东乡已见贼马，是由单境西趋。今据禀窜赴虞城，又由曹、单之间南奔。此次迭经惩创，已挫其锋，自不敢希图北犯。而贼势剽疾，游弋无定，声东忽西，即使出境，难保不复回窜。自来败溃穷寇，防之宜愈加严。容饬确探贼踪，严行防剿。

所有据报贼由虞城出境情形，附片陈明，伏乞圣鉴训示。谨奏。

同治四年十月十七日奉到回折："军机大臣奉旨：'另有旨。钦此。'"

豫省捻势并筹布各路及河防折
同治四年十月二十八日

奏为据探豫省贼势并臣筹布各路暨办理河防情形，恭折驰陈，仰祈圣鉴事：

窃臣于十月初十日将发逆赖汶洸等一股经官军截剿获胜、窜出东境情形，驰奏在案。兹据各处探报，该匪赖汶洸等窜至宁陵，初九日经周盛波由归德追剿获胜，窜至扶沟，经刘铭传追剿获胜，败匪遁向西南许州迤北长葛一带。张总愚一股于十一二等日窜至长葛、洧川、尉氏一带，现仍未离尉氏县境各等情。

臣揣度贼势，赖逆等自东境西窜，势穷南走；张逆自南阳北窜，势渐东趋。该逆等若仍分股，度赖逆为屡经挫败之寇，不敢折回；张逆为锐意入犯之寇，必图前窜。该逆等若竟合股，则恃蚁集之众，逞豕突之勇，虑复并力东来，掠食完善。是无论或分或合，山东之地实其所窥。复准曾国藩咨会，派刘铭传为游击之师。贼为大兵急进，更必肆出奔逋。臣相度地势，亟调副将王心安八营进扎曹县迤西之魏湾，调已革总兵杨飞熊八营进扎曹州府迤南之金堤。此两军相去约六十里，先据西北藩篱之要。现调驻省之都司韩登泰、守备曹正榜、把总刘培三营移扎郓城迤北之梁山。知府王成谦赶饬成军，即令扎沿运之开河。此数营严扼东北腹心之冲，贼若由考城入境，则杨飞熊、王心安两军可迎而击之，梁山、开河之军杜其窜路，不至突入为害。臬司潘鼎新一军居中，仍驻济宁，相机调度。此臣筹布各路之情形也。

臣之布军专重西、北两路，固因贼匪窜入之境，亦实顾虑河防。查濮、范近接曹西，屡为贼所侵扰，炮船易防于夏秋水涨之日，难施于冬令冻涸之时。缘黄河入山东境，本无河道，自濮、范以至张秋一带，平地散漫之水，天寒即结，加以风沙层垫，坦如平地，车马可行，万一贼骑踏冰而过，扰及畿疆，为患更大，此冬防之宜倍严者。臣再三筹酌，惟有于南岸驻营以扼前冲，北岸打冰以防后路，期于层层周密。今臣饬总兵赵三元带中营炮船，同参将黄兆升陆营驻扎濮州东南岸之李家桥；都司杨长林带左营炮船，同游击周森藻陆营驻扎濮州西南岸之韩家庄；守备李宗汉带右营炮船，同参将莫组绅陆营驻扎范县南岸之六家集。该三处皆系沿河，地势相去约六七十里。炮船所扎之处，即由水勇自行敲冰，以便往来。各该营水陆相辅，扼贼北趋之前路，使不敢逼近河涯，并与梁山、金堤集之营声势相联，较为紧凑。此南岸之布置也。

南岸地势辽阔，复虑贼骑避兵绕趋，以牵我军，乘隙偷越，打冰之法实为要图。今臣饬自濮州至张秋止，河路约长百六十余里，分段敲冰，责成沿河该管州县及防河营汛办理，饬济东道卫荣光督率稽查，约须用轻快民划八九十只，水手三百余名。其打冰人役，派濮、范、寿张现有河防兵勇六百余名，另雇民夫六百余名，分定段落，昼夜敲打，务使河水不结，限以天险，该匪自无由偷越。其张秋以下，归入大清河，水势较深，不至彻底冻结，且非当贼之冲，情形较缓。张秋至鱼山并北岸一带，直隶兵勇设垒严防，足为犄角之势。此北岸之布置也。

惟是敲冰事属创行，功求核实，天寒役苦，兵勇须酌加饭食犒赏，民夫须优给雇值钱文，其余防船板片、篾缆、油烛等费，亦在所必需。军务所关，自应奏明办理。臣严立章程，力杜浮冒，再三申诫文武官弁，以防河所系匪轻，务各认真力办，倘有名无实，立即从重严参，以仰副朝廷慎重河防之意。

再，臣宿疾怔忡痰喘，本年遇劳屡发，精力较逊于前。现值冬防紧要，臣仍力疾在兖州督办一切。

所有据探豫省贼势并筹布各路办理河防情形，恭折详陈，伏乞皇太后、皇上圣鉴训示。谨奏。

同治四年十一月初七日奉到回折："军机大臣奉旨：'另有旨。钦此。'"

兖沂曹济道卢朝安恳请开缺片

同治四年十月二十八日

再，臣接据兖沂曹济道卢朝安禀称，前于同治二年随同大营进驻皖北，因受湿热，误服药饵，致成下血之症，近又转成怔忡，心神恍惚。医云操劳过度，气血两亏，一时难期全愈，恳请开缺等情。臣查该员前经奉旨记名按察使，历年委办粮台供支均无贻误，上岁因粮台屡次迁移，距东较远，难以兼顾，奏委候补道崇芳署理在案。现在该道卢朝安已将八次报销逐案全行办竣，而病躯益形委顿，当此边防吃紧之际，未便稍事迁就，应令开缺，安心调理，以期速痊。除行司委验取结分咨照例恭疏具题外，所遗山东兖沂曹济道员缺系请旨要缺，仰恳迅赐简放，以重职守。

理合会同河东河道总督臣张之万附片陈明，伏乞圣鉴。谨奏。

同治四年十一月初七日奉到回折："军机大臣奉旨：'另有旨。钦此。'"

新选知府书绅留省差委片

同治四年十月二十八日

再，新选莱州府知府书绅领凭到省，并来至兖州臣营。臣接见该守数次，察其精神似未充足，有无嗜好不能深知。惟现在捻匪屡欲扑窜东府，前经奏明令提督傅振邦带兵在莱州府属高密县交界地方练兵设防。该府刻虽无事，而防务未可稍疏，且东省民情好讼，上控、京控极为繁多，知府有表率之责，尤须有听断之能。该守书绅甫膺外任，于防务听断未必即能熟悉，应请将该守书绅留省差委，并令在司局、府局学习审案，徐为察看。所有莱州府一缺仍令现署知府晏方琦署理，以重地方。

除咨部查照外，理合附片陈明，伏乞圣鉴。谨奏。

同治四年十【一】月初七日奉到回折："军机大臣奉旨：'知道了。钦此。'"

审明命案尸属京控定拟折

同治四年十月二十九日

奏为命案尸属京控，提犯审明定拟，恭折具奏，仰祈圣鉴事：

窃照青城县民胡立顺，以胡耀汶等【殴】毙弃尸、恃团抗案等词，控经都察院，于同治三年十二月十一日奏奉谕旨："此案著交阎敬铭督同臬司，亲提人证、卷宗，秉公严讯确情，按律定拟具奏。原告民人胡立顺，该部照例解往备质。钦此。"当经行司饬提犯卷严讯。兹据升任臬司恩锡审明，拟议解勘。值臣赴兖州办理防剿出省，饬委藩司丁宝桢代勘无异，录供呈送前来。臣复加查核。

缘胡耀汶、牛桢、胡仁奎均隶青城县。胡立顺之父胡义城，系胡耀汶无服族孙、胡仁奎无服族侄，胡耀汶、胡仁奎亦无服制。咸丰十一年秋间，胡耀汶邻庄之牛桢与在逃之徐飞陇等，私立团局，自充团长，安设公堂，擅理民词，欺压乡愚，并向各庄按地敛钱。各庄民畏其凶恶，如数付交，牛桢等随时分用，不记确数。胡义城先与胡仁奎分种祖遗洼地一区，嗣被胡仁奎全行强种，牛桢仍按一半地数向胡义城敛钱。胡义城不敢与较，当即付给。是年九月二十五日，胡义城路遇胡仁奎门首，索还强种之地，彼此口角揪扭。胡耀汶与现获之无服族弟胡耀明、在逃之子胡利仔闻闹趋劝。胡义城疑护牵骂，胡耀汶等回詈。胡义城向胡耀汶扑殴，胡耀汶喝令胡利仔殴打。胡利仔即用铁撅殴伤其左腿骨折倒地，胡仁奎、胡耀明在场助势。经昔存今故之曹彦奎劝歇，问明情由，往向胡立顺通知。讵胡义城移时因伤殒命，胡耀明当即逃逸。胡耀汶虑恐到官问罪，起意弃尸灭迹，商允胡仁奎、胡利仔，将尸身抬弃大清河内，顺流漂失。维时胡立顺趋往查看，因见人多，不敢近前，躲在僻处瞭望，俟胡耀汶等走散，捞尸无获。次日正欲赴县呈报，牛桢问知前情，因与胡耀汶等素好，拦阻，胡立顺不允，拉至团局，勒令出具不讼甘结释放。经该前县吴应瑞访闻查拿，胡立顺报经诣勘，派夫打捞胡义城尸躯无获。胡立顺与叔胡庆年，先后由府司控经臣批县勒缉获犯，讯供狡执，尚未详办。胡立顺痛父情切，即以前情，并图准添砌牛桢闹漕收米、恃团抗案暨书役郭大纲等贿押索诈、毁匿卷宗各情，具呈进京，控经都察院奏奉谕旨，饬提严讯。据供前情不讳，诘非有心故折致死，亦无起衅别故及另有在场帮殴弃尸之人。胡立顺诘系痛父情切，图准砌控，亦非有心诬告，应即拟结。

查律载："同姓服尽亲属相殴至死，以凡论。"又，"威力拷打致死，绞监候。""主使人殴打致死，以主使之人为首。"又例载："凶恶棍徒屡次生事行凶，无故扰害良人，人所共知、确有实据者，发极边，足四千里安置。"又，"殴杀案内，凶犯起意弃尸水中，其听从抬弃之人，无论在场有无伤人，俱照弃尸为从律，杖一百，徒三年。"又律载："共殴余人，杖一百。"各等语。此案胡耀汶因无服族孙胡义城向胡仁奎口角，该犯与子胡利仔等往劝，致被疑护牵骂扑殴。该犯辄喝令胡利仔殴伤胡义城身死，复起意商允胡仁奎等弃尸河内灭迹。查胡义城虽系该犯之子胡利仔殴死，惟该犯喝令殴打，即属威力主使，自应按律问拟。胡耀汶除弃尸水中，罪止拟流，轻罪不议外，合依"同姓服尽亲属相殴至死，以凡论"；"威力拷打致死，绞监候"；"主使人殴打致死，以主使之人为首"律，拟绞监候。牛桢虽讯无闹漕收米各情事，惟私自设立团局、公堂，擅理民词，敛钱肥己，并扣留胡立顺，逼匿命案，实属凶恶，自应按例问拟。牛桢合依"凶恶棍徒屡次生事行凶，无故扰害良人，人所共知，确有实据者，发极边，足四千里安置"例，拟发极边，足四千里安置。胡仁奎强种地亩，并在场助势，按律均罪止拟杖，惟听从胡耀汶将胡义城尸身抬弃河内漂失，亦应按例从重问拟。胡仁奎除强种地亩并共殴余人各轻罪不议外，合依"殴杀案内凶犯，起意弃尸水中，其听从抬弃之人无论在场有无伤人，俱照弃尸为从律，杖一百，徒三年"例，杖一百，徒三年。胡耀明在场助势，并未帮同弃尸，应照"共殴余人，杖一百"律，拟杖一百。该犯等事犯均在咸丰十一年十月初九日恩赦以前，胡耀汶所犯情罪系在准免之列，应与胡仁奎、胡耀明均予援免释放，照例追取胡耀汶埋葬银二十两，给付尸属具领。胡耀汶、胡仁奎后再有犯，加一等治罪。牛桢系凶恶棍徒，为害闾阎，在不准援免之列，应不准援免，虽据供母老丁单，亦不准查办留养，右面刺"烟瘴改发"四字，到配杖一百，折责安置。胡立顺讯系痛父情切，图准砌控，并非有心诬告，应与讯无贿押索诈、毁匿卷宗之书役郭大纲等，均毋庸议。逸犯徐飞陇等饬缉，获日另结。

除供招咨部外，理合恭折具奏，伏乞皇太后、皇上圣鉴。谨奏。

同治四年十一月十五日奉到回折："军机大臣奉旨：'刑部议奏。钦此。'"

已故莱阳知县陈启鋆交代亏欠查抄备抵折

同治四年十月二十九日

奏为已故知县交代案内，查有亏款延不完解，请旨查抄备抵，并将伊子斥革查拿讯究，恭折奏祈圣鉴事：

窃照仓库钱粮，丝毫均关国帑。前署莱阳县知县陈启鋆，在任病故，所有任内一切交代，即饬接署之员陈凤翥赶查会算，依限结报。旋据查明该故员之子陈光骏，早经携眷进省，屡催罔应。迨至二参届限，该家属仍未造册移交，亦不赴局会算。先行吊齐各项卷宗查核，除抵实欠正、杂、摊、捐各款银七千一百九十两五钱九分五厘，禀由该管道府揭报藩、臬两司会详请参前来。

臣查该故员陈启鋆，于同治三年六月二十六日到任起，至四年二月二十七日病故前一日止，在任不过八个月，交案亏短银至七千一百余两之多。从前既不批解，现在又复抗欠。该家属陈光骏向随任所，不候算交代，先期携眷进省，迨至迭次严催，并饬历城县各处查传，辄敢匿迹潜踪，杳不到局。此项亏空，难保非陈光骏于伊父故后隐匿入己。当此严提正赋新亏之际，若不立予参办，何足以儆效尤。查陈启鋆系四川铜梁县人，相应请旨，将该故员任所、寓所及原籍财产一并查抄备抵，并将伊子陈光骏廪生先行斥革，严密查寻到案，同经手书吏人等，一并严行审讯，所亏银两是侵是挪，按律拟办。其亏数内究有款若干，饬催赶造年款清册，再行复核。经管仓谷有无亏短，现饬委员监盘，俟盘竣汇案办理。

除分咨外，为此恭折具奏，伏乞皇太后、皇上圣鉴训示。谨奏。

同治四年十一月十五日奉到回折："军机大臣奉旨：'另有旨。钦此。'"

官犯患病请旨收赎折

同治四年十月二十九日

奏为官犯患病成笃，恭折具奏请旨，仰祈圣鉴事：

窃照已革前署蒙阴县知县区士熊，因妄杀勇丁扈心舒等，经督办团练大臣杜翰审拟故杀律拟斩监候。刑部声明，该革员仓猝虑变，事起因公，与有心故杀者有间，可否量予末减，奏奉谕旨贷其一死，发往新疆效力赎罪。接准部文，行令请咨发配。饬据历城县以区士熊在监染患腿疾，不能起解，详经咨部展限；复因道路梗阻，报部留禁。兹据历城县知县陶绍绪详称：区士熊于三年七月间，腿疾复发，屡经饬医诊视，据云气血本已亏衰，兼因在监感受潮湿，筋络已缩，委难医痊，提验两腿，拘挛不能动履，已成笃疾等情。经臣批司饬委济南府知府萧培元复验无异，讯供取结，议请照例收赎，由臬司恩锡详请具奏前来。

臣查律载："犯罪时未老疾，事发时老疾者，以老疾论。"又例载"到部人犯，有告称年老及在中途成废疾者，察明实系老疾，亦得收赎"等语。今该官犯区士熊，因妄杀勇丁，拟斩监候，奉旨减发新疆效力赎罪，于未经起解以前，在监染患腿疾成笃，既据验明属实，核与收赎之例相符。惟系官犯，应否准其收赎，理合恭折具奏请旨，伏乞皇太后、皇上圣鉴训示。谨奏。

同治四年十一月十五日奉到回折："军机大臣奉旨：'区士熊著准其赎罪。该部知道。钦此。'"

同治四年九月雨泽粮价折

同治四年十月二十九日

奏为恭报九月份雨泽情形，并呈粮价清单，恭折仰祈圣鉴事：

窃查九月份，据济南府属历城、章邱、邹平、长清、齐河、临邑、长山、陵县、德州、德平、平原，泰安府属泰安、新泰、莱芜、肥城、东平、东阿、平阴，武定府属青城、阳信、乐陵、利津、蒲台，兖州府属滋阳、曲阜、宁阳、邹县、泗水、滕县、峄县、汶上、阳谷、寿张，沂州府属莒州、蒙阴、沂水，曹州府属菏泽、单县、城武、曹县、定陶、朝城，东昌府属茌平、清平、莘县、冠县、馆陶、高唐、恩县，登州府属蓬莱、招远，莱州府属掖县、潍县、高密、胶州、即墨，青州府属益都、临淄、诸城、寿光、安丘、乐安，临清直隶州并所属夏津、武城，济宁直隶州等六十六州县，申报于月之初二、五、六、七并十五六七八及二十四五六七等日，各得雨一、二、三、四寸深透不等。土脉颇形滋润，民情亦称安帖，堪以仰慰宸怀。

各属粮价大致与上月相同。敬缮清单，祇呈御览。为此恭折具奏，伏乞皇太后、皇上圣鉴。谨奏。

同治四年十一月十五日奉到回折："军机大臣奉旨：'知道了。钦此。'"

九月份粮价清单

谨将同治四年九月份山东省各属米、谷、麦、豆价值，敬缮清单，恭呈御览。

计开：

济南府属：稻米每仓石价银三两二钱七分至四两五钱六分，较上月贱二分。粟米每仓石价银一两二钱五分至二两七钱六分，较上月贵六分。粟谷每仓石价银八钱至一两六钱六分，较上月贵一钱六分。高粱每仓石价银九钱三分至一两七钱七分，较上月贵一分。小麦每仓石价银一两五钱至二两五钱二分，较上月贵一分。黄豆每仓石价银一两三钱五分至二两四钱，较上月贱二分。黑豆每仓石价银一两三钱二分至二两四钱，较上月贱七分。

泰安府属：稻米每仓石价银三两三钱八分至五两二钱三分，较上月贱一钱一分。粟米每仓石价银一两四钱七分至二两三钱，与上月同。粟谷每仓石价银八钱至一两二钱七分，较上月贱八分。高粱每仓石价银一两四分至一两四钱五分，较上月贵一分。小麦每仓石价银四钱八分至二两一钱，较上月贱三分。黄豆每仓石价银一两五钱至一两八钱二分，较上月贱一钱六分。黑豆每仓石价银一两四钱五分至一两八钱三分，较上月贱一钱二分。

武定府属：稻米每仓石价银二两四钱八分至五两二钱三分，与上月同。粟米每仓石价银一两四钱八分至二两四钱，与上月同。粟谷每仓石价银一两至一两三钱，与上月同。高粱每仓石价银一两至一两五钱五分，与上月同。小麦每仓石价银二两至三两，与上月同。黄豆每仓石价银一两二钱六分至二两一钱，与上月同。黑豆每仓石价银一两二钱六分至二两一钱，与上月同。

兖州府属：稻米每仓石价银二两四钱四分至四两四钱五分，较上月贱二钱。粟米每仓石价银九钱五分至二两五钱，与上月同。粟谷每仓石价银七钱五分至一两五钱，较上月贱三钱五分。高粱每仓石价银七钱四分至一两八钱，较上月贵三钱。小麦每仓石价银一两二钱至二两二钱五分，与上月同。黄豆每仓石价银一两五分至一两六钱，较上月贱三钱二分。黑豆每仓石价银九钱至一两八钱，较上月贵三分。

曹州府属：稻米每仓石价银三两三钱至五两，与上月同。粟米每仓石价银九钱至二两七钱一分，较上月贵八分。粟谷每仓石价银八钱至一两八钱三分，与上月同。高粱每仓石价银八钱至一两八钱六分，与上月同。小麦每仓石价银一两四钱五分至二两二钱一分，较上月贵一分。黄豆每仓石价银一两一钱至二两三钱四分，与上月同。黑豆每仓石价银一两至一两九钱五分，与上月同。

沂州府属：稻米每仓石价银二两一钱至三两五钱二分，与上月同。粟米每仓石价银一两一钱二分至二两一钱，较上月贱一钱。粟谷每仓石价银八钱至一两六分，较上月贱四分。高粱每仓石价银九钱至一两一钱二分，较上月贱二钱五分。小麦每仓石价银一两二钱至一两七钱三分，与上月同。黄豆每仓石价银八钱五分至一两五钱五分，较上月贱一钱。黑豆每仓石价银八钱至一两六钱三分，较上月贱一钱。

东昌府属：稻米每仓石价银三两一钱至四两八钱，与上月同。粟米每仓石价银八钱二分至二两四钱五分，与上月同。粟谷每仓石价银五钱五分至一两六钱，与上月同。高粱每仓石价银六钱至二两六分，与上月同。小麦每仓石价银一两至二两四钱四分，与上月同。黄豆每仓石价银九钱三分至二两二钱九分，与上月同。黑豆每仓石价银七钱六分至二两二钱九分，与上月同。

青州府属：稻米每仓石价银二两二钱四分至四两二钱，与上月同。粟米每仓石价银一两四钱六分至二两三钱一分，与上月同。粟谷每仓石价银八钱五分至一两四钱，与上月同。高粱每仓石价银一两二分至一两四钱九分，与上月同。小麦每仓石价银一两一钱至二两一钱九分，与上月同。黄豆每仓石价银八钱九分至一两九钱，与上月同。黑豆每仓石价银八钱九分至二两，与上月同。

莱州府属：稻米每仓石价银二两二钱二分至三两二钱，与上月同。粟米每仓石价银一两一钱五分至一两八钱八分，与上月同。粟谷每仓石价银五钱二分至一两二钱五分，与上月同。高粱每仓石价银一两五分至一两三钱二分，与上月同。小麦每仓石价银一两四钱至二两，与上月同。黄豆每仓石价银一两四钱至一两六钱九分，与上月同。黑豆每仓石价银一两三钱至一两六钱，与上月同。

登州府属：稻米每仓石价银二两三钱至三两四钱，与上月同。粟米每仓石价银一两二钱八分至二两二钱九分，与上月同。粟谷每仓石价银九钱九分至一两四钱三分，与上月同。高粱每仓石价银九钱一分至一两四钱九分，与上月同。小麦每仓石价银一两二钱一分至二两一钱三分，与上月同。黄豆每仓石价银九钱九分至一两九钱，与上月同。黑豆每仓石价银九钱六分至一两八钱五分，与上月同。

临清直隶州并属：稻米每仓石价银三两四钱五分至四两，与上月同。粟米每仓石价银一两五钱至二两四钱，较上月贵一钱。粟谷每仓石价银一两一钱四分至一两七钱二分，较上月贱三分。高粱每仓石价银一两二钱至一两六钱八分，较上月贱二分。小麦每仓石价银二两一钱五分至二两六钱，与上月同。黄豆每仓石价银一两六钱七分至二两一钱六分，较上月贱四分。黑豆每仓石价银一两六钱至二两二钱，与上月同。

济宁直隶州并属：稻米每仓石价银三两八钱三分至六两四钱，与上月同。粟米每仓石价银二两至三两六钱，与上月同。粟谷每仓石价银一两二钱一分至二两二钱四分，与上月同。高粱每仓石价银一两五分至二两六钱五分，与上月同。小麦每仓石价银一两八钱至二两二钱五分，与上月同。黄豆每仓石价银一两一钱六分至二两七钱二分，与上月同。黑豆每仓石价银一两五分至二两九钱二分，与上月同。

秋禾被灾被扰地方请分别蠲缓折

同治四年十月二十九日

奏为勘明各州、县、卫、所本年秋禾被灾、被扰轻重情形，恳恩分别蠲缓钱漕，以舒民力，恭折仰祈圣鉴事：

窃照东省济南、泰安、武定、兖州、曹州、沂州、东昌、青州、莱州、登州、临清、济宁二直隶州所属各州、县、卫、所，或因黄水漫溢，或因湖河并涨，以致田禾淹没，此外非雨泽愆期，即秋霖过多，并有湿热生虫及被贼窜扰之处，早晚秋禾不免损伤。前据各该州县等陆续禀报，经臣督饬藩司移行该管道、府、州周履勘办。兹据该印委各员查勘明确，分别轻重，议请蠲缓调剂，禀由藩司丁宝桢汇核详请具奏前来。臣复加查核。各该州县等本年秋禾被水、被旱、被虫、被扰情形，虽系轻重不同，而收成均属歉薄，若将新旧钱漕照常征输，民力实有未逮。值此经费支绌，饷需浩繁之时，国赋与民瘼并重，自应各就地方实在情形，分别调剂，以示体恤而广皇仁。相应吁恳天恩俯准，将被水成灾八分之寿张县坊廓里何家庄等二百五十一村庄，应征本年钱粮、漕米、漕仓、河银等项，照例蠲免十分之四；成灾七分之范县王麻口等四百八十八村庄，应征本年钱粮、漕米、漕仓、河银等项，照例蠲免十分之二；成灾六分之寿张县覃北里林家庄等六十一村庄，又成灾五分之东阿县陶城铺村东铺等九十三村庄，应征本年钱粮、漕米、漕仓、河银等项，照例蠲免十分之一。各该县蠲剩银米，请缓至同治五年秋后，如原报八分者分作三年带征，七分、六分、五【分】者分作二年带征；其有未奉蠲免之先溢完蠲额银米，查明流抵次年正赋。

又被水较重之济宁州黑土店等地方李家庙等一百十一村庄并大长沟等地方本街等一百四十六村庄，历城县雀化六等里徐家庄等三十四村庄；被水、被虫之邹平县大王驼庄等十村庄；被水之长山县勤谨等约西陶唐口等十四村庄，齐河县孟家店等地方朱官屯等四十二村庄，齐东县东岸村等十九村庄，济阳县赵家庄等二百三十二村庄，禹城县一都一刘家花园等一百四十二村庄，临邑县冯家井等十一村庄，长清县潘保段家庄等一百七十九村庄，肥城县山后东故等社河家寺等六十一村庄并山前柳滩等社柳滩庄等三村庄，东阿县郎家村前郎家营等二百四村庄，东平州智远等保孟家楼等八十七村庄，平阴县河洼等里韩家庄等七十七村庄，惠民县吕王庄等一百八十四村庄，阳信县归德乡等图钓马杨庄等四十八村庄，滨州西路七保正石庄等一百八十八村庄，邹县安侯等社果庄等十一村庄；被水、被扰之泗水县汉东社张庄等四十一村庄；被水之滕县仁五等保东焦村等四十二村庄，峄县王下等社北洛庄等八十一村庄；被旱、被水之汶上县颜氏南保彭家营等四百一十五村庄；被水之阳谷县南十七都党河口等三百五十村庄，寿张县王东里葛家堤口等二百四十村庄，曹县三英等里刘家庄等一百六村庄；被旱之郓城县梳东喉咽集等一百三十九村庄；被水之范县前鲁大庙等六十一村庄，观城县寄庄开河等十一村庄；被旱、被水之朝城县沙一等里子路堤等四十三村庄；被旱之聊城县黄现里黄现后屯等二十二村庄；被水之茌平县一乡等前张家楼等十七村庄，金乡县东大方海子庄等二十六村庄，鱼台县信方等北大郑庄等二百三十四村庄，所有应征本年钱粮、漕米、漕项、河银、临德等仓、民佃、盐课、芦课、学租、灶地、摊征、堤工、票价、埝工、河工、地租等项，及未完同治三年民欠暨因灾原缓钱漕，并济宁、历城、长山、齐河、齐东、禹城、临邑、长清、肥城、东阿、东平、平阴、惠民、阳信、滨州、泗水、峄县、阳谷、寿张、曹县、郓城、范县、观城、朝城、聊城、茌平、金乡等州县本年青黄不接，及历城县二麦被雹，暨济宁、邹县、峄县、汶上、曹县、郓城、金乡、鱼台等处春夏被扰各案内原缓上忙新赋，同长清县并卫地丁，均请缓至同治五年秋后启征。

又被水较轻之历城县南会清二等里王家闸等三十五村庄；被水、被虫之邹平县西言礼庄等七十八村庄；被水之长山县盛笃等约孙家庄等二十五村庄，新城县南郭庄等四村庄，齐河县三官庙等地方辛庄等一百二十一村庄，齐东县邵家店等二十五村庄，禹城县一都一东陈庄等十村庄，临邑县潘家庄等六村庄，长清县仁保马家庄等三十二村庄；被旱之平原县一都二图官道孙庄等三十九村庄；被水之肥城县山后南西流等社葛家庄等四十四屯庄并山前书城等社钱家庄等四十三屯庄，平阴县朱家圈等里下马头庄等五村庄，惠民县宋家桥等一百六十二村庄，阳信县钦风乡等图东阎庄等十四村庄，商河县国家庄等二百村庄，滨州北路五保西王淮庄等十六村庄，利津县白家庄地方白家庄等七村庄；被旱、被水之宁阳县大村庄等一百四十村庄；被扰、被水之泗水县泗北等社东故安等五十八村庄；被旱、被水之汶上县梨木社马家庄等三百一十村庄，城武县黄芦村刘家庄等一百二十一村庄；被旱之曹县沛郡等里崔家屯等三百九十一村庄，郓城县喉咽坡碱场店等五十村庄；被水之朝城县沙一里吴家台等十村庄，茌平县一乡等郝家集等三十二村庄，金乡县红家庙等三百九十二村庄，鱼台县信方等葛家庄等八十一村庄，除本年漕米照常征收外，所有应征本年钱粮，及被水之济宁州下吴家湾等地方舒家庄等一百〇六村庄并中疃等地方空山西庄等一百六十一村庄，章邱县下一等里官庄等四村庄，济阳县郝家庄等七十七村庄，东阿县腊山村本庄等四十八村庄，东平州智明等保赵家庄等二十村庄，邹县石里等社石里等六村庄并其余阖境村庄，滕县阖境村庄，峄县新河等社高皇庙庄等三百八十五村庄并阖境村庄，寿张县覃北里李家楼等一百〇四村庄；被旱之郓城县红船口康家庄等五十八村庄；被水之范县后三里营等三十三村庄，观城县原家等三十七村庄；被旱、被虫之聊城县南六里蝗虫庙等二十四村庄；被旱、被虫之清平县安三等里宁家店等三十一村庄，除本年钱粮照常征收外，其应征本年漕米，并被旱之海丰县小屯等八堆四十村庄，并被水之于家等六堆五十二村庄，沾化县南台等里许家庄等五十八村庄；被水、被扰之兰山县下庄等保连厂村等三百七十九村庄；被水之郯城县池东等保赵家楼等九十四村庄，费县活沟等社四十四村庄，平度州洪兰等乡南埠等社吴家口屯等一百十九村庄，昌邑县书伏等社葛家庄等一百六十村庄，莱阳县义覃等乡沙埠社等社水沟头等一百五十二村庄并龙湾社等社院庄等五十四村庄，鱼台县湖荒升科地亩任团元庙集等七村庄并王团内东城集等二村庄、魏团内董家楼等三村庄，齐河县并卫李方大等地方董庄等七十屯庄，同以上历城等州县，应征本年钱粮、漕项、河银、临德等仓、民佃、盐课、芦课、学租、灶地、摊征、堤工、票价、埝工、河工、地租等项，及未完同治三年民欠及因灾原缓钱漕、仓谷等项，并济宁、历城、长山、齐河、齐东、禹城、临邑、长清、肥城、东平、平阴、惠民、阳信、海丰、滨州、利津、沾化、泗水、峄县、寿张、曹县、郓城、范县、观城、朝城、茌平、兰山、郯城、金乡等州县本年青黄不接，同历城、利津二县二麦被雹、被水，及济宁、宁阳、邹县、峄县、汶上、城武、曹县、郓城、郯城、金乡、鱼台等处春夏被扰各案内原缓上忙新赋，暨长清、商河并卫地丁，均请缓至同治五年秋后启征。

又被旱最轻之临清州阖境村庄；被水之济宁州其余阖境村庄，历城县南会清三等里梁家庄等四村庄并其余阖境村庄，章邱县贾姑庵、隗家官、唐王庄等一百十九村庄并阖境村庄；被水、被虫之邹平县东范家庄等七十四村庄并阖境村庄；被水之长山县其余阖境村庄；被虫之新城县阖境村庄；被水之齐河县大刘庄等地方纪庄等一百八十七村庄并其余阖境村庄、及并卫之钱官等地方张沛庄等十五屯庄，齐东县其余阖境村庄，济阳县新集镇薄家岭二村庄并其余阖境村庄，禹城县一都一韩家庄等六村庄并阖境村庄，临邑县阖境村庄，长清县富保胡官屯等六十四村庄；被旱之陵县阖境村庄，平原县一都一图梅家口等一百九十二村庄并阖境村庄，泰安县阖境村庄；被水之肥城县广里等社广里庄等十八村庄并其余阖境村庄，东阿县其余阖境村庄，东平州智远等保于家庄等六十一村庄并其余阖境村庄，平阴县城东等里李博士庄等三村庄并其余阖境村庄，惠民县梅家集等二百五十八村庄并其余阖境村庄，阳信县其余阖境村庄；被虫之乐陵县阖境村庄；被水之商河县济阳户等一百九十九村庄并阖境村庄，滨州其余阖境村庄；被旱之利津县阖境村庄；被水之沾化县粉庄等里孙家庄等一百七十一村庄并阖境村庄；被水、被虫之蒲台县梁信乡打鱼张庄等七十八村庄并其余阖境村庄；被扰之滋阳县漕河社一甲南甄家桥等二十四村庄并其余阖境村庄；被水之曲阜县东忠、西忠、小雪、崇圣等社河头村等七十一村庄并其余阖境村庄；被旱、被水之宁阳县石碣集等八村庄并阖境村庄；被扰、被水之泗水县阖境村庄；被旱、被水之汶上县阖境村庄；被水之阳谷县其余阖境村庄，寿张县其余阖境村庄；被旱、被水之城武县其余阖境村庄，曹县阖境村庄；被旱之郓城县其余阖境村庄，观城县蒋家等五村庄并其余阖境村庄；被旱、被水之朝城县沙三等里贺家庄等五十九村庄并阖境村庄；被旱、被虫之聊城县其余阖境村庄；被旱之堂邑县任家军庄等四十九村庄并阖境村庄，博平县阖境村庄；被水之茌平县一乡等邓庄等六村庄并其余阖境村庄；被旱、被虫之清平县阖境村庄，莘县刚一乡刁家庄等八十八村庄并阖境村庄；被水之馆陶县阖境村庄；被旱之冠县阖境村庄，高唐州阖境村庄，恩县阖境村庄，夏津县阖境村庄，邱县平一里等辛集等二十七村庄并其余阖境村庄；被水之金乡县许家庄等六十三村庄并其余阖境村庄，鱼台县信方等谷亭西庄等二百八村庄并其余阖境村庄，本年钱粮、漕米，及被旱之海丰县王管等六堆四十二村庄，并被水之徐王等四堆十七村庄；被水、被扰之兰山县柳沟等保尚庄司等四十村庄；被水之郯城县芙青等保白泉庄等四十三村庄，费县南阳等社十九村庄，日照县迟家庄社等二百三十五村庄并其余阖境村庄及收并安东卫屯庄；被虫、被旱之益都县孝悌等乡韩家庄等一百八十四村庄并其余阖境村庄，临淄县阖境村庄；被旱、被虫之昌乐县曹家庙等一百十四村庄并其余阖境村庄；被水之诸城县南关练、徐家洼、三里庄等五百十三村庄并其余阖境村庄；被旱之掖县龙德等乡北流等社七百六十六村庄并阖境村庄；被水之平度州洪兰等乡南埠等社亭栾丘屯等五十六村庄，昌邑县辛邵等社郭家庄等十四村庄，潍县阖境村庄，本年钱粮，暨潍县北台底等十二社田家庄等八十四村庄本年下忙新赋，并历城、章邱、长山、齐河、齐东、禹城、临邑、长清、惠民、阳信、海丰、滨州、利津、沾化、曲阜、郓城、茌平、金乡、兰山等州县本年青黄不接，同利津县二麦被水，及曲阜、郓城、金乡、鱼台等处春夏被扰各案内原缓上忙新赋，并长清县并卫地丁，暨临清、博平等州县未完同治三年钱漕，历城县梁家庄等四村庄并阖境村庄，冠县、高唐、恩县、夏津、昌乐、潍县、莱阳、诸城等州县之其余阖境村庄，未完同治三年钱粮，日照县同治二年民欠，及章邱县其余阖境村庄咸丰十年未完与因灾原缓钱粮，泰安县阖境村庄咸丰十年蠲剩钱漕照常征收外，所有以上济宁等州县未完同治三年民欠及因灾原缓钱粮、漕米、漕项、河银、临德等仓、民佃、盐课、票价、芦课、学租、灶地、摊征、堤工、埝工、河工、地租等项，并滋阳县漕河社一甲南甄家桥等二十四村庄本年被扰，潍县本年青黄不接，郯城县芙青等保白泉庄等四十三村庄本年青黄不接及被扰各案内原缓上忙新赋，均请缓至同治五年秋后启征。以上秋禾被水、被旱、被虫、被扰之各州、县、卫、所，无论成灾与勘不成灾较重、较轻、最轻并阖境村庄，凡有同治二年以前未完及因灾原缓递缓钱粮、漕米、漕项、河银、临德等仓、民佃、盐课、芦课、票价、学租、灶地、摊征、堤工、埝工、河工、地租，出借仓谷、籽种、口粮等项，一并缓至同治五年秋后。钱漕分为两案，各按最先年分，递年依次带征一年。

其德州、东昌、临清、济宁、东平所等卫所，及永利等场坐落各州县屯庄灶地，应随同各州县村庄民佃一律办理。如坐落各州县并无应请蠲缓村庄钱粮，应归该卫自行核办。至例不缺额之蓟粮兵米及请缓钱粮仍征糙米之州县不敷漕项，均照例于成熟村庄应征银米内照数划解，统于大漕地丁内核缓。其应征抵额耗豆，并随正缓征，仍将摊缓耗豆价脚银两扣存司库，俟带征年分支给应用。如此分别调剂，民力均获宽舒。感颂皇仁，实无既极。

除咨部外，所有查明各州、县、卫、所被灾、被扰情形，议请蠲缓新旧钱漕缘由，理合恭折具奏，伏乞皇太后、皇上圣鉴训示。谨奏。

再，此外尚有数处，非逼近贼踪，即驳饬另议，容严催具复同续报被扰各处另行核办，合并陈明。

同治四年十一月十五日奉到回折："军机大臣奉旨：'另有旨。钦此。'"

东省制造军火等项酌给帮价片
同治四年十月二十九日

再，查东省军需案内制造军火、器械、军装、锅帐、旗帜、号色并铸各种火器正销之案，应按例价造报。惟物料多非附近军营出产，且被贼滋扰，商贾不通，远道购求，价倍曩昔，例价不及时价十分之半，是以历届酌给加五帮价。又车辆一项，用多期迫，乡民迁徙避匿，无车可雇，每于数百里以外雇觅，从前应差，一日之外，准销先期到站二日，回空一日；现在止准到站一日，不计回空，每次所给正价及减成料草银两实属不敷喂养，历届酌给加六帮价。以上二款均由外摊廉弥补，此次亦系查照东省军需成案核办。前于查办同治三年六月以前各起报销案内曾经声明，例外用项，若止准补六月以前，不及七月以后，似属一事两歧，请将帮贴等项或销或补，照前一律办理在案。此系前案截限余剩未完事件，且经陈奏在先，与事前无案者不同。且此次军需案内所用奖犒等项及一切零星杂款，业已厘汰净尽，惟此制造、车价二次帮贴，因系用所必需，万难再事删减。惟有仰恳天恩俯赐将前项用款接续前案，仍由东省摊扣养廉，以资归补。理合附片奏闻，伏乞圣鉴。谨奏。

同治四年十一月十五日奉到回折："军机大臣奉旨：'该部议奏。钦此。'"

查明归德并无另有存款片
同治四年十月二十九日

再，臣前于闰五月二十七日钦奉上谕："国瑞奏粮台事务未能深悉，请饬据实报销一折，据称归德有存储二十万两有奇。此项银两，国瑞前于奏报陈州另款存储银二十万两时，并未提及，著阎敬铭严饬卢朝安将存发银两逐款详细稽核，分晰开报，不准稍有冒滥。钦此。"当经行令卢朝安钦遵查照办理，并据实声复去后。

兹据兖沂道卢朝安详称：遵查粮台备办供支，应系直隶、河南、山西、山东等省拨款协济。从前月饷每虞不继，迨同治三年协款渐有起色，经僧格林沁谕令粮台，称可周转，当每月量存若干，以备缓急，截至四年前五月底止，计积存河南陈州府库银二十万两。嗣奉谕旨："山东、河南、山西协解僧营月饷，著按月解送曾国藩军营等因。钦此。"其时僧营粮台驻扎归德，仅存银五万两，诚恐不敷支发，总局委员拟将陈州府库存款酌量动用，俟粮台归并后，核明剩数，或解部拨用，或移交曾营，呈经前杭州将军宗室国瑞具奏。闰五月十九日奉上谕："国瑞奏粮台剩银数目候旨移交折内存储陈州府库饷银二十万两，著交曾国藩查明存案，如江、皖、豫三省何路军需紧要，即由该省商同曾国藩酌量提拨应用；归德粮台所存之五万两，并著国瑞饬令卢朝安撙节支放，核实报销，毋许稍有冒滥。钦此。"钦遵在案。查粮台总局止有寄存陈州府库银二十万两，并无另有存储归德二十万两有奇之款。缘当时粮台驻扎归德，因军用支绌，曾有拟拨陈州存款之请，国瑞误以陈州作为归德，因致续奏折内声叙不符。现在清理收支，详加稽核，陈州府库存款应即照案登除，已于简明清单内切实注明，此外实无另有存项等情。

臣查国瑞前次具奏粮台剩银折内于陈州存储二十万两外，声明归德粮台所存五万两，是归德并无存储二十万两有奇之款。卢朝安所称因粮台有拟拨陈州存款之请，国瑞误以归德作为陈州，因致续奏声叙不符之处，自系实在情形。臣复加查访，委无掩饰。

所有遵旨饬查归德并无另有存款缘由，理合随同报销正案附片奏闻，伏乞圣鉴。谨奏。

同治四年十一月十五日奉到回折："军机大臣奉旨：'户部知道。钦此。'"

南运引盐应交正款划解清楚折
同治四年十月二十九日

奏为试办南运引盐应交正款银两，于协拨月饷内划解清楚，恭折仰祈圣鉴事：

窃查接管卷内，同治元年冬间，钦差大臣亲王僧格林沁札饬粮台试办南运引盐，以济军饷，经前抚臣谭廷襄具奏，奉旨交部议准，所有应交正杂各款，即于协解僧营月饷内照数划抵移解运库等因。通饬遵照在案。

兹据藩司丁宝桢详称：当日僧营试办之初，曾经咨明按引完交正款，其杂捐各款暂行停交，俟试有成效，再行照旧完纳。嗣经奏报正杂课款并交，部中即照此议复。窃照僧营设法办盐，原为军饷支绌，借此补苴。而南运久停，一切几同草创，能交正课与否，尚无把握。特以国课攸关，不能不完，是以咨明只交正课，不交杂款。原奏虽有应交正杂由月饷内划解之议，而时值剿捻吃紧，待用孔亟，东省应解协饷，羽檄频催，即应交正课尚难随时抵扣，至杂款系咨明暂停之项，更不待言。且当时均由僧营派员专司此事，随时提用，万难坐扣。统计同治元、二两年，共领引五万道，应交正课银一万二千四百〇四两，照章在于未解僧营月饷内设法筹画扣解运库，以清悬款。下余杂款银三万六百三十四两三钱六分二厘五毫，均系僧营自行提用，前已咨明停交，实难照数划扣等情，请奏前来。臣复核无异。杂款固属盐务必需公费，而权其轻重，自以军饷为先，即经节檄严催，势难于正课之外再行提归杂款，转致饷项短绌。所详均系实在情形。

除饬运司将正款兑收造报并咨部查照外，理合恭折具奏，伏乞皇太后、皇上圣鉴训示。谨奏。

同治四年十一月十五日奉到回折："军机大臣奉旨：'知道了。钦此。'"

裁撤山东粮台第八次报销折

同治四年十月二十九日

奏为裁撤山东粮台，核明收支各款，第八次报销事竣，缮具清单，恭折奏祈圣鉴事：

窃照钦差大臣亲王僧格林沁督军在豫、东、皖、楚等省剿匪，系由山东设立粮台，委司道办理供支。上年九月间，前藩司贡璜交卸，经臣具奏专派兖沂曹济道卢朝安一手经理。所有同治三年六月以前款目，业经分作七次报销，先后奏报在案。

兹自三年七月初一日接续前案起，至四年四月底止，又自五月前杭州将军宗室国瑞暂护钦差大臣关防起，至六月初十日裁撤粮台止，连闰共计十二个月零十日，亟应截数造报，即在兖州府设局，臣就近督饬局员，将一切收支银款，查照例案，分别核实报销。据总办粮台委员兖沂道卢朝安详称：在营京满、绿官兵，与吉林、黑龙江、察哈尔各起马队，哲里木等盟蒙古官兵，陕甘等省绿营官兵，及各起马勇、楚勇、练勇、诚勇陆续檄调，增裁不一，按册稽核，至裁撤粮台之日，计共九千九百余员名。所有各项支款，前奉钦差大臣亲王僧格林沁札饬，查照天津章程办理，凡在营官员，各按品级支给应得分例。马队甲兵盐粮、马驮等项，每名月支实银五两六钱五分三厘。京旗有马甲兵，每名亦月支实银五两六钱五分三厘；无马甲兵，除部给官票外，每名月支实银三两。绿营官兵，除实带骑马每匹日支草干实银五分外，其盐粮、驮折等项，天津章程系每名月支实银二两五钱一分四厘零、官票银三钱一分八厘零，因东省不用钞票，兵情苦累，奉钦差大臣亲王僧格林沁饬知，每名月支实银二两六钱，毋庸补放钞票。又骑驮、马驼项下，每驼一只、每马一匹，均各日支干银五分。满、蒙官兵照案裁四存六，绿营官员照例支给例马，兵丁则按实带骑马计算。又文职官员不论品级，同武职一、二品之马干全支官票，武职三品以下之马干概支一半实银、一半官票。本省停用钞票，各官应得官票，俟凯撤后由部补给具领。又米折一项，向例官粳兵粟，今照章程，官兵均以粟米折支，每石核给实银一两四钱，以归搏节。又制造军火、军装、器械及挖濠筑垒，均照例价支销，其不敷之项，划归东省摊廉弥补。又官兵追贼，移师不定，除有马兵丁各骑官马外，其无马马兵以及步队兵丁远道驰驱，艰于跋涉，均各照章给予车辆，同运送军火、粮饷之车，照例按里给价，其守空一日，喂养与帮贴不敷，照案摊廉弥补。又各队勇目、勇丁及选用诚勇，遵奉饬知，照依绿营兵丁口分，每名月支实银二两六钱，带队勇目与有马之勇所骑马匹，每匹日支实银五分，均不搭放钞票。又历次打仗阵亡官兵，例有应得恤赏，因经费支绌，遵奉饬知，旗营每员先行酌支银二十七两，绿营每员名先行酌支银十七两，其余未领之项，应由各该旗籍报部补领。又历次打仗阵伤官兵，应得伤赏银两，内除一半官票由部补给外，其余一半实银照章扣平支放。又军营因马匹短缺，奏准赴河北一带采买所需马价，遵奉饬知数目支给应用。又在营办差文职各官实缺人员，照例支食全廉，候补、候选、试用人员，支给盐粮、马驮。又本届扣存各案减平银两，均已入正作收，又余平一项，照章支销造报。以上各款自同治三年七月初一日接续前案起，至四年六月初十日裁撤粮台止，共用过银一百一十七万一百一十一两九厘一毫，内应摊廉弥补银八万一千二十六两五钱五分八厘六毫，实应作正开销银一百八万九千八十四两四钱五分五毫。查收款项下，除分拨登除各款已于总册清单内分晰声注外，实收银一百五万二千一百两四钱六分七厘二毫，今用过银一百一十七万一百一十一两九厘一毫，计不敷银一十一万八千一十两五钱四分一厘九毫，又余平项下不敷银四百五十四两八钱七分二厘，均经粮台先行设法筹垫。查直隶省有欠解协饷银八十余万两，山西省有欠解协饷银六十余万两，河南省旧欠协饷银六十余万两，本年又新欠银十二万数千两，应请奏明请旨敕下直隶、山西、河南等三省，各拨银五万两，解交山东藩库兑收，按数饬发归垫。除此次归垫外，余剩银两，并即收还三年六月以前垫款项下，俾资清理等情，详请具奏前来。

臣恭查同治三年钦奉上谕："所有同治三年六月以前各处办理军务未经报销之案，准将收支款目总数分年分起，开具简明清单，奏明存案，免其造册报销。其自本年七月起一应军需，凡有例可循者，务当遵例支发，力求撙节；其例所不及有应酌量变通者，亦须先行奏咨备案，事竣之日，一体造册报销等因。钦此。"钦遵在案。

兹将该粮台送到总细各册，复核无异。所有同治三年七月初一日接续前案起，至四年六月初十日裁撤粮台止，供支各款，除将销册咨部外，理合恭折具奏，并开列简明清单，敬呈御览。

至粮台筹垫各款，相应请旨敕下直隶、山西、河南三省各拨银五万两，解交山东藩库兑收，照数饬发归垫，以清悬款。伏乞皇太后、皇上圣鉴训示。谨奏。

同治四年十一月十五日奉到回折："军机大臣奉旨：'该部议奏。单并发。钦此。'"

谨将山东大营粮台第八次报销事竣，核明收支各款，开具简明清单，恭呈御览。

计开：

收款项下，自同治三年七月初一日接续前案起，至四年六月初十日裁撤粮台止：

一、收直隶省陆续解协饷银六万两。
一、收直隶省接济翼长苏克金军饷银二万五百两。
一、收直隶省接济翼长恒龄军饷银一万八千两。
一、收河南省陆续拨解饷银二十三万七千两。
一、收河南省拨交炮局及归德镇买马银四千四百四十两。
一、收河南省拨解善庆等营军饷交存粮台银一千一十七两五钱。
一、收提用河南光州等州县地丁、税契、捐输等项，共银四万三千九百八十二两六钱二分六厘。

一、收提用河南南阳府税契银七千四百八十五两四钱三分七厘。

一、收河南省拨解行营军饷银五千九百四十两。

一、收山西省陆续拨解协饷银一十四万两。

一、收湖北省陆续拨解军饷银二万八千八百六十两。

一、收山东省陆续拨解月饷银六十五万两。

一、收山东省拨解恩赏银五千两。

一、收提用山东菏泽等县地丁、厘金等项共银六千两。

一、收山东沂水县垫发大营勇粮，以钱合银六百六两六钱。

一、收山东运河道库拨款接济银四百两。

一、收山东捐输粟米变价银八千九百三十四两八钱一分四厘。

一、收山东济宁州铺捐钱文合银三千七百六十三两五钱一分二厘。

一、收山东济宁州捐输银七千二百两。

一、收山东嘉祥县补解亩捐银四百两。

一、收山东鱼台县捐输皮甬、棉衣银二百两。

一、收山东鱼台县湖团垦地认价银一百二十七两二钱。

一、收山东单县补交亩捐钱文合银三千六百两。

一、收山东试办南运引盐提回运本银九千八百两。

一、收山东试办南运引盐项下提充军饷银九万两。

一、收前吉林副都统德楞额行营拨款银一千三十四两七钱。

一、收漕运总督衙门接济军饷银三千两。

一、收提用江苏沭阳县地丁银一千两。

一、收本届扣存各案减平银三万一百五十七两三钱三分二厘二毫。

以上共收银一百三十八万八千四百四十九两七钱二分一厘二毫，内应除接济总兵陈国瑞等营兵勇饷需共银一十一万六千三百三十四两四钱三分应归各该支应省分立案造报，又除失鞘银一万五千两，又除备办钦差大臣亲王僧格林沁身后事宜银五千一十四两八钱二分四厘，又除专案报拨积存陈州府库银二十万两，均照奏案登除外，实共收银一百五万二千一百两四钱六分七厘二毫。

支款项下，自同治三年七月初一日接续前案起，至四年六月初一日裁撤粮台止：

一、支大营统带各官并随营员弁盐粮、马干等项银一万一千六百三十一两六钱五分五厘五毫。

一、支内火器营官兵盐粮、马干、车价等项银一万九千九百三十九两九钱九分八厘六毫。

一、支外火器营官兵盐粮、马干等项银一万七千一百八十八两八钱六分五厘四毫。

一、支健锐营官兵盐粮、马干、车价等项银一万八千五百五两二钱四分六毫。

一、支八旗炮营官兵盐粮、马干、车价等项银四千二百五十六两六钱七分五厘一毫。

一、支巡捕京营官兵盐粮、马干、车价等项银一万九千五百七十三两五钱一分七厘八毫。

一、支直隶海口营官兵盐粮、马干、车价等项银二万八千八百四十一两六钱二分八厘二毫。

一、支吉林各起官兵盐粮、马干、车价等项银九万八千一百九十两四钱五分五厘二毫。

一、支黑龙江各起官兵盐粮、马干等项银六万八千二百六十九两九钱五分九厘八毫。

一、支吉林、黑龙江二起官兵盐粮、马干等项银一万四千六百九两七钱五分七厘八毫。

一、支察哈尔三四起官兵盐粮、马干等项银一万九千八百六十四两三钱二厘六毫。

一、支土默特官兵盐粮、马干等项银一万四千九百五十四两五分五厘一毫。

一、支哲里木左翼官兵盐粮、马干等项银一万六千二百七十四两八钱八分七厘。

一、支哲里木右翼官兵盐粮、马干等项银一万九千七百八十九两八钱三分五厘一毫。

一、支昭乌达左翼官兵盐粮、马干等项银一万八千一百六十六两三钱三分七厘一毫。

一、支昭乌达右翼官兵盐粮、马干等项银一万三千一百七两五钱九分五厘三毫。

一、支陕甘各营官兵盐粮、马干、车价等项银三万二千八百五十四两三钱七分五厘七毫。
　一、支内外火器、健锐、炮营等起扎营挑濠夫价银一万二百四两七钱四分。
　一、支巡捕京营官兵扎营挑濠夫价银四千七百五十两二钱。
　一、支直隶海口营官兵扎营挑濠夫价银七千三百八十二两三钱四分。
　一、支吉林各起官兵扎营挑濠夫价银一万八千三百一十三两三钱一分二厘五毫。
　一、支黑龙江各起与吉林、黑龙江二起官兵扎营挑濠夫价银一万五千一百九十八两七钱五分。
　一、支察哈尔土默特各起官兵扎营挑濠夫价银六千四十三两八钱八分四厘。
　一、支哲里木左右两翼官兵扎营挑濠夫价银六千五百四十八两八钱五分。
　一、支昭乌达左右两翼官兵扎营挑濠夫价银五千五百六两三钱七分五厘。
　一、支陕甘各营官兵扎营挑濠夫价银八千七十三两九钱七分五厘。
　一、支马勇口粮银八千六百四十二两三钱七分四厘二毫。
　一、支楚勇口粮银四万九千三百四十八两四钱七分三厘九毫。
　一、支头起练勇口粮银一万五千九百八十一两一钱九分二厘六毫。
　一、支二起练勇口粮银一万二千一百九十一两九钱九分三厘三毫。
　一、支三起练勇口粮银七千九百八十八两一钱七分三厘九毫。
　一、支头起诚勇口粮银一万八千二百七十两五钱二分五厘二毫。
　一、支二起诚勇口粮银四万六千八百三十五两四钱四分二厘八毫。
　一、支三起诚勇口粮银七千六百八十五两三钱五分。
　一、支裁并新队头起练勇口粮银六千二百三十两二钱五分四厘二毫。
　一、支裁并新队二起练勇口粮银六千二百九十八两五钱七分七厘一毫。
　一、支裁并新队三起练勇口粮银七千二十四两六钱七分八厘四毫。
　一、支裁并新队四起练勇口粮银六千三百四两四钱二分一厘。
　一、支续招马勇口粮银三千二十三两八钱三分一厘三毫。
　一、支粮台暨随营办差交职各员盐粮等项银四千四百八十二两三钱九分七毫。
　一、支办差文职养廉银四千九百二十三两七分七厘。
　一、支奖赏、恤赏等项银七万七千八百三十三两。
　一、支制造火绳、铅丸、炮子等项银六万四千三百一十五两八钱四分一厘八毫。

一、支制造枪炮、器械等项银七万四千四百六十五两八厘九毫。

一、支制造军装、锅帐等项银四万六千五百六十六两八钱二分三厘八毫。

一、支制造旗帜、号衣等项银一万六千四百五十四两二钱四厘。

一、支采买战马银三万六千三十五两三钱九分三厘。

一、支运送军需脚价盘费等项银五万一百四十一两八钱五分五厘。

一、支制造军火、军装、器械并旗帜、号衣等项帮价银四万九千二百六十两八钱七分八厘八毫。

一、支兵车帮价银三万一千七百六十五两六钱七分九厘八毫。

前二款因系例外用项，历次报销均请归外摊廉弥补登明。

以上统共支银一百一十七万一百一十一两九厘一毫，内除收款项下共收银一百五万二千一百两四钱六分七厘二毫外，计不敷银一十一万八千一十两五钱四分一厘九毫，请由直隶、山西、河南等三省欠款解协饷银内各拨银五万两，解交山东藩库兑收，按数饬拨归款。余剩之项，收还同治三年六月以前垫款项下，俾资清理，理合登明。

请恩恤伤亡弁兵折

同治四年十月二十九日

奏为查明伤故武弁阵亡兵勇，吁请恳恩恤，恭折奏祈圣鉴事：

窃照咸丰十一年并本年春间，东省防剿南捻、教匪，各营阵亡伤故武弁兵勇，屡经檄饬查报。兹据各营查明伤亡千总李玉山、在防病故尽先都司候补把总蔡凤池各一员，阵亡马兵三十八名、守兵二百三十六名、勇丁二百四十四名，由军需总局司道核明造册，详请具奏前来。臣复核无异。相应请旨敕部，将伤亡千总李玉山等分别从优议恤，阵亡兵勇照例议恤，以广皇仁而彰忠义。

除饬催未报各营另行办理并将各册咨部外，为此恭折具奏，伏乞皇太后、皇上圣鉴训示。谨奏。

同治四年十一月十五日奉到回折："军机大臣奉旨：'李玉山等均著照所请。交部分别议恤。钦此。'"

济宁大营粮台出力委员恳予奖励折

同治四年十月二十九日

奏为济宁大营粮台事竣，酌保尤为出力委员，恳恩分别奖励，恭折奏祈圣鉴事：

窃照前钦差大臣亲王僧格林沁统兵剿贼，由山东省备办粮台，当在济宁州安设分总各局，调派委员分司供支。迨后大营移驻河南，历在皖、楚、豫、东四省地方往来追剿，各局亦随营移地节节跟踪前进。溯自咸丰十年冬间起，至今时阅五年，在事各员，或综司文案，或经管银钱，或管办粮草、军械及车马、人夫等项，历经寒暑，不避艰危；且能杜弊省费，颇效指臂之助。嗣将粮台裁撤，改设报销局，复令查核销算收支各款，业经一律清楚。查同治元年截办初二两次报销事竣，经前抚臣谭廷襄开单请奖；二年，因随剿出力，经僧格林沁褒奖。迄今又阅两年，将粮台通案事务清理完竣，各该员始终勤奋，核与部议当差二年准予褒奖章程相符。

除将其次各员由外酌奖外，兹将尤为出力员名，谨缮清单，敬呈御览。合无仰恳天恩俯赐分别给予奖励，出自逾格鸿施。

至总办粮台兖沂曹济道卢朝安，办事勤勉，供支无误，并知节省，积存钱粮，该道系记名臬司大员，应如何奖叙之处，未敢擅拟，恭候钦定，合并声明。为此恭折具奏，伏乞皇太后、皇上圣鉴训示。谨奏。

同治四年十一月十五日奉到回折："军机大臣奉旨：'另有旨。钦此。'"

谨将济宁粮台出力各员，敬缮清单，恭呈御览。
山东奏留蓝翎河南候补知府盛桂林，请俟补缺后以道员用。
蓝翎知州衔知县用候补县丞邵玉如、五品衔知县用候补县丞王启宇，均请赏加运同衔。
五品蓝翎指分山东试用通判袁兰祥，请俟补缺后以知州用。
附贡生卢华杰，请以训导不论双单月遇缺尽先即选。
书识候选从九品郭培镜、县丞用候选从九品刘寅东，均请俟选缺后以应升之缺升用。

漕麦改征粟米折
同治四年十月三十日

奏为本年二麦歉收，各属应征漕麦请改粟米兑收，恭折奏祈圣鉴事：

窃照东省额征漕粮，例应征麦十分之一，如遇麦收歉薄，历经奏明改征粟米在案。本年自春至夏，雨泽愆期，二麦收成稍歉，颗粒未能一律饱绽。据历城、章邱、齐东、齐河、济阳、禹城、长清、陵县、平原、肥城、东平、平阴、惠民、青城、阳信、乐陵、商河、滨州、蒲台、菏泽、曹县、郓城、聊城、堂邑、博平、茌平、清平、莘县、冠县、高唐、邱县、夏津等三十二州县，先后禀经督粮道沈维墡，会同藩司丁宝桢查明各该州县麦收均止四分余、五分及五分余不等，援案详请改征粟米前来。臣复查属实，亦与历办成案相符。所有历城等三十二州县本年应征漕麦，合无仰恳天恩俯准改征粟米，俾小民易于输将，俟来岁麦收丰稔，仍照常征麦兑运，以符定制。理合恭折具奏。

同治四年十一月十五日奉到回折："军机大臣奉旨：'著照所请，户部知道。钦此。'"

东海关征收常税一年关限期满折
同治四年十月三十日

奏为东海关征收各海口常税一年关限期满，恭折奏祈圣鉴事：

窃照东海关常税，自同治元年六月十八日开办起，连闰扣至三年五月十七日止，两年期满，经臣并案奏报在案。兹查自同治三年五月十八日起，至四年五月十七日止，所有烟台大关及所辖大小二十三海口，共征收内地税银五万〇三十八两四钱六分六厘，随征一分耗银五千〇三两八钱四分六厘；又征洋药税银一万一千七百十三两七钱一分，随征耗银一千八百二十二两〇二分五厘，统计征收内地商船税暨洋药税共银六万一千七百五十二两一钱七分六厘，并一分耗暨洋药耗共银六千八百二十五两八钱七分一厘。共开支烟台户关及大小各海口十二个月经费银七千五百三十两，除将一分耗暨洋药耗全数动用外，尚不敷经费银七百〇四两一钱二分九厘，暂在正税项下借款垫发，随时筹补归还。据监运使衔东海关监督登莱青道潘霨造册具详前来。臣复核银数相符。

除循例题销并将各册咨部外，理合恭折具奏，伏乞皇太后、皇上圣鉴。谨奏。

再，口岸远近不一，册籍繁多，饬取各属底册较对，致稽时日，是以具报稍迟，合并陈明。

同治四年十一月十五日奉到回折："军机大臣奉旨：'该衙门知道。钦此。'"

审明不能力救主将之大员按律问拟折

同治四年十月三十日

奏为遵旨审明不能力救主将之大员，按律定拟，恭折具奏，仰祈圣鉴事：

窃臣于本年五月间钦奉上谕："前因记名副都统翼长成保不能救护僧格林沁，业经降旨将其先行革职。因思僧格林沁以亲王督师，躬冒矢石，屡陷危机，该营各将弁果能奋勇争先，不避艰险，何致令统帅大臣竭忠毕命？总缘畏葸性成，趋避计熟，遂致玩视军律，置主帅于不顾，殊堪痛恨！若不从严惩办，何以肃法纪而振军心。即如成保，身为翼长，出队时自应随侍僧格林沁左右，何以四月二十五日夜间，冲锋接仗，并无成保在内，亦未身受一伤？其为首先溃逃，情节显然。成保业经革职，著即拿问，交阎敬铭严讯确情，从重定拟，毋稍宽纵。"又钦奉寄谕："成保近年以来，带队殊不得力，自充当僧格林沁翼长，人心涣散。此次统带黄旗亲军马队，首先溃退，僧格林沁死难，该员未受一伤，独以身免，已降谕旨拿问，交阎敬铭审讯。著阎敬铭即将该革员提省严讯，从重定拟具奏，不准稍涉瞻徇，代人受过。"又钦奉上谕："已革记名副都统成保、记名总兵郭宝昌，分带马步各队，均随僧格林沁扎营一处，乃于僧格林沁接仗失利时，失于护持，全身苟免，贻误匪轻，殊堪痛恨。除成保业经革职拿问外，郭宝昌著即行革职拿问，一并交阎敬铭严讯确情，从重定拟具奏。"又钦奉寄谕："郭宝昌带领步队随僧格林沁剿贼，不能护持主将，独以身免。且从前系陈国瑞部将，辄敢有诬陷陈国瑞之事，其居心殊不可问。著陈国瑞即将该革员拿解济南府，交阎敬铭审办，与前日拿问之成保，一并严讯定拟具奏，毋稍瞻徇。国瑞密折一件，著摘抄交阎敬铭阅看各等因。钦此。"遵经委员将成保、郭宝昌由济宁军营提解至省，臣因赴兖州办理防剿，先行提案讯供，因恐供情尚有未确，饬司复审。据兼署臬司卫荣光会同前署藩司恩锡，督饬济南府知府萧培元等审明录供呈送前来。臣复加查核。

缘成保系正白旗满洲塔思哈佐领下人，由护军校历升副护军参领。咸丰三年随僧格林沁出师，克复连镇、冯官屯等处，并随赴海口防堵，打仗出力，洊升副都统。同治二年，因在山东刘官庄堵御不力，奉旨革职。嗣随僧格林沁追剿发、捻各逆，收复降众出力，奉旨交军机处记名，仍以副都统用。郭宝昌籍隶安徽凤阳县，于咸丰九年投效临淮大营充勇，打仗出力，记拔外委，因解凤阳府县城围，剿办盱眙营叛兵，扫荡高宝湖西发、捻，剿破黄河南岸贼垒，攻克众兴，奉旨赏给卓勇巴图鲁名号。随剿山东白莲池贼圩，生擒逆首，并解蒙城、麻城两县城围出力，叠经僧格林沁保奏，奉上谕记名以总兵用，赏加提督衔，并赏穿黄马褂。

四年二月，成保、郭宝昌在河南确山县剿贼获胜。该逆被剿穷蹙，窜入东境。成保、郭宝昌随同僧格林沁紧蹑贼踪，由山东曹、济、兖、沂等处，昼夜穷追，至江苏徐、海一带，沿途迭有斩擒。该逆回窜东境。四月二十四日，成保、郭宝昌随僧格林沁追至曹州府城西北二十余里，探知该逆盘踞高庄集一带。维时成保为右翼翼长，统领马队，郭宝昌统带步队，僧格林沁传令迎剿。各军进抵沙堌堆地方遇贼，僧格林沁亲督中军与贼接仗，左翼枪炮齐施，右翼听闻炮声亦催队接应，一齐呐喊，奋力冲杀。战约一时之久，中军马队首先败退，左翼马步支持不住亦俱退下。僧格林沁亲临右翼，成保、郭宝昌身先士卒，督领马步各队，鏖战多时，贼始败退，成保、郭宝昌追杀四五里。该逆大股麇至，只剩右翼之马步两军。僧格林沁见众寡不敌，饬令成保、郭宝昌退至小庄，伐树立营。该逆蜂拥而来，愈聚愈众，并四面筑围挖濠，围困我营。自午至亥，我军相持数时之久，内无粮草。僧格林沁传令郭宝昌将步队分为二，一队在前开路，一队跟随断后，僧格林沁与成保马队居中，于子刻向外冲扑，且战且走。该逆层层包围，枪炮齐发，首尾不能相顾，成保奋力杀出重围，即不见僧格林沁所在。郭宝昌在后，因被该逆围住，拼命冲出，以致将弁兵勇伤亡一千余名，郭宝昌亦身受矛伤。成保、郭宝昌各自追寻僧格林沁踪迹。二十五日午刻，成保在府城西北十五里之麦地内，寻见僧格林沁忠骸，郭宝昌亦随后跟踪寻至，一同恭送进城，会同文武员弁妥为棺殓。经已革杭州将军国瑞先后奏奉谕旨，将成保、郭宝昌革职拿问，交臣严讯，委员提解至省，讯悉前情。

至成保被参前在直、东被宋景诗擒去一节，查讯尚无哀怜乞命、甘受凌辱情事，与从前僧格林沁原奏相符；即在营当差，亦无颠倒是非之事。郭宝昌被参捏报陈国瑞谋叛一节，讯据该革员供明，目不识丁，系文案委员已革在逃之县丞杨启英捏词蒙禀，并非有心诬陷，并据陈国瑞代为剖辩咨保。研诘至再，各供矢口不移，似属可信。

查律载："官军临阵先退者，斩监候。"又例载："断案无正条者，援引他律比附加减定拟。"各等语。此案已革记名副都统成保、已革记名总兵郭宝昌，随同僧格林沁剿贼，虽均讯无畏葸退缩临阵溃逃情事，惟该革员等分带马步各队，失于护持，以致僧格林沁阵亡，咎均难辞。查律例内并无主将阵亡，不能力救之翼长并带队大员作何治罪明文。臣悉心核议，成保充当翼长，随侍僧格林沁左右，于被贼围困之际，但知杀出重围，置僧格林沁于不顾，且未身受一伤，厥罪较重，自应比律问拟。成保应请比依"官军临阵先退者，斩监候"律，拟斩监候，解交刑部监禁，入于朝审办理。郭宝昌所带步队，经僧格林沁分为前后开路接应，不能兼顾，且身受矛伤，较之成保随侍僧格林沁左右并未身受一伤者情罪有间，应请于成保斩监候罪上酌减一等，拟发新疆效力赎罪。成保等均系已革二品大员，仍请旨定夺。已革县丞杨启英饬缉获日另结。

除将全案供册咨部外，理合恭折具奏，并将成保等亲供另缮清单，敬呈御览。伏乞皇太后、皇上圣鉴训示。谨奏。

同治四年十一月十五日奉到回折："军机大臣奉旨：'刑部速议具奏。供单并发。钦此。'"

成保郭宝昌供单

谨将审讯成保、郭宝昌供词，恭呈御览。

据已革提督衔记名总兵卓勇巴图鲁郭宝昌亲供：

革员安徽凤阳府凤阳县人，年二十八岁。父发彭，已于道光二十年身故。母曾氏存，现年五十岁。妻蔡氏。并无子女。

革员于咸丰九年投效临淮大营。十年八月，围攻定远踞贼出力，蒙保外委。九月，力解凤阳府县城围，蒙保蓝翎五品顶戴。十一年，剿办盱眙营叛兵，及高宝湖西击退发逆，蒙保守备并换花翎。同治元年，攻克众兴一带贼圩，蒙保免升都司以游击用，并赏给卓勇巴图鲁名号。又于是年在邳、宿剿贼案内，蒙保以参将用。又于同治二年二月，攻克山东兰山、长城贼圩，蒙保以副将用。又于是年五月，攻剿山东白莲池贼圩，奉上谕："副将郭宝昌著记名以总兵用。钦此。"又是年七月，攻剿白莲池教匪全行扫荡，奉上谕交部从优议叙。又于是年八月，蒙城解围，歼除首逆，奉上谕："著加提督衔，并赏给该员曾祖父母一品封典。钦此。"又于同治三年十月，英、霍二县追剿发、捻各逆及收复马融和等，奉上谕："郭宝昌著赏穿黄马褂。钦此。"又于是年十二月，在宝丰县追剿，力战杀贼数千〔十〕名。

同治四年二月，在信阳州确山等处迭获胜仗。嗣发、捻各逆被剿穷蹙窜入东境，革员随同王爷紧蹑穷追，由曹、济、兖、沂至江苏徐、海一带，迭有斩擒。该逆旋即回窜东境。四月二十四日，随同王爷追剿发、捻各逆至曹州府城西北二十余里，探知该逆盘踞高庄集一带，王爷传令出队追剿。西路系处州镇陈国瑞、营总何建鳌各带步队，及诺林丕勒、托伦布、达尔沛领左翼马队；东路系革员所带步队与成保、乌尔图那逊、春寿领右翼马队；王爷亲督常兴阿、温德、勒克西、高福、富森保所领马队，驻立中军。进抵沙堌堆地方，与贼接仗，一齐呐喊，奋力冲杀。约战一时之久，中军马步首先败退，左翼亦支持不住，革员随即身先士卒，上前接应，枪炮齐施，刀矛并用，鏖战多时，该逆甫经败走。革员随后追杀，约有四五里路，该逆大股麇至，凶悍非常。王爷见我军寡不敌众，饬令革员步队与黄旗马队一齐撤向附近村庄，伐树立营，以资守御。讵该逆蜂拥而来，愈聚愈多，四面包裹，由午至亥，水泄不通，并又挑挖长濠，意图死困。王爷见事当危急，粮草全无，当命革员挑选精锐步勇，以前队开路，后队断后，王爷即与马队居中，从正北面向外冲扑。该逆见我军欲出营盘，纷纷阻遏，枪炮齐施，不容前进。革员拼死忘生，直冲贼垒。该逆见我军奋不顾生，二面分开。马队拥护王爷从中驰出，不意该逆又将革员后队步勇层层密密重行包围，而各庄之中伏逆齐出，革员被其一并裹住。革员所带步随同马队，昼夜跟迹追剿数月之久，疲乏已极，而黑夜之中又不辨路径，且战且走，致于马队首尾不能相顾。及至黎明，查点将弁兵勇伤亡一千余名，革员亦身受矛伤。不知王爷所带马队奔驰何处，革员心急如焚，复带数十人回至各庄，到处探寻，毫无踪迹。直至天晚，抵曹州府城外，见翼长成保，惊悉王爷于城西北十五里外，因遇追贼，力竭阵亡。革员一闻此信，悲伤痛哭，愤不欲生。伏思革员随剿以来，身经百战，仰蒙王爷逾格鸿慈，屡邀奏保，正当效力戎行，用酬高厚，乃猝遇贼，致主将捐躯，革员步队被其拦截，马队隔断，致有此失，保护不力之罪，万死难辞。今蒙皇上天恩，不即诛戮，予以革职拿问，惟有仰求俯赐将革员从重治罪。

至革员上年所报陈镇叛情一节，革员一介武夫，目不识丁，所有文案事件，均系杨启英一手经理，当时如何捏词蒙禀，革员并不知情。已蒙陈镇详细查明，委非革员诬陷，革员愧悔无及。亲供是实。

据已革记名副都统成保亲供：

革员正白旗满洲塔思哈佐领下人，年三十七岁。父吉勒彰阿，已故。母图氏存，年七十一岁。并无兄弟子女。

革员由护军补授军校，升授委护军参领，由委护军参领升补副护军参领。由副护军参领，于咸丰三年跟随王爷出师。五年正月，克复连镇尤为出力，奉旨赏给护军参领。五年四月，克复冯官屯。八年四月，跟随王爷赴海口防堵出力，蒙奏保堪胜副都统，奉旨交兵部带领引见。十一月，奉旨补授乾清门头【等】侍卫，交军机处记名，遇有副都统缺出，请旨简放。十二月，补授正白旗蒙古副都统。九年，跟随王爷赴海口防堵，打仗出力，奉旨交部从优议叙；七月，奉旨调补湖北荆州副都统；十一月，奉旨调补山海关副都统，遵即赴任办理防堵。十年七月，奉旨署理直隶提督，办理古北口防堵。十一年五月，奉旨仍回山海关副都统本任。同治元年，直隶出师，奉旨会同总督办理防剿事务。二年二月，因案奏参，暂行革职；三月，奉旨调补盛京副都统；四月，奉旨开复原官；九月，在刘官庄堵御不力，奉旨革职。嗣随王爷大营追剿发、捻各逆，于三年在安徽霍山县收复降众，尤为出力，奉旨交军机处记名，仍以副都统用。

四年二月，在河南确山县剿贼，大获胜仗。该逆被剿穷蹙，由山东曹、济、兖、沂等处，窜至江苏徐、海一带，沿途接仗，迭有斩擒。该贼回窜东境，王爷紧蹑贼踪，昼夜追剿。四月二十四日辰刻，追至曹州府菏泽县，探知该贼盘踞高庄集一带。惟时中军翼长常兴阿、温德、勒克西、高福、富森保各领马队；西路系诺林丕勒、托伦布、达尔沛领左翼马队，总兵陈国瑞、营总何建鳌各领本带步队；东路系革员与乌尔图那逊、春寿领右翼马队，总兵郭宝昌统带步队各军，一齐进抵沙堌堆遇贼。左翼与贼接仗，枪炮齐施，右翼听闻炮声，亦即催队接应，冲压四五回合。该逆见中军未进，即直扑中军，翼长常兴阿首先败退，左右两翼马步队一齐冲击应援，左翼马队亦俱退下。王爷亲临右翼，革员等马步竭力战剿，杀贼无数，贼始败退。我军追杀四五里，而抗拒中军、左翼之步贼转身扑来接应。正在往来冲杀之间，追我马队之马贼又从后至，四面包围。只剩右翼之马步两军，众寡不敌，退至小庄扎营。步贼四面筑垒，并挑挖长濠围困我营，马贼又在濠外四面列仗，开放枪炮，攻扑营盘。我军竭力抵御，自午至亥，相持数时之久。无如内无粮草柴水，外无救援，士卒饥渴，万不能守。众将官及各哨官皆求王爷出围。王爷尚不凭信，问众勇究竟应守应走，众勇皆因并无救援之队，愿求冲出。即蒙王爷传令，郭宝昌步勇前队在前开路，后队在后断后，革员马队居中。子刻冲过贼垒，该逆三面蜂拥而来，我军马队奋力迎击，且战且走。该逆愈聚愈众，层层包围，马队奋力打出重围，即未见王爷所在。革员数次出生入死，四路追寻，至二十五日午刻，在曹郡西北十五里外麦地内寻见王爷忠躯，方知业已受伤阵亡。革员椎心痛哭，愤不欲生。惟王爷身后事宜，不得不妥为照料，当请王爷忠躯进曹州府城，与粮台委员等熟商盛殓，据实禀报国瑞将军在案。革员身为翼长，尽力冲围杀贼，众所共见共闻，实未敢溃逃。且革员满洲世仆，仰蒙皇上天恩弃瑕录用，并奉王爷恩睐派带马队，虽愚昧无知，天良俱有，亦断不肯溃逃。惟是主帅阵亡，革员救援不力，死有余辜。今蒙鸿慈逾格，不即诛戮，予以革职拿问，只求将革员从重治罪。

再，革员于二年八月间，随王爷进剿逆首宋景诗，革员身受多伤，坠马昏晕，为贼扶去，该逆愿切投诚，纷纷跪求革员回营面禀一切。王爷以该逆罪大恶极，不纳其降，并以革员受伤坠马回营情形奏明在案。如果哀怜乞命，甘受凌辱，王爷岂无觉察，当日断不能姑容。至营中事务，革员以王爷诸事认真，谨慎当差，未敢稍有疏虞。如果颠倒是非，岂能逃王爷明鉴。革员身受国恩，跟随王爷多年，未能保护，负恩实深，惟求从重治罪。其余各款，尚求鉴核。亲供是实。

审拟僧格林沁护卫家丁片

同治四年十月三十日

再，臣钦奉上谕："据伯彦讷谟祜奏，家人头等护卫额卜图、诺尔布，家丁松阿哩等，向随伊父僧格林沁军营，恩养有年。四月间，僧格林沁在曹州追贼失事，该家人只知顾惜身命，以致家主阵亡，虽因昏夜仓卒，未能救卫，究属保护不力，罪有应得。业由国瑞移交山东巡抚拟罪就地正法等语。著阎敬铭亲提该家人额卜图等三名，严讯确情，按律定拟具奏等因。钦此。"

遵查额卜图三名，先经国瑞咨会发交济宁州严行看管，臣在兖州办理防剿事宜，随饬营务处委员候补知府龚易图前往，会同济宁直隶州知州程绳武先行提讯。兹据录供禀送前来。臣行提额卜图等至营，复加研鞫。

　　缘额卜图、诺尔布、松阿哩均系僧格林沁本旗家人，额卜图、诺尔布进府充当护卫，于咸丰三年随营当差；松阿哩进府充当家丁，于咸丰十年随营当差。同治四年四月二十四日夜，僧格林沁追贼至曹州府西，在小庄扎营，被贼围困，谕令翼长成保带领马队、郭宝昌带领步队，保护冲出，额卜图等均系跟随保护。因时黑夜，贼众我寡，额卜图、诺尔布被贼冲散，松阿哩见僧格林沁落马，扶至麦地，被贼用枪戮伤头颅，昏晕倒地，即不省人事。迨至苏醒，不见僧格林沁踪迹，即与额卜图、诺尔布会合，四路查访，寻至府城西北之麦地内，始行觅见僧格林沁忠骸，一同恭送进城，妥为棺殓。再三严诘，金供委非顾惜身命，救护不力。查额卜图、诺尔布、松阿哩于家主僧格林沁阵亡，虽非意料所及，惟身充护卫、家丁，随营当差，并不竭力保护，以致失事，实属罪有应得。惟查律例，并无蒙古王府护卫、家丁不能竭力保护，致家主阵亡作何治罪明文，臣不谙蒙古例条，未敢悬断，理合附片具奏。可否将额卜图等三名，由臣派员解交刑部会同理藩院复审定拟之处，候旨遵行。

　　所有现审额卜图供词，谨缮清单，恭呈御览，仰祈圣鉴训示。谨奏。

　　同治四年十一月十五日奉到回折："军机大臣奉旨：'额卜图等著即派员解京，交刑部会同理藩院审拟具奏。供单并发。钦此。'"

护卫家丁额卜图等三名供单
　　谨将审讯头等护卫额卜图等供词，恭呈御览。
　　计开：
　　额卜图供：年三十九岁。王爷本旗家人。道光二十七年进王爷府当差，充当护卫。咸丰三年上，随同王爷到过连镇、高唐、冯官屯一带。八年上，又随同王爷在海口防堵。同治元年到安徽亳州。后来逆匪各处窜扰，王爷追剿，护卫都是跟著的。本年四月二十一日，追至曹州府。二十二日，从曹州起队，到曹州西南桃园住下。二十三日，回头到曹州城西北木里寨，探得贼在高庄集，离木里寨十多里路。二十四日黎明，王爷催令起队。据桂三的探说，贼已北窜。王爷差戈什去找陈镇。据报陈镇已在高庄集与贼接仗，红白旗的马队陈镇都带去了。王爷传令成保、郭宝昌们各营进剿。见贼之马队由东北向西南窜来，想要包住我军，抄我军之后，经郭宝昌将贼抵回。贼队又将常副都统的队冲开败回。王爷往东奔入成保队内，催令各军齐队与贼鏖战。贼势愈聚愈多，阻住我军不能进前。王爷传令在西边小庄扎营，用木料、石块堆了个营寨。贼队四面包裹围上来，寨中粮草、食水全无。三更时候，王爷同成保的队闯出寨来，出寨我军不成队伍了。护卫也就随后出来，黑暗之中，不辨面目，被贼冲突，各自东西。护卫们寻找王爷，到了天明，走至曹州，听说王爷进城去了。护卫们同诺尔布到了曹州城下，遇见红旗讷大人，听说王爷没有进城。护卫与诺尔布商定，因诺尔布常办前站差使，留诺尔布进城预备公馆，护卫跟讷大人去找王爷。寻至曹州西北十八里之五里店迤东南道旁，找著王爷忠躯，红旗队用床抬至堤边。一时贼又拥来，人不能抬，经护卫将王爷忠躯请在马上，走至曹州城东北，贼又赶来，护卫将王爷请放在庄东边麦地里边，记明暗号。单身站立不住，跟同红白旗马队败下去了。俟贼队稍退，护卫同讷大人回进曹州去的是实。

诺尔布供：年三十七岁。王爷本旗家人。道光二十六年进王府当差，充当护卫。咸丰三年上，随同王爷到过连镇、高唐、冯官屯一带。九年上，又随同王爷在海口防堵。同治元年到安徽亳州。后来逆匪各处窜扰，王爷追剿，都是护卫们跟著的。本年四月二十一日，王爷追贼至曹州。二十二日，从曹州起队，追往曹州西南桃园住下。二十三日，回头到曹州西北木里寨，探得贼在高庄集，离木里寨十多里路。二十四日黎明起队，据桂三探说贼已北窜。王爷差戈什找陈镇。据报陈镇已在高庄集与贼接仗，红白旗的马队陈镇都带去了。王爷传令成保与郭宝昌各营进剿。见贼马队由东北向西南窜来，想要包住我军，抄我军之后，经郭宝昌抵回。贼队将常副都统的队冲开败回了，王爷往东奔入成保队内，催令各军齐队与贼鏖战。贼势愈聚愈多，阻住我军步队不能前进。王爷谕令在西边小庄扎营，用木料、石块堆了个营寨。贼队四面包围上来，寨中粮草、食水全无。三更时候，王爷同成保的队闯出寨来，出寨时所有我军马步俱不成队伍。护卫检点了王爷的什物，也随后出来了。黑暗之中，不辨面目，被贼冲开，各自东西。护卫们各处寻找王爷，天明找近曹州，听说王爷进城去了。护卫们到了曹州城下，遇见红旗讷大人，听说王爷没有进城。护卫与额卜图商定，因护卫常办前站差使，留护卫进城预备公馆，额卜图跟讷大人去找王爷。到二十五日，成保听讷大人的戈什尚讷多尔吉告说，额卜图与讷大人被贼冲散，王爷忠躯现在曹州城北，成保随即带队前去，护卫跟同请进曹州的。二十六日，盛殓棺木，外面用绸缠裹上漆，里面用锡挂里，另有绸围衣衾枕褥。护卫们遵制亲手照料，妥善盛殓念经的是实。

松阿哩供：年二十八岁。王爷本旗家人。咸丰七年进王爷府当差的。咸丰十年，随王爷营内当差。王爷赴各处追贼，家丁都跟著。本年四月，贼队北窜，王爷追至曹州，二十一日由桃园、木里寨探路进剿。二十四日，我军与贼鏖战，贼势众多，阻住马步不能前进。王爷谕令在西边小庄扎营。贼将我军四面包裹，营寨内粮草、食水全无。三更时候，家丁随王爷同成保的队闯出营寨，被贼冲散，只剩下王爷与家丁们十数个人，黑暗之中，不辨面目。正走之间，忽有贼马二三十匹赶来，家丁们回头堵御，贼马稍退。听闻后边有人喊说，王爷落马，家丁应声寻至，见王爷马匹已失，跌坐地下，请王爷上家丁马匹。王爷说腿不好受，不能骑坐。忽然贼又过来，家丁弃马扶著王爷，贼人只顾追马，将王爷与家丁撇下。家丁见贼人来往不断，将王爷扶入麦地里边暂避，因麦科不深，王爷谕著离开躺倒。家丁躺卧之处，适又有贼走至混戮，家丁起用空枪向贼抵挡，随抵随退。黑暗之中，不防身后有个濠坑，贼人持械向家丁头上打了一下，家丁晕倒，跌入坑内，不省人事。迨至醒苏，不辨东西，也记不清王爷躺卧处所，知道有火光处有贼，遂往黑处寻找王爷。黎明时候遇见讷大人们也来寻找，家丁随即跟同将王爷忠躯抬回曹州的是实。

州县应付兵差酌议新旧报销条款折

同治四年十月三十日

奏为山东省军需案内沿途州县应付兵差一切用项，酌议新旧报销条款，开列清单，恭折仰祈圣鉴事：

窃照同治三年六月以前，军需用款经户部奏准免其造册报销，并准盛京将军咨准户部议复吉林、黑龙江二省遣撤官兵行抵奉省照章支领案内声明，各省军需，自同治三年六月以前，均免报销，七月以后，仍照旧案办理等因。自应钦遵谕旨，各就实在情形妥议章程具奏，并划清旧案、新案界限，始免镠轕套搭等弊。东省州县沿途应付，自咸丰二年冬季起，至七年九月底止，各案支款均已造报，经部复准，毋庸再议。应将咸丰七年十月初一日起，至同治三年六月底止，作为旧案，分年分起开送清单，免其报销。又自三年七月初一日起，拟截至四年十二月底止，作为新案，仍应造报并另议支销条款核办。至州县历次防剿，雇募壮勇，垫支口粮，除奏明并批准有案者照章准予开销外，凡事前禀报雇募兼有起止日期、垫发银数可考者，查照历办军需成案，概令作赔，均截至同治二年六月二十二日克服淄川县城之日为断，以后不准再有勇粮著赔名目；并按各州县被贼缓急情形、原垫数目多寡，减成折扣赔缴，统以折实银二万两为限，不得再逾此数。所赔银两，本有分年追缴旧例，现值库项支绌，应再酌定加紧限期，以免迟延。又部文指明，三年六月以后，不准再有筹补名目，系专指劝捐、抽厘两项而言，诚恐借词弥补军需，以致阻商病民，不可不禁。而东省筹补之法，系在文职养廉项下分年摊扣，与劝捐、抽厘迥不相同，非但与商民无涉，并与库款出入正项亦无增减。且例外用款，势所必有，若尽归正销，则国帑糜费过甚；若概行删除，则州县赔累孔多，仍必于钱粮舞弊。且直隶、河南报销案内，亦有由外摊廉之款。惟有分别旧案、新案，于历届准归筹补银款酌为裁减。凡在三年六月以前，应由外筹补之项，已照原定条款核有准数，并核入交代作抵，毋庸另议。三年六月以后，择其万不能裁者，酌准数款，仍照旧章银数删减，悉由本省自行摊廉归补。据总办军需报销局藩司丁宝桢、盐运司兼署臬司卢定勋、济东泰武临道卫荣光分别条议章程会详前来。臣逐加复核，或援引旧例，或参酌成案，或遵照部驳，均系力求撙节，杜绝浮冒，并将垫款设法弥补，俾免无着，均属有条不紊。

除咨部外，所有州县沿途应付章程，理合恭折具奏，并分别开列简明清单，敬呈御览。伏乞皇太后、皇上圣鉴训示。

再，各营支应局应各归各案报销，以清款目。现饬军需总局另议条款核办，合并陈明，谨奏。

同治四年十一月十五日奉到回折："军机大臣奉旨：'户部知道。单三件并发。钦此。'"

谨将山东省军需案内，沿途州县应付兵差，运送军火、器械，支发添设腰拨、夫马、工料等项用款，分别旧案、新案，核议章程，开列清单，恭呈御览。

计开：

一、东省自咸丰二年冬季起，至七年九月底止，各案军需用款均已造册，咨部复准销结，毋庸再议。其自咸丰七年十月初一日起，至同治三年六月底止，作为旧案，遵照现拟章程，免其报销，逐细开单奏咨立案。又自同治三年七月初一日起，截至同治四年底止，作为新案，仍应造报，并另议支销条款，俟部复准照办。

一、咸丰七年九月以后，同治三年六月以前，州县应付军需如何支销，虽未拟定条款奏咨有案。惟因清理通省未结旧案交代，有关州县垫款为数甚巨，不得不酌定章程，先行约销，准予抵欠。当照咸丰七年九月以前初次报销案内部中核减章程，作为准销实数，除应入正销筹补外，余俱删赔。再，除应赔之项外，即属州县浮报，概行删除不计。实因司库支绌，力求撙节，较之七年九月以前准销银数，有减无增，并由司刊刻简明条款，通行各属，遵办在案。现在开单，仍照原议条款办理，三年六月以后，另议新章核办。

一、咸丰七年九月以后，同治三年六月以前，州县应付军需应销银款，既属复实，更与已经算结各州县数百案交代列抵之数相符，年款案内即可照造，免其改帐。至删赔一项，实因州县应付在先，奉准部复核减在后，是以议赔。惟州县支发兵差等项，均系自行筹垫，并无给发银两，其著赔之款，应以各州县交代案内划抵之数为准；若虽有赔款而交案并未列抵，即属无关归补，与认捐无异，应免追缴。

一、州县防剿各股贼匪，历次雇募壮勇、垫支口粮，除奏明并批准有案者仍照章准予开销外，如有事前禀报雇募，兼有起止日期、垫支银数确凿可考，并未批准报销各案，前因会算交代纷纷具禀，若概行删除，究因保卫地方所需，难免借口，然又未便遽准开销。当查咸丰七年九月以前历办军需成案，州县垫支勇粮均有删赔之项，业经户部核准在案，是以议请援照办理，并截至同治二年六月二十二日克复淄川之日为断，按照各州县被贼缓急情形，及原报银数多寡，减成折扣着赔，统以折实银二万两为止，不得再逾此数。克复淄川以后，不准再有勇粮赔款名目。其准赔银两，应同前条删减军需赔款，查照该州县交代案内有无抵欠及列抵若干，分别应追免追。

一、前二条所议军需删赔及勇粮著赔银两应完限期，及逾限不完应议处分，向有定例可循，本应遵照。惟今昔情形不同，值此库项支绌之时，若按照例限着追，似属过宽。即道光二十七年东省清查案内原议追缴赔款章程，亦觉缓不济急，均应再行加紧，始昭核实。兹复悉心酌议，应请将著赔银数，凡在一千五百两以下限一年，一千五百两以上至三千两限二年，三千两以上至六千两限三年，六千两以上至一万两限四年，一万两以上至一万五千两限五年，一万五千两以上至二万两限六年，二万两以上至二万五千两限七年，二万五千两以上至三万两限八年，三万两以上至三万五千两限九年，三万五千两以上至四万两限十年，四万两以上至四万五千两限十一年，四万五千两以上至五万两限十二年，五万两以上为数较巨，自应专案禀办，另行勒限追缴。其五万两以内各员，无论现任、候补、升任，均照此勒追。至参革病故人员，有子孙出仕，如系正印，准照此限展半完缴；如系左杂，或并无子孙出仕之人，准于展半之限再展半完缴。以上本身及子孙代赔人员，均以此次详办各案军需接准部复之日作为起限日期，倘届限不完，及完不足三分之二者，即照统限不完，查明所欠银数多寡，分别轻重情形，立予参追，以示儆惩。

一、东省历办军需成案，凡有例不准销、用所必需、切实有据者，向均剔归由外筹补。良以军需用款繁多，例难悉载；而州县应付之时，急于星火，力求无误，不暇细查例文是否准销。在统兵之员，亦期军行迅速，非此莫能鼓舞，更有非于例外酌加津贴难以成集之事。迨至事后，但因格于成例，辄行删除，殊欠平允。即直隶、河南等省报销案内，亦有由外摊廉弥补之款。惟户部奏请嗣后不准再有筹补名目。细绎部文原议，系专指不准劝捐、抽厘归补而言，诚恐借军需以致阻商病民，故不可不慎。东省筹补之法，系在文职养廉项下分年摊扣，并无劝捐、抽厘弥补之事，不惟与商民无涉，即与库款出入正项亦无增减。况值此帑项异常支绌，若将向准由外筹补之项，悉请奏归作正开销，尤非补救时艰之道。惟有宽以既往，遏其将来，分别旧案、新案，于向章之中，量为裁汰。所有三年六月以前州县垫支军需，业已议请准照原定条款办理，其应由外筹补银款，皆有准数，各州县悉已核入交代列抵，碍难更张，应请毋庸另议。三年六月以后，应请择其万不能裁者，酌准数款，如车脚项下帮价、腰拨项下马匹喂养津贴，此其必须归外筹补之款，仍照旧章银数量为删减，悉由本省自行摊廉归补，以示限制。

一、同治二年三月间，僧格林沁统师来东，先驻淄川，后移东昌，并进剿白莲池教匪。因官兵驻扎之处，沿途行走，率遭兵燹，无从买食，饬令附近州县采办刍粮，运解大营，当经分设各局，派员经理。嗣准粮台议定各项价值，并分别协济大营，沿途应付，各归各案。凡系协济大营，应由粮台核销；沿途应付，应归东省通案军需造报。所有各州县采解粮草应需价值，前经钦奉谕旨，准其作正开销。除专案具奏外，所有州县沿途应付应归东省造报各案，凡在三年六月以前者，照章开单奏咨，三年六月以后，仍旧造册报销。其所需价值，应以粮台议定银数核办，以免两歧。

一、咸丰七年九月以前，兖州、德州粮台及各随营支应局收支细款，并候补道黄良楷统带高唐练勇，各州添设正站、腰拨请销银数共计四十三案，前由省局造报。嗣经部驳，随又另造登复细册详咨，尚未复到。此即户部原奏内所指从前已经咨题到部尚未核复之件，应同同治三年六月以前已经部中复准内有指款驳查之案，均各归各案，摘叙简明清单，分别奏咨立案。至七年九月以后，各随营支应局支销条款，现饬军需总局另行议办。

谨将山东省军需案内沿途州县应付兵差一切用项，自咸丰七年十月初一日起，至同治三年六月底止，核议条款，开具清单，恭呈御览。

计开：

咸丰七年九月以后，同治三年六月以前，州县沿途应付兵差等款正销项下：

一、满汉官兵沿途行走，各按品级照例分别支给口粮、盐菜。本省者自离营之日至未出口以前，别省者自离营之日至未出该省交界，只支口粮，不给盐菜；出口以及离该省交界以后，盐菜、口粮一体照例支给。

一、京城满营与驻防蒙古兵丁，各月支盐菜银一两五钱，官员之跟役，各月支盐菜银五钱；绿营兵丁月支盐菜银九钱，官之跟役不支盐菜，兵之跟余月支盐菜银五钱。

一、官弁兵丁及跟役、余丁，每员名各日支口粮米八合三勺，照例官粳、兵丁跟役粟，每粳米一石折银二两，粟米一石折银一两。

一、官兵例骑马匹，每匹日支干银五分。

一、满、绿官弁及有马丁照例乘骑本身官马，不准再给车辆。

一、进征步守兵丁，每四名连军装给车一辆，步勇每八名连军装给车一辆，凯撤归伍步守兵丁每八名给车一辆，每车每百里给脚价银一两。

一、满营马甲每名例准给马三匹，除查照成案以一匹五分剔归由外筹补外，以一匹五分作正开销。

一、调派本省满、绿各营官兵，应支俸赏行装，均照例定官阶银数分别借支，并照奏定章程，如系奉调出省者，赏借兼支，不出省者，借而不赏。又本省驻防满营官兵应支俸赏，如在本省征剿，减半支给，如止派令防守，不准给支。其所借行装银数，移咨各原营，于凯撤后，在该官兵应得俸饷内，官分四季、兵分八季扣还。如有多支银两，照数追赔归款。沿途运送军饷、军装、军火等项，先尽各该州县额夫抬送；如有不敷，始准雇用民夫、民车。照例一百三十斤每百里给脚价银一两五钱；照案按八百斤用车一辆，每车每百里给车价银一两。解送委官知县、守备以上，每员日支盘费银三钱；跟役二名，佐杂千把以下，每员日支盘费银二钱；跟役一名，跟役及护送之兵夫，每名各日支银六分。官员、跟役各给骡一头，每头每百里给骡脚银二钱，往返应付。

一、解送军营马匹，每匹日支干银五分。每马三匹用夫一名，每名日支银六分。每马二十匹，每站给棚一间，每间工料银五钱。管解官役与运送同。

一、水路应付兵差盐菜、口粮，运送官役盘费，与陆路同。雇用民船，无论官职大小，按官弁、兵丁、跟余，每五员名给船一只，每只船户水手以四名为率，每名每站日给口粮米八合三勺；到站守候不得过三日，每日一律支给粟米。官兵行李，援照浙江防夷及本省奏准成案，各按品级，酌准斤重，分别支给水脚银一分，逆水每五员名给纤夫二名，军装行李一千五百斤给纤夫一名，每名日支银五分，仍照例先尽该州县额设水夫纤运，如有不敷，始准添雇民夫。

一、水路运送军火、军械等项，按五千斤给船一只，每百斤每百里给水脚银一分，逆水一千五百斤给纤夫一名，亦先尽额设水夫纤运解送。官役水脚与兵差同。

一、采买马、骡，每马一匹给正价银十两，骡一头给正价银十五两。鞍每架给正价银一两五钱。沿途行走及本处收槽喂养，应需干银、棚夫等项，均与解送营马同。

一、山湖两路及切近大营州县，安设腰拨，均按咸丰七年九月以前准设马匹数目大加删减，并止准酌设腰拨，各处正站不准再添。其所需夫马工料银两，亦循历届军需成案，照本省驿站例，无闰年每马每日摊支银七分七厘八毫七丝五忽，有闰年每马每日摊支银七分七厘二毫四丝六忽。

以上各款，均系遵照部中核减新章核支，实属力求撙节，无可再减，登明。

州县沿途应付筹补项下：

一、进征官员及跟役应支盐粮，除正销外，每员名每日津贴口粮折银一钱，撤回不支。

一、雇用车辆，每车每百里除正销银一两外，每辆津贴六成帮价银六钱。

一、兵丁驻宿，无论满、绿马步，每三十名给棚一间，每间价银一两五钱，每名应摊棚银五分。

一、满营马甲照例准给骑马三匹，除以一匹五分核入正销外，以一匹五分归外筹补，每匹每日支干银五分。

一、护送官员灵柩，三品以上，每具抬夫十六名，驮马四匹；四品以下，每具抬夫十二名，驮马二匹。每夫每日支银五分，回空银五分。每马每日支银五分。随柩跟役每名日支粟米八合三勺，每五名合给驮马二匹，每匹日支银五分。随柩亲属，每名日支粟米八合三勺。

一、添设腰拨应需夫马工料，除入正销外，再照原数加倍津贴。

一、协济车马在途行走，每车日支料草银八钱，每马日支料草银二钱。送到差所之后，即归应差之州县发给，协济之州县不准再支。

一、水路行走官兵水脚，除入正销外，每员名每百里加津贴银三分，行李每百斤每百里加津贴银一分，纤夫每名加津贴银五分，船户水手每名每日加津贴银八分。

一、采买马、骡，每马一匹，除给正价银十两外，酌加五成帮价银五两，每骡一头除给正价银十五两外，酌加五成帮价银七两五钱。

以上各款均系援照东省历办军需成案，从减津贴，登明。

州县沿途应付删赔项下：

一、官员口粮粳米，每石原请折支银三两，除准银二两外，删赔银一两。兵丁、跟役口粮粟米每石原请折支银二两，除准销银一两外，删赔银一两。

一、官兵驮骑马匹，每匹每日原请支销料豆三仓升、十斤重草一束，例帮二价共折银七分五厘，除准销银五分外，删赔银二分五厘。

一、外省满营进征马步甲兵，每名每日原请折支盐菜银一钱五分，除准销银五分、米八合三勺折银八厘三毫，共准销银五分八厘三毫外，删赔银九分一厘七毫。

一、外省绿营进征马守兵丁，每名每日原请折支银一钱五分，除准销银三分、米八合三勺折银八厘三毫，共准销银三分八厘三毫，删赔银一钱一分一厘七毫。

一、有马兵丁，原请满营马甲每名，绿营额外外委马兵每三名，官之跟役每十名，各给车一辆。每车每百里例帮二价银一两六钱，先期到站二日，回空一日减半料草银八钱，均各全数删赔。

以上各款均系州县供支在前，奉准核减章程在后，是以着赔，其应付银两均系州县垫支，并未给银。所有应赔之项，如已划入该员交代列抵，应请照依例限追缴；倘并未划抵，则与库款无关，归补无异捐办，应请免追，登明。

谨将山东省军需案内，沿途州县应付兵差一切用项，自同治三年七月初一日起，截止同治四年十二月底止，核议条款，开具清单，恭呈御览。

计开：

同治三年七月起，州县沿途应付兵差等款项下：

一、满汉官兵沿途行走，遵照定例，各按品级分别支给口粮、盐菜。本省者自离营之日至未出口以前，别省者自离营之日至未出该省交界以前，只支口粮，不支盐菜；出口以及离该省交界以后，盐菜、口粮一并照例支给。

一、京城满营与驻防蒙古兵丁，照例每名各月支盐菜银一两五钱，官兵之跟役各月支盐菜银五钱；绿营兵丁月支盐菜银九钱，官之跟役不支盐菜，兵之跟余月支盐菜银五钱。

一、官弁兵丁及跟役、余丁，每员名各日支口粮米八合三勺，照例官粳、兵丁跟余粟，其米折价值，三年六月以前，系照部中核减章程折支，粳米每石折银二两，粟米每石折银一两，较之时价实属不敷。现在银价尤贱，粮价增昂，若仍照旧章折支，所短过巨，应请援照咸丰七年九月以前本省准销成案，暨僧格林沁大营粮台报销米银折数，每粳米一石折银二两四钱，粟米一石折银一两四钱。

一、官兵骑驮马匹，照例每匹日支干银五分。

一、满营甲兵沿途行走，每名例准给马三匹，三年六月以前，援照东省历办军需成案，以一匹半作正开销，一匹半划归由外筹补；三年六月以后，酌裁筹补款目，所有划归外补之一匹半，应请遵照定例，一并核入正销造报，毋庸再归筹补。

一、雇用车辆价值，定例每辆每百里给脚价银一两。又东省历届成案，每辆每百里加给六成帮价银六钱，又先期到站二日，回空一日，减半支给料草正销银五钱、帮价筹补银三钱。计每车共支银四两，内核入正销银二两五钱，由外筹补银一两五钱。三年六月以前，系遵照部中核减章程，每车每百里给脚价银一两，入正造报；加给六成帮价银六钱，由外筹补。其先期到站二日，回空一日，每日支给减半料草银五钱、帮价银三钱，概行删赔。三年六月以后，酌裁筹补，并删除赔款名目，所有六成帮价，及守候、回空各项，自应一并删除。惟东省州县本无额设之车，每遇应付兵差，以及运送粮饷，需数既多且急，乡民深恐打越前进，不愿受雇；且值兵燹之余，有车之家，本属不多，各州县力求无误，免干严议，不得不以重价相偿。更有数日之前、数百里之外，设法雇觅，庶敷应用。即照旧章准支例帮二价，实已赔累；若再删除帮价，尤形竭蹶。至守候、回空一项，七年九月以前，系照东省冯官屯军需准销成案准支，到站一日，仍减二成，实支银四钱。嗣后僧格林沁大营粮台，暨剿办东昌府属教匪案内，亦均照此请销，经部复准在案。应请将三年六月以后，雇用民车，除例准正价每车每百里给银一两外，仍照咸丰七年九月以前及冯官屯准销成案，每车准加六成帮价银六钱，由外摊廉弥补。其先期到站一日减成料草银四钱，请归正销。计每车共支银二两，内正销银一两四钱、筹补银六钱。较之嘉庆十八年、道光二十一二等年准销银数已核减银二两，实属无可再减。

一、军营征剿，多资马力，是以定例出征满兵及绿营外委马兵，乘骑本身官马，如遇马匹疲乏，无马更换处所，满兵每二名连军装、跟役给车一辆，绿营外委马兵每三名连军装、跟役给车一辆。原以该兵丁等长途跋涉，马力疲乏，一经到营，即应进剿，不得不少示休息，本可循照办理。惟于道光二十六年经兵部奏请裁汰，凡系有马兵丁，概不准给车。同治三年六月以前，即将此项车价删赔。三年六月以后，亦应遵照，不准支销。惟其中有按实带骑马数目造报者，有并未带马之马兵，虽系马兵，沿途不支干银，实与步卒无异，未便与实带有马者相提并论。应请将并未带马之马兵，按照从前例定车辆从减支给，另照步守兵之例，每四名连军装、跟役给车一辆，以示撙节。

一、进征并凯撤带兵官员，暨随营文武员弁，定例均准支给车辆。三年六月以前，漏未议及，是以不准开销，均归州县捐办，未免有所借口。三年六月以后，自应酌准支销，应请查照定例，沿途应付兵差过境，除额外外委应照马兵乘骑本身官马不准给车外，其余各官弁，无论品级大小，每官一员连军装、跟役准给车一辆，凯撤每二员给车一辆。

一、满、绿各营进征步守兵丁，定例每四名连军装给车一辆，凯撤归伍步守兵丁每六名给车一辆。三年六月以前，进征兵丁系照例应付，凯撤兵丁系按八名给车一辆，较之例案有减无增。三年六月以后，自应循照办理。

一、各营步勇沿途行走，虽例无给车之文，惟近年以来，兵丁不敷调遣，多借勇力卫锋冒镝，无异官兵。该勇等长途跋涉，若不酌给车辆，甚虞疲乏，转滋贻误。是从三年六月以前，沿途州县应付官勇过境，均准按照步守兵丁名数，减半给予车辆，计进征每八名连军装给车一辆。三年六月以后，应请循照办理。

一、山湖两路暨冲要州县，自军兴以来，限行文报，数倍于常时，例准酌添正站腰拨，以资递送。惟止准酌设腰拨，各处正站不准再添。其所需夫马工料银两，东省历届旧章，系一正一副，共计银一钱五分五厘七毫五丝，内一半津贴归外筹补。三年六月以后，议裁筹补款目，所有津贴一项，自应删除。惟现在草料价昂，若止准按正支销，实属不敷喂养，必须量予变通。查旧章，每马每日准支正销银七分七厘八毫七丝五忽，内系料草银五分，马夫工食银一分六厘六毫六丝六忽，鞍屉、笼绳、拥厂、槽铡等项外备银一分一厘二毫八忽。三年六月以后，除正销照支外，应请每马每日酌加料草银五分，仍由外摊廉归补，余俱删除。计每马日支银一钱七厘八毫七丝五忽，较之旧章不无节省。

一、采买马匹，旧章各加五成津贴，由外筹补。三年六月以后，酌减筹补款目，所有每马一匹正价银十两，系照东省驿站例支销，自可毋庸再加津贴。

一、护送官员灵柩，应支夫役口粮、马匹喂养，三年六月以前，系按所故之员官阶大小，分别支应。计三品以上官，柩一具，抬夫十六名，驮马四匹；四品以下官，柩一具，抬夫十二名，驮马二匹。每夫一名日支银五分，回空银五分。驮马一匹日支银五分。随柩跟役，系按该故员应得例定名数，每名日支米八合三勺；每五名合给驮马二匹，每匹日支银五分。随柩亲属，每名日支米八合三勺。应支银米均由外筹补。三年六月以后，裁减筹补款目，应另改议。伏查故员灵柩送归旗籍，沿途行走，例准支给跟役口粮、驮马喂养。应请自三年六月以后，州县护送官柩，三品以上，每具准给抬夫十二名，驮马二匹；四品以下每具准给抬夫八名，驮马一匹。每夫每日支银五分，每马每日支干银五分。止准去时支给，回空银两概行删除。随柩跟役，仍按该故员应得名数，每名日支口粮粟米八合三勺；每五名合给驮马一匹，每匹日支银五分。其随柩亲属，应支口粮米折亦行裁除。较之旧案，均已核减，所支银两请归正销造报。

一、协济邻封车马应支脚价喂养等项，旧案全数由外筹补。伏查此条虽系例无明文，然用所必需。州县每遇大起兵差，需车数百辆，一时雇备不及，不得不借邻封州县协济；且系先期禀请札调，其协济之州县，亦将应付车马数目禀报备查，案据确凿，无由弊混。所需车价、马匹喂养，三年六月以前，均系由外筹补，三年六月以后，裁减筹补款目，自应量为变通。应请将各州县协济车马二款，查照应差州县禀报收到实在协济车马数目，沿途行走，准由协济之州县，按每车每百里照例价从减给脚力银八钱，另给帮价银四钱，到站一日减成料草银四钱；每马一匹日支干银五分。其车辆之正价、到站之料草、马匹之干银，均请入正造报。车辆之帮价，仍由外筹补送，至差所之后，即归应差州县，除车辆不准再支到站料草外，余另按照应付兵差之例支给，分别销补。

一、水路行走官兵水脚，旧案每名每百里津贴银三分，行李每百斤每百里津贴银一分，纤夫每名津贴银五分，船户水手每名每日津贴银八分，均由外筹补。伏查水路行走兵差，事非常有，且已议准例支正销，毋庸再加津贴，三年六月以后，应请删除。

一、出征官兵沿途住宿，及到省守候进征，如暂时屯驻及偶尔过往为日无多，如有帐房可住者仍搭支居住外，如帐房不便，或屯驻日久者，预租店房，每小间给银三钱，大间给银四钱。如无店房可租，于空隙之处所，打盖竹草房棚栖止，其物料工价，造报工部核销。三年六月以前，均照成案，无论满绿马步，每三十名给棚一间，每间银一两五钱，每兵一名应摊棚银五分，由外筹补。三年六月以后，自应酌量变通，从减支给，应请每兵十名准租店房一小间，支给例银三钱，每名应摊银三分，作正开销。

一、满、绿各营官兵，借支俸赏行装，沿途水陆运送粮饷、军火、器械，解送营马，均系照例作正开销，应请即照三年六月以前旧案条款支销，毋庸另议。

已故益都知县龚璁亏欠各项并案查抄折

同治四年十月三十日

奏为查参已故知县亏欠盐务票课、运本等项，并案查抄追缴，恭折仰祈圣鉴事：

窃查盐务交代与地方仓库并重，节经饬司严催会算。兹据盐运司卢定勋转据现任益都县具报，前署知县龚璁在益都任内，除历年捐款提出另追外，实欠道光二十八年票课、运本等银二千五百二十两五钱七分七厘，先经在局三面核算清楚，并无抵款可以抵除，详请奏参前来。

复查该故员龚璁，系贵州遵义县人。上年参办地方交代初案亏缺各员案内，核明该员欠数甚巨，奏明革职查抄备抵，并查明子孙有无出仕着落完缴，一面移咨原籍，将家产一律查封在案。现又欠交盐务银二千五百余两之多，屡催未缴，岂容日久悬宕。相应请旨，核入前署益都县知县龚璁参案一并抄追，以清款目。

除咨部外，理合恭折具奏，伏乞皇太后、皇上圣鉴训示。谨奏。

同治四年十一月十五日奉到回折："军机大臣奉旨：'另有旨。钦此。'"

审明王公原案诬告按例定拟折

同治四年十月三十日

奏为审明诬告，按例定拟，恭折具奏，仰祈圣鉴事：

窃照郯城县监生王公原，以文生李小山等恃团劫杀、掳赎霸产等词遣抱，控经都察院，于同治三年六月二十二日奏奉谕旨："此案著交阎敬铭督同臬司，亲提人证、卷宗，秉公严讯确情，按律定拟具奏。抱告民人王凤明，该部照例解往备质。钦此。"当经行司饬提人卷严讯。王公原复以委员庇匪诬良、非刑逼结等词遣抱，控经都察院奏奉上谕："仍著阎敬铭督同臬司秉公严讯，定拟具奏，并查明委员有无逼供情事，据实参奏等因。钦此。"复经饬司严切查讯。兹据升任臬司恩锡以审明后据历城县详报，王公原在押病故，批饬复讯，并无别故，由司拟议将李小山等解勘。值臣赴兖州办理防堵出省，饬委藩司丁宝桢代勘无异，录供呈送前来。臣复加查核。

缘王公原籍隶郯城县，报捐监生，与同庄文生李小山等先无嫌隙。咸丰十一年春间，李小山等经该县派充团长，王公原因与商办筑圩意见不合，口角结嫌。是年夏间，捻匪扰及邻庄，李小山等集团往救。适有另股捻匪宋三冈等骤至，李小山等不及回御，致被窜入庄内焚掠，将王公原并伊侄孙王喜登暨庄众人等掳至成全山贼圩，关禁勒索。王喜登四人不服关禁，均被杀害。王公原等经庄邻冯锡瑞凑银二千五百两赎回。王公原因李小山等集团外出即有匪至，疑为挟嫌勾匪扰害，控县差传。因防务吃紧，尚未集讯。同治元年秋间，捻匪复窜至该庄。王公原逃避，伊侄王五儿等二人被杀。维时王公原族人王谨从逆，潜匿兰山县境。经该县等访闻，带领李小山等拿获，讯明正法，并饬李小山等查报王谨逆产。李小山等不知王谨家业系属祖遗，内有王公原应分房地，一并报明入官。王公原回家查知，就近控经会办兖、沂一带剿匪事宜总兵陈国瑞批县查讯。因办理善后，未能查传。王公原又以前情由府司控经臣批县赶紧查讯。因人证不齐，无从质究。王公原以为李小山等有意拖累，忆及前嫌，起意诬告泄忿，即指明李小山等恃团勾匪劫杀、掳赎霸产，并添砌掘坟见尸暨差役徐甚中私押索诈，系周茂先过付等情具呈，遣令不知情之族人王凤明作抱进京，控经都察院奏奉谕旨，饬司提省，督同委员审系诬告。王公原惧问重罪，意图挟制，复捏问官庇匪诬良、非刑逼结等词，赴臣衙门具控；一面遣令不知情之工人王长泰作抱进京，控经都察院奏奉上谕，催司切实查讯。据供前情不讳，诘系有心诬告，并无起衅别故及扛帮主唆之人，委员亦无庇匪逼结情事，应即拟结。

查例载："蓦越赴京告重事不实者，发边远充军。"等语。此案监生王公原，挟嫌遣抱赴京，诬告李小山等恃团勾匪劫杀、掳赎霸产重情，希图泄忿。迨审虚后，复敢起意挟制，捏以问官庇匪逼结京控，实属刁诈，自应按例问拟。王公原除诬告人死罪未决，罪止拟流加徒轻罪不议外，应革去监生，合依"蓦越赴京告重事不实者，发边远充军"例，拟发边远充军，业已病故，应毋庸议。李小山等讯无恃团勾匪劫杀，县役徐甚中亦无私押索诈各情事，应与并未过付赃钱之周茂先暨不知控情之抱告王凤明等，均毋庸议。委员查无庇匪逼结情弊，亦毋庸议。王公原应分房地，饬县查明给还。其在押病故之处，业经历城县知县陶绍绪验无别故，看役讯无凌虐情弊，均免置议。逸匪宋三冈等饬缉，获日另结。

除供册咨部外，理合恭折具奏，伏乞皇太后、皇上圣鉴训示。谨奏。

同治四年十一月□日奉到回折："军机大臣奉旨：'刑部议奏。钦此。'"

南粮回空米船飞饬回淮片
同治四年十月三十日

再，查本年江南试运米船催出东境之后，即饬各属，一俟回空船只到境，立即小心护送，迅速南旋，毋任停留，以致沿途冻阻。兹据署德州知州赵新禀报：前项七起回空米船一百〇五只，于十月初一日午时先后入柘园镇，十二日戌时挽出蔡家庄南下。又据东昌府上河通判毓明禀：据临清汛闸具报，空船五起陆续入临清汛境，共船七十五只，因闸河水小见冰，停泊卫河三元阁等处，后有二起尚在武城一带，现在水势日见消落，赶紧移会捕河设法导引黄水接济等情。查张秋南北及东昌一带运河，数年以来，汶水不能达及，全恃夏秋黄水涨注，冬春恐难引水使归运河。

除咨河漕督臣查照，并飞饬沿河州县一体设法赶催跟接回淮外，理合附片奏闻，伏乞圣鉴。谨奏。

同治四年十一月十五日奉到回折："军机大臣奉旨：'知道了。钦此。'"

前保牧令奏部议驳仍吁恩准折
同治四年十一月二十七日

奏为微臣前保贤能牧令各员拟请官阶、班次，奉部议驳，吁恳天恩准照前奉谕旨遵行，以励人才而昭激劝，仰祈圣鉴事：

窃臣于本年三月二十六日恭折褒奖候补知州张廷扬等九员，拟请官阶、班次等项可否录用，请旨遵行，奉到批折："另有旨。钦此。"嗣准吏部咨开：

"同治四年四月初三日奉上谕：'阎敬铭奏保举贤能牧令以昭奖劝一折，山东候补知州张廷扬、杨济，均著俟补缺后以知府用；宁海州知州舒孔安，著以知府留于山东，在任候补；知县彭启昆、帅嵩龄，均著以同知直隶州知州用；候补知州李均，著俟补缺后以同知直隶州知州用；试用知州左宜似，著以本班尽先即补；即用知县陈凤鬻，著赏加同知衔；丁忧知县林溥，著俟服满后仍留山东补用。该部知道。钦此。'钦遵抄出到部。查历届明保人员，均由该督抚将平日政绩据实奏明，由部调取引见，请旨录用，不得遽保官阶、班次。此次保奏各员内，宁海州知州舒孔安现据揭报病故，应行扣除。其张廷扬等，查照成案，调取引见，候旨录用，所请官阶等项之处，应毋庸议等因。同治四年闰五月初十日奉旨：'依议。钦此。'"知照到臣。

伏查张廷扬等，经部照查定章，调取引见，自应遵照办理。惟保举官阶、班次等项之处，臣惟整饬吏治，必先激励人才。近年人才之登进，偏重军营，或粮台、局务，群趋若鹜，地方牧令之升阶，皆为他途所趋占，即向来照例升调，更比从前迟滞。牧令尽心民事、勤慎供职者，人或视为迂拘，遂致群处寂寞，事非特举，其名不彰。向善者久而或沮，中才者变入歧途，吏事之本业愈失，人情之奔竞日纷。臣思地方官能安闾里，即是除盗贼之源；能理钱粮，即是裕饷糈之本。当此时事纷纭，尤当劝惩牧令，乃可弭乱。夫人才皆生于鼓舞，风气宜速为转移，臣既将牧令之贪劣亏空者百数十名挂之弹章，择张廷扬等八员登诸荐牍，以为破格之举，当可激励。其人皆偏长器使，非谓即成德全才。其中或量请升阶，酌予班次，并仅加升衔及留省补用，不敢如军营劳绩之优，并不如粮台、局务之保，尚待循名责实，课其始终，亦非敢竟效明保故事，希恩于不次之迁擢也。在部臣慎重之道，自应遵守旧章。臣实为整饬吏治、激励人才起见。合无仰恳圣恩，可否仍照前奉谕旨，准将知州张廷扬、杨济俟补缺后以知府用，知县彭启昆、帅嵩龄以同知直隶州知州用，知州李均补缺后以同知直隶州知州用，左宜似以知州本班尽先即补，知县陈凤鬻加同知衔，林溥俟服满后以知县仍留山东补用，出自逾格鸿慈。

所有臣前保牧令各员，仍吁恩施准照所请缘由，恭折具陈，伏祈皇太后、皇上圣鉴训示。谨奏。

同治四年十二月十一日奉到回折："军机大臣奉旨：'另有旨。钦此。'"

特参疏防盗案之州县并文武各员折

同治四年十一月二十七日

奏为特参疏防城关盗案之州县并文武各员，恭折仰祈圣鉴事：

窃自秋冬以来，因北路马贼窃发，严饬地方官格外尽心缉捕。乃近日盗案层见迭出，非严行参办不足示惩。查东昌府东关，十月二十六日夜，被盗十余人，连劫文霖、德和两钱铺；临清州城外锅市街，十一月初四日夜，被盗八九人，抢劫福复、泰京货铺，拒伤事主；冠县城内十月二十六日夜，被盗六七人，窃劫三成钱铺、义聚银炉，拒伤事主，据报该二铺一门两院，是否连劫，查明办理。以上三案，皆在城关，事后犯无一获。应请旨将聊城县知县郑纪略、临清州知州张应翔、冠县知县孙善述，一并摘去顶戴，交部议处，限初参限内全案盗犯拿获，逾限不获，即行撤任留缉。至东昌、临清二处，商贾辐辏，驻有营伍，并有知府大员，凡率同巡查，亦其职分，未便以无缉捕专责概为宽恕。除东昌营参将韦应麒带兵防河，毋庸议外，应请旨将署东昌府知府李熙龄即行撤任，署临清营副将柏祥、临清营都司安喜、东昌营守备程斗山，一并摘去顶戴，勒令协缉。至各处汛弁，应即查明责革，以示惩儆。理合恭折具奏，伏乞皇太后、皇上圣鉴训示。谨奏。

同治四年十二月十一日奉到回折："军机大臣奉旨：'另有旨。钦此。'"

已革齐河县丞王诚之罪名照驳改拟片

同治四年十一月二十七日

再，已革署齐河县县丞王诚之，拿获罪犯郭念言，关禁空屋，致令脱逃一案，先经臣审明，比依"藏匿罪人减等"律拟流，从重发往伊犁充当苦差。刑部以情罪不符奏驳，经臣复审明确，改依"应捕人追捕罪人，知罪人所在，而不即捕者，减罪人罪一等"律，于郭念言斩罪上减等，满流罪上量减一等，拟杖一百，徒三年，从重发往军台效力赎罪。复经刑部以王诚之应即比律科断，不准量减，令臣再行详核案情，按律妥拟。奏奉谕旨："依议。钦此。"王诚之先于同治四年正月十二日在监病故，当经行司转饬原审之员确核。兹据济南府知府萧培元等照驳改拟，由兼署臬司卢定勋会同藩司丁宝桢复核具详前来。

臣查已革署齐河县县丞候补从九品王诚之，于罪应拟斩匪郭念言逃入寓内躲避，业经问明拿住，并不立时送县，辄因夜深，遂行关禁空屋，又不加意看守，致令脱逃，虽非寻常疏忽可比，惟究与知情故纵者不同。臣前因核其情罪，较之"应捕人追捕罪人，知罪人所在，不即捕拿"者，尚属有间，是以比律量减拟徒。兹经刑部奏驳，自应照驳改拟。王诚之应于郭念言斩罪上减一等，拟杖一百，流三千里，毋庸再行减等；业已在监病故，应毋庸议。

除病故图结并管狱官职名分别咨部外，理合附片陈明，伏乞圣鉴。谨奏。

同治四年十二月十一日奉到回折："军机大臣奉旨：'刑部知道。钦此。'"

同治四年十月雨雪粮价折

同治四年十一月二十七日

奏为恭报十月份雨雪情形并呈报粮价清单，仰祈圣鉴事：

窃照九月份雨水、粮价，前经奏报在案。兹查十月份具报得雨者，为莱州府属之胶州、即墨二州县；得雨而兼得雪者，为济南府属之淄川、长山、德州，泰安府属之泰安、新泰、莱芜、肥城，兖州府属之滋阳、曲阜、宁阳、邹县、泗水、阳谷、寿张，沂州府属之莒州、蒙阴、沂水，莱州府属之高密，青州府属之益都、寿光，济宁直隶州等二十一州县，据报于月之初六、初七及二十七八九、三十等日，各得一、二、三、四、五寸不等。得雪者为济南府属之历城、章邱、邹平、新城、齐东、齐河、济阳、禹城、临邑、长清、陵县、德平、平原，泰安府属之东平、东阿、平阴，武定府属之惠民、青城、阳信、海丰、乐陵、商河、沾化、蒲台，兖州府属之滕县、峄县、汶上，沂州府属之兰山、郯城、费县，曹州府属之菏泽、单县、城武、定陶、范县、观城、朝城，东昌府属之聊城、堂邑、博平、莘县、冠县、馆陶、高唐、恩县，莱州府属之掖县、昌邑、潍县，青州府属之临朐、临淄、高苑、博山、博兴、诸城、昌乐、安丘、乐安，临清直隶州并所属之夏津、武城、邱县及济宁州所属之金乡、嘉祥、鱼台等六十五州县，于二十六七八九、三十等日，得雪一、二、三、四、五、七寸不等。雨雪应时，二麦藉以蟠根，来岁丰收预兆，农民欢庆，堪以仰慰宸怀。

至各属市集粮价，稍有涨落，大致与上月相同。谨缮清单，祗呈御览。为此恭折具奏，伏乞皇太后、皇上圣鉴。谨奏。

同治四年十二月十一日奉到回折："军机大臣奉旨：'知道了。钦此。'"

十月份粮价清单

谨将同治四年十月份山东省各属米、谷、麦、豆价值，敬缮清单，恭呈御览。

计开：

济南府属：稻米每仓石价银三两一钱九分至四两六钱，较上月贵四分。粟米每仓石价银一两二钱三分至二两七钱，较上月贱六分。粟谷每仓石价银八钱至一两六钱，较上月贱六分。高粱每仓石价银九钱三分至一两七钱八分，较上月贵一分。小麦每仓石价银一两五钱至二两四钱七分，较上月贱五分。黄豆每仓石价银一两三钱五分至二两四钱，与上月同。黑豆每仓石价银一两三钱五分至二两四钱，与上月同。

泰安府属：稻米每仓石价银三两一钱八分至五两二钱，较上月贱三分。粟米每仓石价银一两三钱七分至二两二钱，较上月贱一钱。粟谷每仓石价银八钱至一两三钱五分，较上月贵八分。高粱每仓石价银一两四分至一两五钱三分，较上月贵八分。小麦每仓石价银一两五钱至二两一钱四分，较上月贵四分。黄豆每仓石价银一两二钱八分至一两七钱二分，较上月贱一钱。黑豆每仓石价银一两二钱一分至一两六钱八分，较上月贱一钱五分。

武定府属：稻米每仓石价银二两四钱八分至五两二钱三分，与上月同。粟米每仓石价银一两四钱八分至二两四钱，与上月同。粟谷每仓石价银一两至一两三钱，与上月同。高粱每仓石价银一两至一两五钱五分，与上月同。小麦每仓石价银二两至三两，与上月同。黄豆每仓石价银一两二钱六分至二两一钱，与上月同。黑豆每仓石价银一两二钱六分至二两一钱，与上月同。

兖州府属：稻米每仓石价银二两四钱四分至四两四钱五分，与上月同。粟米每仓石价银九钱五分至二两五钱，与上月同。粟谷每仓石价银七钱五分至一两五钱，与上月同。高粱每仓石价银七钱四分至一两八钱，与上月同。小麦每仓石价银一两二钱至二两二钱五分，与上月同。黄豆每仓石价银一两五分至一两六钱，与上月同。黑豆每仓石价银九钱至一两八钱，与上月同。

曹州府属：稻米每仓石价银三两三钱至五两，与上月同。粟米每仓石价银一两一钱至二两七钱一分，与上月同。粟谷每仓石价银七钱五分至一两八钱三分,与上月同。高粱每仓石价银七钱五分至一两八钱六分,与上月同。小麦每仓石价银一两四钱五分至二两二钱二分,较上月贵一分。黄豆每仓石价银一两一钱至二两三钱四分,与上月同。黑豆每仓石价银一两至一两九钱五分,与上月同。

沂州府属:稻米每仓石价银二两一钱至三两五钱二分,与上月同。粟米每仓石价银一两一钱二分至二两一钱,与上月同。粟谷每仓石价银八钱至一两一钱三分,较上月贵七分。高粱每仓石价银九钱至一两一钱二分,与上月同。小麦每仓石价银一两二钱至一两八钱,较上月贵七分。黄豆每仓石价银八钱五分至一两四钱八分,较上月贱七分。黑豆每仓石价银八钱至一两五钱二分,较上月贱一钱一分。

东昌府属:稻米每仓石价银三两一钱至四两八钱,与上月同。粟谷每仓石价银八钱二分至二两四钱五分,与上月同。粟谷每仓石价银五钱五分至一两六钱,与上月同。高粱每仓石价银六钱至二两六分,与上月同。小麦每仓石价银一两至二两四钱四分,与上月同。黄豆每仓石价银九钱三分至二两二钱九分,与上月同。黑豆每仓石价银七钱六分至二两二钱九分,与上月同。

青州府属:稻米每仓石价银二两二钱四分至四两二钱,与上月同。粟米每仓石价银一两四钱六分至二两三钱一分,与上月同。粟谷每仓石价银八钱五分至一两四钱,与上月同。高粱每仓石价银一两二分至一两四钱九分,与上月同。小麦每仓石价银一两一钱至二两一钱九分,与上月同。黄豆每仓石价银八钱九分至一两九钱,与上月同。黑豆每仓石价银八钱九分至二两,与上月同。

莱州府属:稻米每仓石价银二两三钱四分至三两二钱,与上月同。粟米每仓石价银一两一钱五分至一两九钱二分,较上月贵四分。粟谷每仓石价银五钱三分至一两五钱,较上月贵二钱五分。高粱每仓石价银一两五分至一两三钱六分,较上月贵四分。小麦每仓石价银一两四钱至二两一钱五分,较上月贵一钱五分。黄豆每仓石价银一两四钱至一两八钱,较上月贵一钱一分。黑豆每仓石价银一两三钱至一两八钱,较上月贵二钱。

登州府属:稻米每仓石价银二两三钱至三两四钱,与上月同。粟米每仓石价银一两二钱八分至二两二钱九分,与上月同。粟谷每仓石价银九钱九分至一两四钱三分,与上月同。高粱每仓石价银九钱一分至一两四钱九分,与上月同。小麦每仓石价银一两二钱一分至二两一钱三分,与上月同。黄豆每仓石价银九钱九分至一两九钱,与上月同。黑豆每仓石价银九钱六分至一两八钱五分,与上月同。

临清直隶州并属：稻米每仓石价银三两四钱五分至四两，与上月同。粟米每仓石价银一两五钱至二两四钱五分，较上月贵五分。粟谷每仓石价银一两一钱四分至一两五钱，较上月贱二钱二分。高粱每仓石价银一两二钱至一两六钱九分，较上月贵一分。小麦每仓石价银二两一钱五分至二两六钱，与上月同。黄豆每仓石价银一两六钱七分至一两九钱九分，较上月贱一钱七分。黑豆每仓石价银一两六钱至二两钱，与上月同。

济宁直隶州并属：稻米每仓石价银三两八钱三分至六两四钱，与上月同。粟米每仓石价银二两至三两六钱，与上月同。粟谷每仓石价银一两二钱一分至二两二钱四分，与上月同。高粱每仓石价银一两五分至二两六钱五分，与上月同。小麦每仓石价银一两八钱至二两二钱五分，与上月同。黄豆每仓石价银一两一钱六分至二两七钱二分，与上月同。黑豆每仓石价银一两五分至二两九钱二分，与上月同。

河运回空船只在东守冻片

同治四年十一月二十七日

再，查江南试行河运回空船只，节经严饬沿河各属催令飞驶南下。兹据临清直隶州知州张应翔禀报：前项船只，陆续到境，停泊长河、三元阁等处。缘闸河全赖黄流下注，舟楫始能驾驶。本年黄水来源本弱，兼以张秋镇口门愈垫愈高，八月内河水即见消落，虽经捐廉将淤塞口门挑深五尺、长二百二十余丈，讵奈上游水势日耗，不能下达。现在河身多有见底之处，且天寒冰结，断难行走，已禀经漕臣饬发各船户口粮银两，在东守冻等情前来。臣复加查核，确系实情。

除批饬随时照料弹压，一俟冰融水长，即行催趱赶速南旋外，理合附片奏闻，伏乞圣鉴。谨奏。

同治四年十二月十一日奉到回折："军机大臣奉旨：'知道了。钦此。'"

抽调额勇由沂州知府督率缉捕片

同治四年十一月二十七日

再，沂州府属素为盗薮，兰山县及费县、郯城县等处旧有各前任奏明额设壮勇，其口粮准各县作正开销，历经办理在案。兹署兰山县知县长赓奉旨擢任沂州府知府，该员感激天恩，更当以安靖地方为己任。查该员在兰山县练勇得力，今既升任，虽可督率办理，究有府县之隔，未能与其旧部朝夕训习。知府辖守一郡，即该员有缉捕之才，无兵以供指挥，亦难展其所长。臣拟于兰山县额勇内拨三百名，再于郯城、费县两县各拨一百名，共五百名，交该府长赓作为亲队，其口粮即由各该县自该府到任之日起，照额随时拨送，另案开销。所有沂州各属缉捕一事，即责成该守长赓督率办理。至各县余勇，仍留为缉捕之用。一转移间，于费无增，于事有益。

因事关钱粮，理合附片陈明，伏乞圣鉴训示。谨奏。

同治四年十二月十一日奉到回折："军机大臣奉旨：'知道了。钦此。'"

委员管解京协各饷片
同治四年十一月二十七日

再，查运库应解本年京饷，先后解过银十五万两。兹复据运司卢定勋详报，续筹银三万两，同加平银四百五十两、饭食银四百五十两，饬委候补批验大使定泰、盐大使陈鸿畯解赴户部交兑。又据藩司丁宝桢节次详报，筹备甘饷银一万五千两，饬委候补县丞陶锡祺解交陕甘督臣衙门兑收。又筹解两江督臣曾国藩行营十月份军饷银三万三千两，委候补县丞林镐解赴徐州道交纳。又筹协济直隶军饷银一万两，委候补典史王联第，会同直省催饷委员候补县王镛，解赴直隶军需局兑收。又臬司潘鼎新军营十月份柴薪银二千两，委候补县丞陈其璋解交济宁支应局兑收；又筹十月份该营军饷银一万五千两，同十一月份柴薪银二千两，委候补县丞吴廷璋一并解赴行营交兑。又前副都统定安撤回归旗，余剩饷银六百七十一两二钱三分二厘，暂存聊城县库，嗣经直隶派员提用，兹又在厘金项下找补银二千三百二十八两七钱六分八厘，做为九月份饷银，饬委候补从九品胡潜即解赴直隶大名粮台交纳各等情。

除分咨外，理合附片陈明，伏乞圣鉴。谨奏。

同治四年十二月十一日奉到回折："军机大臣奉旨：'户部知道。钦此。'"

委员管解京协各饷片

同治四年十一月二十七日

再，查运库奉拨同治四年分京饷银二十万两，经臣督饬运司先后筹措银十八万两，解交部库兑收在案。兹复据运司卢定勋详报，在于续收盐课等款项下动支银二万两，同加平银三百两、饭食银三百两，饬委官台场大使周文充、候补盐大使汪杰解赴户部交兑，并声明本年京饷，业已扫数解清。又据藩司丁宝桢先后详报，筹银五万两做为拨抵运库一文加价一款，饬委候补县丞汪豫燮解赴户部交纳。又筹银一万五千两，委候补未入流陈庆桐解赴盛京户部兑收，做为军饷。又拨宁夏协饷银一万两，点交差官佐领阿尔芳阿解赴宁夏将军衙门交兑。又两江督臣曾国藩军营十一月份饷银二万三千两，委候补从九品杜金声解交徐州道衙门转解。又臬司潘鼎新行营十一月份军饷银一万五千两，同十二月份柴薪银二千两，委候补典史于廷璋一并解交该司行营兑收。又皖饷银五千两，作为奉拨地丁关税专款，委候补未入流杜鹤瀛解赴安徽省城粮台交纳。以上均于正杂项下筹解。又于厘金项下支银三千两，作为十月份直隶固本饷银，委候补未入流杜承懋解赴大名粮台交纳各等情前来。

除分咨外，理合附片陈明，伏乞圣鉴。谨奏。

同治四年十二月十一日奉到回折："军机大臣奉旨：'户部知道。钦此。'"

东纲盐斤加价请展缓两年折

同治四年十一月二十七日

奏为东纲盐斤一文加价，恳恩展缓两年，以纾商力，恭折奏祈圣鉴事：

窃照东纲北运引票各地，道光十八年二次盐斤加价二文，至二十九年减去一文，归商贴补赔折，每届三年期满，奏准展限。咸丰九年部议提报充饷，因商累分文未缴。十一年及同治二、三两年复以运销壅滞缓提，经部复准。本年又请将四年新纲应行启征加价裁免，其商欠九、十两年之项，分作四年带征。部议将同治四年加价照旧征收，所欠咸丰九、十两年加价，准分四限摊完，奉旨允准各在案。

查东纲各商，资本微薄，办运零星，兼以频年黄水之灾，迭遭兵燹，虽经竭力整顿，总未见有起色。商课每引征银二钱四分，本年增完加价二钱二分，又带征九、十两年加价一钱一分，均须于领引时同时完纳。商力本形吃重，是以春间开办新纲，各商闻而生畏，几于无人领运。至三、四月间，南捻阑入东境，盐包非半途被抢，即停垣不运，商本更难周转。方期秋运有余，藉补春运，又经捻踪纷窜，滩池为黄水淹没，盐穰、绳席、车价无一不贵，春运既难，销路更滞，商本愈形亏折。各该商迭将苦累情形呈由运司卢定勋详恳自同治五年为始，一文加价二钱二分，以一钱一分仍提充饷，以一钱一分及带征九、十两年一钱一分展缓两年再行启征等情，请奏前来。臣复加查核，确系实情。

此项加价，专提充饷带征，甫交初限，如可竭力筹措，岂容率议递缓。讵奈商情疲累，若非量为推展，全纲将有颓废之虞。且盐课只期销引之多，不在增价之昂，若价昂而不能多销，正与不增价等，并恐日久私盐充斥，转误蹉务。合无吁恳天恩俯准，自同治五年为始，将一文加价银二钱二分，以一半仍提充饷，下余一半，同九、十等年加价银一钱一分一并展缓，俟两年后仍即照案征收，庶饷项可以酌提，而各商亦得专顾正课，多销额引。感沐鸿慈，实无既极。

除咨部外，理合恭折具奏，伏乞皇太后、皇上圣鉴训示。谨奏。

同治四年十二月十一日奉到回折："军机大臣奉旨：'户部议奏。钦此。'"

汇案保奖沂州剿捕出力官绅折
同治四年十一月二十七日

奏为遵旨汇案保奖沂州府属剿捕幅匪出力官绅，以示鼓励，仰祈圣鉴事：

窃臣于同治三年七月间附片具奏沂州府知府文彬等捕拿历年幅首巨恶杜凩遗等多名，钦奉批谕："所办甚妥，仍著督饬文武各员实力搜捕，以靖地方等因。钦此。"又于十月间附片具奏该府文武等拿获幅首王慎即王念修等多名，钦奉批谕："办理甚属妥速等因。钦此。"又于本年八月初四日驰报东省防务折内，奏明沂州府一带责令该府文彬等巡缉，据禀现获潜回幅首黄六妮等多名，并声请将历年捕匪出力各员择尤保奖，钦奉谕旨："捕匪出力各员弁，准其择尤保奖，毋许冒滥等因。钦此。"仰见圣明赏功不遗，微劳必录之意。

臣查沂州府属兰山、郯城、费县，南接邳、宿，其间幅匪纵横十余年，流毒数百里，屡烦兵力，旋灭旋起，几于无处非贼。自同治二年经处州镇总兵陈国瑞攻破长城圩，克复白莲池，军威一振，贼势始衰。然当时收降颇多，党与蔓延，匪圩林立，投诚者时多反侧，逃匿者暗地潜回，若不净绝根株，一遇多事之时，即必乘机倡乱，臣两年以来时饬地方官严切捕拿。该沂州知府文彬、候补府署兰山县知县长赓、署费县知县王成谦等，实能力除奸暴，平靖地方，练有马步各勇千余名，历年尽力搜捕，日久不懈。其依山负险、恃众抗拒者，则以兵诛之；窝藏潜伏者，则责令寨长捆献之。去年冬至本年五月间，侦知逃匪数百名，散处于铜、邳交界，潜相勾煽，复多购眼线，越境捕拿，陆续将幅首刘青源等尽数弋获。计历次剿捕捻恶各匪千有余名，均经禀报开单有案。各民圩知有恶必办，不畏诬告仇攀，皆愿助官缉匪。本年四月发捻大股窜过兰、郯，素来不靖之区，亦不闻竖旗响应。现在沂境实已日见肃清，此该府县等敢于诛不善之效也。惟该府等由于择人，而使文武同心扑火于未焚之先，实与战功无异，自应钦遵谕旨，将历年出力各员弁择尤保奖，并请将助官出力各绅同与奖励，以劝善良。其次出力各弁兵，由臣咨部给奖。谨另缮清单，恭呈御览。可否仰恳天恩俯准，出自鸿慈，俾各员弁仰沐恩施，愈知感奋。

所有遵旨汇案保奖沂州剿捕幅匪各员弁缘由，恭折陈奏，伏乞皇太后、皇上圣鉴训示。谨奏。

同治四年十二月十一日奉到回折："军机大臣奉旨：'另有旨。钦此。'"

要缺知县拣员调补折

同治四年十一月二十七日

奏为要缺知县拣员调补，以资治理，恭折奏祈圣鉴事：

窃照掖县知县许乃恩，于咸丰十一年十月初七日在任病故，照章即以是日作为开缺日期。本月三十日截缺，所遗系沿海疲难要缺，例应在外拣选调补。该县为莱州府附郭首邑，政务繁剧，讼狱滋多，非廉勤懋著之员难期胜任。前以荣成县知县现已另案降调之苏名显调补，嗣接部咨，以该员前在齐东、平原各任内欠解钱粮行查之款，未经声复到部，另行拣调等因。臣督同藩、臬两司，于通省简缺知县内逐加遴选。查有沂州府属之费县现署昌乐知县郭定柱，年五十六岁，直隶临榆县人，道光己亥科举人，丁未科进士，奉旨："著以知县即用。钦此。"签掣江苏，亲老告近，改掣山东，历经代理高唐、福山、章邱等州县印务。咸丰二年四月丁母忧，回籍守制。三年，接丁父忧。六年，捐离原省，仍留山东，服满后于是年三月到东，历署蓬莱、寿张等县。九年，题补费县知县，经部复准。十年，署理昌乐县知县，七月十七日到任。该员厚重笃实，精详谨慎，以之调补掖县知县，于吏治民风均有裨益。惟该员补授费县以后，未经到任，与例稍有未符，而署理昌乐，在任五年有余，凡地方一切事宜，无不认真经理，悉臻妥协，洵属为守兼优，调补是缺，人地实在相需，不敢拘泥成例。据藩、臬两司会详前来。相应专折，奏恳天恩俯念员缺紧要，准以费县知县郭定柱调补掖县知县，以重地方。如蒙俞允，该员系现任知县，调补知县衔缺相当，毋庸送部引见。

再，章程内开："任内有无积案及欠解钱粮、承缉未获盗案已起降调革职处分，均应详细叙明。"该员补授费县后，尚未到任，请免声叙。所遗费县知县员缺系简缺，东省现有应补人员，另行拣员请补，合并陈明。为此恭折具奏，伏乞皇太后、皇上圣鉴。谨奏。

同治四年十二月十一日奉到回折："军机大臣奉旨：'吏部议奏。钦此。'"

请将堂邑昌邑知县对调折

同治四年十一月二十七日

奏为知县人地未宜，应请互相对调，以重地方，恭折仰祈圣鉴事：

窃照州县为亲民之官，必须人地相宜，方足以资治理。查有东昌府属之堂邑县，毗连莘、冠等县，为教匪出没之区，弹压抚绥，均关紧要，非精明强干之员难期胜任。现任知县董槐，年五十五岁，浙江秀水县人，由吏员报捐从九品，分发山东，道光十五年到省。因历次防剿出力，保升知县，并以应升之缺升用，题补今职。该员人颇谨饬，办公亦知黾勉，惟当此多事之秋，究与此缺不甚相宜，未便因现在尚无贻误，稍事迁就。查有昌邑县知县花上林，年四十九岁，直隶天津县人，由俊秀投效连镇军营，保举六品翎顶。咸丰七年，保举以县丞选用。八年调办海防出力保奏，奉旨："免选本班，以知县遇缺即选。钦此。"签掣安徽婺源县知县，亲老告近，改选山东昌邑县知县。该员办事勤谨，居心朴实，以之调补堂邑县知县，人地实属相宜。所遗昌邑县知县员缺，即以堂邑县知县董槐调补，亦能胜任。前将该员等对调署理附片奏明在案。兹据藩、臬两司会详前来。相应请旨，将堂邑县知县董槐与昌邑县知县花上林互相对调。如此一转移间，洵于地方两有裨益。如蒙俞允，该员等系现任知县对调，毋庸送部引见。

再，该员等任内均无承缉盗案及未完钱粮有关展参降调处分，亦无承审未结积案，其应完参罚银两，现饬照例完缴，合并陈明。

为此会同河东河道总督臣张之万，合词恭折具奏，伏乞皇太后、皇上圣鉴训示。谨奏。

同治四年十二月十一日奉到回折："军机大臣奉旨：'著照所请。吏部知道。钦此。'"

审明监犯越狱拒杀禁卒定拟折

同治四年十一月二十八日

奏为监犯纠伙越狱，拒杀禁卒，五日限内全获，审明定拟，恭折具奏，仰祈圣鉴事：

窃据高苑县知县韩光鼎禀报，监犯窦云等越狱脱逃、拒杀禁卒张逢春身死一案，臣正在批司将该管狱有狱各官详请奏参间，据该县禀报，于五日限内先后将犯全获，批饬押解人犯并刑禁人等来省，发委济南府知府萧培元审明拟议，由兼署臬司卢定勋解勘。臣在兖州办理防务，饬委藩司丁宝桢代勘无异，录供呈送前来。臣复加查核。

缘窦云、毛留、邵三沅、郭招均隶高苑县。窦云、毛留因伙窃未得财被追，各自拒捕，刃伤事主平复。审依"窃盗未得财逃走，被事主追逐拒捕，伤人未死，刃伤首犯绞"例，拟绞监候，应入来年秋审。邵三沅因砍伤邵杜氏身死，审依斗殴杀人绞律，拟绞监候，已入本年秋审情实。郭招因殴伤伊妻郭信氏身死，审依夫殴妻至死绞律，拟绞监候，解经由臣审题，尚未接准部复。同治四年六月二十九日酉刻，典史邬忠松进监收封带，同刑书张光太，验明该犯等刑具完固，收入监房笼内，派禁卒张逢春、郭克明、郑善吉、孙连淮看守，并派张光太与差役张安泽、营兵王者逢在监值宿，将狱门封锁回署。是夜三更时分，风雨大作，刑禁人等因夜深困乏，均各睡熟。更夫孟传江、郭希武亦各进屋避雨。窦云起意越狱，与毛留、邵三沅商允，各自扭断镣铐。窦云又将郭招推醒，令其同逃。郭招不允，窦云吓称，如不跟随逃逸，将来定被拖累，即代为扭断镣铐。郭招畏惧欲喊，窦云将郭招揿按，当欲致死，郭招无奈勉从。

窦云、毛留、邵三沅一齐撬开笼底木板，拉同郭招钻入板下，挖透墙根，钻穴出院。窦云抽得木板一块，依靠围墙接脚。毛留、邵三沅各自踏板上墙，并将郭招拉送墙外先行，窦云亦随后爬出围墙。张逢春睡醒知觉，先自越墙追及窦云，拉住喊捕。窦云情急，用手掐住张逢春咽喉，不令声喊，乘势揪按倒地，顺拾地上砖块，殴伤张逢春左腮颊，当即毙命。窦云赶上毛留等，告知拒捕情由，一同由城墙缺处爬越出城逃逸。张光太等闻喊惊觉。该典史亦闻声往视，率同追寻无踪，报县会营勘验，讯供禀报。而窦云等逃后，用磁碗片将头发割短，分路求乞，夜间在高粱地内躲避，并无一定住址。七月初二、初四等日，经该县等督同兵役、家丁，并郭克明等家属暨蒲台县巡缉兵役，先后将窦云等拿获，讯供禀报，提省委审。供悉前情，诘非结伙反狱，亦无在场帮拒并逃后另犯为匪不法暨知情容留之人。刑禁人等委系一时疏忽，并无松刑贿纵情弊，案无遁饰。

查律载："犯罪逃走拒捕杀所捕人者，斩监候。"又例载："犯罪囚禁在狱，纠伙三人以上穿穴逾墙，乘禁卒人等疏懈，越狱脱逃，原犯绞监候，人犯无论首伙，俱改为立决。"又，"在监人犯因变逸出，若被拿获者，仍照原犯罪名定拟。"又，"监犯越狱，狱卒果系依法看守，一时疏忽，偶致脱逃，并无贿纵情弊，给限百日，限内能自捕，得准其依律免罪。"又律载："不应为而为，事理重者，杖八十。"各等语。此案窦云原犯绞监候，不思安分守法，辄起意纠允毛留、邵三沅，并吓逼郭招越狱同逃，因被禁卒张逢春追及喊捕，拒伤张逢春身死。查该犯纠伙越狱，本罪已至绞决，按拒捕杀人罪，应斩候立决。虽重于监候，而斩绞罪名，轻重悬殊，自应从重问拟。窦云合依"犯罪逃走拒捕杀所捕人者，斩监候"律，拟斩监候。该犯系罪应绞决之人，复犯斩候之罪，请旨即行正法。毛留、邵三沅均原犯绞监候，听从越狱脱逃，结伙已及三人，亦应按例问拟。毛留、邵三沅均合依"犯罪囚禁在狱，纠伙三人以上，穿穴逾墙，乘禁卒人等疏懈，越狱脱逃，原犯绞监候，人犯无论首伙，俱改为立决"例，均拟绞立决。邵三沅系入本年秋审情实之犯，臣已接准部复："钦奉谕旨，将该犯勾决，未便久稽显戮。"臣于核明后，当即饬委兼署臬司卢定勋，会同署臣标中军参将绪承，将该犯邵三沅绑赴市曹处决讫。郭招听纠同逃，系被窦云吓逼勉从，镣铐亦系窦云代为扭断，若将该犯与毛留等同拟绞决，未免法重情轻。例内虽无监犯越狱被逼勉从之犯作何治罪专条，第该犯在监羁禁，本系安分守法，猝遭窦云等越狱之变，被逼同逃，核与因变逸出情事相同，自应比例问拟。郭招合依"在监斩绞重囚，因变逸出，若被拿获者，仍照原犯罪名定拟"例，原犯系殴妻至死，问拟绞候，应仍拟绞监候。禁卒郭克明、郑善吉、孙连淮，讯系依法看守，并无贿纵情弊，惟于绞候重犯并不小心看管，致令脱逃四名，虽于限内经该家属协同，全数拿获，疏忽之咎，究属难辞，应与疏于防犯之刑书张光太、差役张安泽、营兵王者逢，并失于巡逻之更夫孟传江、郭希武，均酌照"不应为而为，事理重者，杖八十"律，各拟杖八十，分别革役革伍，折责发落。孟传江年逾七十，照律收赎，追银册报。高苑县知县韩光鼎、典史邬忠松失察绞犯越狱，讯非刑禁人等受贿故纵，且于五日内亲督丁役，将犯全获，尚知愧奋，应请旨饬部，照例分别议处。禁卒张逢春疏脱罪囚，本有不合，业被拒杀，应毋庸议。

除供招咨部，并饬取协获应叙职名另行咨部议叙外，理合恭折具奏，伏乞皇太后、皇上圣鉴训示。谨奏。

同治四年十二月十一日奉到回折："军机大臣奉旨：'刑部议奏。钦此。'"

审明命案尸属京控分别定拟折

同治四年十一月二十八日

奏为命案尸属京控，提犯审明，分别定拟，恭折具奏，仰祈圣鉴事：

窃照郯城县民人张庆兆，以惨杀碎尸，贿嘱纵凶等词，控经都察院，于同治二年十一月初奏奉谕旨："此案著交阎敬铭督同臬司，亲提人证、卷宗，秉公严讯确情，按律定拟具奏。原告民人张庆兆，该部照例解往备质。钦此。"当经行司饬提犯卷严讯。据升任臬司恩锡以审明后据报，案犯徐淑义在监病故，拟议解勘。臣在兖州办理防务，饬委藩司丁宝桢代勘无异，录供呈送前来。臣复加查核。

缘徐慎之、江庭溃分隶山东郯城县、江苏海州，与张庆兆之母张徐氏同庄素识，先无嫌隙。张庆兆佃种本庄佛庙地亩多年。同治二年四月间，徐慎之与在监病故之无服族兄徐淑义，因庙内住持僧济德时出云游，不管庙宇，将僧济德驱逐，并将庙地所种麦禾收割存放庙内，另行招僧住持。维时张庆兆外出，张徐氏查知因庙地麦禾系伊家种植，致被收割，控县尚未传讯，即据徐靖桂处令徐慎之等分给张徐氏籽种呈请销案。是年七月间，徐慎之、徐淑义因庙地秋禾成熟，率人往收，邀同张庆兆当场各半均分。张徐氏向徐慎之索添，徐慎之不允。张徐氏屡赴徐慎之家撒泼滋闹，声称如不添给，定不令伊安度。徐慎之心怀忿恨,并挟前被控告之嫌,起意将张徐氏谋害,与徐淑义商允,约定遇便下手。是月十八日,徐慎之探知张庆兆外出,商令徐淑义夜间邀人往杀。因张徐氏与伊时常争闹,虑恐被人猜疑,故意进城完粮。是夜二更时分,徐淑义邀同徐慎之雇工江庭溃,转向在逃之无服族弟徐慎可、素识之杨麻仔,告知前情,央令帮助。江庭溃等均各应允。徐淑义与江庭溃各带攘刀,徐慎可带腰刀,杨麻仔徒手,一共四人,同抵张徐氏家门首。张徐氏屋门临街虚掩,徐淑义令江庭溃、杨麻仔在外等候,自与徐慎可推门进内,瞥见张徐氏赤身在炕睡熟。徐淑义上前按住张徐氏,举刀欲砍,张徐氏惊醒喊叫,徐淑义即令徐慎可用手扪住其口,自用麻绳捆缚其两脚腕,并令江庭溃、杨麻仔先赴庄外看人。徐淑义、徐慎可将张徐氏架至庄外漫地。张徐氏挣扎,徐淑义用攘刀砍伤其肚腹,徐慎可用腰刀砍伤其右胳膊、右肩甲,立时毙命。徐淑义起意弃尸灭迹,商同徐慎可,将尸身抬弃黑龙潭内,与江庭溃等分路逃逸。次早,张庆兆回家,寻觅张徐氏无踪,报县查缉。旋经张庆兆寻获尸身,报县诣验,先后拿获徐慎之、江庭溃讯供详报。张庆兆因犯未全获,并因徐靖桂与徐慎之同族,时常往来,心疑徐靖桂从中串弊,即以惨杀贿纵等情,由府控司,批府提讯。因人证不齐,尚未集讯。张庆兆痛母情切,又照府司控词,图准添砌徐靖桂贿串、私押、私和各情节,并添写僧济德之名,具呈晋京,控经都察院奏奉谕旨,饬提严审,并据续获徐淑义解省。讯悉前情不讳,诘无起衅别故,及另有同谋加功并逃后知情容留之人,案无遁饰。

除听从谋杀张徐氏身死罪应绞候之徐淑义业已在监病故,应毋庸议外,查律载:"谋杀人造意者,斩监候。从而不加功者,杖一百,流三千里。"又,"告二事以上重事告实、轻事招虚者免罪。"各等语。此案徐慎之因张徐氏索添粮食不遂,屡向撒泼滋闹,该犯心怀忿恨,并挟被控之嫌,起意商允徐淑义,将张徐氏谋害,虑恐被人猜疑,故意进城完粮,令徐淑义邀同徐慎可等,将张徐氏捆缚,夤夜架至庄外漫地,用刀砍毙,弃尸不失。该犯虽未同行,惟为首造意,自应按律问拟。徐慎之合依"谋杀人造意者,斩监候"律,拟斩监候,先于左面刺"凶犯"二字。江庭溃同谋共往,仅止在外等候看人,并未下手加功,亦应按律问拟。江庭溃合依"谋杀人从而不加功者,杖一百,流三千里"律,拟杖一百,流三千里,到配折责安置。张庆兆京控徐慎之等谋害伊母身死,业已得实,其所控徐靖桂贿串、私押、私和各情,讯因痛母情切,怀疑图准添砌,并非有心诬告。张庆兆合依"告二事以上重事告实、轻事招虚者免罪"律,免其置议。徐靖桂讯无贿串、私押、私和情事,亦毋庸议。僧济德并无联名京控情事。

该僧人既时出云游，不管庙宇，应即勒令还俗，由县饬令公正绅耆，另行招僧住持。该庙地亩亦另行招佃租种，不准张、徐两姓经管，以杜争端。徐淑义在监病故之处，业据历城县验无别故，刑禁讯无凌虐情弊，概毋庸议。犯系带病进监病故，管狱官例无处分。逸犯徐慎可等饬缉，获日另结。

除供招咨部外，理合恭折具奏，伏乞皇太后、皇上圣鉴训示。谨奏。

同治四年十二月十一日奉到回折："军机大臣奉旨：'刑部议奏。钦此。'"

齐河县官绅士民捐修城垣请予奖叙折
同治四年十一月二十八日

奏为官绅士民捐修城垣工竣，恳恩给予奖叙，恭折仰祈圣鉴事：

窃照前准部咨："咸丰九年八月十二日奉上谕：'袁甲三奏地方城池亟宜讲求修守，著各省督抚劝谕绅民修筑，所有军务省分捐资者，照捐输议叙；出力者照军功请奖。钦此。'"钦遵在案。

查得济南府属齐河县城垣，自乾隆三十一年修理之后，不过随时粘补，历经风雨摧残，以致堞楼、炮台、女墙率多倾圮朘裂，内外城身坍塌二百余丈，护城土堤一千二百九丈亦因黄水浸灌冲刷殆尽，兼以东、南、北面均临黄河，水势直越城壕，亦须加筑堤岸方资巩固。据署知县李均禀经前任抚臣谭廷襄，饬司委员逐加履勘，一面首先倡捐，并督率绅董剀切劝谕捐修。嗣因堤埝冲缺，一律加高培厚，汇入城工案内一并办理。于同治二年三月二十日开工，至十二月初十日工竣，共用工料银四万九千五百三十二两三钱六分七厘五毫，禀经臣饬司委员验收。兹据印委各员周履查勘，均系工坚料实，造具册结，呈由藩司丁宝桢核明详请奏奖，并声明捐资少者，概归外奖等情前来。

臣查城池为一邑屏藩，齐河县为南北冲衢，城垣年久失修，残缺过甚。此次劝捐修理，适在各匪滋事、风鹤频惊之际，该官绅等深知缓急，竭力报效，俾得崇墉屹立，捍御有资，洵属急公好义。复核所捐银数及拟请官阶职衔，与筹饷及现行各例均属有盈无绌。东省现系军务省分，自应照例量予鼓励。

除册结咨部查核外，谨缮清单，恭呈御览。合无仰恳天恩俯准饬部核奖，以昭激劝。为此恭折具奏，伏乞皇太后、皇上圣鉴训示。谨奏。

同治四年十二月十一日奉到回折："军机大臣奉旨：'户部核议具奏。单并发。钦此。'"

同治四年上忙漕粮已未完分数折
同治四年十一月二十八日

奏为本年上忙征收漕项钱粮已未完分数，恭折奏祈圣鉴事：

窃照各属征解漕项钱粮，例应分别上下两忙将完欠数目恭折奏报，历经遵照办理在案。兹据督粮道沈维璈详称：同治四年分各州县应征上忙一半银二万六千一百四十一两四钱一分五厘，内除长山等县本年青黄不接案内缓征银二百三十六两九钱五分八厘，实应征银二万五千九百四两四钱五分七厘，已完银七千八百九两五钱一分一厘，未完银一万八千九十四两九钱四分六厘。查漕项银两向于地丁项下统征分解，以作秋冬随漕支用之款。各属上忙地丁先尽司库解兑，以故漕项完解较少，俟下忙尽数划解。又原报历年未完漕项共银一十二万二千七百五十三两二钱一分九厘，内除东阿等州、县、卫被灾、被扰、黄水漫溢，蠲缓银四千二百七两二钱七分二厘，实应征银一十一万八千五百四十五两九钱四分七厘，续完银一万三千一百四十一两六钱二分一厘，仍未完银一十万五千四百四两三钱二分六厘，分造年款清册，详请具奏前来。臣复核银数相符。

除将未完银两饬于下忙赶紧催征，尽数提解，并将款册咨部查核外，理合循例恭折具奏，伏乞皇太后、皇上圣鉴。谨奏。

同治四年十二月十一日奉到回折："军机大臣奉旨：'户部知道。钦此。'"

漕豆请一律改征粟米折
同治四年十一月二十八日

奏为本年豆收歉薄，请将漕项应征豆石改征粟米，恭折奏祈圣鉴事：

窃照东省漕粮项下，向有应征黑豆，据高唐等州县以豆收歉薄，援案禀请改征粟米，经臣批饬司道查议详办。兹据督粮道沈维璈会同藩司丁宝桢具详请奏前来。臣复加查核。本年夏秋之间，因雨泽愆期，及黄水涨发，收成减色。粟米成熟较早，纵或被灾，尚多有收之处。惟豆禾播种本迟，受伤独甚，颗粒未能饱绽，实属不堪兑运，若照常征收，必须卖米买豆，于民情殊多未便。溯查旧有改征粟米成案，现在事同一律，合无吁恳天恩俯准，将高唐、齐东、齐河、临邑、德州、德平、肥城、青城、阳信、茌平、清平、恩县、武城等十三州县本年实征豆石及应征抵额一五耗豆，一并暂行改征粟米，交帮兑运，俟来年豆收丰稔，仍照常征豆，以符定制。理合恭折具奏，伏乞皇太后、皇上圣鉴训示。谨奏。

同治四年十二月十一日奉到回折："军机大臣奉旨：'著照所请，户部知道。钦此。'"

同治四年秋季各属正法枭匪盗犯名数折
同治四年十一月二十八日

奏为汇报本年秋季分，各属正法盗犯、枭匪名数、案由，恭折具奏，仰祈圣鉴事：

窃照山东拿获盗匪、枭匪正法案件，经前抚臣奏明，改为按季汇奏。兹查同治四年秋季分，各属审办罪应斩枭、斩决盗犯、枭匪共十二名，均经随时饬令就地正法。据兼署臬司卢定勋汇案详请具奏前来。臣复查无异。理合将名数、案由，敬缮清单，恭呈御览。

除饬司将各案供招分起详办外，为此恭折具奏，伏乞皇太后、皇上圣鉴。谨奏。

同治四年十二月十一日奉到回折："军机大臣奉旨：'刑部知道。单并发。钦此。'"

谨将同治四年秋季分，各属正法盗犯、枭匪名数、案由，敬缮清单，恭呈御览。

一、莘县拿获盗犯王占沅一名，伙抢事主郭李氏家钱物、驴头，罪应斩决。

一、历城等县拿获盗犯杨升仔、杨四二名，骑马持械在途抢夺事主沙凤翔等车上银物，均罪应斩决。

一、高苑县拿获盗犯张聿梓一名，纠众持械抢夺事主张裕庆家钱文、衣物，罪应斩枭。

一、滨州等州县拿获枭匪魏登行、吕振藻、郭来仔三名，持械抢夺高苑等县事主薛广兴等当铺钱文、衣物，均罪应斩枭。

一、郯城县拿获盗犯李得之一名，投逆焚掠，并纠劫事主马翠亭银钱、衣物，罪应斩枭。

一、宁阳等县拿获盗犯张麻、孔器、杨茂雪、倪三四名，行劫事主王西周估衣铺银钱、衣物，均罪应斩决。

酌保东海关委员折
同治四年十一月二十八日

奏为东省东海关委员襄办常税，时逾两载，始终勤慎，援案酌保，恭折仰祈圣鉴事：

窃查东省设立东海关征收常税，事属创始，一切茫无定章，且中外交涉事件，在在均关紧要，全资群策群力，方能妥协。兹查东省派委各员随同该关监督襄办征收常税事宜，稽查各海口，弹压地方，并会同税务司督饬通事、扦手人等查验进出口船只货物，均能始终勤慎无懈，中外商民安帖，税课日见充盈，时阅两载有余，不无微劳足录。据东海关监督登莱青道潘霨详请奏奖前来。

臣查烟台办理通商洋税各员，经臣崇厚于上年冬间奏奖，该委员等征收常税，自应一体援案核奖。除将随时更换办事不及两年者，俟下届再行核明甄叙外，合无仰恳天恩俯准，将办理税务两年有余尤为出力之同知衔应升之缺升用福山县知县吴恩荣，拟请以同知直隶州知州在任候补；候补知县徐芝孙，拟请以不论何项班次遇缺即补；福山海口巡检黄兆麟，拟请以应升之缺升用；试用未入流应升之缺升用李经，拟请以典史先前班尽先补用；六品翎顶、候补把总、承荫八品监生张椿弼，拟请赏加五品衔，仍留蓝翎。

又利津县铁门关一口，该处税务久为行店吏役人等把持，颇称难办，从前每岁收不过数千金。今春派委候补知县何毓福及典史江瑞采办理，饬令极力清查。该处把持有素，聚众滋闹，该委员等宽严并用，相机妥办，大有成效。江瑞采一员办事已及二年，何毓福仅办一年，惟今年查弊核税，何毓福尤为认真出力，核计今年收数，较之往年加倍，极见实心任事，应一并给奖示劝。拟请将同知衔候补知县何毓福，赏加运同衔；分缺先用典史江瑞采，请不论何项班次遇缺即补，并赏加六品衔，以昭奖励，出自逾格鸿慈。

谨会同三口通商大臣崇厚，合词恭折具奏，伏乞皇太后、皇上圣鉴训示。谨奏。

同治四年十二月十一日奉到回折："军机大臣奉旨：'另有旨。钦此。'"

审明利津县民京控分别定拟折

同治四年十一月二十八日

奏为审明京控，分别定拟，恭折具奏，仰祈圣鉴事：

窃照利津县民张岱峰以诬抵纵凶等词控经都察院，于同治三年十二月十一日奏奉谕旨："此案著交阎敬铭督同臬司亲提人证、卷宗，秉公严讯确情，按律定拟具奏。原告民人张岱峰，该部照例解往备质。钦此。"当经行司饬提人卷严讯。兹据兼署臬司卢定勋审明，张岱峰因伊长兄张翠峰奸所获奸，非登时砍伤奸夫张庭芳身死，与父张青溪商允移尸不失犯案。该原告听从次兄张青峰赴京具控属实。张青溪于审明后在押病故，拟议解勘。臣在兖州办理防务，饬委藩司丁宝桢代勘无异，录供呈送前来。臣复加查核。

缘张翠峰籍隶利津县，张岱峰系张翠峰胞弟，均与无服族兄张庭芳素睦无嫌。同治三年正月间，不记日期，张庭芳乘张翠峰与父张青溪外出，与张翠峰之妻张王氏通奸。张岱峰同次兄张青峰均在外游学，与张翠峰等俱不知情。五月二十六日二更时分，张庭芳探知张翠峰等外出，赴张王氏家续奸。张翠峰回家听闻，心生气忿，踢门进内捉拿。张庭芳起身欲逃，张翠峰拦住，顺拿菜刀，砍伤其肚腹，倒地歇手，意欲捆缚送究。张庭芳在地混骂，张翠峰又用菜刀砍伤其咽喉，经邻人张华亭闻嚷趋至劝歇。维时张青溪由外回归，问明情由。讵张庭芳移时因伤殒命，张翠峰畏惧，起意移尸，吓禁张华亭不许声张。张华亭畏累走避。张翠峰商同张青溪，用水将张庭芳身上血迹洗净，并为穿好衣裤鞋袜，将尸身扛至张庭芳杂货门首，见门虚掩，推开铺门，抬放床上。张青溪先回睡歇。张翠峰因见床头放有钱柜钥匙，顺便开启柜锁，攫取银钱，掩盖好铺门回家，陆续将银钱花用。次早张庭芳之兄张桂芳路过，进铺瞥见尸身，报县验讯详缉。该署县王世荣访知张华亭于张庭芳被杀后即无下落，传讯地保张融和、邻佑张金城，佥称不知去向，饬役看管，勒限查访，并追问张庭芳生前与何人有嫌。张金城之妻张张氏恐夫受累，因闻张庭芳生前曾与朱思让口角，控县传案，讯明并无谋害情事，当即省释。嗣张华亭赴县投审，究出实情，将张翠峰等拿获，讯供详报。张青峰回家，不知父兄犯罪情由，因闻朱思让先经到案，供认与张庭芳曾有口角，张华亭将张翠峰等供指获案，疑为张庭芳即系朱思让等谋死，张融和挟仇诬控，嘱令张岱峰出名具呈，由府司控经臣批县传讯，因人证不齐，尚未集讯。张青峰因闻张融和、张华亭病故，复查照前控情节具呈，并添砌张融和父子贿通门丁匪刑勒结、张融和等畏罪自尽等词，带领张岱峰晋京，嘱令控经都察院奏奉谕旨，饬提严讯。供悉前情不讳，诘非知情纵容，亦无起衅别故及在场帮改并另有帮同移尸之人，案无遁饰。

除帮同移尸不失之张青溪业已在押病故应毋庸议外，查例载："本夫奸所获奸，非登时而杀，杖一百，徒三年。"又，"奸同宗无服亲之妻，枷号四十日，杖一百。"各等语。此案张翠峰因撞获无服族兄张庭芳与伊妻张王氏通奸，用刀砍伤张庭芳，倒地歇手，意欲捆缚送究，因张庭芳混骂，复用刀砍伤张庭芳身死，获奸虽在奸所，杀死已非登时，自应按例问拟。张翠峰除移尸不失，并攫取银钱计赃，均罪止拟杖轻罪不议外，合依"本夫奸所获奸，非登时而杀，杖一百，徒三年"例，拟杖一百，徒三年，到配折责充徒，限满报明，递籍安插。该犯攫取之银钱，照例倍追给主。张王氏与夫无服族兄张庭芳通奸，亦应按例问拟。张王氏合依"奸同宗无服亲之妻，枷号四十日，杖一百"例，拟枷号四十日，杖一百；系犯奸之妇，杖决枷赎，追银册报，给与张青溪领回，听其去留。张岱峰赴京具控，讯系张青峰主使，且年未成丁，应毋庸议。朱思让、张金城讯无挟嫌将张庭芳谋害，张融和、张华亭亦无挟嫌诬控并与张和尚串通门丁匪刑勒逼情事，张融和等委系讯释后在家病故，并非畏罪自尽，均毋庸议。张青溪在押病故之处，业据历城县验无别故，看役讯无凌虐情弊，概毋庸议。逸犯张青峰饬缉，获日另结。

除供册咨部并将原审情节封送军机处备查外，理合恭折具奏，伏乞皇太后、皇上圣鉴训示。谨奏。

同治四年十二月十一日奉到回折："军机大臣奉旨：'刑部议奏。钦此。'"

江北新漕全数改折折
同治四年十一月三十日

奏为江北一半新漕，河运难期妥速，拟请仍准全数折解，以节浮费而资实用，恭折驰陈，仰祈圣鉴事：

窃臣敬铭于十一月二十六日准漕臣吴棠咨称：江北新漕，现准部议，饬令征收一半本色米石，由河道运通等因。适臣之万因查河行抵济宁，经臣敬铭抄咨知照，随即会同查阅署两江督臣李鸿章、漕臣吴棠原奏备陈："江北漕米运解之难，而以本届苏浙海运稍多，似不争此四五万石之米，且因此修闸挑河，尤为不值。莫若全数解折，每石可实折银二两四钱，不无裨益"等语，自系实在情形。部臣以米数虽属无多，既可筹备京仓，又可规复河运，更就统筹全局起见，故于所请全数折解，未能议准，业经奏奉俞旨，何敢再为渎陈。惟臣等揆诸地势，按诸事情，则以现办河运，实未确有把握，究不若折解之稳妥，而不仅为取轻便图省费之计也。请为我皇太后、皇上敬陈之。

京仓匮乏，本不可专恃海运，当以河运相辅而行。然现在河道未可即谓疏通者，一在于黄水之多阻，一在于贼势之未平。自河决兰、仪，黄水穿运，挟汶东趋，其张秋北之运河，仅恃黄河旁溢之水为来源。入运之处，名南坝头，口门日形淤垫，从前秋冬尚能过水，近则水落辄至断流，惟五、六、七等月汛水盛涨之时，始可畅行无阻。即济宁南北运河，近以库款支绌，所有挑河修堤事宜，历年皆未举办。故河身浅阻、纤堤残缺之处所在有之。本年试办河运，经前河臣郑敦谨择要估挑，即已用银数万两。臣敬铭亦冀既经挑浚一时，此后当可顺利，乃黄水入运之处，水以渐长而高，淤即以渐积而厚，秋深水落后，口门之淤闭仍然如前。查今岁米船以贼氛肆扰，幸有闰月，于伏汛时始入东境，迦河一带不免磨浅，而渡黄恰值盛涨之期，得以无阻。设早至一两月，水势未旺，能否浮送，殊未敢定，虽勉强挽运，而回空各船，现以无水，仍搁临清一带。漕臣以清淮雇船为难，严行催促，而水涸河干，即严参州县亦必不能行之号令。来年清淮即使有船可雇，鉴于此次之受累，雇价必昂。此则黄流之隔阂所难必其迅速者也。

捻逆窜扰，常欲窥伺黄、运河防，运河浅窄，抢渡颇易。本年三、四月间，该匪两次渡运，皆在汶上之开河、袁口水势尤浅之处。其时米船幸未入境，设已至济宁以北、张秋以南，则欲退入潮而不及，欲速渡黄而不能，岂堪设想。现在发、捻各股尚未扫除，春夏之交，正贼骑纷驰最难防范之际，若米船适至浅阻之处，不及引避，在在可虞。弃米石以资寇粮，患已不可胜言；倘该逆抢船渡黄，患更不测。即使仰赖皇上威福，力能保护，而迟滞日久，必失水期，水落仍淤，挑浚之工尽同虚掷，则粮艘必须积滞中途，守候来年汛涨，运脚之费，更增倍蓰，而后年之运，仍不能行。此则贼情之飘忽所宜倍加慎重者也。

夫河运之废已及十年，此时略可疏通，果使有计日之程，无意外之虑，即转运稍费，筹办较难，犹将采买试行，况有额漕起运。第本年南米数万石平稳抵通，其间幸免疏虞得无迟误者，惟仰赖圣主洪福，实非人力所能为功。

臣敬铭正拟将试办情形据实陈明，因未悉来年是否办运，尚未具折。臣之万此次查河，亦拟察看上届工程是否合宜，新估钱粮能否节省。顷于行抵张秋，周履确勘，并赴济宁详为考核，运河之迦河厅、十字河一带久未挑疏，若修理堤工闸坝、挑挖河身，约计非十余万金不能办理。现当经费支绌，断难筹此巨款，然此犹人力所可为。至张秋镇黄流穿运处所，如萧公祠、解家口等处民埝，缺口既须堵筑，而堤岸尚须处处帮培，筹办已属甚难，况沈家口、挂剑台各工，历年黄流盛涨，水过沙停，运河之底高于黄河，必须借黄入运。该处南坝头一道，说者谓可以筑为挑坝，但运河挑挖不深，引水必浅，即不敷用。倘挑挖过深，引水太多，又虑黄水驶发，大溜灌入运河，变更不测。而有水仍须在伏汛盛涨之时，盛涨一消，运道仍成平陆，即能浮送重运，断难再济回空。此等情形又为署督臣李鸿章、漕臣吴棠所未经亲历，臣等确有所见，曷敢不切实陈明。

因思江北新漕约收九万余石，一半改折，一半起运，尚须以节省为津贴。其折解者，每石折解一两四钱，约计银六七万两。若全数改折，每石折银二两四钱，约计银二十一二万两。本届苏浙海运稍多，在江北少解四五万石之米数，于京仓未甚短绌；而多解十五六万两之银款，即京仓采买亦可稍资挹注。况所省江苏筹补运脚之费，直、东挑筑河坝之费，又各数万两，于库储、军需均有裨益。权其轻重，似全数改折，实为目前稳妥之策。指日捻氛殄灭，可以专力整理河漕，无论米数多寡，总当设法挽运，以实京仓而固根本。

臣敬铭因病未能赴济宁面议，臣之万亦因黄河各厅亟应购办岁储，必须赶回督催，故亦未能赴兖。经臣等往返屡次函商，意见相同，谨合词据实具奏。如蒙俞允，并请迅赐敕下署两江督臣李鸿章、漕臣吴棠遵照将江北新漕全数改折办理，改折银两专款分批解部，以资采买应用。事关紧要，理合由驿驰奏，伏乞皇太后、皇上圣鉴训示。

再，此折系臣敬铭主稿，合并声明。谨奏。

同治四年十二月初七日奉到回折："军机大臣奉旨：'户部速议具奏。钦此。'"

拿获奉省马贼请饬严查沿海各口折

同治四年十一月三十日

奏为拿获奉省马贼头目偷越海口，请旨饬下奉省一体严查沿海各口，以杜匪踪而靖地方，仰祈圣鉴事：

窃臣前阅邸钞，奉天马贼闯进关口，扰及畿辅之地，经官兵剿捕出口。臣查马贼隐患已深，党与复众，其中多山东、直隶之徒，而山东登州一府与奉省对面，只隔一洋，海港纷汊，船舶往来如织，若该匪为官兵剿急势穷，必以渡海为逋逃之路，当饬沿海各县严密稽查。兹据登州府蓬莱县冯澍，于十一月十八日会同水营在天桥口盘获奉省马贼头目刘瑕先、杨玉林、林正祥等三名，起获骡头、赃银、刀械各件并盟单一纸。讯据供称，本月在金州厅城外与总目康七分手，另立一股，为首三十二名，每名各管十余名，写立盟单，因奉天地苦，官兵又众，希图偷窜登莱等府富足之区；又因刘瑕先等系东省人，口音相同，令其带藏银两、盟单，渡入东境，勾结匪徒，其余众均在北岸听信，约期抢船赴沿海各处，共图举事，并据供称曾在奉省拒杀官兵等事，禀报前来。

臣查该匪等胆敢偷越海口，潜谋勾众，亟应就地严审，究其伙党，以靖根株。除将该匪等正法，饬沿海地方官、水师营严密稽查，缉拿逸犯暨飞咨奉省各衙门外，相应请旨饬下盛京将军、奉天府尹及统兵各大员，严饬沿海各口设法稽查，以防偷渡而净匪踪。所有拿获马贼匪首缘由，理合由驿恭折具奏，伏乞皇太后、皇上圣鉴训示。谨奏。

同治四年十二月十一日奉到回折："军机大臣奉旨：'另有旨。钦此。'"

编设马队拟添火器折

同治四年十二月十二日

奏为办理东省筹防编设马队，并拟添火器各缘由，恭折驰陈，仰祈圣鉴事：

窃臣于十月二十九日恭折由驿奏报防河情形，其时赖逆遁向许州，张逆未离尉氏，虑其合股东窜，曹、濮为贼所必趋，冬令防河，炮船不能为力，故臣为移营南岸之举，试办打冰之法以待之。现探赖逆等遁而南向信阳，张逆遁而西南扰邓、淅，冬底或未能回窜。然而贼势未衰，河南之患犹山东之患也。贼屡盘旋于豫，未肯入山，以不利其马队耳。豫之至东，千里平旷，贼困于东，则必趋于豫，穷于豫，则必趋于东。虽有追剿之师，然兵之所往，贼之所避。今春贼败于确山，不十日而狂奔千余里，遂至曹、考，其剽利已可见矣。臣不敢谓冬防打冰即为可恃，不敢谓境内无贼即为肃清，惟有亟求治兵，盖非绸缪未雨之谋，实为时不可缓之计。

臣自闰五月驻军兖郡，讲求训练，粗有条绪；而寇复滋扰，尚赖江南大兵相援，本省诸军稍知纪律，竭力堵剿，患只受于曹西，幸不侵入完善之地。然而不能迎头奋击者，固众寡之势殊，亦无马队及利器以胜之也。贼恃边马，而我之步卒不能急追；贼有洋枪，而我之铳器未能利捷。故东军之战，第能结阵以为进退，保无挫衄而已。自来战事，存亡呼吸之顷，本无十分把握，惟恃有五六分以备之，其成功皆天，其败则人事之未尽。

臣前请购战马五百匹，今已到齐，现调沂州、曹州官兵，各配以骑，分为两营，以一营归于已革总兵杨飞熊，以一营归于副将王心安，俾其统带，与该营步军合练。盖以五百骑自为一军，则不足当贼马万众之冲，以五百骑归于两军，则可为两军步卒之辅。臣又以贼之所畏洋枪、炸炮，臬司潘鼎新之军精习于此，臣已嘱其自江南购买并洋火药、铅子等件，仍拟挑本省之兵练之，选派官弁管带，讲求教习，另为一队。此现编马队与拟练洋枪火器，其效尚非朝夕之能期，所谓恃有以备之也。

抑臣不用勇而用兵者，深鉴散勇流弊，不可以马之便捷与火器之利轻假诸招募之徒，授之于兵，则散归不离营伍。惟兵丁口分不及勇粮之优，即以马队而论，现在银价、物价，若拘成例，断难饱腾，虽有奋兵，无由踊跃。臣去年所练马队，皆以疲乏伤损，渐次减裁，职此之故。今既欲求有用，且配与勇营，与步队合操，另编营制，自应变通办理。臣前阅邸抄，据崇厚奏，天津练习京营马队，每兵一名月支行粮银五两、马干银二两八钱等因。外省兵丁不能照京营为律，应请酌减。除管带官弁盐粮及鞍鞴、帐棚、器械、军火等项另行支给核实造销外，其兵丁口分，每兵月支行粮四两，马干二两八钱。此系专为配给勇营、合力攻剿而设，其余亦不得援照。臣志在转移营伍，以重本图，使用命于疆场之间，未便薄于兵而厚于勇也。仰恳圣恩俯赐照准，于军行庶有裨益。

伏查东省今年军需费倍往岁，增立勇营则有费，添设炮船则有费，编练马队则有费，拟习洋枪、火器，所费尤重，即计购办之资，约需四万余两。

当司库匮乏之日，拨款纷至之时，抽厘仅裨于锱铢，正赋日穷于悉索，臣岂不思撙节，罔计后来。顾念山东为畿疆门户，以山东区区财赋，供本省之军需，供外省数处之军需，协拨时加，提催日至，幸而运河以北、青州以东，赖圣主洪福，寇未深入，仅可支赖。倘使戎马常驱，则生民蹙而财赋立竭，非比南省或钱粮难收，尚有厘金之可抽、捐输之可办也。故为山东计，不能不尽用山东之财以养兵；不仅为山东计，不可不厚养山东之兵以御寇。养兵御寇，不得不略求粗备以立规模，至于饷匮有难继之忧，臣固筹之而无全策也。惟有勉力图维，随时综计，无论费之与省，总视乎当用与不当用，以求于事有济。其有力所难办及例案未符者，亦必据实陈明，不敢迁就误事，以期尽臣职于万一。

谨将臣筹防东省并编设马队、拟添火器各缘由，恭折驰陈，伏乞皇太后、皇上圣鉴训示。谨奏。

同治四年十二月二十日奉到回折："军机大臣奉旨：'另有旨。钦此。'"

请赏假一月并派藩司兼护印务片

同治四年十二月十二日

再，臣素病怔忡痰喘，去岁秋闱监临，发作数日，医治渐痊。本年春夏，时发时愈，勉力办公。七月，左腋生疮，气血复亏。秋冬以来，旧病发动不止。至十一月，逐日增剧，怔悸神散，加以泄泻，经旬不寐，痰喘不休，半月以来，两足亦为浮肿。医者谓心血亏耗，肝脾两伤，以致正气不能贯注。连服补剂多时，并未见效。近日公牍函札，每不能自行动笔，致多积压。僚属不能多见，见者亦不能迎送多言。步履蹒跚，精神瞬晕，即日行事件办理，亦觉难周。咸谓气体大亏，非安心调理，难期痊可。现届立春冰泮，河防稍松，贼踪稍远，各路防军布置已妥。臣拟于本月十九日由兖州力疾回省，仰恳圣恩赏假一月，并请旨敕下藩司丁宝桢暂行兼护巡抚印务，俾臣得专意疗治，以期病痊，以重公事。谨附片陈明，伏乞圣鉴训示。谨奏。

同治四年十二月二十日奉到回折："军机大臣奉旨：'另有旨。钦此。'"

复陈青莱各府团练办理情形片
同治四年十二月十二日

再，臣钦奉寄谕："御史王师曾奏：山东东路防守单弱，请饬带兵提臣总办青、莱各府团练一折，所奏各情，是否有可采择之处，著阎敬铭斟酌办理等因。钦此。"

臣查山东边境，西接河南考城；西南界河南虞城，江南丰、砀；东南连邳、宿、海、赣。贼若由豫窜东，窥视青、莱，非自考城入曹县，北逾济、兖，即自虞城、丰、砀入单县、金、鱼，东趋滕、峄，其径自沂州府属郯、兰入境者，必势聚徐、皖，由邳、宿折而北来。此历年捻踪窜入之道路也。臣于东三府日切筹防，求保完善，势则不能处处布兵，惟有驻军之地当贼之冲，调兵之时觇贼所向。今贼势全聚于豫，则曹、单当其冲。现在驻曹之军，驻濮、郓之军，驻济宁、兖州之军，严扼于西，即所以保东路。倘贼势变趋徐、宿，又须调兵以备东南。如九月间，贼匪突走丰、沛，臣即飞檄西路之兵回扎韩庄，防沂、青之路。缘兵力多分则皆单薄，只可相缓急以为调度。至臣前奏留提臣傅振邦，亦因东路空虚。该提督性情爽达，籍隶莱州，熟于本地情形，兼知营伍积弊，臣故令选登、莱、青兵千名，扼要防守，饷需军火由省解送无缺。一以镇抚东府之人心，一以渐为练兵之本计。无如欠饷四年，贫弱已久。现在屡次挑选可教者，未满千人，欲渐次添兵，仍须急切筹饷。设有警急，臣亦不敢专以此贫乏积弱之兵，使独当狂寇也。

团练之法，只是筑堡蓄粮，不外坚壁清野。臣秋间已饬东府各属举行，由官督办。若夫敛乡里之财以为饷，集耕种之氓以为兵，其事有害无益。臣于五月间复奏办理东昌团练折内详细历陈，即该提臣傅振邦前在兖营与之议及于此，亦切言本籍之人不愿再办团练。臣深鉴前事，惟有饬各地方官劝民力行坚壁清野之实，无附会团练之名，以仰副圣朝绥定民心之至意。

该御史所奏系为保卫地方起见，臣就军务办理情形，谨附片陈明，伏乞圣鉴训示。谨奏。

同治四年十二月二十日奉到回折："军机大臣奉旨：'另有旨。钦此。'"

特参牧令各官以肃吏治折

同治四年十二月十七日

奏为特参牧令各官,以肃吏治,恭折仰祈圣鉴事:

窃查东省州县著名贪劣者,臣已陆续纠参。在人才难得,原未敢以苛求;而吏治宜清,亦不容其滥厕。查有德州知州许济清,作事颠顸,难胜紧要,请改以中简缺出留省另补。该员任内疏防,城内盗案、赃数颇多,狡犯九名,皆非正盗。应请摘去顶戴留缉,俟缉获日再行开复,送部引见。

朝城县知县阿南泰,事无分晓,性复粗浮;招远县知县苏炳荣,人本平庸,学欠明白;黄县知县何亨九,性本轻浮,且多积习;阳信县知县苏振甲,征收含混,作事粗疏。以上四员,均请以府经历县丞归部选用。苏振甲有参奏之案,另行查办。

栖霞县知县郑景福,才非真实,事少阅历;寿张县知县莫维翰,人少精神,治无起色;巨野县知县张彭年,人尚平妥,惟才欠开展,难治疲区,据该员声明,该县距原籍在五百里以内,惟一时对调,实无相当员缺。以上三员,均请开缺留省另补。郑景福有参奏之案,另行查办。如蒙俞允,所有朝城、招远、黄县、阳信、栖霞、寿张各缺,东省现有应补人员,应请扣留外补,理合声明。谨恭折具奏,伏乞皇太后、皇上圣鉴训示。谨奏。

同治五年正月初一日奉到回折:"军机大臣奉旨:'另有旨。钦此。'"

特参疏防城关盗案文武各员折

同治四年十二月十七日

奏为特参疏防城关盗案文武各员,恭折仰祈圣鉴事:

窃维北路马贼肆扰,迭经檄饬各属严为缉捕。凡城内关厢地方,文武果督率商民勤为巡查,必可防备,乃竟劫盗纷出,非严参不足示惩。

查高唐州城内,本年二月初二日夜,合聚号被劫,拒捕伤人,仅予题参;乃七月、八月、九月,村庄迭出三案,皆未弋获。

又济阳县城内,九月初二日夜,济盛号被劫,拒伤事主;同夜另有义盛号被窃一案。该署知县王树德虽到任未久,究属疏防。

又寿张县属之张秋镇，十一月初十日夜，聚隆号被劫。该镇驻有通判，该县虽相距稍远，均属疏防。

又单县西关，十一月二十九日夜，李增桂钱铺被劫银八百余两，拒伤事主。

又朝城县城内，本年三月初二日夜，东成号出案，仅予题参；十二月初一日夜，肇庆号复行被劫，赃逾百两。

又阳谷县城内，十二月初一日夜，毓兴号被劫银八百余两，拒伤事主。

各处文武，必得分别参办，庶知警戒。相应请旨，将高唐州知州张楷枝，摘顶议处，再勒限三月，倘无一案破获，即行撤任留缉。署济阳县知县王树德，交部议处；张秋镇通判苏拱辰、寿张县知县凌葆恬，均摘去顶戴。该三员逾限不获，即行严参。署朝城县知县文龙、阳谷县知县王亮采，均行摘顶议处，勒限三月无获，即撤任留缉。单县知县徐福臻，本有额勇，不能防盗，摘去顶戴，暂行革职留任，勒限两月无获，即行革任留缉。高唐营都司沈灵芝，单县营参将武殿元、守备王钦德，均摘去顶戴勒缉，逾限不获，即行撤任。其各处汛弁、典史，查取职名咨参。为此恭折具奏，伏乞皇太后、皇上圣鉴训示。谨奏。

同治五年正月初一日奉到回折："军机大臣奉旨：'张楷枝等均著照所请，分别惩办。该部知道。余依议。钦此。'"

查复运河道宗稷辰情形片
同治四年十二月十七日

再，臣钦奉十二月初七日寄谕："有人奏，运河道宗稷辰年近八十。著张之万、阎敬铭查明该道是否精力尚健；明年漕船北上，运河能否一律疏通。所辖厅员内，若有年力衰颓，亦著严查等因。钦此。"

查运河道厅专归河臣统辖，惟有事商议，偶尔来见。运河道宗稷辰年七十余，并无八十。今夏米船入运，该道来往迎送无误。十一月间，该道能冒风雪至兖州来商领款各事，见其精力尚好，步履如常。至果能奔驰工次与否，臣未目睹，无由深悉。其余厅员来见者少，亦概无由知，均应由河臣查明。

至来年漕船入运，实难必一律疏通。前已将河运难办实情，会同河臣具奏，尚未接准部复。今蒙垂询，查河运一事，全无把握，徒糜虚费，一切皆偶邀天幸，在事人员不顾得失可否，只以目前得有差使为念，请在圣明洞鉴之中。理合附片陈明，伏乞圣鉴。谨奏。

军机大臣奉旨："知道了。钦此。"

褒奖曹州府教授李宗泰等片
同治四年十二月十七日

再，为政以吏治为先，移风尤以士习为本。时事扰攘，名利纷纭，惟表彰廉隅之士，可树立观感之风。臣到东任将及三年，留心延访。查有曹州府教授李宗泰，自成进士，即就儒官，淡心荣利，乐志诗书，品概端方，不染时习。又栖霞县教谕单为鏓，五十年前选为拔贡，司铎多年，不愿保举，著述渊深，性情恬淡，宿儒耆德，学粹品端。该二员既不求仕进，未便举用。可否请旨将曹州府教授李宗泰、栖霞县教谕单为鏓，均赏加五品衔，以示优异，出自逾格鸿慈。庶闻者兴起，懦立顽廉。理合附片陈请，伏乞圣鉴训示。谨奏。

同治五年正月初一日奉到回折："军机大臣奉旨：'另有旨。钦此。'"

保举收厘委员马映奎金存谦片
同治四年十二月十七日

再，世袭骑都尉兼一【等】云骑尉江西候补知县马映奎，前随臣在淄川、东昌军营出力，褒奖俟补缺后以同知直隶州用，经臣委办抽收馆陶卫河厘务。该员朴实刻苦，持身以正，察胥吏以严。自同治三年三月起，至本年十二月止，共抽收盐厘、货厘银共计十万两有奇，商情悦服，不闻怨言。往者前副都统遮克敦布等曾在该处设卡抽厘助军，闻一年不过二三万两，今收数加倍，则该员廉洁自矢，力杜中饱之效也。当各路防剿缺饷之时，马映奎相时缓急，设法筹拨，军赖以济，并管带卫河防兵，训练有法，暇则带队各处搜捕贼匪，河路亦赖以安。臣维筹饷之功同于克敌，而观人之贤否，惟试之以财。该员实效可睹，人才可用，臣特举以上闻，恳恩奖励。惟部章办理局务出力人员，二年届满，只准议叙加衔。查马映奎承有世职，系江西殉难总兵马济美之子。其祖父三代，皆殁于阵，曾经钦赐举人。该员忠荩之后，树立无忝。臣保其人才，非仅为局务褒奖，我国家加惠忠贞，至优极渥，其后裔才堪造就，朝廷视之亦越恒泛。可否仰恳天恩逾格准将江西候补知县马映奎免补知县，以同知直隶州留江西补用，并赏戴花翎，其他不得援以为例。

再，六品衔主簿用候补按司狱金存谦，随同马映奎办理厘务已满二年，亦能始终勤洁，著有微劳，应请赏加五品衔。出自圣主鸿慈。

臣为激励人才起见，理合附片陈奏，伏乞圣鉴训示。谨奏。

同治五年正月初一日奉到回折："军机大臣奉旨：'另有旨。钦此。'"

查明知县办理降匪情形折

同治四年十二月十七日

奏为查明知县办理降匪情形，恭折奏祈圣鉴事：

窃查接管卷内，同治二年二月二十七日奉上谕："谭廷襄奏遵查李焞贻误地方一片，览奏均悉。知县李焞办理降匪，贻误大局，仍著懔遵前旨，将该员撤任查办等因。钦此。"当经前抚臣谭廷襄行司，将代理冠县知县李焞撤任，饬府确查李焞贻误情形。

兹据藩、臬两司转据东昌府督同该县孙善述禀称：降匪张锡珠等于同治元年夏间投诚，在籍安居。十月初一日，前副都统遮克敦布派参将王恩第带兵并堂邑民团，赴冠县东南乡捕拿沙镇滋事余匪，居民惊惶逃避，兵勇抄抢资财。该前代理县李焞驰往弹压，张锡珠等因而疑惧，纠集七十余人，为负隅之计。经李焞剀切晓谕，管带回城，禀经遮克敦布派侍卫谦禧至冠会查，并无别情。李焞因张锡珠等各愿投营效力，禀明遮克敦布由谦禧押带赴营，勒缴马匹、器械。杨朋岭、张玉怀唯唯听命，独张锡珠怀疑生变，乘夜率党潜逃，沿途抢掳，窜扰直、东交界，其势复张。此李焞办理降众之实在原委也。

臣查李焞办理降众，原系一时权宜，而其不能整饬约束，已可概见，且两年以来遍访，李焞平日官声亦属平常。相应请旨，将前代理冠县知县李焞勒令休致，以清官方。理合恭折具奏，伏乞皇太后、皇上圣鉴训示。谨奏。

同治五年正月初一日奉到回折："军机大臣奉旨：'李焞著勒令休致。该部知道。钦此。'"

委员管解京协各饷片
同治四年十二月十七日

再，查东海关暨藩、运两库，节次奉拨盛京饷银，经臣督饬该司道等设法筹解。兹据东海关监督登莱青道潘霨禀报，在于洋税项下提银二万两，饬委候补县丞何嘉谟领解；又据运司卢定勋详报，在于盐课等款项下筹银一万两，饬委候补盐大使黄樾领解；又据藩司丁宝桢详报，在于地丁银内动支银一万两，委候补典史王炳领解。以上均赴盛京户部交纳。又临清关报解京饷银五万两，司委候补未入流费朝清解赴户部交兑。又筹银二万两，发交陕省催饷委员候补直隶州知州陆墍，解赴陕西藩库兑收。又筹直隶十一月份协饷银三千两，委从九品沈世祺解赴大名粮台交纳。又筹曾国藩营十二月份饷银一万两，委未入流沈希曾解赴徐州交纳各等情。

查东省本年藩、运各库，解过部协各饷已入奏者，共计银一百六十一万数千两。查同治元年以前十有余年，司库终岁入款至多不过此数；其中数年搭有钞票，并有不及此数者。今即百计搜括，惟拨解如此之多，本省兵勇繁夥，及地方用项实属拮据，以致旗、绿营饷欠及五年，各省催提日至，司库不敷周转，应随时檄行粮库及东海关于零款砌凑匀挪。但入少出多，终虞莫支，不惟误本省之需，并恐贻误邻省之用。臣筹虑无策，不敢不备为陈明。

除分咨外，理合附片具奏，伏乞圣鉴。谨奏。

同治五年正月初一日奉到回折："军机大臣奉旨：'户部知道。钦此。'"

被灾被扰地方请分别缓征上忙新赋折
同治四年十二月十七日

奏为遵旨查明山东省本年被灾、被扰地方，来春青黄不接，吁恳分别缓征上忙新赋，以资调剂，恭折奏祈圣鉴事：

窃照山东省各属，本年被水、被旱、被虫、被风、被雹并被贼窜扰之处，经臣恭折奏报，仰沐恩施。嗣复承准军机大臣字寄："同治四年十月初三日钦奉上谕：'来春青黄不接之时，民力未免拮据，著传谕该抚，体察情形，应否接济之处，一并查明，于封印前奏到。此外被贼扰害地方，有应行调剂抚恤之处，著一并查奏等因。钦此。'"当经钦遵行司转饬查议去后。兹据各州、县、场、卫、所查明实在情形，禀由该管道、府、州呈经藩司丁宝桢复核议详前来。

　　臣伏查山东省本年被灾、被扰各属，前经臣先后督饬查勘，各按轻重情形奏请蠲缓。今蒙圣恩轸念民依，有加无已，特旨垂询来春青黄不接应否调剂，跪诵之余，实深钦感。遵即悉心确核，除民力尚可输将处所毋庸另议接济外，合无吁恳天恩俯准，将原报被水、被扰之济宁州黑土店等地方李家庙等一百一十一村庄、大长沟等地方本街等一百四十六村庄；被水之历城县雀化六等里徐家庄等三十四村庄、南会清二等里王家闸等三十五村庄；被水、被虫之邹平县大王驼庄等十村庄、西言礼庄等七十八村庄；被水之长山县盛笃等约大孙家庄等二十五村庄，齐河县孟家店等地方朱官屯等四十二村庄、三官庙等地方辛店等一百二十一村庄，及并卫之李方大等地方董庄等七十屯庄，临邑县清四里冯家井等一十一村庄，长清县潘保段家庄等一百七十九村庄，肥城县东故等社何家寺等六十四村庄，东阿县郎家村前郎家营等二百四村庄，东平州智明等保赵家庄等二十村庄，平阴县河洼等里韩家庄等七十七村庄，惠民县宋家桥等一百六十二村庄，滨州西王淮庄等十六村庄；被扰、被水之邹县安侯等社果庄等十一村庄；被水之泗水县泗北等社东故安等五十八村庄，峄县新河等社高皇庙庄等三百三十六村庄；被旱、被水之汶上县颜氏村南保彭家营等四百一十五村庄、梨木社马家庄等三百一十村庄；被扰之城武县辉宾村梁家庙庄等二百一十三村庄；被水、被扰之定陶县李店村内长堽寨等四十九村庄，巨野县岳庄等保田小集等三百三村庄；被水、被旱、被扰之濮州东西郑村等里张家河口等三百七十六村庄，范县鲁大庙等六十一村庄；被水、被扰之兰山县卞庄等保连厂村等三百七十九村庄；被水之茌平县一乡前张家楼等一十七村庄、一乡郝家集等三十二村庄，平度州洪兰等乡南埠等社吴家口屯等一百一十九村庄，昌邑县书伏等二十四社共一百六十村庄；被扰之嘉祥县坊廓里毛李庄等一百一十九村庄，应征同治五年上忙新赋及漕项、河银、临德等仓、民佃、盐课、芦课、学租、地租、盐钞、灶地、摊征、堤工等项，均请缓至同治五年麦后启征。

　　被水之长山县勤谨等约西陶唐口等一十四村庄，齐东县东岸村等一十九村庄、邵家店等二十五村庄，济阳县赵家庄等二百三十二村庄，禹城县一都一里刘家花园等一百四十二村庄、一都一里东陈庄等十村庄，东阿县陶城铺村东铺等九十三村庄，东平州智远等保孟家楼等八十七村庄，惠民县吕王庄等一百八十四村庄，青城县牛王庄等六十八村庄，阳信县钓马杨庄等四十八村庄；被水、被旱之海丰县于家等十四堆并小屯等八堆共九十二村庄；被水之滨州正石庄等一百八十八村庄，沾化县南台等里许家庄等五十八村庄；被水、被旱之宁阳县大村庄等一百四十村庄；被扰之泗水县汉东社张庄等四十一村庄；被水之滕县仁五等保东焦村等四十二村庄，峄县王下等社北洛庄八十一村庄，阳谷县南十七都党河口等三百五十村庄，寿张县坊廓里何家庄等二百五十一村庄、覃北里林家庄等六十一村庄、王东里葛家堤口等二百四十村庄；被水、被扰之菏泽县由义等十三都内彭家堂等二百八十六村庄、马林等九都内马寨等一百一十九村庄，曹县三英等里刘家庄等一百六村庄、辛安等里王谈庄等四百三十七村庄；被旱之郓城县梳东喉咽集等一百三十九村庄；被水之濮州南关东等里李家楼等三百六十八村庄、富春等里赵家庄等三百八十三村庄、白衣集等里董家集等四百二十四村庄，范县王麻口等四百八十八村庄，观城县范濮二州县寄庄开河等十一村庄；被水、被旱之朝城县子路堤等四十三村庄；被水之郯城县池东等保赵家楼等九十四村庄；被旱之聊城县黄现里暨黄虫庙等四十六村庄；被水、被扰之鱼台县信方等北大郑家庄等二百三十四村庄、任团元庙集等七村庄、王团东城集等二村庄、魏团董家楼等三村庄，并礼方等张家庄等三十七村庄、魏团双河村等八村庄、王团西城集等五村庄，及新垦之湖荒欢上大孙家庄、城子庙、王家庄等三村庄，应征同治五年上忙新赋及漕项、河银、临德等仓、民佃、盐课、芦课、学租、地租、盐钞、灶地、摊征、堤工、河工等项，均请缓至同治五年秋后启征。

至德州、东昌、临清、济宁等四卫并东平所屯庄，并盐场、灶地，均请随同坐落各州县一律办理。感颂皇仁，实无既极。

所有遵旨查明山东省本年被灾各州县来春青黄不接，应请缓征同治五年上忙新赋缘由，理合恭折复奏，伏乞皇太后、皇上圣鉴训示。谨奏。

同治五年正月初一日奉到回折："军机大臣奉旨：'候旨行。钦此。'"

续报被灾被扰地方请分别缓征钱漕折

同治四年十二月十七日

奏为勘明山东省各州、县、卫、所续报被水、被旱、被扰，分别请缓新旧钱漕，以纾民力，恭折奏祈圣鉴事：

窃照本年山东省各属，秋禾被灾及被匪窜扰各处，业经奏恳恩施，并声明未及勘议之处，复到另行核办在案。兹据该管道、府、州督勘明确，续请调剂，禀由藩司丁宝桢汇核续详请奏前来。臣复加查核。各该州县地方，或因水、旱歉收，或遭窜匪蹂躏，均属生计维艰。若将新旧钱漕照常征收，民力实有未逮，自应各就实在情形，酌量调剂，以示体恤。相应吁恳天恩俯准，将被水、被旱、被扰成灾十分之濮州南关东等里李家楼等三百六十八村庄，应征本年钱粮、漕米，照例蠲免十分之七；又成灾七分之富春等里赵家庄等三百八十三村庄，应征本年钱粮、漕米，照例蠲免十分之二；又成灾六分之定陶县李店村内长堽寨等四十九村庄，濮州白衣集等里董家集等四百二十四村庄，应征本年钱粮、漕米、漕仓、河银等项，照例蠲免十分之一。以上各该州县蠲剩银米，请缓至五年秋后，如原报十分者分作三年带征，七分、六分者分作二年带征；其有未奉蠲免之先溢完蠲额银米，查明流抵次年正赋。

又被水较重之青城县牛王庄等六十八村庄内七十七顷五亩五分一厘；被扰、被水之菏泽县由义等十三都内彭家堂等二百八十六村庄、马林等九都内马寨等一百一十九村庄；被扰之城武县辉宾村梁家庙庄等二百十三村庄，曹县辛安等里王谈庄等四百三十七村庄，单县方贵等保东马等二百二十八村庄，定陶县李店村内朱大庙等五十三村庄；被水、被扰之巨野岳庄等保田小集等三百三村庄，濮州东、西郑村等里张家河口等三百七十六村庄；被扰之金乡县东大方单家海一村庄，嘉祥县坊廓等里毛李庄等九十四村庄，又满峒等里杨家楼等二十五村庄，鱼台县礼方等张家庄等三十七村庄，所有应征本年钱粮、漕米、漕项、河银、临德等仓、民佃、盐课、芦课、学租、灶地、摊征、堤工、埝工、河工、地租等项，及未完同治三年民欠暨因灾原缓钱漕，并青城、菏泽、曹县、巨野、金乡等县本年青黄不接，及菏泽、城武、曹县、定陶、巨野、金乡、嘉祥、鱼台等处春夏被扰各案内原缓上忙新赋，均请缓至同治五年秋后启征。

又被扰较轻之金乡县石佛方周黑楼等一百八十三村庄，鱼台县礼方等奚家庄等五十村庄，除本年漕米照常征收外，所有应征本年钱粮，及被扰、被水之菏泽县雷泽等都内赵堂等三百六十九村庄、甘露等都内前胡寨等二百七十六村庄并其余阖境村庄，单县房城等保孔家庄等四百四十村庄并其余阖境村庄，城武县阖境村庄，曹县阖境村庄，定陶县李店村内马庄等二百四十四村庄并其余阖境村庄，巨野县太康等保康家集等三百八十七村庄同其余阖境村庄，濮州南经船等里董家庙等九十九村庄，嘉祥县阖境村庄，除本年钱粮照常征收外，其应征本年漕米，并被扰之鱼台县湖荒升科地亩、王团西城集等五村庄、魏团双河村等八村庄及欢上等三村庄，同以上金乡等处应征本年钱粮、漕项、河银、临德等仓、民佃、盐课、芦课、学租、灶地、摊征、堤工、埝工、河工、地租等项，及未完同治三年民欠暨因灾原缓钱漕、仓谷等项，并曹县、巨野、濮州、金乡、鱼台等州县本年青黄不接，及曹县、定陶、巨野、金乡等处春夏被扰各案内原缓上忙新赋，均请缓至同治五年秋后启征。

又被水最轻之青城县施家庄等十一村庄并其余阖境村庄；被旱之单县阖境村庄；被扰之金乡县石佛方峭楼庄等六十九村庄，鱼台县礼方等朱家庄等一九十七村庄并其余阖境村庄，所有以上青城等州县未完同治三年民欠及因灾原缓钱粮、漕米、漕项、河银、临德等仓、民佃、盐课、芦课、学租、灶地、摊征、堤工、埝工、河工、地租等项，均请缓至同治五年秋后启征。

以上被水、被旱、被扰成灾与勘不成灾较重、较轻、最轻各州县，凡有同治二年以前未完民欠及因灾原缓递缓钱粮、漕米、漕项、河银、临德等仓、民佃、盐课、芦课、学租、灶地、摊征、堤工、埝工、河工、地租，出借仓谷、籽种、口粮等项，一并缓至同治五年秋后。钱漕分为两案，各按最先年分递年依次带征一年。其临清、济宁等二卫坐落各州县屯庄，应同民田一律办理。至例不缺额之蓟粮兵米，及请缓钱粮仍征漕米之州县不敷漕项，均照例于成熟村庄应征银米内照数划解，统于大漕地丁项下核缓。其应征抵额耗豆，并随正缓征，仍将摊缓耗豆价脚银两扣存司库，俟带征年分支给应用。如此分别调剂，民气得以展舒。感颂皇仁，实无既极。

除分饬各该州县赶造缓征册结外，理合恭折具奏，伏乞皇太后、皇上圣鉴训示。谨奏。

同治五年正月初一日奉到回折："军机大臣奉旨：'另有旨。钦此。'"

东省镇司道府各官年终密考折

同治四年十二月十七日

奏为详核东省镇、司、道、府各官考语，开单密陈，恭折仰祈圣鉴事：

窃查各省镇、司、道、府等官，例于年终由督抚出具密考陈奏。臣仰沐圣恩擢任巡抚，竭以身率属之诚，有以人事君之责，当此军务未完，时事多艰，欲求安民，先期察吏，惟念知人不易，更宜随事加详。

臣自到东以来，已历二载，于属吏中贤否智愚，逐时留心察看。虽今年居军之日多，驻省之日少，或于出阅巡历之际，验其设施；或于禀牍详议之间，观其材识，均经详查确访，互考声名，有为必期有守，舍短仍欲取长，惟有秉公鉴别，不敢稍避怨嫌，以期无负宵旰勤求之至意。兹届年终，谨将各该员出具考语，密缮清单，恭呈御览。臣仍随时考察，如有改行易辙之员即行据实参劾，不敢稍有徇庇。理合恭折具奏，伏乞皇太后、皇上圣鉴。谨奏。

同治五年正月初一日奉到回折："军机大臣奉旨：'知道了。单二件留中。钦此。'"

审明冠县京控案分别定拟折
同治四年十二月十八日

奏为审明京控，分别定拟，恭折具奏，仰祈圣鉴事：

窃照冠县六品军功杨凤桂，以挟仇捏控、串役押诈等词，控经步军统领衙门，于同治三年九月十七日奏奉谕旨："此案著交阎敬铭督同臬司，亲提人证、卷宗，秉公研讯确情，按律定拟具奏。原告六品军功杨凤桂，该部照例解往备质。钦此。"当经行司饬提人卷研讯。兹据兼署臬司卢定勋审明，杨凤桂被聊城县役张法瑞索诈属实，拟议解勘。臣在兖州办理防务，饬委藩司丁宝桢代勘无异，录供呈送前来。臣复加查核。

缘张法瑞籍隶聊城县，充膺该县壮役，与冠县回民杨凤桂素不认识，并无嫌隙。咸丰十一年间，冠县教匪滋扰各乡，举办团练，杨凤桂经县派充团长，与兄杨凤林、弟杨凤德剿贼有功，均经带兵赏给六品功牌。杨凤林于同治元年三月间在公巢村剿贼阵亡；杨凤德于二年六月间在贾镇村剿匪，被黄旗贼队杀害。维时张鉴书次子张二城并分居胞弟张鉴勤均先被匪裹去。有被裹逃回难民传说，张鉴勤曾随黄旗贼队各处焚掠。杨凤桂闻知，意谓杨凤德系被张鉴勤等所杀，立志复仇。是年七月间，该处地保王德成并张鉴勤妻父张立环，因张鉴勤等日久未回，恐已甘心从逆，禀县存案缉拿。八月间，杨凤桂探知黄旗贼队回窜直、东交界地方，随同官兵前往堵剿，驰抵张鉴书所住村庄。贼匪甫过，张鉴书先已挈眷躲避，所遗家中衣物被匪抢掠无存。杨凤桂稔知张鉴勤与张鉴书同院居住，恐张鉴勤回家潜匿，赴张鉴书家搜捕无获，见有贼遗号灯、腰牌，心疑张鉴书父子通同从逆，将号灯、腰牌带回，缴县呈验。张鉴书回家，见家中衣物被抢一空，因闻杨凤桂曾至伊家搜翻，疑为杨凤桂所抢，即以诬拿抄抢等情具呈，由府司控经臣批饬前任东昌府知府曹丙辉提讯。杨凤桂赴府投审，曹丙辉因人证不齐，发交府役孙占鳌看管。杨凤桂邀同孙占鳌赴郭东亮饭铺吃食酒饭，孙占鳌询知杨凤桂被控情节，因张鉴书控告抢赃，约值京钱千串，劝令杨凤桂不如赔偿完案。适府书王佩庆在铺食饭听闻，亦向杨凤桂劝说。杨凤桂心疑孙占鳌等系受张鉴书嘱托帮劝，并未理会。嗣曹丙辉因孙占鳌另有差办事件，将杨凤桂转发聊城县，派令张法瑞看守。杨凤桂赊欠郭东亮饭钱二十一千九百文，郭东亮不愿再赊。杨凤桂因无钱买饭，央恳张法瑞作保。张法瑞起意吓诈，声称必须谢银三百两方为担保，否则即便饿毙。杨凤桂无奈应允，许俟案结付给。张法瑞即向郭东亮说明，仍行赊给杨凤桂饭食。随后杨凤桂因病取保，算明张法瑞担保饭账共京钱一百一十千，寄信回家，取银五十两，交给张法瑞代换京钱一百二十五千，归还郭东亮一百一十千，其余十五千，杨凤桂归还前次赊买饭账，尚短欠郭东亮京钱六千九百文。张法瑞向索前诈银两，杨凤桂允许回家措给。杨凤桂回归，因无钱使用，变卖坡地十七亩，将郭东亮饭钱还清。张法瑞又往向索银两，杨凤桂央缓，张法瑞不依，欲将地亩作抵，杨凤桂求允宽期走回。因在府候审，花钱过多，又恐张法瑞再往索讨，心怀不甘，即以前情，并图准添砌孙占鳌私刑勒诈及王佩庆过付等词，具呈晋京，控经步军统领衙门奏奉谕旨，饬提研讯。供悉前情不讳，诘非索诈得赃，亦无为从同诈之人，案无遁饰。

查例载："蠹役恐吓索诈，计赃一百二十两者，照枉法拟绞。"又律载："不应为而为者，笞四十；事理重者，杖八十。"又，"越诉笞五十。"各等语。此案张法瑞身充县役，辄敢向奉发看管候审之被告杨凤桂吓诈银三百两，按律罪应绞候，惟索诈之银两讯系口许虚赃，尚未入手，自应量减问拟。张法瑞应依"蠹役恐吓索诈，计赃一百二十两者，照枉法拟绞"例上量减一等，拟杖一百，流三千里，到配折责安置。据供亲老丁单，系蠹役诈赃，情节较重，不准查办留养。孙占鳌虽讯无听嘱私刑勒诈情事，惟以在官人役擅食有事人酒饭，究属不合，应酌照"不应为而为，事理重者，杖八十"律，拟杖八十；王佩庆虽讯无过付赃钱情事，惟帮劝赔赃，亦属不合，应酌照"不应为而为者，笞四十"律，拟笞四十，与孙占鳌分别折责革役。杨凤桂京控张法瑞索诈，业已得实；其所控张鉴书通同从逆，及孙占鳌听嘱勒诈各情，讯系事出有因，怀疑图准添砌，尚非平空诬告，惟并不在本省衙门具控，辄即赴京呈渎，实属越诉，杨凤桂应照"越诉笞五十"律，拟笞五十，系军功，准其纳赎。杨凤林、杨凤德剿贼阵亡，饬县查明汇案请恤。张鉴书讯无通同从逆及串役押诈情事，其呈控杨凤桂诬拿抄抢，事出有因，应毋庸议。张鉴勤等是否甘心从逆，饬缉获日讯明办理。

除供册咨部并饬取失察衙役诈赃应议职名另行咨部议处外，理合恭折具奏，伏乞皇太后、皇上圣鉴训示。谨奏。

同治五年正月初一日奉到回折："军机大臣奉旨：'刑部议奏。钦此。'"

委员署理东昌知府片
同治四年十二月十八日

再，署东昌府知府李熙龄因府城东关出连劫重案，经臣奏参撤任。查有候补知府徐彬堪以署理，据藩、臬两司会详前来。谨会同河东河道总督臣张之万附片陈明，伏乞圣鉴。谨奏。

同治五年正月初一日奉到回折："军机大臣奉旨：'知道了。钦此。'"

监生姚礼颐补捐米石改奖片
同治四年十二月十八日

再，查山东粮台续捐米石，臣前经汇案请奖，奉旨："交户部核议。"经部议驳，监生姚礼颐捐米一千二石三斗二升，原请以知县不论双单月即用，应照章赴京铜局报捐，所捐银两应令另核请奖等因。遵即转饬去后。兹据该监生姚礼颐呈称，情愿补捐米三百三十三石四斗七升，请改以同知不论双单月即用。核其补捐及原捐米数合银并计与例相符，由粮台总局委员、前任兖沂曹济道卢朝安具详，请奏前来。臣复核无异。

除咨部外，理合附片奏闻，请将监生姚礼颐改奖以同知不论双单月即用，给发执照，以昭激劝。伏乞圣鉴。谨奏。

同治五年正月初一日奉到回折："军机大臣奉旨：'户部核议具奏。钦此。'"

接护琉球国使臣出入东境日期片
同治四年十二月十八日

再，本年琉球国使臣赍贡晋京，前准闽省咨会，经臣遴委沿途文武员弁，先期驰赴交界处所，会同地方官妥为护送。据报于十二月初一日，闽省委员伴送入境，又经臣严饬按站迎护，照例应付去后。兹据德州禀报，已于十二月十二日护出东境，至直隶景州交替，由该省委员护送北上等情前来。

除仍饬随时迎探，俟该使臣等回南一体接护外，理合陈明，伏乞圣鉴。谨奏。

同治五年正月初一日奉到回折："军机大臣奉旨：'知道了。钦此。'"

筹拨青州满营兵米片

同治四年十二月十八日

再，查青州满洲营兵米，如额外尚有不敷及应放闰月米，俱由藩司动拨各州县仓谷碾米补放，历经照办在案。兹据青州府禀报，同治三、四年应放兵米，除额运外，尚有不敷，及四年分闰月，共需米二千八百二十二石三斗七升六合四勺。本应照案动拨仓谷碾补，无如附近青州各州县，均无存仓谷石可拨，又无存司谷价发给采买，只有量为变通，在本年大漕项下拨运，以资接济。并因各兵待用孔殷，未便稽延，已札饬最近青州之邹平、长山二县，在于应征新漕项下，照数赶速运青支放。据藩司粮道会详请奏前来。臣复查确系实在情形。惟额外运用大漕，无款抵补，所有筹拨前项兵米应请作正开销，俟运兑完竣，核实造报。

除咨部查照外，理合附片奏闻，伏乞圣鉴。谨奏。

同治五年正月初一日奉到回折："军机大臣奉旨：'知道了。钦此。'"

审明参亏故员书吏分别定拟折

同治四年十二月十八日

奏为审明参亏故员经手书吏分别定拟，恭折具奏，仰祈圣鉴事：

窃照东省旧案交代，经臣查出亏缺之已故邱县知县郑锡申，汇入初案，开单奏参，钦奉上谕："即行革职，任所资财并原籍家产均著查抄备抵。查明有无子孙出仕，著落完缴等因。钦此。"当经行据济南府并该管之临清直隶州，查明郑锡申眷属并无寄居省城，不知流寓何处，任所亦无遗留资财，无可抄抵。据临清直隶州知州张应翔提集经手书吏审明拟议，解由藩司丁宝桢会同兼署臬司卢定勋复勘，详请核奏前来。臣复加查核。

缘郑锡申籍隶浙江武义县，由拔贡生中式举人，议叙知县，分发山东，饬委代理邱县知县，于咸丰三年十一月二十三日到任。四年因南逆北窜，盘踞临清，相聚甚近，办理防剿，雇募壮勇，添设腰拨，一切公用，万分紧急，并垫兑民欠漕粮，库无闲款，陆续挪用正、杂、酌提坐支等款银五千六百二十九两二钱四分九厘，捐款银一千九百八十五两七钱八分六厘。当时经户书王好善与昔存今故之库书王茂兰禀阻，郑锡申谕以据实报销。旋于五年二月十八日交卸，将挪用银两造册呈局，至六年九月初六日病故。嗣军需照章分别删减，民欠漕粮奉文豁免，致成亏缺。汇案奏参，饬提研讯。供悉前情，诘非侵吞入己，应即拟结。

查例载："挪移库银五千两以上者，拟实犯杖一百，流三千里。"又律载："不应为而为，事理重者，杖八十。"各等语。此案已革知县郑锡申，前在代理邱县任内，挪用库银，除捐款例不计罪外，实亏正、杂、酌提坐支等项银五千六百二十九两零，自应按律问拟。郑锡申合依"挪移库银五千两以上者，拟实犯杖一百，流三千里"例，拟杖一百，流三千里，业已病故，应毋庸议。其所亏银两，业经咨查原籍有无财产、子孙曾否出仕，俟咨复再行照例办理。库书王茂兰、户书王好善禀阻不力，应照"不应为而为，事理重者，杖八十"律，拟杖八十。王茂兰业已病故，应毋庸议。王好善事犯在咸丰十年正月初一日恩诏以前，应予援免，仍革役。失察各上司，均经揭报，亦应免议。

至同案参革之前任益都知县龚璁等员，容另行分案审办，合并陈明。

除供册咨部外，理合恭折具奏，伏乞皇太后、皇上圣鉴训示。谨奏。

同治五年正月初一日奉到回折："军机大臣奉旨：'刑部议奏。钦此。'"

荣成知县张道南算清结报恳恩开复折

同治四年十二月十八日

奏为知县应接各前任交代，均已算清结报，恳恩开复革职留任处分，恭折奏祈圣鉴事：

窃照现署荣成知县张道南，应接各前任交代，宕延不算，经臣奏参暂行革职留任，勒令挨任接清结报，再恳恩施开复在案。兹据藩司丁宝桢详称，随经督同局员将张道南应接各前任经手正、杂、仓、捐各款，逐一赶紧会核，现在一律算清结报，并请开复该员原参处分前来。臣复查无异。该县旧案交代已积至八案之多，一经参劾，随即按任清结，是虽疲玩于前，尚知愧奋于后。合无仰恳天恩俯准，将署荣成县知县张道南革职留任处分开复，并免其送部引见。

除饬催速造册结核咨外，为此恭折具奏，伏乞皇太后、皇上圣鉴训示。谨奏。

同治五年正月初一日奉到回折："军机大臣奉旨：'张道南著准其开复革职留任处分，并免其送部引见。该部知道。钦此。'"

已故滕县知县邹崇孟交代亏短查抄备抵折

同治四年十二月十八日

奏为已故知县交代案内，查有亏款，延不完解，请旨查抄备抵，恭折仰祈圣鉴事：

窃照仓库钱粮，丝毫均关国帑。前滕县知县邹崇孟在任病故，所有一切交款，即饬接署知县洪调笙赶查会算，依限结报。旋据查明该故员应交正杂各款，除以领抵各款抵除外，实亏短银二万一千一百四十一两四钱九分三厘，禀由该管道府揭报藩、臬两司会详请参前来。

臣查该故员邹崇孟亏缺银至二万一千一百四十一两四钱九分三厘之多，在任不知谨慎出入，故后其家属又延不完解，必应立予参办。

查邹崇孟系广西临桂县人，相应请旨，将该故员任所、寓所及原籍财产一并查抄备抵，提同经手书吏人等，严行审讯，所亏银两是侵是挪，按律拟办。其亏数内究竟正、杂、仓、捐各若干，饬催赶造年款清册，再行复核。

除分咨外，为此恭折具奏。

军机大臣奉旨："另有旨。钦此。"

曹州镇总兵保德暂缓陛见片

同治四年十二月十八日

再，曹州镇总兵保德，于同治二年正月二十四日，在东昌军营接印任事，嗣东昌肃清，带兵回曹。计自到任之日起，扣至五年正月二十四日，三年期满，例应奏请陛见。惟曹属界连三省，为东省西南边陲，现在南匪未平，防务吃紧，合无仰恳圣恩俯念地方紧要，准予该镇暂缓陛见，俟防务稍松，再为奏请。

至总兵到任，例应于三年内通阅标属各协营官兵，专折奏报。现据该镇咨称，履任之初，在东昌军营，迨撤防回曹，凡各协营官兵，或出师外省，或调派防堵，存营无多，是以未能通阅。理合附片陈明，伏乞圣鉴。谨奏。

同治五年正月初一日奉到回折："军机大臣奉旨：'著照所请。该部知道。钦此。'"

东省滇籍官商捐助军饷就近解交户部片
同治四年十二月十八日

再，臣接准云南抚臣林鸿年咨称，在四川省行营奏请各省滇籍官商捐助军饷，奉旨允行，并抄录原奏，知照到东，当即通饬在案。查东省官员济南府知府萧培元，云南昆明县人；东阿县知县吴树声，云南保山县人。兹据济南府知府萧培元捐滇饷银二千两，东阿县知县吴树声捐滇饷银二百两，均经先后解交司库。该二员谊笃桑梓，情殷报效，相应仰恳圣恩敕部核给议叙。惟此项捐款由东解滇，道路过远，应由四川督臣查明，此后川省如有应解京饷，扣出银二千二百两，兑交云南抚臣林鸿年核收，作为该二员捐项。山东遇解京饷，即将此项捐款银两就近解交户部，作为四川应行解部之款，一转移间，均形妥速。

除分咨外，理合附片陈明，伏乞圣鉴。谨奏。

军机大臣奉旨："萧培元、吴树声均著交部核给议叙。余依议。该部知道。钦此。"

甄别千总无可劾之员折
同治四年十二月十八日

奏为甄别千总现无可劾之员，循例恭折具奏，仰祈圣鉴事：

窃照乾隆六十年二月十三日奉上谕："甄别千总年终汇奏时，倘实无可劾之员，准其声明据实具奏等因。钦此。"历经钦遵在案。兹届年终甄别之期，查东省千总共五十六员，分设各营，专辖汛地，如有巡防懈怠弓马，平常即当随时澄汰，以肃戎政。所有臣标左右两营，臣因办理防务，出省日久，饬据署中军参将绪承查明，均系循分供职，弓马亦可，其兖、曹、登三镇，亦经咨准各镇臣查复，均无应行罢斥之员。是本年东省并无应劾之千总。臣仍留心考核，如有衰颓庸劣不能称职者，即当随时参劾，断不敢姑息因循。

除分咨军机处部科外，为此循例恭折具奏，伏乞皇太后、皇上圣鉴。谨奏。

同治五年正月初一日奉到回折："军机大臣奉旨：'知道了。钦此。'"

道员王继庭专办营务并无干预地方片
<small>同治四年十二月十八日</small>

再，臣钦奉上谕："有人奏：山东道员王继庭入阎敬铭幕中办事，情同盘踞。王继庭如果有其事，即著阎敬铭毋庸令其在抚署办事，以符体制等因。钦此。"臣跪聆之下，惶悚莫名。

查王继庭于咸丰六、七年任吏部司员，臣任户部司员，以捐务选法，时与会议。臣见其守正不阿，始与之识，非私情素与交好。臣于同治二年四月初八日到东任事，闻该道在省候选交代，素敬其人，即思奏调，复恐数年不见，前后异辙，或其知府任内实有贻害地方，未敢即奏。访查月余，舆论皆孚，降调之由，情有可原。臣在淄川，于五月初九日始行奏调该道随营差遣，于十五日钦奉谕旨允准，遵即札调。该道又复力辞，函檄催促，于六月初始至臣营，并非臣赴任之时即行入署，且札委办理营务处及文案各事，亦非入幕办事也。嗣随臣至东昌，仍办营务，先后并有知府、知州、知县文武数员分别差遣，非止该道一人。至十一月东昌事竣回省，臣以首逆未获，伏莽甚多，武定盐枭、沂州幅匪亟须捕治，奏留兵勇四千余名，添练马兵，时在臣署箭道演习，朝夕接见，兵弁营务一处未能即撤。因裁去多员，仅留该道与候补知府龚易图二员，令于臣署二堂之西别所，仍立营务处，联络各营，聚商会办。缘去年以来，擒拿各匪不下一二千名，实臣督同该道密谋设法，随时变动，往往派营前往，兵弁亦不能知其指向，事少泄露，匪无遁逃。此该道回省在臣署设所，仍办营务，并非入幕办地方各事也。向来办理营务皆与统军者共居一处，臣在行营即属如此。该道与候补知府龚易图皆孤身在东，自营回省，臣即令沿行营之旧，仍住居营务处，满拟今春匪尽遣勇，即撤去营务处，该道等亦可销差出署。乃正月下旬，突有豫捻溃窜之事，奉旨令藩司丁宝桢带兵出省，臣即将所部各营令丁宝桢全行带往边境，因司道向无统辖，未令该道同行，令营务处知府龚易图随营前往。嗣闻贼近楚界，去东愈远，且兵勇全行赴防，省中无事可办，即饬该道暂撤营务处，于二月初出署。至三月初四日，突闻贼匪入境，羽书交驰，调兵添勇，文檄烦多，仍复令该道于署中别所设立营务处，月余以来，专办军务各事。此该道王继庭先曾出署、复入署设立营务处办理军务之始末也。该道恬淡耿介，见东省官场习气，时思求退，钦遵谕旨，专办营务，并无一毫干预地方事件，若稍经手，人必指实。即臣署地方公事，除照例刑钱诸务各有幕友分任外，其要者多系臣亲书函札，该道亦无从与闻。臣到东两年，特参及因案劾黜者已过百员，伺隙攻瑕，早知必有。惟臣设立营务处于署中别所，诚如圣谕，未能远嫌，难免物议，惟系沿行营之例，且现时军事匆忙，急赖熟手，营务一处未能即撤。可否仰恳圣恩，俟军务稍定，当撤去营务处，即令该道销差出署之处，臣未敢擅便，谨据实附片陈明，伏祈圣鉴训示。谨奏。

军机大臣奉旨："王继庭著暂留该抚营务处，俟军务稍定，即令销差出署，毋任藉词逗留。钦此。"

察陈贯甲并无异志宜保其始终片

同治四年十二月十八日

再，臣钦奉寄谕："御史张观钧奏请，将投营之陈贯甲严密防范等语。著阎敬铭不动声色，留心察其行止动静，严密防范，设法羁縻，不可稍涉大意等因。钦此。"仰见圣虑深远，训诫周详。臣屡承宸训，何敢稍涉大意。惟查陈贯甲初因办团声势颇大，臣初莅任，人人言之，以为患在肘腋，有谓宜用其力以剿贼者；有谓宜速翦除以止乱者。臣详加访察，其得此声势之由，缘咸丰十年、十一年间，群盗蜂起，陵县、临邑、商河、平、禹一带，马贼结队，横行抢掠，官无如何，陈贯甲独能联团追捕，传为陈团所管地界行旅无害，于是各乡皆附从其团，以冀免害。十一年秋间，马贼勾党千余人，寻其复仇，为陈贯甲所败，地方官皆倚以办贼，该团遂不免跋扈自专。此陈贯甲声势之所由起也。山东办团以来，团长恃众围城抗粮，所在多有，陈贯甲并无此等恶迹，而声名独为人所指者，则因马贼最多回民，陈贯甲独与为难。回民党与易结，到处流播，谓有反侧之心。陈贯甲亦以自危，联庄筑圩，拥众自卫。此又陈贯甲为人所指之原委也。该陈贯甲屡被奏查，经前抚臣谭廷襄及臣陈明在案。臣察其人，不过愚鲁武夫，自散团归标以来，当差谨慎，每泣诉前事，实系骑虎不下，求臣保其性命身家，盖因与回匪结怨甚深，既已散团，自顾绝无可恃，当日畏之者转而百端寻隙，至今京控纷纷。平心论之，陈贯甲当日之跋扈不为无咎，而其查拿马贼不为无功。官既不能杀贼以保民，反藉团之力以杀贼，尾大不掉，实由权柄下移，为上者自明政刑，彼亦安百姓之分。该陈贯甲既已束身悔过，遵谕散团，似宜保其始终，示之以信。若复索求前失，使其内不自安，且恐开回汉起衅之端，非计之得也。臣故待以至诚，察其行止动静，委系俯首听命。其弟陈贯城已捐教职，子弟皆应试读书。臣前折保其无他，今信其必无异志。若如王汶训等之乱民，董道平等之降匪，臣早已诛之，岂敢自留肘腋之患。因该陈贯甲人言藉藉，时廑圣怀，臣故缕陈原委，伏祈皇太后、皇上圣鉴。谨奏。

军机大臣奉旨："知道了。钦此。"

谢赏假并报回省交卸日期折

同治四年十二月二十五日

奏为叩谢天恩，恭报回省交卸日期，奏祈圣鉴事：

窃臣于同治四年十二月十二日，在兖州行次钦奉上谕："阎敬铭奏力疾回省，恳恩赏假等语，著赏假一个月，在省调理。其巡抚印务，即著丁宝桢暂行兼护，紧要事件，仍由阎敬铭办理。钦此。"跪聆之下，感激莫名。遵于二十三日抵省，二十四日交卸，将山东巡抚暨临清关、盐政各关防、印信，并王命旗牌，以及书籍、案卷等件，一并移交藩司丁宝桢，敬谨点收兼护。臣惟有静心调理，赶服养心补气之剂，以冀及早就痊。如遇紧要事件，仍当熟筹妥办，仰报高厚。

所有感激下忱及回省卸事日期，理合恭折叩谢天恩，伏乞皇太后、皇上圣鉴。谨奏。

同治五年正月□日奉到回折："军机大臣奉旨：'知道了。钦此。'"

附编：通饬批牍

批济南府萧守禀

<u>同治四年正月十四日</u>

两月审结二十余案，本不为速，在封印期内尚有可说耳。狱之沉滞与有心冤陷等，且冤陷只一二人，沉滞不止一人一家，为害尤大。况审速则情节即少装点，迟之日久，枝叶更多。其有难明之狱，亦非拖延日久即可明也。吾辈才力不相上下，只要平心，准乎情理。若万不能明之案，本部院亦不敢武断以自炫。该守学者，其专力肩任此事，此即学问经济、大政事、大阴德也。仰饬各委员遵照。缴。

通饬各属征收钱粮条款

<u>同治四年正月□日</u>

照得征收钱粮，必须严核完欠。本部院不时三令五申，亦自觉文告过烦，奈州县不自用心，弊窦之多如扫落叶。合再开列条款札发。札到，该司、府、州立即转饬查照后开各条，一一遵办。至征册及串票添注村庄一条，瞬届二月初旬，即须开征。所需串票早经造齐，未便纷更贻误，应即于现办串票上添注某方、某社、某保、某村庄花户、应完银若干两字样，另印小红戳记，尚属简便易行。仰即一体遵办。特札。

一、过割底札宜用印本，必须官为稽查也。查例载："典买田宅，必应报官税契过割，否则亏损官课，混淆版籍，例禁綦严。"乃东省售买田地，但听民间于年终自向户承在底札内划除田若干亩，收入售者名下，私行过割。本官并不与闻，只一白纸底本，并未用印，甚有二三年同用一本者。倘遇水旱偏灾，希图捏报，只须嘱托该承，便可蒙混列入，毫无查考。此后各属每遇过割地亩，另立印簿，一年一本，饬承随时禀明本官批准，核更粮名，不准书吏私自过割，并令买主随时印契，庶可稍杜影射捏灾之弊，官课不致无着。

一、征册串票宜添注村庄也。查东省征册及串票仅开花户姓名，而何方、何社、何保均未注明。迨禀报灾伤，呈送清折，则均列各村庄之名，而红簿串票则开列花户姓名，一经核对，每多歧异。此后各属务于征收红簿及上下忙串票，均填注某方、某社、某保、某村庄、某花户、应完银若干，庶与报灾清折针孔相符。

一、各花户欠数宜榜示通知也。查征收钱粮，完欠数目必须清楚，是即岁会月计之意也。此后各属务将本年、历年欠户，每于年终正初开列花户姓名、银数，四乡榜示多张，咸使周知。

一、钱粮宜造册备查也。各州县征收钱粮，除完尚有欠蒂若干。此后务将本年、历年欠数，照该处通示之榜，开造花户银数清册二分，一存署，一送司，每届正月底赶办送到，以备稽核。

批署范县令宫本昂禀

同治四年二月十五日

据禀已悉。以该令明白安详，始委瘠区，以磨炼陶成。从来有为之人，无不历尝险阻艰难者。王文成于龙阳（按：王守仁谪为龙场驿丞），于清端于罗城，皆生平得力处。范县虽苦，不是苦也。所谓苦者，乃不知民事专牟利者之言耳！该令素知读书，若有志自立，正可奋发兴起，洗尽官派官习，专心民事民瘼。范民饥渴已甚，果官民一心，何事不理。须于听断缉捕格外用力，俾乡间无毫发扰累，人人惟官是赖，他日治剧理烦，皆于此始基之。若犹如前令之疲庸，大非所望于该令。黄水为灾，治无长策，刻筑河堤，聊防北决，亦补苴之计。该令鼓其精力心思，事事踏实，处处认真，岂止修堤一事。前任交代依限算结，勿得迟逾。东省吏习甚劣，该令虽久居此邦，未任地方，或能不浼于积习。所望坚持心性，明察事理，自治以治人也。

批总镇杨飞熊禀

同治四年七月二十四日

贵镇向来带兵，尚知打仗。此番到东，深望贵镇力为整顿。故将旧营之不甚得力者，营规不甚严明者，营哨之油猾好利者，裁撤四千余人，又择营改归贵镇。刻下到防，务必严讲营规，申明纪律，操练枪矛，排熟队伍。平日与民相安，不可扰害丝毫。此贼飘忽迅速，须日日预备贼来如何冲击，如何包抄，如何破步贼，如何破马贼，不可一时大意。间时带领各营官，周历城武、定陶、曹县、单县、菏泽、郓城、巨野各处地势。又与王副将统带各营见面，彼此时常会商练兵剿贼之法，一旦有事，彼此援应，乃为有益。各营哨有不得力者，即为禀撤；侵蚀勇粮漫无纪律者，即为参办，不可回护。尤必为勇丁存银钱，能存三四个月尤好，此乃带兵第一要义。一防欠饷，一防勇丁偷走，一令勇丁感激。湘营初起，其得力全在此。营勇空旷饷银，全行归公积存，充赏办公，更为湘营妙法，故能以一二千人打数万毛贼，人人同心，全在此也。刻下尚不欠饷，须早为预备。此后至每月底，支应局方发本月之饷，不能月初即领，以防滥用，此即代为存钱之计也。贵镇其诸事留心，事事结实办理，一反从前已撤各营之所为，乃可对人，乃可打仗，庶以显名于东邦也。贵镇勉之，并转行各营哨一体遵行。此复。

批济阳县令王树德禀

同治四年八月

据禀书院各情均悉。书院归绅士经理，此不得已之法，然非此则经费早为官所亏挪，此济阳所以尚有书院也。然宰官主持一邑，而不愿以此事归官，为之官者，可以思矣。生童膏火各十二名，恐不足以养士，可徐图之。此非可叱咤立办者。惟必于绅士中访求正人，不惟知地方利弊，即以此转移风俗，且以此匡辅我之心性材力。官不能正，正人必望望然去之。澹台子羽非子游不能得也。济阳连任官皆不可语此，特以望该令。

另禀被水情形可念。东省水患无长策救之，本部院之咎也。然支流小河，果皆疏浚，未始无益。吾北人多懒，民既不肯力作，官亦视同秦越人，此各处通病，加以黄流泛滥，更为虐矣。办灾之弊，幻态万端。该令亲验，民即叹为鲜有，此可见民情矣。天下巨细政事，无一不如此者。该令事事知从"实"字用心用力，乃可有成，乃能惠及于民。

两年以来通行各札，该县必有存案，可悉心查阅。历言钱漕各事尤悉，无非讲一"实"字，非令人聚敛也。本年漕粮折价，凡米麦豆一升，须照章收制钱六十文。该令学者，须遵行勿违。书差丁役，格外严管。一意于听断、缉捕二事，力求便民、安民之法，勿空言抚字，勿徒作自了好人。民事不可缓也，勤实为体，明强为用，随事体察，随时提撕，其庶几乎。至打破"利"字一关，立身之本，更无须言矣。

闻藩司已委署此缺，果尔，当依限早结前任交代，勿惑于官场之莠言为要。此缴。

接积案若干？查明禀复。管押人若干？亦为禀及。又批。

批沂州府守文彬禀

同治四年十月十二日

据禀均悉。兰、郯、费三县之地，民气甫苏，幸逢秋稔，已将去年官借牛只本息钱如数缴齐，此该守令经理有条，亦见沂民非不易导也。该守恳将牛价缓解，并请续发钱文购牛，均发贫户，此为政爱民之实事。果使榛莽之地尽化膏腴，强悍之风知务农业，渤海治郡复见今日矣，至为起敬。除牛价准缓解外，今再由行营捐输局筹拨银一千两，由该府遣员赴省具领，迅即多购牛只，匀借实在贫民，诸依去岁章程。吏役固不可用，绅士亦择公正者任之，勿令尽私给佃户，徒为继富之举也。该守令务要躬亲经理，逐日妥办，活此数县之民，其绩更在战功之上。务于春耕以前竣事，分晰报明本部院查考。至收缴本息，想皆实在，本部院望同僚以古人之行，应不至以痴骏视本部院。东吏恶习，罔骗官项，不可言尽。该府确切查核，他日稍有不实不尽，定行严惩。至荒绝各产，赶速设法清查。已弃地二年矣，勿再延阁。天下万事，只求清楚真实，便能成绝大功业。勿为高论，勿事粉饰，勿涉奇异，该府勉之，庶可留遗爱于琅琊也。

批黄县署令杨济禀

同治四年十月二十日

该署令解杂款如此清楚，远者不可知，恐山东五十年中无第二人，安得千翁百坡一变齐鲁之俗。常思吾辈作人处事，只能清楚真实，便能成绝大功业，古今无奇才异能，亦无须奇才异能也。即此钱粮一事，丝丝入扣，尚于民事无涉，然能如此者寥寥。吏道之坏，恐不可救，亦各尽此心而已。该署令食禄黄邑，借以养亲，亦未闻其断炊，彼侵挪蒙混者并未见其实在享用，为善最乐，益笃信此言矣。本部院特改该县之缺，有谓过为体念者，得该署令之清楚，可以雪此言。至四年应扣解各款，来春即为早清，谅必同此心也。

另禀本年钱粮及九月以前杂税，均已扫数，极为仅见。即东府有钱粮扫数者，税课则断断不肯也。该署令所为，官派必以为痴愚矣。除行司府外，此缴。

卷四

同治五年

病势有增无减请开缺回籍调理折

同治五年正月十九日

奏为微臣假期已满，病势有增无减，仰恳恩准开缺回籍调理，恭折奏祈圣鉴事：

窃臣于同治四年十二月十【二】日钦奉上谕："阎敬铭著赏假一月调理，巡抚印务著丁宝桢兼护等因。钦此。"当将交卸日期奏明在案。一月以来，屡延数医，多方诊治，日服理脾平肝养心补气之剂，虽泄泻痰喘稍见小效，而怔忡、不寐、瞬晕各病，日甚一日；且前仅两足浮肿，近则牵连腿痛。医者皆云，土衰不能胜木，血亏不能养肝，内风冲动，中气虚弱。近日寅僚来视疾者，勉强延见，行步上下皆须扶倚。实缘赋性躁急，心与病争，精神更为恍惚。

伏念臣以樗栎庸材，叨蒙文宗显皇帝特达之知，畀任鄂臬；我皇太后、皇上御极以来，擢署鄂藩，简任东抚。三年以来，愆尤交集。历蒙圣恩宽贷，凡所疏陈，无不仰荷圣慈，恕其愚妄，渥被殊恩，即捐糜顶踵亦难酬报，何敢因犬马微疾辄思偷安。特以东省政繁时艰，微臣性急念躁，心愈焦灼，病愈加增。若勉强恋栈，则是情同欺罔，设有贻误，负罪更深。再四思维，万不得已，仰恳天恩俯准臣开缺回籍，俾得从容调理，庶可望痊。所有山东巡抚员缺，并祈圣恩迅赐简放，以重职守。臣年五十，尚非衰朽，如得安心医调，仰蒙福荫，渐就霍复，臣具有天良，必即泥首阙廷，求赏差使，不敢自耽安逸，上负生成。

谨据实沥陈，伏祈皇太后、皇上圣鉴训示，无任惶悚企祷之至。

再，折封系借用护抚臣丁宝桢印信，合并声明。谨奏。

同治五年正月三十日奉到回折："军机大臣奉旨：'阎敬铭本日已有旨降为三品顶戴，仍留山东巡抚之任，再行赏假两个月，安心调理，毋庸开缺。钦此。'"

谢赏假两月仍留任山东巡抚折

同治五年二月初三日

奏为恭谢天恩，仰祈圣鉴事：

窃臣前因病势有增无减，具疏恳恩开缺。兹于本年正月三十日恭奉批折：

"军机处奉旨：'阎敬铭本日已有旨降为三品顶戴，仍留山东巡抚之任，著再行赏假两个月，安心调理，毋庸开缺。钦此。'"又接阅邸抄："恭奉上谕：'吏部奏议，革职留任山东巡抚阎敬铭荐举不实，请照例革职等语。阎敬铭著加恩降为三品顶戴，仍留山东巡抚之任。钦此。'"谨即望阙叩头，祗谢天恩讫。

伏念臣材本庸愚，性尤急躁，自蒙简任东抚以来，愆尤交集，负疚万端。历荷圣慈恕臣之所不能，勉臣之所不逮，曲宥矜全，有加无已。乃臣昏瞆无知，重兹罪戾，抚膺自责，辜恩实深。仰荷圣德宽仁，不加严谴罢斥，仅从薄惩，仍留本任，并赏假两月，俾臣安心调理。闻命之下，感激涕零。伏查臣病未瘳，精神恍惚，肝脾亏伤，腿足疼痛，自去岁秋冬，日形加重，深虞丛脞失职，故敢沥恳陈请。兹复渥蒙逾格恩施，臣即顶踵捐糜，亦难酬报万一。惟有刻意绳愆，勉期自励，并即设法治疾，冀得速痊，庶竭犬马之愚诚，以图仰报天地高厚。

所有微臣惶悚感激下忱，理合恭折具奏，伏祈皇太后、皇上圣鉴。

再，折封系借用护抚丁宝桢关防，合并声明。谨奏。

同治五年二月□日奉到回折："军机大臣奉旨：'知道了。钦此。'"

军情紧要力疾销假出省防剿折

同治五年二月二十六日

奏为贼势东趋，军情紧要，微臣病尚未减，不敢不力疾销假，并即日出省督防，接印任事，恭折驰陈，仰祈圣鉴事：

窃臣前蒙恩旨赏假两月，安心调理，当经恭折叩谢天恩，一面延医上紧调治，冀得速痊。一月以来，虽痰喘眩晕略见轻减，而胁痛转增，泄泻未已，骸足犹痛，步履尚艰。医者谓，春深木旺，土气愈亏，必须抑木培土。臣意求速效，更为躁急，药力遽难见功。前因两江督臣曾国藩定日来东，护抚臣丁宝桢于本月十二日前赴济宁，当将驻军事宜详细商酌，并拟赴汶上、东平察看运河情形，即行回省。乃正在筹议，迭据西路探报，张逆股匪有由襄、郧北窜之说，即恐其意在东趋。二十五日，据驻扎曹县魏湾之副将王心安禀报，二十二日该营一二十里内外已见火光，并时有贼马奔窜，并探得赖、牛等逆股匪亦由息县、新蔡窜向东北。丁宝桢以曾国藩现在济宁，曹、济各军均可调度，惟汶上之开河、袁口等处为该匪渡运熟路,拟日内亲赴东平,严扼运河等情。

伏查该逆注意东境,本非一日,刻值麦苗长发,尤其窥伺之时,现已逼近边防,堵剿极关紧要。丁宝桢兼护抚篆,自应力筹防务。刻当上忙催征之际,藩司政务殷繁,恐难兼顾。署臬司卢定勋亦系兼署,更难分任。奈微臣病势并未轻减,焦灼莫名,而军务攸关,事在紧急,此身尚可动转,不忍推诿,又何敢以一身之私有误大局。谨即勉强力疾销假,定于二十七日出省,驰赴东平、汶上一带行营接印,督率各营相机防剿,一切会商曾国藩办理,俾丁宝桢早日旋省料理本任藩司公事。至省城应办防堵事宜,已督饬司道从容布置,以为备豫之计。

除将筹画防剿情形并接印日期俟到营后续行驰报外,所有微臣力疾销假并定期出省督防缘由,理合由驿驰奏,伏乞皇太后、皇上圣鉴训示。

再,折封系借用署臬司卢定勋印信,合并声明。谨奏。

同治五年三月初二日奉到回折:"军机大臣奉旨:'知道了。即著懔遵前旨,严密防剿,用副委任。钦此。'"

恭报到营接印任事日期折
同治五年三月初一日

奏为恭报微臣到营接印日期,恭折叩谢天恩,仰祈圣鉴事:

窃臣因贼势紧急,力疾销假,出省督兵,于本年二月二十六日由驿具奏在案。

臣于发折后,将省防布置,二十七日即行出省,舆疾趱程,于二十九日驰抵东平行营,会晤护抚臣丁宝桢,备知布置运岸河防一切俱有规模,贼势仍盘踞郓、巨交界处所,已经丁宝桢备将详细情形具报。臣当议定仍驻东平,督军扼防,令丁宝桢即回省垣料理藩司本任事务及省防事宜,以期各专责成。兹于三月初一日,由丁宝桢派营务处知府龚易图赍送山东巡抚关防及盐政、临关印信,并随营文卷前来,谨即恭设香案,望阙叩头,叩谢天恩,祗领任事。

伏查贼踪剽疾,所过不留,必遏其奔突之势,乃可为剿办之法。现曾国藩在济宁,臣在东平,南北督军,以期处处周顾。臣病虽未全愈,拜跪上下须人扶掖,惟当尽心勉力,仰报高深于万一。现丁宝桢亦即日起程回省。

除续将军务防剿情形驰报外,所有微臣销假到营接印任事日期,理合由驿具奏，伏乞皇太后、皇上圣鉴训示。谨奏。

同治五年三月初六日奉到回折："军机大臣奉旨：'知道了。本日据丁宝桢奏，贼势盘旋郓、巨，势必东趋，开河、袁口、沈【家】口之防最为吃重，已饬严密布置各情。该抚已抵东平，居中调度，著懔遵昨日寄谕，督饬王心安、潘鼎新及防河各营，严密扼剿，仍随时与曾国藩妥筹调派，勿稍疏虞。钦此。'"

东省各军扼剿布置情形片

同治五年三月初一日

再，臣接印后，接据各营报称，该逆仍在郓、巨一带盘旋。副将王心安先派游击王正起分带四营，驰赴巨野，拦头截扼。王心安亦于二十八日带领四营，由定陶冲入贼中剿击，被贼匪大股四面包围，该王心安饬军冲突，互有杀伤。正在相持之际，适游击王正起由巨野带队近剿，因合力将贼压退。现该军均在巨野，扼贼之前；臬司潘鼎新带领八营，驻扎嘉祥，闻信即日进驻巨野并力堵御；杨飞熊一军亦在后跟蹑，故贼势日来未敢东趋。臣当飞饬各军悉力堵扼，并责令兼顾运防，以期周密。如曾国藩派令追剿之师驰到，当可合力痛剿，以收夹击之功。

至防河事务，仍令济东泰武临道卫荣光督率各营及地方州县，与总兵赵三元水师并直省防兵严切办理，不得稍有疏忽。理合附片具奏，伏乞圣鉴。谨奏。

同治五年三月初六日奉到回折："军机大臣奉旨：'览奏均悉。著即严饬各军悉力堵剿，仍随时会商曾国藩。惟令李昭庆追剿之师克期来东，合力夹击，以期聚而歼旃。钦此。'"

东省防军接仗及与曾国藩会筹防剿情形折

同治五年三月初六日

奏为东省防军在郓、巨接仗杀贼，现经调扼运防，并曾国藩追剿之军已集郓、巨，会筹防剿各情形，恭折具奏，仰祈圣鉴事：

窃臣于本年三月初一日，曾将驰抵东平接视军事，并附陈王心安剿贼大略情形各在案。嗣即接据各军禀报连日接仗情由，因臣甫到营，必须详加查实，是以稍缓具奏。

现查得二月二十三等日，该逆股经我军剿压出境，因绕从东明、菏泽北路，折出杨飞熊营盘后面，窜入郓、巨境内。先经曾国藩、丁宝桢密谕王心安、杨飞熊两军，如贼匪奔在我军前路，无论贼踪盘踞窜动，均即饬军自贼中冲过，务出贼前，拦头阻扼，兼顾运防为要。兹查杨飞熊一闻贼信东入，当于二月二十五日即督队驰抵巨境之安兴寨，突遇贼马数千，分两路蜂拥来扑。我军连施枪炮，左冲右突，均入贼阵，互相斫杀，毙贼二三百名，并阵斩贼目二名，我军亦伤亡数十名。鏖战一日，因天晚始行收队。二十六日，杨飞熊仍率各军冲压贼垒，欲从北面遏贼东窜。甫经列阵，大股贼匪四面包抄，一拥而上，我军往来冲杀，贼势仍然抗拒，杀伤相当。有一贼酋冲入我阵，跃马持矛，直冲杨飞熊队中，杨飞熊策马迎敌，被贼酋矛伤额角。杨飞熊用洋枪立将该酋轰毙马下，斩取首级，逆势稍阻。参将刘兴旺亦身受多伤，均各裹创血战，始将贼众压退，冲过贼前，直抵郓城。一路计杀贼酋一名，杀贼数百名，我军阵亡把总朱启胜一员，伤亡勇丁二三百名。此杨飞熊一军由北面连日接仗之情形也。

王心安一军驻扎魏湾，在贼之南，一闻逆股东窜入巨，即日飞派游击王正起分带四营，驰赴巨野，出贼之前；王心安自率四营，蹑贼之后，期可犄角相攻。二十七日，王心安带队驰抵菏泽之沙土集，即遇贼众围攻民寨。一见我军，寨围立解，马步各贼遂即冲扑而来。王心安率队奋勇冲突，齐施枪炮，直冲贼中。该逆见我军少，胆敢调集大股，层层包裹。我军紧抱阵式，施放连环枪炮，且战且进，毙贼甚多，我军一无伤损。从未至酉，鏖战半日，冲进三十余里，直至观音寨地方，与贼列垒相持。二十八日清晨，王心安恃勇锐进，复率队伍冲逼贼垒，甫及五里之地，贼马即分起包抄。王心安将四营勇队分为两方阵迎击，转战至龙堌集。贼匪愈积愈多，步贼排阵冲压于前，马贼多股包抄于后，拼命血斗，略无退沮。我军一鼓用命，对斫对杀。王心安首先冲敌，衣上连被贼矛戮破十余处，幸未受伤，所乘之马亦被贼斫伤数处，因复换马力冲；总兵陈锡周肩受一伤，均犹血战相持，转战六十里直至姚店地方。适游击王正起带领四营，由巨野迎头赶到，因将贼众压退。共计杀贼四五百名，我军伤亡勇丁三四百名，阵亡哨弁二员。天色已晚，遂即收队，驻扎巨野。臬司潘鼎新于是刻亦率队赶到，扼贼东面一路。此王心安一军由南面冲入贼中连日接仗之情形也。

　　臣以运防紧要，恐贼股绕行，不与我军接仗，直窜运河，贼众路长，仅督饬常武十营布守河干，兵力较薄，飞调各军，昼夜迅赴沈家口、戴庙、安山一带，先扼运河北路。适曾国藩函商相同，当复飞催各军遵照。兹于本月初一、初三等日，王心安、杨飞熊两军，均已陆续调至运岸，连营布置。现据报，李昭庆一军已于初二日驰抵巨野县境，亲带队伍，即行前进。该逆股闻大军俱集，初二、三日乘夜窜出太平集，向北窜扰，仍在郓、范之交柳条圈、萧河亭一带盘旋。潘鼎新一军由郓城即日进兵等情。

　　臣伏查该逆情踪剽悍，既经窜动，必将图扑运防。现既有潘鼎新之军紧蹑追剿，又有李昭庆之军相继进击，东省惟有严扼运河，阻其窜路，方能收效。当即飞饬沿运防军昼夜提防，仍一面飞令黄河北面严布河防，饬济东道卫荣光督率营兵、民团速布北岸，总兵赵三元炮船水师梭巡南岸，务期完密，庶东有运河之防，北有黄河之阻，南有潘鼎新、李昭庆追击之军，西面一路有豫省防剿之军，密为防范。

　　正在缮折间，适于本月初五日承准军机处寄奉上谕："吴昌寿奏张总愚股匪扰及东省一折各等因。钦此。"仰见宸谟筹运，烛照无遗，不胜钦佩。臣惟有遵奉指示，会同曾国藩督饬各军，认真办理。

　　除再将防剿情形驰报，及此次伤亡弁勇详为查明具奏请恤外，所有东军连日剿贼布防各缘由，理合先行恭折由驿驰奏，伏乞皇太后、皇上圣鉴训示。谨奏。

同治五年三月十一日申刻奉到回折："军机大臣奉旨：'另有旨。钦此。'"

武城知县郭尚桓解清亏欠请开复折

同治五年三月十二日

奏为参革知县交代案内，除抵实亏杂仓银两均已解清捐赔等款，照章另扣年限追缴，恳恩开复革职处分，恭折仰祈圣鉴事：

　　窃照前任武城县撤回另补知县郭尚桓交代案内，亏欠杂仓银两，延不完缴，经臣奏参革职监追，查抄备抵，行司遵办在案。兹据藩司丁宝桢详称：查该革员原参短交杂仓等款银四千五百七十八两三钱一分九厘，款目诸多不符，由司饬据现任会同局员将漏交漏抵各款逐一厘剔清楚，送司复核更正。除正款无亏外，计实短杂仓款银八千一百四十四两六钱六厘。查有军需总局核准，该参员在任垫办军需正副销等银一千七百四十九两四钱三分七厘，应先入交列抵，如有核减，仍追原抵之员完缴；又垫办军需删赔银五千四百九十二两五钱九分，亦应循照东省章程暂行划抵作赔；实亏杂仓款银九百〇二两五钱七分九厘，已据该参员悉数解司兑收，应请开复原参处分。此外尚欠捐摊款银四千七百一十一两三钱四分六厘，同赔款例不计罪，现在严饬赶紧完解等情，请奏前来。

臣复查该员被参之案，原因亏短杂仓银两所致，今既分别解抵清楚，尚知愧奋。除将捐赔各款照章另扣年限追缴，并饬现任武城县赶造达部册结外，合无仰恳天恩俯准，将前任武城县撤回另补知县郭尚桓革职处分准予开复，出自逾格鸿慈。

再，该员亏短杂仓银两既经解抵清楚，所有查抄寓所衣物前已估报，尚未变价，应即查明给领，并咨部将原案注销，合并陈明。理合恭折具奏，伏乞皇太后、皇上圣鉴训示。谨奏。

同治五年三月廿四日奉到回折："军机大臣奉旨：'郭尚桓著准其开复革职处分，该部知道，余依议。钦此。'"

福山知县吴恩荣获犯过半请开复折
同治五年三月十二日

奏为原参疏防盗案之知县获犯过半，兼获盗首，吁恳天恩俯准开复处分并赏还顶戴，恭折奏祈圣鉴事：

窃照福山县知县吴恩荣禀报，事主鹿澍长家被贼八九人越墙进院，撬门入室，窃得衣物走出，又有六贼进内复窃，伊婢惊觉喊捕，贼即行强，劫去首饰等物，砸开后门逃逸，缉获盗犯洪成就一案。臣恐该县所禀不实，难保无抑勒事主减报盗数情弊，且失事月余，仅获一犯，缉捕亦属懈弛，将吴恩荣奏参。同治三年十二月十九日奉旨："吴恩荣著交部议处，仍摘去顶戴，勒限两个月严缉。钦此。"钦遵。行司饬委候补知县许宝名前往查明，鹿澍长家实系先被贼匪八九人越墙进院，撬门入室，行窃走出，复有六贼进内，临时行强，劫去首饰等物。原禀尚无不实，亦无抑勒事主减报盗数情弊，讯取事主人等确供禀复。并据吴恩荣禀报，会督营弁，于三年十二月初六、四年正月十八等日，先后访获逸盗王阿志、高棉、于得江三名，并起获原赃金锁链，提同前获之洪成就讯明，于得江纠邀洪成就、王阿洸、高棉并素识在逃之阿僖、阿鸭、阿沣、阿光、阿开一共九人，分携刀械赴鹿澍长家，越墙进院，撬门入室，窃出布匹。阿沣、阿洸、阿开携赃先逃，该犯等与阿僖、阿鸭六人进内复窃。因女婢惊觉喊捕，于得江起意行强，商同洪成就等点燃火煤照亮，劈开箱柜搜翻，劫得首饰等物，砸开后门逃逸属实等情。经臣批饬登州府提讯无异，录供禀经臣核明。该犯等行劫，按律均罪应斩决，批饬照章就地正法，归入四年冬季分正法盗犯汇案奏报。

复查此案业经部议，将该县吴恩荣降一级留任，销去加一级。现既查明吴恩荣并非禀报不实，亦无抑勒事主减报盗数情弊，且行劫盗犯六名，该县已于勒缉限内拿获四名，获犯过半，兼获盗首，虽疏防于前，尚知愧奋于后。据兼署臬司卢定勋会同藩司丁宝桢具详前来。合无吁恳天恩俯准，将原参福山县知县吴恩荣降级留任处分开复，并赏还顶戴。

除仍饬严缉逸盗阿僖等务获究报外，为此恭折具奏，伏乞皇太后、皇上圣鉴训示。谨奏。

同治五年三月廿四日奉到回折："军机大臣奉旨：'吴恩荣著准其开复降级留任处分，并赏还顶戴。该部知道。钦此。'"

运库积欠生息银两恳请暂免拨解折
同治五年三月十二日

奏为运库历年积欠生息银两，实难催追，恳恩暂免拨解，另拨银三万两，勉筹陆续解兑，以济要需，恭折奏祈圣鉴事：

窃臣接准部咨："钦奉上谕：'户部等衙门奏，遵议筹拨内务府需用银两一折，前因内务府奏称用款支绌，当交户部会同妥议。兹据奏称，各省欠款太巨，请设法变通，酌核解款及暂行添拨各等语，著照所请。各直省即自同治五年起，查明现年能解若干，每年带解欠款若干，详细奏复，并将添拨银两陆续解交内务府，限六月前解到一半，十二月扫数解清等因。钦此。'"钦遵。行司筹解去后。

兹据盐运司卢定勋详称：查奉催内务府帑利一款，自道光四年起，商欠累累，难以催追。十七年以后，历经奏准调剂，以堰工加价贴补，商力仍属不支。又于二十九年奏明以商捐进关一钱厘头贴补，不敷仍以堰工加价贴补各在案。从前额引全数销完，每年计征加价银七万余两，厘头银四万五十两，统计征银不过十一万余两。各款帑利共应额解十七万二千余两，即尽数贴补，所短尚巨。乃自咸丰三年以来，始因黄水为灾，继被逆匪滋扰，行销地方，凋敝不堪，各商资本早亏，元气未复，进关厘头屡请展缓，仅有加价一项征收，短绌异常，各项帑利愈形不敷贴补。加以部催京协各饷，纷至沓来，各前任不得不移缓就急，司库无论何款，无不搜括净尽，查核旧年加价，业无存剩。且道光二十九年以后，先课后盐，完一引之课，始能领一引之盐，加价随引征收，所欠者则不在商而在积引。历年未领积引，业奉恩旨分限带销。数年来灾患频仍，运销不能足额，随引交款甚形吃重。各商赶顾新课已属勉力支持，若再将此项积欠生息巨款责令分成带完，不特新课难以催追，且恐商情立见涣散，于全局实有关碍。此历年积欠生息未能提解之实在情形也。至现年加价应解内务府帑利银二万五千两，除前经奏定以一半分解工部外，计应解银一万二千五百两，若照部议酌解银五成，尚需银六千二百五十两。惟将现年收支各数通盘筹画，进关厘头，前已展缓，即将堰工加价尽力催追，约不过收银六七万两，而应解部库、排造剥船及天津道剥船修艎工食生息，并本年新漕试行河运应解运河道挑筑各工津贴等款，暨庙工生息银两，均系先后奏定拨款，不容稍有短欠，共需银七万余两，即加价尽数征收，犹恐不敷。其余各项帑息，为数尚巨，实属无款筹解。此又现年帑利难以提解之实在情形也。惟有据实沥陈，恳将前项历年积欠生息银两奏明暂免拨解，并请将另拨银三万两，俟本年及积引带征加价有款，再同杂款凑拨，陆续报解；下年应解帑利，自同治六年为始，遵照部议酌解；现年五成银六千二百五十两，毋庸另行添拨，以苏商困等情前来。臣逐加复核，确系实在情形。东纲连年灾患频仍，困惫已极，专顾正课已形拮据，旧欠实难催追。惟有吁恳天恩俯准，将历年积欠生息银两暂免拨解，嗣后酌解现年五成并免另行添拨。感沐鸿慈，实无既极。至另拨银三万两，本年奉拨京协各饷已逾课额，惟值内廷待用孔殷，亟应勉力筹解。

除饬司迅速凑办分批解交外，理合恭折具奏，伏乞皇太后、皇上圣鉴训示。谨奏。

同治五年三月廿四日奉到回折："军机大臣奉旨：'户部议奏。钦此。'"

添拨内务府银两已饬竭力稽征片

同治五年三月十二日

再，查临关添拨内务府银三万两，据济东泰武临道转据临关委官临清州知州张应翔详称：查征存新旧关税，均于上年奉拨京饷银五万两案内全数凑解，刻下续征无几，应俟征收足数，方能起解。惟临关只有卫河一路，商船稀少，税无来源，上岁户关期满，仅征正银一万六千余两。似此异常短绌，能否如期征足银三万两，实难预定，惟有竭力稽征，以济要需，并声明每年应解内务府摊缴参价银三千两，均系按年起解。所有咸丰九年至同治二年俱因军需紧要，凑拨军饷，其同治三、四两年之款亦已凑解京饷，业经分别开造年款咨部查照等情，请奏前来。臣复查无异。

除批饬赶紧征收委员起解外，理合附片陈明，伏乞圣鉴。谨奏。

同治五年三月廿四日奉到回折："军机大臣奉旨：'知道了。钦此。'"

秋审人犯请免提勘折

同治五年三月十二日

奏为现办防剿，本年秋审人犯援案请免提勘，恭折具奏，仰祈圣鉴事：

窃照东省办理秋审，历系四月内提犯至省，审勘具题。同治四年臣因筹办防剿，曾经奏请将通省秋审人犯均免解勘，奉旨允准。兹届本年勘办秋审之期，乃豫捻复又窜入东境，省西各府州堵剿固甚吃紧，即省东各府属防范亦均戒严。臣现在省外督兵，既无暇兼顾及此，而各处道途多阻，解犯亦疏脱堪虞，察看情形，势难照常解勘。所有本年秋审人犯，应请援照上年成案，免其提勘，仍由司道等会核实缓，依限造册，由臣复核具题，庶人犯得免疏虞，而秋审仍无贻误。据藩、臬两司会详前来。为此恭折具奏，伏祈皇太后、皇上圣鉴训示。谨奏。

同治五年三月廿四日奉到回折："军机大臣奉旨：'刑部知道。钦此。'"

委员管解京协各饷片

同治五年三月十二日

再，东省应解各饷刻不容缓，司库万分支绌，上忙地丁开征未久，解兑无几，设措更属为难，而各处待用孔亟，岂容坐视。随饬藩司于无可设法之中，勉筹陕西饷银二万两，委候补从九品李培丰解赴该省藩库交兑。又备曾国藩大营二月份饷银一万八千两，委候补府经历董绪昌解往徐州道衙门交纳转解。又筹银三千两及划解同治四年定安六月份余剩饷银六百七十一两二钱三分二厘，委候补从九品胡钟杰解交直隶大名粮台查收。又措臬司潘鼎新二月份饷银三万两、三月份柴薪银二千两，委候补从九品施春华解给备用。据运司卢定勋详报，奏拨京饷，前经解过二万两，兹又筹银二万两，同应交加平银三百两、饭食银三百两，委候补盐大使孙善继、汤兆镛管解，前赴户部兑收。

除分咨查照并仍催分别缓筹报解外，理合附片陈明，伏乞圣鉴。谨奏。

同治五年三月廿四日奉到回折："军机大臣奉旨：'户部知道。钦此。'"

平阴知县李溴署理郯城知县片

同治五年三月十二日

再，郯城县知县周士溥调省察看，所遗员缺，查有平阴县知县李溴，朴实勤慎，堪以调署。该员任内，并无承缉三参限满已起四参盗案及钱粮未完有关降调展参处分。据藩、臬两司会详前来。

除檄饬遵照外，理合附片奏闻，伏乞圣鉴。谨奏。

同治五年三月廿四日奉到回折："军机大臣奉旨：'知道了。钦此。'"

东省各军连日防剿情形折

同治五年三月十九日

奏为张逆股匪败窜水套，逼伺运、黄两河，各军剿击，合股西遁，旋即勾结赖、牛股匪，自豫并股，前后东窜，现复窜踞郓北水套各境，窥扑运河，连日防剿各情，恭折由驿具奏，仰祈圣鉴事：

窃臣于本年二月十一日准军机处寄奉上谕："阎敬铭奏东省防军调赴运河以东，凭河堵御，以固北路之防各等因。钦此。"仰见宸谟广运，不胜钦佩。

查张总愚股匪窜踞巨野太平集寨，因各军齐集，即于三月初二日夜奔窜郓城一带，并袭破潘溪渡民圩，屯聚其中。臬司潘鼎新于三月初三日由巨野追至郓城，力解城围，初四日进攻潘溪渡贼巢。潘鼎新督军力剿，大获全胜，擒斩千余名，夺获辎重、牲畜甚多，即时攻破逆巢，该逆败窜梁山一带。初五、初六两日，李昭庆亦从巨野赶到，会合潘鼎新速行出队剿击，迭有斩擒。初七日，该逆股遂窜近河套，扰及于家口、温家口地方，相距运河沈家口、戴庙各处二十余里，急图窜运。维时臣调派各军均已到防，因沿河堤遍立营垒，列队待战，该逆不敢东趋，初八日窜入沙河水套。该处北逼黄河南岸，东距运河沈【家】口亦仅十余里。该逆时以马贼窥扑运河，以步贼遍扰黄岸，偶或拆屋扎筏，欲为偷渡。卫荣光督饬兵勇民团，在黄河北岸严防，不稍松懈。运河东岸，副将王心安等各营严密布守，昼夜列仗，相机出击。臣又饬调兖沂道文彬亲赴运岸，往来督查。总兵赵三元将炮船、【炮】划分布黄、运两河，往来巡击，并令夜间出队登岸，劫其寨垒，以为明攻暗袭之计。其时潘鼎新、李昭庆两军，即由潘溪渡、萧河亭进至馆里集，扼其南面。该逆窜至寿张黄河南岸宣家桥、艾家堌堆、殷家圩、白家岭等处肆扰，经卫荣光督饬团长张扶清、陈慎言等带团渡击，杀贼数十名；参将韦应麒等派队下船，轰毙隔岸贼匪十余名；守备姚鸿烈、游击陈占鳌亦带队时为轰击；把总杨廷秀见贼匪抢船欲渡，急开枪炮，将贼船击毁。又直隶防军总兵余承恩、总兵陈济清等均各派队过河，迭有斩获。此河北防军堵御之情形也。

运河各段，惟沈家口一处岸平水浅，最为险要。该逆时遣骑贼窥伺，并于昏夜潜众窥探，因我军列岸紧严，未能扑渡，但盘聚河西，连日相持。初十日，总兵赵三元带炮船、炮划由运入黄，在寿张南岸党家庄地方轰退聚匪，挽船直入小河口。逆众屯聚殷家圩，赵三元亲带小队，并调都司杨长林等船泊岸，率勇登圩，施放火箭喷筒，将贼中抢掠粮薪烧毁。该逆悉数遁出圩外，又经水师兵勇追逐数里，天明收队。沿黄匪众遂不敢近岸窥渡。是日潘鼎新、李昭庆两军均向黑虎庙进队力剿，势将布围。十一日夜，该逆股遂全数潜逃，均向西南狂奔，十二日已至濮州之红川口地方。潘鼎新即时拔队跟踪追蹑。乃张逆股匪于十三日已至菏泽之小留集，即时复行折回东窜。经臬司潘鼎新追军扼剿，于红川口获一胜仗，该逆遂绕我军之北狂奔东路。十五日下午，马贼直扑沈家口、戴庙各运岸，经东省防军击退。现在该逆复窜踞寿张、范县河岸各处，连日贼马千百成群，昼夜图窜黄、运两岸，俱经各防营会合炮船，枪炮轰击，与之相持。十六七等日，又据菏泽、曹县禀报，赖、牛股匪于十五日从菏、曹交界窜入东境；顷据探报，窜至郓城之北，与张总愚合股各等情。

臣查该张逆股匪，自入东境，迭经各军剿击，扼其东趋，潘鼎新、李昭庆两军迭次获胜，势将合围，又经黄、运两岸防守綦严，无所逞志，乃伪退以弛我军战守，以图回窜扑渡，复纠合赖、牛大股并力突窜，谋狡力悍，狂凶已极，非会合大军，难期剿洗。且运河一带，水势浅不及咫，黄岸兵亦单薄，在在可虞。现经曾国藩函商，东省各军仍并力扼守运岸，潘鼎新一军，调令紧扎运岸之西，以与东省各军联络；李昭庆一军，令扎长沟安居及济宁迤南一路运河，防其从南路东窜；并飞催刘铭传、周盛波各军，克日来东。各军到齐，四面会剿，以期布网成擒。臣迭奉寄谕，严防河北，迭饬卫荣光调集兵勇民团，紧布河岸，并令赵三元炮船分段巡击；现复添募勇丁两营，令扎寿张北岸，以期紧扼贼氛。臣惟有督饬各军并力用命，堵御狂氛，不敢以贼盛兵厚稍涉疏虞。

除再将防剿情形随时奏报外，所有张总愚股匪被剿西窜，现复纠合赖、牛股匪回窜水套，窥扑运岸，及连日防剿各缘由，理合恭折由驿具奏。

再，此次奏报，因逆踪狂奔无定，是以稍迟，合并声明。伏乞皇太后、皇上圣鉴训示。谨奏。

同治五年三月廿三日未刻奉到回折："军机大臣奉旨：'览奏均悉。张逆仍踞寿张、范县河岸，而赖、牛等股复窜至郓城，与该逆合股，黄、运两河之防，尤为吃重。该抚务当懔遵昨日谕旨，严饬各军，并力扼守，与曾国藩妥筹会击，毋得借口兵单稍涉疏虞，致干咎戾。钦此。'"

同治四年大计再请展限片

同治五年三月十九日

再，同治四年大计，前经奏展至本年四月举行，奉旨允准在案。瞬将届限，应即核办。惟刻下正值军情吃紧，臣出省筹办防剿，难以兼顾，又不获与在省司道面为商办，各属亦因风鹤之警，册结尚未造送齐全。案关黜陟，未敢草率从事。据藩司详请再行展限前来。相应仰恳恩施俯准，将山东省应办计典，一俟军务稍定，核明统案，即行题报，以昭慎重。如有庸劣之员，仍当随时甄劾，不稍姑容。理合附片奏闻，伏乞圣鉴。谨奏。

同治五年三月廿三日奉到回折："军机大臣奉旨：'著照所请，该部知道。钦此。'"

俟军务告竣再行阅武片
同治五年三月十九日

再，臣接准兵部咨开："同治五年二月初一日奉上谕：'本年轮应查阅山东营伍之期，著即派阎敬铭认真简校。如有训练不精，军实不齐，即将废弛之将弁据实参奏，务当加意整顿，毋得视为具文等因。钦此。'"仰见皇上整饬营伍之至意，自应钦遵认真查阅。惟现值豫捻窜入东境、军务吃紧之时，臣筹办剿防，既不能依限校阅，且各营兵弁亦多征调离营，更未能逐一考核。所有东省本年阅伍事宜，合无仰恳天恩俯准，俟军务告竣，防兵归伍，再行分别查阅，以昭核实。臣仍严密察访，如有废弛之将弁，即当随时据实参办，断不敢稍事姑容。理合附片奏闻，伏乞圣鉴训示。谨奏。

同治五年三月廿三日奉到回折："军机大臣奉旨：'著照所请。该部知道。钦此。'"

兖沂曹济道文彬随营差遣片
同治五年三月十九日

再，臣行营营务处原委道员潘骏文、知府龚易图二员随营经理，现当防务吃紧之际，一切整饬部伍、催队堵剿及军报文案，事务繁多，仅只二员，不敷差委。查兖沂曹济道文彬，年壮才旺，勇于任事，且贼踪现扰之地多系该道管辖，调令随营亦属分所应为。兹经臣将该员文彬于本月初旬拨调来营，派办营务处各事，当即饬赴运河东岸督查防营，以期得力。理合奏闻，伏乞圣鉴。谨奏。

同治五年三月廿三日奉到回折："军机大臣奉旨：'知道了。钦此。'"

东军扼守运河援军大获胜仗情形折

同治五年三月二十八日

奏为捻逆合股迭扑运河，防军屡次堵击，分股南窜，经刘铭传一军击剿，大获胜仗，贼股先后窜向单县一带各情形，恭折具奏，仰祈圣鉴事：

窃臣于本年三月十九日曾将张、赖各逆合股回窜范、郓各情具奏，三月二十三日奉到回折："军机处奉旨：'黄、运两河之防，尤为吃重。该抚务当严饬各军，并力扼守各等因。钦此'。"仰见圣谟广运，指示周详，曷胜钦佩。

臣查该逆张总愚股匪勾合赖、牛各逆，并力入境，意在图扰运东，肆其掳掠，故此次复踞水套，时遣多贼窥扑黄流，而蓄其悍锐，专扑运岸，冀移我军入黄，俾遂渡运狡计。自本月十六日，该逆股时扰运、黄各岸窥渡，经防黄各军及水师炮船互为轰击，迭有斩擒，直隶防军亦过河力剿。该逆知难渡黄，遂专扑运河，日以马贼千群往来沈【家】口、戴庙岸西，昏黑之夜，迭来窥扑。东省运岸防军，早经列营树栅，迭放排枪，师船亦开炮轰击，屡经击退。十八至二十等日，该逆麇集马步各大股，自沈【家】口以至戴庙二十余里滨河猛扑。我军极力设法，处处堵击，益加严密，昼夜互持，未容一贼近岸；间时过河击贼，屡有斩获。二十一日，臬司潘鼎新一军从开河直达靳口之北，刘铭传、周盛波两军亦先后均抵巨野。逆情屡阻于运防，不能逞志，又虑大军毕合，遂渐向南奔。据探，任柱一股先分股窜向城武、单县一带，张、牛合股于二十一日亦由梁山黑虎庙南窜巨野。适刘铭传军于巨西，周盛波军于巨北，皆拦头扼击。该逆复稍北窜，经军追剿，又折而南。二十三日，刘铭传追及巨野之龙堌集，全军酣战，大破贼众，斩获不可胜计。该逆经此大创，连夜夺路冒雨奔突西南、正南各处，刘铭传之军亦连夜跟剿。现据城武、单县各路禀报，于二十四日逆众马步大股，均向单县东南、西南一带奔窜等情。

臣查该逆合股入东，扑黄扑运，冀扰完善；时分时合，狡谲异常。经防军守扼于前，援军剿击于后，遂复分股南窜。惟贼股众多，聚散奔突，莫知定向，亦不能指实逆酋孰为分合，虽已先后狂逃，终虞绕兵回窜。现计运南一带，曾国藩饬派李昭庆、杨鼎勋各军扼守运北之防；自沈【家】口以至开河，东军驻守各地，仍宜暂扎，以防其后。

正在缮折间，又准军机处寄："三月二十五日奉上谕：'阎敬铭务当严饬各军固守运河，勿任一贼偷渡各等因。钦此。'"伏查此次力守运河，仰赖圣主威福，虽危警万状，军士尚能勉力，得免疏虞，而贼匪是否出境，奔突何地，尚未探确。至此后军情，尚须筹度尽善。臣拟日内探确贼踪，即赴济宁与曾国藩面商一切，以期防剿得宜。

除再将防布情形驰报外，所有东军扼守运河及援军大获胜仗、各逆股先后南窜各缘由，理合恭折由驿驰奏，伏乞皇太后、皇上圣鉴训示。谨奏。

同治五年四月初五日卯刻奉到回折："军机大臣奉旨：'另有旨。钦此。'"

军事孔棘未敢遽请诣京片
同治五年三月二十八日

再，臣于同治二年蒙恩简用山东巡抚，是年四月初九日到任，迄今瞬届三年。奉职无状，每蹈愆尤，屡荷圣慈曲加宽贷。正拟届期吁请展觐，俾将应办切要诸务，凡臣识虑所不周、敷陈所未当者，皆得面聆训诲，庶有禀承。乃捻氛复行窜扰，微臣力疾出省，勉筹防剿。值此军事孔棘，未敢遽请诣京，致离职守，而翘望阙廷，实不胜瞻仰企恋之至。

所有微臣届期应行请觐及依恋下忱，理合附片陈闻。

同治五年四月初五日奉到回折："军机大臣奉旨：'另有旨。钦此。'"

委员管解京协各饷片
同治五年三月二十八日

再，查本年上忙钱粮开征将及两月，虽经设法整顿，解兑终属无多，总缘捻匪窜入东境，远近震惊，难期输将踊跃，以致司库万分支绌。而京协各饷均系刻不可待，经臣督饬藩司移缓就急，勉筹同治五年京饷银四万两，委候补未入流左得源解赴户部交兑。又筹新疆经费银一万五千两，委候补从九品冯邦彦解往绥远城将军衙门交纳转解。又筹直隶大名粮台三月份饷银三千两，委候补未入流沈殿成解交该粮台查收。又筹伊犁专饷银一万两，委候补从九品吴恩培解交山西藩库递解。又上年奏拨盛京兵饷银四万两，已解过银二万两，兹又饬委候补县丞乔光缙解银一万两，赴奉天部库兑收。据藩司丁宝桢先后详报前来。

除分咨查照并仍催续筹委解外，理合附片陈明，伏乞圣鉴。谨奏。

同治五年四月初五日奉到回折："军机大臣奉旨：'户部知道。钦此。'"

江苏海运漕船收口放洋日期片
同治五年三月二十八日

再，查山东省防护海运，历系登州镇臣亲统舟师出洋巡护，并令道府饬令沿海州县在于紧要口岸稽查弹压。本年江苏、浙江漕粮由海运津，臣接准各该省咨会，即分别咨行该镇、道照章防护。兹准登州镇总兵周惠堂并据该管道府禀报，三月初九、十等日，江苏昭文县奚恒义、王永春，吴县金义隆，华亭县沈裕茂，江阴县吴永太，南汇县年增祥、年增裕、田永发、张长利，太仓州包顺利、武和顺，娄县沈恒盛、朱福太，奉贤县周永福，元和县钮聚泰、金源祥，嘉兴县钱发泰，新阳县孙协利，上海县常大顺漕船共十九只，先后收口。奚恒义等十六只当即放洋，由水师将弁护送北上，武和顺、周永福、钮聚泰三只，尚未出口等情。

除饬催武和顺等三只赶紧出口放洋，并饬将续到漕船随时迎护催趱外，理合附片具奏，伏乞圣鉴。谨奏。

同治五年四月初五日奉到回折："军机大臣奉旨：'知道了。钦此。'"

同治三年七月以后军需各款仍请照旧摊廉归补折
同治五年四月初一日

奏为山东省同治三年七月以后军需案内应入正销各条，并确核筹补名目碍难禁止，仍请照旧由外摊廉归款，分别开列清单，恭折仰祈圣鉴事：

窃照前准部咨，钦奉上谕："各省军需，同治三年六月以前均免报销，七月以后仍照旧案办理等因。钦此。"遵经查明沿途州县应付兵差一切用项，酌议新旧报销条款，开单具奏，并声明各营支应局应各归各案报销，以清款目在案。

兹据军需总局委员盐运使衔候补知府李宗岱详称：遵将同治三年六月以前未销各案，截清界限，分年分起核办。其三年七月以后承办军需，凡应入正销均有例案可据者，仍照旧撙节支发，核实造报。至筹补名目，碍难禁止，有不能不缕晰陈明者。查山东省情形与他省不同，筹补之方，亦与劝捐及私设厘卡迥异。缘军行紧急，每多例所不及，所用必需之款，减省则势有万难，报销又格于成例，承办之员既已设法应付于临时，不得不筹议补苴于日后。如需用车马、制造工料，各帮价例不准销，又属实用有据，皆系奏准摊提各官养廉逐渐弥补，款归有着。自嘉庆十九年以来，均系照办。如并不实在摊扣，前人早已更张，实非劝捐抽厘之格外另筹，毫无把握，转滋流弊也。况一应物料、马匹，皆非东省所产，从前购办尚不甚难，已需帮价。近年发、捻肆扰，黄水成灾，商贾萧条，生植稀少，所需价值，较昔增昂，加以银价日减，暗中亏损几及倍蓰，即使照旧帮贴，尚属不敷。今欲骤禁筹补，则例外用项应请统归正销；正销不能，则必全裁帮价；帮价尽裁，力难赔垫，势将束手无策，坐视贻误。迨至事机既失，即予严参，难资补救。此所以夙夜思维，不得不仍请照旧摊廉归补也。盖筹补之最要者，厥有三端：一为制造项下五成帮价。查军营所需枪炮、刀矛、火药、铅丸、锣锅、帐房、号衣、旗帜等件，向章除例价入正报销外，酌加帮价五成，以资造办。今百物增昂，若将帮价删除，非惟偷工减料不适于用，抑且左支右绌成造为难。一为采买马匹之五成帮价。查东省驿站定章，每马一匹例价银十两，军需马匹另加帮价银五两。现时价值数倍于前，而军行需用紧急，既不及请票赴口采买，东省又非产马之地，奇货是居。今复议删帮价，或则无从购觅，或以疲羸充数，必误驰驱。一为雇用车辆之六成帮价。查军需车辆定例，每辆每百里给脚价银一两，东省历届章程加给六成帮价银六钱，又先期到站二日，回空一日，每日减半料草银五钱、帮价银三钱。计每车共应支银四两，内核入正销银二两五钱，由外筹补银一两五钱。嗣于冯官屯报销案内，部议核减每车例价银一两、帮价六钱之外，只准到站一日，减半料草仍减二成，实支银四钱，计正销筹补仅共给银二两，已属省无可省。兹复议将六成帮价删除，则喂饲不敷，莫肯应雇，必致贻误军行。以上三条，皆为用所必需，万难再减。且以各官应得之养廉补通省军需之不足，按年扣拨，款不虚悬，仍应由外摊廉归补等情，请奏前来。

臣复查均系实在情形，所议各款，有条不紊，东省摊廉归补，历有成案可循，初非另筹格外，较之劝捐抽厘者迥不相侔。合无仰恳天恩俯准，将五成、六成帮价，除同治三年六月以前未销各案仍照旧办理外，其自三年七月以后，现办军需亦准照东省历届章程，由外自行摊廉归补。其余零星用项，如营盘、油烛、侦探盘费等款，虽有筹补旧章，亦俱悉数裁汰，以归撙节。

除咨部查照并嗣后另有增用巨款，或须因时变通之处，仍先专案奏报外，所有核议山东省军需应入正销各款及例外用项仍照历办旧章由外摊廉归补缘由，理合恭折具奏，并分别缮具简明清单，敬呈御览。伏乞皇太后、皇上圣鉴训示。谨奏。

同治五年四月十三日奉到回折："军机大臣奉旨：'户部议奏。单二件并发。钦此。'"

谨将东省同治三年六月以前军需正销历经奏准及部复有案，七月以后仍应照办各款，开列清单，恭呈御览。

计开：

一、从征文武官员，各按品级照例支给盐菜、口粮、跟役、例马、驼只。每员各月支盐菜银自十二两至一两五钱不等。京外文员之跟役，各月支盐菜银五钱。京城满营、外省驻防兵丁，各月支盐菜银一两五钱；官兵之跟役，各月支盐菜银五钱。绿营兵丁，月支盐菜银九钱，照例加给银四钱；官之跟役不支盐菜；兵之余丁，月支盐菜银五钱。

一、官兵及跟役、余丁，每员名日支口粮米八合三勺。照例官粳，兵丁、跟余粟，照案每粳米一石折银二两四钱，粟米一石折银一两四钱。

一、满洲、蒙古、绿营文武官员、兵丁及官兵之跟役，均照定例，分别给与例骑马匹并驮马、驼只。每马一匹、驼一只，各日支干银五分。满营官兵之马匹，照案裁四存六；绿营马匹按实带骑马数目供支。

一、满、绿官员赏有巴图鲁勇号，不论品级，本身每月支盐菜银九两，跟役照案给十四名，各月支盐菜银五钱，例马十二匹，口粮米折、跟役、驼马并马干银四两，俱照案支给。空翎兵丁等项赏给勇号并无官职者，盐菜等项减半支给。至应得赏项银一百两，或全给实银，或援照钦差大臣亲王僧格林沁军营先给一半实银，一半赴部领票，临期按经费之盈绌酌量办理。

一、东省连年被扰，地方蹂躏不堪，兵丁防剿之处多在穷乡旷野，诸物既极昂贵，而银价更形减贱，支给征兵口分，已属拮据。捻逆未除，时来窜扰，除征剿各兵照征兵分例支给外，其余驻扎各边口官兵，捻逆不时窜扰，贼至则冲锋御敌，贼退则跟踪尾追，实与进征官兵无异，若给防兵口分，实属不敷食用。查直隶巡防马贼官兵，无论相距本营在三百里内外，一律按照征兵支给口粮，奏有定章。东省驻扎各边口巡防官兵，较之直省情形尤为吃重，而所得口食如逊于直，诚恐困苦之极，难期得力。应请仿照直省同治四年奏案，无论相距本营在三百里内外，一律支给征兵分例，以示体恤。

一、东省壮勇，每名遵照奏案，仍旧日支口粮银一钱，带队等项及马勇各加马干银五分。至东勇长夫与东治、济安、吉胜湘、楚各勇，历经专案奏准：东治、吉胜营楚勇每名日支口粮银一钱二分，每二名合给长夫一名，日支口粮银七分；济安营湘勇每名日支口粮银一钱三分，每二名合给长夫一名，日支口粮银一钱；东勇每三名合给长夫一名，日支口粮银七分。以上各勇，均每二十名随带差马一匹，日支干银五分。

一、调派军营现在实缺人员，照例各按本任应得养廉银数全分支给。

一、随营京外候补、候选、试用、丁忧及革职并无余罪，复经奏留办事各员，均准照例支给应得分例请销；其革职留营效办赎罪人员，不准支给。

一、移营进剿，步守兵丁并无官马，满营兵每二名连跟役，绿营兵每四名连军装，给车一辆，每车每百里给正价银一两，先期一日减成料草银四钱，共请销银一两四钱外，加帮价银六钱，由外筹补，另条核议。

一、军营征剿，满营马甲、绿营马兵，各乘本身例马，如遇马匹疲乏，无马更换处所，满兵每二名连跟役给车一辆，绿营兵每三名连军装给车一辆。嗣于道光二十六年经兵部奏请裁汰，凡系有马兵丁，概不准给车；且现值经费支绌，自应遵照办理。惟东省报销章程，如马兵带出官马，按照实带数目造报。其未带马之马兵，并不给与干银，实与步卒无异，若与有马兵丁概不给车，似觉向隅。应请将未带马之马兵，按照从前例定车辆，从减支给，满营照步甲，绿营照步守兵之例，给予车辆，以示撙节而昭公允。

一、制造铜铁炮位、炮车、抬枪、抬炮、鸟枪、喷筒、火镰枪、长枪、腰刀、箭枝、火绳药、铅炮子、单夹帐房、大小花旗、号衣、号帽、锣锅、锅撑、九龙袋、荆篓、大小药葫芦、皮褡连、锹锸、锯镰等件，均照例定价值支销，外加五成帮价，由外筹补，另条核议。

一、军营需用马匹，刻不容缓，若待请票出口，必致延误，向在本省附近地方购买，以便应用。其价值并马干、盖棚、纤夫工食等项，照例支销，外加五成帮价，由外筹补，另条核议。

一、运送军火、军械并探买制造各项物料等项，需用紧急，不容片刻稽延。沿途经过处所，或因距城弯远，或因地方不靖，必须绕道趱程，不及等候所车。且东省并无所车，俱系粮台雇用民车，照例一百三十斤每百里给车脚银一钱五分。照案八百斤给车一辆，每百里照章给价。如山路崎岖，车辆难行，雇觅马骡，每一百三十斤给马骡一匹头，照运粮例，每站给脚价银三钱。

一、运送军饷，每鞘二支，每百里给车价一钱五分。如山路崎岖难行，雇觅马骡，每匹头驮银二鞘，照运粮例，每站给脚价银三钱。

一、解送军饷、马匹及一切军装物料委员，分别官职大小，日支盘费银自五钱至二钱不等，跟役自五名至一名不等，兵夫按解送之多寡，临时酌给。跟役及兵夫，各日支盘费银六分。官役各给骑骡一头，每百里给脚价银二钱。兵夫不给。

一、办理军需，设立分局，经承、帖写各有例支银数，经承每名月支工食银四两，帖写每名月支工食银三两，每三名给车一辆。如派调出省，查照例案，经承支给减半安家行装银两，帖写不支。至纸笔、油烛银两，临时按军务之多寡，照例酌量办理，均于余平项下动支。

一、军营书识，每名月支工食银二两，日支口粮粟米八合三勺，每三名给车一辆。如调派出省，查照例案，支给减半安家行装银两。

一、军营文报，既多且急。大兵驻扎处所附近州县，虽准安设腰拨，惟马数不多，较前大加删减，只能递送本境往来公文。而各路营盘申发一切文报，络绎不绝，附近州县腰拨马匹仍属不敷轮转，且有并不经由州县腰拨之处，是以必须安设随营台站腰拨。照例两马一夫，所需夫马、工料、外备等项，查照东省驿站办理支销。

一、运送大炮夫数，每五十斤用夫一名。如山路崎岖险仄处所，按炮身重在千斤内外，分别五十斤、十五斤用夫一名。每夫日支工价银八分，口粮米一升。

一、满、绿各营阵亡、伤亡、病故官兵，应得恤赏，及阵伤验明等第，应得伤赏，各有例定银数，有按例全给实银者，有给一半实银、一半赴部领票者，临时按经费之盈绌，酌量办理。

一、运送军粮，以一百里为一站，每石给车价银一钱五分。如车辆难行，雇觅马骡，每石每百里给银三钱。

一、官军扎营处所挑挖濠沟，雇用民夫，每土一方，用夫二名，每名工价银五分。按照高、深、长、宽丈尺核计土方，再计夫工。

一、行军道路遇有石路崎岖，乱石碍道，难以行走，必须开凿成砌，或土路坑坎亦须修垫平坦，均按工程做法则例，核计见方丈尺，再计石匠、壮夫名数，工价照例支销。

一、河水阻隔，无船可渡，必须搭盖桥座，以利军行，应按长、宽、高、深丈尺核计物料多寡，再行计匠夫名数，工价照例支销。

一、水路运送军装，官役、兵夫盘费与陆路同。雇用民船，无论官职大小，官弁、兵丁、跟余每五员名给船一只，军火、军装、行李等项，按五千斤给船一只。每只船户水手以四名为率，每名每站日给口粮米八合三勺，到站守候不得过三日，每日一律支给粟米。官员、兵丁、跟余，每员名每百里给水脚银三分。军火、军装、行李等项，每百斤每百里给水脚银一分。逆水每五员名给纤夫二名，军火、军装等项，每一千五百斤给纤夫一名，每名日支银五分。仍照例先尽州县额设水夫纤运，如有不敷，始准添雇民夫。至运送粮石，顺水以一百里为一站，每石水脚银三分六厘；逆水以八十里为一站，每石水脚银七分。

一、官兵盐粮银两，均系支用库平；其恤赏、制造及一切军需用项，照章扣平支放，所扣减平银两，核入收款，作正造报。

谨将同治三年七月以后军需例外用项，拟请仍照东省历办旧章，由外摊廉归补各条，开列清单，恭呈御览。

计开：

一、军营制造枪炮、刀矛、火绳、药铅、锣锅、帐房、号衣、旗帜以及一切零星器物，皆为行军要用。东省历办旧章，除例价入正报销外，酌加帮价五成，由外摊廉归补。诚以军械贵乎坚利，各项物料又值产于他省，远道购备，例价本属不敷。连岁以来，贼踪纷扰，商贾稀疏，物价愈昂，银价愈贱，较之往昔，竟有大相悬殊者。照旧加帮，犹虞不给，今以不准筹补，因之删除帮价，则短绌益多，若非草率偷减，难资利用，即恐迟延推诿，坐误机宜，所关非细。应请循照向章，于例价之外，仍给加五帮价，由外摊廉归补，以速成造而重军实。

一、军营采买马匹，东省向办章程，照驿站定例，每匹价银十两，入正报销，外另加帮价五成，由外摊廉归补。盖以军营需马紧急，既不及赴口采买，东省又非产马之区，就近购买，其值较昂，例价实不敷用。重以频年遭贼蹂躏，民间有马之家，又复十去八九，搜索愈难，价值愈贵。今以不准筹补，遂将帮价议删，势非无处购求，即以疲羸充数。马匹为行军最要之需，岂容迟缓短少。应请循照向章，于例价之外，仍给帮价五成，由外摊廉归补，以资采办而利驰驱。

一、军营雇用车辆，东省向办章程，除每辆每百里脚价银一两入正报销外，加给六成帮价银六钱。又先期到站二日，回空一日，每日减半料草正销银五钱，另加帮价银三钱，由外摊廉归补。统计每车每百里共支银四两，内核入正报销银二两五钱，筹补银一两五钱。原以官兵移营进剿，迁徙靡常，粮饷、军装转输不绝，用车多而且急。东省并无额设所车，不能不雇民车应用。迩年以来，车骡愈形短少，而兵行之处，率皆逼近逆氛，居民避贼远移，附近无车可觅，必须先期购自远方。乡愚虑打过站，不愿受雇，非格外优给价值，莫肯应雇。即照旧章全支例帮二价，实已赔累，况自冯官屯报销案内，奉部核减，每车例价一两之外，只准到站一日减半料草，仍减二成实支银四钱，又六成帮价银六钱，计每车共支银二两，内正销银一两四钱，筹补银六钱。嗣后僧营粮台及各路军营，均照此办理，部中核准在案。较之从前减去一半，尤属万分竭蹶。今以不准筹补，并将帮价剔除，必致百呼不应，贻误要需。应请遵照核减新章，于例价一两及减成料草银四钱均归正销外，仍给六成帮价，由外摊廉归补，以资转运而利军行。

漕船开行日期及部分未能跟接情形片

同治五年四月初一日

再，查东省起运同治四年漕粮，经臣迭檄严催赶早趱运抵通。

兹据督粮道沈维璥禀报：外河德正等帮均经逐船盘验，于三月十八日开行北上，所有闸内济宁等五帮，随经迅催联艍前进。续据沈维璥禀报：闸河自去冬至今，水势稍落，节节浅滞，并有淤成平陆之处。正拟挑浚，期与外河各帮同行，讵甫经择日兴工，即值发、捻窜扰，东境汶上、东平一带皆漕船必由之路，未敢冒险前行等情。臣现驻河干，复查确系实在情形。

除严饬各帮弁丁人等妥为保护，一俟地方平靖，河水通畅，飞催出闸遄行，赶紧抵通外，所有外河德正等帮开行日期，并闸内济宁等五帮未能同时跟接行走缘由，理合附片奏闻，伏乞圣鉴。谨奏。

同治五年四月十三日奉到回折："军机大臣奉旨：'知道了。钦此。'"

临清工关征收短绌情形折

同治五年四月初一日

奏为临清工关一年期满，征税短绌实在情形，恭折奏祈圣鉴事：

窃照临清关税，向委临清直隶州知州征收，按年核其完数，由臣奏报。工关每年应征正额银四千五百七十二两七钱四分，盈余银三千八百两，以二千二百八十两为额内，一千五百二十两为额外。

兹据济东泰武临道卫荣光转据临清州知州张应翔详称：工关征税自同治四年正月二十八日开河起，至十二月二十九日年满止，共征收短载盐货正银二千九百一十九两八钱九分，核之应征定额，计缺收正额银一千六百五十二两八钱五分，额内盈余银二千二百八十两，额外盈余银一千五百二十两，全数无收。其短收之由，实缘工关仅征船料，全赖汶、卫两河船只往返流通，庶可征收足额。自黄水穿运，沙泥淤垫，张秋一带十余里成为平陆，汶河竟同废弃，虽经上年设法挑挖，仅伏汛时河水流通，旋复口门淤塞，临关税源已去大半，只赖卫河一路。而近年皖省迭遭兵燹，所产茶叶等物，悉被焚劫，可贩之货本属无多。豫省则以粮食为大宗，连岁灾歉频仍，匪踪窜扰，商船更觉寥落。又有直隶龙王庙等处设立厘卡，怵于节节输纳，率皆裹足不前，以致征收短绌。上年户关期满，经部议复酌量减八赔二，以示体恤在案。今工关一年届满，情形尤甚于前，实属人力难施，委非经征不力，恳请据情具奏前来。臣复加访察，确系实情，毫无捏饰。

伏查咸丰三年钦奉上谕："各关征收税课，仍遵定额税数照常征收，不得以尽征尽解违例奏请，如将来亏短实属有因，著俟一年期满奏报到时，由部酌量情形，请旨核办等因。钦此。"钦遵在案。今工关税乏，来源短绌，实属有因，察核时势，迥非寻常商贾稀少可比，该委员并非经征不力，应否免其著赔议处，相应据实声明，听候敕部核复。为此恭折具奏。

同治五年四月十三日奉到回折："军机大臣奉旨：'该部议奏。钦此。'"

同治五年二月雨泽粮价折[1]

同治五年四月初一日

奏为恭报本年二月份雨泽情形并呈粮价清单，仰祈圣鉴事：

窃照正月份雨雪、粮价，经护抚臣丁宝桢奏报在案。兹查二月份，据济南府属之历城、章邱、邹平、淄川、长山、新城、齐河、长清，泰安府属之泰

---

[1] 按：同治四年十一、十二月及五年正月，雪泽及粮价情形，已由护理山东巡抚丁宝桢奏报。

安、新泰、莱芜、肥城、东阿、东平、平阴，武定府属之青城、阳信、海丰、蒲台，兖州府属之滋阳、曲阜、宁阳、邹县、泗水、滕县、峄县、汶上、阳谷、寿张，沂州府属之兰山、郯城、费县、莒州、蒙阴、沂水、日照，曹州府属之菏泽、单县、城武、曹县、定陶、巨野、郓城、濮州、范县、观城、朝城，东昌府属之聊城、堂邑、茌平、莘县、冠县、馆陶，登州府属之蓬莱、黄县、福山、栖霞、招远、宁海、文登，莱州府属之掖县、平度、昌邑、潍县、高密、胶州、即墨，青州府属之益都、临朐、临淄、高苑、博山、博兴、诸城、寿光、昌乐、安丘、乐安，济宁直隶州并所属之金乡、嘉祥、鱼台等八十二州县，先后呈报于月之初一二五六七并十八九、二十等日，各得雨一、二、三、四寸不等。当此麦苗长发之时，农民望雨孔殷，再能渥沛甘霖，定卜丰收有象，洵堪仰慰宸怀。

至各属市集粮价，互有增减，大致与上月相同。敬缮清单，祗呈御览。为此恭折具奏，伏乞皇太后、皇上圣鉴。谨奏。

同治五年四月十三日奉到回折："军机大臣奉旨：'知道了。钦此。'"

二月份粮价清单

谨将同治五年二月份山东省各属米、谷、麦、豆价值，敬缮清单，恭呈御览。

济南府属：稻米每仓石价银三两一钱一分至四两五钱八分，较上月贱五分。粟米每仓石价银一两二钱至二两八钱二分，较上月贵一钱一分。粟谷每仓石价银八钱至一两六钱九分，较上月贵六分。高粱每仓石价银九钱三分至二两一钱四分，较上月贵一钱三分。小麦每仓石价银一两五钱至二两五钱，与上月同。黄豆每仓石价银一两三钱五分至二两四钱，与上月同。黑豆每仓石价银一两三钱五分至二两四钱，与上月同。

泰安府属：稻米每仓石价银三两二钱八分至五两五钱五分，较上月贵二钱六分。粟米每仓石价银一两五钱至二两四钱，较上月贵二钱。粟谷每仓石价银八钱五分至一两六钱五分，较上月贵二钱一分。高粱每仓石价银一两一钱四分至一两八钱三分，较上月贵二钱六分。小麦每仓石价银一两五钱至二两一钱七分，较上月贵一钱二分。黄豆每仓石价银一两三钱四分至一两八钱七分，较上月贵一钱五分。黑豆每仓石价银一两一钱九分至一两八钱六分，较上月贵二钱一分。

武定府属：稻米每仓石价银二两四钱八分至四两六钱一分，与上月同。粟米每仓石价银一两四钱八分至二两五钱，与上月同。粟谷每仓石价银六钱五分至一两四钱三分，与上月同。高粱每仓石价银一两至一两七钱四分，与上月同。小麦每仓石价银二两至三两，与上月同。黄豆每仓石价银一两一钱八分至二两一钱，与上月同。黑豆每仓石价银一两一钱一分至二两一钱，与上月同。

兖州府属：稻米每仓石价银二两四钱四分至四两四钱五分，与上月同。粟米每仓石价银九钱九分至二两五钱，与上月同。粟谷每仓石价银八钱至一两三钱五分，较上月贵五分。高粱每仓石价银八钱至一两八钱，与上月同。小麦每仓石价银一两二钱二分至二两三钱二分，较上月贱二分。黄豆每仓石价银一两二分至一两八钱六分，较上月贵一钱五分。黑豆每仓石价银九钱九分至一两八钱，与上月同。

曹州府属：稻米每仓石价银三两三钱至五两，与上月同。粟米每仓石价银一两二钱至二两七钱一分，与上月同。粟谷每仓石价银七钱五分至一两八钱三分，与上月同。高粱每仓石价银八钱至一两八钱六分，与上月同。小麦每仓石价银一两四钱五分至二两四钱，与上月同。黄豆每仓石价银一两一钱六分至二两三钱四分，与上月同。黑豆每仓石价银一两六分至一两九钱五分，与上月同。

沂州府属：稻米每仓石价银二两一钱至三两五钱二分，与上月同。粟米每仓石价银一两一钱二分至二两二钱一分，与上月同。粟谷每仓石价银八钱至一两一钱二分，与上月同。高粱每仓石价银六钱六分至一两二钱九分，与上月同。小麦每仓石价银一两二钱至一两七钱二分，与上月同。黄豆每仓石价银八钱五分至一两六钱，与上月同。黑豆每仓石价银八钱至一两五钱八分，与上月同。

东昌府属：稻米每仓石价银三两四钱至四两八钱，与上月同。粟米每仓石价银六钱一分至二两五钱，与上月同。粟谷每仓石价银四钱九分至一两六钱一分，与上月同。高粱每仓石价银五钱四分至二两七分，与上月同。小麦每仓石价银一两至二两四钱二分，与上月同。黄豆每仓石价银八钱三分至二两二钱，与上月同。黑豆每仓石价银七钱至二两一钱九分，与上月同。

青州府属：稻米每仓石价银二两二钱四分至四两三钱五分，较上月贵一钱五分。粟米每仓石价银一两四钱三分至二两六钱，较上月贵二钱九分。粟谷每仓石价银八钱四分至一两四钱一分，较上月贵一分。高粱每仓石价银九钱五分至一两五钱五分，较上月贵六分。小麦每仓石价银一两三钱至二两一钱五分，较上月贱四分。黄豆每仓石价银一两七分至二两四钱，较上月贵五钱。黑豆每仓石价银一两二分至二两五钱，较上月贵五钱。

莱州府属：稻米每仓石价银二两三钱五分至三两二钱，与上月同。粟米每仓石价银一两一钱五分至二两五分，较上月贵一钱一分。粟谷每仓石价银五钱五分至一两四钱五分，较上月贵二钱。高粱每仓石价银一两五分至一两五钱，较上月贵七分。小麦每仓石价银一两四钱至二两三钱四分，较上月贵一钱九分。黄豆每仓石价银一两四钱至一两九钱八分，较上月贵一钱八分。黑豆每仓石价银一两三钱至一两九钱八分，较上月贵一钱八分。

登州府属：稻米每仓石价银二两三钱六分至三两六钱，与上月同。粟米每仓石价银一两六钱五分至二两三钱七分，较上月贵一分。粟谷每仓石价银一两五分至一两四钱七分，与上月同。高粱每仓石价银九钱一分至一两六钱，较上月贵一钱五分。小麦每仓石价银一两六钱七分至二两四钱八分，较上月贵一钱一分。黄豆每仓石价银九钱九分至一两八钱，与上月同。黑豆每仓石价银九钱六分至一两七钱五分，与上月同。

临清直隶州并属：稻米每仓石价银三两四钱五分至四两，与上月同。粟米每仓石价银一两五钱至二两四钱八分，较上月贵三分。粟谷每仓石价银一两一钱四分至一两四钱六分，与上月同。高粱每仓石价银一两二钱至一两六钱九分，与上月同。小麦每仓石价银二两一钱五分至二两七钱，较上月贵一钱。黄豆每仓石价银一两六钱七分至一两九钱九分，与上月同。黑豆每仓石价银一两六钱至二两二钱，与上月同。

济宁直隶州并属：稻米每仓石价银三两八钱三分至六两四钱，与上月同。粟米每仓石价银二两至三两六钱，与上月同。粟谷每仓石价银一两二钱一分至二两二钱四分，与上月同。高粱每仓石价银一两五分至二两六钱五分，与上月同。小麦每仓石价银一两八钱至二两二钱五分，与上月同。黄豆每仓石价银一两一钱六分至二两七钱二分，与上月同。黑豆每仓石价银一两五分至二两九钱二分，与上月同。

审明参亏故员家属书吏分别定拟折

同治五年四月初一日

奏为审明参亏故员家属并经手书吏，分别定拟，恭折奏祈圣鉴事：

窃照东省旧案交代，经臣查出亏缺之已故掖县知县周乐清汇入初案开单奏参，钦奉上谕："即行革职，任所资财并原籍家产，均著查抄备抵。查明有无子孙出仕，著落完缴等因。钦此。"当经行据该管之署莱州府知府晏方琦查明，周乐清任所并无遗留资财，眷属寄居莱郡，查抄寓所衣物，估价备抵，提集该故员之子监生周毓湘并经手书吏审明拟议，解由藩司丁宝桢会同兼署臬司卢定勋复勘，详请核奏前来。臣复加查核。

缘周乐清籍隶浙江海宁州，由难荫选授山东城武县，调补掖县知县，于道光三十年四月二十四日到任。因办理军需以及捐修衙署、监狱、仓厫、墩台、窝铺、养济院、普济堂并隆冬收养贫民、捐施棉衣暨垫发过往解犯役食口粮，一切公用紧急，库无闲款，陆续挪用正、杂、酌提坐支等款银五千八百五十八两一钱八分，捐款银一千九百一十二两四钱七分，当时经库书吕华春、户书周云庆禀阻，周乐清谕以随后弥补。旋于咸丰四年二月初六日告病交卸，至六年正月二十四日病故，未能弥补，致成亏缺。汇案奏参，饬提研讯。供悉前情，诘非侵吞入己，应即拟结。

查例载："挪移库银五千两以上者，拟实犯杖一百，流三千里。"又律载："不应为而为，事理重者，杖八十。"各等语。此案已故知县周乐清，前在掖县任内，挪用库银，除捐款例不计罪，并寓所查抄衣物估价值银三十六两三分准抵外，实亏正、杂、酌提坐支等项银五千八百二十二两一钱五分，自应按例问拟。周乐清合依"挪移库银五千两以上者，拟实犯杖一百，流三千里"例，拟杖一百，流三千里，业已病故，应毋庸议。其所亏银两，勒限伊子监生周毓湘完缴，并咨查原籍有无财产，另行照例分别办理。库书吕华春、户书周云庆禀阻不力，应照"不应为而为，事理重者，杖八十"律，拟杖八十。事犯在咸丰十年正月初一日恩咨以前，应予援免，仍革役。失察各上司，均经揭报，亦应免议。

再，同案参革之前任益都县知县龚璁等员，另行分案审办，合并陈明。

除供册咨部外，理合恭折具奏，伏乞皇太后、皇上圣鉴。谨奏。

同治五年四月十三日奉到回折："军机大臣奉旨：'刑部议奏。钦此。'"

审明邹县县民京控按律定拟折

同治五年四月初一日

奏为审明诬告，按律定拟，恭折具奏，仰祈圣鉴事：

窃照邹县民田纪江以冯养元等挟嫌诬告等情，控经都察院，于同治四年九月初一日奏奉谕旨："此案著交阎敬铭督同臬司，亲提人证、卷宗，秉公严讯确情，按律定拟具奏。原告民人田纪江，该部照例解往备质。钦此。"当经行司饬提严讯，据兼署臬司卢定勋审拟解勘，前兼护抚臣丁宝桢审明未及具奏卸事，移交前来。臣复加查核。

缘田纪江籍隶邹县，与同庄昔存今故之冯养元，并其胞侄冯会方，素识无嫌。咸丰十一年间，该县白莲池教匪宋纪鹏等滋事，田纪江与家属均被掳去，嗣田纪江在贼营独自逃出。同治二年间，经官兵将教匪剿灭，田纪江查寻家属无踪，知被贼害，自行回家。维时各庄盘查逃匪，田纪江将被掳逃出情由向冯养元、冯会方告知，央恳为伊具保。冯养元等因田纪江被掳日久，不敢深信出结，即将田纪江送县，呈请讯究。该县尚未提讯，田纪江畏罪，即乘间脱逃，报经该县差缉无获。田纪江因此挟嫌，起意诬告冯养元等泄忿，即捏造冯养元、冯会方诬伊从贼，推死伊父，逼死伊母，阖家被害，并图准添砌伊父与刘江等运送军需，经军营赏给令旗，被冯养元诬去；伊在贼营，屡将贼情通报，官军迭获胜仗，地方肃清后，经官给与文书，回家种地各情，叙入呈内，晋京赴都察院具控。诘非听人教唆扛帮，该犯委系被掳，亦非甘心从逆，案无遁饰。

查律载："诬告人死罪未决者，杖一百，流三千里，加徒役三年。"等语。此案田纪江因挟冯养元等不为具保，将伊送官讯究之嫌，辄敢捏造冯养元等推死伊父，逼死伊母，及阖家被害各情，赴京诬告。如果所控得实，冯养元等罪应骈首，今审属子虚，自应按律坐诬。田纪江除越诉轻罪不议外，合依"诬告人死罪未决者，杖一百，流三千里，加徒役三年"律，拟杖一百，流三千里，加徒役三年，到配折责充徒，限满免役安置。冯会方等讯无推逼致死田纪江父母及害其阖家情事，即其将田纪江送官讯究，亦系因田纪江被掳日久，不敢深信出结所致，并非诬告从贼，尚无不合，应毋庸议。

除供册咨部外，理合恭折具奏，伏乞皇太后、皇上圣鉴训示。谨奏。

同治五年四月十三日奉到回折："军机大臣奉旨：'刑部议奏。钦此。'"

试用道刘子潭一年期满验看片

<small>同治五年四月初一日</small>

再，查捐纳道府到省一年期满，由该督抚察看才具，奏明分别繁简补用，

历经遵办在案。

　　兹查试用道刘子潭,现年四十七岁,直隶副贡,考充武英殿校录,议叙选授三河县教谕。道光三十年,大计卓异,保升知县,发往山西归候补班补用。咸丰六年,补授虞乡县知县加同知衔。九年,调补祁县知县,因与同祖堂兄山西河东道刘子城同官一省,回避开缺,捐升知府,旋丁父忧。同治元年服阕,加捐道员,签掣湖南,亲老告近,改掣山东,引见奉旨:"著照例发往。钦此。"四年二月二十三日到省,连闰扣至五年正月二十三日一年期满,报由藩、臬两司会详前来。臣验看得试用道刘子潭,明练安详,堪胜繁缺道员之任。

　　除咨部外,理合附片奏闻,伏乞圣鉴。谨奏。

同治五年四月十三日奉到回折:"军机大臣奉旨:'吏部知道。钦此。'"

同治四年秋季委署各员班次衔名片
同治五年四月初一日

　　再,前准部咨:"嗣后各省州县缺出,先委正途一人,次委劳绩一人,再将各项委用、试用人员轮委一人,于应署班内统按出缺先后,察看人地相宜之员酌量委署,毋庸计其科分名次并试用年限,每届三月汇报一次。"等因。所有同治四年夏季所出各缺,经臣奏报在案。兹复据藩司丁宝桢将秋季分所出州县各缺,并委署各员班次、衔名,开册详送前来。

　　除咨部外,理合附片陈明,伏乞圣鉴。谨奏。

同治五年四月十三日奉到回折:"军机大臣奉旨:'知道了。钦此。'"

同治四年冬季委署各员班次衔名片
同治五年四月初一日

　　再,前准部咨:"嗣后各省州县缺出,先委正途一人,次委劳绩一人,再将各项委用、试用人员轮委一人,于应署班内统按出缺先后,察看人地相宜之员酌量委署,毋庸计其科分名次并试用年限,每届三月汇报一次。"等因。所有同治四年秋季所出各缺,经臣奏报在案。兹复据藩司丁宝桢将冬季分所出州县各缺,并委署各员班次、衔名,开册详送前来。

除咨部外，理合附片陈明，伏乞圣鉴。谨奏。

同治五年四月十三日奉到回折："军机大臣奉旨：'知道了。钦此。'"

委员前往泰山致祭片
同治五年四月初一日

再，每年四月十八日致祭泰山，历蒙钦颁香供，由巡抚两司内酌量一人前往。本年香供业经内务府奏派员外郎文琳恭赍到东。臣现在东平防堵，不克分身；臬司系运司卢定勋兼署，公事较多，谨委藩司丁宝桢于四月十五日恭赍香供，前往泰安，如期登山，敬谨陈设致祭，以仰副圣主为民祈福之至意。理合附片奏闻，谨伏祈圣鉴。谨奏。

同治五年四月十三日奉到回折："军机大臣奉旨：'知道了。钦此。'"

军需总局第一次收支各款截数报销折
同治五年四月二十五日

奏为山东省军需总局第一次收支各款先行截数报销，缮具清单，恭折奏祈圣鉴事：

窃照前准部咨："钦奉上谕：'所有同治三年六月以前军需总数，准其分年分起开具简明清单，奏明存案，免其造册报销等因。钦此。'"钦遵在案。

伏查东省军需，头绪纷繁，均应各归各案，以清界限。臣统督兵勇剿办匪徒，即在省城设局，派委妥员总司其事；各处驻扎兵勇饷需，由总局遴员前往适中之东昌、济宁设局，监同支放。计自同治三年正月初一日起，至六月底止，应遵半年报销章程，先行截数造报。

兹据在省司道转据军需总局提调、盐运使衔候补知府李家岱详称：查支发各款，除骧武各军另案造报外，其由总局支发之东省各绿营官兵、各项征勇一切支款，均照例案撙节支发。凡在营官员，各按品级支给应得分例。进征马步兵丁，每名月支盐菜银九钱，加给银四钱，防兵不加，各日支口粮米八合三勺。有马各兵，按实带骑兵，每匹日支马干银五分。外委与兵丁照例每二名核给驮马一匹，防兵不给。又口粮米折，官员粳米，兵役、余丁粟米，按照市价核减，粳米每石折银二两，粟米每石折银一两四钱。制造军火器械，悉照例价请销，其不敷之项，照案帮贴，划归通省摊廉弥补。又官兵进剿移营，并无定所，除官员及有马各兵带骑本身马匹外，惟步队昼夜奔驰，艰于跋涉，均各照章给予车辆，同采买运送物料之车，照例按里给价，所有先期一日减料草与帮贴不敷之项，均由外摊廉归补。又东治各营楚勇，奏准每名日支口粮银一钱二分，每勇二名合给长夫一名，日支口粮银七分。各项练勇，仍遵奏案，每名日支口粮银一钱。带队队目、勇目各给骑马一匹，同马勇并步勇随带差马，每匹日支干银五分。又扣存各案减平银两均已入正作收，余平一项，照章支销造报。以上各款，自同治三年正月初一日起，至六月底止，共用过银一十五万六千七百二十九两三钱九分四厘七毫七丝，内应由外筹补银二万一千七百四十九两三钱五分八丝，实在请销银一十三万四千八百八十两四分四厘六毫九丝。查收款项下，共收过银一十四万二千二百一十二两二钱八分三厘二毫五丝，今用过银一十五万六千六百二十九两三钱九分四厘七毫七丝，计不敷银一万四千四百一十七两一钱一分一厘五毫二丝，业经由局设法筹垫，应按数拨还归款。又余平项下垫支银七百九十八两九钱九分八厘七毫八丝，亦应一并筹拨归还，并声明同治三年七月一日起，至年底止，收支各款另行接续造报等情，详请具奏前来。

臣按照军需总局所送总细各册，将收支款目逐加复核，均属相符，请销各项，俱系力求撙节，毫无浮冒。

除将销册咨部外，理合恭折具奏，敬缮简明清单，祗呈御览。伏乞皇太后、皇上圣鉴。谨奏。

同治五年五月初十日奉到回折："军机大臣奉旨：'户部议奏。单并发。钦此。'"

谨将山东省军需总局第一次报销核明收支各款，开具简明清单，恭呈御览。

计开：

收款项下，自同治三年正月初一日起，至六月底止：

一、陆续收藩库银一十三万六千二百两五钱四分三厘六毫二丝。

一、收厘局银三千三百三十三两三钱三分三厘。

一、收扣存各案减平银二千六百七十八两四钱六厘六毫三丝。前款系此次各起车价项下减平银七十五两六钱六分八厘二毫五丝，运送车辆项下减平银四百九十四两一厘七毫九丝，制造项下减平银二千九十七两五钱五分五毫五丝，濠工项下减平银一十一两一钱八分六厘四丝，共合前数，登明。

统共收银一十四万二千二百一十二两二钱八分三厘二毫五丝。

支款项下，自同治三年正月初一日起，至六月底止：

一、支抚济三营官兵盐粮等项银一千八百八十一两七厘八毫八丝。

一、支兖中、右两营官兵盐粮等项银一千二百三十七两六钱六分四厘九毫三丝。

一、支东昌营官兵盐粮等项银一千六百五十四两六钱四分七厘八毫四丝。

一、支曹中、右两营官兵盐粮等项银一千八百四十九两二钱五分一厘二毫。

一、支寿张营官兵盐粮等项银八百四十一两三钱四分三厘四毫。

一、支东治中营楚勇口粮等项银一万四千四百四十四两八钱三分四厘九毫八丝。

一、支东治副中营楚勇口粮等项银一万四千三百七十二两六钱九分五厘。

一、支东治左营楚勇口粮等项银一万四千三百四十八两六钱五厘二毫二丝。

一、支东治前营楚勇口粮等项银一万四千二百七十二两九钱七分八厘。

一、支胜字营壮勇口粮等项银九千八百九十三两八钱七分五厘五毫六丝。

一、支东胜营壮勇口粮等项银一万四十四两五钱八分五毫九丝。

一、支威胜壮勇口粮等项银一千九百二十三两九钱三分六厘九毫六丝。

一、支炮船练勇口粮等项银一千九百二十三两八钱七分五厘九毫。

一、支临邑壮勇口粮等项银六百四十一两六钱八分七厘七毫二丝。

一、支随营带勇办事文武员弁盐粮银二千一百七十两八分六厘五毫。

一、支运送军火车脚等项银八千二百三十三两三钱六分三厘三毫。

一、支制造军火、军械等项银三万四千九百九十九两一钱七分五厘八毫。

一、支濠工夫价银一百八十六两四钱三分四厘。

一、支兵车帮价并先期一日减成料草银五千四百九十三两三钱三分三厘三毫三丝。

一、支制造军火、军械帮价银一万六千二百五十六两一分六厘七毫六丝。

前二款，因系例外用项，历次报销均请归外筹补，登明。

以上统共支银一十五万六千六百二十九两三钱九分四厘七毫七丝，内除收款项下共收银一十四万二千二百一十二两二钱八分三厘二毫五丝外，计不敷银一万四千四百一十七两一钱一分一厘五毫二丝，又余平项下垫支银七百九十八两九钱九分八厘七毫八丝，应请一并按数拨还，理合登明。

兖州随营支应局第二次收支各款截数报销折
同治五年四月二十五日

奏为山东兖州随营支应局第二次收支各款截数报销，缮具清单，恭折奏祈圣鉴事：

窃照前准部咨："钦奉上谕：'所有同治三年六月以前军需总数，准具分年分起开具简明清单，奏明存案，免其造册报销等因。钦此。'"钦遵在案。

伏查同治元年七月间，前抚臣谭廷襄统带兵勇驻扎兖州剿办教、幅各匪，一切供支，即在兖郡设局，派员经理。所有元年七月起，至十一月底止，收支各款，业经奏报在案。其自元年十二月初一日起，至二年四月谭廷襄交印之日止，又自四月初【九】日臣莅任之日起，至是年十二月底止，应钦遵谕旨，截数报销。

兹据在省司道转据前办兖州随营支应局委员、盐运使衔候补知府李宗岱详称：查得随营局支应各款，均系撙节支发，凡满、绿各营官员，各按品级支给应得分例。进征马守兵丁，每名月支盐菜银九钱，加给银四钱，各日支口粮米八合三勺。有马各兵，按实带骑马每匹日支干银五分。外委与兵丁均照例每二名核给驮马一匹。口粮米折，官员粳米，兵役、余丁粟米，按照市价核减，粳米每石折银二两，粟米每石折银一两四钱。制造军火、军械，均照例价请销，其不敷之项，照案帮贴，划归通省摊廉弥补。官兵进剿移营，并无定所，除官员及有马各兵带骑本身马匹外，惟步队昼夜奔驰，艰于跋涉，均各照章给予车辆，同运送军火、物料之车，照例按里给价，所有先期一日减成料草与帮贴不敷之项，均由外摊廉归补。各项征勇，仍遵奏案，每名日支口粮银一钱。带队队目、勇目各给骑马一匹，同马勇并步勇随带差马，日支干银五分。又因军食缺乏，设局收捐米石，接续前案，兵勇一体支放收捐本色粟米，每名日支八合三勺，在于应得分例银内按价扣除；其存剩米五十三石四斗八升三勺二抄，不敷兵勇一日口食，尽数犒赏出力兵勇，颗粒无存。官员阵亡恤赏照例支给。收买马匹价值核实开报。又，在营文员支过养廉银两，查照例案，作正造报。又，扣存各案减平银两入正作收余平一项，照章支销造报。以上各款，自同治元年十二月初一日起，至二年十二月底止，共用过银二十七万四百六十二两三钱二分四毫三丝，内应由外筹补银一万九千六百六十八两六钱一分五厘四毫七丝，实在请销银二十五万七百九十三两七钱四厘九毫六丝。查收款项下，共收过银二十三万八千三百一十二两八钱二分九厘二毫五丝，今用过银二十七万四百六十二两三钱二分四毫三丝，计不敷银三万二千一百四十九两四钱九分一厘一毫八丝，业经由局设法筹垫。又余平项下垫支银七百六十一两五钱八分五厘二毫九丝，应请一并按数拨还归款等情，详请具奏前来。

臣按照军需局册造收支款目，逐加复核，均属相符，请销各项，俱系力求搏节，毫无浮冒。

除将各册咨部外，理合恭折具奏，敬缮简明清单，祗呈御览。伏乞皇太后、皇上圣鉴。谨奏。

同治五年五月初十日奉到回折："军机大臣奉旨：'户部知道。单并发。钦此。'"

谨将山东兖州随营支应局第二次报销核明收支各款，开具简明清单，祗呈御览。

计开：

收款项下，自同治元年十二月初一日起，至二年十二月底止：

一、陆续收藩库银一十九万三千二百五十七两四钱七分五厘六毫五丝。

一、陆续收运库银五万三千二百六十六两六钱六分六厘。

一、收滕县捐输银三百两。

一、收扣存各案减平银二千七百一十五两五钱三分五厘六毫。前款系此次各起车价项下减平银三百七十九两八钱六分九厘一毫五丝，文职全廉项下减平银二百六十两八钱四分六厘一毫五丝，恤赏项下减平银一十八两，马价项下减平银五十八两二钱，运送车脚项下减平银二百七十五两三钱五分三厘一毫六丝，制造项下减平银一千六百一十九两八钱五分七厘七毫四丝，濠工项下减平银一百三两四钱九厘四毫，共合前数，登明。

统共收银二十四万九千五百三十九两六钱七分七厘二毫五丝，内除拨解总兵陈国瑞军营饷银七千两，又除拨解钦差大臣亲王僧格林沁大营饷银二千两，又除拨解东昌分局饷银六百二十两五钱九分二厘，又除拨解沂州分局饷银一百六十两二钱五分六厘，又除拨解濮州饷银五百两，又除拨解峄县饷银一千两。

以上共登除银一万一千二百二十六两八钱四分八厘，实在共收银二十三万八千三百一十三两八钱二分九厘二毫五丝。

支款项下，自同治元年十二月初一日起，至二年十二月底止：

一、支抚济三营官兵盐粮等项银三千三百六十四两八钱三分五厘三毫六丝。

一、支泰安营官兵盐粮等项银四千八百七十九两三钱七分四厘五毫五丝。

一、支兖中、右两营官兵盐粮等项银二万七千五百八十八两八钱四分四厘三毫三丝。

一、支沙沟营官兵盐粮等项银五千一百七十三两八钱六厘九毫八丝。

一、支曹州、单县两营官兵盐粮等项银七千五百二十两六钱九分八厘八毫四丝。

一、支登镇各营官兵盐粮等项银六百四十一两一钱二分七厘八毫五丝。

一、支河标营官兵盐粮等项银七千七百六十一两九钱九分二厘二毫三丝。

一、支张家口满营官兵盐粮等项银六十三两三钱一分一厘七毫二丝。

一、支刑部员外郎刘锡鸿统带马步壮勇口粮等项银二万七千七百六十一两八钱二分二厘九毫九丝。

一、支候补道黄良楷统带马步壮勇口粮等项银二千一百四十四两一钱六分二厘七毫三丝。

一、支兖州府知府孙家谷统带马步壮勇口粮等项银四万七十八两二钱六厘三毫。

一、支参将定顺统带马步壮勇口粮等项银三千六百八十两一分四厘三毫五丝。

一、支游击姚长龄统带马步壮勇口粮等项银九千二百九十九两九钱三分八厘一毫四丝。

一、支守备刘志和管带马步壮勇口粮等项银三万五千七百五十四两五钱九分七厘五丝。

一、支守备张大富管带马步壮勇口粮等项银二万三两八分七厘九毫九丝。

一、支守备郭大胜管带马步壮勇口粮等项银一万一千一百四十三两九分二厘一毫二丝。

一、支随营带勇办事文武员弁盐粮等项银五千七两一分七厘二毫八丝。

一、支文武全廉银四千三百四十七两四钱三分五厘八毫七丝。

一、支官员阵亡恤赏银三百两。

一、支买马价值银九百七十两。

一、支运送军火车脚等项银四千五百八十九两二钱一分九厘四毫。

一、支制造军火、军械等项银二万六千九百九十七两六钱二分九厘八丝。

一、支濠工夫价银一千七百二十三两四钱九分。

一、支兵车帮价并先一日减成料草银七千一百一十四两七钱一分七厘九毫四丝。

一、支制造帮价银一万二千五百五十三两八钱九分七厘五毫三丝。

前二款，因系例外用项，历次报销均请归外筹补，登明。

以上统共支银二十七万四百六十二两三钱二分四毫三丝，内除收款项下共收银二十三万八千三百一十三两八钱二分九厘二毫五丝外，计不敷银三万二千一百四十九两四钱九分一厘一毫八丝，又余平项下垫支银七百六十一两五钱八分五厘二毫九丝，应请一并按数拨还，理合登明。

东昌淄川随营支应局收支报销折

同治五年四月二十五日

奏为山东省东昌、淄川随营支应局收支各款报销，缮具清单，恭折奏祈圣鉴事：

窃照前准部咨："钦奉上谕：'所有同治三年六月以前军需总数，准其分年分起开具简明清单，奏明存案，免其造册报销等因。钦此。'"钦遵在案。

伏查同治二年二月间，前抚臣谭廷襄由兖州统带兵勇驻扎东昌剿办教逆，设局派员，随营支应，旋即移驻淄川。臣莅任后，克复淄城，复又移向东郡。计自二年二月起，至十二月底止，收支各款，应即钦遵谕旨，核实报销。

兹据在省司道转据前办随营支应局委员、盐运使衔候补知府李宗岱详称：查得随营局支应各款，均系撙节支发，除将东治六营用过银两另案造报外，凡满、绿各营官员，各按品级支给应得分例。进征马守兵丁，每名月支盐菜银九钱，加给银四钱，各日支口粮米八合三勺。有马各兵，按实带骑马每匹日支干银五分。外委与兵丁，均照例每二名核给驮马一匹。口粮米折，官员粳米，兵役、余丁粟米，按照市价核减，粳米每石折银二两，粟米每石折银一两四钱。制造军火、军械，均照例价请销，其不敷之项，照案帮贴，划归通省摊廉弥补。官兵进剿移营，并无定所，除官员及有马各兵带骑本身马匹外，惟步队昼夜奔驰，艰于跋涉，均各照章给予车辆，同运送军火物料之车，照例按里给价，所有先期一日减成料草与帮贴不敷之项，均请由外摊廉归补。各项征勇，仍遵奏案，每名日支口粮银一钱。带队队目、勇目各给骑马一匹，同马勇并步勇随差马每匹日支干银五分。犒赏兵勇银两，系照奏明数目给发。又扣存各案减平银两入正作收余平一项，照章支销造报。以上各款，自同治二年二月初一日起，至是年十二月底止，共用过银二十万七千七百五十四两五钱八分九厘一丝，内应由外筹补银二万一千五百七十二两二钱八分三厘九毫一丝，实在请销银一十八万六千一百八十二两三钱五厘一毫。查收款项下，共收过银一十八万四百七十七两二钱七分九毫三忽，今用过银二十万七千七百五十四两五钱八分九厘一丝，计不敷银二万七千二百七十七两三钱一分八厘一毫七丝，业经由局设法筹垫。又余平项下垫支银七百二十九两四钱三分二厘八丝，应请一并按数拨还归款等情，详请具奏前来。

臣按照军需局册造收支款目，逐加复核，均属相符，请销各项，俱系力求撙节，毫无浮冒。

除将总册咨部外，理合恭折具奏，敬缮简明清单，祗呈御览。伏乞皇太后、皇上圣鉴。谨奏。

同治五年五月初十日奉到回折："军机大臣奉旨：'户部知道。单并发。钦此。'"

谨将山东省东昌、淄川随营支应局报销核明收支各款，开具简明清单，祗呈御览。

计开：

收款项下，自同治二年二月起，至十二月底止：

一、陆续收藩库银一十一万二千三百八十二两二钱八分八厘五毫三丝三忽。

一、陆续收运库银二万两。

一、收粮道库银九千两。

一、收临清关税银二千六百八十九两五分四厘。

一、陆续收东昌支应分局银一万六百八十五两九分九厘七毫。

一、陆续收厘局银三万四百四十一两二分一厘七毫。

一、收扣存各案减平银二千六百七十九两八钱六厘九毫七丝。前款系此次各起车价项下减平银四百六十三两五钱九分七厘九毫五丝，犒赏项下减平银四十二两，运送项下减平银二百一十两七钱九分七厘一毫一丝，制造项下减平银一千八百五十九两二钱一分三厘二毫七丝，濠工项下减平银一百四两一钱九分八厘六毫四丝，共合前数，登明。

统共收银一十八万八千八百七十七两二钱七分九毫三忽，内除拨解东昌分局饷银五千两，又除拨解济安营饷银三千两，又除拨解湖南参将吴永鳌勇粮银四百两。以上共登除银八千四百两，实在共收银一十八万四百七十七两二钱七分九毫三忽。

支款项下，自同治二年二月起，至十二月底止：

一、支抚济三营官兵盐粮等项银七千五百六十六两一钱六分一厘七毫三丝。

一、支抚济三营官兵盐粮等项银四千七百一两七分九毫七丝。

一、支东昌营官兵盐粮等项银三千二百六十七两六钱三分七丝。

一、支曹中、右两营官兵盐粮等项银二千九百二十四两八钱四分八厘一毫三丝。

一、支曹中、右两营官兵盐粮等项银二万二百一十六两三钱七分六厘八毫九丝。

一、支临清、寿张两营官兵盐粮等项银三千六百八十一两六钱五分三厘六毫九丝。

一、支登镇陆营官兵盐粮等项银三百九十二两六钱三分八厘四毫。

一、支德州满营官兵盐粮等项银二千四百四十五两五钱一分三厘八毫六丝。

一、支满、绿各营马队官兵盐粮等项银六千二百八十七两五钱二分六厘九毫九丝。

一、支副将范正坦统带东胜队马步壮勇口粮等项银四千一百五十五两四钱八分八厘三毫七丝。

一、支参将定顺统带前敌马步壮勇口粮等项银二万一千三百九两五钱七毫五丝。

一、支参将玉秀统带前敌马勇口粮等项银八千七百六十九两五钱三分三厘三毫六丝。

一、支游击马秉阿统带忠靖等队马步壮勇口粮等项银三千六百一十四两六钱七分四厘二毫六丝。

一、支游击石占鳌统带诚顺队马步壮勇口粮等项银二千五百六十一两二分七毫。

一、支都司马春峤管带前敌马步壮勇口粮等项银一万八百一十五两五钱七分七厘六毫四丝。

一、支都司杨通廉管带长胜队马步壮勇口粮等项银五千八百一十两一钱六分七厘一毫九丝。

一、支守备韩登泰管带安东马步壮勇口粮等项银二千五百七十六两六钱一分五厘六毫四丝。

一、支守备王安邦管带前敌马勇口粮等项银一千九百九十一两四钱四分二厘四毫六丝。

一、支守备郭大胜管带前敌马步壮勇口粮等项银六千六百六十两六分四厘六毫三丝。

一、支千总曹正榜管带东胜队马步壮勇口粮等项银一万九百八十六两五钱八分一厘四毫五丝。

一、支守备方明管带随征马步壮勇口粮等项银七百二十五两七钱八分二厘六毫四丝。

一、支把总张跻堂管带马勇口粮等项银六百一十二两六钱三分五厘九毫二丝。

一、支千总武士林管带威胜马步壮勇口粮等项银五千三百三十二两七钱九分三厘八丝。

一、支都司李元管带安东、济阳马步壮勇口粮等项银一千六百一十八两九钱八分三厘二毫九丝。

一、支都司周森藻管带炮船练勇口粮等项银一千七百四十两四钱六分八厘九丝。

一、支随营办事带勇文武员弁盐粮等项银八千四百七十一两七钱三分七厘七毫八丝。

一、支克复淄川县城，奏明兵勇赏项银七百两。

一、支运送军火、军械车脚等项银三千五百一十三两二钱八分五厘二毫五丝。

一、支制造军火、军械等项银三万九百八十六两八钱八分七厘八毫七丝。

一、支濠工价银一千七百三十六两六钱四分四厘。

一、支兵车帮价并先期一日减成料草银七千一百六十二两三钱八分一厘四丝。

一、支制造帮价银一万四千四百八两九钱二厘八毫七丝。

以上统共支银二十万七千七百五十四两五钱八分九厘一丝，内除收款项下共收银一十八万四百七十七两二钱七分九毫三忽外，计不敷银二万七千二百七十七两三钱一分八厘一毫七忽。又余平项下垫支银七百二十九两四钱三分二厘八丝，应请一并按数拨还，理合登明。

同治四年下忙征解数目折

同治五年四月二十六日

奏为同治四年下忙征解新旧漕项银两数目，循例恭折奏祈圣鉴事：

窃照各属征收漕项银两，例应将已未完数目分上下两忙奏报，历经遵办在案。兹据督粮道沈维璥详称：同治四年漕项钱粮，下忙应征银二万六千一百四十一两四钱一分五厘，内除历城等州县因被灾、被扰，分别蠲缓银一千一百三十四两二钱二分一厘，实应征银二万五千七两一钱九分四厘，截至十二月底止，已完银一万七千七百六十七两九钱二分九厘，未完银七千二百三十九两二钱六分五厘。又上忙未完银一万八千三百三十一两九钱四厘，内除历城等州县因被灾、被扰，分别蠲缓银一千一百三十四两二钱二分一厘，实应征银一万七千一百九十七两六钱八分三厘，内已完银九千九百五十八两四钱一分八厘，未完银七千二百三十九两二钱六分五厘。又原报上忙未完历年漕项共银一十万五千四百四两三钱二分六厘，内除章邱等州县续报因被灾、被扰缓征银一千九十五两五钱九分六厘，实应征并未完共银一十万四千三百八两七钱三分内，续完银四千八百二十六两九钱二分八厘。又齐河等州县应蠲民欠及征存借领未解暨扣支赈米运脚等项，共银五万八千八百二十九两三钱五分七厘，现在分别核办，仍未完银四万六百五十二两四钱四分五厘，赶紧催征提解各等情。臣复核无异。

除饬将已未完银两迅速催办并清册咨部外，所有同治四年下忙征收新旧漕项已未完各数，理合循例恭折具奏，伏乞皇太后、皇上圣鉴。谨奏。

同治五年五月初十日奉到回折："军机大臣奉旨：'户部知道。钦此。'"

委员管解京协各饷片
同治五年四月二十六日

再，查京协各饷均系刻不可缓，经臣督饬藩司先其所急，勉筹曾国藩三月份饷银一万八千两，委候补未入流王芝生解赴该督行营交兑。又筹备臬司潘鼎新三月份饷银三万两、四月份柴薪银二千两，委候补从九品刘润解交该司行营查收。又自本年正月为始，每月应解盛京军饷银二万两，正月拨款前已解清，现筹二月份饷银一万两，委候补主簿张祚堂解往奉天部库交纳。又据运司卢定勋详报奏拨京饷，前经解过四万两，兹复筹银二万两，同应交加平银三百两、部饭银三百两，又凑支内务府银一万两，同加平等银三百三十两，委候补盐大使董溥、库大使沈崇礼解赴部库交兑。又据东海关监督登莱青道潘霨禀，解本年京饷，在洋税项下支银五万两，同酌提三成船钞银二千四百八两四钱九分、三成罚款银一百八十二两六钱六分三厘一毫，又提天津防饷银二万两作为正、二、三月份之用，饬委在关当差之直隶候补府经历成印、未入流李经，附搭外国轮船，由海运津，分赴户部暨三口通商大臣、总理各国事务衙门交纳。

除分咨查照外，理合附片陈明，伏乞圣鉴。谨奏。

同治五年五月初十日奉到回折："军机大臣奉旨：'知道了。钦此。'"

青州满营兵米于章邱改拨片
同治五年四月二十六日

再，查青州满洲营兵米，向系在于邹平、长山、淄川、新城、章邱、济东、济阳、利津等八县漕米内，每年截拨米一万九千七百二十七石六斗一升二合一勺。现在通盘核计，除额运外，不敷米一千七十二石七斗九升四合四勺。缘自近年以来，续添支食俸米之世职骑都尉、云骑尉并八品监生等共有三十余员名之多，以致不敷支放。本应动拨仓谷碾运，现在附近青州各州县，均无仓谷可拨。所有同治五年不敷米一千七十二石七斗九升四合四勺，又邹平、长山二县同治三年缓征一五耗米七十五石七斗六升七合六勺，四年缓征一五耗米二十八石三斗一升六合三勺，以上共米一千一百七十六石八斗七升八合三勺，现饬最近青州之章邱县在于应征四年大漕项下，如数改拨运青。据藩司粮道会详请奏前来。臣复加查核，确系实在情形。惟上年动拨大漕，接准部复，不得援以为例。现在仓谷无存，而兵米为满洲营按日计口授食之需，万难延缓，不得不动用大漕，以资接济。系属额外动用，无款抵补，应请作正开销，俟运兑完竣，核实造报。

再，查同治三、四两年额运青州不敷及闰月等米，共二千八百二十二石三斗七升六合四勺，前经臣奏明筹拨长山、邹平二县新漕。嗣据粮道具报，该二县除去额运兵米，所余无多，不敷解兑，现在禹城、陵县、平原等三县豆改米石项下改拨运青，以符原案，合并陈明。

除咨部查照外，为此附片奏闻，伏乞圣鉴。谨奏。

同治五年五月初十日奉到回折："军机大臣奉旨：'户部知道。钦此。'"

同治五年三月雨泽粮价折

同治五年四月二十六日

奏为恭报三月份雨泽情形并呈粮价清单，仰祈圣鉴事：

窃照二月份雨水、粮价，经臣奏报在案。兹查三月分通省一百七州县内，惟齐河、乐陵、冠县、馆陶、莱阳、宁海、邱县等七处未经得雨，其余一百州县先后具报于月之初二、初七、初十、十二、十八、二十、二十三四五等日，各得雨一、二、三、四、五寸及深透不等。农田望泽正殷，得此甘霖普被，土膏滋润，民情欢忭，洵堪仰慰宸怀。

至各属市集粮价，稍有增减，大致与上月相同。敬缮清单，祗呈御览。为此恭折具奏，伏乞皇太后、皇上圣鉴。谨奏。

同治五年五月初十日奉到回折："军机大臣奉旨：'知道了。钦此。'"

三月份粮价清单

谨将同治五年三月份山东省各属米、谷、麦、豆价值，敬缮清单，恭呈御览。

计开：

济南府属：稻米每仓石价银三两一分至四两六钱二分，较上月贵四分。粟米每仓石价银一两二钱至二两九钱四分，较上月贵一钱二分。粟谷每仓石价银八钱至一两七钱七分，较上月贵八分。高粱每仓石价银九钱二分至二两三钱六分，较上月贵一钱二分。小麦每仓石价银一两五钱至二两五钱，与上月同。黄豆每仓石价银一两三钱五分至二两四钱，与上月同。黑豆每仓石价银一两三钱五分至二两四钱，与上月同。

泰安府属：稻米每仓石价银三两三钱六分至五两五钱五分，与上月同。粟米每仓石价银一两六钱至二两四钱，与上月同。粟谷每仓石价银八钱五分至一两六钱，较上月贱五分。高粱每仓石价银一两二钱五分至一两八钱三分，与上月同。小麦每仓石价银一两五钱至二两一钱，较上月贱七分。黄豆每仓石价银一两三钱九分至一两九钱九分，较上月贵一钱二分。黑豆每仓石价银一两二钱七分至一两八钱六分，与上月同。

武定府属：稻米每仓石价银二两四钱八分至四两六钱一分，与上月同。粟米每仓石价银一两四钱八分至二两五钱，与上月同。粟谷每仓石价银六钱五分至一两四钱三分，与上月同。高粱每仓石价银一两至一两七钱四分，与上月同。小麦每仓石价银二两至三两，与上月同。黄豆每仓石价银一两一钱八分至二两一钱，与上月同。黑豆每仓石价银一两一钱一分至二两一钱，与上月同。

兖州府属：稻米每仓石价银二两四钱四分至四两四钱五分，与上月同。粟米每仓石价银九钱九分至二两五钱，与上月同。粟谷每仓石价银八钱至一两五钱二分，较上月贵一钱七分。高粱每仓石价银八钱至一两八钱七分，较上月贵七分。小麦每仓石价银一两二钱二分至二两四钱二分，较上月贵一钱。黄豆每仓石价银一两二分至二两三分，较上月贵一钱七分。黑豆每仓石价银九钱五分至一两九钱五分，较上月贵一钱五分。

曹州府属：稻米每仓石价银三两三钱至五两，与上月同。粟米每仓石价银一两二钱五分至二两七钱一分，与上月同。粟谷每仓石价银九钱至一两八钱三分，与上月同。高粱每仓石价银一两至一两八钱六分，与上月同。小麦每仓石价银一两六钱五分至二两四钱，与上月同。黄豆每仓石价银一两二钱七分至二两三钱四分，与上月同。黑豆每仓石价银一两一钱九分至一两九钱五分，与上月同。

沂州府属：稻米每仓石价银二两一钱至三两五钱一分，较上月贱一分。粟米每仓石价银一两一钱二分至二两二钱一分，与上月同。粟谷每仓石价银八钱至一两一钱二分，与上月同。高粱每仓石价银一两至一两二钱九分，与上月同。小麦每仓石价银一两二钱至一两八钱六分，较上月贵一钱四分。黄豆每仓石价银八钱五分至一两六钱，与上月同。黑豆每仓石价银八钱至一两六钱，较上月贵二分。

东昌府属：稻米每仓石价银三两四钱至四两八钱，与上月同。粟米每仓石价银七钱四分至二两六钱，较上月贵一钱。粟谷每仓石价银五钱九分至一两八钱，较上月贵一钱九分。高粱每仓石价银六钱二分至二两五分，较上月贱二分。小麦每仓石价银一两至二两六钱三分，较上月贵二钱一分。黄豆每仓石价银八钱三分至二两二钱二分，较上月贵二分。黑豆每仓石价银七钱至二两二钱二分，较上月贵三分。

青州府属：稻米每仓石价银二两二钱四分至四两三钱五分，与上月同。粟米每仓石价银一两四钱三分至二两六钱，与上月同。粟谷每仓石价银八钱四分至一两四钱一分，与上月同。高粱每仓石价银九钱五分至一两五钱五分，与上月同。小麦每仓石价银一两三钱至二两一钱五分，与上月同。黄豆每仓石价银一两七分至二两四钱，与上月同。黑豆每仓石价银一两二分至二两五钱，与上月同。

莱州府属：稻米每仓石价银二两三钱五分至三两二钱，与上月同。粟米每仓石价银一两一钱五分至二两五分，与上月同。粟谷每仓石价银五钱五分至一两四钱五分，与上月同。高粱每仓石价银一两五分至一两五钱，与上月同。小麦每仓石价银一两四钱至二两三钱四分，与上月同。黄豆每仓石价银一两四钱至一两九钱八分，与上月同。黑豆每仓石价银一两三钱至一两九钱八分，与上月同。

登州府属：稻米每仓石价银二两三钱六分至三两六钱，与上月同。粟米每仓石价银一两六钱九分至二两四钱，较上月贵三分。粟谷每仓石价银一两五分至一两四钱七分，与上月同。高粱每仓石价银九钱一分至一两六钱，与上月同。小麦每仓石价银一两六钱七分至二两四钱六分，较上月贱二分。黄豆每仓石价银九钱九分至一两八钱五分，较上月贵五分。黑豆每仓石价银九钱六分至一两八钱，较上月贵五分。

临清直隶州并属：稻米每仓石价银三两四钱五分至四两，与上月同。粟米每仓石价银一两五钱至二两四钱八分，与上月同。粟谷每仓石价银一两一钱四分至一两五钱一分，较上月贵五分。高粱每仓石价银一两二钱至一两六钱九分，与上月同。小麦每仓石价银二两一钱五分至二两七钱，与上月同。黄豆每仓石价银一两六钱七分至一两九钱九分，与上月同。黑豆每仓石价银一两六钱至二两二钱五分，较上月贵五分。

济宁直隶州并属：稻米每仓石价银四两二钱至六两四钱六分，较上月贵六分。粟米每仓石价银一两九钱一分至二两四钱，较上月贱一两二钱。粟谷每仓石价银一两六分至一两七钱八分，较上月贱四钱六分。高粱每仓石价银一两一钱三分至一两六钱，较上月贱一两五分。小麦每仓石价银一两八钱九分至二两八钱五分，较上月贵六钱。黄豆每仓石价银一两二钱五分至二两五分，较上月贱六钱七分。黑豆每仓石价银一两二钱六分至二两三钱，较上月贱六钱二分。

请旌恤滕县阵亡绅团并殉难妇女折

同治五年四月二十六日

奏为查明滕县阵亡绅团、殉难妇女，吁恳分别旌恤，恭折奏祈圣鉴事：

窃照东省自咸丰十年至同治三年，迭被捻、教、土匪滋扰，所有阵亡殉难绅团、妇女，迭经奏请恩准分别旌恤。

兹又据滕县查明阵亡团长五十九员名，阵亡团丁二千三百一十三名，殉难妇女一千七百二十八名口，由军需局核明造册，详请具奏前来。臣复核无异。合无吁恳天恩俯准敕部，将阵亡团长从优议恤，阵亡团丁同殉难妇女分别照例旌恤，以广皇仁而慰忠节。

除将各册咨部，并饬查此外各属如有遗漏另行办理外，理合恭折具奏，伏乞皇太后、皇上圣鉴训示。谨奏。

同治五年五月初十日奉到回折："军机大臣奉旨：'著照所请，交部分别旌恤。钦此。'"

已革盐场大使延抗征存银两请查抄备抵折

同治五年四月二十六日

奏为已革盐场大使交代案内，征存未解银两延抗不交，请旨查抄备抵，监追究办，恭折奏祈圣鉴事：

窃查王家岗场大使徐季昌，前与乐安县等因案互讦，经臣讯明确情，奏参革职，一面饬催赶算交代。乃该革员经征咸丰十年并同治元年灶课、税契等项，除领抵各款外，实尚短银三百一十六两七钱四分四厘，在任既不批解，卸事亦不移交，屡催又不清缴，且始而匿卷来省，继则有意宕延，追押令清算，复将交抵各款百计狡混，以致各前任交案迟至本年正月始行结报。似此故违功令，断难再事姑容。据滨乐分司禀由盐运司详参前来。

查徐季昌江苏金匮县人。相应请旨，将前任王家岗场已革大使徐季昌任所、寓所及原籍财产一并查抄备抵，并将该革员监追，按律究办。

除分咨外，理合恭折具奏，伏乞皇太后、皇上圣鉴训示。谨奏。

同治五年五月初十日奉到回折："军机大臣奉旨：'另有旨。钦此。'"

博山知县樊文达调补齐河知县要缺折
同治五年四月二十六日

奏为要缺知县遴员请旨调补，恭折仰祈圣鉴事：

窃照准补齐河县知县张联奎因难任繁要，经臣奏请改简。部文知照，应以同治四年正月十九日作为开缺日期，所遗齐河县知县员缺系冲繁难兼三要缺，例应在外拣调。当因拣员未定，咨部展限在案。查该县地当孔道，政务殷繁，非精明强干之员难期胜任。臣督同藩、臬两司，于通省现任知县内逐加遴选。

查有博山县知县樊文达，现年四十九岁，顺天通州人，祖籍安徽，由刑部律例馆供事议叙县丞，报捐分发指省山东。道光二十七年到省。三十年，丁父忧回籍。咸丰二年，服阕回东。五年，军务告竣，保奏补缺后以知县用，咨补泰安县县丞。因三次剿匪出力，保举补缺后以同知直隶州知州用，题补今职。九年八月十六日到任。复因攻剿淄川土匪出力保奏，奉旨赏戴花翎。又在江南徐州粮台捐输，给予四品顶戴。该员明练勤谨，稳慎精详，以之调补齐河县知县，实堪胜任。惟补授博山县后尚未引见，与例稍有未符。第该员在博山任内五载有余，防剿安抚，悉臻妥善；经征钱粮，五载全完；催科亦属认真，调补此缺，人地实在相宜，例得专折奏请。兹据藩、臬两司会详前来。合无仰恳天恩俯念员缺紧要，准以博山县知县樊文达调补齐河县知县，实与要缺有裨。

除饬催赴部引见外，为此恭折具奏，伏乞皇太后、皇上圣鉴。

再，该员任内并无积案及欠解钱粮、承缉未获盗案已起降调革职处分。所遗博山县知县员缺，东省现有应补人员，另行拣员请补，合并陈明。谨奏。

同治五年五月初十日奉到回折："军机大臣奉旨：'吏部议奏。钦此。'"

由部解回之犯并无从逆为匪实据折

同治五年四月二十六日

奏为查讯由部解回之犯，并无从逆及为匪不法实据，恭折具奏，仰祈圣鉴事：

窃臣前准刑部咨：侍卫桂林指拿从逆贼犯宋大秃仔，屡次熬讯，坚不承认从逆情事。及令桂林面质，始终只以认准面貌为词，毫无确据，亦无另有认识宋大秃仔之人可以传质，难凭桂林一面之词率行定谳。惟宋大秃仔果否有从逆重情，抑系安分良民，应解交臣秉公讯办等因具奏。奉旨："依议。钦此。"并准将宋大秃仔递解回东。经臣饬令该犯原籍平原县查传宋大秃仔之伯宋怀学并乡总、地邻人等到案，讯据佥称：宋大秃仔即宋潮经，实系该县刘万斛庄居民。同治元年二月间，宋怀学充当县役，宋大秃仔跟充白役。随后宋怀学因年老退役，宋大秃仔亦即回家，并无被贼裹去，亦无从逆重情及为匪不法情事等语。取具各结，加具印结，详经臣咨准刑部。以此系奏交查办之件，咨令专折具奏。

伏查宋大秃仔即宋潮经，既据该县查讯明确，实系安分良民，并无从逆及为匪不法实据，取有切实供结，自应饬令保释。为此恭折具奏，伏乞皇太后、皇上圣鉴训示。谨奏。

同治五年五月初十日奉到回折："军机大臣奉旨：'刑部知道。钦此。'"

请旨遴员调补章邱县知县折

同治五年五月十一日

奏为要缺知县遴员请旨调补，恭折奏祈圣鉴事：

窃照章邱县知县仓景长因病出缺，前经恭疏具题，所遗知县员缺系繁疲难兼三要缺，例应以同治四年十二月十五日仓景长因病出缺之日为开缺日期，在外拣员调补。该县民情浮动，讼狱繁多，且为东府通衢，刻下奉省马贼滋事，时虞潜逃入东，稽查缉捕，尤关紧要。臣督同藩、两司在于通省现任简缺并应升人员内，逐加遴选，非现居要缺，即人地未宜。惟查益都县知县梅缵高，年五十四岁，江苏附监生，遵筹饷例，报捐知县，分发山东。咸丰八年五月到省。因七年在江苏协同通、如等获盗出力，经南省保举加同知衔。又在缉捕郯城幅匪案内保举归候补班补用。十一年，剿办南匪，随营出力，保举归候补班尽先前用，题补今职。复以东昌防剿出力，保举俟补缺后以同知直隶州知州补用。同治元年三月到任。四年，因钱粮完全，奉旨："赏加运同衔。钦此。"该员稳练精明，朴诚勤干，历俸已满三年，前经销去试俸，以之调补章邱县知县，实堪胜任。惟益都、章邱均系繁疲难兼三要缺，以繁调繁，与例稍有未符。惟章邱讼狱繁多，实称难治。黄河入东，该县北境岁有水患，人地实在相需，例得专折奏请。据藩、臬两司会详前来。合无吁恳天恩俯念员缺紧要，以益都县知县梅缵高调补章邱县知县，实于要缺有裨。如蒙俞允，该员系现任知县调补知县，衔缺相当，毋庸送部引见。系初调人员，一切因公处分，例免计算。应完参罚银两，饬令依限完缴。任内并无积案及欠解钱粮、承缉未获盗案攸关降调革职处分。所遗益都县员缺，系外调要缺，俟奉文后，拣员调补。为此恭折具奏，伏乞皇太后、皇上圣鉴。谨奏。

同治五年五月廿三日奉到回折："军机大臣奉旨：'吏部议奏。钦此。'"

请旌恤东平泰安阵亡绅团并殉难妇女折

同治五年五月十一日

奏为查明东平州、泰安县阵亡绅团并殉难妇女，吁恳分别旌恤，恭折奏祈圣鉴事：

窃照东省自咸丰十年、同治三年迭被捻、教、土匪滋扰，所有阵亡殉难绅团、妇女，迭经奏请恩准分别旌恤。兹又据东平州查明阵亡绅士二十九员名，阵亡团长十二名，阵亡团丁三百一十二名，殉难妇女一百八十二口；泰安县殉难妇女五十四口，由军需总局司道核明造册，具详前来。臣复核无异。合无吁恳天恩俯准敕部，将阵亡团长从优议恤，阵亡团丁同殉难妇女分别照例旌恤，以广皇仁而慰忠节。

除将各册咨部，并饬查此外各属如有遗漏另行办理外，理合恭折具奏，伏乞皇太后、皇上圣鉴训示。谨奏。

同治五年五月廿三日奉到回折："军机大臣奉旨：'著照所请，分别旌恤。该部知道。钦此。'"

审明阳信县民京控分别定拟折

同治五年五月十一日

奏为审明京控，分别定拟，恭折具奏，仰祈圣鉴事：

窃照阳信县民刘文峰以违谕擅征等词，控经都察院，于同治三年四月十七日奏奉谕旨："此案著交阎敬铭亲提人证、卷宗，秉公研讯确情，按律定拟具奏。原告民人刘文峰，该部照例解往备质。钦此。"当经行司饬提研讯。兹据兼署臬司卢定勋审明阳信县漕书丁云沾等蒙收缓征漕米属实，拟议解勘。臣在东平州筹办防剿，饬委藩司丁宝桢代勘无异，录供呈送前来。臣复加查核。

缘丁云沾、刘文峰均隶阳信县。刘文峰与丁云沾素识无嫌。丁云沾向充该县漕书。同治元年，该县秋禾被旱、被虫，报经该县知县苏振甲勘明，申请委员复勘明确，归五图十字道等三十三村庄被灾较重，议请钱漕并缓；钦七图大刘庄、辛庄等五十村庄被灾较轻，议请缓漕征钱。办定灾案，因未奉批，尚未出示，将缓征各庄于征漕册内逐一签注。十月初六日，该县开厫收漕，丁云沾邀昔存今故之副书田贻明赴厫帮办。该县向章，开征漕米之日，如一庄一图于当日全完，各有优赏。刘文峰因历年各花户多托代完，希图邀赏，未经查明报灾村庄，误将被灾较重之归五图十字道庄，较轻之钦七图大刘庄、辛庄各花户漕米，一并照旧开单，赴厫垫纳折色，计误完一百七十三户，共京钱一百六十七千一百二十六文。田贻明查知单开错误，起意蒙混侵饷，即将钱文收下，掣给串票，旋向丁云沾告知情由，并许事后将钱分用。丁云沾贪利允从。适苏振甲检册查核，丁云沾虑被查出，即以田贻明误收具禀。经苏振甲将丁云沾等提案讯革饬押，一面追出钱文，差传刘文峰领钱缴串。刘文峰因已收起各花户钱文，将串散给，先领钱文回家。田贻明在押患病，取保调治，旋即在家病故。刘文峰因未收齐串票呈缴，屡经该县差令地保杨正阁饬催，并见贴出誊黄，心恨丁云沾等蒙收，往邀团长刘云汉帮同上控。刘云汉不允，遂疑为刘云汉、杨正阁串通丁云沾等欺弄，即以违谕擅征等情，控经前任武定府知府蔡步镛饬委署海丰县知县刘辂过境，会同讯明，勒限缴串。详经蔡步镛，因恐案情未确，提府审办。刘文峰心仍不甘，复照府控情节，并图准添砌逼追钱漕及刘云汉等抗提不到等词，赴京具控。诘无另犯舞弊别案，此外亦无同伙知情之人，案无遁饰。

查例载："凡有蠲免，俱以奉旨之日为始。其奉旨之后、部文未到之前，有已输在官者，准作次年正赋。如官吏蒙混隐匿，即照侵盗钱粮律治罪。"又律载："监守盗仓库钱粮，不分首从，并赃论罪，四十两斩，杂犯徒五年。"又例载："监守盗仓库钱粮入己，数在一百两以下至四十两者，乃照本律问拟，准徒五年，勒限一年追究，限内全完免罪。"又律载："不应为而为，事理重者，杖八十。"各等语。此案丁云沾充当漕书，因刘文峰误将灾庄缓征漕米开单赴厫完纳折色，辄允已故副书田贻明蒙收隐匿，计蒙收京钱一百六十七千一百二十六文，合银八十三两零。查缓征与蠲免相同，该犯等蒙混隐匿，自应依例照侵盗钱粮律问拟。丁云沾应与田贻明均合依"监守盗仓库钱粮，不分首从，并赃论罪，四十两斩，杂犯徒五年"律，各拟准徒五年；惟所收之钱业经追还花户，仍照例免罪。田贻明业已取保病故，应毋庸议。刘文峰虽所告得实，惟包纳漕米，且案已控府提审，并不静候讯断，辄复赴京越诉，殊属不合。刘文峰除越诉轻罪不议外，应酌照"不应为而为，事理重者，杖八十"律，拟杖八十，折责发落。其所收应缓各花户钱文，业经还清，惟尚有三十五户串票未据缴回，俟案结发回追缴。刘云汉、杨正阁讯无通同舞弊抗提不到情事，均毋庸议。该县苏振甲征收漕米，并不事先检点，以致漕书蒙混舞弊，办事实属颟顸，非寻常疏忽可比，应请旨敕部严加议处。惟该员已因另案参革，听候部议注册。

除供册咨部外，理合恭折具奏，伏乞皇太后、皇上圣鉴训示。谨奏。

同治五年五月廿三日奉到回折："军机大臣奉旨：'苏振甲著交部严加议处。余著该部议奏。钦此。'"

饬提仓款以济军饷片
同治五年五月十一日

再，东省上年筹办防剿，兵勇增多，饷需较巨，加以奉拨京协各饷，支款浩繁，关东协饷尤为紧要，司库钱粮实在入不敷出，年终之际尤为支绌。经臣札饬督粮道在于节年仓款项下凑拨银六万两，发交支应局委员撙节支放，以资接济。

除由该粮道依限奏销并饬该局员入收造报外，谨附片陈明，伏乞圣鉴。谨奏。

同治五年五月廿三日奉到回折："军机大臣奉旨：'知道了。钦此。'"

东昌支应分局收支军需各款截数报销折
同治五年五月十一日

奏为山东东昌支应分局收支军需各款截数报销，缮具清单，恭折奏祈圣鉴事：

窃照前准部咨："钦奉上谕：'所有同治三年六月以前军需总数，准其分年分起开具简明清单，奏明存案，免其造册报销等因。钦此。'"钦遵在案。

伏查同治元年，前抚臣谭廷襄统带兵勇督剿东昌匪徒，派委东昌府知府秦际隆兼管分局支应事务，旋又改委候补知府李德增接办，嗣因该员丁忧，复令秦际隆经理。计自元年十月二十四日起，至十二月二十日移交候补知府蒋斯嵂接办之日止，凡有收支各款，应即钦遵谕旨，截清开报。

兹据在省司道转据该委员等详称：查得东昌分局一切收支款项，均系按照例案核实支放。凡在营官员，各按品级支给应得分例。进剿马步兵丁，每名月支盐菜银九钱，加给银四钱，各日支口粮米八合三勺。有马各兵，按实带骑马每匹支干银五分。外委与兵丁均照例每二名核给驮马一匹。口粮米折，官员粳米，兵役、余丁粟米，按照市价核减，粳米每石折银二两，粟米每石折银一两四钱。制造军火，均照例价请销，其不敷之项，照案帮贴，划出请归东省摊廉归补。官兵进剿移营，并无定所，除官员及有马各兵带骑本身马匹外，惟步队昼夜奔驰，艰于跋涉，均各照章给予车辆，照例按里给价，所有先期一日减成料草与帮贴不敷三项，均请由外摊廉归补。各项征勇，仍遵奏案，每名日支口粮一钱。带队队目、勇目各给骑马一匹，同马勇并步勇随带差马，每匹日支干银五分。又扣存减平银两，入正作收，余平一项，照章支销造报。以上各款，自同治元年十月二十四日起，至是年十二月二十日止，共用过银一万三千四十七两三钱三分九厘二毫一丝，内应由外筹补银一千四十一两一钱三分七厘三毫三丝，实在请销银一万二千六两二钱一厘八毫八丝。查收款项下，共收过银一万一千六百二十七两二钱七厘一毫，今用过银一万三千四十七两三钱三分九厘二毫一丝，计不敷银一千四百二十两一钱三分二厘一毫一丝，业经设法筹垫。又余平项下，垫支银五十八两六分六厘二毫五丝，应请一并按数拨还归款等情，请奏前来。

臣查军需局所送清册，按照收支款目，逐加复核，均属相符。凡有请销各项，俱系遵照例案，力求撙节，毫无浮冒。

除将总册咨部外，理合恭折具奏，敬缮简明清单，祇呈御览。伏乞皇太后、皇上圣鉴。谨奏。

同治五年五月廿三日奉到回折："军机大臣奉旨：'户部知道。单并发。钦此。'"

谨将山东东昌分局收支军需银两，开具简明清单，恭呈御览。
计开：
收款项下，自同治元年十月二十四日起，至十二月二十日止：
一、收前办局务候补道呼震移交银一千八百二十六两一钱九分六厘九毫五丝。
一、收藩库银九千两。
一、收兖州随营支应局银四百八十一两一钱九分二厘。
一、收厘局银二百七十八两九钱七分二厘。
一、收扣存减平银一百一十三两六钱二厘五毫。前款系此次各起车价项下减平银三十七两七钱四分九厘，制造项下减平银七十五两八钱五分三厘五毫，共合前数，登明。
统共收银一万一千六百九十九两九钱六分三厘四毫五丝，内除移交接办局务候补知府蒋斯崏银七十二两七钱五分六厘三毫五丝，实在共收银一万一千六百二十七两二钱七厘一毫。
支款项下，自同治元年十月二十四日起，至十二月二十日止：
一、支抚济三营官兵盐粮等项银一千六百二两一钱九分六厘五毫九丝。
一、支东昌营官兵盐粮等项银一千五十五两四钱八厘四毫七丝。
一、支曹中、右两营官兵盐粮等项银三千五百一十九两一钱九分三厘二毫一丝。
一、支寿张营官兵盐粮等项银一百九十六两五钱二分二厘二毫六丝。
一、支炮船兵勇盐粮等项银七百九十一两五钱二厘五毫七丝。
一、支威胜队壮勇口粮等项银一千三百三十一两八钱一分九毫。
一、支济阳练勇口粮等项银二千八十八两四分九厘一毫六丝。
一、支随营办事带勇文武员弁盐粮等项银一百五十七两二钱九分二厘七毫二丝。
一、支制造军火等项银一千二百六十四两二钱二分五厘。

一、支兵车帮价并先期一日减成料草银四百五十三两二钱七分二厘七毫。

一、支制造军火等项帮价银五百八十七两八钱六分四厘六毫三丝。

前二款因系例外用项，历次报销，均请归外筹补，登明。

以上统共支银一万三千四十七两三钱三分九厘二毫一丝，内除收款项下共收银一万一千六百二十七两二钱七厘一毫外，计不敷银一千四百二十两一钱三分二厘一毫一丝。又余平项下垫支银五十八两六分六厘二毫五丝，应请一并按数拨还，理合登明。

东昌支应分局收支各款核实报销折

同治五年五月十一日

奏为山东东昌支应分局已故知府蒋斯崿经手收支各款核实报销，缮具清单，恭折奏祈圣鉴事：

窃照前准部咨："钦奉上谕：'所有同治三年六月以前军需总数，准其分年分起开具简明清单，奏明存案，免其造册报销等因。钦此。'"钦遵在案。

伏查同治元年，前抚臣谭廷襄统带兵勇剿办东昌教逆各匪，一切支应事宜，当在东昌设立分局，派委候补知府蒋斯崿承办。臣履任后，复令一手经理。嗣该员于二年八月初一日病故，所有收支各款，饬委盐运司衔候补知府李宗岱代办报销。

兹据在省司道转据该委员详称：查得蒋斯崿自同治元年十二月二十一日起，至二年七月底止，一切收支各款，悉心稽查，均系按照例案，核实支放。凡在营官员，各按品级支给应得分例。进征马守兵丁，每名月支盐菜银九钱，加给银四钱，各日支口粮米八合三勺。有马各兵，按实带骑马每匹日支干银五分。外委与兵丁，照每二名核给驮马一匹。口粮米折，官员粳米，兵役、余丁粟米，按照市价核减，粳米每石折银二两，粟米每石折银一两四钱。制造军火、器械，均照例价请销，其不敷之项，照案帮贴，划出请归东省摊廉归补。又官兵进剿移营，并无定所，除官员及有马各兵带骑本身马匹外，惟步队昼夜奔驰，艰于跋涉，均各照章给予车辆，照例按里给价，所有先期一日减成料草与帮贴不敷之项，均请由外摊廉归补。各项征勇，仍遵奏案，每名日支口粮银一钱。带队队目、勇目各给骑马一匹，同马勇并步勇随带差马，每匹日支干银五分。又扣存各案减平银两，入正作收，余平一项，照章支销造报。以上各款，自同治元年十二月二十一日起，至二年七月底止，共用过银七万四千六百二十六两三钱一分七厘二毫九丝，内应由外筹补银四千一百三十七两七钱四分一厘一毫二丝，实在请销银七万四百八十八两五钱七分六厘一毫七丝。查收款项下，共收过银六万七千五百三十九两一钱八分九厘三丝，今用过银七万四千六百二十六两三钱一分七厘二毫九丝，计不敷银七千八十七两一钱二分八厘一毫六丝，业经蒋斯崞设法筹垫。又余平项下垫支银五百一十六两六钱八分一厘九毫三丝，应一并按数拨还该家属归款等情，详请具奏前来。臣按照军需局册造收支款目，逐加复核，均属相符，请销各项，俱系力求撙节，毫无浮冒。

除将总册咨部外，理合恭折具奏，敬缮简明清单，祇呈御览。伏乞皇太后、皇上圣鉴。谨奏。

同治五年五月廿三日奉到回折："军机大臣奉旨：'户部知道。单并发。钦此。'"

谨将前办东昌支应分局已故候补知府蒋斯崞收支军需银两开具简明清单，恭呈御览。

计开：

收款项下，自同治元年十二月二十一日起，至二年七月底止：

一、收前办局务前东昌府知府秦际隆移交银七十二两七钱五分六厘三毫五丝。

一、陆续收藩库银七万七十五两二钱八分一厘。

一、收东昌随营支应局银五千两。

一、收兖州随营支应局银七百两。

一、收厘局银二千二百一十七两五钱四分七厘三毫。

一、收扣存各案减平银四百五十八两七钱四厘八丝。前款系此次各起车价项下减平银一百五十八两八钱五分，制造项下减平银二百九十九两八钱五分四厘八丝，共合前数，登明。

统共收银七万八千五百二十四两二钱八分八厘七毫三丝，内除拨解济安营银三百两，又除拨解东昌随营支应局银一万六百八十五两九分九厘七毫，以上共登除银一万九百八十五两九分九厘七毫，实在共收银六万七千五百三十九两一钱八分九厘三丝。

支款项下，自同治元年十二月二十一日起，至二年七月底止：

一、支抚济三营官兵盐粮等项银五千二百一十八两六钱八分五厘七毫五丝。

一、支东昌营官兵盐粮等项银三千四百一两八钱六分九厘六毫九丝。

一、支曹中、右两营官兵盐粮等项银九千七百七十一两九钱四分五厘八毫八丝。

一、支临清营官兵盐粮等项银一千三百二十五两五钱八分八厘四毫二丝。

一、支寿张营官兵盐粮等项银一千五百二十两九钱九分四厘六毫五丝。

一、支炮船兵勇口粮等项银一千三百两三钱六分二厘七毫一丝。

一、支游击禄彰统带威胜队马步壮勇口粮等项银六千三百七十六两五钱九分三厘九毫八丝。

一、支游击石占鳌统带诚顺队马步壮勇口粮等项银一万二千一百四两三钱一分七厘九毫一丝。

一、支都司朱登峰统带马步壮勇口粮等项银九千三百九十一两二钱四分二厘。

一、支把总宋景春管带马勇口粮等项银八百二两四钱一分六厘二毫一丝。

一、支军功董道平管带忠靖等队马步壮勇口粮等项银四千六百三十二两六钱七分三厘四毫八丝。

一、支守备程斗山管带各队马勇口粮等项银三千八百九十七两六钱三分四厘四毫。

一、支经制潘成礼管带济阳练勇口粮等项银四千三百九十九两八钱五分四厘七毫二丝。

一、支随营办事带勇文武员弁盐粮等项银一千三百四十六两八钱二分八厘三毫七丝。

一、支制造军火、器械等项银四千九百九十七两五钱六分八厘。

一、支兵车帮价并先期一日减成料草银一千八百一十三两八钱七分二厘。

一、支制造军火等项银二千三百二十三两八钱六分九厘一毫二丝。

前二款因系例外用项，历次报销，均请归外筹补，登明。

以上统共支银七万四千六百二十六两三钱一分七厘二毫九丝，内除收款项下共收银六万七千五百三十九两一钱二分八厘二毫六丝。又余平项下垫支银五百一十六两六钱八分一厘九毫三丝，应请一并按数拨还，理合登明。

东治六营第一次收支各款截数报销折

同治五年五月十一日

奏为山东东治六营第一次收支各款先行截数报销，缮具清单，恭折奏祈圣鉴事：

窃照前准部咨："钦奉上谕：'所有同治三年六月以前军需总数，准其分年分起开具简明清单，奏明存案，免其造册报销等因。钦此。'"钦遵在案。

伏查臣于同治二年督剿东省教、捻各匪，当因兵力过单，奏明派令副将陈锡周等六员随带弁勇，分赴湖北枣阳等处招募劲壮楚勇，编列哨队，分立东治六营，每营征勇五百名，共三千名，来东攻剿。当将收支各款饬委盐运使衔候补知府李宗岱妥为经理。计自二年四月初八日起，至是年十二月底止，应即钦遵谕旨，先行截数报销。

兹据在省司道转据该委员详称：查楚军征勇，遵照奏案，每名日支口粮银一钱二分，每勇二名给长夫一名，日给银七分，仍照东勇章程，随带差马每匹日支干银五分。凡在营官员，各按品级支给应得分例。口粮米折，官粳役粟，按照市价核减，粳米每石折银二两，粟米每石折银一两四钱。制造军火、军械，均照例价请销，其不敷之项，照案帮贴，划归通省摊廉弥补。又扣存减平银两入正作收，余平一项，照章支销造报。以上各款，自同治二年四月初八日起，至是年十二月底止，共用过银一十二万一百六十一两四钱三分三厘四丝，内应由外筹补银五千七百四两三钱六分九厘七毫三丝，实在请销银一十一万四千四百五十七两六分三厘三毫一丝。查收款项下，共收过银一十一万一千九十一两四钱三分三厘四丝，计不敷银九千六十九两七钱八分五厘二毫四丝，业经由局设法筹垫。又余平项下垫支银一百一两四钱五分七厘六毫三丝，应请一并按数拨还归款等情，详请具奏前来。臣按照军需局册造收支款目，逐加复核，均属相符，请销各项，俱系力求撙节，毫无浮冒。

除将总册咨部外，理合恭折具奏，敬缮简明清单，祗呈御览。伏乞皇太后、皇上圣鉴。谨奏。

同治五年五月廿三日奉到回折："军机大臣奉旨：'户部知道。单并发。钦此。'"

谨将山东东治六营第一次军需报销核明收支各款，开具简明清单，恭呈御览。

计开：

收款项下，自同治二年四月初八日起，至十二月三十日止：

一、陆续收藩库银一十一万三百五十五两六钱。

一、收扣存制造项下减平银七百三十六两四分七厘七毫。

统共收银一十一万一千九十一两六钱四分七厘七毫。

支款项下，自同治二年四月初八日起，至十二月三十日止：

一、支东治六营官弁楚勇口粮等项银一万九千二十三两九钱二分六厘一毫三丝。

一、支东治中营楚勇口粮等项银一万三千三百三十两九钱三分三厘九毫六丝。

一、支东治副中营楚勇口粮等项银一万三千三百三十两四钱六分七厘七毫六丝。

一、支东治左营楚勇口粮等项银一万三千二百三十六两九钱九分五厘四毫。

一、支东治右营楚勇口粮等项银一万四千四百七十七两八钱六分一厘四毫。

一、支东治前营楚勇口粮等项银一万三千二百六十四两四钱五分七厘六毫。

一、支东治后营楚勇口粮等项银一万四千四百七两八钱九分七厘八毫九丝。

一、支随营办事带勇文武员弁盐粮等项银一千一百一十七两六分一厘四毫。

一、支制造军火、军械等项银一万二千二百六十七两四钱六分一厘七毫七丝。

一、支制造军火、军械等项银五千七百四两三钱六分九厘七毫三丝。前项帮价因系例外用项，历次报销均请归外筹补，登明。

以上统共支银一十二万一百六十一两四钱三分三厘四丝，内除收款项下共收银一十一万一千九十一两六钱四分七厘七毫外，计不敷银九千六十九两七钱八分五厘三毫四丝。又余平项下垫支银一百一两四钱五分七厘六毫三丝，应请一并按数拨还，理合登明。

济安五营第一次收支各款截数报销折

同治五年五月十一日

奏为山东省济安五营第一次军需收支各款截数报销，缮具清单，恭折奏祈圣鉴事：

窃照前准部咨："钦奉上谕：'所有同治三年六月以前军需总数，准其分年分起开具简明清单，奏明存案，免其造册报销等因。钦此。'"钦遵在案。

伏查藩司丁宝桢前在湖南省奉旨招募湘勇到东剿办教、捻各匪，分立济安五营，当将收支各款饬委盐运使衔候补知府李宗岱妥为经理。计自同治二年正月二十五日起，至三年六月底止，应即钦遵谕旨，截数报销。

兹据在省司道转据该委员详称：查五营文武员弁、勇丁、长夫，共计一千五百四十五员名，一切支款，均照例案撙节支发。凡在营官员，各按品级支给应得分例。勇丁遵奉奏准章程，每名日支口粮银一钱三分，每勇二名给长夫一名，日支银一钱。又添募东勇三百四十九员名，仍遵奏案，每勇日支口粮银一钱，均各随带差马，每匹日支干银五分。口粮米折，官粳役粟，按照市价核减，粳米每石折银二两，粟米每石折银一两四钱。制造军火、器械，均照例价请销，其不敷之项照案帮贴，划归通省摊廉弥补。又扣存减平银两入正作收，余平一项照章支销造报。以上各款，自同治二年正月二十五日起，至三年六月底止，共用过银一十一万五千九百两三钱七分九厘二毫七丝，内由外筹补银四千七十一两五钱九分八厘九毫，实在请销银一十一万一千八百二十八两七钱八分三毫七丝。查收款项下，共收过银一十一万四千二百三十五两五钱四分七厘六毫，今用过银一十一万五千九百两三钱七分九厘二毫七丝，计不敷银一千六百六十四两八钱三分一厘六毫七丝，业经设法筹垫，应请按数拨还。又余平项下垫支银七百四十两九钱五厘二毫三丝，应请一并筹拨归还，并声明同治三年七月初一日以后军需即当接续造报等情，详请具奏前来。臣按照军需局册造收支款目，逐加复核，均属相符，请销各项，俱系力求撙节，毫无浮冒。

除将总册咨部外，理合恭折具奏，敬缮简明清单，祗呈御览。伏乞皇太后、皇上圣鉴。谨奏。

同治五年五月廿三日奉到回折："军机大臣奉旨：'户部知道。单并发。钦此。'"

谨将山东省济安五营第一次军需截数报销，核明收支各款，开具简明清单，恭呈御览。

计开：

收款项下，自同治二年正月二十五日起，至三年六月底止，内：

一、收湖南省总局银二万五千两。

一、收湖南省藩库银五千两。

一、收河南省藩库银五百两。

一、陆续收山东省藩库银七万九千九百一十两一钱八分。

一、收东昌随营支应局拨银三千两。

一、收东昌支应分局拨银三百两。

一、收扣存制造项下减平银五百二十五两三钱六分七厘六毫。

以上统共收银一十一万四千二百三十五两五钱四分七厘六毫。

支款项下，自同治二年二月二十五日起，至三年六月底止，内：

一、支官弁盐粮、湘勇口粮等项银一万二千三百七十九两四钱七分七厘六毫六丝。

一、支济安五营官弁盐粮、湘勇口粮等项银八万三千四百二十一两八分五厘七毫四丝。

一、支东勇口粮等项银二千五百九十八两三钱三分三厘八毫一丝。

一、支随营文武员弁盐粮等项银四千六百七十三两七钱五分六厘四毫九丝。

一、支制造军火、军械等项银八千七百五十六两一钱二分六厘六毫七丝。

一、支制造军火、军械等项五成帮价银四千七十一两五钱九分八厘九毫。前款因系例外用项，历次报销均请归外筹补，登明。

以上统共支银一十一万五千九百两三钱七分九厘二毫七丝，内除收款项下共收银一十一万四千二百三十五两五钱四分七厘六毫外，计不敷银一千六百六十四两八钱三分一厘六毫七丝。又余平项下垫支银七百四十两九钱五厘二毫三丝，应请一并按数拨还，理合登明。

兖州随营支应分局收支各款报销情形折

同治五年五月十一日

奏为山东兖州随营支应分局收支各款报销，缮具清单，恭折奏祈圣鉴事：

窃照前准部咨："钦奉上谕：'所有同治三年六月以前军需总数，准其分年分起开具简明清单，奏明存案，免其造册报销等因。钦此。'"钦遵在案。

伏查同治元年四月间，前抚臣谭廷襄调派兵勇督剿兖州教、幅各匪，即在兖郡设立支应分局，派员经理。所有元年四月初六日起，至是年闰八月初三撤局前一日止，收支各款，应即钦遵谕旨，核实报销。

兹据在省司道转据前办分局委员、道衔候补知府现署莱州府事晏方琦，督同滨州知州李铭舟，惠民县知县薛燦、候补知县丁堃详称：查得此案军需，悉系照例支放。凡在营官员，各按品级支给应得分例。进征马守兵丁，每名月支盐菜银九钱，加给银四钱。外委与兵丁照例每二名核给驮马一匹，马兵按实带骑马，每匹日支干银五分。口粮米折，官员粳米，兵役、余丁粟米，按照市价核减，粳米每石折银二两，粟米折银一两四钱。制造军火器械，例价不敷，照案加给帮贴，划归东省摊廉归补。官兵进剿移营，并无定所，马兵各乘本身例马，惟步队艰于跋涉，给予车辆，照例按里给价，所有先期一日减成料草与帮贴不敷之项，均请内外摊廉归补。雇募征勇，仍遵奏案，每名日支口粮银一钱。带队队目、勇目各给骑马一匹，同马勇并步勇随带差马各日支银五分。又扣存减平银两入正作收，余平一项，照章支销造报。以上各款，自同治元年四月初六日起，至闰八月初三日止，共用过银三万五千六百九十二两九钱五分八厘三毫九丝，内应由外筹补银三千九百四十六两七钱一分八厘五毫七丝，实在请销银三万一千七百四十六两二钱三分九厘八毫二丝。查收款项下，共收过银二万七千九百八十五两四钱二分六厘三丝，今用过银三万五千六百九十二两九钱五分八厘三毫九丝，计不敷银七千七百七两五钱三分二厘三毫六丝，业经由局设法筹垫。又余平项下垫支银一百四两五钱六分九厘三毫八丝，应请一并按数拨还归款。再，因饷需支绌，尚有陆续积欠兵勇盐粮等项银二千四百八十六两二钱四分一厘六毫八丝，容俟如数领出另行造报，合并声明等情，详请具奏前来。臣按照军需局册造收支款目，逐加复核，均属相符，请销各项，俱系力求撙节，毫无浮冒。

除将总册咨部外，理合恭折具奏，敬缮简明清单，祇呈御览。伏乞皇太后、皇上圣鉴。谨奏。

同治五年五月廿三日奉到回折："军机大臣奉旨：'户部知道。单并发。钦此。'"

谨将山东省兖州支应分局军需报销，核明收支各款，开具简明清单，祇呈御览。

计开：

收款项下，自同治元年四月初六日起，至是年闰八月初二日止：

一、陆续收藩库银二万一千八两八钱四分二厘二毫三丝。

一、收兖州随营支应局银六千五百两。

一、收淄川支应分局银六十两。

一、收扣存减平银四百一十六两五钱八分三厘八毫。前件系此次各起车价项下减平银二百一十五两五钱五分一厘五丝，制造项下减平银二百一两三分三厘七毫五丝，其合前数，登明。

统共收银二万七千九百八十五两四钱二分六厘三丝。

支款项下，自同治元年四月初六日起，至是年闰八月初二日止：

一、支兖中、右两营头起官兵盐粮等项银五千七百二十二两六钱四分四厘九毫八丝。

一、支兖中、右两营二起官兵盐粮等项银五千三百一十二两八钱五分五厘八毫九丝。

一、支沙沟营官兵盐粮等项银三千一百一两九钱一分一厘二丝。

一、支千总刘志和管带长胜队壮勇口粮等项银一万四千一百三十六两二钱一分九厘六毫一丝。

一、支随营办事带勇文职盐粮等项银一百二十二两六分二厘五毫二丝。

一、支制造军火、军械等项钱银三千三百五十两五钱四分五厘八毫。

一、支兵车帮价并先期一日减成料草银二千三百八十八两七钱一分四厘七毫七丝。

一、支制造帮价银一千五百五十八两三厘八毫。

前二款因系例外用项，历届报销，均请归外筹补，登明。

以上通共支银三万五千六百九十二两九钱五分八厘三毫九丝，内除收款项下共收银二万七千九百八十五两四钱二分六厘三丝外，计不敷银七千七百七两五钱三分二厘三毫六丝。又余平项下垫支银一百四两五钱六分九厘三毫八丝，应请一并按数拨还，理合登明。

筹防运河黄河各处情形折

同治五年五月十四日

奏为逆捻窜近徐州一带，现筹分防运岸，修筑堤墙，并拟筹黄河北防各情形，恭折具奏，仰祈圣鉴事：

窃臣于四月十三日准军机处寄奉上谕："曾国藩奏捻匪自山东南窜，追剿迭胜，并分路布置，拟挑运河防守各折片。东路之防既以运河为阻截捻踪之界，则修浚之工不宜稍缓。著曾国藩会同阎敬铭等，赶将河身浅窄处所大加挑浚，务令一律宽深，足以限制马贼，并于河岸增堤置栅，俾资扼守，是为至要各等因。钦此。"仰见圣谟广运，莫名钦佩。

臣前因贼势稍松，于四月初旬至济宁与曾国藩面商军事，议以运防为重，因同曾国藩由水路察看河岸形势，分布防军俱到沈【家】口黄、运交汇处所。适直隶督臣刘长佑亦抵张秋镇，即会同巡阅张秋镇及黄河刘堤口一带情形。臣即于十三日回到东平防所。旋据探称，张逆在单境，经刘铭传一军追逐，遂窜城武，又折窜曹县。时李昭庆一军自济宁驰赴城武，刘松山一军由丰县驰抵单县，同抵曹县进剿，战胜于曹县之三里村。适刘铭传亦即赶到，乘胜追杀。该逆复由单县东南奔向丰、沛、铜山，扰及滕、峄运河南岸边界，窜向邳州，又窜扰洋河等处。其任逆一股，据曹、单等县奏报，四月二十三四日自泗境折回，旋由萧、砀、永、夏窜至归德，贼马扰及虞城，经豫军并追师合击，复又南窜，有向蒙、亳之势。现据探报，初十日丰县、萧县一带均有贼踪，亦难定为何股。此各路援军剿贼并各逆纷窜之情形也。

窃以贼踪奔突无定，以图牵制我军，既有追军与之角逐，尤宜密布防务以为藩篱。而东省之防专恃运河，诚如圣谕，修浚之工不宜稍缓。惟查东省运河自峄、邳交界起，直达黄河，绵亘五百余里，东省军力实难遍布。现经曾国藩酌定，自韩庄以南，任之杨树勋八营；长沟以南，任之潘鼎新一军；自长沟以北直至沈【家】口，全归东省防军布置，约计此段河路将及二百里。臣现就东省各军节节密布，共计常武十营、吉胜六营、东治六营、振字五营，又绅字一营，共二十八营，匀段布守，均饬各分汛地，设立条款，饬令各营将运河东岸一律修筑堤墙，务令极高极厚，并于墙外加挑一二道重濠。其沙土之地，筑墙不能过高者加添木栅。各军均于四月二十五日到防兴工。臣复责成运河道敬和趁此雨泽时行、泉源较旺之际，将南旺各湖收水符志，以为阻隔，其运岸跨河各民圩，均饬加墙加濠，并分兵力代为协守。又查前次所设长龙、舢板炮船，专为黄河防守之用。运河水浅岸窄，各船运掉不灵，应添设舢板炮船以期得用。臣现饬总兵赵三元带资赴江南购制舢板炮船五十只，限两个月驾驶入运，期与沿岸防营联络布汛，以济旱队之不及，均已分别饬行。惟念运河防守虽已布置，但兵力合则见多，分则见少。今以二百里之地，段段密布，究觉道远人稀，必须添设游兵以为协助。去年臣曾筹款购买洋枪千余杆，现已购到，因饬候补知府王成谦派员雇募淮勇四营，学习洋枪，以为游队；并派员赴上海购买洋火、洋枪药及开花炮、火龙等件，成军之日，即饬勤为操演，以成劲旅。此分军布守运河、挑筑墙濠及添设炮船、添募枪队之情形也。

至黄河之防，伏汛将至，情形较松，然秋后水落，防务尤要，臣更宜先事筹维，以免疏失。昨在张秋途次，经曾国藩、刘长佑会商，拟以直、东两省防军聚于一处，不如分段设防，既专责成，亦省兵力，计议均属相合，应俟曾国藩酌定地段具奏后，再行定期换防。至东省原设防营，现计济东道卫荣光所带东昌、寿张、范、濮及泰安各营，兵丁已几二千名，臣又添派同知刘时霖带勇五百名协防河北。惟念兵力尚单，仍须另筹抽拨。臣前奏派前云南提督傅振邦带兵千名驻防景芝镇，以防东路，现运防既经布置，东路稍松，臣因咨令该提督将所部兵丁千名带赴东平，再加挑选成旅，亦令前赴河北，驻扎张秋镇，以厚兵力。再俟总兵赵三元购制舢板炮船到日，即将前立水师舢板船只全数拨赴黄河，自张秋上至直兵分界之处，节节巡布，以期周密。此拟筹黄河北防之情形也。

臣智疏才浅，军事未谙，虽连营二百里之遥，防守情形未敢信有把握。惟当严饬各军，加严加密，不容一隙疏虞。臣仍随时亲赴河干，往来察看，以为督率。

再，前次东省防军均调防运河，运西之曹州各州县防守事宜，不能不藉兵力。经臣饬准菏泽、定陶、郓城、巨野、范县各处，各雇勇数百名，以为防守城池、搜拿土匪之用。此项勇丁，容臣酌度情形之缓急，分别勇数之多寡，俟贼踪已远，随时遣撤，以节饷糈。

所有捻股南窜，现在筹布黄、运各防缘由，理合由驿具奏，是否有当，伏乞皇太后、皇上圣鉴训示遵行。

再，此折因贼在归、徐纷窜无定，是以稍迟，合并声明。谨奏。

同治五年五月廿一日戌刻奉到回折："军机大臣奉旨：'览奏各情均悉。即著督饬在防各员弁认真巡防，无稍疏懈。洋枪军火固属利器，惟须训练精熟，统带得人，方为有益。该抚仍随时会商曾国藩，妥筹布置，以期周密。钦此。'"

酌提东海关常税以济军需片

同治五年五月十四日

再，现在严扼黄、运河防，力筹堵剿，所有沿岸密布营垒，水师添造炮船，购买洋枪、洋炮，用款较前更巨。二、三月间贼扰曹属，纷窜两月，司库上忙钱粮，深虞短绌，运库课款，又因指拨京饷难资拮注，不得不先事预筹。查东海关所收常税，应有存款，上年曾经奏拨有案。兹拟仍在东海关常税项下酌提银六万两，以济要需。

除一面行知登莱道批解藩库备拨外，谨附片陈明，伏乞圣鉴。谨奏。

同治五年五月廿一日奉到回折："军机大臣奉旨：'该衙门知道。钦此。'"

请旌恤吉胜东治两营阵亡员弁片

同治五年五月十四日

再，捻匪叠扰东疆，各军时加剿击，所有临阵冲锋伤亡弁勇，臣时饬各该营查明禀报，汇为奏恤。

兹据吉胜营已革总兵杨飞熊报称，该营迭次剿捻阵亡蓝翎把总朱启胜，蓝翎把总张永年，千总谢大旺，把总白得荣，蓝翎把总廖正祥，外委宋元福、王连荣、徐得胜、李占魁、靳正祥、赵得胜，从九钱心田，共十二员名；又据东治营副将王心安报称，该营迭次剿捻阵亡蓝翎防御讷莫善，花翎都司衔守备姚万顺，蓝翎守备谢东海，千总尤炳□、郭其才，五品衔蓝翎把总郑开松、刘奎，蓝翎外委李永祥，外委汤荣恒、戴九成、陈金玉、桂荣生，蓝翎候选主簿聂笙成，候选从九杨培昌等共十四员名，恳请奏恤前来。臣查该员朱启胜等临阵捐躯，均堪悯恻。合无仰恳天恩俯准饬部照例议恤，以慰忠魂。理合附片陈明，伏乞圣鉴。谨奏。

同治五年五月廿一日奉到回折："军机大臣奉旨：'朱启胜等均著交部照例议恤。钦此。'"

江浙两省漕船收口放洋日期片

同治五年五月□日

再，本年江浙两省海运漕船前据报收口放洋日期，当经两次附片奏明在案。兹又准登州镇总兵周惠堂并据该管道府禀报，自四月初六日起，至二十六日止，江苏南汇县蒋德利，娄县张福兴，元和县利发顺，江阴县蒋德顺，昭文县金永吉、朱福增，上海县张源顺、沈长利，奉贤县金万泰、万源顺，吴江县源福顺，长洲县白泰源、成德顺，昆山、新阳二县成源顺；浙江桐乡、德清二县金宝昌，石门县李长合，漕船共十六只，陆续收口。蒋德顺等十一只当即放洋，由水师将弁护送北上；朱福增、沈长利、金万泰、成德顺、李长合五只尚未出口等情。

除饬催朱福增等五只赶紧出口放洋，并将续到漕船随时迎护催趱外，理合附片奏闻，伏乞圣鉴。谨奏。

军机大臣奉旨："知道了。钦此。"

州县应付勇车改照实用车数开销折

同治五年六月初二日

奏为州县应付勇车易滋浮冒，应改照实用车数开销，并请复到站回空银两，以昭核实而资办公，恭折具陈，仰祈圣鉴事：

窃照军需定例，向无勇丁车辆明文。惟近年军营多募勇丁，当移营追剿，军粮、子药必用车转运，即勇丁亦借车休息趱程。臣于去冬十月具奏东省军需新旧案内，州县应付兵差，酌定此后勇车照步兵例减半，每八名连军装给车一辆，原因勇数太多，特减一半以示区别。钦奉谕旨："户部知道。钦此。"钦遵在案。

惟查东省勇营用车甚少，州县应付多系征调外来各勇及现在两江督臣曾国藩所部游击之师，如刘铭传、李昭庆、周盛波、刘松山诸军，多则万余人，少亦数千人，各军用车约计自数百辆至百余辆不等，若州县按八勇一车准销，则多者千数百辆，少者亦数百辆，与实用之数多寡悬殊。且各军起程过境，多由首站传知，有州县备车至需用之日由营发价之文，虽给价之多寡迟速未必一律，亦安能任州县照案开销。此则车数所销较多，而深虑浮冒之实在情形也。

然州县办车之难及赔垫之苦，亦有不得不为体恤者。大军经过之地，即贼踪蹂躏之区，圩寨固闭，居民迁徙，遽索多车，已难觅雇。况各营追剿紧急，或此往彼来，或甫去旋返。捻贼专肆奔窜，官勇因车辆不齐，追逐即虑落后。州县恐有贻误，非重价觅于远处，即冗费养于平时，以为应急之计。此外用所必需而格于定例者，亦往往有之。即照现定章程准销车价银一两，帮价银六钱，先期一日减成料草银四钱，计一车共银二两，已属不敷。若云营中业经发价，则车价一两又须扣除，只准开销一两，实属不免赔累。此又车价所销太少，而时恐误差之实在情形也。

故欲杜浮冒，惟当核计实用之车；欲免误差，必须宽给雇觅之价。查兵车旧例：每百里给车价银一两，又先期到站二日，回空一日，每日减半料草银五钱，共正销银二两五钱。东省照案六成帮价，计银一两五钱，由外筹补每车一辆，共银四两，嗣经部议节次裁减，现在只准销银二两。在寻常过境兵差用车较缓、为数无多之时，州县尚可设法，若如目前勇车情形，来往循环，军行无定，州县断不敷用。牧令从何筹垫，无非挪用钱粮，比及交代之时，必致亏空。臣于交代必清，亏空必参，而军情之缓急必顾，车辆之数目宜实，州县之办差亦须通筹，悉心酌核，惟有于车数议减，于车价议增，酌盈剂虚，以期两得其实。应请将州县应付勇车，不必按定章八名一辆开支，即照各营开报实用车数计算。其实用之车，每辆给车价银一两，先期到站一日，回空一日，每日减半料草银五钱，无须减成，共正销银二两，照案统加六成帮价银一两二钱，由外筹补，每车一辆共银三两二钱。每次实用车数，州县于应差后即日申报，随行查各该营数目是否相符。其由营已发价者，扣除车价一两，只准销到站回空料草银一两、帮价银一两二钱。如未经发价，方准照数全销，以防牵混。行查不符者，照数删除；当时未报者，概不准销。如此变通办理，则车数无多报之弊，车价无赔累之虞，似于节用、办公两有裨益。

臣前奏酌给勇车，因近来勇多兵少，故照兵数减半支给。复思办理尚未尽协，不敢以奏有定章，稍涉迁就，任听浮冒。至到站回空等银，系节经裁减之项，本不应仍请复增，惟深知州县不敷应差，必须津贴。与其别立新增之名目，何如酌复旧有之成规。且既令开报实数，以绝作弊之端，即当宽给价值，以恤难言之隐。以现时银价计之，亦仅资应用而非有赢余。况就一车而论，加银虽过一半，而少准报销三四倍之车，究属所增者少而所省者多，且较旧案四两之数计，仍核减八钱。勇车本系新设，续经改定，即为另案，亦无嫌与旧案料草银数稍有参差。实缘东省差徭悉由官办，与直、豫、山、陕诸省之由民间经理者不同，此臣所为不揣冒昧，缕晰详陈也。如蒙俞允，应即移咨督臣曾国藩转饬各该军查照。臣当督同藩司认真考察，以昭核实。至应付官兵过境兵数、车数，皆较勇丁易于稽查，一切供支仍照奏定章办理，不准援此为例，以免纷更而期节省。

所有勇车易滋浮冒，应改照实用车数开销，并请复到站回空银两缘由，是否有当，理合恭折具奏，伏乞皇太后、皇上圣鉴训示。谨奏。

同治五年六月十六日奉到回折："军机大臣奉旨：'户部议奏。钦此。'"

请旌恤日照县殉难绅民妇女片

同治五年六月初二日

再，臣于上年接准都察院咨："同治五年五月十二日奉上谕：'山东举人许维榕等呈报之贡生郭铭德等，或慷慨捐躯，或从容就义，均堪悯恻。著该衙门按照单开，移咨该抚，迅速查明，奏请旌恤等因。钦此。'"并准都察院开单移咨到臣，当经钦遵转饬查办。

兹据日照县查明单开殉难绅民、妇女名氏，有与已经请恤各案重复者，或音同字异，或缮写错误，内已请恤绅民五百九十四员名，妇女四十三口，未请恤绅民六十四员名，妇女二十一口，由军需总局司道复核明确，分别已未请恤花名，造具明晰清册，详请复奏前来。臣复核无异。合无仰恳天恩敕部，将未经请恤殉难绅民六十四员名、妇女二十一口分别照例旌恤，以广皇仁而维风化。

除各册分别咨送吏、礼二部暨都察院外，理合附片具奏，伏乞圣鉴训示。谨奏。

同治五年六月十六日奉到回折："军机大臣奉旨：'著照所请，分别旌恤。该部知道。钦此。'"

东盐南运试行河运片

同治五年六月初二日

再，查东盐南运，距场最远，车船脚价所费不赀。黄河兰、仪漫口以后，由直隶开州、东明等处至东境濮、范、寿张、东阿，渐入盐河，每届夏秋汛涨，一水可通。据南运商人请将考城、睢州、宁陵三州县盐包试行河运，如果省费便捷，南运各州县均可一体推行；倘或淤浅及冬春冻涸，仍归旧道行运，禀由盐运司卢定勋详请具奏前来。臣复加察核，系为恤商速运起见。

除分咨直、豫两省暨严饬沿河州县，凡有南运盐船持引过境，即速放行，毋稍阻滞，该商如有沿途洒卖情事，查出从重惩办外，所有考城、睢州、宁陵等处盐包试行河运缘由，理合附片奏闻，伏乞圣鉴。谨奏。

同治五年六月十六日奉到回折："军机大臣奉旨：'知道了。钦此。'"

垫办僧格林沁军营料草银两请作正销毋庸核奖折

同治五年六月初二日

奏为州县垫办僧格林沁军营料草银两，请仍作正开销，准抵交代，毋庸核给奖叙，恭折具奏，仰祈圣鉴事：

窃照前钦差大臣亲王僧格林沁统兵剿贼，因刍粮不继，曾饬各州县采办料草协济应用，粮台报销案内业已核价入收。因系属库筹垫之项，声明俟定案后由司库动项，分饬各该州县领回归垫。嗣经部议，以各直省军需案内欠发垫办银两，业于议复御史官亮、湖南巡抚恽世临等折内声请，分别给予奖叙，毋庸给发实银；僧营饷需事同一律，应照前奏核清数目，分别给予奖叙，所请领回归款之处，应毋庸议等因。同治四年五月二十日具奏，本日奉旨："依议。钦此。"当经分别转行。

惟查各属所办料草，有大营札饬协采之项，有院司札饬预备沿途接济之项，其所需银两，粮台与司库均因一时支绌，未能给发，是以饬令各州县先行筹垫，事竣准其作正开销。当大兵聚集、追贼吃紧之际，需数既多，待用尤急，设使兵马无可食用，即至贻误攻剿机宜。彼时严饬催提，急于星火，各州县遵饬赶办，惟恐有误军需，但期设法供支，不暇计事后是否赔累。此则采办料草实在情形。

伏查前奉谕旨："贼匪经过之地，村落为墟，官军采办粮草深恐不易。僧格林沁大兵一到，所需尤多，著阎敬铭飞饬完善各州县赶办刍粮，妥速接济，毋任缺乏，俟军务完竣，准其作正开销等因。钦此。"钦遵恭录行知遵办在案。是各属采办刍粮，本系奉旨准销之件，与寻常垫办公务不同。现查此项垫款，有粮台业已核价入收开单奏报者，有现在饬查应归通省军需案内造报者，均属有关归补。计自同治二年起，至四年僧营撤兵止，历时将及三年，各州县正署迭更，任卸不一，其垫办银两因未领回，均已核入交代，抵除欠款。今若改给奖叙，非但款目纷更，且将抵款虚悬，转成亏缺，若竟因此参亏，非所以示平允。在部臣以州县垫用之项，若必请领归款，虑由司库筹给实银，是以核数予奖，毋庸给领，原为撙节钱粮起见。第此项料草系实在购办运营接济之用，与各省军营欠发之款似属有异，且系实用在先，当即准令列抵交代。若复予删除，则转成亏缺，今仍准其列抵，亦不必筹发实银。臣再四思维，复与司道详细参酌，惟有遵旨仍请作正开销。第销款既已核入交代作抵，应令将原抵款项造册报部，准其就款开除，毋庸另行动项给领，亦毋庸核给奖叙。如此变通办理，在司库无给领之烦，而州县免赔累之苦，庶昭核实而归简易。为此恭折具奏，伏乞皇太后、皇上圣鉴训示。谨奏。

同治五年六月十六日奉到回折：“军机大臣奉旨：'户部知道。钦此。'”

委员管解甘肃等处协饷片

同治五年六月初二日

再，各处饷需均系刻不容缓，经臣督饬藩司丁宝桢先其所急，勉筹甘肃丙寅年兵饷银一万五千两，委候补县丞周铨英解往该省藩库交纳。又筹曾国藩四月份饷银一万八千两，委候补未入流刘容光前赴行营交兑。又筹臬司潘鼎新四月份饷银三万两、五月份柴薪银二千四，委候补县丞吴观涛解交该司行营查收。又筹直隶大名粮台四月份饷银三千两，委候补县丞张福海解交该粮台备用。又奉拨吉林俸饷银七万两，兹先委候补未入流宋端安解银一万五千两，交由奉天部库转解。又筹陕西饷银二万两，交来员候补县丞李钟祐解回。又委候补县丞单光肃解奉省三月分饷银一万两，前赴盛京将军衙门兑收。又据运司卢定勋详报，本年京饷前经解过六万两，现又筹银三万两，同应交加平银四百五十两、部饭银四百五十两，又奉提内务府供用银三万两，前已解过一万两，兹又凑银五千两，同平余等款，一并饬委候补盐大使汪杰、候补批验大使定泰分赴户部暨内务府上兑。又据东海关监督登莱青道潘霨申报，提出洋税银三万两，委在关当差之直隶候补县丞何嘉谟由海道运至营口登陆，探明盛京将军行营兑交。

除分咨查照并仍催分别续筹报解外，理合附片陈明，伏乞圣鉴。谨奏。

同治五年六月十六日奉到回折："军机大臣奉旨：'该衙门知道。钦此。'"

查明阳信知县苏振甲并非裘宝镛家丁片

同治五年六月初二日

再，查前准吏部咨："钦奉上谕：'御史朱镇奏山东阳信县知县苏振甲，系前任河南延津县知县裘宝镛家丁，在延津任内服役多年，以军功保举知县等语。著即确切查明，如果所参属实，即行奏请革职。钦此。'"遵即转行查办去后。

兹据武定府详复：移查裘宝镛原籍直隶河间县。据该县知县朱溥具复，转据前任怀庆府知府裘宝镛呈称：前在河南延津县任内，有家丁苏文服役多年，后因年老回家病故。嗣在河内县任内，粤匪围城，贼退后曾经保举家丁李昇、陈荣、傅元等三名，当时声明系属家丁，且实在杀贼有功，众目共睹，部议均给予九品顶戴，有案可查，并无苏振甲之名等情，由藩司丁宝桢详请具奏前来。

臣复查阳信县知县苏振甲果否曾充家丁，应会裘宝镛指实，以清流品。既据藩司逐细确查，据前任怀庆府知府裘宝镛复称，延津任内家丁苏文已故，河内任内家丁并无苏振甲之名，事属可信，应请毋庸置议。至该员前因交代案内查有亏款延不完解，业经请旨革职拿问，查抄监追，容俟讯明，另行核办。

除咨部查照外，理合附片奏闻，伏乞圣鉴训示。谨奏。

同治五年六月十六日奉到回折："军机大臣奉旨：'知道了。钦此。'"

查明原参莒州知州胡春华尚无劣迹情弊折

同治五年六月初二日

奏为查明原参知州尚无营私劣迹暨废弛亏短情弊，恭折复奏，仰祈圣鉴事：

窃查接管卷内，前任抚臣文煜因风闻莒州知州胡春华懈于听断，不协舆情，其于地方公事难保无废弛贻误之处，附片奏参。钦奉上谕："文煜奏知州声名平常，请撤任严查等语。山东莒州知州胡春华，懈于听断，不协舆情，难保无别项营私劣迹，著即先行撤任，交该抚严查有无废弛亏短情弊，并确究劣迹，据实参办，以肃官方。钦此。"当经文煜行司密查。文煜与前抚臣谭廷襄均未及查明复奏，先后卸事。臣到任后，严饬认真确查。

兹据布政使丁宝桢会同兼署按察使卢定勋详称：迭经饬据接任莒州知州福格委员前候补知府潘骏文暨历任沂州府知府成善、奎芳、文彬访查，胡春华在任时循分供职，于公事尚无贻误。惟人地未能相宜，舆论不无参差。且该州民情好讼，偶有寻常地土、钱债细故案件，批令乡地中证理处完结，刁告者不得逞其所欲，即谓不理词讼。懈于听断之讥由此而起，不协舆情之论亦因此而生。其实任内案牍并无积压，地方公事诸无废弛及营私劣迹。至其经手仓库钱粮，亦经前署莒州知州高凤清算明交代，出具无亏印结等情，具详前来。

臣博采旁咨，与该司等所查无异。伏查此案既经历派各员并该管知府访查，胡春华在任地方公事尚无废弛贻误及营私劣迹，仓库钱粮亦经算明交代结报，并无亏短，应毋庸议。惟人地既未相宜，已经撤任开缺。合无仰恳天恩俯准，将胡春华留东，遇有相当缺出，另行酌量补用。

所查明缘由，理合恭折复奏，伏乞皇太后、皇上圣鉴训示。谨奏。

同治五年六月十六日奉到回折："军机大臣奉旨：'胡春华著准其留于山东，遇有相当缺出，酌量补用。该部知道。钦此。'"

滨州知州韩文和亏款解清请开复处分折

同治五年六月初二日

奏为参革知州交案亏缺银两均已解清，捐赔等款照章另扣年限催追，恳恩开复革职处分，恭折仰祈圣鉴事：

窃查前抚臣谭廷襄于咸丰十一年汇参删减军需不敷列抵案内之前任滨州知州韩文和交代亏短银两，前因该参员延不完缴，经臣汇入旧案交代第二案亏缺各员开单复参，奉旨革职查抄，钦遵行司查办在案。

兹据藩司丁宝桢详称：查该革员韩文和参亏一案，实短正杂等款银六千三百八十八两二钱九分八厘。续经查明滨州任内，因黄河决口，该州适当其冲，堵筑大清河紧要堤工，不得不设法筹垫，共用银二千八百七十五两三钱七分二厘，曾将开工、完工日期报司有案，确系实用有据，并非事后捏饰，应照历办章程暂行划抵作赔。下短正杂款银三千五百一十二两九钱二分六厘，已据该参员悉数解司兑收。此外未完捐摊款银一千二百六十二两一分九厘，同赔款例不计罪，现在严饬赶紧完缴。所有原参革职处分，应照例开复等情，请奏前来。

臣复查无异。

该革员虽经亏短于前，尚知愧奋于后，合无仰恳天恩俯准，将前任滨州知州韩文和革职处分，准予开复，出自逾格鸿慈。如蒙俞允，所有已抄该员省寓衣物，应即照数给还，并分咨部籍注销原案。

除捐赔各款照章另扣年限饬追，并催司速将同案奏参各员另行核办外，为此恭折具奏，伏乞皇太后、皇上圣鉴训示。谨奏。

同治五年六月十六日奉到回折："军机大臣奉旨：'韩文和著准其开复革职处分，余依议。该部知道。钦此。'"

冠县知县获犯过半请免议处折
同治五年六月初二日

奏为原参疏防城内盗案之知县获犯过半，兼获盗首，吁恳天恩俯准免其议处，并赏还顶戴，恭折奏祈圣鉴事：

窃照冠县禀报，同治四年十月二十六日夜，城内三成钱铺、义聚银炉被劫，并拒伤事主一案。臣因原报该二铺一门两院，是否连劫，一面委员确查，一面汇同临清、聊城等州县各盗案先行奏参。同治四年十二月初四日奉上谕："冠县知县孙善述著摘去顶戴，交部议处，勒限将全案盗犯拿获，如逾限不获，即行撤任留缉等因。钦此。"钦遵行令遵照。旋据委员曲阜县知县刘俊扬禀，后查明三成钱铺、义聚银炉委系同院分开，一门出入，实非连劫。并据孙善述禀报，会督营典，并协同直隶大名县，于十一月二十二、二十六，十二月初九、十三等日，先后拿获张汰、李信、崔二秃、苗三黑、李二混仔五犯。批司行提至省，发委济南府知府萧培元审明。苗三黑纠允张汰、李信、崔二秃、李二混仔并在逃之白立城、王二拐仔同伙七人行窃，混入冠县城内，夜抵事主白绍勋、王怀义同院所开之三成钱铺、义聚银炉门首，踩梯进院，拨门行窃，被铺伙赵士贤等喊捕。苗三黑起意行强，与张汰分用柳杆，各将赵士贤、刘守仁、张宗代拒伤，一齐闯进柜房，砸柜扭锁，劫得银钱、洋药，分携逃逸，由城墙坍塌处所爬越出城，分赃各散等情，禀经臣核明苗三黑等行劫得赃，按律均罪应斩决，批饬照章先行正法。

伏查此案同伙七人，已于疏防勒缉限内拿获过半，兼获盗首及拒捕之犯，虽属疏防于前，尚知愧奋于后。据兼署臬司卢定勋会同藩司丁宝桢具详前来。

合无吁恳天恩俯准,将冠县知县孙善述免其议处,并赏还顶戴。

除仍饬严缉逸盗白立城等务获究办外,为此恭折具奏,伏乞皇太后、皇上圣鉴训示。

再,同案奏参之临清州知州张应翔、署聊城县知县郑纪略疏防各案,亦均据报获犯,尚未审明,俟定案时核明应否复参,另外照例办理,合并陈明。谨奏。

同治五年六月十六日奉到回折:"军机大臣奉旨:'孙善述著赏还顶戴,并免其议处。余依议。该部知道。钦此。'"

试用知府任海晏一年期满验看片
同治五年六月初二日

再,查捐纳道府到省一年期满,由该督抚察看才具,奏明分别繁简补用,历经遵办在案。

兹查试用知府任海晏,现年四十四岁,河南己酉拔贡,朝考后以知县用,签掣湖北,署恩施县。任内迭获匪徒,并捐输请奖,免补本班,以同知直隶州尽先补用,复因防守省城出力,保举赏戴蓝翎,加捐知府,指分山东。同治四年五月初六日到省,连闰扣至五年四月初六日试用一年期满,报由藩、臬两司验看,甄别具详。臣因防堵公出,札委藩司丁宝桢代验,复称该员任海晏明晰安详,堪胜繁缺知府之任等情前来。

除将履历清册咨部外,理合附片奏闻,伏乞圣鉴。谨奏。

同治五年六月十六日奉到回折:"军机大臣奉旨:'吏部知道。钦此。'"

同治五年四月雨泽粮价折
同治五年六月初二日

奏为恭报四月份雨泽情形并呈粮价清单,恭折仰祈圣鉴事:

窃照三月份雨水、粮价,经臣奏报在案。兹查四月份惟沂州府属之日照,曹州府属之郓城,登州府属之栖霞等三处未报得雨外,其余通省一百〇四州县,先后据报于月之上旬初五六十,中旬十一二六七八九、二十,下旬二十二

三六七八、三十等日，各得雨一、二、三、四、五寸及深透不等。获此甘霖普被，秋禾得以播种，民庶藉以籹安，洵堪仰慰宸怀。

至各属市集粮价，稍有增减，大致与上月相同。敬缮清单，祗呈御览。为此恭折具奏，伏乞皇太后、皇上圣鉴。谨奏。

同治五年六月十六日奉到回折："军机大臣奉旨：'知道了。钦此。'"

四月份粮价清单

谨将同治五年四月份山东省各属米、麦、谷、豆价值，敬缮清单，恭呈御览。

济南府属：稻米每仓石价银三两一钱至四两六钱，较上月贱二分。粟米每仓石价银一两二钱至二两九钱，较上月贱四分。粟谷每仓石价银八钱至一两七钱四分，较上月贱三分。高粱每仓石价银九钱三分至二两二钱二分，较上月贱四分。小麦每仓石价银一两五钱至二两五钱一分，较上月贵一分。黄豆每仓石价银一两三钱五分至二两四钱九分，较上月贵九分。黑豆每仓石价银一两三钱五分至二两四钱，与上月同。

泰安府属：稻米每仓石价银三两三钱八分至五两五钱六分，较上月贵一分。粟米每仓石价银一两七钱至二两五钱五分，较上月贵一钱五分。粟谷每仓石价银八钱五分至一两八钱，较上月贵三钱。高粱每仓石价银一两二钱五分至二两三分，较上月贵二钱。小麦每仓石价银一两七钱至二两二钱五分，较上月贵一钱五分。黄豆每仓石价银一两五钱至二两一钱，较上月贵一钱一分。黑豆每仓石价银一两四钱六分至二两三分，较上月贵一钱七分。

武定府属：稻米每仓石价银二两四钱八分至四两六钱一分，与上月同。粟米每仓石价银一两四钱八分至二两五钱，与上月同。粟谷每仓石价银六钱五分至一两四钱三分，与上月同。高粱每仓石价银一两至一两七钱四分，与上月同。小麦每仓石价银二两至三两，与上月同。黄豆每仓石价银一两一钱八分至二两一钱，与上月同。黑豆每仓石价银一两一钱一分至二两一钱，与上月同。

兖州府属：稻米每仓石价银二两四钱四分至四两四钱五分，与上月同。粟米每仓石价银九钱九分至二两五钱，与上月同。粟谷每仓石价银八钱至一两五钱八分，较上月贵六分。高粱每仓石价银八钱至一两九钱八分，较上月贵一钱一分。小麦每仓石价银一两二钱二分至二两五钱，较上月贵八分。黄豆每仓石价银一两二分至二两二钱六分，较上月贵二钱三分。黑豆每仓石价银九钱五分至二两一钱，较上月贵一钱五分。

曹州府属：稻米每仓石价银三两三钱至五两，与上月同。粟米每仓石价银一两二钱五分至二两七钱一分，与上月同。粟谷每仓石价银九钱至一两八钱三分，与上月同。高粱每仓石价银一两至一两八钱六分，与上月同。小麦每仓石价银一两七钱至二两七钱，较上月贵三钱。黄豆每仓石价银一两二钱七分至二两三钱四分，与上月同。黑豆每仓石价银一两三钱至一两九钱六分，较上月贵一分。

沂州府属：稻米每仓石价银二两一钱至三两五钱，较上月贱一分。粟米每仓石价银一两一钱八分至二两三钱一分，较上月贵一钱。粟谷每仓石价银八钱至一两一钱八分，较上月贵六分。高粱每仓石价银一两至一两一钱三分，较上月贱一钱六分。小麦每仓石价银一两二钱至一两八钱六分，与上月同。黄豆每仓石价银八钱五分至一两六钱，与上月同。黑豆每仓石价银八钱至一两六钱，与上月同。

东昌府属：稻米每仓石价银三两四钱至四两八钱，与上月同。粟米每仓石价银七钱四分至二两八钱，较上月贵二钱。粟谷每仓石价银五钱九分至一两九钱三分，较上月贵一钱三分。高粱每仓石价银六钱二分至二两二钱五分，较上月贵二钱。小麦每仓石价银一两至二两九钱一分，较上月贵二钱八分。黄豆每仓石价银八钱三分至二两四钱四分，较上月贵二钱二分。黑豆每仓石价银七钱至二两三钱八分，较上月贵一钱六分。

青州府属：稻米每仓石价银二两三钱一分至四两三钱，较上月贱五分。粟米每仓石价银一两五钱五分至二两六钱，与上月同。粟谷每仓石价银九钱一分至一两四钱五分，较上月贵四分。高粱每仓石价银一两五分至一两六钱六分，较上月贵一钱一分。小麦每仓石价银一两四钱至二两二钱二分，较上月贵七分。黄豆每仓石价银一两七分至二两四钱，与上月同。黑豆每仓石价银一两二分至二两五钱，与上月同。

莱州府属：稻米每仓石价银二两三钱五分至三两二钱，与上月同。粟米每仓石价银一两一钱五分至二两二钱，较上月贵一钱五分。粟谷每仓石价银五钱五分至一两三钱，较上月贱一钱五分。高粱每仓石价银一两五分至一两五钱六分，较上月贵六分。小麦每仓石价银一两四钱至二两四钱二分，较上月贵八分。黄豆每仓石价银一两四钱至一两九钱八分，与上月同。黑豆每仓石价银一两三钱至一两九钱八分，与上月同。

登州府属：稻米每仓石价银二两三钱六分至三两五钱四分，较上月贱六分。粟米每仓石价银一两六钱五分至二两四钱，与上月同。粟谷每仓石价银一两六分至一两四钱七分，与上月同。高粱每仓石价银九钱一分至一两六钱，与上月同。小麦每仓石价银一两六钱七分至二两四钱五分，较上月贱一分。黄豆每仓石价银九钱九分至一两八钱五分，与上月同。黑豆每仓石价银九钱六分至一两八钱，与上月同。

临清直隶州并属：稻米每仓石价银三两四钱五分至四两，与上月同。粟米每仓石价银一两五钱至二两六钱，较上月贵一钱二分。粟谷每仓石价银一两一钱四分至一两六钱五分，较上月贵一钱四分。高粱每仓石价银一两二钱至一两九钱五分，较上月贵二钱六分。小麦每仓石价银二两一钱五分至二两七钱，与上月同。黄豆每仓石价银一两六钱七分至二两一钱五分，较上月贵一钱六分。黑豆每仓石价银一两六钱至二两二钱五分，与上月同。

济宁直隶州并属：稻米每仓石价银四两二钱至六两四钱六分，与上月同。粟米每仓石价银一两九钱一分至二两四钱，与上月同。粟谷每仓石价银一两六分至一两七钱八分，与上月同。高粱每仓石价银一两一钱三分至一两六钱，与上月同。小麦每仓石价银一两八钱九分至二两八钱五分，与上月同。黄豆每仓石价银一两二钱五分至二两五分，与上月同。黑豆每仓石价银一两二钱六分至二两三钱，与上月同。

审明费县民妇京控按律定拟折
同治五年六月初二日

奏为审明京控，按律定拟，恭折具奏，仰祈圣鉴事。

窃照费县民妇吴宋氏遣抱吴永勋，以李俊等诬良霸产等词，控经步军统领衙门，于同治四年十月初四日奏奉谕旨："此案著交阎敬铭督同臬司，亲提人证、卷宗，秉公研讯确情，按律定拟具奏。抱告民人吴永勋，该衙门照例解往备质。钦此。"当经行司饬提研讯。兹据兼署臬司卢定勋审明拟议解勘。臣出省筹办防剿，饬委藩司丁宝桢代勘无异，录供呈送前来。臣复加查核。

缘吴宋氏原籍滕县，寄居费县，与李俊等素识无嫌。吴宋氏之夫吴嘉善有地一百五十余亩，向与李俊族人李相云伙开杂货铺生理，后因亏本歇业。咸丰十年秋间，南捻窜扰县境，李俊倡议团练御贼，庄众应允。禀经该县，即派李俊与弟李树充当团长。李俊等邀同庄众，按期操练技艺。吴嘉善并不随操，经王格劝令同往。迨十一年秋间，南捻复扰县境，适李相云托李俊向吴嘉善算还铺本。吴嘉善先托王格还银一百两，余欠乏钱归付，将地典给霍俊秀五十余亩，得价五百余千。霍俊秀旋即携眷避难外出。吴嘉善将地价转托王格代还。王格尚未交付，即与子侄五人一并被贼杀死。吴嘉善亦被贼掳去。吴宋氏先与庄众逃赴围内躲避，闻知贼退，各处寻访吴嘉善下落，瞥见李俊等带领团丁赴各庄搜捕余匪，王格等均被杀死在门首，并遇李相云索还铺本，吴宋氏心疑王格等与吴嘉善均系被李俊等杀死掳去，并疑王格拿去之钱，亦为李俊等吞用。至同治元年五月间，吴嘉善由贼中逃出，潜回县境，尚未抵家，即经该署县王成谦访闻拿获，讯认从贼结捻焚掠，随同抗拒官兵，不记次数，将吴嘉善就地正法。维时吴宋氏外出避匿，王成谦因吴嘉善户粮无人承纳，差查地俱荒芜，饬差协同地保并李俊等将吴嘉善地亩查丈入官。经李丙领买承粮管业，将价捐入书院，作为经费。嗣吴宋氏回家，不知地已入官，赴县纳粮。该县收书因查出吴嘉善名下咸丰十一年钱粮尚未完纳，即填给咸丰十一年执照。霍俊秀旋亦回家，向吴宋氏索还典价。吴宋氏因地既入官，粮亦空纳，又须归还典价，心怀不甘，查知李俊曾同地保丈量地亩，遂疑吴嘉善系由李梭等贿买地保，捏禀被杀，即以诬良霸产，并图准添砌李俊聚匪为寇，李凤起在府暗伏打手，及伊姑吴李氏气伤殒命等词，装点情节具呈，令夫堂叔吴永勋京控。吴永勋因向在滕县居住，未查底细，代为晋京，赴步军统领衙门具控。诘非有心诬告，亦无起衅别故，案无遁饰。

查律载："申诉不实者，杖一百。"又，"不应为而为，事理重者，杖八十。"各等语。此案吴宋氏京控李俊等各情，虽讯系事出有因，怀疑图准添砌，并非平空妄告，第控词究属失实，自应按律问拟。吴宋氏除越诉轻罪不议外，合依"申诉不实者，杖一百"律，拟杖一百，系妇女，照律收赎，饬县追银册报。吴永勋虽讯无扛帮情事，惟不查明虚实，辄为作抱代控，亦属不合，应照"不应为而为，事理重者，杖八十"律，拟杖八十，折责发落。李俊讯无聚匪为寇，亦无杀死王格子侄及与弟李树贿买地保诬禀情事，应与讯无霸种地亩之李丙，均毋庸议。霍俊秀典价，既因吴宋氏赤贫，不愿追还，应听其便。

除供册咨部外，理合恭折具奏，伏乞皇太后、皇上圣鉴训示。谨奏。

同治五年六月十六日奉到回折："军机大臣奉旨：'刑部议奏。钦此。'"

德平知县周士瀚拿获马贼请从优奖励折

同治五年六月二十八日

奏为特保访获邻境积年著名骑马贼匪之知县，吁恳天恩从优奖励，以昭激劝，恭折奏祈圣鉴事：

窃照直、东交界处所，连年马贼横行，抢劫频闻，实为地方大患。虽节经查拿惩办，而在逃余匪未获者尚多。臣到任后，即访知杨占仔、杨单窗户二犯，系积年著名巨盗，各处抢劫之案，皆其为首纠伙，凶狡异常，迭经通饬认真访缉，并许以如能拿获，必当从优褒奖。嗣据同知衔德平县知县周士瀚先后禀报，访知该犯等踪迹，购线踩捕，于同治四年四月二十四、五年三月十四等日督率各州县兵役，将杨占仔、杨单窗户拿获。臣批司提省发委济南府审明。

杨占仔系临邑县回民，杨单窗户系商河县回民。该犯等于咸丰十一年三月二十二日听纠骑马持械同伙四十余人，行劫德州事主尹调元等五家银钱、衣服、牲畜，拒伤事主，遗火烧毁房屋。是月二十五日，杨单窗户纠同杨占仔等二十余人，骑马持械，劫得德州事主宋有家钱物、牲畜，拒伤事主。同治元年八月二十三日，杨单窗户听纠骑马持械同伙十四人，劫得平原县过客顾飞熊车上金银、衣物。三年正月初九日，杨占仔在禹城县革捕徐佃澥家窝留，商议出外抢劫，被拿拒捕，伙匪将千总黑锦城戕害，并拒伤县官暨家丁。杨单窗户于是年〔月〕二十六日听纠同伙六人，持械劫得益都县事主李镡钱铺银两，拒伤事主；三月十一日，又听纠同伙六人，骑马持械抢得章邱县过客王德明车上银两、蚕丝，并历城县事主沙凤翔车上银物；四年二月初二日，又听纠同伙五人，劫得高唐州城内事主原桢钱铺银物，拒伤帮捕之兵丁、邻佑；三月初五日，又听纠同伙十人，劫得德州城内事主卢崑钱铺银钱、洋药，拒伤铺伙属实。禀经臣核明，该犯等均罪应斩决，批饬照章就地正法，另行归入本年夏季分汇案奏报。兹据藩、臬两司以该县缉捕出力，详请奏奖前来。

臣伏查杨占仔、杨单窗户迭次聚众抢劫，肆掠多赃，委系大伙为首巨盗。该县周士瀚设法拿获缉捕，实属勤能，虽所获仅止二名，惟均系积年著名为首马贼，且该员自到任以来，认真整顿捕务，任内亦无疏防马贼之案，自应从优褒奖。

查上年吏部奏准新章，文武员弁拿获马贼如系大伙横行著名巨盗二三名，准核实保奏，酌赏翎枝，破格奖叙。今该员拿获邻境积年著名骑马贼匪二名，核与破格奏奖新章相符。合无吁恳天恩俯准，将同知衔德平县知县周士瀚赏戴花翎，以昭激劝。

除出力之眼线、捕役由臣酌量奖赏，仍饬严拿逸犯，务期尽获，并行司录叙供招拟议呈候咨部外，为此恭折具奏，伏乞皇太后、皇上圣鉴训示。谨奏。

同治五年七月十四日奉到回折："军机大臣奉旨：'另有旨。钦此。'"

嘉祥官绅士民捐修城垣请予奖叙折
同治五年六月二十八日

奏为官绅士民捐修城垣工竣，恳恩给予奖叙，恭折仰祈圣鉴事：

窃查咸丰九年八月十二日奉上谕："袁甲三奏地方城池亟宜讲求修守，著各省督抚劝谕绅民修筑，所有军务省分捐资者，照捐输议叙；出力者照军功请奖。钦此。"钦遵在案。

查得济宁直隶州属嘉祥县城垣，自乾隆五十五年修葺之后，历经风雨淋刷，以致内外墙身残缺不堪，堞楼、炮台、垛口、马道率多倾圮，护城壕沟亦因久未挑挖，淤垫几与地平。经署该县知县黄景晟督率官绅，剀切劝谕捐修，具报工竣，饬司委员验收。兹据印委各员周履查勘，一律修整完固，均系工坚料实，并无草率偷减。共用工料银三万九千八百五十四两六钱五分，造具册结，呈由藩司丁宝桢核明详请奏奖，并声明出力较次者，概归外奖等情前来。

臣查城池为一邑屏藩，嘉祥地当要道，与巨野、金乡等县壤地相接，素为匪徒出没之所，城墙既多倾颓，壕道亦经淤塞；近年教、捻各匪不时窜扰。该官绅士民等竟能于风鹤频惊、防剿吃紧之际，竭力捐输，兼以弹压督催，不辞劳瘁，俾得崇墉屹立，捍御有资，洵属急公好义。复核所捐银数及拟请官阶职衔，与筹饷及现行各例均属有盈无绌。东省现系军务省分，自应照例量予鼓励。

除册结咨部查核外，谨缮清单，恭呈御览。合无仰恳天恩俯准饬部核奖，并填给执照，以昭激劝。为此恭折具奏，伏乞皇太后、皇上圣鉴训示。谨奏。

同治五年七月十四日奉到回折："军机大臣奉旨：'该部核议具奏。单二件并发。钦此。'"

前署蓬莱知县冯澍延不会算交代请先革职折

同治五年六月二十八日

奏为特参卸事知县藉词避匿，延不会算交代，致逾二参例限，请旨先行革职，恭折奏祈圣鉴事：

窃照东省州县新案交代，奏明严办二参以后，各属颇知守法，莫不依限结报。惟查有前署蓬莱县知县冯澍，交代应以同治五年正月十五现任知县李德基到任之日起，扣至三月十五日初参限满，接扣至五月十五日二参限满。前因初参未结，饬取职名咨部核议，并严札催算。乃该员冯澍交卸后，仅据造册移交，并不在府候算，辄敢藉词措资，潜踪匿迹；二参限满，仍复杳无音耗，家属亦不知其所往，以致现在无凭结报，实属胆玩已极，亟应参办，以肃功令。据该管道府揭由藩司丁宝桢具详请奏前来。相应请旨，将前署蓬莱县知县冯澍先行照例革职，仍饬查该员是否在省，勒令星速驰回登郡，赶紧会算结报；一面檄饬登州府督同现任蓬莱县暨监交委员，先将该员在任时经手正、杂、仓库钱粮，吊齐卷宗，秉公核算，如有亏挪，再行据实参追，以重帑项。

除咨部外，为此恭折具奏，伏乞皇太后、皇上圣鉴训示。谨奏。

同治五年七月十四日奉到回折："军机大臣奉旨：'冯澍著先行照例革职。该部知道。余依议。钦此。'"

查明八限届满已豁未完各员分别办理折

同治五年六月二十八日

奏为清查勒追银两八限届满，查明已豁未完各员，分别照章办理，恭折奏祈圣鉴事：

窃照东省清查案内挪亏勒追各员，前于咸丰六年九月二十五日七限届满后，经臣分晰查明奏报在案。其八限以七限届满之日起，扣至咸丰七年九月二十五日一年限满。兹据藩司丁宝桢详称，遵照例限分别勒追，除前任邹平县已故知县李铄应追观城县复核更正案内，划追挪亏银二百五两三钱三分九厘，业准户部咨行奏奉豁免外，其余各员或候补无缺，或业经病故，均各分厘未解，开具职名，详请具奏前来。臣复加查核。所有前任武城县候补河缺县丞余文伟，代父余绍洙应完临清卫任内挪亏银两，仍俟统限届满，查明已未完解，照章办理。此外尚有平度州知州李岱霖、滨州知州王宠三、高唐州知州牛翰鉁，以上三员均于交卸后病故，饬查各现任复称，各故员家属均不在境，亦无后嗣出仕。查李岱霖系直隶清苑县人，王宠三系陕西大荔县人，牛翰鉁系顺天大兴县人，应即分咨各该原籍，确查子孙有无官职，照章核办。至七限内并案查抄监追之前任巨野县参革知县徐鏻、革职查抄监追之前任济阳县知县杨汝绥二员，应归另案审办。

除造册咨部外，理合开具清单，祗呈御览。为此恭折具奏，伏乞皇太后、皇上圣鉴。谨奏。

同治五年七月十四日奉到回折："军机大臣奉旨：'该部知道。单并发。钦此。'"

同治五年五月雨泽粮价折
同治五年六月二十八日

奏为查报本年五月份雨泽情形并呈粮价清单，恭折奏祈圣鉴事：

窃照四月份雨水、粮价，经臣奏报在案。兹查五月份，据济南府属之历城、章邱、邹平、淄川、长山、新城、齐河、齐东、济阳、禹城、长清、陵县、德州、平原，泰安府属之泰安、新泰、莱芜、肥城、东阿、东平、平阴，武定府属之青城、乐陵、滨州、利津、蒲台，兖州府属之滋阳、曲阜、宁阳、邹县、泗水、滕县、峄县、汶上、阳谷、寿张，沂州府属之兰山、郯城、费县、莒州、蒙阴、沂水、日照，曹州府属之菏泽、曹县、定陶、巨野、郓城、范县、朝城，东昌府属之聊城、堂邑、博平、茌平、清平、莘县、冠县、馆陶、高唐、恩县，登州府属之蓬莱、黄县、福山、招远，莱州府属之掖县、平度、昌邑、潍县、即墨，青州府属之益都、临朐、临淄、高苑、博山、博兴、诸城、寿光、昌乐、安丘、乐安，临清直隶州并所属之夏津、武城、邱县，济宁直隶州并所属之金乡、嘉祥、鱼台等八十八州县，先后具报于月之初一二八九并十一八暨二十三四五六七八九等日，各得雨一、二、三、四、五寸及深透不等。当此大田多稼，获兹澍雨普沾，兆姓腾欢，丰收有象，洵堪仰慰宸怀。

至各属市集粮价，稍有增减，大致与上月相同。敬缮清单，祗呈御览。为此恭折具奏，伏乞皇太后、皇上圣鉴。谨奏。

同治五年七月十四日奉到回折："军机大臣奉旨：'知道了。钦此。'"

五月份粮价清单

谨将同治五年五月份山东省各属米、谷、麦、豆价值，敬缮清单，恭呈御览。

计开：

济南府属：稻米每仓石价银三两一钱至四两九钱八分，较上月贵三钱八分。粟米每仓石价银一两二钱至三两一钱，较上月贵二钱。粟谷每仓石价银八钱六分至一两九钱，较上月贵一钱六分。高粱每仓石价银九钱三分至二两三钱，较上月贵八分。小麦每仓石价银一两五钱至二两三钱八分，较上月贱一钱三分。黄豆每仓石价银一两三钱五分至二两五钱八分，较上月贵九分。黑豆每仓石价银一两三钱五分至二两五钱，较上月贵一钱。

泰安府属：稻米每仓石价银三两三钱八分至五两五钱六分，与上月同。粟米每仓石价银一两七钱至二两五钱五分，与上月同。粟谷每仓石价银八钱五分至一两八钱，与上月同。高粱每仓石价银一两二钱五分至二两三分，与上月同。小麦每仓石价银一两六钱至二两一钱，较上月贱一钱五分。黄豆每仓石价银一两五钱至一两九钱九分，较上月贱一钱一分。黑豆每仓石价银一两四钱六分至二两三分，与上月同。

武定府属：稻米每仓石价银二两四钱八分至四两六钱一分，与上月同。粟米每仓石价银一两四钱八分至二两五钱，与上月同。粟谷每仓石价银六钱五分至一两四钱三分，与上月同。高粱每仓石价银一两至一两七钱四分，与上月同。小麦每仓石价银二两至三两，与上月同。黄豆每仓石价银一两一钱八分至二两一钱，与上月同。黑豆每仓石价银一两一钱一分至二两一钱，与上月同。

兖州府属：稻米每仓石价银二两四钱四分至四两四钱五分，与上月同。粟米每仓石价银九钱九分至二两五钱，与上月同。粟谷每仓石价银八钱至一两五钱八分，与上月同。高粱每仓石价银八钱至一两九钱八分，与上月同。小麦每仓石价银一两二钱二分至二两五钱，与上月同。黄豆每仓石价银一两二分至二两二钱六分，与上月同。黑豆每仓石价银九钱五分至二两一钱．与上月同。

曹州府属：稻米每仓石价银三两三钱至五两，与上月同。粟米每仓石价银一两三钱至二两七钱一分，与上月同。粟谷每仓石价银九钱至一两八钱三分，与上月同。高粱每仓石价银一两至一两九钱，较上月贵四分。小麦每仓石价银一两五钱至二两七钱，与上月同。黄豆每仓石价银一两三钱三分至二两三钱四分，与上月同。黑豆每仓石价银一两三钱至一两九钱六分，与上月同。

沂州府属：稻米每仓石价银二两一钱至三两七钱，较上月贵二钱。粟米每仓石价银一两一钱八分至二两三钱一分，与上月同。粟谷每仓石价银八钱至一两二钱七分，较上月贵九分。高粱每仓石价银一两至一两三钱二分，较上月贵一钱九分。小麦每仓石价银一两二钱至二两三钱三分，较上月贵四钱七分。黄豆每仓石价银八钱五分至一两八钱六分，较上月贵二钱六分。黑豆每仓石价银八钱至一两八钱六分，较上月贵二钱六分。

东昌府属：稻米每仓石价银三两四钱至四两八钱，与上月同。粟米每仓石价银七钱四分至二两八钱，与上月同。粟谷每仓石价银五钱九分至一两九钱五分，较上月贵二分。高粱每仓石价银六钱二分至二两二钱五分，与上月同。小麦每仓石价银一两至二两四钱，较上月贱五钱一分。黄豆每仓石价银八钱三分至二两四钱四分，与上月同。黑豆每仓石价银七钱至二两四钱四分，较上月贵六分。

青州府属：稻米每仓石价银二两三钱一分至四两三钱，与上月同。粟米每仓石价银一两五钱五分至二两六钱，与上月同。粟谷每仓石价银九钱一分至一两四钱五分，与上月同。高粱每仓石价银一两五分至一两六钱六分，与上月同。小麦每仓石价银一两四钱至二两二钱二分，与上月同。黄豆每仓石价银一两七分至二两四钱，与上月同。黑豆每仓石价银一两二分至二两五钱，与上月同。

莱州府属：稻米每仓石价银二两三钱五分至三两二钱，与上月同。粟米每仓石价银一两一钱五分至二两五钱，较上月贵三钱。粟谷每仓石价银五钱五分至一两六钱，较上月贵三钱。高粱每仓石价银一两五分至一两七钱，较上月贵一钱四分。小麦每仓石价银一两四钱至二两四钱二分，与上月同。黄豆每仓石价银一两四钱至二两二钱，较上月贵二钱二分。黑豆每仓石价银一两三钱至二两二钱，较上月贵二钱二分。

登州府属：稻米每仓石价银二两三钱七分至三两五钱四分，与上月同。粟米每仓石价银一两六钱五分至二两四钱，与上月同。粟谷每仓石价银一两六分至一两四钱七分，与上月同。高粱每仓石价银九钱一分至一两六钱，与上月同。小麦每仓石价银一两六钱七分至二两四钱二分，较上月贱三分。黄豆每仓石价银九钱九分至一两八钱五分，与上月同。黑豆每仓石价银九钱六分至一两八钱，与上月同。

临清直隶州并属：稻米每仓石价银三两四钱五分至四两，与上月同。粟米每仓石价银一两五钱至二两七钱五分，较上月贵一钱五分。粟谷每仓石价银一两一钱四分至一两七钱，较上月贵五分。高粱每仓石价银一两二钱至一两九钱五分，与上月同。小麦每仓石价银二两一钱五分至二两六钱五分，较上月贱五分。黄豆每仓石价银一两六钱七分至二两二钱，较上月贵五分。黑豆每仓石价银一两六钱至二两二钱五分，与上月同。

济宁直隶州并属：稻米每仓石价银四两三钱二分至六两四钱六分，与上月同。粟米每仓石价银一两四钱八分至二两四钱，与上月同。粟谷每仓石价银一两六分至一两七钱七分，较上月贱一分。高粱每仓石价银一两一钱一分至一两五钱一分，较上月贱九分。小麦每仓石价银一两五钱四分至二两八钱，较上月贱五分。黄豆每仓石价银一两四钱至二两五分，与上月同。黑豆每仓石价银一两四钱至二两三钱，与上月同。

委员管解京协各饷片

同治五年六月二十八日

再，京协各饷均系刻不容缓，现值上忙新赋停征之际，司库更形拮据，而拨解频仍，不得不先其所急。兹复督饬藩司续筹本年京饷银五万两，委候补县丞陶锡祺解部交纳。又筹奉省四月份饷银一万两，委候补从九品冯廷照解赴盛京将军衙门兑收。又筹银一万八千两，委候补未入流杜鹤瀛解至曾国藩行营交兑，作为五月份协饷。又委候补未入流阮焕管解枲司潘鼎新五月份饷银三万两、六月份柴薪银二千两，解交该司行营查收。又筹直隶大名粮台五月份饷银三千两，委候补县丞梁宝荣解交该粮台兑收。又筹甘饷银一万两，委候补未入流杜承懋解赴宁夏将军穆图善行营交纳。又筹甘省恤赏杂费银五千两，交给催饷委员前署镇番县知县张兆奭、巡检王文琳带解穆图善行营备用。

除分咨查照并仍催分别续筹报解外，理合附片陈明，伏乞圣鉴。谨奏。

同治五年七月十四日奉到回折："军机大臣奉旨：'知道了。钦此。'"

酌保省城军需总局各员折

同治五年六月二十八日

奏为酌保省城军需总局委员，恳予奖励，以昭激劝，仰祈圣鉴事：

窃照山东省城历年设有筹防、支应、军械、捐输、厘税、军火各局，名目纷繁，稽查不易。臣到任后，因军务尚未告竣，于同治三年春间，与司道核议，将各局归并一局，名为军需总局，委正、佐各员分任其事，委候补道员总办其要，由司道总核其成，裁其冗员，去其浮费，较前稍有条理。其随营粮台给发防剿马步兵勇口粮，亦由局支应，仍责成原办之员一手经理。至各营所需军火较多，且时须协拨他省，亦令该员督率制办，用过价值与支应各项一并依限核实报销。计自是年正月为始，迄今两年有余，各员于应管事宜，均能认真经理，并无贻误；应办报销，亦经分年分案次第核办，经臣另为核奏在案。该员等矢勤矢慎，尚属著有微劳，且时逾二年，与部定请奖章程相符。据司道等择其尤为出力者，酌拟奖叙，具详请奏前来。臣复加查核，并将所请较优及劳绩稍次者酌加删改，谨另缮清单，可否仰恳天恩给予奖励之处，出自逾格鸿慈。

所有酌保省城军需总局委员缘由，谨恭折具奏，伏乞皇太后、皇上圣鉴训示。谨奏。

同治五年七月十四日奉到回折："军机大臣奉旨：'该部议奏。单并发。钦此。'"

谨将山东军需总局尤为出力委员拟请奖叙衔名开具清单，恭呈御览。
济南府知府萧培元。该员承办各局，勤廉率属，历年督造军火，接济各路军营，撙节著实，均无贻误。
花翎盐运使衔候补知府李宗岱。该员提调各局，兼理营务，支应通省粮饷、军火，并于攻剿吃紧时，督运前敌，源源接济，现又办结支应报销八案，尤为精核。
候补知府王继庭。该员前以道员总理营务，立局之初即总办一切，筹兵饷、办捐、办厘，任怨任劳，精详勤能，居心廉正，办理两年，诸务就绪。
以上三员均拟请以道员用。
同知衔历城县知县陶绍绪，拟请赏加知府衔。该员承办各局，矢勤矢慎，二年无懈。
同知衔坐补邱县知县陈用宾，拟请赏加运同衔。
候补知县周毓南，拟请赏加同知衔。
蓝翎运同升用同知直隶州候补知县丁堃，拟请赏换花翎。

尽先补用县丞戴杰，拟请补缺后以知县用。

以上四员，办理前敌支应粮饷、军火，冲锋冒险，接济攻剿，毫无贻误。

大挑知县郝值恭，拟请归本班尽先遇缺即补。该员办理厘务，剔除积弊，筹办本省军火，并协济邻省，均无贻误。

同知衔候补知县增瑞，拟请赏加运同衔。

同知衔在任候选知县历城县典史王恩湛，请以知县留东补用，仍令缴三班分发银两。

该二员监制军械、火器，昼夜督工，全省军营借利攻剿，兼能接济庆阳等处军火。

蓝翎知府衔莒州知州陈兆庆，拟交部从优议叙。该员办理全省历年奖恤各案，积牍一清。

同知衔陵县知县樊维垣、同知衔武城县知县盛洪钧，拟请交部从优议叙。该二员筹办军械多年，嗣设总局，复奉委制运各营军火。

大挑知县王廷锦，拟请赏加同知衔。

题补曹县知县刘大壮，拟请交部从优议叙。

六品衔补用巡检嵇文瀚、候补从九袁锜，均拟请俟补缺后以县丞用。

升缺升用分缺先州吏目张履祥、新班遇缺补用典史陈兰、升补典史汪文彦，均拟请赏加六品衔。

该七员分办厘务，公正廉勤，日有起色，借资军饷。

候补县丞陈曾守，拟请以本班遇缺即补。该员管理军火，于防守吃紧之际，昼夜驻守火药局，不辞劳险。

书吏徐化明、刘仙航、艾方培、王钧、郭梦龄、杨文林、刘纪云、扈坊、王金兰、武春池，均拟请以从九品不论双单月选用。该书吏等承办军务紧要文件，并办结报销八案，始终奋勉。

尽先守备左哨千总杨攀桂，拟请以都司用。该备随营防剿，侦探贼情，护运军火、粮饷，不辞艰险。

审明巨野县民京控分别定拟折

同治五年六月二十九日

奏为命案尸属京控，提犯审明，分别定拟，恭折具奏，仰祈圣鉴事：

窃照巨野县民江坤岭，以纠杀二命等词，控经都察院，于同治四年六月初九日奏奉谕旨："此案著交阎敬铭督同臬司，亲提人证、卷宗，秉公严讯确情，按律定拟具奏。原告民人江坤岭，该部照例解往备质。钦此。"当经行司饬提严讯。因被告从九职衔于广怀供词狡展，详经咨革。兹据兼署臬司卢定勋审明，江坤岭堂弟江坤鲁等被于衍莽与逸犯于衍相共殴致伤、各毙各命属实，拟议解勘。臣在东平筹办防剿，饬委藩司丁宝桢代勘无异，录供呈送前来。臣复加查核。

缘于衍莽籍隶巨野县，与江坤岭并其堂弟江坤鲁、江坤苟邻庄，素识无嫌。江坤苟系江坤鲁小功堂弟。咸丰十年十二月初九日，于衍莽与现获之堂伯于广怀、在逃之堂弟于衍相，并于广怀之子于衍即，族人于四歌、于三在集上买得铁枪回归，图便由江坤岭堂弟江坤情麦地行走。江坤情拦阻混骂，于衍莽回詈。适于衍莽，在逃之于兴炯、于衍朝、于衍良、于得合、于广三、于兴宽、于兴旺、于衍煌、于衍饰分携枪械赴邻庄会团路过，上前拦劝。江坤情疑护牵骂，江坤岭与江坤鲁、江坤苟，并江坤鲁之兄江坤玉，堂叔江月序，堂弟江坤尚，族人江兆勤、江先勺、江坤饰、江曾闻闹，各执器械赶至帮助。江坤鲁用木杆向于衍莽扑殴。于衍莽闪避，顺用铁枪扎伤江坤鲁左后肋倒地。江坤苟赶拢，扭住于衍莽胸衣拚命。于衍相拢护，亦用铁枪扎伤江坤苟脊背松手倒地。江坤岭用木叉乱扎，于兴炯用枪格落木叉，扎伤江坤岭左肩甲。江坤岭弯身拾叉，不知被何人扎伤左后肋。维时江坤情等与于衍即等互斗，均不知被何人殴扎致伤。于广怀在场助势，并未帮殴。经郭克乐趋至劝歇，通知江坤岭之父江越千前往问明情由，于衍莽等当各逃散。讵江坤鲁、江坤苟移时各因伤殒命，报经该前县徐鏻验讯，拿获于衍即到案管押。尚未通详，因土匪入城，将案卷焚毁。于衍即因变逸出。徐鏻旋被撤参，与该前代理县林士琦均未及查办，先后卸事。该县赵维崐到任，江越千因于广怀曾向劝捐团费口角，于衍莽等均充团丁，疑为于广怀挟嫌纠团寻殴，并疑于衍即业已收禁，系越狱脱逃，控县差缉各逸犯无获。江越千又疑于广怀等霸藏贿差不案，嘱江坤玉出名控府，批经该县票差姚孔月将于广怀传案，讯明于广怀并无挟嫌纠殴情事，押追于衍莽等下落。江坤玉误闻于广怀已认喝令追杀，不为究办，控司批县严讯。江越千、江坤玉与江坤情等因南匪窜扰，均各避难外出，并未投质。江坤岭痛弟情切，即照江越千前控情节具呈，并图准添砌于广怀夺犯殴差，勾串于广安、刘世平等，将伊捏控抢夺、贿差私押诈赃，经县讯释；又托刘九皋等说合，给伊钱文罢讼不允，其钱为江月序等分用等词，捏造差役两次诈赃数目，牵列王景阳为过付，叙入呈内，晋京赴都察院具控。诘非预谋纠殴，有心致死，亦无起衅别故，及另有在场帮殴并逃后知情容留之人。案无遁饰。

查律载："共殴人致死，下手者绞监候，余人杖一百。"又，"不应为而为，事理重者，杖八十。"各等语。此案于衍莽因由江坤鲁堂弟江坤情麦地行走被阻口角，于广怀等拦劝，江坤情疑护，致相争殴，江坤鲁等帮助，该犯辄用铁枪扎伤江坤鲁身死。查原验尸伤案卷虽被土匪焚毁，业据犯证尸亲人等供指确凿，其为江坤鲁被该犯一人扎毙无疑。至同时被逸犯于衍相扎毙之江坤苟虽系江坤鲁小功堂弟，惟各毙各命，应各科各罪。自应按律问拟。于衍莽合依"共殴人致死，下手者绞监候"律，拟绞监候。于广怀虽讯无挟嫌纠殴、夺犯勾串、捏控行贿各情事，第当于衍莽等将江坤鲁等扎毙时，在场助势，即属余人，应照"余人杖一百"律，拟杖一百，年逾七十，照律收赎。该犯等事犯在咸丰十一年十月初九日恩赦以前，于衍莽枪扎一伤，不在不准援免之列，应予援免，释放后再有犯，加一等治罪。于广怀所得杖罪，准予援免，并免收赎。原革从九职衔，不准开复。江坤岭京控于衍莽等各毙各命，虽已得实，惟添砌情节混控，究属不合，应酌照"不应为而为，事理重者，杖八十"律，拟杖八十，折责发落。郭克乐讯系劝阻不及，应毋庸议。江坤岭左后肋一伤，并江坤情等与于衍即等争殴，均不知系被何人殴扎致伤，饬县分别拘传到案，另行讯办。逸犯于衍相等饬缉，获日另结，并按限补参。

除供招咨部外，理合恭折具奏，伏乞皇太后、皇上圣鉴训示。谨奏。

同治五年七月十四日奉到回折："军机大臣奉旨：'刑部议奏。钦此。'"

审明馆陶县民京控按例定拟折

同治五年六月二十九日

奏为审明京控，按例定拟，恭折具奏，仰祈圣鉴事：

窃照馆陶县民张自立与武生李金铎，各以路思田等勾通叛逆等情，赴京具控，经步军统领衙门将张自立并与张自立同伴晋京之刘城、白连章一并盘获，送交刑部讯供，奏解回东审办，并于同治五年六月十九日钦奉十六日寄谕："都察院奏，据山东馆陶县武生李金铎呈控：'该县匪徒路思田等系贼首苏落坤门徒，曾随宋景诗谋反，经地方官拿获，尚未惩办。现闻宋景诗投入发贼，将次渡河回扰东省，路思田、张天成等复与勾结，暗通消息'等语。东省伏莽甚众，宋景诗以漏网渠魁，复思勾结滋扰蓄谋，殊为凶谲。著阎敬铭按照李金铎所控情节，严密确查。如果属实，即将该匪徒路思田等上紧缉拿，尽法惩治。仍严饬东境在防员弁，实力堵截，勿任匪纵回窜，以戢奸宄而遏乱萌。原呈著钞给阅看。将此谕令知之。钦此。"当经钦遵行司并案行提人卷严审，一面由臣密委候补知府龚易图驰往馆陶、堂邑一带查访。该处民情安静，并无谣传宋景诗投贼渡河、煽惑惊疑之事，李金铎等控情均系子虚，并据查明李金铎游荡旷课，业经该学详革。该原告所控之张天成等，虽各外出，其被控之路思田、张铃、张大黑风、宋占元均已传到，由县解省，其为李金铎所控不实无疑。兹据兼署臬司卢定勋审明拟议解勘。臣在东平筹办防剿，饬委藩司丁宝桢代勘无异，录供呈送前来。臣复加查核。

缘张自立、李金铎均隶馆陶县，与邻庄路思田、张铃素识无嫌。张铃系张自立无服族兄。李金铎于咸丰六年考取县学武生，同治四年因游荡旷课，经学详革。咸丰十一年间，该县教匪滋事，路思田被贼裹去，三日逃回。张自立与李金铎于同治元、二年间，均被宋景诗并已获正法之苏落坤率众抢掠，彼此说明，随时留心探听宋逆、苏逆伙党，图报泄忿。三年八月初一日，该署县耿光祜下乡巡缉，访知路思田曾被贼裹，恐有勾结匪徒情事，将路思田传案，讯明并无为匪不法，即行开释。是月二十四日，耿光祜访获匪犯孙希曾，讯认为苏落坤主谋，邀人打仗，并据供指路思田随从宋景诗抢劫，为苏落坤门徒，主谋领队，抗官围城。耿光祜差传路思田外出，复讯孙希曾，供明委因曾与路思田借贷不遂，挟嫌妄报。耿光祜即将孙希曾遵照奏定章程禀明就地正法。张自立闻知路思田被扳，不知系孙希曾妄供，心疑实有其事，即欲具控。维时张铃、张天成逃难外出，甫经先后回归，乡间纷纷传说张铃等久出方回，难保不随宋景诗在外焚掠，并恐系苏落坤门徒。李金铎闻知，因不知系讹传，亦信以为真，旋与张自立会遇，互述前情。因从前皆被宋、苏二逆伙党抢掠之害，且路思田等均系邻庄，日后恐干连累。正在商议赴县呈告，适路思田回家闻报，投案候审。族邻人等因路思田系属良民，情愿将公地树株变卖，以作盘川饭食，进城公保。由张铃经手，变卖京钱一百五十千，与文生万永桢、文童张子立等公同赴县呈保。耿光祜讯明，当将路思田开释。因苏落坤在逃，查讯路思田、张铃曾与苏落坤认识，谕令路思田等帮同缉拿。路思田、张铃即邀同张天成作线，与缉役宋占元等一同踩缉至直隶平乡县，将苏落坤拿获，并获形迹可疑之张太，就近送交广平府审明，将苏落坤禀明正法，张太并无为匪不法省释，赏给路思田等银五百两。张自立、李金铎闻知，又疑为张铃等设计贿买公保，盗卖田树，侵吞公项，假托张子立姓名具呈，并贪图重赏，卖送苏落坤为脱罪之计，将良民诬为叛逆，并传闻张大黑风等在路相谈，张铃等贿串宋占元暗买张天成越狱脱逃，迎接宋逆往来传信，声称宋逆投顺长毛，带兵过河报仇，又图准添砌张铃等叛心未改等情，各自分别装点情节，即以勾通叛逆等情，由县控经府司批县确查讯办。耿光祜集案查讯，先行禀复，因人证不齐，尚未讯结。张自立、李金铎疑心未释，起意一同京控。李金铎即令白连章背负行李，与张自立先后晋京。张自立行至张家湾地方，会遇刘城，告知张［刘］城嘱令往送盘费情由。张自立即令刘城背负行李到京，与李金铎在田兴隆店内住歇。张自立、李金铎各以前情，分赴步军统领、都察院衙门呈控。因田兴隆店内未将刘城等姓名开写报官，经营兵将刘城拿获，与张自立一并送交刑部讯供。经刑部与都察院分别奉解回东，讯悉前情，诘非凭空诬告，案无遁饰。

查例载："诬告叛逆未决者，斩监候。"又律载："断罪无正条者，引律比附，加减定拟。"各等语。此案张自立、李金铎京控路思田等私通叛逆各情，均讯系子虚，自应照例坐诬。惟该原告等曾被宋景诗等抢掠，因误闻路思田等从逆，兼与邻庄，虑干连累，怀疑误控，尚属事出有因，与有心诬告叛逆者有间，自应按例量减问拟。张自立、李金铎均合依"诬告叛逆未决者，斩监候"例上量减一等，俱拟发新疆，酌拨种地当差。仍照咸丰七年调剂新疆章程，改发极边足四千里充军，各于左面刺"改发"二字，到配加枷号三个月，枷满折责安置。路思田、张铃讯无随从宋景诗抢劫焚掠、为苏落坤门徒、主谋领队、抗官围城、设计贿买公保、盗卖田树、侵吞公项、假托姓名具呈、贪图重赏，卖送苏落坤为脱罪之计、将良民诬为叛逆，张大黑风等亦无在路相谈张铃等贿串宋占元暗买张天成越狱脱逃、迎接宋逆、往来传信、声称宋逆投顺长毛、带兵过河报仇各情事，且路思田等已与张天成将苏落坤获送正法，其为并无随从为匪不法无疑，均应免议。张铃经手变卖公地树株，系由庄众公议，并非盗卖。路法儒讯无得受庄田、隐匿不报情事，应与无干之刘城、白连章概毋庸议。

除供册咨部外，理合恭折具奏，伏乞皇太后、皇上圣鉴训示。谨奏。

同治五年七月十四日奉到回折："军机大臣奉旨：'刑部议奏。钦此。'"

同治五年春季各属正法枭匪盗犯名数折

同治五年六月二十九日

奏为汇报同治五年春季分，各属正法枭匪、盗犯名数案由，恭折具奏，仰祈圣鉴事：

窃照山东拿获枭匪、盗犯正法案件，历系按季汇奏。兹查同治五年春季分，各属审办罪应斩枭、斩决枭匪、盗犯共九名，经前兼护抚臣丁宝桢暨臣随时核明，饬令就地正法。据兼署臬司卢定勋汇案详请具奏前来。臣复查无异。理合将名数、案由，敬缮清单，恭呈御览。

除饬司将各案供招分起详办外，为此恭折具奏，伏乞皇太后、皇上圣鉴。谨奏。

同治五年七月十四日奉到回折："军机大臣奉旨：'刑部知道。单并发。钦此。'"

谨将同治五年春季分，各属正法枭匪、盗犯名数、案由，敬缮清单，恭呈御览。

一、武定府督饬惠民等州县拿获枭匪田立懋、冯万华、郑有三名，持械迭抢惠民等州县同义丰等盐船、盐包，均罪应斩枭。

一、巨野县拿获盗犯刘朋高一名，迭次抢劫并行窃拒伤事主刘大利身死，罪应斩决。

一、阳谷县禀获盗犯傅青水一名，行劫滨州事主姬隆泽银钱、衣物，罪应斩决。

一、东平州拿获盗犯袁房、郑聚二名，行劫事主蔚绍学银钱、衣物，罪应斩决。

一、德平、临邑等县拿获盗犯杨占仔、石小鸡仔各一名，屡次邀伙骑马持械抢劫德州事主尹调元等银钱、衣物、牲畜，罪应斩决。

审明千总谢延恩被参各款按例定拟折

同治五年六月二十九日

奏为审明千总被参各款，按例定拟，恭折具奏，仰祈圣鉴事：

窃查接管卷内，咸丰九年五月二十四日奉上谕："有人奏：山东东平所守御千总谢延恩，声名狼藉。伊父谢廷琳与帮丁阎光福结盟，行私受贿。咸丰七年出巢仓谷二千五百石，该千总盗卖一半入己，并借与该管军民，勒令秋后加倍偿还。贫民曹姓持票量谷，疑系假造，私押班馆，滥刑毙命。尸亲曹罗氏在各衙门控告，该千总父子辗转行贿，以致冤久未伸。又买民人之女为婢，打死弃尸大河各等语。职官扰累地方，大干法纪。似此侵渔贪暴，任性乖张，且案关人命，亟应从严讯办。著崇恩即将该千总谢延恩提案严讯，按律定拟具奏。原折著抄给阅看。将此谕令知之。钦此。"当经前抚臣崇恩将该千总谢延恩撤任，行司委提人卷至省，发委济南府审办。该府因谢延恩之父谢廷琳延不到案，详经前抚臣谭廷襄将谢延恩咨革，迭次委员前往，会同该州按照原参各款，查访明确审拟，由司解经臣与前兼护抚臣丁宝桢，因恐案情未确，各驳审一次。兹据济南府知府萧培元等逐款审明拟议，由兼署臬司卢定勋会同藩司丁宝桢解勘。臣在东平筹办防剿，饬委丁宝桢代勘无异，录供呈送前来。臣逐款复加查核。

缘谢延恩籍隶直隶通州，遵例捐纳卫千总，补东平所守御千总，咸丰六年十二月到任，九年被参撤任卸事。

如原参该革弁声名狼藉一款。据查该革弁到任时，年甫弱冠，性情轻浮，居官办事，措置诸多失当，以致不利人口，物议沸腾。至所办何事，如何失当，时过数年，无从确指，委无实在劣迹。诘讯谢延恩，据供该革弁在任时，声名狼藉以及有无劣迹，应由委员访查，该革弁毋庸置辩等语。是该革弁声名狼藉，系属事出有因。

又如原参该革弁之父谢廷琳与帮丁阎光福结盟，行私受贿一款。诘讯谢延恩，据供阎光福系东平帮旗丁，该革弁因兑粮一切公事，曾经传唤进署，询问数次。伊父谢廷琳，因祖父年老，在籍侍奉，并未迎养在署。惟咸丰七年间，谢廷琳曾赴该革弁任所看视。适该革弁领运赴通，阎光福充当本帮头船，随同出运。该革弁卸事后，谢廷琳即行回籍，并未与阎光福谋面。且阎光福身充旗丁，系该革弁管辖之人，年岁又与该革弁相若，伊父焉肯与之结盟？至行私受贿情事，更属毫无影响。伊父现患瘫症，不能到案，业经遣人投递亲供等语。核与委员访查情节并谢廷琳所递亲供相符。是该革弁之父谢廷琳被参与帮丁阎光福结盟行私受贿，并无其事。

又如原参咸丰七年出粜仓谷二千五百石，该革弁盗卖一半入己，并借与该管军民，勒令秋后加倍偿还一款。据查东平所额存社仓谷三百五十九石八斗三升二勺，常平仓谷五千七十九石六斗八升。咸丰六年春间，东平所军丁王跃麟等以迭被水灾，又遭匪扰，恳请出借社仓谷石，以资民食。经该前任千总王锦骥详经前抚臣崇恩批准，照例出借。王锦骥邀同绅士借给各军户社仓谷三百五十九石，因连年荒歉，民力未舒，未经征收还仓。七年正月间，东平所各屯丁以连年被水、被旱，时值青黄不接，纷纷呈请借粜仓谷。该革弁详经前抚臣崇恩批饬，照例减价平粜，不准出借，一面汇案奏明。该革弁查明该所常平仓额存谷数，禀经前藩司议明详定，酌粜二千三百石，按照东平所三月中旬粮价，每石减去五分平粜。于四月间奉文开仓设厂平粜，计粜谷二千三百石，所粜钱文易银一千五百三十八两七钱九分五厘，于是年十一月间解交司库，掣有批回。该司因该革弁所报谷价、银价不符，驳饬另行造册，尚未详复。八年冬间，该所生员王光勋等以传闻该革弁于奉文准粜仓谷之外，多粜谷一千二百石等词，联名控经前藩司批府饬委东平州知州王锡麟查明，该所常平仓谷，除报明平粜外，并无短缺。正在差传王光勋等查讯间，即据武举郭毓瀛以王光勋等因传闻之词并未查明，以致误控，代为呈恳详销。王锡麟差传王光勋等未齐，尚未讯详在卷。济南府委员会同王锡麟并署该所千总谢经开仓盘量，社仓谷实存八斗三升二勺，常平仓谷除出粜外，应存二千七百七十九石六斗八升，又八、九两年额捐谷二石，共应存谷二千七百八十一石六斗八升。盘得干净谷二千六百五石，计短谷一百七十六石六斗八升，委系历年折耗以及将不堪入廒之气头廒底扣除，致有短缺。当经该革弁照数买补还仓，委非盗卖渔利及违例勒借。惟该革弁于咸丰七年四月间，奉文按照东平州三月粮价，每石减去五分平粜仓谷，是年三月份东平州折报谷价每石七钱二分，减去五分，应以六钱七分出粜。粜谷系在四月，应照四月份银价收钱，是年四月份东平州折报银价，每两易制钱一千八百二十文，按六钱七分合算，每石合制钱一千二百二十文，该革弁粜谷二千三百石，共合制钱二千八百六千文。该革弁于是年十一月易银解司，是年十一月分东平州折报银价，每两易制钱一千五百四十文，以二千八百六千合算，应易银一千八百二十二两七分七厘。该革弁仅解银一千五百三十八两七钱九分五厘，计短解银二百八十三两二钱八分二厘。并据审明，原控之王光勋、张丕益、沈汝凤、郝永昌当时委系因闻传言未及查明，以致误控，委非有心诬告。现经诘讯谢延恩，据供东平所社仓谷，委系前任千总王锦骧详明出借，与该革弁无涉。至常平仓谷系该革弁详明平粜二千三百石，得钱二千八百六千文。该革弁因见粮价日贱，希图渔利，是以迟至十一月易银解司，至多余钱文，业已入己花用，无力措缴等语。是该革弁平粜仓谷，虽无盗卖入己及勒借加倍偿还之事，惟于粜谷钱文，故意迟延，易银解司，希图渔利，实属侵吞。

又如原参贫民曹姓持票量谷，该革弁疑系捏造，私押班馆，滥刑毙命，尸亲曹卜氏[1]在各衙门控告，该革弁父子辗转行贿，以致冤久未伸一款。据查咸

---

[1] 前为"曹罗氏"。

丰七年四月十四日，该革弁在厫平巢仓谷，该所军丁曹九让、韩兆春与昔存今故之李玉亮赴厫买票巢谷，因人多拥挤，未经买得。有昔存今故之李小眼问知情由，声言有茌平县人王成曾买得谷票两张，本欲自往巢取，因有急用，托伊转卖，令曹九让等价买。曹九让用京钱八百五十文向李小眼买得谷票一张，李玉亮与韩兆春合伙出钱八百五十文，亦买得一纸，一同持票领谷。经该革弁认系假票，查讯究出前情，意欲送州审讯。因天晚大雨，离州较远，不及移送，即令所役于鹤清将曹九让等在所署大门内西屋看管，俟次日再行送州。讵是夜曹九让陡患痧症，于鹤清禀明该革弁，医治无效，延至次日身死，报经该革弁饬差将李小眼传获，移送前代理东平州知州刘怿验讯。尸母曹孙氏、尸妻曹卜氏、尸堂兄曹九良等，因见曹九让两腮瞅青筋红紫，两肋等处有红斑，误为被责受伤，疑系身死不明，不肯具结领尸。刘怿禀府，饬委前任平阴县知县彭启昆复验，曹九让委系染患番痧病症身死，并无别故。提讯曹孙氏等，狡执前供，将人卷移交刘怿，并提王成质讯未到。经王圣亮等因曹孙氏等妇女无知，明白劝导，曹孙氏亦详细访查曹九让病故情由，疑心顿释，情愿具结，央恳王圣亮等代为呈请销案。曹孙氏亦自行赴州呈明，刘怿讯明取结附卷。王圣亮等因念曹孙氏年迈丧子，穷苦无依，公同帮给京钱五十四千，以为曹九让埋葬及曹孙氏养老之资。嗣曹卜氏因向曹孙氏索分养老钱文不允，适前抚臣崇恩阅伍至州，曹卜氏复以曹九让系被责后在押病故等词，私列曹九良作抱，控经崇恩批州讯究。刘怿旋即卸事。该州王锡麟因差传人证不齐，未经审结。曹卜氏因不能守志，经伊兄卜老大主婚，改嫁与卢姓为妻，随同卢姓外出贸易，不知去向。曹卜氏并未在别衙门控告有案。并据提审曹孙氏，供明伊子曹九让委系染患痧症身死，并无别故。现经诘讯谢延恩，据供该革弁因曹九让执持假票赴厫领谷，天晚不能送州，派役将其看管，以致因病身死属实，委非私押班馆，滥刑毙命；该革弁与父亦无辗转行贿等语。是该革弁虽无将曹九让私押班馆，滥刑毙命，及与伊父辗转行贿之事，惟查出执假票领谷之曹九让并不及时送州，辄自留所看管，以致因病身死，究属不合。

又如原参该革弁买民人之女为婢，打死弃尸大河一款。据查该革弁到任时，曾由原籍通州雇来饭妇王老妈子在署服役。王老妈子带有幼女，并非使婢。嗣该幼女出痘身死，该革弁饬令地方陈凤山邀同民人刘象长、张牛将尸抬出，埋于城外义地属实。传讯陈凤山，供亦无异。移准通州差查王老妈子，业已回籍病故，将王老妈子之侄王三传案，讯供相符。现经诘讯谢延恩，据供该革弁所雇饭妇王老妈子随带之幼女在所署出痘身死，曾经饬令地方陈凤山等抬出城外，埋于义地，并无价买民人之女为婢，打死弃尸大河之事等语。是该革弁被参价买民人之女为婢，打死弃尸大河一款，亦属事出有因。逐款究诘，该革弁坚供如前，矢口不移，似无遁饰。

查例载："监守盗仓库钱粮入己，一百两以上者，杖一百，流二千里。"等语。此案谢延恩被参声名狼藉、盗卖仓谷、滥刑毙命及买民女为婢、殴毙弃尸各款，虽均查无其事，该革弁之父谢廷琳，亦无与帮丁阎光福结盟，行私受贿情事。即该革弁平粜仓谷时，查出执持假票领谷之曹九让并不即时送州讯究，辄自留所派役看管，以致因病身死，尚属轻罪不议。惟该革弁平粜仓谷钱文，并不尽数批解，隐匿入己，短解至二百八十余两之多，实属侵吞，自应按例从重问拟。谢延恩合依"监守盗仓库钱粮入己，一百两以上者，杖一百，流二千里"例，拟杖一百，流二千里；系职官，应从重发往新疆效力赎罪。短解谷价银两，应于该革弁原籍家属照数著追。谢廷琳查无与帮丁阎光福结盟，行私受贿情事，应毋庸议。王光勋等呈控谢延恩多粜仓谷，讯系因闻传言误控，并非有心诬告。仓谷业经委员会同后任盘查，短谷一百七十六石零，系因年久折耗及气头仓底不堪入廒之故，虽非亏短，已据谢延恩如数买补。曹九让身死之处，委系猝患痧症，医治不效所致，并无别故，应与讯无凌虐情弊之看役于鹤清俱毋庸议。尸亲曹孙氏等误认痧斑为受伤，不肯具结，旋即查知底细，自行呈明领棺归葬，尚非有意逞刁；尸妻曹卜氏因索分帮给曹孙氏养老钱文不允，捏词翻控，本有不合，业已改嫁不知去向；代买假票之李小眼业已病故，概毋庸议。卖给曹九让等假票之逸犯王成饬缉，获日另结。

除供册咨部外，理合恭折具奏，伏乞皇太后、皇上圣鉴训示。谨奏。

同治五年七月十四日奉到回折："军机大臣奉旨：'刑部议奏。钦此。'"

同治五年二麦约收分数折

同治五年六月二十九日

奏为循例查报二麦约收分数，恭折奏祈圣鉴事：

窃照二麦收成，例应将约收分数先行奏报。兹据济南等十府，临清、济宁二直隶州查明各州、县、卫及盐场、灶地二麦约收分数，报由藩司丁宝桢汇案具详前来。臣复加查核。济南、泰安、武定、兖州、曹州、东昌等六府，临清、济宁二直隶州所属，均约收五分余；沂州、青州、莱州、登州四府所属，均约收六分余，通省均匀牵计收成约有五分余。

除饬催查明确收分数恭疏题报外，所有山东省本年二麦约收分数，理合循例具奏，伏乞皇太后、皇上圣鉴。谨奏。

同治五年七月十四日奉到回折："军机大臣奉旨：'知道了。钦此。'"

起运同治四年漕粮数目折

同治五年六月二十九日

奏为查明山东省起运同治四年分漕粮数目，恭折奏祈圣鉴事：

窃照漕粮攸关天庾正供，应将起运数目先行奏报，历经遵办在案。兹据督粮道沈维墩详称：山东省同治四年分，除蠲缓、实征、带征及蓟粮改运京仓，并续完咸丰十年旧漕，查出咸丰四、五两年灾前征完，共应起运漕米、豆、麦二十八万七千六百八十八石四斗四升六二勺，内除筹拨青州兵米三千六百九十石七斗五升九合二勺，实应运通漕米、豆、麦二十八万三千九百九十七石六斗八升七合，开册请奏前来。臣复核相符。

除将细数清册咨部外，理合恭折具奏，伏乞皇太后、皇上圣鉴。谨奏。

同治五年七月十四日奉到回折："军机大臣奉旨：'知道了。钦此。'"

咸丰十一年征收漕项钱粮奏销截数比较折

同治五年六月二十九日

奏为查明山东省咸丰十一年分征收漕项钱粮奏销截数循例比较，恭折奏祈圣鉴事：

窃照漕项钱粮，例应奏销截数时，将征收银两比较上三年完欠分数，开单奏报，历经遵办在案。兹据督粮道沈维墩详称：咸丰十一年漕项钱粮，除各属因灾蠲缓，实应征解银一万八千八十九两九钱四分六厘，照章作为十分核计，自咸丰十一年二月开征起，至造报奏销截数止，已完八分八厘一毫银一万五千九百二十九两二钱三分九厘，内有应造入同治五年秋季拨册银三十五两六钱五分，未完一分一厘九毫银二千一百六十二两七钱七厘，比较咸丰八年少完一厘五毫，比较咸丰九年多完一毫，比较咸丰十年多完一分九毫等情，详请具奏前来。臣复核无异。

除咨户部查照，并饬将未完银两赶紧催解外，理合开具比较清单，恭呈御览。为此循例恭折具奏，伏乞皇太后、皇上圣鉴。谨奏。

同治五年七月十四日奉到回折："军机大臣奉旨：'户部知道。单并发。钦此。'"

谨将山东省咸丰十一年分征收漕项钱粮，比较上三年已未免分数，缮具清单，恭呈御览。

计开：

咸丰十一年分额征漕项钱粮，正银五万一千七百七两八钱三分六厘，内除因灾共应蠲缓银三万三千六百一十七两八钱八分，钦奉上谕分别蠲缓，止实征解银一万八千八十九两九钱四分六厘。遵照奏案，于奏销截数止，已完八分八厘一毫银一万五千九百二十九两二钱三分九厘，内有应造入同治五年秋季拨册银三十五两六钱五分，理合注明，未完一分一厘九毫银二千一百六十两七钱七厘。比较咸丰八年应征银三万九千一百二十四两五钱五分五厘，已完八分九厘六毫银三万五千六十三两二钱二分四厘，未完一分四毫银四千六十两六钱三分一厘，计少完一厘五毫银二百七十一两三钱四分九厘。比较咸丰九年应征银三万八千三百二十八两五钱四分九厘，已完八分八厘银三万三千七百二十一两八钱九厘，未完一分二厘银四千六百六两七钱四分，计多完一毫银一十八两九分。比较咸丰十年应征银三万六千四百三十一两四钱五分九厘，已完七分七厘二毫银二万八千一百三十一两二钱一分二厘，未完二分二厘八毫银八千三百两二钱四分七厘，计多完一分九毫银一千九百七十一两八钱四厘。

江北漕船挽过东境片

同治五年六月二十九日

再，本年江北漕船经由东省，运河淤浅，各工应一律挑浚，以利行驶。值捻匪窜扰，未能及早概行戽水兴挑。适今年夏雨既早且大，河湖各水均形畅满，即张秋镇以北，于六月初旬亦值黄水涨发，分溜入运。经臣檄饬沿河司漕文武员弁，随时探明漕船，相机妥办，并迎提催趱在案。

兹据运河道及地方文武禀报：江北漕船一百四十六只，又余米船十二只，于六月十三日挽入东境峄县黄林庄，沿路水涨风顺，于二十四日即全数挽过济宁州天井闸，速行北上等情。

除飞饬沿途一体催挽，设法济送勿稍停留外，理合附片奏闻，伏乞圣鉴。谨奏。

同治五年七月十四日奉到回折："军机大臣奉旨：'知道了。钦此。'"

江浙两省海运漕船放洋日期片

同治五年六月二十九日

再，本年江浙两省海运漕船，前据报在山东收口放洋日期，经臣三次附片奏明在案。自四月二十六日以后，据报前次收口之江苏昭文县朱福增、上海县沈长利、奉贤县金万泰、长洲县成德顺、浙江石门县李长合漕船五只，陆续出口放洋；并据报江苏青浦县孙万泰漕船一只，于五月二十四日收口，二十七日放洋，均经水师将弁护送北上，余船已由外洋乘风径赴天津。

除仍饬认真查探，如有续到漕船随时迎护催趱外，理合附片陈明，伏乞圣鉴。谨奏。

同治五年七月十四日奉到回折："军机大臣奉旨：'知道了。钦此。'"

审明嘉祥县革生京控按律定拟折

同治五年六月二十九日

奏为审明京控，按律定拟，恭折具奏，仰祈圣鉴事：

窃照嘉祥县革生商廉贞遣抱商银，以曾毓坛等焚劫谋害等词控经都察院，于同治四年五月二十日奏奉谕旨："此案著交阎敬铭督同臬司亲提人证、卷宗，秉公严讯确情，按律定拟具奏。抱告民人商银，该部照例解往备质。钦此。"当经行司饬提严讯，因被告监生王登成即王登程，供词游移，详经咨革。兹据兼署臬司卢定勋以审明后据报被告刘遵素在店病故，拟议解勘。臣在东平等办防剿，饬委藩司丁宝桢代勘无异，录供呈送前来。臣复加查核。

缘商廉贞系嘉祥县文生，于道光三十年间因违禁晒曲、私开烧锅，经县详革，与邻庄候选训导曾毓坛、监生王登成即王登程、文生刘遵素、武举张效寻素识无嫌。咸丰五、六年间，该县因捻匪肆扰，派令商廉贞同伊已获正法之兄商洁贞与曾毓坛并昔存今故之宋抡秀办团,充当团长,王登成、刘遵素、张效寻均归曾毓坛、宋抡秀调遣。嗣商廉贞、商洁贞因与曾毓坛、宋抡秀意见不合,各自分团办理。七年七月间,商廉贞、商洁贞复晒曲私烧,宋抡秀闻知,起意将商廉贞等麦曲器具送官,即于是月十五日带领王登成,并不记姓名团丁前往商廉贞庄外。王登成在庄口等候,宋抡秀带团进庄至商廉贞等家内,将所晒麦曲器具一并查起,带回存局。经曾毓坛族人曾继璜闻知往看,商廉贞因曾毓坛曾经斥伊违禁晒曲,王登成随同宋抡秀前往,疑为曾毓坛诈财不允,主使王登成率众抢夺。十一年四月初七日,商洁贞随从长枪会匪任四等赴金乡县滋扰,经金乡县知县钱廷煦带领兵勇杀毙。是年五月十七日,宋抡秀闻知商洁贞从贼被杀,疑其家中藏匿匪党,急欲前往搜查,虑恐商廉贞率众抗拒,嘱令刘遵素往向商廉贞告知有官兵往拿,不可拒捕。商廉贞畏惧逃走,宋抡秀即带团前往搜查,并无匪党,当将商洁贞家住屋烧毁。维时刘遵素告知商廉贞之后,即行走回,并无帮同焚烧。商廉贞因曾毓坛与宋抡秀合伙办团,复疑为曾毓坛等挟嫌纠令焚劫。同治元年三月间,商廉贞回家,伊子商银先被贼匪裹去,亦由贼中逃回。嗣曾毓坛传闻,商银从贼潜回,勾匪逼勒胁从,信以为真,与张效寻等禀县饬拿。四月初一日,曾毓坛带领张效寻,并不记姓名团丁前往,将商廉贞之庄围住。商银与商廉贞闻信先已逃逸,曾毓坛查拿无获,带团走回。商廉贞不知曾毓坛系因传闻禀官饬拿,又疑为曾毓坛等讹诈不遂,率众围杀,并误闻传言曾毓坛等私立公堂擅杀商大为等四命,即以前情并图准添砌刘遵素等串通该县官亲孙钺,耸令该县不问情由将伊镣铐严押,及孙钺屡次使人索钱未允等词控州批县集讯。该县差传宋抡秀,业已病故,其余人证未齐,未经讯结。商廉贞由司控经臣批州饬委金乡县会审,尚未订期过境,商廉贞复以前情具呈,遣令商银作抱晋京,赴都察院具控。诘非有心诬告,案无遁饰。

　　查律载:"申诉不实者,杖一百。"等语。此案革生商廉贞京控曾毓坛等各情,虽均系事出有因,怀疑图准添砌,尚非有心诬告。惟控词究属失实,自应按律问拟。商廉贞除晒曲私开烧锅事,在咸丰十一年十月初九日恩赦以前,应予援免外,合依"申诉不实者,杖一百"律,拟杖一百,折责发落。曾毓坛、王登成、刘遵素、张效寻讯无诈财不允、率众抢夺围杀、挟嫌焚劫及私立公堂擅杀商大为等四命、串通孙钺耸令该县将商廉贞镣铐严押各情事;曾毓坛、张效寻带同团丁前赴商廉贞家围拿,系因传闻商银从贼潜回,勾匪逼胁,禀县饬拿,并非凭空妄拿滋事;王登成听从宋抡秀,查起商廉贞等麦曲器具晒曲,有干例禁,且仅止在庄口等候;刘遵素于宋抡秀欲往商洁贞家搜查,恐被抗拒，听嘱往向告知有官兵往拿，不可拒捕，并未帮同烧毁房屋，均无不合，俱应免议。王登成前因供词游移，咨革监生，现在案已讯明，原革监生应行开复。商银被贼裹去，旋即逃回，并非甘心从贼；其为父作抱京控，亦不知呈内情节，应与无干之案证曾继璜，均毋庸议。宋抡秀查起商廉贞等存局之麦曲器具照例入官，帮同烧毁商洁贞房屋之不记姓名团丁，饬县另行查办。刘遵素在店身死，业经历城县知县陶绍绪验明，委系病毙，并无别故，店役人等讯无凌虐情弊，应毋庸议。失察晒曲私开烧锅之应议职名，事在咸丰十一年十月初九日恩诏以前，应行宽免。

除供册咨部外，理合恭折具奏，伏乞皇太后、皇上圣鉴训示。谨奏。

同治五年七月十四日奉到回折："军机大臣奉旨：'刑部议奏。钦此。'"

同治五年上半年新案交代循例汇奏折
同治五年七月二十七日

奏为各属新案交代，循照半年开单汇报定章，分别已未清结，恭折奏祈圣鉴事：

窃查东省各属新案交代，经臣奏明，自同治三年五月十一日为始，照例查办二参，凡有亏短，立即参办。如钱粮、仓谷较多，暨一人而有两处交代，照例展限；或因军务及有他故不能依限核结，随时请展，并半年开单汇报一次，作为定章，历经照办各在案。兹自同治五年正月起，至六月底止，又届半年汇报之期。据藩司丁宝桢督饬核算清楚，开册具详前来。臣逐案复核无异。

除清册咨部，并饬司将已结者赶造款册，未结者严催依限算结，亏缺者专案参追外，理合分晰缮具清单，祗呈御览。为此恭折具奏，伏乞皇太后、皇上圣鉴。谨奏。

同治五年八月十二日奉到回折："军机大臣奉旨：'该部知道。单并发。钦此。'"

谨将同治五年正月初一日起，至六月底止，各州县已未结新案交代，敬缮清单，恭呈御览。

计开：

上届奏明二参限内尚有应交之项，勒限完解，已未交清各案：

鱼台县知县李淦，应接前任赵溶交代。查有应交之项，勒限一个月完缴，已于限内交清结报。

署诸城县知县仇恩注，应接前任张曜交代。查有应交之项，勒限一个月完缴，已于限内交清结报。

前署济阳县知县王树德，应接前任承恩交代。查有应交之项，勒限一个月完缴，已于限内交清结报。

署新城县知县恩奎，应接前任高文绮交代。查有应交之项，勒限一个月完缴，已于限内交清结报。

馆陶县知县鲍瑞骏，应接前任耿光祜交代。查有应交之项，勒限一个月完缴，已于限内交清结报。

前署宁海州丁忧知州李翼清，应接前任已故知州舒孔安并代理州陈汝楫交代。查舒故员有应交之项，勒限一个月完缴，迄今未完。除另行揭参外，理合登明。

署阳信县知县严家正，应接前任苏振甲交代。查有应交之项，勒限一个月完缴，因逾限未解，已专案参亏，理合登明。

上届具报逾限未结，续经算明专参一案：

前署文登县已故知县张炳彪，同治三年十二月二十九日到任，应接前任宋春畲交代，扣至同治四年四月二十九日二参限满。张炳彪于初参限内病故，应统归现署知县陈汝楫接收。前因宋春畲并未候算交代，辄行离东，当经奏参革职，并咨催原籍饬令来东会算结报。一面檄行登州府督同现任并监交委员，先将该参员任内经手正、杂、仓库钱粮，秉公核算。现据算明，查有亏缺银两，业已专案参追，理合登明。

初参限内算清结报各案：

武城县知县盛洪钧，同治四年十二月二十四日到任，应接前任郑锡洪交代，扣至同治五年二月二十四日两个月初参限满，已于限内算清结报。

兰山县知县王其慎，同治五年正月初十日到任，应接前任长赓交代，扣至三月初十日两个月初参限满，已于限内算清结报。

署郯城县知县李溦，同治五年二月初六日到任，应接前任周士溥交代。李溦由平阴调署郯城，系一官而有二任交代，例得展限一个月，统扣至五月初六日初参正展限满,已于限内算清结报。

署济阳县知县陈来忠,同治五年二月二十四日到任,应接前任王树德交代,扣至四月二十四日两个月初参限满,已于限内算清结报。

署平阴县知县杜园,同治五年三月初二日到任,应接前任李澳并高凤清交代,扣至五月初二日两个月初参限满,已于限内算清结报。

兼理宁海州署栖霞县知县管晏,同治五年三月初七日到任,应接前任李翼清交代,扣至五月初七日两个月初参限满,已于限内算清结报。

署即墨县知县杨洪烈,同治五年三月二十六日到任,应接前任崔逢春交代。该县仓谷在二万五千石以上,例得展限十五日,统扣至六月初十日初参正展限满,已于限内算清结报。

二参限内算清结报各案:

前任即墨县知县崔逢春,同治四年九月初五日到任,应接前任刘俊扬交代。该县仓谷在二万五千石以上,例得展限十五日,统扣至同治五年正月二十日二参正展限满,已于限内算清结报。

前任堂邑县病故知县花上林,同治四年九月初八日到任,应接前任潘世钊交代。花上林由昌邑调署堂邑,系一官而有两任交代,例得展限一个月,统扣至五年二月初八日二参正展限满,已于限内算清。查潘世钊有亏短正杂各款银两,除另行揭参外,理合登明。

署商河县知县龚葆琛,同治四年十月初九日到任,应接前任孙长顺交代,扣至同治五年二月初九日二参限满,已于限内算清结报。

青城县知县马复兴,同治四年十月初十日到任,应接前任沈锡祺交代,扣至同治五年二月初十日二参限满,已于限内算清结报。

署邹平县知县张锡华,同治四年十一月十四日到任,应接前任王以赞交代,扣至同治五年三月十四日二参限满,已于限内算清结报。

泗水县知县郭生枢,同治四年十一月十六日到任,应接前任茅光岳交代,扣至同治五年三月十六日二参限满,已于限内算清结报。此系丁藩台来信,该员于出详后即缴亏项,日内即出详。

东平所千总王汉臣,同治四年十二月十九日到任,应接前任武寿龄交代,扣至五年四月十九日二参限满,已于限内算清结报。

曲阜县知县刘俊扬,同治四年十二月二十一日到任,应接前任曹大任交代,扣至五年四月二十一日二参限满,已于限内算清结报。

署博山县知县任澍林，同治四年十二月二十一日到任，应接前任樊文达交代，扣至五年四月二十一日二参限满，已于限内算清结报。

署章邱县知县龙炳垣，同治四年十二月二十一日到任，应接前任已故知县仓景长交代。该县钱粮在五万两以上，例得展限十五日，统扣至五年五月初六日二参正展限满，已于限内算清结报。

署海阳县知县陈本立，同治五年正月十二日到任，应接前任已故知县李琛交代，扣至五月十二日二参限满，已于限内算清结报。

淄川县知县余师濂，同治五年正月二十日到任，应接前任张锡纶交代，扣至五月二十日二参限满，已于限内算清结报。

署蒙阴县知县沈葆琛，同治五年正月二十日到任，应接前任刘守曾交代，扣至五月二十日二参限满，已于限内算清结报。

以上算结各案，现在严催赶造达部册，理合登明。

因军务展限未结一案：

署郓城县知县徐大容，同治五年正月二十四日到任，应接前任陈烈交代，扣至五月二十四日二参限满。前因该县办理防剿吃紧，奏明展缓，俟军务稍定，再行勒算。嗣据曹州府详明自五月初一日为始，易行起限照例算结。现在批饬赶算。

已逾二参尚未算结一案：

蓬莱县知县李德基，同治五年正月十五日到任，应接前任冯澍交代，扣至五月十五日二参限满。前因逾限未结，已将延不会算之前署该县知县冯澍奏参革职，并饬登州府督同现任并监交委员将该革员任内经手正、杂、仓库钱粮，吊齐案卷，秉公核算，如有亏挪，即行据实参办在案，理合登明。

未满二参尚未结报各案：

署沂水县知县韩光鼎，同治五年二月十三日到任，应接前任沙士坛交代。韩光鼎由高苑调署沂水，系一官而有两任交代，例得展限一个月，统扣至七月十三日二参正展限满。

署高苑县知县沙士坛，同治五年二月二十四日到任，应接前任韩光鼎并代理县魏正藻交代。沙士坛由沂水调署高苑，系一官而有两任交代，例得展限一个月，统扣至七月二十四日二参正展限满。

署堂邑县知县许宝名，同治五年三月十三日到任，应接前任花上林并代理饶增绂交代，扣至七月十三日二参限满。

署齐河县知县樊文达，同治五年三月二十六日到任，应接前任李均交代，扣至七月二十六日二参限满。

汶上县知县张锡纶，同治五年四月初十日到任，应接前任左宜似交代。张锡纶由淄川调赴汶上本位，例得展限一个月，统扣至九月初十日二参正展限满。

嘉祥县知县李青林，同治五年四月十三日到任，应接前任黄景晟交代，扣至八月十三日二参限满。

署乐陵县知县王元相，同治五年四月二十一日到任，应接前任崔澜并代理县保谦交代，扣至八月二十一日二参限满。

署荣成县知县孙禧，同治五年四月二十二日到任，应接前任张道南交代，扣至八月二十二日二参限满。

署宁海州知州尹焕章，同治五年五月初八日到任，应接前兼理州管晏交代。该州仓谷在二万五千石以上，例得展限十五日，统扣至九月二十三日二参限满。

署夏津县知县郝植恭，同治五年五月二十六日到任，应接前任高潽交代，扣至九月二十六日二参限满。

兼理单县知县邵承熙，同治五年六月初六日到任，应接前任徐福臻交代。该县钱粮在五万两以上，例得展限十五日，统扣至十月二十日二参正展限满。

署黄县知县王树德，同治五年六月初八日到任，应接前任杨济交代。该县仓谷在二万五千石以上，例得展限十五日，统扣至十月二十三日二参正展限满。

署齐东县知县刘成功，同治五年六月十二日到任，应接前任刘绍詹交代，扣至十月十二日二参限满。

署东阿县知县周毓南，同治五年六月十二日到任，应接前任吴树声交代，扣至十月十二日二参限满。

已故候补知州潘世钊交代亏缺请查抄备抵折

同治五年七月二十九日

奏为故员交代案内查有亏缺，请旨查抄备抵，恭折奏祈圣鉴事：

窃照东省交代，积疲太甚，经臣督饬藩司逐案清厘，凡有亏空，均已随时参办在案。兹查有已故候补知州潘世钊，前署堂邑县任内交代，当饬接署之员赶紧会同核算。旋据依限算明，该故员应交正款银二千八百五十三两九钱七分六厘，杂款银一千六百三十九两七钱八分九厘，仓款银一两一钱八分五厘，捐款银一千四百两九钱六分二厘，共应交银五千八百九十五两九钱一分三厘。内除领抵各款并约销军需共银一千九百〇七两六分三厘，实短交银三千九百八十八两八钱五分。勒限饬追，该家属任催罔应，延不完缴。据该管道府揭报藩、臬两司会详请参前来。

查潘世钊系江苏吴县人，相应请旨，将该故员历过任所及寓所资财、原籍财产一并查抄备抵，一面先行提集该故员任内经手书吏，从严审讯，所亏银两是侵是挪，按律拟办。

除移咨江苏抚臣转饬吴县严密查办并咨部查照外，理合恭折具奏，伏乞皇太后、皇上圣鉴训示。

再，亏项除抵实短正、杂、仓、捐各若干，现已饬司速催现任赶造年款清册，核明另办，合并陈明。谨奏。

同治五年八月十二日奉到回折："军机大臣奉旨：'另有旨。钦此。'"

抚标中军参将绪承请暂缓引见片

同治五年七月二十九日

再，武定营游击绪承，经前兼护抚臣丁宝桢奏奉谕旨，准其升补抚标中军参将。准兵部咨，以该员引见已满三年，行令给咨归入卓异，并案赴部引见后给札赴任，再行开其底缺。臣因贼匪东窜，防剿吃紧，该员熟悉情形，已先调署斯缺，办理省防，咨部暂缓该员引见，先给署札。兹准兵部以该员督兵防剿，准俟防务稍松，再行给咨送部。至先给署札与奏定章程不符，咨令奏明办理。

伏查东省防务现仍未敢稍松，该员办理省防正资得力，未便更易生手，致滋贻误。合无仰恳天恩俯念东省防务紧要，准予升补抚标中军参将绪承暂缓赴部引见，并请敕部先给署札，开其武定营游击底缺。所遗之缺，东省现有军功尽先应补人员，容臣拣员请补。理合附片奏陈，伏乞圣鉴训示。谨奏。

同治五年八月十二日奉到回折："军机大臣奉旨：'著照所请，该部知道。钦此。'"

降革知县宋春畲交代亏缺请拿问监追折

同治五年七月二十九日

奏为特参降革知县交代案内查有亏缺，请旨拿问监追，查抄备抵，恭折奏祈圣鉴事：

窃照东省交代，积疲太甚，经臣督饬藩司逐案清厘，凡有亏缺，均已随时参办在案。兹复查有降选府经历县丞之前任文登县知县宋春畲，前因该员卸事后并不候算交代，潜回皖省原籍，以致逾违二参例限，当经奏参革职；一面移咨安徽抚臣严饬催提未到，辄以因病不能就道，延友遣丁料理，饰词搪塞，而日久仍无消息，殊属玩延。即饬藩司速催该管道府督同监交现任，将该革员在任经手仓库钱粮，秉公核算去后。旋据查明，除领抵各款外，正款无亏，实短交杂款银三千九百四十三两八钱七分九厘；盘缺常平仓谷三百五十一石三斗四升九合六勺，合折例价银二百四十五两九钱四分五厘；又捐款银二百二十一两八钱七分四厘，三共银四千四百一十一两六钱九分八厘。禀由藩、臬两司确核会详揭参前来。臣复查无异。亟应从严参办，以重帑项而儆效尤。

查宋春畲系安徽省怀远县人，相应请旨，将已革降选府经历县丞、前任文登县知县宋春畲拿问监追，提集经手书吏人等严行审讯，是侵是挪，按律拟办，并移咨安徽抚臣转饬该革员原籍怀远县，将其财产查抄备抵。

除咨部外，理合恭折具奏。

同治五年八月十二日奉到回折："军机大臣奉旨：'另有旨。钦此。'"

特参疏脱绞犯越狱之典史知县折

同治五年七月二十九日

奏为特参疏脱绞犯越狱之典史、知县，请旨分别革职拿问，留任勒限缉拿，恭折奏祈圣鉴事：

窃臣接据署商河县知县龚葆琛禀报，同治五年六月十一日三更时分，风雨交作，监犯张株乘间扭断镣铐，撬落笼木，挖孔钻出墙外，越狱脱逃，追捕无获等情。臣查张株系因窃被追，拒捕刃伤事主平复，拟绞监候，入于本年秋审缓决之犯。该管狱、有狱各官并不督率刑禁人等小心防范，致会［令］越狱脱逃，实非寻常疏忽可比。且该犯扭断镣铐，撬笼挖墙，事非俄顷，刑禁人等何致毫无觉察，更难保无松刑贿纵情弊。亟应严参究办，以示惩儆。兹据藩、臬两司转据该管道府分别揭参前来。相应请旨，将管狱官商河县典史冯源革职拿问，以便行提刑禁人等来省，严审确情，按例拟办。至有狱官署商河县知县龚葆琛，并请照例革职留任，勒限缉拿，限满有无弋获，再行分别办理。

所遗商河县典史员缺，东省现有应补人员，另行拣员咨补，合并陈明。为此恭折具奏，伏乞皇太后、皇上圣鉴训示。谨奏。

同治五年八月十二日奉到回折："军机大臣奉旨：'另有旨。钦此。'"

同治五年六月雨泽粮价折
同治五年七月二十九日

奏为恭报六月份雨泽情形，并呈粮价清单，恭折仰祈圣鉴事：

窃照五月分雨水、粮价，经臣奏报在案。兹查六月分，惟泰安府属之莱芜，曹州府属之单县、濮州，青州府属之临朐、乐安，临清直隶州属之邱县等六处未报得雨外，其余通省一百〇一州县，先后据报于月之上旬初一二三四六七八十，中旬十一二三四五八九、二十，下旬二十一二四五六八九等日，各得雨一、二、三、四、五寸及深透不等。获此澍雨滋培，秋稼益臻繁茂，丰收有象，民气恬熙，堪以仰慰宸怀。间有具报雨水过多，湖河并涨及黄流漫溢处所，现在饬委分投查勘，容俟复到，再行核办。

至各属市集粮价，互有涨落，大致与上月相同。敬缮清单，祗呈御览。为此恭折具奏，伏乞皇太后、皇上圣鉴。谨奏。

同治五年八月十二日奉到回折："军机大臣奉旨：'知道了。钦此。'"

六月份粮价清单

谨将同治五年六月份山东省各属米、麦、谷、豆价值，敬缮清单，恭呈御览。

计开：

济南府属：稻米每仓石价银三两一钱二分至四两六钱二分，较上月贱三钱六分。粟米每仓石价银一两二钱至二两九钱，较上月贱二钱。粟谷每仓石价银八钱六分至一两八钱三分，较上月贱七分。高粱每仓石价银九钱三分至二两二钱五分，较上月贱五分。小麦每仓石价银一两五钱至二两四钱二分，较上月贵四分。黄豆每仓石价银一两三钱五分至二两四钱二分，较上月贱一钱六分。黑豆每仓石价银一两三钱五分至二两四钱二分，较上月贱八分。

泰安府属：稻米每仓石价银三两三钱八分至五两五钱六分，与上月同。粟米每仓石价银一两七钱至二两五钱五分，与上月同。粟谷每仓石价银八钱五分至一两八钱，与上月同。高粱每仓石价银一两二钱五分至二两二分，与上月同。小麦每仓石价银一两六钱至二两一钱，与上月同。黄豆每仓石价银一两五钱至一两九钱九分，与上月同。黑豆每仓石价银一两四钱六分至二两三分，与上月同。

武定府属：稻米每仓石价银二两四钱八分至四两六钱一分，与上月同。粟米每仓石价银一两四钱八分至二两五钱，与上月同。粟谷每仓石价银六钱五分至一两四钱三分，与上月同。高粱每仓石价银一两至一两七钱四分，与上月同。小麦每仓石价银二两至三两，与上月同。黄豆每仓石价银一两一钱八分至二两一钱，与上月同。黑豆每仓石价银一两一钱一分至二两一钱，与上月同。

兖州府属：稻米每仓石价银二两四钱四分至四两四钱五分，与上月同。粟米每仓石价银九钱九分至二两五钱，与上月同。粟谷每仓石价银八钱至一两五钱八分，与上月同。高粱每仓石价银八钱至一两九钱八分，与上月同。小麦每仓石价银一两二钱二分至二两五钱，与上月同。黄豆每仓石价银一两二分至二两二钱六分，与上月同。黑豆每仓石价银九钱五分至二两一钱，与上月同。

曹州府属：稻米每仓石价银三两三钱至五两，与上月同。粟米每仓石价银一两三钱至二两七钱一分，与上月同。粟谷每仓石价银九钱至一两八钱三分，与上月同。高粱每仓石价银一两至一两九钱二分，较上月贵二分。小麦每仓石价银一两五钱至二两二钱，较上月贱五钱。黄豆每仓石价银一两四钱至二两五钱，较上月贵一钱六分。黑豆每仓石价银一两三钱至二两四钱，较上月贵四钱四分。

沂州府属：稻米每仓石价银二两一钱至三两七钱，与上月同。粟米每仓石价银一两二钱至二两六钱，较上月贵二钱九分。粟谷每仓石价银八钱至一两三钱二分，较上月贵五分。高粱每仓石价银一两至一两二钱七分，较上月贱五分。小麦每仓石价银一两一钱三分至一两九钱三分，较上月贱四钱。黄豆每仓石价银八钱五分至一两七钱三分，较上月贱一钱三分。黑豆每仓石价银八钱至一两六钱九分，较上月贱一钱七分。

东昌府属：稻米每仓石价银三两四钱至四两八钱，与上月同。粟米每仓石价银七钱四分至二两九钱，较上月贵一钱。粟谷每仓石价银五钱九分至一两九钱六分，较上月贵一分。高粱每仓石价银六钱二分至二两三钱九分，较上月贵一钱四分。小麦每仓石价银一两至二两四钱八分，较上月贵八分。黄豆每仓石价银八钱三分至二两四钱六分，较上月贵二分。

青州府属：稻米每仓石价银二两三钱一分至四两三钱，与上月同。粟米每仓石价银一两五钱五分至二两六钱，与上月同。粟谷每仓石价银九钱一分至一两六钱五分，较上月贵二钱。高粱每仓石价银一两五分至一两八钱五分，较上月贵一钱九分。小麦每仓石价银一两五钱至二两四钱二分，较上月贵二钱。黄豆每仓石价银一两七分至二两五钱，较上月贵一钱。黑豆每仓石价银一两二分至二两五钱一分，较上月贵一分。

莱州府属：稻米每仓石价银二两三钱五分至三两二钱六分，较上月贵六分。粟米每仓石价银一两一钱五分至二两六钱，较上月贵一钱。粟谷每仓石价银五钱五分至一两七钱，较上月贵一钱。高粱每仓石价银一两五分至一两七钱，与上月同。小麦每仓石价银一两四钱至二两一钱，较上月贱三钱二分。黄豆每仓石价银一两四钱至二两二钱，与上月同。黑豆每仓石价银一两三钱至二两二钱，与上月同。

登州府属：稻米每仓石价银二两三钱七分至三两五钱四分，与上月同。粟米每仓石价银一两六钱五分至二两四钱，与上月同。粟谷每仓石价银一两六分至一两四钱七分，与上月同。高粱每仓石价银九钱一分至一两六钱，与上月同。小麦每仓石价银一两六钱四分至二两四钱二分，与上月同。黄豆每仓石价银九钱九分至一两九钱，较上月贵五分。黑豆每仓石价银九钱六分至一两八钱五分，较上月贵五分。

临清直隶州并属：稻米每仓石价银三两四钱五分至四两，与上月同。粟米每仓石价银一两五钱至二两八钱，较上月贵五分。粟谷每仓石价银一两一钱四分至一两七钱五分，较上月贵五分。高粱每仓石价银一两二钱至二两，较上月贵五分。小麦每仓石价银二两一钱五分至二两六钱五分，与上月同。黄豆每仓石价银一两六钱七分至二两三钱，较上月贵一钱。黑豆每仓石价银一两六钱至二两三钱，较上月贵五分。

济宁直隶州并属：稻米每仓石价银四两三钱二分至六两四钱六分，与上月同。粟米每仓石价银一两四钱八分至二两四钱，与上月同。粟谷每仓石价银一两六分至一两七钱七分，与上月同。高粱每仓石价银一两一钱一分至一两五钱一分，与上月同。小麦每仓石价银一两五钱四分至二两八钱，与上月同。黄豆每仓石价银一两四钱至二两五分，与上月同。黑豆每仓石价银一两四钱至二两三钱，与上月同。

濮州城圩冲决灾民以工代赈折

同治五年七月二十九日

奏为濮州城圩均被黄水冲决，现在筹拨银两拯救灾黎，以工代赈，抢护金堤，恭折仰祈圣鉴事：

窃查黄河自兰、仪漫口以来，濮州州城四面均被水浸，因于南岸筑圩，移徙州民以为新治，冀可劳来安集。嗣黄流渐复南徙，新圩仍多水患，是以官民、兵役每转移于新旧两城之间，时为迁避。本年黄流盛涨倍于往昔，臣节次通饬沿河各属加意修护堤堰。惟六、七两月，大雨滂沱，连宵彻旦，雨水广多，从来未有，各处河湖并涨，皆成汪洋。黄流尤奔腾汹涌，凡历年被灾之范县、东阿、阳谷、寿张等处，此次漫溢尤广。迭饬各该县勘查灾荒，尚未据详具报。惟濮州当黄流顶冲，新旧城圩均在巨浸之内，臣日夜焦思，正无筹策。本月二十七日，据濮州知州葛思荣禀称：七月初旬内，大河喷淤溯注，南岸新圩四外皆水，无处取土修防。当于十一日率领兵民移住旧城，希图暂避。讵十四、十五等日，霖雨倾盆，河声如吼；二十二日申刻，东面水势高出城基数尺，建瓴直灌，城内水深丈余，民舍、官衙同被浸没。该州与营汛员弁率同绅民男妇，赶避城基较高之处。差探新圩亦被飘荡，城北金堤冲刷亦为危险。现在设法雇船救出难民数千人，安置沙冈栖住，按日给食各等情。

臣查该州久罹水患，蒙皇上轸念民依，迭施蠲赈。今以水势过大，遂致新旧城圩同遭冲溃，闻报之下，恻怛殊深。当以饬司筹议往返需时，因就行营军需项下筹拨银二千两，即日送交该州牧妥为抚恤。并查该州城北旧有金堤一道，实为北路屏蔽，臣自莅任以来，岁加抢修，俾免黄流北徙。现在水势浩瀚，非等寻常，刻闻堤根被刷，难资捍御，尤切忧危。拟即饬令该州将前项银两发给被灾民人，俾资口食；即用民力补修城北金堤堤工，以工代赈，庶可约束灾黎，亦免另筹经费，似属两有裨益。

除饬司赶行筹画办理外，所有濮州城圩被水冲决，微臣筹办情形，是否有当，理合由驿恭折具奏，伏祈皇太后、皇上圣鉴训示。谨奏。

同治五年八月初六日酉刻奉到回折："军机大臣奉旨：'另有旨。钦此。'"

春间被扰被灾地方请分别缓征钱粮折
同治五年七月二十九日

奏为勘明各县、卫本年春间被扰并二麦被旱、被风、被雹各村庄轻重情形，恳恩分别缓征新旧钱粮，以纾民力，恭折奏祈圣鉴事：

窃照兖州府属之寿张，曹州府属之菏泽、单县、曹县、巨野、定陶、郓城等县、卫，本年春间被匪扰害；东昌府属之冠县、临清直隶州属之武城两县，自春徂夏，或因雨泽愆期，或因风霾时作，且有雨中带雹之处，以致二麦受伤，民情未免拮据。前据各该县、卫陆续禀报，当经批司分饬该管府州亲往督勘。兹据勘明轻重情形，核议缓征新旧钱粮，禀由藩司丁宝桢汇详请奏前来。臣复查无异。若将新旧钱粮照常征收，民力实有未逮，自应分别轻重，酌量调剂，以恤民艰。相应吁恳天恩俯准，将被扰较重之寿张县覃北里李家楼等四十九村庄，菏泽县永丰等九都内双堌铺等一百一十七村庄，单县安溜等保马良集寨等四百七十三村庄，曹县安业等里王吕集等五百一十五村庄，巨野县太平等保太平集等一百二十村庄，定陶县郝堤等村沈庄等五十九村庄，郓城县潘溪渡等一百四十七村庄；及被旱之冠县阖境村庄；被风、被雹之武城县居上等里大马村等四十二村庄，应征未完本年上忙新赋，及临德等仓、漕仓、民佃、灶地、盐课、芦课、河银、学租、地租、摊征、堤工等项，并定陶县本年青黄不接案内原缓上忙钱粮，同以上寿张、菏泽、曹县、巨野、定陶、郓城、冠县、武城应征同治四年未完民欠及因灾原缓钱粮，均请缓至同治五年秋后启征。

又被扰较轻之菏泽县尚家等十三都并毗连被扰之阖境村庄，单县石村等保惠家庄等六百二十八村庄并其余阖境村庄，曹县其余阖境村庄，定陶县郝堤等村草庙等四十五村庄，郓城县东关厢赵家庄等二百三十二村庄；又被风、被雹较轻之武城县占官等里梁峨寨等一十五村庄，除本年上忙新赋，同巨野县其余阖境村庄并今春青黄不接案内原缓至麦后启征银两，均照常征收外，所有应征同治四年未完民欠及因灾原缓钱粮、漕项、临德等仓、河银、摊征、堤工、埝工、民佃、盐课、芦课、学租、灶地等项，均请缓至同治五年秋后启征。

以上被扰、被旱、被风、被雹各该县，无论较重较轻，阖境村庄，凡有同治三年以前未完民欠与因灾原缓钱粮、漕仓、河银、民佃、盐课、芦课、摊征、堤工、埝工、学租、灶地等项，应请并为一案，缓至同治五年秋后，各按最先年分递年依次带征一年。其卫、所、屯庄钱粮，均随同坐落各该县一律办理。如此分别调剂，庶民力得以宽纾。感颂皇仁，实无既极。

除饬司赶催造送缓征细数清册咨部外，理合恭折具奏，伏祈皇太后、皇上圣鉴训示。谨奏。

同治五年八月十二日奉到回折："军机大臣奉旨：'另有旨。钦此。'"

督修河墙严防捻军回窜情形片

同治五年七月二十九日

再，臣于七月十一日承准军机处字寄："七月初九日奉上谕：'曾国藩奏任、赖等股匪回窜东路，调兵分剿；乔松年奏贼踪分窜情形各一折等因。钦此。'"

窃查六月十五日，曾国藩由济宁起行，臣时由东平行营查修河墙，即赴济面订军情，议以东省之防仍以运河为界，自长沟以北直至沈家口一百九十余里，仍归东军防守，诸如前议办理。臣当即仍回至东平，督饬各军迅修河堤，务令墙高濠深以凭守御。

惟自六月以来，大雨连绵，数旬不止，平地积水数尺，堤墙不无冲刷，幸以前已修有四五分工程尚能屹立，虽河湖并涨，运河赖新修堤墙幸少冲溢。正在督修之际，七月初二日忽接豫省探报，赖、任各逆由豫窜至杞县、睢州，逼近东界，臣当饬各军严整队伍，准备防剿。随据探报，该逆股因刘铭传、潘鼎新各军迎剿，遂复西窜，现窜至中牟、郑州一带，鼎军、铭军随后追蹑，拟作扼守贾鲁河之策。又据探称，张总愚股匪仍在南阳、裕州等处盘旋各等情。是各逆氛去东稍远，更宜及时修筑河墙以防回窜，故臣仍驻东平亲为督修。

现据各营禀报，自长沟以至沈【家】口所筑河墙，均将原旧河堤迭加坚筑宽厚，照臣原定章程，墙宽一丈，高一丈二尺，墙上再加子墙，安设垛口，其高处自堤根起有高三丈余者，间有水湾之处，筑立炮台，并于墙下加挑重濠，现在已有七八分工程，此后如无雨阻，计八月杪应可告竣。

除俟河墙工竣再将布置情形驰奏外，理合先行附片具陈，伏乞圣鉴。谨奏。

同治五年八月初六日奉到回折："军机大臣奉旨：'知道了。著将所筑河墙赶办竣工，妥为布置，严防该匪回窜，毋稍松懈。钦此。'"

委员管解京协各饷片
同治五年七月二十九日

再，东省进项惟以地丁为大宗。今岁各属征解上忙钱粮，半因军务倥偬，未能踊跃。现值停征期内，司库有出无入，竭蹶异常，而应协各处饷需待用孔殷，又难稍存漠视。经臣督饬藩司丁宝桢，于无可设法中，勉力筹备曾国藩饷银一万八千两，委历城县县丞陶振宗解往徐州道衙门交纳转解。又臬司潘鼎新饷银三万两，委候补从九品刘景庚解给该司行营备用。又直隶大名粮台饷银三千两，委候补未入流黄廷谟解交该粮台查收。以上三处协饷，均作为六月份应解之款。又委候补从九品黎锦明，领伊犁专饷银一万两，赴山西归绥道衙门兑收转解。又委候补知县吴增劭管解奉省五月份饷银一万两，赴盛京将军衙门交兑。又据运司详报，在于续收盐课加价项下支银二万两，同应交加平银三百两、饭食银三百两，委候补盐经历周颖曾、盐大使韩培德解交部库，并声明本年运库奉拨京饷共已先后五批解过银一十一万两。臣复查无异。

除分咨查照外，理合附片陈明，伏乞圣鉴。谨奏。

同治五年八月初六日奉到回折："军机大臣奉旨：'知道了。钦此。'"

请旌恤曹州府属阵亡绅团并殉难妇女折
同治五年七月二十九日

奏为查明曹州府属阵亡绅团、殉难妇女，恳恩分别旌恤，恭折奏祈圣鉴事：

窃照东省自咸丰十年以后，迭被捻、教、土匪滋扰，所有阵亡殉难绅团、妇女，迭经奏奉恩准分别旌恤。

兹又据曹州府属之菏泽、城武、曹县、定陶、巨野、郓城、濮州、范县等州县查明，同治四年二、三月间，南捻窜扰时，阵亡有职衔团长二十五员名、无职衔团长四十八名、团丁一千一百八十九名，殉难妇女九十八口，由军需总局司道核明造册，详请具奏前来。臣复核无异。合无仰恳天恩敕部，将阵亡各团长从优议恤，阵亡团丁同殉难妇女分别照例旌恤，以广皇仁而维风化。

除将各册咨部并饬查此外各属如有遗漏另行办理外，理合恭折具奏，伏祈皇太后、皇上圣鉴训示。谨奏。

同治五年八月十二日奉到回折："军机大臣奉旨：'均著照所请，交部分别照例旌恤。钦此。'"

试用道潘筠基一年期满验看片
同治五年七月二十九日

再，查捐纳道府到省一年期满，由该督抚察看才具，奏明分别繁简补用，历经遵办在案。兹查试用道潘筠基，现年五十四岁，江苏附贡，报捐通判，分发河南道。道光二十二三等年，先后捐输海疆经费，准以通判遇缺即补，并加同知衔，赏戴蓝翎，题补怀庆府通判。二十六年，捐输河工经费，以直隶州分发安徽补用。三十年并咸丰元年两次委署太平府事。三年，兼护芜湖道篆。五年，署广德直隶州知州，加捐道员，因劝捐出力，以道员尽先选用。九年，以督办行营粮台请奖，赏换花翎，报捐分发，指省山东，引见奉旨："照例发往。钦此。"同治四年六月二十五日到省，扣至五年六月二十五日一年期满。报由藩、臬两司会详前来。臣验看得试用道潘筠基，谙练通达，堪胜繁缺道员之任。

除咨部外，理合附片奏闻，伏乞圣鉴。谨奏。

同治五年八月十二日奉到回折："军机大臣奉旨：'吏部知道。钦此。'"

查明应袭世职汇案请旨承袭折
同治五年七月二十九日

奏为查明应袭世职汇案请旨承袭，恭折奏祈圣鉴事：

窃照阵亡殉难官员子孙承袭世职，例应半年汇奏一次，历经遵办在案。兹查同治五年上半年，据各属陆续详送应袭云骑尉世职于焕新等二十一名、应袭恩骑尉世职丁长庆等二名、附贡生兼袭云骑尉世职隋钊一名、应袭云骑尉世职愿改文生应试陈恩绎一名，经前兼护抚臣丁宝桢与臣逐案查核，均属相符，当将年已及岁之云骑尉世职于焕新等十五名、应袭恩骑尉世职丁长庆一名验看，发标学习。年未及岁之应袭云骑尉世职鞠森等六名、应袭恩骑尉世职王复振一名，饬俟及岁时验看，发标学习。照例统以兵部汇奏，奉旨准其承袭之日，分别作为收标支俸日期。其隋钊、陈恩绎二名，俟兵部核准后，分别给俸，饬令应试。理合将世职姓名、年岁、籍贯，敬缮清单，恭呈御览。

除将宗图册结汇总送部外，为此恭折具奏，伏乞皇太后、皇上圣鉴。谨奏。

同治五年八月十二日奉到回折："军机大臣奉旨：'兵部议奏。单并发。钦此。'"

捻踪接近东境饬军分筹防剿情形折

同治五年八月二十一日

奏为捻逆窜近东境，现在饬军严扼运岸，并分军赴曹迎击，以期防剿兼筹，恭折具奏，仰祈圣鉴事：

窃臣于七月二十九日，将驻营东平修筑运河堤墙情形奏明在案。七月以后，探闻发、捻各逆股均在豫省奔突靡定，即虑乘隙北犯，图扰东疆，因督饬各军迅筑河墙，俾守御足资，可以抽拨兵力进图剿办。八月初旬，各营陆续禀报竣工，均照臣前定程式，堤高墙厚，俱逾寻丈，墙上安设垛口，分立炮台，自长沟以抵戴庙，大抵相等。日来正在查看间，本月十八九等日，忽接豫省坐探委员探报，任、赖股匪突自襄、许北窜。随准河南抚臣李鹤年咨称，该逆股已窜至中牟、新郑一带。臣接报后，当饬运河各营严筹守备，并筹迎剿。二十日，又接据菏泽、曹县各处探报禀称，该逆已于中牟北窜兰考一带，该境交界之安陵集一带已见贼踪各情。

臣查该逆盘旋豫境，倏忽东窜，必图深入蹂躏，逞其狡谋。现河墙工竣，有地可扼，亟宜留军防守，以顾腹地，即于河段汛地可省兵力之处，抽拨一军赴曹迎剿，以固边防。现计长沟以至沈【家】口河岸一百九十余里，系曾国藩划为东军防守汛地，兹拟留常武六营防扼开河以达长沟，吉胜六营防守刘老口之北，东治六营防守王仲口之北以达戴庙，除出滨湖隔水之区，均饬联营布守，并令炮船沿河连布，期与陆营互为声援。拨出常武八营，令知府王成谦带赴巨野一路，迎探贼踪，拦头迎击，以遏贼锋。另筹出振字五营，令游击王正起带赴郓、巨一路，以为策应。至长沟以南直至韩庄、台庄，系曾国藩留派道员李昭庆所部全军驻守汛地。现李昭庆适驻济宁，臣亦一体知照，饬令严防。至黄河北防，臣曾调派提督傅振邦一军驻防张秋，参将韦应麒、同知刘时霖等分带兵勇驻防寿张及范县莲花池一路，现均饬令联布河干，严密巡守。濮州一带虽为直隶兵勇驻守地段，今年水灾过重，灾民甚众，诚虞勾聚，臣仍饬派炮船一营驶赴濮、范一带，严密梭巡。此日内分筹防剿之情形也。

臣责任疆寄，事无旁贷，当此逆氛奔突无常，惟有激励将卒，奋勉自效，一面恪守防河之策，以维大局，一面分军雕剿，以固边隅。

除将剿办情形再行驰报外，所有贼踪阑入东境分筹防剿各缘由，理合由驿具奏，伏乞皇太后、皇上圣鉴训示。谨奏。

同治五年八月廿六日奉到回折："军机大臣奉旨：'另有旨。钦此。'"

同治五年七月雨泽粮价折

同治五年八月三十日

奏为恭报七月份雨泽情形并呈粮价清单，恭折奏祈圣鉴事：

窃照六月份雨水、粮价，前经奏报在案。兹查七月份惟济南府属之章邱，泰安府属之东平，兖州府属之滕县，沂州府属之莒州，曹州府属之单县、城武、濮州、范县，登州府属之栖霞、莱阳、宁海，莱州府属之平度，青州府属之昌乐，济宁直隶州属之金乡、鱼台等十五处未报得雨，其余通省九十二州县，先后据报于月之上旬初三四五六，中旬十一二三四五六七八九，下旬二十八九等日，各得雨一、二、三、四、五寸深透不等。当此秋稼次第结穗之时，获兹澍雨滋培，秋收可望，洵堪仰慰宸怀。

至各属市集粮价，互有增减，大致与上月相同。敬缮清单，祗呈御览。为此恭折具奏，伏乞皇太后、皇上圣鉴。谨奏。

同治五年九月十四日奉到回折："军机大臣奉旨：'知道了。钦此。'"

七月份粮价清单

谨将同治五年七月份山东省各属米、谷、麦、豆价值，敬缮清单，恭呈御览。

济南府属：稻米每仓石价银三两一钱二分至四两六钱，较上月贱二分。粟米每仓石价银一两二钱至二两八钱，较上月贱一钱。粟谷每仓石价银八钱六分至一两九钱，较上月贵七分。高粱每仓石价银九钱三分至二两三钱五分，较上月贵一钱。小麦每仓石价银一两五钱至二两四钱八分，较上月贵六分。黄豆每仓石价银一两三钱五分至二两四钱七分，较上月贵五分。黑豆每仓石价银一两三钱五分至二两四钱，较上月贱二分。

泰安府属：稻米每仓石价银三两四钱六分至五两五钱六分，与上月同。粟米每仓石价银一两七钱至二两三钱，较上月贱二钱五分。粟谷每仓石价银八钱五分至一两五钱五分，较上月贱二钱五分。高粱每仓石价银一两二钱五分至一两八钱，较上月贱二钱三分。小麦每仓石价银一两五钱至二两五分，较上月贱五分。黄豆每仓石价银一两五钱四分至二两七分，较上月贵八分。黑豆每仓石价银一两四钱九分至一两九钱九分，较上月贱四分。

武定府属：稻米每仓石价银二两四钱八分至四两六钱一分，与上月同。粟米每仓石价银一两四钱八分至二两五钱，与上月同。粟谷每仓石价银六钱五分至一两四钱三分，与上月同。高粱每仓石价银一两至一两七钱四分，与上月同。小麦每仓石价银二两至三两，与上月同。黄豆每仓石价银一两一钱八分至二两一钱，与上月同。黑豆每仓石价银一两一钱二分至二两一钱，与上月同。

兖州府属：稻米每仓石价银二两四钱四分至四两四钱五分，与上月同。粟米每仓石价银一两一钱至二两三钱，较上月贱二钱。粟谷每仓石价银八钱至一两四钱，较上月贱一钱八分。高粱每仓石价银九钱九分至一两八钱，较上月贱一钱八分。小麦每仓石价银一两三钱二分至二两一钱，较上月贱四钱。黄豆每仓石价银一两一钱至二两二分，较上月贱二钱四分。黑豆每仓石价银一两二分至二两一钱，与上月同。

曹州府属：稻米每仓石价银三两三钱至五两，与上月同。粟米每仓石价银一两三钱至二两七钱一分，与上月同。粟谷每仓石价银七钱五分至一两八钱三分，与上月同。高粱每仓石价银八钱至一两九钱二分，与上月同。小麦每仓石价银一两五钱至二两三钱，较上月贵一钱。黄豆每仓石价银一两四钱至二两五钱，与上月同。黑豆每仓石价银一两三钱至二两四钱，与上月同。

沂州府属：稻米每仓石价银二两一钱至三两七钱，与上月同。粟米每仓石价银一两一钱五分至二两三钱一分，较上月贱二钱九分。粟谷每仓石价银八钱至一两一钱八分，较上月贱一钱四分。高粱每仓石价银八钱七分至一两一钱八分，较上月贱九分。小麦每仓石价银一两一钱五分至二两，较上月贵七分。黄豆每仓石价银八钱五分至一两七钱二分，较上月贱一分。黑豆每仓石价银八钱至一两六钱九分，与上月同。

东昌府属：稻米每仓石价银三两四钱至四两八钱，与上月同。粟米每仓石价银七钱四分至三两，较上月贵一钱。粟谷每仓石价银五钱九分至一两九钱五分，较上月贱一分。高粱每仓石价银六钱二分至二两四钱，较上月贵一分。小麦每仓石价银一两至二两五钱，较上月贵二分。黄豆每仓石价银八钱三分至二两五钱，较上月贵四分。黑豆每仓石价银七钱至二两四钱八分，较上月贵二分。

青州府属：稻米每仓石价银二两三钱一分至四两三钱，与上月同。粟米每仓石价银一两五钱五分至二两六钱，与上月同。粟谷每仓石价银九钱一分至一两六钱五分，与上月同。高粱每仓石价银一两五分至一两八钱五分，与上月同。小麦每仓石价银一两五钱至二两四钱二分，与上月同。黄豆每仓石价银一两七分至二两五钱，与上月同。黑豆每仓石价银一两二分至二两五钱一分，与上月同。

莱州府属：稻米每仓石价银二两三钱五分至三两二钱六分，与上月同。粟米每仓石价银一两一钱五分至二两三钱，较上月贱三钱。粟谷每仓石价银五钱五分至一两四钱，较上月贱三钱。高粱每仓石价银一两五钱至一两七钱，与上月同。小麦每仓石价银一两四钱至二两，较上月贱一钱。黄豆每仓石价银一两四钱至二两，较上月贱二钱。黑豆每仓石价银一两三钱至二两，较上月贱二钱。

登州府属：稻米每仓石价银二两三钱七分至三两五钱四分，与上月同。粟米每仓石价银一两六钱五分至二两四钱，与上月同。粟谷每仓石价银一两六分至一两四钱七分，与上月同。高粱每仓石价银九钱一分至一两六钱，与上月同。小麦每仓石价银一两六钱四分至二两四钱二分，与上月同。黄豆每仓石价银九钱九分至一两九钱，与上月同。黑豆每仓石价银九钱六分至一两八钱五分，与上月同。

临清直隶州并属：稻米每仓石价银三两四钱五分至四两，与上月同。粟米每仓石价银一两五钱至二两八钱一分，较上月贵一分。粟谷每仓石价银一两一钱四分至一两九钱八分，较上月贵二钱三分。高粱每仓石价银一两二钱至二两，与上月同。小麦每仓石价银二两一钱五分至二两六钱五分，与上月同。黄豆每仓石价银一两六钱七分至二两三钱，与上月同。黑豆每仓石价银一两六钱至二两三钱六分，较上月贵六分。

济宁直隶州并属：稻米每仓石价银四两三钱二分至六两四钱六分，与上月同。粟米每仓石价银一两四钱八分至二两四钱，与上月同。粟谷每仓石价银一两六分至一两七钱七分，与上月同。高粱每仓石价银一两一钱一分至一两五钱一分，与上月同。小麦每仓石价银一两五钱四分至二两八钱，与上月同。黄豆每仓石价银一两四钱至二两五分，与上月同。黑豆每仓石价银一两四钱至二两三钱，与上月同。

阵亡伤故弁勇分别议恤折

同治五年八月三十日

奏为查明阵亡伤故武弁、兵勇，吁恳天恩敕部分别议恤，恭折具奏，仰祈圣鉴事：

窃照东省历年办理防剿各营阵亡伤故武弁、兵勇，屡经臣檄饬确查具报。兹据各营查明阵亡六品顶戴经制外委马全章，把总刘太平，外委张廷焕、冷永龄、邓宏发，伤亡蓝翎外委卓如升，外委王洪昌，在防病故五品蓝翎千总王承业八员，阵亡兵勇三百四十名，由军需总局司道核明造册，详请具奏前来。臣复查无异。合无吁恳天恩敕部，将阵亡伤故外委马全章等分别从优议恤，阵亡兵勇照例议恤，以广皇仁而昭忠节。

除清册咨部外，为此恭折具奏，伏乞皇太后、皇上圣鉴训示。谨奏。

同治五年九月十四日奉到回折："军机大臣奉旨：'马全章等均著分别从优议恤，阵亡兵勇著照例议恤。该部知道。钦此。'"

州县应付勇车情形请准酌加价银折

同治五年八月三十日

奏为沥陈州县应付勇车实在情形，恳请仍准酌加价银，以免亏累，恭折具陈，仰祈圣鉴事：

窃臣前因州县应付勇车，照章虑有浮冒，请改照实用车数开报，惟雇价实系不敷，请酌加到站回空银两以资办公，于本年六月奏奉谕旨："户部议奏。钦此。"兹于八月十五日接准户部咨："同治五年八月初一日本部议复山东省应付勇车一折，本日奉旨：'依议。钦此。'"查原折内开：伏查军需则例内并无勇车名目。上年十一月，该抚核议条款，奏准按照步守兵丁名数减半给予车辆，计进征每八名连军装给车一辆。原单内声明，各营步勇于本有长夫之楚军应否照此办理，未经议及。兹据该抚奏称，东勇用车甚少，州县应付多系外来各勇及曾国藩所部之师，请将州县应付勇车不必按定八名一辆，即照各营开报实用车数计算，其实用之车每辆给车价银一两，先期到站一日，回空一日，每日减半料草银五钱，无须减成，共正销银二两，照案统加六成帮价银一两二钱，由外筹补，每车一辆共三两二钱。每次实用车数，州县于应差后即日申报。随时行查各该营数目是否相符，其由营已发价者，扣除车价银一两，只准销到站回空料草银一两、帮价银一两二钱。行查不符者，照数删除；当时未报者，概不准销等语。查楚军章程每勇二名给长夫一名，司运负军装、锅帐、樵炊之事。上年七月内，该抚奏请东勇各营照楚军章程减数添设长夫，每勇三名给长夫一名。是长夫之设，正为追奔逐北起见。楚军每勇二名给夫一名，东省每勇三名给夫一名，体恤不为不优。若于长夫之外，复又开销车辆，无论按定章八名一辆开支，为数较多，深兼浮冒；即如该抚所奏，万余人或数千人之军，用车自数百辆至百余辆不等，亦属重复冒滥，碍难准行。况州县应付勇车，即照各营开报车数计算，人情好逸而嗜利，各营将士任意需索，折价卖放固在意中，州县亦贤否不一，难保无通同徇隐、以少报多情事。且所请加增车价，较之该省现定章程每车一辆价银一两，帮价银六钱，先期一日减成料草银四钱，共准销银二两之案，加至十成之六，尤非撙节之道。应请转饬各州县，凡本有长夫之楚军及仿照楚军添设长夫之勇过境时，一概不准开销车价。其山东本省及征调外省本无长夫之勇，应仍令照上年十一月间奏案办理。"等语。

臣查近年用兵日久，所有军需用项，固有例所本有而续经删减者，亦有例所本无而渐次增加者，无非与时变通，务求核实之意。勇车一项，向例所无。臣上年核议通省军需条款，请照步兵减半给予车辆，业经奏奉谕旨，通行遵照，使州县照章开报，臣即按数核销，将来达部可无驳饬。而臣近复奏请于车数议减、车价议增者，盖实见车数之易滋浮冒，故不避更张之嫌。明知车价之不敷办公，并非博宽厚之名。臣之复奏请改，在微臣原期于核实，在属吏固以为刻绳也。

勇丁之有长夫，原为军装、锅帐负重致远之用。然寻常调防进征行程不过百余里，裹粮不过一二日，既有长夫运送，已觉从容。现在贼踪飘忽靡常，官军跟踪追剿，一日或行数日之程，一人需备数日之食，且时时接仗，枪炮、绳药均须多带，长夫运负不及，奔走亦疲，故有不得不用车之势。且洋枪、洋炮各队，军火炮位尤非车不可。即如曾国藩所部各军，均有长夫之营，历次来东助剿，均先期知会经过地方官，令筹备车辆以备运送，有案可稽。故此时州县应付外省之勇，不能问其有无长夫，无不用车辆者。办车稍迟，尚恐贻误，若并不准开销，则州县益将束手，虽纷纷参撤，已误军行。此臣前折所云"军情之缓急宜顾，车辆之数目宜实，州县之办差亦须通筹"也。

部臣又谓州县应付车数，照各营开报计算，恐启将士需索及州县通同之弊，所虑诚为周匝。第臣之所以奏改者，正以照章用车，则车数有余或有折价卖放之弊。今照实用开报，则车数较少，仅供运送，卖放一车则该营少一车之用，每车价销银三两余，州县又何肯给与折价。况用数多寡，有上下站可稽查，如有卖放，断难彼此如一，亦不至于通同作弊。

至臣请复到站回空银两，每车计准销银三两二钱，较之现定章程每车共准销银二两之案加至十成之六，则臣前折业已声明，请更分晰言之。二两之价为八名一辆之数，三两二钱之价为实用开报之数。如万人之军，照章应销车一千二百五十辆，每辆银二两，共银二千五百两。若照实用车数，至多断不过五百辆，每辆三两二钱，共银一千六百两。就一车而论，加价至十成之六；就一军而论，省银几十成三四。此臣前折所云"所增者少而所省者多"也。

臣于钱粮用项，人皆讥为刻苦，过事严密。惟事求清楚，用期核实，故于已经奉旨准销之案，不厌反复详考，以为裁一分之虚冒，即节一分之饷糈，据实奏请变通，以力求撙节之实。兹若遵奉部议，不问用车之有无多寡，而仅以有夫无夫之勇营为断，现在贼氛剽疾，惟恃游击之师迅速追剿，而游击之师即有长夫之勇，亦实有不能不用车之情。自来绿营兵丁皆有余丁，长途征调皆支车辆，何于勇营独异。若谓无夫之勇可以支车，勇营一切不如兵营之可考，势必捏报，其营本无长夫，则是使之作伪以就部章。若使一概议驳，任误军行，是不顾军情之缓急，固无以对朝廷；不恤行军之艰苦，亦无以服士卒。

况臣所请专为支应过路之军而言，并非随营长设。彼直隶省各营，亦系楚军章程，且皆定有长设随营车辆。今并此过路之车不准开销，势实难行。至山东本省添设长夫之勇，即遵部议，虽遇移营追剿，不准州县支应车辆，以期节省。

臣非不知刻求撙节，诚以兵在本省尚易周章，越境追剿，非地方代雇车辆，其军火、粮食即不能按地接济也。在部臣所议，自系核实办理，惟既不准开销，即将禁其应付，军情紧急，岂可惜此小费以误事机。若不准开销，而仍令其应付，彼州县凭何设措，亦不过挪用钱粮，纷纭缪轕，准之则格于部章，参之则实有用款，只有任其拖延，交代含糊支吾。从来交案不清，亦由此类启因小失大之渐也。

山东州县支应车辆，实须州县价雇，绝非直、豫、山、陕概由民办者比，情事确有不同。臣再四筹思，不敢欺饰迁就，谨将实在情形冒昧渎陈。惟有仰恳天恩俯准，将州县应付外省过路勇车，仍照用车实数开报，每车准销车价银一两，先期到站一日，回空一日，减半料草银一两、帮价银一两二钱，仍查照营中已未发价分别办理。其实用车数，臣当饬藩司认真稽核，不准稍有浮冒，以昭核实而免误公，实于军务地方两有裨益。

所有复陈州县应付勇车缘由，谨恭折具陈，伏乞皇太后、皇上圣鉴训示。谨奏。

同治五年九月十四日奉到回折："军机大臣奉旨：'著照所请。该部知道。钦此。'"

临清户关征收短绌情形折

同治五年八月三十日

奏为临清户关一年期满，征税短绌实在情形，恭折奏祈圣鉴事：

窃照临清关税银向委临清直隶州知州征收，按年核其完数，由臣奏报。户关每年应征正额银二万九千六百八十四两，又铜斤水脚银七千六百九十二两三钱一分三厘，又盈余银一万一千两，以六千六百两为额内，四千四百两为额外。

兹据济东泰武临道卫荣光转据临清州知州张应翔详称：户关征税自同治四年闰五月初四日起，扣至五年五月初三日止，一年期满，共征收船料、货税、粮食正银一万九千七百三十九两七分，较之应征定额，计缺收正银九千九百四十四两九钱三分；铜斤水脚银七千六百九十二两三钱一分三厘，额内盈余银六千六百两，额外盈余银四千四百两，全数无收。其短收之由，实缘临关全赖汶、卫两河空重船只往返流通，借以征收充额。今汶河自黄水穿运，淤泥愈垫愈高，张秋一带十余里几成平陆，上年设法挑挖，仅于伏汛期内流通。又值淮勇过境，雇船伺应，商贾闻风裹足，率将货物改行陆路。兵差甫过，而江北粮艘又复踵至。其时水势渐消，不得不严闭各闸，蓄水济运。追米船出境，南坝头口门旋即淤塞。自去秋至本年五月间，河道几同废弃，直至六月下旬伏汛水发，始觉通顺，然已在该关年满之后。至卫河惟以粮食为大宗，豫省连年歉收，北上粮载甚属稀少，各处捻氛未靖，商民畏缩不前。又因直隶龙王庙等处设局抽厘，怵于节节输纳，相率起旱绕行，遂至关税异常短绌。上年奏报户关期满恳请免赔案内，曾经户部议复减八赔二，以示体恤，奏奉俞允在案。本年汶、卫二水淤塞微弱，税乏来源，殆较上届为尤甚，实属人力难施，委非经征不力，并恳免其著赔议处等情，详请具奏前来。臣复加访察，均系实情，毫无捏饰。

恭查咸丰三年钦奉上谕："各关仍遵额定税数照常征收，如短缺实出有因，著俟一年期满奏报到时，由户部酌量情形，分别奏明，请旨核办等因。钦此。"钦遵在案。今户关实因河道梗塞，贼势分窜，商船寥落，税额短收，久在圣明洞鉴之中。合无仰恳天恩俯念实出有因，迥非经征不力可比，敕部核议，准予援照咸丰四年成案，免其著赔议处，一俟汶、卫两河通畅，商船较多，如有短收，仍行照数赔补，以符定制。感沐鸿慈，实无既极。为此恭折具奏，伏祈皇太后、皇上圣鉴训示。谨奏。

同治五年九月十四日奉到回折："军机大臣奉旨：'该部议奏。钦此。'"

省垣改建石圩拟先借用厘金折
同治五年八月三十日

奏为省垣改建石圩，估计工需，拟先借用厘金，续为劝捐归款，恭折仰祈圣鉴事：

窃照东省城内北面包湖，地势偪仄，居民商贾多在东、西、南三面关厢，辐辏稠密。咸丰十一年，前抚臣谭廷襄会同前团练大臣杜翮，创建城外土圩，以资保卫。臣于同治二年莅任，阅看圩基，计三十七里余，即患其大而难守，思为改筑。其时捻踪较远，腹地粗安，亦因费大难筹，是以暂缓。上年春间，贼复渡运，省城戒严，土圩阅时稍久，半皆倾残，当经赶紧加工修补。去秋今春，历次补筑。且地太寥廓，兵勇既不易分布，官弁亦不便巡查。臣以有圩而不可守，反以资贼，不如无圩。时与司道筹商，亟为设法，犹冀甫经修补，尚可支持。目前乃新工既难甚坚，旧墙复多坍塌，愈倾愈多，屡次闻警，皆已大费工程，耗费不赀。实缘土性沙松，根脚不稳，遇雨则卸，经冻则酥，非改用石圩断难经久。臣自去年督军省外，屡次亟催司道及时定议。

兹据布政使丁宝桢、兼署按察使卢定勋等详称：会督府县亲履周勘，相度地势，除正北一面多系沟渎水田有自然之险毋庸改筑外，兹自城东北角起，转向东、南、西三面至西北角止，节节收缩，共计十七里有奇，较旧基减去二十里，共长三千六十丈。每丈墙身内外皮均用石砌，自筑基至顶共高一丈三尺，底宽一丈五尺，顶宽一丈。除中心填素土外，其内外两面石皮，下各厚二尺，上各厚一尺五寸。墙顶上加排墙、垛墙，共高五尺，共宽一尺七寸及一尺五寸。计需用石一百五十车，用灰五千七百二十斤，加以夫役、匠作、工食、器具等项，每丈约须京钱一百二十千零数百文。以三千六十丈核计，共该京钱三十六万八千吊有余文，按现在市价折银十四万七千二百余两。其北面近水处所，根脚须用木桩，及圩门、炮台各件另行核算。当此经费支绌之际，何能筹此巨款，而省城根本重地，此事不容再迟。惟有设法捐办，庶几众擎易举。第恐缓不济急，不得不通融办理，先行借款兴修。查附近省城之泺口及省西张秋等处，设局抽收盐货厘金，原为接济军饷之用。省城修圩，事关防守，且厘金原为本地商民所捐，借办本地要工，亦属允协。兹拟在该处厘金项下先行借款，次第兴筑，一面分饬通省各府、州、县妥为劝捐，陆续归还，俾要工及时举办，而款项亦不致虚悬。至所捐银数不及例奖者，酌归外奖；其捐数多者，请照常例筹饷例减二成，核给实职职衔，集有成数，汇核请奏奖。再，此项工程应由地方绅士分段承工修筑，由司、道、府、县督办，不假吏胥之手。各承修绅民，果能洁己修工，切实坚固，事竣核其劳绩，分别请给实职、虚衔奖叙，以专责成而收实效。工需一切虽属暂时借款，究系劝捐办理，请免造销，详请具奏前来。

臣查关厢所以护城垣，外圩所以保关厢，自当团聚，以免疏虞，坚固以期可久。卷查旧建土圩共用京钱八万有奇，今改建石圩，共估京钱三十六万有奇。虽加之四倍有余，然土圩时时须修，旋修旋圮，连年所费实属不赀，皆同虚掷。石圩工用虽多，实足为一劳永逸之计。惟需项较巨，劝捐缓不济急。相应仰恳圣恩俯准，借用泺口、张秋等处厘金，一面劝捐归款。劝捐银两，照常例筹饷例减二成核奖。承修绅民，工竣考其劳绩核实，分别实职、虚衔请奖，并免其造销，实于地方要务大有裨益。

现在农事稍暇，晌交冬令，难施工作，已饬一面先行开工。臣惟有严饬司、道、府、县督率绅士，认真经理，并上紧劝捐，以期归款有著。

所有省城改建石圩，先行借款兴工缘由，谨绘具图说，恭折具陈，伏乞皇太后、皇上圣鉴训示。谨奏。

同治五年九月十四日奉到回折："军机大臣奉旨：'著照所请。该部知道。图留中。钦此。'"

审明私征蠲免钱粮侵匿亩捐钱文之知县按例定拟折
同治五年八月三十日

奏为审明被控私征蠲免钱粮、侵匿亩捐钱文之知县，按例定拟，恭折具奏，仰祈圣鉴事：

窃照滋阳县知县王致彦被文生高逢时等以贪鄙酷暴、纵役殃民等情列款，控经前抚臣谭廷襄奏请将王致彦撤任，行司饬提原告卷宗至省，发委济南府审。因该员供词狡展，详经谭廷襄奏奉谕旨："王致彦著即行革职，严审究办。钦此。"当经行司督饬严审。据兼署臬司卢定勋会同藩司丁宝桢督饬济南府知府萧培元等按款审明，王致彦于同治五年三月十八日病故，将高逢时等拟议解勘。臣在东平筹办防剿，饬委丁宝桢代勘无异，录供呈送前来。臣复加查核。王致彦被高逢时等呈控多款，或系得自传闻误会，或由怀疑图准添砌，事甚琐屑，未便概行渎叙。仅就该司等审明高逢时等所控得实各款，详晰奏陈。

缘王致彦籍隶直隶丰润县，由附生保送鸿胪寺，序班遵例，报捐县丞，分发山东，调赴军营，保升知县，补滋阳县知县，于咸丰八年到任。九年四月间，该县薛家庙村文生王德贞因雨泽愆期，希冀缓征钱粮，递呈报灾。王致彦因未据阖庄公报，仅止王德贞一人出头，未经准理。王德贞连递两呈，王致彦将其戒饬。十年八月初六日，郑曰溪估衣铺失火，报经王致彦前往督役扑灭。因郑曰溪不戒于火，酌责枷号示惩。高绅、艾春溪等赴县公保，不守堂规，王致彦将高绅责押，旋据商民公保，王致彦将郑曰溪疏枷，与高绅一并释放，罚令艾春溪等在火神庙前演戏酬神，并捐修庙京钱五百千。艾春溪等如数呈缴，王致彦发给火神庙住持僧偕亮，将庙修整。是年九月间，南捻窜入县境滋扰，王致彦之子王乃桢帮同团众守城出力，经团众禀经前团练大臣杜翱保以知县升用。维时署中勇目六品军功王秋轩即王家蕙亦随团众出力，王致彦附入请奖绅团案内，请保蓝翎。是年冬间，钦差大臣僧格林沁带兵来东剿匪，谕令各属设法劝捐军饷，由府行文到县。时阖境被扰，并无殷实富户可以劝令捐助。王致彦因札内有"设法"字样，计惟按亩抽捐，或可集少成多，面禀该管道府，出示晓谕开捐，于十二月初二日起，至是月二十六日止，共收亩捐京钱一千三百三十七千三百二十八文。因僧格林沁议定亩捐章程行知，即行停止，所收钱文，本拟存俟捐有成数，一并批解。十一年四月间，该县团总张兆遇经僧格林沁札调赴邹县会剿教匪，因乡团口粮无出，向王致彦挪借钱文。王致彦无款筹措，将亩捐之钱借给四百四十千余钱，亦未禀报批解。该县先于十年秋间被贼窜扰，勘明分别蠲缓钱漕，灾前溢完银米，应抵次年正赋。是年九月开廒，先经征收漕米二百三十九石二斗八合，内有一百九十石五斗四升五合四勺，应流抵次年正漕，下余四十八石六斗六升二合六勺，未经解兑。十一年五月二十日开征，因未奉到誊黄，误征十年应行蠲免溢完钱粮，计二千二百五十三户，共正银四百七十三两一钱九分，耗银六十六两二钱四分七厘，截数时经征书陈宜庵查出，具禀请示。王致彦因逐户查传发还，恐致扰累，谕将此项银两留至下忙开征时发还抵销。文生高逢时、武生田树梧查知前情，不知王致彦于亩捐钱文系面禀道府办理，疑为影射私捐，王乃桢帮同守城出力，系团众公保请奖，疑为冒捏战功滥保，并误会王秋轩为门丁，即以前情具呈，希图耸准，并将传闻侵吞已征银米、冒销勇粮、滥杀良民，以及琐屑无据之词，装点情节，叙入呈内，以贪鄙酷暴、纵役殃民等词，私自写列陈建庵等之名具控，诘非有心诬告，案无遁饰。

查例载："蠲免部文未到之前，有已输在官者，准作次年正赋。如官吏蒙混隐匿，即照侵盗钱粮律治罪。"又，"监守盗仓库钱粮入己，数至三百三十两，杖一百，流二千里。"又，"官民告讦之案，若呈内胪列多款，但择其切己者准为审理。其不系干己事情，俱立案不行。仍将该原告照违制律，杖一百，再加枷号一个月。"各等语。此案已革滋阳县知县王致彦被高逢时等所控各款，除事无确据，以及控由传闻、怀疑图准添砌者，均毋庸议外，其被控列入军功所保之王秋轩，虽非门丁滥保，惟以本署勇目随同守城，辄附入请奖绅团案内，一同保奖；其子王乃桢虽系团众禀请保奖，惟身任地方，不行阻止，均属不知引嫌。致被控戒饬混行报灾之生员王德贞，并未照例会学，及违例科罚艾春溪等演戏、修庙两款，虽均已得实，第核其处分，咎至降留降调，予以革职，已足蔽辜。惟该革员误征咸丰十年因灾应行蠲免溢完钱粮，既不按户发还，又不禀报批解，隐匿入己，以及该革员因奉僧格林沁之谕，设法捐助军饷，办理亩捐，亦匿不禀明批解，均属侵盗钱粮。计其隐匿蠲免之钱粮，共正耗银五百三十余两，其所收亩捐京钱一千三百三十余千，除因公借给团总张兆遇四百四十千并未入己，余钱八百九十余千匿不禀解，以制钱一千作银一两，核银四百四十余两，按侵盗计赃，均罪应流二千里，自应按例从一科断。王致彦合依"监守盗仓库钱粮入己，数至三百三十两，杖一百，流二千里"例，拟杖一百，流二千里。该革员私征蠲免钱粮并隐匿亩捐钱文，情节较重，应从重发往新疆效力赎罪，业已病故，应毋庸议。文生高逢时、武生田树梧所控王致彦各款，重事告实，轻事告虚，例不坐诬。惟以部下生员胪列多款讦告本管知县，审虚多款，且所控多系不干己事，并私写不知情之陈建庵等联名具控，殊属不合。高逢时、田树梧应革去文生、武生，均合依"官民讦告之案，若呈内胪列多款，但择其切己者，准为审理。其不系干己事情，俱立案不行。仍将该原告照违制律，杖一百，再加枷号一个月"例，各拟杖一百，枷号一个月。事在咸丰十一年十月初九日恩赦以前，应予援免，仍革去衣顶。王致彦误征蠲免银两，勒令该家属交出，由现任滋阳县查明，按户发还。其十年灾前所征漕米，除流抵外，下余四十八石六斗六升二合六勺，亦勒令该家属照数交出。至所收亩捐钱文，勒令张兆遇并该革员家属分别交出，僧格林沁粮台早经裁撤，应解东省军需总局以充军饷，均不准于交代案内混行列抵。王秋轩即王家蕙前保蓝翎，及王乃桢前保以知县升用，均行撤销。陈建庵等不知联名具控情节，应毋庸议。

除全案供招咨部外，理合恭折具奏，伏乞皇太后、皇上圣鉴训示。谨奏。

同治五年九月十四日奉到回折："军机大臣奉旨：'该部议奏。钦此。'"

请旨调补菏泽县知县员缺折

同治五年九月初一日

奏为知县员缺紧要，人地实在相需，请旨仍准调补，以资治理，恭折奏祈圣鉴事：

窃照菏泽县知县员缺，前经题请以海丰县知县江继爽调补。接准吏部议驳："该员历俸尚未期满，出缺在先，俸满在后，与例不符，应另行拣员调补。"等因。奉旨："依议。钦此。"自应钦遵办理。惟查菏泽县系曹州府附郭首邑，界连直、豫，为逆匪出没之区，连年黄水漫淹，小民荡析离居，防剿抚绥，均关紧要。当因一时不得其人，咨部展限。兹逐加遴选，惟查有海丰县知县江继爽，年五十三，安徽举人，由誊录议叙知县，咸丰三年拣发来东，旋即丁忧，五年起复到省。历经委署代理安邱、蓬莱、楼霞等县印务。捐加同知升衔。九年补授海丰县。同治二年八月调署菏泽县，在任几及三年，罹兵罹水，备试诸艰。该员于巨细事宜，无不认真经理，悉臻妥善，是以前请调补。今部臣驳饬，原因职掌铨衡，恪遵成例。而菏泽悬缺六年，每补辄驳，如再勉强迁就，必致用违其材，易滋丛脞。察看该员，心地诚实，才具明练，堪膺是选。据藩、臬两司会详请奏前来。臣复查确系人地相需，未敢拘于成例，转致贻误地方，且频年水患兵荒，迥异饶沃，并非为人择缺。该员任内并无积案，及已起降革参限处分，历俸业已捐免，与例亦符。合无仰恳天恩俯赐仍照前请，以海丰县知县江继爽调补菏泽县知县，实于要缺大有裨益。如蒙俞允，该员衔缺相当，毋庸送部引见。初调人员，一切因公处分，例免计算。仍令按限完缴参罚银两。所遗海丰县员缺，系简缺，东省现有应补人员，另行请补。为此恭折具奏，伏乞皇太后、皇上圣鉴训示。谨奏。

同治五年九月十四日奉到回折："军机大臣奉旨：'江继爽著准其调补。该部知道。余依议。钦此。'"

请将峄县商河县知县对调折

同治五年九月初一日

奏为知县人地未宜，应请互相对调，以重地方，恭折奏祈圣鉴事。

窃照州县为亲民之官，必须人地相宜，方足以资治理。兹查兖州府属之峄县，系冲繁难要缺，壤接江南，久为匪徒出没之区，缉捕防御、催攒粮艘各事宜，均关紧要。现任知县孙颂清，听断、抚字、催科，均称得力，惟于两省界连之地，不甚相宜。臣与藩、臬两司悉心商议，必须酌量对调，庶几各当其才。查有武定府属之商河县知县孙长顺，现年五十五岁，甘肃丁酉科拔贡，保举孝廉方正，以知县分发来东。咸丰十年因防剿出力，保归候补班前选用，题补今职。同治三年十二月十八日到任。该员年壮才长，以之调补，人地相宜。所遗商河县系繁疲难要缺。查峄县知县孙颂清，年三十七岁，浙江嘉善县人，咸丰庚申科进士，即用知县，分发来东，题补今职。同治四年七月初五日到任。该员精详谨慎，以之调补商河县知县，实堪胜任。如此一转移间，庶几人与地宜，彼此均有裨益。兹据藩、臬两司会详前来。相应请旨，将商河县知县孙长顺调补峄县知县，所遗商河县知县员缺，即以峄县知县孙颂清调补。如蒙俞允，该员等均系现任繁缺知县，互相对调，衔缺相当，毋庸送部引见。任内一切因公处分，例免计算。至应完参罚银两，现饬按限完缴。

为此会同河东河道总督臣张之万，合词恭折具奏，伏乞皇太后、皇上圣鉴训示。谨奏。

同治五年九月十四日奉到回折:"军机大臣奉旨:'吏部议奏。钦此。'"

请改嘉祥县知县奖案片
同治五年九月初一日

再,臣于同治四年九月具奏嘉祥守城出力官绅一折,请将该县知县黄景晟以知县不论班次遇缺即补,并赏戴花翎。十月初六日奉旨允准在案。嗣准吏部议驳,以奏定章程各项劳绩非攻克城池、斩擒要逆,不准保加候补班次;非率团助战懋著勋劳,不准保举翎枝,应将黄景晟所得保案另核请奖等因到臣。伏查部章具有限制,自应遵照办理。惟查该员黄景晟于嘉祥被围之时,固守十余昼夜,极力守御;凡贼匪攻扑城垣,亦时率团出战,击退狂氛,故危城藉以保全,洵属著有劳绩。虽保归候补班次,与例不合,而与保举翎枝之例相符。兹经吏部议令改奖,相应请旨,将同知衔署嘉祥县知县黄景晟应得奖案改为补缺后以应升之缺升用,仍赏戴花翎,以符定章而昭激劝,出自逾格恩施。理合附片具陈,伏乞圣鉴训示。谨奏。

同治五年九月十四日奉到回折:"军机大臣奉旨:'黄景晟著俟补缺后以应升之缺升用,并赏戴花翎。该部知道。钦此。'"

同治元年征收漕项钱粮奏销截数比较折
同治五年九月初一日

奏为同治元年分征收漕项钱粮奏销截数循例比较,恭折奏祈圣鉴事:

窃照漕项钱粮,例应奏销截数时,将征收银两比较上三年完欠分数,开单奏报,历经遵办在案。兹据督粮道沈维墩详称:同治元年漕项钱粮,除各属因灾蠲缓,实应征解银三万五千九十三两四钱七分八厘,照章作为十分核计,自同治元年二月开征起,至造报奏销截数止,已完八分五厘二毫银二万九千八百九十二两七钱八分六厘,未完一分四厘八毫银五千二百两六钱九分二厘,比较咸丰九年少完二厘八毫,比较咸丰十年多完八厘,比较咸丰十一年少完二厘九毫等情,请奏前来。臣复核无异。

除咨户部查照并饬将未完银两赶紧催解外，理合开具比较清单，祗呈御览。为此循例恭折具奏，伏乞皇太后、皇上圣鉴。谨奏。

同治五年九月十四日奉到回折："军机大臣奉旨：'户部知道。单并发。钦此。'"

谨将山东省同治元年分征收漕项新赋，比较上三年已未完分数，敬缮清单，恭呈御览。

计开：

同治元年分额征漕项新赋，正银五万二千五百四十四两三钱七分八厘，内除因灾共应蠲缓银一万七千四百五十两九钱，钦奉上谕分别蠲缓，止实征解银三万五千九十三两四钱七分八厘。遵照奏案，于奏销截数止，已完八分五厘二毫银二万九千八百九十二两七钱八分六厘，内有应造入同治六年春季拨册银三十四两八钱七分九厘，理合登明，未完一分四厘八毫银五千二百两六钱九分二厘。比较咸丰九年应征银三万八千三百二十八两五钱四分九厘，已完八分八厘银三万三千七百二十一两八钱九厘，未完一分二厘银四千六百六两七钱四分，计少完二厘八毫银九百八十二两六钱一分七厘。比较咸丰十年应征银三万六千四百三十一两四钱五分九厘，已完七分七厘二毫银二万八千一百三十一两二钱一分二厘，未完二分二厘八毫银八千三百两二钱四分七厘，计多完八厘银二千八百七两四钱七分八厘。比较咸丰十一年应征银一万八千八十九两九钱四分六厘，已完八分八厘一毫银一万五千九百二十九两二钱三分九厘，未完一分一厘九毫银二千一百六十两七钱七厘，计少完二厘九毫银一千一十七两七钱一分一厘。

委员管解京协各饷片
同治五年九月初一日

再，东省进项惟以地丁为大宗。各属解存上忙钱粮，业已罗掘殆尽，下忙开征未久，解兑寥寥，司库甚形竭蹶，而京饷不敢缓视，协饷亦催迫不已。经臣督饬藩司丁宝桢，于无可设法中，勉筹本年京饷银四万两，委候补县丞张葆诚解赴户部交兑。又委候补从九品陈鼎元管解曾国藩大营饷银一万八千两，前赴徐州道衙门交纳转解。又委候补未入流章肇松管解直隶大名粮台饷银三千两，前往该处支应局交兑。以上三处协饷，均作为七月份应解之款。又筹臬司潘鼎新七月份饷银三万两，七、八两月份柴薪银共四千两，均委候补县丞曹西来解交济宁支应局备用。又据运司卢定勋详报，本年京饷先后解过银十一万两，兹又在于续收盐课加价项下支银二万两，同应交加银三百两、饭食银三百两，委候补盐大使黄樾、安庚辛解交部库兑收。又据东海关监督登莱青道潘霨禀报，提出洋税银二万两，作为五、六、七、八四个月天津防饷之用，委候补典史江瑞采解往三口通商大臣衙门交兑。又前准部咨，奏准运库应解直省驳船生息一款，自同治五年起，于该年堰工加价项下提银二万两，前经筹备银七千两，饬委候补盐经历周颖曾、候补盐大使韩培德领解；兹又筹银五千两，委候补盐大使黄樾、安庚辛搭解，均赴户部交收。

除分咨查照并仍催续筹报解外，理合附片陈明，伏乞圣鉴。谨奏。

同治五年九月十四日奉到回折："军机大臣奉旨：'户部知道。钦此。'"

骧武军马队军需第一次截数报销折

同治五年九月初一日

奏为山东省骧武军马队军需第一次收支各款，先行截数报销，缮具清单，恭折奏祈圣鉴事：

窃照前准部咨："钦奉上谕：'所有同治三年六月以前军需总数，准其分年分起开具简明清单，奏明存案，免其造册报销等因。钦此。'"钦遵。业将同治三年六月以前各起报销，分案开单奏报在案。

兹查骧武军马队，系奏明挑选额兵，配骑掺拣，编为中左、前左、后左三营，以备防剿。各兵原额虽有马、战、守、余之分，现均编归马队，一律给与马干，并将原营坐饷赴司照领，由局转发，另归马队专案销算，一切收支各款，系委盐运使衔候补知府李宗岱妥为经理。计自同治二年十一月初二日起，至三年六月底止，应即钦遵谕旨，先行截数报销。

现据军需总局司道转据该委员详称：查中左、前左、后左三营官兵，共五百八十四员名。凡在营官员，各按品级支给应得分例。马、战、守兵每名月支盐菜银九钱，马兵之余丁每名月支盐菜银五钱；各日支口粮米八合三勺，马、战、守、余各兵一律；每名给马一匹，日支干银五分。口粮米折，官员粳米，兵役、余丁粟米，按照市价核减，粳米每石折银二两，粟米每石折银一两四钱。又兵丁坐饷，马兵月支银二两，仍照常年支放兵饷定章，除朋银一钱、二成银三钱八分，实支银一两五钱二分；战兵月支银一两五钱，除朋银五分、二成银二钱九分，实支银一两一钱六分；守兵月支银一两，除朋银三分、二成银一钱九分四厘，实支银七钱七分六厘；余兵月支银九钱，除二成银一钱八分，实支银七钱二分。如遇小建，按日核扣。所有应除朋银、二成、小建等项银两，均由藩司衙门坐扣，另案报部。又制造军火、军械，均照例价请销，其不敷之项，照案帮贴，划归东省摊廉。扣存减平银两，入正作收，余平一项因未支销，经书二食亦入收款造报。以上各款，自同治二年十一月初二日起，至三年六月底止，共用过银二万二百一十五两八钱三分六厘四毫，内应由外归补银二千三十三两八钱七分四厘三毫九丝，实在请销银一万八千一百八十一两九钱六分二厘一丝。查收款项下，共收银一万八千四百一两九钱二厘六毫三丝，今用过银二万二百一十五两八钱三分六厘四毫，计不敷银一千八百一十三两九钱三分三厘七毫七丝，已由局设法筹垫，应请按数拨还归款等情，请奏前来。臣按照军需局册造收支款目，逐加复核，均属相符，并无浮冒。

除总册咨部并饬将同治三年七月初一日以后军需销款赶紧接续造报外，理合恭折具奏，敬缮简明清单，祗呈御览。伏乞皇太后、皇上圣鉴。谨奏。

同治五年九月十四日奉到回折："军机大臣奉旨：'该部知道。单并发。钦此。'"

谨将山东省骧武军马队军需报销第一次收支各款，开具简明清单，恭呈御览。

计开：

收款项下，自同治二年十一月初二日起，至三年六月底止：

一、收前省城支应总局银三百两。

一、续收藩库银一万七千七百九十五两七钱二分八厘。

一、收扣存制造项下减平等项银三百六两一钱七分四厘六毫三丝。

统共收银一万八千四百一两九钱二厘六毫三丝。

支款项下，自同治二年十一月初二日起，至三年六月底止：

一、支骧武军中左营马队官兵盐粮、马干、坐饷等项银三千四十三两七钱五分五厘七毫。

一、支骧武军前左营马队官兵盐粮、马干、坐饷等项银七千五百三十八两二钱七分六厘五毫九丝。

一、支骧武军后左营马队官兵盐粮、马干、坐饷等项银三千二百二十六两六厘三毫二丝。

一、支制造军火、军械等项银四千三百七十三两九钱二分二厘四毫。

一、支制造军火、军械等项帮价银二千三十三两八钱七分四厘三毫九丝。前款因系例外用项，历次报销，均请由外归补，登明。

以上统共支银二万二百一十五两八钱三分六厘四毫，内除收款项下共收银一万八千四百一两九钱二厘六毫三丝外，计不敷银一千八百一十三两九钱三分三厘七毫七丝，应请按数拨还，理合登明。

昌邑绅民续捐团练经费请加广学额折

同治五年九月初一日

奏为昌邑县绅民续捐团练经费，请旨加广文武学额，以昭激劝，恭折奏祈圣鉴事：

窃照昌邑县绅民，自咸丰三年以后，捐助军饷团费并筹饷例内捐输，共银八千三百六十二两六钱四分九厘。前升抚臣文煜于咸丰十年间汇案奏请加广该县文武学额各四名一次，声明余银三百六十二两零归入续捐并计。经部复奏，奉旨："依议。钦此。"嗣据该县绅士在籍礼部主事张殿栋等呈报，该县团练随同官兵防剿逆捻，制造枪炮器械，支发勇丁口粮，自咸丰十年起，至十一年十二月止，续捐经费共用银五万九千八百〇八两。因捐户所捐银数零星，不敷议叙，由县造册详经臣咨准户部，以该绅民急公好义，令臣酌核办理，当经转饬核议。兹据布政使丁宝桢查明，该县续捐团练经费，连上届余银并计，共银六万一百七十两零，详请具奏加广学额前来。臣复核无异。

查户部奏定章程，一县捐银一万两，加文武学定额一名，以十名为限。今昌邑县绅民捐团练经费银六万余两，核与加广文武学定额章程相符。合无仰恳天恩俯准，加广该县永远文武学额各六名，以昭激劝。尚有余剩银一百七十两零，应俟该县续有捐输，再行并计办理。

除分咨户、礼、兵三部知照外，谨会学臣赵佑宸，合词恭折具奏，伏乞皇太后、皇上圣鉴训示。谨奏。

同治五年九月十四日奉到回折："军机大臣奉旨：'该部核议具奏。钦此。'"

已革禹城知县赵庆恬获犯过半请开复原官折

同治五年九月初一日

奏为疏防马贼滋事之已革知县，获犯过半，并获戕官拒捕之犯，吁恳天恩准其开复原官，恭折具奏，仰祈圣鉴事：

窃照前任禹城县知县赵庆恬，于同治三年正月初九日因已革捕役徐佃块在境窝留马贼，会营前往查拿，致营汛千总黑锦城被匪戕害，该员亦被拒受伤，仅获首犯徐佃块、于佃沅二名，讯明正法。经臣奏参，奉旨："将赵庆恬革职，暂行留任，勒限一月严缉。"嗣因勒缉限满，仅据报获杨立业、刘英占、于佃块[1]、于占熬四犯，获犯尚未及半。复经臣奏参，奉旨："赵庆恬着即革职离任。钦此。"该革员卸事后，会同接任之员，督饬兵役，于四年十月三十、十一月二十暨五年二月十四等日，先后协同德平、临邑等县拿获杨占仔、石小鸡仔、马得胜三犯。禀经臣批饬将犯提省，发委济南府提同前获之杨立业等四犯讯明。杨立业、杨占仔、石小鸡仔与于佃沅，先经骑马持械行劫德州事主尹调元、宋有等银钱、衣物、牲畜；马得胜先经骑马持械行劫平原县过客顾飞熊金银、衣物。同治三年正月间，该犯等与逸犯李五、吴丕信、李三、杨立明先后央允禹城县已革捕役徐佃块窝留，商议出外抢劫。徐佃块即雇不知情之刘英占、于佃块、于占熬为该犯等喂马，尚未出外抢劫，即经该县赵庆恬访闻，会同千总黑锦城，带领役勇，于初九日驰往掩捕。徐佃块等携带器械夺门逃逸，赵庆恬追捕，杨立业用石将赵庆恬并家丁李奎五、王升一并拒伤。黑锦城奋力擒捕，被徐佃块用刀拒砍，致伤倒地，经役勇救回，次日因伤身故。刘英占、于佃块、于占熬均未在场目击属实。禀经臣批饬将杨立业、杨占仔、石小鸡仔、马得胜四犯就地正法，汇案奏报。兹据兼署臬司卢定勋会同藩司丁宝桢，以赵庆恬获犯过半，并获戕官拒捕之犯，详请具奏开复原官前来。

伏查此案既据审明首伙盗匪十人，刘英占等三名仅止受雇喂马，不知抢劫情由。该革员赵庆恬当场拿获徐佃块、于佃沅二名，嗣于勒缉限内续获杨立业一名并刘英占等三名，勒缉限满参革离任之后，复又拿获杨占仔、石小鸡仔、马得胜三名，是获犯业已过半，并获戕官拒捕之犯。该革员虽疏防于前，尚知愧奋于后，合无吁恳天恩俯准，开复已革禹城县知县赵庆恬知县原官，照例补

---

[1] "于佃块"前为"于佃魁"，下同。

用，出自逾格鸿施。

再，此案系赵庆恬自行访获究办失察革捕窝盗，例得免议，合并陈明。

除饬司录供拟议详候咨部外，为此恭折具奏，伏乞皇太后、皇上圣鉴训示。谨奏。

同治五年九月十四日奉到回折："军机大臣奉旨：'赵庆恬著准其开复后，知县原官照例补用。该部知道。钦此。'"

同治五年夏季各属正法盗犯名数案由折
同治五年九月初一日

奏为汇报同治五年夏季分，各属正法盗犯名数、案由，恭折具奏，仰祈圣鉴事：

窃照山东拿获盗犯正法，历系按季汇奏。兹查同治五年春季分，各属审办罪应斩枭、斩决盗犯共二十五名，经臣随时核明，饬令就地正法。据兼署臬司卢定勋汇案详请具奏前来。臣复查无异。理合将名数、案由，敬缮清单，恭呈御览。

除饬司将各案供招分起详办外，为此恭折具奏，伏乞皇太后、皇上圣鉴。谨奏。

同治五年九月十四日奉到回折："军机大臣奉旨：'刑部知道。单并发。钦此。'"

谨将同治五年夏季分，各属正法枭匪、盗犯名数、案由，敬缮清单，恭呈御览。

一、聊城县拿获田大肚、吴牛二名，伙众持械抢夺、拒伤事主杨善维身死，罪应斩枭。

一、峄县拿获赵五、赵尹住二名，迭次聚众抢劫，并拒伤巡役沈朋远，罪应斩决。

一、冠县拿获苗三黑、张汰、李信、崔二秃、李二混仔五名，行劫事主白绍勋等银钱、洋药，拒伤铺伙赵士贤等平复，罪应斩决。

一、沂州府督同郯城县拿获周慕贤一名，勾结幅匪，迭次抢掠，罪应斩决。

一、德平县拿获杨单窗户一名，迭劫德州事主尹调元等银钱、衣物、牲畜，拒伤事主，罪应斩决。

一、临邑县拿获马得胜一名，迭劫平原县过客顾飞熊金钱、衣物，罪应斩决。

一、德州拿获韩三一名，行劫事主杜文治银钱、衣物，并拒伤捕役李玉等，罪应斩决。

一、禹城县拿获郑三彪仔一名，行劫事主唐振河钱物、牛、驴，拒伤事主之子唐金声平复，罪应斩决。

一、郯城县拿获陈圭一名，结幅聚众，迭次抢夺，罪应斩决。

一、齐河县拿获杨金铃、曹汎波二名，伙众持械抢夺事主陈茂春衣物，并拒伤事主平复，罪应斩决。

一、海丰县拿获刘二奎一名，行劫事主秦岗银钱、衣物，拒伤事主平复，罪应斩决。

一、沂州府督饬郯城县拿获赵夹辰、周金玲、周里住、赵城、许小、姚来、许得隆七名，行劫事主张焕儒银钱、衣物，拒伤事主，罪应斩决。

长清恩县知县递相调署片

同治五年九月初一日

再，署长清县知县张曜告病离任，所遗员缺，查有恩县知县陈恩寿年壮才明，堪以调署；其恩县印务，查有益都县梅缵高精详切实，堪委递署。该二员任内，均无承缉三参限满已起四参盗案及钱粮未完有关降调展参处分。据藩、臬两司会详前来。臣复查无异。

除分饬遵照外，理合会同河东河道总督臣张之万附片奏闻，伏乞圣鉴。谨奏。

同治五年九月十四日奉到回折："军机大臣奉旨：'知道了。钦此。'"

贡品鱼翅松子应请暂停州县例贡依旧片

同治五年九月初一日

再，本年东省应进端阳贡品内有鱼翅、松子，向由济宁州承办。惟现值捻匪窜入东境，该州烽火逼近，商贩裹足，货物异常短缺，实属无从购买，应请暂行停止。此外，安请各州县例贡仍饬敬谨办齐，届期恭进，以附旧制。

除咨内务府查照外，理合附片陈明，伏乞圣鉴。谨奏。

军机大臣奉旨："知道了。钦此。"

截剿发捻获胜及筹布情形折
同治五年九月初二日

奏为发、捻逆股合并东窜，经剿军截击，连获胜仗，该逆分股先后攻扑运河，又经防军连日击退及现在筹布情形，恭折驰奏，仰祈圣鉴事：

窃臣于八月二十一日，将捻逆入东分筹防剿各情具奏，二十六日奉到回折，承准军机处寄奉上谕："据阎敬铭驰奏，捻匪窜至兰考，现筹布置一折各等因。钦此。"仰见圣谟广运，指示周详，莫名钦佩。

查此次捻众四股入东，任柱、赖文洸、牛烙红由菏泽西南直扑巨野，张总愚逆股由曹县东北直扑金乡，分股而来，势甚剽悍。据各处获匪供称，均欲合力窜渡运河，蓄谋甚锐。臣以贼势浩大，欲遏其深入之谋，必先挫其锐进之气，因飞饬知府王成谦、游击王正起两军迎前剿贼，飞饬总兵杨飞熊、副将王心安各军紧守河堤，不容一贼窜渡。八月二十四日，知府王成谦一军由巨野进剿任、赖股匪，在代义集地方遇贼马千余匹包裹前来。守备李炳武带领马队奋勇冲杀，阵斩马贼四五十名，贼势遁窜西南。二十五日，王成谦复督队向西南进剿，该逆分布马贼红、蓝、白三旗，分为六股，直冲我军。经副将曾玉森首先冲入贼队，杀贼数名，步队各军奋勇俱进，连放洋枪、洋炮，将白旗马贼击退。我军勇气愈增，俱各死战，逐将红、蓝旗各贼股击退，乘胜穷追，阵毙马贼一百余名，天晚始行收队。是夜该逆股遣马贼各处旋绕，牵缀我军，暗行悉数东窜，一日夜之间狂驰百余里，于二十六日径从郓城东北窜逼运河。而张逆一股，亦于二十六日由金乡、城武一带向东北直扑巨野。二十七日，王成谦因贼股东窜，正在追击，又探南路张总愚股匪由金乡西南蜂拥前来，当复饬队向南迎击。适游击王正起在郓城之南，于二十六日探闻王成谦在巨接仗，亦连夜拔队南进，于二十七日到巨，两军合力进击。二十八日王成谦带常武八营向南进兵，游击王正起带振字五营向西南进兵，会剿张总愚股匪，行十余里至李家楼地方，即见该逆马步大队列仗蜂拥而来。王成谦饬参将姚绍修、游击贵日华带两营为前锋，冲入贼中，迎头冲击，自督六营继进。参将姚绍修、游击贵日华在贼队纵横驰击，毙贼多名，各军均奋勇直前，追压数里。忽该逆大股马队万余四面包至，经王成谦分军五路往来迎战，并饬炮队开放开花炸炮，轰毙悍贼甚多。游击王正起之军亦从西南喊呼冲杀，阵斩多贼。贼势不支，狂奔南窜。计王成谦一军杀贼七八百名，生擒五十余名，夺获贼马五十余匹，救出难民数百名。惟游击贵日华首先陷阵，被创阵亡，又阵亡哨弁游击曾万田、守备卢必荣、游击黎清泉三名。王正起一军杀贼二百余名，生擒三十余名，夺获枪械多件、骡马多匹。此迎剿之军两次小捷、一次大捷之情形也。

二十六日，赖、任逆股窜逼运河，因知后路尚有追军，拼命图扑运防，遂于二十七日盘踞运河西岸韩家堂一带，分布贼众自靳口以抵王坝口，列仗数十里，直扑河墙。已革总兵杨飞熊督饬防军开炮轰击，贼始退却，遂复分股往扑开河圩墙，亦经防军开炮击退。臣日夜督饬各军戮力严守，并派随营文武大小员弁悉数驰往堤上同力守御，又调东平、汶上各州县，亲赴沿河民圩亲为守寨。该贼股仍敢蓄志来犯，麇集马步大股逆众密布河干。自二十七日起，贼众或分或合，分扑数处，或专攻一方，明攻暗袭，凶悍万状。自王仲口、张坝口、靳家口、王坝口、刘老口、开河、袁路口、安山闸以北，直接黄河，八十余里，蜂屯蚁聚，多方扑犯。我军列布河墙，密排枪炮，日夜相持，毙贼无数，时亦派队越河雕剿，生擒悍匪，夺获枪械不计其数。而张总愚逆股自被剿后，乘夜遁从西北折窜开河西岸，与各股合并，约有五六万众，死力扑运。二十九、三十等日贼势既合，攻扑愈凶，我军枪炮如雨不绝声者三昼夜，炮船水师亦飞棹河中，开炮上下轰击。三十日夜，自三更起直至天明，该逆往来扑渡，百计狡逞，尤为危险，均经水陆各军同心齐力，处处击败。贼已力攻四昼夜，我军愈为严密奋勇，贼始丧气势衰。此连日防守各军悉力堵击之情形也。

九月初一日卯刻，该逆因运河无隙可乘，北面黄河兼有提督傅振邦、济东道卫荣光饬军乘舟处处周布，枪炮交施，又虑追军踵至，悉数西窜。又经杨飞熊饬军过河追剿，截其后股，斩擒数十名。现各逆股均由郓、巨西南通窜。

臣查该逆合四股五六万众，拼死渡运，锐意踵来，气悍力凶，屡击不退，以河岸百余里之长，直接黄河，守五昼夜之久，各军均能戮力堵扼，卒保无虞。但逆谋诡谲异常，犹虑伪遁以懈军心，仍图猛扑。臣现仍饬水陆各军始终不懈，一面飞饬王成谦一军由巨扼击，截其归路，调王正起一军回扎河干，以防回窜。现在潘鼎新一军已抵济宁之安居，刘铭传一军已抵巨野，刘秉章、刘松山、张树珊各军接续亦抵东境，但使逆踪不遽远遁，可以前后合围以成兜剿之势。

除再将剿办情形驰奏外，先将防剿各军获胜退贼情形具陈，以慰宸廑。

至此次阵亡游击贵日华，奋勇捐躯，殊堪悯恻，仰恳天恩交部照副将例从优议恤。阵亡游击曾万田、游击黎清泉、守备卢必荣，亦恳饬部从优议恤。

又，此次防剿各军均系奋身力战，大小文武员弁同力守御，藉保运防，实有微劳足录，伏恳天恩准臣择尤汇案请奖，以期激励戎行，策其后效，实出逾格恩慈。谨恭折驰陈，伏乞皇太后、皇上圣鉴训示遵行。谨奏。

同治五年九月初七日申刻奉到回折："军机大臣奉旨：'另有旨。钦此。'"

司库支绌挪用东海关粮道库银两片
同治五年九月初二日

再，东省饷项专倚钱粮，本年贼股两次入境，曹、济受害实深，附近各府皆惊惶窜徙，秋水为害，处处受灾，民生疾苦，下忙钱粮难期踊跃。计自去春多事以来，司库每月出款近三十万两，入款不及三分之二，勉支持尚可周转者，乃甲子一岁稍为积存，现已提用殆尽。既本省之须供，复协饷之交责，远省犹可缓筹，如直隶、江南按期立索；近日清淮、陕西、奉天又各委文武数员至东守提，纷沓责备，应接不暇。协款过多，致本省不能多养兵勇，地方受害，此实微臣不职无以对东民者。现在司库极形支绌，必得早为筹计，而地方又无可设法。查东海关常税及粮道库钱粮，不得不先为挪用，应令东海关、粮道库各筹银六万两。该二处刻亦无此存款，应令陆续赶紧催收，稍有成数，随时移解司库接济，以便匀挪。

除分饬外，理合附片具陈，伏乞圣鉴。谨奏。

同治五年九月初七日奉到回折："军机大臣奉旨：'著照所请。该衙门知道。钦此。'"

发捻西遁兜截获胜并东军布置情形折
同治五年九月初九日

奏为发、捻逆股西遁后，经各路援军沿途兜截，迭获胜仗，现已全股窜出东境，各军分路穷追，并现筹东军布置各情形，恭折驰奏，仰祈圣鉴事：

窃臣于本月初七日承准军机处字寄："初五日奉上谕：'阎敬铭奏发、捻东窜连日击退一折各等因。钦此。'"仰见圣虑周详，莫名钦佩。

伏查逆股图扑运防，狡谋莫逞，向西遁窜，其技已穷。现当各路剿军俱集，犹虑势穷反扑，仍图窜运，诚如谕旨，不得以贼已退却稍涉大意。臣遵即严饬运防在事文武员弁日夜巡防，严加准备，一面飞饬王成谦一军相机截剿，一面飞探各路剿军进击情形。

连日据各路探报及各州县禀称：初一日，刘铭传由马村截剿，将至蔡家陵地方，遇贼马队，接仗获胜，其步贼不敢恋战，尽向西奔。潘鼎新亦同时由三官集截剿至琉璃井以北，迎头进击。该逆不意前后有兵，惊溃乱窜，经刘铭传、潘鼎新两军合力截杀于马家庄地方，歼贼甚多。该逆死力夺路西奔，陷于泥淖，复被鼎、铭两军追杀无数。该逆受此大创，遂以步贼拥护辎重，连夜西遁，而以马贼分路奔突，旋绕我军，且战且走，昼夜狂奔，尽向菏泽一带西遁。鼎、铭两军亦穷日夜之力，跟踪紧蹑，初二日即追至武安集地方。是时江苏臬司刘秉璋、总兵杨鼎勋于初一日抵巨境之章缝集，闻贼踪西遁，亦连夜回驰柳林，由柳林西向定陶进发，王成谦一军亦由巨野进赴城武，期可由南面兜截。该逆探知南路俱有重兵，遂绕从菏泽西北狂奔，初四日又经刘铭传、潘鼎新两军追至菏泽城北之张世店地方，接仗获胜，大有斩擒。该逆股遂于初五、六等日全股窜出东境，向西南考城一带窜逸。现刘铭传、潘鼎新两军紧由菏泽跟踪追剿，刘秉璋、杨鼎勋两军亦由定、曹继进。又张树珊一军原系曾国藩派赴徐州一带防剿之兵，前抵虞城后，探闻逆股全在运河之西，亦即连夜折入东境，兹闻贼已西遁，现已由单赴曹相继追逐。豫军之蒋希夷、保英二军前抵曹县，现已回赴考城各等情。

据此，臣查该逆并股入东，未能窜运，又经各路援军分头截剿，遂复昼夜狂奔，各援军纵横奔逐，不遗余力，故能节节穷追，迭加惩创。刻闻鲍超一军已抵豫境，豫军亦向东严防，如迎头剿击，更恐复窜回东。现各路援军俱已出境追剿，而东省兵力有限，若使远追，恐难回顾。臣现饬王成谦一军暂在曹郡择要驻扎，俟贼有定向，再筹布置。该逆现经此番惩创，情穷力竭，惟望各军并力追剿，驱向汴省之南，使沙河之守可成，防定力剿，庶军事渐有归宿，而诸军更番迭战亦易为功。

除刘铭传、潘鼎新截剿获胜详细情形应由曾国藩查明具奏外，所有贼踪西遁，经援军截剿迭胜，现已追出东境各缘由，理合缮折由驿具奏，伏祈皇太后、皇上圣鉴训示。谨奏。

同治五年九月十五日戌刻奉到回折："军机大臣奉旨：'另有旨。钦此。'"

济阳知县王树德疏防盗案限满未获请再交部议处片
同治五年九月初九日

再，臣前因署济阳县知县王树德疏防，城内事主邝云峰济盛号钱铺于同治四年九月初三日夜被劫银物，事主并被拒伤，同夜李镇义盛号杂货铺被窃银物两案，将王树德汇案奏参，交部议处，于五年正月初一日奉旨："著照所请，分别惩办等因。钦此。"嗣经吏部议以降一级留任。该员于五年二月二十四日疏防限满之后，二参限内卸事，犯未报获，缉捕实属不力。据藩、臬两司转据该管道府详请复参前来。相应请旨，将前署济阳县即用知县王树德再行交部议处。

除饬催接任之员严拿赃盗务获究报外，理合附片具奏。

同治五年九月十五日奉到回折："军机大臣奉旨：'王树德著再行交部议处。钦此。'"

东省闸内五帮全数挽出东境片
同治五年九月初九日

再，东省闸内济宁前后、东昌、濮州、东平等五帮，前因运河节节浅涩，未能联舻北上，经臣附奏，俟河水通畅、地方平静再行飞催赶紧趱运在案。兹据督粮道沈维璇禀报，嗣交伏汛后水势渐长，当即严饬各帮飞挽抵德，督押前进，于八月十三日自德州开行，二十三日全数挽出东境等情前来。

除赶催迅速抵津抵通，分别交卸，并分咨查照外，理合附片奏闻，伏乞圣鉴。谨奏。

同治五年九月十五日奉到回折："军机大臣奉旨：'知道了。钦此。'"

奉旨密拿赵熙元等情形折
同治五年九月二十一日

奏为奉旨密拿教匪赵熙元要犯，当经密派员弁前往会捕。兹将擒获该犯情形，恭折具报，仰祈圣鉴事：

窃臣于本年九月十三日准军机处密寄："奉上谕：'候补翰林院侍读惠林奏，德州城南赵熙元系属邪教各等因。钦此。'"臣查此等匪徒踪迹诡秘，必须不动声色，密速搜捕，方可就擒。当于即日即刻由臣行营派营务处委员湖北候补知县张荫桓督同千总王萃带领马队，以搜捕马贼为名，不准漏泄，星夜驰赴德州，会同该州知州赵新密为妥办。兹据该员等禀称，查得赵熙元住处，系直隶吴桥县李营，地方越境擒拿，恐漏消息。适崇厚差弁都司姚怀德亦到德州，据称随后即带眼线前来。十七日夜，步军统领衙门差弁带同眼线韩姓驰抵德州以北之刘智庙。当于是夜，在直隶吴桥县李营地方，将教匪赵熙元擒获。张应〔荫〕桓亦于是夜驰往，晤及京营游击王山宽、参将陈世炘、守备刘德济、天津营都司姚怀德、守备郑明德，及吴桥县知县王文训等。据称已擒获赵熙元、赵起林、李奎汶、李发成、杨汶木、孙沨楼、杜幅源七犯，并搜获木印、帐幔、刀剑等物。当即由德州应付车辆，由京营员弁押解北行。另有发交吴桥县看管男女各犯十名各等情。据此，查该犯赵熙元已经擒获，因在直境地方，是以德州知州未及讯取供词。现经押解北行，未知径解京师，抑或解交直省，未据该员等禀报，无从知悉。合行先将获犯情形具奏，以慰宸廑。

再，臣营距德州相距四百里之程，又隔黄河，禀报往还需时，是以具奏稍迟，合并声明。谨由驿驰陈，伏乞皇太后、皇上圣鉴。谨奏。

同治五年九月廿七日奉到回折："军机大臣奉旨：'知道了。昨据崇厚奏报，已谕令派员解送步军统领衙门审办矣。钦此。'"

郓城单县曹县交代请展限两月片

同治五年九月二十一日

再，查东省新案交代，经臣奏明按限严办二参，如有应行展限者，随时请展在案。兹查署郓城县知县徐大容，于本年正月二十日任事，应接前任陈烈交代，因捻逆入境，防务纷严，经臣查确，奏请暂行展缓在案。嗣贼氛已远，饬令自五月初一日起限勒算。正在结算间，讵八月中旬，捻股各逆复入曹境，该县防守又属吃紧。虽捻匪半月余即行出境，而抚恤难民，查拿余匪，该县亦实难分身专理案牍。据曹州府详请再予展限前来。臣查所禀尚系实情，所有郓城县交代限期应再行展限两个月，勒催速结。

又，调署单县知县刘守，曾于本年七月初八日任事，应接前任徐福臻交代；曹县知县刘大壮于本年八月十八日任事，应接前任汤鋐交代。该二处今年八月贼踪皆至，均办防务，与郓城事同一律，应并请均予展限两个月，勒催速结。

除分饬遵照外，相应附片陈奏，伏乞圣鉴。谨奏。

同治五年九月廿七日奉到回折："军机大臣奉旨：'知道了。钦此。'"

请假一月在营调养片
同治五年九月二十一日

再，臣于本年三月初力疾至东平军中筹办防剿，未尝一日离去医药，调理数月，至六月步履稍好，内症仍未脱然。秋间雨水过多，东平地势洼下，平地积水数尺，又感潮湿，骸疾复发。即拟请假，贼踪旋至。勉办月余，不惟骸疾增重，并怔忡眴晕较前尤甚，经旬不寐，精神散愦。医者谓阴虚不能潜，阳血不荣筋，种种见症，缘由心气亏耗、肝脾俱伤所致。现贼势稍远，仰恳圣恩赏假一月，在营调养。遇有要务，仍力疾办理，以期无误。谨附片陈请，伏祈圣鉴训示。谨奏。

同治五年九月廿七日奉到回折："军机大臣奉旨：'另有旨。钦此。'"

击退突入东境捻股及现筹防剿情形折
同治五年九月二十二日

奏为捻股由豫突窜东境，奔走迅疾，乘夜力攻袁口运河，经防军极力击退，现仍盘踞河西，及现筹防剿情形，恭折具奏，仰祈圣鉴事：

窃自逆捻各股窜向豫省，各路援军均经追剿出境，臣即虑该逆股狡悍飘忽，或因各军远出，回扑运防，因饬在防各军仍行昼夜戒严。又因南旺、沈【家】口一带水势俱消，运河防务较前吃紧，因将知府王成谦一军迅调回防。

正在布置间，本月二十一日午刻，接豫省坐探委员自归德探报，尚称贼股均在豫省中牟一带盘绕，东境毫无影响。旋于申刻突接曹县来禀，据称十九日夜间该县城西忽见火光五六处，探有贼股风驰奔突，驶入东境各情。臣正在筹布，即于申刻据运河各营禀报，已于西岸各庄见有贼马往来，经副将张得魁带队往剿，杀贼数名，擒获贼马多匹。据获匪供称：该逆任柱、赖汶洸等因知追军俱在豫境，意图昼夜疾奔，乘我不备，窜突运防，故自豫境东窜，每日夜均行二百数十里，十九日夜甫近曹境，现在贼股即抵运河西岸各等情。当见贼股经我军击后，均向袁口一带奔窜。二十一日夜三更时候，该逆竟聚大股在袁口西岸，各持门板、树桩、捆扎长梯，并持刀矛，蜂拥直进，凫水扑墙。经游击张青云带领勇丁极力堵御，开放枪炮，连环轰击，毙贼无算，并夺获长梯、枪械甚多，更余始经击退。现在贼股仍在西岸麇聚。

查该逆狡猾剽悍，一日夜之间疾从菏、曹遥境窜逼运河，仍敢乘夜攻扑河墙，凶悍已极，我军防守尚严，故未堕其诡计。现在贼势极猛极多，各路援军均在豫省，一时未即能来，惟有先筹严守，挫其凶锐再图进剿。现臣督饬东营各军严密布置，悉守河墙，与之相扼，俟贼势稍疲，再筹游击之军以为追逐。至长沟以下直至石佛一带运河，系曾国藩派候选郎中李昭庆所部之提督张桂芳等八营扼守，昨曾国藩调令该军赴豫省尚未起程，臣当即飞咨该提督张桂芳等仍督所部严为防守，以专责成，并飞咨曾国藩、李鸿章、吴棠查照。

现在贼势猛疾，防务戒严，游击张青云独能奋勇立功，亟应赏不逾时，以期激作士气，相应请旨，将候补游击张青云以参将留东尽先即补，并赏加副将衔，出自天恩。

再，臣近日宿疾大发，二十一日未刻附驿陈请赏假一月在营调理，现在贼势猖獗，臣当力疾办理，不能稍懈。

除续将防剿情形驰报外，所有捻股突入东境直扑运防、现筹防缘由，理合由六百里具奏，伏乞皇太后、皇上圣鉴。谨奏。

同治五年九月廿七日奉到回折："军机大臣奉旨：'另有旨。钦此。'"

审明阳信县民京控拟议折

同治五年九月二十七日

奏为审明京控拟议，恭折具奏，仰祈圣鉴事：

窃照阳信县民赵兰亭，以焦汶沅等害命捏详等情，控经都察院，于同治五年四月十六日奏奉谕旨："此案著交阎敬铭督同臬司，亲提人证、卷宗，秉公严讯确情，按律定拟具奏。原告民人赵兰亭，该部照例解往备质。钦此。"当经行司饬提严讯。兹据兼署臬司卢定勋以审明后据报原告赵兰亭在店病故，拟议将被告焦汶沅解勘。臣在东平筹办防剿，饬委藩司丁宝桢代勘无异，录供呈送前来。臣复加查核。

缘赵兰亭籍隶阳信县，与焦汶沅素识无嫌。赵兰亭之子赵法志与焦汶沅之兄焦汶翠伙开杂货铺生理。同治四年四月初八日，焦汶沅因购买木料赴铺支取钱文，适焦汶翠外出，赵法志不允，彼此口角争殴。焦汶沅顺拔戒刀扎伤赵法志左后肋经地方。焦泽远路过劝歇。赵兰亭控县验讯，取辜饬医。讵赵法志延至二十一日，因伤殒命，报县验讯，将焦汶沅依斗杀律，拟绞监候，由府司解经臣饬委藩司代勘复核具题，尚未接准部复。赵兰亭因子死非命，心怀不甘，即以故杀毙命等词，由府控司，批府提讯，并无别故，取结销案。赵兰亭痛子情切，并误闻焦汶沅未经问拟死罪，疑系贿串刑书，改供捏详，复以前情并图准添砌情节，晋京赴都察院具控，诘非有心诬告，应即拟结。

查此案赵兰亭京控各情，或因误闻怀疑，或系图准添砌，尚非平空诬告。惟业经讯结之案，复行赴京翻控，究属不合，姑念伊子死于非命，该原告现亦病故，应免置议。焦汶沅讯非因窃杀人，亦无贿串刑书改供捏详情事，其扎伤赵法志身死，委系因赵法志支钱不允，口角起衅，并无别故，前已照律拟绞监候，应免重科。焦汶翠讯系无干，亦毋庸议。赵兰亭在店病故之处，业经历城县知县陶绍绪验无别故，看役讯无凌虐情弊，概毋庸议。

再，此案系依限审结，合并陈明。

除供册咨部外，理合恭折具奏，伏乞皇太后、皇上圣鉴训示。谨奏。

同治五年十月【十】二日奉到回折："军机大臣奉旨：'刑部知道。钦此。'"

审明陵县武生京控按律定拟折

同治五年九月二十七日

奏为审明京控，按律定拟，恭折具奏，仰祈圣鉴事：

窃照陵县武生吴占元遣抱单榆，以冯坦等抢劫、伤命等词，控经都察院，于同治四年十月二十九日奏奉谕旨："此案著交阎敬铭督同臬司，亲提人证、卷宗，秉公研讯确情，按律拟办具奏。抱告民人单榆，该部照例解往备质。钦此。"当经行司饬提研讯。兹据兼署臬司卢定勋审明，拟议解勘。臣在东平县筹办防剿，饬委藩司丁宝桢代勘无异，录供呈送前来。臣复加查核。

缘吴占元籍隶陵县。咸丰九年，考取县学武生，与同庄回民冯坦、邻庄民人栾廷秀、县役李魁元等素识无嫌。咸丰十一年不记月日，吴占元之父吴学圣即吴澱安因各处贼匪滋事，虑恐贼至被掠，欲将家中银钱、衣物、牲畜、粮食分交各亲友寄存。适冯坦前往闲谈，吴学圣即与商议。冯坦当向阻止，答以不如在家分藏较为便捷。吴学圣亦以为然，央恳冯坦帮同收藏。冯坦不允，致相口角而散。吴学圣即令吴占元与工人将存银二千余两、京钱一千九百余千，及衣服、粮食分处埋藏。是年三月十九日，土匪史顺仔纠邀齐胜堂、齐二仔、刘香亭即刘大洋仔、刘铣亭、刘举亭、宋二加仔、宋收仔、宋存仔、陈花仔、张停溃、李详芬、许贝仔同伙十三人，分携火枪、刀械，赴吴学圣家行劫。吴学圣与吴占元及工人郑洛四、单柄上前拦夺。史顺仔起意拒捕，喝令齐胜堂等分用火枪、刀械，将吴学圣等轰拒致伤，分赴各屋搜得银钱、衣物、牲畜，用车装载逃逸。冯坦闻知，前往查看，因见地上遗有粮食、钱文，乘便捡拾，尚未入手，经吴占元喝散。吴学圣与郑洛四、单柄旋各因伤身死。吴占元之叔吴学哲报经该前署县沙士坭会营勘验，票差李魁元、曹得功缉拿。旋经团总吴养纯等查知史顺仔等在县属兴隆寺地方藏匿，报经沙士坭会督营典，带领兵役前往掩捕，格伤史顺仔、宋二加仔、宋收仔、宋存仔、陈花仔身死，将齐胜堂、齐二仔、刘香亭、刘铣亭、刘举亭拿获，分别验明讯供，禀经前抚臣谭廷襄批饬，将齐胜堂等就地正法，史顺仔等戮尸，一并枭示。详经咨准部复。吴占元因被劫银钱、衣物均系分处埋藏，忆及冯坦曾经伊父邀令帮同收藏银钱不允，口角有嫌，疑系冯坦通贼勾劫，向吴学哲告知。吴学哲信以为真，即以冯坦亦系行劫吴占元正家正盗等情控县，票差李魁元查传冯坦到案，讯无挟嫌勾劫情事，将冯坦饬令李魁元管押，差传吴学哲质讯未到。冯坦在押患病，该前署县谢际亨验明取保调治。吴学哲与吴占元疑系冯坦贿串书役李魁元等捏病朦保。吴学哲即以书役受贿弄权、舞弊捺搁等情，由府、道、司控经臣批县查案，禀经批饬讯办。冯坦因被吴学哲控告管押，心生气忿，邀同栾廷秀前往理论未遇，与吴占元詈骂走散。吴占元被骂不甘，亦以刑捕图贿舞弊，纵犯滋闹等情，由府司控经臣批县传讯未到。嗣吴占元因知栾廷秀欠粮被押，赴县呈请并讯。该县因冯坦未到，未经集讯。栾廷秀旋将欠粮完纳释放。吴占元复疑冯坦贿嘱弊捺；并因王淑春族侄王朝太前在临邑县团内充勇击贼，夺获大车一辆，卖与王淑春使用，经吴占元查知，系伊家被史顺仔等劫去原赃，往向查认。王淑春不允，告以买自王朝太之手。吴占元心疑王淑春私藏贼赃，即令素识之李冲斗将车送县。该县因查传王淑春未到，未经给领。吴占元痛父情切，复照历控呈情，并图准添砌情节，写就呈词，遣令工人单榆作抱，晋京赴都察院具控，诘非有心诬告，亦无起衅别故，应即拟结。

查律载："不应为而为，事理重者，杖八十。"等语。此案吴占元遣抱京控冯坦等勾贼抢劫、伤命各情，讯系事出有因，怀疑图准添砌，尚非平空妄告。第案已控县，并不静候讯断，辄复赴京越渎，殊属不合，自应酌量问拟。吴占元应酌照"不应为而为，事理重者，杖八十"律，拟杖八十，系武生，照律纳赎，追银册报。冯坦讯无勾贼抢劫、焚烧房屋、贿串书差、捏病朦保、酗酒滋闹情事，应毋庸议。栾廷秀讯无同伙强抢、包娼聚赌，亦毋庸议。县役李魁元等讯无受贿、捏病朦保、舞弊私放，应与讯非私藏贼赃之王淑春，均毋庸议。抱告单榆讯不知情，亦毋庸议。王淑春所卖之大车既经吴占元认明，系伊家被劫原赃，现存县库，饬县给领。逸盗张停溃等催缉，获日另结。

除供册咨部外，理合恭折具奏，伏乞皇太后、皇上圣鉴训示。谨奏。

同治五年十月十二日奉到回折："军机大臣奉旨：'刑部议奏。钦此。'"

请以留东补用知府龚易图补授东昌府知府折

同治五年九月二十七日

奏为知府员缺紧要，遴员请旨补授，恭折奏祈圣鉴事：

窃照东昌府知府曹丙辉，于同治四年六月初七日病故，所遗员缺前经奏准，改为题补要缺。经臣会同河臣张之万，按照地方河工间补章程，请以东河候补知府下南河同知何基祺补授。接准部复，该员并非京员、学习期满留工之员，应专补山东地方候补之员，另行拣员，酌量请补等因，自应遵照办理。

查东昌府属一州九县，政务殷繁，匪徒出没靡定，所属莘、堂、冠、馆及界连朝、濮、直隶等处，向为盗贼渊薮。兵燹之余，创痍未复，抚绥巡缉，不容松懈，必须通达明体，明干有为，方资表率。现在逐加遴选，查有保留山东候补知府龚易图，年二十九岁，籍隶福建闽县，中式咸丰乙卯科举人。七年，捐户部主事，己未科进士，翰林院庶吉士，散馆以知县用，选云南省云南县知县。在河南报捐候选同知，未及赴任，经河南团练大臣毛昶熙奏留河南军营差遣。十一年，保加知府衔。同治元年，截剿捻匪，奏保免选同知，以知府仍留云南补用。复经督办云南军务张亮基委赴湖南劝捐，经前湖南抚臣毛鸿宾奏调，随同藩司丁宝桢到东，奉上谕："随时察看该员能否得力。"三年，臣汇保淄川、东昌、白莲池、沂州等处出力员弁案内，奉旨："云南候补知府原选云南县知县龚易图著开知县本缺，并赏戴花翎。钦此。"是年，察看该员实系得力，据实复奏。三年十二月二十六日奉上谕："准其留东补用。钦此。"该员精明稳慎，练达周详，久历戎行，能耐辛苦，且于直、东交界风土人情最为熟悉，以之请补东昌府知府，实堪胜任，与例亦符。据藩、臬两司会详，并声明候补人员补缺，毋庸声叙、参罚等情前来。合无仰恳天恩俯念员缺紧要，准以留东补用知府龚易图补授东昌府知府，实于要缺有裨。如蒙俞允，俟准部复，照例给咨，送部引见。

理合会同署河东河道总督臣苏廷魁，合词恭折具陈。

再，此系题案，因东昌地处冲繁悬缺一年有余，未便再行稽迟，是以专折奏补，合并陈明，伏乞皇太后、皇上圣鉴训示。谨奏。

同治五年十月十二日奉到回折："军机大臣奉旨：'吏部议奏。钦此。'"

请将州同千总移驻鱼台湖团抚驭弹压折

同治五年九月二十七日

奏为酌议鱼台县湖团移驻州同、千总抚驭弹压，恭折具奏，仰祈圣鉴事：

窃照臣前办鱼台县湖团丈地编籍事宜，因湖团之地系属新垦，不可无官驻扎，议请将鱼台县管河主簿、城汛千总，就近移驻该处，以资弹压，当经附片奏陈。臣以移驻员弁事关创始，必须筹画尽善，方免窒碍难行，一面咨行镇、司，督同所属详晰核议。

兹据布政使丁宝桢、护兖州镇总兵范正坦，以该县主簿向驻南阳镇，管理运河，催攒粮艘，稽查水手，本有专责；千总向驻城内，系属城守，巡防监狱，护送饷鞘人犯，亦关紧要，以之移驻湖团，均恐有顾此失彼之虞。惟查济宁州州同向驻州城，系属闲曹，并无应管地方紧要事件；兖镇所属之台庄营丁庙闸汛千总驻扎峄县地方，虽有防缉盗贼、催攒漕船之责，第该汛事务较简，均可以之移驻湖团。州同应由鱼台县酌量拨给民壮，藉资差遣，应领廉俸役食，仍由济宁州及鱼台县于原额内分别支给。千总应由丁庙闸汛额设马兵四名、守兵四十三名之内，抽拨马兵二名、守兵三十五名；再由沙沟营古村汛额设马兵六名、守兵二十三名之内，抽拨马兵四名、守兵十名，共五十一名，均归该千总管带，改隶沙沟营管辖。所需马匹、枪炮、旗帜、器械，均由各该汛原额内按成均匀拨给带往，应领俸薪、养廉、兵饷等项，均归沙沟营领支拨给。该员弁应于湖团适中之地，建盖衙署驻扎，专司湖团缉捕、稽查、保甲，如遇地方失事，即照分防文员、专汛武弁一例参处，其人命案件以及钱漕、词讼，仍归鱼台县管理，不准该员弁等干预擅受。所有丁庙闸汛事务，并所余马、守兵十名，即责成协防之顿庄汛外委经管，作为兼防等情，详咨请奏前来。

伏查湖团荒地以及侵占之民田，既经查丈清厘，安插户口、编行保甲、为目前要务，亟须设官抚驭，期安永久。臣前议请将该县管河主簿、城汛千总移驻弹压，原系一时之见，今既据该镇司悉心酌议，另改员弁移驻，臣咨访体察，委系实情，不敢因已奏陈在先，稍涉回护迁就。合无仰恳天恩俯念地方紧要，准以济宁州州同、台庄营丁庙闸汛千总移驻鱼台县湖团，以专责成，而资整顿。

再，现任济宁州州同纪焕迥，情形熟悉；现任丁庙闸汛千总赵元麟，曾经出师，于移驻新缺，均尚堪胜任。如蒙俞允，应即饬令该员弁先往移驻，暂赁民房任事。

除再饬议如何建盖衙署以及未尽事宜分别咨部核办外，理合恭折具奏，伏乞皇太后、皇上圣鉴训示。谨奏。

同治五年十月十二日奉到回折："军机大臣奉旨：'该部议奏。钦此。'"

委员管解京协各饷片

同治五年九月二十七日

再，京协各饷刻不容缓。下忙地丁钱粮开征以后，即值捻匪窜扰省西南一带，风鹤频惊，催输未能踊跃，兼以报灾之处多于往年，司库倍形拮据；而协饷催索亦殷，必须择要接济。经臣督饬藩司丁宝桢竭力勉筹本年京饷银四万两，委候补从九品孙沅解赴户部交兑。又委候补未入流沈丙烺管解曾国藩大营饷银一万八千两，前赴徐州道衙门兑收转解。又筹直隶大名粮台饷银三千两，委候补县丞侯济源解交该处支应局交兑。以上二处协饷，均作为八月份应解之款。又筹臬司潘鼎新八月份军饷银三万两、九月份柴薪银二千两，均委候补未入流刘容光探明该司行营交纳。又勉筹清淮月饷银一万两，委候补县丞许新源解赴江南清淮一带，探明吴棠大营粮台交收。又前准部咨，令将东海关应解本年京饷改作吉林兵饷之用，当经行据该关监督登莱青道潘霨禀报，在于洋税项下如数提银五万两，委在关当差之候补县丞何嘉谟附搭外国轮船运至营口，再由旱路解交盛京户部查收转解。又据济东道卫荣光转据委理临清州知州张应翔具详，奉拨内廷供用银三万两，先筹银一万五千两，报经臣行司饬委候补从九品沈世祺解赴内务府衙门上兑。

除分咨查照并仍催续筹报解外，理合附片陈明，伏乞圣鉴。谨奏。

同治五年十月十二日奉到回折："军机大臣奉旨：'该衙门知道。钦此。'"

前河道总督潘锡恩重遇鹿鸣就近与宴折
同治五年九月二十七日

奏为耆臣重遇鹿鸣，循例具闻，吁恳天恩准在就养省分与宴，以光盛典，仰祈圣鉴事：

窃据布政使丁宝桢详称：前任江南河道总督潘锡恩，现年八十二岁，籍隶安徽泾县。嘉庆丁卯科江南乡试中式举人，辛未科进士，改庶吉士，授职编修，洊升至江南河道总督，因伊子山东候补道潘骏文迎养来东。明年丁卯科乡试，距该员中式之年正值花甲一周，与重宴鹿鸣之例相符。兹据该员同乡、官署莱州府知府宴方琦等呈恳就近在东省与宴等情，具详请奏前来。

臣查定例三品以上大员，重遇鹿鸣，应行专折奏请。兹潘锡恩曾任河道总督，缘事革职，因捐输京仓米价银两，经臣具奏，奉旨交部议奏赏还原衔。该员年逾八秩，躬历五朝，荐进崇班，独臻上寿。缅六十年登科之记，苹野重赓；慰一千里恋阙之忱，兰陔就养。允作东筵弁冕，为圣世之休征；重邀北阙丝纶，垂儒林之盛事。相应循例奏闻，吁恳天恩俯准，前任江南河道总督潘锡恩就近在东省与宴，以光盛典。

除饬取履历册结咨部并移咨安徽抚臣外，为此恭折具奏，伏乞皇太后、皇上圣鉴训示。谨奏。

同治五年十月十二日奉到回折："军机大臣奉旨：'该部查议具奏。钦此。'"

褒奖迭次获匪出力员弁片
同治五年九月二十七日

再，东省馆陶一带，素多习教为匪不法之徒。臣于同治二年东昌肃清后，仍饬各属严密查拿。三年秋，该处匪苏洛坤聚众谋逆，经馆陶县知县耿光祜会同直隶官弁将首犯苏洛坤擒诛。臣因该处从前匪首尚多在逃，亟事搜捕，当饬馆陶厘局委员、江西候补直隶州知州马映奎，候补捕按司狱金存谦等，率领署馆陶汛把总外委杨春亭，挑选东昌营兵一百名，随时会同地方官搜拿余匪，并为护守厘局之用。该委员等会同馆陶县耿光祜陆续拿获首匪张保惩、李麻劈、张思孟、张汶等多名。嗣新补馆陶县鲍瑞骏到任，臣以耿光祜熟悉该处情形，仍饬在彼协缉余匪。本年春夏，拿获逸匪张丕连、张剑、张孟数名。七月间，该员等查知在逃著名教首赵大茹于咸丰十一年纠众叛逆，与贼首杨朋岭等抗军攻城，罪恶种种，漏网在逃，现在藏匿直隶宁晋县地方。该员马映奎、鲍瑞骏、耿光祜率同金存谦、杨春亭等，带领兵丁，于七月十三日前赴该处，会同宁晋县知县汪显达，在宁晋县境内将该逆赵大茹及伙犯赵洛轻均行擒获，并起获刀矛多件，讯认为匪首乱等情不讳。当经解回馆陶，臣饬令就地枭示，以昭炯戒。至九月复拿获逸匪杨洛连、孙天幅等多名。

臣查该员等迭次搜拿逃匪，不遗余力，兹复缉获在逃教首巨逆，消患未萌，不无微劳足录。可否仰恳天恩将江西候补同知直隶州知州马映奎、馆陶县知县鲍瑞骏、委用知县耿光祜并直隶宁晋县知县汪显达，均行交部从优议叙。又主簿用候补按司狱金存谦、外委杨春亭，带领兵丁首先入庄擒获巨匪，尤为出力。可否恳恩准将主簿用候补按司狱金存谦，以主簿尽先补用，并赏加五品蓝翎；署馆陶汛把总杨春亭免补把总，以千总尽先补用，并赏加守备衔，出自逾格天恩。

臣未敢擅便，理合附片具奏，伏乞圣鉴训示。谨奏。

同治五年十月十二日奉到回折："军机大臣奉旨：'另有旨。钦此。'"

恩县官绅士民捐修城垣请予奖叙折
同治五年九月二十七日

奏为官绅士民捐修城垣工竣，恳恩给予奖叙，恭折仰祈圣鉴事：

窃照前准部咨："咸丰九年八月十二日奉上谕：'袁甲三奏地方城池亟宜讲求修守，著各省督抚劝谕绅民修筑，所有军务省分捐资者，照捐输议叙；出力者，照军功请奖。钦此。'"钦遵在案。

查东昌府属恩县城垣，建自前明成化年间，迄至国朝乾隆四十年，民修一次，历今九十余年，四面围墙坍塌，到处可通；五门倾圮，竟成虚设。恩邑为湖路要隘，九省通衢，近年捻匪迭次扑扰，必须赶紧修筑，藉固藩篱。该县知县陈恩寿首先倡捐制钱一千五百千，并与同城文武邀集城乡绅士耆老，剀切劝导，佥知修城足资保卫，无不踊跃乐从，议举公正绅董分别经理。禀经前抚臣谭廷襄饬司委员逐加履勘，城周五里，废址仅存，均须从新兴筑，凡女墙、马道及四围铺顶纯用砖砌，务期一律巩固，并将奎星楼等工并案修理。于同治二年二月二十九日开工，至四年九月初八日工竣。禀经臣饬司委员验收，均属工坚料实，并无草率偷减。共用银四万八千七百五两二钱三分八厘，内有拨用团练经费银七千二百两，应归另案办理外，核明各官绅捐数，应归奏奖者计银三万七千九百七十四两；其零星捐户应归外奖者，银钱并计合银三千五百三十一两二钱三分八厘，造具册结，呈由藩司丁宝桢核明，具详前来。

臣查城池为一邑保障，恩县为湖路南北冲要，城垣年久倾颓，该县陈恩寿独能于捻氛环逼之时，倡捐劝办，核实兴修，该绅士等深知缓急，竭力报效，弹压督催，不辞劳瘁，要工藉以告成，洵属急公好义。核其册开捐数以及拟请官阶职衔，与筹饷现行各例均属有盈无绌。东省现办军务，所有捐资出力官绅，自应照例给予鼓励。

除册结咨部外，谨缮清单，恭呈御览。合无仰恳天恩俯赐饬部核奖，以昭激劝。为此恭折具奏，伏乞皇太后、皇上圣鉴训示。谨奏。

同治五年十月十二日奉到回折："军机大臣奉旨：'该部核议具奏。单二件并发。钦此。'"

济宁重修城外土圩出力绅董请予奖叙折

同治五年九月二十七日

奏为济宁州重修城外土圩，在事出力绅董恳恩给奖，以昭激劝，恭折奏祈圣鉴事：

窃查济宁州城外居民稠迭，商贾坌集。咸丰十年，该处绅董修筑城外土圩一道，周围三十余里，以护民居，连年贼氛逼近，未罹扰害，惟经年已久，均多坍塌。去年春间，捻逆鸱张，突扑济宁，彼时藩司丁宝桢督兵防守，克保无虞。丁宝桢因首先倡捐，劝谕该处绅耆捐资修筑。臣于去夏五月至济宁，复会商在籍绅士内阁学士兼礼部侍郎孙如仅、四品顶戴前湖南巡抚冯德馨，倡率州绅，专司其事。该州民俱知踊跃率作，共捐集京钱八万余串，日夜兴工，得以蒇事。兹据济宁州知州程绳武禀报，所有济宁圩工业已一律告竣。

臣查该州绅民自筹款项，成此巨工，今年贼踪两次入东，未敢窥伺济宁，亦因圩工坚实，藉以防守。该绅民捐资于前，出力于后，且官绅人等不问寒暑，不辞劳怨，实属因公勤奋，洵宜鼓励，以昭激劝。查丁忧前内阁学士兼礼部侍郎孙如仅、前湖南巡抚冯德馨、济宁州知州程绳武，督办圩工，始终勤洁，均拟请旨交部议叙。候选州同王承平，承办圩工，首先倡率，出力最优，且贼警临城，亦能助守，拟请以通判不论双单月选用，并赏加盐提举衔。六品顶翎兵马司吏目刘廷杰，劝捐督工，尤为勤奋，拟请赏加五品衔。光禄寺署正衔詹事府主簿孙桤，拟请赏加员外郎衔。户部员外郎刘承辅，拟请赏加知府衔。知县杨芝龄，拟请以本班遇缺即选。州同衔赵文灿，拟请以州同不论双单月选用。从九品衔宋凤鬻，拟请以从七品不论双单月选用。附生李政，拟请以复设训导不论双单月选用。

以上六员俱系督修工段始终出力，相应并行请旨给奖，出自逾格鸿慈。谨恭折具奏，伏乞皇太后、皇上圣鉴训示。谨奏。

同治五年十月十二日奉到回折："军机大臣奉旨：'另有旨。钦此。'"

已故宁海知州在任亏欠请查抄备抵折

同治五年九月二十七日

奏为已故知州历任交代案内，查有亏缺，请旨查抄备抵，恭折奏祈圣鉴事：

窃照东省交代，积疲太甚，经臣督饬藩司逐案清厘，凡亏空各员，均已随时参办在案。兹复查有已故知州舒孔安，前在宁海州任内，应交正款银一千一百四十九两九钱三厘，杂款银七千五百七十九两七钱四分一厘，仓款银四百九十六两，捐款银三百七十九两四钱八分六厘，四共银九千六百〇五两一钱三分。内除领抵及军需销赔各款外，实短银九千〇八十六两三钱七分三毫。又文登县任内应交正款银八百六十七两三钱八分三厘，杂款银一百一十三两三钱九分二厘，捐款银八十四两八钱六分八厘，三共银一千〇六十五两六钱四分三厘。合计宁海、文登任内共短交正、杂、仓、捐各款银一万〇一百五十二两一分三厘三毫。屡经饬追，该家属延不完缴。据各该现任查明，报由藩、臬两司会详请参前来。

臣复核历任亏数竟至巨万，实属大干功令，必应立予参办，以重库款。查舒孔安系江西靖安县人，相应请旨，将该故员历过任所、寓所资财及原籍财产一并查抄备抵，一面檄饬登州府先行提集该故员家属及各任经手书吏审讯，所亏银两是侵是挪，按律拟办。

除移咨江西抚臣转饬靖安县严密查办并咨部查照外，理合恭折具奏，伏乞皇太后、皇上圣鉴训示。谨奏。

同治五年十月十二日奉到回折："军机大臣奉旨：'另有旨。钦此。'"

阳谷知县拿获邻境伙盗请开复处分折

同治五年九月二十八日

奏为知县拿获邻境迭劫首伙盗犯三名以上，请旨敕部开复其本境承缉盗案未获处分，并赏还顶戴，恭折奏祈圣鉴事：

窃据阳谷县知县王亮采禀报，于同治五年三月十一日会督营弁并益都等县兵役、家丁，拿获邻境迭劫盗犯石老双、王心城、张李仪、苗佃修四名。经臣批司提省，发委济南府知府萧培元审明。该犯等分隶郓城、濮州。石老双于同治三年十一月十三日，纠允王心城、张李仪、苗佃修并逸犯李三等同伙八人，骑马持械行劫平原县过客白文环等银钱、衣物。四年三月初五日，石老双、王心城伙同前获正法之杨单窗户等，行劫德州城内事主卢崐钱铺银钱、洋药。是月初九日，石老双伙同逸犯王三瞎仔等行窃，临时强劫直隶无极县事主张录重钱铺银钱，拒伤铺伙。八月三十日，石老双纠允王心城等并王三瞎仔等同伙七人，行劫胶州事主周骏声钱铺钱物，拒伤铺伙。十月初七日，石老双纠允王心城等并王三瞎仔同伙五人，行劫掖县事主杨丕元钱铺银物。十二月十九日，石老双纠允王心城、张李仪并李三等同伙五人，行劫平原县路过折差范长春等银物。五年三月初一日，石老双纠允王心城等并逸犯李东洋等同伙六人，连劫益都县事主张佃魁、钟恕两铺银钱、衣物，拒伤铺伙属实。禀经臣批饬将石老双等正法，归入本年秋季分汇案奏报。

查王亮采首先拿获邻境迭劫首伙盗犯三名以上，例应送部引见。惟该员尚有疏防本境阳谷县城内盖有亮毓兴和铁铺被劫银钱并被拒伤一案，经臣汇案奏参，摘顶议处，勒限三个月缉拿，于同治五年正月初一日奉旨："著照所请，分别惩办等因。钦此。"嗣经吏部议以降一级留任，有级准抵。该员现于勒缉限内仅获盗犯侯继山等三名，获犯尚未及半，且案未审定。现获邻境迭劫首伙盗犯三名以上，应准其抵销原参之案。据藩、臬两司具详请奏前来。相应请旨敕部，开复阳谷县知县王亮采疏防盖有亮被劫一案原参及承缉未获处分，并赏还顶戴。

除饬司将石老双等供招详候咨部，并催缉各案逸盗务获暨严审侯继山等拟办外，为此恭折具奏，伏乞皇太后、皇上圣鉴训示。谨奏。

同治五年十月十二日奉到回折："军机大臣奉旨：'著照所请。该部知道。钦此。'"

特参疏防饷银被劫之解员并地方官折

同治五年九月二十八日

奏为特参疏防饷银被劫之解员并地方官，请旨分别革职留任勒缉，恭折具奏，仰祈圣鉴事：

窃照前据运司卢定勋详委候补盐大使安庚辛、黄樾管解户部奏拨京饷案内，指提山东盐课银二万五千两，同应交加平饭食银六百两，又带解奉拨部库直省剥船生息银五千两，共各项银三万六百两，赴部交纳，于同治五年八月十七日由省起程，经臣分别奏报咨部，并咨行一体照例拨护。兹据安庚辛、黄樾会同署平原县知县张廷扬禀称，该委员等押解前项饷银行抵禹城，经该县于八月二十三日验明饷鞘，用车装载，派拨兵役同该委员等，由大路护送前进，赴平原县交替。张廷扬接准禹城县并该委员等家丁知会，当即会督营典，带同兵役，驰往迎护。尚未会遇，讵该委员等押解饷银行至平原境侯家庄地方，突遇骑马贼匪五六人，劫去饷银三鞘，计盐课银三千两。委员家丁王贵追捕，被贼拒伤。迨张廷扬闻信赶至，勘缉无获等情。

臣查护解饷鞘，该委员与地方官宜如何慎重小心，乃疏于防范，竟致被劫饷银至三千两之多，实非寻常玩忽可比。据兼署臬司之运司卢定勋会同藩司丁宝桢，转据该管道府分别揭参前来。除饬将所失银两照例按成分赔足数，由运司另行委员管解赴部交纳；一面查明禹城县原派兵役是否照例足数，提解至省，发交济南府严审，有无雇替潜逃情弊，另行办理外，相应请旨，将解饷委员候补盐大使安庚辛、黄樾一并革职，照例留于失事地方协缉。失事之地方官署平原县知县张廷扬摘去顶戴，照例革职留任，勒限严缉赃盗，务获究报，限满分别有无获犯，另行照例参办。

再，专汛协防职名，查明分别咨参，合并声明。为此恭折具奏，伏乞皇太后、皇上圣鉴训示。谨奏。

同治五年十月十二日奉到回折："军机大臣奉旨：'安庚辛、黄樾均著革职，留于失事地方协缉。张廷扬著摘去顶戴，革职留任，勒限严缉，赃盗务获。该部知道。余依议。钦此。'"

同治五年八月雨泽粮价折

同治五年九月二十八日

奏为恭报八月份雨泽情形，并呈粮价清单，恭折奏祈圣鉴事：

窃照七月份雨水、粮价，前经奏报在案。兹查八月份，据济南府属之齐河，武定府属之阳信、海丰、乐陵，沂州府属之兰山、莒州，曹州府属之菏泽，登州府属之福山、招远、莱阳，莱州府属之昌邑、潍县等十二处，先后具报，八月上旬初八，中旬十三四，下旬二十六等日，得雨各一、二、三寸不等。其余各处虽未一律普沾，而上月雨泽较多，土脉甚形滋润，农民安堵，堪以仰纾宸廑。

至各属市集粮价，互有增减，大致与上月相同。敬缮清单，祗呈御览。为此恭折具奏，伏乞皇太后、皇上圣鉴。谨奏。

同治五年十月十二日奉到回折："军机大臣奉旨：'知道了。钦此。'"

八月份粮价清单

谨将同治五年八月份山东省各属米、麦、谷、豆价值，敬缮清单，恭呈御览。

计开：

济南府属：稻米每仓石价银三两一钱一分至四两六钱，与上月同。粟米每仓石价银一两三钱至二两七钱，较上月贱一钱。粟谷每仓石价银九钱一分至一两八钱，较上月贱一钱。高粱每仓石价银九钱九分至一两九钱八分，较上月贱三钱七分。小麦每仓石价银一两六钱至二两五钱七分，较上月贵九分。黄豆每仓石价银一两四钱至二两四钱七分，与上月同。黑豆每仓石价银一两三钱九分至二两四钱五分，较上月贵五分。

泰安府属：稻米每仓石价银三两四钱六分至五两五钱五分，较上月贱一分。粟米每仓石价银一两七钱至二两三钱，与上月同。粟谷每仓石价银八钱五分至一两三钱八分，较上月贱一钱七分。高粱每仓石价银一两二钱五分至一两五钱五分，较上月贱二钱五分。小麦每仓石价银一两四钱五分至二两一钱，较上月贵五分。黄豆每仓石价银一两五钱一分至一两九钱八分，较上月贱九分。黑豆每仓石价银一两四钱六分至一两九钱二分，较上月贱七分。

武定府属：稻米每仓石价银二两四钱八分至四两六钱一分，与上月同。粟米每仓石价银一两四钱八分至二两五钱，与上月同。粟谷每仓石价银六钱五分至一两四钱三分，与上月同。高粱每仓石价银一两至一两七钱四分，与上月同。小麦每仓石价银二两至三两，与上月同。黄豆每仓石价银一两一钱八分至二两一钱，与上月同。黑豆每仓石价银一两一钱二分至二两一钱，与上月同。

兖州府属：稻米每仓石价银二两四钱四分至四两四钱五分，与上月同。粟米每仓石价银一两二钱至二两三钱，与上月同。粟谷每仓石价银八钱至一两四钱，与上月同。高粱每仓石价银九钱八分至一两八钱，与上月同。小麦每仓石价银一两四钱至二两二钱三分，较上月贵一钱三分。黄豆每仓石价银一两一钱至一两八钱四分，较上月贱一钱八分。黑豆每仓石价银一两二分至一两八钱五分，较上月贱二钱五分。

曹州府属：稻米每仓石价银三两三钱至五两，与上月同。粟米每仓石价银一两三钱五分至二两七钱一分，与上月同。粟谷每仓石价银七钱五分至一两八钱三分，与上月同。高粱每仓石价银八钱至一两九钱二分，与上月同。小麦每仓石价银一两五钱至二两三钱五分，较上月贵五分。黄豆每仓石价银一两三钱五分至二两五钱，与上月同。黑豆每仓石价银一两一钱五分至二两四钱，与上月同。

沂州府属：稻米每仓石价银二两一钱至三两七钱，与上月同。粟米每仓石价银一两一钱五分至二两三钱一分，与上月同。粟谷每仓石价银七钱至一两一钱八分，与上月同。高粱每仓石价银八钱七分至一两一钱二分，较上月贱六分。小麦每仓石价银一两二钱至二两二钱六分，较上月贵二钱六分。黄豆每仓石价银八钱五分至一两七钱二分，与上月同。黑豆每仓石价银八钱至一两六钱九分，与上月同。

东昌府属：稻米每仓石价银三两四钱至四两八钱，与上月同。粟米每仓石价银七钱四分至二两八钱，较上月贱二钱。粟谷每仓石价银五钱九分至一两六钱八分，较上月贱二钱七分。高粱每仓石价银六钱二分至二两二分，较上月贱三钱八分。小麦每仓石价银一两至二两六钱，较上月贵一钱。黄豆每仓石价银八钱三分至二两五钱，与上月同。黑豆每仓石价银七钱至二两三钱八分，较上月贱一钱。

青州府属：稻米每仓石价银二两三钱一分至四两三钱，与上月同。粟米每仓石价银一两五钱五分至二两六钱，与上月同。粟谷每仓石价银九钱一分至一两六钱五分，与上月同。高粱每仓石价银一两五分至一两八钱五分，与上月同。小麦每仓石价银一两五钱至二两四钱二分，与上月同。黄豆每仓石价银一两七分至二两五钱，与上月同。黑豆每仓石价银一两二分至二两五钱一分，与上月同。

莱州府属：稻米每仓石价银二两一钱五分至三两二钱六分，与上月同。粟米每仓石价银一两五分至二两三钱，与上月同。粟谷每仓石价银五钱五分至一两三钱八分，较上月贱二分。高粱每仓石价银一两至一两七钱，与上月同。小麦每仓石价银一两四钱至二两一钱五分，较上月贵一钱五分。黄豆每仓石价银一两二钱至二两，与上月同。黑豆每仓石价银一两二钱至二两，与上月同。

登州府属：稻米每仓石价银二两三钱七分至三两五钱四分，与上月同。粟米每仓石价银一两六钱一分至二两三钱，较上月贱一钱。粟谷每仓石价银一两六分至一两三钱二分，较上月贱一钱五分。高粱每仓石价银九钱一分至一两五钱，较上月贱一钱。小麦每仓石价银一两六钱四分至二两三钱四分，较上月贱八分。黄豆每仓石价银九钱九分至一两九钱，与上月同。黑豆每仓石价银九钱六分至一两八钱五分。

临清直隶州并属：稻米每仓石价银三两四钱五分至四两，与上月同。粟米每仓石价银一两五钱至二两八钱一分，与上月同。粟谷每仓石价银一两一钱四分至一两八钱八分，较上月贱一钱。高粱每仓石价银一两二钱至一两九钱，较上月贱一钱。小麦每仓石价银二两一钱五分至二两七钱四分，较上月贵九分。黄豆每仓石价银一两六钱七分至一两九钱二分，较上月贱三钱八分。黑豆每仓石价银一两六钱至二两三钱六分，与上月同。

济宁直隶州并属：稻米每仓石价银四两三钱二分至六两四钱六分，与上月同。粟米每仓石价银一两四钱八分至二两四钱，与上月同。粟谷每仓石价银一两六分至一两七钱七分，与上月同。高粱每仓石价银一两一钱一分至一两五钱一分，与上月同。小麦每仓石价银一两五钱四分至二两八钱，与上月同。黄豆每仓石价银一两四钱至二两五分，与上月同。黑豆每仓石价银一两四钱至二两三钱，与上月同。

同治四年上下两忙清册仍请展限片
同治五年九月二十八日

再，前准部咨，速将上年地丁钱粮忙册并节年册籍，勒限造报等因，经臣催司速办去后。兹据藩司丁宝桢详称，前因各处被匪窜扰，案卷多有焚烧，蠲缓册结未能及时查造，历次奏展在案。刻下军务仍未告蒇，属册未经造齐送到。同治三年以前忙册既未一律造送，碍难抽查四年越次办理等情，并援案请展前来。臣复查无异。惟有仰恳天恩俯准，将同治四年分上下两忙清册仍予展限，一俟地方肃清，立即按年挨次赶紧清厘，不准再行积压。

除咨部查照外，理合附片陈明，伏乞圣鉴。谨奏。

同治五年十月十二日奉到回折："军机大臣奉旨：'著照所请。该部知道。钦此。'"

东纲疲累恳将二成余票再予推展折
同治五年九月二十八日

奏为东纲票地疲累，吁恳天恩准将票地二成余票再予推展，以免壅滞，恭折奏祈圣鉴事：

窃照东纲票地滞积已非一日，前因枭、捻各匪窜扰频仍，商本大亏，全局几散。当经前抚臣谭廷襄并臣先后奏恳援照减引成案，自同治元年为始，以额票八成作正，年清年款，二成作余，尽销尽报，定限五年，再行核办，经部议准在案。兹据盐运司卢定勋详称：票地素多滞岸，商穷资薄，力本难支，近年水患兵荒，无岁不有，销路日形壅滞；兼以本年自夏徂秋，阴雨尤甚，滩盐歉收，粮价运费异常昂贵，商情困惫已极，一时骤难复元。即八成正票尚属领运维艰，又按限带征积票，日事比追，实已筋疲力尽，若再将二成复额责令运销，必致累益加累，倒乏愈多。拟将前项二成余票，自同治六年为始，仍予推展五年，以纾商困等情，请奏前来。

臣复查上次展限业经届满，果可设法运销，万不再请推展，讵奈众商积困已深，元气竟难骤复，确系实在情形。合无吁恳天恩俯准，将票地二成余票再展五年，由臣督饬运司随时加意整顿，俟限满再请复额，出自逾格鸿慈。为此恭折具奏，伏乞皇太后、皇上圣鉴训示。谨奏。

同治五年十月十二日奉到回折："军机大臣奉旨：'户部议奏。钦此。'"

东海关征收常税一年期满折

同治五年九月二十八日

奏为东海关征收常税一年期满，恭折奏祈圣鉴事：

窃照东海关常税，自同治元年六月十八日开办起，至同治四年五月十八日关限期满止，业经臣先后奏报在案。兹查自同治四年五月十八日起，连闰扣至五年四月十七日关限期满止，所有烟台大关暨所辖大小二十三口，共征收内地商船税银六万五千三百〇八两二钱六分四厘，随征一分耗银六千五百三十两〇八钱二分六厘；又征洋药税银一万五千九百六十六两三钱四分八厘，随征耗银二千四百八十三两六钱五分九厘，统计征收内地商船税暨洋药税共银八万一千二百七十四两六钱一分二厘，并一分耗暨洋药耗共银九千〇十四两四钱八分五厘。除开支烟台户关及大小各口十二个月经费银八千一百〇六两外，尚余耗银九百〇八两四钱八分五厘，请全数归还同治二年至四年经费不敷垫用正税银三千八百十五两四钱一分六厘四毫项下，尚短垫款银二千九百〇六两九钱三分一厘四毫，应俟下届耗银有余扣还归款，以重税项。据盐运使衔东海关监督登莱青道潘霨造册具详前来。臣复核银数相符。

除循例题销并将各册咨部外，理合恭折具奏，伏乞皇太后、皇上圣鉴。谨奏。

同治五年十月十二日奉到回折："军机大臣奉旨：'户部知道。钦此。'"

防军击退扑河发捻及现筹防剿情形折

同治五年九月二十八日

奏为发、捻逆股连日攻扑河墙，凶狡百端，均经各路防军连次击退，并援军已入东境，现筹防剿情形，恭折具奏，仰祈圣鉴事：

窃臣本月二十七日准军机处字寄，奉上谕："阎敬铭奏捻股由豫突窜东境，攻扑运河，经防军击退，现仍盘踞河西，并因病请假各折片。著阎敬铭即饬在防各军，乘该逆喘息未定，痛加剿洗。阎敬铭患病未痊，著赏假一个月在营调理各等因。钦此。"仰见圣虑精详，指示周切，并因微臣患病允假一月，伏读之下，钦感万状。当此军务紧急，臣受恩深重，何敢即安，惟有力疾督饬各军，力筹防剿，以期仰纾宸廑。

伏查本月二十一日夜，该逆各股麇集河西，猛扑袁口河墙，经游击张青云一军乘夜击退。二十二日，该匪盘踞袁口对岸，时来攻扑，我军枪炮不停，上下轰击。夜间该逆忽从南路刘老口一带聚股扑河，经游击赵鸿先、参将莫组绅各军击退。二十三日，总兵杨飞熊、总兵赵三元、副将张得魁等，抽拨水陆八成队伍过河击贼，由附近村庄喊杀而进。该逆猝不及备，被我军冲入贼中，逆股遂向南奔。我军追杀数里，沿途毙贼二三百名，夺获旗械、马匹多件。该逆股均向正西奔遁，天晚始行收队。是夜该逆复折窜东南，聚集马步大股，于三更时候突攻开河圩墙，知府王成谦督饬防军往来堵击。该逆分为三股喊呼猛进，经各军枪炮齐施，毙贼无数，水师炮船亦开炮轰打，相持一时之久，贼始退遁。计三路共杀贼二百余名。五更后，贼又暗中攻扑刘口，又经防军奋勇击败。二十四日，贼股忽向西遁，沿河并无一贼。正在饬军追剿间，探知该逆股西奔数十里忽折窜东北，直扑安山、戴庙一路。彼处系副将王心安、游击王正起两军驻守，当即列械登墙，水师亦飞棹继至。午刻，贼之马步遍布河西，未来攻扑，惟以马步贼股上下游驶。我军密排枪炮，伺间轰击，自未至酉，相持不退。夜间忽来冲突，经防军开炮击毙多贼，始行退去。二十五日贼又西遁，围攻梁山民寨，经都司贾宗江督率兵团击毙多匪，贼始退去。是晚盘踞梁山左近未动，亦未来攻扑运河。二十六日，该逆股均向西南梁宝寺、马村一带奔窜。该处距开河、长沟均不甚远，知府王成谦飞饬驻守长沟之军严筹准备。是夜三鼓，贼大股均集长沟圩外，分路抢突，经该处防军副将全升高、参将何楚隆、县丞裕凯等极力堵击，水师亦开炮轰打，毙贼多名。五更之后贼又西遁，经防军分路过河蹙剿，各有斩擒，并夺获贼马多匹。此连日贼股昼夜攻扑及各路防军击剿之情形也。

现探该逆股均遁窜嘉祥之羊山一带旋绕。潘鼎新一军已从豫境追援，于本月二十四日抵定陶，二十五日抵巨野，去贼不远。刘铭传一军闻亦即入东境。

臣查该逆此次入东，死力夺路，蓄谋东窜，狡悍情状较历次尤为凶谲。运防一百六十余里，无一处不尽力攻扑，屡经挫败，逆心不死，或北或南，一日数变，其抢渡夺路专在黑夜，均以悍贼居前，蛇行凫水，拼命猛扑。幸各路防军均能戮力堵剿，昼夜相持，未容一刻一处窜越，故贼计无所施逞。现在援军将进，臣惟督饬各军日夜戒备，密益加严，期与援军前后夹击。但迭据获匪供称，该逆众因在豫境无从觅食，拼死东窜，如此路防守甚密，即将改窜南路韩庄、台庄及清淮一带，图窜运东等语。臣当即飞咨漕臣吴棠及郎中李昭庆各军一体准备，以期周密，一面飞催潘鼎新各军相机进击，大加剿洗。

除再将情形驰报外，所有连日防军击退扑河贼股各缘由，理合恭折驰奏，伏乞皇太后、皇上圣鉴训示。谨奏。

同治五年十月初六日午刻奉到回折："军机大臣奉旨：'另有旨。钦此。'"

请赏还丁宝桢布政司顶戴片[1]

同治五年九月二十八日

再，今年二月捻匪聚窜东境，彼时臣因疾请假，藩司丁宝桢护理抚篆。因曾国藩驻军济宁，径商军务，一闻捻踪东窜，创议防运之策。时东省兵力甚单，惟总兵杨飞熊、副将王心安两军均在曹西堵剿，运河一带仅有数营之勇，而堤岸平衍，未立墙垣。该司丁宝桢由济宁亲赴沿河堤岸，往来布置，督同知府王成谦、龚易图等调集兵团，妥为布守，一面飞调杨飞熊、王心安两军回防。迨臣力疾到营，诸事均臻周密，故能遏绝贼氛，未令窜运。九月黄崖匪徒滋事，该处逼近省垣，人心惊骇，该司丁宝桢闻警之日即带省防兵勇，漏夜前赴长清，遏其窥省之路，众心始有所恃，故臣得由西路进兵，迅为剿灭。臣蒙圣恩赏还顶戴，实不敢湮没该司之功。相应据实陈闻，可否仰恳天恩赏还藩司丁宝桢布政司顶戴之处，出自逾格鸿施。谨附片具奏，伏乞圣鉴训示。谨奏。

军机大臣奉旨："前已有旨，赏还该藩司顶戴矣。钦此。"

遴员调补要缺知县折

同治五年九月二十八日

奏为遴员调补要缺知县，恭折奏祈圣鉴事：

窃照单县知县徐福臻于同治五年五月二十五日丁忧开缺，所遗员缺原系沿

---

[1] 此片据"阁档"补录，排在同治五年九月二十八日奏折之后，时间疑有误。

河繁疲难兼三要缺，例应拣员调补。该县现虽黄河改道，而捻匪出没，贼氛奔窜，地实当冲，环接皖、豫，为东省西南门户，且地瘠民强，素称难治，堵御巡缉，抚绥安辑，均关紧要，非精明强干之员弗克胜任。臣督同藩、臬两司，于通省州县内逐加遴选，均与此缺不甚相宜。惟查有蒙阴县知县刘守曾，现年四十四岁，江苏增贡生，报捐县丞，指分山东试用。因在南省著有劳绩，历次议奖。咸丰七年，随剿洋匪、土匪出力，保举俟补缺后以知县用。八年，加捐三班，以知县仍归山东候补班补。十一年，因守城剿匪出力，保归候补班尽先补用。又以攻剿微山湖、黑寨等处出力，保举俟补缺后以同知直隶州知州用。同治元年到省，奏补蒙阴县知县，调取引见，尚未启程，调署单县知县。该员年壮才明，办事切实，以之调补，实堪胜任。惟尚未引见，与【例】稍有未符，而该员现署斯缺，戢暴安良，防剿捻匪，尚为得力，尤当因地择人，未便拘泥成例。据藩、臬两司会详前来。合无吁恳天恩俯念员缺紧要，准以蒙阴县知县刘守曾调补单县知县，实与要缺有裨。如蒙俞允，俟接准部复，即行给咨送部引见。该员任内并无承缉盗案已起四参有关降调展参处分，接征钱粮年限未满即行交卸，其余因公处分例免计算。所遗蒙阴县知县员缺，东省现有应补人员，另行拣员请补。

谨会同署河东河道总督臣苏廷魁，合词恭折具奏，伏乞皇太后、皇上圣鉴训示。谨奏。

同治五年十月十二日奉到回折："军机大臣奉旨：'吏部议奏。钦此。'"

审明郯城县监生京控讯无冤抑仍照原案拟结折
同治五年九月二十八日

奏为京控原告遣属翻控，审明并无屈抑，仍照原案拟结，恭折具奏，仰祈圣鉴事：

窃照郯城县监生王丕光，以李小山等焚杀六命、逼结押毙等词，控经都察院，于同治四年十一月二十三日奏奉谕旨："都察院奏：'山东监生王丕光，以李小山等焚杀六命、逼结押毙等词，赴该衙门呈诉。此案于上年六月并本年闰五月间，先后在该衙门呈控，迭经降旨交阎敬铭等提审。兹据王丕光呈称，伊叔父王公原仅与李小山等对质一次，问官任伊狡供，将伊叔逼认诬告，屡被酷刑致死。'等语。案关委员刑逼毙命，虚实均应彻底根究。著阎敬铭亲提人证、卷宗，秉公研讯确情，按律定拟具奏，毋稍徇纵迟延。原告王丕光，该部照例解往备质。钦此。"臣查王公原京控一案，业据升任臬司恩锡审明拟议，解经臣饬委藩司丁宝桢代勘，由臣复核奏结。维时臣在兖州办理防务，未便将原被、人证纷纷提营，因兼署臬司卢定勋并非原审之员，无所用其回护，经臣饬委行提人卷，秉公研讯。兹据审明，拟议解勘。臣现在东平筹办防剿，饬委藩司丁宝桢代勘无异，录供呈送前来。臣复加查核。

缘王丕光籍隶郯城县，遵例报捐监生，与李小山等无嫌。咸丰十一年间，李小山等经县派充团长，王丕光胞叔王公原因与商办筑圩，意见不合，口角结嫌。嗣捻匪扰及邻庄，李小山等集团往救。适有另股捻匪宋三岗等骤至，李小山等不及回御，致被窜入庄内焚掠，将王公原并伊家属掳去，关禁勒赎。王公原侄孙王喜等四人不服关禁，被贼杀害。邻庄冯锡瑞用银将王公原等赎回。同治元年间，捻匪复窜至该庄，王公原之侄王五儿等二人逃避不及被杀。时伊族人王谨从逆，潜匿兰山县境，经县访闻，带领李小山等拿获，讯明正法。饬查王谨逆产，李小山等误将王谨祖遗产业系王公原应分房地一并报明入官。王公原心疑李小山等挟嫌勾匪，扰害拖累，起意诬告泄忿，即以李小山等恃团勾匪劫杀、掳赎霸产，并添砌掘坟见尸、差役私押索诈等情遣抱晋京，控经都察院奏，解回东饬司提省，督同委员，审系诬告。王公原惧问重罪，意图挟制，复捏问官庇匪诬良、匪刑逼结等词遣抱晋京，控经都察院复奏，解回东催司切实查讯究明，王公原所控各情全属子虚，将王公原革去监生，依"蓦越赴京告重事不实"例，拟发边远充军，在押病故。将李小山等解经臣饬委代勘，由臣复核奏结。讵王公原于未死之先，自知病重不起，即以问官任令被告狡供、逼伊认诬、酷刑致死等情，代王丕光写就呈词，交付收执，嘱令俟伊死后代为翻控。王丕光痛叔情切，未察虚实，于王公原死后，即将所交呈词晋京赴都察院具控，究诘原审并无屈抑；该原告翻控并非出自己意，应仍照原案拟结。

查王丕光京控各情，系伊已故胞叔王公原生前代写呈词，嘱令投递，并非该原告自愿翻控，且一经到案，即据实供明，情同自首，应从宽免其置议。王公原所控李小山等恃团勾匪、劫杀、掳赎、霸产各情，前经审系诬告，依例拟军，委系在押病毙，并无别故，应毋庸议。李小山等讯无恃团勾匪、劫杀委员，亦查无刑逼毙命各情事，均毋庸议。至王公原应分祖遗产业之房地，饬县查明给还。余均仍如原议办理。

除供册咨部外，理合恭折具奏，伏乞皇太后、皇上圣鉴训示。谨奏。

同治五年十月十二日奉到回折："军机大臣奉旨：'刑部知道。钦此。'"

审明陵县回民京控申诉不实按律定拟折
同治五年九月二十八日

奏为审明京控，按律定拟，恭折具奏，仰祈圣鉴事：

窃照陵县回民谷攀升遣抱马平，以刘玉振等纠众焚杀等词，控经都察院，于同治四年七月二十九日奏奉谕旨："此案著交阎敬铭督同臬司，亲提人证、卷宗，秉公严讯确情，按律定拟具奏。抱告民人马平，该部照例解往备质。钦此。"当经行司饬提严讯。兹据兼署臬司卢定勋审明，拟议解勘。臣在东平筹办防剿，饬委藩司丁宝桢代勘无异，录供呈送前来。臣复加查核。

缘谷攀升系陵县回民，与刘玉振等邻庄，素识无嫌。咸丰十一年间，南捻迭扰东境，各处土匪、马贼乘机窃发。该县各乡办团守御，刘玉振、吴龙太、吴养纯经县派充团长，张凤云、张清居充当团丁。维时临邑县人和团团长陈贯甲因马贼半系回匪，屡次购线访拿。是年九月间，直隶沧州一带回匪勾结盐枭竖旗聚众，声称往寻人和团复仇。陈贯甲闻信调集练勇前往迎击，邀同刘玉振等带团帮助，于二十六日，在陵、德交界之汴梁镇地方与回匪接仗，互有杀伤。回匪败走，陈贯甲与刘玉振等跟踪追剿，由谷攀升庄内经过。回匪随拒随逃，与团勇互放枪炮。谷攀升之嫂谷杨氏、堂侄谷有祥、谷振江、谷太并伊表兄冯四、冯连选，或因帮同马贼打仗，或因逃避不及，致被不识姓名团勇格杀、误伤，或于事后病故；庄上房屋并被枪炮遗火烧毁；牛驴、资财，土匪乘乱抢散。谷攀升先经外出，并不知情，随后回家，查知因住宅烧毁无存，亲族死亡多人，心生悲忿，疑系刘玉振等杀害，屡次查访，未知的确。同治二年间，东昌教匪宋景诗滋事，扰及邻封，该县谕令各团防堵。刘玉振因团费无出，劝令各庄量力捐资。谷攀升捐凑京钱三十千，央托张竞宗转交团局。吴养纯后因防堵日久，经费短绌，又赴该庄劝捐京钱七千七百文，粮食数袋。谷攀升因团局屡向科派，疑系勒诈，心怀不甘，即将所捐京钱三十千作为三百千，七千七百文作为七十七千，粮食数袋作为米十余石，并添砌陈贯甲给伊印谕，不许告状，及杨洽勒银二十三两等词，先后由县、府、司控经臣批司提审。因委提人证不齐，尚未集讯。谷攀升心疑刘玉振等抗提，县役曹凤阁等护庇，复照历控情节具呈，遣令工人马平作抱，晋京赴都察院具控，讵非有心诬告，亦无起衅别故，应即议结。

查律载："申诉不实者，杖一百。"等语。此案谷攀升京控刘玉振等恃团勒诈、焚掠杀人各情，虽讯系事出有因，或图准添砌，并非平空妄告，第控词究属失实，自应按律问拟。谷攀升合依"申诉不实者，杖一百"律，拟杖一百，折责发落。刘玉振、吴龙太、吴养纯、张凤云、张清居均讯无恃团焚掠杀人，并屡次勒诈抗提不到情事，应毋庸议。陈贯甲剿捕马贼、回匪，并无不合，应与不知控情之抱告马平，均毋庸议。

再，此案审限有无迟逾，饬司扣明详复，另行咨部核办。

除供册咨部外，理合恭折具奏，伏祈皇太后、皇上圣鉴训示。谨奏。

同治五年十月十二日奉到回折："军机大臣奉旨：'刑部知道。钦此。'"

驰报剿灭肥城黄崖山张积中聚众抗兵折

同治五年十月初七日

奏为肥城县属黄崖山匪徒聚众焚掠，据寨抗兵，经臣亲督兵勇围山剿办，登时全行歼灭，恭折驰报，仰祈圣鉴事：

窃查肥城县属西［东］北有黄崖山，接连泰安各山，周遭百余里，山径丛杂，地势险峻，居民因山坳分住三庄，山顶结一石寨，为避乱聚居之所。咸丰十一年，有扬州人教职张积中在彼居处，素以授徒教书为事，相安已久，并无不法踪迹。去年十月，据潍县禀报，拿获王小花供称，曾有人召其往黄崖山认张积中为师，彼处聚徒多人各情。当即派员往查。据禀，张积中系前任临清州知州全家殉难之张积功胞弟，世袭云骑尉、现在山东候补知县张绍陵之本生父，习静居山，以授徒讲书为业，即省中官幕，亦有挟眷居山者，并无违悖情迹。臣复各处访问，皆言张积中于咸丰年间曾为前湖广督臣周天爵明保，并在两江各处戎幕，现年逾六十，学问优长，多以性理教人各情。又因王小花语涉可疑，饬令提省究办。研审数月，王小花并不识张积中，系闻人言，而传言之人追究未获。王小花与张积中两不相识，未便提案对质。且张积中系忠荩之家，宗族亲戚，科第簪缨，似不至聚匪为非，碍难以影响无据之词，遽行严究。

忽于九月二十四日，正发、捻逆股扑运防紧急之际，接青州府阎廷佩、益都县何毓福禀称，拿获匪犯冀宗华、冀北栋，供出同拜黄崖山张七即张积中为师，现山中业已聚集多人，令彼等赴青州一带勾匪，定期九、十月间起事，先取青州，后取济南各情。随又接临朐县何维堃禀称，获匪郭嗣清等十一名，均供认与黄崖山结众滋事，余供与冀宗华等相同。该府县业将各要犯正法，并留一犯待质各等情。臣即飞饬提省究办，一面派拿张积中到案对质。二十六日，接藩司丁宝桢禀称，因接益都、临朐两县禀报，当由省派守备唐文箴，会同肥城县知县邓馨、长清县知县陈恩寿于二十四日赴山，拿张积中到案。该张积中深藏山寨，闭匿不出。该员等守至夜间，适在山庄居住之候补知府、前任济南府知府吴载勋，系张积中姨表兄弟，仓皇移家出山，并闻寨上汹汹聚人。该员陈恩寿、唐文箴见事已变，乘夜逃出，竟有多人追逐。陈恩寿尚有家人一名在后，即被杀害。二十五日，该匪等遂将各处山路堵塞，禁绝人行，并逼胁附山各居民入寨。二十六日，山上遍立旗帜，击鼓聚人，并派匪党下山焚掠，共焚烧村庄十余处。二十七日，该匪党头裹红巾，分路焚掠，在东张庄杀死民人数名，杀死驲递马夫二名。

臣在东平行营于二十七日始经得信，彼时运西捻股甫经防军击退，向嘉祥奔窜，臬司潘鼎新一军已抵嘉祥。臣接报后，以该匪徒虽系甫经啸聚，惟闻有勾结东府匪徒，及北路盐枭甚多。该处逼近省垣，患居肘腋，且以才人举事，计必多端；又因捻匪近在河西盘旋，更虑内外勾结，大肆蔓延，必须迅速及早除灭，而该处山势深广，非多集兵力难以密为环裹。因函告潘鼎新，令暂守河墙，若捻贼远遁，分营助剿黄崖。一面飞调河防各军，匀抽队伍，派参将姚绍修带千人为头队，游击王正起带二千人为二队，臣亲督知府王成谦带四千人为三队，又调副将王心安带一千五百人为四队，均于二十八九日星夜向平阴进发。先调千总王萃带马队随营务处道员潘骏文星速先往，踩看山路。适藩司丁宝桢虑运防正紧，臣难回顾，即由省带领游击郭大胜、守备冯胜林勇营千人、营兵四百名，驰到长清进剿。臣以省防万分紧要，谕将勇营留住山口，嘱丁宝桢速即带兵回顾省防，并严为稽查弹压。臣赶督各军，兼程并进。

二十八日，千总王萃带马队先抵距黄崖十八里之水里铺，适匪众在彼抢掠，经马队追剿，获贼数名，该匪遂退入山。王萃即扎水里铺，以通省城文报之路。初一日，参将姚绍修抵水里铺，即时督队入山，行至山内石岭贼卡，小路如线，该匪等竟敢恃隘列队，扼守抗拒。贼占得地势，酣战两时，官军几不能入。姚绍修亲自开炮击毙匪众十余名，并矛刺贼首刘耀东一名。适游击王正起由东边山口带队而来，合力猛战，将匪股压退，夺获抬炮、鸟枪、竹枪多件，旗帜十面，并在庄中起出号衣四十余件，写有"太平天国"字样。该匪被击回窜，姚绍修、王正起二队一气直前，奋力追剿，将该匪所设各处要路、山口石卡，均行拆焚夺回，连夜分路直登山上，据其要害。王正起即扎营该匪北寨门外峰顶，据其要害，断其大井汲道，该匪即全行入寨闭守。该二将夺卡夺山，已为得机得势，扼断贼之咽喉。初二日，知府王成谦带队赶到，遂即分登各处山顶，四面布围。初三日，臣督带各营俱赶到齐，因查该寨出山歧路极多，非将各军密布要隘，层层布守，一经破寨，必致乘间窜逸，贻害地方。又以各军奔驰数日，令稍蓄锐气，传谕各营暂缓进攻，先悬示谕降，以期解散。又调到知府吴载勋，令作谕函，遣人入寨，谕令早出。一面飞饬各军，将该山四面大小远近各山口概行堵截，分营分哨据险扼扎。适兖州镇范正坦带兵赶到，济东道卫荣光由河北调到同知刘时霖一营，泰安府锡惠、肥城县邓馨各带勇役、民团，处处协守。初四日，副将王心安带三营登山，并断其小泉汲道，该匪遂无勺水可得。计马步兵勇一万二千余人，处处环扎，山内山外各路毫无泄漏，均已周密。

初五日，吴载勋遣去之人持回张积中逆函，据称不逞之徒，劫令主盟，势不能出，且有要胁狂言。臣犹勒限一日，谕令早出，乃竟无一人来投，且开枪抛石，击伤士卒。臣知兵勇养锐二日，该匪逆势已成，难事姑容，分授各营机宜，期于一鼓成擒。初六日黎明，臣饬令知府王成谦督四营由西面上山进攻，游击王正起督四营由东面上山进攻。该逆寨悬崖陡壁，羊肠鸟道，极难攀援，寨墙尤峻，难施人力。前两日，各营已暗窥路径，兼作钩梯，各军奋勇直登，逼其寨下。该逆犹敢拼死抗拒，枪石如雨，击伤弁勇数百名。知府王成谦由西面连放开花炸炮，轰毙站墙逆匪多名。参将姚绍修由西寨门扒墙直上，守备曹正榜由悬崖之下开路争登，该逆犹相持不退。时游击王正起由东面督军前进，兵勇稍却，王正起手刃数勇，极力逼赶，直从东寨门扒墙上攻。该匪飞石如雨，千总万年清头受重伤，血流遍体；千总张福兴腰腿均受重伤，俱各带伤摧坚，略无退阻。游击王正起极力督攻，奋猛喊呼，我军勇气百倍，从矢石枪炮之中，崎岖险陡之路，四面分队同时攀登，一鼓直上，而姚绍修、曹正榜等军亦由西路登墙，遂两路挥军进杀。适副将王心安亦由东山分队赶到，先后入寨。该匪众犹在寨中持械拒战，官军且战且杀，将悍党七八百人尽数歼除；其夺路奔出股匪，又经各隘分扎各军参将宋延德、都司李元、游击郭大胜、守备李炳武、同知刘时霖、县丞裕凯等分路剿杀，搜洗净尽，共歼除匪党一千六七百名，坠崖落沟死者无算。该匪张积中及其子张绍陵均自焚诛，其余匪党及勾结枭匪千余人，均经悉数歼除，无一漏网。先是潘鼎新亦急于歼除内患，初二日由济宁督军前来，现已函止，并一面函调藩司丁宝桢来营办理善后。现在地方均已安帖。

伏查此股匪徒窃发，骇人听闻，变起仓猝，皆仰赖圣主如天之福，得以登时歼灭。各将士漏夜兼程迅驰围剿，未任勾结蔓延，又不避危险，飞速拔寨，清除内患，实为异常出力。所有首先破寨之知府王成谦，请免补知府，以道员尽先补用，并赏加按察使衔。副将衔参将姚绍修，请以总兵记名简放，并赏加勇号。副将衔游击王正起，请以副将尽先补用，并请赏加勇号。守备曹正榜请以游击用，并赏加勇号。蓝翎千总万年清请以都司用，赏加游击衔，并赏加勇号。都司李炳武、李元、杨殿邦、汪宗发，均请以参将尽先补用；杨殿邦请赏戴花翎。千总王学礼、张福兴均请以都司用，赏加游击衔，并赏戴花翎。守备陈长春、吕奎，均请以都司用，并赏加游击衔。千总王林魁请以守备用，赏加都司衔，赏戴花翎。五品翎顶赵玉荣，千总崔起凤、吴远富，把总官得禄、晁文忠，均请以守备用，并赏戴花翎。卫千总郑良弼请以卫守备尽先补用，并赏戴蓝翎。千总王建功请以都司用，并赏加游击衔。外委张仕忠、黄得胜、吴大发，均请以千总用，并赏加守备衔。外委胡成元，请以千总用，并赏戴蓝翎。候补县丞裕凯，请免补县丞，以知县尽先补用，并赏加五品顶翎。以上各员弁实皆冒险冲锋，力战拔寨。又访获破案之青州府知府阎廷佩，请以道员用。运同衔署益都县知县何毓福，请补缺后以同知直隶州用。临朐县知县何维堃，请以同知直隶州用。仰恳天恩俯允均准给奖，以昭激劝。各营扒寨勇丁，已由臣赏给银八千两，以示奖励。其余在事出力文武员弁，容臣详查，择尤另行请奖，再乞恩施。

至此次变故，实出情理。臣以事变猝乘，不得不勉策病躯，竭蹶从事，日来极形病惫，而东平河防未尽布妥，臣在此办理数日，仍当扶病前往东平督率一切。

所有黄崖山寨匪徒聚众滋事登时歼灭各缘由，理合恭折驰奏，以慰圣廑。伏乞皇太后、皇上圣鉴训示。谨奏。

同治五年十月十三日奉到回折："军机大臣奉旨：'另有旨。钦此。'"

请将候补知府吴载勋革职发往军台片
同治五年十月初七日

再，候补知府吴载勋系张积中姨表兄弟，向亦偶居黄崖，尚非同庄近邻。

该匪滋事之先，吴载勋即行出山。若谓吴载勋通匪，遍加查访，实无确据。惟当邓馨、陈恩寿、唐文箴往拿张积中时，适遇吴载勋，据称张积中实往游五峰山，随后令其到案各情。嗣张积中抗拒势成，大烦兵力，吴载勋实难辞误事之咎。应请旨将候补知府吴载勋即行革职，永不叙用，发往军台效力赎罪，其家属亦即驱逐出东，勒令回籍，如稍逗留，即行拿办。谨附片具陈，请旨遵行，伏乞圣鉴训示。谨奏。

同治五年十月十三日奉到回折："军机大臣奉旨：'另有旨。钦此。'"

张积功世职请准旁支承袭片
同治五年十月初七日

再，张积中以簪缨世族，平日言论奇邪，行踪诡秘，勾结匪党，叛逆显然，实属罪无可逭，业经举室焚诛，足昭炯戒。惟其胞兄原任临清直隶州知州张积功，全家殉难，以该犯之子张绍陵为嗣，承袭云骑尉世职。今张绍陵亦陷于罪，理宜夺职。复查张积功死事情形甚为惨烈，仰蒙恩旨，从优议恤，似未便令其绝嗣。可否吁恳天恩，将张积功应给世职仍准于旁支内拣人承袭，以励死节，或停止承袭世职之处，相应请旨饬遵。理合附片陈明，伏乞圣鉴训示。谨奏。

同治五年十月十三日奉到回折："军机大臣奉旨：'另有旨。钦此。'"

请将简缺福山县改为繁缺折
同治五年十月十六日

奏为简缺知县请旨酌改繁要，以资治理，恭折奏祈圣鉴事：

窃照东省州县，凡题调要缺，统归酌补，其中简之缺，则系按班请补。惟今昔情形互异，有名为中简而实同繁要者。查登州府属之福山县，本系海滋简缺，现在所辖烟台为中外通商码头，华洋杂处，人烟稠密，海舶连樯，而至上岸交易互市，最易滋事，东海关监督常驻于此，弹压抚绥，均关紧要，实为沿海繁难要缺，必得精明干练之员，方资控驭，断非初任轮选轮补者所能胜任。惟有因地因时变通办理，将福山县知县一缺改为繁要，以重地方。据藩司丁宝桢、兼署臬司卢定勋等议会详，并声明改易缺分，例应繁简互换。现在东省要缺，逐一查核，无可改简等情，请奏前来。臣复加访察，确系实在情形。

查例载："大小各缺，不得妄请更改。如实因繁简不符，须于题调要缺内，酌量改简互换。"等语。辰下东省并无可以改简之缺，而福山实属繁要，未便拘泥成例，转致贻误。相应请旨，将福山县改为繁缺。嗣后知县缺出，拣择干练之员酌补，实于海疆夷务大有裨益。

臣为慎重地方起见，理合恭折具奏，伏乞皇太后、皇上圣鉴训示。谨奏。

同治五年十月廿八奉到回折："军机大臣奉旨：'吏部议奏。钦此。'"

海丰官绅捐修城围制造军械请予奖叙折

同治五年十月十六日

奏为官绅士民捐资修筑城围并制造军械，恳恩给予奖叙，恭折仰祈圣鉴事：

窃照慎固封守，以筑城凿池为要务，而时值城郭不完，寇氛已逼，惟有赶筑土围，修铸军械，藉固藩篱而资防御。查武定府属海丰县，西界庆云，北控溟海，为直、东之门户，无险要之山溪。旧有土城一座，周围二里有奇，高不及一丈，厚不逾二尺，并无雉堞女墙，年久失修，日见倾圮。其护城濠堑旧本浅狭，近复陷淤，不能引水。频年怵于经费短绌，且新土与旧土不相胶合，难以兴工。经现署菏泽县前任海丰县知县江继爽查明，旧有濠堤虽已湮没，尚有形迹可寻，邀集绅耆，督匠按址丈量，统计周围十五里二百一十步，公议建修土垣，外面壁立陡削，内筑土牛，可以登守。其土取诸濠内，即以浚濠，以及泉畅水为度。紧要道口六处，于濠内安设吊桥，建置栅门。垣之四周，密排炮眼、枪孔，并添盖更棚瞭台，再加修铸炮位、抬枪及一切城守要件，需费甚巨，而海滨瘠区，集腋较他处倍难。该县江继爽倡捐银五百两，一面劝谕城乡商民量力输将，期于众擎易举。统计共制钱二万一千三百一十九千三百四十文，于同治元年三月初开工，十月底工竣。报经前抚臣谭廷襄饬司委员验收，均系工料坚实，造册呈由藩司详请奏奖，并声明捐资少者概归外奖等情前来。

臣复查修建城围，即仿古人坚壁清野遗意，如遇寇变，城厢丁壮，分段防守，近城居民，均可迁徙，以实其中，捍患卫民，莫此为要。前因工程甫竣，捐项不齐，未便遽请奖励。现将出入账目一切核明，并确查所筑围墙历经伏雨秋霖，毫无塌卸，护濠亦周绕深通，旧城坍圮之处逐段粘修整齐，枪炮亦精炼如式。海丰为贫瘠之区，竟能深明大义，乐事趋功，所有捐资出力各员名，自应破格优奖。

除清册咨部外，理合恭折具奏，并开列清单，敬呈御览。合无仰恳天恩俯准敕部核奖。

再，此案捐输银钱，并纳报销，统照制钱数目核计，俾归画一。知县江继爽捐银五百两，据称不敢仰邀议叙，惟劝捐倡始，督修罔懈，亦当量予酬庸，应请移奖其子江廷瓒，以昭激劝，合并陈明。谨奏。

同治五年十月廿八日奉到回折："军机大臣奉旨：'户部核议具奏。单并发。钦此。'"

同治五年秋禾约收分数折
同治五年十月十六日

奏为恭报本年秋禾约收分数，仰祈圣鉴事：

窃照秋禾约收分数，例应奏报。本年各属秋禾，或因淫雨较多，或因湖河并涨，未能一律畅茂，而均匀牵计尚称中稔。兹据藩司丁宝桢转据各该府州查明约收分数，汇核具详前来。臣复加查核。沂州、登州、莱州等三府，均约收六分余，济南、东昌、泰安、武定、兖州、曹州、青州、临清、济宁等九府州，均约收五分余，合计通省收成约有五分余。

除俟查明确收分数再行具题外，所有本年秋禾约收分数，理合恭折具奏，伏乞皇太后、皇上圣鉴。谨奏。

同治五年十月廿八日奉到回折："军机大臣奉旨：'知道了。钦此。'"

同治五年上忙漕粮已未完分数折
同治五年十月十六日

奏为本年征收上忙漕项钱粮已未完分数，恭折奏祈圣鉴事：

窃照各属征解漕项钱粮，例应分别上下两忙将完欠数目恭折奏报，历经遵办在案。兹据督粮道沈维璨详称：同治五年分各州县应征上忙一半银二万五千七百二十三两一钱三分九厘，内除长山、阳信二县本年青黄不接案内缓征银四十二两二钱五分，实应征银二万五千六百八十两八钱八分九厘，已完银八千一百四十一两六分九厘，未完银一万七千五百三十九两八钱二分。查漕项银两向于地丁项下统征分解，以作随漕支用之款。各属上忙钱粮先尽司库解兑，以故漕项完解较少，俟下忙尽数划解。又原报历年未完漕项共银五万五千一百三十两九钱七分五厘，内除邹县等州县续因秋禾被灾蠲缓银二千九百二十五两五钱六分八厘，实应征银五万二千二百五两四钱七厘，续完银五千七百四十九两一钱八分六厘，内据历城等州县具报前任已征未解银三千二百六十二两七钱三分七厘，现在分别催追外，仍未完银四万三千一百九十三两四钱八分四厘，造册详请具奏前来。臣复核银数相符。

除将新旧未完银两饬于下忙赶紧催征，尽数提解，并将款册咨部查核外，理合循例恭折具奏，伏乞皇太后、皇上圣鉴。谨奏。

同治五年十月廿八日奉到回折："军机大臣奉旨：'户部知道。钦此。'"

请将漕麦暂行改征粟米折

同治五年十月十六日

奏为本年麦收歉薄，请将漕麦援案改征粟米，恭折奏祈圣鉴事：

窃照东省漕粮项下，例应征麦十分之一，遇有歉收，向系改征粟米，历经遵办在案。

兹据督粮道沈维墌会同藩司丁宝桢详称：历城等州县，本年自春徂夏，雨泽愆期，二麦缺雨滋培，颗粒未能一律饱绽，不堪兑运，若令照常征收，必须卖米买麦，实于民情多所未便。恳予援案改征粟米，以便输纳等情，请奏前来。臣复查无异。合无仰恳天恩俯准，将历城、章邱、齐东、齐河、济阳、禹城、长清、陵县、德州、平原、肥城、惠民、青城、阳信、乐陵、滨州、蒲台、郓城、观城、朝城、聊城、堂邑、博平、茌平、清平、莘县、冠县、高唐、夏津等二十九州县本年应征漕麦，暂行改征粟米，交帮兑运，俟明岁麦收丰稔，仍复旧制。理合恭折具奏，伏乞皇太后、皇上圣鉴。谨奏。

同治五年十月廿八日奉到回折："军机大臣奉旨：'著照所请。户部知道。钦此。'"

谢赏还二品顶戴折

同治五年十月十六日

奏为恭谢天恩，仰祈圣鉴事：

窃臣于本年十月初七日具奏肥城黄崖山匪徒滋事督兵剿灭一折，于十月十三日奉到回折："奉旨：另有旨。钦此。"同日，准军机处寄："奉上谕：阎敬铭奏肥城县匪徒滋事督兵剿灭一折，办理迅速，甚属可嘉。阎敬铭著加恩赏还二品顶戴各等因。钦此。"又同日，准军机处寄奉上谕："匪首张积中以职官据寨叛逆，该地方文武员弁平日漫无觉察，实难辞咎。此次该抚督兵剿办，尚属迅速。第恐余党伏匿，仍思勾结滋蔓，断不可含混了事。此外有无潜伏未发匪徒，著该抚严饬各属，随时留心查办，倘有讳饬不报者，即著随时严参各等因。钦此。"仰见圣恩优渥，指示周详，伏读之下，感悚万状。谨即恭设香案，望阙叩头，祗谢天恩讫。

伏查黄崖匪变，事起仓皇，仰赖天威，立时歼灭，斯实威福遐宣所致。微臣身膺疆寄，不能觉察于前，消弭于后，直至叛状昭著，始用兵威，负疚万端，扪心自责，乃蒙宽典，不予谴惩，转荷加恩赏还顶戴，闻命自天，汗颜无地。现查肥城一带均已安静，该匪余孽均已就地歼除，流民归耕，安堵如故。藩司丁宝桢业令回顾省防，以镇人心。至该匪张积中素以诗书售其邪说，并以货殖鼓弄愚民，故受惑多徒，敢于倡乱；直至揭竿煽变，而众论犹觉纷纭。现幸首恶已诛，罪状昭著；附恶徒众，均已就歼，众心暂觉安帖，地方已为静谧。臣现一面大出晓谕，通告各属，宽免受惑之众，以安群疑；仍一面密饬各属，密查在逃余党，以绝根株。倘该地方官仍前聋聩，惟有立从参办，期安闾阎，以纾宸廑。至此外有无伏匪，更当严饬各属随时密查，以期消祸未萌，除恶务尽。

臣受恩深重，报称毫无，惟期竭力尽心，御外安内，庶仰报鸿慈于万一。所有微臣感激下忱，理合恭折具奏，伏乞皇太后、皇上圣鉴。谨奏。

同治五年十月廿八日奉到回折："军机大臣奉旨：'知道了。钦此。'"

试用知府曹浚澄一年期满验看甄别片

同治五年十月十六日

再，查捐纳道府到省一年期满，由该督抚察看才具，奏明分别繁简补用，历经遵办在案。兹查试用知府曹浚澄，现年三十七岁，江苏监生，遵例递捐至知府，指分山东，同治四年八月初四日到省，扣至五年八月初四日，试用一年期满，报由藩、臬两司验看甄别具详。臣因防堵公出，札委藩司丁宝桢代验，复称该员曹浚澄明白安详，堪胜繁缺知府之任等情前来。

除将履历清册咨部外，理合附片奏闻，伏乞圣鉴。谨奏。

同治五年十月廿八日奉到回折："军机大臣奉旨：'吏部知道。钦此。'"

审明诬告谋逆京控按例定拟折

同治五年十月十六日

奏为审明在籍游击京控叛逆重情，按例定拟，恭折奏祈圣鉴事：

窃臣于同治三年七月二十一日承准议政王军机大臣字寄："十七日奉上谕：'据都察院奏，山东在籍游击常启云呈控菏泽县著名恶监王克一，本系李灿章叛时谋主，潜匿直隶东明县境内，近来颇不安分，唆讼陷人，聚众筑寨，诡诈多端。伊子王墀当时为贼耳目，次子同田、三子蓝田为贼千长。又借前为捻头之王峰为羽翼，并将该游击之次子常国泰逼入伙中，其族侄常国栋现署成武把总，曾因私图财物，纵匪远飏，请饬查拿等语。直隶、山东毗连州县，久为匪众出没之区，现在两省已就肃清，犹恐余逆潜藏，积久生乱。若如该游击所控是王克一等漏网之后愈逞强横，并有助逆纵匪之人，如果属实，大为地方之害。著刘长佑、阎敬铭密派妥员，分往查拿，按名弋获惩办，毋任逃匿。其所称清查各寨，参以保甲之法，不令书役与匪徒潜通消息，所言是否确凿，并著妥筹办理。常启云原呈均著摘抄，交给阅看。将此各谕令知之。钦此。'"遵经行司密委候补知府晏方琦前往会同曹州府知府来秀查明，王克一等并无聚众筑寨，以及唆讼陷人，并从逆纵匪情事。一面由臣派委候补同知刘时霖驰往，会同该县江继爽访查常启云藏匿河南祥符县境，先后禀复到臣。正拟具奏间，复承准议政王军机大臣字寄："十月初一日钦奉上谕：'前据都察院奏，山东在籍游击常启云呈控菏泽县监生王克一唆讼陷人、聚众筑寨等情，当经谕令刘长佑密拿惩办。兹据刘长佑奏称，派员会查王克一并未潜匿东明县境聚众筑寨。伊父子素日安分，与被控武生王峰即王瑞峰等均无为匪从逆、唆讼陷人情事。王克一投案请质，具见心迹坦然。常启云曾经伊父呈首不孝多款，伊子常国兴在籍办团，种种妄为皆由常启云主持助恶。兹复饰词赴京妄控，实属居心险恶。原被告皆籍隶山东，请饬就近提讯等语。常启云所控王克一助逆纵匪各款，情节重大。既据刘长佑查明王克一系安分良民，若非将该原告提案三面质明，不足以折服其心。常启云平素既不安分，辄敢挟嫌捏词妄控，心术险诈，可恶已极。此等刁风断不可长，亟应从严究办。著阎敬铭确查常启云现在曾否回籍，提集案内应讯人证，就近派员审讯，从重惩办，毋任奸徒狡展，以成信谳。原折单著抄给阅看。将此谕令知之。钦此。'"经臣奏请，将常启云革职拿问，一面札委刘时霖会同江继爽，将常启云拿获提省，委司严审。兹据兼署臬司卢定勋审拟解勘。臣在东平筹办防剿，饬委藩司丁宝桢代勘无异，录供呈送前来。臣复加查核。

　　缘常启云籍隶菏泽县，曾任广西游击，告病回籍，与监生王克一并其子王墀、王同田、王蓝田邻庄，素识无嫌。咸丰六年间，王克一因黄水涨发，恐被淹浸，与邻庄公筑堤堰堵御。常启云之父常德重因住庄先被水淹，无处疏消，即带领多人，将王克一等所筑堤堰私掘泄水，以致王克一住庄亦被水淹。王克一控县传讯未到。经武生王瑞峰即王峰处令常德重向王克一庄上服礼，将黄水设法疏消，与王克一呈县销案。十一年间，常启云之子常国泰与王蓝田、李灿章先曾办团，后与侯作标、常廷鄂即常廷我谋叛滋事。经官兵击散，侯作标、常廷鄂旋被该县拿获，讯明正法。李灿章带同常国泰、王蓝田赴僧格林沁军营投诚免死。是年南捻由王克一庄上窜过，王墀、王同田与王瑞峰均被贼匪裹去，旋各乘间逃回。同治二年间，王克一因南捻时常出没，与附近各庄议筑土围，以资保卫，嘱令王蓝田禀县请示。该县因各庄人户无多，距城较近，有警尽可搬入城围，不必另立围寨，致碍防守，批饬不准。嗣王克一赴直隶东明县境避难，常启云由外回家，因王蓝田前同李灿章谋叛，疑系王克一为李灿章主谋，潜匿东明县境，复欲商同邻庄筑寨，并疑王墀等与王瑞峰当时从逆为匪，常国泰系被王克一逼胁入伙。又因王克一与各庄公筑堤堰，将伊父控告，恐系唆讼陷人。又传闻伊无服族侄常国栋前署城武把总任内，有图财纵匪远飏之事，信以为真，即以前情具呈进京，控经都察院奏奉谕旨饬查，行司密委候补知县晏方琦前往会同曹州府知府来秀查明，王克一等并无聚众筑寨，以及唆讼陷人，并从逆纵匪情事。一面由臣派委候补同知刘时霖驰往，会同该县江继爽访查常启云藏匿河南祥符县境，先后禀复到臣。正拟具奏间，经直隶督臣刘长佑委员驰往东明、菏泽等县会同确查，奏奉谕旨交臣审办。经臣奏请将常启云革职拿问，一面札委刘时霖会同江继爽将常启云拿获，提省委审。据供前情不讳，诘非有心诬告，亦无起衅别故，应即拟结。

查例载："诬告叛逆，被诬之人未决者，斩监候。"又律载："断罪无正条者，引律比附，加减定拟。"各等语。此案已革游击常启云京控王克一等唆讼陷人、助逆纵匪各情，虽讯系事出怀疑，或误闻传言所致，并非有心诬告，惟以在籍游击妄告叛逆重情，未便因其控系怀疑稍涉轻纵，自应仍按本例酌减问拟。常启云应请于"诬告叛逆，被诬之人未决者，斩监候"例上酌减一等，拟发新疆效力赎罪，仍照刑部奏定新章，改发各省驻防酌量安插。王克一、王同田、王瑞峰讯无唆讼陷人、从逆为匪情事，应与并无图财纵匪之常国栋，均毋庸议。

除供册咨部外，理合恭折具奏，伏乞皇太后、皇上圣鉴训示。谨奏。

同治五年十月廿八日奉到回折："军机大臣奉旨：'刑部议奏。钦此。'"

追剿发捻获胜及黄运两河冬防情形折
同治五年十月二十九日

奏为发、捻逆股盘旋江、东交壤处所，奔突靡定，叠经援军追剿获胜，现盘扰巨野一带，各军连日追蹑及严筹黄、运两河冬防情形，恭折具奏，仰祈圣鉴事：

窃查发逆赖汶洸、捻逆任柱等股，自九月二十八日后抢渡运河，经防军迭次击退，计无所施，遂窜向嘉祥羊山一带滋扰。时臬司潘鼎新一军已抵嘉祥，迭有胜仗。提督刘铭传一军亦抵巨野，牵制贼势，防务稍松。适有肥城黄崖山之变，臣遂亲督各军，赴肥剿办，仍分军驻守运河，一面飞调潘鼎新之军兼顾河防。迨本月初六日将黄崖匪徒剿灭，正在料理善后，据报该捻股经潘鼎新剿败，又于初一日经刘铭传追及于嘉祥之满家峒，接仗大胜。该逆遂遁向金乡、单县一带，迤及江南丰境，因闻黄崖事起，防兵内撤，又复折回北窜等情。又接潘鼎新函报，擒匪供称，该逆与河东匪徒通信，勾其回窜、渡运等语。臣于黄崖克后，即虑及运防，初七日即令各营先后拔队。初八日在肥城接信，飞饬各军连夜分赴河防。臣将善后各事交与藩司丁宝桢办理，亦即连夜回赴东平防所。各该军昼夜兼程，至初九夜及初十日早晨，均已密布河墙。探称该逆大股均于是日北窜巨野一带，因知我军均已到防，遂盘旋巨野、嘉祥之交。时潘鼎新一军回顾开河，迨东军到防，仍即出剿。刘铭传一军亦自江境折回北追。十二三等日该逆又自金乡、单县南窜，刘铭传、潘鼎新两军俱饬军追蹑，将该逆股逐向丰境湖团地面。十六日刘铭传追及于程庄地方，遇贼大股，奋击获捷，杀贼无算。十七日贼股又北窜鱼境，潘鼎新追及于翟家庄，获一大捷。十八日贼窜济宁西乡，直扑运河。时济防之军李昭庆所部提督张桂芳、总兵李长乐各营扼守河干，奋力堵击，防守甚周。适臣派去总兵赵三元水师亦于是日赶到济宁，并力防剿，该逆不敢窜渡。十九日潘鼎新追及于孙家桥，大获胜仗，杀贼千余，贼向西遁。二十一二等日，贼又北窜巨野。潘鼎新一军自嘉祥进，刘铭传一军自单县进，均抵巨野。适曾国藩所派之张树珊一军亦行赶到，遂分军追逐。二十三日贼窜郓城之飞哲集，二十四五日窜至菏、濮交界，二十五日窜至定陶城外，又向城武，二十六日又至巨野境内。各军分途追击，不稍停留，俱有斩擒，并闻贼中无食，逃溃亦多。惟据获贼供称，逆情穷蹙，极思窜突黄、运两河各等供。现在贼股仍在成、巨一带盘旋。

臣查该逆滋扰曹西，忽南忽北，来往剽疾，冀在旋绕奔窜，疲我兵力，仍图蓄悍渡河，贼情甚为狡悍。现经各援军追剿甚速，迭挫凶锋，贼势已穷。惟其渡河之谋未退，屡受惩创，终图狡逞。现渐天气严寒，河冻伊迩，黄、运两河防务綦严，而黄河之防尤为紧要。臣前奉谕旨，饬令会合援军，昼夜严防，遇贼即击，仰见圣谟指示，钦佩难名。兹查天寒河冻之时，必先严防周密，方敢派军出剿。现计运河各岸所有各防营均行列垛布置，并于墙上安设炮台，联络声势，仍饬各将弁设法打冰，密布桩栅，以为凭守。至黄河之防，一至严寒，河冰即合，冻结成桥。去岁防河曾饬设船打冰，而黄河水势，冰冻即凝，随凿随合，无所施力，亦难深恃。臣兹拟自张秋镇以至范县豆腐店东省应防汛地，多设兵营，并力据守。现计提督傅振邦、济东道卫荣光所部共有四千兵勇，均在北岸，赶筑河墙。又饬总兵赵三元所带炮船六营、水师均入黄河。天冻之时，炮船无所施展，现饬将各号炮船挽入内河安放，将船上所有炮座一律调赴黄河北岸，自张秋以至豆腐店，每里设炮台二座，协同旱营安炮驻守，以为防黄之计。惟期仰赖天威，能将冬防巩固，一俟春融，再行派队出剿，庶免疏虞。至刻下贼踪肆窜，一无定向，现有刘铭传、潘鼎新、张树珊三路大军与之角逐，当可连加剿击。

所有各该军接仗获胜详细情形，当由督臣李鸿章具奏外，合将连日贼踪纷窜、被剿情形及现筹防务各缘由，谨行缮折，由驿具奏，伏乞皇太后、皇上圣鉴训示。谨奏。

同治五年十一月初五日酉刻奉到回折："军机大臣奉旨：'另有旨。钦此。'"

请准济宁等处所募勇丁口粮作正销片
同治五年十月二十九日

再，此次捻股窜东，自八月后迭次扑运，防不胜防。运岸堤墙均经兵勇各营防守，其间济宁、东平、汶上各处俱有跨河民圩，尤为紧要，系由地方官率团布守，惟不能不藉兵力以为督率。臣经饬各该处各募勇三百名，以资督团之用。计自八月十八日起，至十月十八日止，所募勇丁口粮应准其作正开销。理合附片陈明，伏乞皇太后、皇上圣鉴。谨奏。

同治五年十一月初五日酉刻奉到回折："军机大臣奉旨：'知道了。钦此。'"

请奖恤剿灭黄崖匪众出力员弁折
同治五年十月二十九日

奏为遵旨汇保剿灭黄崖山匪众案内出力员弁，开单恳恩给奖，以资激励，恭折具奏，仰祈圣鉴事：

窃臣于同治五年十月十三日钦奉上谕："阎敬铭奏肥城县匪徒滋事，督兵剿灭一折，出力员弁准其择尤保奏，毋许冒滥等因。钦此。"仰见圣虑体念戎行，微劳必录，伏读之下，感激莫名。

窃查黄崖匪众乘间滋事，正在捻匪攻扑河墙之际，各营弁卒甫将捻股击退，未遑喘息，连夜应调，星驰赴剿。该匪寨垒石山巅，四路险绝，官军仰攻，炮石如雨，各员弁均能戮力冒险凿路，争先用能，一鼓破灭，尽歼丑类，首恶张积中及其党匪一千六七百名，一无漏网。该员弁等迅速立功，核其劳绩，实与部章攻克城圩、斩擒要逆相等。臣谨择其身先士卒、摧坚斩馘尤为出力之文武员弁，开缮清单，酌拟保请。恭恳天恩俯准给奖，以昭鼓励，出自逾格鸿慈。至此外各营伤亡弁兵及出力弁兵人等，容臣查明咨部，分别奖恤，以期核实。

所有遵保剿灭黄崖匪众出力员弁缘由，理合附驿具奏，并缮清单，敬呈御览。伏乞皇太后、皇上圣鉴训示。谨奏。

同治五年十一月初五日酉刻奉到回折："军机大臣奉旨：'另有旨。钦此。'"

病势增剧请开缺调理折
同治五年十月二十九日

奏为微臣假期已满，病势增剧，力难支持，吁恳天恩俯准开缺调理，恭折奏祈圣鉴事：

窃臣于九月二十七日钦奉谕旨："阎敬铭著赏假一月，在营调理等因。钦此。"查臣于九月二十一日具折请假，是日下午捻股即突至运岸，堵剿数日，捻氛稍退。旋有黄崖之变，内外交讧，事在仓猝，不敢不舆疾视军，力赴事机。而一月以来，不惟未能调养，焦虑奔驰，较前倍甚，虽日夜服药，病势愈剧。现在怔忡瞬晕，日形沉重，时时大发，两手足心汗出如流，营弁皆来环视，臣亦极为自危，经旬不寐，左腿不仁，行步艰难。医者谓心气极亏，肝气过损，血不能养，气几欲脱，即腿疾亦由血不荣筋，非尽风湿所致。迩来将弁面陈要事，皆至病室，且有不能接见之时，精神困惫，极难支持。

伏念臣才质庸愚，过蒙恩遇，黾勉从事，强策驽骀。原以时事多艰，思效涓埃，仰答天地高厚之恩，故以久病之躯，竭蹶图维，藉资医药，已历岁时，无如病情日剧，有负生成。臣办贼无功，安民无策，极自知上负圣恩，夙夜惶惧。而东省现在军务地方极关紧要，臣病已深，不惟不能巡视营垒，稽查将弁，并文檄案牍不能阅办。军事非可卧治，万一稍有贻误，负咎奉恩，益增非辜。万不得已，仰恳天恩俯准臣开缺调理，俾得安心医治，或可痊愈。现在贼氛无定，所有山东巡抚员缺，恳祈圣恩迅赐简放，以重职守。如新任之员或在远道，并敢求恩命简员先行专署，接印任事，办理目前军务。臣如仰蒙福荫，或得就痊，不至遽填沟壑，仍当勉效犬马，上报主恩。

所有微臣吁恳开缺调理缘由，理合附驿恭折具奏，伏乞皇太后、皇上圣鉴训示。谨奏。

同治五年十一月初五日酉刻奉到回折："军机大臣奉旨：'另有旨。钦此。'"

捻股出境东省筹防情形暨回省交卸缘由折
同治五年十一月初六日

奏为捻股叠经援军剿击，连获胜仗，现已追出东境，谨将防军布置情形及微臣回省交卸各情，恭折具奏，仰祈圣鉴事：

窃臣于本年十一月初五日准军机处寄奉上谕："阎敬铭奏剿办发、捻股匪，筹防黄、运两河情形，并因病恳请开缺各一折各等因。钦此。"仰见圣虑俯鉴微忱，至周至渥，伏读之下，感激涕零。除谨行专弁具折叩谢天恩外，谨将近日军情并布置一切，详陈圣鉴。

窃查赖、任逆股，自上月以来迭经各军剿逐，于十月二十三四等日窜扰菏泽、定陶一带，边马延及城武。二十五日经刘铭传、张树珊两军追及于定陶，乘夜出剿，冲踏贼营数处，贼众惊溃。该两军漏夜追杀四十余里，直抵曹县城外，两路分剿，毙贼无算。二十六日黎明，该逆并股抗拒，又经两军合剿，捣贼中坚，歼其悍锐数千名，并生擒逆酋多名，夺获伪印、伪旗、枪械、骡马无算，大加痛洗，逆胆遂寒，即日向南奔窜，鼎、树两军均行极力追剿。二十七日潘鼎新一军亦由定陶南追。该逆叠受大惩，步股略尽，且经沿途地方截杀亦多，遂不敢回恋东境，于二十七日全数出境，由豫省睢州窜逸，各军均已追蹑出境。日来探称，该逆股已向睢州南窜各等情。

臣查该逆捻盘旋曹境将及四十日，南北奔突，专在抢路东窜。各路援军紧相追逐，与为牵制，兹复大加剿击，痛挫凶锋。此次贼技极穷，既行南窜豫疆，去东渐远，尚有追军在后，一时当难北犯。惟时际天寒，河防仍宜加密，运河之防均经严密分段布置，历经奏闻。兹复饬令各营益筹防守，并将沈【家】口一路迅筑堤墙。彼处地势，夏秋之间低受黄水，灌成巨浸，冬令水涸，则成平地，徒步可行。现饬总兵王心安一军日夜修筑堤墙，期与戴庙上游一律宽厚，以凭堵扼，即日可成。又长沟以南地段，原归李昭庆所部汛地，现届湖干冰结之际，亦虑地远人稀，兹复饬济宁州就近添设炮台，以为协守。至黄河北岸防务尤要，昨经奏明有兵勇四千余名，兹复添调千人，以厚兵力。自张秋镇以抵豆腐店共计四千人扼守。其自张秋镇以抵沈【家】口，原系黄河三道汊流，严寒之际，河冻成桥，则水中尽成坦路，亦虑逆匪从河内直向东奔，越过运河，绕出我军之后。现饬提督傅振邦所部千七百人，即在沈【家】口、张秋一带河内滩上，分立营垒炮台，拦河横布，以为扼要。日来节节布置，勉尽人力，似已均尚周密，足纾宸廑。

兹有陈者，臣受恩深重，报称毫无，兹荷温纶，给臣假期，回省调理，并饬传谕丁宝桢驰赴东平接办防务。圣恩周渥，体念无遗。惟现在逆氛已远，事机稍松，丁宝桢藩司任内事件繁多，库款册籍诸须清理交代，一时急行出省，恐有错误。臣病稍养数日，将防军再为安顿严密，力可登程，拟于初十日回省交卸，俾丁宝桢就省接任，得以从容清交藩署各事，以期妥协。至防务一切，现各营俱有统领，约束已定，尚不至稍生松懈。俟丁宝桢接印后，酌度缓急，出省督防，庶省中各事不致纷纭，而防务亦可兼顾。

所有贼踪出境及筹布防务情形，暨臣回省交卸各缘由，恭折由驿具奏，伏祈皇太后、皇上圣鉴训示。谨奏。

同治五年十一月十三日奉到回折："军机大臣奉旨：'另有旨。钦此。'"

筹办黄崖山善后并陈张积中罪状折
同治五年十一月初六日

奏为筹办黄崖善后各事一律静谧，并详陈逆首张积中狂悖罪状，请旨严禁邪说，以靖人心而绝乱萌，恭折具奏，仰祈圣鉴事：

窃臣于本年十月十三日准军机处寄："奉上谕：'匪首张积中以职官据寨叛逆，勾结党与甚众，该地方文武员弁平日漫无觉察，实难辞咎。此次该抚督兵剿办，尚属迅速。第恐余党伏匪仍思勾结滋蔓，断不可含混了事，致令余烬复燃各等因。钦此。'"仰见圣虑周详，除恶务尽至意。

伏查攻剿黄崖情形业经详陈在案。臣初以该匪首张积中身为士族，名列荐章，此次滋事，或系居山授徒，妄收匪类，以致养虎自卫，拥挟而成，谋叛或非本意。故闻警之后，犹欲善为谕散，免戮无辜，闻依居山寨官幕眷属尚多，亦虑玉石俱焚之惨。是以顿兵三日，多方谕降，乃并无一名投首，即官幕各眷亦无一人来归。而被匪扰附近数十里内之水里铺、石岗庄、黄花园、夏巴、新庄、东张各处村庄民人，均赴臣辕，求臣速行进剿，并禀告该逆业经勾结武定一带盐枭数百名入山，迟恐更有外援；又言黄河水次亦有匪船为送军械之事。

又据逃出村民供称，该逆已于日内暗遣匪党赴河西勾结捻股，令来扑运，以为外内勾合。事后接刘铭传、潘鼎新各营咨函，俱言获捻所供相类。又查闻该逆在省垣城关及水里铺、平阴滑口、利津海口、海丰埕子口、安丘各处，凡滨黄河要隘之区，均开设杂货店、钱店各铺，皆取泰运通、泰来、泰祥、泰亨为号，又在海丰、阳信、沾化各属开设盐店，千里之地，店肆罗列，一日之内，声息可通。又查知该逆徒众多系青州一带匪徒各等情。臣以逆势已张，势难姑息，当此人心惶惑，通省震惊，若一迟疑，内外交讧，必成蔓延之势，遂行决计进攻。仰赖天威，一鼓殄灭。破寨之时，兵勇入内，满寨皆裹红巾，拼命死斗，无一生降。尤可异者，该逆张积中发火自焚，而寄居之官幕及其弟子人等，约计男女二百余人，均在一屋，并为煨烬。惟生获其弟子韩美堂等数名，皆称愿从师死亦不愿生，严讯亦无供词。观其形状，眼目直瞪，大似迷惑。故全寨俱就殄诛，仅留妇女幼孩四百余名，而妇女中尚有神色自若，绝无惊骇者。克寨之后，臣亲自登山，见其圩寨皆用巨石坚筑，分立炮台，门皆铁裹，坚固异常。寨内包连山巅三座，宽广十余里许。该逆所居伪屋，重阶列陛，层辕设屏，极其违制。棚上俱结黄幔，椅桌铺设僭用黄色，于烈焰之中收得黄绫帐幕一具；黄绫方圆桌面各一事。此外违禁物件、一切字迹，该逆均自焚净尽，火内不及捡取。寨中竹枪刀械，拥积成堆，并捡得军械单一纸及铅块、硝磺各物。寨内所列石屋，约数百间，均皆各路之人倾家挈眷来依，屋样均如一式。当时从伪室中将该匪首张积中首级找获，招人辨认属实，悬杆示众，以快人心。所有违禁之黄绫帐幕、桌面各物及号衣、旗帜，发交臬司存库，以昭炯戒。其刀械、枪炮、铅硝各物，分发各营应用。一切在山匪党、盐枭等，均就歼诛，绝少漏网。其依居官幕人等并焚一室，难辨姓名，惟饬将尸骸收掩。所留妇孺四百余口，饬地方官收养，给属领回。山上圩寨石屋亦饬平毁。所有匪扰各村庄，均令地方官设法抚恤。现在流民复业，各自安堵，静谧如故。其各属开设店肆，经饬各州县严查，迭接各属禀报，该等处所开各店，均于该逆举事之日，未经发兵之先，于九月二十六七等日，一概同时关闭，店伙俱逃。声息灵通，千里相应，事后思之，犹足疑骇，现已分别查封。此外如白莲池各地凡曾经聚匪之区，臣均派兵密查，尚无闻风勾煽之事。谨行缕陈，以纾圣廑。

抑臣更有请者，该张积中素有才名，倾动流俗，且能伪托诗书，高谈性命，故致缙绅代为延誉，愚氓受其欺蒙，实则包藏祸心，暗布邪说。又闻其家本无产业，其在东省不过十年，而能跨郡连乡，遍列市肆，均皆挟术诓骗，以为收集亡命之资。凡从其教者，往往倾家荡产挟资往赴，入山依处不下数百十家，生为倾资，死为尽命，实未知操持何术、演习何教，而能惑人如是之深。并据武定府知府张鼎辅访闻，入山匪类多名，皆系巨猾，其文生张洸汉、张铃阁二名，尤为著名枭首，臣久捕不获，入山已非一年，闻亦在山歼诛。又据委员查封该逆省城钱铺，拾得该逆书册，悖谬乖妄，更为怪诞。近日众口传说，该逆妖术邪道不一而足，事无确据，亦难查究。独怪该逆悖谬如此，而臣从前久为再四访问，率谓为读书之士，臣自惭聋瞆，实人心风俗大可忧也。臣前因事变猝起，若四处严搜党与，更虑逼起事端，故先行通示各属，凡与张积中相识，但非谋逆，概从免究，以安反侧。兹观情事怪异，实骇听闻，难保无余党在逃，拾其唾余，再谋蛊煽。臣已通饬各属，严密查拿。

谨将该逆种种罪状详陈圣鉴，并将该逆信函及捡拾军械单并逆书一册照抄，咨送军机处查照。伏祈明降谕旨，饬将该逆张积中罪状晓谕通省，凡与交游，虽不追究，惟再有袭其邪说行教惑人者，即行就地严拿惩办，务绝根株；如地方官或有姑息养奸、避嫌不举者，严行参究，庶可以靖人心而息乱萌。伏乞皇太后、皇上圣鉴训示。谨奏。

同治五年十一月十三日奉到回折："军机大臣奉旨：'另有旨。钦此。'"

委员管解京协各饷片

同治五年十一月初六日

再，东省本年下忙新赋，自南捻窜扰，催输未能踊跃，即完善之区，亦多实歉，司库收数万分短绌，而京协各饷均系刻不可缓，必须竭力接济。经臣督同藩司移缓就急，勉筹本年京饷银四万两，又筹协直隶省九、十两月兵饷，改解部库银一万两，一并饬委候补县丞周元觐解赴户部交兑。又委候补典史陈锴管解曾国藩大营九月份饷银一万八千两，前赴徐州道衙门交纳转解。又筹臬司潘鼎新九月份军饷银三万两、十月份柴薪银二千两，均委候补县丞赵翰解往河南省城，探明该司行营交纳。又筹奉省六月份饷银一万两、七月份饷银一万两，分交来东催饷委员参将存山、防御德本、县丞王寿嵩、骁骑校景祥，解赴盛京将军衙门兑收。又据运司卢定勋详报筹解本年第七批京饷银二万两，同加平银三百两、部饭银三百两，又凑解内务府银一万两、加平等款三百三十两，均委候补运库大使沈崇礼、盐大使彭堃分赴户部暨内务府上兑。又措解奉天兵饷银一万两，委候补盐大使董溥解赴盛京户部交纳。

除分咨查照并仍催续筹报解外，理合附片陈明，伏乞圣鉴。谨奏。

同治五年十一月十三日奉到回折："军机大臣奉旨：'该衙门知道。钦此。'"

沂州知府长赓等拿获著名幅匪请予奖励片
同治五年十一月初六日

再，沂州府属素为幅匪聚薮，迭经连年搜杀，地方已就肃清，惟余匪在逃，尚为不少。又郯城一县，毗壤江南，匪类尤多。臣迭饬该知府长赓，督率该县等极力搜捕，务绝根株。兹查该知府长赓自去年腊月到任后，先后共拿获在逃著名幅匪周募嫌、杜佃梆、陈圭、许得潌、蔡狐狸、徐慎苛、张见刚、梁洪滨等共六十五名，内有郯城县知县李溇拿获之赵甲辰等九名，李溇又拿获邻境著名幅匪邵憬太等数名，均经先后就地正法。

臣查该府县等搜捕逃匪，不遗余力，实属始终勤奋。去年以来，捻匪历两次窜扰徐、宿，图越运河，逼近郯境。该知县李溇率领民团，驻守河干，辛勤备至，均有微劳足录。可否仰恳天恩，将道员用沂州府知府长赓赏加盐运使衔，同知衔郯城县知县李溇赏加运同衔，以昭激劝。出自逾格恩施。谨附片具陈，伏乞圣鉴训示。谨奏。

同治五年十一月十三日奉到回折："军机大臣奉旨：'另有旨。钦此。'"

复陈刑部奏拿冠县成村逆犯片
同治五年十一月初六日

再，臣于本年十月二十一日准军机处寄奉上谕："刑部奏请饬严拿要犯一折。逆犯陈瀸亭供称，原籍冠县，成村居住之韩玉得起意谋反，令伊至郑州镇举事。韩玉得现在冠县成村居住等语。著阎敬铭按所供住址迅速派委员弁兵役，严密查拿各等因。钦此。"臣查先于十月十三日准刑部将该犯陈瀸亭供词移咨到臣，当密饬冠县知县孙善述，按照所供住址，密拿韩玉得一犯。嗣奉谕旨，复行飞饬密拿，务期弋获。兹据该县孙善述禀称，该境并无成村地方，惟距城十八里有程村一处，程村居民并无韩玉得之人。惟离程村三里许之岳家庄，曾有在逃逆匪韩玉得在彼居住，原系逆首朱登峰党内著名悍贼。朱登峰伏诛后该匪即已在逃，屡经悬赏缉拿。该匪韩玉得久逃未归，无从查缉。此外在程村居住有韩义德一名，原系耕民，并无为匪踪迹，因义字、玉字声音相近，恐系托名，因将该韩义德传案到县，历讯无据各等情，并查明该韩义德牌甲、粮名、户口底册前来。

臣查该陈灜亭所供之韩玉得，或即系在逃逆匪之韩玉得，而所供住址未符。至韩义德一名，姓同名异，恐有滥及。惟韩玉得一犯久逃未获，此案情节重大，未敢轻断，因饬冠县将韩义德暂为看禁，抄录供词，移咨刑部办理，仍饬一面严拿逃匪韩玉得一犯，务获究办。

除移咨刑部查核办理外，理合附片具陈，伏乞皇太后、皇上圣鉴。谨奏。

同治五年十一月十三日奉到回折："军机大臣奉旨：'刑部知道。钦此。'"

请将知县军功候补与正途即用轮间补用折
同治五年十一月初八日

奏为请将知县序补班次军功候补与正途即用轮间补用，以疏正途而杜流弊，恭折具奏，仰祈圣鉴事：

窃查知县序补章程，凡升、调、遗、病、故、休各项缺出，向以各项人员轮补，惟丁、参、革之缺，则专归军功候补班人员酌量补用。臣查军功候补人员，冒镝冲锋，得保班次，核其劳绩，原应与正途并重，故序补独为一班，原示优待武功之意。但查近来知县出缺，惟参、革之缺为多，而进士即用一班，仅与各项劳绩候补人员相间轮补，不能补丁、参、革之缺。故军功候补人员得缺独易，较之进士即用之班尤为捷速。近年迭奉谕旨，疏通正途，历次臣工条陈，均以为请。今臣详为核校，觉进士即用之班，仍不如军功候补班之优，故拟量为变通，以昭平允。

又，查军功人员，向系酌量补用，不按名次。近年迭奉谕旨，如有州县不能称职，由该督抚随时甄别参革，以参、革之缺，仍专补军功一班，更虑有迁就之弊。

又，查新定章程，必系攻克城池、斩擒要逆军功，方准保归候补班用。定例既严，以后军功人员到省，必日见其少。若必系此项人员方准补丁、参、革之缺，亦虑有悬缺待人之时。臣愚以军功与正途两班，原属不分轩轾。现军功人员专补一班，而进士即用之员仍与各班间补，殊觉未协，拟请仍照即用班次与各项劳绩候补班间补之法，嗣后凡知县遇有丁、参、革两［三］项缺出，先补军功候补班一人，再补进士即用班一人，相间轮用。如军功班人地或不相宜，准以他项候补班一体拣补，庶乎流弊可杜，而正途亦较疏通。

臣体察数年，似应酌改。愚昧之见，是否可行，伏祈敕部核议，以为定章。为此恭祈具陈，伏乞皇太后、皇上圣鉴训示。谨奏。

同治五年十一月廿一日奉到回折："军机大臣奉旨：'吏部议奏。钦此。'"

特参知县各员折
同治五年十一月初八日

奏为特参知县各员，以清吏治，恭折奏祈圣鉴事：

窃臣于人才不事刻求，有片长即为节取；而论官必考实事，凡冗阘难事姑容。查有肥城县知县邓馨，在任数年，于黄崖山匪徒滋事毫无觉察，心本模糊，形同聋聩，应请即行革职。调署巨野县、齐东县知县刘绍詹，催令赴任，远闻贼警，遽行告病，不候批示，辄即回省，巧滑规避，应请即行革职。撤任即墨县知县崔逢春，遇事迟延，不求真实；撤任沾化县知县陶光勋，精神短少，才具疲弱；撤任郯城县知县周士溥，人尚明白，惟于郯城缉匪未能得力，应请将崔逢春、陶光勋、周士溥三员，均开缺留省另补。所有肥城、齐东、即墨、沾化各缺，东省现有应补人员，应扣留外补。谨请旨遵行。伏祈皇太后、皇上圣鉴训示。谨奏。

同治五年十一月廿一日奉到回折："军机大臣奉旨：'另有旨。钦此。'"

同治五年九月雨泽粮价折
同治五年十一月初八日

奏为恭报九月份雨泽情形并呈粮价清单，仰祈圣鉴事：

窃照八月份雨水、粮价，经臣奏报在案。兹查九月份，据济南府属之章邱、邹平、淄川、长山、新城、济阳、平原，泰安府属之泰安、莱芜、肥城，武定府属之阳信、海丰、乐陵，兖州府属之滋阳、宁阳、邹县、峄县，沂州府属之费县、莒县、沂水，东昌府属之冠县、恩县，登州府属之蓬莱、黄县、福山、栖霞、招远、莱阳，莱州府属之掖县、平度、昌邑、潍县，青州府属之益都、临朐、临淄、博山、寿光、乐安，临清直隶州属之夏津等三十九州县，先后具报于月之初五六十及十三、二十三四五等日，各得雨一、二、三寸不等，其余各属虽未一律普沾，而土脉尚形滋润，民情亦称安谧，堪以仰慰宸怀。

至各属市集粮价，互有增减，大致与上月相同。敬缮清单，祗呈御览。为此恭折具奏，伏祈皇太后、皇上圣鉴。谨奏。

同治五年十一月廿一日奉到回折："军机大臣奉旨：'知道了。钦此。'"

九月份粮价清单

谨将同治五年九月份山东省各属米、麦、谷、豆价值，敬缮清单，恭呈御览。

计开：

济南府属：稻米每仓石价银三两一钱一分至四两五钱，较上月贱一钱。粟米每仓石价银一两三钱至二两八钱三分，较上月贵一钱三分。粟谷每仓石价银九钱一分至一两八钱，与上月同。高粱每仓石价银九钱九分至二两七分，较上月贵九分。小麦每仓石价银一两六钱至二两六钱三分，较上月贵六分。黄豆每仓石价银一两四钱至二两四钱，较上月贱七分。黑豆每仓石价银一两三钱九分至二两四钱，较上月贱五分。

泰安府属：稻米每仓石价银三两二钱八分至五两五钱五分，与上月同。粟米每仓石价银一两七钱至二两三钱，与上月同。粟谷每仓石价银八钱五分至一两三钱一分，较上月贱七分。高粱每仓石价银一两二钱五分至一两六钱，较上月贵五分。小麦每仓石价银一两四钱九分至二两二钱一分，较上月贵一钱一分。黄豆每仓石价银一两三钱九分至一两八钱三分，较上月贱一钱五分。黑豆每仓石价银一两三钱七分至一两七钱五分，较上月贱一钱七分。

武定府属：稻米每仓石价银二两四钱八分至四两六钱一分，与上月同。粟米每仓石价银一两四钱八分至二两五钱，与上月同。粟谷每仓石价银六钱五分至一两四钱三分，与上月同。高粱每仓石价银一两至一两七钱四分，与上月同。小麦每仓石价银二两至三两，与上月同。黄豆每仓石价银一两一钱八分至二两一钱，与上月同。黑豆每仓石价银一两一钱二分至二两一钱，与上月同。

兖州府属：稻米每仓石价银二两四钱四分至四两四钱五分，与上月同。粟米每仓石价银一两一钱二分至二两三钱，与上月同。粟谷每仓石价银八钱至一两四钱，与上月同。高粱每仓石价银九钱八分至一两八钱，与上月同。小麦每仓石价银一两四钱至二两二钱三分，与上月同。黄豆每仓石价银一两一钱至一两六钱五分，较上月贱一钱九分。黑豆每仓石价银一两二分至一两八钱五分，与上月同。

曹州府属：稻米每仓石价银三两三钱至五两，与上月同。粟米每仓石价银一两三钱五分至三两二钱，较上月贵四钱九分。粟谷每仓石价银七钱五分至一两九钱二分，较上月贵九分。高粱每仓石价银八钱至二两三钱九分，较上月贵四钱七分。小麦每仓石价银一两五钱至三两五分，较上月贵七钱。黄豆每仓石价银一两三钱五分至二两五钱，与上月同。黑豆每仓石价银一两一钱五分至二两四钱，与上月同。

沂州府属：稻米每仓石价银二两一钱至三两七钱，与上月同。粟米每仓石价银一两三钱五分至二两二钱一分，较上月贱一钱。粟谷每仓石价银七钱至一两二钱，较上月贵二分。高粱每仓石价银九钱四分至一两三钱三分，较上月贵三钱一分。小麦每仓石价银一两二钱至二两二钱六分，与上月同。黄豆每仓石价银八钱五分至一两五钱四分，较上月贱一钱八分。黑豆每仓石价银八钱至一两五钱九分，较上月贱一钱。

东昌府属：稻米每仓石价银三两四钱至四两八钱，与上月同。粟米每仓石价银七钱四分至二两九钱，较上月贵一钱。粟谷每仓石价银五钱九分至一两六钱八分，与上月同。高粱每仓石价银六钱二分至二两，较上月贱二分。小麦每仓石价银一两至二两八钱，较上月贵二钱。黄豆每仓石价银八钱三分至二两五钱，与上月同。黑豆每仓石价银七钱至二两三钱，较上月贱八分。

青州府属：稻米每仓石价银二两三钱一分至四两三钱，与上月同。粟米每仓石价银一两五钱五分至二两六钱，与上月同。粟谷每仓石价银九钱一分至一两六钱五分，与上月同。高粱每仓石价银一两五分至一两八钱五分，与上月同。小麦每仓石价银一两五钱至二两四钱二分，与上月同。黄豆每仓石价银一两七分至二两五钱，与上月同。黑豆每仓石价银一两二分至二两五钱一分，与上月同。

莱州府属：稻米每仓石价银二两一钱五分至三两二钱六分，与上月同。粟米每仓石价银一两五分至二两三钱，与上月同。粟谷每仓石价银五钱五分至一两四钱一分，较上月贵三分。高粱每仓石价银一两至一两七钱，与上月同。小麦每仓石价银一两四钱至二两一钱五分，与上月同。黄豆每仓石价银一两二钱至二两，与上月同。黑豆每仓石价银一两二钱至二两，与上月同。

登州府属：稻米每仓石价银二两三钱五分至三两五钱，较上月贱四分。粟米每仓石价银一两六钱一分至二两二钱五分，较上月贱五分。粟谷每仓石价银一两四分至一两三钱二分，与上月同。高粱每仓石价银九钱一分至一两四钱，较上月贱一钱。小麦每仓石价银一两六钱四分至二两三钱四分，与上月同。黄豆每仓石价银九钱七分至一两九钱，与上月同。黑豆每仓石价银九钱五分至一两八钱五分，与上月同。

临清直隶州并属：稻米每仓石价银三两四钱五分至四两，与上月同。粟米每仓石价银一两五钱至二两六钱四分，较上月贱一钱七分。粟谷每仓石价银一两一钱四分至一两八钱五分，较上月贱三分。高粱每仓石价银一两二钱至一两八钱五分，较上月贱五分。小麦每仓石价银二两一钱五分至二两七钱四分，与上月同。黄豆每仓石价银一两六钱七分至一两九钱二分，与上月同。黑豆每仓石价银一两六钱至一两九钱四分，较上月贱四钱二分。

济宁直隶州并属：稻米每仓石价银四两三钱二分至六两四钱六分，与上月同。粟米每仓石价银一两四钱八分至二两四钱，与上月同。粟谷每仓石价银一两六分至一两七钱七分，与上月同。高粱每仓石价银一两一钱一分至一两五钱一分，与上月同。小麦每仓石价银一两五钱四分至二两八钱，与上月同。黄豆每仓石价银一两四钱至二两五分，与上月同。黑豆每仓石价银一两四钱至二两三钱，与上月同。

谢赏假三个月折

同治五年十一月初八日

奏为恭谢天恩，仰祈圣鉴事：

窃臣于本年十一月初五日奉到回折，准军机处寄："奉上谕：'阎敬铭奏因病恳请开缺一折。阎敬铭著赏假三个月，安心调理。山东巡抚著丁宝桢暂行署理。钦此。'"仰蒙皇上恩施格外，至再至三，感激涕零，莫可名状。谨即恭设香案，望阙叩头，祗谢天恩讫。

伏思臣轻材薄质，才识庸愚，猥蒙简畀，谬膺封圻，历任三年，毫无报称，愆尤交集之时，更疾病相乘之日，仰蒙赏假在营调理，矢营屏之下悃，实焦急之难名。惟念病情日重，力疾从事，恐致贻误，是以沥请吁恳恩施，准臣开缺。乃蒙皇上逾格鸿慈，复赏假三个月，俾臣回省安心调理。闻命自天，衔感无地，自顾何人，频邀异数。凡圣主有加无已之隆施，实微臣捐顶糜躯所难报。所有拟行回省交卸缘由，除由军报具奏外，一俟防务布置妥帖，即于初十日力疾回省交卸后，当赶紧医治，冀就痊愈。倘叨慈庇，得荷生成，当再专折销假，以遂犬马报效之忱。

所有微臣感激下忱，理合缮折，叩谢天恩，伏乞皇太后、皇上圣鉴。谨奏。

同治五年十一月廿一日奉到回折："军机大臣奉旨：'知道了。钦此。'"

请简放兖州知府员缺片

同治五年十一月初八日

再，署兖州府知府王朝翼，系同治二年八月攻克邹县白莲池后，由僧格林沁奏奉谕旨，敕令署理。该员自到兖州府任以来，地方日行公事尚无错误，惟资浅望轻，难为统率，政体大端，亦少特识。所有兖州府知府员缺，相应请旨，另行简放实任人员，以重职守。至王朝翼本缺系莱阳县知县，该员前在菏泽县守城出力，于西府情形颇熟，人尚强干，应令仍膺民社，以老其才。理合附片具奏，伏祈圣鉴。谨奏。

同治五年十一月廿一日奉到回折："军机大臣奉旨：'另有旨。钦此。'"

奏补提调要缺折

同治五年十一月初八日

奏为题调要缺游击升调无人，吁恳天恩仍以原补之员补用，恭折具奏，仰祈圣鉴事：

窃照曹中营游击哲克敦，因同治三年补行元年军政案内部议降调遗缺，经臣以尽先游击冯胜林具题请补。兹准兵部以曹中营游击系题调要缺，以尽先游击题补与例不符，行令另拣合例之员，题奉谕旨："依议。钦此。"等因，咨行到臣。

伏查曹中营游击系陆路题调要缺，例应以现任人员请调。惟曹属界联直、豫，风俗强悍，平日缉捕巡防已倍关紧要，现当堵剿逆捻吃紧之际，尤非久经行阵熟悉地方情形之员不能胜任。臣于通省现任游击内逐加遴选，非本任要缺，即人地未宜，实无合例堪以升调之员，不敢拘泥成例，稍涉迁就。惟查尽先游击冯胜林，年三十四岁，山东德州人，由行伍，咸丰五年出师豫省，打仗出力，保奏赏戴蓝翎，递拔山东安东营千总；复在本省剿匪出力，经前抚臣谭廷襄保奏，免补守备，以都司补用，并加游击衔，赏换花翎；又因在淄川东昌白莲池攻剿出力，经臣于同治三年保奏，免补都司，以游击尽先补用。该员冯胜林志气勇敢，年力强壮，久经行阵，熟悉地方情形，如以冯胜林补曹中营游击实堪胜任，惟题调要缺请补，与例稍有未符。第人地实在相需，例得专折奏请，且查从前以候补人员奏补题调要缺游击，经兵部复准有案。合无吁恳天恩俯念员缺紧要，仍准以尽先游击冯胜林补授曹中营游击，于地方营伍实有裨益。如蒙俞允，该员衔缺相当，毋庸送部引见，系候补人员，亦毋庸核计参罚，合并陈明。

谨会同曹州镇总兵臣保德，合词恭折具奏，伏乞皇太后、皇上圣鉴训示。谨奏。

军机大臣奉旨："兵部议奏。钦此。"

请以邹平知县赵新升补德州知州折

同治五年十一月初八日

奏为沿河要缺知州，遴员请旨升补，恭折仰祈圣鉴事：

窃照德州知州许济清撤回，改简留省另补，接准部咨，以同治五年二月二十一日作为开缺日期，所遗系沿河冲繁难兼三要缺，例应在外拣员调补。查该州为九省水陆通衢，五方杂处，政务殷繁，兼有经管河道之责，非精明干练之员，弗克胜任。臣督同藩、臬两司详加遴选，现在并无堪调之员，候补各员亦均与此缺人地不甚相宜。查有济南府属之邹平县知县赵新，现年四十四岁，直隶癸卯科举人，大挑知县，签掣四川，亲老告近，改掣山东，在原籍津郡防剿案内保举尽先补用。咸丰五年到省，代理利津县事，委署武城县知县。同治元年，题署今职。二年三月二十七日到任，已请实授，并捐免历俸，调署长清县知县，委署德州知州。该员心地光明，才情练达，于河务、地方情形均极熟悉，以之升补，实堪胜任，与例亦属相符。据藩、臬两司会详请奏前来。合无仰恳天恩俯念员缺紧要，准以邹平县知县赵新升补德州知州，如蒙俞允，照例给咨送部引见。至该员任内并无积案及欠解钱粮、承缉盗案已起降调参限。其余因公处分例免核计，应完参罚银两饬令依限完缴。所遗邹平县员缺，系属简缺，东省现有应补人员，另行请补。

谨会同署河东河道总督臣苏廷魁，合词恭折具奏，伏乞皇太后、皇上圣鉴。谨奏。

同治五年十一月廿一日奉到回折："军机大臣奉旨：'吏部议奏。钦此。'"

查明由部解回三犯并无从逆不法情事折

同治五年十一月初九日

奏为查案传证质明，由部解回之犯并无从逆不法情事，恭拟具奏，仰祈圣鉴事：

窃臣前准刑部咨：步军统领衙门奏送拿获曾与宋逆谋叛人犯周四交部审办一案。提讯周四，坚供先被贼掳，后充乡勇，随同营员石占鳌赴淄川剿贼，旋被遣撤，来京买卖营生，与张顾氏通奸，并无从逆及不法别情。质之具控之侯添保，则称周四从逆，伊系得自传闻，并无确据，意想拿获重犯，图得好处。各执一词。将周四并侯添保解交臣就近详查，周四果否有从逆重情，传证质明，秉公究办等因。奏奉谕旨："依议。钦此。"并准将周四等递解到东。经臣发委济南府知府萧培元审办。兹据查明，周四并无从逆案据。提到当日带同周四在淄川剿贼之已革游击石占鳌，究明周四从前实系被贼掳去，并非甘心从逆。质之侯添保，亦自认冒昧具控。拟议由兼署臬司卢定勋具详前来。臣复加查核。

缘周四即周锦亮又名周登桂、侯添保分隶山东聊城、直隶大名等县，彼此素识无嫌。咸丰十一年间，东昌匪徒宋景诗滋事，周四与妻兄雷三即雷瀛鸣被贼裹去。后宋景诗被官兵击败投诚，周四与雷三亦由贼中逃出，投回充勇，经已革游击石占鳌收抚管带。同治元年四月间，石占鳌奉调带勇赴淄川剿贼，周四曾经与贼接仗受伤，嗣雷三因被贼劫营，经钦差大臣亲王僧格林沁正法，将周四同其余各勇遣撤回籍。周四即赴京开设皮箱铺营生，并与张顾氏通奸。侯添保先在原籍充勇，曾闻宋景诗滋事时有雷三、周四在内。四年二月间，侯添保因事进京，与周四撞遇，不知周四投诚情由，希图获犯邀功，即以周四前经从逆等情，控经步军统领衙门拿解刑部，讯供奏明，解回审办。据供前情不讳，诘非甘心从逆，亦无不法情事。侯添保委系得自传闻，冒昧妄控，尚非有心诬告，应即议结。

查律载："纵妻与人通奸，奸夫杖九十"；"义不应为而为，事理重者，杖八十。"各等语。此案周四虽讯系先被贼掳，后经逃出，投回充勇，并非甘心从逆，亦无不法情事，惟在京与张顾氏通奸，自应按律问拟。周四即周锦亮，又名周登桂，合依"纵妻与人通奸，奸夫杖九十"律，拟杖九十。侯添保所控周四从逆，虽讯系得自传闻，事出有因，尚非有心诬告，惟不察虚实，冒昧具控，究属不合。侯添保应酌照"不应为而为，事理重者，杖八十"律，拟杖八十，与周四递回各原籍，分别折责发落，交保严加管束。张顾氏应由部拟结发落。

除供册咨部外，所有查案传证，质明缘由，理合恭拟具奏，伏乞皇太后、皇上圣鉴训示。谨奏。

同治五年十一月廿一日奉到回折："军机大臣奉旨：'刑部议奏。钦此。'"

请旌恤刘登翰等六十八员片

同治五年十一月初九日

再，臣准都察院咨："同治三年十月二十六日奉上谕：'都察院汇奏各省殉难绅民、妇女开单呈览一折。所有河南候补县丞宁复箴呈报之山东宁阳县团绅候选直隶州州判刘登翰等六十八员，并山西壶关县捐职从九品申传书、户部候补主事张树甲呈报之丛张氏，或慷慨捐躯，或从容就义，均堪悯恻。著该衙门按照单开，分别移咨各该督抚，迅速查明，奏请旌恤。单并发。钦此。'"并钞单移咨到臣，当经分别转饬确查去后。

兹据宁阳、文登等县查明，刘登翰等六十八员并申传书、丛张氏各死事情形，均与宁复箴、张树甲原报相符，造具清册，由军需总局司道核明，详请复奏前来。臣复核无异。

合无吁恳天恩敕部，将候选直隶州州判刘登翰等六十八员，并捐职从九品申传书、节妇丛张氏分别照例旌恤，以广皇仁而励忠节。

除将清册咨部外，理合附片复奏，伏乞圣鉴训示。谨奏。

军机大臣奉旨："刘登翰等均著交部分别照例旌恤。钦此。"

审明淄川县民京控拟议折

同治五年十一月初九日

奏为审明京控拟议，恭折具奏，仰祈圣鉴事：

窃照淄川县民胡德庆以杨献廷等抗欠、擅杀等词，控经步军统领衙门，于同治四年十一月二十日奏奉谕旨："此案著交阎敬铭督同臬司，亲提人证、卷宗，秉公研讯确情，按律定拟具奏。原告民人胡德庆，该部照例解往备质。钦此。"当经行司饬提研讯。兹据兼署臬司卢定勋审明拟议解勘。臣在东平筹办防剿，饬委藩司丁宝桢代勘无异，录供呈送前来。臣复加查核。

缘胡德庆籍隶淄川县，与杨献廷、周路广素识无嫌。同治元年七月间，淄川匪徒刘得培滋事，占踞县城，胡德庆与叔祖胡朝彦携眷赴县属小屯庄寄居避难，嗣胡朝彦因乏用，凭周路广作保，将马匹卖与郭宗善，言明价值京钱四十八千，先交京钱十八千，余钱应许缓日再付。十月二十八日，胡朝彦与周路广途遇，向索前欠，彼此口角争吵。维时杨献廷充当团总，带领各庄团丁赴营助剿，杨献廷先行，团丁由彼经过，上前拉劝，周路广乘间逃避。胡朝彦疑护牵骂，被不识姓名团丁砍扎致伤倒地。胡德庆路过，闻闹往看，团丁均已逃逸，当向胡朝彦问明情由。讵胡朝彦旋即因伤殒命，胡德庆未及报验。适大兵会集淄境，剿办刘逆，至胡朝彦尸躯遗失。胡德庆疑系周路广率众杀害，告知胡朝彦之妻曹氏，报经该前代理【知】县林士琦差拘，周路广避难外出，饬查尸身无获，详批饬缉。胡朝彦之孙胡德岳疑系周路广挟索欠之嫌，串嘱杨献廷擅杀毙命，先后由府司控经臣批县审办。该前署县张锡纶屡缉周路广无获，将杨献廷拘案查讯，并无致死胡朝彦情事，押候复讯。嗣杨献廷在押患病，取保调治。胡德庆意谓贿买脱案，复以前情控司批县并案办理。嗣张锡纶拘获周路广到案，禀府饬委前署新城县知县恩奎过境，会同提集原被，审明周路广与杨献廷委无挟嫌串害，亦无贿脱情弊，分别保释，谕俟缉获正凶究办。胡德庆因凶犯日久未获，痛祖情切，复照历控呈词，并图准添砌情节，晋京赴步军统领衙门具控，诘非有心诬告，应即议结。查胡德庆京控各情，讯明委因痛祖情切，怀疑图准添砌，且伊祖胡朝彦实被团丁砍扎致死，事出有因，并非平空诬告，应从宽免其置议。杨献廷于团丁滋事之时，讯已先行，并不知情，委无将胡朝彦捆缚擅杀，并贿买脱案情事，应与讯无挟嫌串害之周路广，均毋庸议。郭宗善价买胡朝彦马匹钱文，业已如数清偿，亦毋庸议。砍扎胡朝彦致死之不识姓名团丁饬缉，获日另结。

除供册并此案审限分别咨部外，理合恭折具奏，伏乞皇太后、皇上圣鉴训示。谨奏。

同治五年十一月廿一日奉到回折："军机大臣奉旨：'刑部议奏。钦此。'"

惠民知县员缺请以博兴知县帅嵩龄调补折
同治五年十一月初九日

奏为要缺知县遴员请旨调补，恭折奏祈圣鉴事：

窃照惠民县知县薛燦，于同治五年七月十二日在任丁忧开缺，所遗员缺系繁疲难兼三要缺，例应拣员请补。查该县系武定府附郭首邑，为沿海通京大路，盐枭出没靡常，民情浮动，兼有发审案件，巡缉、抚绥、听断均关紧要，必须精明干练之员方资治理。现在东省虽有候补暨应升人员，并曾任实缺候补即用知县，均与此缺人地不甚相宜。惟查有博兴县知县帅嵩龄，现年五十五岁，江西丁酉科举人，大挑知县，签掣山东。道光三十年到省，旋丁父忧回籍。咸丰三年起复。因在本省劝捐出力，保归山东尽先补用。五年十二月到东。七年，委署邱县事加捐同知衔。八年，丁母忧回籍，十年服满。同治元年六月回东，历署文登、临邑等县。三年，题署博兴县知县，接准部复，仍留临邑县署任。四年，臣于保举贤能牧令案内汇保，奉旨："以同知直隶州知州用。钦此。"五年七月，调署惠民县知县，经理一切悉臻妥善，以之调补实勘胜任。惟未到博兴县任，与例稍有未符，而人地实在相需，例得专折奏调。据藩、臬两司会详前来。

臣复查博兴县知县帅嵩龄，办事结实，心地朴诚，历经差委，均无贻误，现署惠民县印务，办理诸事有条不紊，措置裕如。合无仰恳天恩俯念员缺紧要，准其调补惠民县知县，实与要缺有裨。如蒙俞允，该员系现任知县，调补知县衔缺相当，毋庸送部引见。

再，该员任内，并无积案及欠解钱粮、承缉盗案已起降调参限，其余因公处分，例免计算，参罚银两，饬令按限完缴。所遗博兴县员缺系简缺，东省现有应补人员，另行请补，合并陈明。为此恭折具奏，伏乞皇太后、皇上圣鉴。谨奏。

同治五年十一月廿一日奉到回折："军机大臣奉旨：'吏部知道。钦此。'"

原参疏防盗案员弁获犯过半请开复处分折

同治五年十一月初九日

奏为原参疏防盗案之文武员弁获犯过半，兼获盗首，吁恳天恩赏还顶戴并分别开复处分，恭折奏祈圣鉴事：

窃照聊城县东关文霖、德和两家钱铺，于同治四年十月二十六日夜被劫；临清州城外锅市街福复泰京货铺，于十一月初四日夜被劫，事主并被拒伤；寿张县张秋镇聚隆钱铺，于十一月初十日夜被劫三案，经臣两次汇案奏参，将署聊城县知县郑纪略，东昌营守备程斗山，临清州知州张应翔，署临清协副将柏祥、都司安喜，张秋镇通判苏拱辰，署寿张县知县凌葆恬，均摘去顶戴，郑纪略、张应翔仍交部议处，署东昌府知府李熙龄撤任，一并勒限严缉。于同治四年十二月初四、二十四日等日，先后奉旨。嗣因寿张县一案疏防限满，复经臣将凌葆恬照例题参疏防，并经吏部将郑纪略、张应翔各照防范不严例，议以降一级留任，有级准抵，咨行到臣。当经分别转行勒缉。

据李熙龄会督各营汛暨各该州县先后禀报，于四年十一月十四暨十二月二十八，五年正月二十三、二月十八等日拿获盗犯张希苓、张其山、张三、张盾方、徐洛诚、马五、荣大哮、韩春诚、白钦、岳汶诚十名，并格毙徐二傻仔一名。经臣批饬署东昌府知府徐彬将犯提府审明，各案均系张希苓、徐二傻仔两犯为首纠伙行劫。聊城县一案，系张希苓等与现犯张其山、徐洛诚、马五、韩春诚并逸犯赵四标仔等同伙十二人。临清州一案，系张希苓等与现犯张其山、张三、徐洛诚、白钦、岳汶诚并逸犯张三噶古等同伙九人。寿张县一案，系张希苓等与现犯张其山、张盾方、徐洛诚、荣大哮并逸犯赵四标仔等同伙十人。岳汶诚一犯同谋为盗，临时畏惧不行，事后分赃。白钦于取供后在监病故。禀经臣批饬将张希苓等八犯就地正法，张希苓、张其山、徐洛诚迭次行劫，加拟枭示，归入本年秋季分正法盗犯汇案奏报；岳汶诚一犯照例拟办。

查各案盗犯，该文武员弁均于勒缉两个月拿获过半，兼获盗首，虽疏防于前，尚知愧奋于后。据兼署臬司卢定勋会同藩司丁宝桢详请具奏前来。臣复核无异。合无吁恳天恩将署聊城县知县郑纪略，东昌营守备程斗山，临清州知州张应翔，署临清协副将柏祥、都司安喜，张秋镇通判苏拱辰，署寿张县知县凌葆恬顶戴一并赏还，并敕部开复郑纪略、张应翔、凌葆恬降级留任抵销，并原参疏防各处分。至前署东昌府事本任武定府知府李熙龄，既已会督获犯，应饬回省，另候差委。

再，同案奏参之冠县知县孙善述，已获犯过半，兼获盗首；署阳谷县知县王亮采，因获邻境盗犯；署济阳县知县王树德，限满并未获犯，业经臣分别奏请开复。复参高唐、朝城、单县等州县盗案，均已获犯，俟审明定案，核明应否开复，另行办理，合并陈明。

除将撤任捕官、咨革汛弁开复，分别回任，及各案供招一并咨部外，为此恭折具奏，伏乞皇太后、皇上圣鉴训示。谨奏。

同治五年十一月廿一日奉到回折："军机大臣奉旨：'郑纪略等均著赏还顶戴，并开复应得处分。该部知道。余依议。钦此。'"

请开复德州知州许济清顶戴片

同治五年十一月初九日

再，臣前因德州知州许济清办事颟顸，难胜繁要，并查该员任内有疏防城内卢昆钱铺被劫、铺伙并被拒伤一案，汇案奏参。于同治四年十二月二十四日奉上谕："许济清办事颟顸，难胜繁要，著留省，遇有中简缺出，另行改补。该员任内尚有疏防盗案处分，著摘去顶戴留缉，俟缉获日再行开复，送部引见等因。钦此。"遵经转饬遵照。

先据该员于四年九月初一、十一月二十八，并五年二月十四，三月十一、十四等日先后协同接署该州赵新暨各州县兵役，拿获盗犯杨单窗户、马得胜、吕臜月、杨拧线仔、石老双、王心城六名，禀经臣批司提省，发委济南府知府萧培元审明。此案系杨单窗户为首，拒伤铺伙，马得胜等五犯暨逸犯李三等四人为从，同伙十人；吕臜月于讯供后在监病故。录供禀经臣批饬将杨单窗户等五犯照章正法，汇案奏报。

伏查此案同伙十人，该员既已获犯过半，兼获盗首并拒捕之犯，尚知愧奋。据藩、臬两司会详请奏前来。相应请旨，赏还前任德州知州许济清顶戴，免其留缉。

除饬司录叙供招详请咨部，并查明该员交代暨经手事件如已清楚，即行给咨送部引见外，理合附片具奏。

同治五年十一月廿一日奉到回折："军机大臣奉旨：'许济清著赏还顶戴，免其留缉。该部知道。余依议。钦此。'"

莱州把总疏防案犯限满未获请严加议处片

同治五年十一月初九日

再，掖县城内公易、恒泰、兴盛等号三家钱铺，于咸丰九年十一月初二日夜被劫，铺伙并被拒伤一案，经前升抚臣文煜将掖县知县许乃恩、莱州营署存城把总傅彤飚先后奏参，钦奉谕旨："均著摘去顶戴，勒限两个月严缉，并先行交部议处，倘限满无获，即著从严参办等因。钦此。"当经文煜先后转行勒缉，并准吏、兵二部咨复，将许乃恩、傅彤飚俱照防范不严例，各议以降一级留任，许乃恩有级准抵。旋据该县禀报，拿获贼犯杨老八等五名，经文煜批司提省，发委济南府审明，并非此案正盗，归于另案拟办。兹据兼署臬司卢定勋转据该管道府并据该管镇、营以此案限满，犯无弋获，详请具奏复参前来。

伏查该员弁于被参勒缉之后，并不上紧拿犯，限满仍无弋获，捕务废弛已极。惟查该县许乃恩已于十一年十月初七日因病出缺，应毋庸议。该署把总傅彤飚亦于十年十一月十九日卸事。

除饬查明捕官暨各该管官职名照例分限补参外，相应请旨，将前署莱州营存城把总事效力武举傅彤飚，再行交部严加议处，以示惩儆。理合附片具奏，伏乞圣鉴训示。谨奏。

同治五年十一月廿一日奉到回折："军机大臣奉旨：'傅彤飚著再行交部严加议处。钦此。'"

勘明秋禾被灾被扰情形请分别蠲缓钱漕折

同治五年十一月初九日

奏为勘明各州、县、卫、所本年秋禾被灾、被扰各村庄轻重情形，恳恩分别蠲缓钱漕，以纾民力，恭折奏祈圣鉴事：

窃照东省济南、泰安、武定、兖州、曹州、沂州、东昌、青州、莱州，临清、济宁二直隶州所属各州、县、卫、所，或因湖河并涨，或因雨泽愆期，此外非连日风霾，飞丹带雹，即阴晴靡定，湿热生虫，并有屡被南捻窜扰之处，早晚秋禾不免受伤。前据各该州县等陆续禀报，经臣督饬藩司移行该管道、府、州，周履勘办。兹据该印委各员查勘明确，分别轻重，议请蠲缓调剂，禀由藩司丁宝桢汇核详请具奏前来。臣复加查核，均系实在情形。若将新旧钱漕照常征输，民力实有未逮；而值此经费短绌之时，国赋与民瘼并重，自应各按被灾轻重，分别蠲缓，酌量调剂。相应吁恳天恩俯准，将被水成灾八分之寿张县坊廓里何家庄等二百五十一村庄，应征本年钱粮、漕米、漕仓、河银等项，照例蠲免十分之四；成灾七分之范县龙南等里新兴集等三百八十一村庄，应征本年下忙钱粮、漕米、漕仓、河银等项，照例蠲免十分之二；成灾六分之寿张县覃北里林家庄等六十一村庄，成灾五分之东阿县陶城铺村东铺等八十八村庄，应征本年钱粮、漕米、漕仓、河银等项，照例蠲免十分之一。各该州县蠲剩银米，请缓至同治六年秋后，如原报八分者分作三年带征，七分、六分、五分者分作二年带征；其有未奉蠲免之先溢完蠲额银米，查明流抵次年正赋。

又，被水较重之济宁州东南乡黑土店等地方本店等三百八村庄，并东乡黑土店等地方陈家庄等一百九十二村庄，邹平县大王驼庄等一十三村庄；被水、被虫之长山县自修等约大刘套等一十七村庄；被水之齐河县高家桥等地方沈家屯等三十四村庄，齐东县东岸村等三村庄，禹城县一都一里刘家花园等九十六村庄，长清县仁保东街等一百〇八村庄；被旱之平原县官道孙庄等一十九村庄，肥城县栾湾等社望口山等一十一村庄，东平州智远等保孟家楼等一百九村庄，东阿县尹村村姬家庄等一百八十一村庄，平阴县城西里阮二庄等一十八村庄，惠民县便字等约河套邢家庄等六十村庄，并续报沙淤地亩便字约清河镇等一十八村庄；被水之青城县牛王庄等六十八村庄，阳信县归德乡钓马、杨庄等二十村庄，利津县东乡邵家坡地方胥家庄等四十村庄，曲阜县东忠社万柳庄等一十一村庄，邹县石里等社北石等五十六村庄，泗水县汉东等社张庄等五十五村庄，滕县仁五等保王家堂等七十一村庄，峄县王上等社赵村等一百八十二村庄，汶上县北马庄社侯家村等一百六十一村庄，阳谷县南十七都党河口等三百五十村庄，寿张县王东里葛家堤口等二百四十三村庄；被水、被扰之曹县大黄等里魏家楼等六百三十三村庄；被水之单县白浮图等保李家河等九百六村庄，范县闵子墓等里杨家楼等三十九村庄，观城县寄庄、钱家庄等一十一村庄；被水、被旱并沙压之朝城县沙一等里子路堤等四十三村庄；被水、沙压之聊城县黄现里黄现后屯等二十六村庄；被水之茌平县东五乡刘望山等八村庄；被雹之冠县黄王段等八村庄；被水之金乡县东大方海子庄等二百八十村庄，嘉祥县来茫等里虎头山等九十五村庄，鱼台县孝方等方袁家庄等四百七十六村庄，所有应征本年钱粮、漕米、漕项、河银、临德等仓、民佃、盐课、芦课、学租、灶地、摊征、堤工、河滩、地租等项，并未完同治四年民欠暨因灾原缓钱漕，暨济宁、长山、齐河、齐东、禹城、长清、东平、东阿、惠民、青城、阳信、邹县、泗水、汶上、阳谷、寿张、曹县、范县、观城、朝城、聊城、茌平、鱼台等处本年青黄不接，并单县、曹县、冠县等处春夏被扰、二麦被旱各案内原缓上忙新赋，同长清县并卫地丁，均请缓至同治六年秋后启征。

又被水较轻之历城县南会清三等里祝家庄等三十一村庄，邹平县小言庄等七十村庄；被水、被虫之长山县温厚等约东韩庄等三十三村庄；被水之齐河县孟家店地方大马张庄等一十五村庄，齐东县纪家庄等二十八村庄，禹城县一都一里东陈庄等一十二村庄，长清县吕保黄家楼等六十二村庄；被旱之平原县蔡家庄等七十六村庄；被水之东平州智明等保范家洼等三十一村庄，平阴县西寨里大孙庄等四十二村庄，惠民县正字等约祝家庄等一十四村庄，利津县东乡小集地方阎家庄等七十六村庄，滋阳县东大社一甲大厂村等九十六村庄，曲阜县春亭社保宁庄等三十七村庄，宁阳县中高庄等二十八村庄，汶上县梨木社沙岗庄等七十二村庄，阳谷县西一都柴家庄等一十一村庄，朝城县沙一等里吴家台等四十八村庄，茌平县一乡等南、北崔庄等三十六村庄，金乡县东大方李家庄等二百九十二村庄，除本年漕米照常征收外，所有应征本年钱粮，及被水之济宁州东乡东三五里营等地方五里营等一百四十九村庄，新城县西三等约南郭家庄等一十七村庄，济阳县谦一等约郭家庄等一十七村庄，肥城县东故等社烈庄等三十二村庄，东阿县尹村村前姜家沟等九十村庄，阳信县归德等乡堤上李等庄同续报之政四图台崔庄等一十八村庄，邹县故夏等社南陶等六十二村庄并其余阖境村庄，泗水县泗北等社东故安等八十九村庄并其余阖境村庄，滕县其余阖境村庄，峄县涧头等社万年仓等七十六村庄并其余阖境村庄，寿张县覃北里李家楼等一百四村庄，单县吕仙等保王家庄等四百五十五村庄并其余阖境村庄，曹县东隅等里袁楼庄等一千五百二十四村庄并其余阖境村庄，范县龙北等里范家庄等一百六十二村庄；被雹之冠县马王段等五村庄，馆陶县张家庄等八村庄；被水之鱼台县孝方等方杜家庄等阖境四百七十五村庄，除本年钱粮暨被水、被虫之嘉祥县长乐等里东郭庄等一百六十五村庄并其余阖境村庄本年下忙新赋，同济阳本年青黄不接，冠县二麦被旱各案内原缓钱粮，均照常征收外，其应征本年漕米，并被水之齐河县并卫刘从善等地方于庄等一十三屯庄，兰山县下庄等保南小庄等二百五十六村庄，沂水县岜山等社赵家楼等四十一村庄，平度州阎庄社杨家圈屯等二村庄，潍县南、北台底等社田家庄等三十九村庄本年钱粮，并郯城县石河等保李家石河庄等八十六村庄，昌邑郑家坡等八十二村庄，鱼台县湖荒任团内元庙集等七村庄、王团内西城集等七村庄、魏团内双河村等一十一村庄及欢上等三村庄本年下忙钱粮，永阜场河东西滩池五十三副并冯家庄等二十九村庄本年灶课，同以上历城等州县应征本年钱粮、漕仓、河银、临德等仓、民佃、盐课、芦课、学租、灶地、摊征、堤工、票价、埝工、河工、地租等项，及未完同治四年民欠暨因灾原缓钱漕、仓谷等项，并历城、长山、齐河、齐东、禹城、长清、东平、惠民、阳信、宁阳、泗水、峄县、汶上、曹县、范县、兰山、郯城、茌平、昌邑、鱼台等处本年青黄不接，及寿张、曹县春夏被扰各案内原缓上忙新赋，并长清县并卫地丁，均请缓至同治六年秋后启征。

又被旱、被虫最轻之临清州会八等里袁庄等四十七村庄并阖境村庄；被水之济宁州除缓其余阖境村庄，历城县雀华六等里徐家庄等七村庄并其余阖境村庄，章邱县阖境村庄，邹平县木王庄等八十八村庄并其余阖境村庄；被水、被虫之长山县崇信等约西神坛庄等三村庄并其余阖境村庄；被疸之新城县其余阖境村庄；被水之齐河县高家桥等地方西苑庄等二十六村庄并其余阖境村庄及并卫之薛官地方高明家桥等三十五屯庄，齐东县其余阖境村庄，济阳县谨约王家兰等五村庄并其余阖境村庄，禹城县一都一里韩家庄同其余阖境村庄，临邑县冯家井等五村庄并其余阖境村庄，长清县吕保冯家庄等四十村庄并其余阖境村庄；被旱之陵县阖境村庄，平原县唐家楼等六村庄并其余阖境村庄；被水之肥城县崇德等社孙家小庄等二十一村庄同未经被水之山前各社并其余阖境村庄，东平州西智理等保化家庄等六十六村庄并其余阖境村庄，东阿县向义村、申家庄等二十八村庄并其余阖境村庄，平阴县城西里盆王庄等三村庄并其余阖境村庄，惠民县纪宇等约豆腐寨等七村庄并其余阖境村庄，青城县吕八庄等二十二村庄并其余阖境村庄，阳信县其余阖境村庄；被水、被虫之乐陵县阖境村庄，商河县阖境村庄；被水之滨州阖境村庄，利津县东乡烟火台地方大王庄等九十四村庄并其余阖境村庄，蒲台县信乡打鱼张庄等九十四村庄并其余阖境村庄，滋阳县其余阖境村庄，曲阜县其余阖境村庄，宁阳县王卞集等五十二村庄并其余阖境村庄，汶上县其余阖境村庄，阳谷县其余阖境村庄，寿张县其余阖境村庄，观城县其余阖境村庄，朝城县沙一里曹家集并其余阖境村庄，聊城县其余阖境村庄；被旱之堂邑县安泰集等二百八村庄并其余阖境村庄；被水、被旱之博平县阖境村庄；被水之茌平县东伍乡大马庄等六村庄并其余阖境村庄；被水、被虫之清平县阖境村庄；被旱、被虫之莘县阖境村庄；被雹之冠县其余阖境村庄，馆陶县冀家浅等五村庄并其余阖境村庄；被水之高唐州阖境村庄；被旱之夏津县阖境村庄，武城县阖境村庄，邱县平二等里宋八疃等二址一村庄并其余阖境村庄；被水之金乡县三官庙方单家楼等七十六村庄并其余阖境村庄，本年钱粮漕米，被水、被风、被雹之海丰县阖境村庄；被水之兰山县唐庄等保大唐庄等四百三十七村庄，郯城县其余阖境村庄，费县马山等社王家楼等六十六村庄，沂水县岜山等社阎家岜山等八十七村庄并其余阖境村庄，日照县巨峰等社二百二十四村庄并其余阖境村庄，及连年积歉之益都县阖境村庄；被水、被风之博兴县董家庄等一百八十村庄并其余阖境村庄；被水之临淄县枣园庄等十六村庄并其余阖境村庄；被水、被虫之乐安县安三保荣家庄等三百八十四村庄同其余阖境村庄；被水之昌乐县阿陀厂潘老庄等一百三十九村庄并其余阖境村庄，掖县阖境村庄，平度州阎庄社提上屯等三村庄，昌邑县郭家庄等二十三村庄，潍县常寨等社官亭庄等二十四村庄并其余阖境村庄，本年钱粮，永阜场买河庄等十四村庄并其余阖场滩地、灶地，本年灶课，并历城、长山、齐河、齐东、济阳、禹城、长清、惠民、阳信、海丰、滨州、宁阳、兰山、茌平等州县本年青黄不接，同冠县、武城二县二麦被旱、被风、被雹各案内原缓上忙新赋，长清县并卫地丁，并历城县雀华六等里徐家庄等七村庄并其余阖境村庄，暨博平、清平、商河、高唐、乐安等州县之其余阖境村庄，未完同治四年民欠钱粮，临清州费县阖境村庄，及昌乐县之阿陀厂潘老庄等一百三十九村庄并其余阖境村庄，平度州之李家埠等社郝家屯等一十一村庄并其余阖境村庄，未完咸丰十年及同治四年民欠钱粮，沂水县其余阖境村庄未完同治四年及咸丰十一年民欠钱粮，兰山县阖境村庄未完咸丰十年及同治三、四年民欠钱粮，肥城县之山前各社并其余阖境村庄咸丰十一年因灾原缓钱粮，临淄县其余阖境村庄，济阳县除缓其余阖境村庄，咸丰十年及同治四年缓欠钱粮，同泰安县阖境村庄未完同治元年钱粮并咸丰十一年蠲剩钱漕，均照常征收外，所有以上济宁等州县未完同治四年民欠及因灾原缓钱粮、漕米、漕项、河项、临德等仓、民佃、盐课、票价、芦课、学租、灶地、摊征、堤工、埝工、河工、地租等项，均请缓至同治六年秋后启征。

以上秋禾被水、被旱、被虫、被雹、被风、被疽、被扰各州、县、卫、所，无论成灾与勘不成灾，较重、较轻、最轻并阖境村庄，凡有同治三年以前未完及因灾原缓递缓钱粮、漕米、漕项、河银、临德等仓、民佃、盐课、芦课、票价、学租、灶地、摊征、堤工、埝工、河工、地租，出借仓谷、籽粒、口粮等项，一并缓至同治六年秋后。钱漕分为两案，各按最先年分递年依次带征一年。

其德州、东昌、临清、济宁、东平所等卫所及永利等场坐落各州县屯庄灶地，应随同各州县村庄民田一律办理。如坐落各州县并无应请蠲缓村庄钱粮，应归该卫自行核办。至例不缺额之蓟粮兵米及请缓钱粮仍征漕米之州县不敷漕项，均照例于成熟村庄应征银米内照数划解，统归大漕地丁项下核缓。

又，邹平等处缓漕项下不敷青州满营兵米及阖境蠲缓漕米及例不缺额之蓟粮，请于附近州县大漕项下分别划拨。其应征抵额耗豆，并随征缓征，仍将摊缓耗豆价脚银两扣存司库，俟带征年分支给应用。例如分别调剂，民气得以展舒。感颂皇仁，实无既极。

除饬及赶催造送蠲缓清册咨部外，所有查明各州、县、卫、所被灾、被扰情形，议请蠲缓新旧钱漕缘由，理合恭折具奏，伏乞皇太后、皇上圣鉴。

再，此外尚有数处非续被匪扰，即驳饬另议，容俟严催具复到日另行核办，合并陈明。谨奏。

同治五年十一月廿一日奉到回折："军机大臣奉旨：'另有旨。钦此。'"

应征漕豆歉收暂行改征粟米片

同治五年十一月初九日

再，东省漕粮项下，例有应征黑豆如遇歉收，向系改征粟米，历经遵办在案。兹据督粮道沈维璲会同藩司丁宝桢详称：恩县等州县，本年夏秋之间，因雨泽愆期及湖河并涨，豆禾受伤，颗粒未能一律饱绽，不堪兑运。若令照常征收，必须卖米买豆，实于民情多所未便，恳予援案改征粟米，以便输纳等情，请奏前来。臣复查无异。合无仰恳天恩俯准，将恩县、齐河、德州、肥城、阳信、阳谷、茌平、清平、高唐等九州县本年应征漕豆，暂行改征粟米，交帮兑运，俟明岁豆收丰稔，仍复旧制。理合附片具奏，伏乞圣鉴。谨奏。

同治五年十一月廿一日奉到回折："军机大臣奉旨：'著照所请。户部知道。钦此。'"

请旌恤东省阵亡殉难绅团妇女折

同治五年十一月初九日

奏为第十七次查明东省阵亡殉难绅团、妇女，恳恩分别旌恤，恭折奏祈圣鉴事：

窃照东省自咸丰十年以后，迭被捻、教、土匪滋扰，所有阵亡殉难绅团、妇女，业经奏奉恩准分别旌恤十六次。兹据军需总局司道第十七次查明，同治四年二、三月间，南捻窜扰兖、沂、济宁等府州所属曲阜、邹县、汶上、寿张、兰山、郯城、嘉祥、鱼台等处，阵亡有职衔团长七员，无职衔团丁一千一百二十一名，殉难妇女一百九十九口，分别造册，详请具奏前来。臣复核无异。合无仰恳天恩敕部，将阵亡各团长从优议恤，阵亡团丁同殉难妇女分别照例旌恤，以广皇仁而维风化。

除各册咨部并饬确查如有遗漏另行办理外，为此恭折具奏，伏乞皇太后、皇上圣鉴训示。谨奏。

同治五年十一月廿一日奉到回折："军机大臣奉旨：'均著交部照例分别旌恤。钦此。'"

奏请更正汇奖折内错缮姓名片
同治五年十一月初九日

再，臣于十月十八日汇保防河出力员弁折内，有守备张荣才一名请以都司用；又十月二十九日汇保攻剿黄崖匪寨出力员弁折内，有指分湖北知县张荫桓一名，请到省后归军功后补班尽先补用，赏戴花翎。兹查臣前次所开清单衔名，守备张荣才误作杨荣才，知县张荫桓误作张应桓，均系缮写错误，臣未及看出，实属疏忽。相应请旨敕部，将该员弁姓名准予更正，并请敕部将臣议处，出自鸿慈。谨附片陈照，伏乞圣鉴训示。谨奏。

同治五年十一月廿一日奉到回折："军机大臣奉旨：'张荣才等著该部分别更正，阎敬铭著加恩改为交部察议。钦此。'"

汇保济宁等处防守出力官绅清单
同治五年□月□日

谨将济宁、曹州、兖州、泰安各属历年御捻守城出力官弁、绅团，敬缮清单，恭呈御览。

盐运使衔运河道敬和请交部从优议叙；道衔知府用济宁州知州程绳武请补

知府后以道员用；知州衔济宁州同纪煐迥请赏加运同衔；知府衔署运河同知陈继业请赏戴花翎；济宁州州判成锡铭请以应升之缺尽先升用；候补知县谢樾元请交部从优议叙；河标副将马占葵，参将崔双贵，游击孙延略，济宁城守营都司周贞元，均请交部从优议叙；运河营守备鲍福元，左营守备王连，均请以都司用；千总朱嘉增、时功乔、郑德兴、刘耀宗，均请以守备用；候选知县阎克显请以知县尽先选用；双月候选通判许恒业请以通判尽先选用；候选兵马司吏目刘廷杰请以副指挥选用；候选从九品马兆麒请以县丞选用；廪生仙峦请以训导选用；外委王恩赐请赏戴蓝翎。

以上二十二员名，系济宁州河工地方文武员弁、绅团，自去春两年以来捻匪扑城，固守城圩，查拿奸细，始终出力。

同知衔金乡县知县蒋庆篪请以同知直隶州用；典吏王鹤龄请赏加六品衔；把总张应照、周清汉，均请以千总用，赏戴蓝翎；候选县丞李墨拙请选缺后以应升之缺升用；候选训导周遵智、周怀保，请选缺后以县丞选用；廪生周于灏请以训导选用；监生杨继华、高广德，均请以往［从］九品选用赏。

以上十员名，系金乡县官绅，两年以来历次御捻守城，带勇杀贼，始终出力。

同知衔鱼台县知县李淦请以同知直隶州用；典史钱叙澄请赏加六品衔；候补守备马龙骧请以守备尽先补用；把总王心元请以千总用，赏戴蓝翎；候选训导杨兆勤，监生董宝珠、段中坦、杨体颐，从九品张朝珍、张际昌，武生罗龙田、邓西昆，均请赏给六品衔。

以上一十二员名，系鱼台县官绅，两年以来历次御捻守城，带勇杀贼，始终出力。

曹州镇总兵保德，曹州府知府来秀，菏泽县知县江继爽，均请交部从优议叙；曹州府经历姚绍钺，菏泽县典史王志彦、沙土集，巡检潘继昌，均请赏加六品衔；守备张玉阶，千总马安廷、李奉标、丁锷，均请以守备尽先补用；守备晁孟魁，千总张凤藻、侯万邦，外委李长卿，县丞马敬梓，从九品周如桓，武生郭于灿、杨在田，生员王鸿谟，均请赏戴蓝翎；把总聂来仪请赏加守备衔。

以上二十员名，系曹州府文武官绅，两年以来历次御捻守城，带勇杀贼，始终出力。

候补知州前署曹县知县汤鋐请赏加运同衔；候选盐大使曹县典史方传楸请以盐大使尽先选用；守备用千总唐玉温，兵部差官张金恒，从九品张步瀛，均请赏戴蓝翎；候选训导孙补阙，县丞李仙峰，监生王洁庵，均请赏给六品衔；附生郑树檀请以训导选用。

以上九员名，系曹县官绅，两年以来历次御捻守城，带勇杀贼，始终出力。

五品衔城武县知县邵承照请以同知直隶州用，并赏加运同衔；定陶县知县刘毓珂请赏加同知衔；城武县典史顾植请以应升之缺升用。

以上三员，系城武、定陶两县各官，两年以来历次御捻守城，带勇杀贼，始终出力。

署巨野县知县赵惟昆请补缺后以同知直隶州用；巨野县典史谭辉请赏加六品衔；巨野营守备潘天佑请赏加都司衔；把总余万春，候选县丞姚鸿杰，候选训导王琪，均请赏戴蓝翎；监生姚锷、田省三、毕天章、张恺，均请以从九品选用。

以上十员名，系巨野县官绅，两年以来历次御捻守城，带勇杀贼，始终出力。

候补知州前署郓城县知县陈烈请交部从优议叙；知州衔现署郓城县知县徐大容请赏加运同衔；尽先游击郓城汛千总马得元请交部从优议叙；典史陈鏒请赏加六品衔；岁贡生魏普，附生刁凌云，廪生刁兰祥、张藩清、郑慎思、陈方略、王鹤鸣，增生熊兴周、魏鉴，均请以训导选用。

以上一十三员名，系郓城县文武官绅，历次御捻守城，带勇杀贼，始终出力。

署宁阳县知县程西池请赏加同知衔；典史陆士炘，候选教谕张琇，候选巡检程肇棠，候选未入流张鲁瞻，均请赏加六品衔；岁贡张瑛，附贡刘廷韩，请以训导选用；监生章桂森、龚文峻，从九品衔萧毓敏、袁凌云，均请以从九品选用。

以上一十一员名，系宁阳县官绅，同治四年春夏捻匪数次窜扰，御贼守城，实为出力。

候补知州前署汶上县知县左宜似请交部议叙；典史祕兆符请赏戴蓝翎；五品衔候选州同曹琴堂请赏加运同衔；恩贡生曹文福，拔贡生曹沛霖，均请以教谕尽先选用；增生路由本请以训导选用；从九品衔何近三，候选未入流李得一，均请赏加县丞职衔。

以上八员名，系汶上县官绅，同治四年春夏捻匪数次窜扰，御贼守城，实为出力。

候补知州前署曲阜县知县曹大任请赏加运同衔；一品荫生孔祥玑、孔祥璞，均请赏加四品衔；廪生孔庆豫、陈谟，增生孔昭荣，附贡生毕庭森，候选训导陈善，均请以训导尽先选用；候选知县颜士鋆，州判孔宪恂，均请赏加五品衔；监生孔庆咸、孔兴琳、孔繁沛，监生颜怀珏，均请以从九品选用。

以上一十四员名，系曲阜县官绅，同治四年春夏捻匪数次窜扰，御贼守城，实为出力。

东平州学正林儒珍请赏加国子监学正衔；东平州训导李孟溥请赏加国子监典簿衔；东平州吏目张镇全请赏加六品衔；兵部主事蒋作锦，内阁中书侯坚，均请赏加五品衔；监生吴逢源请以从九品选用。

以上六员名，系东平州官绅，历次守城守圩，带勇防河，实为出力。

交卸抚篆日期折

同治五年十一月十六日

奏为微臣交卸抚篆日期，恭折仰祈圣鉴事：

窃臣因病势增剧，奏请开缺，奉上谕："阎敬铭著赏假三个月，安心调理，山东巡抚著丁宝桢暂行署理。钦此。"遵即缮折，叩谢天恩具报。十一月初十日自东平起程回省，并钦奉温谕在案。兹于本月十二日力疾抵省，因修筑石圩工程尚未履勘，随即扶掖观览，严饬在工人等，如式妥速办理。回署后将一切刑名、钱谷事件文卷，择要赶紧清厘，随于十六日派文武各员将山东巡抚兼理盐政、临清关监督各关防、印信等件，赍送署抚臣丁宝桢接收暂署。现在延医加紧调治。倘叨福庇，得以痊愈，当仍专折销假，不敢稍耽安逸，自外生成。

所有微臣交卸抚篆日期，除循例题报并分咨外，理合恭折具奏。

同治五年十一月廿九日奉到回折："军机大臣奉旨：'知道了。钦此。'"

后　　记

　　阎敬铭的《抚东奏稿》于晚清历史研究颇有价值，在《近代史资料》连载刊出后受到相关研究者的关注和欢迎，且成为多篇学位论文的主要史料资源，对相关研究的开展起到了促进作用。为便于大家参考利用，也是响应读者们的呼吁，《近代史资料》编译室将其重新编排整理校订，结集出版，并补充了许多连载中未曾收录的折片，希望能为近代史研究的发展与繁荣略尽绵薄。

　　此次重新整理校订由《近代史资料》编译室主任刘萍编审主持，参加工作的有李学通、卞修跃、关康、孙彩霞，硕士研究生喻乐、孔德智、蒋铁鑫也参加了部分补充整理工作。

　　本项目获得中国社会科学院出版基金资助，中国社会科学出版社冯春凤编审给予了大力支持和帮助，在此一并表示诚挚感谢。

　　因整理者水平之限，或有不当之处，尚请读者不吝赐教。

整理者

2019 年 3 月